해커스
사회조사분석사
2급 필기
한권합격　이론+최신기출+핵심노트

김홍규

약력
- 해커스자격증 사회조사분석사 2급 강의
- 사회조사분석사 2급, 경영지도사(마케팅), 데이터분석준전문가(ADsP), 펀드투자상담사, 파생상품투자상담사, 증권투자상담사
- 한화그룹 금융(증권)부문
- 美 푸르덴셜투자증권 경영기획실장
- 메리츠종금증권 기획실장
- 한국데이터산업진흥원 데이터사업 평가위원
- 해커스경영아카데미 경영지도사 2차 시장조사론 강사
- 해커스경영아카데미 경영지도사 1차 조사방법론 강사
- 삼성전자 경력컨설팅센터 위탁교육 강사
- 아이파경영아카데미 사회조사분석사 강사
- 아이파경영아카데미 경영지도사 2차 시장조사론 강사
- 아이파경영아카데미 경영지도사 1차 조사방법론 강사
- 한국지식산업혁신재단 경영지도사 1차·2차 강사

저서
- 해커스 사회조사분석사 2급 필기 한권합격 이론＋최신기출＋핵심노트
- 해커스 사회조사분석사 2급 실기 [필답형＋작업형] 2주 합격 핵심이론＋최신기출유형문제＋실전문제
- 사회조사분석사 조사방법론, 아이파경영아카데미
- 확바뀐 경영지도사 조사방법론, 아이파경영아카데미

사회조사분석사 2급 단기 합격을 향한 길을 비추는 환한 불빛 같은 수험서

해커스 사회조사분석사 2급
필기 한권합격 이론+최신기출+핵심노트

오늘날의 세계는 디지털과 네트워크, 그리고 빅데이터로 대변되고 있습니다. 이에 따라 사람들의 행동패턴과 기업들의 시장에 대한 대응전략도 데이터에 기반을 둔 디지털 마케팅 전략으로 급속하게 변모하고 있습니다. 이러한 시대적 변화와 새로운 경험에 대한 요청은 사회적 가치를 데이터의 세계로 빠르게 옮기고 있고, 분석을 위한 통계적 역량에 대한 요구가 날로 강해지고 있습니다. 사회조사분석사는 이러한 시대에 있어서 날로 그 위상이 높아져 갈 수밖에 없는 가치 있는 자격증이라 믿어 의심치 않습니다. 하지만 많은 수험생들의 도전을 주저하게 하는 것은 수학과 통계에 대한 막연한 두려움입니다.

「해커스 사회조사분석사 2급 필기 한권합격 이론+최신기출+핵심노트」 교재는 그러한 두려움을 충분히 극복할 수 있도록 최선을 다해 설명하였으며 조사방법론의 개념과 이론에 대해서도 입체적으로 이해할 수 있도록 저자의 경험과 지식을 노력으로 녹여내었습니다. 이 책의 특징은 다음과 같습니다.

01 최신 출제경향과 난이도를 감안하여 문제를 선별하였습니다.

핵심에 대한 이해가 부족한 상태에서 무조건적으로 많은 양의 기출문제를 푸는 것은 합격을 위한 효율을 잡기 어렵습니다. 전체에 대한 이해가 있어야 하고 핵심적인 유형들을 선별적으로 파악할 수 있어야 합니다. 본서는 최신 기출문제를 중심으로 이론에서 요구하는 문제의 유형과 핵심적 질문을 분석하여, 빠른 시간 내에 합격을 위한 역량을 효율적으로 키울 수 있는 문제들을, 최적의 분량으로, 난이도를 감안하여 골고루 선별하였습니다.

02 직접 듣는 듯한 해설을 수록하였습니다.

단편적 해설에 그치지 않고, 문제의 핵심과 풀이방법을 체계적으로 파악하여 풀이를 전개해나갈 수 있도록 상세한 단계적 방식으로 해설을 기술하였습니다. 특히, 통계분석 문제들에 대해서는 더욱 상세한 흐름으로 설명을 아끼지 않았습니다. 바로 옆에서 상세하고 친절한 해설을 듣는 느낌이 들 수 있도록 하였고, 이는 종합적 시각에서 이해의 수준을 높여줄 것입니다.

03 내용을 풍부하게 수록하고 유기적으로 연결지어 설명하였습니다.

자주 출제되는 문제에만 집중한다면 시험의 외연이 확장될 때 가치가 떨어지게 됩니다. 빈출되는 주요 기출문제에 관련된 이론을 상세히 기술하면서도 시험에서 묻는 범위가 점차 확대되어갈 개연성을 충분히 감안했습니다. 이에 따라 출제될 확률이 높은 이론 내용까지 세세히 살펴 수록했으며, 그 개념과 이론들을 하나의 틀 속에서 유기적으로 파악할 수 있도록 하였습니다.

더불어 자격증 시험 전문 사이트 해커스자격증(pass.Hackers.com)에서 교재 학습 중 궁금한 점을 나누고 다양한 무료 학습자료를 함께 이용하여 학습 효과를 극대화할 수 있습니다.

이 책을 출간함에 있어 아낌없는 격려와 조언을 주신 분들에게 감사의 마음을 전해드리며, 이 책으로 공부하시는 모든 분들이 합격의 기쁨을 누리실 수 있기를 진심으로 바랍니다.

김홍규

목차

책의 구성 및 특징   6   출제기준과 학습부문   12
자격증 취득 절차   9   단기 합격 학습플랜   14
사회조사분석사 2급이란?   10

제1과목 조사방법과 설계

PART 01 과학적 조사
- Chapter 01 통계조사와 과학적 조사   20
- Chapter 02 과학적 연구의 논리   32
- Chapter 03 분석단위와 오류   34
- 기출 및 예상적중문제   36

PART 02 조사
- Chapter 01 조사와 조사설계   48
- Chapter 02 조사의 종류   49
- Chapter 03 실험설계의 세부유형   67
- 기출 및 예상적중문제   72

PART 03 정성조사
- Chapter 01 FGI 정성조사   86
- Chapter 02 심층인터뷰 (In - depth Interview)   90
- 기출 및 예상적중문제   93

PART 04 질문지
- Chapter 01 분석설계   98
- Chapter 02 설문지와 설문항목   99
- Chapter 03 질문 및 응답의 형태   105
- 기출 및 예상적중문제   109

PART 05 표본설계
- Chapter 01 표본설계   118
- Chapter 02 표본추출(표집)   121
- Chapter 03 표본추출오차와 비표본추출오차   130
- Chapter 04 표본의 크기   133
- 기출 및 예상적중문제   135

제2과목 조사관리와 자료처리

PART 01 자료수집방법
- Chapter 01 자료의 종류   150
- Chapter 02 자료수집방법   155
- Chapter 03 자료수집방법의 주요 유형   156
- Chapter 04 응답의 오류(응답의 왜곡)   175
- Chapter 05 기타   177
- 기출 및 예상적중문제   180

PART 02 실사관리
- Chapter 01 실사준비   196
- Chapter 02 실사진행관리   199
- Chapter 03 실사품질관리   201
- 기출 및 예상적중문제   202

PART 03 측정의 타당성과 신뢰성
- Chapter 01 변수와 개념   208
- Chapter 02 측정   215
- Chapter 03 척도의 기본개념과 유형   217
- Chapter 04 척도의 구성기법   221
- Chapter 05 측정의 타당성과 신뢰성   237
- Chapter 06 측정과 측정오차   245
- Chapter 07 내적타당성과 외적타당성 (= 실험설계의 타당성)   247
- 기출 및 예상적중문제   249

PART 04 자료처리
- Chapter 01 자료처리   280
- Chapter 02 부호화   281
- Chapter 03 무응답과 결측치   283
- Chapter 04 이상값   285
- Chapter 05 자료입력과 오류   286
- Chapter 06 부호화 관련 세부사항   287
- 기출 및 예상적중문제   290

자격증 교육 1위* 해커스자격증

해커스 사회조사분석사 2급
무료 특강 제공!

지금 바로 시청하고
단기 합격하기

이용방법
해커스자격증(pass.Hackers.com) 접속 ▶
사이트 상단 [사회조사분석사] 클릭 ▶
상단의 [무료콘텐츠 > 무료강의] 탭 클릭하여 이용

▲ 무료특강 바로가기

MBA전공, 사회조사분석사 전문가
김홍규 선생님

現) 해커스 자격증 사회조사분석사 강의
現) 한화그룹 (증권부문)
現) 미 프루덴셜투자증권 경영전략지원실장
現) 메리츠증권 기획실장

* 자격사항
경영학 석사(MBA_마케팅 전공)
경영지도사(마케팅), 사회조사분석사(2급)

사회조사분석사 2급
전 강좌 10% 할인쿠폰

0FE2 DF76 E20C C000

이용방법
해커스자격증(pass.Hackers.com) 접속 후 로그인 ▶
우측 퀵메뉴의 [쿠폰/수강권 등록] 클릭 ▶
[나의 쿠폰] 화면에서 [쿠폰/수강권 등록] 클릭 ▶
쿠폰 번호 입력 후 등록 및 즉시 사용 가능

* 등록 후 3일간 사용 가능

▲ 쿠폰 바로 등록하기
(로그인 필요)

전 강좌 무료 이벤트

매일 선착순 20명
전 강좌 무료 배포

이용방법
해커스자격증(pass.Hackers.com) 접속 ▶
사이트 상단 [사회조사분석사] 클릭 ▶
상단의 [이벤트 > 전 강좌 무료] 탭 클릭하여 이동

* 매일 선착순 20명 제공(ID당 1회에 한해 참여 가능)
* 3일간 수강 가능

▲ 이벤트 바로가기

* [자격증 교육 1위 해커스] 주간동아 선정 2022 올해의 교육브랜드 파워 온·오프라인 자격증 부문 1위 해커스

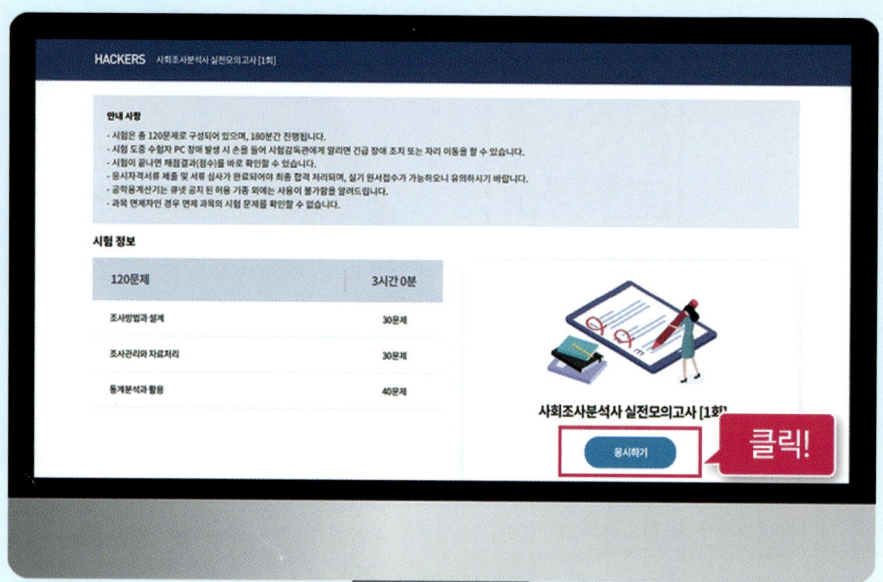
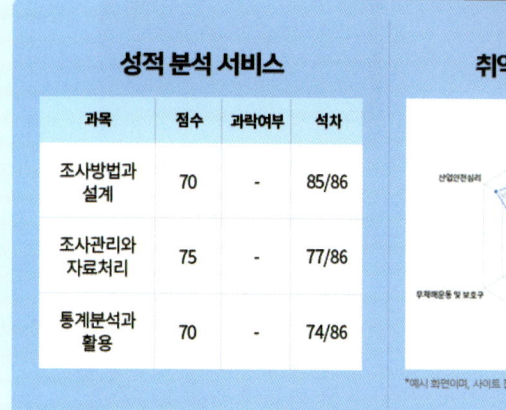
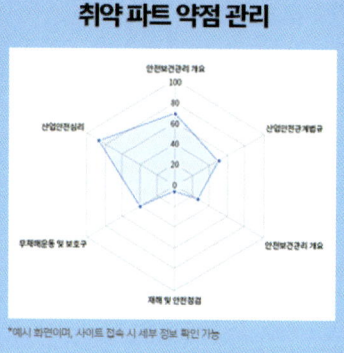
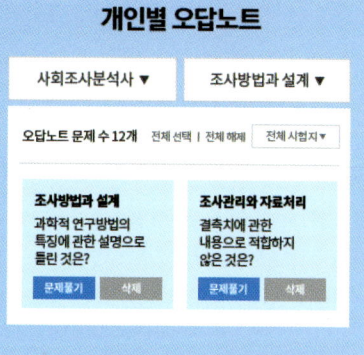

제3과목 통계분석과 활용

PART 01 기초통계량
　　Chapter 01　통계와 주요 개념　　298
　　Chapter 02　기술통계와 기초통계량　　301
　　기출 및 예상적중문제　　310

PART 02 확률과 확률분포
　　Chapter 01　확률　　320
　　Chapter 02　확률변수　　324
　　Chapter 03　확률분포　　327
　　기출 및 예상적중문제　　341

PART 03 추정과 가설검정
　　Chapter 01　추정　　362
　　Chapter 02　가설검정 일반　　370
　　Chapter 03　모평균, 모비율,
　　　　　　　　모분산의 가설검정　　375
　　기출 및 예상적중문제　　380

PART 04 통계분석
　　Chapter 01　통계분석 일반　　398
　　Chapter 02　교차분석　　399
　　Chapter 03　분산분석　　405
　　Chapter 04　상관분석　　410
　　Chapter 05　회귀분석　　416
　　기출 및 예상적중문제　　431

최신기출

2025년 제3회(CBT)　　478
2025년 제2회(CBT)　　504
2025년 제1회(CBT)　　533
2024년 제3회(CBT)　　560
2024년 제2회(CBT)　　586
2024년 제1회(CBT)　　610
2023년 제3회(CBT)　　636
2023년 제2회(CBT)　　662
2023년 제1회(CBT)　　687
2022년 제3회(CBT)　　713
2022년 제2회　　740
2022년 제1회　　768

 부록　통계표
시험장에 꼭 가져가야 할 핵심노트

책의 구성 및 특징

01 전략적인 학습을 위한 학습 방향 잡기!

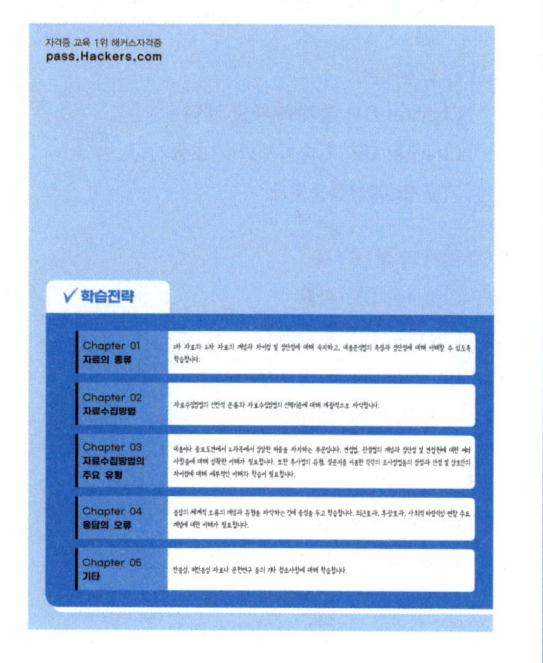

[학습플랜]

사회조사분석사 2급 1차 필기 단기합격을 위해 다양한 형태의 학습플랜을 제시하였습니다. 학습자의 상황에 맞는 학습플랜을 통해 전공 여부에 관계없이 모두 효율적으로 학습할 수 있습니다.

[Chapter별 학습전략]

기출문제 분석을 통한 출제경향을 반영하여 각 Chapter별 학습전략을 수록하였습니다. 이론 학습의 길잡이이자, 중요도에 따른 학습방향을 제시하는 Chapter별 학습전략을 통해 보다 전략적이고 효과적으로 학습할 수 있습니다.

02 다양한 학습장치로 필수 개념 익히기!

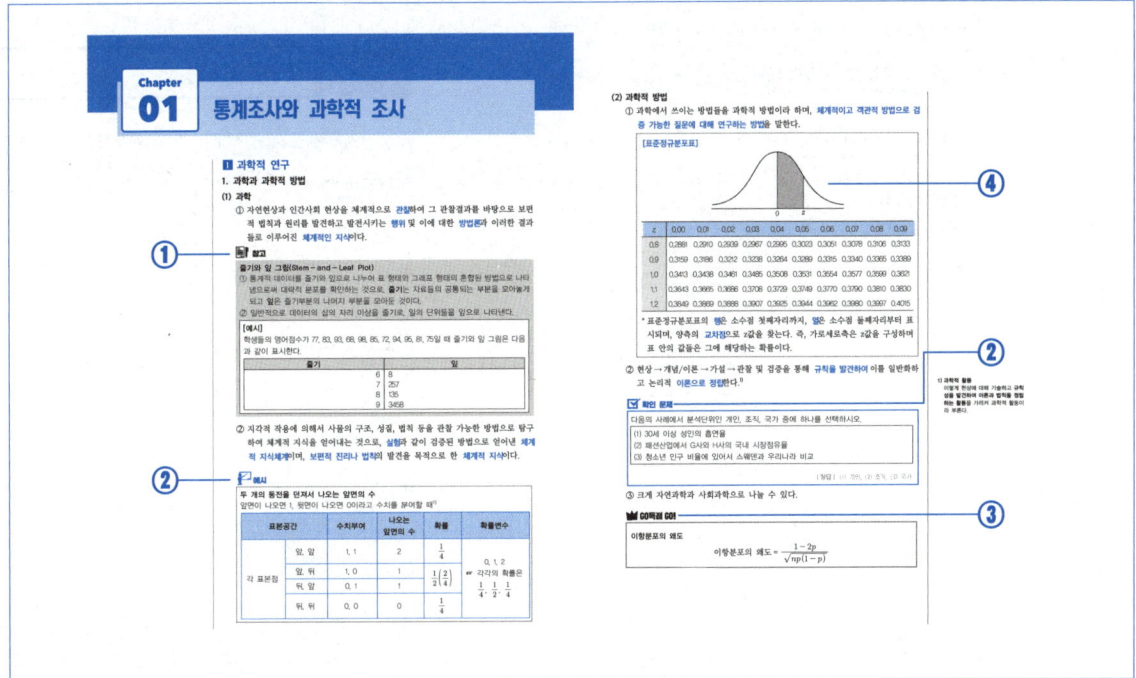

① 참고
이해에 꼭 필요한 개념들을 참고를 통하여 학습할 수 있습니다.

② 예시와 확인 문제
개념만으로는 이해가 어려운 내용은 예시를 통하여 함께 학습하고, 확인 문제로 이를 응용해보며 해당 개념을 나의 것으로 만들 수 있습니다.

③ GO득점 GO!
고득점을 받기 위하여 알아야 할 개념을 학습하며 만점에 한걸음 더 다가갈 수 있습니다.

④ 그래프 및 분포표
다양한 그래프와 분포표를 수록하여 복잡한 이론을 쉽고 빠르게 학습하며 익힐 수 있습니다.

책의 구성 및 특징

03 다양한 문제풀이를 통한 개념 다지기!

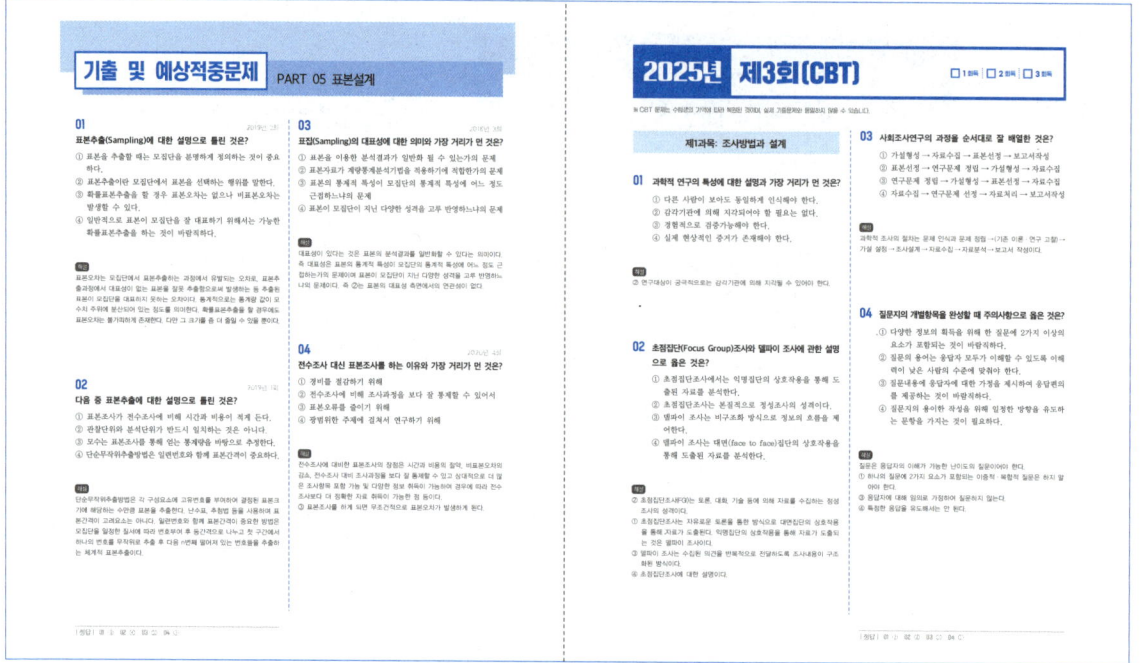

[기출 및 예상적중문제]
① 이론을 공부한 뒤 각 PART 마지막에 구성된 '기출 및 예상적중문제'를 통하여 실제 문제가 어떻게 출제되는지 유형을 파악할 수 있습니다.
② 출제가능성이 높은 내용을 문제로 구성한 예상적중문제를 통해 출제기준 변경으로 기출문제가 없는 단원도 착실히 대비할 수 있습니다.
③ 기출문제에는 회차를 표시하여 최신 기출문제의 흐름을 알 수 있습니다.
④ 교재 내 수록된 모든 문제에 자세한 해설을 수록하여 비전공자도 쉽게 이해할 수 있도록 하였으며, 이를 통해 다시 한 번 부족한 이론학습을 보완할 수 있습니다.

[최신기출]
① 최근 4개년, 12회분 기출문제를 통하여 최신 기출문제의 흐름을 알 수 있습니다.
② 교재 내 수록된 모든 문제에 자세한 해설을 수록하여 비전공자도 쉽게 이해할 수 있도록 하였습니다.
③ 기출문제의 회독 수를 체크하며 반복학습을 할 수 있습니다.

자격증 취득 절차

원서접수부터 자격증 취득까지는 다음 과정에 따라 진행되며, 필기 합격부터 실기 시험까지는 6~8주 정도의 기간이 있습니다.

| 필기원서 접수 및 필기시험 | • Q-net(www.Q-net.or.kr)을 통해 인터넷으로 원서접수를 합니다.
• 필기접수 기간 내 수험원서를 제출해야 합니다.
• 접수 시 사진(6개월 이내에 촬영한 사진)을 첨부하고, 수수료를 결제합니다(전자결제).
• 시험장소는 본인이 직접 선택합니다(선착순).
• 시험 시 수험표, 신분증, 필기구, 공학용계산기를 지참하도록 합니다. |

| 필기 합격자 발표 | • Q-net을 통해 합격을 확인합니다(마이페이지 등).
• 응시자격 제한종목은 공지된 시행계획의 서류제출 기간 내에 반드시 졸업증명서, 경력증명서 등 응시자격 서류를 제출해야 합니다. |

| 실기원서 접수 및 실기시험 | • 실기접수 기간 내 수험원서를 인터넷을 통해 제출합니다.
• 접수 시 사진(6개월 이내에 촬영한 사진)을 첨부하고 수수료를 결제합니다(전자결제).
• 시험 일시와 장소는 본인이 직접 선택합니다(선착순).
• 시험 시 수험표, 신분증, 흑색 볼펜류 필기구, 공학용계산기를 지참하도록 합니다. |

| 최종 합격자 발표 | Q-net을 통해 합격을 확인합니다(마이페이지 등). |

| 자격증 발급 | • 인터넷 발급: 공인인증 등을 통한 발급 또는 택배 발급이 가능합니다.
• 방문수령: 사진(6개월 이내에 촬영한 사진) 및 신분확인 서류를 지참하여 방문합니다. |

사회조사분석사 2급이란?

🟦 사회조사분석사란?

- 사회조사분석사란 다양한 사회정보의 수집·분석·활용을 담당하는 새로운 직종으로 기업, 정당, 지방자치단체, 중앙정부 등 각종 단체의 시장조사 및 여론조사 등에 대한 계획을 수립하고 조사를 수행하며 그 결과를 분석, 보고서를 작성하는 전문가입니다.
- 기업, 정당, 정부 등 각종단체에 시장조사 및 여론조사 등에 대한 계획을 수립하여 조사를 수행하고 그 결과를 통계처리 및 분석보고서를 작성하는 업무를 수행합니다.
- 정부기관, 각종 연구소 및 연구기관, 기업체, 사회단체 등의 조사업무를 담당한 부서, 특히 향후 지방자치단체에서의 수요가 클 것으로 전망됩니다.

■ 가산점 제도

공무원	6·7급 이하 통계직 공무원 채용시험 필기시험의 그 시험과목 만점의 5% 이내를 최고점으로, 각 과목별 득점에 3%의 가산점 부여
	8·9급 이하 통계직 공무원 채용시험 필기시험의 그 시험과목 만점의 5% 이내를 최고점으로, 각 과목별 득점에 5%의 가산점 부여
공공기관	한국관광공사, 근로복지공단, 국민건강보험공단 등 공공기관 채용 시 우대 및 가산점 부여

🟦 사회조사분석사 2급 시험제도 및 과목

■ 시험 제도

응시자격	없음
검정기준	1. 질문지(조사표)를 체계적으로 작성할 수 있는 능력의 유무 2. 조사방법에 관한 기본지식의 유무 3. 회수된 조사표를 검토·분석하기 위한 자료 준비(편집, 부호화, 자료 정선(精選) 등)를 수행할 수 있는 능력의 유무 4. 통계프로그램을 활용하여 조사 결과를 분석할 수 있는 능력의 유무 5. 분석 결과를 토대로 조사보고서를 작성할 수 있는 능력의 유무
검정방법	• 필기: 객관식 4지 택일형이며, CBT 방식으로 시행됩니다(150분). • 실기: 복합형[작업형 2시간 정도(40점)+필답형 2시간 정도(60점)]으로 출제됩니다.
합격기준	• 필기: 과목당 40점 이상, 전과목 평균 60점 이상을 받으면 합격입니다(100점 만점 기준). • 실기: 60점 이상 받으면 합격입니다(100점 만점 기준).

■ 시험 과목

필기	실기
조사방법과 설계(30문제)	사회조사실무 (설문작성, 단순통계처리 및 분석)
조사관리와 자료처리(30문제)	
통계분석과 활용(40문제)	

사회조사분석사 2급 최근 7년간 검정현황

구분		2019	2020	2021	2022	2023	2024	2025
필기	응시자	9,635	10,589	14,315	10,999	11,310	11,114	11,606
	합격자	6,887	7,948	9,472	6,912	6,455	6,185	6,553
	합격률	71.5%	75.1%	66.2%	62.8%	57.1%	55.7%	56.5%
실기	응시자	6,921	8,595	9,334	7,867	6,596	4,301	3,955
	합격자	4,029	6,072	6,222	4,911	4,263	2,868	3,333
	합격률	58.2%	70.6%	66.7%	62.4%	64.6%	66.7%	84.3%

* 2025년 3회 실기시험 미포함

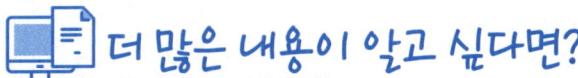 더 많은 내용이 알고 싶다면?

▶ 시험일정 및 자격증에 대한 더 자세한 사항은 해커스자격증(pass.Hackers.com) 또는 Q-net(www.Q-net.or.kr)에서 확인할 수 있습니다.

▶ 모바일의 경우 QR코드로 접속이 가능합니다.

모바일 해커스자격증 (pass.Hackers.com) 바로가기 ▲

출제기준과 학습부문

※ 한국산업인력공단에 공시된 출제기준으로, 『해커스 사회조사분석사 2급 필기 한권합격 이론＋최신기출＋핵심노트』 전체 내용은 모두 아래 출제기준에 근거하여 제작되었습니다. 출제기준에 맞춰 구성된 **학습부문**을 참고하시어 학습하시길 바랍니다.

과목명 (문제 수)	주요항목	세부항목	학습부문
1과목 조사방법과 설계 (30문제)	1. 통계조사계획	(1) 통계조사목적 수립	[PART 01 과학적 조사] [PART 02 조사]
		(2) 조사내용 결정	
		(3) 조사방법 결정	
	2. 표본설계	(1) 조사대상 선정	[PART 05 표본설계]
		(2) 표본추출방법 결정	
		(3) 표본크기 결정	
	3. 설문설계	(1) 분석설계	[PART 02 조사]
		(2) 개별 설문항목 작성	[PART 04 질문지]
		(3) 설문지 작성	[PART 04 질문지] [제2과목 PART 01 자료수집방법]
	4. FGI 정성조사	(1) FGI 정성조사의 이해	[PART 02 조사] [PART 03 정성조사]
	5. 심층인터뷰 정성조사	(1) 심층인터뷰 정성조사의 이해	
2과목 조사관리와 자료처리 (30문제)	1. 자료수집방법	(1) 자료의 종류와 수집방법의 분류	[제1과목 PART 04 질문지] [PART 01 자료수집방법]
		(2) 질문지법의 이해	
		(3) 관찰법의 이해	
		(4) 면접법의 이해	
	2. 실사관리	(1) 실사준비	[PART 02 실사관리]
		(2) 실사진행 관리	
		(3) 실사품질 관리	
	3. 2차 자료 분석	(1) 2차 자료의 이해	[PART 01 자료수집방법]

	4. 측정의 타당성과 신뢰성	(1) 개념과 측정	[PART 03 측정의 타당성과 신뢰성]
		(2) 변수의 측정	
		(3) 측정도구와 척도의 구성	
		(4) 측정오차의 의미	
		(5) 타당성의 의미	
		(6) 신뢰성의 의미	
	5. 자료처리	(1) 부호화	[PART 04 자료처리]
		(2) 자료입력 및 검토	
3과목 통계분석과 활용 (40문제)	1. 확률분포	(1) 확률분포의 의미	[PART 02 확률과 확률분포]
		(2) 이산확률분포의 의미	
		(3) 연속확률분포의 의미	
		(4) 표본분포의 의미	
	2. 기술통계분석	(1) 추정 · 가설검정	[PART 03 추정과 가설검정]
		(2) 기술통계량 산출	[PART 01 기초통계량]
		(3) 평균차이 분석	[PART 03 추정과 가설검정] [PART 04 통계분석]
		(4) 교차분석	[PART 04 통계분석]
	3. 회귀분석	(1) 회귀분석의 개념	[PART 04 통계분석]
		(2) 상관분석	
		(3) 단순회귀분석	
		(4) 중회귀분석	

단기 합격 학습플랜

📅 4주 합격 학습플랜

• 비전공자이거나 관련 학습경험이 없는 수험생에게 추천합니다.

	1일차 ☐	2일차 ☐	3일차 ☐	4일차 ☐	5일차 ☐	6일차 ☐	7일차 ☐
1주	1과목						2과목
	[PART 01] Chapter 01~02	[PART 01] Chapter 03	[PART 02] Chapter 01~02	[PART 02] Chapter 03 / [PART 03] Chapter 01~02	[PART 04] Chapter 01~03	[PART 05] Chapter 01~04	[PART 01] Chapter 01~03
	8일차 ☐	9일차 ☐	10일차 ☐	11일차 ☐	12일차 ☐	13일차 ☐	14일차 ☐
2주	2과목						
	[PART 01] Chapter 04~05	[PART 02] Chapter 01~03	[PART 03] Chapter 01~03	[PART 03] Chapter 04~05	[PART 03] Chapter 06~07	[PART 04] Chapter 01~03	[PART 04] Chapter 04~06
	15일차 ☐	16일차 ☐	17일차 ☐	18일차 ☐	19일차 ☐	20일차 ☐	21일차 ☐
3주	3과목						
	[PART 01] Chapter 01~02	[PART 02] Chapter 01~02	[PART 02] Chapter 03	[PART 03] Chapter 01~02	[PART 03] Chapter 03	[PART 04] Chapter 01~03 ⑤	[PART 04] Chapter 03 ⑥-04
	22일차 ☐	23일차 ☐	24일차 ☐	25일차 ☐	26일차 ☐	27일차 ☐	28일차 ☐
4주	3과목	최신 기출문제				복습	
	[PART 04] Chapter 05	2025년 제3회~제1회	2024년 제3회~제1회	2023년 제3회~제1회	2022년 제3회~제1회	1,2,3과목 기출 및 예상적중문제 복습	최신 기출문제 9회분 복습

📅 3주 합격 학습플랜

• 전공자이거나 관련 학습경험이 있는 수험생에게 추천합니다.

	1일차 ☐	2일차 ☐	3일차 ☐	4일차 ☐	5일차 ☐	6일차 ☐	7일차 ☐
1주	1과목					2과목	
	[PART 01] Chapter 01~03	[PART 02] Chapter 01~02	[PART 02] Chapter 03 / [PART 03] Chapter 01~02	[PART 04] Chapter 01~03	[PART 05] Chapter 01~04	[PART 01] Chapter 01~03 ④	[PART 01] Chapter 03 ⑤~05
	8일차 ☐	9일차 ☐	10일차 ☐	11일차 ☐	12일차 ☐	13일차 ☐	14일차 ☐
2주	2과목				3과목		
	[PART 02] Chapter 01~03	[PART 03] Chapter 01~04	[PART 03] Chapter 05~07	[PART 04] Chapter 01~06	[PART 01] Chapter 01~02	[PART 02] Chapter 01~02	[PART 02] Chapter 03
	15일차 ☐	16일차 ☐	17일차 ☐	18일차 ☐	19일차 ☐	20일차 ☐	21일차 ☐
3주	3과목			최신 기출문제			
	[PART 03] Chapter 01~03	[PART 04] Chapter 01~03	[PART 04] Chapter 04~05	2025년 제3회~제1회	2024년 제3회~제1회	2023년 제3회~제1회	2022년 제3회~제1회

📅 2주 합격 학습플랜

• 전공자이거나 관련 학습경험이 많은 N시생에게 추천합니다.

	1일차 ☐	2일차 ☐	3일차 ☐	4일차 ☐	5일차 ☐	6일차 ☐	7일차 ☐
1주	1과목					2과목	
	[PART 01] Chapter 01~03	[PART 02] Chapter 01~03 / [PART 03] Chapter 01~02	[PART 04] Chapter 01~03	[PART 05] Chapter 01~04	[PART 01] Chapter 01~03	[PART 01] Chapter 04~05 / [PART 02] Chapter 01~03	[PART 03] Chapter 01~07
	8일차 ☐	9일차 ☐	10일차 ☐	11일차 ☐	12일차 ☐	13일차 ☐	14일차 ☐
2주	2과목	3과목		최신 기출문제			
	[PART 04] Chapter 01~06	[PART 01] Chapter 01~02 / [PART 02] Chapter 01~03	[PART 03] Chapter 01~03 / [PART 04] Chapter 01~05	2025년 3회분	2024년 3회분	2023년 3회분	2022년 3회분

해커스자격증
pass.Hackers.com

해커스 **사회조사분석사 2급 필기** 한권합격 이론 + 최신기출 + 핵심노트

제1과목
조사방법과 설계

PART 01　과학적 조사
PART 02　조사
PART 03　정성조사
PART 04　질문지
PART 05　표본설계

✓ 학습전략

**Chapter 01
통계조사와
과학적 조사**

과학적 조사의 특징들, 실증주의와 해석주의 등의 과학적 조사의 패러다임에 대해 이해하고 과학적 조사의 절차 및 가설의 조건에 대해 숙지하는 것에 중점을 두고 학습합니다.

**Chapter 02
과학적 연구의 논리**

연역적 논리와 귀납적 논리의 내용과 차이점에 대해 중점을 두고 학습하면 됩니다.

**Chapter 03
분석단위와 오류**

분석단위 오류의 종류에는 생태학적 오류와 개인주의적 오류, 환원주의적 오류가 있습니다. 자주 출제되는 부분이므로 개념에 대한 확실한 이해가 필요합니다.

PART 01
과학적 조사

Chapter 01 **통계조사와 과학적 조사**

Chapter 02 **과학적 연구의 논리**

Chapter 03 **분석단위와 오류**

Chapter 01 통계조사와 과학적 조사

> 통계조사는 **사회현상을 수량적으로 파악하여 통계를 만드는 과정**이다.
> 이는 과학의 개념에 입각하여 **과학적 조사연구의 방법을 거쳐야 한다**.

1 과학적 연구

> 과학적 방법으로 행하는 조사를 의미한다.

1. 과학과 과학적 방법

(1) 과학
① 자연현상과 인간사회 현상을 체계적으로 **관찰**하여 그 관찰결과를 바탕으로 보편적 법칙과 원리를 발견하고 발전시키는 **행위** 및 이에 대한 **방법론**과 이러한 결과들로 이루어진 **체계적인 지식**이다.
② 지각적 작용에 의해서 사물의 구조, 성질, 법칙 등을 관찰 가능한 방법으로 탐구하여 체계적 지식을 얻어내는 것으로, **실험**과 같이 검증된 방법으로 얻어낸 **체계적 지식체계**이며, **보편적 진리나 법칙**의 발견을 목적으로 한 **체계적 지식**이다.
③ 크게 자연과학과 사회과학으로 나눌 수 있다.

> **참고**
>
> 자연과학과 사회과학
>
> | 자연과학 | 사회과학 |
> |---|---|
> | 자연현상을 대상으로 함 | 인간의 행태와 사고를 대상으로 함 |
> | 일반화가 상대적으로 용이함 | 일반화가 상대적 어려움 |
> | 명확한 결론이 가능함 | 명확한 결론 어려움 |
> | 사회문화적 특성의 영향에서 비교적 자유로움 | 사회문화적 특성의 영향을 받음 |
> | 연구자의 개성이나 사회적 지위에 의한 영향 거의 없음 | 연구자 개인의 심리상태, 개성 및 가치관과 세계관에 의해 영향을 받음 |
>
> ☞ 사회조사방법론은 인간의 행위나 의식을 측정하여 이를 설명하고자 한다.

(2) 과학적 방법
① 과학에서 쓰이는 방법들을 과학적 방법이라 하며, **체계적이고 객관적 방법으로 검증 가능한 질문에 대해 연구하는 방법**을 말한다.
② 현상 → 개념/이론 → 가설 → 관찰 및 검증을 통해 **규칙을 발견하여** 이를 일반화하고 논리적 **이론으로 정립**한다.[1]

> - 대상이나 현상의 구조와 성질을 **지각적 작용에 의해 관찰 및 조사하여 사실을 증명**한다.
> - 사실적 지식을 **체계적, 비판적, 통계적**(과학적 조사의 방법)으로 연구한다.
> - 이론적 설명 과정 등을 통해 **객관적 법칙을 탐구**하는 체계적 지식활동이다.

[1] **과학적 활동**
이렇게 현상에 대해 기술하고 **규칙성을 발견하여 이론과 법칙을 정립하는 활동**을 가리켜 과학적 활동이라 부른다.

(3) 과학적 조사(과학적 연구)
① **의의**
- **과학적 조사**는 현상을 과학적 방법으로 조사하고 분석함으로써 문제를 해결하는 것을 목적으로 한다. 즉 **가설적 명제들을 과학적 방법으로 탐구하는 활동**이며 **가설의 검증**과정을 거쳐 이론을 도출하는, 즉 **일반적 원칙을 밝혀내는 것**이다.
- **경험적, 실증적, 객관적**으로 수행한다.
- 현상 → 개념/이론 → 가설 → 관찰 및 검증 → 경험적 일반화 순서에 따른다. 즉, 이론에 근거해서 가설을 세우고 규칙을 발견하여 일반화한다.

② **기본가정**
- 자연에는 질서와 규칙이 있고 **진리는 상대적이다**.
- **모든** 사건과 현상에는 **원인**이 있으며 **모든 현상을 이해하고 설명할 수 있다**.
- **지식**의 원천은 **경험**과 **관찰**이다.

③ **과학적 조사(방법)의 특징**
  ㉠ **객관성(Objectivity)**
  - **표준화된 도구와 절차 등을 통해** 객관적으로 **누구나 납득할 수 있는 결과**를 이끌어내야 한다.
  - 연구자의 개인적이고 주관적인 편견을 최대한 배제하고 **다른 사람이 보아도 동일하게 인식**해야 한다.

  ㉡ **경험성(Empiricism)**
  - 연구대상이 궁극적으로는 **감각기관에 의해 지각될 수 있어야 한다**.
  - 추상적인 개념 역시, 그 자체로는 추상적일지라도 궁극적으로는 경험적으로 인식이 가능해야 한다.

  ㉢ **검증가능성(Empirically Verifiable; 경험적 검증가능성)**
  - 과학적 조사결과가 사실로 증명될 수 있도록 **실제 현상적인 증거**가 존재해야 한다.
  - **경험적이고 실제적으로 검증이 가능해야 한다**는 것으로 **실증성, 경험적 검증가능성**의 의미를 가진다.

② 재현(재생)가능성(Reproducibility)
- 일정한 절차 및 방법을 재실행, 즉 **동일조건으로 반복**하는 경우 **누구나 동일한 결론**에 도달할 수 있어야 한다.
- 즉, 동일조건하에서 동일한 결과가 재현될 수 있는 가능성이다.

⑩ 간결성(Parsimony)
- 가급적 **최소한의 설명변수로 최대한 많은 설명력**을 최대한 확보할 수 있어야 한다.
- 불필요한 내용은 제외하고 간결하게 설명해야 한다.

⑪ 체계성(Systematic)
- 조사결과의 확신을 가질 수 있도록 철저한 계획 하에 이루어져야 한다.
- 내용의 전개과정이나 조사과정이 **일정한 구조 틀, 순서, 원칙에 입각**해서, 즉 조사결과의 확신을 가질 수 있도록 철저한 계획 하에 진행되어야 한다.

⑫ 논리성(Logicality)
- 개념이나 판단이 상호 모순되지 않고 **현상을 논리적으로 설명할 수 있어야** 한다.
- 기본 이론이나 법칙에 근거하여 전개과정에 **논리적인 오류나 비약없이** 일관성 있게 근거에 입각해 조사가 이루어져야 한다는 것으로, 과학적 연구는 논리적 사고에 의존한다는 것이다.

⑬ 변화가능성(Changeable)
- 수정가능성, 연구결과는 **향후 수정될 수 있으므로** 변화가능성을 가진다.
- 기존의 신념이나 연구결과들은 언제든지 비판·수정될 수 있다는 것이 과학적 지식의 속성이다.

⑭ 상호주관성(Inter - subjectivity: 간주관성)
- 상호작용 측면에서 존재하는 개념으로 **공유된 이해, 합의된 객관성** 등을 의미한다. 사회과학 연구에서의 과학성은 연구자들이 공통적으로 가지는 주관성(Inter - subjectivity)에 근거하는 경우가 많다.
- 연구자들의 **주관이 제각기 달라도**, 동일한 방법을 사용했을 때에는 **동일한 해석·설명**에 도달할 수 있어야 한다.

⑮ 기타
- **반증가능성**: 검증하려는 가설은 실험·관찰에 의해 반증될 가능성이 있다.
- **결정성(인과성)**: 과학적 현상은 스스로 발생하는 것이 아니라 반드시 원인이 존재한다.
- **일반성(일반화 가능성)**: 개별 현상으로 전체의 일반 이해를 추구한다.
- **구체성(특정성)**: 특정한 측정방법을 사용하고 개념을 정확히 정의하며 다른 연구자가 이해할 수 있도록 구체적으로 표현되어야 한다.
- **설명적**: 현상을 설명한다.
- **통제성(제어 가능성)**: 연구목적과 관련 없는 변수들은 철저하게 영향을 제어하여 원래 밝히고자 하던 변수들 간의 인과관계를 명확히 밝혀야 한다.

(4) 지식의 탐구와 형성방법
① **전통·관습에 의한 방법**
사회적 습관, 전통적 관습을 의심 없이 그대로 수용하는 것이다.
② **권위에 의한 방법**
권위자나 전문가의 의견을 인용하는 것이다.
③ **직관에 의한 방법**
가설 설정 및 추론의 과정 없이 직접적 인식을 추구하는 것으로 개인의 편견이 개입된 부정확한 관찰, 자신이 관찰한 현상에 대한 지나친 일반화, 자기중심적인 현상 이해, 특정현상에 대한 고정관념 등의 오류가 생길 수 있다.
④ **신비에 의한 방법**
신, 예언자, 초자연적인 존재로부터 지식을 습득하는 것이다.
⑤ **과학에 의한 방법**
문제 정의 및 자료 수집·분석을 통해 결론을 도출하는 체계적 과정을 통해 지식을 탐구하는 것이다.

2. 사실과 이론

(1) 사실(Fact)
① 현상 자체와는 다르며, **현상을 증명하여 주는 것**으로 인정되는 것이다.
② 감각기관에 의해 인지된 것으로 **개념 간의 관계, 개념의 논리적 결합**이다.
③ **이론의 증거**, 즉 이론을 재규정하거나 기존 이론을 명확히 하는 것이다.

> **[명제(proposition)와 법칙(laws)]**
> - **명제**: 참·거짓을 판단할 수 있는 진술로 **명제가 몇 개 묶여진 것이 이론이다**. 명제는 관찰 가능한 현상에 속하고 있는 것이 무엇인지 알려줄 수 있어야 한다.
> - **법칙**: 모든 사물과 현상의 원인과 결과 사이에 내재하는 **보편적이고 필연적인 관계**로, 보다 넓은 범위와 높은 수준으로 **확증을 얻은 명제**이다. 종종 **이론과 동일시**된다.

📄 **참고**

공리(公理; Axiom)
주어진 이론체계 안에서는 **증명 없이 참(True)으로 받아들이는 명제**이다. 증명할 필요가 없이 자명한 진리이자 다른 명제들을 증명하는 데 전제가 되는 원리로서 가장 기본적인 가정을 말한다. 논리학이나 수학 등의 이론체계에서 가장 기초적 근거가 되는 명제이다.

(2) 이론
① **사실과 사실 간의 관계에 대해 논리적 연관성을 부여하는 것**으로, 정확성, 일반성, 간결성, 인과성, 객관성 등에 의해 **관계를 평가하여 체계화**한 것이다.
② 개념들 간의 관계에 대하여 **규칙성이나 법칙성**을 나타내는 **일반적 진술로, 현상**에 대한 설명과 예측을 목적으로 **변수 간의 관계를 밝혀 그 현상에 대한 체계적 견해를 제공하는 일련의 상호 연결된 개념의 정의 또는 명제이다.**

③ **경험적으로 검증**이 가능하고, 통일성 있게 **논리적으로 상호 연결**된 일련의 관계이다. 즉, 경험적으로 검증 가능하고 어느 정도의 법칙적인 일반성을 포함하는 체계적이고 연관성을 가진 **일련의 진술**이다.
④ 함축적이고 연역 가능성이 있는 관계에 의해 **구조화된 일련의 가설**이다.
⑤ 변수들 간의 관계에 대한 **확률적 진술**로, 가설을 도출하여 이론을 검증하게 된다.

> [이론의 기준]
> ① **정확성(Accuracy)**: 정확하게 설명하고 예측할 수 있어야 한다.
> ② **일반성(Generality)**: 일반성이 클수록 이론에 의해 설명할 수 있는 현상 범위가 넓어진다.
> ③ **간명성(Parsimony)**: 설명에 사용되는 독립변수의 개수가 적으면 적을수록 간명성이 높다.
> ④ **인과성(Causality)**: 현상을 설명할 때, 원인변수 이외에 새로운 변수들이 첨가되어도 설명 유형에 변화가 일어나지 않을 경우 인과적으로 간주 가능하다.

> [이론의 기능(이론의 역할)]
> 이론은 연구의 주요 방향을 결정하는 토대가 되며 연구에 대한 지침을 제공한다.
> ① **현상의 개념화 및 분류화**: 사실의 제개념을 쉽게 해주어 현상을 분류화·체계화하여 상호연관 짓도록 하는 기초를 제공한다.
> ② **사실의 설명과 예측**: 조사하고 있는 사실을 설명해주어 새로운 사실을 예측할 수 있도록 한다.
> ③ **지식의 결함지적과 지식의 확장**: 검증필요 부분을 제시하고, 알려지지 않았던 사실을 설명·예측할 수 있게 한다.
> ④ **지식의 요약 및 과학의 주요방향 제시**: 지식을 요약하게 해주며 연구의 방향을 제시한다.

2 과학적 조사의 패러다임(Paradigm)

1. 개념

패러다임은 **토마스 쿤**이 제시한 개념으로 어떤 한 시대 사람들의 견해나 사고를 근본적으로 규정하고 있는 테두리, 즉 이론적 틀이나 개념의 집합체로 **인식의 체계, 사물에 대한 이론적 틀·체계**를 의미한다.
① 사회과학 조사연구에서는 어떤 (과학적)공동체의 **구성원이 공유하는 개념적, 이론적 체계 및 신념이나 세계관 등을 의미**한다.
② 연구자의 패러다임에 따라 연구를 바라보는 성격과 가치관 등이 달라지며 이에 따라 연구에 접근하는 과학적 방법론도 달라져 다양한 관점과 연구방법이 나타난다.

2. 종류

실증주의 패러다임	① 과학적 원리를 이용한 **실험을 강조한다**(자연과학의 원리 사용). ② 현상의 원인을 객관적으로 측정하고 **일반화를 전제**하여 인과관계를 설명하는 목적(경험적 관찰을 사용)이다. ③ 양적 자료를 통계적으로 분석하는 연구의 **양적 방법**[1]을 선호한다. ④ 인간행동의 일반적 행태를 예측하는 데 사용할 수 있는 **일반적 법칙**을 확률에 근거하여 발견하고 이를 확인하기 위해 **논리적 유추와 경험적 관찰**을 활용하여 연구한다. ⑤ 연구의 **가치중립성, 객관성, 일반화**를 강조한다.
해석주의 패러다임	① 인간의 **주관적 의식**을 중요시한다. ② 현상의 원인을 개인의 경험, 사회적 행위의 **주관적 의미**에 대한 **해석과 이해**를 통해 설명한다. ③ 일반화보다는 **타당성**을 강조한다. ④ 참여관찰[2] 등 연구의 **질적 방법**[1]을 선호한다. ⑤ 실증주의에 입각한 객관주의적 경험관을 극복하려 한다.
비판과학적 (갈등) 패러다임	① '사람들이 스스로 현재의 조건을 변화시키고 개선된 사회를 구성할 수 있도록' 돕기 위해 현재 사회의 실질적 구조를 발견하는 **비판적 탐구**를 수행하는 패러다임이다. ② 실증주의와 해석주의에 대한 비판적 시각을 갖는다. ③ 조사의 목적은 **사회관계를 비판**함으로써 **사회를 변화**시키기 위함이다. ④ 사회라는 실체를 **총체적이고 역사적 구조 속에서 파악하여야** 한다고 보며 연구자는 가치중립적이기보다는 **실천적 자기 입장**에서 이론을 바라보는 것을 강조한다.

[1] **양적 연구와 질적 연구**
연구대상의 속성을 양적(계량화)으로 표현하느냐 질적(말, 글 등)으로 표현하느냐에 따른 구분이다.
☞ 상세내용 후술(56p)

[2] **참여관찰**
조사자가 관찰대상 내부에 들어가 구성원의 일원으로서 직접 참여하여 관찰하는 것이다.

3 과학적 조사의 조사목적 설정(사회과학적 연구의 일반적 연구목적)

> 탐색, 기술, 설명, 이해, 일반화, 예측, 통제, 평가

(1) **탐색(Exploration)**: 사실이나 정보에 대해 살펴보고 찾아본다.

(2) **기술(Description)**: 현상 및 속성을 체계적으로 묘사한다.

(3) **설명(Explanation)**: 변수들 사이의 관계에 대해 실험, 체계적 이해를 통하여 원인과 결과(인과관계)를 설명한다.

(4) **이해**: 지식을 제공하고 그에 대해 이해하도록 한다.

(5) **규칙성의 일반화**: 반복 실험 및 검증 과정을 통해 규칙을 발견하고 일반화하여 이론으로 정립한다.

(6) **예측(Prediction)**[3] **및 통제(Control)**[4]: 이론을 바탕으로 현상을 분석하고 예측 및 통제한다.

(7) **평가(Evaluation)**: 사건이나 현상을 객관적으로 평가하고 가치를 규명한다.

[3] **예측**
미래의 결과를 예상하여 명시적으로 말 또는 글로 나타낸다.

[4] **통제**
일련의 과정을 통해 파악하게 된 사건·현상의 원인이나 조건 등에 대하여 적절한 관리나 처치를 함으로써 사건·현상을 적정한 방향으로 개선 또는 유지하고 이끌어 간다.

4 과학적 조사(연구)의 절차

문제 인식과 문제 정립→(기존 이론·연구 고찰)→가설 설정→조사 설계→자료 수집→자료 분석→보고서 작성
☞ 즉, 과학적 조사(연구)의 과정은 현상→개념/이론→가설→관찰 및 검증→경험적 일반화의 과정을 거치는 것이다. 즉, 이론에 입각하여 가설을 수립하고 일련의 규칙성을 발견하여 일반화한다.

1. 문제 인식과 문제 정립(기존 이론·연구의 고찰단계 포함)

(1) 조사연구 **문제의 인식**과 이를 통하여 조사연구에서 다루고자 하는 **주제, 조사연구 목적과 필요성(중요성), 이론적 의의 등**에 관해 명백한 구상을 가지고 논리적으로 정립하는 단계이다.

(2) 문제가 제기된 **배경을 분석**하며 조사연구의 **주제를 구체화**하여 연구문제를 의문형식으로, 즉 **구체적 질문형태로 기술**한다. 이를 통해 변수들 사이의 관계 파악을 하기 위함이다.
㉠ 제품의 패키지 디자인 변화가 매출액에 영향을 줄 것인가?

(3) 문헌조사, 전문가 의견 참조 등 **예비조사**[1]를 실시할 수 있다.
① 연구 영역 및 그 영역 내에서의 구체적 문제설정 및 관련한 이론적 준거 설정 등으로 기존 이론 및 이미 연구된 경험적 연구들에 대해서도 검토 가능하다.
② **기존 이론·연구의 고찰 단계**이다.

[문제 정의 과정]
연구의 목적 확인→문제의 배경 검토→문제의 구성요소 등 확인→측정대상 결정→관련변수 결정→연구의 하위목적 설정→한정된 목적과 변수들에 대한 예비조사 수행→문제 정의

[설정된 연구 문제의 적정성 판단기준]
• 두 개 이상 변수들 간의 관계를 서술해야 한다.
• 문제는 명백하고 확실한 것이어야 하며 관찰 가능한 현상과 밀접히 연결되어야 한다.
• 문제 설정은 실증적 연구를 통해 해결될 수 있도록 설정되어야 한다.

2. 가설 설정

(1) 가설(假說, Hypothesis)의 정의[2]
① 일련의 현상을 설명하기 위해 과학적 근거를 가진 **명제형태**로 추측하는 것(추론의 전제)으로, 보통 둘 이상의 변수·현상 간의 관계를 설명하는 **검증되지 않은 상태의 명제이다.**
② 2개 이상의 변수 또는 현상간의 관계를 **검증 가능한 형태로 서술**한 하나의 문장이며 연구문제에 관해 검증할 수 있도록 기술된 **잠정적 결론이다.**
③ 과학적인 지식을 증진시키는 가장 효과적인 수단이다.

---

[1] 예비조사
관련지식이나 선행연구가 없을 때 예비지식 확보를 위해 실시하는 조사이다.

[2] 가설설정시의 고려 사항
변수를 측정할 수 있는 척도, 가능한 오차의 종류와 크기 등

④ 가설은 동일 연구분야의 다른 가설이나 이론과 차이가 있어야 한다.
☞ 연관성이 없어야 하는 것은 아니다.
⑤ 가설은 방향성을 가질 수도 있고, 그렇지 않을 수도 있다.

방향적 가설	비방향적 가설
가격이 낮을수록 수요는 증대된다.	가격에 따라 수요는 달라진다.
심장병 환자의 비율은 남자가 여자보다 높다.	심장병 환자의 비율은 남녀 간에 차이가 있다.

⑥ 가설은 독립변수와 종속변수[3]의 관계의 형태로 표현되는 것이 일반적이다.

[3] **독립변수**
종속변수에 영향을 주는 원인변수
종속변수
독립변수의 영향으로 결과가 나타나는 결과변수

(2) 가설의 분류

연구 목적에 따른 분류	기술적 가설	현상의 정확한 기술, 어떤 변수의 크기나 성질 등에 대한 가설(=**식별 가설**). 예 지난 10년간 대기오염지수가 10% 이상 상승했다.
	설명적 가설	인과관계를 규명하기 위한 가설(=**인과적 가설**, 인과관계 가설). 예 온도가 높아지면 미생물 번식이 증가할 것이다.
통계적 검증단계에 의한 분류	귀무가설[4] (영가설)	연구가설과 논리적으로 반대의 입장의 가설로, '같다, 차이가 없다'와 같이 진술함 예 A, B 두 종류의 교육프로그램에 따른 각각의 교육효과(판매실적)은 같다, 차이가 없다.
	대립가설 (연구가설)	연구문제에 대한 잠정적 해답, 즉 결론 난 것이 아니고 이러할 것이라고 추정한 것으로 연구자가 제시한 가설로, '다르다, 차이가 있다'와 같이 진술함 예 A, B 두 종류의 교육프로그램에 따른 각각의 교육효과(판매실적)은 다르다, 차이가 있다.

[4] 기존에 알려진 보편적 견해가 주로 귀무가설이 된다.

① 가설의 분류 상세 내용

귀무가설	㉠ 연구자가 주장하고자 하는 **연구가설과 논리적으로 반대의 입장**을 취하는 가설(=영가설) ㉡ **통계적 검증의 대상**이며, '관계가 없다', '같다', '차이가 없다' 등으로 나타낸다. ㉢ 자료에 나타난 **차이나 관계가 우연의 법칙으로 생긴 것**이라는 진술이다.
연구가설	㉠ **연구자가 주장하고자 하는 가설**로 연구문제에 대한 **잠정적인 해답** ㉡ 연구자의 **이론으로부터 도출된 가설**로 실험적 가설 또는 과학적 가설이라고도 한다. ㉢ 경험적으로 **검증되지 않은 이론**의 성격으로 자료에 나타난 **차이나 관계가** 우연의 법칙으로 생긴 것이 아니라 **유의(有意)**한 것이라는 진술이다. ㉣ 연구자의 주관을 배제하고 **가치중립적**으로 진술되어야 한다.

대립가설	⊙ **연구가설을 표본자료를 통하여 통계적 가설[1] 형태로 나타낼 때** 귀무가설과 논리적으로 반대의 입장을 취하는 가설. 즉 연구자가 주장하고자 하는 가설의 입장이므로 '**관계가 있다**', '**같지 않다**', '**차이가 있다**' 등으로 나타낸다. ⓒ 연구문제에 대한 잠정적 해답을 경험적으로 검증하도록 진술한 가설로 흔히 연구가설과 동일시된다. **대립가설 = 연구가설 = 실험적 가설 = 과학적 가설 = 작업가설**
식별 가설	⊙ 어떤 사실의 **성질, 기능, 형태, 위치, 분포** 등의 '**상태**'를 묘사·기술하기 위한 가설 ⓒ **원인규명이 목적이 아니다.** ⓒ "**그것이 무엇인가**"에 대한 **잠정적 해답**이며 기본적으로 "**무엇은 ~이다**"의 표현 양식을 사용한다.
설명적 가설	⊙ 사실과 사실 간의 "**관계**"를 설명해주는 가설 ⓒ 두 개 이상 사물들 간의 관계의 양상에 **일정한 규칙성**, 공통점이 있음을 말한다. ⓒ 어떠한 사실의 **인과관계**, 즉 원인 또는 사실들 간의 시간적 순서, 사실들 간의 작용 또는 반작용의 양상이나 크기 등을 말하기도 한다. ⓔ "**왜**"에 대한 **잠정적 해답**으로, 기본적으로 "**~하면 ~하다**"의 표현 양식을 가진다.
기타	⊙ **기본가설과 종속가설** • 기본가설: 전체의 맥락이 되는 가설 • 종속가설: 기본가설을 여러 각도에서 검증하기 위해 작성되는 세분화된 가설 ⓒ **단순가설과 복합가설** • 단순가설: 한 개나 두 개의 변수를 갖는 가설 • 복합가설: 다수의 변수를 갖는 가설

[1] **통계적 가설**
관찰자료로부터 얻은 정보를 기초로 연구가설, 귀무가설을 계량화하여 설정하는 것이다.

② **연구가설의 기능**[2]
- 현상들의 잠재적 의미를 찾아내고, 현상에 질서를 부여한다.
- 경험적 검증의 절차를 시사한다.
- 문제해결에 필요한 관찰 및 실험의 적정성을 판단할 수 있게 한다.

③ **가설결과의 해석**
- 연구자가 주장하고 싶은 가설을 대립가설에, 반대의 가설을 귀무가설로 설정하며 가설결과의 해석은 "**귀무가설을 기각**" 또는 "**귀무가설을 기각하지 못한다**"이어야 한다.
- 관찰에서 얻은 데이터로 귀무가설이 틀리다는 결정적인 증거가 발견되면 귀무가설을 기각할 수 있는데, **귀무가설을 기각하지 못했다고 해서 귀무가설이 옳다는 것은 아니다.** 단지 귀무가설이 틀렸다는 **결정적인 증거를 발견하지 못했다는 것을** 의미할 뿐이다.

[2] 가설이 아닌 연구 질문만을 가지고 연구를 시작하는 질적 연구의 형태도 있으므로 **모든 연구에 명백하게 연구가설을 설정해야 하는 것은 아니다.**

(3) 가설설정의 기본 조건
① 이론적 근거를 토대로 **명료하고 가치중립적**이어야 한다.
② **경험적 검증**이 가능해야 한다.
③ 실증적 확인(아직 진실여부가 확인되지 않음)을 위해 **구체적**이어야 하며 현상과 관련성을 가져야 한다.
④ 간단명료하며 **계량화**가 가능해야 한다.
⑤ 관련변수의 선정과 변수들 간의 **관계를 나타내는 문장**을 조건문 형태의 복문으로 나타낸다.
⑥ 광범위한 범위에 적용 가능해야 한다.

(4) 좋은 가설의 조건 및 평가기준
가설의 조건은 **평가기준**이자 가설의 **특징**이기도 하며, 나아가 '좋은 가설'의 조건, 평가기준이자 특징이 된다.

명료성(간결성)	① 용어들의 의미가 명백하고 **간단명료**하게 표현되어야 한다. ② 논리가 간결해야 하며 **동의어가 반복적이지 않아야** 한다.
가치중립성	연구자의 **가치, 편견 또는 주관적 견해 등을 배제**해야 한다. 현실적으로는 '개입을 최소화'해야 한다.
한정성	변수들 간의 관계가 시간, 공간, 분석단위 등에 따라 어떻게 성립하며 변화하는지 관계, 방향, 성립조건 등에 관하여 한정적으로 명확히 밝힐 수 있어야 한다.
검증가능성	① **실증적(경험적)으로 검증**이 가능해야 한다. 즉, 옳고 그름을 판단할 수 있어야 한다. ② **가설검증 가능한 도구**가 있어야 한다. ③ 가설에 포함된 변수들에 대해 **조작적 정의**[3]가 이루어져야 하며 관찰·측정이 가능해야 한다.
기타	① **계량화 가능성**: 통계적으로 분석을 할 수 있도록 숫자 등으로 계량화할 수 있어야 한다. ② **입증의 명백성**: 가설 및 가설에 포함되어 있는 개념들은 명백하게 입증 가능해야 한다. ③ **가설 자체의 개연성**: 원인과 결과 사이의 개연성이 높으면 좋다. ④ **다른 가설과의 연관성**: 동일분야 다른 가설·이론과 연관이 있어야 한다. 그러나 차이가 있어야 한다. ⑤ **일반화 가능성**: 입증된 결과의 일반화가 가능해야 한다.

[3] 조작적 정의는 추상적인 개념을 관찰가능한 구체적 지표로 표현하는 것이다.
☞ [제2과목 PART 03] 참고

(5) 작업가설(Working Hypothesis)

작업가설(대립가설)은 **실험이나 관찰 등으로 검증하기 위하여 수립한, 경험적으로 검증 가능한 가설**이다.

정의	① 실험, 관찰, 조사에 의해 **검증받아야 할 가명제**이다. ② **이론적 가설을 구체화한 것이다.** ③ 일반적으로 연구가설(= 실험가설 = 과학적 가설 등)과 동의어가 되며, **통계적 가설로 표현되는 대립가설에 해당**된다. ④ 작업가설을 검증하기 위해 실험, 관찰, 조사계획이 세워지게 된다.
조건	① **간단명료**해야 한다. ② 모든 변수의 **조작적 정의**가 명확해야 한다. ③ **가치중립적**이어야 한다. ④ 연구자의 **편견이 개입되면 안 된다**(개입되면 결과 왜곡). ⑤ **구체적**인 성질이고, 그 뜻이 명확해야 한다. ⑥ 변수들 간의 관계, 방향, 성립조건 등에 관해 명확히 밝힐 수 있어야 한다. ⑦ **실증적(경험적)으로 검증이 가능**해야 한다. ⑧ 시간 및 비용 측면 등에서 현실적으로 실행 가능해야 한다. ⑨ **연구문제를 해결(답을 제시)할 수 있어야** 한다.

(6) 가설관련 오류

제1종 오류	귀무가설이 진실인데 이를 기각하는 오류
제2종 오류	귀무가설이 맞지 않는데 이를 기각하지 않는 오류

3. 조사 설계

(1) 조사연구문제에 대한 해답을 얻기 위해 **조사의 전반적인 계획**을 수립하는 단계이다.

(2) 조사연구의 범위 및 분석의 단위, 가용자원과 예산 등을 고려하여 **자료수집방법**❶, **자료 분석방법 등**을 구체적으로 계획하며 **변수**의 종류와 수, 성격 등을 정의하고 변수 간의 관계를 검증하기 위한 **통계적 방법**을 강구한다. **외부변수**의 영향을 효과적으로 **통제**하는 방안을 포함한다.

❶ 상세내용 [제2과목 PART 01]에서 후술

(3) 가설의 검증방법, **표본추출** 방법 등에 대한 계획을 수립하며 활용가능한 자원과 **시간과 비용**의 문제에 대한 검토를 포함한다.

(4) 조사연구의 목적과 형태에 따라 다양한 **조사설계의 유형**❷을 검토하고 결정한다.

❷ 상세내용 [제1과목 PART 02]에서 후술

4. 자료 수집

(1) 결정된 자료 수집 방법의 검토, **자료의 수집 및 수집된 자료의 정리 · 조정** 등의 단계이다.

(2) 결정된 자료 수집 도구 · 방법에 따라 **예비적으로 자료를 수집해보면** 자료 수집 **도구의 타당도와 신뢰도** 여부 및 조사설계 전반에 대한 점검이 가능하다.

(3) 자료 수집을 통해 수집된 **자료**는 용이하게 분석 가능하도록 **분석 전에 정리**하고 분석방법과의 부합성을 고려하여 적합한 **조정 및 변환 등**을 수행한다.

5. 자료 분석(해석과 이용 포함)
(1) 수집된 자료를 조사연구의 가설 등과 연관하여 분석·평가하는 단계이다.
(2) 자료의 편집·정정·보완·삭제 등을 포함한다.
(3) 앞서서 정한 분석방법에 따라 분석하고 결과를 해석한다.
(4) 자료의 통계적 분포와 변수 간의 통계적 관계를 체계적으로 나타낸다.

6. 보고서 작성
(1) 연구 결과를 일정한 형식으로 기술하는 단계로, 연구결과를 실험이나 통계적 방법 등으로 객관성을 확보하여 대표성을 갖춘, 일반화 가능한 일정한 형식으로 기술한다.
(2) 분석결과의 해석, 이론 수립, 보고서 작성·발표 등을 포함한다.

📑 참고

사회과학에서의 윤리
(1) 윤리의 개념
  ① 사회의 일원으로서 지켜야 할 **행동규범으로, 옳고 그름에 대한 판단이다.**
  ② 사회과학에서 인간을 대상으로 실험을 통해 사회현상을 예측하는 등의 과정에서 윤리적 이슈 고려가 필요하다.
(2) 사회과학적 조사연구에서의 윤리적 문제
  ① **연구내용상의 윤리**: 사회적 윤리를 고려하여 연구주제와 내용을 선정해야 한다. 즉 연구내용은 **사회적 통념이 허용되는 범위 내의 것**이어야 하며 인간생활에 이익을 주는 것이어야 한다.
  ② **연구과정상의 윤리**: 비밀을 보장해야 한다. 사람에 대한 조작이 필요한 경우 관련하여 발생 가능한 위험보다 연구결과로부터의 잠재적 이익이 커야 한다.
  ③ **연구결과상의 윤리**: 프라이버시 보호, 연구결과의 타목적 사용가능 여부, 연구결과에 대한 책임과 이익의 배분 등이 있다.
  ④ **연구자**: 가치중립적이어야 한다.

Chapter 02 과학적 연구의 논리

1 연역적 논리(Deductive Logic)

1. 개념
이미 인정된 **보편적 원리**를 가지고 현상을 설명하는 것으로, **이론으로부터 가설을 끌어내어 설정**하고 이를 경험적 자료를 수집해서 검증하는 것이다. 즉 **이론으로부터 현상에 대한 설명과 예측을 도출**하는 것이다. **기존 이론의 확인**을 위해서는 연역법이 주로 사용된다.
☞ 선(先)이론 후(後)조사

2. 과정

> **이론**으로부터 **가설을 설정** → 가설의 내용을 현실세계에서 **관찰** → 결과의 가설 부합 여부의 판단(**가설검증**) → 가설의 채택여부를 결정(**결론 및 이론 형성**)

예 모든 사람은 죽는다. → A는 사람이다. → 따라서 A는 죽는다.
(1) 일반적 사실로부터 특수한 사실을 이끌어내는 방법이다.
  ☞ **실증주의적 입장**에서 이론을 개발하는 경우에 주로 사용한다.
(2) **이론에서 출발**해서 이를 적용시키는 방법이다.
  ☞ 구체적 관찰에 일정한 지침을 제공한다.
(3) 가설을 검증하는 **설명적 연구**에 주로 사용되며 **양적 조사** 방법에서 강조된다.

3. 장점과 한계점

(1) 장점
  '실제 연구 없이 **논리적으로 검증**', 즉 이론체계의 일부분에 대한 경험적 검증으로, 나머지 다른 부분을 실제 연구 없이 논리적으로 검증한다는 측면에서 효율적·경제적일 수 있다.

(2) 한계점
  최초 이론 형성이 어렵다.

2 귀납적 방법(Inductive Logic)

1. 개념
관찰과 자료 수집을 통해 **개별적 사실들로부터 일반적 원리를 이끌어내어** 보편성·일반성을 가지는 하나의 결론을 내리는 것(이론 도출)으로, 과학은 **관찰과 경험**으로부터 시작된다는 견해이다. **특수한 사실로부터** 일반적인 원리를 이끌어내는 논리로, **관찰로부터 일반화**로 나아가는 것이다.
☞ 선(先)조사 후(後)이론

2. 과정

관찰을 통해 현상을 파악하고 자료를 수집 → 자료 정리 및 분석 → 사례들을 바탕으로, 즉 특수한 사실을 전제로 일반적인 진리(원리와 유형 등)을 찾아냄 → 이것으로부터 잠정적인 결론을 도출

예) A도 죽고, B도 죽고, C도 죽었다. → A, B, C는 사람이다. → 따라서 모든 사람은 죽는다.

(1) 탐색적 연구·사례연구에서 많이 활용한다.
(2) 주로 질적 연구에서 강조된다.
(3) 관찰을 통해 경험적 일반화를 추구하는 것으로 경험적 관찰을 통해 기존의 이론을 보충·수정한다.
(4) 관찰된 결과에 대한 이해를 통해 이를 이론으로 구성시키도록 한다.

3. 장점과 한계점

(1) 장점

일정한 정도의 자료만을 가지고도 상당 수준의 일반화나 법칙의 도출이 가능하다는 측면에서 효율적일 수 있다.

(2) 한계점

① 충분한 이론적 배경 없이 현상을 측정하기 위한 변수들을 선택함에 따르는 한계가 있다.
② 한정된 수의 제한적 관찰에 의해 보편적 진리를 도출하는 것에 대한 한계가 있다.
③ 관찰에 따르는 측정상의 오류 가능성이 있다.

3 연역적 논리와 귀납적 논리

(1) 연구방법은 경험적 성격인 귀납적 논리와 분석적 성격인 연역적 방법을 상호보완적으로 활용하는 것이 좋다.
(2) 연역적 논리는 이론을 통해 관찰에 일정한 지침을 제공하고 귀납적 논리는 경험적 관찰로 기존이론 보완이 가능하다.

> 📑 **참고**
>
> **관련 추가사항**
> 베이컨(귀납법), 데카르트(연역법), 슐리크(논리실증주의), 카르납(논리경험주의), 포퍼(반증주의), 쿤(과학적 혁명)

Chapter 03 분석단위와 오류

1. 분석단위(Unit of Analysis)
(1) 의의

연구의 특성을 살피기 위해서 구분지어진 단위(연구의 대상이 되는 개인 또는 집단, 사회적 프로그램 등)이다.
① 기술 또는 현상을 설명하기 위해 **수집하는 자료의 단위**로서 그 속성과 특성에 대해 자료를 수집·기술하고자 하는 **대상**이다.
② 수집되는 표본의 크기 결정에 연관된다. 즉, 자료 수집 시 표본의 크기를 결정하는 데 사용하는 기본단위이다.

> ☑ **확인 문제**
>
> 다음의 사례에서 분석단위인 개인, 조직, 국가 중에 하나를 선택하시오.
> (1) 30세 이상 성인의 흡연율
> (2) 패션산업에서 G사와 H사의 국내 시장점유율
> (3) 청소년 인구 비율에 있어서 스웨덴과 우리나라 비교
>
> |정답| (1) 개인, (2) 조직, (3) 국가

(2) 분석단위의 중요성

분석단위가 달라짐에 따라 수집해야 할 자료의 종류와 내용이 달라지고 분석결과의 해석상 의미가 달라진다.
☞ 분석단위는 **연구문제를 형성하는 기초이다**.

(3) 분석단위의 요건

적합성	연구**목적에 맞는 적합한 단위**가 설정되어야 한다.
명료성	모든 관계요인에게 동일한 의미를 부여할 수 있도록 경험적·객관적으로 설정되어야 한다. ☞ 설정된 단위가 모든 사람들에게 동일한 의미로서 **명확하고 객관적으로 정의**되어야 한다.
측정가능성	**측정**이 가능해야 한다. ☞ 설정된 단위는 현상과 반응에 대한 기술적인 분류를 위한 측정이 가능한 것이어야 한다.
비교가능성	단위들 간의 **비교**가 가능해야 한다. ☞ 설정된 단위는 사실관계의 규명을 위한 비교가 가능해야 한다.

(4) 분석단위의 분류

개인수준, 집단수준, 프로그램, 조직, 제도, 국가, 지방자치단체, 사회적 생성물 등이 있다.

① **개인**: 개개인의 특성(성별, 연령, 태도 등)을 수집하여 집단·사회와의 상호작용을 기술할 때 주로 이용한다.
② **집단**: 사회집단을 연구할 경우의 분석단위(가족, 학급, 학과 등)이다.
③ **프로그램**: 어떤 것의 진행목록이나 방송에서의 매체 또는 어떤 문제를 해결하기 위한 수단 등 광의의 개념을 지칭한다.
④ **조직·제도**: 조직·제도 자체의 특성 등이 분석단위가 된다(기업, 학교 등).
⑤ **지역사회·지방정부·국가**: 행정학 및 정책 연구 등에서 지역사회, 지방정부, 국가 등을 말한다.
⑥ **사회적 생성물(사회적 가공물)**: 인간 이외의 것들, 즉 음악, 노래, 그림, 서적 등의 문화적 요소 및 결혼생활, 직업생활, 정치활동 등의 사회적 상호작용 등이 해당된다.

2. 분석단위 관련 오류

(1) 개념

분석단위 선정과 해석상의 오류 등 분석단위를 무시하고 가설을 기각하거나 채택하는 데에 나타나는 오류이다.

생태학적(생태주의) 오류 (Ecological Fallacy)	분석단위를 **집단에 둔 연구결과를 바탕으로** 집단 속 **개인 특성을 추리**할 때 나타나는 오류이다(결과를 개인에 동일 적용).
개인주의적(개체주의적) 오류 (Individualistic Fallacy)	**개인을 분석단위로 한 연구결과를 집단에 동일하게 확대 적용**하여 집단, 사회, 국가 등의 특성을 추론할 때, 즉 구체적인 개별사례를 바탕으로 거시적 사건을 설명하는 경우 발생하는 오류이다.
축소주의적(환원주의적) 오류 (Reduction Fallacy)	필요한 변수개념의 종류를 **지나치게 한정시키거나 한 가지로 환원**시키려는 경향으로, 조사할 개념이나 변수 설정 과정에서 발생하는 오류이다.

(2) 오류 예방방법

① 연구문제의 설정, 개념의 정의, 조작적 정의 등의 단계에서 문헌연구 등 예비·탐색적 조사를 충분히 수행하여 변수 및 분석단위를 명확히 하여야 한다.
② 각 학문 간의 종합적 연구가 가능한 연구 환경을 구성하는 등의 노력이 필요하다.

기출 및 예상적중문제 — PART 01 과학적 조사

01
2019년 1회

다음 중 과학적 연구에 관한 설명으로 틀린 것은?

① 연구의 목적은 현상을 체계적으로 조사하고 분석하여 문제를 해결하는 것이다.
② 과학적 연구는 핵심적, 실증적, 그리고 주관적으로 수행하는 것이다.
③ 예측을 위한 연구는 이론에 근거하여 주로 이루어진다.
④ 연구의 결론은 자료가 제공하는 범위 안에서 내려져야 한다.

해설
과학적 연구는 경험적, 실증적, 객관적으로 수행해야 한다.

02
2020년 4회

다음 중 과학적 방법을 설명하고 있는 것은?

① 전문가에게 위임하는 방법과 어떤 어려운 결정에 있어 외적 힘을 요구하는 방법이다.
② 주장의 근거를 습성이나 관습에서 찾는 방법이다.
③ 스스로 분명한 명제에 호소하는 방법이다.
④ 의문을 제기하고, 가설을 설정하고 과학적으로 증명하는 방법이다.

해설
과학에 의한 방법은 문제를 정의하고 자료를 수집·분석하여 결론을 도출하는 체계적 과정을 통해 지식을 탐구하는 것이다. 즉, 이론에 입각하여 가설을 수립하고 일련의 규칙성을 발견하여 일반화한다.

03
2019년 2회

과학적 연구의 과정을 바르게 나열한 것은?

① 이론 → 관찰 → 가설 → 경험적 일반화
② 이론 → 가설 → 관찰 → 경험적 일반화
③ 이론 → 경험적 일반화 → 가설 → 관찰
④ 관찰 → 경험적 일반화 → 가설 → 이론

해설
과학적 연구의 과정은 이론 → 가설 → 관찰 → 경험적 일반화의 과정을 거치는 것이다. 즉, 이론에 입각하여 가설을 수립하고 일련의 규칙성을 발견하여 일반화한다.

04
2017년 2회

과학적 방법의 특징에 해당하지 않는 것은?

① 논리성과 인과성
② 일반성과 구체성
③ 경험적 검증가능성과 추상성
④ 상호주관성과 수정가능성

해설
과학적 방법의 특징 중 하나는 추상성이 아닌 구체성이다. 이는 특정한 측정방법을 사용하고 개념을 정확히 정의하며 다른 연구자가 이해할 수 있도록 구체적으로 표현되어야 한다는 것이다.

|정답| 01 ② 02 ④ 03 ② 04 ③

05
2019년 3회

과학적 연구방법에 관한 설명으로 옳지 않은 것은?

① 간결성: 최소한의 설명변수만을 사용하여 가능한 최대의 설명력을 얻는다.
② 인과성: 모든 현상은 자연발생적인 것이어야 한다.
③ 일반성: 경험을 통해 얻은 구체적 사실로 보편적인 원리를 추구한다.
④ 경험적 검증가능성: 이론의 현실세계에서 경험을 통해 검증이 될 수 있어야 한다.

해설
과학적 방법의 특징 중 인과성은 과학적 현상은 스스로 발생하는 것이 아니라 반드시 원인이 존재한다는 것이다.

06
2021년 2회

과학적 연구의 특성에 대한 설명과 가장 거리가 먼 것은?

① 과학적 연구는 경험적으로 검증 가능해야 한다.
② 과학적 연구를 통해 얻어진 지식은 바뀌지 않는다.
③ 연구방법과 과정이 같으면 같은 결론을 얻을 수 있어야 한다.
④ 과학적 연구는 최소한의 변수를 이용하여 최대한의 설명을 하려고 한다.

해설
과학적 연구의 특성 중 하나는 변화가능성이다. 즉, 연구결과는 절대불변인 것이 아니라 언제든지 비판되고 수정될 수 있으므로 변화가능성을 가진다는 것이다.

07
2019년 2회

과학적 연구방법의 특징에 관한 설명으로 틀린 것은?

① 과학적 연구는 논리적 사고에 의존한다.
② 과학적 진실의 현실 적합성을 높이기 위하여 가급적 많은 자료와 변수를 포함하는 것이 좋다.
③ 과학적 현상은 스스로 발생하는 것이 아니라 어떤 원인이 있는 것이며, 그 원인은 논리적으로 확인될 수 있는 것이다.
④ 사회과학 분야 연구에서 과학성은 연구자들이 공통적으로 가지는 주관성(Inter-Subjectivity)에 근거하는 경우가 많다.

해설
② 과학적 연구의 특성 중 하나는 간결성이다. 즉, 가급적 최소한의 설명변수로 보다 많은 설명력을 확보할 수 있어야 한다는 것이다.
① 논리성
③ 인과성
④ 간주관성

08
2022년 1회

다음은 과학적 방법의 특징 중 무엇에 관한 설명인가?

> 대통령 후보 지지율에 대한 여론조사를 여당과 야당이 동시에 실시하였다. 서로 다른 동기에 의해서 조사를 하였지만 양쪽의 조사설계와 자료수집과정이 객관적이라면 서로 독립적으로 조사했더라도 양쪽 당의 조사결과는 동일해야 한다.

① 검증가능성
② 상호주관성
③ 재생 가능성
④ 논리적 일관성

해설
연구자들의 주관이 제각기 달라도, 동일한 방법을 사용했을 때에는 동일한 해석·설명에 도달할 수 있어야 한다는 것이다. 이는 과학적 방법의 특징 중 상호주관성에 해당하는 설명이다.

| 정답 | 05 ② | 06 ② | 07 ② | 08 ② |

09
2021년 1회

다음의 사례는 과학적 조사의 어떤 특징과 가장 관련이 있는가?

> A 연구원은 유권자의 투표행위가 아무런 이유 없이 일어난 행동이 아니라 후보자의 공약, 지연, 학연 등 다양한 원인으로 인해 행동이 일어났다고 결론을 내렸다.

① 간결성
② 상호주관성
③ 인과성
④ 수정 가능성

해설
주어진 사례는 과학적 조사의 특성 중 과학적 현상은 스스로 발생하는 것이 아니라 반드시 원인이 존재한다는 인과성에 해당한다.

10
2019년 2회

다음 ( ) 안에 공통으로 들어갈 말로 알맞은 것은?

> ( )(이)란 토마스 쿤(Thomas Kuhn)이 제시한 개념으로, 어떤 한 시대 사람들의 견해나 사고를 지배하고 있는 이론적 틀이나 개념의 집합체를 말한다. 조사연구에서 ( )의 의미는 특정 과학공동체의 구성원이 공유하는 세계관, 신념 및 연구과정의 체계로서 개념적, 이론적, 방법론적, 도구적 체계를 지칭한다.

① 패러다임(Paradigm)
② 명제(Proposition)
③ 법칙(Law)
④ 공리(Axioms)

해설
토마스 쿤에 의해 제시된 개념인 패러다임에 대한 설명이다. 어떤 한 시대 사람들의 견해나 사고를 지배하고 있는 이론적 틀이나 개념의 집합체를 말한다.

11
2022년 2회

실증주의에 관한 설명으로 틀린 것은?

① 관찰결과의 일반화 가능성을 강조한다.
② 과학과 비과학을 철저히 구분하려 한다.
③ 인간행위를 예측할 수 있는 확률적 법칙을 강조한다.
④ 인간행위의 사회적 의미를 행위자의 입장에서 이해하려 한다.

해설
④ 현상의 원인을 개인의 경험, 사회적 행위의 주관적 의미에 대한 해석과 이해를 통해 설명하는 해석주의에 대한 설명이다.
실증주의는 현상의 원인을 객관적으로 측정하고 일반화를 전제하여 인과관계를 설명하는 목적으로 경험적 관찰을 사용한다. 인간행동의 일반적 행태를 예측하는 데 사용할 수 있는 일반적 법칙을 확률에 근거하여 발견하고 이를 확인하기 위해 논리적 유추와 경험적 관찰을 활용하여 연구하는 것이며 과학적 원리를 이용한 실험을 강조한다.

12
2018년 2회

사회과학적 연구의 일반적인 연구목적과 가장 거리가 먼 것은?

① 사건이나 현상을 설명(Explanation)하는 것이다.
② 사건이나 상황을 기술 또는 서술(Description)하는 것이다.
③ 사건이나 상황을 예측(Prediction)하는 것이다.
④ 새로운 이론(Theory)이나 가설(Hypothesis)을 만드는 것이다.

해설
과학적 연구의 일반적 연구목적은 탐색, 기술, 설명, 이해, 예측, 통제, 평가이다.

13
2021년 3회

연구의 목적과 사례의 연결이 잘못된 것은?

① 기술(Description) – 유권자들의 대선후보 지지율 조사
② 설명(Explanation) – 시민들이 왜 담뱃값 인상에 반대하는지 파악하고자 하는 연구
③ 평가(Evaluation) – 현재의 공공의료정책이 1인당 국민 의료비를 증가시켰는지에 대한 연구
④ 탐색(Exploration) – 단일사례설계를 통하여 운동이 체중 감소에 미치는 효과를 검증하는 연구

해설
탐색은 사실이나 정보에 대해 살펴보고 찾는 것이다. 운동이 체중 감소에 미치는 효과를 검증하는 것은 과학적 연구의 목적 중 인과관계에 대한 설명에 해당한다.

14
2021년 2회

일반적인 연구수행 절차로 가장 적합한 것은?

① 문제설정 → 문헌고찰 → 가설설정 → 연구설계 → 자료수집 → 분석 및 논의
② 문제설정 → 가설설정 → 문헌고찰 → 연구설계 → 자료수집 → 분석 및 논의
③ 문제설정 → 문헌고찰 → 자료수집 → 가설설정 → 연구설계 → 분석 및 논의
④ 문제설정 → 가설설정 → 자료수집 → 문헌고찰 → 연구설계 → 분석 및 논의

해설
일반적 과학적 조사의 절차는 문제인식과 문제 정립 → (기존 이론·연구 고찰) → 가설설정 → 조사설계 → 자료수집 → 자료분석 → 보고서 작성이다.

15
2020년 4회

다음은 조사연구과정의 일부이다. 이를 순서대로 나열한 것은?

㉠ '난민의 수용은 사회분열을 유발할 것이다'로 가설설정
㉡ 할당표집으로 대상자를 선정하여 자료수집
㉢ 난민의 수용으로 관심주제 선정
㉣ 구조화된 설문지 작성

① ㉠ → ㉡ → ㉢ → ㉣
② ㉠ → ㉢ → ㉣ → ㉡
③ ㉢ → ㉠ → ㉣ → ㉡
④ ㉢ → ㉣ → ㉠ → ㉡

해설
일반적 과학적 조사의 절차는 문제인식과 문제 정립 → (기존 이론·연구 고찰) → 가설설정 → 조사설계 → 자료수집 → 자료분석 → 보고서 작성이다. 이에 따라 ㉢ 관심주제 선정(문제 정립) → ㉠ 난민 수용은 사회분열을 유발할 것(가설설정) → ㉣ 구조화된 설문지(조사설계) → ㉡ 표본추출방법의 유형 중 하나인 할당표집으로 대상선정 및 자료수집(자료수집)의 순이 된다.

16
2017년 2회

사회조사시 수집한 자료를 편집·정정·보완하거나 필요에 따라서 삭제하여야 할 필요성이 생겨나는 단계는?

① 문제설정 단계(Problem Statement Stage)
② 자료수집 단계(Data Collection Stage)
③ 자료분석 단계(Data Analysis Stage)
④ 예비검사 단계(Pilot Test Stage)

해설
자료분석 단계는 수집된 자료를 조사연구의 가설 등과 연관하여 분석 및 평가하는 단계로 자료의 편집·정정·보완·삭제 등을 포함한다.

|정답| 13 ④ 14 ① 15 ③ 16 ③

17 2020년 3회
비과학적 지식형성방법 중 직관에 의한 지식형성의 오류에 해당하지 않는 것은?

① 부정확한 관찰
② 지나친 일반화
③ 자기중심적 현상 이해
④ 분명한 명제에서 출발

해설
직관에 의한 지식형성은 가설설정 및 추론의 과정 없이 직접적 인식을 추구하는 것으로 개인의 편견이 개입된 부정확한 관찰, 자신이 관찰한 현상에 대한 지나친 일반화, 자기중심적인 현상 이해, 특정현상에 대한 고정관념 등의 오류가 생길 수 있다.

18 2022년 1회
분석단위와 연구내용이 잘못 짝지어진 것은?

① 도시 - 흑인이 많은 도시에서 범죄율이 높은 것으로 나타났다.
② 도시 - 인구가 10만 명 이상인 도시 중 89%는 적어도 종합병원이 2개 이상이었다.
③ 개인 - 전체 농부 중에서 32%가 여성임에도 불구하고 여성은 전통적으로 농부라기보다 농부의 아내로 인식되었다.
④ 개인 - 1970년부터 현재까지 고용주가 게재한 구인광고의 내용과 강조점이 어떻게 변화하였는지 파악하였다.

해설
④ 분석단위가 구인광고이므로 분석단위의 분류에서 개인은 적합하지 않다. 구인광고는 관점에 따라 사회적 생성물 또는 프로그램의 성격을 가질 수 있다.

19 2021년 1회
다음 중 분석단위가 나머지 셋과 다른 하나는?

① 가구소득 조사
② 대학생의 연령조사
③ 가구당 자동차 보유현황 조사
④ 전국 슈퍼마켓당 종업원 수 조사

해설
대학생의 연령조사는 분석단위가 개인이다.
①, ③, ④의 분석단위는 집단이다.

20 2017년 1회
분석단위와 관련된 잠재적 오류와 가장 거리가 먼 것은?

① 동어반복적 오류 ② 생태학적 오류
③ 개인주의적 오류 ④ 환원주의적 오류

해설
분석단위에 관련된 오류는 생태학적 오류, 개인주의적 오류, 환원주의적 오류이다.
① 동어반복은 한 단어나 문장에서 동의어를 되풀이해서 쓰는 것을 말한다.

21 2018년 1회
연구의 단위(Unit)를 혼동하여 집합 단위의 자료를 바탕으로 개인의 특성을 추리할 때 저지를 수 있는 오류는?

① 집단주의 오류 ② 생태주의 오류
③ 개인주의 오류 ④ 환원주의 오류

해설
분석단위를 집단에 둔 연구결과를 바탕으로 집단 속 개인특성을 추리할 때 나타나는 오류는 생태주의 오류이다.

| 정답 | 17 ④ | 18 ④ | 19 ② | 20 ① | 21 ② |

22
2021년 1회

집단이나 사회의 특성을 분석한 결과를 바탕으로 집단 속 개인에 관한 결론을 도출할 때 발생하는 오류는?

① 제1종 오류
② 생태학적 오류
③ 제3종 오류
④ 비체계적 오류

해설
분석단위를 집단에 둔 연구결과를 바탕으로 집단 속 개인특성을 추리할 때 나타나는 오류는 생태학적 오류이다.
① 귀무가설이 진실인데 이를 기각하는 오류이다.
④ 측정과정에서 우연히 또는 가변적인 일시적인 사정에 의해 측정 상황이나 측정 대상 등에 영향을 미쳐 나타나는 오류이다.

23
2019년 1회

다음 사례에 해당하는 오류는?

> 전국의 시·도를 조사하여 대학졸업 이상의 인구비율이 높은 지역이 낮은 지역에 비해 소득이 더 높음을 알게 되었고, 이를 통해 학력수준이 높은 사람이 낮은 사람에 비해 소득수준이 높다는 결론에 도달했다.

① 무작위 오류
② 체계적 오류
③ 환원주의적 오류
④ 생태학적 오류

해설
분석단위를 집단(지역)에 둔 연구결과를 바탕으로 집단 속 개인특성(소득)을 추리할 때 나타나는 오류이므로 생태학적 오류에 해당한다.
① 측정과정에서 우연히 또는 가변적인 일시적인 사정에 의해 무작위로 나타나는 오류이다.
② 측정 오차가 체계적 패턴을 띠게 되면서 일정한 방향으로 작용하는 오류이다.

24
2022년 2회

의약분업을 하게 되면 국민들이 약의 오남용을 줄일 수 있기 때문에 국가적으로 의료비 지출이 줄게 된다. 이 사실을 기초로 의약분업을 실시하게 되면 환자들은 적은 비용으로 치료를 받을 수 있게 된다고 주장한다면 그 주장은 옳은가?

① 올바른 주장이다.
② 환원주의 오류를 범할 가능성이 있다.
③ 생태학적 오류를 범할 가능성이 있다.
④ 개인주의적 오류를 범할 가능성이 있다.

해설
국가적으로 의료비 지출이 감소한다는 것은 집단에 대한 연구결과이다. 이 결과를 가지고 환자들이 적은 비용으로 치료를 받을 수 있다는 것은 개인에 대한 추리에 해당한다. 분석단위를 집단에 둔 연구결과를 바탕으로 집단 속 개인특성을 추리할 때 오류가 나타날 수 있으며 이는 생태학적 오류에 해당한다.

25
2022년 2회

분석단위의 혼란에서 오는 오류 중 개인의 특성에 관한 자료로부터 집단의 특성을 도출할 경우 발생하기 쉬운 오류는?

① 생태학적 오류
② 비표본 오차
③ 개인주의적 오류
④ 체계적 오류

해설
개인을 분석단위로 한 연구결과를 집단에 동일하게 확대 적용하여 집단, 사회, 국가 등의 특성을 추론할 때 나타나는 오류는 개인주의적 오류이다.
② 표본추출과정에서 발생하는 표본추출오차 이외의 모든 오차로, 조사원의 실수에 의해 나타나는 오차 등을 말한다.

| 정답 | 22 ② 23 ④ 24 ③ 25 ③ |

26
2019년 2회

과학적 연구의 논리체계에 관한 설명으로 틀린 것은?

① 사회과학 이론과 연구는 연역과 귀납의 방법을 통해 연결된다.
② 연역은 이론으로부터 기대 또는 가설을 이끌어내는 것이다.
③ 귀납은 구체적인 관찰로부터 일반화로 나아가는 것이다.
④ 귀납적 논리의 고전적인 예는 '모든 사람은 죽는다. 소크라테스는 사람이다. 따라서 소크라테스는 죽는다.'이다.

해설
④ 연역적 논리의 예이다.
  귀납적 논리는 관찰로부터 일반화로 나아가는 것이므로 고전적인 예는 'A도 죽고, B도 죽고, C도 죽었다. → A, B, C는 사람이다. → 따라서 모든 사람은 죽는다'이다.

27
2020년 4회

연구방법으로서 연역적 접근법과 귀납적 접근법에 관한 설명으로 틀린 것은?

① 연역적 접근법을 취하려면 기존 이론에 대한 분석이 필요하다.
② 귀납적 접근법은 현실세계에 대한 관찰을 통해 경험적 일반화를 추구한다.
③ 사회조사에서 연역적 접근법과 귀납적 접근법은 상호보완적으로 사용된다.
④ 연역적 접근법은 탐색적 연구에, 귀납적 접근법은 가설검증에 주로 사용된다.

해설
연역적 접근법은 가설검증에, 귀납적 접근법은 탐색적 연구에 주로 사용된다.

28
2018년 3회

연역법과 귀납법에 관한 설명으로 옳은 것은?

① 연역법은 선(先)조사 후(後)이론의 방법을 택한다.
② 연역법과 귀납법은 상호보완적으로 사용할 수 없다.
③ 연역법과 귀납법의 선택은 조사의 용이성에 달려있다.
④ 기존이론의 확인을 위해서는 연역법을 주로 사용한다.

해설
④ 기존이론의 확인을 위해서는 연역법이 주로 사용된다.
① 연역법은 선(先)이론 후(後)조사이다.
② 연구방법은 경험적 성격인 귀납적 논리와 분석적 성격인 연역적 방법을 상호보완적으로 활용하는 것이 좋다.
③ 연역법과 귀납법의 선택은 조사의 목적이나 성격에 달려있다.

29
2021년 1회

귀납법에 관한 설명으로 틀린 것은?

① 귀납적 논리의 마지막 단계에서는 가설과 관찰결과를 비교하게 된다.
② 특수한 사실을 전제로 하여 일반적 진리 또는 원리로서 결론을 내리는 방법이다.
③ 관찰된 사실 중에서 공통적인 유형을 객관적으로 증명하기 위하여 통계적 분석이 요구된다.
④ 경험의 세계에서 관찰된 많은 사실들이 공통적인 유형으로 전개되는 것을 발견하고 이들의 유형을 객관적인 수준에서 증명하는 것이다.

해설
마지막 단계에서 가설과 관찰결과를 비교하는 것은 연역법에 관한 설명이다.

30
2020년 3회

소득수준과 출산력의 관계를 알아볼 때, 개별 사례를 바탕으로 어떤 일반적 유형을 찾아내는 방법은?

① 연역적 방법
② 귀납적 방법
③ 참여관찰법
④ 질문지법

해설
개별사례를 바탕으로 어떤 일반적 유형을 찾아내는 방법은 특수한 사실로부터 일반적인 원리를 이끌어내는 논리인 귀납법이다.

31
2020년 4회

다음 중 이론에 대한 함축적 의미가 아닌 것은?

① 과학적인 지식을 증진시키는 가장 효과적인 수단을 말한다.
② 명확하게 정의된 구성개념이 상호 관련된 상태에서 형성된 일련의 명제를 말한다.
③ 구성개념을 실제로 나타내는 구체적 변수들 간의 관계에 대한 체계적 견해를 제시한다.
④ 개념들 간의 연관성에 대한 현상을 설명한다.

해설
이론은 사실과 사실 간의 관계에 대해 논리적 연관성을 부여하는 것으로 개념들 간의 관계에 대해 규칙성이나 법칙성을 나타내는 일반적 진술이며 현상에 대한 설명과 예측을 목적으로 변수 간의 관계를 밝혀 그 현상에 대한 체계적 견해를 제공하는 일련의 상호 연결된 개념의 정의 또는 명제이다.
① 가설에 대한 설명이다.

32
2018년 1회

과학적 연구에서 이론의 역할을 모두 고른 것은?

㉠ 연구의 주요방향을 결정하는 토대가 된다.
㉡ 현상을 개념화하고 분류하도록 한다.
㉢ 사실을 예측하고 설명해준다.
㉣ 지식을 확장시킨다.
㉤ 지식의 결함을 지적해준다.

① ㉠, ㉡, ㉣
② ㉡, ㉢, ㉤
③ ㉠, ㉢, ㉣, ㉤
④ ㉠, ㉡, ㉢, ㉣, ㉤

해설
이론은 연구의 주요방향을 결정하는 토대가 되며 연구에 대한 지침을 제공한다. 이론의 주요 기능은 현상의 개념화 및 분류화, 사실의 설명과 예측, 지식의 결함지적과 지식의 확장, 지식의 요약 및 과학의 주요방향 제시이다.

33
2018년 2회

가설에 관한 설명으로 틀린 것은?

① 가설은 과학적 검증방법을 통하여 가설의 옳고 그름을 판단할 수 있어야 한다.
② 가설은 동일 연구분야의 다른 가설이나 이론과 연관이 없어야 한다.
③ 가설은 두 개 이상의 구성개념이나 변수 간의 관계에 대한 진술이다.
④ 가설은 반드시 검증가능한 형태로 진술되어야 한다.

해설
가설은 2개 이상의 변수 또는 현상간의 관계를 검증 가능한 형태로 서술한 하나의 문장이며 연구 문제에 관해 검증할 수 있도록 기술된 잠정적 결론이다. 가설은 과학적 검증방법을 통하여 가설의 옳고 그름을 판단할 수 있어야 하는 것이며 과학적인 지식을 증진시키는 가장 효과적인 수단이다.
② 가설은 기존이론과 차이가 있어야 하지만 연관성이 없어야 한다는 것은 아니다.

| 정답 | 30 ② | 31 ① | 32 ④ | 33 ② |

34
2021년 2회

가설의 특성에 관한 설명으로 틀린 것은?

① 가설은 검증될 수 있어야 한다.
② 가설검정은 연구자가 제기한 문제의 해결과 관련이 있어야 한다.
③ 가설은 변수로 구성되며, 그들 간의 관계를 나타내고 있어야 한다.
④ 가설이 기각되었다면 반대되는 가설이 참임을 의미하는 것이다.

해설
가설은 2개 이상의 변수 또는 현상 간의 관계를 검증 가능한 형태로 서술한 하나의 문장이며 연구문제에 관해 검증할 수 있도록 기술된 잠정적 결론이다.
④ 가설이 기각되었다고 해서 반대되는 가설이 참인 것은 아니다. 다만 관찰에서 얻은 데이터에 의해서는 가설이 옳다는 결정적 증거를 발견하지 못했다는 것을 의미할 뿐이다.

35
2021년 1회

좋은 가설이 되기 위한 요건과 가장 거리가 먼 것은?

① 검증가능해야 한다.
② 입증된 결과는 일반화가 가능해야 한다.
③ 사용된 변수는 계량화가 가능해야 한다.
④ 추상적이며 되도록 긴 문장으로 표현을 해야 한다.

해설
좋은 가설의 조건 및 평가기준은 명료성(간결성), 가치중립성, 한정성, 검증가능성, 계량화 가능성, 입증의 명백성, 가설자체의 개연성, 다른 가설과의 연관성, 일반화 가능성이다.
④는 간결성과는 거리가 멀다.

36
2020년 1·2회

경험적으로 검증할 수 있는 가설의 예로 옳은 것은?

① 불평등은 모든 사회에서 나타날 것이다.
② 다양성이 존중되는 사회가 그렇지 않은 사회보다 더 바람직하다.
③ 모든 행위는 비용과 보상에 의해 결정된다.
④ 여성의 노동참여율이 높을수록 출산율은 낮을 것이다.

해설
가설은 변수들 간의 관계, 방향, 성립조건 등에 관해 명확히 밝힐 수 있어야 한다.
④ 노동참여율과 출산율의 두 변수에 대해 독립변수와 종속변수의 관계가 일정한 방향성을 가진 가설로 명시하고 있으므로 경험적으로 검증할 수 있는 적합한 가설이다.

37
2020년 3회

좋은 가설의 평가기준으로 옳지 않은 것은?

① 가설의 표현은 간단명료해야 한다.
② 가설은 경험적으로 검증할 수 있어야 한다.
③ 계량화 가능성은 가설의 평가기준이 될 수 없다.
④ 가설은 동의반복이어서는 안 된다.

해설
좋은 가설의 평가기준은 명료성(간결성), 가치중립성, 한정성, 검증가능성, 계량화 가능성, 입증의 명백성, 가설자체의 개연성, 다른 가설과의 연관성, 일반화 가능성이다.

| 정답 | 34 ④ 35 ④ 36 ④ 37 ③

38
2020년 1·2회

연구가설에 대한 설명으로 틀린 것은?

① 모든 연구에는 명백히 연구가설을 설정해야 한다.
② 연구가설은 일반적으로 독립변수와 종속변수로 구성된다.
③ 연구가설은 예상된 해답으로, 경험적으로 검증되지 않은 이론이라 할 수 있다.
④ 가치중립적이어야 한다.

해설
연구가설은 연구자가 주장하고자 하는 가설이다. 연구문제에 대한 잠정적인 해답으로 연구자의 이론으로부터 도출된 가설이다. 경험적으로 검증되지 않은 이론의 성격으로 연구자의 주관을 배제하고 가치중립적으로 진술되어야 한다.
① 가설이 아닌 연구 질문만으로 연구를 시작하는 질적 연구의 형태도 존재한다.

39
2019년 3회

경험적 연구를 위한 작업가설의 요건으로 옳지 않은 것은?

① 명료해야 한다.
② 특정화되어 있어야 한다.
③ 검정 가능한 것이어야 한다.
④ 연구자의 주관이 분명해야 한다.

해설
작업가설의 요건은 간단명료, 명확한 조작적 정의, 가치중립성, 구체성, 검증가능성, 현실적 실행가능성 등이다.
④ 연구자의 주관이 개입되면 결과가 왜곡된다.

40
2019년 2회

다음 중 작업가설로 가장 적합한 것은?

① 한국사회는 양극화되고 있다.
② 대학생들은 독서를 많이 해야 한다.
③ 경제성장은 사회혼란을 심화시킬 수 있다.
④ 소득수준이 높아질수록 생활에 대한 만족도는 높아진다.

해설
작업가설은 실험이나 관찰 등으로 검증하기 위하여 수립한 가설이다. 변수들 간의 관계, 방향, 성립조건 등에 관해 명확히 밝힐 수 있어야 한다.
④ 소득수준과 만족도의 두 변수에 대해 독립변수와 종속변수의 관계가 일정한 방향성을 가진 가설로 명시하고 있으므로 경험적으로 검증할 수 있는 적합한 가설이다.

|정답| 38 ① 39 ④ 40 ④

✓ 학습전략

**Chapter 01
조사와 조사설계**

조사설계와 조사의 유형에 대해 개괄적 개념을 파악하는 수준으로 학습합니다.

**Chapter 02
조사의 종류**

탐험조사, 기술조사, 인과관계 조사의 주요 내용과 종단조사, 횡단조사 및 양적 조사와 질적 조사에 중점을 두고 학습합니다. 각 조사의 개념과 유형 및 장단점에 대해 파악하는 것이 중요합니다.

**Chapter 03
실험설계의 세부유형**

각 실험설계방법과 외생변수의 종류를 체계적으로 이해하고, 실험설계 각 유형의 핵심적 개념과 실험설계의 외생변수의 통제 정도에 있어서의 차이점 등을 학습하면 됩니다. 또한 실험설계에 대한 좀 더 세부적인 참조사항들에 대한 내용은 시험의 외연이 확장될 경우를 대비하여 추가적인 학습을 해두면 좋을 것으로 판단됩니다.

PART 02
조사

Chapter 01 **조사와 조사설계**

Chapter 02 **조사의 종류**

Chapter 03 **실험설계의 세부유형**

Chapter 01 조사와 조사설계

1. 조사(연구; Research)
(1) 연구자가 **문제에 대한 해답을 찾기 위해 자료를 수집·분석하고 그 결과를 얻는 과정**으로 기존의 지식을 기각 또는 강화하거나 새로운 지식을 창출하는 탐구활동이다.
(2) 과학적 절차와 논리적 원칙에 의하여 진행된다.

2. 조사설계
(1) **가설을 평가하기 위한 계획**(구조 및 전략)이다. 계획이란 조사에 대한 전반적 시행 방침, 프로그램으로서 가설 구성 및 조작에서부터 최종자료 분석까지 무엇을 해야 할 것인지에 대한 윤곽을 의미한다.
(2) 조사설계를 위해서는 가설의 요건, 기능, 종류, 평가기준 등을 이해해야 하는데, 이와 함께 **자료의 접근 가능성, 시간, 공간, 비용 등의 문제**에 대해 고려해야 한다.

(3) **핵심구성요소**
　① **조사대상**: 누구를 대상으로 조사할 것인가
　② **조사항목**: 어떤 것을 조사할 것인가
　③ **조사방법**: 어떤 방법으로 조사할 것인가

3. 조사의 주요 유형
　① **조사의 목적**에 따라 탐험조사, 기술조사, 인과관계 조사로 나뉜다.
　② **조사의 시점**에 따라 횡단조사, 종단조사로 나뉜다.
　③ **연구의 방법과 자료수집의 유형**에 따라 양적 조사와 질적 조사로 나뉜다.
　④ **연구대상의 범위**에 따라 전수조사와 표본조사로 나뉜다.
　☞ 연구자는 연구 주제와 범위, 조사의 목적, 가용 자원과 예산 등을 종합적으로 감안하여 어느 유형의 조사를 할 것인가를 정하게 된다.

Chapter 02 조사의 종류

1 조사목적에 따른 분류

조사	탐험조사	기술조사	인과관계조사
목적	초기 단계에서 **통찰과 아이디어**를 얻기 위함	**현상을 요약기술**, 상관계 파악	**인과관계 규명**, 미래 예측
주요 유형	문헌조사, 전문가 의견 조사, 사례조사, 표적집단 면접법	(조사시점에 따라) 횡단조사, 종단조사 ☞ 설문조사(서베이법), 패널조사, 추세조사, 코호트 조사 등	실험조사

☞ 조사를 통해 자료를 수집하게 되는데 자료 수집방법은 크게 관찰법, 질문지법, 서베이(설문)법, 면접법, 실험 등으로 나눌 수 있다. 이 중 **서베이법은 주로 기술조사**에서 많이 쓰이고 **실험은 인과관계조사**에서 많이 쓰인다.❶

> ❶ 상세내용 [제2과목 PART 01]에서 후술

1. 탐험 조사(Exploratory Research) - 탐색적 조사(연구), 예비조사, 파일럿조사

(1) 의의
① 연구 문제에 대한 **사전지식이 부족**하거나 **개념을 보다 분명히** 하기 위해서 실시하는 조사로 조사의 초기단계에서 **통찰과 아이디어**를 얻기 위한 조사이다.
  • 알고자 하는 현상에 대한 **지식이나 선행 연구가 없을 때 예비지식 확보**를 위해 실시한다.
  • **조사 설계 확정 전** 연구문제 발견, 변수규명과 가설도출, 타당도 검증 등을 위해 **예비적으로 실시**한다.
  • 연구문제나 **가설의 구체화**를 위해 선행되는 것으로 **기초연구, 형성연구**라고도 한다.
② 현상에 대한 **이해**, 중요한 변수를 확인하고 발견하여 **변수를 규정**, 연구를 위한 **가설을 도출·설정**하기 위한 조사로 ㉠ **연구문제 도출** 및 연구가치 추정, ㉡ 보다 정교한 문제와 기회의 **파악**, ㉢ 연구주제와 관련된 변수들 사이의 **통찰력** 제고, ㉣ 중요도에 따른 **연구의 우선순위**와 중요 부분에 대한 실태 파악 및 ㉤ 조사를 시행하기 위한 **절차나 행위를 구체화**하는 조사이다.
③ **융통성 있게 실시**될 수 있고 수정이 가능하다.

(2) 주요 유형
문헌조사, 전문가의견 조사, 사례조사, 표적집단면접법(FGI) 등이 있다.

	문헌조사 (문헌고찰)	① 문제를 규명하고 가설을 설정하기 위해서 **기존의 문헌**을 살펴보는 방법으로 가장 신속한 조사이다. ② 참고자료 서적이나 연구자료 등의 **2차 자료**[1](= 간접 조사자료)를 이용한다. ③ 선행연구고찰을 통해 연구문제 발견, 새로운 아이디어 획득, 최신연구경향확인 등이 가능하다.
	전문가 의견조사 (경험자조사)	① 주어진 조사과제에 대해서 **전문적인 지식과 경험을 가진 전문가들로부터** 정보를 획득한다. ② 문헌조사에 대한 보완적 방법으로 특히 초보 연구자들에게 효과적이다. ③ 참고할 수 있는 자료가 부족하거나 불확실한 상황을 예측하고자 할 때 사용할 수 있다. 예 **델파이(Delphi) 기법**: 여러 전문가의 의견을 되풀이해 모으고, 교환하고 발전시켜 현상을 종합적으로 파악하거나 미래를 예측하는 방법이다. ☞ 델파이 기법은 기술조사의 종단조사에서 추세조사의 한 방법으로 활용되기도 한다.❶
	사례조사 (Case Study)	① 조사연구문제와 **유사한 상황이나 사례들**을 찾아내어 깊이 있게 분석하는 방법이다. ② **소수의** 특정한 사례를 조사하여 문제에 대해 종합적 파악과 심층적 분석을 실행한다. ③ 사례는 개인, 프로그램, 조직, 사건, 의사결정 등이 될 수 있다. ④ 시간 경과에 따른 특정적 영향요인과 변화 간의 관계 파악 등 문제에 대한 **간접적인 경험과 사전지식**을 얻을 수 있고 **탐색적 목적**을 위해 유용하게 사용 가능하다. ⑤ **기존 문서 분석, 관찰, 면담** 등에 의해 자료를 수집하며 **질적인 방법**이지만 양적인 방법을 이용하여 수집한 증거도 사용 가능하다. ⑥ 시간경과에 따른 변화를 조사하는 종단조사❷의 성격을 가지고 있다. [장점] ① 관련한 변수가 불분명할 경우 가설에 관련하여 **탐색적 작업**으로 사용 가능하다. ② 사회현상에서 인간의 관심이나 동기 등에 대한 파악이 용이하다. ③ 통계조사의 보완적 자료를 제공한다. [단점] ① **대표성이 낮아 일반화 가능성이 떨어진다.** ② **비교가 용이하지 않고 반복적 연구가 어려워** 신뢰성이 낮다. ③ 조사자의 **가치관과 주관**이 개입되기 쉽다. ④ 조사의 폭과 깊이가 불분명하고 **타당한 사례의 설정이 어렵다.**
	표적집단 면접법 (FGI; Focus Group Interview)	① 전문지식을 갖춘 사람들 또는 경험자를 **소수**(6(또는 8) ~ 10(또는 12)인)의 응답자로 선정하고 **사회자**가 배석한다. ② 연구목적의 방향을 제시하되, **자유로운 토론**을 벌이게 하여 필요한 정보를 획득하는 방법이다. ③ 사회자의 역할이 중요하다. [장점] **자유로운 토론**으로 새로운 사실 발견 가능, 행동의 내면적 이유 파악 가능 등이 있다. [단점] 조사결과를 **일반화하기가 용이하지 않음** 등이 있다.❸

1) 1차 자료는 연구자가 직접 조사한 자료를 말한다.

❶ 상세내용 후술(54p)

❷ 상세내용 후술(52p)

❸ 상세내용 후술(86p)

2. 기술적 조사(Descriptive Research: 기술적 연구)

① **현상에 대한 탐구, 명료화**가 주목적으로, 어떤 현상을 조사하여 **통계적으로 명확하게 요약, 기술**하는 것이 목적이다. 통계학적으로 현재 상황을 요약 기술 가능한 것들이 주 대상이 된다.
  ㉔ 물가조사, 신문이나 잡지 등의 구독률이나 구독자의 연령대 조사 등

② 현상의 **빈도**, 비율 등 관련 상황의 특성, 변수 간의 **상관관계** 파악 등 **단순통계적 자료를 수집한다**. 이에 따라 **연구의 반복이 가능하며** 각 변수들의 반응을 예측하는 등 미래 상황에 대한 '**개략적**' **예측** 및 **설명적 조사의 기초자료**를 제공한다.
  ㉔ 연도별 광고비 변화와 매출액 변화 조사(어떤 변수들 간의 연관성)
      어떤 시점에서 두 집단의 임금수준을 각각 조사(어떤 변수에 대한 집단 간 차이 조사)
      ☞ 2가지 예 모두 설명적 조사의 기초자료를 제공한다.

③ **계획의 모니터링, 평가에 필요한 자료 산출**을 위해 자주 사용되며 정책 분석가 등에게 기본적인 조사도구가 된다. 탐색적 조사와 비교 시 보다 체계적인 절차와 자료수집 및 분석방법이 요구된다.

④ 보통 탐색적 연구에 의해 얻어진 지식과 자료를 토대로 연구문제 및 가설을 설정한 후 실시·전개한다.
  ☞ 반드시 이 순서대로 하도록 정해져 있는 것은 아니다.

⑤ [주요 유형]
  기술조사에서 자주 이용되는 것이 **주로 표준화된 설문지를 이용하는 서베이(Survey)조사**이며, 기술조사의 유형을 조사의 시점에 따라 **종단적 조사와 횡단적 조사**로 나눌 수 있다.❹

❹ 상세내용 후술(52p)

3. 설명적(Explanatory) 조사 - 인과관계 조사

① 현상에 대한 단순한 기술이 아닌 **원인과 결과** 간의 관계를 통하여 현상을 설명하는 **인과론적 설명**을 전개하는 것으로, 어떤 사실과의 관계를 파악하여 **인과관계를 규명하거나 미래를 예측**하기 위한 조사이다.
  ☞ 진단적 조사, 예측적 조사, 가설검증적 조사라고도 한다.

② 인과관계 규명을 위해 **실험설계** 등의 방법을 이용한다.❺

❺ 상세내용 10 **실험조사**에서 후술

[인과관계]
① **독립변수**의 변화에 따라 **종속변수**도 일정한 방향으로 결과를 발생시킨다.
  ☞ **원인과 결과** 간의 관계를 통해 현상을 설명한다.
② 과학적인 조사방법에 의해 수집된 자료를 바탕으로 인과관계를 추론한다.
  ☞ 사회과학에서 인과관계는 절대적인 표현을 쓰지 않고 **확률적인 표현**을 사용한다.

[인과관계의 3 조건(J. S. Mill)]	
공동변화 (동반발생, 연관성)의 원칙	① 원인이 되는 현상이 변화하면 결과가 되는 현상도 동시에 변화해야 한다. ② 두 변수가 **관련성**이 커야 한다. ③ 인과적 관계를 주장하기 위한 필요조건이다.
시간적 선후성 (시간적 선행성)	**원인**이 되는 사건이나 현상(독립변수)이 **시간적으로** 결과(종속변수)보다 **먼저 발생**해야 한다. ☞ 인과관계가 단순히 시간적 순서에 따르는 사건은 아니지만, 한 변수가 다른 변수보다 시간적으로 앞서야 인과관계의 조건을 만족한다.
허위관계의 배제(외생변수 통제, 비허위적 관계)	두 변수의 관계가 **다른 공통적인 원인으로부터 나타나는 것이 아니어야** 한다. ☞ 두 변수 관계가 **허위적이지 않아야** 한다. 즉 외생변수에 의해 설명될 수 없어야 한다는 것이며, 이는 **다른 가능한 원인이 존재하지 않아야 한다**는 것이다.

2 종단적 조사와 횡단적 조사: 조사시점, 접근방법에 따른 분류

종단적 조사 (Longitudinal Research)	일정조사대상에 대해 시간간격을 두고 **두 번 이상의 시점에 반복적으로** 나타나는 변화에 대하여 측정하는 조사로 **동태적** 변화 발전 과정의 연구에 적합하다.
횡단적 조사 (Cross- Sectional Research)	① 일정조사대상에 대해 **한 시점**에 관련 모든 변수에 대한 자료를 수집하는 것으로 어느 한 시점에서 어떤 현상을 주의 깊게 연구한다. ㉠ 인구센서스 ② 자료는 일정한 특정 시점에서의 한 집단 또는 사례들의 특징(정태적 특징)을 가진다. ③ **현황조사**(특정 사안에 관련된 상황·상태를 파악하여 기술하는 것. 서베이 등), **상관적 연구**(어떤 변수와 다른 변수와의 관련성 파악. 상관계수 계산 등) 등이 있다. ④ 연구 대상의 수가 많고 지리적으로 넓은 분포이거나 많은 변수에 대한 자료 수집이 필요할 때 유용하다. ☞ 대부분의 사회과학조사에 해당한다. ⑤ 횡단적 **단면연구**라고도 한다.

1. 종단적 조사의 주요 유형

(1) 패널조사(Panel Study)

특정한 대상을 사전에 **패널로 선정하고 이들을 대상으로 반복적으로 조사를 실시하는 것**이다. 즉, **특정 주제에 대해 동일한 대상을 일정한 시간간격을 두고 지속적으로 반복 조사하는 동일 집단 반복 연구**이다.

☞ 패널은 일정기간 동안에 일정 시간 간격을 두고 정보제공에 동의한 조사대상자이다.

① 유형

"지속적 패널과 임시적 패널", "순수 패널과 다목적 패널"로 나눌 수 있다.

지속적 패널	정기적으로 패널 구성원들에게 정보를 얻는다.
임시적 패널	특정한 목적을 위하여 매우 짧은 기간 동안에만 유지된다.
순수 패널 (고정 패널)	동일변수에 대해서 일정한 시간 간격을 두고 반복적으로 질의, 조사한다. ☞ 시간의 변화에 따라 동일한 조사대상자가 어떻게 반응하는지 측정한다.
다목적 패널	패널을 구성하고 있는 집단에서 조사목적에 맞게 재추출한다. ☞ 재추출된 대상에만 반복적으로 조사한다.

② 장점과 단점

장점	⊙ 조사대상의 **시간의 흐름에 따른 변화의 양상 분석이 가능하다.** ⓒ 초기비용은 많이 소요되지만, **장기적으로 보면** 독립적으로 실행되는 여러 번의 조사보다 **경제적**이다. ⓒ 패널로부터 추가적인 자료를 얻기가 비교적 쉽다.
단점	⊙ 패널이라는 특성이 **대표성을 확보하기 어렵다.** ⓒ 반복되는 질문인 경우가 많아서 **획득한 정보의 유연성이 적다.** ⓒ 조사기간 동안 조사원과의 **친분형성, 동일 질문의 반복 등** 반복적 조사과정에서 성숙효과, 시험효과[1] 등 부정확한 자료가 발생할 수 있다. ② 패널 관리가 어렵고 최초에 잘못 구성하면 **수정이 어렵다.** 　☞ 장기간에 걸쳐 수정이 불가하다. ⓜ 참여를 거부하거나 못하게 된 응답자를 대체할 수 있는 동일표본을 사전에 준비해야 한다. 　☞ 조사기간 중 패널구성원의 탈락은 조사결과에 큰 영향을 미칠 수 있다.

1) **성숙효과**
시간의 경과에 따라 조사대상의 특성이 변화하는 효과이다.
시험효과
반복으로 인한 학습효과 등 측정의 반복으로 인한 영향으로 종속변수의 변화가 나타나는 효과이다.
☞ 상세내용은 10 **실험조사**에서 후술

(2) 추세조사(Trend Study)

- **동일한 전체 모집단 내의 변화를 여러 시기에 걸쳐 표본으로 추출**하여 계속적으로 연구하는 것이다.
- 매번 **측정하고자 할 때마다 동일한 모집단으로부터 새로운 표본을 추출한다.** 즉, 사전에 조사대상을 선정하지 않는다.

① 추출된 표본은 모집단이 동일하므로 근본적으로 동일하다고 가정한다.
　⑩ 선거여론조사
② 시간의 흐름에 따라 일정기간 동안 일반적인 대상 집단의(전체 모집단 내의) 변화를 관찰한다.
③ **어떤 광범위한 연구대상의 특정한 속성을 여러 시기를 두고 관찰·비교한다.**
　☞ 어떤 특정시점에서 조사하고 시간 경과 후 다시 조사하는 과정을 반복하면서 얻은 시계열 자료의 결과를 비교한다.
　⑩ 인구센서스, 물가조사, 선거관련 여론조사 등을 두 번 이상의 시점에 반복하는 경우이다.

추세연장기법에 의한 미래예측	과거와 현재의 **역사적 자료를 바탕으로** 미래의 사회적 변화량을 측정한다. ☞ 지속성과 규칙(과거에 관측된 경향이 미래에도 똑같이 지속될 것), 자료의 신뢰성과 타당성에 의거하여 예측한다.
질적 방법에 의한 미래예측	⊙ **브레인스토밍(brain storming)**: 브레인스토밍 집단을 구성하여 여기에서 아이디어를 개발하고 이를 평가하여 문제해결을 하거나 미래를 예측한다. ⓒ **델파이 기법**: 집단토론에서 자주 나타나는 문제점(소수에 의해 토론이 지배, 권위 있는 사람들의 반대로 의사전달 왜곡 등)을 제거하기 위해 개발되었다. 주로 전문가로 구성된 토론집단의 각각의 **익명성**을 보장하여, 각자의 자유로운 견해를 수회에 걸쳐 토론자들에게 전달하여 집단의 의견을 수렴해나가는 방식이다. 즉 **익명집단의 상호작용**을 통해 도출된 자료를 분석하며 수집된 의견을 **반복적으로 전달**하도록 조사내용이 구조화된 방식이다. ⓒ **정책 델파이 기법**: 초기에는 익명성을 보장하고 주장이 표면화되면 공개적 토론을 진행한다. ② **표적집단면접법(FGI)**

(3) 코호트(Cohort) 조사

- 일정기간 동안의 어떤 **한정된 모집단**(특정경험을 같이 하는 **동시경험집단**)의 변화를 **두 번 이상의 다른 시점에 조사**하여 비교 연구하는 방법으로 시간의 변화에 따른 특정 하위 모집단의 변화를 관찰하는 연구이다.
  예 10대 청소년의 선호음악을 10년 단위로 조사한다.
- **동질성 집단연구**라고도 하며 **동년배 조사**의 개념을 포함한다.
① 코호트(Cohort)는 조사하는 주제와 관련된 **특성을 공유**하는 대상의 **집단**을 의미한다.
   예 특정 시기에 출생했거나 같은 시점에 어떤 특정한 사건을 경험한 사람들 등
② 코호트 조사는 이러한 **특정경험을 같이 하는 사람들이 가지는 특성들에 대해 시간의 경과에 따른 변화를 조사**하기 위해 두 번 이상의 다른 시점에 걸쳐 비교 연구하는 방법이다.
③ 시간이 경과해도 유사한 특성을 보일 것으로 기대되는 실험 대상 집단들이 **시간의 경과에 따라(서로 다른 경험으로 인해) 변화·차이가 발생**하는 것에 대한 조사 등에 활용한다.
④ **일반적으로 한정(고정)된 모집단에서 조사시점마다 다른 표본을 추출**한다.
⑤ '연령', '특정한 시기'를 중심으로 하는 **동년배 조사**를 포함한다.
   예 1930년대 경제공황기에 태어난 사람들의 경제적 태도변화 연구를 위해 정기적으로 조사
⑥ **장점과 한계점**
   시간적 선후 관계로 **원인과 결과 추론이 분명**하다는 장점과 **장기간 추적**으로 **비용** 문제 및 **표본 상실**의 문제가 있다는 단점이 있다.

(4) 시계열 연구(Time Series Study)
연도별, 월별 등 시간경과에 따라 순서대로 관측된 자료인 **시계열 자료의 특성을 파악**하여 **미래를 예측**하는 연구이다.
예 다음달 KTX 이용객 예측 등

2. 횡단적 조사의 주요 유형

현지조사 (Field Study)	① 연구 문제 설정이나 가설 형성을 위해 **현장에 나가서 직접 자료를 수집하는 조사**이다. ② 실제 사회구조 안에서 변수간의 관계 및 그 상호작용을 찾는 것이 목적이다. • **실험적 조작을 가하지 않으며** 있는 그대로 조사한다. 지역사회 등 연구대상의 구조, 실제적 과정 등에 중점을 둔다. • 서베이조사의 예비조사로 활용가능하다.
	[장점] 인위적 조작이 배제되어 현실생활에 가깝다.
	[단점] 문제가 복잡할수록 많은 변수가 내포되므로 혼란과 시간·비용의 문제가 있으며 **측정의 정밀성 담보가 어렵고** 실험적 조사에 비해 **변수 간의 관계 진술이 약하다.**
서베이조사 (Survey Research)	① 다수의 응답자들을 대상으로 **설문조사**에 의하여 자료를 수집하는 방법으로 인과관계 분석보다는 **기술조사**를 위해 가장 많이 이용된다. ② **보통은 정형화된 질문지를 사용**하여 누구에게나 동일한 질문이 주어지게 한다. 즉 연구주제에 관련된 설문지(질문지)와 같은 **표준화된 조사도구를 사용**하는 등의 방법으로 질문하고 이에 응답을 받는다. ③ 일반적으로 모집단에서 **표본추출하여 시행한다.** ④ 대인(면접)설문조사, 우편설문조사, 전화설문조사, 컴퓨터를 이용한 조사 등이 있다.❶
	[장점] ① 큰 규모의 표본이 가능하며, 일반화 가능성이 높다(대규모 모집단의 특성 기술 가능). ② 풍부하고 넓은 범위의 자료를 얻을 수 있고 **다양한 측면에서의 차이 분석이 가능하다.** ③ **자료수집이 용이하다.** ④ **객관적으로 해석**할 수 있다. ⑤ **직접 관찰할 수 없는 요인이나 개념을 추정**할 수 있다. ⑥ 비교적 정확한 자료를 얻을 수 있다.
	[단점] ① **설문지 개발이 어렵다.** 즉, 조사실시에 전문적 기술이 요구된다. ② **탐사방식에 의한 깊이 있는 질문이 불가하다.** ③ 시간이 오래 걸리고 **응답률이 낮을 수 있다.** ④ **응답의 정확성** 문제가 있다. ⑤ **부적절한 통계기법** 사용 시에는 해석을 오도할 수 있다. ⑥ **획득된 정보가 피상적**일 수 있다.

❶ 상세내용 [제2과목 PART 01]에서 후술

3 양적 조사와 질적 조사: 연구방법, 자료수집의 성격에 따른 분류

양적 조사 (Quantitative Research; 정량조사)	① 연구대상의 속성 등을 **양적으로 표현한다**. 통계분석이 가능한 수치자료를 산출하는 등 모집단을 대표하는 **표본에서 얻은 양적 자료**를 기초로 한다. ② 질문지, 표준화면접[1] 등을 사용하여 자료를 수집한다(실험도 포함). 　☞ 표본추출, 통계조사 등이 중요하다. ③ 일반적으로 대규모 집단 대상으로 서베이법을 주로 사용한다.
	[요약] • **객관적이고 실증주의적**인 연구방법 • 논리실증주의적 입장 • 추론적(**연역적**: 이론으로부터 출발) • **결과지향적** • 특정적 • **정태적**(안정적)현상 가정 • 대규모 분석에 주로 사용 • 사회현상이나 사실의 원인을 탐구하는 방법 • 논리적 추론 • **일반화 가능**(복수사례연구) • 연구자와 연구대상이 독립적이라는 인식론 • **가치중립성**과 편견의 배제 강조 • 자료의 **표준화가 쉬움**
질적 조사 (Qualitative Research; 정성조사)	① 연구대상의 속성 등을 **질적으로 표현한다**. 행위자의 준거틀에 입각해서 인간의 행태를 이해하는 **현상학적 사회학**, 상호작용하는 개인들의 **상징적 상호작용론** 등을 배경으로 한다. ② 개별적 세부속성을 주로 관찰법, 면접법 등에 의해 자료를 수집하고, **현상에 대해 깊은 의미를 고찰한다**. 　☞ 수집되는 자료는 **말, 글, 행동, 상황** 등이 있다. ③ 현지조사, 민족지학적연구, 근거이론연구 등이 있다. ④ 형식에 연연하지 않고 **유연한 질문**을 함으로써 조사대상에 대해 깊은 이해가 가능하고 합리적인 설명이 불가능한 내용에 대해 답변을 받을 수 있으며, 유용한 정보의 유실을 줄일 수 있다. 또한 현장중심의 사고를 할 수 있다. ⑤ 타당성이 높고 절차가 유연하나 신뢰도 문제가 있을 수 있다. 　☞ 신뢰성 제고를 위한 방법으로는 참여자 검토 등이 있다.

1) 표준화면접
　표준화된 면접조사표에 의한 면접

질적 조사 (Qualitative Research; 정성조사)	[요약] • **주관적, 해석적**인 사회과학의 연구방법 • 현상학적 입장 • 탐색적, 서술적(**귀납적**: 관찰로부터 출발) • **과정지향적** • 총체론적 • **동태적** 현상 가정 • **소규모 분석**에 주로 사용(자료분석에 소요되는 시간이 긺) • 결과의 의미, 사회적 맥락을 규명 • 정보의 심층적 의미 파악, 현상의 의미 고찰 • **일반화 불가능**(단일사례조사) • **연구자와 참여자 간의 상호작용** • **가치지향적** 및 편견 개입 가능성 • 자료의 **표준화가 어려움**

(1) 민족지학적 연구(Ethnographic research)

연구자가 **조사대상자들과 함께 살면서** 그들의 감정, 행동, 문화 등에 대해 조사하는 기술적 연구로 참여관찰[2]의 성격을 갖는다.

(2) 근거이론연구

특정한 **사회현상**에 대해 **알려진 사실이 거의 없는 경우** 또는 **기존의 사회현상**에 대해 **새로운 이해**를 얻기 위해 관찰이나 면접 등의 방법에 의해 **실제적 분야를 탐색**하는 질적 연구방법론이다. **참여자들의 기술을 개념화하여**(즉 참여자들의 관점에 근거하여) 점차 추상화된 **범주**를 도출해나간 끝에 **이론**을 만들게 된다. **수집된 자료를 근거로** 이론적 체계, 과정 또는 실질적 주제에 관한 **상호작용을 설명**하는 데 사용되는 연구방법이다.

(3) 질적 연구와 양적 연구의 혼용(혼합연구(mixed method), 최근 선호추세)

질적 연구와 양적 연구의 양 방법론에서 **각각 몇 개의 부분을 빌려와 혼용**(예 질적자료 분석과 실험설계의 결합 등), 다원적 방법론(자료의 다원화, 연구자의 다원화 등)으로 다양한 패러다임을 수용하는 것이다.

☞ **다양한 목적을 만족**시켜 줄 수 있지만 각 방법에 따라 질적 연구와 양적 연구의 **비중이 다르고 연구결과가 일치하지 않을 개연성**이 커진다는 한계점이 있다.

---

2) **참여관찰**
조사자가 관찰대상 내부에 들어가 구성원의 일원으로서 직접 참여하여 관찰하는 것이다.

> **참고**

	실증적 연구(양적 방법)와 해석적 연구(질적 방법)
실증적 연구	① **경험적 자료**를 계량화하여 연구한다(객관적, 과학적 분석). 　☞ 사회현상의 인과관계를 **일반화**하는 것이 주목적이다. **객관적·가치중립적** 입장에서 과학적 절차와 방법에 의해 **경험적 자료를 분석**하고 사회현상에 대한 보편적 원리를 발견한다. **실험 등을 통해 경험적으로 관찰 가능한 자료를 수집**하고 수치로 계량화한다. ② 문제제기 – 연구설계 – 자료수집 – 자료분석 및 통계처리 – 가설검증 – 일반화의 과정이다. ③ **개념의 조작적 정의를 통한 계량화, 통계기법 활용** 등을 통해 가설을 검증하고 법칙을 발견한다. ④ **연역적 방식**의 설명이다. ⑤ 사람의 의식이나 가치 등을 심층적으로 탐구하는 데에는 한계가 있다.
해석적 연구	① 경험적 자료를 통해 **내면의 의미를 해석한다**(직관적 통찰). 　☞ 연구자의 경험, 지식, 직관적 통찰을 통해 계량화가 어려운 사회현상의 내면에 있는 **동기·가치·의도** 등을 심층적으로 해석·이해한다. ② **주로 참여관찰, 면접 등을 통해 자료 수집**하며 편지나 일기 등 비공식적 자료를 중요하게 활용한다. ③ 문제제기 – 연구설계 – 자료수집 – 자료처리와 해석 – 결론과 실제 적용의 과정이다. ④ **귀납적 방식**의 설명이다. ⑤ 객관적 **일반화에는 한계가 있다**.

　☞ 경험적 연구(Empirical research): 경험적 자료(관찰이나 실험 등을 통해 수집)를 분석하여 가설에 대한 실증적 검증을 통해 연구문제에 대한 해답을 찾는 연구방법이다.

4 전수조사와 표본조사: 연구대상의 범위에 따른 분류

전수조사	표본조사
① 연구대상 **전부(모집단 전체)**를 조사한다. ② 오차를 최소한으로 하여 추정의 정도를 높이기 위함이다. ③ 예 인구센서스 ④ **경제성과 신속성이 낮다**는 단점이 있다. ⑤ 표본추출오차는 없으나 **비표본추출오차**[1]가 클 수 있다.	① 조사대상 전체(모집단) 중 **일부**를 다양한 표본추출방법을 이용해서 **추출(표본)하여** 조사한다. ② 전수조사에 비해 **시간과 비용이 적다**(경제성, 신속성). ③ **표본추출오차**[1] 등 대표성 문제가 항상 있으나 비표본추출오차가 전수조사 대비 상대적으로 작다.

1) 표본추출오차
　표본추출과정에서 발생하는 오차로 추출된 표본이 모집단을 대표하지 못하는 오차
　비표본추출오차
　표본추출 이외의 모든 오차(조사원의 실수 등)

5 순수연구와 응용연구 등: 연구 성격에 따른 분류

순수연구 (Pure Research)	① 새로운 지식을 추구하며 지식의 기존 기반을 확대하는 것을 목표로 하는 조사로 **순수하게 사회현상에 대한 이해와 지식습득 자체에 목적**을 두는 조사이다. ② 일반적·보편적으로 적용할 수 있는 기본이론이나 법칙 등을 탐구한다. ③ **기초연구**라고도 한다.
응용연구 (Applied Research)	① 실제적인 **문제 해결**을 목적으로 수행하는 조사로, **조사결과를 특정 문제에 대한 해결 및 개선을 위해 응용하여 활용**하려는 연구이다. ② 실용적 연구의 성격으로 **개발적 연구**, 생산연구라고도 한다.
평가연구 (Evaluative Research)	① 이미 존재하는 제품, 서비스, 프로그램 등을 **평가하고 개선하는 데 중점**을 두는 조사로, 사회문제 해결을 위한 **정책 개입 등의 결과를 평가**할 때 활용한다. ② 응용연구의 특수한 형태로 **지식의 습득이나 이론의 형성을 목적으로 하지 않는다**.

6 거시조사와 미시조사

(1) 거시조사
지역·집합체를 분석단위로 하는 조사이다.
예 지역단위 스포츠센터 만족도 비교

(2) 미시조사
개인·개별적 개체를 분석단위로 하는 조사이다.
예 스포츠센터 내 개인별 만족도 조사

7 사례연구(Case Study)

연구주제와 **유사한 사례**를 찾아 모든 각도에서 **종합적으로 파악**한다.

(1) 장점: 시간과 비용을 절약할 수 있다.
(2) 한계점: 정확한 자료의 수집은 어렵다.
(3) 주요 유형은 다음과 같다.

단일사례연구 (Single Case Study)	① 개념 하나의 대상 또는 사례를 가지고 **반복적으로 관찰하여 개입**[1]의 효과를 평가하는 연구이다. 단일사례로서 **개인, 가족, 단체** 등이 분석대상이며 **조직이나 지역사회**도 연구대상이 될 수 있다. 경향과 변화를 알 수 있도록 **시계열적으로 반복 측정**하며 개입 전과 개입 후의 상태를 비교하여 **개입효과**를 파악하고 개입효과에 대한 **즉각적인 피드백(feed back)**이 가능한 **반응성 연구**의 한 유형이다. 조사연구과정과 실천과정이 통합될 수 있으며 역사요인, 검사요인[2] 등 내적타당도를 저해하는 요인들이 발생할 수 있는데, **여러 명의 조사대상들에게 개입 시기를 다르게 하면 우연한 사건효과를 통제할 수 있고 기초선(base line)으로 성숙효과**[3]를 **통제할 수 있다. 외적타당도는 낮은데**, 이는 하나의 사례에 대한 실험의 과정과 결과를 일반적인 상황에 적용할 수 없기 때문이다. ② 기본구조 ㉠ **기초선**: 개입하기 전의 단계로 A로 표시한다. 표적행동의 정도를 파악하고 상태를 관찰하는 기간이다. ㉡ **개입국면**: 표적행동에 대한 개입이 이루어지는 기간을 의미하며 B로 표시한다. ㉢ **표적행동**: 개입을 통해 변화시키려는 행동을 의미한다. ③ 종류 여러 종류가 있으며 이 중 준실험설계의 시계열 설계[4]를 단일대상에 적용한 기본 단일연구설계로 가장 간단한 단일 설계인 **AB설계**는 하나의 기초선 단계 A와 하나의 개입단계 B로 구분하여 연구하는 것이다. 이 밖에 ABA설계, ABAB설계 등이 있다.
특례분석조사	① 사례조사의 일종으로, 단순히 관심 있는 현상 중에서 선택된 **특수한 사례를 집중적으로 조사**한다. ② 실제 일어난 **실제 사례**와 함께 (시뮬레이션 등에 의한) **가상의 사례**를 토대로 한다. ③ 변수들의 관계를 명확히 해주지만 결과는 단순히 시사적인 의미만을 나타낸다는 한계점이 있다.

1) **개입(Intervention)**
연구자가 조사대상이나 환경에 의도적으로 변화를 가하는 것으로 이를 통해 연구자는 개입한 요인이 조사결과에 미치는 영향을 파악하게 된다. 단일사례연구에서는 대상자의 표적행동을 변화시키기 위한 프로그램, 시험자극 등을 의미한다.

2) **역사요인**
우연한 사건효과로, 측정과 측정 사이에 특정 사건이 발생해서 종속변수가 영향을 받는 것이다.
검사요인
검사의 반복으로 인한 영향으로 종속변수의 변화가 나타나는 것이다.

3) **성숙효과**
시간의 경과에 따라 조사 대상의 특성이 변화하는 것이다.
☞ 상세내용 10 **실험조사** 참고

4) 시계열 설계는 실험처치효과를 시간 경과에 따라 수차례 측정하는 것이다.
☞ 상세내용 10 **실험조사** 참고

📑 참고

(1) 내적타당도
측정결과가 외생변수 때문이 아니라 실험변수 변화 때문에 일어난 것인가에 관한 타당도이다.

(2) 외적타당도
추정되는 인과관계가 실제상황에서도 같은 식으로 나타나는 것인가에 관한 타당도이다.

8 1차 자료 연구와 2차 자료 연구: 자료의 원천에 따른 분류

1. 1차 자료(Primary Sources)
(1) 당면한 연구목적을 위해 **연구자가 직접 수집한 자료**이다.
(2) 설문지법, 면접법, 관찰법 등을 이용해서 자료를 수집한다.
(3) 연구목적에 적합한 자료를 직접적으로 수집하여 바로 활용할 수 있지만 **시간과 비용이 많이** 들고 **전문적 지식**이 필요할 수 있다.

2. 2차 자료(Secondary Sources)
(1) 과거 만들어진 다른 연구물이나 **다른 연구목적으로 다른 연구자가 기존에 작성한 자료**이다.
(2) 기존문헌, 전문서적, 연구논문, 정부통계자료 등이 있다.
(3) 장점
　① **빠른 수집과 즉각적 사용**이 가능하다.
　② 조사목적에 적합 시 **시간과 비용을 절약**할 수 있고, **전문적 지식이나 기술 없이도** 자료수집이 가능하다.
(4) 단점
　연구의 분석단위나 조작적 정의 등이 다른 경우 사용이 곤란하여 유용성과 실용성이 제한된다.❶

❶ 상세내용 [제2과목 PART 01]에서 후술

9 내용분석법

(1) 기존의 **질적 자료를 수집**하여 객관적, 체계적, 수량적으로 기술하고 **양적 정보로 변환**하는 방법이다.
(2) **문헌연구의 일종**으로, 대상 질적 자료는 주로 **기록물**(text)이다. 즉, 여러 가지 **문서화된 매체들**을 중심으로 필요한 자료를 수집하는 방법이다.
　예 신문기사, 서적, 잡지, TV, 라디오, 영화, 문서 등
(3) 자료가 방대한 경우 **표본을 추출하여 분석**할 수 있으며, 페이지, 단락 등이 분석단위가 될 수 있다.
(4) 양적 분석방법 뿐만 아니라 **질적 분석방법도 사용한다.**
(5) 코딩을 위해서는 개념화 및 조작화가 이루어져야 한다.
(6) 비개입적 연구5)의 성격으로, 인간의 모든 형태의 의사소통 기록물을 활용할 수 있다.❷

5) **비개입적 연구**
　연구자가 현상관찰에 개입하지 않는 연구이다.

❷ 상세내용 [제2과목 PART 01]에서 후술

10 실험조사

1. 실험과 실험조사

(1) **실험**은 엄격히 통제된 상황에서 변수 간의 관계를 검증하는 것이며, **실험조사**는 이러한 실험환경에서 **상태를 조작**하여 그 상황에서 **현상의 관찰**을 통해 **독립변수의 효과를 측정**하거나 독립변수가 종속변수에 영향을 미치는 **인과관계에 대한 가설을 검증**하는 것이다.

(2) **실험설계**, 즉 실험적 조사설계는 이렇게 실험의 검증력을 극대화시켜 가설의 진위여부 확인을 위한 구조적 절차이며 **실험의 내적타당도를 확보하기 위한 전반적 설계**이다.

2. 실험설계(실험조사 개념에 의한 실험적 조사설계)

(1) 개념 및 과정

① **실험설계**: 인과관계에 대한 가설을 검증하기 위해 **'변수를 조작·통제하고 조작 효과를 관찰'하기 위한 방법**이다.
  ☞ 기본적으로 ㉠ **실험집단**(자극·조작을 가하는 집단), ㉡ **통제집단**(자극·조작을 가하지 않는 집단), ㉢ **자극**으로 이루어진다.

② 조사대상을 나누기 이전에 통제가 어려운 변수들을 찾아내기 위해 탐험조사 등의 결과를 이용할 수 있다.

③ **실험설계의 원리**: 실험설계는 조사질문에 대한 해답을 구할 수 있도록 설계되어야 하며, 측정 과정에서 발생하는 **오차를 최소화**해야 하고, **분석결과의 타당성** 확보를 위한 **통제과정이 중요**하다. 또한 결과의 **일반화**를 위해서는 대상들이 **무작위❶로 추출**되어야 한다.

④ **실험설계의 과정**
  ㉠ **독립변수와 종속변수를 설정**한다.
    * 실험에서 사용되는 **자극**은 독립변수, 자극에 대한 **반응(결과)**은 종속변수이다.
  ㉡ **실험집단과 통제집단**으로 구분한다.
  ㉢ **사전검사**(시험의 자극을 주기 이전에 실험대상의 상태 측정)와 **사후검사**(실험자극 이후에 실험대상의 상태 측정) 등을 실시한다.

⑤ 이러한 실험설계에 있어서 연구자는 **독립변수 조작 등의 변수 통제를 수행하고 이를 통해 인과관계를 규명**하게 된다(실험에 있어서 **외부변수의 영향은 원칙적으로 배제**하여야 한다).

독립변수의 조작 등 변수통제	연구자가 변수를 **조작**함으로써 **그 변수의 영향이 어떻게 나타나는지** 살펴보는 것이다. ☞ **다른 조건들을 통제한 후** 하나의 변수가 또 다른 변수에 어떠한 영향을 미치는지 등을 알아보는 것이다.
외부변수(외생변수)[1]의 영향 배제	실험적 조사는 외부변수들의 영향을 배제할 수 있어야 한다.
인과관계 규명	인과관계 가설 → 독립변수에 대한 반응을 실험해봄으로써 인과관계 규명을 수행한다.

❶ 상세내용 후술(63p)

1) **외생변수**
종속변수에 영향을 미치는 독립변수 외의 변수로, 연구자가 실험을 위한 변수로 설정하지 않은 변수이다. 종속변수에 직접적 영향을 미쳐 순수한 독립변수효과의 측정을 어렵게 하는 의도치 않은 변수이다.

(2) 실험설계의 내적타당성과 외적타당성

① **내적타당성**: 측정된 결과가 **외생변수 때문이 아니라 실험변수의 변화 때문**에 일어난 것인가에 관한 것이다.

② **외적타당성**: 추정되는 인과관계가 **실제상황에서도 같은 식으로 나타나는가**에 관한 것이다.

☞ 내적타당도, 외적타당도라고도 한다.

(3) 실험설계의 구성요소(실험설계의 요건)

독립변수의 조작, 외생변수의 통제, 무작위 할당을 실험설계의 구성요소라고 한다. 또한 비교(Comparison)란 실험집단과 통제집단 간 종속변수 비교, 또는 특정집단의 실험 전과 실험 후 종속변수 비교를 통해 독립변수의 조작에 따른 효과를 측정하는 것이다. 비교의 정확성을 위해서는 비교집단 간 동질화가 필요하다.

조작 (Treatment)	① **독립변수를 의도적으로 특정 시기에 실행**시켜 종속변수의 변화를 관찰한다. ② 일부집단에만 독립변수를 도입(실험집단)하여 다른 집단과의 종속변수의 차이를 관찰한다. ☞ 인과관계의 요건 중 **연관성(공동변화), 시간적 선후성 충족** 여부를 입증한다.
외생변수의 통제 (Control)	독립변수 외에 종속변수에 영향을 미칠 수 있는 변수의 영향을 최소화·무효화·고립화한다.
무작위 할당 (Random Assignment)	**무작위 추출**[2]·**할당**을 통해 실험집단과 통제집단을 동질화한다. ☞ 외부변수의 간섭으로 인한 영향을 통제함으로써 실험의 내적타당도 저해 요소를 예방·제거하여 인과관계의 요건 중 **외생변수의 통제**를 충족한다.

[2] **무작위 추출**
표본으로 추출될 확률이 사전에 알려져 있고, 동일하며, 영(0)이 아니도록 추출한다.

(4) 실험설계에 있어서 필요한 통제: 분산의 통제와 외생변수 통제

자료 수집 및 분석에 있어서 타당도를 확보하기 위해서는 실험설계에서 나타날 수 있는 분산을 적절히 통제해야 한다.

실험변수 분산의 극대화	종속변수의 총분산에서 **독립변수의 효과를 구별해 낼 수 있도록** 실험변수의 차이를 크게 하는 것이다.
오차분산의 최소화	① 총분산 중 오차분산을 최소화한다. ② 실험조건 통제를 통한 **측정오차 감소 및 측정의 신뢰도 증대** 등을 통해 최소화가 가능하다.
외부변수(외생변수)의 통제	실험변수로 설정하지 않은 변수의 영향을 최소화·무효화·고립화한다.

(5) 실험에 있어서 인과관계 분석의 위협 요인(실험의 내적타당성을 저해하는 외생변수)

역사적 오염 (Historical Contamination)	**우발적 사건, 외부사건**이라고도 한다. 첫 번째 측정과 두 번째 측정 사이에 특정 사건이 발생해서 종속변수가 영향을 받는 것이다. 예 광고효과 측정기간 중 경쟁사의 가격 인상
성숙 효과 (Maturation Effect)	사전검사와 사후검사 간 **시간 경과에 따라 조사대상의 특성이 변화**하는 것이다. 예 성장촉진효과 측정기간 중 어린이의 자연성장
시험 효과 (Testing Effect)	① **검사효과**라고도 한다. ② **사전검사가 사후검사에 영향을 미쳐 종속변수의 변화**를 나타나게 하는 것이다. • **주시험 효과**: 첫 번째 측정으로 인해 두 번째 측정이 영향을 받는 것이다(반복으로 인한 학습효과 등). • **상호작용 효과**: 첫 번째 측정이 그 다음의 처치에 영향을 주는 것이다. 예 광고를 보여주기 직전에 브랜드 선호도 측정으로 광고에 집중
측정의 편향 (Instrumentation Effect)	① **도구효과**라고도 한다. ② 측정도구의 문제로 인해 **측정결과가 왜곡**되거나 기타 관리절차 등에 따라 **측정이 달라져** 결과에 영향을 미치는 것이다. 예 사전검사와 사후검사의 사이에 측정도구의 변화 등
통계적 회귀 (Statistical Regression)	**같은 현상을 반복하여 측정하면 그 값들이 평균으로 수렴**하는 특징이다. 예 첫 번째에 높았던 사람이 두 번째에는 중간에 가까운 점수를 보이는 경향 등
선택의 편향 (Selection Bias)	① **선정의 편향, 표본의 편중**이라고도 한다. ② 결과에 영향을 미칠 수 있는 요인이 이미 작용된 대상을 다수 선택(편견의 개입 등)함으로써 실험집단과 통제집단에 배정된 대상자들의 특성이 동일하지 않은 경우 등이다. 예 이미 충성도가 높은 고객을 대상으로 광고효과 측정
실험대상의 소멸 (Experimental Unit Mortality)	① **상실**이라고도 한다. ② 특정 이유로 실험대상에서 이탈하는 것이다. 예 실험기간 중 거주지 이전

※ 넓은 의미에서 실험집단과 통제집단 간 서로 모방하는 **모방효과**가 외생변수에 포함될 수 있다.

(6) 외생변수의 통제(제거)방법

제거 (Elimination)	외생변수로 작용할 수 있는 요인이 실험상황에 **개입되지 않도록** 한다.
균형화 (Matching)	**예상되는 외생변수의 영향을 동일하게 받을 수 있도록** 실험집단과 통제집단을 선정하는 방법이다. 예 두 집단의 평균연령을 동등화
상쇄 (Counter Balancing)	"외생변수가 작용하는 강도가 다른 상황"에 대해서 다른 실험을 실시함으로써 외생변수의 영향을 제거하는 것으로, 처음효과와 나중효과가 있다고 판단하는 경우 **순서를 서로 균등하게 바꾸어** 실험함으로써 순서에 의한 효과를 상쇄하는 방법이다.
무작위화 (Randomization)	**어떠한 외생변수가 작용할지 모르는 경우**, 실험집단과 통제집단을 무작위로 추출(표본으로 추출될 확률이 사전에 알려져 있고, 동일하며, 영(0)이 아니도록 추출)하는 것이다.

☞ **통제(Control)**: 독립변수와 종속변수 사이에 다른 변수가 개입되어 해석상의 오류를 일으키는 가능성을 차단 또는 제거하는 등의 행위를 말한다.

(7) 실험의 종류

실험실 실험	① 실험자가 **의도하는 조건을 갖춘 상황에서 변수를 통제**하여 변수간의 효과를 관찰한다. ☞ 외생변수에 대한 통제 하에서 무작위추출하고 하나 이상의 독립변수에 대하여 조작한다(정밀하고 반복적 실험이 가능). ② **인위적 조사상황**이므로 결과에 대해 부정확한 해석의 개연성이 있고 내적타당도를 갖는다 해도 **외적타당도가 결여**되는 경우가 많을 수 있다.
현장실험 (현지실험)	① '현실상황 속에서' 하나 이상의 **독립변수를 조작**함으로써 그 효과를 측정한다. ☞ 실험상황을 엄격하게 통제하기는 어렵다. 독립변수의 효과가 희석될 수 있고 정밀도가 실험실 실험에 비하여 낮다. 정밀성은 현지조사와 실험실 실험의 중간 단계적 성격이다. ② 실험실 실험에 비해 상대적으로 내적타당도는 낮으나 **외적타당도는 높다**.
모의실험	현실세계와 유사한 **가상상황**에서 여러 가지 특성을 재현한다.

GO득점 GO!

[무작위배정과 균형화]

(1) **무작위배정(Random Assignment; 난선화, 무선화)**
   ① 광의의 무작위배정은 실험집단과 통제집단 선정 시에 변수의 통제법이다. 실험대상이 실험집단 또는 통제집단에 **배정될 기회가 동일한 조건하에서** 이들 두 집단 중 **어느 하나에 배정**하여 실험변수 이외에 다른 조건들은 완벽하게 동등해지도록 한다.
   ☞ 조사자의 **주관이나 선입관, 판단 등이 개입하지 않게** 하여 **각각의 집단으로 추출될 확률을 동일하게 부여**하는 방법이다.
   ② **실험집단과 통제집단의 동등성을 확보**하여 내적타당성을 확보하고 결과의 외적타당성을 확보하기 위한 방법이다.

(2) **Matching(균형화)**
   실험집단과 통제집단을 구현하는데 있어서 **가설과 관련이 있는 변수를 중심으로 유사한 것을 둘씩 짝을 지은 다음 하나는 실험집단, 다른 하나는 통제집단에 배정**하는 방법이다. **변수**들을 미리 알아내어 실험집단과 통제집단에 있어서의 그 **분포를 동일하게 하는 것**으로, 균형화 방법으로 짝짓기, 배합이라고도 한다.

정밀한 짝짓기(정밀통제)	빈도분포에 의한 짝짓기(빈도분포통제)
1대1 짝짓기로, 변수에 관한 것을 **일일이 다 조사**한다. ☞ 실험집단에 속하는 각 사례의 **동일한 특성**을 갖는 다른 사례를 선정하여 통제집단에 배정하여 두 집단의 동질성을 확보한다.	**하나의 변수가 모든 변수를 대표**한다고 보고 한 변수의 전반적인 빈도분포에 의하여 실험집단과 통제집단을 유사하게 만드는 방법이다. ☞ 두 집단은 중요한 변수에 대하여 짝짓기가 성립한다.
[장점] 두 집단의 동질성이 높다.	[장점] ① 짝짓기가 용이하다. ② 많은 수의 사례 손실 방지가 가능하다.
[단점] ① 변수의 수가 많을 경우 많은 시간과 비용이 소요된다. ② 짝이 없는 경우에는 사용이 불가하다.	[단점] ① 통제되지 않은 다른 변수가 존재할 수 있다. ② 정확성이 떨어질 수 있다. ☞ 잘못된 인과적 해석을 할 수도 있다.

Chapter 03 실험설계의 세부유형

원시실험설계, 순수실험설계, 유사실험설계가 있다.

1 원시실험설계(Pre - experimental Design; 사전실험설계)

- 독립변수의 조작에 따른 변화 관찰이 제한된 경우 등에 실시한다.
- **무작위 할당에 의해 연구대상을 나누지 않으므로** 비교집단 간의 동질성이 없다.
- 외생변수의 통제가 거의 불가하고 인과적 추론이 어려우며 **내적·외적타당도를 거의 기하지 못한다.**
  ☞ 사전실험설계로, 독립변수 조작이 어렵고 실험대상을 무작위화 할 수 없는 등 실험적 통제가 거의 불가능하기 때문에 **인과관계 규명이 어려워서** 가설의 검증보다는 순수실험설계 등 본실험설계를 하기 전 문제 도출을 위해 시험적으로 실시하는 탐색조사의 성격을 지닐 때가 많다.

종류	형태
단일집단 사후 측정 실험설계	X O_1
단일집단 사전사후 측정 실험설계	O_1 X O_2
(정태적)집단 비교설계	실험집단: X O_1 통제집단: O_2

* X: 실험(독립변수)을 실시(experiment), O: 종속변수 측정(observation)

(1) 단일집단 사후 측정 실험설계
① 단일집단에만 실험처치 후 종속변수를 측정한다.
② 사전측정이 없고 비교의 대상이 없어서 **비교 관찰이 없고** 가설검증을 위한 타당성이 결여되고, 근거가 부족하다.

(2) 단일집단 사전사후 측정 실험설계
사전검사와 사후검사를 통해 인과관계를 추정하려 하지만, **비교집단이 없으므로** 전후 측정상의 차이를 실험에 의한 영향으로 확신하기 어렵다.

(3) (정태적) 집단비교 설계
① 실험집단과 통제집단을 선정하나 **무작위 할당이 아니므로 양 집단의 동질성이 확보되지 않다**(선택의 편향 작용).
② **측정이 한 시점에서만**(사전측정 없음) 이루어지므로 **처치 전후의 차이를 알기 어렵다.**

2 순수실험설계(True Experimental Design; 진실험설계)

- **실험대상의 무작위화, 실험변수의 조작, 외생변수의 통제** 등 실험적 조건을 갖춘 실험설계이다.
- 내적타당도를 저해하는 요소들(**외생변수 효과들**)을 **최대한 통제**한 유형이다(학문적 연구에서 주로 활용).

종류	형태
통제집단 사후 측정 실험설계	실험집단(R): X O_1 통제집단(R): O_2
통제집단 사전사후 측정 실험설계	실험집단(R): O_1 X O_2 통제집단(R): O_3 O_4
솔로몬 4집단 실험설계	(집단1) 실험집단(R): O_1 X O_2 (집단2) 통제집단(R): O_3 O_4 (집단3) 실험집단(R): X O_5 (집단4) 통제집단(R): O_6

* R: 실험참가자 집단에 무작위 할당(random), X: 실험(독립변수) 실시(experiment), O: 종속변수 측정(observation)

(1) 통제집단 사후 측정 실험설계
① 사전측정이 문제를 일으킬 경우, 또는 사전측정이 여의치 않은 경우 등에 사용한다.
② 실험집단과 통제집단을 **무작위로 할당**하고 실험처치 후 양 집단의 종속변수를 **사후 측정**하여 비교한다.
③ 실험집단과 통제집단의 무작위 할당으로 양 집단의 동질성 확보가 가능하지만, **사전측정이 없으므로** 측정결과 차이의 비교 가능성이 불완전하다.

(2) 통제집단 사전사후 측정 실험설계
① 사전측정이 포함되어 통제집단 사후 측정 실험설계의 단점을 보완한다.
② 실험집단과 통제집단을 **무작위로 할당하고 실험처치 전후 각각 종속변수를 측정**하여 양 집단을 비교한다.
③ **두 집단의 동질성이 높고 사전측정과 사후측정이 모두 이루어지므로 내적타당도(외생변수 통제)를 높일 수 있다.**

(3) 솔로몬 4집단 실험설계
① 연구대상을 4개의 집단으로 무작위 할당한다.
② **통제집단 사후 측정 실험설계**와 **통제집단 사전사후 측정 실험설계를 혼합**한다.
③ 사후측정에서의 차이점이 독립변수에 의한 것인지 사전측정에 의한 것인지 알 수 있는 등 가장 이상적이며 **높은 수준의 외생변수 통제**로 내적타당도가 높으나 **시간과 비용이 많이 소요**된다.

(4) 기타: 요인설계
① **독립변수가 복수**인 경우에 사용한다(실험집단에 둘 이상의 실험처치: X1, X2 등).
② 각 독립변수와 종속변수의 인과관계, 둘 이상의 독립변수의 상호작용에 의한 영향 등을 파악한다.
③ 독립변수의 수가 많을수록 시간과 비용이 많이 소요된다.

3 유사실험설계(Quasi - experimental Design; 준실험설계)

- 주로 **현실상황**에서 이용한다.
- 무작위 할당 대신 **실험집단과 유사한 비교집단을 구성하는 등** 실험설계의 실험적 조건 중 한두 가지가 결여된 유형으로, 순수실험설계에 비해 **내적타당도가 낮지만 현실적으로 많이 활용된다**.

[장점]
현실상황에서 이루어져 **일반화 가능성 높으며** 일상생활과 동일한 상황에서 수행되므로 이론적 검증 및 **현실문제 해결**에 유용하며 복잡한 사회적, 심리적 영향과 과정 변화 연구에 적합하다.

[한계점]
현장상황에서는 **대상의 무작위화, 독립변수 조작화가 어려운** 경우가 많으며, 측정과 **외생변수** 통제가 어려우므로, 연구결과의 정밀도가 떨어진다. 또한 실제상황의 설정이므로 독립변수 효과와 외생변수 영향을 분리해서 파악하기 어렵다.

종류	형태
두 집단 사전사후 실험설계 (비동일통제집단설계)	실험집단: O_1　X　O_2 통제집단: O_3　　O_4
단순 시계열 설계	O_1　O_2　O_3　X　O_4　O_5
다중 시계열 설계	O_1　X　O_2　　O_3　X　O_4

* X: 실험(독립변수)을 실시(experiment), O: 종속변수 측정(observation)

(1) 두 집단 사전사후 실험설계
① 실험집단과 통제집단이 있지만 **무작위 할당이 이루어지지 않는다**.
　☞ 통제집단 사전사후 실험설계와 형태는 유사하나 할당방식에 차이가 있다.
② 사전·사후검사 실시하나 **두 집단이 동질적이지 않으므로 선택의 편향**이 발생한다.

(2) 단순 시계열 설계
① 조사대상을 실험집단과 통제집단으로 나눌 수 없을 때 사용한다.
② 실험처치 전 또는 후로 일정기간, 정기적으로, **수차례 종속변수에 대해 측정**하여 실험처치 효과를 추정한다.
③ **통제집단이 없으므로 기간 중의 변화 원인을 알 수 없다**(실험처치에 의한 것인지, 외생변수가 개입된 것인지).

(3) 다중 시계열 설계
조사대상을 실험집단과 통제집단으로 나눌 수 없고 **실험변수의 효과가 일시적이거나 변화가능성이 있을 때** 동일한 대상에 대해 일정한 기간을 두고 **반복적으로 실험처치(사전사후 측정을 되풀이)**를 한다.

(4) 기타: 복수 시계열 설계와 회귀불연속 설계
① **복수 시계열 설계: 단순 시계열 설계에 하나 또는 그 이상의 통제집단을 구성하여** 실험집단과 통제집단의 종속변수의 변화를 비교하는 방법으로 단순 시계열 설계에 비해 내적타당도를 높일 수 있지만 **두 집단의 동질성이 보장되지 않는다**.
② **회귀불연속 설계: 실험처치를 한 집단과 하지 않은 집단**에 대해 회귀분석을 하여 이로 인해 나타나는 **불연속의 정도를 실험처치 효과**로 간주하는 방법이다. 투입자원이 희소하여 오직 대상집단의 일부에게만 희소자원이 공급될 수밖에 없는 경우 정책효과를 파악하기 위한 연구에 적합하다.
　예 장학금 지급 효과

GO득점 GO!

[실험설계유형과 인과관계 추론]

1. 사후 실험설계
(1) 독립변수를 조작할 수 없는 상태 또는 이미 노출된 상태에서 변수들 간의 관계를 검증하는 방법이다.
(2) 인위적 상황이 아닌 자연적인 상황에서 발생하는 공동변화와 그 순서에 대한 관찰에 기초를 두고 **인과적 과정을 추론**하는 것으로 검증하므로 가설의 **현실성을 높일 수는 있으나** 순수실험설계 등에 비해 **인과관계를 명확히 밝히기는 어렵다.** 가설설정이나 탐색적 조사 목적으로 사용된다.
(3) 종류
  ① **현지조사(field study)**: 변수들 간의 관계를 현실상황에서 상황에 대한 통제 없이 관찰하여 관계를 규명한다.
  ② **회고연구(retrospective study)**: 지금의 특정 현상이 과거의 어떤 요소의 영향으로 인해 발생했는가를 찾아내는 연구로, 사건이나 현재에 대한 **원인을 거꾸로 추적**하는 특성을 가진다.

2. 실험설계와 인과관계추론 3요건
실험설계 유형을 인과관계 추론 3요건의 충족여부 관점에서 다음과 같이 분류할 수 있다.

구분	사후실험설계	원시실험설계	유사실험설계	순수실험설계
시간적 선후관계	X	O	O	O
공동변화의 원칙	X	X	O	O
외생변수 통제	X	X	X	O

* X: 비충족, O: 충족

 참고

플라시보 통제집단(Placebo Control Group) 설계
의학연구에서 사용되는 실험설계 중 하나로, 실험군은 실제 치료를 받는 그룹이고 대조군은 플라시보라는 가짜 치료를 받는 그룹이다. 약물이나 치료의 실제효과를 파악하기 위한 설계이다.

기출 및 예상적중문제 — PART 02 조사

01 2019년 1회
다음에 해당하는 연구유형은?

[연구목적]
- 현상에 대한 이해
- 중요한 변수를 확인하고 발견
- 미래 연구를 위한 가설 도출

[연구질문]
- 여기서 무슨 일이 일어나고 있습니까?
- 뚜렷한 주제, 패턴, 범주는 무엇입니까?

① 탐색적 연구
② 기술적 연구
③ 종단적 연구
④ 설명적 연구

해설
탐색적 연구(조사)는 조사의 초기단계에서 통찰과 아이디어를 얻기 위한 조사로 현상에 대한 이해 및 중요한 변수를 확인하고 발견하여 변수를 규정하고 연구를 위한 가설을 도출·설정하기 위한 조사이다. 조사설계 확정 전 연구문제 발견, 변수규명과 가설도출, 타당도 검증 등을 위해 예비적으로 실시한다.

02 2019년 3회
다음과 같은 목적에 적합한 조사의 종류는?

- 연구문제의 도출 및 연구가치 추정
- 보다 정교한 문제와 기회의 파악
- 연구주제와 관련된 변수들 사이의 관계에 대한 통찰력 제고
- 여러 가지 문제와 사회 사이의 중요도에 따른 우선순위 파악
- 조사를 시행하기 위한 절차 또는 행위의 구체화

① 탐색조사
② 기술조사
③ 종단조사
④ 인과조사

해설
탐색적 연구(조사)는 조사의 초기단계에서 통찰과 아이디어를 얻기 위한 조사이다. 조사설계 확정 전 연구문제 발견, 변수규명과 가설도출, 타당도 검증 등을 위해 예비적으로 실시한다.
현상에 대한 이해, 중요한 변수를 확인하고 발견하여 변수를 규정, 연구를 위한 가설을 도출·설정하기 위한 조사로 ⑤ 연구문제 도출 및 연구가치 추정, ⓒ 보다 정교한 문제와 기회의 파악, ⓒ 연구주제와 관련된 변수들 사이의 통찰력 제고, ⓔ 중요도에 따른 연구의 우선순위와 중요 부분에 대한 실태 파악 및 ⓜ 조사를 시행하기 위한 절차나 행위를 구체화하는 조사이다.

| 정답 | 01 ① 02 ①

03
2017년 2회

다음 중 탐색적 조사에 관한 설명으로 가장 적합한 것은?

① 어떤 현상을 정확하게 기술하는 것을 주목적으로 하는 연구이다.
② 시간의 흐름에 따라 일반적인 대상집단의 변화를 관찰하는 조사이다.
③ 동일한 표본을 대상으로 일정한 시간간격을 두고 반복적으로 측정하는 조사이다.
④ 연구문제의 발견, 변수의 규명, 가설의 도출을 위해서 실시하는 조사로서 예비적 조사로 실시한다.

해설
탐색적 연구(조사)는 조사의 초기단계에서 통찰과 아이디어를 얻기 위한 조사로 현상에 대한 이해 및 중요한 변수를 확인하고 발견하여 변수를 규정하고 연구를 위한 가설을 도출·설정하기 위한 조사이다. 조사설계 확정 전 연구문제 발견, 변수규명과 가설도출, 타당도 검증 등을 위해 예비적으로 실시한다.

04
2021년 2회

탐색적 연구의 연구목적을 반영하고 있는 것만을 고른 것은?

> ㉠ 보다 정교한 문제와 기회의 파악
> ㉡ 연도별 광고비 지출에 따른 매출액의 변화 조사
> ㉢ 연구주제와 관련된 변수에 대한 통찰력 제고
> ㉣ 특정시점에서 집단 간 차이의 조사

① ㉠, ㉢
② ㉡, ㉢
③ ㉡, ㉣
④ ㉢, ㉣

해설
탐색적 연구(조사)는 조사의 초기단계에서 통찰과 아이디어를 얻기 위한 조사이다. 조사설계 확정 전 연구문제 발견, 변수규명과 가설도출, 타당도 검증 등을 위해 예비적으로 실시한다.
현상에 대한 이해, 중요한 변수를 확인하고 발견하여 변수를 규정, 연구를 위한 가설을 도출·설정하기 위한 조사로 ⓐ 연구문제 도출 및 연구가치 추정, ⓑ 보다 정교한 문제와 기회의 파악, ⓒ 연구주제와 관련된 변수들 사이의 통찰력 제고, ⓓ 중요도에 따른 연구의 우선순위와 중요 부분에 대한 실태 파악 및 ⓔ 조사를 시행하기 위한 절차나 행위를 구체화하는 조사이다.

05
2018년 2회

다음 중 탐색적 연구를 하기 위한 방법으로 가장 적합한 것은?

① 횡단연구
② 유사실험연구
③ 시계열 연구
④ 사례연구

해설
탐색적 조사의 주요 유형으로는 문헌조사, 전문가의견 조사, 사례 연구, 표적집단면접법(FGI) 등이 있다.
①, ③ 기술적 조사의 유형이다.
② 설명적 조사의 실험조사의 유형이다.

06
2020년 4회

문헌고찰에 관한 설명으로 틀린 것은?

① 문헌고찰은 연구의 과정에서 매우 중요한 위치를 차지한다.
② 문헌고찰은 가능한 한 연구 초기에 해야 한다.
③ 문헌고찰을 통해 해당 연구주제에 대한 과거 관련 연구들의 결과를 학습할 수 있다.
④ 문헌고찰을 통해 기존 연구문제와 관련된 새로운 아이디어를 얻기는 어렵다.

해설
문헌고찰(문헌조사)은 문제를 규명하고 가설을 설정하기 위해서 기존의 문헌을 살펴보는 방법이다. 선행연구고찰을 통해 연구문제 발견, 새로운 아이디어 획득, 최신 연구경향 확인 등이 가능하다.

| 정답 | 03 ④ 04 ① 05 ④ 06 ④ |

07
2020년 3회

전문가의 견해를 물어 종합적인 상황을 파악하거나 미래의 불확실한 상황을 예측할 때 주로 이용되는 조사기법은?

① 이차적 연구(Secondary Research)
② 코호트(Cohort)설계
③ 추세(Trend)설계
④ 델파이(Delphi)기법

해설
델파이(Delphi)기법은 여러 전문가의 의견을 되풀이해 모으고, 교환하고 발전시켜 현상을 종합적으로 파악하거나 미래를 예측하는 방법이다.

08
2020년 3회

사례조사 연구의 목적으로 가장 적합한 것은?

① 명제나 가설의 검증
② 연구대상에 대한 기술과 탐구
③ 분석단위의 파악
④ 연구결과에 대한 일반화

해설
사례조사는 탐색적 조사의 유형으로, 조사연구문제와 유사한 상황이나 사례들을 찾아내어 깊이 있게 분석하는 것이므로 연구대상에 대한 기술과 탐구의 목적에 적합하다.

09
2017년 3회

다음 중 사례조사에 관한 설명으로 가장 적합한 것은?

① 본조사를 실행하기 앞서 먼저 시행한다.
② 조사의 범위를 한 지역 또는 한 번의 현상에 국한시켜 연구하고자 하는 현상의 대표성을 유지시킨 채 결과를 도출하는 방법이다.
③ 일정지역 또는 작은 샘플을 추출하여 대표성을 유지시킨 채 사전에 진행하는 것이다.
④ 조사의 타당도, 신뢰도를 측정해보는 방법이다.

해설
사례조사는 조사연구문제와 유사한 상황이나 사례들을 찾아내어 깊이 있게 분석하는 방법이다. 소수의 특정한 사례를 조사하여 문제에 대해 종합적 파악과 심층적 분석을 실행한다.

10
2017년 1회

서베이 조사와 비교한 사례연구에 대한 설명으로 틀린 것은?

① 연구대상을 질적으로 파악하고 기술한다.
② 소수대상의 여러 가지 복합적 요인에 대한 복합적 관찰을 한다.
③ 연구대상 집단의 공통분모적 성질인 대표성을 추구한다.
④ 연구대상의 내면적·동태적 양상을 수직적으로 파고드는 조사이다.

해설
사례조사는 소수의 특정한 사례를 조사하여 문제에 대해 종합적 파악과 심층적 분석을 실행한다. 시간 경과에 따른 특정적 영향요인과 변화 간의 관계 파악 등 문제에 대한 간접적인 경험과 사전지식을 얻을 수 있고 탐색적 목적을 위해 유용하게 사용 가능하지만 대표성이 낮아 일반화 가능성이 떨어지는 것이 한계점 중의 하나이다.

| 정답 | 07 ④ 08 ② 09 ② 10 ③

11
2021년 3회

단일사례연구에 관한 설명으로 틀린 것은?

① 비반응성 연구의 한 유형이다.
② 기초선으로 성숙효과를 통제할 수 있다.
③ 단일사례로서 개인, 가족, 단체 등이 분석대상이다.
④ 여러 명의 조사 대상들에게 개입시기를 다르게 하면 우연한 사건 효과를 통제할 수 있다.

해설
단일사례연구는 하나의 대상 또는 사례를 가지고 반복적으로 관찰하여 개입의 효과를 평가하는 연구이다. 단일사례로서 개인, 가족, 단체 등이 분석대상이며 조직이나 지역사회도 연구대상이 될 수 있다. 경향과 변화를 알 수 있도록 시계열적으로 반복 측정하며 개입 전과 개입 후의 상태를 비교하여 개입 효과를 파악하고 개입효과에 대한 즉각적인 피드백(feed back)이 가능한 반응성 연구의 한 유형이다. 여러 명의 조사 대상들에게 개입 시기를 다르게 하면 우연한 사건효과를 통제할 수 있으며 기초선으로 성숙효과를 통제할 수 있다.

12
2018년 2회

단일사례연구에 관한 설명으로 틀린 것은?

① 외적타당도가 높다.
② 개입효과에 대한 즉각적인 피드백이 가능하다.
③ 조사연구과정과 실천과정이 통합될 수 있다.
④ 개인과 집단뿐만 아니라 조직이나 지역사회도 연구대상이 될 수 있다.

해설
단일사례연구는 개인, 가족, 단체 등이 분석대상이며 조직이나 지역사회도 연구대상이 될 수 있다. 시계열적으로 반복 측정하며 개입 전과 개입 후의 상태를 비교하여 개입 효과를 파악하고 개입효과에 대한 즉각적인 피드백(feed back)이 가능한 반응성 연구의 한 유형이다. 조사연구 과정과 실천과정이 통합될 수 있다.
① 단일사례연구의 외적타당도는 낮다. 하나의 사례에 대한 실험의 과정과 결과를 일반적인 상황에 적용할 수 없기 때문이다.

13
2022년 2회

기술적 조사의 특성과 거리가 가장 먼 것은?

① 연구의 반복이 어렵다.
② 설명적 조사의 기초자료를 제공한다.
③ 패널조사도 여기에 속한다.
④ 표준화된 문항을 사용하여 측정의 일관성을 유지할 수 있다.

해설
기술적 조사는 현상에 대한 탐구, 명료화가 주목적으로, 빈도, 비율 등 관련 상황의 특성, 변수간의 상관관계 파악 등 단순통계적 자료를 수집한다. 이에 따라 연구의 반복이 가능하며 각 변수들의 반응을 예측하는 등 미래 상황에 대한 '개략적' 예측 및 설명적 조사의 기초자료를 제공한다. 기술조사에서 자주 이용되는 것이 주로 표준화된 설문지를 이용하는 서베이(Survey)조사이다. 기술적 조사는 종단적 조사와 횡단적 조사로 나뉘며 패널조사는 종단적 조사에 해당된다.

14
2017년 3회

기술적 조사에 대한 설명으로 틀린 것은?

① 현상에 대한 탐구와 명료화를 주목적으로 한다.
② 계획의 모니터링, 평가에 필요한 자료를 산출하기 위하여 자주 사용된다.
③ 사회현상으로 야기된 원인과 결과를 밝혀 정확히 기술하는 것이다.
④ 행정 실무자와 정책분석가들에게 가장 기본적인 조사도구이다.

해설
기술적 조사는 현상에 대한 탐구, 명료화가 주목적으로, 계획의 모니터링, 평가에 필요한 자료 산출을 위해 자주 사용되며 정책분석가 등에게 기본적인 조사도구가 된다.
③ 인과관계조사에 대한 내용이다.

15
2021년 2회

기술적 조사와 설명적 조사에 관한 설명으로 틀린 것은?

① 설명적 조사는 두 변수 간의 시간적 선행성과는 무관하게 진행되는 경우가 많다.
② 설명적 조사연구를 수행하기 위해서는 변수의 수가 둘 또는 그 이상이 되는 경우가 많다.
③ 기술적 조사는 물가조사와 국세조사 등 어떤 현상에 대한 탐구와 명백화가 주 목적이다.
④ 기술적 조사는 관련 상황의 특성 파악, 변수 간에 상관관계 파악 및 상황변화에 대한 각 변수 간의 반응을 예측할 수 있다.

해설
설명적 조사는 현상에 대한 단순한 기술이 아닌 원인과 결과 간의 관계를 통해 현상을 설명하는 인과론적 설명을 전개하는 것으로, 공동변화(연관성)의 원칙, 시간적 선후성(선행성), 허위관계의 배제(외생변수 통제)가 인과관계의 3요건이다.

16
2021년 3회

기술조사에 적합한 조사주제를 모두 고른 것은?

> ㉠ 신문의 구독률 조사
> ㉡ 신문구독자의 연령대 조사
> ㉢ 신문 구독률과 구독자의 소득이나 직업 사이의 관련성 조사

① ㉠, ㉡
② ㉡, ㉢
③ ㉠, ㉢
④ ㉠, ㉡, ㉢

해설
기술적 조사는 현상에 대한 탐구, 명료화가 주목적으로, 현상의 빈도, 비율 등 관련 상황의 특성, 변수 간의 상관관계 파악 등 단순통계적 자료를 수집한다. 물가조사, 신문이나 잡지 등의 구독률이나 구독자의 연령대 조사, 어떤 시점에서 변수 간의 차이조사 등을 예로 들 수 있다.

17
2022년 1회

과학적 연구조사를 목적에 따라 탐색조사, 기술조사, 인과조사로 분류할 때 기술조사에 해당하는 것은?

① 종단조사
② 문헌조사
③ 사례조사
④ 전문가 의견 조사

해설
기술조사의 유형을 조사의 시점에 따라 종단적 조사와 횡단적 조사로 나눌 수 있다.
②, ③, ④ 탐색적 조사의 유형이다.

18
2022년 1회

종단연구에 관한 설명으로 틀린 것은?

① 추세분석은 종단연구에 속한다.
② 조사내용의 시간에 따른 변화를 분석한다.
③ 변화분석은 조사내용의 시간에 따른 변화의 원인에 대한 분석도 포함된다.
④ 패널조사란 특정 조사대상자들을 선정하여 단 한 차례만 조사를 실시하는 방법이다.

해설
패널조사는 특정한 대상을 사전에 패널로 선정하고 이들을 대상으로 반복적으로 조사를 실시하는 것이다.

19
2021년 1회

다음 중 종단적 연구가 아닌 것은?

① 패널 연구
② 코호트 연구
③ 시계열 연구
④ 단면연구

해설
횡단연구를 횡단적 단면연구라고도 한다.

| 정답 | 15 ① 16 ④ 17 ① 18 ④ 19 ④

20
2019년 3회

특정 연구대상이 시간이 지남에 따라 의견이나 태도가 변하는 경우에 사용하는 조사기법으로 연구대상을 구성하는 동일한 단위집단에 대하여 상이한 시점에서 반복하여 조사하는 방법은?

① 패널조사
② 횡단조사
③ 인과조사
④ 집단조사

해설
패널조사는 특정한 대상을 사전에 패널로 선정하고 이들을 대상으로 반복적으로 조사를 실시하는 것으로 특정 주제에 대해 동일한 대상을 일정한 시간간격을 두고 지속적으로 반복 조사하는 동일 집단 반복 연구이다.

21
2018년 1회

패널조사에 관한 설명으로 틀린 것은?

① 특정 조사대상자들을 선정해 놓고 반복적으로 실시하는 조사방법을 의미한다.
② 종단적 조사의 성격을 지닌다.
③ 반복적인 조사과정에서 성숙효과, 시험효과가 나타날 수 있다.
④ 패널 운영시 자연 탈락된 패널 구성원은 조사결과에 크게 영향을 미치지 않는다.

해설
패널조사에서는 참여를 거부하거나 못하게 된 응답자를 대체할 수 있는 동일표본을 사전에 준비해야 한다. 조사기간 중 패널구성원의 탈락은 조사결과에 큰 영향을 미칠 수 있기 때문이다.

22
2019년 2회

패널조사의 특징과 가장 거리가 먼 것은?

① 패널조사는 측정기간 동안 패널이 이탈될 수 있는 단점이 있다.
② 패널조사는 조사대상자로부터 추가적인 자료를 얻기가 비교적 쉽다.
③ 패널조사는 조사대상자의 태도 및 행동변화에 대한 분석이 가능하다.
④ 패널조사는 최초 패널을 잘못 구성하더라도 장기간에 걸쳐 수정이 가능하다는 장점이 있다.

해설
패널 관리가 어렵고 최초에 잘못 구성하면 수정이 어렵다(장기간에 걸쳐 수정 불가)는 것이 패널조사의 한계점 중 하나이다.

23
2019년 1회

다음에서 설명하는 조사 방법은?

> 공공기관의 행정서비스 만족도를 알아보기 위해 동일한 시민들을 표본으로 6개월 단위로 10년간 조사한다.

① 추세조사
② 패널조사
③ 탐색적 조사
④ 횡단적 조사

해설
패널조사는 특정한 대상을 사전에 패널로 선정하고 이들을 대상으로 반복적으로 조사를 실시하는 것으로 특정 주제에 대해 동일한 대상을 일정한 시간간격을 두고 지속적으로 반복 조사하는 동일 집단 반복 연구이다.

정답 | 20 ① 21 ④ 22 ④ 23 ②

24
2019년 2회

다음 ( )안에 알맞은 조사방법으로 옳은 것은?

- (㉠)는 특정 조사대상을 사전에 선정하고 이들을 대상으로 반복조사를 하는 방식이다.
- (㉡)는 다른 시점에서 반복조사를 통해 얻은 시계열 자료를 이용하는 방식이다.

	㉠	㉡
①	패널조사	횡단조사
②	패널조사	추세조사
③	횡단조사	추세조사
④	전문가조사	횡단조사

해설
㉠ 패널조사는 특정한 대상을 사전에 패널로 선정하고 이들을 대상으로 반복적으로 조사를 실시하는 것이다.
㉡ 추세조사는 어떤 광범위한 연구대상의 특정한 속성을 여러 시기를 두고 관찰·비교하는 것으로 어떤 특정시점에서 조사하고 시간 경과 후 다시 조사하는 과정을 반복하면서 얻은 시계열 자료의 결과를 비교하는 것이다.

25
2022년 1회

특정한 시기에 태어났거나 동일 시점에 특정 사건을 경험한 사람들을 대상으로 이들이 시간이 지남에 따라 어떻게 변화하는지를 조사하는 방법은?

① 사례조사
② 패널조사
③ 코호트조사
④ 전문가의견 조사

해설
코호트는 조사하는 주제와 관련된 특성을 공유하는 대상의 집단을 의미(예 특정 시기에 출생했거나 같은 시점에 어떤 특정한 사건을 경험한 사람들 등)하며, 코호트 조사는 이러한 특정경험을 같이 하는 사람들이 가지는 특성들에 대해 시간의 경과에 따른 변화를 조사하기 위해 두 번 이상의 다른 시점에 걸쳐 비교 연구하는 방법이다.

26
2021년 3회

시간의 변화에 따른 특정 하위 모집단의 변화를 관찰하는 연구는?

① 횡단연구
② 추이연구
③ 패널연구
④ 코호트연구

해설
코호트 조사는 일정 기간 동안의 어떤 한정된 모집단(특정경험을 같이 하는 동시경험집단)의 변화를 두 번 이상의 다른 시점에 조사하여 비교 연구하는 방법으로 시간의 변화에 따른 특정 하위 모집단의 변화를 관찰하는 연구이다.

27
2020년 4회

다음에서 설명하는 연구 방법은?

소위 386세대라고 일컬어지는 사회집단이 가진 정치의식이 1990년 이후 5년 단위로 어떠한 변화를 보이고 있는지에 대해 종단분석을 실시했다.

① 추세연구
② 패널연구
③ 현장연구
④ 코호트연구

해설
④ 코호트연구는 조사하는 주제와 관련된 특성을 공유하는 대상의 집단을 의미(예 특정 시기에 출생했거나 같은 시점에 어떤 특정한 사건을 경험한 사람들 등)하며, 코호트 조사는 이러한 특정경험을 같이 하는 사람들이 가지는 특성들에 대해 시간의 경과에 따른 변화를 조사하기 위해 두 번 이상의 다른 시점에 걸쳐 비교 연구하는 방법이다.

| 정답 | 24 ② | 25 ③ | 26 ④ | 27 ④ |

28
2020년 4회

다음에 해당하는 연구 형태는?

> 특수목적고등학교에 입학한 학생들을 대상으로 2016년에서 2020년까지의 자존감 변화를 연구하기 위해 모집단으로부터 매년 다른 표본을 추출하였다.

① 패널연구
② 횡단적연구
③ 동질성집단 연구
④ 경향성 연구

해설
코호트는 조사하는 주제와 관련된 특성을 공유하는 대상의 집단을 의미(예 특정 시기에 출생했거나 같은 시점에 어떤 특정한 사건을 경험한 사람들 등)하며, 코호트 조사는 이러한 특정경험을 같이 하는 사람들이 가지는 특성들에 대해 시간의 경과에 따른 변화를 조사하기 위해 두 번 이상의 다른 시점에 걸쳐 비교 연구하는 방법이다. 일반적으로 한정(고정)된 모집단에서 조사시점마다 다른 표본을 추출하며, 동질성집단 연구라고도 한다.

29
2021년 3회

횡단연구에 관한 설명으로 틀린 것은?

① 추세연구는 횡단연구의 일종이다.
② 인구센서스 조사는 횡단연구의 대표적인 예이다.
③ 어느 한 시점에서 어떤 현상을 주의 깊게 연구하는 방법이다.
④ 횡단연구로 인과적 관계를 규명하려는 가설검증이 가능하다.

해설
횡단연구는 일정 조사대상에 대해 어느 한 시점에 관련 모든 변수에 대한 자료를 수집하는 것으로 어느 한 시점에서 어떤 현상을 주의 깊게 연구(예 인구센서스)한다. 횡단연구는 기술적 조사의 유형으로, 기술적 조사는 인과관계에 관한 설명적 조사의 기초자료를 제공한다.
① 추세연구는 종단연구의 일종이다.

30
2019년 3회

횡단조사에 관한 설명으로 옳은 것은?

① 정해진 연구대상의 특정 변수 값을 여러 시점에 걸쳐 연구한다.
② 패널조사에 비하여 인과관계를 더 분명하게 밝힐 수 있다.
③ 여러 연구대상들을 정해진 한 시점에서 조사, 분석하는 방법이다.
④ 집단으로 구성된 패널에 대하여 여러 시점에 걸쳐 조사한다.

해설
횡단연구는 일정 조사 대상에 대해 어느 한 시점에 관련 모든 변수에 대한 자료를 수집하는 것으로 어느 한 시점에서 어떤 현상을 주의 깊게 연구한다.
①, ②, ④ 종단조사에 해당하는 설명이다.

31
2020년 1·2회

횡단연구와 종단연구에 관한 설명으로 틀린 것은?

① 횡단연구는 한 시점에서 이루어진 관찰을 통해 얻은 자료를 바탕으로 하는 연구이다.
② 종단연구는 일정 기간에 여러 번의 관찰을 통해 얻은 자료를 이용하는 연구이다.
③ 횡단연구는 동태적이며, 종단연구는 정태적인 성격이다.
④ 종단연구에는 코호트 연구, 패널연구, 추세연구 등이 있다.

해설
횡단연구는 일정 조사 대상에 대해 어느 한 시점에 관련 모든 변수에 대한 자료를 수집하는 것으로 어느 한 시점에서 어떤 현상을 주의 깊게 연구하는 것이며 정태적 특징을 갖는다. 이에 비해 종단연구는 동태적 특징을 갖는다.

| 정답 | 28 ③ | 29 ④ | 30 ③ | 31 ③ |

32　2020년 3회
양적 연구와 질적 연구에 관한 설명으로 옳지 않은 것은?

① 양적 연구는 연구자와 연구대상이 독립적이라는 인식론에 기초한다.
② 질적 연구는 현실 인식의 주관성을 강조한다.
③ 질적 연구는 연역적 과정에 기초한 설명과 예측을 목적으로 한다.
④ 양적 연구는 가치중립성과 편견의 배제를 강조한다.

해설
질적 연구는 관찰로부터 출발하며 이에 따라 귀납적이다. 연역적 과정에 기초한 설명과 예측을 목적으로 하는 것은 이론으로부터 출발하는 양적 연구이다.

33　2019년 2회
질적 연구에 관한 설명과 가장 거리가 먼 것은?

① 질적 연구에서는 어떤 현상에 대해 깊은 이해를 하고 주관적인 의미를 찾고자 한다.
② 질적 연구는 개별 사례 과정과 결과의 의미, 사회적 맥락을 규명하고자 한다.
③ 질적 연구는 양적 연구에 비해 대상자를 정확히 이해할 수 있는 더 나은 연구방법이다.
④ 연구주제에 따라서는 질적 연구와 양적 연구를 동시에 진행할 수 있다.

해설
양적 연구와 질적 연구는 연구방법·자료수집의 성격에 따른 분류로 상대적으로 어느 것이 더 나은 연구방법인 것은 아니다.

34　2019년 3회
양적 연구와 비교한 질적 연구의 특징이 아닌 것은?

① 비공식적 언어를 사용한다.
② 주관적 동기의 이해와 의미해석을 하는 현상학적·해석학적 입장이다.
③ 비통제적 관찰, 심층적·비구조적 면접을 실시한다.
④ 자료분석에 소요되는 시간이 짧아 소규모 분석에 유리하다.

해설
질적 연구는 소요되는 시간이 긴 점 등 소규모 분석에 적합하다.

35　2022년 2회
양적 - 질적 연구방법의 비교에서 질적 연구방법에 대한 설명으로 맞는 것을 모두 고른 것은?

㉠ 심층규명(probing)을 한다.
㉡ 연구자의 주관성을 활용한다.
㉢ 연구도구로 연구자의 자질이 중요하다.
㉣ 선(先)이론, 후(後)조사의 방법을 활용한다.

① ㉡, ㉣
② ㉠, ㉡, ㉢
③ ㉠, ㉢, ㉣
④ ㉠, ㉡, ㉢, ㉣

해설
선이론, 후조사는 연역적 방법을 활용하는 양적 연구방법에 해당하는 설명이다. 질적 연구방법은 귀납적 방법을 활용하므로 선조사, 후이론의 특성을 갖는다.

36
2021년 3회

질적 방법으로 수집된 자료에 관한 설명으로 틀린 것은?

① 현장 중심의 사고를 할 수 있다.
② 자료의 표준화를 도모하기 쉽다.
③ 유용한 정보의 유실을 줄일 수 있다.
④ 정보의 심층적 의미를 파악할 수 있다.

해설
질적 연구는 심층적·비구조적(비표준화) 면접을 통해 자료를 수집한다.

37
2019년 3회

질적 연구의 조사도구에 관한 설명으로 옳은 것을 모두 고른 것은?

> ㉠ 서비스 평가에서 정성적 차원을 분석할 수 있다.
> ㉡ 양적도구가 아니므로 신뢰도를 따질 수 없다.
> ㉢ 연구자 자신이 도구가 된다.
> ㉣ 구조화와 조작화의 과정을 거친다.

① ㉠, ㉡, ㉢
② ㉠, ㉢
③ ㉡, ㉣
④ ㉣

해설
질적 조사는 연구대상의 속성 등을 질적으로 표현하는 정성적 조사이며 표준화된 질문지 등을 사용하여 구조화와 조작화를 거치는 것이 아니라 연구자 자신이 도구가 되어 개별적 세부속성을 주로 관찰법, 면접법 등에 의해 자료를 수집, 현상에 대해 깊은 의미를 고찰한다. 타당성 높고 절차가 유연하나 신뢰도 문제가 있을 수 있으며 신뢰성 제고를 위한 방법으로 참여자 검토 등의 방법이 있다.

38
2018년 2회

양적 조사와 질적 조사의 사례로 틀린 것은?

① 질적 조사 - 사례연구의 기록을 분석하여 핵심적인 개념을 추출한다.
② 양적 조사 - 단일사례조사로 청소년들의 흡연 횟수를 3개월 동안 주기적으로 기록한다.
③ 질적 조사 - 노숙인과 함께 2주간 생활하면서 참여관찰한다.
④ 양적 조사 - 초점집단면접을 통해 문제해결방안을 도출한다.

해설
초점집단면접(Focus Group Interview)은 1명 또는 2명의 사회자의 진행 아래 소수의 참여자가 한 장소에 모여 주어진 특정한 주제에 대해 토론을 하게 함으로써 필요한 정보를 수집하는 방법으로 질적 조사에 해당하는 조사이다.

39
2019년 2회

양적 연구와 질적 연구를 통합한 혼합연구방법(Mixed Method)에 관한 내용으로 틀린 것은?

① 다양한 패러다임을 수용할 수 있어야 한다.
② 질적 연구결과에서 양적 연구가 시작될 수 없다.
③ 질적 연구결과와 양적 연구결과는 상반될 수 있다.
④ 주제에 따라 두 가지 연구방법의 비중은 상이할 수 있다.

해설
혼합연구는 질적 연구와 양적 연구의 양 방법론에서 각각 몇 개의 부분을 빌려와 혼용하는 것이다. 다원적 방법론으로 다양한 패러다임을 수용할 수 있어야 한다. 다양한 목적을 만족시켜 줄 수 있지만 주제나 각 방법에 따라 질적 연구와 양적 연구의 비중이 다르고 연구결과가 일치하지 않을 개연성이 커진다는 한계점이 있다.
② 질적 연구결과에서 양적 연구가 시작될 수도 있다.

| 정답 | 36 ② | 37 ② | 38 ④ | 39 ② |

40
2020년 3회

다음 중 대규모 모집단의 특성을 기술하기에 유용한 방법은?

① 참여관찰
② 표본조사
③ 유사실험
④ 내용분석

해설
표본조사에서는 모집단을 대표하는 표본을 추출하여 이들을 대상으로 주로 표준화된 질문지를 사용하는 서베이법에 의해 통계분석이 가능한 양적자료를 수집하여 대규모 모집단의 특성을 기술할 수 있다.

41
2019년 3회

특정 시점에 다른 특성을 지닌 집단들 사이의 차이를 측정하는 조사방법은?

① 패널조사
② 추세조사
③ 코호트 조사
④ 서베이 조사

해설
일정 조사대상에 대해 어느 한 시점에 모든 관련 변수에 대한 자료를 수집하는 횡단적 조사의 종류로 현지조사와 서베이 조사가 있다.
④ 서베이 조사는 표본으로 선정된 다수의 응답자들을 대상으로 설문조사에 의하여 자료를 수집하는 방법으로 특정 시점의 집단들 사이의 차이 측정 등 기술조사를 위해 가장 많이 이용된다.

42
2020년 4회

서베이 조사의 일반적 특성에 관한 설명으로 틀린 것은?

① 모집단으로부터 추출된 표본을 대상으로 조사하는 방법이다.
② 센서스(census)는 대표적인 서베이 방법 중 하나이다.
③ 인과관계분석보다는 예측과 기술을 주목적으로 한다.
④ 대인조사, 전화조사, 우편조사, 온라인조사 등이 있다.

해설
서베이 조사는 일반적으로 모집단에서 표본 추출하여 시행하는 표본조사이지만 센서스는 전수조사이다.

43
2022년 2회

참여관찰법에 비해 조사연구(Survey Research)가 가지는 장점으로 맞는 것은?

① 연구의 융통성이 크다.
② 시간과 비용을 절약할 수 있다.
③ 연구대상을 심층적으로 관찰할 수 있다.
④ 대규모 모집단의 특성을 기술할 수 있다.

해설
조사연구(서베이 조사)는 다수의 응답자들을 대상으로 설문조사에 의하여 자료를 수집하는 방법으로 큰 규모의 표본과 일반화 가능성으로 대규모 모집단의 특성 기술이 가능하다는 것이 주요 장점 중 하나이다.

44
2020년 3회

정당공천에 앞서 당선 가능성이 높은 후보를 알아보고자 할 때 가장 적합한 조사방법은?

① 단일사례관찰 조사
② 델파이 조사
③ 표본집단 설문조사
④ 초점집단면접 조사

해설
표본대상 설문조사를 통해 큰 규모의 표본과 일반화 가능성으로 대규모 모집단의 특성 기술이 가능하므로 당선가능성 높은 후보를 알아보고자 할 때 적합한 조사방법이다.

| 정답 | 40 ② | 41 ④ | 42 ② | 43 ④ | 44 ③ |

pass.Hackers.com

✓ 학습전략

Chapter 01 **FGI 정성조사**	FGI는 소수의 참여자가 한 장소에 모여 주어진 특정한 주제에 대해 토론하여 정보를 수집하는 방법입니다. FGI의 개념과 장단점에 중점을 두고 학습합니다.
Chapter 02 **심층인터뷰**	심층인터뷰는 심층적이고 자유로운 대화형식으로 자료를 수집하는 방법입니다. 개념과 특징 및 장단점에 대해 학습합니다.

PART 03
정성조사

Chapter 01 **FGI 정성조사**

Chapter 02 **심층인터뷰(In - depth Interview)**

Chapter 01 FGI 정성조사

> - 조사를 정량조사(Quantitative Research)와 정성조사(Qualitative Research)로 구분할 수 있다.
> - **정량조사는 자료를 수치화하여 보통 통계적으로 분석하여 결과를 도출**하는 조사이다. 대표적으로 **서베이**를 실시하여 설문지에 의해 자료를 수집한다. **정형화된 표준 설문지**를 사용하며 정성조사에 비해 많은 응답자를 대상으로 조사하여 통계적으로 분석하므로 객관적 해석이 가능하며 다수를 대상으로 조사하기 때문에 **일반화 가능성**이 높다.
> - **정성조사는 토론, 대화, 기술 등에 의해 자료를 수집하는 방법**으로 설문지를 사용하는 경우 비정형화된 질문을 사용한다. 전통적인 정성조사 방법은 **표적집단면접법(FGI)과 심층면접법**이며 그 밖에 투사법과 온라인 정성조사법 등 다양한 방법들이 있다. 정성조사는 **주관적으로 분석**하므로 정확한 해석 여부가 관건이 된다. 보통 **소수를 대상으로 하며 일반화 가능성이 낮다.**

1 개념과 특징 및 장단점

1. 개념

① **FGI**(Focus Group Interview)란 1명 또는 2명의 **사회자**(moderator)의 진행 아래 6(또는 8)~10(또는 12)명 규모의 주제에 대한 식견이나 지식을 갖춘 **소수의 참여자**가 한 장소에 모여 주어진 **특정한 주제에 대한 토론**을 하게 함으로써 필요한 정보를 수집하는 방법이다. 이러한 과정을 통해 동기, 태도, 신념이나 가치 부여 등에 대하여 심층적으로 탐색한다.
② **표적집단면접법, 초점집단면접법, 집단심층면접** 등의 이름으로 부른다.
③ **대면(Face to Face)집단의 상호작용**을 통해 도출된 자료를 분석하며 사회환경에서 일어나는 실제의 생활을 포착하는 사회지향적 연구방법의 성격이라 볼 수 있다.

2. 특징

(1) **질적 조사**의 한 종류이며 **탐색조사**의 유형이다. 설문조사 실시에 앞서 예비조사로 활용이 가능하다.
(2) 정량조사로는 보다 깊은 파악에 한계가 있는 **태도나 욕구 등을 심층적으로 탐색·이해**하기 위한 목적으로 사용한다.

3. 양적 조사와의 비교

FGI(정성조사)	정량조사(양적 조사)
① 새로운 **아이디어**를 발견하거나 내면적 이유를 도출할 수 있다. ② **동기와 이유, 가치, 욕구** 등을 중시한다. ③ 조사대상은 **표본의 성격이 아니다.** ④ **비구조화**된(비표준화, 비체계적) 토론 형식이다. ⑤ 획득가능한 정보가 신축적이다. ⑥ **주관적**인 해석으로 분석자의 통찰이 중요하다. ⑦ **대표성과 일반화 가능성이 낮다.**	① 가설을 검증할 수 있다. ② 결과를 중시한다. ③ 주로 표본을 추출하여 조사한다. ④ 표준화(구조화)된 설문지를 이용한다. ⑤ 획득가능한 정보는 설문지에 포함된 내용에 국한된다. ⑥ 객관적으로 해석한다. ⑦ 대표성이 높다.

4. 장단점

장점	단점(한계점)
① **자유로운 토론**으로 자연스러운 분위기 조성이 가능하다. ② 새로운 아이디어를 창출할 수 있다. ③ **행동의 내면적 이유** 도출 등 심층적 탐색이 가능하다. ④ **유연성** 있는 접근이 가능하다. ⑤ 추가 질문 및 질문의 보완·수정이 즉각적으로 가능하며, 빠른 결과를 보여줄 수 있다. ⑥ **다양한 주제**의 자료를 수집할 수 있다. ⑦ 전문가를 대상으로 진행하므로 **전문적 정보**의 획득이 가능하다. ⑧ 일반적 설문조사 대비 비용이 낮다. 이는 상대적인 비교의 개념이며, 경우에 따라 높을 수 있다. ⑨ 높은 타당성이 가능하다.	① 조사대상자가 소수이며 편의적으로 선정될 수 있어 **일반화 가능성이 낮다.** ② **통계적 방법의 신뢰성 검증이 불가**해 자료의 신뢰성의 문제가 있다. ③ 주관적으로 해석한다. ④ 수집자료 특성상 결과의 **분석과 해석이 어렵다.** ⑤ 경우에 따라 일반적 설문조사에 비해 비용이 높을 가능성이 있다. ⑥ 조사진행자의 **역량부족**에 따른 이슈가 발생할 수 있다. ⑦ 개인면접에 비해 **연구대상을 통제하기 어렵다.**

> **참고**
>
> **온라인 FGI(온라인 공간에서 진행하는 FGI)**
> 참여자가 많으면 토론에 혼란이 쉽게 발생하기 때문에 보통 4~6명이 참여한다.
>
> | 장점 | 단점 |
> |---|---|
> | ① 공간상의 제한이 없다.
② 비용이 낮고 자료 수집의 신속성이 있다.
③ 솔직한 의견 개진(익명성)이 가능하다.
④ 전문가가 보다 쉽게 참여 가능하다. | ① 컴퓨터 사용 가능자로 참여자가 제한된다.
② 실제 표적그룹에 속하는 적격자인지 확인이 어렵다.
③ 신체언어(표정, body language 등)의 관찰이 제한될 수 있으며 제품에 대한 실제경험(맛, 냄새 등)이 불가능하고 현장 몰입이 떨어져 시너지가 낮다. |

2 설계

1. 준비와 진행 과정
(1) 준비단계 및 조사기획
   ① **준비단계**: 다루어야 할 주제를 정리하는 등의 준비단계이다.
   ② **조사기획**: 조사목적 확인, 조사대상 정의 등을 수행한다.

(2) 가이드라인 작성
   토론주제에 대한 세밀한 기술 등을 작성한다.

(3) 참석대상자 선정

(4) 조사진행

(5) 결과 분석 및 보고서 작성

2. 조사진행자(사회자, Moderator)의 역량
(1) FGI의 성공은 상당 부분 진행자의 역량에 의존한다.
(2) 조사 진행자는 커뮤니케이션 능력, 청취능력, 친화적 성격, 주제에 대한 배경지식 숙지 등을 갖추고 의견 교환 독려, 불필요한 대화 제어, 참여자의 내면에 있는 생각을 이끌어 낼 수 있는 질문 유도 등의 역할을 수행하는 역량이 있어야 하고 나아가 토론의 통합을 통한 토론 방향 조정 역량도 필요하다.

3 실시

1. 진행절차
라포(Rapport)[1] 형성 및 분위기 조성으로 참석자들이 자신의 의견을 충분히 표현할 수 있도록 하여 토의를 진행하고 요약 및 마무리한다.

2. 진행자의 역할
   ① 의견을 **조율**한다.
   ② 의견교환을 **유도**한다.
   ③ 답변과 이유 등에 대해 **추가적으로 탐색**한다.
   ④ **언어로 표현되는 것 이외의 내용 등을 관찰**한다.
   ⑤ 라포를 형성하고 캐묻기, 연계 질문, 논의방향으로의 유도 등을 수행한다.
   ⑥ 필요시 투사법, 브레인스토밍 등의 기법을 활용한다.

---

[1] **라포**: 조사자와 조사대상자간의 친밀한 관계형성등을 의미한다.

4 자료분석

자료분석에는 다음의 사항들에 대한 고려가 필요하다.
① 내용에 대한 범주화의 기준
② **응답자에 대한 이해**(인구통계적 특성이나 기타 배경 등)
③ 응답의 **표현에 대한 분석**(심층적 의미 등)
④ 조사자의 **주관이나 임의적 해석 지양**
⑤ 사후 검증(응답의도의 왜곡 가능성 등)
⑥ **일반화에 대한 주의**(신중한 고려 필요)
⑦ 필요 시 기술통계적 분석방법에 대한 고려

Chapter 02 심층인터뷰(In - depth Interview)

1 개념과 특징 및 장단점

1. 개념
(1) **전문 면접원이 1명 또는 소수의 피면접자를 대상으로** 주제와 관련된 질문 방향을 가지고 **탐사방식에 의해 깊게 질문**을 해나가는 것으로 대상자의 의견이나 믿음, 태도 등을 파악하기 위해 자유로운 **대화형식**으로 대상자의 진술을 수집하고 분석하는 정성조사이다.
(2) **정량조사에서 파악하기 어려운 사항 등에 대해 심층분석이 필요한 경우** 실시하며 전문가 층이나 특수계층 등 다양한 인터뷰 대상자와 주로 1:1 방식으로 이루어진다.

2. 특징
(1) 대상자의 **내재된 동기와 신념 및 태도 등** 풍부하고 깊이 있는 구체적 정보와 다양한 정보 획득을 통해 아이디어 추출이 가능하다.
(2) **면접자의** 소통능력, 탐사능력 등의 **전문성** 확보가 필요하다.

3. 절차
(1) 대상자 선정
(2) 가이드라인 구성: 사전인터뷰 및 문헌조사 등을 바탕으로 구성한다.
(3) 인터뷰 실시
(4) 자료 수집 및 정리와 분석: 응답자 특성별·내용별 정리를 통해 결과를 분석한다.

4. 장단점

장점	단점(한계점)
① 심층적이고 전문적인 다양하고 풍부한 의견을 수집할 수 있다. ② 조사의 **유연성이 있다.** ③ 응답자에 대하여 집중할 수 있다. ④ 구체적이고 다양한 **추가적인 답변을 요청할 수 있다.**	① 응답내용의 다양성으로 **충분한 통찰을 얻기가 어려울 수 있다.** ② 조사자의 편견 개입 등 **객관성이 훼손**될 개연성이 있다. ③ 결과의 **일반화가 어렵다.** ④ 동일규모의 다른 조사방법(전화조사 등)에 비해 대체로 **비용**이 많이 들 수 있다. ⑤ **면접자의 개인별** 차이에서 오는 영향이나 **오류**를 통제하기 어렵다.

> **참고**
>
> FGI와의 유사점과 차이점
> (1) 유사점
>   ① **정성조사**의 방법으로 대화를 통해 의견을 청취한다.
>   ② **조사자의 역량**이 중요하다.
> (2) 차이점
>   인터뷰 방식이 다르다.
>   ☞ FGI는 다수를 한 장소에 모아서 실시하고 심층면접은 조사자 1명에 대해 실시한다.

2 설계

(1) 주제와 질문 등 전반적 설계
기획서 작성 등의 활동을 수행한다.

(2) 대상자 및 전문 면접원 선정
필요한 역량 및 인터뷰 대상자와의 조화 등을 고려한다.

(3) 조사내용에 관련된 설문과 가이드라인 수립
주제와 문항설계 등을 수행한다.

(4) 진행과정 등에 대한 설계

3 실시

(1) 필요한 사전조치 등
면접요청, 사전안내 등을 수행한다.

(2) 대상자와의 공감대 형성

(3) 실시
다양한 질문, 자연스러운 유도 등을 수행한다.

4 자료분석

실시내용(대상자, 기간 등)을 **요약·정리**하고 자료를 분석한다.

(1) 대상자의 특성과 배경에 대한 이해를 기반으로 대상자의 표현과 실제적 의미의 차이 등을 심층분석한다.

(2) 다른 조사결과와의 비교나 추가적인 검토를 진행한다.

(3) 내용의 구조화 및 해석의 과정 등을 거친다.

> **참고**
>
> **심층인터뷰에서의 고려사항**
> (1) 피면접자와 **친밀한 관계 형성이 중요하다.**
> (2) **비밀보장 및 편안한 분위기를** 느낄 수 있도록 해야 한다.
> (3) 피면접자의 대답을 **주의 깊게 경청**하며 이전의 응답과 연결시켜 생각하는 습관이 필요하다.
> (4) 피면접자가 대답을 하는 도중에 **응답 내용에 대한 평가적 코멘트를 하는 것은 면접원의 의도가 영향을 줄 수 있으므로 바람직하지 못하다.**
> (5) 기타 해석의 오류
>   ① 조사대상의 수가 한정되고, 편의로 조사대상자가 선정되는 등 일반화가 어렵다.
>   ② 표준화된 설문지를 사용하지 않고 상반된 다양한 의견이 있을 수 있으므로 해석과 결론이 어려울 수 있다.

기출 및 예상적중문제 — PART 03 정성조사

01 | 2020년 1·2회

진행자(Moderator)가 동질의 소수 응답자 집단을 대상으로 특정한 주제에 대하여 자유롭게 토론하는 가운데 필요한 정보를 수집하는 방법은?

① 문헌연구
② 전문가의견 조사
③ 표적집단면접법
④ 사례연구

해설
표적집단면접법은 1명 또는 2명의 사회자(moderator)의 진행 아래 주제에 대한 식견이나 지식을 갖춘 소수의 참여자가 한 장소에 모여 주어진 특정한 주제에 대해 토론을 하게 함으로써 필요한 정보를 수집하는 방법이다.

02 | 2019년 2회

표적집단면접법(Focus Group Interview)에 대한 설명으로 가장 적합한 것은?

① 전문적인 지식을 가진 집단으로 하여금 특정한 주제에 대하여 자유롭게 토론하도록 한 다음, 이 과정에서 필요한 정보를 추출하는 방법이다.
② 응답자가 조사의 목적을 모르는 상태에서 다양한 심리적 의사소통법을 이용하여 자료를 수집하는 방법이다.
③ 조사자가 한 단어를 제시하고 응답자가 그 단어로부터 연상되는 단어들을 순서대로 나열하도록 하여 조사하는 방법이다.
④ 응답자에게 이해하기 난해한 그림들을 제시한 다음, 그 그림이 무엇을 묘사하는지 물어 응답자의 심리상태를 파악하는 방법이다.

해설
① 표적집단면접법은 1명 또는 2명의 사회자(moderator)의 진행 아래 주제에 대한 식견이나 지식을 갖춘 소수의 참여자가 한 장소에 모여 주어진 특정한 주제에 대해 토론을 하게 함으로써 필요한 정보를 수집하는 방법이다.
② 투사법의 개념에 대한 설명이다.
③ 투사법의 종류 중 단어연상법에 대한 설명이다.
④ 투사법의 그림묘사법에 대한 설명이다.

03 | 2020년 4회

초점집단(Focus Group)조사와 델파이 조사에 관한 설명으로 옳은 것은?

① 초점집단조사에서는 익명집단의 상호작용을 통해 도출된 자료를 분석한다.
② 초점집단조사는 내용타당도를 높이는 목적으로 사용될 수 있다.
③ 델파이 조사는 비구조화 방식으로 정보의 흐름을 제어한다.
④ 델파이 조사는 대면(face to face)집단의 상호작용을 통해 도출된 자료를 분석한다.

해설
② 초점집단조사(FGI)는 높은 타당성이 가능하다는 장점이 있다.
① 초점집단조사는 자유로운 토론을 통한 방식으로 대면집단의 상호작용을 통해 자료가 도출된다. 익명집단의 상호작용을 통해 자료가 도출되는 것은 델파이 조사이다.
③ 델파이 조사는 수집된 의견을 반복적으로 전달하도록 조사내용이 구조화된 방식이다.
④ 초점집단조사에 대한 설명이다.

04 | 2018년 3회

질적 연구 중 초점집단연구의 특성과 가장 거리가 먼 것은?

① 빠른 결과를 보여준다.
② 높은 타당도를 가진다.
③ 개인면접에 비해 연구대상을 통제하기 수월하다.
④ 사회환경에서 일어나는 실제의 생활을 포착하는 사회지향적 연구방법이다.

해설
초점집단연구는 집단의 자유로운 토론을 통해 자료가 수집되는 방식이므로 개인면접에 비해 연구대상을 통제하기가 어렵다.

| 정답 | 01 ③ 02 ① 03 ② 04 ③ |

05
2022년 2회

초점집단(Focus Group)조사에 관한 설명으로 맞는 것은?

① 조사결과가 체계적이기 때문에 결과의 분석과 해석이 용이하다.
② 초점집단조사는 내용타당도를 높이는 목적으로 사용될 수 있다.
③ 초점집단조사의 자료수집과정에서는 연구자의 주관적 개입이 불가능하다.
④ 초점집단조사에서는 익명집단의 상호작용을 통해 도출된 자료를 분석한다.

해설

초점집단조사(FGI)는 전문지식을 갖춘 사람 또는 경험자를 소수의 응답자로 선정하고 사회자가 배석하여 연구목적의 방향을 제시하되, 자유로운 토론을 벌이게 하여 필요한 정보를 획득하는 방법으로, 새로운 아이디어 창출과 높은 타당성이 가능하다는 등의 장점이 있다.
① 초점집단조사는 자유로운 토론을 통한 방식이므로 비구조화된 토론 형식이며 수집자료의 특성 상 결과의 분석과 해석이 어렵다.
③ 초점집단조사는 정성조사로 주관적 해석의 한계점이 있다.
④ 초점집단조사는 자유로운 토론을 통한 방식으로 대면집단의 상호작용을 통해 자료가 도출된다. 따라서 델파이 조사와 같은 익명집단의 상호작용에 의한 방식이 아니다.

06
2021년 1회

심층면접법(In - depth Interview)에 대한 설명으로 틀린 것은?

① 대체로 대규모 조사연구에 적합하다.
② 같은 표본규모의 전화조사에 비해 대체로 비용이 많이 든다.
③ 면접자는 응답자와 친숙한 분위기를 형성하도록 해야 한다.
④ 면접자 개인별 차이에서 오는 영향이나 오류를 통제하기 어렵다.

해설

심층면접법은 전문 면접원이 1명 또는 소수의 피면접자를 대상으로 주제와 관련된 질문 방향을 가지고 탐사방식에 의해 깊게 질문을 해나가는 것으로 대규모 조사연구에는 부적합하다.

07
2020년 4회

심층면접 시 고려사항이 아닌 것은?

① 피면접자와 친밀한 관계(Rapport)를 형성해야 한다.
② 비밀보장, 안정성 등 피면접자가 편안한 분위기를 느낄 수 있도록 해야 한다.
③ 피면접자의 대답을 주의 깊게 경청하여야 하며 이전의 응답과 연결시켜 생각하는 습관을 가져야 한다.
④ 피면접자가 대답을 하는 도중에 응답내용에 대한 평가적인 코멘트를 자주 해주는 것이 좋다.

해설

심층면접법에서 응답내용에 대한 평가적 코멘트는 응답에 영향을 줄 수 있으므로 바람직하지 않다.

08
2020년 1·2회

면접원을 활용하는 조사 중 상이한 특성의 면접원에 의해 발생하는 편향(bias)이 가장 클 것으로 추정되는 조사는?

① 전화인터뷰 조사
② 심층인터뷰 조사
③ 구조화된 질문지를 사용하는 인터뷰 조사
④ 집단면접조사

해설

면접원의 상이한 특성으로 인한 면접원의 편향은 전문 면접원이 1명 또는 소수의 피면접자를 대상으로 주제와 관련된 질문 방향을 가지고 탐사방식에 의해 깊게 질문을 해나가는 심층인터뷰의 경우에 가장 클 것이다. 심층인터뷰의 한계점 중 하나가 면접자의 개인별 차이에서 오는 영향이나 오류를 통제하기 어렵다는 것이다.

| 정답 | 05 ② | 06 ① | 07 ④ | 08 ② |

pass.Hackers.com

자격증 교육 1위 해커스자격증
pass.Hackers.com

✓ 학습전략

Chapter 01 분석설계	분석설계의 개념과 고려요인을 개략적으로 파악합니다.
Chapter 02 설문지와 설문항목	설문지의 작성절차, 질문 작성의 원칙, 질문의 순서 결정시 유의점, 사전조사의 개념과 필요성에 대해 상세한 내용까지 익힐 수 있도록 학습합니다.
Chapter 03 질문 및 응답의 형태	개방형 질문과 폐쇄형 질문의 개념과 차이점 등 상세한 내용까지 이해할 수 있도록 학습합니다.

PART 04
질문지

Chapter 01 **분석설계**

Chapter 02 **설문지와 설문항목**

Chapter 03 **질문 및 응답의 형태**

Chapter 01 분석설계

1. 개괄

연구문제에 대해 **연구자가 밝히고자 하는 내용을 조사·분석하여 결론을 도출하는 제반 과정**을 위한 설계를 의미한다.

2. 고려요인

분석설계를 위해 다양한 사항들을 고려하여 방향과 세부사항을 결정하여야 한다. 예를 들어 다음과 같은 고려사항들이 있을 수 있다.

(1) **현상을 요약·기술**하는 조사(기술적 조사) 설계를 할 것인가 또는 **인과관계를 밝히는** 인과관계 조사(설명적 조사)를 할 것인가
(2) 조사대상에 대해 **한 시점에** 모든 관련 변수에 대해 조사(횡단조사)할 것인가 또는 **두 번 이상의 시점에** 반복적으로 변화를 측정하는 조사(종단조사)를 할 것인가
(3) 대상의 **속성을 양적으로 표현**(양적 조사)할 것인가 또는 **질적으로 표현**(질적 조사)할 것인가 등이다.

☞ [PART 02 조사] 참조

Chapter 02 설문지와 설문항목

1 설문지(질문지)

(1) 설문지는 조사자가 조사하고자 하는 정보와 관련한 **질문들을 체계적으로 작성한 것**으로 조사자가 질문을 읽어주고 응답자가 이에 대해 응답하는 방식 이외에, **응답자 스스로도 응답할 수 있도록** 일정 수의 질문 항목으로 구성된 것이다.
(2) 설문지는 조사목적에 맞는 정보를 질문항목으로 바꿈으로써 필요한 정보를 얻도록 하는 도구이다.
(3) 설문지는 조사를 진행하게 만드는 도구로 **조사자와 응답자를 연결해주며 응답자의 태도나 의견, 사실관계 등을 확인하는 도구가 된다.**

2 설문설계 기본방향

- 연구자의 의도를 최대한 반영해야 한다.
- 질문지 작성 이전에 ① **문제의 명백한 규정** ② **관련 자료조사** ③ **가설**설정 ④ **표본**결정 ⑤ **필요 정보** ⑥ **측정방법** ⑦ **분석내용** ⑧ **분석기법** 등이 모두 **미리 고려되거나 완료되어 있어야 한다.** 연구의 폭과 깊이가 결정됨에 따라 질문의 내용 등을 결정하는 데에 있어 준거가 된다.

(1) 조사목적과 내용을 구체화하고 적절한 분석모형을 적용

조사목적 구체화	추상적 **조사목적을 구체적으로 명료화**하여 설문지 구성의 기본 방향을 정립한다.
조사내용 구체화	각 세부적 목적별로 어떠한 질문이 필요한 것인지 검토한다.
분석모형	변수들 간의 관계를 개념적 측면에서 어떻게 구조화하고 어떠한 분석방법을 사용할 것이며 어떻게 조작적 정의를 수행하여 응답항목을 구체화하여 적합하게 측정할 것인지 등에 대하여 검토한다.

(2) 주요 고려사항

필요한 정보, 자료수집 방법, 질문의 내용, 질문의 유형, 질문의 수, 지시문의 내용 등을 고려한다.
  예 ① 너무 많은 질문은 응답자의 피로도를 높여서 응답에 영향을 주며 너무 적은 질문은 조사결과의 타당성을 저해한다.
    ② 자료수집수단이 전화조사인 경우 질문지는 가급적 간결하게 구성되어야 한다. 대인면접인 경우 개방형 질문들을 늘릴 수 있다.

3 설문지 구성과 작성

1. 설문지의 구성요소(필요사항)

조사자에 관한 사항	조사기관 소개, 연구목적·조사취지, 표집방법, 비밀보장에 관한 사항 등
협조요청 문구	조사의 중요성 또는 응답자에 대한 혜택 언급 등 응답에 대한 협조요청
조사에 관한 식별정보	설문의 식별과 면접원에 대한 정보 등
지시사항	설문문항에 대한 응답요령이나 기타 지시에 관한 사항
질문	필요정보 수집을 위한 설문 문항
응답자 구분을 위한 정보	응답자의 인구통계학적 특성 등

2. 설문지의 작성

(1) 작성절차(과정)

질문지 작성의 목적 및 범위의 확인	연구의 목적, 시간, 비용 등을 고려하여 질문지의 목적과 범위를 확인한다.
필요한 정보 결정	조사목적 달성에 필요한 정보를 판단하여 결정한다. 이를 위해 예비조사를 먼저 시행해볼 수 있다.
자료수집방법 결정	대인조사, 우편조사 등 각 자료수집수단 중 어떤 방법을 선택할 것인가를 결정한다.
개별 질문항목 내용 결정	어떤 질문이 필요한지에 대한 판단하고, 응답 가능성 등을 고려하여 질문의 내용을 결정한다.
질문과 응답의 형태 결정	질문항목별로 직접/간접질문, 개방형/선다형 등의 질문의 유형·방법을 결정한다.
질문항목 결정	질문의 개별항목을 결정한다.
질문의 표현 및 문항의 배열순서 결정	어떠한 표현과 순서가 최적의 커뮤니케이션을 가능하게 할 것인지 등의 관련 유의사항 등을 고려하여 결정한다.
질문지 초안 작성	질문지의 외형적 특성을 결정하고 설문지의 검토와 수정, 질문지 표지 개발과정을 거쳐 초안을 완성한다.
사전조사 실시 후 질문지 재수정	사전조사를 실시하고 파악된 문제점과 개선방향을 적용하여 재수정한다.
질문지 완성(확정)	질문지의 내용을 확정하고 표지 등에 대한 편집작업을 거쳐 식별자료 등을 추가하여 최종 질문지를 완성한다.

(2) 작성 시 기본원칙(유의 및 고려사항)

① 질문은 읽기 쉽고 **간결**해야 한다.
   ☞ 최소한의 문장과 단어를 제시하는 것이 좋으며 부연설명이나 동의어 중복사용은 피해야 한다.
② 질문은 명료하고 구체적이며 **의미가 명확하게 전달**되어야 한다.
   ☞ 애매한 질문은 다양하게 해석될 수 있으므로 모든 응답자에게 동일하게 전달될 수 있도록 쉽고 의미가 명확하게 구분되는 단어를 사용해야 한다.
③ 응답자의 **이해가 가능한 난이도**의 질문이어야 하며 모든 응답자에 적용될 수 있어야 한다.
   ☞ 전문용어의 사용을 자제하는 등이다.
④ **이중적 질문(복합적 질문)을 하지 말아야 한다.**
   ☞ 하나의 질문에 2가지 이상의 요소가 포함되는 질문은 피한다.
⑤ **중립적**이어야 한다.
   ☞ 특정 응답 유도나 편견에 치우친 용어사용 등을 지양해야 한다.
⑥ 규범적 응답은 억제해야 한다.
   ㉠ 사회적 규범에 관련된 문항은 사회적으로 바람직한 방식으로 응답하게 된다.
⑦ **지나치게 자세한 응답 요구는 피해야 한다.**
⑧ 응답자에 대해 **임의로 가정하여 질문하지 않는다.**
   ☞ 응답자에 대한 가정은 배제되어야 한다.
⑨ **적절한 언어**를 사용한다.
⑩ **특정한 응답을 유도해서는 안 된다.**
   ☞ 연구자의 가치관이나 의견이 반영되지 않은 가치중립(질문의 가치중립성)과 연관된다.
⑪ 질문은 **완전한 문장**으로 한다.
⑫ 기타: 개별질문 내용 결정 시 고려해야 할 사항들은 다음과 같다.
   ㉠ 하나의 질문으로 충분한가?
   ㉡ 그 질문이 반드시 필요한가?
   ㉢ 응답할 수 있는 질문인가? 등

1) 가능한 응답 범주 모두를 제시해야 한다.	**(3) 고려사항**
	① 폐쇄형 문항(제시된 몇 개의 응답 중 선택하는 방식)의 응답범주들은 **포괄성[1]과 응답범주의 상호배타성[2]**을 갖춰야 하며 각 응답범주는 비교를 위해 동일한 단위를 사용해야 한다.
	② **응답항목 작성 시 어떤 척도**를 사용할 것인지 고려한다.
	  ☞ 명목·서열·등간·비율척도 등
	③ **판단유보 범주[3]의 포함 여부, 선별적 응답 여부 등을 고려한다.**
	  ㉠ 응답항목 척도는 중간적 의견을 반영할 수 있고 기준점 설정이 가능한 홀수점 척도(3, 5, 7, 9, 11 등)를 많이 사용하지만 중간적 의견을 없애서 명확한 구분을 하기 위한 짝수점 척도도 많이 활용된다.
	  ㉡ 여과질문(filter question)[4] 등의 필요성 여부를 고려한다.

2) 응답항목 간 내용이 중복되면 안 된다. 즉, 응답범주들이 상호독립적이고 중첩이 없어야 한다.	
3) 모른다 등과 같은 응답으로, 판단을 보류하거나 의견을 밝히지 않는 응답범주이다. 포함여부 결정시 질문의 민감성이나 질문의 내용 및 표현(이해가능여부) 등을 고려하여 결정한다.	
4) **여과질문(filter question)** 어떤 질문을 하고 나면 다음 질문이 필요한지의 여부를 판별할 수 있도록 일련의 관련 질문들을 배열하는 질문방식이다.	

(4) 질문의 순서(배열) 결정 시 유의점
① **처음 질문은 가벼운 질문**으로 하며 **답변이 용이한 질문을 주로 앞부분에 배열**한다.
② **민감한 질문**은 가능한 한 **질문 후반부**에 배열한다.
  ☞ 자료 분류를 위해서 소득, 연령, 성별 등 인구통계학적 질문을 하게 되는데, 이를 앞에 배치할 경우 응답을 회피하는 경우가 많다.
③ **일반적인 것을 먼저 배열**하고, 특수한 질문은 후반부에 배열한다.
  • 깔대기형 질문: 질문이 후반부로 갈수록 그 범위를 특정내용들로 좁혀나가는 방식, 즉 큰 범위의 질문을 먼저하고 점차 특정적·구체적 질문을 뒤쪽에 배열한다.
  • 역깔대기형 질문: 응답자가 구체적 사항을 먼저 인지해야 답을 할 수 있는 경우, 전체적인 답을 먼저 하게 되면 구체적인 답에 영향을 미치는 경우 등에 있어서 사용하는 것이 적절하다.
④ 동일한 개념을 묻는 경우 **단순한 질문에서 복잡한 질문 순으로** 배열한다.
⑤ 질문들은 **동일한 주제별로 모아서** 배열한다.
  ☞ 유사한 질문을 하나로 통합할 수도 있다
⑥ **질문항목들 간의 연계**를 고려하고 **정형화된 응답이 계속되지 않도록** 하며 **논리적 흐름의 순서에 맞게** 질문을 배열한다.
  ☞ 상호연관성이 높은 질문은 가능한 모아서 배열하는 것이 집중도 높은 응답에 긍정적인데, 만약 앞의 질문이 다음 질문에 연상작용을 일으켜 응답에 영향을 미칠 수 있다면 질문들 사이의 간격을 떨어뜨리는 등 고려를 해야 한다.
⑦ **질문과 응답선택범주는 동일한 면에** 보이게 한다.

4 설문지 점검 및 보완

> 사전조사에 의해 설문지 초안을 점검하고 보완한다.

1. 사전조사(Pretest; 사전검사)

(1) 설문지(질문지)초안 완성 후 본조사를 실행하기 전에 일부 대상에게 실시하는 조사로, 본조사와 동일한 방법으로 실시하여 질문지의 문제점 및 적합성을 파악한다.

(2) 사전조사의 목적은 초안 질문지가 갖는 문제점을 찾아내고 수정하여 질문지의 타당성을 높이는 것으로, 결과에 대한 일반화 목적이 아니다. 또한 본조사 시 소요될 시간과 비용을 미리 예측하고 애로 사항을 미리 발견하여 대책을 마련하기 위한 목적도 있다.

(3) 반드시 많은 수의 응답자를 상대로 실시할 필요는 없다. 사전조사 응답자는 가능하다면 대상이 골고루 대표될 수 있도록 하는 것이 좋으나 반드시 대표성을 가져야 하는 것은 아니다. 따라서 표본추출 방법의 정밀성에 대한 고려가 반드시 필요한 것이 아니다.
  ① 본조사 예정 응답자 중 일부에게 실시한다. 실제 조사대상자와 동일한 특성 혹은 자격을 갖춘 사람들을 대상으로 한다.
  ② 사전조사의 방법은 예정된 본조사와 동일한 방법으로 한다.

(4) **검토사항**
  ① 응답에 일관성이 있는지를 검토한다.
   ☞ 동일한 내용을 묻는 질문 두 개에 있어서 두 질문에 응답으로 선택된 항목이 서로 많이 불일치하면 질문에 문제가 있다는 것이다.
  ② 지나치게 한 쪽으로 치우쳐진 응답이 나오는 문항이 있는지 파악한다.
  ③ '모른다, 보통이다' 등의 회피형 응답이 많은지 여부를 검토한다.
   ☞ 질문 자체에 문제가 있을 수 있다.
  ④ 어떤 문항에 무응답이 많은지를 파악한다.
   ☞ 응답 거절률이 5% 이상이면 적절한 질문으로 보기 어렵다.
  ⑤ 어떤 순서가 정확한 응답을 얻을 수 있는가를 검토한다.
  ⑥ 질문의 순서가 바뀌었을 경우 응답에 실질적 변화가 일어나는지를 검토한다.
   ☞ 질문 구성이 잘못되었다고 보고, 재검토가 가능하다.
  ⑦ 질문의 의도가 정확하게 전달되었는지, 유도하는 질문은 아닌지 등을 점검한다.
  ⑧ 소요시간, 문항의 난이도, 필요한 문항이나 고려사항의 미비 여부 등을 검토한다.

2. 예비조사(Pilot Test)와 사전조사(Pretest)의 차이

(1) **예비조사는 질문지 작성 전**에 실시하는 비구조적·비지시적 방식의 조사로, 조사자가 연구하고자 하는 **연구문제의 핵심적 요소들을 분명히 알지 못할 때** 사전정보(질문지 작성을 위한 기초자료)를 얻기 위한 목적으로 실시하는 조사이다.
  ☞ 조사 시행 전에 관련된 정보를 수집한다(**탐색적 조사**의 의미).

(2) 예비조사를 통해 변수들 간의 관계에 대한 통찰력 제고와 표본에 대한 기초지식의 습득 등이 가능하다.
  ☞ 문헌조사, 전문가 조사, 사례조사 등이 있다.

예비조사	사전조사
연구하고자 하는 문제의 **핵심적인 요소가 무엇인지 분명히 알지 못할 때 실시한다.**	설문지가 완성되어 본 조사에 들어가기 전에 그 의미가 제대로 설문되었는지, 응답상의 어려움은 없는지 등을 점검하기 위하여 조사대상자의 일부를 대상으로 실시한다. **초안 질문지의 수정을 목적으로 한다.**
시기: 설문지 작성 전	**시기**: 설문지 초안 작성 후, 본조사 실시 이전
목적: 정보획득, 조사문제의 규명, 연구주제에 대한 자료 수집, 연구가설의 명확화	**목적**: 질문지들의 문제점을 찾아 명료하게 수정하기 위함
비구조적 조사(unstructured), 탐색적 조사의 성격이다.	본조사와 동일한 방법, 예정응답자 중 일부를 선정하여 실시한다.

5 설문지 수정 및 최종 설문지

(1) **설문지 수정**
  문장이나 문항 등의 적합성을 점검 및 수정하며 표지나 글자크기 등 편집 작업을 수행한다.

(2) **최종 설문지**
  식별자료 추가 및 인구통계학적 질문 사항을 결정하여 인쇄한다.

Chapter 03 질문 및 응답의 형태

1. 질문의 내용에 따른 분류

사실의 발견을 위한 질문	응답자의 **속성**에 관한 정보를 위한 **객관적 사실**에 대한 질문이다. 사용되는 개념들이 사전에 명확히 정의되어 있어야 한다. 예 연령, 종교, 결혼 여부 등
정보 확인을 위한 질문	특정 사항에 대해 응답자가 **얼마나 알고 있는가**를 파악하기 위한 질문이다. 예 특정한 역사적 사건 등
의견 및 태도 측정을 위한 질문	① **의견**: 특정 사항에 대한 **언어적 평가** 성격이다. ② **태도**: 기본적 성향 또는 평가의 강도 성격이다. ☞ 동일 주제에 대해서 다양한 태도를 가질 수 있다. 정확성을 위해서는 적어도 둘 이상의 질문이 필요하다.
자각을 위한 질문	응답자 스스로의 행동을 생각하게 하는 질문이다. 예 월간 독서량 등

2. 질문의 형식에 따른 분류 - 직접 질문과 간접 질문

직접질문	간접질문
① 응답자의 태도나 의견 등을 직접적으로 질문한다. ② 응답자의 당황, 불충분한 기억 등으로 효과적이지 못한 경우가 있다.	① 조사자의 **의도를 파악하지 못하도록** 질문한다. ② 진실한 응답을 회피·거절하는 경우에 사용한다. ③ 투사법[1], 오류선택법[2], 토의완성법[3] 등이 있다. ☞ [제2과목 PART 01 자료수집방법] 참조

1) **투사법**
 조사의 목적이나 주제를 응답자가 모르도록 하면서 간접적으로 조사하는 방법이다.

2) **오류선택법**
 어떤 질문에 대해 틀린 답을 여러 개 제시하고 그것을 선택하게 함으로써 응답자의 태도를 살피는 방법이다.

3) **토의완성법**
 두 사람에게 토의 내용이 적힌 카드를 주고, 그 토의 내용을 완성하게 해서 태도·의견을 알아보는 방법이다.

3. 문항 구조에 따른 분류

(1) 서열식 질문(Ranking Questions)

가능한 대답을 모두 열거 후 응답자가 중요도(선호도)에 따라 **순위를 정하게** 하는 질문으로 응답항목이 너무 많으면 응답자의 판단이 어려워질 수 있다.

예
> 희망 근무부서의 우선순위를 기재해 주십시오.
> 　　　　　　　1순위 (　　) 2순위 (　　) 3순위 (　　)
>
> ① 기획팀
> ② 재무팀
> ③ 마케팅팀

(2) 평정형 질문(Rating Question)

강도를 달리하여 서열화된 응답 카테고리 중 선택하게 하여 대답의 **강도(intensity)**를 요구한다.

예
> A쇼핑몰을 또 이용할 계획이 있으십니까?
> ① 전혀 없음
> ② 당장은 없지만 고려해볼 생각임
> ③ 무조건 이용하겠음

(3) 매트릭스형 질문(Matrix Questions)

① 여러 개의 질문들을 묶어서 하나의 **질문세트**를 만들어 질문하는 것으로, 평정식 질문의 응용형태이다. **행렬식 질문**이라고도 한다.

예

구분	5. 매우 만족	4. 만족	3. 보통	2. 불만족	1. 매우 불만족
가격					
편의성					

② 장점: **질문문항에 대한 비교가 용이**하며 경제적으로 공간을 활용할 수 있다.
③ 단점: **상세검토 없이 유사 응답**하는 경향이 있다.

(4) 어의차형 질문

① **양극단에 서로 반대되는 형용사**를 두고 5~7단계의 응답 카테고리를 제시하여 측정하는 질문이다.
② 하나의 개념을 여러 차원에서 평가하도록 한다.

예
> B 피트니스센터 직원들의 응대에 대한 평가는?

	2	1	0	-1	-2	
친절함						불친절함
적극적						소극적

(5) 이분형 질문(양자택일형 질문)과 선다형(다항선택식) 질문

① **이분형 질문(Dichotomous Questions)**
  ㉠ 두 가지의 선택사항 중에서 **하나를 선택**하게 한다.
  ㉡ 전화조사에서 가장 효율적인 질문의 응답형태이다.
  ㉢ 장점: 응답과 응답처리가 **쉽고 신속**하다.
  ㉣ 단점: 응답범위 제한으로 중요한 정보를 잃을 수 있고, **중도적 의견의 반영이 어렵다**.

② **선다형 질문(Multiple Choice Question)**
여러 개의 항목 중 **일정 수의 항목을 선택**하게 한다.
  ㉠ 선택항목은 **상호배타적**이어야 한다.

예	귀하의 연령은? (X) ① 20~30　　　② 30~40 (O) ① 20 이상 30 미만　② 30 이상 40 미만

  ㉡ **모든 응답을 포괄**할 수 있어야 한다.

예	가장 선호하는 색깔은? (X) ① 노랑　② 검정　③ 파랑 (O) ① 노랑　② 검정　③ 파랑　④ 기타(　)

  ㉢ 하나의 차원에서 제시되어야 한다.
  ㉣ **유의사항**: 응답카테고리가 너무 많으면 응답자의 혼선을 초래할 수 있다.
  ㉤ 선다형 질문의 일종으로 체크리스트형 질문이 있다.
    예) xx라는 직무를 수행함에 있어서 필요한 자질에 해당한다고 판단되는 항목을 모두 체크해주세요.

(6) 개방형 질문과 폐쇄형 질문

① **개방형 질문(Open-ended Questions)**
  ㉠ **자유롭게 응답**하게 하는 형식의 질문이다.
    ☞ 주로 논술형 응답형식으로, 자유응답형이라고도 한다.
  ㉡ 주로 **조사자가 문제에 대한 정보나 사전지식이 충분하지 못한 경우** 탐색적 예비조사 단계에서 활용한다.
  ㉢ **가능한 응답의 범주를 모르는 경우, 열거하기에는 응답범주가 많은 경우 등에 유용하다.**
  ㉣ 질문내용에 대해서는 연구자의 많은 사전지식이 필요하지 않다.
  ㉤ 장점
    • 자세하고 풍부한 응답내용 및 **응답자의 모든 가능한 의견**을 얻어낼 수 있으며 **연구자가 기대하지 못했던 응답(새로운 사실 발견 등)의 획득이 가능하다.**
    • 응답자의 **기초적인 요구를 탐색**할 수 있다.
    • 응답자의 의견이나 태도 등에 관해 **보다 정확한 파악이 가능하다.**
    • **깊이 있는 내용**을 다루고자 할 때 적합하다.
    • 응답자에게 자기표현의 기회를 줌으로써 응답자의 의견을 존중하는 느낌을 줄 수 있다.
    • **탐색조사에 유용하다.**

ⓑ 단점
　　　• 응답자료가 **표준화되어 있지 않다**.
　　　　☞ **부호로 변환하는 작업이 어렵고**, 상호비교나 통계분석이 어렵다.
　　　• 사생활 관련 등 **민감한 질문에 부적합**할 수 있다.
　　　• 시간이 많이 소요된다.
　　　　☞ **무응답이나 불성실한 응답, 거절의 빈도**가 높을 수 있다.
　　　• 응답자의 **표현능력에 따라 좌우된다**.
　　　• 응답자가 **교육수준에 따라 제약**이 있을 수 있으며 **응답자마다 응답에 내포하는 의미나 중요성이 다를 수 있고** 표현상의 차이가 존재한다.
　　　• **자료의 처리에 많은 시간과 노력**이 들며 **응답내용의 분류가 어려워** 자료의 많은 부분이 분석에서 제외되기도 한다.
　　　• 주관적이며 **응답의 해석에 편견이 개입**될 소지가 높다.
　　　　☞ 면접의 경우, 숙련된 전문면접원에 의해 진행되어야 한다.

② **폐쇄형 질문(Closed - ended Questions)**
　㉠ 응답범주들을 주어진 선택지에서 간단하게 선택하도록 하는 질문이다.
　㉡ 응답범주들은 **포괄성, 상호배타성**을 갖춰야 하며, **중립적 응답범주 여부 등을 고려**해야 한다.
　㉢ 장점
　　• 응답하기 편하며 **질문의 의미가 응답항목을 통해 응답자에게 보다 명확하게 전달**된다.
　　• **코딩이 간편하다**. 즉, **통계적 분석**을 위한 처리가 용이해서 시간과 비용의 절약이 가능하다.
　　• 개인사생활과 관련되거나 **소득과 같은 민감한 주제에 보다 적합하다**.
　　• 측정의 통일성으로 **신뢰성이 높다**.
　㉣ 단점
　　• 응답자의 **한정된 답변만**을 얻을 수 있어 의견을 충분히 반영할 수 없다.
　　• 응답 선택항목이 많아지면 **선택하기 어렵고**, 아무거나 응답할 수 있다.
　　• **강제로 선택하게 함으로써** 편의가 발생할 수 있다.
　　• 응답항목의 배열에 따라 응답이 달라질 수 있다.
　　• **응답범주에 조사자의 선입견이나 편견이 반영될** 개연성이 있다.
　　• 주요항목이 누락되면 큰 오류가 발생할 수 있다.
　　• 응답자가 **선택을 잘못해도 확인하기 어렵다**.
　　• 조사자가 적정한 응답지를 제시하기 어렵다.
　　• **실질적으로는 각기 다른 내용의 응답**이라도 제시된 응답 항목 중 하나를 선택하게 된다.

기출 및 예상적중문제 — PART 04 질문지

01
2019년 2회

다음 중 질문지의 구성요소로 볼 수 없는 것은?

① 식별자료
② 지시사항
③ 필요정보 수집을 위한 문항
④ 응답에 대한 강제적 참여 조항

해설
질문지의 구성요소는 조사자에 관한 사항(조사기관 소개, 연구 목적 등), 협조요청 문구, 조사에 관한 식별정보, 지시사항, 설문문항, 응답자 구분을 위한 정보 등이다.

02
2018년 1회

질문지 설계 시 고려할 사항과 가장 거리가 먼 것은?

① 지시문의 내용
② 자료수집방법
③ 질문의 유형
④ 표본추출방법

해설
질문지 설계 시 주요 고려 사항은 자료수집 방법, 질문의 유형, 질문의 내용, 지시문의 내용 등이다.
④ 질문지 작성 이전에 문제의 명백한 규정과 관계된 문헌 및 자료조사, 연구의 기본전제와 가설설정, 조사를 위한 표본결정이 확립 및 완료되어 있어야 한다.

03
2021년 1회

질문지 작성방법에 관한 설명으로 가장 적합한 것은?

① 질문지는 한 번 실시되면 돌이킬 수 없으므로 가능한 한 많은 양의 정보가 실릴 수 있도록 작성한다.
② 필요한 정보의 종류, 측정방법, 분석할 내용, 분석의 기법까지 모두 미리 고려된 상황에서 질문지를 작성한다.
③ 질문지 작성에는 일정한 원리와 이론이 적용되는 것이므로 이에 대한 내용을 숙지한 후 상당한 시간과 노력을 들여 신중하게 작성한다.
④ 동일한 양의 정보를 담고 있어도 설문지의 분량은 가급적 적어야 하기 때문에, 필요한 정보의 획득을 위한 질문문항 외에 다른 요소들은 설문지에 포함시키지 않아야 한다.

해설
질문지 작성 이전에 문제의 명백한 규정과 관계된 문헌 및 자료조사, 연구의 기본전제와 가설설정, 조사를 위한 표본결정이 확립 및 완료되어 있어야 한다. 이에 따라 필요한 정보의 종류, 측정방법, 분석할 내용, 분석의 기법까지 모두 미리 고려된 상황에서 질문지를 작성한다.
① 질문문항이 지나치게 많으면 응답자의 피로를 유발하여 응답에 영향을 줄 수 있다.
③ 모든 질문지 작성에 적용되는 원리나 이론이 있다고는 볼 수 없다.
④ 질문문항이 필요이상으로 적으면 조사결과의 타당성을 저해하게 된다.

| 정답 | 01 ④ | 02 ④ | 03 ② |

04
2021년 2회

질문지 작성의 일반적인 과정을 바르게 나열할 것은?

㉠ 필요한 정보의 결정	㉡ 자료수집방법 결정
㉢ 개별항목 결정	㉣ 질문형태 결정
㉤ 질문순서 결정	㉥ 초안 작성
㉦ 사전조사(Pretest)	㉧ 질문지 완성

① ㉠→㉡→㉢→㉣→㉤→㉥→㉦→㉧
② ㉠→㉤→㉡→㉣→㉢→㉥→㉦→㉧
③ ㉠→㉣→㉢→㉡→㉤→㉥→㉦→㉧
④ ㉠→㉡→㉣→㉢→㉤→㉥→㉦→㉧

해설
질문지 작성의 일반적 과정
질문지 작성의 목적과 범위 확인 → 필요한 정보의 결정 → 자료수집방법 결정 → 질문내용 결정 → 질문과 응답 형태 결정 → 질문항목 결정 → 질문의 표현 및 배열순서 결정 → 질문지 초안 작성 → 사전조사 → 질문지 완성

05
2017년 3회

다음 중 질문지 작성의 원칙이 아닌 것은?

① 명확성
② 부연설명
③ 가치중립성
④ 규범적 응답의 억제

해설
질문지 작성의 원칙
㉠ 질문은 읽기 쉽고 간결해야 한다.
㉡ 질문은 명료하고 구체적이며 의미가 명확하게 전달되어야 한다.
㉢ 응답자의 이해가 가능한 난이도의 질문이어야 하며 모든 응답자에 적용될 수 있어야 한다.
㉣ 이중적 질문(복합적 질문)을 하지 말아야 한다.
㉤ 중립적이어야 한다.
㉥ 규범적 응답은 억제해야 한다.
㉦ 지나치게 자세한 응답 요구는 피해야 한다.
㉧ 응답자에 대해 임의로 가정하여 질문하지 않는다.
㉨ 적절한 언어를 사용해야 한다.
㉩ 특정한 응답을 유도해서는 안 된다.
㉪ 질문은 완전한 문장으로 해야 한다.
㉫ 기타: 개별 질문 내용 결정 시 하나의 질문으로 충분한지, 그 질문이 반드시 필요한지, 응답할 수 있는 질문인지 등을 점검해야 한다.

06
2018년 3회

질문지 작성 시 개별질문 내용을 결정할 때 고려해야 할 사항과 가장 거리가 먼 것은?

① 그 질문이 반드시 필요한가?
② 하나의 질문으로 충분한가?
③ 응답자가 응답할 수 있는 질문인가?
④ 조사자가 응답의 결과를 예측할 수 있는가?

해설
질문지 작성의 원칙 중에서 개별 질문 내용 결정 시 점검해야 할 것은 다음과 같다.
㉠ 하나의 질문으로 충분한가?
㉡ 그 질문이 반드시 필요한가?
㉢ 응답할 수 있는 질문인가?

07
2019년 1회

질문지의 개별항목을 완성할 때 주의사항으로 옳은 것은?

① 다양한 정보의 획득을 위해 한 질문에 2가지 이상의 요소가 포함되는 것이 바람직하다.
② 질문의 용어는 응답자 모두가 이해할 수 있도록 이해력이 낮은 사람의 수준에 맞춰야 한다.
③ 질문내용에 응답자에 대한 가정을 제시하여 응답편의를 제공하는 것이 바람직하다.
④ 질문지의 용이한 작성을 위해 일정한 방향을 유도하는 문항을 가지는 것이 필요하다.

해설
질문은 응답자의 이해가 가능한 난이도의 질문이어야 한다.
① 하나의 질문에 2가지 요소가 포함되는 이중적·복합적 질문은 하지 말아야 한다.
③ 응답자에 대해 임의로 가정하여 질문하지 않는다.
④ 특정한 응답을 유도해서는 안 된다.

| 정답 | 04 ④ 05 ② 06 ④ 07 ② |

08
2018년 3회

일반적인 질문지 작성원칙과 가장 거리가 먼 것은?

① 질문은 의미가 명확하고 간결해야 한다.
② 한 질문에 한 가지 내용만 포함되도록 한다.
③ 응답지의 각 항목은 상호배타적이어야 한다.
④ 과학적이며 학문적인 용어를 선택해서 사용해야 한다.

해설
질문은 응답자의 이해가 가능한 난이도의 질문이어야 하며 모든 응답자에 적용될 수 있어야 하므로 전문용어 등의 사용은 자제해야 한다.

09
2018년 3회

질문지 작성원칙과 가장 거리가 먼 것은?

① 연구자의 가치관이나 의견이 반영된 문장을 사용한다.
② 질문은 짧을수록 좋고 부연설명이나 단어의 중복사용은 피해야 한다.
③ 복합적인 질문을 피하고 두 개 이상의 질문을 하나로 묶지 말아야 한다.
④ 질문은 그 자체로서 의미가 명확히 전달될 수 있도록 구성하고 모호한 질문은 피해야 한다.

해설
질문은 특정한 응답을 유도해서는 안 된다. 이는 연구자의 가치관이나 의견이 반영되지 않은 가치중립을 의미한다.

10
2020년 3회

다음 기업조사 설문의 응답항목이 가지고 있는 문제점은?

> 귀사는 기업이윤의 몇 퍼센트를 재투자하십니까?
> ㉠ 0%   ㉡ 1 ~ 10%
> ㉢ 11 ~ 40%   ㉣ 41 ~ 50%
> ㉤ 100% 이상

① 간결성
② 명확성
③ 포괄성
④ 상호배제성

해설
51 ~ 99%의 응답범주가 빠져있는 등 응답범주에 포함되어 있지 않은 범주가 존재한다. 따라서 가능한 응답범주 모두를 제시해야 한다는 응답범주의 포괄성에 문제가 있다.

11
2021년 1회

다음 질문 항목의 문제점은?

> 환경오염에 대한 1차적 책임은 개인, 기업, 정부 중 어디에 있다고 생각하십니까?
> ㉠ 개인   ㉡ 기업   ㉢ 정부

① 응답항목 간의 내용이 중복되어 있다.
② 대답 가능한 응답을 모두 제시해주지 않았다.
③ 의미가 명확하게 구분되는 단어를 사용하지 않았다.
④ 조사가 임의로 응답자들에 대한 가정을 하고 있다.

해설
응답항목으로 개인, 기업, 정부 외의 항목이 필요할 수 있는데, 이에 대한 응답범주가 제시되어 있지 않다. 따라서 가능한 응답범주 모두를 제시해야 한다는 응답범주의 포괄성에 문제가 있다.

| 정답 | 08 ④ 09 ① 10 ③ 11 ② |

12
2017년 3회

다음 질문항목의 문제점을 지적한 것으로 가장 적합한 것은?

> 귀하께서 현금서비스 받으신 돈을 주로 어떤 용도로 사용하십니까?
> ㉠ 생활비 ㉡ 교육비
> ㉢ 의료비 ㉣ 신용카드 대금
> ㉤ 부채청산 ㉥ 기타

① 가능한 응답을 모두 제시해주어야 한다.
② 응답항목들 간의 내용이 중복되어서는 안 된다.
③ 하나의 항목으로 2가지 내용의 질문을 해서는 안 된다.
④ 대답을 유도하는 질문을 해서는 안 된다.

해설
신용카드 대금과 부채는 같은 항목으로 볼 수 있다. 따라서 응답항목들 간의 내용이 중복되어서는 안 된다는 응답범주의 상호배타성에 문제가 있다.

13
2017년 2회

'최근 텔레비전 프로그램에 등장하고 있는 폭력적 장면과 선정적 장면에 대해서 어떻게 생각하십니까?'라는 질문은 주로 어떤 오류를 범하고 있는가?

① 부적절한 언어의 사용
② 비윤리적 질문
③ 전문용어의 사용
④ 이중적 질문

해설
하나의 질문에 2가지 이상의 요소가 포함(폭력적, 선정적)되는 이중적·복합적 질문을 하지 말아야 한다.

14
2018년 1회

다음 질문문항의 주된 문제점에 해당하는 것은?

> 여러 백화점 중에서 귀하가 특정 백화점만을 고집하여 간다고 한다면 그 주된 이유는 무엇입니까?

① 단어들의 뜻이 명확하지 않다.
② 하나의 항목에 두 가지 질문내용이 포함되어 있다.
③ 지나치게 자세한 응답을 요구하고 있다.
④ 임의로 응답자들에 대한 가정을 두고 있다.

해설
응답자가 특정 백화점을 고집한다는 임의적 가정을 하고 있다. 질문의 원칙 중 하나는 응답자에 대해 임의로 가정하여 질문하지 않는다는 것이다.

15
2020년 4회

질문지 문항배열에 대한 고려사항으로 적합하지 않은 것은?

① 시작하는 질문은 쉽게 응답할 수 있고 흥미를 유발할 수 있어야 한다.
② 앞의 질문이 다음 질문에 연상작용을 일으켜 응답에 영향을 미칠 수 있다면 질문들 사이의 간격을 멀리 떨어뜨린다.
③ 응답자의 인적사항에 대한 질문은 가능한 한 나중에 한다.
④ 질문이 담고 있는 내용의 범위가 좁은 것에서부터 점차 넓어지도록 배열한다.

해설
질문의 배열은 일반적인 것을 먼저 배열하고, 특수한 질문은 후반부에 배열한다. 즉, 깔대기형 질문으로 질문이 후반부로 갈수록 그 범위를 특정내용들로 좁혀나가는 방식이다. 큰 범위의 질문을 먼저하고 점차 특정적·구체적 질문을 뒤쪽에 배열한다.

| 정답 | 12 ② 13 ④ 14 ④ 15 ④

16
2019년 2회

다음 중 질문문항의 배열에 관한 설명으로 틀린 것은?

① 시작하는 질문은 응답자의 흥미를 유발하고 쉽게 대답할 수 있는 것으로 한다.
② 개인의 사생활과 같이 민감한 질문은 가급적 뒤로 돌린다.
③ 특수한 것을 먼저 묻고, 일반적인 것을 그 다음에 질문한다.
④ 논리적인 순서에 따라 배열함으로써 응답자 자신도 조사의 의미를 찾을 수 있도록 한다.

해설
질문의 배열은 일반적인 것을 먼저 배열하고, 특수한 질문은 후반부에 배열한다. 즉 깔대기형 질문으로 질문이 후반부로 갈수록 그 범위를 특정내용들로 좁혀나가는 방식이다. 큰 범위의 질문을 먼저하고 점차 특정적·구체적 질문을 뒤쪽에 배열한다.

17
2019년 1회

다음 중 질문지법에서 질문항목의 배열순서에 대한 설명으로 틀린 것은?

① 간단한 내용의 질문이라도 응답자들이 응답하기를 주저하는 내용의 질문은 가급적 마지막에 배치해야 한다.
② 부담감 없이 쉽게 응답할 수 있는 단순한 내용의 질문은 복잡한 내용의 질문보다 먼저 제시되어야 한다.
③ 응답자들의 관심을 끌 수 있는 일반적인 내용의 질문은 앞부분에 제시되어야 한다.
④ 비록 응답자들이 응답을 회피하는 항목이라도 개인의 사생활에 관련된 기본항목은 가능한 한 질문지의 시작으로 다루어지는 것이 효과적이다.

해설
질문의 순서결정에 있어서 민감한 질문은 가능한 한 질문 후반부에 배열한다. 자료 분류를 위해서 소득, 연령, 성별 등 인구통계학적 질문을 하게 되는데, 이를 앞에 배치할 경우 응답을 회피하는 경우가 많다.

18
2017년 2회

어떤 질문을 하고나면 다음 질문이 필요한지의 여부를 판별할 수 있도록 일련의 관련 질문들을 배열하는 질문 방식은?

① 유도질문
② 탐사질문
③ 여과질문
④ 열린 질문

해설
여과질문(filter question)은 어떤 질문을 하고 나면 다음 질문이 필요한지의 여부를 판별할 수 있도록 일련의 관련 질문들을 배열하는 질문방식이다.

19
2018년 1회

다음 중 설문지 사전검사(Pretest)의 주된 목적은?

① 응답자들의 분포를 확인한다.
② 질문들이 갖고 있는 문제들을 파악한다.
③ 본조사의 결과와 비교할 수 있는 자료를 얻는다.
④ 조사원들을 훈련한다.

해설
사전검사(사전조사)는 설문지 초안 완성 후 본조사를 실행하기 전에 일부 대상에게 실시하는 조사로 본조사와 동일한 방법으로 실시하여 질문지의 문제점 및 적합성을 파악하는 조사이다. 초안 질문지가 갖는 문제점을 찾아내고 수정하여 질문지의 타당성을 높일 수 있으며 본조사시 소요될 시간과 비용을 미리 예측하고 애로사항을 미리 발견하여 대책을 마련할 수 있다.

| 정답 | 16 ③ | 17 ④ | 18 ③ | 19 ② |

20
2019년 1회

설문지 작성 과정 중 사전검사(Pretest)를 실시하는 이유와 가장 거리가 먼 것은?

① 연구하려는 문제의 핵심적인 요소가 무엇인지 확인한다.
② 응답이 한 쪽으로 치우치지 않는지 확인한다.
③ 질문순서가 바뀌었을 때 응답에 실질적 변화가 일어나는지 확인한다.
④ 무응답, 기타응답이 많은 경우를 확인한다.

해설
- 사전조사는 설문지 초안 완성 후 본조사를 실행하기 전에 일부 대상에게 실시하는 조사이다.
- 주요 검토 사항
  ㉠ 응답에 일관성이 있는지
  ㉡ 지나치게 한 쪽으로 치우쳐진 응답이 나오는 문항이 있는지
  ㉢ '모른다, 보통이다' 등의 회피형 응답이 많은지
  ㉣ 어떤 문항에 무응답이 많은지
  ㉤ 어떤 순서가 정확한 응답을 얻을 수 있는지
  ㉥ 질문의 순서가 바뀌었을 경우 응답에 실질적 변화가 일어나는지
  ㉦ 질문의 의도가 정확하게 전달되었는지, 유도하는 질문은 아닌지 등
  ㉧ 소요시간, 문항의 난이도, 필요한 문항이나 고려사항의 미비 여부 등

21
2020년 1·2회

다음 중 특정 연구에 대한 사전지식이 부족할 때 예비조사(Pilot Test)에서 사용하기 가장 적합한 질문유형은?

① 개방형 질문
② 폐쇄형 질문
③ 가치중립적 질문
④ 유도성 질문

해설
개방형 질문은 자유롭게 응답하게 하는 형식의 질문으로 자유응답형이라고도 한다. 주로 조사자가 문제에 대한 정보를 충분히 가지고 있지 못한 예비조사 단계에서 활용하기 적합하다.

22
2020년 1·2회

질문지의 형식 중 간접질문의 종류가 아닌 것은?

① 투사법(Projective Method)
② 오류선택법(Error-choice Method)
③ 컨틴전시법(Contingency Method)
④ 토의완성법(Argument Completion)

해설
간접질문은 응답자의 태도나 의견 등을 직접적으로 질문하는 직접질문과는 달리 조사자의 의도를 파악하지 못하도록 질문하는 것이다.
① 투사법: 간접질문의 유형으로 조사의 목적이나 주제를 응답자가 모르도록 하면서 간접적으로 조사하는 방법이다.
② 오류선택법: 간접질문의 유형으로 어떤 질문에 대해 틀린 답을 여러 개 제시하고 그것을 선택하게 함으로써 응답자의 태도를 살핀다.
③ 컨틴전시법: 대화 도중 응답내용이 불충분한 경우 등에 있어서 갑작스러운 질문을 던져 정확한 답을 이끌어내는 직접질문법으로 프로빙과 유사한 개념이다.
④ 토의완성법: 간접질문의 유형으로 두 사람의 토의 내용이 적힌 카드를 주고, 그 토의 내용을 완성하게 해서 태도·의견을 알아본다.

23
2018년 1회

개방형 질문의 특징에 관한 설명으로 틀린 것은?

① 응답자들의 모든 가능한 의견을 얻어낼 수 있다.
② 탐색조사를 하려는 경우 특히 유용하게 이용될 수 있다.
③ 응답내용의 분류가 어려워 자료의 많은 부분이 분석에서 제외되기도 한다.
④ 질문에 대해 중립적인 입장을 가진 사람만을 대상으로 조사하더라도 극단적인 결론이 얻어진다.

해설
개방형 질문은 자유롭게 응답하게 하는 형식의 질문으로 주로 조사자가 문제에 대한 정보를 충분히 가지고 있지 못한 예비조사 단계에서 활용하기 적합하며 자세하고 풍부한 응답내용 및 응답자의 모든 가능한 의견을 얻어낼 수 있으며 연구자가 기대하지 못했던 응답의 획득이 가능하다.
③ 응답내용의 분류가 어려워 자료의 많은 부분이 분석에서 제외되기도 한다는 것이 단점 중의 하나이다.
④ 자유응답형 질문이므로 중립적 입장을 가진 사람만을 대상으로 조사하더라도 극단적 결론이 얻어진다고는 볼 수 없다.

| 정답 | 20 ① 21 ① 22 ③ 23 ④

24 2020년 3회

다음 중 개방형 질문의 특징이 아닌 것은?

① 자료처리를 위한 코딩이 쉬운 장점을 갖는다.
② 예기치 않은 응답을 발견할 수 있다.
③ 자세하고 풍부한 응답내용을 얻을 수 있다.
④ 탐색조사에서 특히 유용한 질문의 형태이다.

해설
개방형 질문은 자유롭게 응답하게 하는 형식의 질문으로 주로 조사자가 문제에 대한 정보를 충분히 가지고 있지 못한 예비조사 단계에서 활용하기 적합하며 자세하고 풍부한 응답내용 및 응답자의 모든 가능한 의견을 얻어낼 수 있으며 연구자가 기대하지 못했던 응답의 획득이 가능하다.
① 개방형 질문은 응답자자료가 표준화되어 있지 않아서 부호로 변환하는 작업이 어렵다.

25 2017년 1회

폐쇄형 질문과 비교한 개방형 질문에 대한 설명으로 틀린 것은?

① 자료처리에 많은 시간과 노력이 든다.
② 개인 사생활과 관련되거나 민감한 질문일수록 적합하다.
③ 연구자가 알지 못했던 정보나 문제점을 발견하는 데 유용하다.
④ 응답자에게 자기표현의 기회를 줌으로써 응답자의 의견을 존중하는 느낌을 준다.

해설
개방형 질문은 사생활 관련 등 민감한 질문에 부적합할 수 있다. 이러한 질문에는 폐쇄형 질문이 보다 적합하다.

26 2018년 2회

다음에 제시된 설문지 질문 유형의 특징이 아닌 것은?

> 귀하가 이번 대통령 선거에서 특정 후보를 선택하는 이유를 자유롭게 작성해주시기 바랍니다.

① 탐색적인 연구에 적합하다.
② 질문내용에 연구자의 사전지식을 많이 필요로 하지 않는다.
③ 응답자에게 창의적인 자기표현의 기회를 줄 수 있다.
④ 응답자의 어문 능력에 관계없이 이용이 가능하다.

해설
개방형 질문은 응답자의 표현능력에 따라 좌우되며 응답자의 교육수준에 따라 제약이 있을 수 있다.

27 2021년 1회

다음과 같은 질문의 형태는?

> 당신의 학력은 다음 중 어디에 해당합니까? ( )
> ㉠ 무학   ㉡ 초졸
> ㉢ 중졸   ㉣ 고졸
> ㉤ 대졸   ㉥ 대학원 이상

① 개방형   ② 양자택일형
③ 다지선다형   ④ 자유답변형

해설
다지선다형 질문은 여러 개의 항목 중 일정 수의 항목을 선택하게 한다. 선택 항목은 상호배타적이어야 하며 모든 응답을 포괄할 수 있어야 하고 하나의 차원에서 제시되어야 한다.

| 정답 | 24 ① | 25 ② | 26 ④ | 27 ③ |

✓ 학습전략

Chapter 01 표본설계
각 기본적인 용어와 개념들을 정확히 익힐 수 있도록 학습합니다.

Chapter 02 표본추출
표본추출과정, 전수조사와 표본조사의 차이점, 확률표본추출과 비확률표본추출의 개념 및 각 유형의 장단점에 대한 확실한 이해에 중점을 두고 학습해야 합니다. 각 방법에 대한 비교 관점에서의 파악도 중요합니다.

Chapter 03 표본추출오차와 비표본추출오차
표본오차와 비표본오차의 개념에 대해 잘 숙지하고 있어야 합니다. 개념과 발생원인, 주요 증감요인에 대해 정확하게 학습합니다.

Chapter 04 표본의 크기
표본크기 결정에 있어서 고려해야 할 사항과 통계적 결정 방법에서의 각 요소와 표본크기의 관계에 중점을 두고 학습합니다.

PART 05
표본설계

Chapter 01 **표본설계**

Chapter 02 **표본추출(표집)**

Chapter 03 **표본추출오차와 비표본추출오차**

Chapter 04 **표본의 크기**

Chapter 01 표본설계

1. 정의
(1) 연구문제와 관련하여 **모집단의 특성을 가장 잘 설명할 수 있는 표본을 추출**하는 방법을 설계하는 것이다.
(2) 전체 모집단을 조사하는 것보다 표본을 추출하여 조사하는 것이 시간과 비용 측면에서 **경제적**이다. 단, 표본추출에 관련된 여러 가지 **오차들을 감안해야 한다**.

2. 주요 개념
(1) 간략하게 정의될 수 있는 개념

우주 (Universal)	모든 요소[1]들의 이론적 · 가설적 결합이다.
모집단 (Population)	① 연구자가 조사문제와 관련하여 **정보를 얻고자 관심을 갖는 전체 집단**이다. ② 통계적 관찰의 대상이 되는 원래의 집단 전체로, 표본을 조사하여 일반화하고자 하는 전체 대상이다. ③ **이론적으로 한정된 조사요소들의 집합**으로 조사내용 · 범위 등에 대해 명확하고 한정적으로 규정된다. ㉠ 대학생들의 취업기관 선호도를 조사할 때 **전국 대학생**이 모집단이다. ☞ 이를 명확하게 한정된 요소들의 집합으로 나타낸다. ☞ 2023년 현재 전국의 대학교 4학년 재학생 ④ 모집단을 정확하게 규정하기 위해서는 표본단위, 조사지역, 조사기간 등을 고려해야 한다. ⑤ 유한 모집단과 무한 모집단으로 구분할 수 있다. ☞ 전체 표본 추출단위의 수를 한정하여 셀 수 있는가의 여부에 따라 나뉜다. ⑥ 실제 조사의 표본이 추출된 요소들의 원래 모집단을 '서베이 모집단'으로 구분할 수 있다. ㉠ 2023년 현재 전국 대학교 4학년 재학생 중 기취업자들을 제외하고 표본추출한 경우 그 원래 모집단
표본 (Sample)	① 조사를 위해 모집단에서 그 **특성을 대표할 수 있는** 소수의 적절한 수를 선정한 대상이다. ② **실제조사를 위해 선정된 요소들의 집합**을 말한다. 즉 실제 조사대상자들을 의미한다.
모수 (Parameter)	모집단으로부터 추정되는 **모집단의 특성을 나타내는 값**이다. 즉 모집단에서 어떤 변수가 가지고 있는 특성을 요약한 값이다. ㉠ 모집단의 평균

1) 요소(element)
정보수집이나 분석의 기본이 되는 단위

통계량 (Statistic)	**표본의 특성을 나타내는 값**으로 표본에서 어떤 변수가 가지고 있는 특성을 요약한 값이다. 예 표본의 평균
표본프레임 (표본틀)	① 표본을 추출하기 위한 모집단의 **목록**, 즉 연구대상이 되는 모집단 전체의 목록이다. ② **표본프레임 오류**: 모집단과 표본프레임이 일치하지 않는 것이다. 　예 서울 A 대학 체육과 학생들에서 표본추출을 할 경우를 가정할 때 다음과 같은 경우들에 발생한다. 　　㉠ 모집단 < 표본프레임 　　　예 A 대학 전체 학생명부에 의해 표본추출 　　㉡ 모집단과 표본프레임이 전혀 다를 때 등 　　　예 전혀 관계없는 명부로 표본추출
표본추출(표집)요소 (Element)	정보수집과 **분석의 기본이 되는 단위**로 조사에서 **필요한 정보가 산출되는 단위**를 지칭한다. 예 개인별로 정보를 조사하면 개인이 요소가 되고, 기업별로 정보를 조사하면 기업이 요소가 된다.
표본추출(표집)단위 (Sampling Unit)	① 표본추출과정의 각 단계에서 '**표본추출 대상이 되는, 표본으로 선정되는 그 요소**'를 지칭하는 용어이다. 　예 표본추출 대상이 되는 개인단위, 가구 단위 등 모집단의 구성원 ② 일반적으로 표집단위는 분석단위와 일치하나 경우에 따라 일치하지 않는 경우도 있다.
표본추출(표집)간격 (Sampling Interval)	모집단으로부터 표본을 추출할 때 추출되는 **요소와 요소 간의 간격**으로 모집단 크기를 표본크기로 나눈 값이다.
표본(표집)률 (Sampling Ratio)	모집단에서 **개별 요소가 선택되는 비율**이다. 예 500명에서 50명 추출하면 10%이다.
계층 (Strata)	모집단의 특성을 상호배타적으로 구분한 부분집합이다.
표본추출분포(표집분포) (Sampling Distribution)	동일크기 표본을 반복적으로 추출할 때 표본통계량의 확률분포로 통계적 추론과 관련한 이론적 분포이다.
표집오차 (Sampling Error)	모집단의 모수와 표본의 통계량 간의 차이로 **표본이 모집단을 제대로 나타내지 못하는 정도**이다. 통계적으로 표본오차, 오차한계 등으로도 나타낸다.
관찰단위	직접적인 조사의 대상으로, 분석단위와 동일한 경우가 많지만 반드시 일치할 필요는 없다. 예 고교생들의 학업진로 조사를 위해 진학상담교사를 인터뷰하는 것

(2) 기타 통계적 정의가 수반되는 개념들
☞ [제3과목] 참조

표준편차 (Standard Deviation)	자료가 평균을 중심으로 얼마나 떨어져 있는지를 나타내는 수치이다.
분산 (Variance)	표준편차를 제곱한 값이다.
신뢰구간 (Confidence Interval)	실제 모집단의 값이 이 구간 안에 위치할 것이라고 예측하는 구간이다.
신뢰수준 (Confidence Level)	신뢰구간 내에 진정한 모수가 위치할 것이라고 예측하는 확률이다.
유의수준(α)	• 진정한 모수가 신뢰구간 밖에 있을 확률이다. • 신뢰수준 = $1 - \alpha$
표준오차 (Standard Error)	표본들의 평균값들이 이루는 분포의 표준편차이다.
정규분포	평균을 중심으로 양쪽이 대칭인 종 모양의 분포이다.

Chapter 02 표본추출(표집)

1 표본추출의 개념

- 모집단(Population)에서 **모집단을 대표할 수 있는 일부분을 추출**하는 것을 의미한다.
- **표본의 대표성**(Representativeness)이 중요한 이슈이다.
  ☞ 표본이 모집단을 적절히 대표한다고 했을 때, 표본조사는 경제적이고 신속한 조사 방법이다. **대표성**이 있다는 것은 표본의 분석결과를 **일반화**할 수 있다는 의미이다. 즉, 대표성은 표본의 통계적 특성이 모집단의 통계적 특성에 어느 정도 근접하는가의 문제이며 표본이 모집단이 지닌 다양한 성격을 고루 반영하느냐의 문제이다.
- 표본은 기술적 통계분석의 대상이 되며 **표본의 통계량(Statistic)을 이용하여 모집단의 특성(Parameter)을 추론한다**.
- 표본은 모집단을 대표할 수 있어야 경제성, 신속성, 정확성의 의미를 가지게 되는데, 이러한 대표성과 함께 적절성[1]에 대한 고려도 필요하다.

1. 표본추출과정

모집단의 확정	연구자가 관심을 갖는 조사대상이 되는 **집단**을 확정하는 것이다. • 연구 대상과 범위, 표본 단위, 해당 기간 등의 확정이 수반되어야 한다. • Target이 되는 모집단(개념상의 목표모집단의 모든 대상)과 실제 조사의 대상이 되는 모집단의 명확한 정의가 필요하다.

표본추출 프레임
(표집틀)의 결정
	① 모집단 내의 조사대상자 **목록(List)**으로, 조사대상의 분류에 대한 판단 등이 필요하다.
	② 다음 조건 등에 의해서 평가한다.
	  • 포괄성[2] • 추출확률[3] • 효율성[4]
	③ 표본추출프레임과 모집단과의 관계
	  • 표집틀과 모집단이 일치할 때 가장 이상적이다.
	  • 샘플링 설계를 잘못하면 **표본프레임 오류**[5]가 발생하여 대표성을 결여하게 된다.
	  ㉠ 연 100만 원 이상 구매자가 관심을 갖는 모집단인데, 표본프레임을 전체 구매자 명단으로 하면 모집단의 크기보다 표본프레임이 커지게 된다(모집단이 표본프레임 내에 포함).

표본추출방법의 결정	표본의 **대표성에 대한 고려**가 필요하다. ☞ **확률표본추출 vs 비확률표본추출**❶ ☞ 시간과 비용, 오차, 신뢰도와 정확도 등을 고려하여 결정한다.
표본 크기의 결정	결정된 표본추출방법에 의해 연구의 목적과 시간 및 비용 요소, 신뢰수준과 오차 등 **여러 고려사항 및 통계적 방법에 의해 표본의 크기를 결정한다**.
표본추출 실행	표본추출 실행계획(조사대상자 접촉방법 등)을 수립하고 계획에 따라 실행한다.

---

[1] 적절성(adequacy)
어느 정도의 비용을 투입해서 어느 정도 크기의 표본을 확보하고, 이것으로써 어느 정도의 표본의 정확성을 확보할 수 있을 것인지에 관한 것이다.

[2] 포괄성
전체 모집단 중 얼마나 많은 부분을 포함하는가를 의미한다.

[3] 추출 확률
모집단에서의 각 개별요소들의 추출 확률이 동일한가를 의미한다.

[4] 효율성
조사에 필요한 대상들만으로 표집 프레임에 잘 포함되었는가를 의미한다.

[5] 표본프레임 오류
(Sampling Frame Error)
모집단과 표본프레임이 일치하지 않아 발생하는 오류이다.

❶ 상세내용 후술(122p)

2. 전수조사와 표본조사

전수조사	모집단 전부를 조사하는 것으로, **원칙적으로 가장 바람직한 방법이지만 시간과 비용이 많이 소요**된다. ☞ 모집단이 비교적 적은 경우에 사용이 가능한데, 추정의 정밀도가 높아야 되는 경우에 사용한다.
표본조사	① 주로 모집단이 클 경우 **모집단을 대표할 수 있는 일부를 추출**하여 조사하여 전체 모집단을 추정한다. ② 표본의 모집단 대표성이 높을 때 적절하고 전수조사에 비해 조사기간이 짧아서 경제적이고 신속하다.

3. 표본추출의 장점과 한계점

(1) 장점
① 전수조사 대비 **시간과 비용이 절약된다.**
② 전수조사 대비 **비표본오차[1]를 줄일 수 있다.**
③ 전수조사 대비 **조사과정을 보다 잘 통제할 수 있고 상대적으로 더 많은 조사항목 포함** 및 다양한 정보 취득이 가능하여 경우에 따라 전수조사보다 더 정확한 자료 취득이 가능하다.
④ **조사기간 동안에 발생하는 변화를 잘 반영할 수 있다.**
⑤ 전수조사가 불가능한 경우에 활용이 가능하다.

(2) 한계점
① 표본의 **대표성** 문제가 있다. 즉, 대표성 여부에 따라 **일반화 가능성이 낮을 수 있다.**
② 상대적으로 더욱 **전문적 지식**이 필요하다.
③ **표본설계방법에 따라 시간과 비용**이 낭비될 개연성이 있다.
④ **모집단 크기가 작은 경우** 표본추출의 효익이 떨어진다.
⑤ **표본추출오차(표본오차)[2]가 필연적으로 발생한다.**

2 확률표본추출(Probability Sampling)

표본추출방법은 무작위(Random) 여부에 따라 크게 확률표본추출과 비확률표본추출로 나눌 수 있다.

1. 개념
① 표본을 추출할 때 주관적 방법이 아니라 **객관적인 확률적 방법**에 의해 진행하는 것이다.
  ☞ **무작위(Random)**로 표본을 추출한다(조사자의 주관성을 배제한다).
② 표본의 편중위험을 줄여서 **모수 추정에 편의(bias)가 없으며, 표본오차[3]** 추정이 가능하다.
③ **대표성** 있는 표본을 추출하여 표본에서 얻은 결과를 모집단에 대하여 **일반화가 가능하지만 시간과 비용이 많이 소요된다는 단점**이 있다.

---

[1] 비표본오차
  표본추출오차 이외의 모든 오차
  ㉠ 조사원의 실수 등

[2] 표본추출오차
  표본추출과정에서 발생하는 오차

[3] 표본오차
  추출된 표본이 모집단을 대표하지 못하는 오차이다.
  ☞ 상세내용 후술(130p)

> **참고**
>
> **무작위**
> 표본으로 추출될 확률이 사전에 알려져 있고, 동일하며, 0이 아니게 추출하는 방법이다. 모집단(표본추출의 근거가 되는 집단 전체)에 속한 모든 요소가 표본추출될 확률이 있으며 결과의 일반화 가능성이 높게 된다.

2. 단순무작위추출(Simple Random Sampling)

(1) 가장 기본적 확률표본추출법으로, **무작위의 개념 그대로**의 방법에 의해 표본추출하는 방법이다. **각 구성요소에 고유번호를 부여**하여 결정된 표본 크기에 해당하는 수만큼 표본을 추출한다.
  ① 구성요소가 표집단위가 된다.
  ② 표본이 모집단 전체에서 추출된다.
  ③ **난수표, 추첨법** 등을 사용하여 모집단의 **모든 요소가 동등한 확률을 가지고 추출**된다.
  ④ 특정 요소의 추출이 '계속되는 다른 요소의 추출 기회에' 아무런 영향을 주지 않는다(독립적 추출기회).

(2) **의식적 조작이 전혀 없이** 표본을 추출하는 방법으로 **모집단이 정확히 정의되어 있어야** 한다.

(3) 이해와 적용이 용이하다.

(4) 일반적으로 다른 표본추출방법과 표본오차 등을 계산할 때 준거가 된다.

(5) 장점과 한계점

장점	한계점
① 모집단에 대한 대표성을 확보할 수 있다. ② 모집단에 대한 사전지식이 없어도 된다.	① **표본추출프레임을 확보해야만 가능**한 방법이다. ② 표본의 크기가 비교적 커야 한다.

(6) 유의점
  추출 중 모집단의 변화 또는 추출방법의 변경이 있으면 안 된다.

3. 층화표본추출(Stratified Random Sampling)

(1) **모집단을 일정기준(층화변수)에 의해 동질적인 몇 개 층으로 나누고, 각 층에서 일정수의 표본을 무작위 추출하는 방법**이다.
  ☞ 동질적인 몇 개의 층은 두 개 이상의 **상호배타적 집단**을 의미한다.

(2) 각 층으로부터 추출된 표본을 결합하여 통합된 층화표본으로 만든다.
  ☞ **모든 부분집단에서 표본을 선정**하게 되며, **층화변수에 기준**하여 표본프레임에 층을 만들게 되어 **표본은 모집단의 특성에 따라 층화된다**.

(3) **집단내는 동질적, 집단 간에는 이질적인 특성을 갖게 된다.**

(4) **추정값의 표본오차를 감소시켜 표본의 대표성을 높일 수 있다.**

(5) 필요한 표본 수를 적게 하면서 정확도를 확보하고자 할 때 주로 사용한다.

(6) 비례층화표본추출과 불비례층화표본추출

① **비례층화표본추출**

모집단에서 각 층에 대해 정하는 비례에 따라 각 층에서 표본을 추출하는 방법이다.

② **불비례(비비례)층화표본추출**

각 층이 정하는 비례에 따르지 않고 **필요에 따라 표집률을 달리하여 표본을 추출**하는 방법으로 **가중표집**이라고도 부른다. 모집단의 비율과 동일비율로 표본추출하게 되면 그 수가 적어서 유용한 분석을 하기 힘들 때나 전체 모집단의 특성보다 부분집단의 특성을 보고자 할 때 많이 사용한다.

㉠ 고액 구매층 200명, 중간금액 구매층 300명, 저액 구매층 500명으로 총 1,000명이 모집단일 때, 100명의 표본을 추출하려 할 경우
- **비례층화표본추출**: 모집단 비율에 따라 고액 구매층 20명, 중간금액 구매층 30명, 저액 구매층 50명으로 층화표본을 구성한다.
- **불비례층화표본추출**: 중요도에 의해 고액 구매층에서 70명, 중간금액 구매층에서 20명, 저액 구매층 10명으로 층화표본을 구성한다.

(7) 장점과 한계점

장점	한계점
① **대표성이 가장 높은** 표본추출방법이다. 모집단 구성요소를 골고루 포함시킬 수 있다. ② 표본의 각 층은 모집단의 특성에 따라 층화되므로 각 층의 정보를 대표성 있게 나타낼 수 있다. ③ 다른 방법보다 **불필요한 자료의 분산을 줄일 수 있다.**	① 모집단의 명부가 없거나 불완전한 경우 등 **정확한 모집단 목록을 만들어 표본을 추출하는 과정에 더 많은 시간과 노력**이 필요하며 **각 층에 대한 정확한 사전지식이 필요하다.** ② 모집단을 층화하여 가중하였을 경우에는 원형으로의 복귀가 어렵다. ③ **비비례방법에서는 특별한 통계적 조작이 요구되는 등 복잡한 과정**이 필요하다.

(8) 유의점

① **층화기준은 분석대상이 되는 변수와 밀접한 관련**이 있어야 하며 자료가 정확해야 한다.

② 층화기준이 너무 많지 않아야 한다. 표본이 늘어나고 정확성 확보에 문제가 생기기 때문이다.

4. 군집표본추출(Cluster Sampling; 집락표본추출)

(1) 모집단이 유사한 소그룹들로 구성되어 있는 경우 무작위로 한 그룹 또는 몇 개의 그룹을 표본으로 추출하여 추출한 그룹 전체를 조사하거나 추출한 그룹 내에서 확률표본추출하여 조사하는 방법이다.
① 소그룹 각각은 여러 이질적 구성요소를 포함한다.
② 몇 개의 그룹을 표본으로 추출할 수 있으므로 모집단을 여러 개의 집단으로 분류할 수도 있다.

(2) 집단 내는 이질적, 집단 간은 동질적인 특징을 가진다(각 그룹들은 여러 가지 이질적 구성요소들을 포함한다).

(3) 표본추출단계를 2단계 이상 거치는 경우 다단계집락(군집)추출이라고 하며 넓은 지역을 대상으로 하는 대규모 조사에서 주로 활용된다.
㉠ 도→시→구→동을 거쳐 표본프레임을 확보하여 최종 조사대상을 무작위 추출한다.

(4) 장점과 한계점

장점	한계점
① 시간과 비용의 절약이 가능하다. 　㉠ 넓은 지역적 분포의 경우 ② 전체 모집단의 목록이 불필요하다. ③ 선정된 표본은 다른 조사에 있어서 표본으로 활용 가능하다.	① 군집단계의 수가 많아지거나 집단내 동질성이 높을 경우 표본오류 발생 가능성이 높아진다. ② 군집이 모집단을 대표하지 못할 수 있고, 특정 집단에 대해 과대·과소평가할 수 있다.

5. 체계적(계통적)표본추출

(1) 모집단을 일정한 질서에 따라 번호부여 후 등간격으로 나누고, 첫 구간에서 하나의 번호를 무작위로 추출 후 다음 n번째 떨어져있는 번호들을 추출하는 방법이다.
☞ n은 표본추출(표집)간격으로 모집단을 표본크기로 나누어 구한다.

(2) 일정한 표본추출(표집)간격에 의해 표본을 추출하는 방법이다.

(3) 선거예측조사에서 출구조사 등에 주로 사용된다.

(4) 장점과 한계점

장점	한계점
① 단순무작위표본추출 등에 비해 시간이 절약되며 표본추출이 용이하다. 　☞ 단순무작위표본추출의 대용으로 사용될 수 있다. ② 모집단이 클 경우 효과적이며 모집단 전체에 걸쳐 공평하게 추출 가능하다.	① 선정된 매 n번째 조사단위 사이의 등간격은 무시된다. ② 모집단의 배열이 일정한 주기성이나 특정 경향이 있을 경우 대표성 문제 발생이 가능하다. ③ 모집단의 크기가 무한이거나 알려지지 않은 경우 표본추출 간격을 알 수 없다.

6. [추가적인 유형] 연속표본추출

(1) 확률표본추출의 유형으로 표본추출 도중에 자료 정확성을 검토하여 이미 추출된 자료만으로도 모집단에 대한 **대표성이 충분히 확인되었다고 판단되는 경우 더 이상의 표본추출을 하지 않고** 추출된 표본만으로 충족하는 방법이다.

(2) 장점과 한계점

장점	한계점
불필요한 자료의 수집을 방지할 수 있다.	① 매우 작은 표본으로 모집단을 대표할 수 있는 경우 등 **한정된 사례에 한해 사용** 가능하다. ② 표본추출 자체가 잘못 되었을 경우에는 오차의 위험성이 매우 높다.

3 비확률표본추출(Non - Probability Sampling)

1. 개념

(1) **무작위에 의하지 않고** 표본을 추출하는 방법이다. **편의적, 주관적, 의도적으로 표본을 추출**한다.
　☞ 표본으로 **추출될 확률이 사전에 알려져 있지 않다.**
(2) **모수 추정에 편의(bias)가 존재하고 표본오차 추정이 불가능하다.**
(3) **시간과 비용을 절약**할 수 있으나 표본의 **대표성과** 결과의 **일반화에 제약이 존재**한다.

(4) 사용
　① 모집단의 요소에 대한 추출확률을 모르거나, **모집단에 대한 정보목록이 없는 경우**
　② **시간과 비용 등에 제약**이 큰 경우
　③ **조사의 성격 상 표본을 의도적으로 구성하는 것이 좋다고 판단하는 경우**

(5) 유용성과 한계점
　표본 규모가 작거나 조사 초기단계에서 문제에 대한 개략적 정보가 필요할 경우 유용하고 표본설계가 용이하여 **시간과 비용의 절약**이 가능하지만, **조사자의 편견**을 통제할 수 없고 **표본의 정확성을 추정할 수 없다.**

2. 편의표본추출(Convenience Sampling; 우연(우발)표본추출, 임의표본추출, 기회표본추출)

(1) 조사자가 **편리한 대상들을 편의대로 정해서** 시간과 공간을 정해두고 정해진 크기까지 표본을 우발적으로 추출한다.
(2) **모집단에 대한 정보가 없고 구성요소 간 차이가 크지 않다고 판단될 때** 사용한다.
　☞ 탐색적 연구 조사, 설문지 사전조사 등에 주로 활용한다.
(3) 오차, 일반화보다는 **시간적 편의성과 경제성 등에 중점**을 두는 방법이다.

(4) 장점과 한계점

장점	한계점
쉽게 **시간과 비용의 절약**이 가능하다.	조사자의 **편견**이 개입될 소지가 크고 **표본의 편중**으로 대표성과 일반화 가능성이 저하된다.

3. 판단표본추출(Judgemental Sampling; 유의표본추출, 목적표본추출, 의도적 표본추출)

(1) 조사자가 **모집단을 대표할 수 있다고 판단되거나 조사목적에 적합하다고 판단되는** 소수 인원을 **적절한 판단과 전략 하에** 표본으로 선정하는 방법이다.
  ① 조사연구의 목적 달성에 필요한 구성요소를 **의도적으로** 추출한다.
      ☞ **주관적 판단**의 타당도가 관건이 된다.
  ② 연구자가 **모집단에 대한 지식**이 많은 경우 유용하다.
      ☞ **탐색조사, 시험조사에 주로 사용**한다.

(2) 장점과 한계점

장점	한계점
① **비용이 적게 들고 편리성이 높다.** ② 조사목적을 충족시키는 요소들을 세밀하게 고려 가능하다. ③ 모집단에 대한 **사전지식이 충분한 경우** 표본추출의 정확성이 높을 수 있다. ④ 선정된 표본이 모집단을 적절히 대표하지 못할 경우에 효과적이다.	① **충분한 사전지식이 없을 경우 사용할 수 없다.** ② 조사자의 주관개입으로 결과의 **일반화가 어렵다.** ③ 표본오차산정이 불가하며 표본의 **대표성 확신이 불가능하다.**

4. 눈덩이 표본추출(Snowball Sampling; 누적표본추출, 연쇄표본추출, 스노우볼 표본추출)

(1) **처음에는 소수의 인원을 표본으로 추출하여 조사한 다음, 그 소수인원을 조사원으로 활용**하여 그 조사원의 주위 사람들(비슷한 속성을 보유한 사람들)을 **소개**받아 조사하는 과정을 **반복**하는 방법이다. **조사대상자 파악 및 접근이 어려울 때**, 모집단 프레임의 작성이 불가능할 때 사용한다.

(2) 장점과 한계점

장점	한계점
① **시간과 비용의 절약**이 가능하다. ② 상호연결망을 가진 대상들의 특성 파악에 적절하다.	① 최초의 표본 추출 및 피조사자 조사원 활용이 어려울 수 있다. ② 한 쪽으로 치우친 표본추출 가능성이 있어 일반화 가능성 측면에서의 문제가 발생할 수 있다. ③ **모집단이 커질수록** 조사자가 표본에 대한 정확한 정보를 얻기 힘들어진다.

5. 할당표본추출(Quota Sampling)

(1) 모집단을 특정변수를 중심으로 일정한 범주(Category)로 나누고, 각 범주에서 사전에 정해진 기준·비율 등에 따라 모집단 구성원들을 추출하여 표본에 할당하는 방법이다.

(2) 전체를 주로 인구통계적 특성[1], 경제적, 사회·문화 요인 등의 분류기준에 따라 여러 집단으로 구분하고 집단별로 필요한 대상을 사전에 정해진 크기만큼, 즉 사전에 정해진 비율에 따라 표본에 할당하는 방식으로 표본을 추출하는 방식이다.

(3) 모집단에 대한 일정수준의 사전지식을 기초로 모집단이 갖는 특성의 비율에 맞추어 각 범주를 대표하는 표본 수를 주관적으로 할당하여 할당된 수를 표본추출하는 방법으로, 표본의 하위집단 분포를 의도적으로 정하여 표본을 임의로 추출하는 것이다. 필요에 따라서는 특정속성을 갖는 대상을 가중표집할 수도 있다.

(4) 선거관련 여론조사 등에 자주 활용된다.
　㉠ 여론조사에 있어서 지역별, 성별에 따른 표본수를 할당하여 표본추출하여 조사한다.
　　☞ 지역, 성별이 범주가 되며, 각 범주를 대표하는 표본수는 작위적으로 할당된다.
　　☞ 최종적 표집단위 선정에서도 일반적으로 조사원이 자신의 주관대로 하여 할당량을 충족시킨다.

(5) 장점과 한계점

장점	한계점
① 동일 크기의 무작위 표본추출법보다 **적은 비용으로 쉽고 신속하게 표본추출**이 가능하다. ② **비확률표본추출방법 중 대표성이 가장 높다.** 　☞ 모집단의 각 계층을 어느 정도 적절하게 대표하며 사회과학조사에서 많이 사용한다. ③ **명확한 표본프레임이 없어도 사용이 가능**하다.	① 비확률표본추출이므로 **정확성을 평가하기 어렵고 오차 개입 개연성**이 있다. ② **모집단 분류 시 연구자의 편견이 개입**될 수 있다. ③ 모집단에 대한 **완전한 지식이 부족하다면 이론적으로 의미가 있는 변수의 통제가 어렵다.** ④ 할당량을 채우는 과정에서 (표본선정 및 조사 과정 등) 조사하기 수월한 사례 선정. **조사원의 편견 개입** 가능성으로 인한 편의 발생 가능성이 높다. 　☞ 의식적 선택을 되도록 피해야 한다. ⑤ 비확률표본추출방법으로 **일반화가 어렵다.**

---

[1] **인구통계적 특성**
나이, 성별, 거주지, 소득 등 사회조사, 인구조사 등에서 사용되는 기본적 특성이다.

4 표본추출방법 결정 시 고려요인

어떤 표본추출방법을 사용할 것인가를 결정하기 위해서 다음과 같은 사항들을 고려할 수 있다.

고려요인	예시
조사의 목적 및 오차의 크기	① **모집단의 특성을 정확히 추정하는 것이 중요하다면** 모집단의 대표성이 높도록 **확률표본추출**을 사용한다. ② 모집단의 특성에 대한 **개괄적 아이디어를 얻고자 하면** 편의표본추출을 사용할 수 있다.
비용(예산) 및 비용 대비 가치	비용예산이 **한정적이라면 비확률표본추출**을 사용한다.
시간	시간적 **제약이 크다면 비확률표본추출**을 사용한다.
모집단에 대한 사전지식	사전지식이 전혀 없다면 단순무작위 또는 편의표본추출을 사용한다.

참고

구분	확률표본추출	비확률표본추출
표본추출	무작위 선택(Random Selection)에 의하는 **객관적** 방법(조사자의 주관 배제)이다. ☞ 모집단에 속한 **모든 요소가 표본추출될 확률이 있으며** 추출확률이 **동일**하다.	조사자의 **주관, 의식적 판단** 등에 의한다. ☞ 모집단에 속한 요소들이 표본으로 추출될 **확률이 동일하지 않다**(불확실).
표본오차 추정	가능하다.	(원칙적으로) **불가능**하다.
모수추정 편향	모수추정에 **편향이 없다**.	모수추정에 **편향이 존재**한다.
대표성·일반화	대표성 있는 표본추출로 **일반화가 가능**하다.	일반화에 제약이 존재한다.
표본프레임	명확해야 한다.	불명확하다.
시간과 비용	많이 소요된다.	적게 소요된다.
표본추출기법	**높은 수준**이 요구된다.	높은 수준이 요구되지 않는다.

Chapter 03 표본추출오차와 비표본추출오차

오차를 표본추출오차와 비표본추출오차로 구분할 수 있다.

표본추출오차		표본추출과정에서 유발되는 오차
비표본추출오차 (표본추출오차 이외의 모든 오차)	비관찰 오차	불포함 오차
		무응답 오차
	관찰 오차	조사현장에서의 오차
		자료기록 오차
		자료처리 오차

두 가지 오차는 상호독립적인데, 표본추출오차는 표본의 크기가 커짐에 따라 줄어들지만 이 경우 비표본추출오차는 커지게 된다. 이중 어느 하나라도 지나치게 크면 전체적 오차는 커지게 되므로 전체적 오차를 최소한으로 줄여 표본의 대표성을 높이고자 한다면 적절한 표본추출방법이나 적절한 표본 크기 등이 고려되어야 할 것이다.

1 표본추출오차(Sampling Error, 표본오차, 표집오차)

- 모집단에서 **표본추출하는 과정에서 유발되는** 오차로, 편의(bias)와 우연에 의해 발생한다.
  - ☞ 표본추출과정에서 대표성이 없는 표본을 잘못 추출함으로써 발생하는 등 **추출된 표본이 모집단을 대표하지 못하는 오차**로, 통계적으로는 **통계량 값이 모수치 주위에 분산**되어 있는 정도를 의미한다. 이는 **표본을 대상으로 한 조사결과**와 모집단을 **직접 조사하면 얻을 수 있는 가정적 결과**와의 차이가 된다. 표본오차가 **클수록** 표본의 모집단 **대표성은 낮아진다**.
- 모집단 전체를 조사하지 않고 모집단의 일부분인 표본을 추출하여 모집단의 특성을 추론함으로써 발생하는 오차의 성격인데, 전수조사를 하기 전까지는 모집단의 특성값을 알 수 없기 때문에, 실제로는 알 수 없는 값이 된다. 표본오차의 크기는 표본크기의 제곱근에 반비례하며 표본을 이용하는 조사에서는 **이를 전혀 없게 하는 것은 사실상 불가능**하므로 조사연구에서는 오차의 범위를 필수적으로 제시하고 있다.
- '목표로 하는 표본오차'와 '실제 조사 이후 표본으로부터 계산되는 표본오차'로 구분될 수 있다.

(1) 표본오차의 주요 증감 요인
☞ [제3과목] 참조

모집단 분산	클수록 표본오차가 **증가한다**.
신뢰수준	클수록 표본오차가 **증가한다**.
표본의 크기	클수록 표본오차가 **감소한다**.

* **동질적 모집단**은 이질적 모집단보다 표본오차를 줄일 수 있다.
* **표본추출방법**에 따라서도 표본오차는 영향을 받는다.

(2) 표본오차 감소 방안
① 표본선택방법을 엄격히 하며 **표본오차가 작은 표본추출방법을 선택한다**.

> **표본의 크기 동일가정 시** 표본오차의 크기(표본추출방법에 따라 표본오차가 다름)
> ☞ (표본오차 작음) **층화표본 < 단순무작위 표본 < 군집표본** (표본오차 큼)

② **표본크기를 크게 한다**.
  ☞ 표본에 근거한 모집단의 추정이 보다 정확해진다.
③ 표본추출프레임 구성 시 잘못 포함되거나 배제되는 자료를 줄인다.
④ 응답실수, 무응답 등을 최소화한다.

2 비표본추출오차(비표집오차, 비표본오차)

- **표본추출과정 이외**에서 발생되는 오차이다. 표본추출과정과는 관계없지만 **조사연구의 다른 모든 과정에서 확산되어 발생**하며 **전수조사와 표본조사 모두에서 발생할 수 있다.**
  ☞ 조사원의 부정확한 설명, 무응답오류, 자료입력 오류 등이 있으며 이는 전수조사에서도 발생이 가능하다.
- 일반적으로 측정상의 오차를 의미하며 **표본크기가 커질수록 증가할 수 있다.**
- 조사원 훈련 등의 방법으로 **일정 수준 감소시킬 수 있으나 완전한 제거는 불가능하다.**

(1) 비표본오차의 유형

비관찰 오차	불포함 오차	표본체계가 완전하게 되지 않아서 발생하는 오차로, 조사대상 모집단 일부가 **표본추출대상에서 제외**됨으로써 발생하는 오차이다. 이는 **불완전한 표본체계, 즉 조사설계상의 오차**에 해당될 수 있다(표본추출방법의 모호성, 실제 적용의 어려움 등). 발견하기가 쉽지 않아 통제가 어렵다.
	무응답 오차	**응답을 얻지 못하여서** 발생하는 오차(응답거절, 또는 비접촉 등)이다. **다수 무응답** 시에는 표본특성이 모집단 특성과 **차이가 커지게 된다.**
관찰 오차	조사현장에서의 오차	① 관찰 사실을 인식하여 응답자가 고의적으로 다른 행동을 하는 경우 등이다. ② 관찰자나 응답자에게서 발생한다(각각의 특성 또는 상호작용 등으로 발생할 수 있다).
	자료기록 오차	응답내용을 잘못 기록하는 경우 등이다.
	자료처리 오차	분석을 위한 자료 처리과정 등에서 발생한다.

(2) 비표본오차 감소 방안

조사자의 주관적 해석을 삼가며 조사원에 대한 교육 및 인센티브 부여, 철저한 자료점검, 설문지의 정확한 설계와 무응답 최소화를 위한 응답자에 대한 보상 제공 등을 검토할 수 있다.

Chapter 04 표본의 크기

1 표본크기 결정시 고려 사항

(1) 표본크기가 커질수록 모수와 통계치의 유사성이 증가할 수 있고 대표성이 높아질 수 있지만, 시간과 예산 그리고 오차 및 여러 사항들을 감안하여 적정한 수준을 결정해야 한다.

(2) 표본크기 결정을 위해서는 다음과 같은 여러 가지 측면들을 고려해야 한다.

① 조사문제의 중요성	중요할수록 표본크기는 커야 한다.
② 조사의 성격	기술조사, 인과조사의 경우 상대적으로 큰 표본이 필요하다.
③ 조사자의 능력	조사자의 능력이 부족하면 표본크기는 커야 한다.
④ 변수의 수와 범주의 다양성	많을수록 표본크기는 커야 한다.
⑤ 분석의 정교성	정교할수록 표본크기는 커야 한다.
⑥ 모집단의 크기	클수록 표본크기는 커야 한다.
⑦ 모집단의 이질성(또는 동질성)	이질성이 클수록, 즉 동질성이 작을수록 표본크기는 커야 한다.
⑧ 시간과 비용적 측면	시간과 예산의 가용성이 커지면 표본크기는 커질 수 있다.
⑨ 기타: 자료 분석의 방법, 표본추출방법 등	

(3) 기타 표본크기 결정에 영향을 미치는 고려요소들로 다음과 같은 것들이 있다.
① **이론과 조사 설계**: 잘 구성될수록 적은 표본으로 유효한 결과의 획득이 가능하다.
② **추정치의 불확실성**: 높을수록 표본크기는 커야 한다.
③ **신뢰수준**: 높을수록 표본크기는 커야 한다.

2 통계적 결정방법

비확률표본추출의 경우 표본의 크기는 특별한 계산방법이 없으며 예산과 시간을 고려하여 조사자가 판단하여 결정할 수 있다. 이에 비해 **확률표본추출의 경우 표본의 크기는 통계적 측면의 요소에 의해 결정된다**. 통계적 측면의 요소로는 모집단의 분산, 신뢰수준 및 신뢰구간, 추정치의 허용오차 등이 있다.

☞ **[제3과목]** 참조

$$n \geq \frac{Z^2}{d^2}\sigma^2$$

* n: 표본크기
  Z: 신뢰수준에 따른 표준정규분포의 $Z_{\frac{\alpha}{2}}$ 값
  d: 허용오차
  σ: 모집단의 표준편차

☞ 표본의 크기는 **신뢰수준과 분산에 비례하며 허용오차에 반비례한다.**

기출 및 예상적중문제 PART 05 표본설계

01
2019년 2회

표본추출(Sampling)에 대한 설명으로 틀린 것은?

① 표본을 추출할 때는 모집단을 분명하게 정의하는 것이 중요하다.
② 표본추출이란 모집단에서 표본을 선택하는 행위를 말한다.
③ 확률표본추출을 할 경우 표본오차는 없으나 비표본오차는 발생할 수 있다.
④ 일반적으로 표본이 모집단을 잘 대표하기 위해서는 가능한 확률표본추출을 하는 것이 바람직하다.

해설
표본오차는 모집단에서 표본추출하는 과정에서 유발되는 오차로, 표본추출과정에서 대표성이 없는 표본을 잘못 추출함으로써 발생하는 등 추출된 표본이 모집단을 대표하지 못하는 오차이다. 통계적으로는 통계량 값이 모수치 주위에 분산되어 있는 정도를 의미한다. 확률표본추출을 할 경우에도 표본오차는 불가피하게 존재한다. 다만 그 크기를 좀 더 줄일 수 있을 뿐이다.

02
2019년 1회

다음 중 표본추출에 대한 설명으로 틀린 것은?

① 표본조사가 전수조사에 비해 시간과 비용이 적게 든다.
② 관찰단위와 분석단위가 반드시 일치하는 것은 아니다.
③ 모수는 표본조사를 통해 얻는 통계량을 바탕으로 추정한다.
④ 단순무작위추출방법은 일련번호와 함께 표본간격이 중요하다.

해설
단순무작위추출방법은 각 구성요소에 고유번호를 부여하여 결정된 표본크기에 해당하는 수만큼 표본을 추출한다. 난수표, 추첨법 등을 사용하며 표본간격이 고려요소는 아니다. 일련번호와 함께 표본간격이 중요한 방법은 모집단을 일정한 질서에 따라 번호부여 후 등간격으로 나누고 첫 구간에서 하나의 번호를 무작위로 추출 후 다음 n번째 떨어져 있는 번호들을 추출하는 체계적 표본추출이다.

03
2018년 3회

표집(Sampling)의 대표성에 대한 의미와 가장 거리가 먼 것은?

① 표본을 이용한 분석결과가 일반화 될 수 있는가의 문제
② 표본자료가 계량통계분석기법을 적용하기에 적합한가의 문제
③ 표본의 통계적 특성이 모집단의 통계적 특성에 어느 정도 근접하느냐의 문제
④ 표본이 모집단이 지닌 다양한 성격을 고루 반영하느냐의 문제

해설
대표성이 있다는 것은 표본의 분석결과를 일반화할 수 있다는 의미이다. 즉 대표성은 표본의 통계적 특성이 모집단의 통계적 특성에 어느 정도 근접하는가의 문제이며 표본이 모집단이 지닌 다양한 성격을 고루 반영하느냐의 문제이다. 즉 ②는 표본의 대표성 측면에서의 연관성이 없다.

04
2020년 4회

전수조사 대신 표본조사를 하는 이유와 가장 거리가 먼 것은?

① 경비를 절감하기 위해
② 전수조사에 비해 조사과정을 보다 잘 통제할 수 있어서
③ 표본오류를 줄이기 위해
④ 광범위한 주제에 걸쳐서 연구하기 위해

해설
전수조사에 대비한 표본조사의 장점은 시간과 비용의 절약, 비표본오차의 감소, 전수조사 대비 조사과정을 보다 잘 통제할 수 있고 상대적으로 더 많은 조사항목 포함 가능 및 다양한 정보 취득이 가능하여 경우에 따라 전수조사보다 더 정확한 자료 취득이 가능한 점 등이다.
③ 표본조사를 하게 되면 무조건적으로 표본오차가 발생하게 된다.

|정답| 01 ③ 02 ④ 03 ② 04 ③

05
2020년 3회

표집과 관련된 용어에 대한 설명으로 틀린 것은?

① 모수는 표본에서 어떤 변수가 가지고 있는 특성을 요약한 통계량이다.
② 표집률은 모집단에서 개별요소가 선택될 비율이다.
③ 표집간격은 모집단으로부터 표본을 추출할 때 추출되는 요소와 요소 간의 간격을 의미한다.
④ 관찰단위는 직접적인 조사의 대상을 의미한다.

해설
모수(Parameter)는 모집단의 특성을 나타내는 값으로 모집단에서 어떤 변수가 가지고 있는 특성을 요약한 것이다.

06
2020년 4회

다음 중 표집틀(Sampling Frame)을 평가하는 주요 요소와 가장 거리가 먼 것은?

① 포괄성
② 추출확률
③ 효율성
④ 안정성

해설
표집틀(표본추출프레임)은 포괄성(전체 모집단 중 얼마나 많은 부분을 포함하는가), 추출확률(모집단에서의 각 개별요소들의 추출확률이 동일한가), 효율성(조사에 필요한 대상들만으로 표집프레임에 잘 포함되었는가) 등에 의해 평가한다.

07
2019년 1회

표집틀(Sampling Frame)과 모집단의 관계로 가장 이상적인 경우는?

① 표집틀과 모집단이 일치할 때
② 표집틀이 모집단 내에 포함될 때
③ 모집단이 표집틀 내에 포함될 때
④ 모집단과 표집틀의 일부분만이 일치할 때

해설
표집틀과 모집단이 일치할 때 가장 이상적이다.

08
2020년 1·2회

A항공사에서 자사의 마일리지 사용자 중 최근 1년 동안 10만 마일 이상 사용자들을 모집단으로 하면서 자사 마일리지 카드 소지자 명단을 표본프레임으로 사용하여 전체에서 표본추출을 할 때의 표본프레임 오류는?

① 모집단이 표본프레임 내에 포함되는 경우
② 표본프레임이 모집단 내에 포함되는 경우
③ 모집단과 표본프레임의 일부분만이 일치하는 경우
④ 모집단과 표본프레임이 전혀 일치하지 않는 경우

해설
표본프레임오류는 모집단과 표본프레임이 일치하지 않아 발생하는 오류이다. 모집단은 자사 마일리지 사용자 중 1년 동안 10만 마일 이상 사용자들인데, 표본프레임은 마일리지 카드 소지자 전체이므로 모집단보다 표본프레임이 큰 경우가 되어 모집단이 표본프레임 내에 포함되는 오류가 발생한다.

| 정답 | 05 ① | 06 ④ | 07 ① | 08 ① |

09
2019년 3회

다음 사례에 해당하는 표본프레임 오류는?

> A보험사에 가입한 고객을 대상으로 만족도 조사를 실시하였다. 조사대상 표본은 A보험사에 최근 1년 동안 가입한 고객 명단으로부터 추출하였다.

① 모집단과 표본프레임이 동일한 경우
② 모집단이 표본프레임에 포함되는 경우
③ 표본프레임이 모집단 내에 포함되는 경우
④ 모집단과 표본프레임이 전혀 일치하지 않는 경우

해설
모집단은 보험사에 가입한 전체 고객인데 표본프레임은 최근 1년 동안 가입한 고객 명단이다. 모집단 내에 표본프레임이 포함되는 경우의 표본프레임 오류가 된다.

10
2021년 3회

통계적 추리와 관련된 분포 중 이론상으로만 존재하는 것은?

① 표본분포
② 모집단 분포
③ 표집분포
④ 표집틀 분포

해설
표본추출분포(Sampling Distribution: 표집분포)는 동일크기 표본을 반복적으로 추출할 때 표본통계량의 확률분포로 통계적 추론과 관련한 이론적 분포이다.

11
2021년 1회

일반적인 표본추출과정의 순서를 바르게 나열한 것은?

> ㉠ 표본추출
> ㉡ 표본추출방법의 결정
> ㉢ 모집단의 확정
> ㉣ 표본프레임의 선정
> ㉤ 표본크기의 결정

① ㉡ → ㉣ → ㉢ → ㉤ → ㉠
② ㉢ → ㉣ → ㉡ → ㉤ → ㉠
③ ㉢ → ㉡ → ㉣ → ㉠ → ㉤
④ ㉣ → ㉢ → ㉡ → ㉤ → ㉠

해설
표본추출과정은 모집단의 확정 → 표본프레임 결정 → 표본추출방법 결정 → 표본크기 결정 → 표본추출 실행의 순으로 진행된다.

12
2020년 1·2회

연구자가 확률표본을 사용할 것인지, 비확률표본을 사용할 것인지를 결정할 때 고려요인이 아닌 것은?

① 연구목적
② 비용 대 가치
③ 모집단의 수
④ 허용되는 오차의 크기

해설
어떤 표본추출방법을 사용할 것인가를 결정하기 위해서 다음과 같은 사항들을 고려할 수 있다.
㉠ 조사의 목적 및 오차의 크기
㉡ 비용(예산)
㉢ 시간
㉣ 모집단에 대한 사전지식

| 정답 | 09 ③ 10 ③ 11 ② 12 ③ |

13
2019년 1회

확률표집(Probability Sampling)에 관한 설명으로 옳은 것은?

① 표본이 모집단에 대해 갖는 대표성을 추정하기 어렵다.
② 모집단이 무한하게 클 경우에 적용할 수 있는 표집방법이다.
③ 표본의 추출확률을 알 수 있다.
④ 모집단 전체에 대한 구체적 자료가 없는 경우 사용된다.

해설
확률표집은 무작위로 표본을 추출하므로 모집단에 속한 모든 요소가 표본 추출될 확률이 있고 표본의 추출확률을 알 수 있다. 대표성 높은 표본을 추출하며 모수추정에 편의가 없고 표본오차의 계산이 가능하며 모집단 전체에 대한 구체적 자료로부터 표본을 추출하는 것이다.
② 모집단이 무한하다면 표집간격을 계산할 수 없어 체계적 표본추출의 사용이 불가하다.

14
2021년 2회

다음은 비확률표본추출 방법과 비교한 확률표본추출 방법의 특징이다. 맞는 것을 모두 고른 것은?

㉠ 연구대상이 표본으로 추출될 확률이 알려져 있음
㉡ 표본오차 추정 불가능
㉢ 무작위적 표본추출
㉣ 시간과 비용이 적게 듦

① ㉠
② ㉡, ㉣
③ ㉡, ㉢, ㉣
④ ㉠, ㉢

해설
확률표본추출은 무작위로 표본을 추출하므로 모집단에 속한 모든 요소가 표본 추출될 확률이 있고 표본의 추출확률을 알 수 있다. 대표성 높은 표본을 추출하며 모수추정에 편의가 없고 표본오차의 계산이 가능하다. 대표성 있는 표본추출이 가능하지만 시간과 비용이 많이 소요되는 단점이 있다.

15
2022년 1회

비확률표본추출 방법과 비교한 확률표본추출 방법에 관한 설명으로 틀린 것은?

① 비용과 시간이 많이 든다.
② 표본오차 추정이 가능하다.
③ 무작위적 표본추출을 한다.
④ 표본분석결과의 일반화에 제약이 있다.

해설
확률표본추출은 무작위로 표본을 추출하므로 모집단에 속한 모든 요소가 표본추출될 확률이 있고 표본의 추출확률을 알 수 있다. 대표성 높은 표본을 추출하며 모수추정에 편의가 없고 표본오차의 계산이 가능하다. 대표성 있는 표본추출이 가능하지만 시간과 비용이 많이 소요되는 단점이 있다.

16
2019년 2회

다음 중 표집방법에 관한 설명으로 틀린 것은?

① 편의표집은 표본의 대표성을 확보하기 어렵다.
② 할당표집에서는 조사결과의 오차범위를 계산할 수 있다.
③ 확률표집과 비확률표집의 차이는 무작위표집 절차 사용 여부에 의해 결정된다.
④ 층화표집에서는 모집단이 의미 있는 특징에 의하여 소집단으로 분할된다.

해설
할당표집은 비확률표집의 방법이다. 비확률표집은 무작위에 의하지 않고 편의적, 주관적, 의도적으로 표본을 추출하는 방법으로 일반화에 제약이 존재한다. 표본으로 추출될 확률이 사전에 알려져 있지 않고 모수추정에 편의가 존재하며 표본오차 추정이 불가능하다.

| 정답 | 13 ③ | 14 ④ | 15 ④ | 16 ② |

17 [2021년 1회]
다음 중 표본의 대표성이 가장 큰 표본추출방법은?

① 편의표집
② 판단표집
③ 군집표집
④ 할당표집

해설
확률표본추출은 무작위로 표본을 추출하므로 대표성 높은 표본추출이 가능하다. 단순무작위, 층화, 군집, 체계적(계통적) 표본추출이 있다.
①, ②, ④ 비확률표본추출의 방법이다.

18 [2021년 1회]
비확률표집방법이 아닌 것은?

① 편의표집
② 유의표집
③ 집락표집
④ 눈덩이 표집

해설
비확률표본추출(비확률표집)에는 편의, 판단(유의), 할당, 눈덩이 표본추출이 있다.
③ 확률표본추출의 종류인 군집표본추출이다.

19 [2017년 3회]
다음 중 비확률표본추출방법에 해당하지 않는 것은?

① 불비례층화표본추출법
② 편의표본추출법
③ 할당표본추출법
④ 판단표본추출법

해설
비확률표본추출에는 편의, 판단, 할당, 눈덩이 표본추출이 있다.
① 확률표본추출인 층화표본추출의 방법으로 필요에 따라 표집률을 달리하는 방법이다.

20 [2019년 3회]
단순무작위표본추출에 대한 설명으로 옳지 않은 것은?

① 난수표를 이용하는 표본추출방법이다.
② 모집단을 가장 잘 대표하는 표본추출방법이다.
③ 모집단의 모든 조사단위에 표본으로 뽑힐 기회를 동등하게 부여한다.
④ 모집단의 구성요소를 정확히 파악하여 명부를 작성하여야 한다.

해설
단순무작위표본추출은 무작위의 개념 그대로의 방법에 의해 표본추출하는 방법으로 각 구성요소에 고유번호를 부여하여 결정된 표본 크기에 해당하는 수만큼 표본을 추출한다. 난수표, 추첨법 등을 사용하며 모집단이 정확히 정의되어 있어야 한다. 표본추출프레임을 확보해야만 가능한 방법이다.
② 층화표본추출에 해당하는 내용이다.

21 [2020년 3회]
단순무작위표집에 대한 설명으로 틀린 것은?

① 표본이 모집단으로부터 추출된다.
② 모든 요소가 동등한 확률을 가지고 추출된다.
③ 구성요소가 바로 표집단위가 되는 것은 아니다.
④ 표집 시 보편적인 방법은 난수표를 사용하는 것이다.

해설
단순무작위표본추출은 무작위의 개념 그대로의 방법에 의해 표본추출하는 방법으로 각 구성요소에 고유번호를 부여하여 결정된 표본 크기에 해당하는 수만큼 표본을 추출한다. 구성요소가 표집단위가 되며 난수표, 추첨법 등을 사용하여 모든 요소가 동등한 확률을 가지고 추출된다.

| 정답 | 17 ③ | 18 ③ | 19 ① | 20 ② | 21 ③ |

22
일반적으로 표집방법들 간의 표집효과를 계산할 때 준거가 되는 표집방법은?

① 군집표집
② 체계적 표집
③ 층화표집
④ 단순무작위표집

해설
단순무작위표본추출은 일반적으로 다른 추출방법과 표본오차 등을 계산할 때 준거가 된다.

23
다음 표본추출방법 중 표집오차의 추정이 확률적으로 가능한 것은?

① 할당표집
② 판단표집
③ 편의표집
④ 단순무작위표집

해설
확률표본추출은 대표성 높은 표본을 추출하며 모수추정에 편의가 없고 표본오차의 계산이 가능하다. 단순무작위, 층화, 군집, 체계적(계통적) 표본추출이 있다.
①, ②, ③ 비확률표본추출의 방법이다.

24
모집단을 구성하고 있는 구성요소들이 자연적인 순서 또는 일정한 질서에 따라 배열된 목록에서 매 k번째 구성요소를 추출하여 표본을 형성하는 표집방법은?

① 체계적표집
② 무작위표집
③ 층화표집
④ 판단표집

해설
체계적 표본추출은 모집단을 일정한 질서에 따라 번호부여 후 등간격으로 나누고 첫 구간에서 하나의 번호를 무작위로 추출 후 다음 n번째 떨어져 있는 번호들을 추출하는 방법이다. 일정한 표본추출(표집)간격에 의해 표본을 추출한다.

25
어떤 공정으로부터 제품이 생산되어 나오는 경우 일정 시간 간격마다 하나의 표본을 뽑는다거나, 수입품 검사에 있어서 선창이나 창고에서 표본을 뽑게 되면 내부나 밑에서 표본을 뽑는 것이 어렵기 때문에 운송 중에 일정 시간마다 표본을 뽑는다고 할 때, 이에 해당되는 표본추출방법은?

① 편의표본추출
② 계통표본추출
③ 층화표본추출
④ 눈덩이 표본추출

해설
체계적(계통적) 표본추출은 모집단을 일정한 질서에 따라 번호부여 후 등간격으로 나누고 첫 구간에서 하나의 번호를 무작위로 추출 후 다음 n번째 떨어져 있는 번호들을 추출하는 방법이다. 일정한 표본추출(표집)간격에 의해 표본을 추출한다.

26
계통표집에 관한 설명으로 가장 거리가 먼 것은?

① 각 층위별 정보를 얻을 수 있다.
② 단순무작위표집의 대용으로 사용될 수 있다.
③ 표집틀에 주기성이 없는 경우 모집단을 잘 반영할 수 있다.
④ 최초의 표본집단을 무작위로 선정한 다음에 k번째마다 표본을 추출하는 것을 의미한다.

해설
체계적(계통적) 표본추출은 모집단을 일정한 질서에 따라 번호부여 후 등간격으로 나누고 첫 구간에서 하나의 번호를 무작위로 추출 후 다음 n번째 떨어져 있는 번호들을 추출하는 방법이다. 단순무작위표집의 대용으로 사용될 수 있다. 한계점 중의 하나는 모집단의 일정한 주기성이나 특정 경향이 있는 경우 대표성 문제가 발생가능하다는 점이다.
① 층화표본추출에 관한 내용이다.

| 정답 | 22 ④ 23 ④ 24 ① 25 ② 26 ① |

27
2017년 1회

층화표집에 대한 설명으로 틀린 것은?

① 추정값의 표본오차를 감소시켜 표본의 대표성을 높이기 위해 사용되는 방법이다.
② 층화한 부분집단 간은 동질적이고 부분집단 내에서는 이질적이다.
③ 층화한 모든 부분집단에서 표본을 추출한다.
④ 층화 시 모집단에 대한 지식이 필요하다.

해설
층화표본추출은 모집단을 일정기준(층화변수)에 의해 동질적인 몇 개 층으로 나누고, 각 층에서 일정수의 표본을 무작위 추출하는 방법이다. 층화변수에 기준하여 표본프레임에 층을 만들게 되어 표본은 모집단의 특성에 따라 층화된다. 각 층에 대한 정확한 사전정보가 필요하다. 집단내는 동질적, 집단 간에는 이질적인 특성을 갖게 된다.

28
2017년 1회

대학생을 대상으로 여론조사를 할 때, 모집단 학생들의 학년별 구성을 가장 잘 반영할 수 있는 표집방법은?

① 계통표집
② 층화표집
③ 단순무작위 표집
④ 눈덩이표집

해설
층화표집은 모집단을 일정기준(층화변수)에 의해 동질적인 몇 개 층으로 나누고, 각 층에서 일정수의 표본을 무작위 추출하는 방법이다. 층화변수에 기준하여 표본프레임에 층을 만들게 되어 표본은 모집단의 특성에 따라 층화된다. 표본의 각 층은 모집단의 특성에 따라 층화되므로 각 층의 정보를 대표성 있게 나타낼 수 있다.

29
2021년 3회

확률표집의 논리를 적용하면서, 필요에 따라 표집률을 달리하는 표집방법은?

① 층화표집
② 계통표집
③ 집락표집
④ 가중표집

해설
가중표집은 층화표본추출에서 각 층이 정하는 비례에 따르지 않고 필요에 따라 표집률을 달리하여 표본을 추출하는 불비례(비비례)층화표본추출이다.

30
2021년 2회

다음 상황에 가장 적절한 표집방법은?

> 국내에 거주하는 탈북자가 약 900명에 이른다고 가정할 때 이들 탈북자와 일반 시민을 각각 20명씩 확률표집하여 통일에 대한 태도를 비교하려고 한다.

① 가중표집
② 층화표집
③ 집락표집
④ 단순무작위표집

해설
가중표집은 층화표본추출에서 각 층이 정하는 비례에 따르지 않고 필요에 따라 표집률을 달리하여 표본을 추출하는 불비례(비비례)층화표본추출이다. 모집단에서의 탈북자와 일반시민의 비례에는 관계없이 각 20명씩 확률표집하므로 이에 해당한다.

| 정답 | 27 ② | 28 ② | 29 ④ | 30 ① |

31
2022년 1회

다음 ( )에 알맞은 것은?

> 군집표집(Cluster Sampling)에서 표집된 군집들은 가능한 군집 간에는 (㉠)이고 군집 속에 포함한 표본요소 간에는 (㉡)이어야 한다.

	㉠	㉡
①	동질적	동질적
②	동질적	이질적
③	이질적	동질적
④	이질적	이질적

해설
군집표집은 모집단이 유사한 소그룹들로 구성되어 있는 경우 무작위로 한 그룹 또는 몇 개의 그룹을 표본으로 추출하여 추출한 그룹 전체를 조사하거나 추출한 그룹 내에서 확률표본추출하여 조사하는 방법으로 집단 내는 이질적, 집단 간은 동질적인 특징을 가진다.

32
2021년 2회

군집표집에 대한 설명으로 틀린 것은?

① 군집이 동질적이면 오차의 가능성이 낮다.
② 전체 모집단의 목록표를 작성하지 않아도 된다.
③ 단순무작위표집에 비해 시간과 비용을 절약할 수 있다.
④ 특정 집단의 특성을 과대 혹은 과소하게 나타낼 위험이 있다.

해설
군집표집은 모집단이 유사한 소그룹들로 구성되어 있는 경우 무작위로 한 그룹 또는 몇 개의 그룹을 표본으로 추출하여 추출한 그룹 전체를 조사하거나 추출한 그룹 내에서 확률표본추출하여 조사하는 방법으로 시간과 비용의 절약이 가능하며 전체 모집단의 목록이 불필요하다. 하지만 군집이 모집단을 대표하지 못할 수 있고, 특정 집단에 대해 과대·과소평가할 수 있고 집단 내 동질성이 높은 경우 표본오차 발생 가능성이 높아진다.

33
2020년 4회

층화표집과 군집표집에 관한 설명으로 옳은 것은?

① 층화표집은 모든 부분집단에서 표본을 선정한다.
② 군집표집은 모집단을 하나의 집단으로만 분류한다.
③ 군집표집은 부분집단 내에 동질적인 요소로 이루어진다고 전제한다.
④ 층화표집은 부분집단 간에 동질적인 요소로 이루어진다고 전제한다.

해설
층화표집은 모집단을 일정기준(층화변수)에 의해 동질적인 몇 개 층으로 나누고, 각 층에서 일정수의 표본을 무작위 추출하는 방법으로 모든 부분집단에서 표본을 선정하게 된다.
② 군집표집은 모집단이 유사한 소그룹들로 구성되어 있는 경우 무작위로 한 그룹 또는 몇 개의 그룹을 표본으로 추출하여 추출한 그룹 전체를 조사하거나 추출한 그룹 내에서 확률표본추출하여 조사하는 방법으로 모집단을 여러 개의 집단으로 분류할 수 있다.
③ 군집표집은 집단 내는 이질적, 집단 간은 동질적인 특징을 가진다.
④ 층화표집은 집단 내는 동질적, 집단 간에는 이질적인 특성을 갖는다.

34
2019년 2회

우리나라 고등학생 집단을 학년과 성별, 계열별(인문계, 자연계, 예체능계)로 구분하여 할당표본추출을 할 경우, 총 몇 개의 범주로 구분되는가?

① 6개
② 12개
③ 18개
④ 24개

해설
범주는 학년(3) × 성별(2) × 계열(3) = 18개이다.

| 정답 | 31 ② | 32 ① | 33 ① | 34 ③ |

35
2020년 1·2회

다음은 어떤 표집방법에 관한 설명인가?

> • 조사문제를 잘 알고 있거나 모집단의 의견을 효과적으로 반영할 수 있을 것으로 판단되는 특정집단을 표본으로 선정하여 조사하는 방법이다.
> • 예를 들어 휴대폰 로밍서비스에 대한 전문지식을 가진 표본을 임의로 선정하는 경우가 있다.

① 편의표집
② 판단표집
③ 할당표집
④ 층화표집

해설
판단표집은 조사자가 모집단을 대표할 수 있다고 판단되거나 조사목적에 적합하다고 판단되는 소수 인원을 적절한 판단과 전략 하에 표본으로 선정하는 방법이다. 조사연구의 목적 달성에 필요한 구성요소를 의도적으로 추출한다.

36
2019년 3회

판단표본추출법에 대한 설명으로 옳지 않은 것은?

① 선정된 표본이 모집단을 적절히 대표하지 못할 경우에 효과적이다.
② 모집단에 대한 조사자의 사전지식을 바탕으로 표본을 추출하는 방법이다.
③ 모집단이 커질수록 조사자가 표본에 대한 정확한 정보를 얻기 힘들어진다.
④ 조사자의 개입의 한계가 있어 주관이 배제되어 결과의 일반화가 용이하다.

해설
판단표본추출은 조사자가 모집단을 대표할 수 있다고 판단되거나 조사목적에 적합하다고 판단되는 소수 인원을 적절한 판단과 전략 하에 표본으로 선정하는 방법이다. 선정된 표본이 모집단을 적절히 대표하지 못할 경우에 효과적이며 모집단에 대한 사전지식이 많은 경우 유용하다. 하지만 모집단이 커질수록 표본에 대한 정확한 정보를 얻기 힘들어지며 조사자의 주관개입으로 결과의 일반화가 어렵다는 것 등이 한계점이다.

37
2020년 4회

오후 2시부터 4시 사이 서울 강남역을 지나는 행인들 중 접근이 쉬운 사람을 대상으로 신제품에 대한 의견을 물어보는 경우 이에 해당하는 표집방법은?

① 판단표집
② 편의표집
③ 층화표집
④ 군집표집

해설
편의표집은 조사자가 편리한 대상들을 편의대로 정해서 시간과 공간을 정해두고 정해진 크기까지 표본을 우발적으로 추출한다. 모집단에 대한 정보가 없고 구성요소 간 차이가 크지 않다고 판단될 때 사용한다.

38
2018년 2회

다음 중 불법체류자처럼 일반적으로 쉽게 접근하기 힘든 집단을 대상으로 설문조사를 할 때 가장 적합한 표본추출방법은?

① 눈덩이표본추출
② 편의표본추출
③ 판단표본추출
④ 할당표본추출

해설
눈덩이표본추출은 조사대상자 파악 및 접근이 어려울 때, 모집단 프레임의 작성이 불가능 할 때 사용하는 방법으로 처음에는 소수의 인원을 표본으로 추출하여 조사한 다음, 그 소수인원을 조사원으로 활용하여 그 조사원의 주위 사람들을 소개받아 조사하는 과정을 반복하는 방법이다.

| 정답 | 35 ② | 36 ④ | 37 ② | 38 ① |

39 2021년 2회
눈덩이표본추출에 관한 옳은 설명을 모두 고른 것은?

> ㉠ 모집단을 파악하기 어려운 대상의 표본추출에 적합하다.
> ㉡ 표본의 대표성을 확보하기 어렵다.
> ㉢ 연결망을 가진 사람들의 특성을 파악할 때 적절한 방법이다.

① ㉠, ㉡
② ㉡, ㉢
③ ㉠, ㉢
④ ㉠, ㉡, ㉢

해설
눈덩이표본추출은 조사대상자 파악 및 접근이 어려울 때, 모집단 프레임의 작성이 불가능할 때 사용하는 방법으로 처음에는 소수의 인원을 표본으로 추출하여 조사한 다음, 그 소수인원을 조사원으로 활용하여 그 조사원의 주위 사람들을 소개받아 조사하는 과정을 반복하는 방법이다. 상호연결망을 가진 대상들의 특성 파악에 적절하지만 한 쪽으로 치우친 표본추출 가능성이 있어 일반화 가능성 측면에서의 문제가 발생할 수 있다.

40 2021년 1회
표집오차(Sampling Error)에 대한 설명으로 틀린 것은?

① 표본의 크기가 클수록 표집오차는 작아진다.
② 표본의 분산이 작을수록 표집오차는 작아진다.
③ 표집오차란 통계량들이 모수 주위에 분산되어 있는 정도를 의미한다.
④ 표본의 크기가 같을 때 단순무작위표집보다 집락표집에서 표집오차가 작다.

해설
표집오차(표본오차)는 표본추출과정에서 대표성이 없는 표본을 잘못 추출함으로써 발생하는 등 추출된 표본이 모집단을 대표하지 못하는 오차로, 통계적으로는 통계량 값이 모수치 주위에 분산되어 있는 정도를 의미한다. 분산과 신뢰수준이 클수록 표본오차는 증가하며 표본 수가 클수록 표본오차는 감소한다.
④ 표본의 크기 동일가정 시 표본오차의 크기는 층화표본이 가장 작고 그 다음이 단순무작위표본이며 군집표본이 가장 크다.

41 2018년 2회
표본오차(Sampling Error)에 대한 설명으로 옳은 것은?

① 표본의 크기가 커지면 늘어난다.
② 모집단과 표본의 차이에 의해 발생하는 오류를 말한다.
③ 조사연구의 모든 과정에서 확산되어 발생한다.
④ 조사원의 훈련부족으로 인해 각기 다른 성격의 자료가 수집되는 경우에 발생한다.

해설
표집오차(표본오차)는 표본추출과정에서 대표성이 없는 표본을 잘못 추출함으로써 발생하는 등 추출된 표본이 모집단을 대표하지 못하는 오차로, 통계적으로는 통계량 값이 모수치 주위에 분산되어 있는 정도를 의미한다.
① 분산과 신뢰수준이 클수록 표본오차는 증가하며 표본 수가 클수록 표본오차는 감소한다.
③, ④ 비표본오차에 해당하는 내용이다.

42 2021년 2회
표집오차를 줄이기 위한 방법으로 가장 거리가 먼 것은?

① 가능한 표본크기를 크게 한다.
② 조사자의 주관적 해석을 삼간다.
③ 가능한 표본으로 추출된 동등한 기회를 부여한다.
④ 동질적인 모집단은 이질적 모집단보다 오차를 줄일 수 있다.

해설
표집오차(표본오차)는 표본추출과정에서 대표성이 없는 표본을 잘못 추출함으로써 발생하는 등 추출된 표본이 모집단을 대표하지 못하는 오차이다. 분산과 신뢰수준이 클수록 표본오차는 증가하며 표본 수가 클수록 표본오차는 감소한다. 또한 표본선택방법을 엄격히 하여 확률표본추출법 등 표본오차가 작은 표본추출방법으로 표본오차를 감소시킬 수 있으며 동질적 모집단은 이질적 모집단에 비해 표본오차를 줄일 수 있다.
② 비표본오차의 감소방안에 해당하는 내용이다.

| 정답 | 39 ④ | 40 ④ | 41 ② | 42 ② |

43
2021년 2회

표본추출오차와 비표본추출오차에 관한 설명으로 틀린 것은?

① 표본추출오차의 크기는 표본크기의 제곱근에 반비례한다.
② 비표본추출오차는 표본조사와 전수조사에서 모두 발생할 수 있다.
③ 표본추출오차의 크기는 표본의 크기가 증가함에 따라 감소한다.
④ 전수조사의 경우 비표본추출오차는 없으나 표본추출오차는 상당히 클 수 있다.

해설
표본추출오차(표본오차)는 표본추출과정에서 대표성이 없는 표본을 잘못 추출함으로써 발생하는 등 추출된 표본이 모집단을 대표하지 못하는 오차로 표본오차의 크기는 표본크기의 제곱근에 반비례하며 표본의 크기가 증가함에 따라 감소한다. 비표본추출오차는 표본추출과정 이외에서 발생되는 오차이다. 표본추출과정과는 관계없지만 조사연구의 다른 모든 과정에서 확산되어 발생하며 전수조사와 표본조사 모두에서 발생할 수 있다.
④ 전수조사의 경우 표본추출과정이 없어서 표본추출오차는 없으나 조사 규모가 커지고 실제적 조사과정이 복잡해지면서 비표본추출오차는 상당히 클 수 있다.

44
2018년 2회

표본의 크기에 관한 설명으로 틀린 것은?

① 허용오차가 클수록 표본의 크기가 커야 한다.
② 조사하고자 하는 변수의 분산값이 클수록 표본의 크기는 커야 한다.
③ 추정치에 대한 높은 신뢰수준이 요구될수록 표본의 크기는 커야한다.
④ 비확률표본추출의 경우 표본의 크기는 예산과 시간을 고려하여 조사자가 결정할 수 있다.

해설
비확률표본추출의 경우 표본의 크기는 특별한 계산방법이 없으며 예산과 시간을 고려하여 조사자가 판단하여 결정할 수 있다. 이에 비해 확률표본 추출의 경우 표본의 크기는 통계적 측면의 요소에 의해 결정된다. 통계적 측면의 요소로는 모집단의 크기와 분산, 신뢰구간, 신뢰수준, 추정치의 허용오차 등이 있다. 표본의 크기는 신뢰수준과 분산에 비례하며 허용오차에 반비례한다.
① 허용오차가 클수록 표본의 크기는 작아진다.

45
2020년 1·2회

표본크기와 표집오차에 관한 설명으로 옳은 것을 모두 고른 것은?

㉠ 자료수집방법은 표본크기와 관련이 있다.
㉡ 표본크기가 커질수록 모수와 통계치의 유사성이 커진다.
㉢ 표집오차가 커질수록 표본이 모집단을 대표하는 정확성이 낮아진다.
㉣ 동일한 표집오차를 가정한다면, 분석변수가 적어질수록 표본크기는 커져야 한다.

① ㉠, ㉡, ㉢
② ㉠, ㉡
③ ㉡, ㉣
④ ㉠, ㉡, ㉢, ㉣

해설
㉣ 동일한 표집오차를 가정한다면 분석변수가 적어질수록 표본의 크기는 작아진다.

정답 | 43 ④ 44 ① 45 ①

해커스자격증
pass.Hackers.com

해커스 **사회조사분석사 2급 필기** 한권합격 이론 + 최신기출 + 핵심노트

제2과목
조사관리와 자료처리

PART 01 자료수집방법

PART 02 실사관리

PART 03 측정의 타당성과 신뢰성

PART 04 자료처리

자격증 교육 1위 해커스자격증
pass.Hackers.com

✓ 학습전략

| Chapter 01 자료의 종류 | 1차 자료와 2차 자료의 개념과 차이점 및 장단점에 대해 숙지하고, 내용분석법의 특징과 장단점에 대해 이해할 수 있도록 학습합니다. |

| Chapter 02 자료수집방법 | 자료수집방법의 전반적 분류와 자료수집방법의 선택기준에 대해 개괄적으로 파악합니다. |

| Chapter 03 자료수집방법의 주요 유형 | 내용이나 중요도면에서 2과목에서 상당한 비중을 차지하는 부문입니다. 면접법, 관찰법의 개념과 장단점 및 면접원에 대한 여러 사항들에 대해 정확한 이해가 필요합니다. 또한 투사법의 유형, 질문지를 이용한 각각의 조사방법들의 장점과 단점 및 상호간의 차이점에 대해 세부적인 이해와 학습이 필요합니다. |

| Chapter 04 응답의 오류 | 응답의 체계적 오류의 개념과 유형을 파악하는 것에 중점을 두고 학습합니다. 최근효과, 후광효과, 사회적 바람직성 편향 주요 개념에 대한 이해가 필요합니다. |

| Chapter 05 기타 | 반응성, 비반응성 자료나 문헌연구 등의 기타 참조사항에 대해 학습합니다. |

PART 01
자료수집방법

Chapter 01 **자료의 종류**

Chapter 02 **자료수집방법**

Chapter 03 **자료수집방법의 주요 유형**

Chapter 04 **응답의 오류(응답의 왜곡)**

Chapter 05 **기타**

Chapter 01 자료의 종류

> 자료란 보고서에 직·간접적으로 이용되는 일체의 정보로, 연구문제 해결을 위해 수집되는 것이다.

[자료의 종류: 1차 자료와 2차 자료]

1차 자료	① 조사목적에 적합한 자료를 얻기 위해서 조사자가 **직접 수집한 자료**이다. ② 설문지, 면접법 등 **의사소통**에 의한 방법 및 **관찰법** 등 사용이 가능하다. ③ 장점 • 연구문제해결을 위해 **직접 조사설계**를 통하여 수집한다. • 자료가 연구목적에 적합하며 **신뢰성**[1], **타당성**[2]이 있다(신뢰성, 타당성을 평가가 가능하다). 직접수집한 자료이므로 **결측값**[3]이나 **이상값**[4] 추적이 용이하며 수집된 자료는 의사결정에 필요한 시기에 적절히 이용하기가 쉽다. ☞ **조사목적에 적합한 정보를 필요한 시기에 제공**할 수 있다. ④ 단점 • 자료수집에 **시간과 비용**이 많이 들고 조사방법에 관한 **많은 지식과 기술, 경험**이 필요하다. • 따라서 일단 2차 자료를 탐색해보고, 충분한 자료가 없을 때 1차 자료를 수집하는 방식이 경제적일 수 있다. 충분한 1차 자료를 수집했다면 굳이 추가적으로 2차 자료를 수집하지 않아도 된다.
2차 자료	① **다른 조사목적으로 기존에 작성된 자료**이다. ② 기존문헌, 전문서적, 연구논문, 정부통계자료 등이 있다. ③ 장점 • **빠른 수집과 즉각적 사용**이 가능하다. ☞ 조사목적에 적합 시 **시간과 비용을 절약**할 수 있고, 전문적 지식이나 기술 없이도 자료 수집이 가능한데, **경우에 따라서는 1차 자료보다 더 정확할 수도 있다.** • 자료를 직접 수집하지 않으므로 조사대상의 반응성❶이나 권익침해 등에 대한 우려가 없다. • 기존데이터를 수정·편집해 분석할 수 있고 **비교적 적은 비용으로 대규모 사례분석**이 가능하다. ④ 단점 • 기본적으로 **다른 조사목적에 따라 수집된 자료**이다. ☞ 다른 방법에 의해 수집된 자료를 보충하고 타당성을 점검하기 위해 사용 가능하지만 조사자가 파악하고자 하는 조사에 **정확한 정보를 제공 못할 수도 있으며** 연구자가 원하는 개념을 마음대로 측정할 수 없으므로 척도의 타당성이 문제될 수 있다(신뢰도, 타당도가 낮을 수 있다). • **시간 등의 경과**로 인해서 적절하지 않을 수 있고 자료의 수집과정이 적합했는지를 파악할 수 없다. • **분석단위나 조작적 정의가 다를 경우** 유용성 및 실용성이 제한된다.

---

[1] **신뢰성(신뢰도)**
일관성을 의미한다.

[2] **타당성(타당도)**
정확성을 의미한다.

[3] **결측값**
입력이 누락된 값의 의미이다.

[4] **이상값**
범위에서 많이 벗어난 아주 큰 값이나 작은 값을 의미한다.

❶ 상세내용 후술(153p)

2차 자료	⑤ 2차 자료의 구분 • **내부자료**: 조직(기업, 기관 등) 내부에서 얻은 자료 • **외부자료**: 타 기관(행정기관, 협회, 온라인 등) 등 해당기관의 외부에서 작성된 자료 • **사적자료**: 개인문서 등 • **공공자료**: 정부간행물, 통계자료 등

* **꼭 1차 자료와 2차 자료가 모두 필요한 것이 아니다.** 2차 자료만으로 충분할 수도 있으며, 같은 맥락에서 1차 자료를 충분히 획득했다면 굳이 2차 자료가 필요하지는 않다.
* **3차 자료(Tertiary Source)**: 주로 2차 자료의 색인 또는 문구 정리 자료이다. 즉 그 다른 원천자료에 대한 정보를 모아서 엮은 자료로 메타분석 등 종합적 연구에 활용될 수 있다.

1. 2차 자료의 종류와 세부유형

내부자료	① 해당 조직(기업, 기관 등) 내부에서 얻은 자료(내부에서 자체적으로 수집·보관하는 자료)이다. ② 업무를 통해 생성되는 각종 보고서, 분석자료 등으로 상대적으로 쉬운 수집이 가능하다. ㉠ 고객관련 자료, 영업보고서, 마케팅전략보고서 등
외부자료	① 타 기관(행정기관, 협회, 온라인 등) 등 해당기관의 외부에서 작성된 자료이다. ② 대부분의 자료는 획득비용이 없거나 저렴하나 자료생성 기관에 따라 비용이 많이 들 수도 있다. ㉠ 상권분석(소상공인시장진흥공단), 서울특별시 인구현황(서울특별시), 그 외 학술자료, 논문, 그 밖의 기타 보도자료, 사용자 창작자료(UGC; User Generated Contents) 등

2. 2차 자료의 가치

(1) 시간과 비용의 절약

1차 자료의 수집(㉠ 설문조사)은 설문지 개발, 표본추출, 면접원 교육, 대상자 접촉과 자료의 편집과 분석 등 상대적으로 **상당한 시간**이 소요되나 **2차 자료는 상대적으로 단시간에 자료수집**이 가능하며, 설문조사의 경우 응답자와 조사회사 등에 관련된 비용요인들이 있지만 2차 자료는 **사용료가 전혀 없거나 매우 적은 비용**으로 자료수집이 가능하다.

(2) 2차 자료를 이용하여 **문제발견**이 가능하다.
(3) 문제를 정확히 정의할 수 있고 **문제에 대한 접근방법**을 찾아낼 수 있다.
(4) **주요 변수**들을 찾아낼 수 있고 **적절한 조사설계**를 개발할 수 있다.
(5) 조사문제에 답하거나 **가설을 검증할 수 있으며** 1차 자료 분석결과를 보다 통찰력 있게 해석할 수 있다.

3. 2차 자료의 평가
2차 자료를 사용하기 위해서는 여러 측면에서 자료를 평가해야 하며 평가요소들은 다음과 같다.

(1) 조사목적에서의 부합성(Fit)
2차 자료는 **당면한 조사목적을 위하여 직접 수집한 자료가 아니기 때문에** 조사목적에 부합하지 않을 수 있다. 따라서 그러한 부합성 여부를 평가해야 한다.
㉮ 연소득 1억 원 이상의 고소득층의 정보가 필요하나 수집한 자료의 소득 분포가 충분히 세분화 되지 않았다면 조사목적에 부합하지 못하는 것이다.

(2) 자료의 정확성(Accuracy)
자료수집 과정이나 분석과정 등에 있어서 오류가 개입될 여지가 있으므로 다음의 측면에서 평가가 필요하다.

신뢰성 (Credibility)	자료 공표 기관의 **평판, 전문성** 등에 관한 평가가 필요하다.
조사방법 (Methods)	**조사방법**(표집 방법, 자료수집 방법, 분석 방법 등)**의 적절성**에 관한 평가가 필요하다.
편견 (Bias)	조사기관의 **편견이 개입**된 자료일 수도 있으므로 이에 대한 평가가 필요하다.

(3) 자료의 일치성(Consistency)
가능하면 **두 개 이상의 자료원을 점검**하여 각각 제시된 자료가 얼마나 일치하는지의 정도를 점검해야 한다. 이외, 자료의 시간경과가 얼마나 된 것인지에 대한 평가도 필요할 수 있다.

4. 2차 자료의 수집방법(2차 자료를 이용한 연구)
문헌연구와 내용분석법을 통해 2차 자료를 수집하고 연구할 수 있다.

(1) 문헌연구
① 개념
- **문헌**: **기록으로 된 모든 문서나 서적**을 말한다. 기존의 연구기록이나 역사적 기록을 비롯하여 각종 서적, 통계자료, 일기 등의 사적 기록, 신문이나 잡지 등의 언론자료 등 매우 광범위하다. 글로 된 기록물 뿐만 아니라 **사진, 그림, 영상 등을 포함**한다. 오늘날에는 문헌자료의 상당부분이 인터넷에 문서화되어 있어서 자료수집이 예전보다 훨씬 더 용이해졌다.

- 문헌연구는 사회문화 현상을 연구하기 위한 자료수집방법의 하나로, **기존에 존재하고 있는 문헌자료를 통해 필요한 정보를 수집**하는 방법이다. 경험적 자료를 수집하여 통계적으로 분석하는 **양적 연구방법이나** 연구자의 직관적 통찰로 현상의 의미를 해석하는 **질적 연구방법에서 모두** 활용 가능하다. 연구자는 1차 자료 수집이 용이하지 않은 경우 문헌연구를 통해 2차 자료를 수집하여 활용하기도 한다.
- 이러한 문헌연구법을 통해 연구과정에 있어서 기존의 연구동향을 파악하면서 주제를 설정하거나 연구방법에서 가설을 설정할 때 참고자료로 사용할 수 있으며 문헌의 내용 자체를 분석할 때도 사용된다.
- 문헌자료를 활용할 때에는 **샘플링의 편향성(bias), 자료 간의 일관성 이슈, 불완전한 정보로서의 한계** 등에 주의해야 한다.

② 장점과 한계점

장점	• **비개입적 연구**[1]를 가능하게 한다. 연구자가 연구하고자하는 사회문화 현상에 영향을 끼치지 않는 상태에서 연구를 진행할 수 있다. ☞ **반응성(Reactivity)**[2]**의 문제가 없다.** • 연구문제를 구체화할 수 있고 새로운 접근방법을 모색할 수 있으며 **연구방법에 대한 통찰력**을 얻을 수 있다. • 질문지법, 실험법 등 다른 자료수집방법에 비해 자료수집에 소요되는 **시간과 비용의 절약**이 가능하고 상대적으로 **정보 수집이 용이**하다. • 연구의 한계나 문제점을 선행적으로 파악하여 연구과정에서의 **시행착오를 방지**할 수 있다.
한계점	• 참고하는 **문헌의 정확성**이 확보되어 있지 않으면 연구결과를 신뢰할 수 없다. • **문헌자료를 해석하는 과정에서 연구자의 주관적 가치나 편견이 개입**될 우려가 있다. • **기록되지 않는 부분**에 대해서는 연구가 어렵다. • 연구목적과 내용에 **완전히 적합한 문헌자료를 찾기가 힘들다.**

1) **비개입적 연구**
   연구자가 현상관찰에 개입하지 않는 연구이다.
2) **반응성(Reactivity)**
   실험이나 관찰의 대상이 자신이 실험·관찰의 대상이 되고 있음을 의식함으로써 연구결과에 영향을 미치게 되는 것을 말한다.

📖 **참고**

문헌연구의 절차
주제 명확화 및 범위의 구체화 → 연구주제와 관련된 핵심어 목록을 작성하고 자료 탐색 및 수집 → 핵심요약 및 종합적 정리

(2) 내용분석법

① **개념**
- 문헌연구의 일종이다. 기존의 **질적 자료를 수집**하여 객관적, 체계적, 수량적으로 기술하여 **양적 정보로 변환**하는 방법을 말한다. 대상 질적 자료는 **주로 기록물**(text; 신문기사, 서적, 잡지, TV, 라디오, 영화, 문서 등)로 여러 가지 **문서화된 매체들을 중심**으로 필요한 자료를 수집하는 방법이다. **주로 질적 자료를 분석하지만 양적인 정보와 질적인 정보가 모두 분석의 대상이 된다.**
- **비개입적 연구**의 성격으로, 인간의 모든 형태의 의사소통 기록물을 활용할 수 있다.
- 단순히 외부에 나타난 **현재적 내용**뿐만 아니라 외부에 나타나지 않은 **암묵적 내용**도 분석의 대상으로 한다.
- 자료가 문헌이며 자료 원천에 대한 접근이 어려울 경우, 어떤 경향이나 변화의 히스토리 분석, 실증적 자료에 대한 보완적 조사가 필요할 때 등의 경우에 적합하다.
- 분석단위는 다양하다.
  - ☞ 단어, 주제, 시간과 공간, 인물 등에 대해 전체에서 일정한 단위로 **표본추출**하여 분석할 수 있다.

② **장점과 한계점**

장점	· 시간 및 공간제약 시 유용하며 **시간과 비용을 절약할 수 있다.** · **장기간의 내용 연구가 가능하다.** · 개방형 설문 등 **다른 방법들과 병행**이 가능하다. · **연구자가 연구대상에 영향을 미치지 않는다.** · 가치, 태도 등 **다양한 심리적 변수의 측정**이 가능하다. · 연구과정에서 **잘못되었더라도 빨리 회복이 가능하다**(연구계획의 부분 수정 등).
한계점	· 기록된 자료만을 대상으로 한다는 제약 가능성이 있다. · **자료의 입수 가능성**이 제약된다. · 내용분석 자체는 잘 되었더라도, 대상에 관한 **기록이 당시 상황을 적절하게 잘 표현하고 있는지에 대한 이슈**가 있다(타당도의 문제가 제기될 가능성). · **전문가 역량**이 필요하다.

Chapter 02 자료수집방법

1. 자료수집방법의 분류
면접법, 관찰법, 투사법, 내용분석법, 질문지법(질문지를 이용한 조사: 대인면접조사, 전화조사, 우편조사, 온라인조사 등)으로 대별할 수 있다.
☞ 자료수집을 위해, 직접 대면하여 대화·인터뷰를 하거나(면접법), 관찰을 하거나(관찰법), 간접질문방식의 투사법, 질적 자료를 양적 정보로 변환하는 내용분석법(문헌연구의 일종) 등을 활용할 수 있으며, 표준화된 질문지를 이용하여 설문조사(서베이법. Survey Method[1])을 시행할 수 있다.
☞ 문헌연구, 면접법, 참여관찰법(관찰법의 유형)을 질적 연구방법으로 분류하기도 한다.

2. 자료수집방법 선택 기준
연구목적, 자료의 성격, 응답자의 특성, 비용과 시간, 각 자료수집방법의 장단점 등을 종합적으로 고려해야 한다.
㉮ 면접조사의 경우 응답률이 높으며 보다 복잡한 정보를 수집할 수 있으나, 조사대상이 넓은 지역에 걸쳐 분포되어 있는 조사는 시간과 비용 문제로 적절하지 않다. 이 경우 우편조사나 전화조사가 상대적으로 적합할 수 있다. 다른 조사에 있어서 만약 많은 사람에게 응답을 받는 것이 중요하다면 면접조사가 가장 유리하며 전화조사가 가장 불리하다.

3. 프로빙(Probing: 캐묻기, 심층규명)

(1) 개념
① 응답자로부터 **충분한 답을 얻지 못했을 경우, 모호한 응답의 경우** 조사자가 이용하는 기술이다.
② 정확한 답을 얻기 위해 방향을 지시하는 기법으로, **일종의 폐쇄식 질문에 답을 하고 이에 관련된 의문을 탐색**하는 보조방법이다.
③ 답변의 정확도를 판단하는 방법으로 활용되기도 한다.

(2) 주요 방법

무언의 캐묻기	응답자를 지그시 응시하면서 더 많은 응답을 기대한다.
적극적으로 권장	고개를 끄덕이면서 수긍하고 장려한다.
자세한 응답을 요구	중립적인 질문이나 재질문을 통해 이미 대답한 내용을 더 자세히 해명하고 정교화하도록 한다.
명료화의 방법	응답이 부정확하거나 혹은 응답한 내용들 간에 모순이 있을 때 더 명확한 답을 요구한다.
반복의 방법	응답자가 한 말을 그대로 반복해서 들려준다.

* **주의사항**: 계속해서 캐묻는 경우 'Rapport(피면접자와의 친근한 관계)'가 손상될 수 있으며, 특정대답을 요구하는 방향을 제시하여서는 안 된다. 필요 이상의 지나친 질문은 삼가야 한다.

---

[1] 설문조사 (서베이법, Survey Method)
대인(설문)면접조사, 우편설문조사, 전화설문조사, 온라인 설문조사, 컴퓨터를 이용한 전화조사 등이 있다.

Chapter 03 자료수집방법의 주요 유형

1 면접법(Interview Method; 면접조사)

1. 개념
(1) 조사원(면접자)이 응답자와 **대면**(face to face)하여 **질문**을 하고 질문사항에 대한 응답내용을 조사원이 기록하는 방법이다.
(2) 통상적으로 조사원이 **사전에 만들어진 질문(조사표) 내용**을 응답자에게 읽어주고 응답자는 말로 응답하는 **상호간 대화형식으로 진행**한다.
　☞ 조사표의 순서와 내용을 그대로 지킬 수도 있고 그렇게 하지 않을 수도 있다.
(3) **언어적 자극과 언어적 반응**을 실마리로 하여 필요한 정보를 얻는 방법이다.
(4) 조사원의 **전문성과 역량**이 요구되는 한편, **조사자의 주관이 개입될 가능성이 높은** 조사방법이다.
(5) 조사원이 여러 명일 경우 이들(면접원)에 대한 통제가 이슈가 될 수 있다.

2. 종류

구분	내용
개인면접	개인과 1:1로 **대면**하여 설문하고 자료를 수집하는 방법이다. 면접원의 설명을 통해 질문에 대한 이해도를 높일 수 있으나 시간과 비용이 많이 소요된다.
집단면접 (Group Interview)	**피면접자를 2인 이상으로 구성**. 즉 집단을 조사대상으로 하여 면접하는 것이다. 문제점과 해결책 도출에 있어서 **집단 내 토론 등**을 활용할 수도 있으며 진행자의 역할이 중요하다. 시간과 비용이 절약되고 **피면접자 간 상대평가를 할 수 있다**.
반복적 면접	일정시차를 두고 **동일한 질문을 계속 반복** 또는 일정 기간 중 동일 응답자를 대상으로 반복 면접(이를 패널 면접이라고 한다)함으로써 **일정기간 중 태도와 의견의 변화** 상태를 조사하는 것이다. ☞ 면접 반복에 따른 시험효과의 우려가 있다.
심층면접	**특정 주제에 대해** 조사자와 응답자가(**일대일 면접**) 응답자의 생각과 느낌 등에 대해 **자유롭게 이야기**를 진행하면서 **심층적이고 폭넓은 의견**반영이 가능하도록 한다. 질문순서와 내용을 일정수준 변경 가능하고 필요시 반복적으로 질문하여 타당성 높은 자료수집이 가능하다. 하지만 **시간과 비용이 많이 소요되며 면접자의 능력에 크게 의존**하게 된다. 또한 **면접자의 편향**이 발생하기 쉬워서 면접자가 응답에 영향을 주는 행위는 삼가야 한다.
집중면접 (Focused Interview)	**응답자의 특정한 경험**과 관련하여 집중적으로 질문하는 것이다. 그대로 질문을 하는 것이 아니라 **응답자가 스스로** 자신에게 **영향을 미치는 요소나 자극**이 어떤 것이며 어떠한 결과를 가져왔는지를 **스스로 밝히도록 응답자를 도와주는 것이다**. 응답자는 본인이 영향을 받은 주요 요소와 자극을 스스로 설명하게 되어 조사자는 질문의 응답에서 응답자의 경험을 통해 **내면적 상황과 행위성향을 파악**하게 된다. ☞ 특정 경험이 미치는 영향 등에 대한 가설 개발 등에 효율적으로 이용할 수 있다.

비지시적 면접[1] (Nondirective Interview)	비지시적 면접은 면접자가 **지정된 방법 및 절차에 의하지 않고 응답자가 자연스럽게 응답할 수 있게 분위기를 조성**(비표준화 면접법 사용)하여 응답자가 자신의 감정을 자유롭게 표현하도록 유도하는 면접으로 **면접자의 영향을 최소화하는**(면접자가 방향을 제시하지 않는 등) 면접이다.
표적집단면접법 (FGI; Focus Group Interview)	전문지식을 갖춘 사람 또는 경험자를 소수의 응답자로 선정하고 **사회자**가 배석하여 연구목적의 방향을 제시하되, **자유로운 토론**을 벌이게 하여 필요한 정보를 획득하는 방법으로 사회자의 역할이 중요하다. **자유로운 토론**으로 새로운 사실 발견이 가능하고 행동의 내면적 이유 파악이 가능하나, 조사결과를 일반화하기가 용이하지 않은 단점이 있고 결과의 해석 시 주관개입 가능성에 주의해야 한다.

 참고

임상면접(Clinical Interview)
광범위한 개인의 감정이나 생활경험을 알아보고자 할 경우 많이 활용한다.
예 정신과 상담

[1] 지시적 면접
(Directive Interview)
비지시적 면접과는 달리, 미리 준비된 조사표를 기본으로 면접하는 것

3. 표준화 정도에 따른 면접방법의 구분

표준화 면접 (Standardized Interview)	① 표준화되어 정해진 면접조사표에 의하여 모든 응답자에게 동일한 질문순서 및 동일한 질문내용으로 면접을 진행하는 방식이다. ② 면접자가 **임의로 질문항목, 배열 등을 변경할 수 없다.** ③ 면접자의 가치나 생각의 전달이 제한된다. ④ **구조화면접, 통제면접**이라고 한다. ⑤ 정확하고 체계적 자료를 얻고자 할 때 적합하다. ⑥ 장점 • 결과의 **수치화**가 용이하다. • 다른 여러 대상에 대한 **반복적 조사(면접)**가 가능하다. • 면접원에 따른 **편차가 작고 정보의 비교가 용이**하여 비표준화면접에 비해 **신뢰도**가 상대적으로 높다. • **면접자의 편향개입 여지가 거의 없다.** ⑦ 단점 • 면접의 **유연성이 부족하다.** • **새로운 사실 발견 가능성이 낮다.** • **심화측정에 한계**가 있다. • 면접원의 자율성이 낮고 유연한 질문이 불가하여 응답자의 **정확한 의견을 파악하기 어렵다.** • 비표준화 면접에 비해 **타당도가 낮다.** ☞ 상대적으로 타당도가 낮지만 **신뢰도**는 높다.

비표준화 면접 (Unstandardized Interview)	① 비구조화된 면접조사로, **정해진 면접조사표 없이 질문의 내용이나 형식, 순서 등을 미리 정하지 않고** 면접을 진행한다. ② 조사목적에 적합한 것이라면 **면접상황에 따라 자유롭게 질문이나 순서의 변경이 가능하다.** ☞ 비지시적, 심층면접의 성격을 가진다. ③ 응답자는 **의견이나 생각 등을 자유롭게 표현**하고 면접원이 이를 기록한다. ④ 장점 • **유연성** 높고 새로운 사실의 발견 가능성이 높아진다. • **심층적** 질문이 가능하다. • 중요한 질문에 대해 **정확한 파악**이 가능하여 **타당도**가 높다. • 표준화면접 등에서 필요한 변수를 찾아내는 데 유용한 자료를 제공할 수 있다. ⑤ 단점 • 다른 여러 대상에 대한 **반복적 조사(면접)가 어려워서** 면접결과의 비교가 불가하다. • **시간과 비용**이 많이 소요된다. • 면접자의 역량에 따라 **조사결과의 신뢰성**이 달라질 수 있다. • **면접자의 편견**이 개입될 수 있다. • **부호화 · 계량화가 어렵다.** ☞ 상대적으로 **타당도가 높지만** 신뢰도는 낮다.
반표준화 면접 (Semi-Standardized Interview)	① 정해진 수의 **중요한 질문은 표준화**하고, **그 외 질문은 비표준화**하여 진행한다. ② 두 방법을 조합함으로써 **정확 · 체계적 자료를 획득하고 새로운** 사실의 발견이 가능하다. ☞ FGI 등에서 주로 사용한다.

4. 면접법의 장점과 한계점

장점	① 면접자의 존재로 응답자의 응답에 있어서 동기가 유발되어 **다른 조사 대비 응답률이 높다.** ② 응답자가 **질문을 제대로 이해하지 못한 경우 면접자가 보조설명을 할 수 있다.** ☞ 여러 가지 **보조도구**를 제시하여 응답자의 오해나 오류를 줄일 수 있다. ③ 질문 내용 이외에도 응답자의 **언어적, 비언어적 행동** 및 **주변 상황** 등을 관찰할 수 있다. ④ **응답자의 잘못된 표기를 방지**할 수 있다. ⑤ **탐사질문 및 복잡한 질문 등이 가능하다.** ⑥ 면접원이 질문의 순서 등을 통제할 수 있다. ⑦ 응답자의 교육수준에 관계없이 조사할 수 있다. ⑧ 다른 조사방법들에 비해 **라포(Rapport) 형성이 용이**하다. ☞ 응답자의 상황에 따라서 **대화를 자연스럽게 이끌어내면서** 응답의 거부반응을 최소화할 수 있고 면접자와 응답자의 **상호작용**이 가능하여 보다 신뢰성 있는 대답을 얻을 수 있다. ⑨ 응답환경을 구조화하기 용이하다. ⑩ **신축성 있는 자료수집**이 가능하다.

한계점	① 응답자의 **익명성 보장**이 어렵다. ② **민감한 사안**에 대해서는 **응답기피**가 발생하는 등 조사가 어려울 수 있다. ③ **시간과 비용**이 많이 소요된다. ④ **면접원의 통제**가 어렵다. ⑤ 면접자와 응답자 간의 관계에 따른 오류 발생의 개연성이 있다. ⑥ **면접원의 편견, 주관개입 가능성** 등이 높아 응답에 영향을 미칠 수 있다. ⑦ 방문시간을 항상 고려해야 한다.

5. 면접법에서의 발생오류

면접원의 외모, 특성, 태도, 표현 및 면접진행 중의 질문방식 등에 따라 발생한다.

면접자에 기인한 오류	면접원의 태도와 언어	태도, 말투, 언어표현 등이 응답에 차이를 가져오게 된다.
	면접원의 외모	복장, 인상, 성별, 연령 등 첫인상에 의한 것이 응답에 차이를 가져오게 된다.
면접 진행상의 오류	면접원의 질문방식	질문순서, 어구사용 등에 따라 응답에 차이를 가져오게 된다.
	면접원의 기록 오류	기억의 왜곡, 망각, 편견개입(정확한 응답에도 면접원의 편견으로 응답에 차이를 가져오게 된다)

* **응답자의 오류**: 응답순서효과(어떤 질문을 먼저 했느냐에 따라 응답 달라짐) 등

6. 면접 실시단계별 주요사항

[조사자가 갖추어야 할 태도]
① **중립성**: 복장, 태도, 표정, 어투 및 반응 등이 한 쪽으로 기울어지지 않아야 한다.
② **공평성**: 피면접자의 지위, 성향, 나이, 성별 등에 관계없이 공정하게 자신감을 가지고 응답할 수 있게 해야 한다.
③ **자연스러운 분위기**: 친숙하고 자연스러운 분위기를 형성해야 하고, 지나치게 심각한 자세나 어려운 언어 등은 피한다.
④ **태도 및 조사내용 숙지**: 진지하고 친절해야 하며 조사내용을 충분히 미리 잘 인지하여 이끌어야 한다.

면접원은 면접의 주제에 대한 전문적 지식이 있어야 하고 면접지침을 숙지하고 있어야 한다. 또한 **사전교육**을 통해 면접원의 편향을 줄이고 응답자의 협력을 얻는 기술, 응답자와 친밀감을 형성하고 유지하는 기술 등을 익히는 것이 중요하다.
① **면접원에게 요구되는 것**: 모든 면접자는 조사목적, 방법 등에 대한 충분한 지식을 가져야 한다.
② **면접원에 대한 교육**: 면접의 일반적 지침과 과정, **무엇을 조사하려 하는지에 대한 이해** 등을 교육한다.
③ **면접조사 시 질문의 원칙**: 특정 응답을 유도하거나 강요하지 않는 것 등이 있다.
④ **면접원 평가 기준**: 라포형성 능력, 면접소요시간, 응답성공률 등이 있다.

(1) 준비단계

조사대상자와의 Rapport 형성이 중요하며 자신의 신분과 연구의 목적 및 중요성 등을 설명하고 조사의 참여에 관해 응답자에게 동기를 부여하도록 한다.

(2) 면접실시단계

① 언어 사용 등에 유의하면서 성실한 태도와 비밀 보장 등으로 응답자가 편안한 심리상태에서 응답할 수 있도록 분위기를 조성한다.
② 적절한 부연설명으로 응답자의 이해를 돕고 응답내용에 대한 평가적 코멘트는 삼가도록 한다.
③ 모른다는 응답에 대해 적절히 대처하고 정확한 응답을 얻기 위한 프로빙 기법 등을 적절하게 활용하도록 한다.

(3) 기록

① 주관을 배제한 채 응답내용 그대로를 기록한다.
② 정확한 기록을 위해 응답이 이루어지는 즉시 기입하는 것이 좋으며 사소한 것도 빼놓지 않고 기록하면서 면접과정에서의 구체적인 상황 등도 함께 기록한다.

(4) 종결

감사인사와 함께 응답의 기여도를 알리는 등 정중한 태도로 종결한다.

7. 면접조사 시 질문의 일반적 원칙

(1) 편안한 자세로 대답할 수 있도록 하고 응답에 주의를 기울이며 성급하게 찬성이나 반대의 태도를 보여서는 안 된다.
(2) 특정한 대답을 유도하거나 암시하면 안 된다.
(3) 문항은 하나도 빠짐없이 물어야 하며 질문지에 있는 말 그대로 질문해야 한다.
(4) 모른다는 응답이 나올 경우 정말로 모르는 것인지 다른 이유가 있는 것인지 파악하여 대처한다.
(5) 응답에 필요한 시간을 부여하고 질문을 제대로 이해하지 못하는 경우 부연설명을 해준다.
(6) 응답이 필요이상으로 길어지거나 다른 방향으로 이탈하게 되면 적절히 조절한다.

2 관찰법(Observation Method)

1. 개념과 특징

① 감각기관을 이용하여 대상·현상을 관찰하여 인식(귀납적 방법)하는 것으로 조사대상의 특성, 행동 또는 상황을 추적·관찰 및 기록하여 자료를 수집하는 방법이다.
② 일반적으로 연구대상을 통제 또는 조작하지 않고 관찰하며, 일반화 가능성이 낮다.
③ 직접적·자연적·비언어적 성격의 자료수집방법이다.
④ 복잡한 사회 작용 연구 등에 유용하다.
⑤ 양적 연구와 질적 연구에 모두 활용 가능하다.

2. 종류

(1) 참여관찰과 비참여관찰

참여관찰	① 조사자가 관찰대상 내부에 들어가 **구성원의 일원으로서 직접 참여**하여 같이 **생활하거나 행동**하면서 조사하고자 하는 현상을 **관찰 기술**하는 방법이다. **연구자는 상황에 대한 통제를 할 수 없다.** ② 연구문제의 성격에 따라 가설도출이 가능한 인과적 연구의 성격이지만 참여관찰은 **주로** 연구자가 관심을 가지고 있는 변수들 간의 관계를 **현실상황**에서 체계적으로 관찰하고 **현상을 이해하고 설명하기** 위한 연구조사방법으로 **자연상태**에서 연구대상을 관찰해 그들의 관계를 규명하는 방법이다. ☞ 현장상황에 따라 조사내용 변경이 가능하고 조사과정의 유연성 및 자연적 상태에서 **깊이 있는 사실까지 자연스럽게** 알 수 있으나 **동조현상**이 일어날 경우 객관성을 상실하기 쉽다. **주관적 가치가 개입**되면 **결과의 해석까지 영향**을 받을 수 있다. 또한 대규모 모집단에 대한 기술이나 **수집한 자료**(주로 질적 자료)**의 표준화가 어려우며 결과의 일반화에 제약이 존재**한다.
비참여관찰	**조사자 신분과 관찰한다는 사실 및 관찰내용을 대상에게 밝히고** 대상을 관찰한다. 비조직구성원이 객관적 입장에서 관찰 기술하는 방법이다. ☞ 객관성은 유지될 수 있지만 **관찰대상의 자연스러움에 영향을 미칠 수 있다** (관찰사실 의식).

* 준참여관찰
관찰대상의 생활 **일부에만(부분적으로)** 참여한다. 대상들에게 관찰사실을 알릴 수도 있고 숨길 수도 있다(보통은 피관찰자들은 관찰 당한다는 사실을 알고 있는데, 자연스러움을 훼손시킬 것이라고 판단하는 경우에는 관찰자를 숨겨 관찰사실을 드러내지 않을 수 있음). **참여관찰과 비참여관찰의 단점을 극복**하려는 시도의 일환으로, 한계점으로는 **심도 있는 자료수집에는 한계**가 있을 수 있다는 점이 있다.

(2) 통제관찰과 비통제 관찰

통제관찰 (체계적 관찰)	① **관찰조건을 표준화**(정해놓은 것만 관찰하게 됨)하는 체계적 관찰이다. ☞ 질문지 등을 사용하는 비참여 관찰에 주로 사용하며 **관찰기록표**를 사용할 수 있다. ② 관찰대상, 관찰시간, 관찰행동 등을 인위적으로 설정하고, 사전에 정한 기준에 따라 타당성과 신뢰성을 확보한다.
비통제관찰 (비체계적 관찰)	관찰조건을 **표준화하지 않고** 조사목적에 적합하면 관찰한다. ☞ 다양한 관찰이 가능하며 **탐색조사**에 주로 사용한다.

(3) 직접관찰과 간접관찰

직접관찰	관찰시기와 행동발생 시기가 **일치한다.**
간접관찰	관찰시기와 행동발생 시기가 **일치하지 않는다.**

(4) 자연적 관찰과 인위적 관찰

자연적관찰	관찰이 일어나는 상황이 **인위적이지 않다**.
인위적관찰	관찰이 일어나는 상황이 **인위적**이다.

(5) 공개적 관찰과 비공개적 관찰

공개적 관찰	관찰대상자가 관찰 사실을 **알고 있다**.
비공개적 관찰	관찰대상자가 관찰 사실을 **모른다**.

(6) 인적 관찰과 기계적 관찰: 관찰주체·도구가 무엇인가에 따른 분류

> [기계적 관찰의 예]
> ① **오디미터**(Audimeter: 조사대상 가구에 설치하여 TV 시청률을 조사하는 자동장치)
> ② **사이코갈바노미터**(Psychogalvanometer: 심리적 변화에 따른 응답자의 생체변화 측정)
> ③ **퓨필로미터**(Pupilometer: 자극을 보여주고 피관찰자의 동공의 크기 변화를 측정하여 응답자 반응 측정)
> ④ **아이 카메라**(Eye camera: 응답자가 어디에 주의를 기울이는지 알기 위해 눈동자가 어느 방향으로 움직이는지 등을 측정)
> ⑤ **모션픽처카메라**(Motion Picture Camera: 연속영상촬영을 통한 관찰) 등

3. 관찰자의 유형

완전 참여자 (Complete Participant)	① 자신의 신분을 밝히지 않은 상태에서 **완전히 조직, 집단 등에 동화되어 관찰한다**. ② **객관성 유지가 어렵고** 관찰자가 연구대상자들에게 **영향**을 미칠 수 있다. ③ **윤리적 문제**를 겪을 가능성이 가장 높은 관찰자 유형이다.
관찰자적 참여자 (Participant as Observer)	조사자의 **신분을 공개**하고 대상자의 공간으로 들어가 상호작용을 시도하지 않고 관찰한다.
참여자적 관찰자 (Observer as Participant)	① 조사자의 **신분을 공개**하고, 대상들 속에 섞여 들어가서 심층적으로 관찰한다. ② 관찰을 목적으로 일부 참여 가능하다.
완전 관찰자 (Complete Observer)	① 자신을 **완전히 감춘 상태**에서 신분을 공개하지 않으며 대상자의 활동에 **전혀 참여하거나 상호작용을 시도하지 않고** 오직 관찰만 한다. ② 관찰이 피상적일 수 있지만, **연구대상자에게 영향을 미칠 가능성이 가장 적은** 유형이다.

* 관찰자의 참여정도가 높아질수록 연구의 객관성은 낮아질 수 있다.

4. 관찰법의 장점과 한계점

장점	① **자연스러운** 현재 상황의 자료를 직접 수집이 가능하다. ② **즉각적** 자료 수집 및 현장에서 즉시포착이 가능하다. ③ 피조사자의 **조사태도(비협조, 거부 등)에 관계없이** 조사가 가능하다. ④ **응답에서 발생하는 오류의 감소**가 가능하다. ⑤ **무의식적이거나 인식하기 어려운 문제도 관찰 가능**하여 피조사자가 느끼지 못하는 행위까지 조사할 수 있다. **자연스러운 맥락과 관계 속에서 의미있는 시사점을 포착할 수 있고 의사소통 능력이 없거나 부족하여 구체적 언어 표현이 힘든 유아나 동물연구에 유용**하다(비언어적 자료 수집 가능).

한계점	① 관찰자의 **주관이 개입**되어 결과 해석이 왜곡되는 등 객관성을 잃기 쉽다.
	② 관찰자의 **선택적 관찰**의 개연성이 있다.
	③ **내면의 동기를 측정할 수 없다.**
	④ **대상이 관찰사실을 의식**하여 다른 행동을 할 수 있다.
	   ☞ 조사반응성으로 인한 왜곡의 우려가 있다.
	⑤ 조사하고자 하는 **행위 발생 시까지 기다려야** 하는데, 조사대상 행위가 발생하지 않아서 관찰 자체가 어려울 수도 있다.
	   ☞ 시간과 비용의 문제가 발생할 수 있다.
	⑥ **관찰시점과 기록 시점의 차이**에 따른 오차가 발생할 수 있다.
	⑦ **긴 시간에** 걸쳐 이루어지는 행동의 관찰이 **어렵다.**
	⑧ 여러 제약이나 한계로 **관찰 자체를 못할 수 있다.**
	   ☞ 시간 및 공간의 제약, 관찰자의 능력의 한계 등이 있다.
	⑨ 수집한 자료의 처리 및 **일반화·표준화가 어렵다.**

5. 관찰법에서의 오류와 유의사항

(1) 발생 가능한 오류와 감소방안

① **지각과정상의 오류**: 관찰자마다 **감각이 다르며 상황의 복잡성이나 이질성 등**이 관찰에 영향을 준다.

   [감소방안] 보다 큰 단위의 관찰, **객관적 관찰도구** 사용, **관찰단위 명세화**, 관찰기술 훈련, **관찰기간 단기화**, **복수의 관찰자**, 관련 요인들에 대한 통제 등

② **인식과정상의 오류**: 관찰자들의 **준거틀의 차이**(과거 경험, 지적 능력, 인식 등)에서 비롯된다.

   [감소방안] **명확한 개념 정의** 및 개념 간의 관계를 한정하여 **사고의 규칙성** 부여, **다른 자료수집방법 병행** 등

(2) 관찰법 시행시 유의사항

① 관찰대상을 명확하게 한다.
② **체계적**· 과학적으로 관찰한다.
③ **기록**에 유의한다.
④ **객관적인 태도**를 취한다.
⑤ **관찰대상에게 주는 영향에 주의한다.**

3 투사법(Projective Method)

1. 개념
① **조사의 목적이나 주제를 응답자가 모르도록** 하면서 **간접적으로 조사**하는 방법이다.
② 응답자에게 불명확한 상황이나 다른 사람의 행동 등을 제시하고 해석하도록 한다.
　☞ 응답자 **내면의 동기나 감정 등이 응답에 투사된다고 본다**. 즉 **자극상태**를 형성하여 이에 대한 **응답반응**으로 의도를 파악하는 방법으로 **무의식 속에 내재되어 있는 동기, 가치, 태도** 등을 측정하기 위해서 **모호한 자극**을 응답자에게 제시하여 반응을 조사하는 방법이다.
③ 직접 질문하기 어렵거나 또는 직접 질문을 하여도 타당성 있는 응답을 얻을 가능성이 낮을 때 혹은 전혀 없을 때 사용하는 **비체계적이며 비공개적 방법**[1]이다.

> 1) **비체계적이며 비공개적 방법**
> 표준화되어있지 않으며 응답자가 조사의 목적을 모르는 방법이다.

[체계성과 공개성]
① 체계화의 정도는 **자료수집과정의 표준화**의 정도이다. 표준화된 설문지를 사용하는 전화조사, 우편조사 등은 체계적 기법이며 면접조사에서의 자유로운 대화형식 등은 비체계적 기법이다.
② 공개 정도는 응답자가 **조사자의 목적**을 알 수 있는 정도이다. 응답자가 설문의 의도를 알면 공개적 설문, 모르면 비공개적 설문이다.

체계적+공개적	**표준화된 질문**을 이용하는 **공개적** 설문이다. 면접원에 의한 오류 최소화가 가능하고 인과조사나 기술조사에 이용되는 방법이다.
비체계적+공개적	**자유로운 질문**을 이용하는 **공개적** 설문이다. 응답의 형식이 정해져 있지 않으며 탐색적 조사에서 많이 사용한다. 예 심층면접법
비체계적+비공개적	임상심리학에서 발달된 방법이다. 단어연상법 등의 투사법이 해당된다.

2. 투사법의 종류

단어연상법	연관 단어를 여러 개 제시한 후 연상되는 내용을 표현하게 하는 것이다.
그림묘사법	모호한 그림을 보여주고 그림에 대한 감정을 표현하게 하는 것이다.
문장완성법	미완성문장을 보고 응답자가 완성하게 하는 것이다.
만화완성법	어떤 상황에 대한 만화를 보여주고 의미 있게 본 내용, 제목을 유추하게 하거나 인물들의 대사들에 대해서 표현하게 하는 것이다.
역할행동법	어떤 역할을 수행하고 태도나 감정을 표현하게 하는 것이다.

[간접질문방법의 분류]
① **투사법**
② **오류선택법**
   어떤 질문에 대해 틀린 답을 여러 개 제시하고 그것을 선택하게 함으로써 응답자의 태도를 살핀다.
③ **단순연상법**
   단어나열법이라고도 하며 어떤 문제에 대해 찬성·반대를 표시하는 단어 또는 그림·문장을 다수 열거해 놓고 체크하게 한다.
   ⓔ 찬성은 +1, 반대는 -1로 점수 부여하여 점수 합산을 통해 태도를 수치화하여 알아본다. 점척도라고도 한다.
④ **토의완성법**
   두 사람의 토의 내용이 적힌 카드를 주고, 그 토의 내용을 완성하게 해서 태도·의견을 알아본다.
⑤ **정보검사법**
   어떤 주제에 대해 개인이 가지고 있는 정보의 양과 종류가 그 개인의 태도를 결정한다고 본다. 그 개인이 가지고 있는 정보를 파악해 응답자의 태도를 알아내는 방법이다.

4 내용분석법(Content Analysis)

1. 개념
① 기록물에 포함된 메시지 등 **기존의 질적 자료**를 수집하여 객관적, 체계적, 수량적으로 기술하여 **양적 정보로 변환**하는 방법이다.
② **문헌연구의 일종**으로 대상 질적 자료는 주로 기록물(text, 신문기사, 서적, 잡지, TV, 라디오, 영화, 문서 등)이다. 즉 여러 가지 **문서화된 매체들을 중심**으로 필요한 자료를 수집하는 방법이다.
③ **비개입적 연구**[2]의 성격으로, 인간의 모든 형태의 의사소통 기록물을 활용할 수 있다.
④ 코딩을 위해서는 개념화와 조작화가 잘 이루어져야 한다.
⑤ 기록물로 표시된 내용과 그 이면의 내용(즉 현재적 내용과 잠재적 내용)을 분석 대상으로 한다.
   • **현재적 내용**: **표면적 내용**. 분석의 속성 또는 측면이 명시적으로 나타나는 것이다.
   • **잠재적 내용**: 문맥이나 내용 속에 숨어있는 **암묵적 내용** 등을 의미한다.
⑥ 누구나 동일방법을 사용하면 동일한 결과를 가져올 수 있다는 객관적 분석을 전제하며 **표본추출에 의한 분석도 가능하다**.
⑦ **양적 분석이 주를 이루지만 질적 분석방법도 사용한다**(개방형 설문, 사례연구 결과 등을 질적 정보로 변환하는 등).

2) 비개입적 연구
연구자가 현상관찰에 개입하지 않는 연구

2. 절차

(1) 연구문제와 **가설 설정** → 분석자료에서 **표본추출** → 분석 **카테고리** 설정 및 **분석단위** 결정 → **집계체계** 결정 및 **내용분석** → 보고서 작성

(2) **고려사항**: 샘플링, 범주 설정(포괄성과 배타성을 확보해야 함), 기록 단위 설정, 맥락 단위 설정, 계량화의 체계

3. 부호화와 범주

① 내용분석은 **본질적으로 부호화 작업**이다.
② **범주는 내용의 특징을 분류하는** 체계로서 연구목적에 연계되어야 하며 **포괄적이며 상호배타적**이어야 한다. 각각의 기록단위가 어느 범주에 속할 것인가를 정한 지표를 명백히 나타내어 재생이 가능하도록 한다.
③ **표면적 내용 및 잠재적 내용을 일정한 개념틀에 따라 범주로 분류**하고 부호화 시킨다.
  ㉮ 소설이 얼마나 가정적인가를 알기 위해 '가족', '형제자매' 등 가정적인 것과 관계 깊은 **단어의 수** 또는 각 페이지에 나오는 '가족', '형제자매' 등 관계 깊은 **단어의 평균 수**를 세어본다.

5 질문지법

☞ [1과목 PART 04 질문지]와 연계된다.

1. 질문지법의 개념

(1) 질문지법이란 **질문지를 통해 자료를 수집**하는 방법으로 기본적 개념은 특정 주제에 대해 응답자가 **스스로 응답할 수 있도록 고안되어 작성된 질문지를 배부하고 (통상적으로) 조사대상자가 스스로 작성**하도록 하는 자료수집방법을 의미한다.
  ☞ 전화조사(면접자 기입식 조사)와 같은 **예외적 유형**들도 존재하며 **대인면접조사**에서는 **면접자 기입식 조사로 진행하거나 혼용할 수도 있다.**
(2) 어떤 주제에 대한 의견을 묻고 응답결과를 통계적으로 처리하는 양적 자료수집 목적으로 주로 활용되는 **1차 자료수집방법**이므로 보통 질문지라 할 때에는 **표준화·구조화된 질문지**를 의미하게 된다. 사회과학에서 **설문조사** 등에 주로 이용된다.
(3) 질문들은 논리적으로 연결되어 있어야 하며 추상적 개념에 대해 조작적 정의가 필요하다.

2. 질문지를 이용한 조사방법

'**질문지를 이용한 설문조사**'를 서베이법(Survey Method)라고 부른다. 서베이법은 표본을 대상으로 **표준화된** 조사도구인 질문지를 이용하여 자료를 수집하는 것으로 **대인면접조사, 우편조사, 전화조사, 온라인 조사 등**이 이에 해당한다.

[질문지를 이용한 조사(서베이법)의 장점과 단점]

장점	• 큰 표본과 넓은 범위에 적용이 용이하고 시간과 비용을 절약할 수 있다. • **표준화된 질문지를 사용함으로써** 조사결과의 비교가능성을 높일 수 있고 질문항목의 기술이 명확한 경우 **반복측정 시 높은 신뢰성(측정의 신뢰성)**을 얻을 수 있다. • **모든 대상자에게 동일적용**할 수 있다. • 다양한 측면에서의 **차이 분석**이 가능하다. • **조사자의 편견 배제**가 가능하다. • 직접 관찰할 수 없는 요인이나 개념을 추정할 수 있다. • 객관적인 해석을 할 수 있다. • 자료수집이 용이하다.
단점	• 비언어적 행위나 특성은 기록이 불가하다. • **정확한 대상이 응답했는지** 확인이 어렵고, 이 경우 **본질적으로 '응답에 대한 신뢰성'** 문제가 있을 수 있다. • **표준화된 질문지 사용의 경우** 융통성이 낮을 수 있다. • **설문지 개발**이 어렵다. • 탐사방식에 의한 **깊이 있는 질문이 불가**하다. • 시간이 오래 걸리고 응답률이 낮을 수 있다. • 적정한 응답범주를 빠뜨릴 수도 있으며 **대상자에 대한 전체맥락을 다루지 못할 수 있다.** ☞ 이에 따라 특정문항에 편견이 심한 응답이 있더라도 응답자 자체의 편견이 강하다고 하기는 어렵다.

📖 참고

[기존 질문지를 이용할 경우의 장점]
이미 신뢰성과 타당성이 입증된 것이며 기존에 이미 활용된 것이므로 예비조사의 부담이 적어진다.
☞ 연구목적에 부합하는 기존의 설문지를 사용하는 경우 질문지 작성의 시간과 비용 절감이 가능하며 기존 질문지를 통해 부족한 부분에 대해 심층분석이 가능하게 된다.

(1) 대인조사(대인면접설문조사)

① 개념
- 조사자가 응답자와 **직접 대면하여 질문지에 의해** 조사하는 설문조사이다.
- **통상적으로 자기기입식**으로 진행된다. **경우에 따라** 면접자 기입식 조사로 진행하거나 **혼용할 수도 있다**.

② 장점과 한계점

장점	• 설문과정에서의 유연성이 높아 **탐사질문 및 복잡한 질문 등이 가능**하며 응답자가 **질문 내용을 잘 이해하지 못할 경우 자세한 설명이 가능**하여 올바른 응답내용 획득과 **무응답 항목을 최소화**할 수 있다. • 응답의 답변 외에도 **비언어적 행위의 관찰이 가능**하다. • 면접자의 존재로 다른 조사 대비 **응답률이 높다**. ☞ 개방형 질문에 유리하며 무응답 항목을 최소화할 수 있다. • 시각자료 등 **보조자료 활용**이 가능하다. • 다른 조사에 비해 **라포(Rapport)형성이 용이**하다. • **응답자의 적확성** 확인이 용이하며 대리응답 가능성이 낮다. • **답변의 맥락을 이해**하기가 용이하다. • 우편조사 등에 비해 **응답환경을 구조화하기 용이**하다.

한계점	• **면접원의 편견, 주관개입 가능성** 등이 높다.
	  ☞ **응답에 영향**을 미칠 수 있다.
	• 응답자의 **익명성 보장이 어렵**다.
	  ☞ 민감한 사안의 조사 시 유용성을 갖기 어렵다
	• **대상이 지역적으로 넓게 분포**되어 있는 경우 조사가 어렵다.
	• **면접자에 대한 통제**가 어렵다.
	• 상대적으로 **조사대상 1인당 소요시간**이 길고 자료수집 **비용**이 높다.

(2) 우편조사

① 개념
- 표본추출된 조사대상자에게 **질문지를 우편 발송, 응답자가 스스로 응답**한 후(자기기입식 조사) **다시 조사자에게 우편 발송**해주도록 하는 방법으로 보통 발송 시 반송용 봉투가 동봉된다. 여러 조사방법 중 **응답률이 가장 낮다**.
- 기본적으로 면접자가 없으므로 질문을 잘못 이해한 경우 **정확한 응답을 얻지 못할 수 있다**.

② 장점과 한계점

장점	• 조사자의 개인차이, 즉 **면접자의 편견·특성으로 발생하는 오류가 거의 없다**. • **높은 익명성 보장**이 가능하여 면접조사 등에 비해 응답자에게 익명성에 대한 확신을 줄 수 있다. • 일대일 개별면접 대비 **비용이 적게 든다**. • 응답자 입장에서 **충분한 시간과 고려**를 통해 응답 가능하다. • 조사대상자가 **지역적으로 흩어져 있는 경우**에 유용하다(조사비용 절감 등). • **광범위한 지역**과 대상이 가능하고 면접조사에서 쉽게 접근할 수 없는 **다양한 대상도 포함** 가능하다. • 시각자료 등 **보조자료**를 우편에 동봉하는 등의 방식으로 **제한적 활용**이 가능하다.

| 한계점 | • 응답률(회수율)이 낮다.
• 비교적 **단순한 질문**에 대해서만 질문이 가능하다.
• **응답자의 적확성 통제가 불가**하다.
  예) 다른 사람이 응답
• **잘못된 표기, 무응답** 등이 발생하기 쉽다.
• 비언어적 정보의 수집이 불가능하다.
• **질문을 잘못 이해**하고 응답을 한 경우 잘못된 결론의 개연성이 있다.
• **주위환경이나 응답시기에 대한 통제** 어렵다.
• 준비 작업 및 회수에 시간과 노력이 필요하여 조사의 신속한 완료가 어렵다. |

③ 우편조사의 응답률 제고 방안

> [우편조사의 응답률에 영향을 미치는 요인]
> 조사주관기관 및 지원단체의 성격, 질문의 형식, 질문지의 질과 형태, Cover Letter(표지문), 반송봉투 유무(우송방법), 독촉, 유인수단 여부, 응답집단의 동질성 여부 등

- 조사대상의 최신 정보를 수집한다.
- **반송용 봉투**를 동봉한다.
- **인사장, 협조 부탁 서신**이나 **전화, 독촉장** 등을 전달한다.
- **물질적 보상 약속** 등 동기부여 수단을 활용한다.
- 연구목적과 응답의 **중요성**을 인식 및 호소한다.
- **익명성과 비밀을 보장**한다.
- 전화 등을 통한 지속적 **후속조치**를 취한다.
- **질문지 외형 글씨체, 종이의 질** 등에 대하여 고려한다.
- **간단명료하게 질문한다.**
- **조사기관의 신뢰성**을 부여한다.
- 응답집단의 동질성에 대하여 고려한다.
- **조사 사전예고** 및 질문지 발송시기에 대하여 고려한다.

* **Cover Letter**: 우편조사 표지문으로, 응답자에게 협조를 구하기 위한 질문지 겉표지를 말한다. **조사자의 연락처, 실시기관, 지원기관, 연구목적, 연구의 중요성** 등이 기입되어야 하며 응답에 대한 **비밀유지와 익명성**을 강조해야 한다.
 ☞ 회수율에 영향을 준다.

* **기타**: 설문문항에서 개인신상에 민감한 질문들을 가능한 줄이는 것도 회수율을 높이는 한 방편이 될 수 있다.

④ 우편조사의 주요 과정
- **목록 작성**: 전화번호부, 구매자 리스트 등에서 표본추출방법을 이용하여 발송대상 선택, 리스트 점검 등
- **예비조사**: 회수율 및 비용 추정 등
- **질문지 작성**: 간결성, 적절성, 중요성, 편중이나 유도성 질문 유무, 자료수집 이후의 처리방법 검토 등

(3) 전화조사

① **개념**
- 선정된 응답자에게 전화를 걸어 **질문사항들을 읽어준 후 응답을 조사원이 기록한다** (면접자 기입식 조사).
- 우편조사 대비 응답확인이 쉽고, **신속한 정보 획득**을 요하는 **여론조사**에 많이 사용한다.
- 주로 빠른 시간 안에 개략적 여론을 확인할 때, 다른 방법으로 접촉이 어려울 때, 다른 방법으로 조사한 대상을 다시 추적하여 조사할 때, 면접을 위한 확인이나 사전약속이 필요할 때 등의 경우에 사용한다.

② **유의사항**
- **부정적 감정에 유의해야 한다.**
  - 예 갑자기 전화를 받고 정확한 이해를 하지 못한 상황에서 민감한 질문 등
- **조사(질문)내용이 복잡하지 않아야 하며**, 가급적 간단히 대답할 수 있는 것이어야 한다.
- **적정 응답자인지 구별이 중요하다.**

> 📑 **참고**
>
> 전화번호부에서 표본 추출 시, 지역표본추출의 경우 **행정적 경계 대신 전화번호부에 표시된 지역구분**에 따라 지역별 표본을 정하는 것이 좋다. 또한 맨앞이나 맨뒤는 많이 이용되었을 가능성이 있으므로 가급적 대상에서 제외하는 것이 좋다. 한편 직접적으로 전화번호부를 쓰지 않고 **전화번호부와는 무관하게 국번호를 선택해서 일정한 간격마다 번호를 추출 또는 난수표를 이용하는 등의 방법**을 사용할 수 있는데, 이러한 방법은 중복을 피할 수는 있지만 등록되어 있지 않은 번호로 전화를 걸게 되는 등의 낭비 요인이 존재한다. 또한 아무런 사전 정보도 없이 연결이 이루어지게 된다.

③ **장점과 한계점**

장점	· **신속하게 저렴한 비용**으로 조사 실시가 가능하다. · **거리의 제약 없이** 광범위한 지역에 대한 조사가 가능하며 방문이 제한되어 있는 등 **직접면접이 어려운 응답자인 경우에도 조사가 가능**하다. · 전화번호를 이용해 **표본대상을 쉽게 찾을 수 있다**. · 우편조사 대비 **타인의 참여를 줄일 수 있다**. · 면접조사 대비 **면접자의 영향을 통제**할 수 있고 시간과 비용이 적게 소요된다. · **응답자의 반응을 즉시적으로 확인 가능하다.** · 면접원의 편견 개입 가능성이 상대적으로 적고 조사과정의 통제가 **가능**하다. 예 응답자의 외모 등에 대한 편견은 통제 가능하다. · **컴퓨터 지원**이 가능하여 조사과정에 있어서 **자동처리**가 가능하다.

한계점	• **시간제한**(시간이 길어지면 응답자의 협조를 얻기 어려움) 및 이에 따른 **조사문항 제한으로 다양한 질문이 어렵다.** • 무성의한 응답이나 **응답회피** 등이 발생하기 쉽다. • **보조자료 사용이 곤란하다.** 　☞ 보완기법 필요: 먼저 우편송부 등 • 전화번호부가 불완전한 경우 조사대상 선정에 문제가 발생한다. • 응답자의 적정 표본 여부를 확인이 어려우므로 **표본의 대표성**에 문제 발생의 개연성이 존재한다.

📑 참고

선택된 전화번호 가구원 중에서 면접대상자 선정법으로는 **키시(KISH)표**[1], **생일법**[2] 등이 있다. **전화번호부를 이용해서 표집을 하는 경우**에 표본의 대표성을 높이기 위해서 ㉠ 다른 방법과 병행해서 실시하거나 ㉡ 최신전화번호부 이용 또는 ㉢ 개인확인 질문을 먼저 해서 선정대상이 맞는지 확인 등의 방법을 사용할 수 있다.

1) **키시(KISH)표**
　가족 구성원들 각각에 번호를 부여한 후 응답자 선정 기준표를 이용하여 응답자를 선정하는 방법이다.

2) **생일법**
　가장 최근에 생일을 지낸 사람이나 앞으로 가장 빨리 생일이 돌아오는 사람을 선정하는 방법이다.

(4) 컴퓨터를 이용한 전화조사 방법

컴퓨터지원 전화인터뷰 (CATI; Computer Assisted Telephone Interviewing)	• 전화조사자가 **컴퓨터의 지원**을 받는 것이다. • **컴퓨터**가 표본을 추출하여 **자동으로 전화**를 걸어준다. • 응답에 따라 **조사자가 응답코드를 입력 또는 응답자**가 전화기에 직접 응답을 입력한다. • 응답항목 순서를 자동으로 순환하게 한다. • 조사 종료 후 **응답결과가 자동저장·처리**되어 새롭게 코딩하고 입력할 필요 없다. 필요한 경우 질문 순서를 쉽게 변경 가능하며 **조사자의 응답표기 실수 방지**가 가능하다.
완전자동화조사 (CATS; Completely Automatic Telephony Survey)	• **전체 서베이 과정이 컴퓨터에 의해 진행된다.** • **컴퓨터가 전화**를 하고 협조요청 메시지를 자동으로 전달한다. • **선거 여론조사**, 만족도 조사 등에 많이 이용한다.

(5) 온라인 조사(On-Line, 인터넷조사)

① 인터넷 매체 등 **온라인통신망 상**에서 이루어지는 제반조사를 실시하여 자료를 수집하는 방법이다.

② **종류**

　주로 이메일이나 문자메시지 발송을 통한 자기기입식 조사로, **전자우편조사(e-Mail Survey), 웹조사(HTML Form Survey), 다운로드 조사(Downloadable Survey)** 등이 있으며 세부유형을 추가로 살펴보면 다음과 같다.

전자우편조사 (e-Mail Survey)	• **이메일**을 보유한 사람에게 실시하는 조사로 이메일로 질문송부 후 답장을 받는다. • 신속하지만 이메일 주소록 확보가 쉽지 않으며 결과를 일반화하기 어렵다.	
방문자 조사 (Visitor Survey)	• **사이트**를 개설하고 질문지 게시 후 광고를 통해 **방문자를 모집**한다. • **사이트로 방문하여 자발적으로 참여하게** 한다. 방문자들의 성향이 한 쪽으로 치우치는 등의 경우 결과의 신뢰성이 낮아지게 된다.	
회원조사 (Member Survey)	• **특정 온라인 서비스 가입자 DB**를 확보하여 **이메일로 조사 참여를 부탁**하는 방법이다. • 대표성에 대한 문제가 발생할 개연성이 높다.	
전자설문조사 (Electronic Survey)	회원조사와 방문자 조사의 중간형태로, **조사대상은 가입자 DB**(회원조사와 유사)이며 설문지를 게시하여 **응답자를 모집**(방문자조사와 유사)한다.	

> 📑 **참고**
>
> **최근에는** 구글설문지, 네이버폼, 서베이몽키 등 온라인 서베이 웹사이트를 이용한 '**웹사이트를 이용한 온라인 서베이**'가 자주 활용된다.
> [장점] 전체 서베이 시간을 줄일 수 있고 조사비용이 저렴하다.
> [단점] 자기주도적 응답으로 인해 응답의 정확도가 떨어질 수 있다.

③ **장점과 한계점**

장점	㉠ 응답자에 대한 접근이 용이하며, **시간과 공간의 제약이 타 방법에 비해 적다**(조사의 신속성). ㉡ **표본수가 증가해도 조사비용이 많이 증가하지 않는다**. ☞ 우편조사 등에 비해 조사비용이 경제적이다. ㉢ **다양한 형태의 조사와 쌍방향 소통**이 가능하다. ㉣ **멀티미디어 자료 등 시각보조자료의 활용이 가능**하여 응답자의 이해도를 높일 수 있다. ㉤ 이메일 등을 통한 **추가 질문이 용이**하다. ㉥ **질문과 자료제공의 용이성**이 있다. ☞ 개인화된 질문과 자료제공이 용이하다. ㉦ **조사원의 편향 통제**가 가능하다. ㉧ 조사결과의 **즉각적인 확인이 가능**하다. ☞ 실시간 리포팅이 가능하다. ㉨ **응답과 동시에 코딩이 가능**한 점 등 **분석의 용이성**이 있다.
한계점	㉠ **인터넷을 사용하는 사람**만 응답자가 되므로 특정 계층에 편중된 응답 등으로 **표본의 대표성 확보**가 어렵다. ㉡ 응답자 **목록확보가 어렵고 모집단 조사대상 명부가 정확한지가 불확실하다**. ㉢ **복잡한 질문이나 많은 질문이 어렵다**. ㉣ 고정비용이 지속적으로 발생한다. ㉤ 응답자의 **익명성과 사적정보 등 프라이버시 보장 문제**로 응답률이 낮기 쉽다.

한계점	ⓑ 응답자에 대한 통제가 쉽지 않다. 　☞ 본인확인이 쉽지 않아서 응답자의 적격성 문제가 이슈가 될 수 있고, 중복조사의 가능성도 존재한다. ⓢ 기타 이슈 　• 복수응답 배제 조치 　• 표본대표성 보완을 위한 다른 조사방법과의 병행 검토 　• 버전의 호환성에 대한 고려 등이 필요하다.

(6) 집단조사(집합조사, 집단표본조사)

① 개념

조사대상자를 **집단으로 같은 시간, 같은 장소**에 두고 **질문지를 교부**하여 응답자가 응답을 직접 기재하게 하는 **자기기입식**으로 조사하는 방식이다. 단, 대상에 따라 **면접방식과 조합하여 실시할 수도 있다**. 집단조사를 위해서는 **해당 조직이나 단체의 승인**이 필요하며 협조와 승인이 있으면 시간과 비용을 상당히 절약할 수 있다.

② 장점과 한계점

장점	• **조사조건의 표본화** 및 **응답조건의 동등화**를 통해 **조사의 동일성 확보**가 가능하다. • 조사원의 수를 줄일 수 있는 등 **시간과 비용의** 절약이 가능하다. • 응답자가 의문사항이 발생하면 바로 질문 가능하므로 질문내용 이해부족으로 인한 **응답오류나 응답누락을 줄일 수 있다**. • **면접방식과 자기기입 방식을 조합**하여 실시 가능하다. • 집단이 속한 조직을 연구하는 것 이외의 연구에도 사용할 수 있다.
한계점	• 집단조사만으로 **대표성을 확보하기 어렵다**. • 응답자들의 수준이 동일하다고 가정하는 오류를 범할 수 있으며 **응답자의 개인별 차이를 무시**하게 될 수 있어 조사의 타당도가 낮아질 수 있다. • **주위 동료의 영향**을 받을 가능성이 있다. 즉 집단 상황이 **응답을 왜곡**할 수 있으며 일부 통제되지 않는 응답자들로 인해서 전체 응답자들에 대한 관리가 어려워질 수 있다. • 조사하고자 하는 **조직이나 단체의 승인**을 구하는 것이 어렵고, 소속된 조직과 관련된 질문에 대해서는 응답자가 대체적으로 **중립적 대답이거나 긍정적인 응답**을 하기 때문에 응답내용이 왜곡될 수 있다.

> **참고**
>
> **배포조사**
> 질문지를 배포하여 응답자가 기입한 후, 나중에 회수하는 방법으로 통상적으로 응답을 기록할 때 조사자가 현장에 있지 않다. 응답자에게 충분히 숙고할 시간을 주며 비용이 적게 든다. 하지만 응답이 잘못 기재되어도 시정이 어렵고 응답자 본인의 순수한 응답인지 확인하기 어렵다.

6 기타 자료수집 방법

갱 서베이 (Gang Survey)	• 응답자들을 일정한 장소에서 모이게 하여 자료를 수집한다. • 신제품 콘셉트 테스트, 시제품 테스트 등에 이용하는 상업적 마케팅 조사기법이다.
신디케이트 조사	시장조사 전문기관에서 기업에 판매할 목적으로 실시하는 조사이다. 소비자 패널 또는 점포패널 등을 통하여 마케팅 의사결정 관련한 자료들을 수집한다.
CLT (Central Location Test)	• 일정한 장소에서 응답자들을 대상으로 자료를 수집하는 방식이다. • 시제품, 광고카피 등에 대한 반응 등을 조사한다.
옴니버스 조사	하나의 조사에 여러 기업들이 함께 참여하는 대규모 표본조사이다.
HUT (Home Usage Test)	응답자가 실제 상황에서 제품을 장기간 가정에서 사용하여 본 이후 조사한다.

Chapter 04 응답의 오류(응답의 왜곡)

오류는 체계적 오류와 비체계적 오류로 나눌 수 있다.

1. 체계적 오류(Systematic Error)

(1) **응답이 특정 방향으로 나타나는 오류**로 체계적 오류(체계적 오차)는 **측정오차가** 체계적 패턴을 띠게 되면서 **일정한 방향으로 작용한다.**

(2) 측정대상이나 측정과정에 체계적으로 영향을 미쳐 오류를 일으키는 것으로, 지식·교육 수준에 의해서도 영향을 받는다.

① **관용의 오류**: 항상 무성의하게 **긍정적**으로 답하는 경향이다.
② **가혹의 오류**: 무성의하게 무조건 **부정적**으로 응답하는 경향이다.
③ **중앙집중경향의 오류**: 무성의하게 **중립적**인 답을 하는 경향이다.
④ **동조 효과**: '다른 사람들도 모두 그럴 것이다. 그래서 자신도 그래야 한다고 생각한다', 즉 **다른 사람들이 일반적으로 어떻게 생각하느냐**에 따라 응답하게 되는 효과이다.
⑤ **대조의 오류**: **자신과 상반되는 것**으로 다른 사람을 평가한다.
⑥ **최근(정보)효과(Recency Effect: 최후효과)**: 시간적으로 끝(최근)에 제시된 **정보가** 판단에서 **중요한 역할**을 하는 효과이다. 즉 이에 더 큰 비중을 두고 응답하는 것으로, 이전 조사에서 뒤쪽에서 제시된 것이 채택될 가능성이 커지는 경향 등이다. 질문지보다는 **조사표를 사용하는 면접조사에서 자주 발생**한다.
   ㉮ 지적능력이 낮거나 저학력인 경우 먼저 불러준 항목을 잊게 되어 가장 최근에 불러준 항목을 선택할 가능성이 높다.
⑦ **1차 정보효과(Primacy Effect)**: **직접 기입**하는 응답(자기기입식 설문)에서 **제일 처음에 제시된 응답항목을 선택**하는 경향이 크다(귀찮거나 잘 모를 때 등).
⑧ **후광효과(Halo Effect)**: 일반적으로 **어떠한 특성이나 속성이 너무 강렬해서** 전체에 영향을 미쳐서 응답하게 되는 효과이다(다른 특성을 평가할 때 영향 미친다).
⑨ **응답순서 효과(Response-order Effect)**: **응답으로 제시되는 순서(질문문항의 순서)** 에 따라 **응답자의 응답에 영향을 미치게 되어서** 실제와 차이가 발생하는 효과이다.
⑩ **겸양효과(Senor Effect)**: 조사자의 비위를 맞추려고 응답을 선택하게 되는 효과이다.
⑪ **선전편승효과(Bandwagon Effect)**: 자신의 생각과는 다르게 선두주자를 지지하는 등 **다수의 생각과 행동에 따른 방향으로 따르게** 되는 효과이다.
⑫ **성숙효과**: 반복조사에서 인위적으로 어떤 실험을 가하지 않아도 사회현상이나 인간이 변화하는 효과이다.
⑬ **이전효과**: 질문문항 배열에서 **앞문항의 응답내용**이 후미 문항 응답내용에 **영향을** 미치게 되는 효과이다.

⑭ **사회적 바람직성 편향(Social Desirability Bias)**: 사회적으로 바람직한 방식으로 응답하려 하는 경향때문에 특정방향으로의 쏠림이 나타나는 현상이다. **사회적 만족도 편향**이라고도 한다.

> [사회적 바람직성 편향을 제거하기 위한 질문의 조건]
> ① 제3자와 관계있는 것처럼 일반적인 질문으로 바꾸어서 질문한다.
> ② 편향을 시사하거나 유도하는 단어를 사용하지 않는다.
> ③ 옳고 그름이 없다는 것을 제시하고 질문을 한다.
> ④ 응답내용의 비밀을 보장한다.

⑮ **위신향상 효과(Self-lifting Effect)**: 자신의 **사회적 지위나 위신을 한층 더 높이려고** 사실과 다르게 응답하는 현상이다.

⑯ **체면치레효과(Ego-threat Effect)**: 유행이나 시대에 **뒤떨어진다는 소리를 듣지 않기 위해** 다르게 답변을 하는 현상이다.

2. 비체계적 오류(Random Error)

(1) **측정과정에서 우연히 또는 일시적 사정에 의해 무작위적으로 발생하는 오류(오차)**로 무작위오차, 확률오차라고도 한다.

(2) 측정자, 측정대상, 측정상황·과정 등에서 **우연적이고 가변적인 일시적 사항에 의해** 측정결과에 영향을 미친다.

☞ 언제, 어떻게, 어디서 나타났는지 알 수 없고 사전에 알 수 없으며, 통제 역시 불가능하다.

① **응답자에 의한 오류**: 조사시점에 응답자의 상태가 피곤할 때 등의 응답오류
② **측정상황에 의한 오류**: 장소나 분위기 등에 기인한 오류
③ **측정도구에 의한 오류**: 측정도구에 대한 적응이나 사전교육 등으로 인한 오류

Chapter 05 기타

1. **반응성 자료와 비반응성 자료 - 커뮤니케이션(의사소통) 방법에 의한 자료수집**
   ① **상호의사소통과 반응성 자료**의 수집방법으로, 면접·전화·우편·이메일 조사 등이 있다.
   [비교] 문헌조사법, 관찰법, 내용분석법 등
   ② **다양한 변수에 대해 측정 가능하지만, 응답기피나 고의로 왜곡한 응답** 등이 발생할 수 있다.

2. **비반응성(Nonreactive) 자료 수집**
   연구대상들의 **반응성으로 인해 야기되는 오류들을 제거하기 위한 것**으로, 기존 문헌이나 기록 분석 등 또는 간접적 관찰을 시도한다.

(1) **문헌연구(Document Study)**
   ① 이미 존재하는 자료를 활용하여 필요한 정보를 수집하는 것으로, 과거에 이루어진 사건들에 대한 자료수집 또는 연구대상자의 반응성이 너무 심하게 나타날 가능성이 있는 경우에 주로 쓰인다.
   ② **문헌자료의 구분**

기술한 사람에 따라	• **일차적 문헌자료**: 경험자가 직접 기술한 것(예 일기) • **이차적 문헌자료**: 경험하지 않은 사람이 기술한 것(예 전기)
기술 목적에 따라	• **개인적인 글**: 편지 등 • **조직의 기록**: 회사 간 거래 등 • **인쇄된 대중매체**: 신문 등

   문헌자료는 표본크기에 구애받지 않고 **낮은 비용과 접근성 등의 장점**이 있지만 **가용성이 제한될 수 있고 표준화된 양식 부재로 코딩이 어렵다**는 한계점이 있다. 또한 **시계열적 자료의 비교가 어려우며 작성자의 편견**이 문제될 수 있어 편견을 배제한 자료수집을 위해서는 조사자의 문헌에 대한 풍부한 지식과 이해가 필요하다.

(2) **간접관찰**
   ① 대상을 **간접적으로 관찰하는 것**으로, 직접적으로 대상을 관찰하는 것이 아니라 대상과 연관된 정보를 수집하는 방법이다. 획득한 자료를 해석하고 유추하는 과정이 필요하다.
   ② 직접관찰보다 왜곡될 과정과 여지가 많다.
   ③ 마모측정(마모된 정도를 조사하여 조사대상의 특성을 파악한다), 퇴적측정(퇴적된 정도를 통해 이것이 의미하는 바의 자료를 수집한다) 등이 있다.

3. 자료의 보완

(1) 오차의 처리

체계적 오차	변수 간에 지나치게 높은 상관관계가 생기는 등 타당성의 문제가 있을 경우 문제가 되는 **변수 자체를 제거하는 등**의 방법으로 오차를 축소시킨다.
비체계적 오차	① **순위화** • 수집된 자료의 수치(실수)를 그대로 적용하지 않고, 일정한 순위를 매겨 전환된 수치를 적용한다. • 실수의 크기에 따라 순위를 정하여 자료를 전환하고 전환된 자료를 분석하여 오차를 축소시킨다. ② **집단화** • 몇 개의 사례를 인접한 순위를 갖는 다른 사례와 결합하여 한 개의 집단으로 묶어서 동일한 값으로 취급한다. • 오차가 커서 순위화로는 충분한 오차 축소 불가 시에 주로 사용한다. ㉠ 서울, 경기권을 묶어서 중부권으로 한다. ③ **도구변수(대체변수)**: 오차가 너무 커서 분석이 불가능하다고 판단될 때 그 변수와 높은 상관관계를 가지고 있는 다른 변수로 대체한다.

(2) 미수집자료의 보완

☞ [Chapter 04 자료처리] 참조

자료수집 결과 누락되거나 미수집된 자료가 있을 경우 이를 삭제하거나 보완하는 것이다. 삭제보다 적극적 방법으로서 '보완'을 할 수 있으나 상당한 정도의 오차 발생 가능성을 감안해야 한다.

평균치삽입법 (Inserting Means Approach)	변수의 **평균치(최빈값)를 계산**하여 누락된 사례의 변수값으로 사용한다.
보삽법 (Interpolation Method)	• **시계열자료의 누락**에서 사용한다. • 수년동안의 자료를 수집할 때 **한두 해의 자료가 수집불능이면 있는 자료(앞뒤의 자료 등)만을 가지고** 추이를 계산한다. • 심한 변동을 겪지 않는 변수 추정 시 유용하다. ㉠ 인구
평가치 추정법 (Estimating Values Approach)	• 평균치 등 사용하는 것보다는 **작은 오차만을 감수하면서 원래의 값을 추정하는 방법**이다. • 유사한 사례(Sample)를 통해 맥락적으로 추정한다. 또는 행렬식의 자료를 고려하여 사용(다른 완전한 행렬식 자료를 활용해서 미수집 자료의 행렬식을 평가)하고 여러 기법들을 이용한 반복 계산을 통해 한 수치에 근접할 때까지 계속 계산한다.

4. 자료의 처리 등

(1) 자료의 처리

① **편집단계(Editing)**

설문지들의 각 항목의 응답이 **정확하게 수집되었는지 파악**한다.

② **코딩(Coding)**

응답한 결과를 **숫자나 기호로 변환**하는 과정이다.

③ **입력(Key - In)**

부호화된 내용을 **컴퓨터상에 입력한다**.

☞ 입력오류 검토를 위해 각 문항에 대한 응답범주에 대해서 빈도분석을 실행하고 이상한 응답이 있는지 확인하는 등의 과정이 필요하다.

(2) Code book

부호화를 위해서는 숫자나 기호 등 측정부호를 할당해야 하는데, **부호책(Code book)**을 바탕으로 부호화된 숫자나 기호의 실제의미를 알게 된다.

기출 및 예상적중문제 PART 01 자료수집방법

01
2019년 2회

조사자가 필요로 하는 자료를 1차 자료와 2차 자료로 구분할 때 1차 자료에 대한 설명으로 옳지 않은 것은?

① 조사목적에 적합한 정보를 필요한 시기에 제공한다.
② 자료수집에 인력과 시간, 비용이 많이 소요된다.
③ 현재 수행 중인 의사결정 문제를 해결하기 위해 직접 수집한 자료이다.
④ 1차 자료를 얻은 후 조사목적과 일치하는 2차 자료의 존재 및 사용가능성을 확인하는 것이 경제적이다.

해설
1차 자료는 조사 목적에 적합한 자료를 얻기 위해서 조사자가 직접 수집한 자료로, 조사목적에 적합한 정보를 필요한 시기에 제공할 수 있다. 하지만 자료수집에 시간과 비용이 많이 들고 조사방법에 관한 많은 지식과 기술, 경험이 필요하다. 따라서 일단 2차 자료를 탐색해보고, 충분한 자료가 없을 때 1차 자료를 수집하는 방식이 경제적일 수 있다. 충분한 1차 자료를 수집했다면 굳이 추가적으로 2차 자료를 수집하지 않아도 된다.

02
2021년 3회

2차 자료 분석의 특징과 가장 거리가 먼 것은?

① 자료의 결측값을 추적할 수 있다.
② 자료를 직접 수집하지 않아도 된다.
③ 기존 데이터를 수정·편집해 분석할 수 있다.
④ 비교적 적은 비용으로 대규모 사례분석이 가능하다.

해설
2차 자료는 다른 조사목적으로 기존에 작성된 자료로 빠른 수집과 즉각적 사용이 가능하며 자료를 직접수집하지 않으므로 조사대상의 반응성이나 권익침해 등에 대한 우려가 없다. 또한 기존데이터를 수정·편집해 분석할 수 있고 비교적 적은 비용으로 대규모 사례분석이 가능하다.
① 자료의 결측값이나 이상값 추적은 1차 자료에서 가능하다.

03
2018년 2회

2차 자료의 이용에 관한 설명으로 틀린 것은?

① 2차 자료의 이점은 시간과 비용을 절약할 수 있다는 것이다.
② 2차 자료는 조사목적의 적합성, 자료의 정확성, 일치성 등을 기준으로 평가될 수 있다.
③ 조사목적을 달성하기 위해서는 2차 자료가 반드시 필요하다.
④ 2차 자료는 경우에 따라 당면한 조사문제를 평가할 수도 있다.

해설
꼭 1차 자료와 2차 자료가 모두 필요한 것이 아니다. 2차 자료만으로 충분할 수도 있으며, 같은 맥락에서 1차 자료를 충분히 획득했다면 굳이 2차 자료가 필요하지는 않다.

04
2021년 1회

2차 자료의 사용에 관한 설명으로 틀린 것은?

① 자료수집에 걸리는 시간과 노력을 줄일 수 있다.
② 2차 자료는 가설의 검증을 위해서는 사용할 수 없다.
③ 다른 방법에 의해 수집된 자료를 보충하고 타당성을 검토하기 위해 사용한다.
④ 연구자가 원하는 개념을 마음대로 측정할 수 없으므로 척도의 타당도가 문제될 수 있다.

해설
2차 자료를 이용하여 문제발견이 가능하며 문제에 대한 접근방법을 찾아낼 수 있다. 또한 주요 변수들을 찾아낼 수 있고 적절한 조사설계를 개발할 수 있다. 조사문제에 답하거나 가설을 검증할 수 있으며 1차 자료 분석결과를 보다 통찰력 있게 해석할 수 있다.

| 정답 | 01 ④ 02 ① 03 ③ 04 ②

05
2020년 4회

다음 중 2차 자료가 아닌 것은?

① 각종 통계자료
② 연구자가 직접 응답자에게 질문해서 얻은 자료
③ 조사기관의 정기, 비정기 간행물
④ 기업에서 수집한 자료

해설
연구자가 직접 응답자에게 질문해서 얻은 자료는 1차 자료에 해당한다.

06
2019년 3회

다음 중 2차 자료를 이용하는 조사방법은?

① 현지조사
② 패널조사
③ 문헌조사
④ 대인면접법

해설
문헌조사는 기존에 존재하고 있는 문헌자료를 통해 필요한 정보를 수집하는 방법으로 이를 통해 2차 자료를 수집하고 연구할 수 있다.

07
2018년 3회

2차 문헌자료를 활용할 때 주의해야 할 사항이 아닌 것은?

① 샘플링의 편향성(bias)
② 반응성(reactivity)의 문제
③ 자료 간 일관성 부재
④ 불완전한 정보의 한계

해설
문헌연구는 연구자가 연구하고자하는 사회문화 현상에 영향을 끼치지 않는 비개입적 연구이므로 반응성의 문제가 없다.

08
2018년 1회

자료수집방법에 대한 비교설명으로 옳은 것은?

① 인터넷 조사는 우편조사에 비하여 비용이 많이 소요된다.
② 전화조사는 면접 조사에 비해서 시간이 많이 소요된다.
③ 인터넷 조사는 다른 조사에 비해 시각보조자료의 활용이 곤란하다.
④ 면접조사는 다른 조사에 비해 라포(Rapport)의 형성이 용이하다.

해설
① 인터넷 조사는 우편조사 등에 비해 조사비용이 경제적이다.
② 전화조사는 면접조사 대비 면접자 영향 통제가 가능하고 시간과 비용이 적게 소요된다.
③ 인터넷 조사는 멀티미디어 자료 등 시각보조자료의 활용이 가능하다.

09
2019년 2회

우편조사, 전화조사, 대인면접조사에 관한 비교설명으로 옳은 것은?

① 우편조사의 응답률이 가장 높다.
② 대인면접조사에서는 추가 질문하기가 가장 어렵다.
③ 우편조사와 전화조사는 자기기입식 자료수집방법이다.
④ 어린이나 노인에게는 대인면접조사가 가장 적절하다.

해설
어린이나 노인에게는 조사원이 응답자와 대면하여 필요한 보조설명을 해 줄 수 있는 대인면접조사가 가장 적절하다.
① 다른 조사대비 응답률이 가장 높은 것은 대인면접조사이다.
② 대인면접조사에서는 추가질문이 용이하다.
③ 우편조사는 자기기입식 조사이나 전화조사는 면접원 기입식 조사이다.

| 정답 | 05 ② 06 ③ 07 ② 08 ④ 09 ④

10
2021년 2회

다음 중 질문지법의 단점이 아닌 것은?

① 측정의 신뢰도에 있어서 약점이 있다.
② 조사대상자의 삶에 대한 전체적인 맥락을 다루지 못한다.
③ 최소한으로 적합한 질문들을 만듦으로써 가장 적절한 선택지를 빠뜨릴 수 있다.
④ 인위성의 문제가 있어서 특정 설문에 편견이 심한 응답을 하더라도 반드시 응답자의 편견이 강하다고 할 수 없다.

해설
질문지법은 표준화된 질문지를 사용함으로써 조사결과의 비교가능성을 높일 수 있고 질문항목의 기술이 명확한 경우 반복측정 시 높은 신뢰성을 얻을 수 있다(측정의 신뢰성). 다만 정확한 대상이 응답했는지 확인이 어렵고, 이 경우 본질적으로 '응답에 대한 신뢰성' 문제가 있을 수 있다.

11
2021년 1회

설문지 회수율을 높이는 방안과 가장 거리가 먼 것은?

① 폐쇄형 질문의 수를 가능한 줄인다.
② 독촉편지를 보내거나 독촉전화를 한다.
③ 개인신상에 민감한 질문들을 가능한 줄인다.
④ 겉표지에 설문 내용의 중요성을 부각시켜 응답자가 인식하게 한다.

해설
폐쇄형 질문의 수를 줄이는 것은 설문지 회수율을 높이는 방안과는 거리가 있다.

12
2020년 4회

서베이 조사의 일반적인 특성에 관한 설명으로 틀린 것은?

① 모집단으로부터 추출된 표본을 대상으로 조사하는 방법이다.
② 센서스(Census)는 대표적인 서베이 방법 중 하나이다.
③ 인과관계 분석보다는 예측과 기술을 주목적으로 한다.
④ 대인조사, 전화조사, 우편조사, 온라인 조사 등이 있다.

해설
서베이조사는 통상 표본을 대상으로 표준화된 조사도구인 질문지를 이용하여 자료를 수집하는 조사이다. 센서스는 전수조사의 성격이다.

13
2021년 2회

자기기입식 조사방법이 아닌 것은?

① 전화조사   ② 집단조사
③ 우편조사   ④ 온라인 조사

해설
전화조사는 선정된 응답자에게 전화를 걸어 질문사항들을 읽어준 후 응답을 조사원이 기록하는 면접자 기입식 조사이다.

14
2020년 4회

자기기입식 설문조사에 비해 면접설문조사가 갖는 장점이 아닌 것은?

① 답변의 맥락을 이해할 수 있다.
② 무응답 방식을 최소화한다.
③ 조사대상 1인당 비용이 저렴하다.
④ 개방형 질문에 유리하다.

해설
면접설문조사는 답변의 맥락을 이해하기 용이하며 면접자의 존재로 다른 조사 대비 응답률이 높고 개방형 질문에 유리하며 무응답 항목을 최소화할 수 있다는 장점이 있지만 상대적으로 조사대상 1인당 소요시간이 길고 자료수집 비용이 높다.

| 정답 | 10 ① | 11 ① | 12 ② | 13 ① | 14 ③ |

15 2018년 3회

서베이(survey)에서 우편설문법과 비교한 대인면접법의 특성으로 틀린 것은?

① 비언어적 행위의 관찰이 가능하다.
② 대리응답의 가능성이 낮다.
③ 설문과정에서의 유연성이 높다.
④ 응답환경을 구조화하기 어렵다.

해설
대인면접법은 면접자와 응답자가 대면하는 방식이므로 우편설문법 등에 비해 응답환경을 구조화하기 용이하다.

16 2021년 1회

우편조사에 관한 설명으로 틀린 것은?

① 응답자의 익명성을 보장하기 어렵다.
② 접근하기 편리하고 광범위한 지역에 걸쳐 조사가 가능하다.
③ 응답 대상자 자신이 직접 응답했는지에 대한 통제가 어렵다.
④ 회수율이 낮으므로 서면 또는 전화로 협조를 구하는 것이 좋다.

해설
우편조사는 표본추출된 조사대상자에게 질문지를 우편 발송, 응답자가 스스로 응답한 후 다시 조사자에게 우편 발송해주도록 하는 방법으로 높은 익명성 보장이 가능하다.

17 2020년 3회

우편조사에 대한 설명으로 틀린 것은?

① 비용이 적게 든다.
② 자기기입식 조사이다.
③ 면접원에 의한 편향(bias)이 없다.
④ 조사대상 지역이 제한적이다.

해설
우편조사는 표본추출된 조사대상자에게 질문지를 우편 발송, 응답자가 스스로 응답한 후 다시 조사자에게 우편 발송해주도록 하는 방법으로 광범위한 지역과 대상이 가능하고 면접조사에서 쉽게 접근할 수 없는 다양한 대상 포함이 가능하다.

18 2017년 2회

다음 중 우편조사의 특징과 가장 거리가 먼 것은?

① 최소의 경비와 노력으로 광범위한 지역과 대상을 표본으로 삼을 수 있다.
② 다른 조사에 비해 응답률이 높다.
③ 면접조사에 비해 응답자에게 익명성에 대한 확신을 부여할 수 있다.
④ 조사자의 개인차에서 오는 영향을 배제시킬 수 있다.

해설
우편조사는 표본추출된 조사대상자에게 질문지를 우편 발송, 응답자가 스스로 응답한 후 다시 조사자에게 우편 발송해주도록 하는 방법으로 여러 조사방법 중 응답률이 가장 낮다.

19 _2021년 2회_
우편조사를 실시하는 이유와 가장 거리가 먼 것은?

① 지리적으로 멀리 떨어져 있을 경우 조사비용을 줄일 수 있다.
② 쉽게 접근할 수 없는 대상을 조사할 수 있다.
③ 응답자에게 익명성에 대한 확신을 줄 수 있다.
④ 조사를 신속하게 완료할 수 있다.

해설
우편조사는 표본추출된 조사대상자에게 질문지를 우편 발송, 응답자가 스스로 응답한 후 다시 조사자에게 우편 발송해주도록 하는 방법으로 익명성에 대한 보장이 가능하고 조사대상자가 지역적으로 흩어져 있는 경우에 유용하며 면접조사에서 쉽게 접근할 수 없는 다양한 대상 포함이 가능하지만 준비작업 및 회수에 시간과 노력이 필요하여 조사의 신속한 완료가 어렵다는 단점이 있다.

20 _2020년 1·2회_
우편조사 시 취지문이나 질문지 표지에 반드시 포함되지 않아도 되는 사항은?

① 조사기관
② 조사목적
③ 자료분석방법
④ 비밀유지 보장

해설
Cover Letter는 우편조사 표지문으로 응답자에게 협조를 구하기 위한 질문지 겉표지를 말한다. 조사자의 연락처, 실시기관, 지원기관, 연구목적, 연구의 중요성 등이 기입되어야 하며 응답에 대한 비밀유지와 익명성을 강조해야 한다.

21 _2019년 1회_
우편조사의 응답률에 영향을 미치는 요인과 가장 거리가 먼 것은?

① 응답집단의 동질성
② 응답자의 지역적 범위
③ 질문지의 양식 및 우송방법
④ 연구주관기관 및 지원 단체의 성격

해설
우편조사의 응답률에 영향을 미치는 요인들은 조사주관 기관 및 지원단체의 성격, 질문의 형식, 질문지의 질과 형태, Cover Letter(표지문), 반송봉투 유무(우송방법), 독촉, 유인 수단 여부, 응답집단의 동질성 여부 등이다.
② 우편조사는 표본추출된 조사대상자에게 질문지를 우편 발송, 응답자가 스스로 응답한 후 다시 조사자에게 우편 발송해주도록 하는 방법으로 광범위한 지역과 대상이 가능한 조사방법이므로 응답자의 지역적 범위가 응답률에 영향을 미친다고 할 수 없다.

22 _2019년 3회_
질문지를 이용한 자료수집방법의 결정 시 조사속도가 빠르고 일반적으로 비용이 적게 드는 장점이 있으나 질문의 내용이 어렵고 시간이 길어질수록 응답률이 떨어지는 단점을 가진 자료수집방법은?

① 전화조사
② 면접조사
③ 집합조사
④ 우편조사

해설
전화조사는 선정된 응답자에게 전화를 걸어 질문사항들을 읽어준 후 응답을 조사원이 기록하는 조사로 신속하게 저렴한 비용으로 조사 실시가 가능하나 시간제한 및 이에 따른 조사문항 제한으로 다양한 질문이 어렵다.

정답 | 19 ④ 20 ③ 21 ② 22 ①

23
2021년 2회

전화조사의 장점과 가장 거리가 먼 것은?

① 신속한 조사가 가능하다.
② 표본의 대표성을 확보하기 쉽다.
③ 면접자에 대한 감독이 용이하다.
④ 광범위한 지역에 대한 조사가 용이하다.

해설
전화조사는 선정된 응답자에게 전화를 걸어 질문사항들을 읽어준 후 응답을 조사원이 기록하는 조사로 신속하게 저렴한 비용으로 조사 실시가 가능하며 면접자 영향 통제가 가능하고 광범위한 지역에 대한 조사가 가능하지만 응답자의 적정 표본 여부를 확인이 어려우므로 표본의 대표성에 문제 발생 개연성이 존재한다.

24
2020년 1·2회

다음에 열거한 속성을 모두 충족하는 자료수집방법은?

- 비용이 저렴하다.
- 조사기간이 짧다.
- 그림, 음성, 동영상 등을 이용할 수 있어 응답자의 이해도를 높일 수 있다.
- 모집단이 편향되어 있다.

① 면접조사
② 우편조사
③ 전화조사
④ 온라인 조사

해설
온라인 조사는 인터넷 매체 등 온라인 통신망 상에서 이루어지는 제반 조사를 실시하여 자료를 수집하는 방법으로 시간과 공간의 제약이 타 방법에 비해 적고 표본수가 증가해도 조사비용이 많이 증가하지 않아 우편조사 등에 비해 조사비용이 경제적이며 멀티미디어 자료 등 시각보조자료의 활용이 가능하여 응답자의 이해도를 높일 수 있지만 인터넷을 사용하는 사람만 응답자가 되므로, 특정 계층에 편중된 응답 등으로 표본의 대표성 확보가 어렵다는 단점이 있다.

25
2020년 3회

온라인 조사의 특징과 관계가 없는 내용은?

① 응답자에 대한 접근이 용이하다.
② 응답자의 익명성이 보장되기 어렵다.
③ 현장조사에 비해서 경비를 절감할 수 있다.
④ 표본의 대표성 확보가 용이하다.

해설
온라인 조사는 인터넷 매체 등 온라인 통신망 상에서 이루어지는 제반 조사를 실시하여 자료를 수집하는 방법으로 응답자에 대한 접근이 용이하여 시간과 공간의 제약이 타 방법에 비해 적고 표본수가 증가해도 조사비용이 많이 증가하지 않아 우편조사 등에 비해 조사비용이 경제적이지만 응답자의 익명성과 사적 정보 등 프라이버시 보장 문제로 응답률이 낮기 쉽고 인터넷을 사용하는 사람만 응답자가 되므로 특정 계층에 편중된 응답 등으로 표본의 대표성 확보가 어렵다는 단점이 있다.

26
2019년 3회

이메일을 활용한 온라인 조사의 장점과 가장 거리가 먼 것은?

① 신속성
② 저렴한 비용
③ 면접원 편향통제
④ 조사모집단 규정의 명확성

해설
온라인 조사는 응답자 목록 확보가 어렵고 모집단 조사대상 명부가 정확한지 불확실하다는 한계점이 있다.

| 정답 | 23 ② | 24 ④ | 25 ④ | 26 ④ |

27　2018년 1회
인터넷 서베이조사에 관한 설명으로 틀린 것은?

① 실시간 리포팅이 가능하다.
② 개인화된 질문과 자료제공이 용이하다.
③ 설문응답과 동시에 코딩이 가능하다.
④ 응답자의 지리적 위치에 따라 비용이 발생한다.

해설
인터넷 서베이조사(온라인 조사)는 개인화된 질문과 자료제공이 용이하고 응답과 동시에 코딩이 가능하며 조사결과의 즉각적인 확인이 가능하여 실시간 리포팅이 가능하다는 장점이 있다.
④ 온라인 조사는 시간과 공간의 제약이 타 방법에 비해 적으므로 응답자의 지리적 위치에 따라 비용이 발생하는 것은 아니다.

28　2017년 3회
집단조사를 실시할 때 일반적으로 유의해야 할 사항과 가장 거리가 먼 것은?

① 응답자들에 대한 통제가 용이하다.
② 조사기관으로부터 협력을 얻어야 한다.
③ 집단상황이 응답을 왜곡시킬 가능성이 있다.
④ 집단조사를 승인해준 당국에 의해 조사결과가 이용될 것이라고 인식될 가능성이 있다.

해설
집단조사는 조사대상자를 집단으로 같은 시간, 같은 장소에 두고 질문지를 교부하여 응답자가 응답을 직접 기재하게 하는 자기기입식으로 조사하는 방식으로 대상에 따라 면접방식과 조합하여 실시할 수도 있다. 조사조건의 표본화 및 응답조건의 동등화를 통해 조사의 동일성 확보가 가능하며 조사원의 수를 줄일 수 있는 등 시간과 비용의 절약이 가능하지만 집단 상황이 응답을 왜곡할 수 있으며 일부 통제되지 않는 응답자들로 인해서 전체 응답자들에 대한 관리가 어려워질 수 있다.

29　2021년 1회
참여관찰(Participant Observation)에 대한 설명으로 틀린 것은?

① 연구자는 상황에 대한 통제를 할 수 없다.
② 양적 자료이기 때문에 대규모 모집단에 대한 기술이 쉽다.
③ 연구자가 관심을 가지고 있는 변수들 간의 관계를 현실상황에서 체계적으로 관찰하는 연구조사방법이다.
④ 독립변수를 조작하는 현장실험과는 다르며, 자연상태에서 연구대상을 관찰해 그들의 관계를 규명하는 것이다.

해설
참여관찰은 조사자가 관찰대상 내부에 들어가 구성원의 일원으로서 직접 참여하여 같이 생활하거나 행동하면서 조사하고자 하는 현상을 관찰 기술하는 방법이다. 연구자가 관심을 가지고 있는 변수들 간의 관계를 현실상황에서 체계적으로 관찰하는 연구조사방법으로 자연상태에서 연구대상을 관찰해 그들의 관계를 규명하는 것이다. 연구자가 상황에 대한 통제를 할 수 없으며 자연적 상태에서 깊이 있는 사실까지 자연스럽게 알 수 있으나 동조현상이 일어날 경우 객관성을 상실하기 쉬우며 대규모 모집단에 대한 기술이나 수집한 자료(주로 질적 자료)의 표준화가 어렵다.

30　2019년 1회
관찰을 통한 자료수집 시 지각과정에서 나타나는 오류를 감소하기 위한 방안과 가장 거리가 먼 것은?

① 보다 큰 단위의 관찰을 한다.
② 객관적인 관찰도구를 사용한다.
③ 관찰기간을 될 수 있는 한 길게 잡는다.
④ 가능한 관찰단위를 명세화해야 한다.

해설
관찰법에서 관찰자마다 감각이 다르며 상황의 복잡성이나 이질성 등이 관찰에 영향을 줌으로써 지각과정에서의 오류가 발생할 수 있다. 감소방안은 보다 큰 단위의 관찰, 객관적 관찰도구 사용, 관찰단위 명세화, 관찰기술 훈련, 관찰기간 단기화, 복수의 관찰자, 관련 요인들에 대한 통제 등이다.

| 정답 | 27 ④　28 ①　29 ②　30 ③ |

31
2018년 2회

자료수집방법 중 관찰에 관한 설명으로 틀린 것은?

① 복잡한 사회적 맥락이나 상호작용을 연구하는 데 적절한 방법이다.
② 피조사자가 느끼지 못하는 행위까지 조사할 수 있다.
③ 양적 연구와 질적 연구에 모두 활용될 수 있다.
④ 의사소통능력이 없는 대상자에게는 활용될 수 없다.

해설
관찰법은 복잡한 사회작용을 연구하는데 적절한 방법으로 양적 연구와 질적 연구에 모두 활용될 수 있으며 무의식적이거나 인식하기 어려운 문제도 관찰이 가능하다.
④ 관찰법은 비언어적 자료 수집이 가능하므로 의사소통 능력이 없거나 부족하여 구체적 언어 표현이 힘든 유아나 동물연구에 유용하게 활용될 수 있다.

32
2018년 3회

다음 중 관찰의 단점과 가장 거리가 먼 것은?

① 피관찰자가 관찰 사실을 아는 경우 조사반응성으로 인한 왜곡이 있을 수 있다.
② 표현능력이 부족한 대상에게 적용이 어렵다.
③ 연구대상의 특성상 관찰할 수 없는 문제가 있다.
④ 자료처리가 어렵다.

해설
관찰법은 대상이 관찰사실을 의식하여 다른 행동을 할 수 있으며 여러 제약이나 한계로 관찰 자체를 못할 수 있고 수집한 자료의 처리 및 일반화·표준화가 어렵다.
② 관찰법은 비언어적 자료 수집이 가능하므로 의사소통 능력이 없거나 부족하여 구체적 언어 표현이 힘든 유아나 동물연구에 유용하게 활용될 수 있다.

33
2021년 1회

관찰대상자가 관찰사실을 아는지에 대한 여부를 기준으로 관찰기법을 분류한 것은?

① 직접/간접관찰
② 자연적/인위적 관찰
③ 공개적/비공개적 관찰
④ 체계적/비체계적 관찰

해설
③ 공개적 관찰은 관찰대상자가 관찰사실을 알고 있는 것이며 비공개적 관찰은 관찰대상자가 관찰사실을 알지 못하는 것이다.
① 관찰시기와 행동발생 시기가 일치하는가의 여부에 따른 분류이다.
② 관찰이 일어나는 상황이 인위적인지의 여부에 따른 분류이다.
④ 관찰조건의 표준화 여부에 따른 분류이다.

34
2020년 4회

관찰의 세부유형에 관한 설명으로 틀린 것은?

① 관찰이 일어나는 상황이 실제 상황인지 연구자가 만들어 놓은 인위적인 상황인지를 기준으로 자연적 관찰과 인위적 관찰로 구분된다.
② 피관찰자가 자신의 행동이 관찰된다는 사실을 알고 있는지 모르고 있는지를 기준으로 공개적 관찰과 비공개적 관찰로 구분한다.
③ 표준관찰기록 양식의 사전결정 등 체계화의 정도에 따라 체계적 관찰과 비체계적 관찰로 구분한다.
④ 관찰에 사용하는 도구에 따라 직접관찰과 간접관찰로 구분한다.

해설
직접관찰과 간접관찰은 관찰시기와 행동발생 시기가 일치하는가의 여부에 따른 분류이다.

| 정답 | 31 ④ | 32 ② | 33 ③ | 34 ④ |

35
2020년 1·2회

다음 설명에 해당하는 기계를 통한 관찰 도구는?

> 어떠한 자극을 보여주고 피관찰자의 눈동자 크기를 측정하는 것으로, 동공의 크기변화를 통해 응답자의 반응을 측정한다.

① 오디미터(Audimeter)
② 사이코갈바노미터(Psychogalvanometer)
③ 퓨필로미터(Pupilometer)
④ 모션픽처카메라(Motion Picture Camera)

해설
기계적 관찰의 예시는 다음과 같다.
㉠ 오디미터(Audimeter): 조사대상 가구에 설치하여 TV 시청률 조사하는 자동장치
㉡ 사이코갈바노미터(Psychogalvanometer): 심리적 변화에 따른 응답자의 생체변화 측정
㉢ 퓨필로미터(Pupilometer): 자극을 보여주고 피관찰자의 동공의 크기 변화를 측정
㉣ 아이 카메라(Eye camera): 응답자가 어디에 주의를 기울이는지 알기 위해 눈동자가 어느 방향으로 움직이는지 등을 측정
㉤ 모션픽처카메라(Motion Picture Camera): 연속영상촬영을 통한 관찰 등

36
2021년 2회

참여관찰에서 윤리적인 문제를 겪을 가능성이 가장 높은 관찰자 유형은?

① 완전관찰자(Complete Observer)
② 완전참여자(Complete Participant)
③ 관찰자로서의 참여자(Participant as Observer)
④ 참여자로서의 관찰자(Observer as Participant)

해설
완전참여자는 자신의 신분을 밝히지 않은 상태에서 완전히 조직, 집단 등에 동화되어 관찰하는 유형으로 객관성 유지가 어렵고 관찰자가 연구대상자들에게 영향을 미칠 수 있으며 윤리적 문제를 겪을 가능성이 가장 높은 관찰자 유형이다.

37
2020년 3회

다음 중 연구대상에 영향을 미칠 가능성이 가장 적은 것은?

① 완전관찰자
② 관찰자로서의 참여자
③ 참여자로서의 관찰자
④ 완전참여자

해설
완전관찰자는 자신을 완전히 감춘상태에서 신분을 공개하지 않으며 대상자의 활동에 전혀 참여하거나 상호작용을 시도하지 않고 오직 관찰만 하는 유형이다. 관찰이 피상적일 수 있지만, 연구대상자에게 영향을 미칠 가능성이 가장 적은 유형이다.

38
2020년 3회

조사자의 주관이 개입될 가능성이 가장 높은 자료수집방법은?

① 면접조사
② 온라인조사
③ 우편조사
④ 전화조사

해설
면접조사는 면접자와 응답자가 대면하여 조사하는 특성상 면접자의 편견, 주관개입 가능성이 높다.

39
2018년 1회

면접조사에 관한 설명과 가장 거리가 먼 것은?

① 면접 시 조사자는 질문뿐 아니라 관찰도 할 수 있다.
② 같은 조건 하에서 우편설문에 비하여 높은 응답률을 얻을 수 있다.
③ 여러 명의 면접원을 고용하여 조사할 때는 이들을 조정하고 통제하는 것이 요구된다.
④ 가구소득, 가정폭력, 성적경향 등 민감한 사안의 조사 시 유용하다.

해설
면접조사는 응답의 답변 외에도 비언어적 행위의 관찰이 가능하며 응답률이 높지만 면접자에 대한 통제가 어렵다.
④ 면접조사는 면접자와 응답자가 대면하여 조사하는 특성상 익명성 보장이 어려워 민감한 사안의 조사에는 유용성을 갖기 어렵다.

| 정답 | 35 ③ 36 ② 37 ① 38 ① 39 ④

40
2019년 1회

다음 중 표준화 면접의 사용이 가장 적합한 경우는?

① 새로운 사실을 발견하고자 할 때
② 정확하고 체계적인 자료를 얻고자 할 때
③ 피면접자로 하여금 자유연상을 하게 할 때
④ 보다 융통성 있는 면접 분위기를 유도하고자 할 때

해설
표준화면접은 구조화면접, 통제면접이라고도 하며 표준화되어 정해진 면접조사표에 의하여 모든 응답자에게 동일한 질문순서 및 동일한 질문내용으로 면접을 진행하는 방식이다. 정확하고 체계적 자료를 얻고자 할 때 적합하다.
①, ③, ④ 비표준화면접에 해당하는 내용이다.

41
2019년 1회

비표준화면접에 비해, 표준화면접의 장점이 아닌 것은?

① 새로운 사실, 아이디어의 발견 가능성이 높다.
② 면접결과의 계량화가 용이하다.
③ 반복적 연구가 가능하다.
④ 신뢰도가 높다.

해설
표준화면접은 표준화되어 정해진 면접조사표에 의하여 모든 응답자에게 동일한 질문순서 및 동일한 질문내용으로 면접을 진행하는 방식이다. 결과의 수치화가 용이하며 반복적 조사가 가능하고 정보의 비교가 용이하여 신뢰도가 높지만 면접의 유연성이 부족하고 새로운 사실 발견 가능성이 낮다.

42
2018년 3회

다음 중 면접원의 자율성이 가장 적은 면접 유형은?

① 초점집단면접
② 심층면접
③ 구조화면접
④ 임상면접

해설
구조화면접은 표준화면접으로 표준화되어 정해진 면접조사표에 의하여 모든 응답자에게 동일한 질문순서 및 동일한 질문내용으로 면접을 진행하는 방식이다. 면접자가 임의로 질문항목, 배열 등을 변경할 수 없으며 면접자의 가치나 생각의 전달이 제한된다.

43
2017년 1회

비구조화(비표준화)면접에 관한 옳은 설명을 모두 고른 것은?

㉠ 부호화가 어렵다.
㉡ 심층적인 질문이 가능하다.
㉢ 미개척 분야의 개발에 적합하다.
㉣ 면접자의 편의(bias)가 개입될 가능성이 적다.

① ㉠, ㉡
② ㉢, ㉣
③ ㉠, ㉡, ㉢
④ ㉡, ㉢, ㉣

해설
비표준화면접은 비구조화된 면접조사로, 정해진 면접조사표 없이 질문의 내용이나 형식, 순서 등을 미리 정하지 않고 면접을 진행한다. 면접상황에 따라 자유롭게 질문이나 순서의 변경이 가능하며 응답자는 의견이나 생각 등을 자유롭게 표현하고 면접원이 이를 기록한다. 심층적 질문이 가능하고 새로운 사실의 발견 가능성이 높지만 면접자의 편견이 개입될 수 있으며 부호화·계량화가 어렵다.

|정답| 40 ② 41 ① 42 ③ 43 ③

44
2021년 2회

집중면접(Focused Interview)에 관한 설명으로 가장 적합한 것은?

① 면접자의 통제 하에 제한된 주제에 대해 토론한다.
② 사전에 준비한 구조화된 질문지를 이용하여 면접한다.
③ 개인의 의견보다는 주로 집단적 경험을 이야기한다.
④ 특정한 가설을 개발하기 위해 효율적으로 이용할 수 있다.

해설
집중면접은 응답자의 특정한 경험과 관련하여 집중적으로 질문하는 것이다. 응답자는 본인이 영향을 받은 주요 요소와 자극을 스스로 설명하게 되어 조사자는 질문의 응답에서 응답자의 경험을 통해 내면적 상황과 행위성향을 파악하게 된다. 특정 경험이 미치는 영향 등에 대한 가설 개발 등에 효율적으로 이용할 수 있다.

45
2021년 2회

면접조사에서 면접자에게 일반적으로 허용되는 사항은?

① 피면접자가 아닌 다른 사람의 조언을 받아 면접내용을 수정한다.
② 선정된 피면접자가 부재중일 때 다른 사람으로 대체해 면접한다.
③ 피면접자가 질문내용을 이해하지 못할 때 간단한 부연설명을 추가한다.
④ 2회 이상 방문하여 대상자를 만나지 못할 경우, 전화조사로 대체하여 조사한다.

해설
면접자는 조사 대상자와의 라포 형성이 주요하며 응답자에게 동기를 부여해야 한다. 성실한 태도와 비밀보장 등으로 편안한 응답을 할 수 있도록 분위기를 조성하며 적절한 부연설명으로 응답자의 이해를 돕고 정확한 응답을 얻기 위한 프로빙 기법 등을 적절하게 활용한다. 주관을 배제한 채 응답내용 그대로를 기록한다. 사소한 것도 빼놓지 않고 기록한다.

46
2018년 3회

면접을 시행하는 면접원의 평가기준과 가장 거리가 먼 것은?

① 응답성공률
② 면접소요시간
③ 라포(Rapport) 형성 능력
④ 무응답 문항의 편집능력

해설
면접원의 평가기준은 라포 형성 능력, 면접소요시간, 응답성공률 등이다.
④ 무응답 문항의 편집능력은 면접원의 평가기준과는 거리가 멀다.

47
2018년 2회

면접원이 자유응답식 질문에 대한 응답을 기록할 때 지녀야 할 원칙과 가장 거리가 먼 것은?

① 면접조사를 진행한 이후 최종응답을 기록한다.
② 응답자가 사용한 어휘를 원래 그대로 기록한다.
③ 질문과 관련된 모든 것을 기록에 포함시킨다.
④ 같은 응답이 반복되더라도 가감 없이 있는 그대로 기록한다.

해설
응답을 기록 시 주관을 배제한 채 응답내용 그대로를 기록하며 사소한 것도 빼놓지 않고 기록하고 면접과정에서의 구체적 상황 등도 함께 기록한다.
① 면접원은 정확한 기록을 위해 응답이 이루어지는 즉시 기입하는 것이 좋다.

| 정답 | 44 ④ | 45 ③ | 46 ④ | 47 ① |

48
2019년 3회

면접조사의 원활한 자료수집을 위해 조사자가 응답자와 인간적인 친밀관계를 형성하는 것은?

① 라포(Rapport)
② 사회화(Socialization)
③ 조작화(Operationalization)
④ 개념화(Conceptualization)

해설
라포는 조사자와 조사대상자간의 친밀한 관계 형성을 의미한다.

49
2017년 2회

응답자의 대답이 불충분하거나 모호할 때 추가 질문을 통해 정확한 대답을 이끌어 내는 면접조사상의 기술은?

① 심층면접(In-depth Interview)
② 라포(Rapport)
③ 투사법(Projective Method)
④ 프로빙(Probing)

해설
프로빙은 캐묻기, 심층규명이라고 하며 응답자로부터 충분한 답을 얻지 못했을 경우, 모호한 응답의 경우 조사자가 이용하는 기술이다. 무언의 캐묻기, 적극적 권장, 자세한 응답 요구, 명료화의 방법, 반복의 방법 등이 있다.

50
2018년 3회

다음 중 심층규명(Probing)을 하고자 할 때 가장 적합한 조사방법은?

① 우편설문조사
② 온라인설문조사
③ 간접관찰조사
④ 비구조화면접조사

해설
비구조화면접조사는 정해진 면접조사표 없이 질문의 내용이나 형식, 순서 등을 미리 정하지 않고 면접을 진행하는 방식으로 면접상황에 따라 자유롭게 질문이나 순서의 변경이 가능하고 응답자가 의견이나 생각 등을 자유롭게 표현하므로 프로빙을 하고자 할 때 적합한 조사방법이다.

51
2017년 2회

어떤 대상이나 사람에 대한 일반적인 견해가 그 대상이나 사람의 구체적 특성을 평가하는 데 영향을 미치는 현상이 발생하는 이유는 어떤 효과에 기인한 것인가?

① 후광효과(Halo Effect)
② 동조효과(Conformity Effect)
③ 위신향상효과(Self-lifting Effect)
④ 체면치레효과(Ego-threat Effect)

해설
① 후광효과는 일반적으로 어떠한 특성이나 속성이 너무 강렬해서 전체에 영향을 미쳐서 응답하는 것으로 다른 특성을 평가할 때 영향을 미친다.
② 다른 사람들도 모두 그럴 것이다. 그래서 자신도 그래야 한다고 생각하는 것이다.
③ 자신의 사회적 지위나 위신을 한층 더 높이려고 사실과 다르게 응답하는 것이다.
④ 유행이나 시대에 뒤떨어진다는 소리를 듣지 않기 위해 다르게 답변을 하는 현상이다.

| 정답 | 48 ① | 49 ④ | 50 ④ | 51 ① |

52
2017년 3회

면접조사 시 비교적 인지수준이 낮은 응답자들이 면접자의 생각이나 지시를 비판 없이 수용하여 응답하게 될 가능성이 높은 것은 어떤 효과 때문인가?

① 1차정보효과
② 응답순서효과
③ 동조효과
④ 최근정보효과

해설

동조효과는 '다른 사람들도 모두 그럴 것이다. 그래서 자신도 그래야 한다'고 생각하는 것이다. 즉 다른 사람들이 일반적으로 어떻게 생각하느냐에 따라 응답하는 것이다.

53
2019년 2회

다음 설명에 해당하는 자료수집방법은?

> 응답자가 직접 말할 수 없거나 말하고 싶지 않은 대상이나 행동을 보다 잘 이해하기 위해, 직접적인 질문을 하는 대신 가상의 상황으로 응답자를 자극하여 진실한 응답을 이끌어 내는 방법이다.

① 투사법(Projective Method)
② 정보검사법(Information Test)
③ 오진선택법(Error-choice Method)
④ 표적집단면접법(Focus Group Interview)

해설

투사법은 조사의 목적이나 주제를 응답자가 모르도록 하면서 간접적으로 조사하는 방법으로 무의식 속에 내재되어 있는 동기, 가치, 태도 등을 측정하기 위해서 모호한 자극을 응답자에게 제시하여 반응을 조사하는 방법이다. 직접 질문하기 어렵거나 또는 직접 질문을 하여도 타당성 있는 응답을 얻을 가능성이 낮을 때 혹은 전혀 없을 때 사용한다.

54
2019년 1회

다음 자료수집방법 중 조사자가 미완성의 문장을 제시하면 응답자가 이 문장을 완성시키는 방법은?

① 투사법
② 면접법
③ 관찰법
④ 내용분석법

해설

투사법은 조사의 목적이나 주제를 응답자가 모르도록 하면서 간접적으로 조사하는 방법으로 무의식 속에 내재되어 있는 동기, 가치, 태도 등을 측정하기 위해서 모호한 자극을 응답자에게 제시하여 반응을 조사하는 방법이다. 투사법의 종류로 단어연상법, 그림묘사법, 문장완성법, 만화완성법, 역할행동법 등이 있으며 조사자가 미완성의 문장을 제시하면 응답자가 이 문장을 완성시키는 방법은 문장완성법이다.

55
2020년 4회

의사소통을 통한 자료수집방법에서 비체계적 - 비공개적 의사소통방법에 해당하는 것은?

① 우편조사
② 표적집단면접법
③ 대인면접법
④ 역할행동법

해설

비체계적 - 비공개적 의사소통방법은 자료수집과정이 표준화되어 있지 않고 자유로운 대화형식이며 응답자가 조사의 목적을 알 수 없는 의사소통방법을 말한다. 대표적으로 투사법이 이에 해당한다.
④ 역할행동법은 어떤 역할을 수행하고 태도나 감정을 표현하게 하는 것으로 투사법의 한 종류이다.

56 2020년 3회

내용분석에 관한 설명으로 틀린 것은?

① 조사대상에 영향을 미친다.
② 시간과 비용측면에서 경제성이 있다.
③ 일정기간 진행되는 과정에 대한 분석이 용이하다.
④ 연구진행 중에 연구계획의 부분적인 수정이 가능하다.

해설
내용분석법은 기록물에 포함된 메시지 등 기존의 질적 자료를 수집하여 객관적, 체계적, 수량적으로 기술하여 양적 정보로 변환하는 방법으로 여러 가지 문서화된 매체들을 중심으로 필요한 자료를 수집하는 방법이다. 연구자가 현상 관찰에 개입하지 않는 비개입적 연구의 성격이므로 조사대상에 영향을 미치지 않는다.

57 2018년 3회

내용분석에 관한 설명과 가장 거리가 먼 것은?

① 분석대상에 영향을 미치지 않는다.
② 필요한 경우 재분석이 가능하다.
③ 양적 내용을 질적 자료로 전환한다.
④ 다양한 기록자료 유형을 분석할 수 있다.

해설
내용분석은 기록물에 포함된 메시지 등 기존의 질적 자료를 수집하여 객관적, 체계적, 수량적으로 기술하여 양적 정보로 변환하는 방법으로 여러 가지 문서화된 매체들을 중심으로 필요한 자료를 수집하는 방법이다. 양적 분석이 주를 이루지만 질적 분석 방법도 사용한다.

| 정답 | 56 ① 57 ③

✓ 학습전략

**Chapter 01
실사준비**
조사 참여인력별 역할에 대해 살펴보고 조사원의 역할과 직무범위 및 교육에 대한 사항을 중심으로 학습합니다.

**Chapter 02
실사진행관리**
실사진행 시 점검사항 및 조치에 중점을 두고 전반적 흐름과 내용을 파악합니다.

**Chapter 03
실사품질관리**
응답내용의 오류 등에 대한 관리방법에 대해 간략한 개념적 내용에 대해 개괄적 흐름을 정리하는 방향으로 학습합니다.

PART 02
실사관리

Chapter 01 **실사준비**

Chapter 02 **실사진행관리**

Chapter 03 **실사품질관리**

Chapter 01 실사준비

> 표본추출과 질문지 작성 등의 과정이 완료되면 **실제로 자료를 수집하는 단계**로 들어가게 된다. **조사에서 비표본오류가 가장 많이 발생하는 단계이다.** 따라서 조사과정이 얼마나 체계화되고 표준화되어 있는가가 조사자료의 품질을 결정한다. 자료수집은 조사설계를 담당한 연구원이 아닌 **조사원(면접원)에 의해 실제적으로 진행**되기 때문에 조사원들이 조사의 목적과 내용 및 절차 등에 대해 **잘 숙지해서 표준적인 진행절차에 따라** 조사를 진행하는 것이 중요하다. 조사원 선발과 훈련을 거쳐 실사를 시행하게 되며, 자료의 편집과 분석을 거쳐 보고서를 작성하는 단계로 이어지게 된다.

1. 조사참여인력

정량적 조사를 기준으로 하여 각 참여인력의 역할을 살펴보면 다음과 같다.

구분	역할
연구원	• 해당 연구조사를 **전체적으로 기획·설계하고 질문지를 작성**한다. • 자료가 수집되면 이를 분석하여 결과물을 산출하는 역할이다. • 해당 조사의 전체 과정을 가장 잘 알고 있다. • 조사원 교육 및 자료수집에 관한 모든 인력들을 서로 연계하여 설계·관리한다.
실사 감독관 (조사지도원)	• **자료수집의 전 과정을 총괄감독한다**(Supervisor 역할). • 자료분석 직전까지의 자료수집 단계에 있어서 단계별 작업을 진행하고 관리한다. ☞ 조사원 선발, 조사원에 대한 면접지도 등의 교육, 제반조사 준비작업, 완성된 조사표 심사, 회수된 질문지 검토 및 자료 편집 등
검증원	• 자료가 표준적인 진행절차에 따라 **정확하게 수집되었는가**를 검증한다. • 실사 감독관의 지시에 따라 수집된 자료 중에서 일부를 무작위로 추출해서 적합하게 응답자 선정이 되었는지, 면접이 표준적인 절차에 따라 이루어졌는지 등을 검증한다.
부호기입원 (Coder)	개방형 질문에 대한 응답 등을 적절한 범주에 따라 **분류하고 부호화**하는 작업을 담당한다.
입력원 (Key puncher)	• 설문 응답내용을 숫자나 부호 형태로 **입력**한다. • 입력에 앞서서 면밀한 검토를 통해 중복이나 누락 등 오류를 수정하는 편집 과정이 필요하다.
조사원	• **조사현장에서 직접 자료를 수집**하는 역할을 한다. • 절차에 따라 응답대상자를 선정하고 설문내용을 **질문하고 응답을 기록한다.** • 개별방문면접의 경우 방문지, 응답자 선정과 면접과정 등을 세밀히 기록한 조사표를 제출한다. • 표본설계에서 최종응답대상이 선정되어 있지 않고 최종 추출단위만 선정되어 있을 경우, 조사원이 최종조사대상을 선정(응답표본 선정)해야 하며 관련한 정보갱신 등을 수행한다.

2. 조사준비
자료수집을 위해 면접 지침서·대상자 할당표 등의 **준비물**을 갖추는 과정이다.
(1) **진행 매뉴얼**(비표본오류 최소화를 위해서는 표준화된 절차에 따른 자료수집이 필요하다) 등을 작성하고 **조사원의 모집 및 교육**을 진행한다.
(2) 현지조사에 대한 사전 커뮤니케이션 등의 **조사준비과정**이 진행된다.

> **참고**
>
> **조사원의 모집(선발) 및 교육**
> ① 조사원 모집(선발): 연령, 외모 등의 **외형적** 요건과 성격, 지적 수준, 성향 등의 **내면적** 요건을 고려한다.
> ② 조사원 교육: 연구목적과 중요성, 주관기관 등에 관한 사항, 연구 전반에 대한 이해, 조사원의 윤리와 면접기술, 상황(응답거부 등)에 따른 대응요령, 설문지 전반과 개별 질문의 내용 및 조사절차 등에 관한 교육 등이다.

3. 조사원

(1) 조사원의 역할과 직무범위
① 조사원은 **실제 조사현장에서 응답자와 면담하거나 전화, 우편, 온라인 등의 수단을 통해 조사를 담당하는 인력**이다.
② 표본설계에서 최종 응답대상자가 선정되어 있지 않고 최종 추출단위만 선정되어 있는 경우 조사원이 최종 조사대상을 선정해야 한다. **표준적이고 체계적인 표본추출절차에 따라야 하며**, 자기 마음대로 응답자를 선정하게 되면 대부분 조사원이 쉽게 접촉가능한 사람들로 선정하는 등 조사결과에 **편향**이 발생하게 된다.

> **[조사 전단계]** 조사대상의 선정을 지원하거나 직접 수행한다.
> **[조사대상 접촉단계]** 조사대상 접촉 및 협조 요청 등을 한다.
> **[조사대상 확정/수행단계]** 조사대상에 대한 동기부여 **질문 및 설명**, 응답을 이끌어내기 위한 **설득** 등을 통해 응답내용을 기록한다.
> **[조사 이후]** 관찰결과 기록 및 응답에 대한 **검수** 등을 수행한다.

(2) 조사원 선발 및 관리
① **조사내용이나 성격, 조사대상자의 연령이나 특성** 등 외형적 요건 및 내면적 요건을 감안하여 **조사의 방법별**로 일정한 요건에 중점을 두어 선발한다.
  ㉔ 면접조사원의 경우 외형과 성격, 유사조사경력 등 일정한 경력요건이 필요하다.
   전화조사원의 경우 발음, 전달력이 필요하다.
   전자(인터넷) 조사원의 경우 인터넷 활용능력과 정확성 등이 필요하다.
② 조사원과는 상시 연락 가능체계를 유지하며 **당일 일과 종료 후 보고체계 등**을 갖춘다.

(3) 직무교육

① **직무교육의 목적**
- 조사원으로 하여금 연구목적과 중요성, 조사원으로서의 역할과 책임에 대한 중요성 등을 잘 인식하게 한다.
- 조사에 대한 이해력 증진 및 소통능력을 향상시키며 동기부여 및 사명감을 고취시킨다.
- 자신이 행할 설문의 내용이나 응답자에 대한 대응요령 등을 숙지하게 하여 양질의 조사가 이루어지게 한다.

② **교육의 주요 유형**

일반 교육	조사의 개요 및 배경지식, 조사원으로서의 마음가짐과 자세 등에 관한 사항이다. ㉠ 조사와 조사과정에 대한 개괄 등 일반적인 **조사의 목적과 주관기관 등**에 대하여 설명한다. ㉡ 조사원의 역할, **책임과 자세** 및 조사의 보고체계 및 **검증절차** 등에 대하여 설명한다.
조사표 관련 교육	조사표의 구성과 각 항목에 대한 상세한 설명 및 질문과 용어의 의미에 대하여 설명한다.
현장직무에 관한 교육	㉠ 응답자와 대면상황에서의 절차(자기소개, 협조 요청, 조사목적 설명 및 비밀보장 알림 등) 및 예의를 교육한다. ㉡ 응답자와의 다양한 상황(심리적 이슈, 부재, 조사거부 등)에 대한 대처요령 등을 설명한다.

Chapter 02 실사진행관리

1. 자료수집과 조사

최종응답자 선정	**다양한 응답자 선정방법**이 있으므로 모집단에 대한 대표성을 염두에 두고 최적의 방법으로 응답자를 선정한다. 예 최종추출단위가 가구인 경우 추출된 가구의 구성원 중에서 최종응답자를 뽑으려 할 때 Kish의 방법[1], 생일법[2] 등이 있다.
접촉 및 소개	조사원은 응답자에게 자신의 **소속, 조사기관, 조사목적, 이름** 등을 명확히 밝히고 응답내용이 **연구를 위한 목적 외에는 사용되지 않을 것임**을 확약한다.
조사수행 (면접)	(1) 원칙 ① 응답자가 호의적으로 조사에 응할 수 있도록 **협조 유도**하는 것이 중요하다. ② 조사원에 대해 친밀감을 느껴야 하고 **조사를 가치 있는 것으로 받아들이게** 해야 한다. (2) 지켜야 할 규칙 ① 경청할 것 ② 조사주제와 질문내용을 숙지할 것 ③ 편견을 갖지 말 것 ④ 응답자와 대화하는 태도 ⑤ 응답자의 이해정도에 맞는 질문 ⑥ 응답거부가 일어날 수 있는 상황 파악과 대처 ⑦ 비협조적 태도에 영향 받지 말고 응답자의 생각에 신뢰와 관심을 보임 ⑧ 답을 최대한 도출하기 위한 질문 및 응답자의 태도에 대한 유연한 대처
조사결과 기록	① 오기나 누락이 없도록 질문지에 **정확히 응답내용을 기록**한다. ② 개방형 질문의 경우 응답자가 응답한 내용을 **상세히 기록**한다. ③ 개별면접의 경우 사후검증을 위해 면접대상 가구 및 응답대상자 선정과정 등의 **면접과정을 정확하게 기입**한다.
질문지 회수 및 검증	① 조사관리는 **매일 설문지를 배포하고 당일에 설문지를 회수하는 일일 관리체제**로 운영하는 것이 바람직하다. ☞ 실수나 누락에 의한 오류를 바로 바로 수정한다. ② 실사감독관은 회수된 질문지를 세밀히 검토하여 **응답 누락 또는 응답내용이 의심스러운 질문지를 선별하여 조사원에게 시정 또는 보완하도록** 한다 (보통 회수된 질문지의 20~30% 정도를 랜덤하게 선정하여 조사결과를 검증한다).

[1] **Kish의 방법**
가족 구성원들 각각에 번호를 부여한 후 응답자 선정 기준표를 이용하여 응답자를 선정한다.

[2] **생일법**
가장 최근에 생일을 지낸 사람이나 앞으로 가장 빨리 생일이 돌아오는 사람을 선정한다.

2. 실사 진행 시 점검사항 및 조치

조사원 관리 및 수집된 자료 점검	① **당일 보고체계**로 진행한다. 　☞ 조사량, 조사진행에 관한 일정관리 등을 그날 그날 점검한다. ② 자료수집 완료 직후 **조사원이 1차적으로 현장에서 자료 검증**하여 즉시 재확인 등 필요한 조치를 수행한다 　☞ **1차 검증**: **현장검증단계**로, 기입의 오류나 논리적인 오류 등을 체크하여 조치한다. ③ **실사관리자**가 조사된 자료(응답된 설문지)를 점검하여 **응답의 누락이나 적합성, 논리적 오류 등의 여부를 2차로 점검**하고, 문제 발견 시 조사원 및 응답자에게 **오류내용을 확인**하여 필요한 조치를 취한다. 　☞ **2차 검증**: 실사관리자에 의한 Editing 단계이다. ④ 2차 검증 완료 후 실사 담당자가 응답자에게 전화를 걸어 **응답자의 진위 여부, 적격 대상자인지 여부** 등을 확인한다. 　☞ **3차 검증**: 실사담당자의 **전화검증단계**이다.
조치	1차 검증~3차 검증의 각 단계들을 거치면서 각 단계에서 오류의 유형이나 사안에 따라 다음과 같이 각각 조치한다. ① **응답자와 재접촉**을 통해 설문지를 보완하거나 결측처리한다. 　예 단순 기입오류 등 ② 자료의 신뢰성 자체가 훼손되는 등의 중대한 문제가 있을 시에는 **해당 설문지 폐기 후 재조사** 등의 조치를 한다. 　☞ [중대한 문제의 예] 　　부적격 대상자 또는 응답내용의 일관성이 현저히 훼손된 응답, 그외 결과에 중대한 영향을 초래하는 오류 발견 등이 있다. ③ 보완에 관한 원칙은 조사내용과 난이도에 따라 관리자가 정한다.

Chapter 03 실사품질관리

1. 의미와 역할
실사품질관리는 실사과정에서 수집된 정보의 **논리적 모순 여부, 진행의 적합성 등을 확인**함으로써 정확한 양질의 조사결과를 얻기 위한 것이다.

2. 관리단계
☞ [Chapter 02 실사진행관리] 중 1·2·3차 검증 참조

3. 관리방법
(1) **응답내용이 오류가 없이 제대로 되어있는가(정합성)**를 판단한다.
(2) 실사가 제대로 **적합하게 진행되었는가(신뢰성)**에 입각하여 관리하고, 오류의 내용과 중대성 등을 감안하여 **재확인 및 수정하거나 설문지 폐기 및 재조사 등**을 진행한다.
① **정합성**은 1차 현장검증과 2차 편집과정검증에 해당한다. 기입오류, 논리적 모순 등을 점검한다.

> **[오류의 예]**
> - **기입오류**: 가장 선호하는 과일을 하나만 표시하라는 문항에 두 개 이상의 답을 기입 등
> - **논리적 모순**: 가장 선호하는 과일과 가장 좋아하지 않는 과일이 사과로 동일한 경우 등

② **신뢰성**은 3차 전화검증에 해당한다. 응답자나 응답의 진위여부나 적격성, 조사진행 방법의 적합성 등이다.
[신뢰성의 예] 적합한 응답자 본인이 기입한 응답이라면 신뢰성이 있는 것이다.

기출 및 예상적중문제 — PART 02 실사관리

01
다음 중 실사관리에 있어서 조사참여인력의 책임과 역할이 잘못 기술된 것은?

① 실사감독관은 자료 수집의 전 과정을 총괄감독하며 단계별 작업을 진행하고 관리한다.
② 검증원은 자료가 표준적인 진행절차에 따라 정확하게 수집되었는가를 검증한다.
③ 입력원(Key Puncher)는 개방형 질문에 대한 응답 등을 적절한 범주에 따라 분류하고 부호화한다.
④ 조사원은 조사현장에서 직접 자료를 수집하는 역할이다.

해설
개방형 질문에 대한 응답 등을 적절한 범주에 따라 분류하고 부호화하는 것은 부호기입원(Coder)이다.

02
조사원 모집과 선발에 관한 내용 중 적합하지 않은 것은?

① 조사내용이나 성격, 조사대상자의 연령이나 특성을 감안하여 조사의 방법 별로 일정한 요건에 중점을 두어 선발한다.
② 면접조사원의 경우 인터넷 활용능력과 정확성 등에 대한 사항이 우선적으로 고려되어야 한다.
③ 외형적 요건 및 내면적 요건을 고려한다.
④ 전화조사원의 경우 발음, 전달력 등을 점검하여 선발하는 것이 좋다.

해설
면접조사원의 경우 외형과 성격, 유사조사경력 등 일정한 경력요건 등을 감안한다. 인터넷 활용능력과 정확성 등에 대한 우선적 고려는 인터넷 조사원에 해당하는 사항이다.

03
조사원에 대한 직무교육에 관한 내용 중 적합하지 않은 것은?

① 일반교육: 조사의 목적과 주관기관 등에 대한 설명
② 일반교육: 조사원의 역할 및 책임과 자세
③ 현장직무 교육: 다양한 상황에서의 응답유도의 요령
④ 현장직무 교육: 대면상황에서의 자기소개 및 비밀보장 알림 등에 관한 사항

해설
현장직무에 관한 교육에는 대면상황에서의 자기소개, 협조 요청 및 비밀보장 알림 등에 관한 사항과 심리적 이슈, 부재, 조사거부 등 응답자와의 다양한 상황에 대한 대처요령 등이 포함된다. 응답자의 응답을 유도하는 것은 조사에 있어서 금해야 하는 사항이다.

04
조사원에 대한 설명 중 잘못된 것은?

① 조사원은 실제 조사현장에서 직접 자료수집을 담당하는 인력이다.
② 조사원은 조사대상의 선정을 지원하거나 직접 수행할 수 있고, 쉽게 접촉 가능한 사람들로 표본을 선정하여 실사의 효율적 진행을 도와야 한다.
③ 조사원은 연구목적과 중요성 등을 잘 인식할 필요가 있다.
④ 조사원은 조사 이후 응답에 대한 검수 등을 수행한다.

해설
조사원은 표준적이고 체계적 표본추출절차에 따라야 한다. 자기 마음대로 응답자를 선정하게 되면 대부분 조사원이 쉽게 접촉가능한 사람들로 선정하는 등 조사결과에 편향이 발생하게 된다.

| 정답 | 01 ③ 02 ② 03 ③ 04 ② |

05

실사진행관리에 있어서 면접 시 지켜야 할 규칙에 대한 내용 중 맞는 것을 모두 고르면?

> ㉠ 조사원은 편견을 갖지 말아야 하며 경청하는 태도를 가져야 한다.
> ㉡ 응답자의 이해정도에 맞는 질문을 해야 한다.
> ㉢ 응답자와 대화하는 태도는 조사의 신뢰성을 저해할 수 있으므로 객관적 태도 유지에 힘쓴다.
> ㉣ 응답거부가 일어날 수 있는 상황을 파악하고 적절히 대처한다.

① ㉠, ㉣
② ㉠, ㉡, ㉢
③ ㉠, ㉡, ㉣
④ ㉠, ㉡, ㉢, ㉣

해설
응답자와 대화하는 태도를 갖춰야 한다.

06

조사결과의 기록에 관한 내용 중 맞는 것은?

① 오기나 누락이 없도록 질문지에 정확히 응답내용을 기록한다.
② 개방형 질문의 경우 응답자가 응답한 내용에 대해 최대한 요약 해석하여 내용을 기록한다.
③ 개별면접의 경우 면접과정까지 정확하게 기입할 필요는 없다.
④ 개별면접의 경우 사후검증을 고려할 필요성은 없다.

해설
② 개방형 질문의 경우 응답자가 응답한 내용을 상세히 기록한다.
③, ④ 개별면접의 경우 사후 검증을 위해 면접대상 가구 및 응답대상자 선정과정 등의 면접과정을 정확하게 기입한다.

07

다음 중 잘못 기술된 것은?

① 수집된 자료의 점검은 자료를 수집한 조사원에 의해서 검증되어서는 안 된다.
② 실사관리자에 의한 자료편집단계에서 문제 발견 시 실사관리자는 조사원 및 응답자에게 오류내용을 확인하여 필요한 조치를 취한다.
③ 실사관리자의 편집단계에서의 검증 완료 후 실사 담당자가 응답자에게 전화를 걸어 응답자의 진위여부, 적격 대상자인지 여부 등을 확인한다.
④ 오류의 유형이나 사안에 따라 응답자와 재접촉을 통한 설문이나 재조사 등 필요한 조치를 취한다.

해설
자료수집 완료 직후 조사원이 1차적으로 현장에서 자료 검증하여 필요한 조치를 수행한다. 1차 현장검증단계이다.

08

수집자료의 신뢰성 점검에 대한 내용 중 맞는 것은?

① 응답내용이 오류가 없이 제대로 되어 있는가를 점검한다.
② 기입오류와 논리적 모순 여부 등을 점검한다.
③ 실사관리자에 의한 에디팅 단계에 해당한다.
④ 응답자의 진위여부 확인은 신뢰성 점검에 해당한다.

해설
①, ② 정합성에 대한 설명이다.
③ 신뢰성 점검은 3차 전화검증에 해당한다.

09

실사관리에 대한 내용 중 잘못 기술된 것은?

① 면접에서는 조사주제와 질문 내용 숙지보다는 올바른 태도를 통한 라포형성이 중요하다.
② 조사관리는 매일 설문지를 배포하고 당일에 설문지를 회수하는 일일 관리체제로 운영하는 것이 바람직하다.
③ 실사품질 관리는 수집된 정보의 논리적 모순 여부, 진행의 적합성 등을 확인하는 것이다.
④ 실사감독관이 자료수집의 전 과정을 총괄 감독한다.

해설
조사원은 면접에서의 조사주제와 질문 내용을 숙지하고 있어야 제대로 설명을 해줄 수 있게 되며 이를 통해 정확한 응답을 이끌어 낼 수 있다.

pass.Hackers.com

자격증 교육 1위 해커스자격증
pass.Hackers.com

✓ 학습전략

Chapter 01 변수와 개념	변수의 여러 가지 분류와 유형들에 있어서 양적변수와 질적변수, 검정변수의 종류 등을 익혀두도록 학습하고 개념의 구체화에 관련한 개념적 정의와 조작적 정의의 세부 내용을 이해할 수 있도록 학습합니다.
Chapter 02 측정	측정의 수준에는 명목수준의 측정, 서열수준의 측정, 등간수준의 측정, 비례수준의 측정이 있습니다. 시험에 자주 출제되는 부분이므로 각각의 개념을 상세하게 이해하며 학습해야 합니다.
Chapter 03 척도의 기본개념과 유형	척도의 개념과 필요성 및 합성측정의 유용성 등에 대해 확실한 이해가 필요합니다. 명목척도, 서열척도, 등간척도, 비율척도의 각 개념과 사칙연산 가능 여부들의 특징에 대해 세부적으로 이해하여야 합니다.
Chapter 04 척도의 구성기법	각 척도구성기법에 따른 척도의 유형에 대해 학습합니다. 리커트 척도, 서스톤 척도, 보가더스 척도, 거트만 척도, 의미분화 척도, 소시오메트리 등 다양한 유형의 척도에 대한 개념과 장단점 파악이 중요합니다. 또한 기타의 척도법들에 대한 개념 및 척도와 지수 및 지표를 상호비교하는 부분에 대해서도 정확한 이해가 필요합니다.
Chapter 05 측정의 타당성과 신뢰성	측정의 타당성과 신뢰성을 평가하는 방법들에 대한 각 개념과 세부유형이 중요한 부분입니다. 이와 함께 신뢰성 평가방법별 장단점과 스피어만 - 브라운공식, 크론바하 알파계수, 신뢰성 향상 방법 등에 대해 개념적 이해가 필요합니다. 또한 신뢰성과 타당성 간의 관계에 대해서도 개념적 차원에서 확실히 이해하는 방향으로 학습해야 합니다.
Chapter 06 측정과 측정오차	측정오차는 체계적 오차와 비체계적 오차로 나뉩니다. 각 오차의 원인, 타당성과 신뢰성과의 관계 등에 대해 서로 연결하여 이해하는 방향으로 학습해야 합니다.
Chapter 07 내적타당성과 외적타당성	내적타당성과 외적타당성의 개념 및 저해요인, 향상방법 등에 대해 각각의 개념 파악 중심으로 학습합니다.

PART 03
측정의 타당성과 신뢰성

Chapter 01 **변수와 개념**
Chapter 02 **측정**
Chapter 03 **척도의 기본개념과 유형**
Chapter 04 **척도의 구성기법**
Chapter 05 **측정의 타당성과 신뢰성**
Chapter 06 **측정과 측정오차**
Chapter 07 **내적타당성과 외적타당성**
　　　　　　(= 실험설계의 타당성)

Chapter 01 변수와 개념

1 변수

1. 의미
① 두 가지 또는 그 이상의 값으로 경험적으로 분류할 수 있는 개념으로, **값이 특정되지 않아 임의의 값을 가질 수 있는 것**을 의미한다.
② 어떤 관계·범위 안에서 **여러 가지 값으로 변할 수 있는 것**이다.
③ **연구대상의 경험적 속성**을 나타내며 그 **속성에 계량적 수치, 계량적 가치를 부여할 수 있는 개념**을 의미한다. 즉 사상(事象)에 대한 계량적 수치, 계량적 가치가 부여된 속성·상징이다.

2. 변수의 속성

(1) 경험적 현실을 전제한다.
"감각기관을 통해 지각될 수 있는 현상"을 전제로 한다.

(2) 현상의 속성을 지시한다.
① **개념**은 현실의 일반적·전체적 속성을 지시한다.
② **변수**는 현상의 **특수한 속성**을 가리킨다.

(3) 계량화가 가능해야 한다.
현상 속성의 강도에 따라 **계량화**가 가능해야 한다(1점, 2점 등).

(4) 연속성을 가져야 한다.
변수가 가지는 속성에 따라 가중치를 부여할 때 **단일 연속선상**에 배열할 수 있으며 그 속성에 따라 가중치를 임의로 세분할 수 있어야 한다.

3. 변수의 기능에 따른 분류

독립변수	① 종속변수에 영향을 주는 **원인변수**이다. ② 실험연구에서 연구자에 의해 **조작되는 변수**로, 서로 다른 값을 갖도록 처치한다. ③ **실험변수**, **처치변수**, 예측변수, 설명변수라고도 한다.
종속변수	① **독립변수의 영향으로** 결과가 나타나는 **결과변수**이다. ② 독립변수의 영향을 받아 일정하게 변화된 결과치로, 독립변수 변화에 따라 예측되는 값의 의미이다. **반응변수**, **기준변수**라고도 한다.
외생변수	종속변수에 영향을 미치는 독립변수 외의 변수로 연구자가 실험을 위한 변수로 설정하지 않은 변수이다. 즉 연구자의 의도와는 상관없이 종속변수에 직접적 영향을 미쳐 순수한 독립변수 효과의 측정을 어렵게 하는 의도치 않은 변수를 말한다. 연구자는 적절한 방법을 통해 외생변수의 효과를 **통제해야** 한다.

[변수간의 관계]

상관관계	① 변수가 서로 **관련성**이 있다고 추측되는 관계이며, **선형관계(Linear Relationship)**를 갖는 것을 말한다. ② **관계의 정도**는 일정한 수치로 계산된 **상관계수**로 나타낸다. ③ **정(positive)의 선형관계**: 변수 x, y가 있다할 때 x가 커질수록 y가 커지는 경향을 말한다. ☞ 양(+)의 상관계수 ④ **부(negative)의 선형관계**: x가 커질수록 y가 작아지는 경향을 말한다. ☞ 음(−)의 상관계수 ⑤ 상관계수는 **−1에서 +1 사이의 값**을 가지며, 선형적 상관관계가 전혀 없을 경우 상관계수는 **0**이다. ⑥ 무엇이 원인이고 결과인지는 알 수 없다.
인과관계	① 인과관계는 변수 간 **연관성**이 존재하면서 **원인과 결과**를 알 수 있고 **다른 가능한 원인이 존재하지 않을 경우**에 성립한다. 두 변수 간 **상관관계는 허위적이지 않아야** 하며, 원인변수와 결과변수 간의 관계는 **확률적**이다. ② 인과관계의 3요건 • **동반발생**(= 동시변화 = 공동변화 = 공변성 = 연관성): 두 변수가 서로 연관되어 상관관계가 있어야 한다. • **시간적 선후성**: 변수 X(원인변수, 독립변수)의 변화가 Y(결과변수, 종속변수)의 변화에 선행해야 한다. • **허위관계의 배제**(= 비허위적 관계 = 외생변수 통제): 다른 가능한 원인이 존재하지 않아야 한다. 외생변수의 영향력을 배제하고 순수하게 두 변수간의 관계를 본다는 것을 의미한다.

4. 변수의 속성에 따른 분류

(1) 양적 변수(Quantitative Variable)와 질적 변수(Qualitative Variable)❶

양적 변수	① 측정 시 속성을 의미 있는 수치로 나타낼 수 있는 변수로, 계량적 변수, 메트릭(Metric)변수라고도 한다. 예 매출액 ② **등간척도[3], 비율척도[4]**로 측정된 변수에 해당된다. ③ 양적 변수는 질적 변수로 변환 가능하다. 예 매출액 규모에 따라 상·중·하로 범주화한다.
질적 변수	① 측정 시 속성을 의미있는 수치로 나타낼 수 없는 변수로, 범주형 변수(Categorical Variable)라고도 한다. 구별된 몇 개의 범주 중 하나에 측정대상이 속하게 된다. 예 색깔, 성별 ② **명목척도[1], 서열척도[2]**로 측정된 변수에 해당된다. ③ 질적 변수는 양적 변수로 변환이 불가능하다. ☞ 단순히 수치로 변환(예 남자 1, 여자 2)한 것은 양적 변수로 변환한 것이 아니다.

❶ 상세내용 [Chapter 02]에서 후술

[1] **명목척도**
상호배타적 범주로 구분하여 수치를 부여한 척도

[2] **서열척도**
명목척도 수준에 상대적 순서를 부여한 척도

[3] **등간척도**
서열척도 수준에 등간성을 부여한 척도

[4] **비율척도**
등간척도 수준에 배수의 개념을 부여한 척도

(2) 양적 변수의 구분 -
연속변수(Continuous Variable)와 이산변수(Discrete Variable: 불연속변수)

연속변수	① 어떤 구간 내에서 **취할 수 있는 값이 무한한** 변수로, 사건이나 대상을 그들 속성의 크기나 양에 따라 분류하는 것이다. 측정한 값들이 척도 상에서 무한대로 미분해도 가능하리만큼 연속성을 띤 것으로 거의 무한개의 값을 가질 수 있다. ② **실수값**으로 구성되며 **소수점 이하로 표시 가능**하다. ⑩ 키, 몸무게, 소득 등 ③ **값과 값 사이가 서로 연결**되어 있어서 그 사이의 값이 의미를 가진다.
불연속변수 (=이산변수)	① 어떤 구간 내에서 **취할 수 있는 값이 한정적이고 셀 수 있는** 변수이다. ② **정수 값만으로 구성**된다. ⑩ 특정 학급의 학생 수, 주차장의 차량 대수 등 ③ **값과 값 사이가 분리**되어 있어 그 사이의 값이 아무런 의미를 가지지 않는다.

5. 관찰가능여부에 따른 분류

관찰변수	직접 관찰이 가능한 변수이다. ⑩ 성적
잠재변수	직접관찰이 불가한 변수이다. ⑩ 지능

⑩ 지능은 추정만 가능하고 밝혀내기 어렵다. 이것을 측정가능하게 언어능력, 수리능력 등으로 만든 것이 관찰변수이다.

> **참고**
>
> 기타
> (1) 더미변수(= 가변수)
>   회귀분석에 있어서 질적 변수를 0 또는 1의 값을 갖는 수치로 변환한 것이다.
> (2) 이분변수(Dichotomous Variable)
>   변수의 특성을 두 개의 성질로 나눌 수 있는 경우의 변수이다.
>   ⑩ 주사위 숫자들을 짝수, 홀수로 이분한다.

6. 검정요인(Test Factor; 검정변수, 제3의 변수)

(1) 독립변수와 종속변수의 관계에 개입하여 그 관계에 영향을 미칠 수 있는 변수이다.
(2) 두 변수 간 관계의 허위 여부를 확인해보려고 할 때, 즉 **두 변수 사이의 관계가 또 다른 변수에 의한 것인가를 판별해보고자 할 때** 검정요인으로 제3의 변수를 도입해서 분석 할 수 있다.
  ☞ '로젠버그(Rosenberg)의 인과관계에 영향을 미치는 제3의 변수'라고도 한다.
(3) 검정요인은 **두 변수 간의 관계를 보다 정확하고 명료하게 이해할 수 있도록 밝혀주는 역할**을 한다.

외재적 변수 (Extraneous Variable: 외적변수)	표면적으로는 독립변수와 종속변수가 인과관계가 있는 것처럼 보이는 경우로, 실제로는 두 변수 간 관계가 없는데도 두 변수가 우연히 어떤 변수와 연결됨으로써 **관계가 있는 것처럼** 보이게 하는 변수이다. 허위변수 개념과 동일시 된다. 이 때 두 변수는 **허위관계, 가식적 관계**가 있다고 하며, 검정요인의 **영향을 통제하면 두 변수의 관계가 사라지게 된다.**
매개변수 (Intervening Variable: 개입변수)	① **독립변수의 결과인 동시에 종속변수의 원인**이 되는 변수이다. ② 독립변수 → 매개변수 → 종속변수 ③ 종속변수에 일정한 영향을 주며 두 변수 간에 **간접적 관계를 맺도록 매개한다.** ④ **개입변수**라고도 하며 독립변수에 의해 설명되지 못하는 부분을 설명해준다.
선행변수 (Antecedent Variable)	① 인과관계에서 **독립변수에 앞서면서 독립변수에 유효한 영향**을 미치는 변수이다. ② 선행변수 → 독립변수 → 종속변수 ③ 독립변수와 종속변수 간 관계에 미치는 영향을 명확히 하고자 할 때 도입한다. ④ **선행변수를 통제해도 독립 – 종속 관계는 유지된다.**
구성변수 (Component Variable)	① 총체적 개념을 구성하는 요소들 중 어떤 것이 관찰된 결과에 결정적인 영향을 미치는가를 파악하는 데 사용되는 변수이다. ② 한 변수가 **다양하게 많은 속성을 가지고 있을 때 그 구성요소**들 또는 포괄적 개념을 구성하는 하위개념이다.
억제변수 (Suppressor Variable)	① 두 변수 간에 사실적 관계가 있는데, 마치 **"없는 것처럼" 억누르는** 변수이다. ② 두 변수에 대해 각각 긍정적, 부정적으로 상관되어 변수 간의 관계를 억압하여 두 변수 간에 **가식적 영 관계**(Spurious Zero Relationship)를 형성시키는 변수로, 이 변수가 검정요인으로 통제되면 원래 관계가 없던 것으로 나타났던 두 변수의 관계가 유관하게 나타난다.
왜곡변수 (Distorter Variable)	① 두 개 변수간의 관계를 **"정반대로"** 나타나게 **왜곡**하는 변수이다. ② 표면적으로 나타난 관계와는 **정반대로 해석해야 옳은 해석**이 된다.

참고

(1) 허위변수(Spurious Factors)
두 변수 간에 아무 관계가 없는 데도 어떤 상관관계가 **"있는 것처럼"** 나타나도록 두 변수들에 모두 영향을 미치는 숨어있는 변수로 외재적 변수와 개념상으로 동일시된다.

(2) 조절변수
독립변수가 종속변수에 미치는 관계 **"강도"에 영향**을 주는 변수로 독립변수의 영향을 강화 또는 약화시킨다. 없어져도 두 변수 간 상관관계는 남는다.

(3) 통제변수
연구를 수행하면서 연구자가 실제 연구하고자 하는 변수에 직간접적인 영향을 미칠 가능성이 있는 변수들이기 때문에, 보다 타당한 연구결과를 위해 연구자에 의해 **통제대상이 되는 변수**이다. 즉 외재적 변수의 일종으로 그 영향을 **검토하지 않기로 한** 변수이다.

2 개념

1. 의미
(1) 사건 및 현상들을 **일반화**하여 하나의 용어로 **추상화**한 것이다.
(2) 관찰된 현상을 대표할 수 있는 **추상적 용어**로 표현한 것으로 일정한 관계·사실에 대한 추상적 표현이다.
(3) 현상이나 사상을 체계적으로 **인지**하고 이를 다른 타인에게 정확히 **전달**하기 위해 필요하다.
　☞ 연구문제를 정확하게 서술하려면 그 문제에 포함된 개념과 변수들에 대한 구체적 정의들이 필요하다.
(4) 현상을 예측·설명하고자 하는 명제 및 이론의 전개에서 그 바탕을 이루는 역할을 한다.

2. 기능과 전달
(1) 기능
　① 직접 감지하기 어려운 **추상적 현상에 대해 이해할 수 있는 방법을 제시**한다.
　② 과학의 체계적 구조를 가능하게 하고 **지식의 축적**을 가능하게 한다.
　③ **연구의 출발점과 방향**을 제시한다.
　④ 개념의 조작화를 통해 연구의 **주요 변수를 제시**한다.

(2) 전달
　① 용어 사용 등에 있어서 **모든 사람에게 공통적 개념으로서 동일하게 이해될 수 있어야 한다.**
　② 객관성 확보는 용어의 표준화 등과 연관된다.

3. 조건

한정성·명확성 (Determinacy)	**한정적이고 명확하게** 사실·현상의 특징을 나타내야 한다.
통일성(Uniformity)	**동일 현상에 대해 서로 다른 개념을 사용하면 안 된다.** 즉 누구에게나 통일적으로 사용되어야 한다.
적정한 범위(Scope)에 대한 고려	개념이 **나타내는 범위를 적절히 정할 수 있어야 한다.** 너무 넓으면 측정이 곤란하고, 너무 작으면 측정은 용이해지나 일반화 정도가 낮아지기 때문이다.
체계적 의미	개념은 이론과 명제에 있어서 **연결성**을 가지고 구체화되어 있어야 한다. 이론과 명제에서 분리되어 취급되면 안 된다.

4. 개념의 구성요소
(1) 경험적 준거틀
(2) 주관성
(3) 명확한 정의
(4) 일반적 합의

5. 개념의 구체화: 개념적 정의와 조작적 정의
개념 자체를 경험적으로 직접 측정하는 것은 불가능하다. 개념을 경험적으로 구체화하는 과정이 개념의 구체화이다. 개념은 개념적 정의를 통해 정제되고, 조작적 정의를 거치면서 측정된다.

개념적 정의 (Conceptual Definition)	• 개념적 정의는 현상이나 대상의 속성을 **이론적이고 추상적으로 정의**하는 것이다. ㉠ 우수한 학생이란 학점이 높고 출석률도 높은 학생을 말한다. • 연구 대상이 되는 사람·사물의 행태 및 속성, 사회현상 등을 개념적으로 '**무엇은 무엇이다**'와 같이 정의하며 **사전적 정의라고도** 한다. • 하나의 개념을 명확하고 정확하게 정의하기 위해 **다른 개념을 사용하여 정의**하는 것으로, 그 자체로 **추상적·일반적·주관적** 양상을 보이며 추상성으로 인해 개념적 정의는 **사람마다 다르게 나타날 수 있다**. ☞ 실증적인 검증을 하기는 어렵다. • 검증가능한 두 개 이상의 가설 또는 명제 간의 관계를 설명하는 논리적 체계이다. • 개념의 뜻을 명료하게 설명해주지만 좋고 나쁨을 판단하는 것은 아니다. • 정의하고자 하는 것에 대해 **특유한 요소나 성질**을 직시하여 나타내야 하고, 그와 **구별되는 것에 대해서는 배타적이어야** 한다. • 단정적이고 적극적 표현을 써야 하며 중의성을 띠어서는 안 된다. • 순환적 정의[1]는 지양해야 한다. ㉠ 입헌정치란 헌법에 의하여 행하여지는 정치이다. • 뜻이 분명해서 누구나 알아들을 수 있는 의미를 공유하는 보편적 용어를 사용해야 한다. * 구성적 정의(Constitutive Definition): 다른 구성 개념으로 특정 개념을 설명한다. ㉠ 수목(한자) → 나무(한글)

[1] 순환적 정의
어떤 개념을 다른 동일한 내용의 말로 바꾸어 말하여 언뜻 보기에는 정의가 된 것처럼 보이지만 사실은 아무런 내용이 없는 거짓 정의를 말한다.

조작적 정의 (Operational Definition)	• **조작적 정의**는 **추상적 개념을 측정이 가능하도록 계량적인 형태**로 나타내는 것이다. ㉮ 우수한 학생이란 학점이 4.0 이상이고 출석률이 95% 이상인 학생을 말한다. • 추상적인 개념을 **관찰 가능한 구체적인 지표로 표현**하는 것으로 **측정가능성과 직결된 정의**이다. 즉 측정을 위하여 불가피한 정의이며, **추상적 개념들을 구체적 경험세계와 연결시켜준다**. 다른 한편, 조작적 정의는 개념적 정의에 의하여 이론적이고 추상적 현상과 연결된다. • 조작적 정의를 통해 감각기관으로 인지할 수 있도록 하는 구체적인 측정이 가능하게 된다. 즉 **추상적 개념들을 경험적·실증적으로 측정이 가능하도록** 경험적 지표로 구체화한 것이다. • **하나의 개념은 여러 가지의 조작적 정의를 가질 수 있다.** 조작적 정의가 연구마다 다를 경우, 연구의 결과가 각각 달라질 수 있다. • 조작적 정의는 **개념적 정의**에 최대한 일치되도록 정의되어야 한다(반드시 일치해야 하는 것은 아니다). • 조작적 정의는 **실증주의** 패러다임에서 강조된다. ☞ 조작적 정의는 거짓과 진실을 밝히기 위한 정의이다. • 조사목적과 관련하여 **실용주의적**인 측면을 포함하며 실행가능성, 관찰가능성이 중요하다. • 정확한 측정의 전제조건으로 **측정의 타당성**과 관련이 있다. • 실제 측정의 전(前) 단계에 해당한다.

6. 개념의 재정의: 재개념화(Re - conceptualization)

(1) 주된 개념에 대하여 정리·분석하여 **개념을 보다 명백하게 재구성·재규정하는 것**이다. 즉 개념을 다른 각도에서 새롭게 재정립하는 것이다.

(2) 개념을 중심적 요소와 상하위 유사개념과 비교하여 다시 구체화시킨다.
☞ **주된 개념적 요소가 무엇인지** 알 수 있게 된다.

(3) 사회조사에서의 개념은 통상적 용어나 개념과는 의미가 다를 수 있으며 같은 개념이라도 사회의 변화에 따라 본래의 의미가 변할 수 있고 한 가지 개념이라도 여러 다양한 의미를 가지게 될 수 있다. 이때 어떤 의미를 연구대상으로 할 것인가의 문제가 대두될 수 있다. 따라서 **개념의 한정성을 높여** 연구의 신뢰성을 높일 필요가 있다. 개념을 다시 명확하게 함으로써 **주된 개념을 명확하게 파악하고 관찰과 측정 가능성 및 객관성을 높일 수 있게 된다.**

(4) 과정
① 목록 작성
② 개념 의미와 요소 분석
③ 개념의 용법 파악
④ 유사개념과의 비교 검토
⑤ 개념의 일반화 수준 고려

Chapter 02 측정

1 측정과 측정의 수준

1. 측정의 개념과 의의
(1) 측정은 관찰된 **현상의 경험적인 속성(변수)에 대해 일정한 규칙에 따라 수치를 부여하는** 것으로, 추상적 개념·변수들을 **관찰 가능한 자료로 연결**시키는 것이다.
(2) **추상적·이론적 세계를 경험적 세계와 연결**시키는 수단이다.
(3) 이론에서 도출된 가설들을 경험적으로 검증하기 위해서 그 안의 **개념**들을 적절한 방법을 통해 **경험적으로 변화**시키는 작업이다.
(4) 표준화되고 간편한 표현의 방법으로 모호한 개념을 수치적으로 나타낼 수 있으며 자료수집과 **예측의 확인(증명)을 하기 위한 기본적인 단계**가 된다.
(5) 변수에 대한 **조작적 정의에 입각**하여 이루어지고, **질적 속성에 대해 이를 양적 속성으로** 전환한다.
　☞ 조사대상의 속성을 조작적 개념으로 전환시킨다.

> **참고**
> 하나의 변수에 대한 관찰 값은 동시에 두 가지의 속성을 가질 수 없다.
> ☞ 변수가 한 가지 속성을 가질 때, 다른 속성을 동시에 가질 수 없다.

2. 역할과 기능
(1) 표준화되고 간편한 묘사의 방법이며 사상의 통계적 처리로 **추상적 세계와 경험적 세계를 연결**한다.
(2) **객관화, 표준화, 계량화, 반복을 통한 확인 및 반증, 일치 및 조화**(추상적 개념과 경험적 현실), 연구결과의 **정확한 전달(의사소통)**을 가능하게 한다.

3. 측정의 수준
(1) **명목수준의 측정**
　① 기본원칙: **상호배타성, 포괄성, 논리적 연관성**
　② 대상을 **유사성과 상이성**에 의해 구분하여 명목상의 이름·숫자를 부여한다.
　　예 남, 여에 각각 1과 2의 숫자를 부여한다.
　③ **상호배타적이고 포괄적인 카테고리(범주)로 구분하여 수치를 부여하는 것**으로 한 카테고리 내의 모든 대상이 동등하다는 속성을 기본으로 한다.
　④ 부여된 수치는 **단순한 구분을 위한 것일 뿐, 계량적 의미를 가지고 있지 않다.**
　⑤ 가장 낮은 수준의 측정이다.
　⑥ **가감승제는 성립하지 않는다.**

(2) 서열수준의 측정
① **기본원칙**: 명목척도의 원칙에 **이행성[1]**, **비대칭성[2]**을 추가
② 단순한 명칭·숫자 부여에서 **한발 더 나아가 상대적 순서·서열을 부여한**다.
  예) 1등, 2등, 3등
③ 숫자는 범주 및 순서의 정보이며, **거리나 간격의 의미를 가지지는 않는다**.
④ 대상을 특징·속성에 따라 일정한 범주로 분류하여 상대적 순서·서열 관계를 나타낸다.
⑤ **가감승제는 성립하지 않는다.**

(3) 등간수준의 측정
① **기본원칙**: 서열척도의 원칙에 **부가성[3]**을 추가
② 서열화에 더하여, **서열 간의 간격이 일정하도록** 연속선상에 수치를 부여한다.
  예) 온도, IQ
③ **가감(+, -)은 가능하나, 승제(곱셈, 나눗셈)는 가능하지 않다.**
④ **절대영점[4]이 존재하지 않는다.**
  예) 온도가 0이라고 해서 온도가 없는 것은 아니다.

(4) 비례수준의 측정
① **기본원칙**: 등간수준의 원칙에 **절대영점과 비례성[5]**을 추가
② 명목, 서열, 등간수준 측정에 더하여, **절대 영점**을 가진 척도로써 수치를 부여한다.
  예) 소득, 무게가 0이라면 아무것도 없다는 뜻을 나타낸다.
③ 절대적 기준을 가지고 속성의 상대적 크기 비교 및 절대적 크기까지 측정할 수 있도록 **비율의 개념**이 추가된다.
④ **가감(+, -)은 물론 승제(곱셈, 나눗셈)까지 가능하여 배수의 개념이 성립한다.**
⑤ 가장 높은 수준의 측정으로 가장 많은 정보를 포함하고 있다.

2 측정의 종류
측정을 다음과 같이 분류할 수 있다.

본질 측정 (Fundamental Measurement)	특정한 사물의 속성을 나타내는 **본질적 법칙에 따라 계량화(숫자를 부여**하여 측정)하는 것으로, **A급 측정**이라고 한다. 예) 몸무게를 체중계로 측정하는 것
추론 측정 (Derived Measurement)	특정한 사물·사건의 속성 측정을 위해 **관련된 다른 사물·사건의 속성을 측정**하는 것으로 특정한 법칙에 따라 속성들 간의 관계가 결정된 후 이에 근거하여 측정한다. **B급 측정**이라고 한다. 예) 부피와 질량 사이의 비율을 통해 밀도를 간접적으로 측정하는 것
임의 측정 (Measurement by Fiat)	특정한 **속성과 측정값 간에 관계가 있다고 가정하고 측정하는 것**이다. 특정한 **규칙 등에 따라 어떤 대상의 값을 정하는 것**으로 논리적 가정에 의존하는 조작적 개념에 의한다. 다수의 사회과학이 임의측정에 의한다. 예) 일정한 분야들에 대한 평가치를 측정하고 종합하여 그 나라의 민주주의 정도를 추론하는 것

---

[1] **이행성(Transitivity)**
비교연구에서 사용되는 개념으로 A와 B를 비교하고 B와 C를 비교한 경우 A와 C를 비교할 수 있다는 것이다. 즉 A가 B보다 크고(A>B) B가 C보다 크면(B>C) A는 C보다 크다는 것(A>C)이다.

[2] **비대칭성**
개체나 항목들의 위치나 순서가 좌우대칭이 아니고 한쪽으로 치우쳐져 있는 것으로 X>Y이고 Y>Z이면 X가 Z에 대한 크기가 절대적으로 크다는 것이다.

[3] **부가성(Additivity)**
어떤 두 값의 차이와 다른 값의 차이가 동일할 때, 그 차이가 의미하는 바가 동일하다. 즉 온도에서 0도와 10도의 차이와 20도와 30도의 차이가 모두 10도로 동일하다는 것이며 이에 따라 실제로 가감에 관한 계산이 의미가 있게 된다.

[4] **절대영점(Absolute Zero point)**
속성이 전혀 존재하지 않는 상태인 자연적 영점이다.

[5] **비례성(Proportionality)**
두 개체나 항목의 비율이 일정할 때, 측정값의 비율도 일정하게 변화한다는 것이다. 즉 1센티미터의 길이는 2센티미터의 길이의 1/2이고, 2센티미터의 길이는 1센티미터 길이의 2배라는 것으로 이에 따라 나눗셈이 의미가 있게 된다.

Chapter 03 척도의 기본개념과 유형

1 척도(Scale)의 기본개념

1. 개념
(1) 측정의 단위이자 일종의 **측정도구**(예 체중계)이며 **일정한 규칙에 따라** 측정대상에 적용할 수 있도록 만들어진 일련의 **체계화된 기호 또는 숫자로, 계량화를 위한 도구**이다.
(2) 일정한 규칙에 입각하여 **연속체**(연속체는 하나의 개념을 반영해야 함)**상에 표시된 숫자나 기호의 배열**을 가리킨다. 척도의 **개별문항들은 하나의 연속체**를 이루며 하나의 척도는 **단일차원성**을 전제로 구성한다.
   예 매우 불만족 - 불만족 - 보통 - 만족 - 매우 만족
(3) 척도를 **구성하는 방법**은 측정하려는 **변수의 구조적 성격에 따라 결정된다**.

2. 척도의 조건과 기본 특성
척도는 **수량화를 위한 도구**로서 다음과 같은 조건과 기본적 특성을 갖는다.

(1) 조건
  ① **단순성**: 척도의 계산과 이해가 용이해야 한다.
  ② **유용성**: 실제적으로 활용이 가능해야 한다.
  ③ **타당성(= 정확성)**: 척도가 측정하고자 하는 것을 정확히 측정해야 한다. 즉 대상을 적절하게 대표해야 한다.
  ④ **신뢰성(= 일관성)**: 상황을 달리해서 측정해도 같은 결과가 나와야 한다.

(2) 기본적 특성
  ① **연속성**: 척도는 측정대상의 **속성과 1:1 대응의 관계**를 맺으면서 대상의 속성을 양적 표현으로 전환한다.
  ② **단일차원성**: 척도의 구성항목들은 단일차원성을 가져야 한다.
  ③ **단일 개념의 연속체**: 단 하나의 개념을 반영하는 하나의 연속체이다.
  ④ **합성측정(Composite Measurement)**: **복수의 문항들**로 구성된 합성측정의 형태이다.

3. 척도의 필요성·유용성
(1) 변수에 대한 양적 측정치를 제공함으로써 특정대상의 **속성을 객관화**하여 본질을 파악하게 한다.
(2) 측정대상들 간의 관계, **대상 간의 비교**를 정확하게 할 수 있도록 한다.
   ☞ **측정의 신뢰성**을 높여준다.

> **참고**
>
> **합성측정**, 즉 **복수 지표(문항)들로 구성**된 척도를 사용하는 것은 단일문항(지표)을 사용하는 것에 비교하여 다음과 같은 특징을 가진다.
> ① 하나의 개념이 갖는 **다양한 의미에 대해 포괄적 측정**이 가능하다.
> ② 측정도구의 안정성 및 내적일관성 등 **신뢰도**를 높일 수 있다.
> ③ **측정의 오류를 감소**시킨다.
> ④ **척도의 단일 차원성 여부를 분석**할 수 있다.
> ⑤ 여러 문항(지표)을 **하나의 점수로 나타냄**으로써 **자료의 복잡성을 감소**시킬 수 있으며, 하나의 지표로 측정하기 어려운 **복합적 개념들을 측정**할 수 있다.

2 척도의 유형 및 비교

1. 유형(정보의 양과 척도의 수준에 따른 분류)

(1) 명목척도

① **측정대상을 몇 개의 상호배타적 범주로 구분하는 수치를 부여한다.**
  - 특성을 분류하거나 확인하는 것이 목적으로, **숫자가 아무런 계량적 의미를 갖지 않는다.**
  - 단순 구별이 목적으로 범주에 대한 표시일 뿐 양적 의미를 갖지 않는다.
    예) 성별(남성: 1, 여성: 2), 종교(기독교: 1, 천주교: 2, 불교: 3), 카드번호, 자동차 번호, 주민등록번호, 운동선수의 등 번호 등

② **사칙연산이 성립하지 않는다.**
③ **통계기법:** 비모수통계

(2) 서열척도

① **명목척도의 속성에 서열성을 추가한 것으로 명목척도보다 상위수준의 척도**이며, 단지 **상대적 순위**만을 결정한다. 차이가 등간격이 아니므로 **각 숫자간의 차이는 의미를 두지 않는다.**
  ☞ 더 크다, 더 높다 등 상대적 지위의 순위만 부여한다.

② **사칙연산이 성립하지 않는다.**
③ **통계기법:** 비모수통계

(3) 등간(간격)척도
① **서열척도 속성에 더해서 대상들 간의 간격을 표준화, 즉 간격의 동일성을 의미하는 척도**이다.
　예 IQ, 온도, 성적(100점 만점 등) 등 **표준측정단위가 존재한다.**
② **절대영점이 존재하지 않는다.**
　예 온도가 0이라고 해서 온도가 없는 것은 아니다.
③ 사칙연산 중 **'가감'은 성립한다.**
④ **통계기법**: 모수통계

(4) 비율척도
① **사칙연산이 모두 가능한 가장 높은 수준의 척도로 승제로 표시되는 비례 조작이 가능**하다.
　예 소득, 매출액, 몸무게 등
② 등간척도의 특성에 더하여, **절대영점이 존재한다.**
　예 소득이 '0'이라면 소득이 없다는 뜻이다.
③ 사칙연산의 **가감승제가 모두 성립**하며 모든 통계치의 산출이 가능하다.
④ **통계기법**: 모수통계

> **참고**
>
> **모수통계와 비모수통계**
> (1) 모수통계
> 　모집단의 특정한 분포(정규분포)를 가정하고 표본을 추출하여 모집단의 특성을 추론하는 방법으로 통계적 검증을 한다.
> (2) 비모수통계
> 　모집단에 대한 가정을 전제로 하지 않고 모집단 형태에 관계없이 주어진 데이터에서 직접 확률을 계산하여 통계적 검증을 한다.

> **참고**
>
> **척도에 있어서 발생할 수 있는 오류**
> (1) 논리적 오류
> 　명목척도를 서열수준의 통계분석을 한 경우 발생한다.
> (2) 정보의 손실
> 　정교한 수준의 측정값을 낮은 수준에 적합한 통계기법으로 분석하는 경우에 발생한다.

2. 비교

(1) 명목척도, 서열척도, 등간척도, 비율척도의 구분 기준은 제공되는 정보의 양, 자료분석에 이용할 수 있는 통계적 방법의 수준이다.

(2) 정보의 양은 [명목 < 서열 < 등간 < 비율]의 순이며 명목척도에서 비율척도로 갈수록 자료분석 시 활용할 수 있는 통계적 방법의 수준이 높다.

구분	명목	서열	등간	비율
의미와 속성	단순히 분류적인 개념	명목척도의 속성 +서열성	명목척도 속성 +서열성 +등간성 (절대영점 없음)	명목척도 속성 +서열성 +등간성 +절대영점 존재
가능한 사칙연산	(가감승제 불가) =, ≠	(가감승제 불가) =, ≠, >, <	(가능) +, − (불가) ×, ÷	(가감승제 가능) +, −, ×, ÷
가능한 중심경향치	최빈수	최빈수, 중위수 (중앙값)	최빈수, 중위수, 산술평균	최빈수, 중위수, 산술평균, 조화평균, 기하평균 등
기타 가능한 통계치	빈도, 백분율	빈도, 백분율, 범위	빈도, 백분율, 범위, 표준편차, 피어슨상관계수	빈도, 백분율, 범위, 표준편차, 피어슨상관계수, 변동계수 등
예	성별, 지역, 종교 등	등수, 선호순위 등	온도, IQ 등	소득, 몸무게 등
주요 통계분석기법	빈도분석, 교차분석	순위상관관계, 스피어만 상관계수	t-검정, 분산분석, 상관분석, 회귀분석	t-검정, 분산분석, 상관분석, 회귀분석 포함 모든 모수통계기법
모수·비모수 통계	비모수통계	비모수통계	모수통계	모수통계

Chapter 04 척도의 구성기법

1 리커트 척도(Likert Scale)

1. 개념
총화평정척도(Summated rating scale)라고도 한다. 하나의 주제를 척도의 중심내용으로 잡아서 진술 세트를 구성하고, 그 진술들에 대하여 응답자에게 **긍정·부정(동의·동의하지 않음)의 정도가 어디까지인지**를 표시하게 한다. 이를 **합산 또는 평균**한 결과로 응답자의 **태도**를 측정한다.
☞ 단순합산법을 사용한다.

 예시

피트니스센터 이용 만족도(매우 부동의 1점 ~ 매우 동의 5점)
(1) A 응답자

	매우 그렇지 않다 (부동의) 매우 불만족 1점	조금 그렇지 않다 (부동의) 불만족 2점	보통이다 보통 3점	조금 그렇다 (동의) 만족 4점	매우 그렇다 (동의) 매우 만족 5점
친절에 만족하십니까?	∨				
청결에 만족하십니까?					∨
가격에 만족하십니까?	∨				
시설에 만족하십니까?					∨
평균			3		

(2) B 응답자

	매우 그렇지 않다 (부동의) 매우 불만족 1점	조금 그렇지 않다 (부동의) 불만족 2점	보통이다 보통 3점	조금 그렇다 (동의) 만족 4점	매우 그렇다 (동의) 매우 만족 5점
친절에 만족하십니까?			∨		
청결에 만족하십니까?			∨		
가격에 만족하십니까?			∨		
시설에 만족하십니까?			∨		
평균			3		

☞ 응답자의 강도가 무시될 수 있다.
A의 경우 청결과 시설에 대해서는 만족하나 친절과 가격에 대해서는 불만족하고 있다. 따라서 다른 곳으로 옮길 수 있는 개연성이 있는데, 이는 B의 태도와 차이가 난다. 이러한 강도가 무시될 수 있다.

① 여러 개의 문항들을 하나의 척도로 사용(다문항 척도)하여 다양한 문항으로 강도를 측정한다.
　☞ 항목들은 통일된 개념을 측정하기 위한 항목으로 구성되어야 한다.
② 측정하고자 하는 개념을 응답점수의 총합이 대표한다는 가정 하에 주로 태도를 측정하는 척도이다.
　☞ 전체 문항의 평점을 총화(합산)하고 이를 문항수로 나눈 평균치로 태도점수를 산출한다.
③ 항목들은 동일한 태도가치를 갖는다고 전제한다.
　☞ 각 문항이 속성에 대해 동일하게 기여한다고 전제한다.
④ 관련 문항 간의 높은 상관관계를 전제한다. 즉 진술들 사이에 높은 연관성을 전제한다.
　☞ 동일한 개념을 여러 문장(항목)으로 질문하는데, 이러한 항목들이 내적일관성을 가져야 한다. 신뢰성 측정에 관련된 방법으로 이를 평가할 수 있으며 내적일관성 검증을 통해 신뢰도가 낮은 항목을 제거하여 신뢰성을 높일 수 있다.
⑤ 각 문항에 대한 가중치를 다르게 부여할 수 있다.
⑥ 연속체 상의 특정위치로 표시되는 것으로 5점, 7점 척도를 많이 사용한다.
⑦ 서열적 수준의 변수를 측정하는 것으로, 서열척도와 등간척도의 중간수준이나 통상 등간척도로 간주되지만 엄격한 의미에서는 등간척도로 보기 어렵다.
⑧ 사용하기 쉽고 직관적인 이해가 가능하여 사회조사에서 널리 사용된다.

2. 척도 구성 방법

(1) 살펴보고자 하는 변수와 관련된 진술들을 수집한다.
(2) 5점 척도(일반적)로 구성된 응답범주를 설정한다.
　☞진술이 하나의 척도가 된다(각각의 척도를 합한 것이 전체척도이다).
(3) 긍정적 문항, 부정적 문항을 선정 및 조사문항 간 신뢰도(일관성)를 검증하여 부합되지 않는 것들은 제외한다.
(4) 각 응답자 전체점수를 계산하여 응답자들을 총점 순위에 따라 배열한다. 상위 응답자들과 하위 응답자들의 각 문항에 대한 응답점수의 차이를 계산하여 각 문항의 판별력을 계산하여 척도 문항을 분석한다.
(5) 최종적으로 몇 개의 진술을 선택하여 질문지를 작성한다(척도 구성).

3. 장점과 한계점

장점	① 지표구성이 단순하고 경제적이다. 즉 **여러 지표들을 동일한 응답 카테고리로 측정**하며 **적은 문항으로도 높은 타당성**을 얻을 수 있다. ② **응답카테고리가 명백하게 서열화**되어 있어서 응답자들에게 혼란을 주지 않는다. ③ **일정한 방향으로 태도를 질문**하므로 일관성이 있다. 즉 신뢰도가 높다. ④ 항목에 대한 **응답범위**에 따라 **측정의 정밀성**을 확보할 수 있다. ⑤ 각 문항에 대한 가중치를 다르게 부여할 수 있다.
한계점	① 총점으로는 각 문항에 대한 응답의 강도를 정확히 알 수 없다. ☞ 동일 태도를 가진 응답자들도 응답범주 내 선택항목들이 항상 일치하지는 않는다. 즉 각각의 문항별 태도가 각기 구분되어 의미를 갖지 못한다. ② 척도가 측정하고자 하는 개념을 제대로 측정하고 있는지의 문제가 여전히 남는다. ③ 척도문항에 대한 응답유형을 대체로 정규분포로 가정하지만, 항상 정규분포 가정을 지키는 것은 아니다. ④ 엄격한 의미에서의 등간척도가 되기 어렵다.

* 리커트 척도의 단일차원성 검토를 위해 인자분석(요인분석, Factor Analysis)을 사용하기도 한다.

2 서스톤 척도(Thurstone Scale, 유사등간척도, 등현등간척도)

1. 개념

(1) 어떤 사실에 대하여 **가장 우호적인 태도와 가장 비우호적인 태도**를 나타내는 **양 극단을 등간격으로 구분**하여 일련의 문항들을 나열하여 여기에 수치를 부여한다. 각 문항에는 **가중치**가 부여되어 있다.
 ① 응답자는 각 문항에 대하여 찬성 또는 반대 둘 중 하나를 표시한다.
 ② 응답자가 찬성하는 모든 문항들에 대해 평균을 계산한다(찬성문항수와 각 문항의 가중치 감안).

(2) 등간척도의 일종이며 **강화된 리커트 척도**의 성격이다(리커트 척도 구성문항들의 간격이 동일하지 않다는 문제점을 보완하기 위해서 주요 항목에 가중치 부여).

(3) **평가자들의 평가에 근거**하여 문항을 분류하고 척도를 구성한다.

예시

1. 사회적 책임을 위해서 개인의 행복추구권이 제한되는 것은 절대 있을 수 없다.
2. 사회적 책임 앞에 개인의 행복 추구권이 제한되는 것은 특정한 경우에 한해야 한다.
3. ~ 10.   (중략)
11. 사회적 책임을 위해서 개인의 행복추구권이 제한되는 것은 얼마든지 수용가능하다.

2. 척도 구성방법

(1) **평가자들의 평가에 근거**하여 문항을 분류한다. 즉 척도를 구성할 문항들이 척도의 어느 위치에 위치하게 될 것인가를 판단한다.
(2) **의견일치도가 높은 항목**을 감안하여 조사자가 척도에 포함될 적절한 문항들을 선정한다.
(3) 척도를 구성하고 문항에는 각 가중치를 부여한다.
   예 가장 긍정: 1점, 중간: 6점, 가장 부정적: 11점

진술과 의견 수집	**측정하고자 하는 변수를 명확히** 규정하고 **진술과 의견들을** 문헌조사, 전문가 의견 등의 방법을 거쳐 광범위하게 **수집한다.**
평가자의 평가·판단	간결하게, 양면적 진술은 피하면서 측정하고자 하는 변수와 연관성을 고려하여 '매우 긍정'에서 '매우 부정'에 이르기까지 **100여 개의 다양한 진술로 정리·압축한다.** 이 진술들을 평가자들에게 제시하여 **평가자들은 이 진술들을 일정 수의 카테고리(5개, 7개, 11개 등, 보통 11개 사용) 중 적절한 위치에 서열적 순서로 위치시킨다.**
문항결정	조사자는 **평가자들이 판단한 위치를 근거**로 각 문항들의 척도 값을 계산하고, **평가자들의 의견 일치 정도가 높은 항목들로 척도에 포함될 문항들을 결정한다.**
척도구성	척도에서 각 범주간의 거리를 같게(등간격) 하는 것을 목표로 최종적으로 척도를 구성한다.

3. 장점과 한계점

장점	① 문항 간의 **등간격성**: 질문 문항들을 정리하여 가능한 한 간격을 같도록 한다. 　☞ **일반적 서열척도보다 한 수준 높은 등간척도 수준**을 유지하려 한다. ② **질문이 평가자들에 의해 선정**됨으로써 문항 선정이 비교적 정확할 수 있다.
한계점	① **등간격성의 가정이 비현실적**이다. ② 평가 작업에 **과다한 비용과 시간이 소요**된다. ③ 평가자의 **주관과 편견이 개입**될 가능성이 있다. 문항의 우호정도를 평가자들이 결정하며, 평가자들 간 불일치정도가 높은 문항은 제외된다. 문제 완화를 위해서 평가자 수를 늘리는 방법을 사용할 수 있다. ④ **매우 복잡**하고, **척도점수 해석이 어렵다.** 개인의 척도점수는 그의 응답에 대한 평균이므로 응답이 다양하게 달라도 유사한 점수가 가능하다. ⑤ 평가자들이 가지고 있는 태도와 관계없이 질문들을 객관적으로 분류할 수 있으며 따라서 문항이 갖는 척도 값은 그 문항을 분류하는 평가자의 태도의 분포와 통계적으로 독립적이라는 가정을 하고 있는데, 이러한 부분에 대해 현실성이 떨어질 수 있다.

3 평정척도(Rating Scale, 등급척도)

1. 개념
(1) 평정자에게 눈금체계 등 척도점을 제시하고 자신이나 타인 또는 사물에 대한 판단을 표시하기 위해 **특성의 상대적 가치에 따라 구별되어 있는 척도점에 체크하도록 한다.** 일정한 **등급방식**에 의한 평가이다.
  ① 일정한 기준에 따라 일정수치를 부여하거나 몇 개의 범주로 구별하여 만든 척도로 대상에 **등급별로** 일정한 수를 부여하여 대상자를 몇 개의 카테고리로 구별하는 척도이다. **대상에 등급을 매긴다는 의미**에서 평정척도라고도 부른다.
  ② 평정자는 평가대상을 한 **연속체에 입각**(측정대상의 연속성을 전제)해서 평가한다.
    예 '1등급, 2등급, 3등급', '수우미양가'와 같이 연속성이 있는 어떤 차원이나 영역에 대하여 평가한다.

(2) 항목 간의 차이를 숫자, 언어, 그림 등의 형태로 보여준다.

(3) 비교대상이 되는 행동·사건에 대해 동일한 참조체계를 가지고 평가할 수 있도록 해야 한다.

(4) 유의사항
응답범주의 수를 가능한 한 많도록 하는 것은 좋지 않으며, 이외 다음의 사항을 고려해야 한다.
  ① **평정하려는 요인·특성**은 명백하게 규정되어 그 척도를 사용하는 **모든 평정자에게 같은 의미를 전달**해야 한다.
  ② 모든 관찰자가 **쉽게 관찰할 수 있는 특성**으로 구성한다. 즉 모든 관찰자가 쉽게 관찰할 수 없는 특성은 배제한다.
  ③ 사람마다 다르게 해석할 수 있는 용어는 피하는 것이 좋다.
  ④ **범주들은 상호배타적**이어야 하며 **응답 가능한 상황을 모두 포함**하고 있어야 한다.
  ⑤ **응답범주들은 논리적 연관성**을 가지고 있어야 하며 **찬반의 응답범주 수가 균형**을 이루어야 한다.

2. 종류
(1) 수적 평정척도
  각 척도치에 **숫자를 배정**(일종의 점수)해 놓은 척도로 결과에 대한 통계적 분석이 용이하다. 각 카테고리에 수와 언어적 표현을 부가해서 두는 것이 좋다.

 예시

> A의원의 의정활동에 대한 평가
> 4. 아주 잘하고 있다.
> 3. 잘하고 있다.
> 2. 잘못하고 있다.
> 1. 매우 잘못하고 있다.

(2) 기술(카테고리) 평정척도

행동의 어느 한 차원을 몇 개의 **연속성 있는 카테고리**로 나눈다. 평가자는 그 측정대상의 특수성을 이렇게 미리 정하여진 일정 수의 카테고리에 입각해서 평가한다.

 예시

> B교사의 학생들에 대한 관심도
> ( ) 매우 관심이 높으며 학업 뿐만 아니라 가정생활까지 신경을 쓴다.
> ( ) 관심을 가지고는 있지만 학업에 대해서만 신경을 쓴다.
> ( ) 특별한 사안에 대해서만 선택적으로 관심을 갖는다.
> ( ) 전혀 관심이 없으며 학교 행정에 입각해서만 처우한다.

(3) 도표식 평정척도

시각적 단서를 활용하는 척도이다. 일정한 선과 기술적 용어를 합쳐서 만들며 행동의 연속성을 가정한다. 다양한 형태가 있다.

 예시

(4) 표준 평정척도

평가대상들을 **다른 대상들과 비교할 수 있도록 구체적 준거틀**을 제시한다.

 예시

영업기획팀 직원들의 직무능력					
구분	하위 5%	하위 20%	중간 50%	상위 20%	상위 5%
1. 창의력					
2. 수리력					
3. 소통능력					

3. 장점과 한계점

장점	① 다른 척도에 비해 시간과 비용이 절약되며 **만들기 쉽고 평가가 쉽다.** ② **다양한 대상과 행동 관찰에 적용 가능**하며 행동의 질에 대한 평가도 가능하다. ③ 다른 자료수집방법에 대한 보충적 방법으로 사용이 가능하다. ④ 관찰자료를 수량화할 수 있어 개체 간 비교가 가능하다.
한계점	① **평가자의 성격에 따른** 관대화의 오류 또는 가혹의 오류, 후광효과의 편견 등의 개입 가능성이 있다. ② **객관성 유지가 어려울 수 있다.** ③ 원인이나 전후 사정을 설명하지 못한다.

> **참고**
>
> 평정에서 발생가능한 주요 오류들
> ① **연쇄화**: 후광효과로, 한 측면을 기준으로 첫 문항에 대해 평가한 것을 다른 문항에까지 함께 평가하게 되는 경향이다.
> ② **관대화**: 실제에 비해 관대하게 평정하여 처리하려는 경향이다.
> ③ **집중화**: 무난하고 원만한 평정으로 집중하는 경향이다.
> ④ **대조오류**: 평가자가 자신의 특성과 대조되는 특징을 대상자에게 찾아내서 그것을 부각시키는 경향이다.

4 보가더스(Bogardus) 사회적 거리(Social Distance) 척도

1. 개념

(1) **사회적 거리감의 정도(집단 간의 친밀정도)를 측정**하기 위해 **서열적 측정방법의 연속적 문항들을 사용**하는 척도로 **단일차원의 서로 이질적인 문항들로 구성**된다.
(2) 개인 간 또는 어떤 집단 간의 **관계**(⑩ 민족과 민족 등)**를 규명**할 수 있다.
(3) **각 점간의 등간격을 가정**하며, 서스톤 척도와 마찬가지로 **평가자들의 평가에 의해 척도를 결정**한다.
(4) 사회적 거리 측정에 **척도의 연속체 개념**을 최초로 도입하는데 공헌하였다.

예시

타민족과의 사회적 거리감: 한국인의 경우

구분	미국인	중국인	일본인	독일인
결혼하여 가족 허용	1(Y) 0(N)	1(Y) 0(N)	1(Y) 0(N)	1(Y) 0(N)
동호회 가입 허용	1(Y) 0(N)	1(Y) 0(N)	1(Y) 0(N)	1(Y) 0(N)
이웃으로 받아들임	1(Y) 0(N)	1(Y) 0(N)	1(Y) 0(N)	1(Y) 0(N)
직장동료로 받아들임	1(Y) 0(N)	1(Y) 0(N)	1(Y) 0(N)	1(Y) 0(N)
우리국민으로 허용	1(Y) 0(N)	1(Y) 0(N)	1(Y) 0(N)	1(Y) 0(N)
우리나라 방문 허용	1(Y) 0(N)	1(Y) 0(N)	1(Y) 0(N)	1(Y) 0(N)
국외로 추방	1(Y) 0(N)	1(Y) 0(N)	1(Y) 0(N)	1(Y) 0(N)

2. 구성절차

(1) 사회적 거리와 관련하여 **의견을 수집**한다.
(2) **평가자들이 평가하고 배열**(불분명한 것들을 제외, 먼 것부터 가까운 것까지 순서대로)한다.
(3) 가능한 **등간격** 항목 선정하여 척도를 구성한다.

3. 장점과 한계점

장점	① 집단 상호 간의 거리 측정에 유용하다. ② **적용범위가 넓다**. 집단뿐만 아니라 **개인이나 추상적 가치 등에 대해서도 적용 가능**하다. ③ **예비조사에 적합**하여 활용가능하다.
한계점	① 서열화된 척도를 연속체상에 배치하여 **이론적으로는 응답자가 서열적인 선택을 하도록 만들지만** 응답자들은 하위 항목에서 상위 항목까지 **혼합적으로 선택하기도 한다**. ② 척도들 간에 명백하게 구분할 수 있는 것을 가정하지만 척도점은 명백하게 구분이 안 되는 경우가 많다. ☞ **척도점들 사이에 등간격을 가정하지만 이를 경험적으로 입증하기는 어렵다**(사실상 등간격으로 보기 힘들다). 따라서 예비조사 등에 사용될 경우 **제한적으로 사용**한다.

* **보가더스 사회적 거리 척도의 평가**: 신뢰도 평가에는 재검사법을 사용한다(타당도는 집단비교법 등 활용).

5 거트만(Guttman) 척도(누적척도, 척도도식법)

1. 개념

(1) 보가더스 사회거리 척도를 발전시킨 척도로 **태도의 강도에 대한 연속적 증가유형을 측정**하고자 하는 척도이다. 측정에 사용되는 **개별항목 자체에 서열성을 미리 부여한 척도**이며 **합성측정**의 유형이다. 다양한 강도를 가진 어떤 태도유형에 대해 **강도가 가장 약한 표현부터 가장 강한 표현에 이르기까지 서열적 순서를 부여**하여 강도가 다른 문항들을 척도화시킨 것이다. 문항들의 강도가 달라서 특정 문항이 다른 지표보다 더 극단적 지표가 될 수 있다는 점에 근거하고, 이를 척도화시킬 수 있다는 전제이다.

(2) 태도의 **단일차원성**[1]**의 경험적 검증**이 가능하도록 설계되었고, **누적성의 개념**이 결합되었다.

> 1) **태도의 단일차원성**
> 태도라는 하나의 변수가 일관성 있고 서로 상충되지 않는 요소들로 구성되어 있다는 것이다.

참고

(1) **누적성**
가장 강한 정도를 나타내는 문항에 대한 응답으로부터 다른 문항에 대한 응답을 예측할 수 있다는 것이다. 질문이 진행됨에 따라 강도를 점차 증가시켜서 어느 하나의 문항을 인정했다면 그 이하의 문항을 인정하는 것이라는 논리를 적용한다. 즉 **응답자들이 가장 어려운 항목에 찬성할 경우, 나머지 쉬운 항목들에 대해서는 자동적으로 찬성하고 쉬운 항목에 반대하는 경우에는 그보다 어려운 항목들에 대해서는 자동적으로 반대한다는 것이다**. 이러한 가정 하에 구성된 척도이므로 **응답내용을 역유추**하는 것이 가능하다는 원리이다.
 ☞ 특정 강도의 응답이 그보다 낮은 강도에 해당하는 모든 질문들에 대한 응답을 포함하며 일정 강도에 이르려면 낮은 단계로부터 점차적으로 올라가야 한다.

(2) **단일차원성**
하나의 변수를 측정할 수 있도록 **척도의 문항들이 하나의 차원에서 등급화되었다는 것**이다.

예시

동의 = 1, 동의하지 않음 = 2로 정한 경우
(1) 이상적 패턴

구분	지역방문 허용	주민회 참여 허용	동호회 가입 허용	결혼하여 가족 허용
응답자 A	1	1	1	1
응답자 B	1	1	2	2
응답자 C	1	1	1	2

(2) 응답 결과

구분	지역방문 허용	주민회 참여 허용	동호회 가입 허용	결혼하여 가족 허용
응답자 A	1	2	2	1
응답자 B	1	1	2	2
응답자 C	1	1	1	2

☞ 응답자 A의 응답결과 중 주민회 참여 허용, 동호회 가입 허용에 관한 문항이 이상적 패턴과 일치하지 않는다.

참고

(1) **재생가능성**
누적척도 구성의 결정적 요소로 재생가능성을 통해 응답자의 응답이 이상적인 경향을 띠는지 아닌지에 대해 판단하고 척도의 질과 유용성을 판단한다.

(2) **재생계수(coefficient of reproducibility)**
① 완전한 척도유형과 **일치정도를 측정**하기 위해 사용하며 **0~1**까지의 범위이다.
② 공식: $1 - \left(\dfrac{\text{오차수}}{\text{문항수} \times \text{대상자수}}\right)$

☞ 위 문제에 적용해보면 재생계수 $= 1 - \left(\dfrac{2}{4 \times 3}\right) = 0.84$

③ 1이면 완벽하게 척도가 구성되었다고 본다. 일반적으로 0.9 이상이 되어야 바람직한 거트만 척도라 할 수 있다.

2. 구성절차

(1) 척도화가 가능한 개념을 결정하고 그에 맞는 모집단을 정의한다.
(2) 모집단 항목으로부터 단일차원적 척도를 형성하는 문항집단을 선택한다.
(3) 문항들을 내용 강도에 따라 누적적·서열적으로 배열한다.
(4) 응답 획득 및 오류 확인(누적적인지 여부 등)을 한다.
(5) 척도의 유용성 검증을 목적으로 재생계수를 산출한다.
(6) 척도를 구성한다.

3. 장점과 한계점

장점	① 일반적으로 개인과 조직의 **특정대상에 대한 태도적 개념** 측정에 유용하다. ② 분석수준이 최소한의 서열적 수준이므로 복잡한 수학이 요구되는 것은 아니다. ③ **누적적으로 되어 있기 때문에 다른 문항들에 대한 응답을 미리 예측할 수 있다.** ④ **누적적 형성으로 하나의 변수를 측정하여 단일차원성**을 갖게 된다. ⑤ **이론적으로 우월하다.**
한계점	① 질문내용을 일관성을 유지하면서 누적적으로 작성한다는 것이 **어렵다.** ② 척도가 어떤 개념의 존재 여부에 대한 증거를 결정적으로 제공하지는 않는다. ③ 두 개 이상의 변수를 동시에 측정하는 다차원 척도로는 사용될 수 없다.

6 소시오메트리(Sociometry)

1. 개념

(1) 집단구성원 간의 **친화와 반감**을 조사, 친화와 반감의 빈도와 강도에 의해 집단내의 구조를 측정하고 **집단 구조를 이해**하려는 방법으로, **구성원들 사이에 존재하는 관계의 총체적 구조를 단순화하거나 도표화**한 것이다.

(2) 집단 내 인간관계, 커뮤니케이션, 상호작용의 패턴 등에 관한 자료를 분석하며 네트워크 분석과 관련이 있다.

(3) 일반적으로 **모레노를 중심으로 발전한 인간관계의 측정에 관한 방법**을 의미하며 **집단결속력** 정도를 비교할 때 활용 가능하고, 구성원이 **소수**일 때 적용이 가능하다.

(4) 리더십 연구와 **집단내의 갈등, 응집**에 관한 연구에서 사용된다.

(5) 주관적 경험을 통한 현상학적 접근으로 집단의 구조를 이해하려 하는 것이다.

2. 작성 절차

(1) 질문을 작성

 예시

① 누구를 가장 좋아하는가?
② 누구와 가장 같이 일하고 싶은가?
③ 같이 일하고 싶은 사람을 순서대로(서열화) 고르시오.
④ 동료들에 대한 호감의 정도를 각각 숫자(% 등)로 표시하시오.

(2) 도표화 및 해석 등을 진행

① 소시오그램

집단구성원 간의 영향관계, 의사소통관계, 지배관계 또는 친구관계를 기호를 사용하여 **그림(화살표 이용)으로 표시**한다.

예시

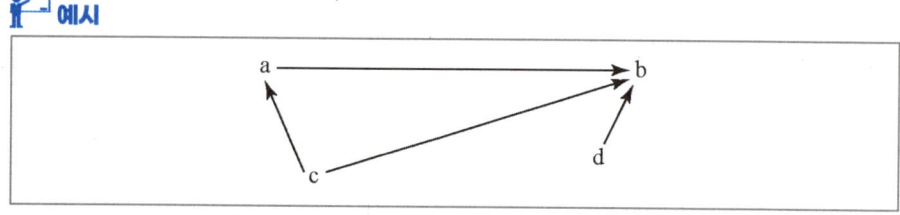

> **참고**
> 가장 많이 선택 당하면 '**인기형·스타형**', 선택하지도 선택 당하지도 않은 구성원은 '**고립형**(isolate type)', 이외 **연쇄형**(chain type: 일방적인 선택만 존재), **짝형**(pair type: 두 사람이 상호 선택), **배척형**(rejection type: 배척하는 화살이 특정인에게 많이 모임), **소외형**(neglect type: 자신이 선택한 만큼 다른 구성원에게 선택받지 못함) 등이 있다.

② **소시오메트릭 행렬**
응답결과를 행렬로 정리하여 분석. 행의 수와 열의 수를 같게 하여 사용한다. 각 구성원이 선택하고 선택받은 수를 계산할 수 있도록 한다.

> **예시**
> 누구와 가장 일하고 싶은가? (2인 선택 가능, 선택=1, 거부=0)
>
> | | | 선택당한 사람(선택대상) | | | | 계 |
> |---|---|---|---|---|---|---|
> | | | a | b | c | d | |
> | 선택한 사람 (응답자) | a | – | 1 | 0 | 0 | 1 |
> | | b | 0 | – | 0 | 0 | 0 |
> | | c | 1 | 1 | – | 0 | 2 |
> | | d | 0 | 1 | 0 | – | 1 |
> | Total | | 1 | 3 | 0 | 0 | |
>
> ☞ b가 가장 많이 선택되었다.

③ **소시오메트릭 지수**
구성원 간의 관계를 분석하기 위하여 일정한 공식에 따라 계산함으로써 지수를 산출하는 방법으로 **선택지위지수**(얼마나 다른 사람으로부터 선택을 받았는가를 나타냄), **집단확장지수**(총 구성원들이 누군가를 선택한 선택의 총수를 나타냄), **집단응집지수**(상호선택을 얼마나 했는가를 나타냄) 등이 사용된다.

3. 요건 및 고려사항

(1) 요건
소시오메트리는 집단구조와 응집력, 나아가 리더십이나 조직적응도를 측정하는 용도로 사용되며 **주요 요건**은 다음과 같다.
① 집단구조를 재구조화하는 데에 사용한다.
② 일정한 기준에 의해 선택하고 배척해야 한다.
③ 비밀을 유지해야 한다.
④ 조직 형성 이후 충분한 시간이 경과한 후여야 한다.
⑤ 적정한 규모의 집단이어야 한다.

(2) 고려사항
집단이 형성된 시간, 집단의 크기, 집단의 조사목적에서의 적합성 등이 고려사항이 된다.

4. 장점과 한계점

장점	① 자료수집이 어렵지 않다(경제적, 단순성, 신축성). ② **계량화가 쉽다.** ③ **적용범위가 넓다.**
한계점	① 조사대상에 대한 **체계적인 이론의 검토가 결여된다.** 신뢰성과 타당성에 대한 고찰 없이 측정결과를 수용하는 경향이 있다. ② **조사대상이 소수일 경우 적용 가능하다.**

7 의미분화척도(Semantic Differential Scale)

1. 개념

(1) 일직선으로 도표화된 척도의 **양극단에 서로 상반되는 두 개의 형용사**를 제시하고, 그 **사이에서** 속성을 평가하여 **선택하도록** 하는 방법이다.

(2) **어의차이척도, 어의분별척도, 의미차별화척도**라고도 한다.

(3) **하나의 개념을 주고 응답자들로 하여금 여러 가지 의미의 차원에서 그 개념을 평가하도록 하는 것**으로, **의미적 공간에 어떤 대상을 위치시킬 수 있다는 이론적 가정**에 기초한다.

(4) 오스굿(Charles Osgood)에 의해 개발되기 시작하였고, 어떠한 개념에 함축되어 있는 의미를 평가하기 위한 방법으로 고안되었다.

(5) 조사대상에 대한 **프로파일 분석**에 유용하게 사용할 수 있으며, **마케팅조사**에서 기업이나 **브랜드**에 대한 이미지, 태도 등의 방향과 정도를 알기 위해 널리 이용된다.

📌 **예시**

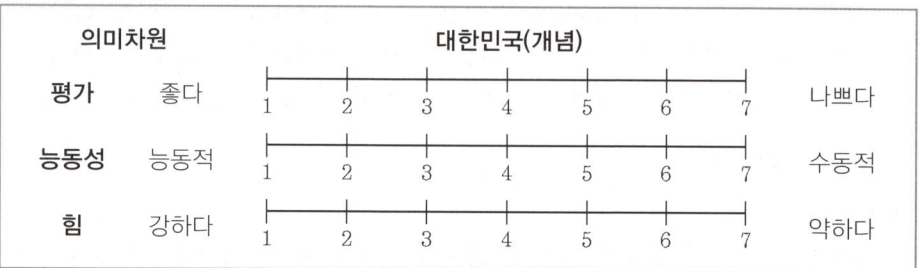

① 대상이 개인에게 주는 주관적 의미를 측정하는 방법으로 **하나의 개념을 여러 의미의 차원에서 평가하도록** 한다.

　☞ 본질적인 뜻을 몇 개의 차원에 따라 측정 → 태도의 변화를 더욱 정확히 파악한다.

② 제품들 간의 유사성, 차이점을 파악하는데 유용하며 문항을 읽지 않고 긍정 또는 부정으로 체크하려는 응답자를 통제할 수 있다. 또한 비교적 쉽게 이용할 수 있으며 응답자들에게서 신속한 응답이 가능하다.

2. 장점과 한계점

장점	① **다양한 연구 문제**에 적용 가능하다. ② 신속성 및 경제성이 있다. ③ **가치와 태도 측정**에 유용하다. ④ 다변량분석에 적용이 용이하도록 자료를 얻을 수 있게 해준다.
한계점	① 어의차가 애매한 경우가 있다. ② 개념이나 판단에 있어서의 **기준 선정이 어렵다**. ③ 명확한 등간격이라고 보기 어렵다.

3. 척도 작성 시 고려사항

① 태도 등에 대한 차원을 선정해야 한다.
② 사용할 용어를 선정해야 한다.
③ 평가도구를 작성해야 한다.
④ 응답자에 대한 평가를 해야 한다.

8 스타펠 척도(Stapel Scale)

(1) 가운데에 하나의 수식어를 부여하고 응답의 강도를 측정한다. **태도의 방향과 그 강도를** 측정하기 위해 사용된다. 의미분화척도의 변형이다.
　☞ 의미분화척도는 양 극단에 수식어를 부여한다.
(2) 일반적으로 음수(-) 값으로 갈수록 부정을, 양수(+) 값으로 갈수록 긍정을 의미한다.
(3) 문항 구성이 쉽고 간결하다.

 예시

현재 이용하고 있는 OTT서비스 평가		
+5　+4　+3　+2　+1	흥미있는 콘텐츠가 많음	-1　-2　-3　-4　-5
+5　+4　+3　+2　+1	상담센터의 지원이 우수함	-1　-2　-3　-4　-5

9 기타의 척도법

순위법 (Rank-order)	응답자들의 순위를 통해 비교하는 척도로, 서열척도 수준이다. 여러 대상에 대해 **특정 속성의 정도에 따라 대상의 순위를 정하는 방법**이다. 대상이 많아지면 비교가 어려워지며 서열순위척도라고도 한다.
쌍대비교법 (Paired comparison)	① 두 개의 대상을 한 쌍으로 만들어 **그 두 개의 대상 중 어느 쪽에 더 호의적인가를 비교**하는 방법이다. 순위법의 확장으로, 가장 선호하는 것을 얻을 수 있다. 서열척도 수준을 확장한 개념이다. ② [한계점] • 쌍을 비교한 측정치들 간의 모순성이 있을 수 있다. • 문항수가 많아지면 비교해야 할 쌍이 너무 많아져 비효율적이다.
항목순위법	**여러 개의 특정한 속성을 가지고 있는 정도에 따라 순서대로 몇 개 집단으로 나눈다.** 자극의 수가 많고 (보통 15개 이상) 순위를 정할 정도로 자극들에 대해 알지 못할 때 사용한다. 서열척도 수준이다.
고정총합법 (Constant Sum Scale)	서열형 질문의 변형으로 **응답자에게 고정된 수치를 부여하고 각 속성들에 대해 상대적 중요성**에 따라 자유롭게 점수를 배정하는 비교형태법이다.
연속평정법 (Continuous Rating)	속성자체의 강도를 측정하는 척도이다. **응답값을 매우 자세하게 구분**하여 평가하게 하는 것으로 정밀한 평가치가 목적인데, 응답자가 응답치를 구분할 능력이 없을 경우 혼돈을 초래할 수 있다.
비율분할법 (Fractionation Method)	**한 속성의 보유 정도를 기준**으로 다른 속성의 보유 정도를 판단하게 하는 것이다. 예 자동차의 디자인을 100이라 할 때 연비는 몇 점이고 가격은 몇 점인가

> **참고**
>
> (1) 항목평정법(Itemized Rating)
>   몇 개의 응답값을 제시하고 이 중 하나만 선택하도록 하는 것이다. 전체문항의 총점 또는 평균을 가지고 측정한다(리커트척도, 의미분화척도, 스타펠척도 등).
> (2) 단일평정법(Rating Method)
>   응답자로 하여금 현상·대상이 보유한 어떤 속성의 정도를 숫자 등을 이용하여 평가하도록 하는 것이다(등급법).

10 척도의 통계적 분석 및 구성기법

(1) 특정한 태도를 측정하기 위해서는 단일 문항(지표)보다는 여러 개의 문항(지표)들을 사용하는 것이 측정의 신뢰성을 높일 수 있다. 따라서 다양한 질문들이 고려될 수 있는데, 좋은 척도구성을 위해서는 그 중 **가장 적합한 문항들을 선택**해야 한다.

(2) 이러한 경우 **통계적 기법들을 활용**하여 척도를 분석하거나 구성하는 방법들에 대해 알아본다.

개별문항과 척도 간의 상관분석	개별문항들과 척도(종합점수) 간의 **상관계수**를 점검하고 감안하여(예 0.6 이상) 문항들을 선택해서 그 문항들로 척도를 구성하는 방법이다.
요인분석을 통한 척도의 구성	다수의 문항들에 대해 **문항 간 상관관계**를 분석하여 상관관계가 높은 문항들로 각각 그룹화 시킨다. 이 **그룹화된 문항들을 일정 기준에 의해 '요인'으로 추출**하여 이 요인들로 척도를 구성(하나의 요인으로 묶인 항목들은 하나의 개념을 측정하는 것으로 간주)한다.
회귀분석을 이용한 척도의 구성	① 적은 수로 **가장 좋은 문항들을 선별**(예 10개 문항 중 좋은 문항 6개를 선택)하고자 할 때 주로 사용한다. ② 개별문항들을 독립변수로 하고, 구성한 척도를 종속변수로 하여 단계별 회귀분석을 실행하여 설명력이 가장 좋은 문항들을 선별한다.
기준변수와의 관계분석	**개별문항**과 이론적으로 타당한 변수들로 구성된 **기준변수**(Criterion Variables)와의 **상관관계**를 살펴본다. 이때의 상관계수가 일정수준 이상인 문항들을 선택한다.

참고

상기의 통계적 구성방법에 의하여 척도를 분석할 수 있다. 즉 그러한 통계적 로직으로 척도가 잘 구성되어 있는지를 분석하는 것이다. 요인분석, 문항분석 등 외에 **주요한 척도 분석방법으로 스칼로그램 분석**(Scalogram Analysis)이 있다. 스칼로그램 분석은 척도에 포함된 여러 문항들에 대한 응답을 분석해서 이 **응답들이 가설과 어느 정도 일치하는가**를 분석하는 방법이다. **거트만 척도에 어느 정도 부합하는가를 검증**, 즉 일관성에 대해 검증하는 통계분석기법의 의미를 가진다.

11 비교척도와 비비교척도

비교척도	비비교척도
자극의 대상을 **직접비교**해서 응답을 구하는 척도이다.	자극의 대상 간의 **직접비교가 필요 없는 응답**을 구하는 척도이다.
① 순위법, 쌍대비교, 항목순위법 ② 비율분할법, 고정총합법 등	① 연속평정 ② 단일평정법 ② 항목 평정법 등

12 척도, 지수, 지표

1. 척도(Scale)와 지수(Index)

척도와 지수는 둘 다 변수에 대한 더 많은 정보를 얻기 위한 것이며, 측정의 품질을 평가하는데 이용된다. 또한 둘 다 변수의 종합적 측정도구들로 **두 개 이상의 지표항목들**에 근거한다.

① 지수와 척도의 유사점
- 두 개 이상의 항목이나 지표들이 모여 만들어진 **합성측정도구**로 단순지표로 측정하기 어려운 **복합적 개념 측정**이 가능하다. 즉 복합측정치로 여러 문항으로 구성할 수 있다.
- 변수에 대한 **양적 측정치**를 제공하며 경험적(현실)세계와 추상적(개념)세계를 조화시키고 일치시킨다.
- 변수에 대한 **서열적 성격의 측정**이다.

② 지수와 척도의 차이점
- **지수**는 개별적 속성들에 배정되어 있는 **점수들을 단순히 누적(합산)**하여 구축되는 반면에 **척도**는 속성들의 **패턴에 점수들을 배정**, 즉 속성들 간에 존재하는 어떤 **강도 구조를 이용**함으로써 구축된다. 따라서 **척도가 지수보다 더 많은 정보를 제공해줄 수 있다**.
- **지수**는 어떤 개념의 지표들을 하나의 **점수**로 나타내고자 하며 합계점수는 **여러 지표들의 합으로 합성측정도구의 성격을 갖는다**. 지수는 측정의 성격으로 보면 서열적 성격의 측정이지만 **측정의 수준**으로 보면 대부분 **등간 또는 비율수준의 측정**을 갖는다.
- **척도**는 연구자가 변수의 개념에 대한 **강도, 방향, 수준**, 잠재력을 획득하기 위한 측정이며 연속체선상에서 응답자 또는 관찰자를 배열시킨다. **척도는 하나 또는 여러 가지 지수를 사용**할 수 있으며 **본질적으로 대부분 순서(서열)수준의 측정**을 갖는다.

2. 지표(Indicator)와 지수(Index)

(1) **지표**란 어떤 개념의 존재 여부를 나타내는 하나의 **징표** 또는 변수의 **속성의 표상**이다. 즉 존재나 상태 또는 특성을 경험적으로 적절히 나타내는(대표하는) 표시물이다.
   예 사회경제학적 지수(Socioeconomic Status)를 측정할 때에는 흔히 학력, 직업, 소득 등의 지표를 사용한다.

(2) 지표와 지수의 개념적 차이는 '한 개의 변수에서 나온 것인지' 여부로 판단할 수 있다.
   ① **지표**: **하나의 변수에서 추출된 하나의 숫자**를 의미한다.
   ② **지수**: 2개 이상의 **여러 개 지표에서 가공**한 하나의 숫자를 의미한다. 즉 **다수의 지표들을 묶은 값**이다.

Chapter 05 측정의 타당성과 신뢰성

1 타당성(타당도)

1. 개념 및 의의
연구자·측정도구가 측정하고자 하는 개념을 **얼마나 정확하게, 실제에 가깝게, 제대로 잘** 측정했는지를 나타내는, 개념의 **본질에 대한 일치정도**에 관한 것이다.
☞ 조작적 정의, 지표 등이 측정하고자 하는 개념을 제대로 반영하는가의 정도이다.

2. 측정의 타당성 평가[척도(측정도구)의 타당성 평가]
내용타당성, 기준타당성, 개념타당성이 있다.

(1) 내용타당성(Content Validity; 액면타당성, 표면타당성, 논리적 타당성)
① 측정도구(척도)가 측정대상의 **정확한 속성 값을 얼마나 포괄적으로 잘 포함하고 있는가**에 관한 것으로, 측정도구가 측정하려는 속성이나 개념을 **제대로 대표하고 있는지**를 나타낸다.
② 측정도구가 측정대상이 가진 많은 속성 중 일부를 대표성 있게 포함한다면 그 측정도구는 내용타당성이 높다고 할 수 있다.
③ 척도가 **일반화하려고 하는 개념을 얼마나 잘 반영해주는가**를 나타내는 것으로, 척도의 측정항목이 얼마나 **연구자의 의도 내용대로 개념을 잘 반영·대표하여 측정되고 있는가**와 연관된다.
④ 객관적 자료에 근거하지 않고 주로 **논리적 분석과정으로 판단하는 주관적 타당도**라는 특징이 있다. 타당성을 측정대상과 관련된 이론을 기준으로 판단하게 되는데, 주로 **전문가들의 전문적인 지식**에 근거한다.
⑤ 측정목적에 기초하여 측정항목들의 적합성을 결정하게 된다.
⑥ 내용타당성을 높이기 위해서는 명확하고 중요한 의미들이 단일차원의 의미를 대표하여야 한다.
⑦ 장점과 한계점

장점	• 적용이 용이하고 시간이 적게 소요된다. • 주로 **전문가들의 판단**에 의해 타당성을 입증 받게 된다.
한계점	• 측정하고자 하는 **속성과 개별항목간 상응관계 정도를 파악할 수 없다.** • **통계적 검증이 없다.** • 조사자의 **주관적인 판단**에 의한 타당성 결정으로 오차·착오 개입의 여지가 상존한다.

(2) 기준관련타당성(Criterion - related Validity; 기준타당성, 준거타당성, 경험적 타당성, 실용적 타당성)
① **기준변수** 실제값과 **척도**의 측정결과 간의 상관관계에 관한 것이다.
② **척도와 기준변수들 간의 상관관계**를 통해 측정도구의 타당성을 판단한다.
　☞ '새로 개발되거나 사용하고 있는 측정도구의 측정값과, 기존에 이미 타당성이 검증된 기준이 되는 측정도구의 측정값' 간의 **상관관계**에 기준하여 통계적으로 타당도를 평가한다. 경험적 근거에 의해 타당도를 확인하는 방법이다.
③ **주로 이미 전문가가 만들어 놓은 측정도구에 의한 측정결과가 기준이 된다.**
　☞ 전문가가 만들어 놓은 측정도구는 신뢰도와 타당도가 검증됨을 전제로 한다.
④ 동시타당성과 예측타당성이 있다.

동시타당성 **(일치타당성)**	• 척도와 기준변수간의 관계가 **동시에 평가**되는 경우이다. • 척도가 **현재의 어떤 사건을 얼마나 잘 나타내는가**에 관한 것이다. 　㉠ 고교졸업시의 학업 성과 　　내신성적과 수능성적으로 나타낸다고 할 때 어느 것이 더 학업성과(기준변수)를 잘 나타내는가(동시타당성이 높은가)의 문제이다. 기준변수와 각 척도의 상관관계로 판단한다. 즉, 상관관계가 더 높은 척도가 동시타당성이 더 높다는 것이다. • 한계: 기존의 타당성이 입증되고 있는 척도가 있어야 한다.
예측타당성 **(예시타당성)**	• 척도가 **미래의 사건(기준변수)을 얼마나 잘 예측하는가**에 관한 것이다. • 즉 현재의 상태로부터 **차후의 사건(행위)과의 차이를 예측해내는 정도**이다. 　㉠ 대학졸업시의 평점 　　내신성적과 수능성적 중 어느 것이 더 예측타당성이 높은가, 즉 어느 것이 더 평점(기준변수)를 잘 예측하는가의 문제이다. 기준변수와 각 척도의 상관관계로 판단한다. 즉, 상관관계가 더 높은 척도가 예측타당성이 더 높다는 것이다. • 한계: 장래의 차이를 판별하는 척도가 필요하므로 **타당도 입증까지 오랜 시간이 소요된다**.

(3) 개념타당성(Construct Validity; 구성타당성, 구조적 타당성, 이론적 타당성)
① 이론과 관련하여 측정도구의 타당도를 검증한다.
② 척도가 **이론적·추상적 개념(Construct)을 얼마나 적절하게 잘 측정하였는가**를 나타내는 것으로 **척도**를 구성하는 개념이 **이론적** 개념들에 **잘 부합하는가**를 확인함으로써 측정도구의 타당성을 이론적 바탕 위에서 경험적으로 평가하는 것이다.
③ 심리적 특성 등의 개념과 연관된다. 추상적 개념에 조작적 정의를 부여한 후, 검사가 조작적 정의에서 규명한 **심리적 개념 등을 제대로 측정하였는가**를 점검한다.
④ 측정에 의해 얻는 측정값 자체보다는 **측정하고자 하는 속성에 초점을 맞춘 타당성**으로 이론과 관련하여 측정도구의 타당성을 검증한다.
⑤ **측정값들 간의 상관관계**를 점검하며, 통계적 검증을 할 수 있다.

⑥ 집중타당성, 판별타당성, 이해타당성이 있다.

집중타당성 (Convergent Validity, 수렴타당성)	같은 개념을 측정하는 경우에는 **상이한 측정방법을 사용하더라도 그 측정값들 간에 높은 상관관계가 존재해야 한다**는 것이다. ☞ 어떤 추상적 개념에 대해 기존 측정도구와 새 측정도구 간의 결과 수준을 비교하여 두 결과의 상관관계가 높다면 이 검사(측정)의 집중타당도가 높다는 것이다.
판별타당성 (Discriminant Validity, 차별타당성)	상이한 개념을 측정하는 경우에는 **동일한 측정방법을 사용하더라도 그 측정값들 간에 차별성이 나타나야 한다**. 즉 **상관관계가 낮아야 한다**는 것이다. ☞ 어떤 특정한 측정도구로 두 추상적 개념을 각각 측정하여 상관관계를 점검했을 때 두 결과의 상관관계가 낮아야 이 검사(측정)의 판별타당도가 높다는 것이다.
이해타당성 (Nomological Validity, 논리타당성)	특정 개념과 유사한 다른 여러 개념들이 존재하는 경우, 이들 개념들을 모두 측정할 수 있는 측정방법일수록 이해타당성이 높은 측정방법이라는 것으로 **법칙타당성과 같은 개념으로 혼용되기도 한다**.

📄 참고

법칙타당성
① 이론을 바탕으로 해서 연구자가 만든 **구성요인**이 실제로 **나타나는지** 평가하는 것이다.
② 측정 간의 관계에서 **이론적 관계가 확인**되면 법칙타당성이 **높은 것이다**.
③ 한 추상적 개념과 다른 추상적 개념과의 관계에 대한 가설검증결과와 관련된다.
　㉠ A와 B 간에 정(+)의 관계인가를 각 개념을 측정하는 측정도구 간의 상관관계로 타당성을 점검(검증). 즉 (a)(b)측정도구 간의 상관관계가 정(+)의 관계인가를 점검한다.
　: 측정도구(b)가 해당개념(B)에 대한 척도로서의 타당성이 증명된 상태에서, 측정도구 간 관계가 정(+)의 관계라면 측정도구(a)는 개념(A)의 척도로서 법칙타당성을 가진다는 것이다.

📄 참고

타당성을 통계적으로 검증할 수 있는 방법
① 요인분석
　항목들의 상관관계를 계산해서 **상관관계가 높은 것끼리 요인으로 묶는 방법**이다. 요인 내에는 집중타당성, 요인 간에는 판별타당성이 적용된다.
② 다중속성 – 다중측정법
　동일 응답자에게 서로 다른 두 가지 개념을 측정하는 두 가지 측정도구를 적용하고 측정값 간의 관계를 확인하는 방법이다.
③ 이론적 구성개념
　항목들이 이론의 구성 또는 가설들과 얼마나 잘 부합하는가를 점검하는 방법이다. 이론적 구성개념과 관련이 있는 다른 변수들과의 상관관계를 살펴보는 등의 방법 등을 사용한다.

2 신뢰성(신뢰도)

1. 개념 및 의의

(1) 한 대상을 유사한 척도로 여러 번 측정하거나 하나의 척도로 반복 측정했을 때, **일관성 있는 결과를 산출하는 정도**를 의미한다. 측정도구가 현상을 일관성 있게 측정하는 능력(동일 현상 → 반복적용 → 동일한 결과)으로 신뢰도가 낮으면 매번 측정시마다 측정결과가 달라진다.

(2) **일관성, 안정성, 예측성** 등의 의미를 가지고 있다.

> **참고**
>
> 신뢰도 계수
> ① 측정값의 신뢰도 = 진실 값(참값)의 분산 / 측정값(실제값)의 분산
> ② 0~1 사이에 위치한다. **측정값은 진실값(참값) + 오차로 구성**되므로, 계수가 1이면 오차가 없다는 것이며(신뢰성 높음), 계수가 0이라면 측정값 자체가 모두 오차인 것(신뢰성 낮음)이다. 즉 오차분산이 작을수록 신뢰성이 높아진다.

2. 측정의 신뢰성 평가 방법

재검사법, 복수양식법, 반분법, 내적일관성법이 있다.

(1) **평가기준**
　① **안정성(Stability)**: 시점흐름에서 **두 시점 이상의 일관성**을 의미한다.
　② **동등성(Equivalence)**: 척도를 구성하는 항목의 **두 항목 이상 항목 간의 일관성**을 의미한다.
　　☞ 후술하는 평가방법 유형 중 **재검사법, 복수양식법은 안정성**을 기준으로 신뢰도를 평가하는 방법이며 **반분법, 내적일관성법은 동등성**을 기준으로 신뢰도를 평가하는 방법이다.

(2) **종류**
　① **재검사법(Test-Retest Method, 재검사신뢰도)**
　　㉠ **동일한 상황에서 동일한 측정도구를 이용하여 동일한 측정대상**을 일정한 **시간 간격**(상이한 시간)을 두고 **두 번 이상 측정**하여 그 결과를 비교한다.
　　　☞ 결과들 간의 **상관관계를 계산**하여 신뢰성을 측정한다. 상관계수가 높으면 신뢰성이 높은 것이다.
　　㉡ **안정성**을 기초로 하는 방법이다.

장점	• 신뢰도 측정방법이 간편하다. • **장기간 변하지 않는 태도의 측정**에 활용 가능하다. • 하나의 개념을 하나의 항목으로 측정 가능하다. • 측정도구 자체를 직접 비교할 수 있다.
한계점	• 일반적으로 사회현상들은 한 시점에서만 측정 가능하다. • 두 시점 간에 발생한 '**외부요인에 의한 변화(역사적 요인 효과)**' 파악이 어렵다. • 특히 **측정간격이 길 때 성숙효과** 등의 작용으로 값 자체가 변화할 가능성, **짧으면 주시험효과**[1] 작용 가능성이 있다. ☞ 이러한 외생변수의 영향을 파악하기 어렵다.

[1] 주시험효과
　두 번째 측정이 첫 번째 측정의 기억에 의해 영향을 받을 수 있다.

② **복수양식법(Parallel Form, Alternate Form, 대안형 양식법, 평행양식법, 유사양식법, 동등양식법)**
  ㉠ 두 개 이상의 **유사한 측정도구를 만들어** 동일한 대상을 측정한다. 두 측정값의 상관관계를 분석한다.
  ㉡ 측정도구의 유사성이 매우 높아야 한다.
  ㉢ **재검사법의 한계를 보완**하고자 하는 노력의 일환이다.

장점	재검사법에서 발생하는 역사요인 효과, 성숙요인 효과를 완화할 수 있다.
한계점	• 두 양식이 반복성(repeatability)이 높은 경우 검사요인 효과가 발생할 수 있다. • 동일한 개념을 측정하는 다수의 측정도구 개발이 어렵다. 예 같은 수준의 질문지를 따로 작성하는 것은 매우 어렵다. • **신뢰성이 낮을 경우** 본래 측정도구의 신뢰도가 낮은 것인지 혹은 측정도구들의 동등성이 확보되지 않았기 때문인지를 파악하는 것은 어렵다.

③ **반분법(Split - Halves Method, 양분법, 이분법)**
  ㉠ **전체 문항을 두 개의 그룹(반으로)으로 나누고, 각 그룹(문항)측정치 간의 상관계수를 계산**하여 신뢰도를 평가한다.
    • 동일한 대상에 대해 각 그룹이 각각 독립된 척도로 사용된다.
    • 양분된 측정도구의 문항, 항목 수는 그자체가 완전한 척도를 이룰 수 있을 만큼, 8개에서 10개 정도로 충분해야 한다.
    • 신뢰도계산에 스피어만 - 브라운 공식을 사용한다. 전체 항목 반분 후, 항목 간 상관관계를 스피어만 브라운 공식을 이용해서 신뢰도로 변환한다.

    [스피어만 - 브라운 공식]
    ① 반으로 나뉜 측정도구로 **반분되지 않은 원래 측정도구의 신뢰성을 추정**하기 위한 공식으로, 반분한 각 측정도구로부터 얻은 결과 값의 상관계수로 반분되지 않은 전체 신뢰성을 추정한다.
    ② **전체의 신뢰성**이 반분한 측정도구의 신뢰성보다 **높다**고 가정한다.
    ③ **스피어만-브라운 공식**
      기대되는 신뢰도 계수 = {(반분된 두 검사 간의 상관계수) × 2}/{1 + 반분된 두 검사 간의 상관계수}
    ④ 또 다른 가정은 질문의 수가 짝수 개인 질문지가 홀수 개인 질문지보다 신뢰도가 높다는 것이다.

  ㉡ 반분법은 두 항목의 가장 동등한 것을 선정하여 양쪽으로 나누어 측정하는 것으로, 각 측정도구가 같은 개념을 명백하게 측정하고 있음이 확보되어야 한다. 즉 측정도구의 동질성이 확보되어야 한다.
  ㉢ 복수양식법을 보다 발전시킨 것이다.

② 장점과 한계점

장점	• 두 번 검사를 시행하지 않고 신뢰도를 측정한다. • 측정간격이나 유사 양식 제작 등이 불필요하다. • 동등하지 않은 문항을 발견하여 제거할 수 있게 한다.
한계점	• 분할 방법에 따라 신뢰도 계수가 달라질 수 있다. • 동등하게 분할하기가 어렵다. • 어떤 특정 항목의 신뢰도를 정확히 파악하기 어렵다.

④ 내적일관성법(Internal Consistency Method)
  ㉠ 동일한 개념을 여러 문항으로 질문 시, 항목들이 일관성을 갖는지를 측정하는 방법이다.
    ☞ 유사한 연관값, 즉 측정 결과의 일관성을 갖는지를 측정한다.
  ㉡ 크론바하 알파(Cronbach's 알파)계수를 이용, 항목들 중 신뢰도를 저해하는 항목이 있으면 그 항목을 제외함으로써 신뢰성을 높인다.

  [크론바하 알파계수]
  • 표준화된 알파라고도 한다. 척도를 구성하는 항목들 간의 모든 가능한 상관관계 값들을 구해 이를 평균한 것이다.
    ☞ 측정항목이 가질 수 있는 모든 조합의 상관관계의 평균값이다.
  • 0 ~ 1의 값을 가짐: 0.6 이상이면 만족할 만한 수준이고, 0.8 ~ 0.9 수준은 신뢰도 높은 수준이다.
  • [공식]

  $$\frac{문항수 \times 상관계수값들의 평균값}{1+(문항수-1) \times 상관계수값들의 평균값}$$
  $$=(\frac{문항수}{문항수-1})(1-\frac{개별항목 분산합계}{전체항목 분산합계})$$

    ☞ 문항수가 많을수록 크론바하 알파값은 커지며 문항 간의 상관계수 평균값이 높아도 크론바하 알파값은 커지게 된다.
  • 척도 구성 항목 간의 내적일관성을 측정하여 척도 구성 항목 중 신뢰도를 저해하는 항목을 발견할 수 있고 이를 제거해서 신뢰도를 개선한다.

    ☞ 단일의 신뢰도계수를 구할 수 없다는 반분법의 문제점을 개선할 수 있다.
  ㉢ 측정 시 검사를 나누지 않아도 되며 문항 간 일관성에 의하여 단일한 신뢰도 측정결과를 얻을 수 있다는 장점을 갖는다.

> **참고**

크론바하 알파 활용 예시(예시적 가상 데이터)

측정항목의 신뢰도 분석결과(5개 항목) Cronbach's 알파값이 0.895가 산출된 경우, 항목 통계량 산출결과에서 상관계수와 Cronbach's 알파 관련된 부분만을 간략히 표시하면 다음과 같다.

구분	수정된 항목 전체 상관계수	항목이 삭제된 경우 Cronbach's 알파
변수 1	0.772	0.868
변수 2	0.792	0.851
변수 3	0.585	0.908
변수 4	0.780	0.866
변수 5	0.752	0.871

변수 3을 제거할 경우 재측정 시 크론바하 알파계수가 0.908로 다른 변수를 삭제하였을 경우의 크론바하 알파계수에 비해 가장 높은 수치를 보이고 있다. 이 경우에 신뢰도가 가장 높아진다는 것이다. 따라서 변수 3을 제거하고 재측정하여 신뢰도를 높일 수 있다.

⑤ 관찰자간 신뢰성(Inter-Observer Reliability)

추가적으로 신뢰성 평가방법에 포함될 수 있는 방법으로, 여러 명의 평가자들 간의 측정결과가 일치하는가를 비교하는 방법이다.

3. 신뢰도(신뢰성) 향상 방법

(1) 동일 개념(속성)을 측정하는 **항목의 수**를 늘린다.
(2) **문항설명을 명확히** 하여 해석상의 차이가 발생하지 않도록 한다.
(3) **무성의**하거나 **일관성이 없는** 응답지는 **제외**시킨다.
(4) 이전의 조사 및 기존의 연구를 통해 신뢰성이 있다고 **검증된 측정도구**를 활용한다.
(5) **중요한 질문은 한 번 더 동일하거나 유사한 질문**을 하여 응답들 간에 신뢰성이 있는지 파악한다.
(6) 응답자가 **모르거나 관심 없는 내용은 측정하지 않는다**.
(7) 측정항목의 **모호성**을 제거한다.
(8) **표준화된** 설명 사용 및 조사자의 면접방식과 태도 등 자료수집 과정에 있어서 **일관성**을 유지한다.
(9) 측정지표에 대하여 **사전검사 또는 예비조사**를 실시한다.
(10) 조사자에게 측정도구에 대한 **사전교육**을 충분히 한다.
(11) 연구자가 **임의로 응답자에 대한 가정을 해서는 안 된다**.
(12) 가능하면 단일항목보다는 **여러 개의 항목**을 이용하여 측정한다.

3 신뢰성과 타당성의 관계 및 영향요인

1. 신뢰성(신뢰도)과 타당성(타당도)의 관계
신뢰성이 높다고 해서 타당성이 높은 것은 아니다. 그러나 타당성을 높이려면 신뢰성이 높아야 한다.

(1) 측정의 **타당성을 높이기 위해서는 신뢰성이 높아야 한다.** 즉 타당성은 신뢰성이 필요하다. 측정하고자 하는 것을 정확히 측정(높은 타당성)하기 위해서는 대상을 잘 측정할 수 있어야(타당성) 할 뿐만 아니라 여러 번 측정해도 일관된 결과(신뢰성)를 얻어야 하기 때문이다. 즉, 타당성이 있으면 신뢰성이 있는 것이다.

(2) 그러나 타당성이 없다고 해도 신뢰성은 가질 수 있다. 즉 타당성이 낮다고 하여 반드시 신뢰성이 낮은 것은 아니다. 마찬가지로 신뢰성이 높다고 하여 반드시 타당성이 높은 것은 아니다.

(3) 따라서 **신뢰성**은 **타당성을 높이기 위한 필요조건**이 되나 충분조건은 아니라고 할 수 있다.

> **타당성이 높으면 신뢰성이 높으며, 신뢰성이 낮으면 타당성도 낮다.** 이외의 경우는 둘 사이의 관계를 확연하게 알 수 없다.
> 예 타당성이 낮다고 해서 반드시 신뢰성이 낮은 것은 아니며 이 경우 신뢰성은 높을 수도 있고 낮을 수도 있다.

(4) 일반적으로 **타당성 확보**가 신뢰성 확보보다 어렵다.

2. 신뢰성과 타당성에 영향을 주는 요인들

측정 도구	① **측정의 길이**: 길어지면 응답자가 싫증을 느껴 편의 위주로 응답할 개연성이 있다. ② **질문의 형태**: 개방형은 응답자의 교육 수준 등의 영향 존재, 폐쇄형은 무성의한 응답이 이루어질 개연성이 있다. ③ **문화적 요인**: 관례·문화와 거리가 있는 질문은 신뢰성과 타당성을 저해할 개연성이 있다. ④ **기계적 요인**: 오탈자, 면접자의 잘못된 방법 등이 있다.
개인적 요인 (측정대상)	① **응답자의 특성**: 연령, 성별 등으로 인한 조사에 대한 이해도의 차이가 있다. ② **응답자의 사회경제적 지위**: 직업, 교육 수준 등으로 인한 태도의 차이 등이 있다. ③ **응답자의 기억력**: 반복 측정 시 기억의 지속 정도의 차이가 있다. ④ 사회적으로 바람직한 방식으로 응답하는 경우
환경적 요인	① 면접자의 기재 vs 응답자의 기재 ② 절차상의 명확성 여부 등
조사자의 해석	① 응답결과의 해석과 부호화 과정 등에서 객관성 훼손의 개연성이 있다. ② 해석 시 **편견**이 개입될 수 있다.

4 기타

신뢰성과 타당성은 측정오차의 유형과 각각 관련이 있다.
☞ [Chapter 06 측정과 측정오차] 참조

Chapter 06 측정과 측정오차

1. 개념
(1) 어떤 현상을 측정하고자 했을 때 측정값은 어느 정도 측정오차를 가지게 된다.
  ☞ **측정값 = 참값(진실값) + 측정오차**
(2) 측정오차는 대상을 계량적으로 측정했을 때 **대상의 실제와 계량적으로 측정한 결과 간의 불일치**인데, 사회조사에서 측정대상은 본질적으로 지속적 변화의 과정에 있기 때문에 측정오차는 **불가피한 측면이 있다.**
(3) 질적 속성을 양적 속성으로 전환 시에 간극이 발생할 개연성이 커지게 된다.

2. 측정오차의 발생원인
측정오차의 발생 원인은 **사람, 환경, 도구, 방법, 절차 등**이다.
(1) 측정하고자 하는 개념을 다른 개념으로 측정하였을 때
(2) 측정자의 측정태도의 가변성(측정자 간의 본성적 차이 등) 및 측정자의 편견
(3) 측정자나 측정대상자의 지적 특수성(기억력의 한계, 전문지식 결여 등) 등 특이한 성향
(4) 측정시점에서 응답자(측정대상자)의 일시적인 변화 및 측정자나 측정대상자의 외부 환경요인(시간이나 장소적 제약 등)
(5) 상호작용(면접자와 피면접자, 관찰·측정의 반복에 의한 영향 등)
(6) 응답자의 잘못된 표기 또는 자료의 코딩 과정에서의 오류
(7) 측정방법 또는 측정도구 자체의 문제
(8) 표본의 부적합성 등이다.

3. 측정오차의 구분
- **측정오차 = 체계적 오차 + 비체계적 오차**
- 측정 및 측정오차는 측정도구의 타당성과 신뢰성 문제와 연결된다.
  ☞ **체계적 오차는 타당성**과 관련되며 **비체계적 오차는 신뢰성**과 관련된다.
  * 측정오차를 신뢰성 및 타당성과 관련지었을 때, 신뢰성과 타당성은 존재의 개념(있다, 없다)이 아닌 정도의 개념(높다, 낮다)이다.

(1) 체계적 오차(Systematic Error)
① **측정오차가 체계적 패턴을 띠게 되면서 일정한 방향으로 작용한다.** 측정대상 또는 측정과정에 대해 어떠한 요소가 일정하게 체계적으로 영향을 미침으로써 **편향(bias)**을 보이게 되어 오류를 발생시킨다.
② **발생**: **개인적 성향**(가혹·관용·중앙집중화의 오류, 대조의 오류, 후광효과 등) 및 **사회경제적 특성**(선행효과, 후행효과[1]), **문화적 차이** 등에 의한 편견·편향과 **부정확한 측정도구** 등 **본질적 요소에 의해 발생**한다.
③ **타당성** 문제와 관련 있다(서로 반비례 관계). **표준화된 측정도구 사용** 등으로 줄일 수 있다.

[1] **선행효과**
고학력자일수록 응답문항의 앞쪽 답을 선택
후행효과
저학력자일수록 응답문항의 뒤쪽 답을 선택

(2) 비체계적 오차(Random Error; 무작위 오차, 확률오차)

① 측정과정에서 **우연히 또는 가변적인 일시적인 사정에 의해 측정상황이나 측정대상 등에 일관성 없이 영향을 미쳐 나타나는 오차이다. 오차는 인위적이지 않아 무작위로 다양하게 분산된다.** 측정상황에서 응답자가 여러 가지 상황에 의해 일관성 없는 응답을 하는 경우 등이다.

② **발생**: **측정자 및 측정대상자**에 의한 오차(주관적 감정, 피로, 긴장 등의 신체상태 등), **측정상황**에 의한 오차(측정장소, 측정상태 등), **측정도구**에 의한 오차(측정도구에 대한 적응 등) 등
- 무작위로 발생하는 오차로 **사전에 알 수 없으며 통제 역시 불가능하다.**
- **신뢰성과 관련**이 있는 오차이다(**서로 반비례 관계**).
- 오차의 총합 및 기댓값은 0이 된다.
  ☞ 다양하게 분산된 오차들이 상호 상쇄되어 오차의 평균값이 오차에 의해 영향을 받지 않는다.

③ **비체계적 오차 감소 방안**
- 측정도구와 측정내용을 **명확하게** 한다.
- 측정**항목 수를 증가**시킨다.
- 측정방식의 일관성을 확보한다.
- 다각적 측정방식, 즉 하나의 개념 측정을 위해 두 개 이상의 다른 관련 자료를 측정하는 방식을 활용한다.
- **조사자 사전 훈련** 및 **신뢰할 수 있는 측정도구**를 사용한다.
- 응답자를 위한 적정한 환경 조성과 질문의 적정 배치를 통한 **일관성 있는 응답을 유도**한다.
- 응답자가 **모르거나 관심이 없는 내용은 측정하지 않는다.**
- 중요한 질문은 **유사한 질문을 통해 2회 이상 측정**한다.

(3) 타당성, 신뢰성과의 관계

타당성은 체계적 오차(일정한 방향으로 발생)와 관련이 있으며 신뢰성은 비체계적 오차(무작위로 발생)와 관련된다.

오차	측정도구의 타당성과 신뢰성
체계적 오차 = 0, 비체계적 오차 = 0	타당하며 신뢰할 수 있다.
체계적 오차 = 0, 비체계적 오차 ≠ 0	타당하지만 신뢰할 수 없다.
체계적 오차 ≠ 0, 비체계적 오차 = 0	타당하지 않으나 신뢰할 수는 있다.
체계적 오차 ≠ 0, 비체계적 오차 ≠ 0	타당성과 신뢰성이 모두 결여되었다.

Chapter 07 내적타당성과 외적타당성 (= 실험설계의 타당성)

1 내적타당성

1. 개념
(1) 측정된 결과(종속변수의 변화)가 실험변수(독립변수)의 변화 때문에 일어난 것인가에 관한 것으로 그 변화가 외생변수때문이 아니라 독립변수로 설정된 변수의 변화 때문에 발생한 것으로 추론할 수 있다면 그 실험의 내적타당성이 있다는 것이다. 정확한 인과관계를 밝히기 위한 외생변수의 통제와 관련되며 실험을 통해 밝히고자 하는 것을 얼마나 잘 밝혀내는가의 정도라고도 볼 수 있다.

(2) 즉, 실험설계가 변수들의 인과관계를 정확하게 규명하는 정도이다. 내적타당성을 높이려면 가능한 한 실험변수에 의한 효과만을 정확히 추출해낼 수 있는 실험설계가 필요하다.

2. 저해요인 및 내적타당성 향상방법

(1) 내적타당성 저해요인

역사적 오염, 성숙효과, 시험효과, 측정의 편향, 통계적 회귀, 표본의 편향, 소멸효과 등 실험설계의 내적타당성을 저해하는 외생변수 등이다.

(2) 내적타당성 향상방법

① 측정도구의 항목을 논리적으로 분석해 본다.
② 전문가 의견을 반영한다.
③ 독립적인 기준에 따라 그 측정도구의 타당도를 검사한다.
④ 두 집단에서 측정한 결과를 상호 상반된 결과와 비교함으로써 타당도를 검증한다.

2 외적타당성

1. 개념
실험연구에서 외적타당도의 의미는 **연구결과의 일반화 가능성 또는 대표성을 의미한다.**
☞ 추정되는 인과관계가 **실제상황에서도 같은 식으로 나타나는가**에 대한 것

2. 저해요인 및 외적타당성 향상방법

(1) 외적타당성 저해요인
① **반작용 효과**[1], **표본의 편향**(일반적인 사람들과 다른 실험지망자의 특성 등) 등 **표본의 대표성 결여, 플라시보 효과**(위약효과), **독립변수 간 상호 작용, 사회과학연구로서의 현실적 적용상 한계** 등이다.
② **기타**: 실험처치와 피험자 편견의 **상호작용**, 검사의 상호작용, 여러 번 실험 처치할 경우에 발생한 간섭효과 등이 있다.

(2) 외적타당성 향상방법
표본의 대표성을 높이기 위한 **무작위할당**, 측정하고자 하는 대상 자체에 대한 엄격한 개념 정의, 전문가 판단에 따른 척도 개발 및 평가, **기존 타당성이 있는 것으로 받아들여지는 척도 사용**, 항목들의 의미가 조사자와 응답자 간에 정확하게 의사소통이 되도록 용어사용에 신중, **조사반응성을 줄이기 위한 대책 강구** 등이 있다.

---

[1] **반작용 효과**
호손효과라고도 하며, 측정한다는 사실 자체가 실험대상자의 행동을 변화시키는 효과이다.

기출 및 예상적중문제 — PART 03 측정의 타당성과 신뢰성

01 2020년 1·2회
변수에 대한 설명으로 틀린 것은?
① 경험적으로 측정 가능한 연구대상의 속성을 나타낸다.
② 독립변수는 결과변수를, 종속변수는 원인변수를 말한다.
③ 변수의 속성은 경험적 현실의 전제, 계량화, 속성의 연속성 등이 있다.
④ 변수의 기능에 따른 분류에 따라 독립변수, 종속변수, 매개변수로 나눈다.

해설
변수는 어떤 관계나 범위 안에서 여러 가지 값으로 변화할 수 있는 것으로 연구대상의 경험적 속성을 나타낸다. 경험적 현실을 전제하며 현상의 속성을 지시하고 계량화가 가능해야 하며 연속성을 가져야 한다.
② 독립변수는 원인변수를 말하고 종속변수는 결과변수를 말한다.

02 2020년 3회
실험에서 인과관계를 추론하기 위해서 서로 다른 값을 갖도록 처치를 하는 변수는?
① 외적변수
② 종속변수
③ 매개변수
④ 독립변수

해설
독립변수는 종속변수에 영향을 주는 원인변수로 실험 연구에서 연구자에 의해 조작되는 변수로서 실험에서 인과관계 추론을 위해 서로 다른 값을 갖도록 처치하는 변수이다.

03 2021년 1회
다음의 가설을 검증하기 위해 국가별 통계자료를 수집한다고 할 때, '출생률'은 어떤 변수인가?

> 1인당 국민소득(GNP)이 올라가면 출생률, 즉 인구 1,000명 당 신생아의 수는 감소한다.

① 매개변수
② 독립변수
③ 외적변수
④ 종속변수

해설
1인당 국민소득이 올라가면 출생률이 감소한다는 가설의 검증이다. 여기서 1인당 국민소득은 종속변수에 영향을 주는 독립변수이며 출생률은 독립변수의 영향을 받아 일정하게 변화된 결과인 종속변수이다.

04 2019년 1회
다음 사례에서 성적은 어떤 변수에 해당되는가?

> 대학교 3학년 학생인 가, 나, 다군은 학기말 시험에서 모두 A+를 받았다. 3명의 학생은 수업시간에 맨 앞자리에 앉는 공통점이 있다. 따라서 학생들의 성적은 수업시간 중 좌석위치와 중요한 관련성을 가지고 있다고 생각하게 되었다. 이것이 사실인가 확인하기 위해 더 많은 학생들을 관찰하기로 하였다.

① 독립변수
② 통제변수
③ 매개변수
④ 종속변수

해설
학생들의 성적은 수업시간 중 좌석위치와 중요한 관련성을 가지고 있다는 가설의 검증에 관한 것이다. 좌석의 위치는 결과변수인 성적에 영향을 주는 독립변수이며 성적은 독립변수의 영향을 받아 일정하게 변화되는 결과치이므로 종속변수에 해당한다.

| 정답 | 01 ② | 02 ④ | 03 ④ | 04 ④ |

05
2018년 1회

매개변수(Intervening Variable)에 관한 설명으로 옳은 것은?

① 원인변수 혹은 가설변수라고 하는 것으로 사전에 조작되지 않은 변수를 의미한다.
② 결과변수라고 하며, 독립변수의 원인을 받아 일정하게 변화된 결과를 나타내는 기능을 하는 변수를 의미한다.
③ 결과변수에 영향을 미치면서도 그 이유를 제대로 설명하지 못하는 변수를 의미한다.
④ 개입변수라고도 불리며, 종속변수에 일정한 영향을 주는 변수로 독립변수에 의하여 설명되지 못하는 부분을 설명해주는 변수를 말한다.

해설
매개변수는 독립변수의 결과인 동시에 종속변수의 원인이 되는 변수로 종속변수에 일정한 영향을 주며 두 변수 간에 간접적 관계를 맺도록 매개한다. 개입변수라고도 하며 독립변수에 의해 설명되지 못하는 부분을 설명해 준다.

06
2019년 1회

3가지의 변수가 다음과 같은 순서로 영향을 미칠 때 사회적 통합은 무슨 변수에 해당하는가?

> 종교 → 사회적 통합 → 자살률

① 외적변수
② 매개변수
③ 구성변수
④ 선행변수

해설
사회적 통합은 원인변수인 종교의 영향을 받는 결과변수인 동시에 자살률에 영향을 주는 원인변수이다. 따라서 사회적 통합은 독립변수의 결과인 동시에 종속변수의 원인이 되는 변수로 종속변수에 일정한 영향을 주며 두 변수 간에 간접적 관계를 맺도록 매개하는 매개변수에 해당한다.

07
2017년 3회

'노인의 사회참여가 높을수록 자아존중감이 향상되고, 자아존중감의 향상으로 생활만족도가 높아진다'에서 자아존중감은 어떤 변수에 해당하는가?

① 종속변수
② 매개변수
③ 외생변수
④ 통제변수

해설
자아존중감은 원인변수인 노인의 사회참여의 영향을 받는 결과변수인 동시에 생활만족도에 영향을 주는 원인변수이다. 따라서 자아존중감은 독립변수의 결과인 동시에 종속변수의 원인이 되는 변수로 종속변수에 일정한 영향을 주며 두 변수 간에 간접적 관계를 맺도록 매개하는 매개변수에 해당한다.

08
2017년 3회

다음 (   )에 알맞은 변수를 순서대로 나열한 것은?

> (   )는 독립변수의 결과인 동시에 종속변수의 원인이 되는 변수로 두 변수의 관계를 중간에서 설명해 주는 것이고, (   )는 독립변수가 종속변수에 미치는 영향을 강화시키거나 약화시키는 변수를 의미한다.

① 조절변수 - 억제변수
② 매개변수 - 구성변수
③ 매개변수 - 조절변수
④ 조절변수 - 매개변수

해설
독립변수의 결과인 동시에 종속변수의 원인이 되는 변수는 매개변수이며, 독립변수가 종속변수에 미치는 관계 "강도"에 영향을 주는 변수로 독립변수의 영향을 강화 또는 약화시키는 변수는 조절변수이다.

| 정답 | 05 ④ 06 ② 07 ② 08 ③

09   2021년 2회

종업원이 친절할수록 패밀리 레스토랑의 매출액이 증가한다는 가설을 검증하고자 할 경우, 레스토랑의 음식의 맛 역시 매출에 영향을 미친다면 음식의 맛은 어떤 변수인가?

① 종속변수
② 매개변수
③ 외생변수
④ 조절변수

해설
연구자가 검증하고자 하는 가설에서 독립변수는 종업원의 친절이며 종속변수는 매출액이다. 음식의 맛은 매출에 영향을 미치지만 연구자가 실험을 위한 변수로 설정하지 않은, 즉 의도하지 않은 변수이다. 따라서 음식의 맛은 종속변수에 영향을 미치는 독립변수 외의 변수로 연구자가 실험을 위한 변수로 설정하지 않은 변수인 외생변수가 된다.

10   2019년 2회

다음 (   )에 공통으로 들어갈 변수는?

- (   )는 인과관계에서 독립변수에 앞서면서 독립변수에 대해 유효한 영향력을 행사하는 변수를 의미한다.
- (   )는 매개변수와는 달리 독립변수와 종속변수 간의 관계를 설명하는 것이 아니라 그 관계에 미치는 영향을 명확히 하고자 할 때 도입한다.

① 선행변수
② 구성변수
③ 조절변수
④ 외생변수

해설
선행변수는 인과관계에서 독립변수에 앞서면서 독립변수에 유효한 영향을 미치는 변수로, 독립변수와 종속변수 간 관계에 미치는 영향을 명확히 하고자 할 때 도입한다. 선행변수를 통제해도 독립변수와 종속변수의 관계는 유지된다.

11   2020년 1·2회

교육수준은 소득수준에 영향을 미치지 않지만, 연령을 통제하면 두 변수 사이의 상관관계가 매우 유의미하게 나타난다. 이때 연령과 같은 검정요인을 무엇이라 부르는가?

① 억제변수
② 왜곡변수
③ 구성변수
④ 외재적변수

해설
교육수준과 소득수준간의 관계에 있어서 연령을 통제하기 전에는 두 변수 간의 관계가 유의미하지 않다가 연령을 통제하니 유의미하게 나타났으므로, 연령변수는 두 변수 간에 사실적 관계가 있는데 마치 없는 것처럼 억누르는 변수인 억제변수가 된다.

12   2020년 4회

변수의 종류에 관한 설명으로 옳은 것을 모두 고른 것은?

㉠ 매개변수는 독립변수와 종속변수 사이에서 독립변수의 결과인 동시에 종속변수의 원인이 되는 변수이다.
㉡ 억제변수는 두 변수 X, Y의 사실상의 관계를 정반대의 관계로 나타나게 하는 제3의 변수이다.
㉢ 왜곡변수는 두 변수 X, Y가 서로 관계가 있는데도 관계가 없는 것으로 나타나게 하는 제3의 변수이다.
㉣ 통제변수는 외재적 변수의 일종으로 그 영향을 검토하지 않기로 한 변수이다.

① ㉠, ㉡
② ㉡, ㉢
③ ㉢, ㉣
④ ㉠, ㉣

해설
㉡ 두 변수 X, Y의 사실상의 관계를 정반대의 관계로 나타나게 하는 제3의 변수는 왜곡변수이다.
㉢ 두 변수 X, Y가 서로 관계가 있는데도 관계가 없는 것으로 나타나게 하는 제3의 변수는 억제변수이다.

| 정답 | 09 ③ 10 ① 11 ① 12 ④

13

2019년 2회

변수 사이의 관계에 대한 설명으로 옳은 것은?

① X가 Y보다 논리적으로 선행하고 두 변수가 높은 상관을 보이면 두 변수 X, Y가 인과관계가 있다고 결론짓는다.
② X와 Y의 상관계수(피어슨의 상관계수)가 0이면 두 변수 간에는 아무런 관계가 존재하지 않는다고 결론짓는다.
③ X와 Y가 실제로는 정(Positive)의 관계를 가지지만 상관계수는 부(Negative)의 관계로 나타날 수 있다.
④ X와 Y 사이에 매개변수가 있을 경우 X와 Y 사이에는 인과관계가 존재하지 않는다.

해설
변수 사이의 관계에 있어서 X와 Y가 실제로는 정(Positive)의 관계를 가지지만, 일련의 극단적 이상값에 의해 데이터가 왜곡되는 등의 경우 그로 인해 상관계수가 부(Negative)의 관계로 나타날 수 있다.
① 인과관계가 있다고 결론짓기 위해서는 인과관계의 3요건이 충족되어야 한다. 인과관계의 3요건은 공동변화(연관성), 시간적 선후성, 외생변수의 통제이다. 두 변수 간 상관관계는 허위적이지 않아야 한다.
② 두 변수 간의 상관계수가 0이라는 것은 두 변수 간에 선형적 연관성이 없다는 사실만을 나타낸다. 선형적 연관성 외에 곡선관계 등의 다른 관계는 존재할 수 있다.
④ 매개변수는 독립변수와 종속변수 사이에서 독립변수의 결과인 동시에 종속변수의 원인이 되는 변수이다. X와 Y 사이에 어떤 변수가 존재함으로써 X와 Y 사이에는 인과관계가 존재하지 않는 것처럼 보이게 할 때 그 변수는 억제변수이다.

14

2017년 2회

연구자들의 [가설]에 포함된 변수들에 관한 옳은 설명을 [보기]에서 모두 고른 것은?

[가설]
연구자들은 학생들의 학업부진이 비행친구와 사귀도록 만들고 이것이 비행으로 이어진다고 본다. 그러나 학업이 부진한 학생이라도 학교 선생님의 관심을 받으면 비행가능성이 줄어들 수 있다고 본다. 그런데 학생들의 어릴 적 가정환경이 비행을 설명하는 가장 중요한 원인일 것이라는 또 다른 연구자들의 가설이 있다.

[보기]
㉠ 학업부진은 독립변수이고 비행은 종속변수이다.
㉡ 비행친구와의 사귐은 매개변수이다.
㉢ 선생님의 관심은 조절변수이다.
㉣ 어릴 적 가정환경은 외생변수이다.

① ㉡, ㉣
② ㉠, ㉡, ㉣
③ ㉠, ㉢, ㉣
④ ㉠, ㉡, ㉢, ㉣

해설
학업부진은 독립변수이며 비행친구와 사귀는 것은 매개변수이고 비행은 종속변수인 관계이다. 학교선생님의 관심은 독립변수인 학업부진과 종속변수인 비행 간의 관계에 있어서 독립변수가 종속변수에 미치는 강도에 영향을 주는 조절변수이다. 어릴 적 가정환경은 연구자의 의도와는 상관없이 종속변수에 직접적 영향을 미쳐 학업부진이라는 순수한 독립변수 효과의 측정을 어렵게 하는 의도치 않은 변수로 외생변수로 볼 수 있다.

| 정답 | 13 ③ 14 ④ |

15
2021년 1회

다음 중 범주형 변수(Categorical Variable)인 것은?

① 자녀수
② 지능지수(IQ)
③ 원화로 나타낸 연간소득
④ 3단계(상/중/하)로 나눈 계층적 지위

해설
범주형 변수는 명목척도, 서열척도로 측정된 변수로 측정 시 속성을 의미 있는 수치로 나타낼 수 없는 변수이다. 구별된 몇 개의 범주 중 하나에 측정대상이 속하게 된다.
④ 상/중/하로 나눈 계층적 지위는 범주형 변수에 해당된다.

16
2020년 3회

질적 변수와 양적 변수에 관한 설명으로 틀린 것은?

① 성별, 종교, 직업, 학력 등을 나타내는 변수는 질적 변수이다.
② 질적 변수에서 양적 변수로의 변환은 거의 불가능하다.
③ 계량적 변수 혹은 메트릭(Metric) 변수라고 불리는 것은 양적변수이다.
④ 양적 변수는 몸무게나 키와 같은 이산변수(Discrete Variable)와 자동차의 판매대수같은 연속변수(Continuous Variable)로 나누어진다.

해설
양적 변수는 자동차의 판매대수같은 이산변수(Discrete Variable)와 몸무게나 키와 같은 연속변수(Continuous Variable)로 나누어진다.

17
2019년 2회

연속변수로 구성하기 어려운 것은?

① 인종
② 소득
③ 범죄율
④ 거주기간

해설
연속변수는 양적 변수 중 어떤 구간 내에서 취할 수 있는 값이 무한한 변수로 소수점 이하로 표시가 가능하며 값과 값 사이가 서로 연결되어 있어서 그 사이의 값이 의미를 가진다.
① 인종은 측정 시 속성을 의미있는 수치로 나타낼 수 없는 변수로 명목척도로 측정하여 구별된 몇 개의 범주 중 하나에 측정대상이 속하게 되는 질적 변수이다. 질적 변수는 양적 변수로의 변환이 거의 불가능하므로 인종을 연속변수로 구성하기 어렵다.

18
2020년 1·2회

개념의 구성요소가 아닌 것은?

① 일반적 합의
② 정확한 정의
③ 가치중립성
④ 경험적 준거틀

해설
개념의 구성요소는 경험적 준거틀, 주관성, 명확한 정의, 일반적 합의이다.

| 정답 | 15 ④ 16 ④ 17 ① 18 ③ |

19 (2020년 3회)

개념적 정의에 대한 설명으로 틀린 것은?

① 순환적인 정의를 해야 한다.
② 적극적 혹은 긍정적인 표현을 써야 한다.
③ 정의하려는 대상이 무엇이든 그것만의 특유한 요소나 성질을 직시해야 한다.
④ 뜻이 분명해서 누구나 알아들을 수 있는 의미를 공유하는 용어를 써야 한다.

해설
개념적 정의는 현상이나 대상의 속성을 이론적이고 추상적으로 정의하는 것이다.
① 순환적 정의란 어떤 개념을 다른 동일한 내용의 말로 바꾸어 말하는 것 뿐이라 언뜻 보기에는 정의가 된 것 같지만 사실은 아무런 내용이 없는 거짓 정의를 말한다. 개념적 정의에서는 순환적 정의를 지양해야 한다.

20 (2018년 3회)

개념적 정의에 대한 설명으로 옳은 것은?

① 측정가능성과 직결된 정의이다.
② 조작적 정의를 현실세계의 현상과 연결시켜주는 역할을 수행한다.
③ 거짓과 진실을 밝히기 위해 정의하는 것이다.
④ 어떤 개념을 보다 명확하고 정확하게 표현하기 위하여 다른 개념을 사용하여 정의하는 것이다.

해설
④ 개념적 정의는 현상이나 대상의 속성을 이론적이고 추상적으로 정의하는 것으로 하나의 개념을 명확하고 정확하게 정의하기 위해 다른 개념을 사용하여 정의하는 것이다.
①, ③ 조작적 정의에 대한 설명이다.
② 조작적 정의는 개념적 정의에 의하여 이론적이고 추상적 현상과 연결된다.

21 (2019년 3회)

개념적 정의와 예로 적합하지 않은 것은?

① 무게 – 물체의 중량
② 불안 – 주관화된 공포
③ 지능 – 추상적 사고능력 또는 문제해결 능력
④ 결혼만족 – 배우자에게 아침을 차려준 횟수

해설
개념적 정의는 현상이나 대상의 속성을 이론적이고 추상적으로 정의하는 것으로 하나의 개념을 명확하고 정확하게 정의하기 위해 다른 개념을 사용하여 정의하는 것이다.
④ 추상적인 개념을 관찰 가능한 구체적인 지표로 표현하는 조작적 정의에 해당한다.

22 (2021년 2회)

사회조사에서 개념의 재정의(Reconceptualization)가 필요한 이유로 가장 거리가 먼 것은?

① 개념과 개념 간의 상관관계가 아닌 인과관계를 밝혀야 하기 때문이다.
② 동일한 개념이라도 사회가 변함에 따라 원래의 뜻이 변할 수 있기 때문이다.
③ 사회조사에서 사용되는 개념은 일상생활에서 통상적으로 사용되는 상투어와는 그 의미가 다를 수 있기 때문이다.
④ 한 가지 개념이라도 두 가지 또는 그 이상의 다양한 의미를 가지고 있을 가능성이 많으므로 이들 각기 다른 의미 중에서 어떤 특성의 의미를 조사연구대상으로 삼을 것인가를 밝혀야하기 때문이다.

해설
개념의 재정의, 즉 재개념화는 주된 개념에 대한 정리·분석을 통하여 개념을 보다 명백하게 재구성·재규정하는 것이다. 사회조사에서의 개념은 통상적 용어나 개념과는 의미가 다를 수 있으며 같은 개념이라도 사회의 변화에 따라 본래의 의미가 변할 수 있고, 한 가지 개념이라도 여러 다양한 의미를 가지게 될 수 있다. 개념을 다시 명확하게 함으로써 주된 개념을 명확하게 파악하고 관찰과 측정 가능성 및 객관성을 높일 수 있게 된다.

| 정답 | 19 ① 20 ④ 21 ④ 22 ① |

23 (2021년 1회)

이론적 개념을 측정가능한 수준의 변수로 전환시키는 작업과정은?

① 서열화
② 수량화
③ 척도화
④ 조작화

해설
조작적 정의는 추상적인 개념을 관찰 가능한 구체적인 지표로 표현하는 것으로 측정가능성과 직결된 정의이다. 추상적 개념들을 구체적 경험세계와 연결시켜준다.

24 (2020년 4회)

조작화와 관련하여 다음은 무엇에 대한 예에 해당하는가?

> 신앙심을 측정하기 위해 사용된 일주일간 성경책 읽은 횟수

① 개념적 정의
② 지표
③ 개념
④ 지수

해설
지표(Indicator)란 어떤 개념의 존재 여부를 나타내는 하나의 징표 또는 변수의 속성의 표상이다. 즉 존재나 상태 또는 특성을 경험적으로 적절히 나타내는 표시물로 하나의 변수에서 추출된 하나의 숫자를 의미한다. 조작화와 관련하여 신앙심이라는 하나의 변수의 특성을 하나의 숫자인 성경책 읽은 횟수로 나타내므로 이는 지표이다.

25 (2018년 1회)

다음에서 설명하고 있는 것은?

> 추상적 구성개념이나 잠재변수의 값을 측정하기 위해, 측정할 내용이나 측정방법을 구체적으로 정확하게 표현하고 의미를 부여하는 것으로, 추상적 개념을 관찰 가능한 형태로 표현해 놓은 것이다.

① 조작적 정의
② 구성적 정의
③ 기술적 정의
④ 가설설정

해설
조작적 정의는 추상적인 개념을 관찰 가능한 구체적인 지표로 표현하는 것으로 측정가능성과 직결된 정의이다. 추상적 개념들을 구체적 경험세계와 연결시켜 준다.

26 (2018년 2회)

개념적 정의와 조작적 정의에 관한 설명으로 틀린 것은?

① 개념적 정의는 추상적 수준의 정의이다.
② 조작적 정의는 인위적이기 때문에 가급적 피해야 한다.
③ 개념적 정의와 조작적 정의가 반드시 일치하는 것은 아니다.
④ 조작적 정의는 측정을 위하여 불가피하다.

해설
개념적 정의는 현상이나 대상의 속성을 이론적이고 추상적으로 정의하는 것이며 조작적 정의는 추상적 개념을 측정이 가능하도록 계량적인 형태로 나타내는 것이다. 조작적 정의는 측정을 위하여 불가피하며 개념적 정의에 최대한 일치되도록 정의되어야 하나 반드시 일치하는 것은 아니다.

| 정답 | 23 ④ | 24 ② | 25 ① | 26 ② |

27
2020년 4회

조작적 정의에 관한 설명으로 틀린 것은?

① 추상적인 개념을 구체적인 경험세계와 연결시키는 과정이다.
② 특정개념은 반드시 한 가지의 조작적 정의만을 갖는다.
③ 조사목적과 관련하여 실용주의적인 측면을 포함한다.
④ 실행가능성, 관찰가능성이 중요하다.

해설
조작적 정의는 추상적 개념을 측정이 가능하도록 계량적인 형태로 나타내는 것으로 하나의 개념은 여러 가지의 조작적 정의를 가질 수 있다.

28
2019년 1회

조작적 정의에 관한 설명과 가장 거리가 먼 것은?

① 측정의 타당성과 관련이 있다.
② 적절한 조작적 정의는 정확한 측정의 전제조건이다.
③ 조작적 정의는 무작위로 기계적으로 이루어지기 때문에 논란의 여지가 없다.
④ 측정을 위해 추상적인 개념을 보다 구체화하는 과정이라고 할 수 있다.

해설
조작적 정의는 추상적 개념을 측정이 가능하도록 계량적인 형태로 나타내는 것이다. 정확한 측정의 전제조건으로 측정의 타당성과 관련이 있다.

29
2020년 1·2회

조작적 정의의 예시로 적절하지 않은 것은?

① 빈곤 – 물질적인 결핍 상태
② 소득 – 월 (   )만 원
③ 서비스 만족도 – 재이용 의사 유무
④ 신앙심 – 종교행사 참여횟수

해설
조작적 정의는 추상적 개념을 측정이 가능하도록 계량적인 형태로 나타내는 것이다.
① 현상이나 대상의 속성을 이론적이고 추상적으로 정의하는 개념적 정의이다.

30
2020년 4회

청소년의 비행에 관하여 연구할 때 조작적 정의 단계에 해당하는 것은?

① 사전(Dictionary)을 참고하여 비행을 명확히 정의한다.
② 청소년의 비행에 대한 기존 연구결과를 정리한다.
③ 비행관련 척도를 탐색한 후 선정한다.
④ 비행청소년의 현황을 파악한다.

해설
조작적 정의는 추상적 개념을 측정이 가능하도록 계량적인 형태로 나타내는 것이다. 비행관련 척도를 탐색하고 선정하여 비행이라는 추상적 개념을 관찰가능한 구체적 지표로 표현함으로써 측정가능성과 직결시키는 단계가 조작적 정의 단계가 된다.

| 정답 | 27 ② | 28 ③ | 29 ① | 30 ③ |

31
2019년 1회

관찰된 현상의 경험적인 속성에 대해 일정한 규칙에 따라 수치를 부여하는 것은?

① 척도(Scale)
② 지표(Indicator)
③ 변수(Variable)
④ 측정(Measurement)

해설
측정은 관찰된 현상의 경험적인 속성(변수)에 대해 일정한 규칙에 따라 수치를 부여하는 것으로, 추상적 개념·변수들을 관찰 가능한 자료로 연결시키는 것이다. 추상적·이론적 세계를 경험적 세계와 연결시키는 수단이다.

32
2021년 1회

측정에 대한 설명으로 틀린 것은?

① 질적 속성을 양적 속성으로 전환하는 작업이다.
② 경험의 세계와 개념적·추상적 세계를 연결하는 수단이다.
③ 조사대상의 속성을 추상적 개념으로 전환시키는 과정이다.
④ 이론을 구성하는 개념들을 현실세계에서 관찰이 가능한 자료와 연결해주는 과정이다.

해설
측정은 관찰된 현상의 경험적인 속성(변수)에 대해 일정한 규칙에 따라 수치를 부여하는 것으로, 추상적 개념·변수들을 관찰 가능한 자료로 연결시키는 것이다. 추상적·이론적 세계를 경험적 세계와 연결시키는 수단이다. 변수에 대한 조작적 정의에 입각하여 이루어지고, 질적 속성에 대해 이를 양적 속성으로 전환한다.
③ 측정은 조사대상의 속성을 조작적 개념으로 전환시킨다.

33
2020년 1·2회

측정에 대한 설명과 가장 거리가 먼 것은?

① 변수에 대한 조작적 정의에 입각해 이루어진다.
② 하나의 변수에 대한 관찰값은 동시에 두 가지 속성을 지닐 수 없다.
③ 이론과 현실을 연결시켜주는 매개체이다.
④ 경험적으로 관찰 가능한 것을 추상적 개념으로 바꾸어 놓는 과정이다.

해설
측정은 관찰된 현상의 경험적인 속성(변수)에 대해 일정한 규칙에 따라 수치를 부여하는 것으로, 추상적 개념·변수들을 관찰 가능한 자료로 연결시키는 것이다. 이론에서 도출된 가설들을 경험적으로 검증하기 위해서 그 안의 개념들을 적절한 방법을 통해 경험적으로 변화시키는 작업이며, 추상적·이론적 세계를 경험적 세계와 연결시키는 수단이다. 변수에 대한 조작적 정의에 입각하여 이루어진다. 또한 하나의 변수에 대한 관찰값은 동시에 두 가지의 속성을 가질 수 없다.

34
2021년 2회

다음에서 설명하고 있는 측정의 종류는?

> 어떤 사물이나 사건의 속성을 측정하기 위해 관련된 다른 사물이나 사건의 속성을 측정하는 것이다. 대표적인 예로 밀도(Density)는 어떤 사물의 부피와 질량의 비율로 정의하며, 이 경우 밀도는 부피와 질량 사이의 비율을 통해 간접적으로 측정하게 된다.

① 임의측정(Measurement by Fiat)
② 추론측정(Derived Measurement)
③ 본질측정(Fundamental Measurement)
④ A급 측정(Measurement of A Magnitude)

해설
측정의 종류는 본질측정, 추론측정, 임의측정으로 나눌 수 있다. 어떤 사물이나 사건의 속성을 측정하기 위해 관련된 다른 사물이나 사건의 속성을 측정하는 것은 추론측정이다. B급 측정이라고도 한다.

| 정답 | 31 ④ 32 ③ 33 ④ 34 ② |

35
2017년 3회

변수와 측정수준의 연결이 옳은 것은?

① 빈곤율 – 명목변수
② 직업분류 – 서열변수
③ 청년실업자수 – 비율변수
④ 야구선수의 등번호 – 등간변수

해설
① 절대영점이 존재하는 비율변수이다.
②, ④ 상호배타적 범주에 수치를 부여한 명목변수이다.

36
2019년 2회

측정의 수준이 바르게 짝지어진 것은?

㉠ 교육수준 – 중졸 이하, 고졸, 대졸 이상
㉡ 교육연수 – 정규교육을 받은 기간(년)
㉢ 출신 고등학교 지역

	㉠	㉡	㉢
①	명목측정	서열측정	등간측정
②	등간측정	서열측정	비율측정
③	서열측정	등간측정	명목측정
④	서열측정	비율측정	명목측정

해설
㉠ 교육수준이라는 상호배타적 범주에 서열성이 가미된 서열측정이다.
㉡ 교육연수는 절대영점이 존재하는 비율측정이다.
㉢ 지역이라는 상호배타적 범주에 수치를 부여한 명목측정이다.

37
2018년 3회

명목척도 구성을 위한 측정범주들에 대한 기본원칙과 가장 거리가 먼 것은?

① 배타성
② 포괄성
③ 논리적 연관성
④ 선택성

해설
명목수준 측정은 상호배타적이고 포괄적인 카테고리(범주)로 구분하여 수치를 부여하는 것으로 한 카테고리 내의 모든 대상이 동등하다는 속성을 기본으로 한다. 기본원칙은 배타성, 포괄성, 논리적 연관성이다.

38
2021년 1회

대상자들의 종교를 불교, 기독교, 가톨릭교, 기타의 범주로 나누어 조사한 경우 측정수준은?

① 서열척도
② 명목척도
③ 등간척도
④ 비율척도

해설
명목수준 측정은 대상을 유사성과 상이성에 의해 구분하여 명목상의 이름·숫자를 부여하는 것으로 부여된 수치는 단순한 구분을 위한 것일 뿐, 계량적 의미를 가지고 있지 않다. 종교를 상호배타적 범주로 구분하여 조사하였으므로 명목수준 측정에 해당한다.

| 정답 | 35 ③ | 36 ④ | 37 ④ | 38 ② |

39
2020년 3회

다음은 어떤 척도에 관한 설명인가?

> - 관찰대상의 속성에 따라 관찰대상을 상호배타적이고 포괄적인 범주로 구분하여 수치를 부여하는 도구이다.
> - 변수 간의 사칙연산은 의미가 없다.
> - 운동선수의 등 번호, 학번 등이 있다.

① 명목척도
② 서열척도
③ 등간척도
④ 비율척도

해설
명목수준의 측정은 대상을 유사성과 상이성에 의해 구분하여 명목상의 이름·숫자를 부여하는 것으로 상호배타적이고 포괄적인 카테고리(범주)로 구분하여 수치를 부여하며 한 카테고리 내의 모든 대상이 동등하다는 속성을 기본으로 한다. 부여된 수치는 단순한 구분을 위한 것일 뿐, 계량적 의미를 가지고 있지 않다. 가장 낮은 수준의 측정으로 가감승제가 성립하지 않아 사칙연산이 의미가 없다.

40
2021년 2회

어떤 제품의 선호도를 조사하기 위하여 '아주 좋아한다, 좋아한다, 싫어한다, 아주 싫어한다'와 같은 선택지를 사용하였다. 이는 어떤 척도로 측정된 것인가?

① 서열척도
② 명목척도
③ 등간척도
④ 비율척도

해설
'아주 좋아한다, 좋아한다, 싫어한다, 아주 싫어한다' 와 같은 선택지는 서열성에 기반한 것이다. 서열척도는 단순한 명칭·숫자 부여에서 한발 더 나아가 상대적 순서·서열을 부여한 것으로 숫자는 범주 및 순서의 정보이며, 거리나 간격의 의미를 가지지는 않는다.

41
2018년 2회

서열측정의 특징을 모두 고른 것은?

> ㉠ 응답자들을 순서대로 구분할 수 있다.
> ㉡ 절대영점(Absolute Zero Score)을 지니고 있다.
> ㉢ 어떤 응답자의 특성이 다른 응답자의 특성보다 몇 배가 높은지 알 수 있다.

① ㉠
② ㉠, ㉡
③ ㉡, ㉢
④ ㉠, ㉡, ㉢

해설
서열수준의 측정은 단순한 명칭·숫자 부여에서 한발 더 나아가 상대적 순서·서열을 부여한 것으로 숫자는 범주 및 순서의 정보이며, 거리나 간격의 의미를 가지지는 않는다. 가감승제는 성립하지 않으며 절대영점의 개념은 존재하지 않는다.
㉡, ㉢ 비율수준의 측정에 해당하는 내용이다.

42
2018년 3회

온도계의 눈금을 나타내는 수치의 측정수준은?

① 명목측정
② 서열측정
③ 비율측정
④ 등간측정

해설
등간수준의 측정은 서열화에 더하여, 서열간의 간격이 일정하도록 연속선상에 수치를 부여한다. 가감(+, −)은 가능하나, 승제(곱셈, 나눗셈)는 가능하지 않으며 절대영점이 존재하지 않는다. 대표적으로 온도를 예로 들 수 있다.

| 정답 | 39 ① 40 ① 41 ① 42 ④

43
2021년 1회

다음 설명에 해당하는 척도는?

> 현직 대통령의 인기도를 측정하기 위해 0부터 100까지의 값 가운데 하나를 제시하도록 하였다. 가장 싫은 경우는 0, 가장 만족한 경우는 100으로 정하였다.

① 명목척도
② 등간척도
③ 서열척도
④ 비율척도

해설
등간수준의 측정은 서열화에 더하여, 서열간의 간격이 일정하도록 연속선상에 수치를 부여한다. 가감(+, −)은 가능하나, 승제(곱셈, 나눗셈)는 가능하지 않으며 절대영점이 존재하지 않는다. 인기도를 측정하기 위해 서열 간 간격이 일정하도록 한 0~100까지의 구간 값을 정하고 하나를 제시하는 방식이므로 등간척도에 해당한다.

44
2020년 1·2회

척도의 종류 중 비율척도에 관한 설명으로 틀린 것은?

① 절대적인 기준을 가지고 속성의 상대적 크기 비교 및 절대적 크기까지 측정할 수 있도록 비율의 개념이 추가된 척도이다.
② 수치상 가감승제와 같은 모든 산술적인 사칙연산이 가능하다.
③ 비율척도로 측정된 값들이 가장 많은 정보를 포함하고 있다고 볼 수 있다.
④ 월드컵 축구 순위 등이 대표적 예이다.

해설
비율척도는 명목, 서열, 등간 수준 측정에 더하여, 절대영점을 가진 척도로써 수치를 부여한 것이다. 가감(+, −)은 물론 승제(곱셈, 나눗셈)까지 가능하여 배수의 개념이 성립한다.
④ 축구순위는 서열척도에 해당한다.

45
2020년 1·2회

다음의 사항을 측정할 때 측정수준이 다른 것은?

① 교통사고 횟수
② 몸무게
③ 온도
④ 저축금액

해설
①, ②, ④ 절대영점이 존재하는 비율수준 측정이다.
③ 절대영점이 존재하지 않는 등간수준의 측정이다.

46
2019년 3회

측정의 수준에 따라 사용할 수 있는 통계기법이 달라지는데 다음 중 측정의 수준과 사용 가능한 기술통계(Descriptive Statistics)를 잘못 짝지은 것은?

① 명목수준 – 중간값(Median)
② 서열수준 – 범위(Range)
③ 등간수준 – 최빈값(Mode)
④ 비율수준 – 표준편차(Standard Deviation)

해설
① 명목수준의 측정에서는 빈도, 백분율, 최빈수의 사용이 가능하다. 중간값(중위수)은 서열수준부터 사용이 가능하다.
② 서열수준의 측정에서는 빈도, 백분율, 범위, 최빈수 및 중위수가 가능하다.
③ 등간수준에서는 빈도, 백분율, 범위, 최빈수 및 중위수와 표준편차, 피어슨 상관계수, 산술평균 사용이 가능하다.
④ 비율수준에서는 빈도, 백분율, 범위와 표준편차, 피어슨 상관계수, 산술평균 및 조화평균과 기하평균, 변동계수 등의 사용이 가능하다.

| 정답 | 43 ② | 44 ④ | 45 ③ | 46 ① |

47
2020년 1·2회

중앙값, 순위상관관계, 비모수통계검증 등의 통계방법에 주로 활용되는 척도유형은?

① 명목측정
② 서열측정
③ 등간측정
④ 비율측정

해설
서열측정에서는 비모수통계검증을 사용한다. 중심경향치로는 중앙값을 사용하며 서열측정에서의 주요 통계분석 기법으로는 순위상관관계와 스피어만 상관계수가 있다.

48
2020년 4회

측정수준의 특성상 지역별로 측정된 실업률의 사칙연산 가능 범위는?

① 사칙연산이 불가능
② 덧셈과 뺄셈만 가능
③ 곱셈과 나눗셈만 가능
④ 사칙연산이 모두 가능

해설
실업률은 절대영점이 존재하는 비율척도이다. 따라서 사칙연산이 모두 가능하다.

49
2021년 2회

척도에 관한 설명으로 틀린 것은?

① 척도는 계량화를 위한 도구이다.
② 불연속은 척도의 중요한 속성이다.
③ 척도의 구성항목은 단일한 차원을 반영해야 한다.
④ 척도를 구성하는 방법은 측정하려는 변수의 구조적 성격에 따라 결정된다.

해설
척도는 측정의 단위이자 일종의 측정도구이며 일정한 규칙에 따라 측정대상에 적용할 수 있도록 만들어진 일련의 체계화된 기호 또는 숫자로 계량화를 위한 도구이다. 연속성, 단일차원성, 단일 개념의 연속체, 합성측정의 기본적 특성을 가진다.

50
2018년 2회

사회과학에서 척도를 구성하는 이유와 가장 거리가 먼 것은?

① 측정의 신뢰성을 높여준다.
② 변수에 대한 질적인 측정치를 제공한다.
③ 하나의 지표로 측정하기 어려운 복합적인 개념들을 측정한다.
④ 여러 개의 지표를 하나의 점수로 나타내어 자료의 복잡성을 덜어준다.

해설
척도는 변수에 대한 양적 측정치를 제공함으로써 특정 대상의 속성을 객관화하여 본질을 파악하게 한다. 또한 측정대상들 간의 관계, 대상 간의 비교를 정확하게 할 수 있도록 하여 측정의 신뢰성을 높여주며 여러 개의 지표를 하나의 점수로 나타냄으로써 자료의 복잡성을 감소시킬 수 있고 하나의 지표로 측정하기 어려운 복합적 개념들을 측정할 수 있다.

| 정답 | 47 ② | 48 ④ | 49 ② | 50 ② |

51
2020년 3회

척도와 지수에 관한 설명으로 옳지 않은 것은?

① 지수는 개별적인 속성들에 할당된 점수들을 합산하여 구한다.
② 척도는 속성들 간에 존재하고 있는 강도(Intensity)구조를 이용한다.
③ 지수는 척도보다 더 많은 정보를 제공해준다.
④ 척도와 지수 모두 변수에 대한 서열측정이다.

해설
지수는 개별적 속성들에 배정되어 있는 점수들을 단순히 누적(합산)하여 구축되는 반면에 척도는 속성들의 패턴에 점수들을 배정(즉 속성들 간에 존재하는 어떤 강도 구조를 이용)함으로써 구축된다. 따라서 척도가 지수보다 더 많은 정보를 제공해 줄 수 있다.

52
2020년 3회

지수(Index)와 척도(Scale)에 관한 설명으로 틀린 것은?

① 지수와 척도 모두 변수에 대한 서열측정이다.
② 척도점수는 지수점수보다 더 많은 정보를 전달한다.
③ 지수와 척도 모두 둘 이상의 자료문항에 기초한 변수의 합성측정이다.
④ 지수는 동일한 변수의 속성들 가운데서 그 강도의 차이를 이용하여 구별되는 응답유형을 밝혀낸다.

해설
지수는 개별적 속성들에 배정되어 있는 점수들을 단순히 누적(합산)하여 구축되는 반면에 척도는 속성들의 패턴에 점수들을 배정(즉 속성들 간에 존재하는 어떤 강도 구조를 이용)함으로써 구축된다.

53
2021년 1회

서열척도를 이용한 측정방법은?

① 등급법
② 고정총합척도법
③ 순위법
④ 어의차이척도법

해설
순위법은 여러 대상에 대해 특정 속성의 정도에 따라 대상의 순위를 정하는 방법으로 서열척도를 이용한 측정방법이다.

54
2020년 4회

등간척도를 이용한 측정방법을 모두 고른 것은?

㉠ 등급법(Rating Method)
㉡ 순위법(Ranking Method)
㉢ 어의차이척도법(Semantic Differential Scale)
㉣ 스타펠 척도(Stapel Scale)

① ㉠, ㉡
② ㉡, ㉣
③ ㉠, ㉢, ㉣
④ ㉡, ㉢, ㉣

해설
순위법은 여러 대상에 대해 특정 속성의 정도에 따라 대상의 순위를 정하는 방법으로 서열척도를 이용한 측정방법이다. 등급법, 어의차이척도법, 스타펠 척도는 모두 등간척도를 이용한 측정방법에 해당한다.

55
2022년 1회

다음의 예와 같이 응답자에게 한 속성의 보유정도를 기준으로 다른 속성의 보유정도를 판단하도록 하는 척도법은?

> 자동차 선택 시 고려하는 요인 중 자동차 가격의 중요성을 100점이라고 한다면, 다음의 요인은 몇 점에 해당한다고 생각하십니까?
> (1) 가격   100점
> (2) 디자인   (   )점
> (3) 성능   (   )점

① 항목평정법(Itemized Rating)
② 연속평정법(Continuous Rating)
③ 비율분할법(Fractionation Method)
④ 고정총합척도법(Constant Sum Method)

해설
비율분할법은 한 속성의 보유 정도를 기준으로 다른 속성의 보유 정도를 판단하게 하는 것이다.

56
2017년 2회

평정척도(Rating Scale)의 구성에 관한 옳은 설명을 모두 고른 것은?

> ㉠ 응답범주들이 상호배타적이어야 한다.
> ㉡ 찬반의 응답범주 수가 균형을 이루어야 한다.
> ㉢ 응답범주들이 논리적 연관성을 가지고 있어야 한다.
> ㉣ 응답범주의 수를 가능한 한 많도록 한다.

① ㉠, ㉡
② ㉢, ㉣
③ ㉠, ㉡, ㉢
④ ㉠, ㉢, ㉣

해설
평정척도는 평정자에게 눈금체계 등 척도점을 제시하며 자신이나 타인 또는 사물에 대한 판단을 표시하기 위해 특성의 상대적 가치에 따라 구별되어 있는 척도점에 체크하도록 하는 척도이다. 응답범주의 수를 가능한 한 많도록 하는 것은 좋지 않으며 이외 다음의 사항을 고려해야 한다.
- 평정하려는 요인·특성은 명백하게 규정되어 그 척도를 사용하는 모든 평정자에게 같은 의미를 전달해야 한다.
- 모든 관찰자가 쉽게 관찰할 수 있는 특성으로 구성한다.
- 사람마다 다르게 해석할 수 있는 용어는 피하는 것이 좋다.
- 범주들은 상호배타적이어야 하며 응답 가능한 상황을 모두 포함하고 있어야 한다.
- 응답범주들은 논리적 연관성을 가지고 있어야 하며 찬반의 응답범주 수가 균형을 이루어야 한다.

정답 | 55 ③ 56 ③

57
2017년 1회

다음 내용에서 설명하고 있는 척도는?

- 각각의 문항은 측정하고자 하는 개념의 속성에 대해 동일한 기여를 한다.
- 내적일관성 검증을 통해 신뢰도가 낮은 항목은 삭제할 필요가 있다.
- 각 문항별 응답점수의 총합이 측정하고자 하는 개념을 대표한다는 가정에 근거한다.

① 리커트 척도(Likert Scale)
② 거트만 척도(Guttman Scale)
③ 서스톤 척도(Thurstone Scale)
④ 의미분화척도(Semantic Differential Scale)

해설
리커트 척도는 하나의 주제를 척도의 중심 내용으로 잡아서 진술 세트를 구성하고, 그 진술들에 대하여 응답자에게 긍정·부정(동의·동의 않음)의 정도가 어디까지인지를 표시하게 하는 척도로 이를 합산·평균한 결과로 응답자의 태도를 측정한다. 측정하고자 하는 개념을 응답점수의 총합이 대표한다는 가정 하에 주로 태도를 측정하는 척도이다. 각 문항이 속성에 대해 동일하게 기여한다고 전제하며 진술들 사이에 높은 연관성을 전제한다. 내적일관성 검증을 통해 신뢰도가 낮은 항목은 제거할 필요가 있다.

58
2017년 2회

리커트 척도의 단점에 해당되지 않는 것은?

① 엄격한 의미에서의 등간척도가 될 수 없다.
② 각 문항의 점수를 더한 총점으로는 각 문항에 대한 응답의 강도를 정확히 알 수 없다.
③ 척도가 측정하고자 하는 개념을 제대로 측정하고 있는지의 문제가 여전히 남는다.
④ 문항 간의 내적일관성을 확인할 수 없다.

해설
리커트 척도의 단점으로는 각 문항점수를 합산한 총점으로는 각 문항에 대한 응답의 강도를 정확히 알 수 없다는 점, 척도가 측정하고자 하는 개념을 제대로 측정하고 있는지의 문제가 여전히 남는다는 점, 엄격한 의미에서의 등간척도가 될 수 없다는 점 등이 있다.
④ 문항 간의 내적일관성 검증을 통해 신뢰도가 낮은 항목은 제거한다.

59
2019년 2회

각 문항이 척도상 어디에 위치할 것인가를 평가자들이 판단한 다음 조사자가 이를 바탕으로 대표적인 문항들을 선정하여 척도를 구성하는 방법은?

① 서스톤 척도
② 리커트 척도
③ 거트만 척도
④ 의미분화척도

해설
서스톤 척도는 어떤 사실에 대하여 가장 우호적인 태도와 가장 비우호적인 태도를 나타내는 양 극단을 등간격으로 구분하여 일련의 문항들을 나열하여 여기에 수치를 부여하는 척도로 각 문항에는 가중치가 부여되어 있다. 평가자들의 평가에 근거하여 문항을 분류하고 조사자가 척도에 포함될 적절한 문항들을 선정하여 척도를 구성한다.

60
2018년 3회

다음은 어떤 척도의 특징인가?

- 대체적으로 11점 척도로 구성되어 있다.
- 개발하기 위하여 시간과 노력이 많이 든다.
- 최종적으로 구성된 척도는 동일한 간격을 지닐 수 있다.

① 리커트 척도(Likert Scale)
② 서스톤 척도(Thurstone Scale)
③ 보가더스 척도(Bogardus Scale)
④ 오스굿 척도(Osgood Scale)

해설
서스톤 척도는 어떤 사실에 대하여 가장 우호적인 태도와 가장 비우호적인 태도를 나타내는 양 극단을 등간격으로 구분하여 일련의 문항들을 나열하여 여기에 수치를 부여하는 척도이다. 대체적으로 11점 척도로 구성되어 있으며 질문 문항들을 정리하여 가능한 한 간격을 같도록 함으로써 일반적 서열척도보다 한 수준 높은 등간척도 수준을 유지하려 한다. 평가 작업에 과다한 비용과 시간이 소요되는 것이 단점 중의 하나이다.

61
2020년 4회

서스톤 척도에 대한 설명으로 틀린 것은?

① 리커트 척도법이나 거트만 척도법에 비해 서스톤 척도법은 상당한 비용과 시간이 걸린다는 단점을 가지고 있다.
② 리커트 척도법이나 거트만 척도법은 구간수준(Interval Level)의 측정이 가능하지만, 서스톤 척도법은 서열수준(Ordinal Level)의 측정만이 가능하다.
③ 평가자의 편견이 개입될 가능성이 있으며, 이 문제를 완화하기 위해서는 가능하면 많은 수의 평가자를 선정하는 것이 좋다.
④ 문항의 선정과정에서 평가자 간에 이견이 큰 문항은 제외한다.

해설
서스톤 척도는 일반적인 서열척도보다 한 수준 높은 등간척도 수준을 유지하려 하는 척도로 유사등간척도라고도 한다.

62
2018년 1회

척도구성방법 중 인종, 사회계급과 같은 여러 가지 형태의 사회집단에 대한 사회적 거리를 측정하기 위한 척도는?

① 서스톤 척도(Thurstone Scale)
② 보가더스 척도(Bogardus Scale)
③ 거트만 척도(Guttman Scale)
④ 리커트 척도(Likert Scale)

해설
보가더스 척도는 사회적 거리감의 정도(집단 간의 친밀정도)를 측정하기 위해 서열적 측정방법의 연속적 문항들을 사용하는 척도로 단일차원의 서로 이질적인 문항들로 구성된다. 개인 간 또는 어떤 집단 간의 관계를 규명할 수 있다.

63
2018년 2회

다음 설명에 해당하는 척도는?

- 합성측정(Composite Measurement)의 유형 중 하나이다.
- 누적 스케일링(Cumulative Scaling)의 대표적 형태이다.
- 측정에 동원된 특정 문항이 다른 지표보다 더 극단적인 지표가 될 수 있다는 점에 근거한다.
- 측정에 동원된 개별항목 자체에 서열성을 미리 부여한다.

① 크루스칼(Kruskal) 척도
② 서스톤(Thurstone) 척도
③ 보가더스(Bogardus) 척도
④ 거트만(Guttman) 척도

해설
거트만 척도는 태도의 강도에 대한 연속적 증가유형을 측정하고자 하는 척도이다. 측정에 사용되는 개별항목 자체에 서열성을 미리 부여한 척도이며 합성측정의 유형이다. 태도의 단일차원성의 경험적 검증이 가능하도록 설계되었고, 누적성의 개념이 결합되었다. 누적성은 가장 강한 정도를 나타내는 문항에 대한 응답으로부터 다른 문항에 대한 응답을 예측할 수 있다는 것으로, 거트만 척도는 문항들의 강도가 달라서 특정 문항이 다른 지표보다 더 극단적 지표가 될 수 있다는 점에 근거한다.

| 정답 | 61 ② 62 ② 63 ④

64
2018년 2회

다음 설명에 해당하는 척도는?

- 대립적인 형용사의 쌍을 이룬다.
- 의미적 공간에 어떤 대상을 위치시킬 수 있다는 이론적 가정에 기초한다.
- 조사대상에 대한 프로파일 분석에 유용하게 사용한다.

① 의미분화척도(Semantic Differential Scale)
② 서스톤 척도(Thurstone Scale)
③ 스타펠 척도(Stapel Scale)
④ 거트만 척도(Guttmant Scale)

해설
의미분화척도는 척도의 양극단에 서로 상반되는 두 개의 형용사를 제시하고, 그 사이에서 속성을 평가하여 선택하도록 하는 방법으로 의미적 공간에 어떤 대상을 위치시킬 수 있다는 이론적 가정에 기초한다. 조사대상에 대한 프로파일 분석에 유용하게 사용할 수 있으며 마케팅조사에서 기업이나 브랜드에 대한 이미지, 태도 등의 방향과 정도를 알기 위해 널리 이용된다.

65
2019년 3회

다음은 어떤 척도에 관한 설명인가?

우리나라의 특정 정치지도자에 대한 국민의 생각을 측정하기 위한 방법으로 '정직 - 부정직, 긍정적 - 부정적, 약하다 - 강하다, 능동적 - 수동적' 등과 같은 대칭적 형용사를 제시한 후 응답자들로 하여금 이들 각각의 문항에 대해 1부터 7까지의 연속선상에서 평가하도록 하였다.

① 서스톤 척도
② 거트만 척도
③ 리커트 척도
④ 의미분화 척도

해설
의미분화척도는 척도의 양극단에 서로 상반되는 두 개의 형용사를 제시하고, 그 사이에서 속성을 평가하여 선택하도록 하는 방법으로 의미적 공간에 어떤 대상을 위치시킬 수 있다는 이론적 가정에 기초한다.

66
2020년 3회

의미분화척도(Semantic Differential Scale)의 특성으로 옳지 않은 것은?

① 언어의 의미를 측정하기 위한 것으로, 응답자의 태도를 측정하는 데 적당하지 않다.
② 양적 판단법으로 다변량 분석에 적용이 용이하도록 자료를 얻을 수 있게 해주는 방법이다.
③ 척도의 양극단에 서로 상반되는 형용사나 표현을 이용해서 측정한다.
④ 의미적 공간에 어떤 대상을 위치시킬 수 있다는 이론적 가정을 사용한다.

해설
의미분화척도는 척도의 양극단에 서로 상반되는 두 개의 형용사를 제시하고, 그 사이에서 속성을 평가하여 선택하도록 하는 방법으로 의미적 공간에 어떤 대상을 위치시킬 수 있다는 이론적 가정에 기초하며 다변량분석에 적용이 용이하도록 자료를 얻을 수 있게 해준다.
① 의미분화 척도는 가치와 태도 측정에 유용하다.

67
2020년 1·2회

의미분화척도(Semantic Differential Scale)에 관한 설명과 가장 거리가 먼 것은?

① 어떠한 개념에 함축되어 있는 의미를 평가하기 위한 방법으로 고안되었다.
② 하나의 개념을 주고 응답자들로 하여금 여러 가지 의미의 차원에서 그 개념을 평가하도록 한다.
③ 일반적인 형태는 척도의 양극단에 서로 상반되는 형용사를 배치하여 그 문항들을 응답자에게 제시한다.
④ 자료의 분석과정에서 다변량분석과 같은 통계적 처리과정에 적용하는 것이 용이하지 않다.

해설
의미분화척도는 척도의 양극단에 서로 상반되는 두 개의 형용사를 제시하고, 그 사이에서 속성을 평가하여 선택하도록 하는 방법으로 다변량분석에 적용이 용이하도록 자료를 얻을 수 있게 해준다.

| 정답 | 64 ① | 65 ④ | 66 ① | 67 ④ |

68
2021년 2회

소시오메트리에 관한 설명으로 맞는 것은?

① 사회적 거리척도로서 집단 간 거리를 측정하는 척도이다.
② 리더십 연구와 집단 내의 갈등, 응집에 관한 연구에서 사용된다.
③ 모레노(Moreno)를 중심으로 발전한 인간과 친환경 관계의 측정에 관한 방법이다.
④ 소시오메트리의 분석방법에는 소시오메트릭 행렬, 지니지수, 집단확장지수가 있다.

해설
소시오메트리는 집단 구성원 간의 친화와 반감을 조사, 친화와 반감의 빈도와 강도에 의해 집단내의 구조를 측정하고 집단 구조를 이해하려는 방법으로, 구성원들 사이에 존재하는 관계의 총체적 구조를 단순화하거나 도표화한 것이다. 일반적으로 모레노를 중심으로 발전한 인간관계의 측정에 관한 방법을 의미하며 리더십 연구와 집단 내의 갈등, 응집에 관한 연구에서 사용된다. 분석방법에는 소시오그램, 소시오메트릭 행렬, 소시오메트릭 지수(선택지위지수, 집단확장지수, 집단응집지수)가 있다.

69
2020년 1·2회

측정 시 발생하는 오차에 대한 설명으로 틀린 것은?

① 신뢰도는 체계적 오차(Systematic Error)와 관련된 개념이다.
② 비체계적 오차(Random Error)는 오차의 값이 다양하게 분산되며, 상호상쇄되는 경향도 있다.
③ 체계적 오차는 오차가 일정하거나 치우쳐 있다.
④ 비체계적 오차는 측정대상, 측정과정, 측정수단, 측정자 등에 일시적으로 영향을 미쳐 발생하는 오차이다.

해설
체계적 오차는 측정 오차가 체계적 패턴을 띠게 되면서 일정한 방향으로 작용하는 것으로 타당도와 관련이 있으며 비체계적오차는 측정 과정에서 우연히 또는 가변적인 일시적인 사정에 의해 측정 상황이나 측정 대상 등에 영향을 미쳐 나타나는 오차로 신뢰도와 관련이 있다.
① 신뢰도는 비체계적 오차와 관련된 개념이다. 체계적 오차와 관련된 개념은 타당도이다.

70
2019년 1회

측정오차(Error of Measurement)에 관한 설명으로 옳은 것은?

① 체계적 오차(Systematic Error)의 값은 상호 상쇄되는 경향이 있다.
② 신뢰성은 체계적 오차(Systematic Error)와 관련된 개념이다.
③ 타당성은 비체계적 오차(Random Error)와 관련된 개념이다.
④ 비체계적 오차(Random Error)는 인위적이지 않아 오차의 값이 다양하게 분산되어 있다.

해설
비체계적오차는 측정 과정에서 우연히 또는 가변적인 일시적인 사정에 의해 측정 상황이나 측정 대상 등에 영향을 미쳐 나타나는 오차로 오차는 인위적이지 않아 무작위로 다양하게 분산된다.
① 비체계적 오차의 값은 상호상쇄되는 경향이 있다.
②, ③ 타당성은 체계적 오차와 관련된 개념이며 신뢰성은 비체계적 오차와 관련된 개념이다.

71
2021년 1회

측정오차의 발생원인과 가장 거리가 먼 것은?

① 통계분석기법
② 측정시점의 환경요인
③ 측정방법 자체의 문제
④ 측정시점에 따른 측정대상자의 변화

해설
측정오차의 발생원인은 크게 보아 사람, 환경, 도구, 절차 등이다. 측정태도의 가변성, 측정시점에서의 응답자의 일시적 변화나 외부환경요인 및 상호작용 그리고 측정방법이나 측정도구 자체의 문제 등에서 기인한다.

| 정답 | 68 ② | 69 ① | 70 ④ | 71 ① |

72
2017년 3회

측정대상들의 편견에 의해서 발생하는 측정오류와 가장 거리가 먼 것은?

① 고정반응 편견
② 사회적 적절성 편견
③ 문화적 차이 편견
④ 무작위적 오류

해설

측정대상들의 편견에 의해서 발생하는 측정오류는 체계적 오류이다. 측정오차가 체계적 패턴을 띠게 되면서 일정한 방향으로 작용하는 것으로 개인적 성향 및 사회경제적 특성, 문화적 차이 등에 의한 편견·편향과 부정확한 측정도구 등 본질적 요소에 의해 발생한다.
④ 측정과정에서 우연히 또는 가변적인 일시적인 사정에 의해 측정상황이나 측정대상 등에 영향을 미쳐 나타나는 오차이다. 오차는 인위적이지 않아 무작위로 다양하게 분산된다.

73
2019년 1회

측정오차 중 체계적 오차(Systematic Error)와 관련된 것은?

① 통계적 회귀
② 생태학적 오류
③ 환원주의적 오류
④ 사회적 바람직성 편향

해설

사회적 바람직성 편향은 사회적으로 바람직한 방식으로 응답하려 하는 경향 때문에 특정방향으로의 쏠림이 나타나는 것을 말한다. 측정오차가 체계적 패턴을 띠게 되면서 일정한 방향으로 작용하는 체계적 오차와 관련된다.

74
2020년 3회

타당도에 대한 설명으로 옳지 않은 것은?

① 조사자가 측정하고자 하는 것을 어느 정도 측정하였는가의 문제이다.
② 같은 대상의 속성을 반복적으로 측정할 때 같은 측정결과를 가져올 수 있는 정도를 말한다.
③ 여러 가지 조작적 정의를 이용해 측정을 하고, 각 측정값 사이의 상관관계를 조사하여 타당도를 평가한다.
④ 외적타당도란 연구결과를 일반화시킬 수 있는 정도를 의미한다.

해설

타당도는 연구자·측정도구가 측정하고자 하는 개념을 얼마나 정확하게/실제에 가깝게/제대로 잘 측정했는지를 나타내는 것으로 개념의 본질에 대한 일치정도에 관한 것이며 조작적 정의, 지표 등이 측정하고자 하는 개념을 제대로 반영하는가의 정도이다. 기준관련 타당도 등에서 각 측정값 사이의 상관관계를 조사하여 타당도를 평가할 수 있다. 실험연구에서 내적타당도는 측정된 결과가 실험변수의 변화 때문에 일어난 것인가에 관한 것이고 외적타당도는 연구결과의 일반화 가능성 또는 대표성을 의미한다.
② 한 대상을 유사한 척도로 여러 번 측정하거나 하나의 척도로 반복 측정했을 때, 일관성 있는 결과를 산출하는 정도인 신뢰도에 대한 설명이다.

75
2019년 2회

토익점수와 실제 영어회화와의 관련성을 분석한 결과, 토익점수가 높다고 해서 영어회화를 잘한다는 가설에 대한 통계적 유의성은 없다고 가정하면 토익점수라는 측정도구는 어떤 문제가 있는가?

① 신뢰도
② 타당도
③ 유의도
④ 내적일관성

해설

타당도는 연구자·측정도구가 측정하고자 하는 개념을 얼마나 정확하게/실제에 가깝게/제대로 잘 측정했는지를 나타내는 것이다. 토익점수가 실제적인 영어회화 능력을 정확하게 나타내거나 측정한다고 할 수 없다는 것은 타당도의 문제이다.

76
2017년 2회

다음 사례에서 발생하는 측정상의 문제는?

> 경제발전을 평가하기 위해 식생활 개선에 주목하였다. 이를 위해 미국, 일본, 인도, 한국 등 4개국을 대상으로 소고기 소비량을 측정하여 경제개발 정도를 비교하였다.

① 안정성
② 타당성
③ 신뢰성
④ 일관성

해설
경제발전을 평가하기 위해 식생활 개선에 주목하고 이에 소고기 소비량을 측정하여 경제발전 정도를 비교하는 것은 측정하고자 하는 개념의 본질에 일치하지 않는 것이며, 각 국의 식습관 차이 측면 역시 고려하고 있지 않다. 이에 측정하고자 하는 개념을 얼마나 정확하게/실제에 가깝게/제대로 잘 측정했는지를 나타내는 타당도 측면에서 문제가 있다.

77
2020년 4회

측정도구의 타당도 평가방법에 대한 설명으로 틀린 것은?

① 한 측정치를 기준으로 다른 측정치와의 상관관계를 추정한다.
② 크론바하 알파값을 산출하여 문항 상호 간의 일관성을 측정한다.
③ 내용타당도는 점수 또는 척도가 일반화하려고 하는 개념을 어느 정도 잘 반영해주는가를 의미한다.
④ 개념타당도는 측정하고자 하는 개념이 실제로 적절하게 측정되었는가를 의미한다.

해설
크론바하 알파값은 척도를 구성하는 항목들 간의 모든 가능한 상관관계 값들을 구해 이를 평균한 것으로 측정도구의 신뢰도 평가에 사용되는 값이다.

78
2019년 1회

측정을 위해 개발한 도구가 측정하고자 하는 대상의 정확한 속성값을 얼마나 포괄적으로 포함하고 있는가를 나타내는 타당도는?

① 내용타당성(Content Validity)
② 기준관련 타당성(Criterion-related Validity)
③ 집중타당성(Convergent Validity)
④ 예측타당성(Predictive Validity)

해설
내용타당도는 측정도구(척도)가 측정대상의 정확한 속성값을 얼마나 포괄적으로 잘 포함하고 있는 가에 관한 것으로 측정도구가 측정하려는 속성이나 개념을 제대로 대표하고 있는지를 나타낸다. 척도가 일반화하려고하는 개념을 얼마나 잘 반영해주는가를 나타내는 것으로 척도의 측정항목이 얼마나 연구자의 의도 내용대로 개념을 잘 반영·대표하여 측정되고 있는가와 연관된다.

79
2021년 2회

내용타당도(Content Validity)의 의미로 맞는 것은?

① 측정하고자 하는 현상을 일관되게 측정하는 능력이다.
② 측정목적에 기초하여 측정항목들의 적합성을 결정한다.
③ 두 명 이상의 관찰자들이 관찰 후 얼마나 일관성이 있는지를 확인한다.
④ 같은 측정도구를 사용하여 측정을 두 번 하여 그 상관관계를 확인한다.

해설
② 내용타당도는 측정도구가 측정하려는 속성이나 개념을 제대로 대표하고 있는지를 나타내는 것으로, 측정목적에 기초하여 측정항목들의 적합성을 결정하게 된다.
① 신뢰도에 대한 설명이다.
② 관찰자 간 신뢰도에 대한 설명이다.
③ 재검사법에 대한 설명이다.

| 정답 | 76 ② 77 ② 78 ① 79 ②

80
2018년 1회

내용타당도(Content Validity)에 관한 설명으로 옳은 것은?

① 통계적 검증이 가능하다.
② 특정대상의 모든 속성들을 파악할 수 있다.
③ 조사자의 주관적 해석과 판단에 의해 결정되기 쉽다.
④ 다른 측정결과와 비교하여 관련성 정도를 파악한다.

해설
내용타당도는 측정도구가 측정하려는 속성이나 개념을 제대로 대표하고 있는지를 나타내는 것으로, 주로 논리적 분석과정으로 판단하는 주관적 타당도라는 특징을 갖는다. 즉 타당도를 측정대상과 관련된 이론을 기준으로 판단하게 되는데, 주로 전문가들의 전문적인 지식에 근거하게 된다.

81
2020년 1·2회

통계적인 유의성을 평가하는 것으로, 속성을 측정해줄 것으로 알려진 기준과 측정도구의 측정결과인 점수 간의 관계를 비교하는 타당도는?

① 표면타당도(Face Validity)
② 기준관련 타당도(Criterion - related Validity)
③ 구성체타당도(Construct Validity)
④ 내용타당도(Content Validity)

해설
기준관련 타당도는 기준변수 실제값과 척도의 측정결과 간의 상관관계에 관한 것으로, 사용하고 있는 측정도구의 측정값과 기준이 되는 측정도구의 측정값 간의 관계에 기준하여 통계적으로 타당도를 평가한다. 경험적 근거에 의해 타당도를 확인하는 방법이다. 주로 이미 전문가가 만들어 놓은 검증된 측정도구에 의한 측정결과가 기준이 된다.

82
2021년 1회

기준관련 타당도(Criterion - related Validity)와 가장 거리가 먼 것은?

① 경험적 타당도
② 이론적 타당도
③ 예측적 타당도
④ 동시적 타당도

해설
기준관련 타당도는 기준타당도, 준거타당도, 경험적 타당도, 실용적 타당도라고도 하며 기준관련 타당도의 종류로는 동시타당도와 예측타당도가 있다.

83
2018년 2회

다음 사례에 해당하는 타당성은?

새로 개발된 주관적인 피로감 측정도구를 사용하여 측정한 결과와 이미 검증되고 통용 중인 주관적인 피로감 측정도구의 결과를 비교하여 타당도를 확인하였다.

① 내용타당성(Content Validity)
② 동시타당성(Concurrent Validity)
③ 예측타당성(Predictive Validity)
④ 판별타당성(Discriminant Validity)

해설
기준관련 타당성은 기존 이미 타당성을 검증받고 있는 척도와의 유사성이나 연관성에 의해 새로운 척도의 타당성을 검증하는 것이다. 이미 검증되고 통용 중인 주관적인 피로감 측정도구의 결과를 새로 개발된 주관적인 피로감 측정도구를 사용하여 측정한 결과를 비교하는 것은 기준관련 타당성에 해당되며, 기준관련 타당성의 유형 중 척도가 현재의 사건을 얼마나 잘 나타내는가에 관한 동시타당성에 해당한다.

| 정답 | 80 ③ | 81 ② | 82 ② | 83 ② |

84
2021년 1회

대학수학능력시험의 타당도를 평가하기 위해 대학수학능력시험 점수와 대학진학 후 학업성적과의 상관관계를 조사하는 방법은?

① 내용타당도
② 논리적 타당도
③ 내적 타당도
④ 기준관련 타당도

해설
대학수학능력 시험점수가 대학진학 후 학업성적이라는 미래의 사건을 얼마나 잘 예측하는가에 관한 타당도이다. 이는 현재의 척도가 미래의 사건(기준변수)를 얼마나 잘 예측하는가에 관하여 상관관계를 조사하여 평가하는 것이므로 예측타당도이며, 예측타당도는 기준관련 타당도의 유형 중 하나이다.

85
2019년 2회

개념타당성(Construct Validity)에 관한 옳은 설명을 모두 고른 것은?

㉠ 측정에 의해 얻는 측정값 자체보다는 측정하고자 하는 속성에 초점을 맞춘 타당성이다.
㉡ 이론과 관련하여 측정도구의 타당성을 검증한다.
㉢ 개념타당성 측정방법으로 요인분석 등이 있다.
㉣ 통계적 검증을 할 수 있다.

① ㉠, ㉣
② ㉡, ㉢, ㉣
③ ㉡, ㉢
④ ㉠, ㉡, ㉢, ㉣

해설
개념타당성은 이론과 관련하여 측정도구의 타당도를 검증한다. 척도가 이론적·추상적 개념을 얼마나 적절하게 잘 측정하였는가를 나타내는 것으로 척도를 구성하는 개념이 이론적 개념들에 잘 부합하는가를 확인함으로써 측정도구의 타당성을 이론적 바탕 위에서 경험적으로 평가하는 것이다. 측정값들 간의 상관관계를 점검하며, 통계적 검증을 할 수 있다. 타당성을 통계적으로 검증할 수 있는 방법으로 요인분석, 다중속성-다중측정법, 이론적 구성개념 등이 있다.

86
2020년 4회

다음에서 설명하고 있는 타당도의 원리는?

> 타당도를 평가하는 데 있어, 동일한 속성에 대한 두 측정은 서로 다른 방법을 사용하더라도 각각 높은 상관관계를 가져야 한다.

① 수렴주의
② 차별원리
③ 독단주의
④ 요인분석

해설
수렴타당성(집중타당성)은 같은 개념을 측정하는 경우에는 상이한 측정방법을 사용하더라도 그 측정값들 간에 높은 상관관계가 존재해야 한다는 것이다. 어떤 추상적 개념에 대해 기존 측정도구와 새 측정도구 간의 결과 수준을 비교하여 두 결과값들 간의 상관관계가 높다면 이 검사(측정)의 집중타당도가 높다는 것이다.

87
2017년 2회

암기력을 측정하기 위해 암기한 것을 모두 종이위에 쓰도록 하는 방법과 암기한 것을 모두 말하도록 하는 방법을 사용하는 경우처럼 서로 다른 두 가지의 측정방법으로 측정한 결과값들 간에 상관관계의 정도를 나타내는 타당성은?

① 내용타당성(Content Validity)
② 기준에 의한 타당성(Criterion-related Validity)
③ 예측타당성(Predictive Validity)
④ 집중타당성(Convergent Validity)

해설
집중타당성(수렴타당성)은 같은 개념을 측정하는 경우에는 상이한 측정방법을 사용하더라도 그 측정값들 간에 높은 상관관계가 존재해야 한다는 것이다. 추상적 개념인 암기력에 대해 종이 위에 쓰는 방법과 모두 말하도록 하는 방법 간의 결과 수준을 비교하여 두 결과값들 간의 상관관계가 높다면 이 검사(측정)의 집중타당도가 높다는 것이다.

| 정답 | 84 ④ | 85 ④ | 86 ① | 87 ④ |

88
2019년 1회

서로 다른 개념을 측정했을 때 얻어진 측정치들 간의 상관관계가 낮게 형성되어야 하는 타당성의 유형은?

① 집중타당성(Convergent Validity)
② 판별타당성(Discriminant Validity)
③ 표면타당성(Face Validity)
④ 이해타당성(Nomological Validity)

해설
판별타당성은 상이한 개념을 측정하는 경우에는 동일한 측정방법을 사용하더라도 그 측정값들 간에 차별성이 나타나야 한다는 것이다. 즉 상관관계가 낮아야 한다는 것이다. 어떤 특정한 측정도구로 두 추상적 개념을 각각 측정하여 상관관계를 점검했을 때 두 결과의 상관관계가 낮아야 이 검사(측정)의 판별타당도가 높다는 것이다.

89
2019년 2회

신뢰성에 대한 설명으로 옳지 않은 것은?

① 측정하고자 하는 개념을 정확히 측정했는지를 의미한다.
② 측정된 결과치의 일관성, 정확성, 예측가능성과 관련된 개념이다.
③ 신뢰성 측정법에는 재검사법, 복수양식법, 반분법 등이 있다.
④ 측정값들 간에 비체계적 오차가 적으면 신뢰성이 높은 측정 결과이다.

해설
신뢰성은 한 대상을 유사한 척도로 여러 번 측정하거나 하나의 척도로 반복 측정했을 때, 일관성 있는 결과를 산출하는 정도로 일관성, 안정성, 예측성 등의 의미를 가지고 있다. 측정의 신뢰성 평가방법으로는 재검사법, 복수양식법, 반분법, 내적일관성법이 있다. 신뢰성은 비체계적 오차와 관련이 있으며 서로 반비례 관계이다.
① 타당성에 대한 설명이다.

90
2018년 3회

일주일의 시간 간격을 두고 동일한 문제지를 이용해 같은 반 학생들을 대상으로 EQ검사를 두 차례 실시하였더니 그 결과가 매우 상이하게 나타났다. 이 문제지의 문제점은?

① 타당성
② 예측성
③ 대표성
④ 신뢰성

해설
동일한 문제지를 이용해 시간간격을 두고 측정한 결과를 비교하는 방법이므로 신뢰성 평가방법 중 동일한 상황에서 동일한 측정도구를 이용하여 동일한 측정대상을 일정한 시간 간격을 두고 두 번 이상 측정하여 그 결과를 비교하여 결과들 간의 상관관계를 계산하여 신뢰성을 측정하는 방법인 재검사법이다. 재검사법의 결과 상관관계가 낮으므로 신뢰성에 문제가 있다.

91
2020년 4회

신뢰도에 관한 기술 중 옳은 것은?

① 오차분산이 작으면 작을수록 그 측정의 신뢰도는 낮아진다.
② 신뢰도 계수는 -1과 1 사이를 움직인다.
③ 신뢰도에 관한 오차는 체계적 오차를 말한다.
④ 신뢰도 계수는 실제값의 분산에 대한 참값의 분산의 비율로 나타낸다.

해설
신뢰도는 한 대상을 유사한 척도로 여러 번 측정하거나 하나의 척도로 반복 측정했을 때, 일관성 있는 결과를 산출하는 정도이다. 신뢰도 계수는 진실값(참값)의 분산을 측정값(실제값)의 분산으로 나눈 것이다.
① 오차분산이 작을수록 그 측정의 신뢰도는 높아진다.
② 신뢰도 계수는 0~1 사이에 위치한다.
③ 신뢰도는 비체계적 오차와 관련이 있다.

| 정답 | 88 ② 89 ① 90 ④ 91 ④

92
2021년 1회

신뢰도 측정방법의 유형으로 틀린 것은?

① 복수양식법
② 재검사법
③ 내적일관성법
④ 다속성다측정방법

해설
신뢰도는 한 대상을 유사한 척도로 여러 번 측정하거나 하나의 척도로 반복 측정했을 때, 일관성 있는 결과를 산출하는 정도이다. 측정의 신뢰도 평가방법으로는 재검사법, 복수양식법, 반분법, 내적일관성법이 있다.

93
2019년 1회

신뢰성 측정방법 중 재검사법(Test - retest Method)에 관한 설명으로 틀린 것은?

① 동일한 측정대상에 대하여 동일한 측정도구를 통해 일정시간 간격을 두고 반복적으로 측정하여 그 결과 값을 비교, 분석하는 방법이다.
② 측정도구 자체를 직접 비교할 수 있고 실제 현상에 적용시키는 데 매우 용이하다.
③ 측정시간의 간격이 크면 클수록 신뢰성은 높아진다.
④ 외생변수의 영향을 파악하기 어렵다.

해설
재검사법에서 측정시간의 간격이 길면 성숙효과 등의 작용으로 값 자체가 변화할 가능성이 높아지는 등 외생변수의 작용으로 신뢰성이 낮아질 수 있다.

94
2019년 3회

다음에서 설명하는 신뢰성 측정방법은?

> 대등한 두 가지 형태의 측정도구를 이용하여 동일한 측정대상을 동시에 측정한 뒤, 두 측정값의 상관관계를 분석하여 신뢰성을 측정하는 방법이다.

① 반분법(Split – half Method)
② 재검사법(Test – retest Method)
③ 맥니마 기법(McNemar Test)
④ 복수양식법(Parallel – forms Technique)

해설
복수양식법은 두 개 이상의 유사한 측정도구를 만들어 동일한 대상을 측정하고 두 측정값의 상관관계를 분석하는 것으로 측정도구의 유사성이 매우 높아야 한다. 재검사법의 한계를 보완하고자 하는 노력의 일환이다.

95
2021년 1회

신뢰도 측정방법 중 설문지 혹은 시험지의 문항들을 두 부분으로 나누어서 각 부분에서 얻은 측정값들을 두 번의 조사에서 얻어진 것처럼 간주하여 그 사이의 상관계수를 구하여 검사하는 방법은?

① 반분법
② 재검사법
③ 동형방법
④ 상관분석법

해설
반분법은 전체 문항을 두 개의 그룹으로 나누고, 각 그룹(문항)측정치 간의 상관계수를 계산하여 신뢰도를 평가하는 방법이다. 동일한 대상에 대해 각 그룹이 각각 독립된 척도로 사용된다.

| 정답 | 92 ④ | 93 ③ | 94 ④ | 95 ① |

96
2018년 3회

스피어만 - 브라운(Spearman - Brown)공식은 주로 어떤 경우에 사용되는가?

① 동형검사 신뢰도 추정
② 쿠더 – 리처드슨(Kuder – Richardson) 신뢰도 추정
③ 반분신뢰도로 전체 신뢰도 추정
④ 범위의 축소로 인한 예언타당도에 대한 교정

해설
스피어만 – 브라운 공식은 반으로 나뉜 측정도구로 반분되지 않은 원래 측정도구의 신뢰성을 추정하기 위한 공식으로, 반분한 각 측정도구로부터 얻은 결과 값의 상관계수로 반분되지 않은 전체 신뢰성을 추정한다. 전체의 신뢰성이 반분한 측정도구의 신뢰성보다 높다고 가정한다.

97
2020년 1·2회

측정항목이 가질 수 있는 모든 조합의 상관관계의 평균값을 산출해 신뢰도를 측정하는 방법은?

① 재검사법(Test – retest Method)
② 복수양식법(Parallel – forms Technique)
③ 반분법(Split – half Method)
④ 내적일관성법(Internal Consistency Method)

해설
내적일관성법은 동일한 개념을 여러 문항으로 질문 시 항목들이 일관성을 갖는지를 측정하는 방법으로, 크론바하 알파(Cronbach's 알파)계수를 이용하여 항목들 중 신뢰도를 저해하는 항목이 있으면 그 항목을 제외함으로써 신뢰성을 높인다. 크론바하 알파계수는 표준된 알파라고도 하며 측정항목이 가질 수 있는 모든 조합의 상관관계의 평균값이다.

98
2020년 1·2회

크론바하 알파(Cronbach's Alpha)에 관한 설명으로 틀린 것은?

① 표준화된 알파라고도 한다.
② 값의 범위는 −1에서 +1까지이다.
③ 문항 간 평균 상관관계가 증가할수록 값이 커진다.
④ 문항의 수가 증가할수록 값이 커진다.

해설
크론바하 알파는 표준화된 알파라고도 하며 측정항목이 가질 수 있는 모든 조합의 상관관계의 평균값이다. 문항 간 평균 상관관계가 증가할수록 값이 커지며 문항의 수가 증가할수록 값이 커진다.
② 크론바하 알파계수의 값의 범위는 0에서 1까지이다.

99
2019년 1회

측정의 신뢰성을 높이는 방법과 가장 거리가 먼 것은?

① 측정항목의 수를 줄인다.
② 측정항목의 모호성을 제거한다.
③ 조사자의 면접 방식과 태도에 일관성을 확보한다.
④ 이전의 조사에서 신뢰성이 있다고 인정된 측정도구를 이용한다.

해설
측정의 신뢰성을 높이는 방법은 다음과 같다.
㉠ 동일 개념(속성)을 측정하는 항목의 수를 늘린다.
㉡ 문항설명을 명확히 하여 해석상의 차이가 발생하지 않도록 한다.
㉢ 무성의하거나 일관성이 없는 응답지는 제외시킨다.
㉣ 이전의 조사 및 기존의 연구를 통해 신뢰성이 있다고 검증된 측정도구를 활용한다.
㉤ 중요한 질문은 한 번 더 동일하거나 유사한 질문을 하여 응답들 간에 신뢰성이 있는지 파악한다.
㉥ 응답자가 모르거나 관심 없는 내용은 측정하지 않는다.
㉦ 측정항목의 모호성을 제거한다.
㉧ 표준화된 설명 사용 및 조사자의 면접방식과 태도 등 자료수집 과정에 있어서 일관성을 유지한다.
㉨ 측정지표에 대하여 사전검사 또는 예비조사를 실시한다.
㉩ 조사자에게 측정도구에 대한 사전교육을 충분히 한다.
㉪ 연구자가 임의로 응답자에 대한 가정을 해서는 안 된다.
㉫ 가능하면 단일항목보다는 여러 개의 항목을 이용하여 측정한다.

100
2020년 1·2회

신뢰도를 향상시키는 방법으로 옳지 않은 것은?

① 중요한 질문의 경우 동일하거나 유사한 질문을 2회 이상 한다.
② 측정항목의 모호성을 제거하기 위해 내용을 명확히 한다.
③ 이전의 조사에서 이미 신뢰성이 있다고 인정된 측정도구를 이용한다.
④ 조사대상자가 잘 모르거나 전혀 관심이 없는 내용일수록 더 많이 질문한다.

해설
응답자가 모르거나 관심 없는 내용은 측정하지 않는 것이 신뢰도를 향상시키는 방법 중 하나이다.

101
2018년 2회

다음 사례의 측정에 대한 설명으로 옳은 것은?

> 초등학교 어린이들의 발달상태를 조사하기 위해 체중계를 이용하여 몸무게를 측정했는데, 항상 2.5kg이 더 무겁게 측정되었다.

① 타당도는 높지만 신뢰도는 낮다.
② 신뢰도는 높지만 타당도는 낮다.
③ 신뢰도도 높고 타당도도 높다.
④ 신뢰도도 낮고 타당도도 낮다.

해설
항상 2.5kg이 더 무겁게 측정되므로 일관성을 의미하는 신뢰도는 높다. 하지만 체중을 정확히 측정하지 못하므로 타당도는 낮다.

102
2018년 3회

어떤 선생님이 학생들의 지능지수(IQ)를 측정하기 위해 정확하기로 소문난 전자저울(체중계)을 사용했을 때, 측정의 신뢰도와 타당도에 관한 설명으로 옳은 것은?

① 신뢰도와 타당도 모두 낮다.
② 신뢰도와 타당도 모두 높다.
③ 신뢰도는 낮지만 타당도는 높다.
④ 신뢰도는 높지만 타당도는 낮다.

해설
체중계를 사용하여 지능지수를 측정하는 것은 지능지수를 정확히 측정하는 방법과는 거리가 멀다. 따라서 타당도는 낮다. 그러나 정확한 체중계이므로 체중의 측정값은 반복적으로 측정하더라도 일관성이 있을 것이므로 신뢰도는 높다.

103
2021년 2회

어느 교사가 50문항으로 구성된 독해력을 측정하기 위한 질문지를 만들었다. 자료수집 후 확인해 본 결과 10개의 문항은 독해력이 아닌 어휘력을 측정하는 것으로 나타났다. 따라서 이 10개의 문항을 제외하고 40문항으로 질문지를 재구성하였다. 이 교사는 어떤 결과를 기대할 수 있겠는가?

① 신뢰도와 타당도 모두를 증가시킬 것이다.
② 신뢰도와 타당도 모두를 저하시킬 것이다.
③ 신뢰도를 저하시키고 타당도를 증가시킬 것이다.
④ 신뢰도를 증가시키고 타당도를 저하시킬 것이다.

해설
독해력을 측정하기 위한 질문지의 50개 문항 중 10문항이 독해력이 아닌 어휘력을 측정하는 것이었으므로 질문지의 타당도를 저하시켰을 것인데, 이를 제외했으므로 타당도는 증가할 것이다. 하지만 문항의 수를 줄인 결과로 신뢰도는 저하될 것이다.

| 정답 | 100 ④ | 101 ② | 102 ④ | 103 ③ |

104
2020년 3회

신뢰도와 타당도 간의 관계에 대한 설명으로 가장 거리가 먼 것은?

① 신뢰도가 높은 측정은 항상 타당도가 높다.
② 타당도가 높은 측정은 항상 신뢰도가 높다.
③ 신뢰도가 낮은 측정은 항상 타당도가 낮다.
④ 타당도가 낮다고 해서 반드시 신뢰도가 낮은 것은 아니다.

해설
신뢰도가 높다고 해서 타당도가 높은 것은 아니다. 그러나 타당도를 높이려면 신뢰도가 높아야 한다. 타당도가 높으면 신뢰도가 높으며, 신뢰도가 낮으면 타당성도 낮다. 이외의 경우는 둘 사이의 관계를 확연하게 알 수 없다.
① 신뢰도가 높다고해서 반드시 타당도가 높은 것은 아니다.

105
2021년 1회

측정도구의 타당도와 신뢰도에 대한 설명으로 맞는 것은?

① 측정값은 참값, 확률오차, 체계오차의 합과 같다.
② 측정오차는 체계오차의 부분도 포함하는데 이는 신뢰도와 관계가 있다.
③ 확률오차 = 0, 체계오차 ≠ 0인 경우, 측정도구는 타당하지만 신뢰할 수 없다.
④ 체계오차 = 0, 확률오차 ≠ 0인 경우, 측정도구는 신뢰할 수 있지만 타당하지 않다.

해설
측정값은 참값과 측정오차의 합이다. 측정오차는 체계적 오차와 비체계적 오차(확률오차)로 구성된다.
② 체계적 오차는 타당도와 관계가 있다.
③ 측정도구는 신뢰할 수는 있지만 타당하지는 않다.
④ 측정도구는 타당하지만 신뢰할 수는 없다.

106
2020년 4회

신뢰도와 타당도에 영향을 미치는 요인과 가장 거리가 먼 것은?

① 조사도구
② 조사환경
③ 조사목적
④ 조사대상자

해설
신뢰도와 타당도에 영향을 미치는 요인들은 크게 보아 조사대상자, 조사환경, 조사방법, 조사도구 등이다.

| 정답 | 104 ① | 105 ① | 106 ③ |

pass.Hackers.com

자격증 교육 1위 해커스자격증
pass.Hackers.com

✓ 학습전략

| Chapter 01 **자료처리** | 자료처리의 개념과 단계에 대해 전반적 흐름을 파악합니다. |

| Chapter 02 **부호화** | 자료값 범위의 설정이 주요 부분입니다. 예시를 통해 설정방법을 파악하도록 하고, 개방형 응답의 영향에 대해 이해하는 방향으로 학습합니다. |

| Chapter 03 **무응답과 결측치** | 무응답의 의미와 주요 유형을 이해하고 관리와 처리에 대한 실무적 처리에 중점을 두고 전체적 흐름 관점에서 학습합니다. 결측치의 처리방법을 참고합니다. |

| chapter 04 **이상값** | 이상값의 정의와 발생원인, 주요 검출방법을 파악하는 방향으로 학습합니다. |

| Chapter 05 **자료입력과 오류** | 오류의 처리에 관해 전반적 흐름 관점에서 학습합니다. |

| Chapter 06 **부호화 관련 세부사항** | 개방형 응답내용과 폐쇄형 응답내용에 대한 세부내용별로 고려사항을 살펴보고 부호화 지침서 작성 시 유의사항과 간략한 코딩 예시 등을 참고하는 방향으로 학습합니다. |

PART 04
자료처리

Chapter 01 **자료처리**

Chapter 02 **부호화**

Chapter 03 **무응답과 결측치**

Chapter 04 **이상값**

Chapter 05 **자료입력과 오류**

Chapter 06 **부호화 관련 세부사항**

Chapter 01 자료처리

1. 자료처리의 개념
(1) 수집된 조사결과를 **분석에 적합한 형태로 변환하는 일련의 과정**을 의미한다.
(2) **의미 있는 정보를 만들어 내기 위해 데이터 항목을 모으고 정리하는 것**이다.

2. 자료처리의 단계
자료처리는 다음의 단계를 거치게 된다.

(1) 부호화
자료값의 범위를 설정하고 응답내용을 부호화하는 코딩(Coding)단계이다.

(2) 자료 입력
응답자료를 입력/전산화하는 **펀칭(Punching)단계**이다.

(3) 클리닝(Cleaning)
데이터의 오류나 비일관성을 발견하고 제거하여 정합성을 확보하는 정제단계이다.

(4) 원시자료(Raw Data) 생성
컴퓨터가 직접 받아들일 수 있는 형태의 데이터의 기초가 되는 자료를 생성한다.

Chapter 02 부호화

수집된 자료를 통계적으로 분석하기 위해서는 일정한 원칙에 따라 각 응답에 숫자를 부여할 필요가 있다.

1 자료 값 범위의 설정(Column 작업)

1. **컬럼은** 항목별로 부호화된 자료값이 가질 수 있는 자릿수를 의미한다. 설문항목별로 이러한 **자료값 범위**(그 문항이 가질 수 있는 **최대 자릿수**: 컬럼 수)를 설정한다. 컬럼 수를 문항별로 순차적으로 부여한 것이 컬럼 번호이다. 컬럼작업은 개방형 응답의 부호화 수준 설정에 따라 범위가 달라질 수 있는데, 부호화와 함께 진행되어야 정확한 자료값의 범위를 지정할 수 있게 된다.

   예) A 쇼핑몰 이용현황조사에서 200명의 응답자에 대한 조사결과, 만원 단위로 전년도 월평균 온라인 쇼핑몰 이용금액을 묻는 개방형 설문 문항에 대한 응답에서 200명 중 **가장 큰 숫자의 응답이 100만원인 경우**, 해당 설문 문항에 대한 응답은 최댓값이 100으로 표시되므로 해당 응답의 컬럼 수(문항의 최대 자릿수)는 3이 된다.

   ☞ 개방형 설문은 위의 예시처럼 개방형 응답이 가질 수 있는 최대 응답을 기준으로 컬럼 수를 지정하는데, 폐쇄형 설문은 자료값의 범위가 미리 부호화되어 설정되어 있으므로 범위를 명확하게 설정할 수 있다.

   예) 폐쇄형 설문의 가능한 응답이 5개(①번~⑤번)라면 부호화 범위는 1부터 5이다(컬럼 수는 1이다).

2. **응답자 ID 관련 범위 설정**
   일반적으로 **ID는 연속되는 번호로 지정**하며 **전체 응답자의 수**를 감안하여 컬럼 수를 설정한다.
   예) 응답자가 200명이라면 응답자 ID 컬럼 수는 3이 된다.

3. **문항별 범위 설정**
   해당문항이 가질 수 있는 최대 자릿수를 확인하여 컬럼 수 등을 설정하는데, **폐쇄형 응답과 개방형 응답이 동시에 있는 문항**은 개방형 응답의 부호화 범위 설정 수준에 따라 그 문항의 컬럼 수가 달라질 수 있다.

   예) A 쇼핑몰 이용현황조사에서 A 쇼핑몰을 어떤 채널로 알게 되었는지를 묻는 질문 문항(3번 문항)에서 폐쇄형 응답의 응답범주가 '① 친구 추천', '② 인터넷', '③ 전단지' … 등으로 주어져 ⑨번 응답항목까지 이어지고 '⑩ 기타 (   )'로 **개방형 응답이 동시에 주어졌을 때**, 개방형 응답에는 여러 응답이 나타날 수 있다. 이에 대한 부호를 어디까지 설정하느냐에 따라 **컬럼 수는 2가 될 수도 있고 그 이상이 될 수도 있다.** 만약 부호화 범위를 10부터 15까지로 가정한다면 컬럼 수는 2가 된다.

[설문문항 일부 예시: A 쇼핑몰 이용현황 조사]

㉠ **문항번호 1**: 개방형 설문문항에 대한 응답에서 가장 큰 숫자의 응답이 100만원인 경우

㉡ **문항번호 2**: 개방형 설문문항에 대한 응답에서 응답 종류가 6가지 응답인 경우

컬럼 번호	컬럼 수	문항번호	문항 내용	문항 보기
1~3	3	ID	응답자 ID	표본 200명
4~6	3	1	전년도 월평균 온라인 쇼핑몰 이용금액	① 10만원 미만 ② 10만원 이상~30만원 미만 …(중간 보기 생략) ⑥ 기타(만원)
7~8	2	2	A 쇼핑몰을 알게 된 채널	① 친구추천 ② 인터넷 …(중간 보기 생략) ⑩ 기타( )

☞ 각 문항의 컬럼번호는 앞 문항의 컬럼 번호에 이어서 순차적으로 부여한다.

Chapter 03 무응답과 결측치

1. 무응답의 의미와 유형
(1) 무응답은 설문문항에 대한 **응답이 누락**되어 있는 것이다.
(2) 무응답은 비표본오류의 상당 부분을 차지하는 오류로 표본 수를 감소시켜 **추정의 정밀도와 정확도를 떨어트리게 되어 표본의 대표성에 부정적 영향**을 주게 된다. 따라서 발생방지 및 발생 시 적정한 대책이 필요하다.

(3) 무응답 발생원인의 주요유형
① 실수에 의한 응답 누락(단순 기입 누락, 표기상의 실수 등)
② 응답의 고의적 거부
③ 응답하려고 해도 응답 내용을 잘 모름
④ 응답 내용을 알기는 하나 응답할 내용이 없거나 적합한 보기가 없음 등

> **참고**
>
> 단위 무응답과 항목 무응답
> (1) 단위 무응답(Unit Non-response)
>   응답자가 설문에 전혀 응답을 하지 않아 설문 자체가 모두 무응답인 경우이다.
> (2) 항목 무응답(Item Non-response)
>   응답자가 설문에 답은 했지만 일부 항목에 대해 무응답인 경우이다.

2. 처리
(1) 무응답의 관리와 처리
① 무응답이 발생했다고 해서 설문지를 모두 제거해야 하는 것은 아니다. 일차적으로 무응답된 부분에 대해 재확인하여 사유에 따라 처리하고 관리한다.
   • 1차적 재확인: 조사원
   • 2차적 재확인: 관리자
② **단순기입누락이나 표기상의 실수**의 경우 응답내용을 **재확인**하여 설문결과에 반영한다.
③ 응답자에게 확인하는 것이 **불가능한 경우 또는 누락 사유를 확인해 본 결과 어떤 특정 사유**(응답 거부, 응답내용 잘 모름, 응답할 내용 없음 등)**가 확인된 경우 등은 각각 이에 맞게 별도표기**하여 관리한다.
   예 '무응답·모름', '없음' 등으로 별도 표기한다.

④ 이후 자료 편집·입력과정 시점에서 추가 보충되지 않은 부분은 **결측치가 되며**, 해당 사유를 감안하여 별도 구분하여 입력할 수 있다.
- **결측치(Missing Value)**: 입력이 누락된 값이라는 의미로 '**값이 있어야 하는 항목인데 값이 없는 것**'을 의미한다.
- 별도 구분하여 입력하는 경우 **변수의 값이 가질 수 있는 대안 외의 값을 부여**한다.

예 9, 99 (응답대안들이 한 자리수 또는 두 자리 수인 경우), NA(Not Available), NULL 등

> **참고**
>
> 무응답 처리과정에서 확인이 불가한데 해당 문항이 설문결과에 중요한 영향을 미치는 문항인 경우, 응답이 있더라도 부적합한 응답자로 확인된 경우, 응답의 신뢰성이 의심되지만 확인불가인 경우 등에 있어서 해당 설문 폐기 및 동일한 표본특성을 가진 대상자에 대해 재조사가 이루어질 수 있다.

(2) 결측치의 처리

① 우선적으로 고려할 수 있는 방법은 결측치가 발생한 해당 설문을 모두 분석에서 제외하는 것인데, 제외로 인한 여러 영향(적정 표본수의 감소 등)을 감안하여 제외 대신에 적절한 **대체 알고리즘**을 통해 어떤 값으로 대체할 수 있다.

② 주요 처리 방법은 다음과 같다.

단순대치법	㉠ **완전분석법(Completes Analysis)**: 불완전한 자료를 모두 삭제한다. 즉, 완전한 자료로만 분석한다. ㉡ **평균대치법(Mean Imputation)**: 자료(응답자)의 평균값을 이용해서 결측치를 대체한다. 회귀분석을 이용하여 값을 추정할 수도 있는데, 이를 조건부 평균대치법이라 한다. ㉢ **단순확률대치법(Single Stochastic Imputation)** • **핫덱(Hot-Deck) 대체**: 현재 진행중인 연구에서 비슷한 성향을 가진 응답자의 자료로 대체한다. • **콜드덱(Cold-Deck) 대체**: 이전의 비슷한 연구 또는 외부 출처에서 가져온 자료로 대체한다. • **혼합방법**: 몇 가지 다른 방법을 혼합한다.
다중대치법	단순 대치법을 한번 하는 것이 아니라 **여러 번(m번) 대치를 통해서 m개의 가상적인 완전한 자료를 만들어서** 분석하는 방법으로, 대치-분석-결합으로 진행된다. 즉, **여러 번의 대치표본**으로 추정치의 총 분산을 추정하는 것이다. • **대치**: 결측자료의 예측분포 등에서 추출된 값으로 **각 대치표본의 결측값을 대치**한다. • **분석**: 각 대치표본을 **분석**한다. • **결합**: 모수에 대한 점추정치와 표준오차 추정치들을 구한 뒤 이들을 결합하여 결과를 제시한다.

Chapter 04 이상값

1. 이상치(Outlier; 이상값)의 정의와 발생원인
(1) 관측된 데이터의 **범위에서 많이 벗어난 아주 작은 값이나 아주 큰 값**을 의미한다.
(2) 일반적으로 입력오류나 데이터 처리 오류 등이 대표적 발생 이유이다.
(3) 이상값의 주요 발생원인으로는 **표본추출오류**(샘플링 과정에서 오류 발생), **고의적 이상값**(자기보고식 측정에서 오류 발생), **입력오류 및 측정 오류**, **데이터 처리오류** 등이 있다.

2. 이상값의 검출
이상값은 자료의 중심과의 상대적 거리로 판단하는데 주요 검출방법은 다음과 같다.

(1) **데이터의 중심으로부터 일정 기준 떨어진 값을 기준**으로 이상값을 판단(평균으로부터 3표준편차 기준 또는 기하평균으로부터 2.5표준편차 기준 등)하는 방법
(2) **사분위간 범위**($Q_3 - Q_1$)의 **특정 배수 이상 떨어진 값**을 기준(보통 1.5배가 많이 쓰임)으로 판단하는 방법
(3) 이외 **정규분포 Z - Score, 기타 시각화에 의한 판단방법 등**도 쓰인다.

3. 이상값의 처리
(1) 이상값은 통계적 추정에 영향을 미치지만, 그렇다고 **무조건 반드시 제거해야 하는 것은 아니다**. 이상값 역시 실제 조사된 수치이며, 이것을 제외하는 것이 오히려 현실을 반영하는데 있어서 적절하지 않을 수도 있기 때문이다.
(2) 따라서 이상값을 어떻게 처리할 것인지는 **분석의 목적과 분석에 미치는 영향에 대한 고려 등에 따라 적절한 판단이 필요하다**.
(3) 이상값 처리 기법으로는 **삭제**(예 상·하위 5%에 해당하는 데이터 제거 등), **대체**(예 상·하한을 벗어나는 값들을 각각 상·하한값으로 대체 등), **변환**(예 로그를 사용하여 데이터 변환 등) 등의 방법이 있다.

Chapter 05 자료입력과 오류

1. 응답자료의 입력

(1) 적합한 입력방식의 선택
조사의 특성(조사규모나 조사항목 등)을 고려하여 가장 적합한 입력방식을 선택한다.
예 클라이언트/서버기반 PC 입력, 스캐너 등 광학인식장치를 이용한 자동입력방식 등

(2) 개방형 응답의 입력
① 수작업으로 입력 시 오류 발생에 주의해야 한다. 입력 요원에 대한 훈련, 입력에 관한 점검이 필요하다.
② 입력자료 일부를 설문지와 비교해보거나 다른 요원 등이 별도로 입력한 결과와 상호 비교해 보는 등의 방법으로 점검 가능하다.

2. 입력자료의 정합성 점검과 오류 처리

(1) 오류
자료 **입력 전의 점검 및 에디팅 과정**을 통해 오류를 수정하게 되는데, 해당단계에서 발견하지 못했던 오류 또는 입력과정에서 오류가 발생한 부분들이 있을 수 있다. 따라서 **자료를 입력하고 난 후에 재차 검토가 필요하다.**
- 응답이 해당 질문의 응답범위를 벗어나는 범위오류가 있는지 검토한다.
- 특정 항목에 대한 모든 응답들에 일관되게 오류가 나타나는 체계적 오류가 있는지 검토한다.
- 부호표기에 있어서 오류가 있는지 등을 점검한다.

(2) 오류의 처리
① 단순입력오류인 경우 설문지 내용에 맞추어 오류를 수정한다. 단순한 입력오류가 아닐 경우에는 전반적 조사 내용을 검토하여 판단한다.
② 명확하게 판단할 수 없는 부분들은 응답자에게 재확인하여 오류를 수정할 수 있다.
③ 정정이 어렵거나 관련 비용이 큰 항목은 대체기법을 고려할 수 있으며, 그 외 경우에 있어서 조사결과에 미치는 영향 등을 감안하여 오류가 발생한 해당 설문지 자체를 제외하는 등의 방법을 고려할 수 있다.
☞ 무응답 및 이상치 확인 및 처리에 대해서는 [PART 03], [PART 04] 참조

Chapter 06 부호화 관련 세부사항

1 응답내용 부호화

1. 개방형 응답 내용

(1) 응답내용을 해석하여 **몇 개의 유형으로 재분류하여 범주화하고 특정한 숫자코드로 코드화**한다. 즉 내용별로 분류된 각 범주에 대해 **한 가지의 내용 범주에 하나의 부호**를 부여한다.

　㉠ 맛이 좋아서, 음식의 온도가 적당해서, 풍미가 좋아서 등으로 분류하여 범주화하고 부호부여
　　☞ '맛' 범주에 해당: 1로 정하여(특별한 규칙 없음) 부호를 부여한다.

(2) 문장이 복합되어 있거나 낱말의 결합 형태는 하나씩 나누어 부호화한다.

　㉠ 친절하고 청결하다.
　　☞ 친절함, 청결함으로 나누어서 '친절함 2, 청결함 3'과 같이 각기 다른 부호를 부여한다.

(3) **'기타'** 범주를 설정하여 활용할 수 있으나 이러한 기타 범주가 **지나치게 많아지지 않도록 해야 한다.**

(4) 무응답이 있을 경우 적절히 부호화한다. ㉠ 9 또는 99 등

(5) 해당 응답 범주, 부여한 숫자 등을 종합적으로 정리한 것이 Code Book이며, **부호화에 있어서의 지침서**가 된다.❶

(6) 부호화 과정에서 주요 중심단어목록이나 기타 참조자료 등을 활용할 수 있으며, 코딩요원의 훈련과 주기적 검토 과정을 거쳐야 한다.

❶ 상세내용 후술(288p)

2. 폐쇄형 응답 내용

(1) 폐쇄형으로 질문한 것에 대한 응답들은 **이미 사전에 부여된 번호가 곧 번호(부호)가 되는**(사전 부호화 설정) 구조이므로 **별도로 다시 부호화하는 작업은 필요하지 않고** 다만 부호의 중복 여부 등을 점검하면 된다.

(2) 그러나 **폐쇄형 설문문항 안에 개방형 응답 부분이 포함되어 있을 경우**에는 개방형 응답의 부호화 방식을 참고 및 고려하여 **별도 부호화 작업을 해야 한다.**

예시

문항 내용	A쇼핑몰을 알게 된 채널
문항 보기	① 친구추천 ② 인터넷 … (중간 보기 생략) ⑩ 기타 (　　)

☞ 친구추천은 1, 인터넷은 2로 부호화하며 이하 응답대안들도 9번까지 각기 번호에 따라 부호화하면 되고, 개방형 질문인 '기타'에 대한 응답이 3가지로 분류되어 나왔다면 각기 10, 11, 12로 부호화한다.

2 부호화 지침서(Code Book) 작성

(1) 일정한 원칙에 따라 숫자를 부여하는 **부호화 작업에는 다수가 참여할 수 있으므로 부호화의 일관성이 유지되고 공유될 수 있도록** 하는 것이 반드시 필요하다. 이를 위해 코드북을 작성한다.

(2) 모든 응답이 하나의 값으로 부호화될 수 있어야 하며, 무응답 문항들도 그 내용에 따라 구분되도록 부호화를 실시한다.

① **결측치**: 결측치로 처리할 때, 해당 변수의 값이 가질 수 있는 대안 이외의 값을 부여한다(9, 99 등).

② **부여하는 값의 크기**: 응답의 성격이 긍정적일수록 높은 값을 부여하면 해석할 때 용이하다.

   예) 1~5까지 숫자가 커질수록 점점 긍정적이 되도록 값을 부여한다.
   ☞ 만약 숫자가 커질수록 부정적 방향이 되는 역척도(Reversed Scale)인 경우 코딩은 해당 척도에 맞추어 실행하고, 이후 'Recode' 명령으로 값을 변환시켜준다(1은 5로, 2는 4로 변환 등).

> **[부호화 지침서 작성 시 유의사항]**
> ① 일관된 부호체계를 사용한다.
> ② 범주는 포괄적이고 상호배타적이어야 한다.
> ③ 부호화 작업 중 새로운 응답범주의 추가는 신중하게 결정한다.
> ④ 개방형 질문의 응답들은 범주가 지나치게 많아지지 않게 한다.
> ⑤ 결측값 처리시에는 변수의 값이 가질 수 있는 대안 외의 값을 부여한다.
> ⑥ 가능한 변수의 실제가치를 부호화한다.

(3) 코드북은 일반적으로 각 컬럼번호와 컬럼수, 질문번호 및 변수(항목내용) 등을 포함하여 작성한다.

참고

[간략한 코드북과 코딩 예시]

1. 설문지(200명 소비자 대상)

1. 귀하는 금년에 A 쇼핑몰에서 제품을 구매한 적이 있습니까? 해당란에 표시해주십시오.
   있다 ( )   없다 ( )
2. 금년이나 그 이전에 구매한 제품은 무엇입니까? 해당란에 모두 표시해 주십시오.
   식품 ( ) 의류 ( ) 가전제품 ( ) 기타 ( )
3. 구매한 후의 전체적 만족도는 어느 정도입니까?
   매우 불만족 ( ) 불만족 ( ) 보통 ( ) 만족 ( ) 매우 만족 ( )
4. 귀하의 성별은?
   남 ( )   여 ( )

2. 코딩 지침

컬럼 번호	컬럼 수	질문번호	변수(항목내용)	코딩 방법
1~3	3	-	ID번호(V1)	001에서 시작
4	1	1	구매경험(V2)	0: 금년에 구매경험 없다. 1: 금년에 구매경험 있다.
5~8	1	2	식품(V3) 의류(V4) 가전제품(V5) 기타(V6)	0: 구매한 적이 없다. 1: 구매한 적이 있다.
9	1	3	만족도(V7)	1: 매우 불만족 2: 불만족 3: 보통 4: 만족 5: 매우 만족
10	1	4	성별(V8)	1: 남 2: 여

3. 코딩 결과 예시

1	2	3	4	5	6	7	8	9	10
0	0	1	0	0	1	1	0	5	1
0	0	2	1	1	1	0	0	3	2
.	.	.	.	.	.	.	.	.	.
2	0	0	1	0	1	1	0	2	2

☞ **1번 응답자의 경우**: 금년에 구매경험 없음. 금년이나 그 이전에 식품은 구매한 적 없고 의류와 가전제품은 구매한 적이 있음. 만족도는 매우 만족임. 성별은 남자임

기출 및 예상적중문제 — PART 04 자료처리

01
다음 중 조사결과에 관련된 자료처리 단계를 올바르게 나타낸 것은?

> ㉠ 원시데이터(Raw Data) 생성
> ㉡ 자료입력
> ㉢ 클리닝
> ㉣ 부호화

① ㉠ → ㉡ → ㉣ → ㉢
② ㉣ → ㉡ → ㉢ → ㉠
③ ㉠ → ㉡ → ㉢ → ㉣
④ ㉡ → ㉣ → ㉢ → ㉠

해설
자료처리는 수집된 조사결과를 분석에 적합한 형태로 변환하는 일련의 과정이다. 부호화, 자료입력, 클리닝, 원시자료 생성의 단계를 거친다.

02
부호화에 대한 내용 중 잘못 기술된 것은?

① 응답자 ID 관련 범위는 연속되는 번호로 지정한다.
② 컬럼(Column)은 항목별로 부호화된 자료값이 가질 수 있는 자릿수를 의미한다.
③ 문항별 부호화의 범위 설정은 해당문항이 가질 수 있는 최소자릿수를 확인하여 설정한다.
④ 설문의 항목별로 자료 값의 범위를 설정한다.

해설
문항별 부호화의 범위 설정은 해당문항이 가질 수 있는 최대자릿수를 확인하여 설정한다.

03
자료값 범위의 설정에 대한 내용 중 틀린 것은?

① 응답자 ID는 전체 응답자의 수를 감안하여 컬럼(Column) 수를 설정한다.
② 폐쇄형 응답과 개방형 응답이 동시에 있는 문항의 경우 문항의 컬럼 수는 개방형 응답의 부호화 범위 설정 수준과는 관계가 없다.
③ 문항별 부호화의 범위 설정은 해당문항이 가질 수 있는 최대자리수를 확인하여 설정한다.
④ 각 문항의 컬럼번호는 앞문항의 컬럼 번호에 이어서 순차적으로 부여한다.

해설
폐쇄형 응답과 개방형 응답이 동시에 있는 문항은 개방형 응답의 부호화 범위 설정 수준에 따라 그 문항의 컬럼 수가 달라질 수 있다.

04
다음은 자료처리 단계 중 어느 단계에 해당하는 내용인가?

> ㉠ 데이터의 오류나 비일관성을 발견하고 제거
> ㉡ 정합성을 확보하는 정제 단계

① 부호화
② 펀칭
③ 클리닝
④ 원시자료 생성

해설
클리닝은 데이터의 오류나 비일관성을 발견하고 제거하여 정합성을 확보하는 정제단계이다.

| 정답 | 01 ② 02 ③ 03 ② 04 ③

05

다음 중 무응답에 대한 설명으로 적합하지 않은 것은?

① 응답내용을 잘 모르는 것은 무응답 발생의 주요 원인 중 하나이다.
② 무응답은 표본오류의 상당부분을 차지하는 오류이다.
③ 무응답은 표본 수를 감소시키게 된다.
④ 단위무응답은 응답자가 설문에 전혀 응답을 하지 않은 것이다.

[해설]
무응답은 비표본오류의 상당부분을 차지하는 오류이다.

06

무응답 자료에 대한 설명으로 틀린 것은?

① 무응답이 발생했다고 해서 설문지를 모두 제거해야 하는 것은 아니다.
② 단순기입누락이나 표기상의 실수의 경우 응답내용을 재확인하여 설문결과에 반영한다.
③ 결측치(Missing Value)로 처리할 경우 해당 사유를 감안하여 별도 구분하여 입력하면 안 된다.
④ 조사원은 무응답에 대한 1차적 재확인을 할 수 있다.

[해설]
결측치는 입력이 누락된 값이라는 의미로 해당 사유를 감안하여 별도 구분하여 입력할 수 있다.

07

결측치에 관한 내용으로 적합하지 않은 것은?

① 입력이 누락된 값이라는 의미로 값이 있어야 하는 항목인데 값이 없는 것을 의미한다.
② 결측치를 별도 구분하여 입력할 경우, 변수의 값이 가질 수 있는 대안과 동일한 값을 부여한다.
③ 결측치는 제외 대신에 적절한 대체 알고리즘을 통해 어떤 값으로 대체할 수 있다.
④ 결측치를 대체할 경우 평균대치법은 자료의 평균값을 이용해서 대체하는 것이다.

[해설]
결측치를 별도 구분하여 입력할 경우, 변수의 값이 가질 수 있는 대안 외의 값을 부여한다.

08

이상값(Outlier)에 관한 내용으로 틀린 것은?

① 이상값은 관측된 데이터의 범위에서 많이 벗어난 아주 작은 값이나 아주 큰 값이다.
② 이상값은 자료의 중심과의 상대적 거리로 판단한다.
③ 자료분석을 위해서는 이상값은 반드시 제거해야 한다.
④ 이상값의 처리기법으로는 삭제, 대체, 변환이 있다.

[해설]
이상값은 통계적 추정에 영향을 미치지만, 그렇다고 무조건 반드시 제거해야 하는 것은 아니다.

09

이상값(Outlier)의 발생 원인으로 볼 수 없는 것은?

① 표본추출오류
② 고의적 이상값
③ 입력오류
④ 데이터 훼손

해설
이상값 발생의 주요 원인은 표본추출오류, 고의적 이상값, 입력오류 및 측정오류, 데이터 처리오류 등이 있다. 데이터 훼손을 이상값이 발생하는 주요 원인으로는 보기 힘들다.

10

부호화 지침서 작성 시 유의사항에 관한 내용 중 잘못된 것은?

① 일관된 부호체계를 사용해야 한다.
② 응답이 없는 문항들은 따로 구분할 필요는 없다.
③ 범주는 포괄적이고 상호배타적이어야 한다.
④ 결측값 처리시에는 변수의 값이 가질 수 있는 대안 외의 값을 부여한다.

해설
응답이 없는 문항들도 내용에 따라 구분되도록 부호화해야 한다.

pass.Hackers.com

해커스자격증
pass.Hackers.com

해커스 **사회조사분석사 2급 필기** 한권합격 이론 + 최신기출 + 핵심노트

제3과목
통계분석과 활용

PART 01 기초통계량

PART 02 확률과 확률분포

PART 03 추정과 가설검정

PART 04 통계분석

✓ 학습전략

Chapter 01
통계와 주요 개념
통계의 개념과 주요 용어, 모집단과 표본의 개념과 추론에 대한 개념 및 변수에 대해 기본적 사항을 학습합니다.

Chapter 02
기술통계와 기초통계량
대푯값과 산포도에 대한 각각의 개념들을 잘 숙지하도록 하고 분포의 모양에 따른 산술평균, 중위수, 최빈수와의 관계를 정확히 학습하도록 합니다. 변동계수, 비대칭도와 첨도에 관련된 내용을 세부적으로 학습합니다.

PART 01
기초통계량

Chapter 01 **통계와 주요 개념**

Chapter 02 **기술통계와 기초통계량**

Chapter 01 통계와 주요 개념

1 통계학의 개념

1. **관심을 갖는 대상 집단**에 대한 자료(정보)를 수집하여 정리·요약하거나 면밀한 분석 등을 통해 **특성을 추론하는 방법**을 연구하는 학문이다.
   ☞ 확실하지 않은 어떤 현상이나 사실에 대해 **과학적 판단**을 할 수 있는 방법을 연구하는 학문이다.

2. 수리통계와 사회통계로 크게 대별하여 보면 다음과 같다.

수리통계학	통계학의 개념들을 **수리적 관점**에서 포괄적으로 다루는 분야 ☞ 주로 확률, 확률분포, 통계량 등 통계학의 수학적 이론을 다룬다.
사회통계학	**사회집단을 관찰**하여 그 결과를 수량적으로 기술하고 분석한다. ☞ 사회관계·사회현상에서의 합법칙성을 양적으로 포착해서 통계화, 즉 사회 환경에서 인간의 행동을 연구하기 위해 통계적인 측정 시스템을 이용한다.

2 통계학의 분류

1. **기술통계학(Descriptive Statistics)**
   ① 측정이나 실험에서 수집한 데이터의 **정리, 표현, 요약**, 해석 등을 통해 데이터의 특성을 설명·규명한다.
   ② **도표·그림 등을 통해 자료를 요약**하여 나타낸다.
      ☞ 평균(대푯값), 분포, 빈도 등의 통계량을 통해 설명한다.
   ③ **자료의 효율적 정리·요약**이 연구의 주목적이다.

2. **추론(Inferential; 추정/추리/추측이라고도 함)통계학**
   ① 모집단에 대한 어떤 **미지의 모수 값(모집단의 특성)**을 알아내기 위해 통계학을 이용하여 **추론**하는 과정이다.
   ② 모집단에서 추출된 **표본으로부터 모수와 관련된 통계량의 값을 계산하고 이를 이용하여 모집단의 특성을 알아낸다.**
   ③ 주로 **가설설정** → 데이터 수집 → **가설검정**(검증) → 가설의 **기각 여부를 결정**하는 방법으로 이루어진다.

3 통계의 주요 용어와 공식 등

1. 주요 용어

모집단(Population)	• 통계적 관찰의 대상이 되는 원래의 집단 전체로 연구자가 관심을 갖는 집단이다. • 이론적으로 한정된 **조사요소들의 집합**이다. ☞ 조사내용·범위 등에 대해 명확하고 한정적으로 규정된다.
표본	• 조사를 위해 **모집단에서 그 특성을 대표할 수 있는 소수의 적절한 수를 선정한 대상**이다. • **표본추출**(Sampling, 표집)방법: 확률표본추출과 비확률표본추출이 있다.
모수(Parameter)	모집단으로부터 추정되는 값으로, **모집단의 특성을 나타내는 값**이다. 예 모집단의 평균
통계량(Statistic)	**표본의 특성을 나타내는 값**이다. 예 표본의 평균

2. 주요 공식(N = 모집단 자료의 개수, n = 표본 자료의 개수. 즉 표본의 크기)

구분	모집단[1]	표본
평균	$\mu = \dfrac{\sum_{i=1}^{N} X_i}{N}$ *μ: 뮤	$\overline{x} = \dfrac{\sum_{i=1}^{n} x_i}{n}$ *$\overline{x}$: x바
표준편차	$\sigma = \sqrt{\dfrac{\sum_{i=1}^{N}(X_i - \mu)^2}{N}}$ *σ: 시그마	$s = \sqrt{\dfrac{\sum_{i=1}^{n}(x_i - \overline{x})^2}{n-1}}$
분산	$\sigma^2 = \dfrac{\sum_{i=1}^{N}(X_i - \mu)^2}{N}$	$s^2 = \dfrac{\sum_{i=1}^{n}(x_i - \overline{x})^2}{n-1}$
상관계수	ρ(로우)	r

[1] 모집단의 비율은 p, 표본의 비율은 $\hat{p}$로 나타낸다.

3. 주요 변수

(1) 변수

값이 특정되지 않아 임의의 값을 가질 수 있는 것으로 어떤 관계나 범위 안에서 **여러 가지 값으로 변할 수 있는** 수이다.

(2) 변수의 기능에 따른 분류(통계 모형 안에서의 역할이나 인과관계에 따른 분류)[1]

독립변수	• 종속변수에 영향을 주는 **원인변수** • 실험 연구에서 연구자에 의해 조작되는 가설적 변수 ☞ 예측변수, 처치변수라고도 한다.
종속변수	독립변수의 영향을 받아 변화되는 변수 ☞ 기준변수 또는 **결과변수**라고도 한다.

(3) 변수의 속성에 따른 분류 - 변수의 연속성에 따른 분류

연속변수	• 어떤 구간 내에서 취할 수 있는 값이 무한한 변수이다. 예 키, 몸무게 • **소수점 이하로 표시 가능**하다. • **값과 값 사이가 서로 연결되어 있어서** 그 사이의 값이 의미를 가진다.
불연속변수 (= 이산변수)	• 어떤 구간 내에서 취할 수 있는 값이 한정적이고 셀 수 있는 변수이다. 예 주차장의 차량 대수 • **정수 값만으로 구성**된다. • **값과 값 사이가 분리되어 있어** 그 사이의 값이 아무런 의미를 가지지 않는다.

---

1) 관련 용어
- **외생변수**
  종속변수에 영향을 미치는 독립변수 외의 변수. 연구자가 실험을 위한 변수로 설정하지 않은 변수
- **더미(Dummy)변수**
  독립변수가 범주형 변수일 경우 범주형 변수의 특성을 연속형 변수처럼 분석하도록 해주는 변수. 가변수라고도 한다.
  예 남자, 여자 → 0, 1로 변환
- **범주형 변수**
  범주형 변수는 측정 시 속성을 의미있는 수치로 나타낼 수 없는 변수(예 색깔, 성별)이며, 연속형 변수는 측정 시 속성을 의미있는 수치로 나타낼 수 있는 변수(예 매출액, 몸무게)이다.

Chapter 02 기술통계와 기초통계량

기술통계량은 일관된 **자료의 요약**을 제공하는 것으로 숫자 또는 그래프로 데이터를 요약하여 자료의 정보를 표시해 주는 것이다.
- **대푯값**: 최빈수, 중위수, 평균 등
- **산포도**: 표준편차, 분산 등
- **비대칭도**: 왜도, 첨도

1 대푯값

- **자료 전체를 대표하는 값**, 즉 자료의 특징이나 경향을 나타내는 특정값을 그 자료의 대푯값이라고 한다.
- 자료의 중심적인 경향이나 자료 분포의 중심의 위치를 나타낸다. 즉 집단의 특징을 나타내는 대표적인 값으로 **중심위치의 측도, 중심경향 측정치**라고도 한다.
- 기본적으로는 넓은 의미에서 분포의 **중심위치를 나타내는 측정치**인데, 분포의 중앙 또는 도수의 집중점과는 반드시 일치하지는 않는다. 즉 일치할 수도, 일치하지 않을 수도 있다.[1]
- **추상적 대푯값(계산적 대푯값)**인 산술평균/조화평균/기하분포/평방평균 등과 **구체적 대푯값(위치적 대푯값)**인 중위수/최빈수/사분위수 등으로 나눌 수 있다.

1. 추상적(계산적) 대푯값

변수들의 평균의 개념이므로 **극단적 변수의 영향**을 받는다.[2]

(1) 산술평균(Mean; $\overline{X}$)

① n개 변수의 산술평균은 **변수들의 총합을 변수의 개수인 n으로 나누어** 산출한다.
② 산술평균에 대한 **편차(각 데이터가 평균과 떨어져있는 정도)들의 총합은 0이 된다.**
③ 분포가 완전 대칭이면 산술평균은 중위수와 일치한다.❶
④ 산술평균은 **극단값의 영향을 많이 받는다.**

[산술평균을 $\overline{X}$로 나타낼 때]

$$\overline{X} = \frac{\sum_{i=1}^{n} x_i}{n}, \quad 즉 \quad \overline{X} = \frac{(x_1 + x_2 + \cdots + x_n)}{n} = \frac{1}{n}\sum_{i=1}^{n} x_i$$

[편차들의 총합][3]

$$\sum_{i=1}^{n}(X_i - \overline{X})$$

---

1) **집중화 경향**(관찰된 자료들이 어디에 가장 많이 모여 있는가)을 **나타내는 수치**(분포의 대푯값)로는 산술평균, 중위수, 최빈수가 있다.

2) **극단적 변수**
극단값 또는 이상값으로 관측된 **데이터 범위에서 크게 벗어난 아주 작은 값이나 큰 값**이다. 의사결정에 영향을 많이 미칠 수 있기 때문에 삭제, 대체, 변환 등 적절한 처리가 필요할 수 있지만 **반드시 제거해야 되는 것은 아니다.**

❶ 상세내용 후술(305p)

3) 편차들의 총합은 0이 되는 성질이 있다.

> 📖 **참고**
>
> **가중산술평균**
> 중요도, 영향도 등에 따라 가중치(Weight)를 주어 평균을 산출하는 것
> 예 x_1에 w_1, x_2에 w_2, ⋯, x_n에 w_n이 주어졌을 때 다음과 같이 나타낸다.
>
> $$\frac{w_1 x_1 + w_2 x_2 + \cdots + w_n x_n}{w_1 + w_2 + \cdots + w_n} = \frac{\sum_{i=1}^{n} w_i x_i}{\sum_{i=1}^{n} w_i}$$
>
> ☞ 각 수치에 가중치를 부여한 값의 합을 가중치의 합으로 나누는 것

(2) 조화평균(Harmonic Mean; H)

① n개의 자료에 대해 그 **역수들의 산술평균에 다시 역수를 취한 것**으로 단위당 평균의 개념으로 쓰인다.

② 주로 **시간·거리·속도**에 관련된 평균을 구할 때 사용되는데, 특별한 유형의 대푯값으로 **사용이 상당히 제한된다.**

③ 대체로 **시간의 흐름에 따른 변화량의 평균**을 구하는 것인데, **조화평균**은 그 **값**의 평균, **기하평균**❶은 주로 곱으로 표시되는 **비율**의 평균에 관련된 것이라고 생각하면 된다.

④ 관측된 자료가 양수일 때 [**산술평균 ≥ 기하평균 ≥ 조화평균**]의 관계가 항상 성립한다.

❶ 상세내용 후술(303p)

n개의 자료 $a_1, a_2, \cdots, a_n$ 일 때

$$조화평균(H) = \frac{1}{\frac{1}{n}\left(\frac{1}{a_1} + \frac{1}{a_2} + \cdots + \frac{1}{a_n}\right)} = \frac{n}{\frac{1}{a_1} + \frac{1}{a_2} + \cdots + \frac{1}{a_n}}$$

$$(간략 계산시) = \frac{2ab}{a+b}$$

> ✅ **확인 문제**
>
> 갈 때의 평균시속은 20km/h이고, 올 때의 평균시속은 30km/h일 때 전체 왕복 평균속도는 얼마인가?
>
> **해설**
> 전체 평균속도 $= \dfrac{2}{\dfrac{1}{20} + \dfrac{1}{30}} = \dfrac{2}{\dfrac{5}{60}} = \dfrac{120}{5} = 24$km/h
>
> 또는 전체 평균속도 $= \dfrac{2(20 \times 30)}{20 + 30} = 24$km/h
>
> | 정답 | 24km/h

(3) 기하평균(Geometric Mean; G)

① 주로 시간에 따라 **비율적으로 변화하는 값**(=변화율이나 비율의 평균)을 알아내기 위한 계산방법
② n**개의 자료들을 모두 곱하고 자료의 수에 해당하는 제곱근을 적용하여 산출한다.**
③ 경제·인구·물가 등의 변동률 또는 성장률을 구할 때 많이 쓰인다. 시간적 개념이 녹아 있어서 **순차적이고 연속적인 수익률 계산** 등에 주로 쓰인다.[1]
　 ㉮ 투자수익률
④ 극단적 이상치에 의해 영향을 받기는 하지만, 산술평균보다는 그 영향이 작다.

> 양수인 n개의 자료 $a_1, a_2, \cdots, a_n$일 때
>
> 기하평균(G) = $\sqrt[n]{a_1 \times a_2 \times \cdots \times a_n}$

[1] 산술평균은 시간적 개념이 반영되어 있지 않음

2. 구체적(위치적) 대푯값

(1) 중위수(중앙값, Median; M_e)

① 관측치 n개를 **크기순**으로 늘어놓았을 때 **가장 가운데(배열상 50%)에 있는 숫자**
② 산술평균에 비해 **극단값의 영향을 받지 않는다.**
③ 관측치 분포가 매우 편재되어 있는 경우 많이 사용된다.
④ 분포의 모양이 대칭일 경우 산술평균과 일치한다.❷
　 ☞ 그러나 중위수와 산술평균이 일치한다고 해서 분포가 반드시 대칭인 것은 아닙니다.
⑤ n이 홀수일 때와 짝수일 때 각각 다음과 같이 계산한다.

❷ 상세내용 후술(305p)

> - n**이 홀수**: 중위수 = $\left(\dfrac{n+1}{2}\right)$번째에 있는 값
> - n**이 짝수**: 중위수 = $\dfrac{n}{2}$번째 수와 $\left(\dfrac{n}{2}+1\right)$번째 수의 산술평균

예시

(1) 1, 2, 3, 4, 5 ☞ (5+1)/2 = 3이므로 3번째 있는 값이 중위수
　　　　　　　　 ☞ 3
(2) 1, 2, 3, 4, 5, 6 ☞ (6/2) = 3이므로 3번째 수 3,
　　　　　　　　 (6/2+1) = 4이므로 4번째 수 4
　　　　　　　　 ☞ 3과 4의 평균인 3.5가 중위수

- **명목척도**
대상을 상호배타적 범주들로 구분하여 수치를 부여하지만 부여한 수치는 계량적 의미를 갖지 않는다.
㉠ 성별
- **서열척도**
명목척도의 속성에 서열성을 추가한 것이다.
㉠ 1등, 2등
- **등간척도**
서열척도의 속성에 간격의 동일성을 추가한 것이다.
㉠ 온도
- **비율척도**
등간척도의 속성에 절대영점의 존재가 추가된 것이다.
㉠ 소득, 몸무게

(2) 최빈수(최빈값, Mode: M_o)

① 해당 자료에서 **빈도수가 가장 높은, 즉 가장 많이 나타나는** 관측치이다.
㉠ 1, 1, 2, 2, 2, 2, 7, 7, 7 ☞ 최빈수: 2
② 산술평균에 비해 **극단값의 영향을 받지 않는다.**
③ 분포의 모양이 좌우대칭인 경우 대체로 대표성이 있다.
④ **명목수준의 측정(범주형 자료)에서 적절한 대푯값으로 사용된다.**
㉠ 남자 60명, 여자 40명이 있는 집단에서 남자를 1, 여자를 2라 할 때
☞ 최빈수: 1
⑤ 유일하지 않다. 즉 없거나 복수 존재가 가능하다.

(3) 사분위수

측정값을 낮은 순에서 높은 순으로 정렬한 후 **전체값을 4등분**했을 때 각 등위에 해당하는 값을 의미한다.

제1사분위수(First Quartile, Q_1)	자료를 오름차순으로 정리했을 때 첫 번째 4등분점
제2사분위수(Second Quartile, Q_2)	자료를 오름차순으로 정리했을 때 중앙값
제3사분위수(Third Quartile, Q_3)	자료를 오름차순으로 정리했을 때 세 번째 4등분점
제4사분위수(Fourth Quartile, Q_4)	자료를 오름차순으로 정리했을 때 가장 큰 값

> **참고**
>
> **상자와 수염그림 (Box and Whisker Plot)**
> ① 상자그림(Box Plot)으로도 불리며, 다섯 숫자의 요약으로 그린, 자료의 특성을 요약하는 그래프로 전체 분포의 모습을 쉽게 파악 가능하다.
> ☞ 이상값(이상치)는 *로 표시한다.[1]
> ② **다섯 숫자**: 최솟값, 최댓값, 사분위수로 구성된다.
> (사분위수는 1사분위수, 중앙값, 3사분위수로 구성됨)

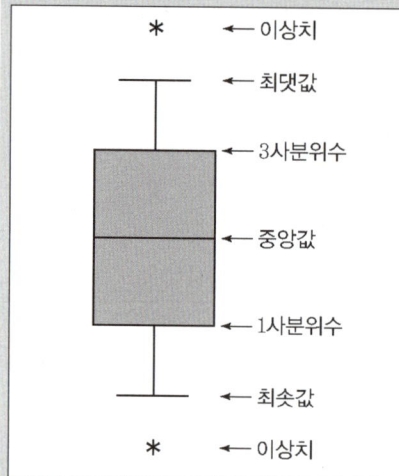

㉠ 범위(Range): 최댓값과 최솟값의 차이
㉡ 사분위수(Quartile)
  • 1사분위수(First Quartile, 25% Quantile)
  • 3사분위수(Third Quartile, 75% Quantile)
  ※ 중앙값 = 사분위수 개념으로는 2사분위수
  (Second Quartile, 50% Quantile)
㉢ 사분위수 범위(IQR; InterQuartile Range)
제3사분위수에서 제1사분위수를 빼서 구한다. 길면 보다 흩어진 분포이고 짧으면 밀집된 분포임을 알 수 있다.

1) 이상치(이상점, 이상값)라고 해서 무조건 제외하는 것은 아니다. 현상에 대한 정확한 설명력을 훼손할 수도 있기 때문이다.

> **참고**
>
> **줄기와 잎 그림(Stem – and – Leaf Plot)**
> ① 통계적 데이터를 줄기와 잎으로 나누어 표 형태와 그래프 형태의 혼합된 방법으로 나타냄으로써 대략적 분포를 확인하는 것으로, **줄기**는 자료들의 공통되는 부분을 모아놓게 되고 **잎**은 줄기부분의 나머지 부분을 모아둔 것이다.
> ② 일반적으로 데이터의 십의 자리 이상을 줄기로, 일의 단위들을 잎으로 나타낸다.
>
> [예시]
> 학생들의 영어점수가 77, 83, 93, 68, 98, 85, 72, 94, 95, 81, 75일 때 줄기와 잎 그림은 다음과 같이 표시한다.
>
> | 줄기 | 잎 |
> | --- | --- |
> | 6 | 8 |
> | 7 | 257 |
> | 8 | 135 |
> | 9 | 3458 |

3. 산술평균, 중위수, 최빈수와의 관계

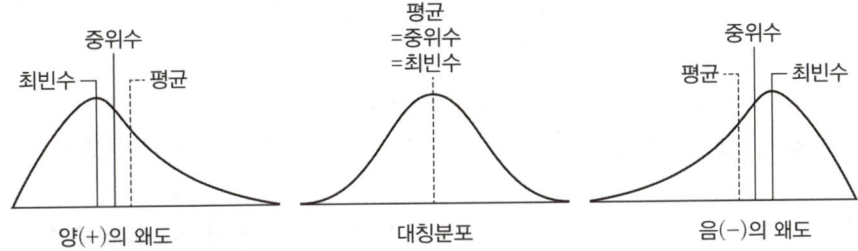

① **좌우대칭 분포**: 산술평균 = 중위수 = 최빈수
② **좌측으로 치우친 비대칭 분포**: 최빈수 < 중위수 < (산술)평균(꼬리 = 오른쪽)
③ **우측으로 치우친 비대칭 분포**: 최빈수 > 중위수 > (산술)평균(꼬리 = 왼쪽)

4. 기타

(1) 평방평균(Quadratic Mean)

① 데이터 **제곱값들의 합을 평균**한 결과에 대해 **제곱근**을 구한 것으로, 자료들의 분산 정도를 점검한다.
② 극단적 값의 영향을 받지만 산술평균이 받는 영향보다는 덜하다.

n개의 자료 $a_1, a_2, \cdots, a_n$일 때

$$\text{평방평균}(Q) = \sqrt{\frac{a_1^2 + a_2^2 + \cdots + a_n^2}{n}}$$

(2) 절사평균(Trimmed Mean)

① 데이터 총 개수 중 **일정비율만큼 가장 큰 부분과 작은 부분을 제외**하고 평균을 산출한다.
  예 상위 10% 값, 하위 10% 값
② 산술평균이 극단적 값의 영향을 받는 것에 대한 보완이다.

2 산포도(Measure of Dispersion)

- 대푯값을 중심으로 **자료들이 흩어져있는 정도**를 의미하며, **분산도**라고도 한다.
- 작을수록 자료들이 대푯값에 밀집되어 있고, 클수록 멀리 흩어져있다.
- **절대적 분포의 산포도**: 범위, 사분위수 범위, 사분편차, 평균편차, 분산, 표준편차 등
- **상대적 분포의 산포도**: 변이계수(변동계수), 사분위 편차계수, 평균편차 계수 등

1. 절대적 분포의 산포도

(1) 범위(Range)
① 산포도를 나타내는 가장 간단한 통계치로, 자료에서 **최댓값과 최솟값과의 차이**를 말한다.
② 크기가 일정하고 그다지 크지 않은 자료의 변동에 유용하다.
③ 최댓값과 최솟값 이외의 자료에 대한 산포는 알 수 없으며, **극단적 이상치의 영향이 크다**.

$$\text{범위}(R) = \text{자료의 최댓값} - \text{자료의 최솟값}$$

(2) 사분위수 범위(사분범위, IQR; InterQuartile Range)
① **제3사분위수에서 제1사분위수를 뺀 것**으로, 자료의 중간 50%에 대한 범위를 의미한다.
② 자료의 상위 25%, 하위 25%를 포함하지 않게 되므로 **극단값에 덜 민감하다**.

$$IQR = Q_3 - Q_1$$

(3) 사분편차(Quartile Deviation)
① $[(Q_3 - Q_1)/2]$. 즉 제3사분위수에서 제1사분위수를 뺀 값을 2로 나눈 것이다.

$$\text{사분편차} = \frac{(Q_3 - Q_1)}{2}$$

② **극단값의 영향이 거의 없다.**
③ **모든 범위의 값이 반영되지 않는다**는 한계점이 있다.

(4) 평균편차(Mean Deviation)
① 각 측정치가 그 산술평균으로부터 떨어진 정도(즉 편차)들의 **절댓값을 평균**한 값이다.[1]
② **평균절대편차**라고도 한다. 극단적 이상값의 영향은 있으나 분산에 비해서는 상대적으로 적다.

$$\text{평균편차}(MD) = \sum_{i=1}^{n} \frac{|x_i - \overline{x}|}{n}$$

---

1) **절댓값을 취하는 이유**
편차의 합이 항상 0이 되기 때문이다.

(5) 분산(Variance)과 표준편차(Standard Deviation)

① **분산**은 대표적인 산포도 측정도구로 각 측정치가 **평균으로부터 떨어진 정도를 제곱한 값들을 합한 결과**를 측정치의 **개수**(모집단과 표본의 경우 차이가 있음; 아래의 공식 참조)**로 나누어 구한다**. 자료가 평균을 중심으로 얼마나 퍼져 있는가의 정도를 나타낸다.

☞ 자료가 모두 동일값이라면 분산은 0이 되고, 이는 모든 변량이 평균에 집중되어 있다는 의미이다.

② **표준편차는 분산의 양의 제곱근**으로 정의된다.

[표준편차와 분산][2]

구분	모집단	표본
표준편차 (=√분산)	$\sigma(시그마) = \sqrt{\dfrac{\sum_{i=1}^{N}(X_i-\mu)^2}{N}}$	$s = \sqrt{\dfrac{\sum_{i=1}^{n}(x_i-\overline{x})^2}{n-1}}$
분산	$\sigma^2 = \dfrac{\sum_{i=1}^{N}(X_i-\mu)^2}{N}$	$s^2 = \dfrac{\sum_{i=1}^{n}(x_i-\overline{x})^2}{n-1}$

[2] 분산은 다음과 같이 나타낼 수도 있다.
예) 표본분산
$$s^2 = \dfrac{\sum_{i=1}^{n}x_i^2 - n\overline{x}^2}{n-1}$$

2. 상대적 분포의 산포도

(1) 변이계수(CV; Coefficient of Variation)

① **표준편차**(변동성의 정도)**가 산술평균에 비해 몇 배인가**를 나타내는 계수이다. 즉 **표준편차를 산술평균으로 나누어** 구한다. **변동계수**라고도 한다.

$$CV = \dfrac{표준편차(S)}{평균(\overline{X})}$$

② **비교대상 간에 차이가 클 때** 사용하는 상대적 분포 측정의 방법 중 하나이다.

③ **측정단위가 서로 다른** 몸무게와 키에 대한 산포를 비교하거나, **측정의 단위가 동일해도 값들의 차이가 애초에 매우 큰 경우**에 사용한다.

☞ 즉 단위가 다른 두 집단자료의 산포를 비교하거나 평균의 차이가 큰 두 집단의 산포를 비교할 때 이용한다.

예) 매우 큰 동물과 작은 동물의 몸무게에 관한 산포 정도

④ 두 자료의 산포도를 상대적으로 비교하는 개념으로, **변동계수의 절댓값이 작은 집단**이 큰 집단보다 **상대적으로 평균에 밀집**되어 있음을 나타낸다.

⑤ 표준편차는 항상 양수이기 때문에, 평균의 값에 따라 변동계수는 **0 이하의 값을 가질 수도 있다**.

예) 평균이 음수인 경우라도 표준편차는 항상 양수이므로 변동계수는 음수의 값을 갖게 된다.

(2) 사분위편차계수

사분위편차를 **중위수로 나누어** 구한다.

(3) 평균편차계수

평균편차를 **중위수 또는 산술평균으로 나누어** 구한다.

3 비대칭도와 첨도

> 자료의 분포형태가 대칭이 아니라 비대칭인 경우 **어떠한 방향으로 어느 정도 기울어져 있는가**를 나타내는 것이 **왜도**이며, 분포가 얼마나 **뾰족한가**의 정도를 나타내는 것이 **첨도**이다.

1. 비대칭도(왜도; Skewness)

① **분포의 기울어진 방향과 정도**를 나타내는 척도이다(어느 쪽으로 얼마만큼 기울어져 있는가).
② 긴 꼬리가 오른쪽에 있으면 **양(positive)의 왜도**라고 한다(왼쪽으로 기울어진 분포).
③ 긴 꼬리가 왼쪽에 있으면 **음(negative)의 왜도**라고 한다(오른쪽으로 기울어진 분포).
④ 왜도가 0이면 좌우대칭의 분포이다(정규분포).
⑤ 왜도의 절댓값이 클수록 비대칭 정도가 커진다.

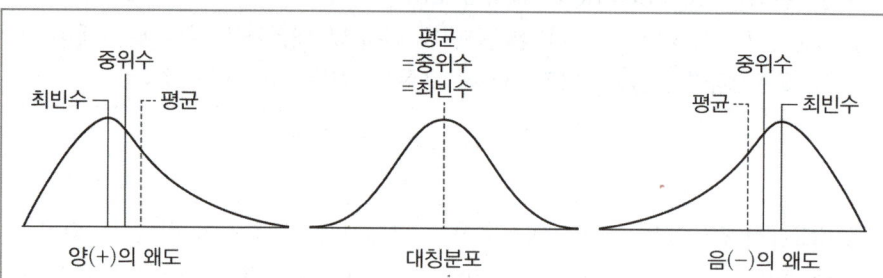

- **좌우대칭 분포**: 산술평균 = 중위수 = 최빈수
- **좌측으로 치우친 비대칭 분포**: 최빈수 < 중위수 < (산술)평균 ☞ 꼬리 = 오른쪽
- **우측으로 치우친 비대칭 분포**: 최빈수 > 중위수 > (산술)평균 ☞ 꼬리 = 왼쪽

⑥ 왜도의 계산: 피어슨의 비대칭도(-1 < p < 1)

$$비대칭도(p) = \frac{산술평균(\overline{X}) - 최빈수(M_o)}{표준편차(S)}$$

$$\cong \frac{3(산술평균(\overline{X}) - 중위수(M_e))}{표준편차(S)}$$

- $p = 0$(대칭분포): $\overline{X} = M_o$
- $p > 0$(오른쪽으로 꼬리를 늘어뜨린 비대칭 분포): $\overline{X} > M_o$
- $p < 0$(왼쪽으로 꼬리를 늘어뜨린 비대칭 분포): $\overline{X} < M_o$

2. 첨도(Kurtosis)[1]

① 분포의 정점(중심)이 뾰족한 정도. 관측치들이 얼마나 집중적으로 중심에 몰려있는가를 측정할 수 있다.
② **첨도가 3**(= 표준정규분포)이면 **중첨**(Mesokurtic), **3보다 크면 급첨**(Leptokurtic. 표준정규분포보다 높고 뾰족하며 고첨, 첨용이라고도 한다), **3보다 작으면 평첨** 또는 **완첨**(Platykurtic. 표준정규분포보다 낮고 평평하며 저첨, 평용이라고도 한다)이라고 한다.
③ 집단이 동질적이고 분산이 작으면 첨도는 높아지고, 집단이 이질적이고 분산이 크면 첨도는 낮아진다.
④ 왜도가 0이며 첨도가 3이면 좌우대칭이며 정규분포이다.

[1] **추가 설명**
  (1) 그래프 상에서 첨도가 상대적으로 높고 낮음의 정도는 분포 측면에서 동일한 분산을 가지게 조정하고서 비교한다.
  (2) 정규분포의 첨도를 0으로 만들기 위해 3을 빼서 정의하기도 한다.
  (3) t분포는 정규분포보다 꼬리가 길고 두터우며 첨도가 표준정규분포보다 큰데, 자유도가 무한대로 접근하면서 커지게 되면 분포가 표준정규분포에 가까워지면서 표준정규분포에 가깝게 첨도가 낮아진다.
  ☞ t분포에 대한 상세내용은 [PART 02] 참조

기출 및 예상적중문제 — PART 01 기초통계량

01 2018년 3회
다음 중 중심위치의 측도와 가장 거리가 먼 것은?
① 중앙값 ② 표준편차
③ 평균   ④ 최빈수

해설
표준편차는 산포도에 관한 측도이다.

02 2020년 1·2회
자료의 산술평균에 대한 설명으로 틀린 것은?
① 이상점의 영향을 받지 않는다.
② 편차들의 합은 0이다.
③ 분포가 좌우대칭이면 산술평균과 중앙값은 같다.
④ 자료의 중심위치에 대한 측도이다.

해설
산술평균은 극단값(이상값, 이상점)의 영향을 많이 받는다.

03 2017년 2회
극단값이 포함되어 있는 자료의 대푯값을 구하고자 한다. 극단값에 의한 영향을 줄이기 위한 측도로 적합하지 않은 것은?
① 중앙값   ② 제50백분위수
③ 절사평균 ④ 평균

해설
산술평균은 극단값의 영향을 많이 받는다. 이에 비해 중앙값은 극단값의 영향을 줄일 수 있는데, 제50백분위수는 백분위에서 중간에 해당하는 값이므로 중앙값에 해당한다. 절사평균은 데이터 총 개수 중 일정비율만큼 가장 큰 부분과 작은 부분을 제외하고 평균을 산출하는 것으로 산술평균이 극단값의 영향을 받는 것에 대한 보완이다.

04 2019년 3회
A반 학생은 50명이고 B반 학생은 100명이다. A반과 B반의 평균성적이 각각 80점과 85점이었다. A반과 B반의 전체 평균성적은?
① 80.0   ② 82.5
③ 83.3   ④ 83.5

해설
전체의 평균성적을 산출하는 관점에서 가중산술평균의 개념을 이용한다.
A반과 B반, 총 150명 전체의 평균성적 = $\dfrac{\text{전체 점수의 총 합계}}{\text{전체 학생수의 총 합계}}$
$= \dfrac{(50\text{명} \times 80\text{점}) + (100\text{명} \times 85\text{점})}{(50\text{명} + 100\text{명})}$
≒ 83.3

05 2021년 3회
어느 투자자의 연도별 수익률이 $x_1, x_2, \cdots, x_n$일 때, 연평균 수익률을 구하는 방법으로 가장 적절한 것은?
① 기하평균   ② 산술평균
③ 절사평균   ④ 조화평균

해설
기하평균은 주로 시간에 따라 비율적으로 변화하는 값(=변화율이나 비율의 평균)을 알아내기 위한 계산방법으로 경제/인구/물가 등의 변동률 또는 성장률을 구할 때 많이 쓰이며 시간의 개념이 녹아있어서 순차적으로 연속적인 수익률(예: 투자수익률) 계산 등에 주로 쓰인다.

| 정답 | 01 ② | 02 ① | 03 ④ | 04 ③ | 05 ① |

06
2017년 3회

관광버스가 목적지에 도착할 때까지 시속 80km로 운행하였으나 돌아올 때는 시속 100km로 돌아왔다. 이 관광버스의 평균운행속도[km/h]는?

① 90.42
② 89.44
③ 88.89
④ 86.67

해설

시간의 흐름에 따른 변화량의 평균으로 시간 / 거리 / 속도에 관련된 평균을 구하는 것이므로 조화평균을 사용한다.
n개의 자료에 대해 그 역수들의 산술평균에 다시 역수를 취한 것으로 단위당 평균의 개념이다.

n개의 자료 $a_1, a_2, \cdots, a_n$일 때
$$조화평균(H) = \frac{1}{\frac{1}{n}\left(\frac{1}{a_1} + \frac{1}{a_2} + \cdots + \frac{1}{a_n}\right)} = \frac{n}{\frac{1}{a_1} + \frac{1}{a_2} + \cdots + \frac{1}{a_n}}$$
$$(간략 계산시) = \frac{2ab}{a+b}$$

도착할 때까지의 평균시속은 80km, 돌아올 때의 평균시속은 100km이며 $n=2$이므로

전체 평균속도 $= \dfrac{2}{\frac{1}{80} + \frac{1}{100}}$
$= \dfrac{2}{\frac{180}{8000}} = \dfrac{16000}{180} ≒ 88.89\text{km}$

또는 $\dfrac{2ab}{a+b} = \dfrac{2 \times 80 \times 100}{80+100}$
$= \dfrac{16000}{180} ≒ 88.89\text{km}$

07
2020년 4회

자료의 분포에 대한 대푯값으로 평균(Mean) 대신 중앙값(Median)을 사용하는 이유로 가장 적합한 것은?

① 자료의 크기가 큰 경우 평균은 계산이 어렵다.
② 편차의 총합은 항상 0이다.
③ 평균은 음수가 나올 수 있다.
④ 평균은 중앙값보다 극단적 관측값에 의해 영향을 받는 정도가 심하다.

해설

평균(산술평균)은 극단적 관측값에 의해 영향을 받는 정도가 심하므로 이 영향을 줄이려면 중앙값이 보다 적합하다.

08
2018년 1회

표본자료가 다음과 같을 때 대푯값으로 가장 적합한 것은?

| 10 | 20 | 30 | 40 | 100 |

① 최빈수
② 중위수
③ 산술평균
④ 가중평균

해설

100이라는 극단값이 포함되어 있다. 이 영향을 줄이기 위해서는 중위수가 적합하다.

09

2021년 2회

통계학 과목의 기말고사 성적은 평균(Mean)이 40점, 중위값(Median)이 38점이었다. 점수가 너무 낮아서 담당교수는 12점의 기본 점수를 더해 주었다. 새로 산정한 점수의 중위값은?

① 40점
② 42점
③ 50점
④ 52점

해설

값들 모두에 12점을 더해주었기 때문에 모든 값이 12점만큼 커지는 방향으로 동일하게 이동한 것으로 보면 된다. 따라서 중위값은 38점에서 12점만큼 커진 50점이 된다.

10

2018년 3회

어느 대학교에서 학생들을 대상으로 4개의 변수(키, 몸무게, 혈액형, 월평균 용돈)에 대한 관측값을 얻었다. 4개의 변수 중에서 최빈값을 대푯값으로 사용할 때 가장 적절한 변수는?

① 키
② 혈액형
③ 몸무게
④ 월평균 용돈

해설

최빈값은 명목수준의 측정(범주형 자료)에서 적절한 대푯값으로 사용된다는 것을 상기하면 된다. 주어진 변수 중 범주형 자료에 해당하는 변수는 혈액형이다. 나머지 변수들은 절대영점이 존재하는 비율척도로 측정된 연속형 변수들이다.

11

2019년 2회

다음의 자료로 줄기 - 잎 그림을 그리고 중앙값을 찾아보려 한다. 빈칸에 들어갈 잎과 중앙값을 순서대로 바르게 나열한 것은?

| 25 | 45 | 54 | 44 | 42 | 34 | 81 | 73 | 66 |
| 78 | 61 | 46 | 86 | 50 | 43 | 53 | 38 | |

2	5
3	4 8
4	2 3 4 5 6
5	[ ]
6	1 6
7	3 8
8	1 6

① 0 3, 중앙값 = 46
② 0 3 4, 중앙값 = 50
③ 0 0 3, 중앙값 = 50
④ 3 4 4, 중앙값 = 53

해설

데이터와 그림의 나머지 부분들을 비교해보면 줄기에 들어가 있는 숫자들이 십의 자리임을 알 수 있다. 십의 자리가 5로 시작되는 숫자들을 자료에서 찾아 오름차순으로 나열하면 50, 53, 54이다. 따라서 빈칸에 들어갈 숫자들은 0, 3, 4이다.
자료들 전체에서의 중앙값은 전체 17개 데이터를 순서대로 늘어놓고 계산하는데, 데이터가 홀수인 경우 중앙값은 $\left(\frac{n+1}{2}\right)$번째에 있는 값이다. $\left(\frac{n+1}{2}\right) = \left(\frac{17+1}{2}\right) = 9$이므로 9번째 데이터인 50이 중앙값이 된다.

12
2021년 2회

이상치(Outlier)를 탐지하는 기능을 가지고 있고 최솟값, 제1사분위수, 중앙값, 제3사분위수, 최댓값의 정보를 이용하여 자료를 도표로 나타내는 방법은?

① 도수다각형
② 리그레쏘그램
③ 히스토그램
④ 상자수염그림

해설

상자수염그림은 상자그림(Box Plot)으로도 불리며, 다섯 숫자의 요약으로 그린, 자료의 특성을 요약하는 그래프로 전체 분포의 모습을 쉽게 파악 가능하며 이상값(이상치)을 별도 기호로 표시한다. 다섯 숫자는 최솟값, 최댓값, 사분위수(1사분위수, 중앙값, 3사분위수)로 구성된다.

13
2019년 1회

다음 자료에 대한 설명으로 틀린 것은?

| 58 | 54 | 54 | 81 | 56 | 81 | 75 | 55 | 41 | 40 | 20 |

① 중앙값은 55이다.
② 표본평균은 중앙값보다 작다.
③ 최빈값은 54와 81이다.
④ 자료의 범위는 61이다.

해설

전반적 계산을 위해 일단 데이터들을 오름차순으로 나열해보면 총 11개 숫자들은 20, 40, 41, 54, 54, 55, 56, 58, 75, 81, 81로 나열된다. 최빈값은 54와 81이다. 자료의 범위는 (최댓값 81 - 최솟값 20 = 61)이다. 데이터 개수가 11개로 홀수이므로 데이터가 홀수인 경우 중앙값 공식을 이용하면 $\left(\frac{n+1}{2}\right) = \left(\frac{11+1}{2}\right) = 6$번째 수인 55가 중앙값이다. 평균값은 $\frac{(20+40+41+54+54+55+56+58+75+81+81)}{11} ≒ 55.90$이므로 중앙값보다 크다.

14
2020년 4회

측도의 단위가 관측치의 단위와 다른 것은?

① 평균
② 중앙값
③ 표준편차
④ 분산

해설

표본의 분산을 예로 들면 $s^2 = \frac{\sum_{i=1}^{n}(x_i - \overline{x})^2}{n-1}$ 이므로, 분산의 단위는 관측치 단위의 제곱이 된다.

15
2020년 3회

다음은 A병원과 B병원에서 각각 6명의 환자를 상대로 환자가 병원을 도착하여 진료 서비스를 받기까지의 대기시간[분]을 조사한 것이다. 두 병원의 진료 서비스 대기시간에 대한 비교로 옳은 것은?

| A병원 | 17 | 32 | 5 | 19 | 20 | 9 |
| B병원 | 10 | 15 | 17 | 17 | 23 | 20 |

① A병원의 평균 = B병원의 평균
   A병원의 분산 < B병원의 분산
② A병원의 평균 = B병원의 평균
   A병원의 분산 > B병원의 분산
③ A병원의 평균 > B병원의 평균
   A병원의 분산 < B병원의 분산
④ A병원의 평균 < B병원의 평균
   A병원의 분산 > B병원의 분산

해설

병원	A	B
평균 $\overline{X} = \frac{\sum_{i=1}^{n} x_i}{n}$	$\frac{(17+32+5+19+20+9)}{6} = 17$	$\frac{(10+15+17+17+23+20)}{6} = 17$
분산 $s^2 = \frac{\sum_{i=1}^{n}(x_i - \overline{x})^2}{n-1}$	$\{(17-17)^2 + (32-17)^2 + (5-17)^2 + (19-17)^2 + (20-17)^2 + (9-17)^2\} / (6-1) = 89.2$	$\{(10-17)^2 + (15-17)^2 + (17-17)^2 + (17-17)^2 + (23-17)^2 + (20-17)^2\} / (6-1) = 19.6$

∴ 두 병원의 평균은 같고, 분산은 A병원이 B병원보다 크다.

16
2017년 2회

5개의 수치(왼쪽부터 최솟값, 제1사분위수, 제2사분위수, 제3사분위수, 최댓값)가 다음과 같이 주어져있을 때, 범위와 사분위수범위(IQR)는 얼마인가?

20 27 29 33 50

① (30, 23)
② (30, 6)
③ (50, 6)
④ (20, 9)

해설

범위는 최댓값에서 최솟값을 빼면 되므로 $50-20=30$이다. 사분위수범위(IQR; InterQuartile Range)는 분포의 양끝 1/4을 제외한 범위로 제3사분위수에서 제1사분위수를 빼서 구하므로 $33-27=6$이 된다.

17
2021년 1회

평균이 40, 중앙값이 38, 표준편차가 4일 때 변이계수(Coefficient of Variation)는?

① 4%
② 10%
③ 10.5%
④ 40%

해설

$$변이계수 = \frac{표준편차(S)}{평균(\overline{X})} = \frac{4}{40} = \frac{1}{10} = 10\%$$

18
2020년 3회

다음 중 단위가 다른 두 집단의 자료 간 산포를 비교하는 측도로 가장 적절한 것은?

① 분산
② 표준편차
③ 변동계수
④ 표준오차

해설

변동계수(변이계수)는 단위가 다른 두 집단자료의 산포를 비교하거나 평균의 차이가 큰 두 집단의 산포를 비교할 때 이용한다.

19
2021년 2회

남자직원과 여자직원의 임금을 조사하여 다음과 같은 결과를 얻었다. 변동(변이)계수에 근거한 남녀 직원 임금의 산포에 관한 설명으로 맞는 것은?

성별	임금평균[천원]	표준편차[천원]
남자	2,000	40
여자	1,500	30

① 남자직원 임금의 산포가 더 크다.
② 여자직원 임금의 산포가 더 크다.
③ 이 정보로는 산포를 설명할 수 없다.
④ 남자직원과 여자직원의 임금의 산포가 같다.

해설

$변이계수 = \frac{표준편차(S)}{평균(\overline{X})}$ 이다.

㉠ 남자직원 임금의 변이계수 $= \frac{40}{2000} = \frac{1}{50} = 2\%$

㉡ 여자직원 임금의 변이계수 $= \frac{30}{1500} = \frac{1}{50} = 2\%$

∴ 남자직원과 여자직원의 임금의 변이계수는 같다.

| 정답 | 16 ② 17 ② 18 ③ 19 ④

20 2022년 1회

비대칭도(Skewness)에 관한 설명으로 틀린 것은?

① 비대칭도의 값이 1이면 좌우대칭형인 분포를 나타낸다.
② 비대칭도는 대칭성 혹은 비대칭성을 나타내는 측도이다.
③ 비대칭도의 부호는 관측값 분포의 긴 쪽 꼬리방향을 나타낸다.
④ 비대칭도의 값이 음수이면 자료의 분포형태가 왼쪽으로 꼬리를 길게 늘어뜨린 모양을 나타낸다.

해설
좌우대칭이면 비대칭도의 값은 0이다.

21 2021년 3회

오른쪽으로 꼬리가 긴 분포를 갖는 것은?

① 평균 = 40, 중위수 = 45, 최빈수 = 50
② 평균 = 40, 중위수 = 50, 최빈수 = 55
③ 평균 = 50, 중위수 = 45, 최빈수 = 40
④ 평균 = 50, 중위수 = 50, 최빈수 = 50

해설
오른쪽으로 꼬리가 길게 늘어진 형태의 분포는 좌측으로 치우친 비대칭 분포로 양(+)의 왜도를 가진다. 최빈수 < 중위수 < (산술)평균의 관계가 성립한다.

22 2019년 1회

오른쪽으로 꼬리가 길게 늘어진 형태의 분포에 대해 옳은 설명으로만 짝지어진 것은?

㉠ 왜도는 양의 값을 가진다.
㉡ 왜도는 음의 값을 가진다.
㉢ 자료의 평균은 중앙값보다 큰 값을 가진다.
㉣ 자료의 평균은 중앙값보다 작은 값을 가진다.

① ㉠, ㉢
② ㉠, ㉣
③ ㉡, ㉢
④ ㉡, ㉣

해설
오른쪽으로 꼬리가 길게 늘어진 형태의 분포는 좌측으로 치우친 비대칭 분포로 양(+)의 왜도를 가진다. 최빈수 < 중위수 < (산술)평균의 관계가 성립한다.

| 정답 | 20 ① | 21 ③ | 22 ① |

23
2020년 4회

표본으로 추출된 6명의 학생이 지원했던 여름방학 아르바이트의 수가 다음과 같이 정리되었다. 피어슨의 비대칭계수에 근거한 자료의 분포에 관한 설명으로 옳은 것은?

| 10 3 3 6 4 7 |

① 비대칭계수의 값이 0에 근사하여 좌우대칭형 분포를 나타낸다.
② 비대칭계수의 값이 양의 값을 나타내어 왼쪽으로 꼬리를 늘어뜨린 비대칭분포를 나타낸다.
③ 비대칭계수의 값이 음의 값을 나타내어 왼쪽으로 꼬리를 늘어뜨린 비대칭분포를 나타낸다.
④ 비대칭계수의 값이 양의 값을 나타내어 오른쪽으로 꼬리를 늘어뜨린 비대칭분포를 나타낸다.

해설

$$비대칭도(p) = \frac{산술평균(\overline{X}) - 최빈수(M_o)}{표준편차(S)}$$

$$\simeq \frac{3\{산술평균(\overline{X}) - 중위수(M_e)\}}{표준편차(S)}$$

자료를 오름차순으로 정리하면 3, 3, 4, 6, 7, 10이며 데이터 개수는 6이다.

산술평균	중위수	최빈수
$\frac{(3+3+4+6+7+10)}{6}$ $=\frac{33}{6}=5.5$	$\frac{n}{2}=\frac{6}{2}=3$ $\frac{n}{2}+1=3+1=4$ → 3번째와 4번째 수의 산술평균 $=\frac{(4+6)}{2}=5$	3

$$비대칭도(p) = \frac{(5.5-3)}{표준편차(S)} \simeq \frac{3(5.5-5)}{표준편차(S)}$$

표준편차는 항상 양수이므로 비대칭도 p는 0보다 크다. $(p > 0)$
따라서 오른쪽으로 꼬리를 늘어뜨린 비대칭 분포를 나타낸다.

24
2021년 2회

다음 6개 자료의 통계량에 대한 설명으로 틀린 것은?

| 2 2 2 3 4 5 |

① 평균은 3이다.
② 최빈값은 2이다.
③ 중앙값은 2.5이다.
④ 왜도는 0보다 작다.

해설

산술평균	중위수	최빈수
$\frac{(2+2+2+3+4+5)}{6}$ $=\frac{18}{6}=3$	$\frac{n}{2}=\frac{6}{2}=3$ $\frac{n}{2}+1=3+1=4$ → 3번째와 4번째 수의 산술평균 $=\frac{(2+3)}{2}=2.5$	2

최빈수 < 중위수 < (산술)평균
☞ 오른쪽으로 꼬리를 늘어뜨린 양(+)의 왜도이므로 왜도는 0보다 크다.

25
2019년 2회

다음 중 첨도가 가장 큰 분포는?

① 표준정규분포
② 자유도가 1인 t – 분포
③ 평균 = 0, 표준편차 = 0.1인 정규분포
④ 평균 = 0, 표준편차 = 5인 정규분포

해설

t – 분포는 정규분포보다 꼬리가 길고 두터우며 첨도가 표준정규분포보다 큰데, 자유도가 무한대로 접근하면서 커지게 되면 분포가 표준정규분포에 가까워지면서 표준정규분포에 가깝게 첨도가 낮아진다.

pass.Hackers.com

✓ 학습전략

**Chapter 01
확률**

기본적으로 확률의 계산법칙과 조건부확률에 대한 이해가 필요합니다. 조합과 순열의 공식과 함께 주로 계산문제에 대비한 학습이 필요한 부분입니다.

**Chapter 02
확률변수**

확률변수의 유형과 확률변수의 기댓값, 분산의 개념과 성질 등에 대해 상세히 학습하여야 하며 계산문제에 대비하는 방향으로 학습하여야 합니다.

**Chapter 03
확률분포**

이산확률분포와 연속확률분포의 개념과 유형을 세부적으로 학습합니다. 이산확률분포에서는 이항분포의 계산문제에 중점을 두고 학습하는 것이 좋습니다. 연속확률변수에서는 확률질량함수와 확률밀도함수에 대한 상세한 이해 및 각 확률분포의 성질에 대해 자세히 학습하여야 합니다. 표본분포에서의 표본평균의 분포와 중심극한의 정리에 대해서도 정확한 이해가 필요합니다.

PART 02
확률과 확률분포

Chapter 01 **확률**

Chapter 02 **확률변수**

Chapter 03 **확률분포**

Chapter 01 확률

[확률 이론]

1. 확률의 개념과 정의

(1) 확률은 **어떤 경험이나 실험의 결과로 특정한 사건 또는 결과가 발생할 가능성**으로 0 ~ 1 범위의 실수로 표현한다.

(2) 확률의 정의는 크게 다음과 같이 나눌 수 있다.

① **수학적 확률**
모든 경우의 수에 대하여 그 일이 일어날 확률을 수학적으로 계산한 것이다. 즉 가능한 결과가 n가지가 있고 각 결과가 나타날 가능성이 모두 동일하며 서로 중복되지 않을 때 어떤 사상에 속하는 결과가 k가지라면 그 사건의 확률을 k/n으로 정하는 것이다.

㉠ 주사위를 한 번 던질 때 6의 눈이 나올 확률 $= \dfrac{1}{6}$

☞ 실험이나 관측을 통하지 않고서도 이론적으로 기대할 수 있는 확률인 사전적 확률의 개념으로 고전적 방법에 의한 정의에 해당한다.

② **경험적 확률**
같은 시행을 지속적으로 반복했을 때 특정 사건이 발생할 수 있는 가능성을 나타내는 확률로 **기존의 경험을 바탕으로 한 추측 값**이다. 즉 어떤 시행을 n번 반복할 때 특정사건이 일어날 횟수를 k_n이라 하면, 시행 n이 충분히 커짐에 따라 상대도수 (k_n/n)가 일정한 값 p에 가까워지는데 이때 p를 확률값으로 한다는 것이다. **상대도수**에 의한 방법으로 **통계적 확률**이라고도 한다.

2. 표본공간 및 사건

(1) **표본공간(Sample Space; S)**
어떤 시행에서 일어날 수 있는 **가능한 모든 결과의 집합**이다.
㉠ 주사위를 던져서 나올 수 있는 눈의 수의 집합: 1, 2, 3, 4, 5, 6

(2) **사건(사상, Event)**
① **표본공간의 부분집합**이다.
② 표본공간 S의 두 사건 A, B에 대하여 다음과 같이 나타낸다.
  • 사건 A와 B가 **동시에** 일어나는 사건: A ∩ B
  • 사건 A **또는** B가 일어나는 사건: A ∪ B

③ 주요 사건의 종류
  ㉠ **공사건**: 표본공간의 어떤 원소도 갖고 있지 않은 사건이다.
  ㉡ **배반사건(Mutually Exclusive Events)**
    • 두 사건 A, B가 **동시에 일어날 수 없는 사건**이다. 즉 한 사건이 일어나면 다른 사건이 일어나지 않을 때의 두 사건을 서로 배반사건이라고 한다.
    • 이때 $A \cap B = \emptyset$가 성립한다.
      ☞ 배반사건의 정의이자 판단근거이다.
      ☞ 두 사건이 동시에 일어날 확률 $P(A \cap B) = 0$
  ㉢ **여사건**
    • 사건 A에 대하여, **사건 A가 일어나지 않는 사건**을 A의 여사건이라고 한다.
    • 기호로 나타내면 A^C이며 이때 A와 $A^C = \emptyset$이고, 서로 배반사건이 된다.
    • A의 여사건이 일어날 확률은 전체 확률 1에서 사건 A가 일어날 확률을 뺀 것과 같다.

$$P(A^C) = 1 - P(A)$$
$$P(A) + P(A^C) = 1$$

  ㉣ **독립사건(Independent Events)❶**
    • 두 사건 A, B에서 각각의 사건이 일어날 확률이 다른 사건이 일어날 확률에 영향을 미치지 않을 때 A와 B를 독립사건이라고 한다.
    • 두 사건이 독립이면 다음이 성립한다.

$$P(A \cap B) = P(A)P(B)$$

  ㉤ **합사건(A ∪ B)**
    두 사건 A, B에서 **A 또는 B**가 일어나는 사건이다.
  ㉥ **곱사건(A ∩ B)**
    두 사건 A, B에서 **A, B가 동시에** 일어나는 사건이다.

(3) 합의 법칙과 곱의 법칙
사건 A가 일어나는 경우의 수가 m, 사건 B가 일어나는 경우의 수가 n일 때
① **합의 법칙(m + n)**
  두 사건 A, B가 동시에 일어나지 않을 때, 사건 **A 또는 B**가 일어나는 경우의 총 수는 A가 일어나는 경우의 수와 B가 일어나는 경우의 수를 합한 것과 같다.
② **곱의 법칙(m × n)**
  두 사건 A, B가 **연이어 일어나는** 경우의 총 수는 A가 일어나는 경우의 수와 B가 일어나는 경우의 수를 곱한 것과 같다.

❶ 상세내용 [3. **조건부확률**] 참조

3. 조건부확률(Conditional Probability)

한 사건이 일어날 전제 하에서 다른 사건이 일어날 확률이며, B라는 사건이 발생한다는 전제하에서 A라는 사건이 발생할 확률을 다음과 같이 나타낸다.

$$P(A|B) = \frac{P(A \cap B)}{P(B)} \rightarrow P(A \cap B) = P(B)P(A|B)$$

* A, B가 **상호독립**일 때 조건부확률: $P(A|B) = P(A)$, $P(B|A) = P(B)$

4. 확률의 계산법칙

(1) 확률의 기본성질

$$P(A) = \frac{\text{특정사건 A의 발생가능한 수}}{\text{가능한 모든 경우의 수}}$$

① P(표본공간 S) = 1
② $P(\varnothing) = 0$
③ $P(A \cup B) = P(A) + P(B) - P(A \cap B)$
(단, A, B가 배반사건, 즉 $A \cap B = \varnothing$이면 $P(A \cup B) = P(A) + P(B)$)

(2) 확률의 계산

① **확률의 덧셈정리**

$$P(A \cup B) = P(A) + P(B) - P(A \cap B)$$
(단, A, B가 배반사건, 즉 $A \cap B = \varnothing$이면 $P(A \cup B) = P(A) + P(B)$)

② **확률의 곱셈정리**

조건부확률을 변형한 것으로 다음과 같이 나타낸다.

$$P(A \cap B) = P(B)P(A|B), \ P(A \cap B) = P(A)P(B|A)$$

☞ **만약 두 사건이 독립이라면** 조건부확률 $P(A|B) = P(A)$가 되고 $P(B|A) = P(B)$가 되므로 위의 곱셈정리는 $P(A \cap B) = P(B)P(A)$, $P(A \cap B) = P(A)P(B)$가 성립된다(단, $P(A) > 0$, $P(B) > 0$).[1]

☞ **이 경우 덧셈정리에서도 아래와 같은 관계가 성립할 수 있다.**
$P(A \cup B) = P(A) + P(B) - P(A \cap B) \rightarrow P(A \cup B) = P(A) + P(B) - P(A)P(B)$

---

[1] A와 B가 독립이면 A와 B^C, B와 A^C, A^C와 B^C 등 어떤 사건도 서로 독립이다.
예) 동전던지기에서 첫 시행에 앞면(A), 2번째 시행에 뒷면(B)이 나오는 사건은 서로 독립이고, 첫 시행에 앞면(A), 2번째 시행에 앞면(B^C)이 나오는 사건도 서로 독립이다. 나머지 경우도 마찬가지로 독립이 성립한다.

5. 순열과 조합

(1) 순열
n개의 서로 다른 원소로 구성된 집합에서 한 번에 k개의 원소를 선택하여(중복 없이) 이들 간에 순서를 정하여 나열한 것이다.

$$_nP_k = n(n-1)(n-2)\cdots(n-k+1) = \frac{n!}{(n-k)!} \text{ (단, } n \geq k)$$

$$n! = {_nP_n} = n(n-1)(n-2)\cdots 2 \times 1$$

$$0! = 1, \quad {_nP_0} = 1$$

(2) 중복순열
n개의 서로 다른 원소로 구성된 집합에서 **중복을 허용**하여 k개의 원소를 순서있게 나열하는 것이다.

$$_n\Pi_k = n \times n \times \cdots \times n = n^k$$

*k = 연속곱에서의 n의 수

(3) 조합
n개의 서로 다른 원소로 구성된 집합에서 한 번에 k개의 원소를 **순서에 관계없이** 선택하는 것이다.

$$_nC_k = \binom{n}{k} = \frac{_nP_k}{k!}$$

$$= \frac{n(n-1)(n-2)\cdots(n-k+1)}{k!} = \frac{n!}{k!(n-k)!}$$

$$_nC_k = {_nC_{n-k}}$$

$$_nC_n = {_nC_0} = 1, \quad {_nC_1} = n$$

(4) 중복조합
n개의 서로 다른 원소로 구성된 집합에서 **중복을 허용**하여 k개의 원소를 선택하는 것이다.

$$_nH_k = {_{n+k-1}C_k}$$

Chapter 02 확률변수

1 확률변수의 개념

(1) 확률의 개념과 변수의 개념이 결합된 것이다.

(2) 변수 X가 취할 수 있는 모든 값들이 정해져 있고, 이 값들을 취할 각각의 확률이 각각의 값들에 대응하여 정해져 있는 것이다.
  - ☞ **일정한 확률을 가지고 발생하는 사상(Event)들에 대해 수치를 부여**한 것으로 정리된다.
  - ☞ 실험에 있어서 일정한 확률을 가지고 발생하는 결과에 실수 값을 부여한 변수이다.

예시

두 개의 동전을 던져서 나오는 앞면의 수
앞면이 나오면 1, 뒷면이 나오면 0이라고 수치를 부여할 때[1)]

표본공간		수치부여	나오는 앞면의 수	확률	확률변수
각 표본점	앞, 앞	1, 1	2	$\frac{1}{4}$	0, 1, 2
	앞, 뒤	1, 0	1	$\frac{1}{2}\left(\frac{2}{4}\right)$	☞ 각각의 확률은
	뒤, 앞	0, 1	1		$\frac{1}{4}, \frac{1}{2}, \frac{1}{4}$
	뒤, 뒤	0, 0	0	$\frac{1}{4}$	

☞ **확률변수: 표본공간상에 나타나는 모든 사건들에 수치를 부여하여 그 값에 확률을 대응시킨 것**

(3) 표본으로부터 얻게 되는 '표본의 통계량'이 바로 확률변수에 해당하게 된다. 모집단으로부터 추출된 표본의 통계량은 표본추출과정에서 표본으로 선택될 확률과 확정값이 아닌 "선정된 표본에 따라 값이 달라지는" 확률개념을 포함한다. 따라서 모집단의 진정한 값인 모수를 정확히 대변하는 것에 제한적일 수밖에 없다.

2 확률변수의 유형

이산확률변수	연속확률변수
변수값이 정수와 같이 명확하다.	변수값이 연속된 구간의 모든 (연속된) 실수값을 취한다.
확률변수가 가질 수 있는 변수 값이 한정되거나 셀 수 있다. ☞ 값과 값 사이가 떨어져 있음	취할 수 있는 값의 범위가 무한하고 가능한 변수 값을 셀 수 없다. ☞ 값과 값 사이가 떨어져 있지 않음
예 위 동전던지기 사례에서의 0, 1, 2	예 키, 몸무게

[1)] **표본점**
한 번의 실험으로부터 얻을 수 있는 결과, 즉 단일사상
표본공간
실험을 통해 얻을 수 있는 모든 표본점들의 집합

3 확률변수의 기댓값(Expected Value)

1. 기댓값의 개념

- 확률변수가 취할 수 있는 **각각의 값**(사건이 일어나서 얻게 되는 값)에 그에 해당하는 **각 확률**(그 사건이 일어날 확률)을 **곱**한 것을 모든 사건에 대해 **합**한 것이다.
- 확률변수의 결과값을 확률분포의 가중치로 평균한 값이라고 정의할 수 있으며, 실험을 지속적으로 반복했을 때 평균적으로 기대할 수 있는 값의 의미이므로 **확률적 사건에 대한 평균값**의 개념이 되고, 확률변수의 중심화 경향치를 나타내는 특성치의 의미가 된다.

> n개의 배반사상 $K_1, K_2, \cdots, K_n$이 발생할 때, 변량 X가 각각 $x_1, x_2, \cdots, x_n$의 값을 취하고 X가 각각 그 값들을 취할 확률이 각각 $p_1, p_2, \cdots, p_n$일 때, X의 기댓값은 $x_1 p_1 + x_2 p_2 + \cdots + x_n p_n$이 된다(단, $p_1 + p_2 + \cdots + p_n = 1$).

(1) 이산확률변수의 기댓값

$$E(X) = \sum_{i=1}^{n} x f(x)^{2)}$$

2) $E(X^2) = \sum_{i=1}^{n} x^2 f(x)$

이산확률변수에서의 $f(x)$는 이산확률변수에서 특정값에 대한 확률 $P(X = x_i)$을 나타내는 함수로 **확률질량함수**라 하며, 다음과 같은 성질을 갖는다.

> $i = 1, 2, \cdots,$ n이라 할 때
> ① $0 \leq P(X = x_i) \leq 1$
> ② $\sum_{i=1}^{n} P(X = x_i) = 1$
> ③ $P(x_i \leq X \leq x_j) = \sum_{k=i}^{j} P(X = x_k)$

(2) 연속확률변수의 기댓값

$$E(X) = \int_{-\infty}^{\infty} x f(x) dx$$

연속확률변수에서의 $f(x)$는 **확률밀도함수**라 하며, 다음과 같은 성질을 갖는다.

> ① $0 \leq f(x) \leq 1$
> ② $\int_{-\infty}^{\infty} f(x) dx = 1$
> ③ $P(a \leq X \leq b) = \int_{a}^{b} f(x) dx$

1) 이산확률변수와 연속확률변수에 공통 적용

2. 기댓값의 특징[1]

X, Y가 확률변수이며 a, b는 상수일 때 선형결합된 기댓값의 특징은 다음과 같다.

- $E(a) = a$
- $E(aX) = aE(X)$
- $E(aX \pm b) = aE(X) \pm b$, $E(X \pm b) = E(X) \pm b$
- $E(X \pm Y) = E(X) \pm E(Y)$
- $E(X \times Y) = E(X)E(Y)$ (단, X, Y는 독립)

4 확률변수의 분산(Variation)

1. 확률변수의 분산의 개념

- 확률변수의 산포도를 나타내는 특성치로, **확률변수가 취하는 값들이 얼마나 흩어져 있는지**를 나타낸다.[2]
- 확률변수의 분산의 양의 제곱근이 확률변수의 표준편차이다.

2) 기대치로부터 흩어져 있는 정도

(1) 이산확률변수의 분산

$$V(X) = \sum_{i=1}^{n} (x_i - E(X))^2 \times P(x_i)$$
$$= \sum_{i=1}^{n} x_i^2 \times P(x_i) - [E(X)]^2 = E(X^2) - [E(X)]^2$$

(2) 연속확률변수의 분산

$$V(X) = \int_{-\infty}^{\infty} (x - E(x))^2 f(x) dx$$
$$= \int_{-\infty}^{\infty} x^2 f(x) dx - \left(\int_{-\infty}^{\infty} x f(x) dx\right)^2 = E(X^2) - [E(X)]^2$$

2. 확률변수의 분산의 성질[3]

X, Y가 확률변수이며 a, b는 상수일 때 선형결합된 분산의 특징은 다음과 같다.

$*Cov(X, Y)$: 공분산, σ: 표준편차

- $V(a) = 0$
- $V(X + b) = V(X)$
- $V(aX) = a^2 V(X)$
- $V(aX \pm b) = a^2 V(X)$
- $V(X \pm Y) = V(X) + V(Y) \pm 2Cov(X, Y)$
  즉 $V(X + Y) = V(X) + V(Y) + 2Cov(X, Y)$
  $V(X - Y) = V(X) + V(Y) - 2Cov(X, Y)$
  (X와 Y가 독립이면 $Cov(X, Y) = 0$)

3) 이산확률변수와 연속확률변수에 공통 적용

Chapter 03 확률분포

- 확률변수가 가질 수 있는 **값**과 그 값에 대해 그 값이 발생할 **가능성(확률)**을 동시에 도수분포표나 그래프로 나타낸 것으로 확률변수의 성격을 나타낸다.
- 이산확률분포와 연속확률분포로 대별할 수 있다.

예시

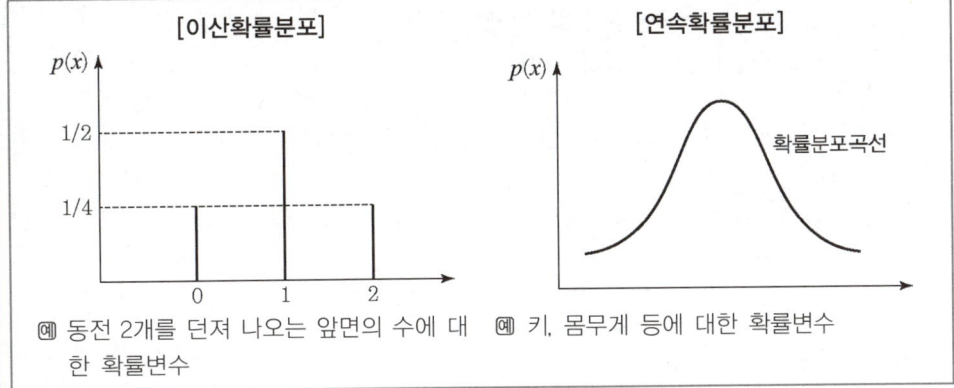

1 이산확률분포

1. 개념
이산확률변수 X의 **각 값**($x_1, x_2, \cdots, x_n$)과 X가 **그 값을 취할 확률**($p_1, p_2, \cdots, p_n$)간의 대응관계로 다음과 같이 정의된다.
① 이산확률변수에 대응하는 확률분포로, 확률변수 X가 취하는 값은 이산집합이다.
② 변수의 값이 명확하고 정수 값으로 정해진다.

2. 유형
(1) 베르누이 시행
① 개념
- 성공 또는 실패라는 **상호배타적인 두 가지 결과**만을 가진 시행이다. 이를 독립적으로 반복한 경우의 확률변수 X를 성공 시 1($X=1$) 또는 실패 시 0($X=0$)이라고 했을 때, 그 확률변수의 확률분포는 이항분포를 따른다.
- 확률에 관한 산식은 다음과 같다.

$$p(X=x) = p^x (1-p)^{1-x}$$

*x: 0 또는 1, p: 특정실험의 결과가 성공할 확률

② **기댓값** $E(X) = p$
분산 $V(X) = pq$ $(q = 1 - p)$

(2) 이항분포(Binomial Distribution)

① **개념**
- 특정사건이 **일어날 확률**(p)와 특정사건이 **일어나지 않을 확률**($1-p$)가 있을 때 이러한 시행을 n회 독립적으로 시행했을 경우 그 중에서 x**회만 특정사건이 일어날 확률**, 즉 특정사건이 일어나는 횟수 x에 대한 분포이다(**복원추출**, 각 시행은 서로 독립적).
- 성공확률이 p인 **베르누이 시행을 독립적으로 반복한 경우의 성공횟수**를 확률변수로 했을 때, 그 확률변수의 확률분포이다.
- 확률에 관한 산식은 다음과 같다.

$$p(X=x) = \binom{n}{x} p^x (1-p)^{n-x} = {}_nC_x p^x (1-p)^{n-x}$$

* n: 시행횟수
p: 특정실험결과가 성공할 확률
x: 성공횟수

② **기댓값** $E(X) = np$
분산 $V(X) = npq$ (*$q = 1 - p$)

③ **특징**
- $p = 0.5$에 가까워지면 기대치 np에 대해 대칭이 된다.
- n이 크고 성공확률 p가 매우 작을 경우(n이 50 이상이면서 p가 0.1 이하일 때) 포아송 분포에 근사된다.

> **[이항분포의 정규근사]**
> 시행횟수가 n이고 성공확률이 p인 **이항분포** $B(n, p)$가 다음과 같을 때 확률변수 X는 근사적으로 **정규분포** $N(np, npq)$를 따른다.
> ① 시행횟수 n이 충분히 큰 경우
> ② $np \geq 5$, $nq \geq 5$인 경우
> ③ 성공확률 p가 0.5에 가까울 경우(= 이항분포가 좌우대칭인 경우)
> ㉠ 시행횟수가 클 경우 정규분포를 이용하여 이항분포확률의 근사치를 구할 수 있게 된다.
>
> 📖 **참고**
> 이 경우 이항분포와 정규분포 사이에 다음과 같은 관계가 성립할 수 있다. 이항확률변수 X가 이항분포 $B(n, p)$를 따르고 시행횟수가 충분히 클 때 이항분포의 평균 np와 분산 npq를 정규분포의 공식에 다음과 같이 대입하는 형태이다.
>
> $$Z = \frac{X - np}{\sqrt{np(1-p)}}$$

(3) 포아송 분포(Poisson Distribution)

① 개념
- **주어진 시간이나 정해진 영역**(단위시간, 단위공간, 단위면적)에서 일어나는 **사건(성공)의 횟수**를 확률변수 X라 할 때 확률변수 X는 λ를 모수로 갖는 포아송 분포를 따른다.[1]
- 즉 **일정한 관측공간에서 특정사건이 발생하는 횟수를 나타내는 확률분포**이다(모든 사건은 각각 서로 독립적으로 발생함).
- 시행횟수 n이 일반적으로 크고, 사건 발생확률 p가 매우 작은 경우에 사용한다.
- 확률에 관한 산식은 다음과 같다.

$$p(X=x) = \frac{\lambda^x e^{-\lambda}}{x!}$$

* e: 자연상수
λ: (정해진 시간·영역안에) 어떤 사건이 일어날 횟수에 대한 평균값(기댓값)
x: (정해진 시간·영역안에) 사건이 일어나는 횟수($x = 0, 1, 2, \cdots$)

② **기댓값** $E(X) = \lambda$
분산 $V(X) = \lambda$

[1] λ
단위시간, 단위공간, 단위면적 내에서 발생하는 사건의 평균값

(4) 기하분포(Geometric Distribution)

① 개념

성공확률이 p인 베르누이 시행을 **처음으로 성공할 때까지** 반복시행할 때, $(x-1)$번째까지는 실패하고 x**번째 성공할 확률**에 관한 확률분포이다. 즉 단 한 번의 성공을 위해 실패를 거듭해야 하는 경우에서 **첫 번째 성공을 얻을 때까지의 시행횟수** X에 대한 분포이다.

$$p(X=x) = q^{x-1}p$$
* $q = 1-p$, $x = 1, 2, \cdots$

② **기댓값** $E(X) = \dfrac{1}{p}$
분산 $V(X) = \dfrac{q}{p^2}$

(5) 초기하분포(Hypergeometric Distribution)

- **크기가 유한한** 모집단의 크기를 N, 그중 특정한 성질을 지닌 원소의 개수가 M이라고 할 때, 여기서 n개의 원소를 **비복원추출**할 때 그 n개에 포함된 **특정한 속성을 갖는 원소**가 X개일 확률, 즉 n**개에 포함된 특정한 속성을 갖는 원소의 개수** X에 대한 분포이다.
- **비복원추출**로 각 시행은 서로 독립적이지 않다.
  ☞ 같은 조건에서 복원추출은 이항분포를 따른다.
- 성공확률이 p인 베르누이 시행을 n번 시행하여 X**개의 성공**을 얻을 확률을 나타내는 분포이다.
- 모집단의 크기가 충분히 크면 이항분포로 근사 가능하다.

(6) 기타
- 음이항 분포(Negative Binomial Distribution): **r번의 성공을 얻기까지의 시행횟수 x의 분포로 기하분포의 확장 개념**

2 연속확률분포

1. 개념

(1) 연속확률변수 X와 X에 대한 확률 $f(x)$간의 대응관계로 다음과 같이 정의된다.
   ① 변수의 값이 명확하지 않으며 소수점 이하의 값으로 나타난다.
      예) 정규분포, t분포, χ^2분포, F분포 등❶
   ② 연속확률변수 X가 있다할 때, 그 확률분포는 일반적으로 **확률밀도함수(이산확률변수는 확률질량함수)**를 이용하여 정의하며 '한 점에서의 확률' 대신 '**구간에서의 확률**'이 의미가 있게 된다.

> - 연속확률변수가 가질 수 있는 값의 개수는 무한대에 이르기 때문에, 연속확률변수가 어떤 특정한 값을 가질 수 있는 확률이 아니라 **일정한 구간 내의 값을 가질 확률**이 의미를 가진다. 이를 주로 가설검정에 활용하며, 이러한 원칙을 구간추정의 원칙이라고 한다.
>   ☞ 일정 구간 내의 값을 가질 확률은, 그 구간 내에서 **확률분포곡선을 적분한 면적**으로 구한다.
> - 이는 확률밀도함수와 연결되는데, 확률밀도함수는 확률분포를 함수를 이용해서 표현한 것으로 한 점에서의 상대적 가능성을 나타낸다.

❶ 상세내용 후술(332p)

(2) 확률밀도함수

연속확률변수 X에 대하여 다음을 만족하는 $f(x)$를 확률변수 X의 **확률밀도함수**라고 한다.
   ① 모든 $x \in R$에 대하여 $f(x) \geq 0$
   ② $\int_{-\infty}^{\infty} f(x)\,dx = 1$
   ③ $P(a \leq X \leq b) = \int_a^b f(x)\,dx$ [1]

1) 만약 ③번의 식에서 $a=b$이면 $P(X=a) = \int_a^a f(x)dx = 0$이 되므로 확률밀도함수를 갖는 연속확률변수의 한 점에서의 확률은 항상 0이 된다.

(3) 확률밀도함수와 구간추정(개념도)

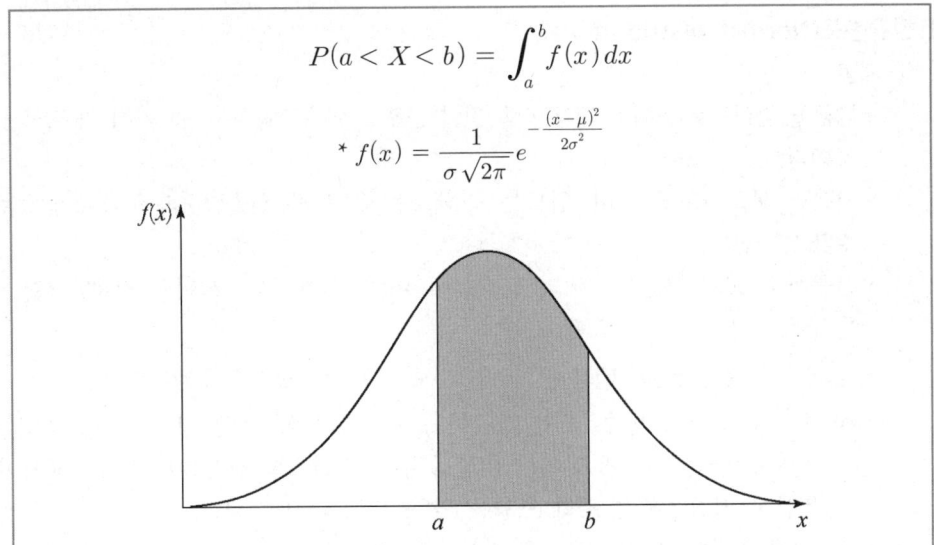

$$P(a < X < b) = \int_a^b f(x)\,dx$$

$$* \ f(x) = \frac{1}{\sigma\sqrt{2\pi}} e^{-\frac{(x-\mu)^2}{2\sigma^2}}$$

👑 GO득점 GO!

누적분포함수(Cumulative Distribution Function; CDF)
확률변수 X가 특정한 값보다 **작거나 같을 확률**을 나타내는 함수이다.

- 특정한 값을 a라 하면 연속확률변수에 있어서 누적분포함수 $F(a)$는 다음과 같이 나타낸다.

$$F(a) = P(X \le a) = \int_{-\infty}^a f(x)\,dx$$

- 우변은 **확률밀도함수를 음의 무한대로부터 a까지 적분한 값**으로 특정값 a보다 같거나 작을 확률을 의미한다.
- **확률밀도함수와 누적분포함수는 서로 미분과 적분의 관계**로, 확률밀도함수를 a까지 적분하면 누적분포함수를 얻을 수 있고, 누적분포함수를 미분하면 확률밀도함수를 얻을 수 있는 관계를 가지고 있다. 누적분포함수를 알면 X의 확률분포를 모두 알 수 있게 된다.
- **이산확률변수**의 누적분포함수는 **확률질량함수를 이용하여 계산**할 수 있는데, 이산확률변수 X의 확률질량함수가 $p(k)$라 할 때, 누적분포함수는 $F(a) = \sum_{k \le a} p(k)$ 의 형식으로 나타낼 수 있다.

👑 GO득점 GO!

이항분포의 왜도

$$\text{이항분포의 왜도} = \frac{1-2p}{\sqrt{np(1-p)}}$$

2. 유형(종류)

(1) 정규분포(Normal Distribution)

① 개념
- **평균을 중심으로 양쪽이 대칭인 종 모양 분포**로 연속확률분포 중 가장 대표적 분포이다.
- 가우스 분포라고도 하며, 첨도는 3, 왜도는 0이므로 **산술평균과 중위수 및 최빈수가 일치**한다.
- 확률변수 X의 구간은 $-\infty < X < +\infty$이며, 곡선과 X축 사이의 **전체면적의 합은 1**이 된다.
- **평균(μ)과 분산(σ^2)에 따라 구체적인 분포의 위치와 모양이 결정**된다.
  - ☞ $X \sim N(\mu, \sigma^2)$: 변수 X가 평균이 μ이고 분산이 σ^2인 정규분포를 한다는 의미로, 어떤 현상에 있어서 대상의 수가 커질수록 정규분포에 유사해지며, 분산이 커질수록 분포의 모양은 양 옆으로 퍼지게 된다.
- **대부분의 통계분석은 정규분포를 가정**으로 한다.[1]
- 평균을 중심으로 좌우 1표준편차에 확률변수 값의 68.27%가 포함되어 있어야 하며(즉 1표준편차 내에 포함될 확률이 68.27%), 2표준편차 내에는 95.45%, 3표준편차 내에는 99.73%가 있어야 한다.

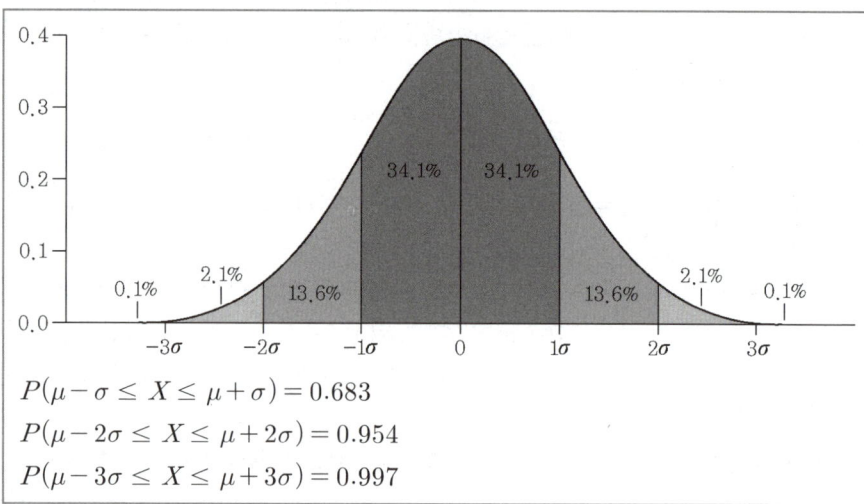

$P(\mu - \sigma \leq X \leq \mu + \sigma) = 0.683$
$P(\mu - 2\sigma \leq X \leq \mu + 2\sigma) = 0.954$
$P(\mu - 3\sigma \leq X \leq \mu + 3\sigma) = 0.997$

② **정규분포의 연속성 보정(대체)**

정수형(이산형) 변수 X에 대한 확률이 정규분포로 근사하는 과정, 즉 **정규분포를 이용해서 이항분포에 대한 근사치를 구하는 경우**($Z = \dfrac{X - np}{\sqrt{np(1-p)}}$)에는 정확한 결과를 얻기 위해 연속성 보정(Continuity Correction)을 적용할 필요가 있다.

---

[1] 정규분포는 통계적 측정 및 가설검정이론의 기본이다.

> **참고**
>
> 예를 들어 $P(X \leq a)$ 형태의 확률을 구하려고 한다면 선택한 범위가 이산된 a를 포함하도록 해야 한다. 이항분포 확률함수의 확률분포를 그래프로 그리면 히스토그램 형태인데, 이를 부드러운 곡선으로 연결시킨 것이 근사적인 정규분포의 확률분포이다. 이에 따라 연속눈금에서는 이산된 값 a가 사실상 $a+0.5$에 이르는 값까지 포함하는 것이다. 따라서 정규분포를 사용하여 가까운 근사치를 얻으려면 **여분의 0.5를 계산하여 넣어준다는 개념**이다.
>
> $$a \leq X \leq b \fallingdotseq a-0.5 \leq X \leq b+0.5$$
> $$P(a \leq X \leq b) \fallingdotseq P\left(\frac{a-0.5-np}{\sqrt{np(1-p)}} \leq Z \leq \frac{b+0.5-np}{\sqrt{np(1-p)}}\right)$$
> $$P(a \leq X) \fallingdotseq P(a-0.5 \leq X)$$
> $$P(X \leq b) \fallingdotseq P(X \leq b+0.5)$$

(2) 표준정규분포(z Distribution)

① 개념

- 평균을 0, 표준편차를 1(= 분산 1)로 표준화시킨 정규분포로, **z분포**로 불린다.
  - ☞ 평균과 표준편차에 따라 모양과 위치가 달라지는 서로 다른 정규분포들의 비교나 확률계산에 있어서 매번 분포마다 서로 다른 평균과 표준편차를 감안하여 계산하지 않고 모든 분포들을 **표준화시켜서** 자료의 비교작업을 수월하게 해준다.
- 서로 다른 정규분포들의 개별 값에 대응한 **표준값의 분포**, 즉 표준화된 표준정규분포로 변환시킴으로써 **확률값을 간편하게 구할 수 있게** 하여 비교를 용이하게 해준다.
  - ☞ 표준화된 표준확률변수 z가 특정구간 내에 있을 확률을 **표준정규분포표**를 이용하여 구할 수 있다.

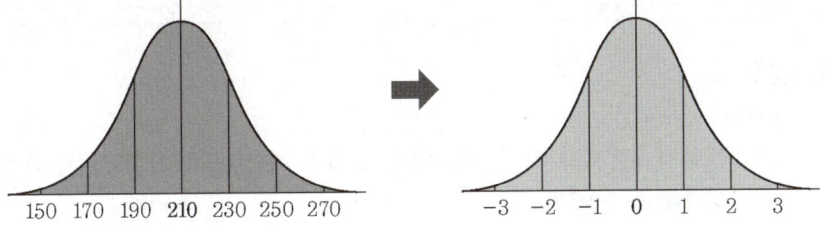

② 표준화를 위한 공식

기본적 표준화 변환은 다음의 공식을 이용한다.❶

$$z = \frac{x-\mu}{\sigma}$$

*x: 표본통계량, μ: 모집단 평균의 추정치, σ: 모집단표준편차의 추정치

❶ z값과 확률에 관한 표준정규분포표 참조(334p)

[표준정규분포표]

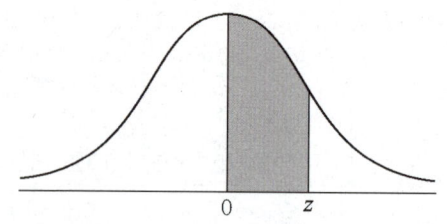

z	0.00	0.01	0.02	0.03	0.04	0.05	0.06	0.07	0.08	0.09
0.8	0.2881	0.2910	0.2939	0.2967	0.2995	0.3023	0.3051	0.3078	0.3106	0.3133
0.9	0.3159	0.3186	0.3212	0.3238	0.3264	0.3289	0.3315	0.3340	0.3365	0.3389
1.0	0.3413	0.3438	0.3461	0.3485	0.3508	0.3531	0.3554	0.3577	0.3599	0.3621
1.1	0.3643	0.3665	0.3686	0.3708	0.3729	0.3749	0.3770	0.3790	0.3810	0.3830
1.2	0.3849	0.3869	0.3888	0.3907	0.3925	0.3944	0.3962	0.3980	0.3997	0.4015

* 표준정규분포표의 **행**은 소수점 첫째자리까지, **열**은 소수점 둘째자리부터 표시되며, 양측의 **교차점**으로 z값을 찾는다. 즉, 가로세로축은 z값을 구성하며 표 안의 값들은 그에 해당하는 확률이다.

㉮ 계산된 z값이 1.02라면, z = 0에서 z = 1.02까지의 확률은
P(0 ≤ z ≤ 1.02) = 0.3461이 된다(1.0과 0.02의 교차점).

확률변수 X가 정규분포 $N(\mu, \sigma^2)$를 따를 때
$$P(a < X < b) = P\left(\frac{a-\mu}{\sigma} < \frac{X-\mu}{\sigma} < \frac{b-\mu}{\sigma}\right)$$
$$= P\left(\frac{a-\mu}{\sigma} < Z < \frac{b-\mu}{\sigma}\right)$$

(3) t분포

① 개념
  ㉠ 표준정규분포와 같이, **평균이 0인 좌우 대칭분포로 표본크기가 증가할수록 분산이 1에 가까워진다.**
  ㉡ 정규분포보다 꼬리가 두껍고 첨도가 정규분포보다 크다(이때의 첨도는 동일한 분산으로 조정하여 비교한 경우이다).
  ㉢ 표본크기가 30개 미만인 경우에도 사용 가능하다.[1]
      ☞ t분포 특성상 표본 크기가 크든 작든 적용이 가능한데 주로 표본크기(n) < 30일 경우에 쓰인다.

1) Z분포는 사용 불가

② 표본평균($\bar{x}$)을 구하는 데에 사용된 관측치의 수(n)에 따라 분포형태의 차이가 있다. 즉, **자유도에 따라 그 모양이 변한다.**[2]
- 자유도가 30 미만인 경우 표준정규분포에 비해 양끝이 평평하고 두터운 꼬리를 가진다.
- 자유도가 증가함에 따라 분포의 중심부가 솟으며 분산이 1에 접근해 간다. 즉, 자유도가 무한대로 접근할수록 정규분포로 접근해서, **자유도가 30 이상이면**($df \geq 30$) 표준정규분포와 거의 일치한다.

[2] **자유도**(df: degree of freedom) 표본을 구성하고 있는 개별 요소 중 주어진 조건하에서 통계적 제한을 받지 않고 자유롭게 변화할 수 있는 요소의 수, 변수의 수에서 추정하고자 하는 모수의 수를 차감한 수 등으로 정의한다.

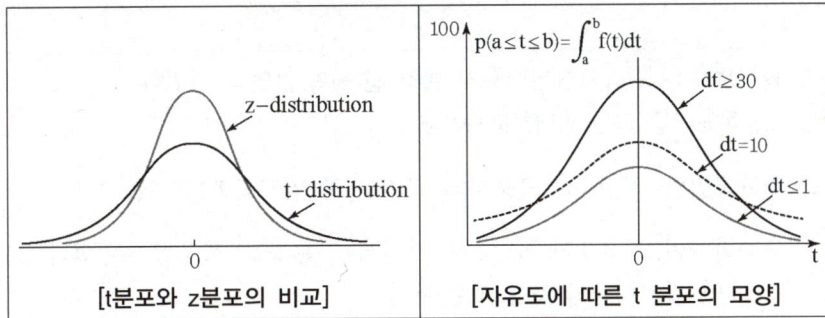

[t분포와 z분포의 비교]　　[자유도에 따른 t 분포의 모양]

⑤ 모평균, 모평균의 차이 등 가설검정 등에서 사용한다.❶

❶ 상세내용 후술(375p)

② **t통계량 기본개념(기본형태)**

$$t = \frac{\bar{X} - \mu}{\frac{s}{\sqrt{n}}}$$

* $\bar{X}$ = 표본의 평균
  s = 표본의 표준편차
  μ = 모집단 평균(추정치)
  n = 표본의 크기

❶ 상세내용 후술(399p)

(4) 카이제곱(χ^2)분포

① 모집단의 **분산에 대한 가설 검정**과 **교차분석**❶ 등에 사용되는 비대칭 연속확률분포이다.

② 한 개의(단일) 모집단에서 추출한 표본분산 s^2과 모집단 분산 σ^2의 비율을 나타내는 확률변수는 카이제곱 분포를 한다.

[카이제곱 통계량 기본개념(기본형태)]
$$\chi^2 = \frac{(n-1)s^2}{\sigma^2}$$

③ 확률변수는 연속확률변수로서 **항상 양(+)의 값**만을 가진다.

④ **오른쪽꼬리를 가진 비대칭분포이다.**

⑤ 정규모집단 $N(\mu, \sigma^2)$으로부터 크기 n의 임의표본을 추출해서 $\frac{(n-1)s^2}{\sigma^2}$으로 표준화하여 자유도가 $n-1$인 카이제곱 분포를 사용할 수 있다(즉, 자유도가 $n-1$인 카이제곱 분포를 따른다).

⑥ **자유도에 따라 모양이 달라진다.**
  ☞ 자유도(df)가 커질수록 좌우대칭인 정규분포에 가까워진다.

⑦ 표준정규분포를 따르는 확률변수 $Z \sim N(0, 1)$의 제곱인 Z^2는 **자유도 1인 카이제곱분포**를 따르며, $Z_1, Z_2, \cdots, Z_n$이 서로 독립이며 각각 표준정규분포를 따르는 확률변수일 때, $Z_1^2 + Z_2^2 + \cdots + Z_n^2$는 **자유도가 n인 카이제곱분포**를 따른다.

⑧ 자유도가 k인 카이제곱분포는 평균은 k, 분산은 $2k$이다.

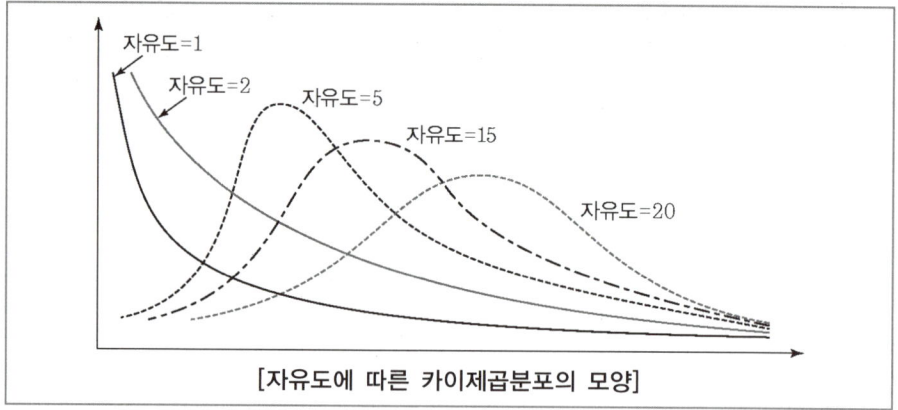

[자유도에 따른 카이제곱분포의 모양]

(5) F분포

① 정규분포를 이루며 **서로 독립적인 두 모집단**에서 각각 표본을 추출한 경우, **두 집단의 표본분산의 비를 모집단분산의 비로 나눈 값**을 변수 값으로 하는 확률변수는 F분포를 따른다.
- 표본분산의 비(S_1^2/S_2^2) / 모집단 분산의 비(σ_1^2/σ_2^2) → F 분포
- 2개의 카이제곱분포 값을 각각의 자유도로 나눈 "평균 카이제곱값의 비"를 변수값으로 하는 확률변수의 분포이다.
  ☞ 2개의 표본분산이 사용되기 때문에 **2개 표본의 자유도**에 따라 F분포의 모양이 결정된다.

② 확률변수 X가 자유도 (a, b)인 $F_{(a,b)}$를 따른다면 확률변수 $\frac{1}{X}$의 분포는 $F_{(b,a)}$를 따른다.

> **[F통계량 기본개념(기본형태)]**
>
> $$F = \frac{\frac{(n_1-1)s_1^2}{\sigma_1^2}}{\frac{(n_2-1)s_2^2}{\sigma_2^2}} = \frac{s_1^2 \sigma_2^2}{s_2^2 \sigma_1^2}$$
>
> (두 모집단 분산이 동일하다면) $= \frac{s_1^2}{s_2^2}$

③ 확률변수는 **항상 양(+)의 값만**을 가진다.
④ **오른쪽꼬리를 갖는 비대칭** 모양의 분포이다.
⑤ **자유도(df)가 증가함에 따라** 점차 정규분포모양에 가까워진다.

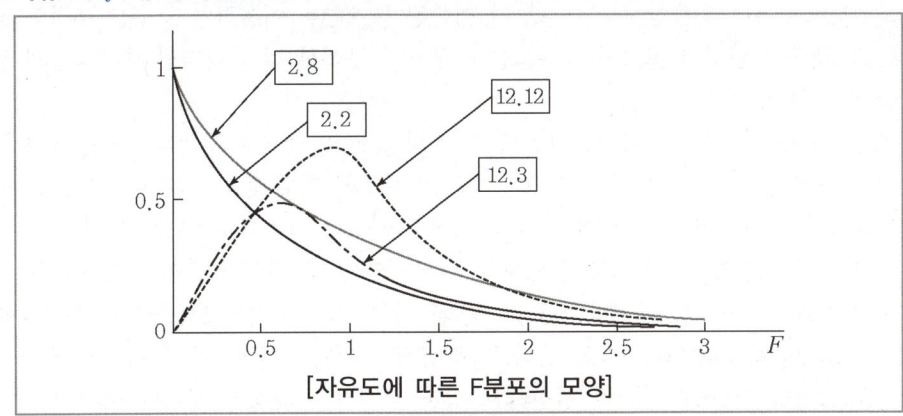

[자유도에 따른 F분포의 모양]

⑥ 분산분석, 모집단이 2개 이상의 경우의 모집단 분산에 대한 가설검정 등에 사용된다.❷

❷ 상세내용 후술(405p)

(6) 지수분포(Exponential Distribution)
① 특정한 사건이 일어나고, 그 다음에 같은 사건이 다시 일어날 때까지 걸리는 시간에 대한 분포이다.
② 사건이 서로 독립적일 때, 일정시간 동안 발생하는 사건의 횟수가 포아송분포를 따른다면 다음 사건이 일어날 때까지의 대기시간은 지수분포를 따른다(사건이 일어나는 시간 간격의 확률분포).
③ 감마분포의 특별한 형태이다.

[지수분포의 형태 예시][1]

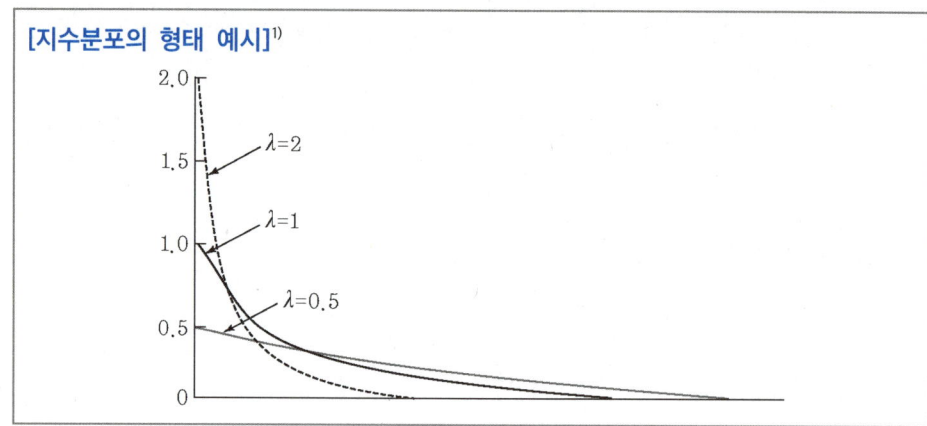

1) λ
  지수분포의 모수(parameter)로, 단위시간당 사건의 발생횟수(평균)를 의미함

3 표본분포(Sampling Distribution)

1. 개념
표본추출분포라고도 하며, 모집단에서 추출한 표본이 이루는 분포이다. 즉 표본통계량의 분포를 말한다.
① 모집단으로부터 추출한 표본으로부터 계산된 통계량을 이용하여 모수를 추정하게 되는데, 채택된 일정한 크기의 표본들을 대상으로 분석한 결과 나타난 통계량들의 분포를 의미한다.
② 표본분포는 어떠한 가정을 전제로 한 이론적 분포의 성격을 갖는다.[2] 모집단의 분포가 정규분포인가의 여부에 따라 표본평균의 분포가 다르게 나타나고, 표본추출이 복원추출이냐 비복원추출이냐에 따라서 표본평균의 분포에 대한 분산형태가 달라진다.
③ 추론 통계학은 표본의 특성값(통계량)으로부터 모집단의 특성값(모수)을 추정하는 것으로서 추정값이 오류를 내포할 가능성은 언제나 존재한다. 이러한 모집단과 표본의 차이를 표본오차(Sampling Error)라고 한다. 따라서 조사자는 자신이 생각하는 것을 연구가설(Research Hypothesis)로 설정하고 이를 검정하는 과정을 거치며 이것이 가설을 검정하는 과정이 된다.❶

2) ⑩ 평균의 표본분포는 크기가 동일한 표본을 무한히 추출했을 때 표본평균값들의 분포이다.

❶ 상세내용 후술(362p)

2. 표본평균의 분포

(1) 모집단의 분포가 정규분포를 따를 때, $N(\mu, \sigma^2)$인 모집단에서 크기 n인 표본을 추출하는 경우

표본평균 $\bar{x}$은 정규분포 $N(\mu, \dfrac{\sigma^2}{n})$을 따르게 되며, 또한 표본평균 $\bar{x}$를 표준화시킨 표준화 확률변수 $Z = \dfrac{\bar{x} - \mu}{\sigma/\sqrt{n}}$는 표준정규분포 $N(0, 1)$을 따른다.

(2) 모집단의 분포가 정규분포가 아닌 경우 표본평균의 분포는 정규분포를 따른다고 할 수 없게 되지만, **표본의 크기가 충분히 클수록 중심극한의 정리에 의해 표본평균의 분포는 정규분포로 수렴한다고 볼 수 있다.**

> **[중심극한의 정리(Central Limit Theorem, CLT)]**
> 실제로 모집단의 확률분포가 정규분포를 이루는지 분포를 정확히 아는 것은 드문 경우인데, 이때 평균 μ, 표준편차 σ인 모집단에서 n개의 표본을 반복 추출하면 그 표본들의 **각 평균값 $\bar{x}$의 분포는 정규분포로 수렴하게 되며** 평균 μ, 표준편차 $\dfrac{\sigma}{\sqrt{n}}$가 된다(이때의 표본추출분포의 표준편차인 $\dfrac{\sigma}{\sqrt{n}}$가 바로 **표준오차**이다).
> 이때, 표본추출분포는 **표본의 크기가 클수록(일반적으로 n이 30 이상)** 정규분포에 보다 근사하게 된다.
> ☞ 중심극한정리는 모집단의 분포에 관계없이 **표본평균 $\bar{x}$는 표본의 크기가 커짐에 따라** 근사적으로 평균이 μ이고 분산이 $\dfrac{\sigma^2}{n}$인 정규분포를 따른다는 것이다.[3]

[3] 중심극한정리는 모집단의 분포가 연속형이든 이산형이든 상관없이 성립한다.

(3) 표준오차(SE; Standard Error)

$$SE_{\bar{X}} = \dfrac{\sigma}{\sqrt{n}}$$

* σ: 모집단의 표준편차, n: 표본크기
* σ를 모를 경우 표본의 표준편차를 사용

① 표준오차는 평균의 추정에 있어서 표본통계량의 표준편차의 의미로, 이는 추출 시마다 값이 바뀌는 표본의 특성에서 비롯된다. 표본통계량의 표준편차는 모집단의 표준편차보다 언제나 작다.
② **모집단의 표준편차가 클수록** 표준오차도 **커지며 표본크기가 클수록** 표준오차는 **작아진다.**
③ 표준오차는 "참값인 모평균과 추정값인 표본평균들과의 표준적 차이 정도"의 의미를 가지며, 모평균을 표본평균에 의해 추정하는 경우 추정량의 정확도에 대한 이슈와 관계가 있다.

3. 비율의 표본분포

(1) 모비율 p가 알려져 있는 경우 n의 표본을 추출하여 구한 표본비율 $\hat{p}$은 n이 충분히 크면 정규분포 $\hat{p} \sim N\left(p, \dfrac{p(1-p)}{n}\right)$을 따른다.[1]

(2) 비율의 표본분포의 경우 **표준오차**는 $SE_p = \sqrt{\dfrac{pq}{n}}$이며, p와 q를 모르는 경우 표본의 비율값인 $\hat{p}, \hat{q}$를 사용한다(단, $q = 1 - p$)

4 체비세프(Chebysheb) 정리(체비세프의 부등식)

(1) 확률분포를 정확히 모를 때, 해당 확률 분포의 **평균과 표준편차 값**만으로 **특정한 확률**에 관한 정보를 알아낼 수 있는 정리이다.

(2) 확률변수 X에 대한 평균 $E(X) = \mu$, 분산 $V(X) = \sigma^2$과 임의의 양수 k에 대하여 다음이 성립한다.

$$P(|X-\mu| \leq k\sigma) = P(-k\sigma < X - \mu < k\sigma)$$
$$= P(\mu - k\sigma < X < \mu + k\sigma) \geq 1 - \dfrac{1}{k^2}$$

*k: 임의의 양수, μ: 확률변수 X의 평균, σ: 확률변수 X의 표준편차

또는 다음과 같이 적용: $P(|X - \mu| \geq k\sigma) \leq \dfrac{1}{k^2}$

(3) 어떤 확률변수의 값이 평균에서 몇 배 이상의 표준편차만큼 떨어져있을 확률이 얼마인지를 알려준다.

예) $P(|X - \mu| \geq k\sigma) \leq \dfrac{1}{k^2}$에서 $k = 2$일 때, 어떤 확률변수 값이 평균에서 2배 이상의 표준편차만큼 떨어져 있을 확률은 최대 $\dfrac{1}{4}$이라는 의미이다.

---

[1] $np \geq 5$, $n(1-p) \geq 5$

기출 및 예상적중문제 PART 02 확률과 확률분포

01
2019년 3회

항아리 속에 흰 구슬 2개, 붉은 구슬 3개, 검은 구슬 5개가 들어있다. 이 항아리에서 임의로 구슬 3개를 꺼낼 때, 흰 구슬 2개와 검은 구슬 1개가 나올 확률은?

① 1/24
② 9/40
③ 3/10
④ 1/5

해설

$\dfrac{\text{흰구슬 2개를 꺼낼 경우의 수} \times \text{검은 구슬 1개를 꺼낼 경우의 수}}{\text{항아리에서 임의로 구슬 3개를 꺼내는 경우의 수}}$ 로 구하면 된다.

흰 구슬 2개가 나오는 경우의 수 $= {}_2C_2 = \dfrac{2 \times 1}{2 \times 1} = 1$

검은 구슬 1개가 나오는 경우의 수 $= {}_5C_1 = \dfrac{5}{1} = 5$

항아리에서 임의로 구슬 3개를 꺼내는 경우의 수 $= {}_{10}C_3$
$= \dfrac{10 \times 9 \times 8}{3 \times 2 \times 1} = 120$

$\therefore \dfrac{1 \times 5}{120} = \dfrac{1}{24}$

02
2018년 3회

3개의 공정한 동전을 던질 때 적어도 앞면이 하나 이상 나올 확률은?

① 7/8
② 6/8
③ 5/8
④ 4/8

해설

적어도 앞면이 하나 이상 나올 확률 = (전체 확률 - 앞면이 하나도 나오지 않을 확률)

동전 1개를 던질 때 뒷면이 나올 확률 $= \dfrac{1}{2}$

3개 모두가 뒷면이 나올 확률은 각 사건은 독립이므로 $\dfrac{1}{2} \times \dfrac{1}{2} \times \dfrac{1}{2} = \dfrac{1}{8}$

$\therefore 1 - \dfrac{1}{8} = \dfrac{7}{8}$

03
2018년 2회

$P(A) = 0.4$, $P(B) = 0.2$, $P(B|A) = 0.4$일 때, $P(A|B)$는?

① 0.4
② 0.5
③ 0.6
④ 0.8

해설

$P(A|B) = \dfrac{P(A \cap B)}{P(B)} = \dfrac{P(A \cap B)}{0.2}$ 이다.

$P(B|A) = \dfrac{P(A \cap B)}{P(A)}$ 에서

$P(A \cap B) = P(A) \times P(B|A) = 0.4 \times 0.4 = 0.16$이므로

$P(A|B) = \dfrac{P(A \cap B)}{P(B)} = \dfrac{0.16}{0.2} = 0.8$

04
2021년 1회

어떤 공장에서 생산된 전자제품 중 5개의 표본에서 1개 이상의 부적합품이 발견되면 그날의 생산된 전제품을 불합격으로 처리하고 그렇지 않으면 합격으로 처리한다. 이 공장의 생산공정의 모부적합품률이 0.1일 때, 어느 날 생산된 전제품이 불합격처리될 확률은? (단, $9^5 = 59049$)

① 0.10745
② 0.28672
③ 0.40951
④ 0.42114

해설

생산된 전제품이 불합격처리될 확률
= 5개의 표본에서 1개 이상의 부적합품이 발견될 확률
= (전체확률) - (모두 적합품일 확률)이므로 이를 이용한다.
- (적합품일 확률) = 1 - (부적합품률) = 1 - 0.1 = 0.9
- (5개가 모두 적합품일 확률) = $0.9 \times 0.9 \times 0.9 \times 0.9 \times 0.9$
  $= 0.9^5 = 0.59049$

∴ (전체확률) - (모두 적합품일 확률) = 1 - 0.59049 = 0.40951

| 정답 | 01 ① 02 ① 03 ④ 04 ③

05

2020년 4회

취업을 위한 특별 교육프로그램을 시행한 결과 통계가 다음과 같이 집계되었다. 특별교육을 이수한 어떤 사람이 취업할 확률은?

구분	미취업	취업	합계
특별교육 이수	200	300	500
이수 안함	280	220	500
합계	480	520	1,000

① 48%
② 50%
③ 52%
④ 60%

해설

특별교육을 이수하는 사건을 A, 취업하는 사건을 B라 할 때, 특별교육을 이수한 사람이 취업할 확률은 $P(B|A)$이다.

$$\therefore P(B|A) = \frac{P(A \cap B)}{P(A)} = \frac{\frac{300}{1000}}{\frac{500}{1000}} = 0.6$$

06

2020년 3회

시험을 친 학생 중 국어합격자는 50%, 영어합격자는 60%이며, 두 과목 모두 합격한 학생은 15%라고 한다. 이때 임의로 한 학생을 뽑았을 때, 이 학생이 국어에 합격한 학생이라면 영어에도 합격했을 확률은?

① 10%
② 20%
③ 30%
④ 40%

해설

국어에 합격하는 사건을 A, 영어에 합격하는 사건을 B라고 할 때 $P(A) = 0.5$, $P(B) = 0.6$, $P(A \cap B) = 0.15$
국어에 합격한 학생이면서 영어에도 합격했을 확률을 구하면 되므로 $P(B|A)$를 계산하면 된다.

$$\therefore P(B|A) = \frac{P(A \cap B)}{P(A)} = \frac{0.15}{0.5} = 0.3$$

07

2019년 3회

어느 경제신문사의 조사에 따르면 모든 성인의 30%가 주식투자를 하고 있고, 그 중 대학졸업자는 70%라고 한다. 우리나라 성인의 40%가 대학졸업자라고 가정하고 무작위로 성인 한 사람을 뽑았을 때 그 사람이 대학은 졸업하였으나 주식투자를 하지 않을 확률은?

① 12% ② 19%
③ 21% ④ 49%

해설

주식투자를 하는 성인을 A, 대학을 졸업한 성인을 B라고 할 때
- 전체 성인 중에서 주식투자를 할 확률 $P(A) = 0.3$
- 전체 성인 중에서 대학을 졸업할 확률 $P(B) = 0.4$
- 주식투자를 하는 성인 중에서(주식투자를 한다는 전제 하에서) 대학졸업자일 확률 $P(B|A) = 0.7$
- 전체 성인 중에서 주식투자도 하고 대학도 졸업했을 확률 $P(A \cap B) = 0.3 \times 0.7 = 0.21$

∴ 전체에서 무작위로 성인 한 사람을 뽑았을 때 그 사람이 대학을 졸업했고 주식투자는 하지 않을 확률은 $P(A^c \cap B)$이고, 이는 $P(B)$에서 $P(A \cap B)$을 뺀 것과 같으므로
$P(B) - P(A \cap B) = 0.4 - 0.21 = 0.19 = 19\%$

08

2022년 1회

기계 A에서 제품의 40%를, 기계 B에서 제품의 60%를 생산한다. 기계 A에서 생산된 제품의 부적합품률이 1%이고 기계 B에서 생산된 제품의 부적합품률이 2%라면, 전체 부적합품률은?

① 1.5% ② 1.6%
③ 1.7% ④ 1.8%

해설

제품이 기계 A에서 생산되는 사건을 A, 기계 B에 생산되는 사건을 B라고 하고, 생산된 제품이 부적합품일 사건을 C라고 하면
$P(A) = 0.4$, $P(B) = 0.6$, $P(C|A) = 0.01$, $P(C|B) = 0.02$가 된다.
전체 생산품 중에서 A에서 생산되고 부적합품일 확률
$P(A \cap C) = P(A)P(C|A) = 0.4 \times 0.01 = 0.004 = 0.4\%$
전체 생산품 중에서 B에서 생산되고 부적합품일 확률
$P(B \cap C) = P(B)P(C|B) = 0.6 \times 0.02 = 0.012 = 1.2\%$
∴ 전체 제품 차원에서 볼 때 전체 부적합품률 = 0.4% + 1.2% = 1.6%

| 정답 | 05 ④ 06 ③ 07 ② 08 ②

09

2021년 2회

어느 학생은 버스 또는 지하철을 이용하여 등교하는데, 버스를 이용하는 경우가 40%, 지하철을 이용하는 경우가 60%라고 한다. 또한 버스로 등교할 때 교통체증으로 인하여 지각하는 경우가 10%이고 지하철로 등교할 때 지각하는 경우가 4%라고 한다. 이 학생이 어느 날 지각하였을 때 버스로 등교하였을 확률은?

① 4%
② 40%
③ 62.5%
④ 64.5%

해설

버스를 이용하는 사건을 A, 지하철을 이용하는 사건을 B라고 하고, 지각하는 사건을 C라고 하면 $P(A) = 0.4$, $P(B) = 0.6$, $P(C|A) = 0.1$, $P(C|B) = 0.04$가 된다.

어느 날 지각하였을 때 버스로 등교하였을 확률은 $P(A|C) = \dfrac{P(A \cap C)}{P(C)}$로 나타낼 수 있는데 $P(C)$는 어느 날 지각할 확률로 '버스를 이용하고 지각'하는 확률과 '지하철을 이용하고 지각'하는 확률의 합이므로

$P(C) = P(A \cap C) + P(B \cap C)$
$= P(A)P(C|A) + P(B)P(C|B)$
$= (0.4 \times 0.1) + (0.6 \times 0.04) = 0.064$

이때 $P(A \cap C) = 0.04$이므로

$\therefore P(A|C) = \dfrac{P(A \cap C)}{P(C)} = \dfrac{0.04}{0.064} = 0.625 = 62.5\%$

10

2017년 3회

어떤 공장에서 두 대의 기계 A, B를 사용하여 부품을 생산하고 있다. 기계 A는 전체 생산량의 30%를 생산하며 기계 B는 전체 생산량의 70%를 생산한다. 기계 A의 불량률은 3%이고 기계 B의 불량률은 5%이다. 임의로 선택한 1개의 부품이 불량품일 때, 이 부품이 기계 A에서 생산되었을 확률은?

① 10%
② 20%
③ 30%
④ 40%

해설

제품이 기계 A에서 생산되는 사건을 A, 기계 B에서 생산되는 사건을 B라고 하고, 생산된 제품이 불량일 사건을 C라고 하면 $P(A) = 0.3$, $P(B) = 0.7$, $P(C|A) = 0.03$, $P(C|B) = 0.05$가 된다.

임의로 선택한 1개의 부품이 불량품일 때 이 부품이 기계 A에서 생산되었을 확률 $P(A|C) = \dfrac{P(A \cap C)}{P(C)}$이다.

$P(C)$는 선택한 부품이 불량품일 확률로 'A에서 생산되고 불량품'일 확률과 'B에서 생산되고 불량품'일 확률의 합이므로

$P(C) = P(A \cap C) + P(B \cap C)$
$= P(A)P(C|A) + P(B)P(C|B)$
$= (0.3 \times 0.03) + (0.7 \times 0.05) = 0.009 + 0.035 = 0.044$

이때 $P(A \cap C) = 0.009$이므로

$\therefore P(A|C) = \dfrac{P(A \cap C)}{P(C)} = \dfrac{0.009}{0.044} \approx 0.205 \approx 20\%$

11
2022년 2회

전체 인구의 2%가 어느 질병을 앓고 있다고 한다. 이 질병을 검진하기 위해 사용되고 있는 어느 진단시약은 질병에 걸린 사람 중 80%, 질병에 걸리지 않은 사람 중 10%에 대해 양성반응을 보인다. 어떤 사람의 진단 테스트 결과가 양성반응일 때 이 사람이 질병에 걸렸을 확률은?

① $\dfrac{7}{57}$　　　　② $\dfrac{8}{57}$

③ $\dfrac{10}{57}$　　　　④ $\dfrac{11}{57}$

해설

질병에 걸린 사건을 A, 질병에 걸리지 않은 사건을 B, 진단 테스트 결과로 양성반응을 보일 사건을 C라고 하면 $P(A)=0.02$, $P(B)=0.98$, $P(C|A)=0.8$, $P(C|B)=0.1$로 나타낼 수 있다.

어떤 사람의 진단 테스트 결과가 양성반응일 때 이 사람이 질병에 걸렸을 확률 $P(A|C) = \dfrac{P(A \cap C)}{P(C)}$ 이다.

양성반응을 보일 확률 $P(C)$는 '질병에 걸리고 양성반응'일 확률과 '질병에 걸리지 않고 양성반응'일 확률의 합이므로
$P(C) = P(A \cap C) + P(B \cap C)$
$= P(A)P(C|A) + P(B)P(C|B)$
$= (0.02 \times 0.8) + (0.98 \times 0.1) = 0.016 + 0.098 = 0.114$

이때 $P(A \cap C) = 0.016$이므로
$\therefore P(A|C) = \dfrac{P(A \cap C)}{P(C)} = \dfrac{0.016}{0.114} = \dfrac{8}{57}$

12
2020년 3회

다음 중 이산확률변수에 해당하는 것은?

① 어느 중학교 학생들의 몸무게
② 습도 80%의 대기 중에서 빛의 속도
③ 장마기간 동안 A 도시의 강우량
④ 어느 프로야구 선수가 한 시즌 동안 친 홈런의 수

해설

이산확률변수는 변수값이 정수와 같이 명확하고 확률변수가 가질 수 있는 변수 값이 한정되거나 셀 수 있다. 프로야구 선수가 한 시즌 동안 친 홈런의 수는 셀 수 있으며 정수로 표시되므로 이산확률변수이다. 그 외는 변수 값이 연속된 구간의 모든 연속된 실수값을 취하며 취할 수 있는 값의 범위가 무한하고 가능한 변수 값을 셀 수 없는 연속확률변수이다.

13
2020년 3회

다음은 어느 한 야구선수가 임의의 한 시합에서 치는 안타수의 확률분포이다. 이 야구선수가 내일 시합에서 2개 이상의 안타를 칠 확률은?

안타 수(X)	0	1	2	3	4	5
$P(X=x)$	0.30	0.15	0.25	0.20	0.08	0.02

① 0.2　　　　② 0.25
③ 0.45　　　④ 0.55

해설

- 이산확률변수 X의 확률질량함수 $P(X=x_i)$에 관한 성질에서
$P(x_i \leq X \leq x_j) = \sum_{k=i}^{j} P(X = x_k)$

- 안타를 2개 이상 칠 확률 $= P(X \geq 2)$
$= P(X=2) + P(X=3) + P(X=4) + P(X=5)$
$= 0.25 + 0.20 + 0.08 + 0.02 = 0.55$

14
2020년 3회

이산형 확률변수 X의 확률분포가 다음과 같을 때 확률변수 X의 기댓값은?

X	0	1	2	3	4
$P(X=x)$	0.15	0.30	0.25	0.20	( )

① 1.25　　　　② 1.40
③ 1.65　　　　④ 1.80

해설

이산확률변수 X의 기댓값은 $E(X) = \sum_{i=1}^{n} x f(x)$이다. 여기서 $f(x)$는 이산확률변수에서 특정값에 대한 확률 $P(X=x_i)$을 나타내는 함수로 확률질량함수를 말한다. $\sum_{i=1}^{n} P(X=x_i) = 1$이므로 표에서 $X=4$에 해당하는 $P(X=4)$의 값을 구하면 $0.15+0.30+0.25+0.20+P(X=4)=1$
$\therefore P(X=4) = 1 - 0.15 - 0.30 - 0.25 - 0.20 = 0.1$

$\therefore E(X) = \sum_{i=1}^{n} x f(x)$
$= \sum_{i=1}^{n} x_i \times P(X=x_i)$
$= (0 \times 0.15) + (1 \times 0.30) + (2 \times 0.25) + (3 \times 0.20) + (4 \times 0.1)$
$= 1.80$

| 정답 | 11 ② | 12 ④ | 13 ④ | 14 ④ |

15 2018년 3회

퀴즈게임에서 우승한 철수는 주사위를 던져서 나온 숫자에 100,000원을 곱한 상금을 받게 되었다. 그런데 그 주사위에 홀수는 없고 짝수만 있다. 즉, 2가 2면, 4가 2면, 6이 2면인 것이다. 그 주사위를 던졌을 때 받게 될 상금의 기댓값은?

① 300,000원 ② 400,000원
③ 350,000원 ④ 450,000원

해설

주사위의 눈에 따른 상금을 X라고 할 경우 상금액수와 각 확률을 나타내는 확률변수 X의 확률분포는 다음과 같다.

X	$2\times 100{,}000$ $=200{,}000$	$4\times 100{,}000$ $=400{,}000$	$6\times 100{,}000$ $=600{,}000$
$P(X=x)$	$\frac{1}{3}$	$\frac{1}{3}$	$\frac{1}{3}$

상금의 기댓값은 확률변수 X의 기댓값으로

$$\therefore E(X) = \sum_{i=1}^{n} x f(x)$$
$$= \sum_{i=1}^{n} x_i \times P(X=x_i)$$
$$= (200{,}000 \times \frac{1}{3}) + (400{,}000 \times \frac{1}{3}) + (600{,}000 \times \frac{1}{3}) = 400{,}000$$

16 2019년 2회

다음과 같은 확률분포를 갖는 이산확률변수가 있다고 할 때 수학적 기댓값 $E[(X-1)(X-1)]$의 기댓값은?

X	0	1	2	3
$P(X=x)$	1/3	1/2	0	1/6

① 0.5 ② 1
③ 1.5 ④ 2

해설

$E[(X-1)(X-1)] = E(X^2 - 2X + 1) = E(X^2) - 2E(X) + 1$

$E(X) = \sum_{i=1}^{n} x_i \times P(X=x_i)$
$= (0 \times \frac{1}{3}) + (1 \times \frac{1}{2}) + (2 \times 0) + (3 \times \frac{1}{6}) = \frac{1}{2} + \frac{1}{2} = 1$

$E(X^2) = \sum_{i=1}^{n} x_i^2 \times P(X=x_i)$
$= (0^2 \times \frac{1}{3}) + (1^2 \times \frac{1}{2}) + (2^2 \times 0) + (3^2 \times \frac{1}{6}) = \frac{1}{2} + \frac{9}{6} = 2$

$\therefore E[(X-1)(X-1)] = E(X^2) - 2E(X) + 1$
$= 2 - (2 \times 1) + 1 = 1$

17 2019년 3회

동전을 3회 던지는 실험에서 앞면이 나오는 횟수를 X라고 할 때 확률변수 $Y = (X-1)^2$의 기댓값은?

① 1/2 ② 1
③ 3/2 ④ 2

해설

앞면이 나오는 사건 X의 확률분포는 $B(n,p)$인 이항분포를 따른다. 동전을 3회 던지며, 앞면이 나오는 확률은 1/2이므로

$X \sim B(3, \frac{1}{2}) \rightarrow E(X) = 3 \times \frac{1}{2} = 1.5$

$E(Y) = E[(X-1)^2]$
$= E(X^2 - 2X + 1) = E(X^2) - 2E(X) + 1$

$Var(X) = E(X^2) - [E(X)]^2$이므로
$\therefore E(X^2) = Var(X) + [E(X)]^2$

$X \sim B(3, \frac{1}{2})$일 때 $Var(X) = 3 \times \frac{1}{2} \times \frac{1}{2} = 0.75$이므로

$\therefore E(X^2) = 0.75 + (1.5)^2 = 3$
$\therefore E(Y) = E(X^2) - 2E(X) + 1 = 3 - 2 \times 1.5 + 1 = 1$

| 정답 | 15 ② 16 ② 17 ② |

18
2019년 1회

확률변수 X의 확률분포가 다음과 같을 때 분산 $Var(X)$의 값은?

X	0	1	2
$P(X=x)$	3/10	6/10	1/10

① 0.36
② 0.6
③ 1
④ 0.49

해설

이산확률변수 X의 분산은 $Var(X) = E(X^2) - [E(X)]^2$이다.

$$E(X) = \sum_{i=1}^{n} xf(x)$$
$$= \sum_{i=1}^{n} x_i \times P(X=x_i)$$
$$= (0 \times \frac{3}{10}) + (1 \times \frac{6}{10}) + (2 \times \frac{1}{10}) = 0.8$$

$$E(X^2) = \sum_{i=1}^{n} x^2 f(x)$$
$$= \sum_{i=1}^{n} x_i^2 \times P(X=x_i)$$
$$= (0^2 \times \frac{3}{10}) + (1^2 \times \frac{6}{10}) + (2^2 \times \frac{1}{10}) = 1.0$$

$\therefore Var(X) = 1 - (0.8)^2 = 0.36$

19
2017년 1회

5와 6의 눈이 없는 대신 4의 눈이 세 개인 공정한 주사위가 있다. 이 주사위를 던져서 나오는 눈의 수를 X라 하면, X의 분산은?

① 1
② 4/3
③ 8/5
④ 3

해설

- 주사위를 던져서 나올 수 있는 눈의 수 X의 확률분포는 다음과 같다.

X	1	2	3	4
$P(X=x)$	1/6	1/6	1/6	3/6=1/2

- 이산확률변수 X의 분산 $Var(X) = E(X^2) - [E(X)]^2$

$$E(X) = \sum_{i=1}^{n} xf(x)$$
$$= \sum_{i=1}^{n} x_i \times P(X=x_i)$$
$$= (1 \times \frac{1}{6}) + (2 \times \frac{1}{6}) + (3 \times \frac{1}{6}) + (4 \times \frac{1}{2}) = 3$$

$$E(X^2) = \sum_{i=1}^{n} x^2 f(x)$$
$$= \sum_{i=1}^{n} x_i^2 \times P(X=x_i)$$
$$= (1^2 \times \frac{1}{6}) + (2^2 \times \frac{1}{6}) + (3^2 \times \frac{1}{6}) + (4^2 \times \frac{1}{2}) = \frac{31}{3}$$

$\therefore Var(X) = \frac{31}{3} - 3^2 = \frac{4}{3}$

20
2018년 2회

확률변수 X의 평균은 10, 분산은 5이다. $Y = 5 + 2X$의 평균과 분산은?

① 20, 15
② 20, 20
③ 25, 15
④ 25, 20

해설

기댓값과 분산의 성질을 이용한다. 기댓값의 성질 $E(aX \pm b) = aE(X) \pm b$, 분산의 성질 $V(aX \pm b) = a^2 V(X)$이므로
$E(Y) = E(5+2X) = 2E(X) + 5$
$V(Y) = V(5+2X) = 2^2 V(X)$이다.
이때 $E(X) = 10$, $V(X) = 5$이므로
$\therefore E(Y) = 2 \times 10 + 5 = 25$
$V(Y) = 2^2 \times 5 = 20$

| 정답 | 18 ① | 19 ② | 20 ④ |

21
2021년 1회

확률변수 X는 평균이 2이고 표준편차가 2인 분포를 따를 때, $Y=-2X+10$의 평균과 표준편차는?

	평균	표준편차		평균	표준편차
①	6	4	②	6	6
③	14	4	④	14	6

해설

기댓값과 분산의 성질을 이용한다. 기댓값의 성질 $E(aX\pm b) = aE(X)\pm b$, 분산의 성질 $V(aX\pm b) = a^2V(X)$ 이므로
$E(Y) = E(-2X+10) = -2E(X)+10$
$V(Y) = V(-2X+10) = (-2)^2V(X)$ 이다.
이때 $E(X)=2$, $V(X)=2^2$ 이므로
$E(Y) = -2 \times 2 + 10 = 6$
$V(Y) = (-2)^2 \times 2^2 = 16$
표준편차는 $\sqrt{V(Y)}$ 이므로 $\sqrt{16} = 4$ 이다.

22
2017년 3회

어떤 변수에 5배를 한 변수의 표준편차는 원래 변수의 표준편차의 몇 배인가?

① 1/25배 ② 1/5배
③ 5배   ④ 25배

해설

원래의 확률변수를 X라고 하면 이때의 표준편차는 $\sigma(X)$이고, 원래의 확률변수에 5배를 한 변수를 Y라고 하면 $Y=5X$이다.
분산의 성질인 $V(aX) = a^2V(X)$를 통해 $V(Y) = V(5X) = 5^2V(X)$가 도출되는데 표준편차는 $\sqrt{V(Y)}$ 이므로 $5\sigma(X)$가 된다. 따라서 원래 변수의 표준편차의 5배가 된다.

23
2020년 3회

확률분포에 대한 설명으로 틀린 것은?

① X가 연속형 균일분포를 따르는 확률변수일 때, $P(X=x)$는 모든 x에서 0이다.
② 포아송 분포의 평균과 분산은 동일하다.
③ 연속확률분포의 확률밀도함수 $f(x)$와 x축으로 둘러싸인 부분의 면적의 합은 항상 1이다.
④ 정규분포의 표준편차 σ는 음의 값을 가질 수 있다.

해설

표준편차는 분산의 양의 제곱근이기 때문에 음의 값을 가질 수 없다. 한편, 확률밀도함수를 갖는 연속확률변수의 한 점에서의 확률은 항상 0이다.

24
2020년 1·2회

초기하분포와 이항분포에 대한 설명으로 틀린 것은?

① 초기하분포는 유한모집단으로부터의 복원추출을 전제한다.
② 이항분포는 베르누이 시행을 전제로 한다.
③ 초기하분포는 모집단의 크기가 충분히 큰 경우 이항분포로 근사될 수 있다.
④ 이항분포는 적절한 조건 하에서 정규분포로 근사될 수 있다.

해설

초기하분포는 유한모집단으로부터의 비복원추출을 전제로 한다.

| 정답 | 21 ① | 22 ③ | 23 ④ | 24 ① |

25
2021년 1회

10m당 평균 1개의 흠집이 나타나는 전선이 있다. 이 전선 10m를 구입하였을 때, 발견되는 흠집 수의 확률분포는?

① 이항분포
② 초기하분포
③ 기하분포
④ 포아송 분포

[해설]
주어진 시간이나 정해진 영역(단위시간, 단위공간, 단위면적)에서 일어나는 사건(성공)의 횟수를 확률변수 X라 할 때 확률변수 X는 λ를 모수로 갖는 포아송 분포를 따른다. 따라서 답은 포아송 분포($\lambda = 1$)이다.

26
2018년 1회

홈쇼핑 콜센터에서 30분마다 전화를 통해 주문이 성사되는 건수는 $\lambda = 6.7$인 포아송 분포를 따른다고 할 때의 설명으로 틀린 것은?

① 확률변수 X는 주문이 성사되는 주문 건수를 말한다.
② X의 확률함수는 $\frac{e^{-6.7}(6.7)^x}{x!}$이다.
③ 1시간 동안의 주문건수 평균은 13.4이다.
④ 분산은 6.7^2이다.

[해설]
포아송 분포의 기댓값과 분산은 λ로 동일하다. 따라서 분산은 6.7이다.
③ 주문건수는 30분마다 6.7건이므로 1시간 동안의 주문건수 평균은 $6.7 + 6.7 = 13.4$가 된다.

27
2021년 2회

4자 택일형 문제가 10개 있다. 각 문제에 임의로 답을 써 넣을 때 정답을 맞힌 개수 X의 분포는?

① 이항분포
② t – 분포
③ 정규분포
④ F – 분포

[해설]
'정답(성공)' 또는 '정답이 아님'의 상호배타적인 두 가지 결과만을 가진 베르누이 시행을 독립적으로 반복한 경우의 성공횟수를 확률변수 X라 하면, 그 확률변수 X의 확률분포는 이항분포이다. 10개의 문제에 각각 임의로 답을 써넣을 때 정답을 맞힌 개수 X의 분포를 구하면, 정답을 맞힐 확률은 $\frac{1}{4}$이므로 $X \sim B(n, p) = X \sim B(10, \frac{1}{4})$이다.

28
2020년 1·2회

다음 중 이항분포에 관한 설명으로 틀린 것은?

① $p = \frac{1}{2}$이면 좌우대칭의 형태가 된다.
② $p = \frac{3}{4}$이면 왜도가 음수인 분포이다.
③ $p = \frac{1}{4}$이면 왜도가 0이 아니다.
④ $p = \frac{1}{2}$이면 왜도는 양수인 분포이다.

[해설]
이항분포의 왜도는 $\frac{1-2p}{\sqrt{np(1-p)}}$이다.

①	②	③	④
$\frac{1-2 \times \frac{1}{2}}{\sqrt{n \times \frac{1}{2}(1-\frac{1}{2})}}$	$\frac{1-2 \times \frac{3}{4}}{\sqrt{n \times \frac{3}{4}(1-\frac{3}{4})}}$	$\frac{1-2 \times \frac{1}{4}}{\sqrt{n \times \frac{1}{4}(1-\frac{1}{4})}}$	$\frac{1-2 \times \frac{1}{2}}{\sqrt{n \times \frac{1}{2}(1-\frac{1}{2})}}$
결과 = 0: 좌우대칭	결과 < 0: 음수	결과 > 0: 양수	결과 = 0: 좌우대칭

| 정답 | 25 ④ | 26 ④ | 27 ① | 28 ④ |

29
2017년 2회

공정한 동전 10개를 동시에 던질 때 앞면이 정확히 1개만 나올 확률은?

① 3/1024
② 9/1024
③ 10/1024
④ 15/1024

해설

앞면 또는 뒷면의 상호배타적인 두 가지 결과만을 가진 베르누이 시행을 독립적으로 반복한 경우의 성공횟수(앞면)를 확률변수 X라 하면 그 확률변수 X의 확률분포는 이항분포이다. 동전 10개를 던져서 앞면이 1개만 나오는 확률을 구하려는 것이고 동전의 앞면이 나올 확률은 1/2이므로 $X \sim B(n, p) = B(10, \frac{1}{2})$이며 확률에 관한 산식(확률질량함수)은 다음과 같다.

$$P(X=x) = \binom{n}{x} p^x (1-p)^{n-x} = {}_nC_x p^x (1-p)^{n-x}$$

*n: 시행횟수, p: 특정실험결과가 성공할 확률, x: 성공횟수

이때 $n = 10$, $p = \frac{1}{2}$, $x = 1$이므로

$P(X=1) = {}_{10}C_1 \left(\frac{1}{2}\right)^1 \left(1 - \frac{1}{2}\right)^{10-1}$

$= 10 \times \left(\frac{1}{2}\right)^1 \left(\frac{1}{2}\right)^9 = \frac{10}{1024}$

30
2020년 1·2회

동전을 던질 때 앞면이 나올 확률을 0.4라고 할 때 동전을 세 번 던져서 두 번은 앞면, 한 번은 뒷면이 나올 확률은?

① 0.125
② 0.192
③ 0.288
④ 0.375

해설

'앞면' 또는 '뒷면'의 상호배타적인 두 가지 결과만을 가진 베르누이 시행을 독립적으로 반복한 경우의 성공횟수(앞면)를 확률변수 X라 하면 그 확률변수 X의 확률분포는 이항분포이다. 앞면이 나올 확률은 0.4이므로 $X \sim B(n, p) = B(3, 0.4)$이며 확률에 관한 산식(확률질량함수)은 다음과 같다.

$$P(X=x) = \binom{n}{x} p^x (1-p)^{n-x} = {}_nC_x p^x (1-p)^{n-x}$$

*n: 시행횟수, p: 특정실험결과가 성공할 확률, x: 성공횟수

3번을 던져 두 번이 앞면이 나오는 확률을 구하면 되고, 이때 $n = 3$, $p = 0.4$, $x = 2$이므로

$P(X=2) = {}_3C_2 (0.4)^2 (1-0.4)^{3-2}$

$= \frac{3 \times 2}{2 \times 1} \times (0.4)^2 (0.6)^1 = 3 \times 0.16 \times 0.6 = 0.288$

31
2020년 4회

어느 공정에서 생산되는 제품의 약 40%가 불량품이라고 한다. 이 공정의 제품 4개를 임의로 추출했을 때 4개가 불량품일 확률은?

① 16/125
② 64/625
③ 62/625
④ 16/625

해설

'불량품' 또는 '정상품'의 상호배타적인 두 가지 결과만을 가진 베르누이 시행을 독립적으로 반복한 경우의 성공횟수(불량품)를 확률변수 X로 했을 때 그 확률변수 X의 확률분포는 이항분포이다. 4개를 임의추출했을 때 4개가 불량품일 확률을 구하려 하며, 생산되는 제품의 40%가 불량품이므로 $X \sim B(n, p) = B(4, 0.4)$이며 확률에 관한 산식(확률질량함수)은 다음과 같다.

$$P(X=x) = \binom{n}{x} p^x (1-p)^{n-x} = {}_nC_x p^x (1-p)^{n-x}$$

*n: 시행횟수, p: 특정실험결과가 성공할 확률, x: 성공횟수

이때 $n = 4$, $p = 0.4$, $x = 4$이므로

$P(X=4) = {}_4C_4 \left(\frac{4}{10}\right)^4 \left(1 - \frac{4}{10}\right)^{4-4}$

$= \frac{4 \times 3 \times 2 \times 1}{4 \times 3 \times 2 \times 1} \times \left(\frac{4}{10}\right)^4 \left(\frac{6}{10}\right)^0 = 1 \times \left(\frac{256}{10000}\right) \times 1 = \frac{16}{625}$

| 정답 | 29 ③ 30 ③ 31 ④

32

2020년 1·2회

명중률이 75%인 사수가 있다. 1개의 주사위를 던져서 1 또는 2의 눈이 나오면 2번 쏘고, 그 이외의 눈이 나오면 세 번 쏘기로 한다. 1개의 주사위를 한 번 던져서 이에 따라 목표물을 쏠 때 오직 1번만 명중할 확률은?

① 3/32
② 5/32
③ 7/32
④ 9/32

해설

'명중' 또는 '명중 실패'의 상호배타적인 두 가지 결과만을 가진 베르누이 시행을 독립적으로 반복한 경우의 성공횟수(명중)를 확률변수 X로 했을 때 그 확률변수 X의 확률분포로 이항분포이다. 총을 쏘는 횟수 n은 주사위에서 어떤 눈이 나오는지에 따라 달라지는데, 명중할 확률(성공확률) $p = 0.75$, 즉 $\frac{3}{4}$이다.

그러므로 $X \sim B(n, p) = B(n, \frac{3}{4})$이며 확률에 관한 산식(확률질량함수)은 다음과 같다.

$$P(X=x) = \binom{n}{x} p^x (1-p)^{n-x} = {}_nC_x p^x (1-p)^{n-x}$$

*n: 시행횟수, p: 특정실험결과가 성공할 확률, x: 성공횟수

n번의 시행은 주사위에서 어떤 눈이 나오는지에 달려있지만 1개의 주사위를 던지므로 $n = 2$ 또는 3이 된다. 이 각각의 경우를 합한 것이 전체 확률이 되기 때문에 각각의 확률을 이항분포에 의해 계산한 후 더하면 된다.

㉠ $n = 2$

(주사위를 던져 1 또는 2의 눈일 확률) × (총을 두 번 쐈을 때 한 번만 명중할 확률: $n = 2$, $p = \frac{3}{4}$, $x = 1$)

$= \left(\frac{1}{6} + \frac{1}{6}\right) \times \left\{{}_2C_1 \left(\frac{3}{4}\right)^1 \left(1 - \frac{3}{4}\right)^{2-1}\right\}$

$= \frac{1}{3} \times 2 \times \left(\frac{3}{4}\right)^1 \left(\frac{1}{4}\right)^1 = \frac{2}{3} \times \frac{3}{16} = \frac{1}{8}$

㉡ $n = 3$

(주사위를 던져 3 또는 4 또는 5 또는 6의 눈일 확률) × (총을 세 번 쐈을 때 한 번만 명중할 확률: $n = 3$, $p = \frac{3}{4}$, $x = 1$)

$= \left(\frac{1}{6} + \frac{1}{6} + \frac{1}{6} + \frac{1}{6}\right) \times \left\{{}_3C_1 \left(\frac{3}{4}\right)^1 \left(1 - \frac{3}{4}\right)^{3-1}\right\}$

$= \frac{2}{3} \times 3 \times \left(\frac{3}{4}\right)^1 \left(\frac{1}{4}\right)^2 = \frac{6}{64} = \frac{3}{32}$

따라서 1개의 주사위를 한번 던져서 이에 따라 목표물을 쏠 때 오직 한 번만 명중할 확률은 ㉠ + ㉡ = $\frac{1}{8} + \frac{3}{32} = \frac{7}{32}$

33

2021년 1회

어느 대형마트 고객 관리팀에서는 다음과 같은 기준에 따라 매일 고객을 분류하여 관리한다. 어느 특정한 날 마트를 방문한 고객들의 자료를 분류한 결과 A그룹이 30%, B그룹이 50%, C그룹이 20%인 것으로 나타났다. 이날 마트를 방문한 고객 중 임의로 4명을 택할 때 이들 중 3명만이 B그룹에 속할 확률은?

구분	구매금액
A그룹	20만 원 이상
B그룹	10만 원 이상 ~ 20만 원 미만
C그룹	10만 원 미만

① 0.25
② 0.27
③ 0.37
④ 0.39

해설

'B그룹' 또는 'B 외 다른 그룹'에 속하는 상호배타적인 두 가지 결과만을 가진 베르누이 시행을 독립적으로 반복한 경우의 성공횟수(B그룹에 속함)를 확률변수 X로 했을 때 그 확률변수 X의 확률분포로 이항분포이다. 4명을 임의선택했을 때 3명만이 B그룹에 속할 확률을 구하려 하며, 고객 중 50%가 B그룹에 속하므로 $X \sim B(n, p) = B(4, 0.5)$이며 확률에 관한 산식(확률질량함수)은 다음과 같다.

$$P(X=x) = \binom{n}{x} p^x (1-p)^{n-x} = {}_nC_x p^x (1-p)^{n-x}$$

*n: 시행횟수, p: 특정실험결과가 성공할 확률, x: 성공횟수

4명을 임의선택했을 때 3명이 B그룹일 확률을 구하면 되므로 $n = 4$, $p = 0.5$, $x = 3$

$P(X=3) = {}_4C_3 (0.5)^3 (1-0.5)^{4-3}$

$= \frac{4 \times 3 \times 2}{3 \times 2 \times 1} \times (0.5)^3 (0.5)^1 = 4 \times (0.5)^4 = 0.25$

34
2018년 1회

이항분포를 따르는 확률변수 X에 관한 설명으로 틀린 것은?

① 반복시행 횟수가 n이면, X가 취할 수 있는 가능한 값은 0부터 n까지이다.
② 반복시행 횟수가 n이고 성공률이 p이면 X의 평균은 np이다.
③ 반복시행 횟수가 n이고 성공률이 p이면 X의 분산은 $np(1-p)$이다.
④ 확률변수 X는 0 또는 1만을 취한다.

해설
④ 베르누이 시행의 경우에 해당하는 내용이다(성공은 1, 실패는 0). 이항분포는 이러한 베르누이 시행을 n회 반복시행할 경우의 성공횟수가 확률변수 X가 되기 때문에 X는 0부터 n까지의 값을 취하는 것이 가능하다.

35
2018년 2회

확률변수 X는 시행횟수가 n이고 성공할 확률이 p인 이항분포를 따를 때, 옳은 것은?

① $E(X) = np(1-p)$
② $V(X) = \dfrac{p(1-p)}{n}$
③ $E\left(\dfrac{X}{n}\right) = p$
④ $V\left(\dfrac{X}{n}\right) = \dfrac{p(1-p)}{n^2}$

해설
기댓값의 성질 $E(aX \pm b) = aE(X) \pm b$, 분산의 성질 $V(aX \pm b) = a^2 V(X)$을 이용한다. 확률변수 X가 시행횟수가 n이고 성공할 확률이 p인 이항분포를 따를 때 기댓값과 분산은 각각 $E(X) = np$, $V(X) = np(1-p)$이다.
③ $E\left(\dfrac{X}{n}\right) = E\left(\dfrac{1}{n} \times X\right) = \dfrac{1}{n} E(X) = \dfrac{1}{n} \times n \times p = p$
④ $V\left(\dfrac{X}{n}\right) = V\left(\dfrac{1}{n} \times X\right) = \left(\dfrac{1}{n}\right)^2 \times V(X)$
$= \dfrac{1}{n} \times \dfrac{1}{n} \times n \times p \times (1-p) = \dfrac{p(1-p)}{n}$

36
2019년 1회

A, B, C 세 지역에서 금맥이 발견될 확률은 각각 20%라고 한다. 이들 세 지역에 대해 금맥이 발견될 수 있는 지역의 수에 대한 기댓값은?

① 0.60
② 0.66
③ 0.72
④ 0.75

해설
'금맥 발견' 또는 '발견 못함'의 상호배타적인 두 가지 결과만을 가진 베르누이 시행을 독립적으로 반복한 경우의 성공횟수(금맥 발견)를 확률변수 X로 했을 때 그 확률변수 X의 확률분포로 이항분포이다. 세 지역에 대해 금맥이 발견되는 지역의 수(성공횟수)를 구하려 하고 각 성공의 확률은 20%이므로 $X \sim B(n, p) = B(3, 0.2)$
$\therefore E(X) = np = 3 \times 0.2 = 0.60$

37
2020년 3회

성공률이 p인 베르누이 시행을 4회 반복하는 실험에서 성공이 일어난 횟수 X의 표준편차는?

① $2\sqrt{p(1-p)}$
② $2p(1-p)$
③ $\sqrt{p(1-p)/2}$
④ $p(1-p)/2$

해설
'성공' 또는 '실패'의 상호배타적인 두 가지 결과만을 가진 베르누이 시행을 독립적으로 반복한 경우의 성공횟수를 확률변수 X로 했을 때 그 확률변수 X의 확률분포로 이항분포이다.
이때 $n = 4$, $p = p$이므로 확률변수 X는 이항분포 $B(4, p)$를 따른다.
$\therefore V(X) = np(1-p) = 4p(1-p)$ 이므로
$\therefore \sigma(X) = \sqrt{V(X)} = \sqrt{4p(1-p)} = 2\sqrt{p(1-p)}$

38

2020년 4회

어느 공장에서 생산되는 나사못의 10%가 불량품이라고 한다. 이 공장에서 만든 나사못 중 400개를 임의로 뽑았을 때 불량품 개수 X의 평균과 표준편차는?

	평균	표준편차		평균	표준편차
①	30	3	②	40	36
③	30	36	④	40	6

해설

'불량품' 또는 '정상품'의 상호배타적인 두 가지 결과만을 가진 베르누이 시행을 독립적으로 반복한 경우의 성공횟수(불량품)를 확률변수 X로 했을 때 그 확률변수 X의 확률분포로 이항분포이다.
나사못 400개를 임의로 뽑으므로 시행횟수 $n = 400$, 생산되는 나사못의 10%가 불량품이므로 $p = 0.1$로 $X \sim B(n, p) = B(400, 0.1)$이다.
$\therefore E(X) = np = 400 \times 0.1 = 40$
$V(X) = np(1-p) = 400 \times 0.1 \times (1-0.1) = 36$
$\therefore \sigma(X) = \sqrt{V(X)} = \sqrt{36} = 6$

39

2020년 3회

확률변수 X가 이항분포 $B\left(36, \dfrac{1}{6}\right)$을 따를 때 확률변수 $Y = \sqrt{5}X + 2$의 표준편차는?

① $\sqrt{5}$ ② $5\sqrt{5}$
③ 5 ④ 6

해설

분산의 성질 $V(aX \pm b) = a^2 V(X)$을 이용한다.
확률변수 X가 이항분포 $B\left(36, \dfrac{1}{6}\right)$를 따를 때
분산 $V(X) = np(1-p) = 36 \times \dfrac{1}{6}\left(1 - \dfrac{1}{6}\right) = 36 \times \dfrac{5}{36} = 5$
표준편차 $\sigma(X) = \sqrt{V(X)} = \sqrt{5}$
$\therefore V(Y) = V(\sqrt{5}X + 2) = (\sqrt{5})^2 V(X) = 5V(X) = 5 \times 5 = 25$
$\sigma(Y) = \sqrt{V(Y)} = \sqrt{25} = 5$

40

2021년 1회

공정한 주사위 1개를 20번 던지는 실험에서 1의 눈을 관찰한 횟수를 확률변수 X라 하고 정규근사를 이용하여 $P(X \geq 4)$의 근삿값을 구하려 할 때, 연속성 수정을 고려한 근사식으로 맞는 것은? (단, Z는 표준정규분포를 따르는 확률변수)

① $P(Z \geq 0.1)$
② $P(Z \geq 0.4)$
③ $P(Z \geq 0.7)$
④ $P(Z \geq 1)$

해설

'1의 눈' 또는 '나머지 눈'의 상호배타적인 두 가지 결과만을 가진 베르누이 시행을 독립적으로 반복한 경우의 성공횟수(1의 눈)를 확률변수 X라 하면 그 확률변수 X의 확률분포는 이항분포이다.
주사위 1개를 20번 던지므로 시행횟수 $n = 20$, 1의 눈이 나올 확률 $p = 1/6$이므로 $X \sim B(n, p) = B\left(20, \dfrac{1}{6}\right)$
정규근사를 이용해서 $P(X \geq 4)$의 근삿값을 구하려 하므로
$Z = \dfrac{X - np}{\sqrt{np(1-p)}}$를 이용한다.
이때 연속성 수정을 고려하여야 하므로
$P(a \leq X \leq b) = P\left(\dfrac{a - 0.5 - np}{\sqrt{np(1-p)}} \leq Z \leq \dfrac{b + 0.5 - np}{\sqrt{np(1-p)}}\right)$를 이용하여 근사식을 구하면 된다. 근사식에 사용되는 숫자들은 이항분포에서의 기댓값과 분산이므로 이를 구하면 다음과 같다.
$E(X) = np = 20 \times \dfrac{1}{6} = \dfrac{10}{3}$
$V(X) = np(1-p) = 20 \times \dfrac{1}{6}\left(1 - \dfrac{1}{6}\right) = 20 \times \dfrac{5}{36} = \dfrac{25}{9}$
$\therefore P(X \geq 4) = P\left(Z \geq \dfrac{a - 0.5 - np}{\sqrt{np(1-p)}}\right)$
$= P\left(Z \geq \dfrac{(4 - 0.5) - 10/3}{\sqrt{25/9}}\right)$
$= P\left(Z \geq \dfrac{(4 - 0.5) - 10/3}{5/3}\right) = P(Z \geq 0.1)$

| 정답 | 38 ④ | 39 ③ | 40 ① |

41
2020년 4회

정규분포에 관한 설명으로 틀린 것은?

① 정규분포곡선은 자유도에 따라 모양이 달라진다.
② 정규분포는 평균을 기준으로 대칭인 종 모양의 분포를 이룬다.
③ 평균, 중위수, 최빈수가 동일하다.
④ 정규분포에서 분산이 클수록 정규분포곡선은 양옆으로 퍼지는 모습을 한다.

해설
정규분포는 자유도에 따라 모양이 달라지지 않으며 평균 μ와 분산 σ^2에 따라 모양이 달라진다.

42
2019년 3회

평균이 μ이고 표준편차가 σ인 정규모집단으로부터 표본을 관측할 때, 관측값이 $\mu+2\sigma$와 $\mu-2\sigma$ 사이에 존재할 확률은 약 몇 %인가?

① 33%
② 68%
③ 95%
④ 99%

해설
정규분포는 평균을 중심으로 좌우 1표준편차에 확률변수 값의 68.27%가 포함되어 있어야 하며(즉 1표준편차 내에 포함될 확률이 68.27%), 2표준편차 내에 95.45%, 3표준편차 내에 99.73%가 있어야 한다.

43
2020년 1·2회

X는 정규분포를 따르는 확률변수이다. $P(X<10)=0.5$일 때 X의 기댓값은?

① 8
② 8.5
③ 9.5
④ 10

해설
정규분포를 따르는 확률변수가 10보다 작은 구간에 있을 확률이 0.5라는 것은 10이 이 정규분포의 평균, 즉 기댓값이라는 의미이다. 정규분포는 평균을 중심으로 좌우대칭이므로 전체의 확률을 반으로 나누면 0.5이다.

44
2020년 4회

확률변수 X는 표준정규분포를 따른다. 이때 $2X$의 확률분포는?

① $N(0, 1)$
② $N(0, 2)$
③ $N(0, 4)$
④ $N(0, 16)$

해설
기댓값의 성질 $E(aX\pm b)=aE(X)\pm b$
분산의 성질 $V(aX\pm b)=a^2 V(X)$을 이용한다.
$Y=2X$라 할 때 확률변수 Y의 기댓값과 분산을 구하면 확률분포를 알 수 있다.
$\therefore E(Y)=E(2X)=2E(X)$
$V(Y)=V(2X)=4V(X)$
확률변수 X는 $N(0, 1)$인 표준정규분포를 따르므로 $E(X)=0$, $V(X)=1$이고 구해놓은 산식에서 $E(Y)=E(2X)=2E(X)=2\times 0=0$, $V(Y)=V(2X)=4V(X)=4\times 1=4$가 되므로 $2X$의 확률분포는 $N(0, 4)$이다.

45
2021년 1회

X는 정규분포를 따르는 확률변수이다. $P(X\geq 1)=0.16$, $P(X\geq 0.5)=0.31$, $P(X<0)=0.5$일 때 $P(0.5<X<1)$의 값은?

① 0.15
② 0.19
③ 0.235
④ 0.335

해설
㉠ X가 0.5와 1 사이에 있을 확률로, 정규분포의 대칭성을 염두에 두고 접근하면 된다.
$P(X<1)=0.5+(0.5-X$가 1 이상일 확률 $0.16)=0.84$,
$P(X<0.5)=0.5+(0.5-X$가 0.5 이상일 확률 $0.31)=0.69$이므로
$P(0.5<X<1)=P(X<1)-P(X<0.5)$
$=0.84-0.69=0.15$
㉡ 보다 간략한 계산으로 구하는 값은 $X\geq 0.5$일 확률에서 $X\geq 1$일 확률을 뺀 것과 같다.
$\therefore P(0.5<X<1)=P(X\geq 0.5)-P(X\geq 1)=0.31-0.16=0.15$

| 정답 | 41 ① | 42 ③ | 43 ④ | 44 ③ | 45 ① |

46

2020년 4회

평균이 100, 표준편차가 10인 정규분포에서 110 이상일 확률은 어느 것과 같은가? (단, Z는 표준정규분포를 따르는 확률변수이다.)

① $P(Z \leq -1)$
② $P(Z \leq 1)$
③ $P(Z \leq -10)$
④ $P(Z \leq 10)$

해설

평균 100, 표준편차 10인 정규분포 $N(100, 10^2)$에서의 값 110을 표준정규분포 $N(0, 1)$를 따르는 확률변수 Z로 표준화하여 표준정규분포에서의 값으로 변환한다.

$$Z = \frac{x - \mu}{\sigma}$$

* x: 표본통계량, μ: 모집단 평균의 추정치,
  σ: 모집단 표준편차의 추정치

$\therefore Z = \frac{110 - 100}{10} = 1$

따라서 $P(Z \geq 1)$인데 정규분포는 좌우대칭이므로 이 확률은 $P(Z \leq -1)$과 같다.

47

2019년 1회

확률변수 X가 평균이 5이고 표준편차가 2인 정규분포를 따를 때 X의 값이 4보다 크고 6보다 작을 확률은? [단, $P(Z<0.5) = 0.6915$, $Z \sim N(0, 1)$]

① 0.6915
② 0.3830
③ 0.3085
④ 0.2580

해설

평균 5, 표준편차 2인 정규분포 $N(5, 2^2)$에서의 값 4와 6을 표준정규분포 ($N(0, 1)$)를 따르는 확률변수 Z로 표준화하여 표준정규분포에서의 값으로 변환한다.

$$Z = \frac{x - \mu}{\sigma}$$

* x: 표본통계량, μ: 모집단 평균의 추정치,
  σ: 모집단 표준편차의 추정치

정규분포에서의 값 4, 6은 각각 $Z = \frac{4-5}{2} = -0.5$, $Z = \frac{6-5}{2} = 0.5$이다.

따라서 $P(4 < X < 6) = P(-0.5 < Z < 0.5)$이 된다.
$P(Z < 0.5) = 0.6915$, $Z \sim N(0, 1)$이므로 $P(0 < Z < 0.5)$는 0.6915에서 표준정규분포의 1/2의 면적을 뺀 값이 된다.
$\therefore P(0 < Z < 0.5) = (0.6915 - 0.5) = 0.1915$
이때 정규분포는 좌우대칭이므로 $P(-0.5 < Z < 0)$도 같은 값을 가진다.
따라서 $P(-0.5 < Z < 0.5) = 0.1915 + 0.1915 = 0.3830$

48
2020년 3회

어느 투자자가 구성한 포트폴리오의 기대수익률이 평균 15%, 표준편차 3%인 정규분포를 따른다고 한다. 이때 투자자의 수익률이 15% 이하일 확률은?

① 0.25
② 0.375
③ 0.475
④ 0.5

해설

기대수익률을 확률변수 X라 할 때 X는 정규분포 $N(15, 3^2)$을 따른다. 15% 수익률을 표준정규분포 $N(0, 1)$를 따르는 확률변수 Z로 표준화하여 표준정규분포에서의 값으로 변환한다.

$$Z = \frac{x - \mu}{\sigma}$$

* x: 표본통계량, μ: 모집단 평균의 추정치,
  σ: 모집단 표준편차의 추정치

정규분포에서의 값 15%는 $Z = \frac{15-15}{3} = 0$이다.

따라서 투자자의 수익률이 15% 이하일 확률은 $P(Z \leq 0)$인데, 표준정규분포에서 0은 평균이므로 평균보다 작을 확률은 표준정규분포 전체 확률의 1/2이므로, 답은 0.50이다.

49
2018년 2회

사회조사분석사 시험응시생 500명의 통계학 성적의 평균점수는 70점이고, 표준편차는 10점이라고 한다. 통계학 성적이 정규분포를 따른다고 할 때 성적이 50점에서 90점 사이인 응시자는 약 몇 명인가? [단, $P(Z < 2) = 0.9772$]

① 498명
② 477명
③ 378명
④ 250명

해설

통계학 성적의 평균점수를 확률변수 X라 할 때 X는 정규분포 $N(70, 10^2)$을 따른다. 해당 정규분포에서의 값 50, 90점을 각각 표준정규분포 $N(0, 1)$를 따르는 확률변수 Z로 표준화하여 표준정규분포에서의 값으로 변환한다.

$$Z = \frac{x - \mu}{\sigma}$$

* x: 표본통계량, μ: 모집단 평균의 추정치,
  σ: 모집단 표준편차의 추정치

50점과 90점을 표준화한 값들은 각각 $Z = \frac{50-70}{10} = -2$, $Z = \frac{90-70}{10} = 2$이다. 따라서 통계학 성적이 50점에서 90점 사이일 확률은 $P(-2 < Z < 2)$이다. $P(Z < 2) = 0.9772$이므로 $P(0 < Z < 2)$는 0.9772에서 표준정규분포의 1/2의 면적인 0.5를 뺀 값과 같다.
$P(0 < Z < 2) = (0.9772 - 0.5) = 0.4772$이며 정규분포는 좌우대칭이므로 $P(-2 < Z < 0)$도 같은 값을 갖는다.
따라서 $P(-2 < Z < 2) = 0.4772 + 0.4772 = 0.9544$이므로 95.44%이며, 전체 응시생 500명의 95.44%는 477.2명으로 약 477명이다.

50
2021년 2회

어느 제약회사에서 생산하고 있는 진통제는 복용 후 진통효과가 나타날 때까지 걸리는 시간이 평균 30분, 표준편차 8분인 정규분포를 따른다고 한다. 임의로 추출한 100명의 환자에게 진통제를 복용시킬 때 복용 후 40분에서 44분 사이에 진통효과가 나타나는 환자의 수는? (단, 다음 표준정규분포표를 이용하시오.)

z	0.75	1.00	1.25	1.50	1.75
$P(0 \leq Z \leq z)$	0.27	0.34	0.39	0.43	0.46

① 4
② 5
③ 7
④ 10

해설

진통효과가 나타나는 시간을 확률변수 X라 할 때 X는 정규분포 $N(30, 8^2)$을 따른다. 해당 정규분포에서의 값 40분과 44분을 각각 표준정규분포 $N(0, 1)$를 따르는 확률변수 Z로 표준화하여 표준정규분포에서의 값으로 변환한다.

$$Z = \frac{x - \mu}{\sigma}$$

*x: 표본통계량, μ: 모집단 평균의 추정치,
σ: 모집단 표준편차의 추정치

40분과 44분을 표준화한 값들은 각각
$Z = \frac{40 - 30}{8} = 1.25$, $Z = \frac{44 - 30}{8} = 1.75$이다.

따라서 진통효과가 나타날 때까지 걸리는 시간이 40분에서 44분 사이일 확률은 $P(1.25 < Z < 1.75)$이다. 이는 Z가 0과 1.75 사이에 있을 확률에서 Z가 0과 1.25 사이에 있을 확률을 뺀 값과 같으므로 $P(1.25 < Z < 1.75) = 0.46 - 0.39 = 0.07$이다. 따라서 환자 수 100명에 0.07을 곱하면 구하고자 하는 문제의 답은 $100 \times 0.07 = 7$명이 된다.

51
2020년 1·2회

어떤 자격시험의 성적은 평균 70, 표준편차 10인 정규분포를 따른다고 한다. 상위 5%까지를 1등급으로 분류한다면 1등급이 되기 위해서는 최소한 몇 점을 받아야 하는가? [단, $P(Z \leq 1.645) = 0.95$, $Z \sim N(0, 1)$]

① 86.45
② 89.60
③ 90.60
④ 95.00

해설

자격시험의 성적을 확률변수 X라 할 때 X는 정규분포 $N(70, 10^2)$을 따른다. 1등급이 되려면 전체 분포에서 5% 이내에 들어야 하는데 그 기준이 되는 성적을 Y라 하면 자격시험의 성적 X가 기준 성적 Y보다 높아야 하므로 $P(X > Y) = 0.05$가 된다. 이를 표준정규분포 Z값들로 변환하면
$P(X > Y) = P\left(Z > \frac{Y - 70}{10}\right) = 0.05$인데,
이는 $P(X \leq Y) = P\left(Z \leq \frac{Y - 70}{10}\right) = 0.95$로 나타낼 수 있다.
문제에서 $P(Z \leq 1.645) = 0.95$, $Z \sim N(0, 1)$가 주어졌으므로
$\frac{Y - 70}{10} = 1.645$에서 $Y = 86.45$이다.

52
2018년 2회

표준정규분포를 따르는 확률변수의 제곱은 어떤 분포를 따르는가?

① 정규분포
② t - 분포
③ F - 분포
④ 카이제곱분포

해설

표준정규분포를 따르는 확률변수 $Z \sim N(0, 1)$의 제곱인 Z^2는 자유도 1인 카이제곱 분포를 따르며, $Z_1, Z_2, \cdots, Z_k$가 서로 독립이며 각각 표준정규분포를 따르는 확률변수일 때, $Z_1^2 + Z_2^2 + \cdots + Z_k^2$는 자유도가 k인 카이제곱 분포를 따른다.

53

2021년 1회

확률변수 X의 분포가 자유도가 각각 a, b인 $F(a, b)$를 따른다면 확률변수 $Y = \frac{1}{X}$의 분포는?

① $F(a, b)$
② $F(b, a)$
③ $F\left(\frac{1}{a}, \frac{1}{b}\right)$
④ $F\left(\frac{1}{b}, \frac{1}{a}\right)$

해설

확률변수 X가 자유도 (a, b)인 $F_{(a,b)}$를 따른다면 확률변수 $\frac{1}{X}$의 분포는 $F_{(b,a)}$를 따른다.

54

2020년 3회

평균이 μ이고 분산이 σ^2인 임의의 모집단에서 확률표본 $X_1, X_2, \cdots, X_n$을 추출하였다. 표본평균 $\overline{X}$에 대한 설명으로 틀린 것은?

① $E(\overline{X}) = \mu$
② $V(\overline{X}) = \frac{\sigma^2}{n}$
③ n이 충분히 클 때 $\overline{X}$의 근사분포는 $N(\mu, \sigma^2)$이다.
④ n이 충분히 클 때 $\frac{\overline{X} - \mu}{\sigma/\sqrt{n}}$의 근사분포는 $N(0, 1)$이다.

해설

중심극한의 정리이다. n이 충분히 클 때 $\overline{X}$의 근사분포는 $N(\mu, \frac{\sigma^2}{n})$이다.

55

2021년 2회

모평균과 모분산이 각각 μ, σ^2인 무한모집단으로부터 추출한 크기 n의 랜덤표본에 근거한 표본평균 $\overline{X_n}$의 확률분포에 대한 설명으로 틀린 것은?

① 모집단의 확률분포가 정규분포이면 표본평균 $\overline{X_n}$ 역시 정규분포를 따른다.
② 모집단의 확률분포가 비대칭분포이면 표본평균 $\overline{X_n}$의 확률분포는 정규분포로 근사하지 않는다.
③ 모집단의 분포가 무엇이든 간에 관계없이 표본평균 $\overline{X_n}$의 확률분포는 표본의 크기가 커짐에 따라 근사적으로 평균이 μ이고 분산이 σ^2/n인 정규분포를 따른다.
④ 표본평균 $\overline{X_n}$의 기댓값은 표본의 크기 n에 관계없이 항상 모평균 μ와 같으나 표본평균 $\overline{X_n}$의 표준편차는 표본의 크기 n이 커짐에 따라 점점 작아져 0으로 가까이 가게 된다.

해설

표본평균 $\overline{X_n}$의 확률분포는 모집단의 분포가 무엇이든 간에 관계없이 표본의 크기가 커짐에 따라 근사적으로 평균이 μ이고 분산이 σ^2/n인 정규분포를 따른다.

56

2020년 1·2회

표본평균에 대한 표준오차의 설명으로 틀린 것은?

① 표본평균의 표준편차를 말한다.
② 모집단의 표준편차가 클수록 작아진다.
③ 표본의 크기가 클수록 작아진다.
④ 항상 0 이상이다.

해설

표준오차 $= \frac{\sigma}{\sqrt{n}}$ 에서 모집단의 표준편차가 커지면 표준오차는 커지게 된다.

57

2017년 2회

평균체중이 65kg이고 표준편차가 4kg인 A고등학교 1학년 학생들 중에서 임의로 뽑은 100명 학생들의 평균체중 $\overline{X}$의 표준편차는?

① 0.04kg
② 0.4kg
③ 4kg
④ 65kg

해설

표본평균의 표준편차는 표준오차이며 $\frac{\sigma}{\sqrt{n}}$이다. 모집단의 표준편차를 사용하면 되므로 $\frac{\sigma}{\sqrt{n}} = \frac{4}{\sqrt{100}} = \frac{4}{10} = 0.4$이다.

58

2020년 1·2회

표본크기가 3인 자료 X_1, X_2, X_3의 평균 $\overline{X} = 10$, 분산 $S^2 = 100$이다. 관측 값 10이 추가되었을 때 4개 자료의 분산 S^2은? (단, 표본분산 S^2은 불편분산이다.)

① 100/3
② 50
③ 55
④ 200/3

해설

$\frac{X_1 + X_2 + X_3}{3} = 10$이므로 $X_1 + X_2 + X_3 = 30$이다.

분산 $S^2 = 100 = \frac{(X_1-10)^2 + (X_2-10)^2 + (X_3-10)^2}{3-1}$

∴ $(X_1-10)^2 + (X_2-10)^2 + (X_3-10)^2 = 200$

관측값 10이 추가된 4개 자료의 평균은 $\frac{X_1+X_2+X_3+10}{4} = \frac{30+10}{4} = 10$

이므로 관측값 10이 추가된 4개 자료의 분산은

$\frac{(X_1-10)^2 + (X_2-10)^2 + (X_3-10)^2 + (10-10)^2}{4-1} = \frac{200}{3}$이다.

59

중심극한 정리(Central Limit Theorem)는 어느 분포에 관한 것인가?

① 모집단
② 표본
③ 모집단의 평균
④ 표본의 평균

해설

중심극한의 정리란 표본평균 $\overline{X_n}$의 확률분포는 모집단의 분포가 무엇이든 간에 관계없이 표본의 크기가 커짐에 따라 근사적으로 평균이 μ이고 분산이 σ^2/n인 정규분포를 따른다는 것이다.

60

2019년 2회

중심극한 정리에 대한 설명으로 옳은 것은?

ⓐ 표본의 크기가 충분히 큰 경우 모집단의 분포의 형태에 관계없이 성립한다.
ⓑ 모집단의 분포는 연속형, 이산형 모두 가능하다.
ⓒ 표본평균의 기댓값과 분산은 모집단의 것과 동일하다.

① ㉠
② ㉠, ㉡
③ ㉡, ㉢
④ ㉠, ㉡, ㉢

해설

중심극한의 정리란 표본평균 $\overline{X_n}$의 확률분포는 모집단의 분포의 종류에 관계없이 표본의 크기가 커짐에 따라 근사적으로 평균이 μ이고 분산이 σ^2/n인 정규분포를 따른다는 것이다. 모집단의 분포는 연속형, 이산형 모두 가능하다.

61
2021년 2회

평균이 10이고 분산이 4인 정규분포를 따르는 모집단에서 임의로 크기가 4인 표본을 뽑았다. 이때 표본평균의 기댓값은?

① 1
② 2
③ 4
④ 10

해설

중심극한의 정리에 따라 평균 μ, 표준편차 σ인 모집단에서 n개의 표본을 반복 추출하면 그 표본들의 각 평균값 $\bar{x}$의 분포는 정규분포로 수렴하게 되며, 평균 μ, 표준편차 $\frac{\sigma}{\sqrt{n}}$가 되므로 표본평균의 기댓값은 모평균과 동일한 10이다.

62
2020년 4회

평균이 8이고 분산이 0.6인 정규모집단으로부터 10개의 표본을 임의로 추출하는 경우, 표본평균의 평균과 분산은?

① (0.8, 0.6)
② (0.8, 0.06)
③ (8, 0.06)
④ (8, 0.19)

해설

중심극한의 정리에 따라 평균 μ, 표준편차 σ인 모집단에서 n개의 표본을 반복 추출하면 그 표본들의 각 평균값 $\bar{x}$의 분포는 정규분포로 수렴하게 되며, 평균 μ, 표준편차 $\frac{\sigma}{\sqrt{n}}$가 된다. 모집단의 평균은 8, 분산 $\sigma^2 = 0.6$이므로 표본평균의 평균은 8, 분산(표준편차의 제곱)은 $\frac{\sigma^2}{n} = \frac{0.6}{10} = 0.06$

63
2021년 1회

평균이 70이고 표준편차가 5인 정규분포를 따르는 집단에서 추출된 1개의 관찰 값이 80이었다고 하자. 이 개체의 상대적 위치를 나타내는 표준화점수는?

① -2
② 0.02
③ 2
④ 2.5

해설

$N(70, 5^2)$을 따르는 정규분포에서 추출된 1개의 값 80을 확률변수 Z로 표준화하여 표준정규분포에서의 값으로 나타내면 $Z = \frac{80-70}{5} = 2$이다.

64
2018년 1회

A회사에서 개발하여 판매하고 있는 신형 PC의 수명은 평균 5년, 표준편차 0.6년인 정규분포를 따른다고 한다. A회사의 신형 PC 중 9대를 임의로 추출하여 수명을 측정하였다. 평균 수명이 4.6년 이하일 확률은? [단, $P(|Z|>2) = 0.046$, $P(|Z|>1.96) = 0.05$, $P(|Z|>2.58) = 0.01$]

① 0.01
② 0.023
③ 0.025
④ 0.048

해설

신형 PC의 수명을 확률변수 X라 할 때 X는 정규분포 $N(5, 0.6^2)$을 따른다. 이로부터 추출한 $n=9$ 표본의 표본평균의 분포는 중심극한의 정리에 따라 $N(\mu, \frac{\sigma^2}{n}) = N(5, \frac{0.6^2}{9}) = N(5, 0.2^2)$을 따른다.

평균수명이 4.6년 이하일 확률을 표준정규분포에서의 값으로 구하면 $P(\bar{X} \leq 4.6) = P(Z \leq \frac{4.6-5}{0.2}) = P(Z \leq -2)$인 데, $P(|Z|>2) = 0.046$이므로 $P(Z \leq -2)$는 0.046의 1/2인 0.023이다.

| 정답 | 61 ④ | 62 ③ | 63 ③ | 64 ② |

✓ 학습전략

**Chapter 01
추정**

점추정과 구간추정의 개념 및 바람직한 추정량의 기준을 학습합니다. 구간추정에서는 신뢰구간 추정에 관한 계산문제에 대비하는 방향으로 학습합니다. 또한 표본크기의 결정 공식과 계산에 대해서도 학습합니다.

**Chapter 02
가설검정 일반**

귀무가설과 대립가설, 단측검정과 양측검정, 임계치와 유의확률 등 주요 개념에 대해 확실하게 이해하는 방향으로 학습합니다.

**Chapter 03
모평균, 모비율,
모분산의 가설검정**

각 검정통계량 공식에 대해 유형별로 학습합니다.

PART 03
추정과 가설검정

Chapter 01 **추정**

Chapter 02 **가설검정 일반**

Chapter 03 **모평균, 모비율, 모분산의 가설검정**

Chapter 01 추정

1 추정(추론)

1. 개념 및 유형
① 추정이란 **표본통계량**(표본의 특성을 나타냄)을 이용해서 **모집단의 모수**(모집단의 특성을 나타냄)를 **추론**하는 통계적 분석방법으로서, 크게 점추정과 구간추정으로 나눌 수 있다.
② 추정에 사용되는 통계량을 **추정량**, 추정량의 관측값을 **추정치(추정값)**라고 한다.

2. 점추정과 구간추정

(1) 점추정(Point Estimation)
① 추정하고자 하는 모수를 **하나의 점(단일 값)으로 추정**한다(모평균, 모분산, 모비율 등).
  ㉠ 선거여론 조사를 통해 특정 후보의 지지율을 예측하려고 할 때, 표본조사를 통해 지지율이 30%가 나왔고 이에 따라 전체 유권자(모집단)의 지지율이 30%라고 추정한다.
② 추정량의 정확도를 측정하기 위해 표준오차(추정량의 표준편차)를 구한다.

(2) 구간추정(Interval Estimation)
추정하고자 하는 **모수가 특정한 구간 내에 존재할 확률이 어느 정도**인지를 추정, 즉 **미지의 모수를 포함한다고 추측되는 구간을 추정**한다.
  ㉠ 선거여론 조사를 통해 특정 후보의 지지율을 예측하려고 할 때 표본조사를 통해 지지율이 30%가 나왔는데, 95% 신뢰수준이며 표본오차는 ± 3%pt라고 추정한다.
  ☞ 지지율이 27 ~ 33% 범위 내라는 것이다.

3. 바람직한 추정량의 기준

(1) 불편성(Unbiasedness)
① 모수를 θ, 추정량을 $\hat{\theta}$라고 할 때, **모수와 추정량의 기대치의 차이** $E(\hat{\theta}) - \theta$는 **추정량이 모수로부터 벗어난 정도**를 의미하게 된다.
② 이것을 **편의 또는 편향(bias)**이라 하고, 이것이 **0인 경우** $\hat{\theta}$를 **불편추정량**이라고 한다.
③ 따라서 불편성이란 **추정량의 기댓값**이 모수와 차이가 없이 일치하는 것이며, 이렇게 $E(\hat{\theta}) = \theta$를 만족할수록, 즉 편향이 0이 될수록 좋은 추정량이라는 것이다.

④ 불편성을 갖는 추정량을 **불편추정량**, 불편추정량이 아닌 추정량을 **편의추정량**이라고 한다.

> - 표본평균 $\overline{X}$에 대하여 $E(\overline{X}) = \mu$이므로 표본평균 $\overline{X}$는 모평균 μ의 불편추정량이다.
> - 표본분산 $S^2 = \dfrac{1}{n-1}\sum_{i=1}^{n}(X_i - \overline{X})^2$에 대하여
> $E(S^2) = E\left(\dfrac{1}{n-1}\sum_{i=1}^{n}(X_i - \overline{X})^2\right) = \sigma^2$이므로, 표본분산 S^2는 모분산 σ^2의 불편추정량이다.

(2) 효율성(Efficiency)
① **추정량의 분산은 작을수록 좋다는 것**으로, **유효성**이라고도 한다.
② 불편추정량은 여러 개일 수 있는데, 그 중에서도 효율적인 불편추정량은 **분산이 더 작은**(추정량의 표준편차, 즉 표준오차가 더 작은) 추정량이다.[1]
③ 효율성을 가진 추정량을 효율추정량 또는 유효추정량이라고 한다.

(3) 일치성(Consistency)
① **표본크기(n)가 커질수록** 표본으로부터 구한 추정량(또는 추정값)이 **확률적으로 모수와 근접한다**는 것으로, 일치성을 가진 추정량을 일치추정량이라고 한다.
② $\lim_{n \to \infty} P(|\hat{\theta} - \theta| < \epsilon) = 1$ (ϵ: 임의의 양수)
   ☞ 표본의 크기가 매우 크면 참값에 가까운 추정값을 거의 항상 얻게 된다는 것이다.

(4) 충분성(Sufficiency)
① 추정량이 **모수에 대하여 모든 정보를 포함해야 한다**는 것이다.
② **어떤 추정량이 모수에 대해 가장 많은 정보를 제공하는가**라는 것이다.
③ 충분성을 가진 추정량을 충분추정량이라고 한다.
④ 확률표본 $X_1, X_2, \cdots, X_n$이 있을 때 표본평균 $\overline{X}$는 이 표본들의 모든 유용한 정보를 갖고 있기 때문에 모수 μ를 추정하는 데 있어서 모평균에 대한 충분추정량이 된다.

> **[점추정에서의 불편추정량]**
> ① **모평균(μ)의 불편추정량**: 표본평균($\overline{X}$)
> ② **모비율[2](p)의 불편추정량**: 표본비율($\hat{p}$)
> ③ **모분산(σ^2)의 불편추정량**: 표본분산(S^2)
> ④ **모표준편차(σ)의 불편추정량**: 표본표준편차(S)

---

1) $\hat{\theta_1}$, $\hat{\theta_2}$가 불편추정량일 때, $V(\hat{\theta_1}) < V(\hat{\theta_2})$이면 $\hat{\theta_1}$이 더 효율적이다.

2) 모비율
모집단 속에서 어떤 특정한 속성을 갖는 것의 비율

4. 구간추정 - 신뢰수준과 신뢰구간

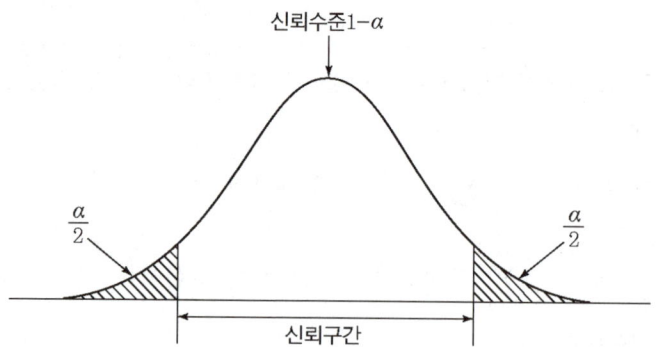

(1) 주요개념
- 점추정은 모수의 참값과 완전히 정확하게 일치하기가 대단히 어렵다. **구간추정은 정해진 확신의 정도를 가지고 미지의 모수가 속할 것으로 기대되는 구간(신뢰구간)을 추정하는 것이다.**[1]
- 여기서 확신의 정도라는 것은 미지의 모수가 추정한 구간 안에 들어갈 확신의 정도인 신뢰수준을 말한다.

① **신뢰구간(Confidence Interval)**
  ㉠ **실제 모집단의 값이 이 구간 안에 위치할 것이라고 예측하는 구간**, 즉 모수를 포함한다고 확신(높은 확률을 가진다는 의미)하는 구간을 의미한다.
  ㉡ 하한 값과 상한 값으로 표시하며, **신뢰수준에 비례하고 표본크기 n의 제곱근에 반비례**한다.
   ☞ 다른 조건이 동일하다면 **표본의 크기가 클수록** 신뢰구간의 폭은 **좁아지고**, 동일한 표본 하에서 **신뢰수준을 높이면** 신뢰구간의 폭은 **넓어진다**.
  ㉢ 모든 다른 조건이 동일하다면 신뢰구간이 **짧을수록** 모수에 대한 **추정의 정밀도**가 **높아진다**.

② **신뢰수준(Confidence Level)**[2]
  ㉠ **신뢰구간 내에 모집단의 값이 위치할 것이라고 예측하는 확률로 백분율[%]로 나타낸다.**
  ㉡ 신뢰수준 $100(1-\alpha)\%$는 모수가 추정한 구간 안에 들어갈 확신의 정도가 $100(1-\alpha)\%$라는 것이다.
  ㉢ **조사자의 신뢰 정도(확신의 정도)**이며 일반적으로 **90%, 95%, 99%**를 사용한다.
  ㉣ 신뢰도(반복측정 시 동일결과가 나오는 정도)의 개념으로, 예를 들어 95%의 의미는 동일모집단에서 동일한 방법으로 표본을 100번 반복추출하여 추정하면 이중 95번은 같은 결과가 나온다는 뜻이다.

③ **유의수준(Significance Level)**
  ㉠ 진정한 **모수가 신뢰구간 밖에 있을 확률로 α로 나타내며, 오차율이라고도 한다.**
  ㉡ **일반적: 10%**(0.1), **5%**(0.05), **1%**(0.01)
  ㉢ **1종 오류의 허용유의확률**, 허용오차수준이라고도 한다.

---

[1] 점추정은 단일한 하나의 값으로 추정하기 때문에 틀릴 확률이 높은데 구간 추정은 상대적으로 틀릴 가능성이 적어진다.

[2] 신뢰계수(Confidence Coefficient)
신뢰구간이 모수를 포함할 확률을 의미한다($1-\alpha$).

> 참고
>
> 모수 θ에 대한 $100(1-\alpha)\%$ 신뢰구간은 두 통계량 a(신뢰하한)와 b(신뢰상한)가 $P(a < \theta < b) = 1 - \alpha$를 만족하는 구간 (a, b)이다.
> ① 신뢰수준 $100(1-\alpha)\%$ 신뢰구간은 동일 모집단에서 동일 추정방법으로 100회 반복해서 추정한 신뢰구간이 모수의 값을 $100(1-\alpha)$회 정도 포함하고 있을 것이라 기대된다는 것이다.
> ② 표준정규분포 N(0, 1)에서 $1 - \alpha$ = 신뢰하한($-z_{\alpha/2}$)와 신뢰상한($z_{\alpha/2}$) 사이의 면적

(2) 신뢰구간의 추정

① 모집단 평균의 신뢰구간

㉠ 단일모집단 평균의 신뢰구간 추정

($\overline{X}$: 표본평균, μ: 모집단의 평균, σ: 모집단의 표준편차, S: 표본의 표준편차, n: 표본의 크기)

예 전국 중학교 남학생 평균키가 xxx라고 알려진 상태에서, 특정 수의 표본을 뽑아 평균키를 추정한다.

모집단의 표준편차(분산)을 알고 있을 경우	$\overline{X} - Z_{\frac{\alpha}{2}} \frac{\sigma}{\sqrt{n}} \leq \mu \leq \overline{X} + Z_{\frac{\alpha}{2}} \frac{\sigma}{\sqrt{n}}$
모집단의 표준편차(분산)을 모르는 경우	n이 30개 이상(대표본)이면 모집단의 표준편차 대신 표본의 표준편차(S) 사용 $\overline{X} - Z_{\frac{\alpha}{2}} \frac{S}{\sqrt{n}} \leq \mu \leq \overline{X} + Z_{\frac{\alpha}{2}} \frac{S}{\sqrt{n}}$ n이 30개 미만(소표본)이면 t분포 사용 (자유도: $n - 1$) $\overline{X} - t_{\frac{\alpha}{2}, n-1} \frac{S}{\sqrt{n}} \leq \mu \leq \overline{X} + t_{\frac{\alpha}{2}, n-1} \frac{S}{\sqrt{n}}$

> 예시
>
> 1. $n = 100$, $\overline{X} = 150$, $\sigma = 10$, $\alpha = 0.05$일 때, 95% 신뢰구간을 추정하시오.
>   (대표본이며 모분산이 알려진 경우)
>
>   [해설]
> $\overline{X} - Z_{\frac{\alpha}{2}} \frac{\sigma}{\sqrt{n}} \leq \mu \leq \overline{X} + Z_{\frac{\alpha}{2}} \frac{\sigma}{\sqrt{n}}$
> $150 - 1.96 \frac{10}{\sqrt{100}} \leq \mu \leq 150 + 1.96 \frac{10}{\sqrt{100}}$
>   ∴ $148.04 \leq \mu \leq 151.96$

> 참고
>
> Z검정에 있어서 각 신뢰수준별 임계치와 면적

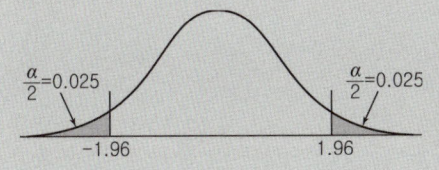

① 90% 신뢰수준: $Z_{\frac{\alpha}{2}} = 1.645$
② 95% 신뢰수준: $Z_{\frac{\alpha}{2}} = 1.96$
③ 99% 신뢰수준: $Z_{\frac{\alpha}{2}} = 2.575$

2. $n = 9$, $\overline{X} = 150$, $S = 15$, $\alpha = 0.05$일 때, 95% 신뢰구간을 추정하시오.
(소표본이며 모분산이 알려져 있지 않은 경우)

[해설]

$$\overline{X} - t_{\frac{\alpha}{2}, n-1} \frac{S}{\sqrt{n}} \leq \mu \leq \overline{X} + t_{\frac{\alpha}{2}, n-1} \frac{S}{\sqrt{n}}$$

$$150 - 2.306 \frac{15}{\sqrt{9}} \leq \mu \leq 150 + 2.306 \frac{15}{\sqrt{9}}$$

$$\therefore 138.47 \leq \mu \leq 161.53$$

☞ **해당되는 t값:** t분포표에서 0.025($\frac{\alpha}{2}$)와 자유도 8($n - 1 = 9 - 1 = 8$)과의 교차점의 숫자이다.

- ⓛ **두 모집단 평균 차이의 신뢰구간 추정**

  ($\overline{X_k}$: 표본 k의 평균, μ_k: 모집단 k의 평균, n_k: 표본 k의 표본 크기, σ_k^2: 모집단 k의 분산. 단, k = 1, 2)

  예 판매제품에 대해 서로 다른 판촉방법 A, B를 각기 적용하고 판매실적 평균을 비교한다.

모집단의 표준편차(분산)을 알고 있을 경우	$(\overline{X_1} - \overline{X_2}) - Z_{\frac{\alpha}{2}} \sqrt{\frac{\sigma_1^2}{n_1} + \frac{\sigma_2^2}{n_2}} \leq \mu_1 - \mu_2$ $\leq (\overline{X_1} - \overline{X_2}) + Z_{\frac{\alpha}{2}} \sqrt{\frac{\sigma_1^2}{n_1} + \frac{\sigma_2^2}{n_2}}$
모집단의 표준편차(분산)을 모르는 경우	$n_1, n_2 \geq 30$(**대표본**)인 경우, 표본의 표준편차(S) 사용 $(\overline{X_1} - \overline{X_2}) - Z_{\frac{\alpha}{2}} \sqrt{\frac{S_1^2}{n_1} + \frac{S_2^2}{n_2}} \leq \mu_1 - \mu_2$ $\leq (\overline{X_1} - \overline{X_2}) + Z_{\frac{\alpha}{2}} \sqrt{\frac{S_1^2}{n_1} + \frac{S_2^2}{n_2}}$
	$n_1, n_2 < 30$(**소표본**)인 경우 t분포 사용 (자유도: $n_1 + n_2 - 2$) $(\overline{X_1} - \overline{X_2}) - t_{\frac{\alpha}{2}, n_1+n_2-2} s_p \sqrt{\frac{1}{n_1} + \frac{1}{n_2}} \leq \mu_1 - \mu_2$ $\leq (\overline{X_1} - \overline{X_2}) + t_{\frac{\alpha}{2}, n_1+n_2-2} s_p \sqrt{\frac{1}{n_1} + \frac{1}{n_2}}$ *s_p = 표준편차결합추정치 = $\sqrt{\frac{(n_1-1)S_1^2 + (n_2-1)S_2^2}{(n_1-1) + (n_2-1)}}$

ⓒ **짝을 이룬 값들(대응표본) 모집단 평균 차이의 신뢰구간 추정**

(μ_1: 모집단 1의 평균, μ_2: 모집단 2의 평균)

예 **특정 집단에 대하여 영어교육 프로그램 적용 전과 적용 후의 영어시험성적 비교**

대응표본의 수 ≥ 30 : Z분포 사용	$\overline{D} - Z_{\frac{\alpha}{2}} \frac{S_D}{\sqrt{n}} \leq \mu_1 - \mu_2 \leq \overline{D} + Z_{\frac{\alpha}{2}} \frac{S_D}{\sqrt{n}}$ ¹⁾ * D: 각 표본요소값들의 차이 $\overline{D}$: D의 평균 S_D: D의 표준편차
대응표본의 수 < 30 : t분포(자유도 $n-1$)사용	$\overline{D} - t_{\frac{\alpha}{2},\, n-1} \frac{S_D}{\sqrt{n}} \leq \mu_1 - \mu_2 \leq \overline{D} + t_{\frac{\alpha}{2},\, n-1} \frac{S_D}{\sqrt{n}}$ * D: 각 표본요소값들의 차이 $\overline{D}$: D의 평균 S_D: D의 표준편차

1) $\overline{D} = \overline{X_1} - \overline{X_2}$ = 모평균의 차이 ($\mu_1 - \mu_2$)에 대한 추정량
$$S_D = \sqrt{\frac{\sum_{i=1}^{n}(D_i - \overline{D})^2}{n-1}}$$
* D_i: i번째 표본요소 값들의 차이

② **모집단 비율의 신뢰구간**

비율검증을 위해서는 기본적으로 이항분포를 사용하는데, 표본의 크기가 크면 비율 또는 비율차이의 표본추출분포가 정규분포에 가까워지는 성질을 이용(이항분포의 정규근사)하여 Z-분포를 일반적으로 사용한다.

ⓐ **단일모집단 비율의 신뢰구간 추정**

(p: 모집단의 비율, $\hat{p}$: 표본의 비율)

예 **매장재방문 비율이 특정비율[%]이라고 알려진 상태에서, 표본을 추출하여 재방문비율을 추정한다.**

$$\hat{p} - Z_{\frac{\alpha}{2}} \sqrt{\frac{\hat{p}(1-\hat{p})}{n}} \leq p \leq \hat{p} + Z_{\frac{\alpha}{2}} \sqrt{\frac{\hat{p}(1-\hat{p})}{n}}$$

ⓑ **두 모집단 비율차이의 신뢰구간 추정**

(p: 모집단의 비율, $\hat{p_1}$: 표본 1의 비율, $\hat{p_2}$: 표본 2의 비율)

예 **서비스 패키지 (A, B) 각각의 고객 유지율 차이 비교**

$$(\hat{p_1} - \hat{p_2}) - Z_{\frac{\alpha}{2}} \sqrt{\frac{\hat{p_1}(1-\hat{p_1})}{n_1} + \frac{\hat{p_2}(1-\hat{p_2})}{n_2}} \leq p_1 - p_2$$
$$\leq (\hat{p_1} - \hat{p_2}) + Z_{\frac{\alpha}{2}} \sqrt{\frac{\hat{p_1}(1-\hat{p_1})}{n_1} + \frac{\hat{p_2}(1-\hat{p_2})}{n_2}}$$

③ 모집단 분산의 신뢰구간
  ③ 단일 모분산의 신뢰구간 추정
    모분산의 추정량은 표본분산으로, 자유도 $n-1$인 **카이제곱(χ^2) 통계량**을 이용한다.
    (σ^2: 모집단의 분산, S^2: 표본의 분산)
    예 제품에 함유된 특정 성분의 분산이 xx라고 알려진 상태에서, 표본을 추출하여 분산을 추정한다.

    $$\frac{(n-1)S^2}{\chi^2_{\frac{\alpha}{2},\, n-1}} \leq \sigma^2 \leq \frac{(n-1)S^2}{\chi^2_{1-\frac{\alpha}{2},\, n-1}}$$

  ⓒ 두 모분산 비율의 신뢰구간 추정
    모분산 비율($\frac{\sigma_1^2}{\sigma_2^2}$)의 추정량은 표본분산의 비율($\frac{S_1^2}{S_2^2}$)로, **F통계량**을 이용한다.
    (n_1: 표본 1의 표본 크기, n_2: 표본 2의 표본 크기, σ^2: 모집단의 분산, S^2: 표본의 분산)
    예 A, B 두 제품에 각각 함유된 특정 성분의 분산의 비율을 표본으로 추출하여 추정한다.

    $$\frac{1}{F_{\frac{\alpha}{2},\, n_2-1,\, n_1-1}} \frac{S_1^2}{S_2^2} \leq \frac{\sigma_1^2}{\sigma_2^2} \leq \frac{1}{F_{1-\frac{\alpha}{2},\, n_2-1,\, n_1-1}} \frac{S_1^2}{S_2^2}$$

    또는 $F_{\frac{\alpha}{2},\, n_1-1,\, n_2-1} \frac{S_1^2}{S_2^2}$

5. 표본의 크기

(1) 추정의 정확도를 위해서는 표본의 크기를 늘리는 것이 좋으나, 조사비용 증가 등의 이슈가 있다.

(2) 표본 크기를 결정하는 대표적 방법은 신뢰구간 접근법이다.

[신뢰구간 접근법]
신뢰수준과 허용오차에 따라 표본 크기를 결정한다.
☞ **허용오차**: 모집단에서 표본을 선정함에 따라 생기는 오차로, 표본오차의 의미를 가지며 ±%로 나타낸다.
  ① 신뢰구간 접근법에 의한 계산 시 ±%의 한 쪽의 길이에 해당하는 숫자를 사용한다.
    (추정구간의 중심으로부터 한 쪽의 길이 ☞ 즉, 신뢰구간 길이의 반)
    예 $Z_{\frac{\alpha}{2}} \frac{\sigma}{\sqrt{n}}$
  ② 이 한 쪽의 길이는 추정구간의 중심으로부터 최대한 허용할 **최대허용오차**라는 의미를 갖고 있어 **오차한계**라고도 한다.[1]

---

1) 비율의 경우 오차한계는 $Z_{\frac{\alpha}{2}} \frac{\sigma}{\sqrt{n}}$에서 $\frac{\sigma}{\sqrt{n}}$ 대신 비율의 표준오차 $\sqrt{\frac{pq}{n}}$ (p와 q를 모르는 경우 표본의 비율값인 $\hat{p}$, $\hat{q}$를 이용)를 사용하여 계산한다[단, $q = (1-p)$].

(3) 신뢰구간 접근법에서 표본의 크기는 **다음의 공식**에 의해 결정한다.
☞ **신뢰수준과 허용오차를 결정**하고 이에 따라 **표본 크기**를 결정한다.
① **추정치가 평균(μ)인 경우**[2]

2) 공식에 사용되는 허용오차는 평균값의 단위와 같은 단위로 표시한다.

모분산(모표준편차)이 알려져 있는 경우		$n \geq \dfrac{z^2}{d^2}\sigma^2$ *n: 표본 크기 z: 신뢰수준에 따른 표준정규분포의 $Z_{\frac{\alpha}{2}}$ 값 d: 허용오차 σ: 모집단의 표준편차
모분산(모표준편차)이 알려져있지 않은 경우	$n \geq 30$인 경우	$n \geq \dfrac{z^2}{d^2}S^2$ *n: 표본 크기 z: 신뢰수준에 따른 표준정규분포의 $Z_{\frac{\alpha}{2}}$ 값 d: 허용오차 S: 표본의 표준편차
	$n < 30$인 경우	$n \geq \dfrac{t^2}{d^2}S^2$ *n: 표본 크기 t: 신뢰수준에 따른 t분포의 $t_{\frac{\alpha}{2},\,n-1}$ 값 d: 허용오차 S: 표본의 표준편차

② **추정치가 비율(p)인 경우**

모비율을 모르고 있는 것이 일반적인데, **모비율의 대체적 값**을 알고 있으면 이를 이용하고, 그렇지 않으면 **표본의 비율**이 알려져 있을 경우 이를 이용하거나 대체적 값을 예비조사 등을 통해 추정하도록 한다. **이러한 값도 알 수 없다면** $\hat{p} = \dfrac{1}{2}$을 사용한다.

표본비율($\hat{p}$)이 알려져 있는 경우	$n \geq \dfrac{Z^2}{d^2}(\hat{p}\hat{q})$ *n: 표본 크기 p: 조사특성값을 가질 비율 q: 조사특성값을 갖지 않을 비율($= 1 - p$) z: 신뢰수준에 따른 표준정규분포의 $Z_{\frac{\alpha}{2}}$ 값 d: 허용오차(비율로 나타낸다)
표본비율($\hat{p}$)이 알려져 있지 않은 경우	위 비율추정 공식에서 $\hat{p} = 0.5$로 설정하여 계산한다.

(4) **신뢰도를 높게 할수록** 표본의 크기는 커야 한다.
(5) **모집단의 분산이 클수록** 표본의 크기는 커야 한다.
(6) **허용오차를 작게 하려면** 표본의 크기는 커져야 한다.

Chapter 02 가설검정 일반

1 가설검정의 개요

(1) **가설**이란 둘 또는 그 이상의 변인들 간의 관계에 대한 **추측적 진술**로 아직 경험적으로 **검정되지 않은 것**이다. 가설검정이란 '모집단의 실제 값이 얼마이다'라는 주장 또는 견해와 관련해 **연구자(조사자)가 표본의 정보를 사용해서 가설의 합당성 여부를 판정하는 과정**을 말한다. 이때, 일반적인 기존의 주장이나 견해를 **귀무가설**이라 하고, 연구자가 주장하는 바를 가리켜 **연구가설**이라고 한다.

(2) **통계적 가설**은 이러한 주장들을 통계적 개념의 모수 등을 이용해 나타낸 형태를 지칭한다. 통계적 가설은 **귀무가설**(Null Hypothesis, 영가설)과 이와 반대 입장에 있는 **대립가설**(Alternative Hypothesis)로 나타내는데, 위의 **기존의 주장이나 견해가 귀무가설**이 되며 **연구자가 주장하는 가설이 대립가설**이 된다.

(3) 통계적 가설검정은 이러한 귀무가설이 옳다고 할 때 표본으로부터 얻어진 통계량을 이용하여 귀무가설의 기각(Reject)여부를 결정하는 과정이라 할 수 있다. 즉 **통계적 검정의 대상이 되는 가설은 귀무가설**이다. 확률적인 오차의 범위를 넘어 오류라고 판단되면 가설을 기각한다.

☞ 귀무가설이 **기각**되면 연구가설(대립가설)은 **지지**되지만
  귀무가설이 **기각되지 않으면** 연구가설(대립가설)은 **지지되지 않는다**.

2 가설검정의 요소

1. 귀무가설과 대립가설[1]

모집단의 **모수에 대한 어떤 가정에 관한 가설을 설정**하고 이를 **검정**하는 것이며 서로 배타적 관계에 있다.

귀무가설(H0)	**통계적 검정의 대상**이 되는 기존의 주장이나 견해로서, 연구가설의 반대에 해당하는 진술이다. ☞ **같다, 차이가 없다**는 견해(항상 등호를 포함한다)이다.
대립(연구)가설(H1)	연구자가 믿고 지지하기를 원하는 가설로서, **연구자의 주장**이 내포되어 있으며 귀무가설과 반대의 견해이다. ☞ **같지 않다, 다르다, 차이가 있다**는 견해이다.

---

[1] 대립가설
연구자의 연구가설을 통계적 검정의 형태로 나타낸 것

2. 제1종 오류와 제2종 오류[2]

제1종 오류(α)	• 귀무가설이 진실(true)임에도 불구하고 추출된 표본의 통계량에 의해 귀무가설을 기각하는 오류로, 오류를 발생시킬 확률을 α로 나타낸다. • 제1종 오류의 허용유의확률이라고도 한다. • 제2종 오류보다 심각한 오류로, **통계적 검정은 제1종 오류확률을 중심으로 이루어진다.** • 귀무가설이 진실일 때 이를 기각하지 않는 옳은 결정의 확률은 $1-\alpha$이다.
제2종 오류(β)	• 귀무가설이 허위(false)임에도 불구하고 귀무가설이 기각되지 않는 오류를 말한다. • 귀무가설이 허위일 때 이를 기각할 확률은 **검정력**이라고 하며 $1-\beta$로 나타낸다. • **검정력 함수**: 고려중인 모든 분포에 대해 정의하고, 표본점이 그 검정의 기각역에 있을 확률을 생성하는 함수로 귀무가설을 기각할 확률을 모수값의 함수로 나타낸 것으로 정의된다.

[2] 제1종 오류와 제2종 오류는 서로 반대의 방향으로 작용한다.
☞ 하나를 줄이면 다른 하나가 커진다. 즉 동시에 줄일 수 없다.

3. 검정통계량[3]

① 검정에 사용하는 **표본통계량**으로, 가설검정의 유형이나 분포 등에 따라 그에 맞는 값으로 표준화시킨 치환 값이다.
② **검정통계량 관측값이 귀무가설의 기각역❶에 위치하면 귀무가설을 기각**할 수 있다.
③ 즉 가설의 옳고 그름을 판단하는 데 기준이 되는 통계량이라고 볼 수 있다.

[3] 예 Z_{obs}, t_{obs}
*obs: observed value(관측값)

❶ 상세내용 후술(372p)

4. 유의수준

① 귀무가설의 **기각여부를 결정하는데 사용하는 기준이 되는 확률**, 즉 통계적 가설검정에서 사용되는 기준값이다.
② **제1종 오류**(귀무가설이 참인데도 기각하게 되는 오류)**를 범할 확률의 허용한계로, α로 나타낸다.**
③ **위험률**이라고도 하며, 신뢰수준(90%, 95%, 99%)에 따라 각 0.1(10%), 0.05(5%), 0.01(1%)로 나타낸다.

5. 임계치(Critical Value)[4]

① **유의수준(α)에 의해서** 결정되는 값으로, 해당 확률분포에 있어서 **귀무가설의 기각여부를 결정짓는 경계 값**이다.
 ☞ **검정통계량이 이 임계치보다 (절댓값이) 크면 귀무가설을 기각할 수 있게 된다.**
② 유의수준이 커질수록 기각역은 넓어지게 된다.
③ 귀무가설이 기각되면 이를 "이 **유의수준(α)에서 통계적으로 유의(Statistically Significant)하다**"라고 표현한다. 여기서 유의하다라는 말은 표본에서 산출된 통계량이 우연에 의한 것이 아니라 의미를 부여할 수 있다는 뜻이다.
④ 한편, 귀무가설을 기각한다는 것은 귀무가설이 거짓이라는 것을 증명한 의미는 아니며, **단지 추출된 표본으로 귀무가설이 옳다고 할 만한 결정적 증거를 가지고 있지 않다**는 의미이다.

[4] 예 Z_{crit}, t_{crit}
*crit: critical value

❶ 상세내용 후술(372p)

1) α
  유의수준
  예 0.05, 0.025 등

❷ 상세내용 후술(375p)

❸ 상세내용 후술(상관분석, 410p)

❹ 상세내용 후술(교차분석, 399p)

❺ 상세내용 후술(분산분석, 405p)

> **참고**
>
> **임계치를 찾는 방법**
> - 임계치를 찾는 방법은 어떤 검정 (Z, t, χ^2, F 등)을 사용하느냐에 따라 다르다. 대표적인 방법들을 간략히 정리하면 다음과 같다.
>   ☞ 실제 시험에서는 거의 대부분 문제에서 제시되므로 개념적으로만 이해하면 된다.
> - 임계치는 유의수준 α의 값, 검정방향(단측검정/양측검정)❶, 자유도, 분석방법 등에 따라 다양하게 결정되며, 아래의 내용은 기본적 개념만을 기술한다.
>
> | 검정 | 임계치(주어진 $\alpha^{1)}$는 분석방법과 검정의 성격에 따라 달라진다) |
> |---|---|
> | Z-검정❷ | 주어진 α는 Z분포에서 면적의 크기인 확률을 나타낸다. 주어진 α에 해당하는 Z값이 임계치가 된다. |
> | t-검정❸ | 주어진 α와 해당분석에서 결정된 자유도의 교차점에 있는 값이 임계치이다. |
> | χ^2-검정❹ | 주어진 α와 해당분석에서 결정된 자유도의 교차점에 있는 값이 임계치이다. |
> | F-검정❺ | 주어진 α에서 해당분석에서 결정된 두 자유도의 교차점에 있는 값이 임계치이다. |

6. 기각역

① **귀무가설이 기각될 수 있는 영역**으로 검정통계량 **관측값이 이 영역 안에 위치하면** 귀무가설을 **기각**할 수 있다.

② 귀무가설이 **기각되지 않는 영역은 (귀무가설의) 채택역**이라고 부른다.

③ 기각역은 유의수준 및 임계치, 가설의 방향 등에 의해 영역의 위치와 면적 등이 결정되는데, 기각역은 한 쪽에만 있을 수도 있고 양쪽 모두에 있을 수도 있다. 이는 **대립가설의 방향성 여부에 따라 결정되는 것으로 단측검정(좌측, 우측 중 어느 한 편)과 양측검정으로 나뉜다.**

단측검정 (대립가설이 한 쪽에 대한 방향성을 가진다)		양측검정 (대립가설이 양쪽 모두의 방향성을 가진다. 양측에 기각역이 존재한다)
좌측검정(기각역이 좌측)	우측검정(기각역이 우측)	
예 H_0: $\mu = 100$(또는 $\mu \geq 100$) H_1: $\mu < 100$	예 H_0: $\mu = 100$(또는 $\mu \leq 100$) H_1: $\mu > 100$	예 H_0: $\mu = 100$ H_1: $\mu \neq 100$
㉠ 좌측 빗금 친 영역이 기각역이 되며 영역의 경계치가 임계치이다. ㉡ 빗금 친 부분의 면적이 α이다.	㉠ 우측 빗금 친 영역이 기각역이 되며 영역의 경계치가 임계치이다. ㉡ 빗금 친 부분의 면적이 α이다.	㉠ 양측 빗금 친 영역이 기각역이 되며 영역의 경계치가 임계치이다. ㉡ 빗금 친 부분의 면적은 좌우 각각 $\frac{\alpha}{2}$이다.

- 만약 신뢰수준을 95%로 한다면 $\alpha = 0.05$(5%)가 되며, 양측검정 시 임계치의 면적은 각 한 쪽에서 0.025가 된다.
- 검정통계량(z, t, F 등 각 방법에 따라 산출)이 임계치[2]를 넘어서 기각역에 위치하게 되면 귀무가설은 기각된다고 할 수 있다.

2) **임계치**
  α에 따라 정해지는데, 검증의 유형, 검정통계량 종류 등에 따라 구체적인 위치 값이 달라진다.

📖 **참고**

Z검정에 있어서 각 신뢰수준별 임계치와 면적

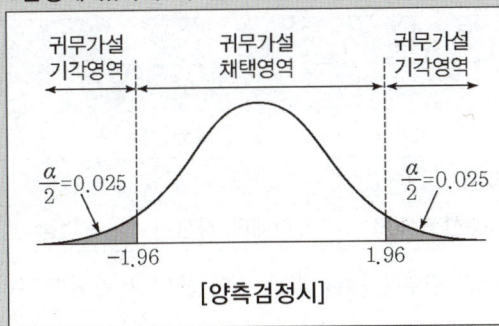

90% 신뢰수준: $Z_{\frac{\alpha}{2}} = 1.645$

95% 신뢰수준: $Z_{\frac{\alpha}{2}} = 1.96$

99% 신뢰수준: $Z_{\frac{\alpha}{2}} = 2.575$

7. 유의확률(Significance Probability)

① 귀무가설이 **맞을 때** 적어도 그 정도의 **극단적인 표본값이 나올 확률**로 0과 1 사이의 값을 가진다. 즉, **귀무가설이 맞다는 전제하에** 검정통계량이 **표본에서 계산된 값보다** 같거나 대립가설을 지지하는 방향으로 **더 극단적인 값을 가질 확률**이다.
　☞ 귀무가설이 옳다는 전제하에 검정통계량 값이 실제 관측된 값보다 대립가설을 지지하는 방향으로 더욱 치우칠 확률이다.
② 표본자료로부터 계산되는 값이며, **p - value**로 나타낸다.
③ **p - value ≤ α이면 귀무가설을 기각할 수 있다.** 즉, 유의확률이 작을수록 귀무가설이 맞을 가능성은 작아진다.

[가설검정의 절차]
(1) **검정통계량과 임계치를 비교하여 검정하는 방법**
　① **가설 설정 및 적합한 검정방법 결정**
　　㉠ 귀무가설과 대립가설을 설정한다.
　　　☞ 연구가설의 방향에 따라 단측검정 또는 양측검정이 결정된다.
　　㉡ 가설의 성격 및 분석과제에 따라 적합한 검정방법을 결정한다.
　　　☞ z검정, t검정, 카이제곱 검정, F검정 등
　② **검정통계량 및 임계치 산출**
　　신뢰수준과 유의수준 결정, 이에 따른 임계치 산출 등을 통해 귀무가설의 기각역과 채택역을 결정하고 검정통계량을 계산한다.
　③ **가설 검정**
　　검정통계량과 임계치를 비교하여 검정통계량이 어느 영역에 속하는가 결정하여 가설을 검정한다.
　　☞ 귀무가설의 기각 여부를 결정한다.
(2) **p - value를 이용하여 검정하는 방법**
　① p - value ≤ α이면 귀무가설을 기각한다.
　② p - value > α이면 귀무가설을 기각하지 않는다.

3 가설검정의 대표적 유형

(1) 집단을 다른 집단과 구별하는 중요한 특성값은 평균과 분산이다.

검정대상					
모집단의 평균			모집단의 분산		
모집단의 수			모집단의 수		
1	2	(보통) 3개 이상	1개	2개
t 검정, Z 검정	t 검정, Z 검정	분산분석(F)	카이제곱 검정	F검정

(2) 가설의 검정은 **표본통계량**으로 모집단의 **모수에 대한 가설** 등이 옳다고 판단할 수 있는지를 **검정**하는 것이다.

Chapter 03 모평균, 모비율, 모분산의 가설검정

1 단일모집단의 가설검정

모집단이 하나이며 이 모집단의 평균(또는 비율 또는 분산)이 어느 특정한 값이라고 알려진 상태에서, 연구자가 기존에 알려진 값과 다르게 생각하는 경우 '다르다' 또는 '작다'나 '크다'와 같은 이의를 연구가설로 제기하고 모수에 대한 귀무가설이 맞는지를 검정하는 것이다.

1. 평균검정(단일모집단 평균검정)

(1) 귀무가설과 대립가설
① 귀무가설(H_0): $\mu = \mu_o$ (귀무가설로 설정된 모집단의 평균값)
② 대립가설(H_1): 연구자의 방향설정에 따라 결정

(2) 검정통계량

모분산이 알려져 있는 경우 → 검정통계량 Z 사용		$Z = \dfrac{\overline{X} - \mu_0}{\sigma/\sqrt{n}}$ * $\overline{X}$: 표본의 평균값 μ_0: 귀무가설로 설정된 모집단의 평균값 σ: 모표준편차 $\sigma/\sqrt{n}$: $\overline{X}$의 표준오차
모분산이 알려져 있지 않은 경우 → 모집단 표준편차 대신 **표본의 표준편차** 이용	$n \geq 30$	$Z = \dfrac{\overline{X} - \mu_0}{S/\sqrt{n}}$ * $\overline{X}$: 표본의 평균값 μ_0: 귀무가설로 설정된 모집단의 평균값 S: 표본의 표준편차 $S/\sqrt{n}$: $\overline{X}$의 표준오차
	$n < 30$ ☞ 자유도 $n-1$인 t분포를 이용하며, **단일표본 t-검정** 이라고도 한다.	$t = \dfrac{\overline{X} - \mu_0}{S/\sqrt{n}}$ $(d.f. = n-1)$ * $\overline{X}$: 표본의 평균값 μ_0: 귀무가설로 설정된 모집단의 평균값 S: 표본의 표준편차 $S/\sqrt{n}$: $\overline{X}$의 표준오차

☞ 이렇게 산출된 검정통계량과 임계치[1]를 비교하여 가설검정의 결론을 내리게 된다(이러한 전개와 과정은 가설검정에서 동일적용).

[1] **임계치**
유의수준, 검정의 방향 등에 따라 결정된다.

2. 비율검정(단일모집단 비율검정)

비율의 표본분포는 표본의 규모가 커질수록($np \geq 5$, $n(1-p) \geq 5$인 경우) 정규분포에 근사: Z 이용

(1) 귀무가설과 대립가설

① 귀무가설(H_0): $p = p_o$(귀무가설로 설정된 모집단의 비율)

② 대립가설(H_1): $p \neq p_0$ 또는 $p > p_0$ 또는 $p < p_0$(연구자의 방향설정에 따라 결정)

(2) 검정통계량

$$Z = \frac{\hat{p} - p_0}{\sqrt{\frac{p_0(1-p_0)}{n}}}$$

* $\hat{p}$: 표본의 비율
  p_0: 귀무가설로 설정된 모집단의 비율
  (단, $np_0 \geq 5$, $n(1-p_0) \geq 5$)

3. 분산검정(단일모집단 분산검정)

- 분산이란 모집단을 구성하는 값들이 평균으로부터 퍼져있는 정도를 나타내는 것이다.
- 단일모집단의 분산검정은 단일모집단 평균검정과 유사하게 **모집단의 분산이 어떤 특정한 값과 다르다 또는 특정한 값보다 크다, 작다를 연구가설로 제기**하여 분산에 대해 검정하는 것이다.

(1) 귀무가설과 대립가설

① 귀무가설(H_0): $\sigma^2 = \sigma_0^2$ (귀무가설로 설정된 모집단의 분산)

② 대립가설(H_1): $\sigma^2 \neq \sigma_0^2$ 또는 $\sigma^2 > \sigma_0^2$ 또는 $\sigma^2 < \sigma_0^2$(연구자의 방향설정에 따라 결정)

(2) 검정통계량

단일모집단 분산검정에는 카이제곱 분포가 사용된다.

$$\chi^2 = \frac{(n-1)S^2}{\sigma_0^2} \quad (d.f = n-1)$$

* S^2: 표본의 분산
  σ_0^2: 귀무가설로 설정된 모집단의 분산

2 두 모집단의 가설검정

모집단이 두 개이며, 두 모집단의 평균(또는 비율 또는 분산)에 차이가 있는지를 검정하는 것이다.
☞ 일반적으로 두 모집단이 정규분포를 이루며 분산이 동일하다는 전제하에 이루어진다.

1. 평균 차이 검정

(1) 독립표본인 경우 - 두 집단이 서로 독립적인 경우

① 귀무가설과 대립가설
  ㉠ 귀무가설(H_0): $\mu_1 = \mu_2$(각각 귀무가설로 설정된 두 모집단의 평균값)
  ㉡ 대립가설(H_1): $\mu_1 \neq \mu_2$ 또는 $\mu_1 > \mu_2$ 또는 $\mu_1 < \mu_2$(연구자의 방향설정에 따라 결정)

② 검정통계량

두 모분산 σ_1^2, σ_2^2이 알려져 있는 경우		$Z = \dfrac{(\overline{X_1} - \overline{X_2}) - (\mu_1 - \mu_2)}{\sqrt{\dfrac{\sigma_1^2}{n_1} + \dfrac{\sigma_2^2}{n_2}}}$ * $\overline{X_1}$: 표본 1의 평균, $\overline{X_2}$: 표본 2의 평균 μ_1: 모집단 1의 평균, μ_2: 모집단 2의 평균 σ_1^2: 모집단 1의 분산, σ_2^2: 모집단 2의 분산 n_1: 표본 1의 크기, n_2: 표본 2의 크기
두 모분산 σ_1^2, σ_2^2 알려져 있지 않은 경우 → 표본의 분산을 사용	$n_1, n_2 \geq 30$	$Z = \dfrac{(\overline{X_1} - \overline{X_2}) - (\mu_1 - \mu_2)}{\sqrt{\dfrac{S_1^2}{n_1} + \dfrac{S_2^2}{n_2}}}$ * $\overline{X_1}$: 표본 1의 평균, $\overline{X_2}$: 표본 2의 평균 μ_1: 모집단 1의 평균, μ_2: 모집단 2의 평균 S_1^2: 표본 1의 분산, S_1^2: 표본 2의 분산 n_1: 표본 1의 크기, n_2: 표본 2의 크기
	$n_1, n_2 < 30$ ☞ **독립표본 t-검정**이라고 한다.	$t = \dfrac{(\overline{X_1} - \overline{X_2}) - (\mu_1 - \mu_2)}{S_p\sqrt{\dfrac{1}{n_1} + \dfrac{1}{n_2}}}$ $(d.f = n_1 + n_2 - 2)$ * $\overline{X_1}$: 표본 1의 평균, $\overline{X_2}$: 표본 2의 평균 μ_1: 모집단 1의 평균, μ_2: 모집단 2의 평균 n_1: 표본 1의 크기, n_2: 표본 2의 크기 S_p: 두 모집단을 결합했을 때의 결합표준편차추정치 $S_p = \sqrt{\dfrac{\sum\limits_{i=1}^{n_1}(X_i - \overline{X_1})^2 + \sum\limits_{i=1}^{n_2}(X_i - \overline{X_2})^2}{n_1 + n_2 - 2}}$ [1] * $S_p\sqrt{\dfrac{1}{n_1} + \dfrac{1}{n_2}}$: $(\overline{X_1} - \overline{X_2})$의 표준오차

[1] **합동분산(공통분산)**
두 표본분산 S_1^2, S_2^2에 대한 합동분산 S_p^2은 다음의 식으로 나타낼 수 있다.
$S_1^2 = \dfrac{\sum(X_1 - \overline{X_1})^2}{n_1 - 1}$,
$S_2^2 = \dfrac{\sum(X_2 - \overline{X_2})^2}{n_2 - 1}$
☞ $S_p^2 = \dfrac{(n_1 - 1)S_1^2 + (n_2 - 1)S_2^2}{(n_1 + n_2 - 2)}$

(2) 대응표본인 경우(대응표본 t - 검정, 쌍체비교라고도 한다)
- 한 모집단 내에서 조사대상 개체가 같고 표본의 값이 짝을 이루고 있을 때 이 값들 간에 차이가 있는지를 검증하는 것이다. 모집단이 1개이므로 자유도는 $n-1$을 사용한다.
- 일반적으로 동일 집단에 대한 사전·사후의 차이를 검정할 때 사용된다.

① 귀무가설과 대립가설

D를 '두 모평균의 차 $\mu_1 - \mu_2$'라고 할 때
  ㉠ **귀무가설**(H_0): $D = 0$
  ㉡ **대립가설**(H_1): $D \neq 0$ 또는 $D > 0$ 또는 $D < 0$(연구자의 방향설정에 따라 결정)

② 검정통계량

$$t = \frac{\bar{d} - D_0}{s_d / \sqrt{n}} \quad (\text{자유도} = n-1)$$

* $\bar{d}$: 각 표본요소값들의 차이(d)의 평균값
  D_0: 귀무가설로 설정된 차이의 평균값
  s_d: 표본요소차이값들의 표준편차
  $s_d / \sqrt{n}$: d의 표준오차
  $$s_d = \sqrt{\frac{\sum_{i=1}^{n}(d_i - \bar{d})^2}{n-1}}$$

2. 비율 차이 검정

(1) 귀무가설과 대립가설
  ① **귀무가설**(H_0): $p_1 = p_2$(각각 귀무가설로 설정된 두 모집단의 비율)
  ② **대립가설**(H_1): $p_1 \neq p_2$ 또는 $p_1 > p_2$ 또는 $p_1 < p_2$(연구자의 방향설정에 따라 결정)

(2) 검정통계량

$$Z = \frac{(\hat{p_1} - \hat{p_2}) - (p_1 - p_2)}{\sqrt{\hat{p}(1-\hat{p})(\frac{1}{n_1} + \frac{1}{n_2})}}$$

* $\hat{p_1}$: 표본 1의 비율, $\hat{p_2}$: 표본 2의 비율
  p_1: 모집단 1의 비율, p_2: 모집단 2의 비율
  n_1: 표본 1의 표본크기, n_2: 표본 2의 표본크기
  $\hat{p}$: 합동추정량 = $\dfrac{x_1 + x_2}{n_1 + n_2}$
  (x_1, x_2: 각 표본에서 특정속성을 갖는 구성원 수)

3. 분산의 비율(모분산비) 검정

2개의 모집단에서 각각 표본을 추출하여 이들의 **분산을 비교함**으로써 두 모집단 간의 분산의 차이를 검정하는 것으로, 두 모집단의 **분산이 같은지** 아니면 **어느 한 쪽의 분산이 더 큰지**를 검정하며 **F분포**가 사용된다.

(1) 귀무가설과 대립가설

① **귀무가설**(H_0): $\sigma_1^2 = \sigma_2^2$(각각 귀무가설로 설정된 두 모집단의 분산)

② **대립가설**(H_1): $\sigma_1^2 \neq \sigma_2^2$ 또는 $\sigma_1^2 > \sigma_2^2$ 또는 $\sigma_1^2 < \sigma_2^2$(연구자의 방향설정에 따라 결정)

(2) 검정통계량

① 대립가설이 $\sigma_1^2 > \sigma_2^2$이거나 $\sigma_1^2 \neq \sigma_2^2$인 경우 다음과 같다.

$$F = \frac{S_1^2/\sigma_1^2}{S_2^2/\sigma_2^2}$$

* S_1^2: 표본 1의 분산
 S_1^2: 표본 2의 분산
 σ_1^2: 모집단 1의 분산
 σ_2^2: 모집단 2의 분산
☞ 두 모집단 분산이 동일하다고 가정한다면 검정통계량은 표본분산의 비가 된다.

② 대립가설이 $\sigma_1^2 < \sigma_2^2$이면 검정통계량은 다음과 같다.

$$F = \frac{S_2^2/\sigma_2^2}{S_1^2/\sigma_1^2}$$

기출 및 예상적중문제
PART 03 추정과 가설검정

01
2021년 2회

점 추정치에 관한 설명 중 틀린 것은?

① 좋은 추정량의 성질 중 하나는 추정량의 기댓값이 모수값이 되는 것인데, 이를 불편성이라 한다.
② 표본의 크기가 커질수록, 표본으로부터 구한 추정치가 모수와 다를 확률이 0에 가깝다는 것을 일치성이 있다고 한다.
③ 표본에 의한 추정치 중에서 중위수는 평균보다 중앙에 위치하기 때문에 더욱 효율성 있는 추정치가 될 수 있다.
④ 좋은 추정량의 성질 중 하나는 추정량의 값이 주어질 때 조건부 분포가 모수에 의존하지 않는다는 것이며 이를 충분성이라고 한다.

해설
불편추정량은 여러 개일 수 있는데 그 중에서도 효율적인 불편추정량은 분산이 더 작은, 즉 추정량의 표준편차(표준오차)가 더 작은 추정량이라는 것이 효율성(유효성)이다. 중심경향치 간의 비교에 이용하는 개념은 아니다.

02
2019년 3회

정규모집단 $N(\mu, \sigma^2)$에서 추출한 확률표본 $X_1, X_2, \cdots, X_n$의 표본분산 $S^2 = \frac{1}{n-1}\sum_{i=1}^{n}(X_i - \overline{X})^2$에 대한 설명으로 옳은 것은?

① S^2은 σ^2의 불편추정량이다.
② S은 σ의 불편추정량이다.
③ S^2은 카이제곱분포를 따른다.
④ S^2의 기댓값은 σ^2/n이다.

해설
불편성이란 추정량의 기댓값이 모수와 차이가 없이 일치하는 것이며, 이렇게 $E(\hat{\theta}) = \theta$ 만족하는 성질, 즉 편향이 0이 될수록 좋은 추정량이라는 것이다. 불편성을 갖는 추정량을 불편추정량, 불편추정량이 아닌 추정량을 편의 추정량이라고 한다. 표본평균 $\overline{X}$는 모평균 μ의 불편추정량이며 표본분산 S^2은 모분산 σ^2의 불편추정량이다.

03
2019년 3회

평균이 μ이고 표준편차가 σ인 모집단에서 임의추출한 100개의 표본평균 $\overline{X}$와 1,000개의 표본평균 $\overline{Y}$를 이용하여 μ를 측정하고자 한다. 두 추정량 $\overline{X}$와 $\overline{Y}$ 중 어느 추정량이 더 좋은 추정량인지를 올바르게 설명한 것은?

① $\overline{X}$의 표준오차가 더 크므로 $\overline{X}$가 더 좋은 추정량이다.
② $\overline{X}$의 표준오차가 더 작으므로 $\overline{X}$가 더 좋은 추정량이다.
③ $\overline{Y}$의 표준오차가 더 크므로 $\overline{Y}$가 더 좋은 추정량이다.
④ $\overline{Y}$의 표준오차가 더 작으므로 $\overline{Y}$가 더 좋은 추정량이다.

해설
평균의 표본추출분포에서 표준오차는 $\frac{\sigma}{\sqrt{n}}$이므로, 표본의 크기가 클수록 작아진다. 표준오차가 작을수록 더 좋은 추정량이다. 여러 불편추정량 중에서 효율적인 불편추정량은 분산이 더 작은, 즉 추정량의 표준편차(표준오차)가 더 작은 추정량이라는 것이 효율성(유효성)이다. 따라서 $\overline{Y}$가 표준오차가 더 작으므로 더 좋은 추정량이다.

04
2018년 1회

모수의 추정에서 추정량의 분포에 대하여 요구되는 성질 중 표본오차와 관련이 있는 것은?

① 불편성
② 정규성
③ 일치성
④ 유효성

해설
여러 불편추정량 중에서 효율적인 불편추정량은 분산이 더 작은, 즉 추정량의 표준편차(표준오차)가 더 작은 추정량이라는 것이 효율성(유효성)이다.

| 정답 | 01 ③ 02 ① 03 ④ 04 ④ |

05
2018년 2회

어떤 사회정책에 대한 찬성률을 추정하고자 한다. 크기 n인 임의표본(확률표본)을 추출하여 자료를 $x_1, \cdots, x_n$으로 입력하였을 때 찬성률에 대한 점추정치로 옳은 것은? (단, 찬성이면 0, 반대면 1로 코딩한다.)

① $\dfrac{1}{\sqrt{n}}\sum_{i=1}^{n} x_i$

② $\dfrac{1}{n}\sum_{i=1}^{n} x_i$

③ $\dfrac{1}{\sqrt{n}}\sum_{i=1}^{n}(1-x_i)$

④ $\dfrac{1}{n}\sum_{i=1}^{n}(1-x_i)$

해설

모평균에 대한 점추정량은 표본의 평균으로 $\dfrac{1}{n}\sum_{i=1}^{n} x_i$인데, 자료가 반대를 1로 하여 코딩한 자료이므로 찬성에 대한 값을 구하기 위해서는 $\dfrac{1}{n}\sum_{i=1}^{n}(1-x_i)$이 되어야 한다.

06
2020년 3회

어느 대학생들의 한 달 동안 다치는 비율을 알아보기 위하여 150명을 대상으로 조사한 결과 그 중 90명이 다친 것으로 나타났다. 다칠 비율 p의 점추정치는?

① 0.3
② 0.4
③ 0.5
④ 0.6

해설

모비율 p에 대한 점추정량은 표본의 비율 $\hat{p}$이다. 150명 표본을 조사했는데 90명이 다친 것으로 나타났으므로 표본의 비율 $\hat{p} = \dfrac{90}{150} = 0.6$이다.

07
2020년 4회

어느 지역 고등학교 학생 중 안경을 착용한 학생들의 비율을 추정하기 위해 이 지역 고등학교 성별 구성비에 따라 남학생 600명, 여학생 400명을 각각 무작위로 추출하여 조사하였더니 남학생 중 240명, 여학생 중 60명이 안경을 착용한다는 조사결과를 얻었다. 이 지역 전체 고등학생 중 안경을 착용한 학생들의 비율에 대한 가장 적절한 추정값은?

① 0.4
② 0.3
③ 0.275
④ 0.15

해설

안경을 착용한 학생들의 수를 X라 할 때, 모비율 p에 대한 점추정량은 표본비율 $\hat{p} = \dfrac{\text{안경을 착용한 학생들의 수}(X)}{\text{전체 표본 크기}(n)} = \dfrac{240+60}{600+400} = 0.3$이다.

08
2021년 3회

X가 이항분포 $B(n, p)$를 따를 때, p의 불편추정량인 $\hat{p} = \dfrac{X}{n}$의 분산은?

① np
② $p(1-p)$
③ $\dfrac{p(1-p)}{n}$
④ $np(1-p)$

해설

확률변수 X가 이항분포 $B(n, p)$를 따를 때, 분산은 $V(X) = np(1-p)$이다. 분산의 성질 $V(aX \pm b) = a^2 V(X)$에 따라

$V(\hat{p}) = V\left(\dfrac{X}{n}\right) = \left(\dfrac{1}{n}\right)^2 V(X)$
$= \dfrac{1}{n^2} \times n \times p \times (1-p) = \dfrac{p(1-p)}{n}$

| 정답 | 05 ④ 06 ④ 07 ② 08 ③ |

09
2017년 3회

모평균의 추정량 $\overline{X}$의 85% 오차한계를 추정하기 위하여 반드시 필요한 통계량은? (단, 모분산은 모른다고 가정한다.)

① 평균간 차이에 대한 표준오차
② 표본상관계수
③ 표본의 표준편차
④ 사분위범위

해설

평균의 표본추출분포에서 '오차한계 $= Z_{\frac{\alpha}{2}} \times \frac{\sigma}{\sqrt{n}} = Z_{\frac{\alpha}{2}} \times$ 표준오차'로 나타낼 수 있다. 모분산은 모른다고 가정하므로 모평균 μ의 추정량 $\overline{X}$의 오차한계 추정을 위해서는 $Z_{\frac{\alpha}{2}} \times \frac{S(\text{표본의 표준편차})}{\sqrt{n}}$에 의해 표본의 표준편차가 반드시 필요하다.

10
2018년 1회

사업시행에 대한 찬반여론을 수렴하기 위해 400명의 주민을 대상으로 표본조사를 실시하였다. 그러나 표본 수가 너무 적어 신뢰성에 문제가 있다는 지적이 있어 4배인 1,600명의 주민을 재조사하였다. 신뢰수준 95% 하에서 추정오차는 얼마나 감소하는가?

① 1.23%   ② 1.03%
③ 2.45%   ④ 2.06%

해설

표본의 크기가 400명인 경우와 1,600명인 경우의 추정오차를 비교해보면 된다. 비율의 표본추출분포로 95% 신뢰수준에서 $\alpha = 0.05$이므로 오차한계 $SE(\hat{p}) = Z_{\frac{\alpha}{2}} \times$ 표준오차 $= Z_{0.025} \times \sqrt{\frac{\hat{p}\hat{q}}{n}}$이다.
추정치가 비율인 경우 모비율의 대체적 값도 모르고 표본의 비율도 알려져 있지 않을 경우 대체적 값을 추정하거나 이런 값들도 알 수 없다면 $\hat{p} = \frac{1}{2}$을 사용한다. 95% 신뢰수준에서 $Z_{\frac{\alpha}{2}} = 1.96$이므로

- $n = 400$일 경우 $SE(\hat{p}) = 1.96 \times \sqrt{\frac{0.5 \times 0.5}{400}} = 1.96 \times \sqrt{\frac{0.25}{400}} = 0.049$
- $n = 1,600$일 경우 $SE(\hat{p}) = 1.96 \times \sqrt{\frac{0.5 \times 0.5}{1600}} = 1.96 \times \sqrt{\frac{0.25}{1600}} = 0.0245$

∴ 추정오차 감소는 $0.049 - 0.0245 = 0.0245$이다. 따라서 2.45% 감소하게 된다.

11
2018년 1회

모분산 $\sigma^2 = 16$인 정규모집단에서 표본의 크기가 25인 확률표본을 추출한 결과 표본평균 10을 얻었다. 모평균에 대한 90% 신뢰구간을 구하면? [단, 표준정규분포를 따르는 확률변수 Z에 대해 $P(Z < 1.28) = 0.90$, $P(Z < 1.645) = 0.95$, $P(Z < 1.96) = 0.975$]

① (8.43, 11.57)   ② (8.68, 11.32)
③ (8.98, 11.02)   ④ (9.18, 10.82)

해설

단일모집단 평균의 신뢰구간을 구하는데 모분산이 알려져 있으므로 Z-분포를 사용한다.
$\overline{X} - Z_{\frac{\alpha}{2}} \frac{\sigma}{\sqrt{n}} \leq \mu \leq \overline{X} + Z_{\frac{\alpha}{2}} \frac{\sigma}{\sqrt{n}}$에서
표본평균 $\overline{X} = 10$, 90% 신뢰수준에서 $Z_{0.05} = 1.645$, $\sigma = 4$, $n = 25$이므로
90% 신뢰구간은 $10 - 1.645 \frac{4}{\sqrt{25}} \leq \mu \leq 10 + 1.645 \frac{4}{\sqrt{25}}$
$10 - 1.316 \leq \mu \leq 10 + 1.316$이므로 약 $8.68 \leq \mu \leq 11.32$이다.

12
2019년 2회

통계조사 시 한 가구를 조사하는 데 소요되는 시간을 측정하기 위하여 64가구를 임의추출하여 조사한 결과 평균 소요시간이 30분, 표준편차 5분이었다. 한 가구를 조사하는 데 소요되는 평균시간에 대한 95% 신뢰구간 하한과 상한은 각각 얼마인가? (단, $Z_{0.025} = 1.96$, $Z_{0.05} = 1.645$)

① 28.8, 31.2   ② 28.4, 31.6
③ 29.0, 31.0   ④ 28.5, 31.5

해설

단일모집단 평균의 신뢰구간을 구하는데 모분산은 알려져 있지 않지만 표본의 크기가 $n \geq 30$인 64이므로 Z-분포를 사용한다.
$\overline{X} - Z_{\frac{\alpha}{2}} \frac{\sigma}{\sqrt{n}} \leq \mu \leq \overline{X} + Z_{\frac{\alpha}{2}} \frac{\sigma}{\sqrt{n}}$에서 표본평균 $\overline{X} = 30$,
95% 신뢰수준에서 $Z_{0.025} = 1.96$, $\sigma =$ 표본의 표준편차$(S) = 5$, $n = 64$이므로 95% 신뢰구간은
$30 - 1.96 \frac{5}{\sqrt{64}} \leq \mu \leq 30 + 1.96 \frac{5}{\sqrt{64}}$
$30 - 1.225 \leq \mu \leq 30 + 1.225$
약 $28.8 \leq \mu \leq 31.2$이므로 하한 28.8, 상한 31.2이다.

| 정답 | 09 ③ 10 ③ 11 ② 12 ① |

13
2018년 1회

어느 공장에서 생산되는 축구공의 탄력을 조사하기 위해 랜덤하게 추출한 49개의 공을 조사한 결과 평균이 200mm, 표준편차가 20mm였다. 이 공장에서 생산되는 축구공 탄력의 평균에 대한 95% 신뢰구간을 추정하면?
[단, $P(Z>1.96)=0.025$, $P(Z>1.645)=0.05$]

① $200 \pm 1.645 \frac{20}{7}$
② $200 \pm 1.645 \frac{20}{49}$
③ $200 \pm 1.96 \frac{20}{7}$
④ $200 \pm 1.96 \frac{20}{49}$

해설

단일모집단 평균의 신뢰구간을 구하는데 모분산은 알려져 있지 않지만 표본의 크기가 $n \geq 30$인 49이므로 Z-분포를 사용한다.
$\overline{X} - Z_{\frac{\alpha}{2}} \frac{\sigma}{\sqrt{n}} \leq \mu \leq \overline{X} + Z_{\frac{\alpha}{2}} \frac{\sigma}{\sqrt{n}}$ 에서 표본평균 $\overline{X} = 200$, 95% 신뢰수준에서 $Z_{0.025} = 1.96$, $\sigma =$ 표본의 표준편차(S) = 20, $n = 49$ 이므로 95% 신뢰구간은 $200 - 1.96 \frac{20}{\sqrt{49}} \leq \mu \leq 200 + 1.96 \frac{20}{\sqrt{49}}$ 이다.
∴ $200 \pm 1.96 \frac{20}{7}$

14
2018년 3회

시계에 넣는 배터리 16개의 수명을 측정한 결과 평균이 2년이고 표준편차가 1년이었다. 이 배터리 수명의 95% 신뢰구간을 구하면? [단, $t_{0.025}(15) = 2.13$]

① (1.47, 2.53)
② (1.73, 2.27)
③ (1.87, 2.13)
④ (1.97, 2.03)

해설

단일모집단 평균의 신뢰구간을 구하는데 모분산은 알려져 있지 않고 표본의 크기가 $n < 30$인 16이므로 자유도 $(n-1)$인 t-분포를 사용한다.
$\overline{X} - t_{\frac{\alpha}{2}, n-1} \frac{S}{\sqrt{n}} \leq \mu \leq \overline{X} + t_{\frac{\alpha}{2}, n-1} \frac{S}{\sqrt{n}}$ 에서 표본평균 $\overline{X} = 2$, 자유도는 $(16-1) = 15$, 95% 신뢰수준에서 $t_{0.025}(15) = 2.13$, $S = 1$, $n = 16$이므로 95% 신뢰구간은 $2 - 2.13 \frac{1}{\sqrt{16}} \leq \mu \leq 2 + 2.13 \frac{1}{\sqrt{16}}$
$2 - 0.5325 \leq \mu \leq 2 + 0.5325$ 이므로 약 $1.47 \leq \mu \leq 2.53$ 이다

15
2019년 3회

다음은 경영학과와 컴퓨터 정보학과에서 실시한 15점 만점인 중간고사 결과이다. 두 학과 평균의 차이에 대한 95% 신뢰구간은? [단, $P(Z>1.96)=0.025$]

구분	경영학과	컴퓨터 정보학과
표본크기	36	49
표본평균	9.26	9.41
표준편차	0.75	0.86

① $-0.15 \pm 1.96 \sqrt{\frac{0.75^2}{36} + \frac{0.86^2}{49}}$
② $-0.15 \pm 1.645 \sqrt{\frac{0.75^2}{36} + \frac{0.86^2}{49}}$
③ $-0.15 \pm 1.96 \sqrt{\frac{0.75^2}{36} + \frac{0.86^2}{48}}$
④ $-0.15 \pm 1.645 \sqrt{\frac{0.75^2}{36} + \frac{0.86^2}{48}}$

해설

두 모집단 평균차이($\mu_1 - \mu_2$)의 신뢰구간을 구하는데 두 모분산은 알려져 있지 않고 표본의 크기가 $n_1, n_2 \geq 30$이므로 Z-분포를 사용한다.
$(\overline{X_1} - \overline{X_2}) - Z_{\frac{\alpha}{2}} \sqrt{\frac{S_1^2}{n_1} + \frac{S_2^2}{n_2}} \leq \mu_1 - \mu_2 \leq (\overline{X_1} - \overline{X_2}) + Z_{\frac{\alpha}{2}} \sqrt{\frac{S_1^2}{n_1} + \frac{S_2^2}{n_2}}$ 에서 경영학과를 집단 1, 컴퓨터정보학과를 집단 2로 하면
표본평균의 차이 $\overline{X_1} - \overline{X_2} = 9.26 - 9.41 = -0.15$, $S_1 = 0.75$, $S_2 = 0.86$, $n_1 = 36$, $n_2 = 49$, 95% 신뢰수준에서 $Z_{0.025} = 1.96$이므로 95% 신뢰구간은
$-0.15 - 1.96 \sqrt{\frac{0.75^2}{36} + \frac{0.86^2}{49}} \leq \mu_1 - \mu_2 \leq -0.15 + 1.96 \sqrt{\frac{0.75^2}{36} + \frac{0.86^2}{49}}$,
즉 $-0.15 \pm 1.96 \sqrt{\frac{0.75^2}{36} + \frac{0.86^2}{49}}$ 이다.

| 정답 | 13 ③ | 14 ① | 15 ① |

16
2020년 3회

흡연자 200명과 비흡연자 600명을 대상으로 한 흡연 장소에 관한 여론조사 결과가 다음과 같다. 비흡연자 중 흡연금지를 선택한 사람의 비율과 흡연자 중 흡연금지를 선택한 사람의 비율 간의 차이에 대한 95% 신뢰구간은? [단, $P(Z>1.96)=0.025$]

구분	비흡연자	흡연자
흡연 금지	44%	8%
흡연 장소 지정	52%	80%
제재 없음	4%	12%

① 0.24 ± 0.08
② 0.36 ± 0.05
③ 0.24 ± 0.18
④ 0.36 ± 0.16

해설

두 모집단 비율차이(p_1-p_2)의 신뢰구간을 구하는 문제이다. 비율검증을 위해서는 기본적으로 이항분포를 사용하는데, 표본의 크기가 크면 표본추출분포가 정규분포에 가까워지는 성질을 이용하여 일반적으로 Z-분포를 사용한다.

$$\hat{p_1}-\hat{p_2} - Z_{\frac{\alpha}{2}}\sqrt{\frac{\hat{p_1}(1-\hat{p_1})}{n_1}+\frac{\hat{p_2}(1-\hat{p_2})}{n_2}} \leq p_1-p_2$$
$$\leq \hat{p_1}-\hat{p_2} + Z_{\frac{\alpha}{2}}\sqrt{\frac{\hat{p_1}(1-\hat{p_1})}{n_1}+\frac{\hat{p_2}(1-\hat{p_2})}{n_2}}$$ 에서

비흡연자 중 흡연금지를 선택한 사람을 집단 1, 흡연자 중 흡연금지를 선택한 사람을 집단 2로 할 때 각 표본비율은 $\hat{p_1}=0.44$, $\hat{p_2}=0.08$이며 $n_1=600$, $n_2=200$이고 95% 신뢰수준 $Z_{0.025}=1.96$이다.

95% 신뢰구간은 $0.44-0.08-1.96\sqrt{\frac{0.44(1-0.44)}{600}+\frac{0.08(1-0.08)}{200}} \leq p_1-p_2 \leq 0.44-0.08+1.96\sqrt{\frac{0.44(1-0.44)}{600}+\frac{0.08(1-0.08)}{200}}$ 이고

$0.36-1.96\sqrt{\frac{0.44(0.56)}{600}+\frac{0.08(0.92)}{200}} \leq p_1-p_2 \leq 0.36+1.96\sqrt{\frac{0.44(0.56)}{600}+\frac{0.08(0.92)}{200}}$

$0.36-0.0546 \leq p_1-p_2 \leq 0.36+0.0546$ 이므로
약 $0.36-0.05 \leq p_1-p_2 \leq 0.36+0.05$, 즉 0.36 ± 0.05이다.

17
2019년 1회

어느 이동통신 회사에서 20대를 대상으로 자사의 선호도에 대한 조사를 하려고 한다. 전년도 조사에서 선호도가 40%였다. 금년도 조사에서 선호도에 대한 추정이 95% 신뢰수준에 오차한계가 4% 이내로 되기 위한 표본의 최소 크기는? [단, $Z \sim N(0,1)$일 때 $P(Z>1.96)=0.025$, $P(Z>1.65)=0.05$]

① 409
② 426
③ 577
④ 601

해설

표본비율의 오차한계 $Z_{\frac{\alpha}{2}}\sqrt{\frac{\hat{p}\hat{q}}{n}} \leq 0.04$에서, 이를 만족시키는 n의 최솟값을 구하면 된다.

95% 신뢰수준이므로 $Z_{0.025}=1.96$이고 허용오차(비율) $d=0.04$, $\hat{p}=0.4$이므로 $1.96\sqrt{\frac{0.4(1-0.4)}{n}} \leq 0.04$이다.

$1.96^2 \times \frac{0.4(1-0.4)}{n} \leq 0.04^2$

$n \geq \frac{1.96^2 \times 0.4 \times (1-0.4)}{0.04^2}$

$\therefore n \geq 576.24$

따라서 표본의 최소크기는 577이다.

18
2021년 1회

어느 여행사에서 앞으로 1년 이내에 어학연수를 원하는 대학생들의 비율을 조사하기를 원한다. 95% 신뢰수준에서 참 비율과의 오차가 3% 이내가 되도록 하기 위하여 최소한 몇 명의 대학생을 조사해야 하는가? (단, $Z_{0.05}=1.645$, $Z_{0.025}=1.96$이고 표본비율 $\hat{p}$는 0.5로 추측한다.)

① 250   ② 435
③ 752   ④ 1068

해설

표본비율의 오차한계 $Z_{\frac{\alpha}{2}}\sqrt{\frac{\hat{p}\hat{q}}{n}} \leq 0.03$에서, 이를 만족시키는 n의 최솟값을 구하면 된다.
95% 신뢰수준이므로 $Z_{0.025}=1.96$이고, 허용오차(비율) $d=0.03$, 표본비율이 알려져 있지 않아 0.5로 추측하였으므로 $\hat{p}=0.5$이다.

$1.96\sqrt{\frac{0.5(1-0.5)}{n}} \leq 0.03$

$1.96^2 \times \frac{0.25}{n} \leq 0.03^2$

$n \geq \frac{1.96^2 \times 0.25}{0.03^2} = 1067.11$

따라서 표본의 최소크기는 1068명이다.

19
2020년 3회

모평균에 대한 신뢰구간의 길이를 1/4로 줄이고자 한다. 표본크기를 몇 배로 해야 하는가?

① 1/4배   ② 1/2배
③ 2배   ④ 16배

해설

신뢰구간의 길이는 $\left(Z_{\frac{\alpha}{2}}\frac{\sigma}{\sqrt{n}}\right) \times 2$이다. 이는 신뢰수준에 비례하며, 표본크기 n의 제곱근에 반비례한다.
신뢰구간의 길이를 $\frac{1}{4}$로 줄이므로 길이는 $\frac{1}{4} \times \left(Z_{\frac{\alpha}{2}}\frac{\sigma}{\sqrt{n}}\right) \times 2$가 된다.

$\frac{1}{4} \times \left(\frac{Z_{\alpha/2} \times \sigma}{\sqrt{n}}\right) \times 2 = \left(\frac{Z_{\alpha/2} \times \sigma}{4\sqrt{n}}\right) \times 2$

$= \left(\frac{Z_{\alpha/2} \times \sigma}{\sqrt{16n}}\right) \times 2$이므로

n은 16배가 커져야 한다.

20
2019년 1회

유의수준에 대한 설명으로 옳은 것은?

① 대립가설이 참일 때 귀무가설을 채택하는 오류를 범할 확률의 최대허용한계이다.
② 유의수준 α 검정법이란 제2종 오류를 범할 확률이 α 이하인 검정방법을 말한다.
③ 귀무가설이 참임에도 불구하고 귀무가설을 기각하는 오류를 범할 확률의 최대허용한계를 뜻한다.
④ 제1종 오류를 범할 확률과 제2종 오류를 범할 확률 중 큰 쪽의 확률을 의미한다.

해설

유의수준 α는 1종 오류(귀무가설이 참임에도 귀무가설을 기각하는 오류)를 범할 확률의 최대허용한계를 뜻한다.

21
2020년 3회

다음 중 유의확률(p - value)에 대한 설명으로 틀린 것은?

① 주어진 데이터와 직접적으로 관계가 있다.
② 검정통계량이 실제 관측된 값보다 대립가설을 지지하는 방향으로 더욱 치우칠 확률로서 귀무가설 하에서 계산된 값이다.
③ 유의확률이 작을수록 귀무가설에 대한 반증이 강한 것을 의미한다.
④ 유의수준이 유의확률보다 작으면 귀무가설을 기각한다.

해설

유의확률은 귀무가설이 맞을 때 적어도 그 정도의 극단적인 표본값이 나올 확률로 0과 1 사이의 값을 가진다. 즉 귀무가설이 맞다는 전제하에 검정통계량이 표본에서 계산된 값보다 같거나 대립가설을 지지하는 방향으로 더 극단적인 값을 가질 확률이다. 표본자료로부터 계산되는 값이며, p-value로 나타낸다. p-value ≤ α이면 귀무가설을 기각할 수 있다. 즉 유의확률이 작을수록 귀무가설이 맞을 가능성은 작아진다.

| 정답 | 18 ④ 19 ④ 20 ③ 21 ④ |

22
2020년 1·2회

통계적 가설검정을 위한 검정통계량값에 대한 유의확률(p - value)이 주어졌을 때, 귀무가설을 유의수준 α로 기각할 수 있는 경우는?

① p − value > α
② p − value < α
③ p − value ≥ α
④ p − value > 2α

해설
p − value ≤ α이면 귀무가설을 기각할 수 있다. 즉 유의확률이 작을수록 귀무가설이 맞을 가능성은 작아진다.

23
2020년 4회

귀무가설이 참임에도 불구하고 이를 기각하는 결정을 내리는 오류를 무엇이라고 하는가?

① 제1종 오류
② 제2종 오류
③ 제3종 오류
④ 제4종 오류

해설
귀무가설이 참임에도 불구하고 이를 기각하는 결정을 내리는 오류를 제1종 오류라고 한다.

24
2017년 3회

제1종 오류와 제2종 오류를 범할 확률을 각각 α, β라 할 때 다음 설명 중 옳은 것은?

① $\alpha \neq \beta = 1$이면 귀무가설을 기각해야 한다.
② $\alpha = \beta$이면 귀무가설을 채택해야 한다.
③ 주어진 표본에서 α와 β를 동시에 줄일 수는 없다.
④ $\alpha \neq \beta$이면 항상 귀무가설을 채택해야 한다.

해설
α와 β는 서로 반대방향으로 작용한다. 즉 하나를 줄이면 다른 하나가 커진다. 동시에 줄일 수 없다.

25
2019년 2회

검정력에 대한 설명으로 옳은 것은?

① 참인 귀무가설을 채택할 확률이다.
② 거짓인 귀무가설을 채택할 확률이다.
③ 귀무가설이 참임에도 불구하고 이를 기각시킬 확률이다.
④ 대립가설이 참일 때 귀무가설을 기각시킬 확률이다.

해설
귀무가설이 허위일 때, 즉 대립가설이 참일 때 귀무가설을 기각할 확률을 검정력이라고 한다.

26
2021년 2회

통계적 가설 검정에 대한 설명으로 틀린 것은?

① 유의수준은 제1종 오류를 범할 확률의 최대허용한계를 말한다.
② 기각역은 귀무가설을 기각하게 되는 검정통계량의 관측값의 영역이다.
③ 귀무가설은 표본에 근거한 강력한 증거에 의하여 입증하고자 하는 가설이다.
④ 제2종 오류는 대립가설이 참임에도 불구하고 귀무가설을 기각하지 못하는 오류이다.

해설
표본에 근거한 강력한 증거에 의하여 입증하고자 하는 가설은 대립가설이다.

| 정답 | 22 ② | 23 ① | 24 ③ | 25 ④ | 26 ③ |

27 2020년 4회

다음 중 가설검정에 관한 설명으로 옳은 것은?

① 제2종 오류를 유의수준이라고 한다.
② 유의수준이 커질수록 기각역은 넓어진다.
③ 제1종 오류의 확률을 크게 하면 제2종 오류의 확률도 커진다.
④ p-값은 귀무가설 또는 대립가설을 입증하는 정도와 상관없는 개념이다.

해설
② 유의수준 α를 크게 하면 제1종 오류를 범할 확률의 최대허용한계가 커지게 되므로 귀무가설에 대한 기각역은 넓어지게 된다.
① 유의수준은 제1종 오류 관련 확률이다.
③ 제1종 오류와 제2종 오류는 방향은 반대이다.
④ p-값과 유의수준을 비교하여 귀무가설의 기각여부를 결정할 수 있으므로 p-값은 귀무가설 또는 대립가설을 입증하는 정도와 상관없는 개념이 아니다.

28 2022년 2회

국회의원 후보 A에 대한 청년층 지지율 p_1과 노년층 지지율 p_2의 차이 $p_1 - p_2$는 6.6%로 알려져 있다. 청년층과 노년층 각각 500명씩을 랜덤 추출하여 조사하였더니, 위 지지율 차이는 3.3%로 나타났다. 지지율 차이가 줄어들었다고 할 수 있는지를 검정하기 위한 귀무가설 H_0와 대립가설 H_1은?

① $H_0 : p_1 - p_2 = 0.033$, $H_1 : p_1 - p_2 > 0.033$
② $H_0 : p_1 - p_2 > 0.033$, $H_1 : p_1 - p_2 \leq 0.033$
③ $H_0 : p_1 - p_2 < 0.066$, $H_1 : p_1 - p_2 \geq 0.066$
④ $H_0 : p_1 - p_2 = 0.066$, $H_1 : p_1 - p_2 < 0.066$

해설
기존의 알려진 지지율 차이는 6.6%이며 이것이 귀무가설로 설정된다. 본 문제에서의 대립가설은 지지율 차이가 귀무가설에서의 차이 6.6%보다 줄어들었다는 방향을 가지고 있으므로 귀무가설에서 설정된 값보다 작다는 방향으로 설정된다.
*귀무가설: 같다. 차이가 없다는 입장으로, 일반적으로 등호로 표시된다.

29 2017년 3회

정규모집단 $N(\mu, \sigma^2)$로부터 취한 n의 표본 $X_1, X_2, \cdots, X_n$에 근거한 표본평균과 표본분산을 각각 $\overline{X} = \frac{1}{n}\sum_{i=1}^{n} X_i$, $S^2 = \frac{1}{n-1}\sum_{i=1}^{n}(X_i - \overline{X})^2$이라 할 때, 통계량 $\frac{\overline{X} - \mu}{\frac{S}{\sqrt{n}}}$의 분포는?

① $t(n)$: 자유도 n인 t-분포
② $t(n-1)$: 자유도 $n-1$인 t-분포
③ $\chi^2(n)$: 자유도 n인 χ^2분포
④ $\chi^2(n-1)$: 자유도 $n-1$인 χ^2분포

해설
표본의 평균과 귀무가설로 설정된 모집단의 평균값의 차이가 표준오차의 몇 배인지에 대한 통계량으로 검정통계량 t에 대한 문제이다. 평균검정에 사용될 때 자유도 $n-1$인 t-분포를 사용한다.

30 2022년 2회

다음 사례에 알맞은 검정방법은?

> 도시지역과 시골지역의 가족 구성원 수의 평균 차이가 있는지를 알아보고자 도시지역과 시골지역 중 각각 몇 개의 지역을 골라 가족 구성원 수를 조사하였다.

① F-검정
② 더빈 왓슨 검정
③ χ^2-검정
④ 독립표본 t-검정

해설
평균차이 검정에 있어서 두 모집단의 가설검정은 모집단이 두 개이며, 두 모집단의 평균에 차이가 있는지를 검정하는 방법이다.
두 집단의 평균을 비교함에 있어서
㉠ 두 집단이 서로 독립적인 경우 두 모분산이 알려져 있거나, 알려져 있지 않더라도 대표본일 때에는 검정통계량 Z를 사용하여 검정하며
㉡ 두 모분산이 알려져 있지 않고 표본의 크기가 소표본인 경우에는 t-검정을 사용(독립표본 t-검정)한다.
주어진 사례에 있어서 도시지역과 시골지역의 가족 구성원 수는 서로 독립적이고 두 모집단의 평균에 차이가 있는가를 검정하는 방법이므로 보기에서 가장 적합한 검정방법은 독립표본 t-검정이다.

| 정답 | 27 ② | 28 ④ | 29 ② | 30 ④ |

31
2021년 2회

일정 기간 공사장 지대에서 방목한 가축 소변의 불소농도에 변화가 있는가를 조사하고자 한다. 랜덤하게 추출한 10마리의 가축 소변의 불소농도를 방목 초기에 조사하고 일정 기간 방목한 후 다시 소변의 불소 농도를 조사하였다. 방목 전후의 불소농도에 차이가 있는가에 대한 분석방법으로 적합한 것은?

① F – 검정
② 쌍체비교(대응비교)
③ 단일모평균에 대한 검정
④ 독립표본에 의한 두 모평균의 비교

해설

동일한 집단(10마리의 가축)에 대하여 처치(방목)전후의 차이를 비교하는 분석방법으로 쌍체비교(대응비교)로 대응표본 t – 검정이라고도 한다. 한 모집단 내에서 조사대상 개체가 같고 표본의 값이 짝을 이루고 있을 때 이 값들 간에 차이가 있는지를 검정하는 것이다.

32
2021년 2회

단일모집단의 모분산의 검정에 사용되는 분포는?

① 정규분포
② F – 분포
③ 이항분포
④ χ^2 – 분포

해설

단일모집단의 분산검정은 단일모집단 평균검정과 유사하게 모집단의 분산이 어떤 특정한 값과 다르다 또는 특정한 값보다 크다, 작다를 연구가설로 제기하여 분산에 대해 검정하는 것이다. 단일모집단의 모분산 검정에는 χ^2–분포가 사용된다.

33
2019년 3회

두 모집단의 분산에 대한 동일성 검정에 사용되는 검정통계량의 분포는?

① t – 분포
② 기하분포
③ χ^2 – 분포
④ F – 분포

해설

두 모집단의 분산에 대한 동일성 검정은 2개의 모집단에서 각각 표본을 추출하여 이들의 분산을 비교함으로써 두 모집단 간의 분산의 차이를 검정(모분산비 검정)하는 것으로, 두 모집단의 분산이 같은지 아니면 어느 한 쪽의 분산이 더 큰지를 검정하는 것이다. 두 모집단의 분산검정에는 F – 분포가 사용된다.

34
2017년 1회

평균이 μ이고 분산이 $\sigma^2 = 9$인 정규모집단으로부터 추출한 크기 100인 확률표본의 표본평균 $\overline{X}$를 이용하여 가설 $H_0 : \mu = 0$ vs $H_1 : \mu > 0$을 유의수준에서 검정하는 경우 기각역이 $Z_0 \geq 1.645$이다. 이때 검정통계량 Z_0에 해당하는 것은?

① $10 \times \dfrac{\overline{X}}{9}$
② $10 \times \dfrac{\overline{X}}{3}$
③ $100 \times \dfrac{\overline{X}}{9}$
④ $100 \times \dfrac{\overline{X}}{3}$

해설

평균에 대한 검정에서 모분산이 알려져 있는 경우 검정통계량 Z를 사용한다.

$$Z = \frac{\overline{X} - \mu_0}{\sigma/\sqrt{n}}$$

* $\overline{X}$: 표본의 평균값, μ_0: 귀무가설로 설정된 모집단의 평균값, σ: 모표준편차, $\sigma/\sqrt{n}$: $\overline{X}$의 표준오차

모표준편차=3, n =100이므로

$$Z = \frac{\overline{X} - \mu_0}{\sigma/\sqrt{n}} = \frac{\overline{X} - 0}{3/\sqrt{100}} = \frac{\overline{X}}{3/10} = 10 \times \frac{\overline{X}}{3}$$

| 정답 | 31 ② 32 ④ 33 ④ 34 ②

35
2020년 4회

정규분포를 따르는 어떤 집단의 모평균이 10인지를 검정하기 위하여 크기가 25인 표본을 추출하여 관측한 결과 표본평균은 9, 표본표준편차는 2.5이었다. t-검정을 할 경우 검정통계량 값은?

① 2
② 1
③ -1
④ -2

해설

평균검정에서 모분산이 알려져 있지 않고 소표본인 경우 사용되는 검정통계량 t는 다음과 같다.

$$t = \frac{\overline{X} - \mu_0}{S/\sqrt{n}} \quad (d.f. = n-1)$$

* $\overline{X}$: 표본의 평균값, μ_0: 귀무가설로 설정된 모집단의 평균값
  S: 표본의 표준편차, $S/\sqrt{n}$: $\overline{X}$의 표준오차

이때 표본평균 $\overline{X} = 9$, 모평균 $\mu_0 = 10$, 표본표준편차 $S = 2.5$, $n = 25$이므로

$$t = \frac{\overline{X} - \mu_0}{S/\sqrt{n}} = \frac{9-10}{2.5/\sqrt{25}} = \frac{-1}{2.5/5} = -\frac{5}{2.5} = -2$$

36
2021년 2회

어느 조사기관에서 대한민국에 거주하는 10세 아동의 평균키는 112cm이고 표준편차가 6cm인 정규분포를 따르는 것으로 보고하였다. 이 결과를 확인하기 위하여 36명을 무작위로 추출하여 측정한 결과 표본평균이 109cm이었다. 가설 $H_0 : \mu = 112cm$ vs $H_1 : \mu \neq 112cm$에 대한 유의수준 5%의 검정결과로 옳은 것은? (단, $Z_{0.025} = 1.96$, $Z_{0.05} = 1.645$)

① 검정통계량은 2이다.
② 귀무가설을 기각한다.
③ 귀무가설을 기각할 수 없다.
④ 위 사실로는 판단할 수 없다.

해설

평균검정에서 모분산이 알려져 있고 대표본이므로 검정통계량 Z를 사용한다.

$$Z = \frac{\overline{X} - \mu_0}{\sigma/\sqrt{n}}$$

* $\overline{X}$: 표본의 평균값, μ_0: 귀무가설로 설정된 모집단의 평균값
  σ: 모표준편차, $\sigma/\sqrt{n}$: $\overline{X}$의 표준오차

이때 표본평균 $\overline{X} = 109$, 모집단의 평균 $\mu_0 = 112$, 모표준편차 $\sigma = 6$, $n = 36$이므로

$$Z = \frac{\overline{X} - \mu_0}{\sigma/\sqrt{n}} = \frac{109 - 112}{6/\sqrt{36}} = \frac{-3}{6/6} = -3 \text{이다.}$$

유의수준 5%에서 대립가설의 설정에 따라 양측검정이므로 임계치는 $Z_{0.025} = 1.96$이다.

검정통계량 Z의 값이 -3으로, 절댓값이 임계치 1.96보다 크므로 귀무가설의 기각역에 해당한다(-1.96보다 좌측에 위치함).

따라서 유의수준 5%에서 귀무가설 $H_0 : \mu = 112cm$을 기각할 수 있다.

37

2019년 1회

어느 기업의 전년도 대졸신입사원 임금의 평균이 200만원이라고 한다. 금년도 대졸신입사원 중 100명을 조사하였더니 평균이 209만원이고 표준편차가 50만원이었다. 금년도 대졸신입사원의 임금이 인상되었는지 유의수준 5%에서 검정한다면 검정통계량의 값과 검정결과는? [단, $P(|Z|>1.64)=0.10$, $P(|Z|>1.96)=0.05$, $P(|Z|>2.58)=0.01$]

① 검정통계량: 1.8
　검정결과: 금년도 대졸신입사원 임금이 전년도에 비하여 인상되었다고 할 수 있다.
② 검정통계량: 1.8
　검정결과: 금년도 대졸신입사원 임금이 전년도에 비하여 인상되었다고 할 수 없다.
③ 검정통계량: 2.0
　검정결과: 금년도 대졸신입사원 임금이 전년도에 비하여 인상되었다고 할 수 있다.
④ 검정통계량: 2.0
　검정결과: 금년도 대졸신입사원 임금이 전년도에 비하여 인상되었다고 할 수 없다.

해설

평균검정에서 모분산이 알려져 있지 않은데 대표본이므로 검정통계량 Z, 모표준편차 대신 표본 표준편차를 사용한다.

$$Z = \frac{\overline{X} - \mu_0}{S/\sqrt{n}}$$

* $\overline{X}$: 표본의 평균값.
　μ_0: 귀무가설로 설정된 모집단의 평균값.
　S: 표본의 표준편차, $S/\sqrt{n}$: $\overline{X}$의 표준오차

이때 표본평균 $\overline{X}=209$, 모집단의 평균 $\mu_0=200$, 표본의 표준편차 $S=50$, $n=100$이므로 $Z=\frac{\overline{X}-\mu_0}{S/\sqrt{n}}=\frac{209-200}{50/\sqrt{100}}=\frac{9}{50/10}=1.8$이다.
귀무가설 $H_0: \mu=200$ vs 대립가설 $H_1: \mu>200$으로 설정되므로 단측(우측)검정이 되며, 이에 따라 유의수준 5%에서 임계치는 $Z_{0.05}=1.645$가 된다. 검정통계량 Z의 값이 1.8으로, 절댓값이 임계치 1.645보다 크므로 귀무가설의 기각역에 해당한다. 따라서 유의수준 5%에서 귀무가설 $H_0: \mu=200$을 기각할 수 있다. 즉, 금년도 대졸신입사원 임금이 전년도에 비하여 인상되었다고 할 수 있다.

38

2020년 1·2회

정규분포를 따르는 모집단의 모평균에 대한 가설 $H_0: \mu=50$ vs $H_1: \mu<50$을 검정하고자 한다. 크기 $n=100$의 임의표본을 취하여 표본평균을 구한 결과 $\overline{X}=49.02$를 얻었다. 모집단의 표준편차가 5라면 유의확률은 얼마인가?
[단, $P(Z\leq-1.96)=0.025$]

① 0.025
② 0.05
③ 0.95
④ 0.975

해설

유의확률(p-value)은 귀무가설이 옳다는 전제하에 검정통계량이 표본에서 계산된 값보다 같거나 대립가설을 지지하는 방향으로 더 극단적인 값을 가질 확률이므로, 표본통계량을 구하고 통계량보다 극단적인 영역에 속하는 부분의 확률값을 구하면 된다. 평균검정에서 모분산이 알려져 있고 대표본이므로 검정통계량 Z를 사용한다.

$$Z = \frac{\overline{X} - \mu_0}{\sigma/\sqrt{n}}$$

* $\overline{X}$: 표본의 평균값.
　μ_0: 귀무가설로 설정된 모집단의 평균값.
　σ: 모표준편차, $\sigma/\sqrt{n}$: $\overline{X}$의 표준오차

이때 표본평균 $\overline{X}=49.02$, 모집단의 평균 $\mu_0=50$, 모표준편차 $\sigma=5$, $n=100$이므로
$Z=\frac{\overline{X}-\mu_0}{\sigma/\sqrt{n}}=\frac{49.02-50}{5/\sqrt{100}}=\frac{-0.98}{5/10}=-1.96$
표본에서 계산된 통계량 -1.96과 같거나 대립가설 지지방향으로 더 극단적 값을 가질 확률, 즉 유의확률은 $P(Z\leq-1.96)=0.025$이다.

39 2019년 3회

모평균 θ에 대한 95% 신뢰구간이 (-0.042, 0.522)일 때, 귀무가설 $H_0 : \theta = 0$과 대립가설 $H_1 : \theta \neq 0$을 유의수준 0.05에서 검정한 결과에 대한 설명으로 옳은 것은?

① 신뢰구간이 0을 포함하고 있으므로 귀무가설을 기각할 수 없다.
② 신뢰구간과 가설검정은 무관하기 때문에 신뢰구간을 기초로 검증에 대한 어떠한 결론도 내릴 수 없다.
③ 신뢰구간을 계산할 때 표준정규분포의 임계값을 사용했는지 또는 t-분포의 임계값을 사용했는지에 따라 해석이 다르다.
④ 신뢰구간의 상한이 0.522로 0보다 크므로 귀무가설을 기각한다.

해설

신뢰구간은 통계적 추정에 있어서 실제 모집단의 값(평균 추정에 있어서는 모평균)이 이 구간 안에 위치할 것이라고 예측하는 구간으로 모수를 포함한다고 확신(높은 확률을 가진다는 의미)하는 구간이다. 따라서 이 구간 안의 값들은 평균 추정의 경우 모평균이 가질 수 있는 값들인데, 만약 이 구간 안에 귀무가설로 설정된 모평균 값이 포함되어 있다면 귀무가설을 기각할 수 없게 된다. 주어진 95% 신뢰구간은 (-0.042, 0.522)로서 귀무가설로 설정된 모수 0을 포함하고 있으므로 귀무가설을 기각할 수 없게 된다.

40 2022년 1회

모집단으로부터 크기가 100인 표본을 추출하였다. 이 표본으로부터 표본비율 $\hat{p} = 0.42$를 추정하였다. 모비율에 대한 가설 $H_0 : p = 0.4$ vs $H_1 : p > 0.4$을 검정하기 위한 검정통계량은?

① $\dfrac{0.42 - 0.4}{\sqrt{0.4(1-0.4)/100}}$ ② $\dfrac{0.4}{\sqrt{0.4(1-0.4)/100}}$

③ $\dfrac{0.42 + 0.4}{\sqrt{0.4(1-0.4)/100}}$ ④ $\dfrac{0.42}{\sqrt{0.4(1-0.4)/100}}$

해설

단일모집단 비율검정을 위한 검정통계량 Z를 이용한다. $n = 100$, 표본의 비율 $\hat{p} = 0.42$, 귀무가설로 설정된 모집단의 비율 $p_0 = 0.40$이므로

$$Z = \frac{\hat{p} - p_0}{\sqrt{\dfrac{p_0(1-p_0)}{n}}} = \frac{0.42 - 0.4}{\sqrt{\dfrac{0.4(1-0.4)}{100}}}$$

41 2022년 2회

대통령 선거에서 A후보자는 50%의 득표를 할 것으로 예상하고 있다. 이러한 예상을 확인하기 위해 유권자 200명을 무작위추출하여 조사하였더니 그 중 81명이 A후보자를 지지한다고 하였다. 이때 검정통계량 값은?

① -2.69 ② -1.90
③ 0.045 ④ 1.645

해설

단일모집단 비율검정을 위한 검정통계량 Z를 이용한다.
표본의 비율 $\hat{p} = \dfrac{81}{200} = 0.405$, 귀무가설로 설정된 모집단의 비율 $p_0 = 0.5$, $n = 200$이므로

$$Z = \frac{\hat{p} - p_0}{\sqrt{\dfrac{p_0(1-p_0)}{n}}} = \frac{0.405 - 0.5}{\sqrt{\dfrac{0.5(1-0.5)}{200}}} = -2.687 ≒ -2.69$$

| 정답 | 39 ① | 40 ① | 41 ① |

42
2019년 2회

A도시에서는 실업률이 5.5%라고 발표하였다. 그러나 관련 민간단체에서는 실업률 5.5%는 너무 낮게 추정된 값이라고 여겨 이를 확인하고자 노동력 인구 중 520명을 임의로 추출하여 조사한 결과 39명이 무직임을 알게 되었다. 이를 확인하기 위한 검정을 수행할 때 검정통계량의 값은?

① -2.58
② 1.75
③ 1.96
④ 2.00

해설

단일모집단 비율검정을 위한 검정통계량 Z를 이용한다.
표본의 비율 $\hat{p} = \dfrac{39}{520} = 0.075$, 귀무가설로 설정된 모집단의 비율 $p_0 = 0.055$, $n = 520$이므로

$$Z = \dfrac{\hat{p} - p_0}{\sqrt{\dfrac{p_0(1-p_0)}{n}}} = \dfrac{0.075 - 0.055}{\sqrt{\dfrac{0.055(1-0.055)}{520}}} \fallingdotseq 2.0$$

43
2020년 3회

이라크 파병에 대한 여론조사를 실시했다. 100명을 무작위로 추출하여 조사한 결과 56명이 파병에 대해 찬성했다. 이 자료로부터 파병을 찬성하는 사람이 전 국민의 과반수 이상이 되는지를 유의수준 5%에서 통계적 가설검정을 실시했다. 다음 중 옳은 것은?

$$P(|Z| > 1.64) = 0.10, \quad P(|Z| > 1.96) = 0.05,$$
$$P(|Z| > 2.58) = 0.01$$

① 찬성률이 전 국민의 과반수 이상이라고 할 수 있다.
② 찬성률이 전 국민의 과반수 이상이라고 할 수 없다.
③ 표본의 수가 부족해서 결론을 얻을 수 없다.
④ 표본의 과반수 이상이 찬성해서 찬성률이 전 국민의 과반수 이상이라고 할 수 있다.

해설

단일모집단 비율검정을 위한 검정통계량 Z를 이용한다.
귀무가설과 대립가설은 파병찬성률이 전 국민의 과반수 이상인지의 여부에 따라 $H_0 : p = 0.5$ vs $H_1 : p > 0.5$로 설정되므로 단측(우측)검정이 되며, 이에 따라 유의수준 5%에서 임계치는 문제에 따라 $Z_{0.05} = 1.64$가 된다.
표본의 비율 $\hat{p} = \dfrac{56}{100} = 0.56$, 귀무가설로 설정된 모집단의 비율 $p_0 = 0.5$, $n = 100$이므로

검정통계량 Z는 $Z = \dfrac{\hat{p} - p_0}{\sqrt{\dfrac{p_0(1-p_0)}{n}}} = \dfrac{0.56 - 0.5}{\sqrt{\dfrac{0.5(1-0.5)}{100}}} = 1.2$ 이다.

검정통계량 Z의 값이 1.2로, 절댓값이 임계치 1.64보다 작으므로 귀무가설의 기각역에 위치하지 못한다. 따라서 유의수준 5%에서 귀무가설 $H_0 : p = 0.5$을 기각하지 못한다. 즉, 찬성률이 전 국민의 과반수 이상이라고 할 수 없다.

| 정답 | 42 ④ 43 ② |

44

2019년 1회

어느 회사에서는 남녀 사원이 퇴직할 때까지의 평균 근무연수에 차이가 있는지를 알아보기 위하여 표본을 무작위로 추출하여 다음과 같은 자료를 얻었다. 남자사원의 평균 근무연수가 여자사원에 비해 2년보다 더 길다고 할 수 있는가에 대해 유의수준 5%로 검정한 결과는?

구분	남자사원	여자사원
표본크기	50	35
평균근무연수	21.8	18.5
표준편차	5.6	2.4

① 귀무가설을 기각한다. 따라서 남자사원의 평균 근무연수는 여자사원보다 더 길다.
② 귀무가설을 채택한다. 따라서 남자사원의 평균 근무연수는 여자사원보다 더 길지 않다.
③ 귀무가설을 기각한다. 따라서 남자사원의 평균 근무연수는 여자사원에 비해 2년보다 더 길다.
④ 귀무가설을 채택한다. 따라서 남자사원의 평균 근무연수는 여자사원에 비해 2년보다 더 길지 않다.

해설

남자사원과 여자사원의 두 집단에 대한 두 모집단 평균차이 검정이며 두 집단은 독립적이다.
남자사원을 집단 1, 여자사원을 집단 2로 하여 남자사원의 평균근무연수를 μ_1, 여자사원의 평균근무연수를 μ_2라 할 때 두 모집단 평균의 차이 $\mu_1 - \mu_2$에 대해 검정한다. 귀무가설과 대립가설은 남자사원의 평균근무연수와 여자사원의 평균근무연수의 차이가 2년보다 더 길다고 할 수 있는가에 대한 것이므로 $H_0 : \mu_1 - \mu_2 = 2$ vs $H_1 : \mu_1 - \mu_2 > 2$로 설정할 수 있으므로 단측(우측)검정이 된다. 모분산이 알려져 있지 않은데 $n_1, n_2 > 30$인 대표본이므로 검정통계량 Z를 사용한다. 이 경우 유의수준 5%에서 임계치는 문제에서는 따로 제시되어 있지 않으나 $Z_{0.05} = 1.645$이다.

$$Z = \frac{(\overline{X_1} - \overline{X_2}) - (\mu_1 - \mu_2)}{\sqrt{\frac{S_1^2}{n_1} + \frac{S_2^2}{n_2}}}$$

* $\overline{X_1}$: 표본 1의 평균, $\overline{X_2}$: 표본 2의 평균,
  μ_1: 모집단 1의 평균, μ_2: 모집단 2의 평균
  S_1^2: 표본 1의 분산, S_2^2: 표본 2의 분산,
  n_1: 표본 1의 표본수, n_2: 표본 2의 표본수

$\overline{X_1} = 21.8$, $\overline{X_2} = 18.5$, 귀무가설로 설정된 모집단평균의 차 $\mu_1 - \mu_2 = 2$, $S_1 = 5.6$, $S_2 = 2.4$, $n_1 = 50$, $n_2 = 35$이므로

$$Z = \frac{(\overline{X_1} - \overline{X_2}) - (\mu_1 - \mu_2)}{\sqrt{\frac{S_1^2}{n_1} + \frac{S_2^2}{n_2}}}$$

$$= \frac{(21.8 - 18.5) - 2}{\sqrt{\frac{5.6^2}{50} + \frac{2.4^2}{35}}} = 1.4609 \fallingdotseq 1.46$$

검정통계량 Z의 값이 1.46으로, 절댓값이 임계치 1.645보다 작으므로 귀무가설의 기각역에 위치하지 못한다. 따라서 유의수준 5%에서 귀무가설 $H_0 : \mu_1 - \mu_2 = 2$을 기각하지 못한다. 즉, 남자사원의 평균 근무연수가 여자사원에 비해 2년보다 더 길지 않다.

45

2020년 4회

5명의 흡연자를 무작위로 선정하여 체중을 측정하고 금연을 시킨 뒤 4주 후에 다시 체중을 측정하였다. 금연 전후의 체중에 변화가 있는가에 대해 t - 검정하고자 할 때, 검정통계량의 값은?

번호	금연 전	금연 후
1	70	75
2	80	77
3	65	68
4	55	58
5	70	75

① −0.21
② −0.32
③ −0.48
④ −1.77

해설

동일한 집단(5명의 흡연자)에 대하여 처치(금연)전후의 차이(체중)를 비교하는 분석방법으로 쌍체비교(대응비교)로 대응표본 t - 검정이라고도 한다. 한 모집단 내에서 조사대상 개체가 같고 표본의 값이 짝을 이루고 있을 때, 이 값들 간에 차이가 있는지를 검정하는 것이다. 검정통계량은 t이며 모집단이 1개이므로 자유도는 $n-1$을 사용한다.

$$t = \frac{\bar{d} - D_0}{s_d / \sqrt{n}} \text{ (자유도 } n-1\text{)}$$

$$s_d = \sqrt{\frac{\sum_{i=1}^{n}(d_i - \bar{d})^2}{n-1}}$$

* $\bar{d}$: 각 표본요소값들의 차이(d)의 평균값.
  D_0: 귀무가설로 설정된 차이의 평균값.
  s_d: 표본요소 차이값들의 표준편차. $s_d / \sqrt{n}$: d의 표준오차

검정통계량 산출을 위한 계산은 다음과 같다.

번호	금연 전(a)	금연 후(b)	$d = a - b$	$d_i - \bar{d}$	$(d_i - \bar{d})^2$
1	70	75	75−70 =−5	(−5)−(−2.6) =−2.4	5.76
2	80	77	80−77 =3	3−(−2.6) =5.6	31.36
3	65	68	65−68 =−3	(−3)−(−2.6) =−0.4	0.16
4	55	58	55−58 =−3	(−3)−(−2.6) =−0.4	0.16
5	70	75	70−75 =−5	(−5)−(−2.6) =−2.4	5.76
			$\bar{d} = -2.6$		합계: 43.2

$$\therefore s_d = \sqrt{\frac{\sum_{i=1}^{n}(d_i - \bar{d})^2}{n-1}} = \sqrt{\frac{43.2}{5-1}} = \sqrt{10.8}$$

$$t = \frac{\bar{d} - D_0}{s_d / \sqrt{n}} = \frac{-2.6 - 0}{\sqrt{10.8}/\sqrt{5}} = -1.769 ≒ -1.77$$

46
2020년 4회

다음 자료는 새로 개발한 학습 방법에 의해 일정 기간 교육을 실시하기 전후에 시험을 통해 얻은 자료이다. 학습효과가 있는지에 대한 가설검정에 관한 설명으로 틀린 것은? (단, $\overline{D} = \sum_{i=1}^{5} \frac{D_i}{5} = 18$, $S_D = \sqrt{\frac{\sum_{i=1}^{5}(D_i - \overline{D})^2}{4}} = 17.899$)

학생	학습 전	학습 후	차이(D)
1	50	90	40
2	40	40	0
3	50	50	0
4	70	100	30
5	30	50	20

① 가설의 형태는 $H_0 : \mu_D = 0$ vs $H_1 : \mu_D > 0$이다. 단 μ_D는 학습 전후 차이의 평균이다.
② 가설검정에는 자유도가 4인 t-분포가 이용된다.
③ 검정통계량 값은 2.25이다.
④ 조사한 학생의 수가 늘어날수록 귀무가설을 채택할 가능성이 많아진다.

해설
동일한 집단(5명의 학생)에 대하여 처치(교육)전후의 차이(시험결과)를 비교하는 분석방법으로 쌍체비교(대응비교)로 대응표본 t-검정이라고도 한다. 한 모집단 내에서 조사대상 개체가 같고 표본의 값이 짝을 이루고 있을 때 이 값들 간에 차이가 있는지를 검정하는 것이다. 검정통계량은 t이며 모집단이 1개이므로 자유도는 $n-1$을 사용한다.

$$t = \frac{\overline{d} - D_0}{s_d / \sqrt{n}} \text{ (자유도 } n-1)$$

$$s_d = \sqrt{\frac{\sum_{i=1}^{n}(d_i - \overline{d})^2}{n-1}}$$

* $\overline{d}$: 각 표본요소값들의 차이(d)의 평균값.
  D_0: 귀무가설로 설정된 차이의 평균값.
  s_d: 표본요소 차이값들의 표준편차, $s_d/\sqrt{n}$: $\overline{d}$의 표준오차

$\overline{d}(\overline{D}) = 18$, $s_d(S_D) = 17.899$로 주어져 있으므로
$t = \frac{\overline{d} - D_0}{s_d/\sqrt{n}} = \frac{18-0}{17.899/\sqrt{5}} = 2.2486 ≒ 2.25$ (자유도: $5-1=4$)
문제에서 제시된 학습전후의 평균은 (학습 후 평균 – 학습 전 평균)이므로, 귀무가설과 대립가설은 다음과 같이 설정한다.
$H_0 : \mu_D = 0$(학습전후의 평균차이가 없다) vs
$H_1 : \mu_D > 0$(학습후의 평균이 학습전의 평균보다 크다)
④ 조사한 학생의 수가 늘어나게 되면 표본크기가 증가하게 되어 검정통계량 t가 증가하게 된다(공식참조). 검정통계량이 커지면, 귀무가설의 채택역을 벗어날 가능성이 커지게 되어 귀무가설의 기각 가능성이 커진다.

47
2020년 1·2회

다음은 두 모집단 $N(\mu_1, \sigma_1^2)$, $N(\mu_2, \sigma_2^2)$으로부터 서로 독립된 표본을 추출하여 얻은 결과이다. 공통분산 S_p^2의 값은?

$$n_1 = 11, \ \overline{X_1} = 23, \ S_1^2 = 10,$$
$$n_2 = 16, \ \overline{X_2} = 25, \ S_2^2 = 15$$

① 11
② 12
③ 13
④ 14

해설
합동분산(공통분산): 두 표본분산 S_1^2, S_2^2에 대한 합동분산 S_p^2은 다음의 식으로 나타낼 수 있다.

$$S_1^2 = \frac{\sum(X_1 - \overline{X_1})^2}{n_1 - 1}.$$
$$S_2^2 = \frac{\sum(X_2 - \overline{X_2})^2}{n_2 - 1}$$
☞ $S_p^2 = \frac{(n_1-1)S_1^2 + (n_2-1)S_2^2}{(n_1 + n_2 - 2)}$

$\therefore S_p^2 = \frac{(n_1-1)S_1^2 + (n_2-1)S_2^2}{(n_1+n_2-2)}$
$= \frac{(11-1) \times 10 + (16-1) \times 15}{11+16-2} = 13$

| 정답 | 46 ④ | 47 ③ |

✓ 학습전략

Chapter 01 통계분석 일반	주요 유형 및 독립변수와 종속변수의 척도에 대해 학습합니다.
Chapter 02 교차분석	카이제곱 독립성 검정, 카이제곱 적합성 검정, 카이제곱 동질성 검정에 대한 개념을 기본적으로 학습합니다. 관측도수와 기대도수에 대해 계산을 할 수 있어야 합니다.
Chapter 03 분산분석	분산분석의 기본 가정들에 대해 학습이 필요하며 특히 분산분석표에 대한 확실한 이해를 통해 계산문제에 대한 대비를 할 수 있는 방향으로 학습해야 합니다.
Chapter 04 상관분석	공분산의 성질, 상관관계 및 상관계수에 대한 정확한 개념 이해가 필요하며 공분산 및 상관계수의 계산에 대비하는 학습방향이 필요합니다.
Chapter 05 회귀분석	회귀분석의 전제조건과 각각의 내용에 대해 학습하며 분산분석표에 대한 확실한 이해가 필요합니다. 또한 회귀직선의 절편과 기울기 계산, 최소제곱추정량 계산, 잔차의 성질, 결정계수 계산 등에 대해 정확하고 세부적인 학습이 필요합니다.

PART 04
통계분석

Chapter 01 **통계분석 일반**

Chapter 02 **교차분석**

Chapter 03 **분산분석**

Chapter 04 **상관분석**

Chapter 05 **회귀분석**

Chapter 01 통계분석 일반

1 개념

(1) 통계분석은 자료를 통계적으로 수집·정리하여 분석결과를 확률이론에 기초하여 조사하는 일이다.
(2) 관측 데이터를 도표로 정리하거나 평균이나 분산 등의 통계량으로 관측된 현상의 특징을 기술하는 **기술통계**와 표본에 의해 모집단의 특징을 추론하는 **추론통계**로 대별할 수 있다.

2 주요 유형

> ❶ 상세내용 각 Chapter에서 후술

변수의 척도 측면에서 다음과 같이 대표적 유형을 구분할 수 있다.

분석방법	독립변수	종속변수	비고
t 검정	범주형	연속형	모집단의 수 1개 및 2개
분산분석	범주형	연속형	모집단의 수 3개 이상
교차분석	범주형	범주형	범주형 변수(명목척도)간의 연관성 분석
상관분석	연속형	연속형	• 독립변수와 종속변수의 구분 없음 • 범주형 변수(서열척도)간의 상관관계 분석도 가능
회귀분석	연속형	연속형	• 독립변수가 범주형인 형태도 가능(더미변수) • 종속변수가 범주형인 형태도 있음(로지스틱 회귀분석)

Chapter 02 교차분석

1 개념

교차분석이란 명목척도나 서열척도 같은 **범주형 자료에 있어서 변수들 사이의 연관성**을 알아보기 위한 분석방법으로, 교차분석표를 이용한다.

(1) 교차분석표는 **두 변수가 가진 각 범주를 서로 교차**하여 만든다. 형성되는 각 **셀(cell)**에는 해당되는 **도수(빈도)**들이 표시되며, 이러한 빈도수에 기반하여 관련한 값들을 계산하고 필요한 추가적 과정을 통해 두 변수 간의 연관성을 분석하게 된다.
(2) 교차분석 기법 중 통계적 유의성 검정을 위해 자주 이용되는 것이 **카이제곱** 검정이다.

2 분석절차

(1) **가설**을 설정한다.
   예 독립성 검정: 거주지역에 따라 선호하는 휴대폰 브랜드에 차이가 있는가
(2) 교차분석표를 작성한다.
   예 거주지역 1, 2, 3과 휴대폰 브랜드 A, B, C의 각 셀을 교차시킨다.
(3) 실제도수(관측도수)와 기대도수의 차이를 계산하여 **검정통계량인 카이제곱 값**을 구한다.
   ① **관측도수(관측빈도)**: 각 범주에 해당하는 관측된 실제 관측도수이다.
   ② **기대도수(기대빈도)**: 특정한 이론이나 가설 하에서 나타날 것으로 기대되는 도수(귀무가설 하에서 기대되는 도수)로, 각 셀에 대해 다음의 공식으로 계산한다.

$$기대도수(E_{ij}) = \frac{O_i \times O_j}{N}$$

* O_i: 해당 cell이 속하는 행의 빈도 합계
  O_j: 해당 cell이 속하는 열의 빈도 합계
  N: 총빈도

(4) 관측도수와 기대도수를 이용하여 카이제곱 검정통계량을 계산한다.❷

❷ 상세내용 후술(401p)

(5) **카이제곱 검정통계량**과 **유의수준에 따른 임계치**를 **비교**하여 귀무가설의 **기각 여부**를 결정한다.
　　☞ 우측검정을 이용한다.

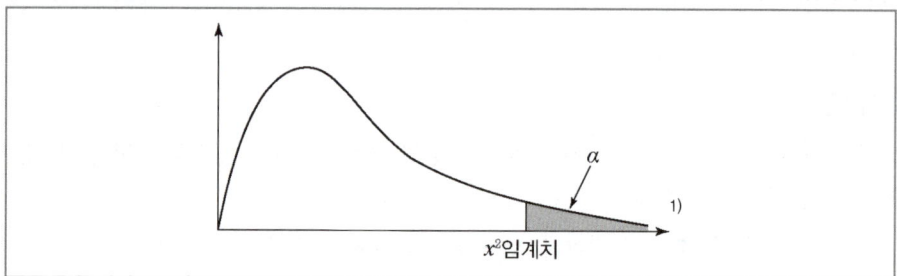

1) 카이제곱 검정통계량이 카이제곱 임계치보다 크면 귀무가설을 기각할 수 있다.

3 기본가정

(1) **범주형 자료**를 대상으로 한다.
　　☞ 연속형 자료는 범주형 자료로 변환하여 사용한다.
(2) **각 셀**의 사례들은 **서로 독립적** 관계여야 한다.

4 유형

1. 카이제곱 독립성 검정(Chi - square Independence Test)
범주형 척도로 측정된 두 변수가 **서로 독립적인지(연관성이 없는지)**의 여부를 검정한다.

> 예시
> 거주지역에 따라 이용하는 휴대폰 브랜드에 차이가 있는지를 확인하기 위해 총 500가구를 무작위로 추출하여 설문조사를 실시하였다. 아래 조사결과(교차분석표)에 의해 거주지역과 휴대폰 브랜드 간의 연관성이 있다고 할 수 있는가를 검정(유의수준 $\alpha = 0.05$)하기 위한 검정통계량을 구하시오.
>
> | [교차분석표] | | | | | |
> |---|---|---|---|---|---|
> | 구분 | | 거주지역 | | | 전체 |
> | | | 1 | 2 | 3 | |
> | 휴대폰 브랜드 | A | 14 | 28 | 32 | 74 |
> | | B | 23 | 113 | 102 | 238 |
> | | C | 13 | 69 | 106 | 188 |
> | 전체 | | 50 | 210 | 240 | 500 |

해설

(1) 가설검정
  ① **귀무가설(H_0)**
    거주지역과 이용하는 휴대폰 브랜드는 독립적이다(= 연관성이 없다).
    ☞ '거주지역에 따라 이용하는 휴대폰 브랜드는 차이가 없다'로 설정할 수도 있다.
  ② **대립가설(H_1)**
    거주지역과 이용하는 휴대폰 브랜드는 독립적이지 않다(= 연관성이 있다).
    ☞ '거주지역에 따라 이용하는 휴대폰 브랜드는 차이가 있다'로 설정할 수도 있다.

(2) 기대도수 계산
  각 셀의 기대도수를 계산하여 기대도수 교차표를 작성한다.

  $$\text{기대도수}(E_{ij}) = \frac{O_i \times O_j}{N}$$

  * O_i: 해당 cell이 속하는 행의 빈도 합계
    O_j: 해당 cell이 속하는 열의 빈도 합계
    N: 총빈도

  예제의 휴대폰브랜드 A와 거주지역 1이 교차하는 셀의 기대빈도는 $\frac{74 \times 50}{500} = 7.4$

  [기대도수 교차표]

구분		거주지역			전체
		1	2	3	
휴대폰 브랜드	A	7.4	31.08	35.52	74
	B	23.8	99.56	114.24	238
	C	18.8	78.96	90.24	188
전체		50	210	240	500

(3) 검정통계량 계산
  행변수가 r개의 범주를 갖고 열변수가 c개의 범주를 갖는 교차표에서 관측도수와 기대도수를 이용하여 각 셀의 값을 구하고 전체 셀의 합을 구해 카이제곱 검정통계량을 계산한다. 검정통계량 공식은 다음과 같다.

  $$\chi^2 = \sum_{i=1}^{r}\sum_{j=1}^{c} \frac{(O_{ij} - E_{ij})^2}{E_{ij}}$$

  * O_{ij}: (i, j) cell의 관측도수
    E_{ij}: (i, j) cell의 기대도수

  카이제곱 독립성 검정에서 검정통계량은 (행의 수-1)(열의 수-1)의 자유도를 갖는 카이제곱분포를 한다.

  검정통계량 $\chi^2 = \sum_{i=1}^{r}\sum_{j=1}^{c} \frac{(O_{ij} - E_{ij})^2}{E_{ij}}$
  $= \frac{(14-7.4)^2}{7.4} + \frac{(28-31.08)^2}{31.08} + \cdots + \frac{(106-90.24)^2}{90.24} = 15.3781$

(4) 가설검정
  카이제곱 검정통계량과 유의수준에 따른 임계치를 비교하여 귀무가설의 기각 여부를 결정한다.
  ☞ 임계치는 주어진 유의수준 α와 자유도의 교차점에 있는 값으로 구한다.
    $\chi^2_{[\alpha:(\text{행의수}(r)-1)\times(\text{열의수}(c)-1)]}$ 이므로 $\chi^2_{[0.05:2\times2]} = 9.49$가 임계치가 된다.
  ☞ χ^2 분포표에서 $\alpha = 0.05$와 자유도 = 4의 교차점에 있는 값이 임계치이다.
  ∴ 위 예제는 검정통계량 절댓값이 임계치보다 크므로 검정통계량이 귀무가설의 기각역에 위치한다. 따라서 귀무가설을 기각할 수 있다.

2. 카이제곱 적합성 검정(Chi - square Goodness of Fit Test)
어떤 조건에서 **기대되는 도수에 관측도수가 적합(fit)한가**를 검정한다.
☞ 모집단이 특정한 분포를 따른다는 가정이 있을 때, **그 가정이 옳은지**를 실제 관측된 자료에 의해 검정하는 것이다.

 예시

A사에서 생산·판매하는 제품에 대하여 소비자들의 디자인에 대한 선호도는 동일하다고 알려져 있다. 연구자는 소비자들이 어떤 디자인을 더 선호하는지 조사하기 위해 다섯 가지 디자인의 제품을 보여주고 가장 선호하는 디자인을 질문하였다. 조사결과가 다음과 같을 때 각 디자인을 선호하는 소비자들의 비율이 서로 차이가 없다는 귀무가설을 검정하기 위한 검정통계량 값과 자유도는 각각 얼마인가? (유의수준 $\alpha = 0.05$)

제품 디자인					
A	B	C	D	E	합계
68	45	32	20	35	200

[해설]
(1) 가설 설정
① **귀무가설**(H_0): 각 디자인을 선호하는 소비자들의 비율은 동일하다.
　　　　　　　　(= 모집단의 분포에 대한 가정과 실제 분포가 일치한다)
② **대립가설**(H_1): 각 디자인을 선호하는 소비자들의 비율은 다르다.
　　　　　　　　(= 모집단의 분포에 대한 가정과 실제 분포가 일치하지 않는다)

(2) 기대도수 계산
　귀무가설과 같이 각 디자인을 선호하는 비율이 동일하다면 각 셀의 기대도수는 200/5 = 40이 된다. 다음과 같이 공식으로 표현할 수도 있다.

$$\text{기대도수}(E_i) = n \times p_i$$
*n: 표본의 총 개수, p_i: 각 범주의 예상확률

∴ 공식에 따라 계산하면 $200 \times \frac{1}{5} = 40$이고, 기대도수는 다음 표와 같다.

A	B	C	D	E	합계
40	40	40	40	40	200

(3) 검정통계량 계산
열 변수가 c개의 범주를 갖는 교차표에서 관측도수와 기대도수를 이용하여 각 셀의 값을 구하고 전체 셀의 합을 구해 카이제곱 검정통계량을 계산한다. 검정통계량 공식은 다음과 같다.

$$\chi^2 = \sum_{i=1}^{c} \frac{(O_i - E_i)^2}{E_i}$$
*O_i: 관측도수, E_i: 기대도수

카이제곱 적합성 검정에서 검정통계량은 (cell의 수 - 1 = c - 1)의 자유도를 갖는 카이제곱분포를 한다.

$$\chi^2 = \sum_{i=1}^{c} \frac{(O_i - E_i)^2}{E_i}$$
$$= \frac{(68-40)^2}{40} + \frac{(45-40)^2}{40} + \cdots + \frac{(35-40)^2}{40} = 32.45$$

(4) 가설검정
검정통계량과 임계치를 비교하여 가설을 검정한다.
☞ 임계치는 주어진 유의수준 α와 자유도의 교차점에 있는 값으로 구한다.
　　자유도 = 5 - 1 = 4이므로 $\chi^2_{[\alpha : (cell의 수(c)-1)]} \rightarrow \chi^2_{[0.05 : 4]} = 9.49$가 임계치가 된다.
* χ^2 분포표에서 $\alpha = 0.05$와 자유도 4의 교차점에 있는 값이 임계치이다.
∴ 검정통계량 절댓값이 임계치보다 크므로 검정통계량이 귀무가설의 기각역에 위치한다. 따라서 귀무가설을 기각할 수 있다.

3. 카이제곱 동질성 검정(Chi - square Homogeneity Test)

(1) 각 모집단으로부터 정해진 표본의 크기만큼 자료를 추출할 때 **모집단의 분포가 동일한지** 검정한다. 즉, 두 개 이상의 범주형 자료가 **동일한 분포를 갖는 모집단에서 추출한 것인지**를 검정한다.

(2) 독립성 검정과 같이 변수가 두 개이나 **검정의 목적**이 두 변수 간의 연관성을 알기 위한 것이 아니라 어떤 속성(요인)에 대해 **모집단별로 동질한지**(확률분포가 같은지)를 알기 위한 것이다. 즉 하나의 범주형 변수를 기준으로 각 그룹이 **특정 속성에 대해 서로 동질한지**를 알아보는 것이다. 따라서 가설은 다음과 같이 설정한다.

- **귀무가설**(H_0): 각 속성에 대해 집단들의 분포가 동일하다.
  (= 각 그룹의 확률분포가 동일하다)
- **대립가설**(H_1): 각 속성에 대해 집단들의 분포가 동일하지 않다.
  (= 각 그룹의 확률분포가 동일하지 않다)

(3) 일반적으로 동질성 검정에서는 각 그룹의 표본수를 고정, 즉 동일한 크기로 한다.

예시

구분	흡연	비흡연	합계
수도권	50	50	100
지방	30	70	100
합계	80	120	200

흡연여부라는 속성(요인)에 대해 거주지역(그룹)의 확률분포가 동일한 것인지 검정한다.
☞ 즉 독립성검정 또는 동질성 검정 여부는 조사자의 관점에 따라 결정한다.

[해설]
계산과정(검정통계량, 기대도수 등) 및 검정과정은 독립성 검정과정과 동일하다.

📋 참고

상대위험도(RR; Relative Risk)와 승산비(OR; Odds Ratio, 오즈비)

상대위험도와 오즈비는 범주형 자료 분석에서 대상에 따라 특정사건(예 질환)의 발생 가능성을 확인하는 방법으로 분할표를 이용한 범주형 자료 분석에서 이용된다. 다음의 예로 설명한다.

구분	질환발생	질환발생하지 않음	합계
위험인자에 노출된 경우	a	b	a+b
위험인자에 노출되지 않은 경우	c	d	c+d
합계	a+c	b+d	Total

(1) 상대위험도

관심집단(위험인자에 노출)의 위험률(질병이 발생할 확률)을 **비교집단**(위험인자에 노출되지 않음)의 위험률로 나눈 비이다. 위험인자와 특정사건 발생과의 연관성을 확인하는 것이다.

$$RR = \frac{\text{위험률(위험인자 노출되었을 때 질병발생, 관심집단)}}{\text{위험률(위험인자 노출 안되었을 때 질병발생, 비교집단)}}$$
$$= \frac{a/(a+b)}{c/(c+d)}$$

(2) 승산비

① 승산(Odds)이란 특정사건([예] 질환)이 **발생할 확률**과 그 사건이 **발생하지 않을 확률**의 비다. 특정사건의 발생확률을 p라고 하면 승산은 $Odds = \frac{p}{(1-p)}$ 이다.

② 승산비(Odds Ratio)는 **특정한 조건이 있을 때의 성공 승산을 다른 조건이 있을 때의 성공승산으로 나눈 값**이다. 교차비라고도 한다.

$$OR = \frac{Odds1(\text{관심집단의 오즈})}{Odds2(\text{비교집단의 오즈})}$$
$$= \frac{\text{위험인자에 노출되었을 때} \frac{\text{질병에 걸린 사람 수}}{\text{질병에 걸리지 않은 사람 수}}}{\text{위험인자에 노출 안되었을 때} \frac{\text{질병에 걸린 사람 수}}{\text{질병에 걸리지 않은 사람 수}}}$$
$$= \frac{a/b}{c/d}$$

Chapter 03 분산분석

1 개념

(1) 각 모집단이 정규분포를 이루며 분산이 같다는 가정 하에 2개 이상 집단들의 평균값을 비교하는 데 사용하는 통계기법으로, 통상 **3개 이상 집단들의 평균값** 비교에 사용하며 분산값들을 이용해서 **집단(모집단)간 평균이 통계적으로 유의할 만큼 차이가 있는가**를 검정한다.

(2) 독립변수의 수에 따라 일원분산분석, 이원분산분석 등으로 나뉘며, 종속변수가 2개 이상이면 다변량 분산분석이라 한다. **검정통계량은 F**이다.

2 분산분석(Analysis of Variance: ANOVA)의 원리

(1) 각 집단 평균값들의 분산이 클수록 각 집단 간의 평균 간에 차이가 있을 가능성이 높다.
  ☞ 집단의 평균들이 서로 멀리 떨어져 있다.

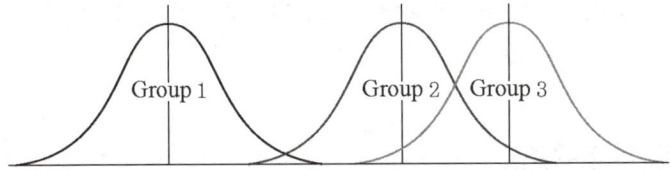

(2) 집단간 분산과 집단내 분산을 이용해서 집단간 평균의 차이를 비교하여 판단한다.
  ☞ **F값 = 집단간 분산/집단내 분산**: 이 값이 클수록 집단들이 서로 차이가 있다는 것이다.
  (집단간 분산과 집단내 분산은 분산분석표상의 '평균제곱'으로 계산함❶)
  ☞ 각 집단간 차이가 커지면 F값은 커지게 된다.

(3) 각 집단별 자료의 수는 다를 수 있다.

❶ 상세내용 후술(408p)

3 분산분석의 기본 가정

(1) **독립변수는 요인(factor)**라고 하며 요인이 가지는 값이 요인수준이 된다. 독립변수는 명목척도나 서열척도(범주형 척도)로 측정된 값이며, **종속변수**는 등간척도나 비율척도(연속형 척도)로 측정된 값이다.

(2) **모집단은 정규분포 해야 하며 서로 동일한 분산**을 가져야 한다.

(3) **표본추출은 무작위**로 이뤄져야 하며 각 집단의 표본, 즉 **관측치들은 서로 독립적**이어야 한다.

(4) 분산분석의 오차항에 대한 기본가정
① 오차(ϵ_{ij})의 기댓값은 0이다.
② **[독립성]** 오차는 서로 독립적이다(임의의 오차 ϵ_{ij}와 $\epsilon_{i'j'}$는 서로 독립이다).
③ **[정규성]** 오차(ϵ_{ij})의 분포는 정규분포이다.
④ **[등분산성]** 오차들의 분산은 동일하다(오차 ϵ_{ij}의 분산은 σ_ϵ^2으로 어떤 i, j에 대해서도 같다).

4 대표적 유형

일원분산분석	• 독립변수(집단 구분 변수, 처치변수라고도 한다)가 1개인 경우 종속변수 (집단 관측 변수)의 평균이 서로 다른지를 분석하는 방법 • 일원배치 분산분석(One-way ANOVA)이라고 한다.
이원분산분석	• 독립변수(처치변수)가 2개인 경우 종속변수에 미치는 영향을 분석하는 방법으로, 동시에 두 개의 처치변수 효과를 조사 할 때 연구자의 주요 관심은 통상적으로 독립변수간의 상호작용(교호작용)이다. 각 독립변수가 종속변수에 미치는 효과는 주효과라고 한다. • 이원배치 분산분석(Two-way ANOVA)이라고 한다.

☞ 독립변수가 셋 이상이면 다원배치 분산분석(Multi-way ANOVA)라고 하며, 이외에도 다변량 분산분석(2개 이상의 종속변수들의 평균값들의 집단 간 차이를 동시에 비교, 분석하는 방법) 등이 있다.

5 분산분석의 자료구조

(1) n개의 실험(처리)대상을 무작위로 k개의 집단으로 나누고 각각의 집단에 **다른 수준의 처치**를 가하여 각 대상으로부터 값을 측정하였을 때, 이를 다음(분산분석을 위한 자료의 배열)과 같이 나타낼 수 있다(각 집단의 크기는 n_1, n_2, ⋯, n_k로 나타나 있다).

구분	처치1	처치2	⋯	처치k
	x_{11}	x_{12}		x_{1k}
	x_{21}	x_{22}	⋯	x_{2k}
	⋮	⋮		⋮
	$x_{n_1 1}$	$x_{n_2 2}$		$x_{n_k k}$
집단평균	$\overline{X_1}$	$\overline{X_2}$	⋯	$\overline{X_k}$ ($\overline{X}$: 전체평균)
집단평균으로부터의 편차의 제곱합	$\sum_{i=1}^{n_1}(X_{i1}-\overline{X_1})^2$	$\sum_{i=1}^{n_2}(X_{i2}-\overline{X_2})^2$	⋯	$\sum_{i=1}^{n_k}(X_{ik}-\overline{X_k})^2$

(2) 세 가지 제곱합은 다음과 같다.

① [집단 간 제곱합] = $\sum_{j=1}^{k} n_j (\overline{X_j} - \overline{X})^2$

처치에 기인하여 나타나는 제곱합으로, **처치(처리)제곱합**, 그룹 간 제곱합이라고 한다.

② [집단 내 제곱합] = $\sum_{j=1}^{k} \sum_{i=1}^{n_j} (X_{ij} - \overline{X_j})^2$

집단내 오차들에 기인하여 나타나는 제곱합으로, **오차제곱합**, 그룹 내 제곱합이라고 한다.

③ [전체 제곱합] = $\sum_{j=1}^{k} \sum_{i=1}^{n_j} (X_{ij} - \overline{X})^2$

집단 간 제곱합 + 집단 내 제곱합으로, **총제곱합**이라고 한다.

(3) 분산분석을 간략하게 정의하면, **보통 3개 이상**(2개 이상도 가능)**의 서로 다른 처치 집단**들에 대한 처치의 결과로 나타나는 **총제곱합**(총분산)을 **집단 간 제곱합**(처치 제곱합)과 **집단 내 제곱합**(오차 제곱합)으로 **분해**하여 **검정통계량 F**를 구하고 이를 통해 **각 처치 집단 간의 평균에 차이가 있는가**를 분석하는 방법이라 할 수 있다.

6 일원배치분산분석: 이해와 계산(가설 검정)

9명의 피실험자들을 3개 그룹으로 나누어 **3가지 프로그램**(각 프로그램 1, 2, 3)을 각각 실행 후 각 그룹의 **성과(점수)차이**가 통계적으로 유의하게 다른 것인가를 측정하시오($\alpha = 0.05$).

프로그램 1(= 처치 1)	프로그램 2(= 처치 2)	프로그램 3(= 처치 3)
78.0 (x_{11})	81.0 (x_{12})	88.0 (x_{13})
80.0 (x_{21})	76.0 (x_{22})	83.0 (x_{23})
72.0 (x_{31})	71.0 (x_{32})	79.0 (x_{33})
$\overline{X_1}$ = 76.7	$\overline{X_2}$ = 76.0	$\overline{X_3}$ = 83.3
전체평균($\overline{X}$ = 78.7)		

> **해설**
>
> 1. 가설설정
>   ① 귀무가설(H_0): $\mu_1 = \mu_2 = \mu_3$(세 가지 프로그램 간에 성과(평균) 차이가 없다)
>   ② 대립가설(H_1): 모든 μ가 동일하지는 않다(최소한 어떤 두개의 평균값들 간에는 차이가 있다).
> 2. 풀이과정
>   (1) 처리수준의 수를 k라 할 때 $k=3$, **집단내 관측수**(반복수의 의미로 쓰이기도 한다)는 3이다.
>   (2) 분산분석표(일원배치분산분석, k = 집단(처치, 처리)의 수, n = 표본의 개수(총관찰개수))
>
> | 원천 (요인) | 제곱합 | 자유도 | 평균제곱 | F 값 |
> |---|---|---|---|---|
> | 처치(집단 간) | SSB (B: between groups) | $k-1$ | $MSB = \dfrac{SSB}{k-1}$ (M: mean) | $F = \dfrac{MSB}{MSE}$ |
> | 오차(집단 내) | SSE (E: error) | $n-k$ | $MSE = \dfrac{SSE}{(n-k)}$ (M: mean) | — |
> | 합계 | SST (T: total) | $n-1$ | — | — |
>
> ① 제곱합의 영문표기는 다양하므로 한글개념으로 이해 권장(본서 표기는 편의상 참조)[1]
> ② 오차는 "**잔차**"로 표기하기도 한다.
> ③ 처치의 자유도 + 오차의 자유도 = 총자유도가 된다.
>   ☞ $(k-1) + (n-k) = n-1$
> ④ **예제의 자유도**는 처치(집단 간) 2, 오차(집단 내 또는 잔차) 6으로, 합계는 8이다.[2]
> ⑤ 평균제곱은 계산식 상 표본분산의 의미를 가진다(F는 '표본분산의 비'의 의미한다).
> * 각 **처치수준별 반복수가 동일**하다면 측정자료의 총개수는 '**처치수준의 수 × 반복수**'와 일치한다.
>
> (3) 제곱합 계산
>
> > • $SSB = \sum_{j=1}^{k} n_j(\overline{X_j} - \overline{X})^2$
> > $= 3(76.7 - 78.7)^2 + 3(76.0 - 78.7)^2 + 3(83.3 - 78.7)^2 = 98.67$
> > • $SSE = \sum_{j=1}^{k}\sum_{i=1}^{n_j}(X_{ij} - \overline{X_j})^2$
> > $= (78.0 - 76.7)^2 + (80.0 - 76.7)^2 + (72.0 - 76.7)^2 + (81.0 - 76.0)^2 + (76.0 - 76.0)^2$
> > $+ (71.0 - 76.0)^2 + (88.0 - 83.3)^2 + (83.0 - 83.3)^2 + (79.0 - 83.3)^2$
> > $= 125.33$
> > • $SST = \sum_{j=1}^{k}\sum_{i=1}^{n_j}(X_{ij} - \overline{X})^2$
> > $= (78.0 - 78.7)^2 + (80.0 - 78.7)^2 + (72.0 - 78.7)^2 + (81.0 - 78.7)^2 + (76.0 - 78.7)^2$
> > $+ (71 - 78.7)^2 + (88.0 - 78.7)^2 + (83.0 - 78.7)^2 + (79.0 - 78.7)^2$
> > $= 224.0 = SSB + SSE$
>
> [평균제곱과 F 값]
>
> > • $MSB = \dfrac{SSB}{k-1} = \dfrac{98.67}{3-1} = 49.3$
> > • $MSE = \dfrac{SSE}{n-k} = \dfrac{125.33}{9-3} = 20.9$
> > • $F = \dfrac{MSB}{MSE} = \dfrac{49.3}{20.9} = 2.4$
>
> 3. 가설 검정
> 검정통계량 F = 2.4, 임계치 = F(유의수준: 처치의 자유도(v_1), 오차의 자유도(v_2)) = F(0.05: 2,6)를 F 분포표에서 찾으면 5.14이다.[3] 검정통계량 F가 임계치보다 절댓값이 작으므로 귀무가설의 **기각역에 위치하지 못하고**, 따라서 프로그램에 따른 성과차이가 없다는 **귀무가설을 기각하지 못한다**. 즉, 프로그램에 따른 **성과차이는 없다**고 할 수 있다.

---

1) 예 SSB는 SSR, SST 등으로, SSE(Sum of Squares due to Error)는 SSW 등으로 다양하게 표기됨

2) 처치자유도 = $k-1 = 3-1 = 2$
   오차자유도 = $n-k = 9-3 = 6$

3) 예시에서는 $\alpha = 0.05$에서 $v_1 = 2$, $v_2 = 6$의 교차점에 있는 값이 임계치이다.

7 모집단 모형(구조식)

$$y_{ij} = \mu + \alpha_i + \epsilon_{ij}$$

*단, i는 처리, j는 반복을 나타내는 첨자임

*$i = 1, 2, \cdots, k, \ j = 1, 2, \cdots, n, \ \sum_{i=1}^{k} \alpha_i = 0, \ \epsilon_{ij} \sim N(0, \sigma^2)$

* y_{ij}: i번째 처리의 j번째 **관측값**
  μ: **모평균**(표본자료에서의 전체 평균, 총평균)
  α_i: i번째 **처리효과**[4]
* μ_i: i번째 처리(요인수준)에서의 모평균
  ϵ_{ij}: y_{ij}를 측정할 때 발생하는 **오차**

[4] $\alpha_i = \mu_i - \mu$ = 표본자료에서의 각각의 집단평균(μ_i)과 전체평균(총평균: μ)의 차이

참고

이원배치분산분석의 형태의 예시

회사는 세 종류의 제품 디자인을 개발하였다. 디자인별 소비자반응을 확인하기 위해 남녀소비자 각각 9명을 6개의 셀에 할당하고, 각 피실험자에게 세 가지 디자인 중 하나를 보여주었다. 다음의 통계분석 결과에서 상호작용의 통계적 유의성에 대해 검정하시오($\alpha = 0.05$).

[실험 평균]

성별	디자인			평균
	1	2	3	
남	2.80	2.50	2.13	2.48
여	4.10	3.43	3.07	3.53
평균	3.45	2.97	2.60	3.01

[통계분석표]

원천	제곱합	자유도	평균제곱	F
디자인	2.181	2	1.091	21.811
성별	5.014	1	5.014	100.278
상호작용	0.134	2	0.067	1.344
오차	0.600	12	0.050	
합계	7.929	17		

① **귀무가설**(H_0): 디자인 유형과 성별 간 상호작용 효과가 없다.
② **대립가설**(H_1): 디자인 유형과 성별 간 상호작용 효과가 있다.
☞ 각각의 주효과에 대해서도 같은 방식으로 검증 가능하다.

Chapter 04 상관분석

- 상관분석(Correlation Analysis)은 변수간의 **연관성**에 대한 분석이다. 두 변수가 있을 때 하나의 변수가 다른 변수와 어느 정도의 연관성을 가지고 변화하는지를 분석하는 것이다.
- 상관분석은 **변수 간의 선형관계(Linear Relationship)정도를 분석**하는 통계기법이다. 두 변수 간의 관계에서 일반적으로 선형관계에 초점을 두고 두 변수가 **선형관계를 갖는지, 선형관계의 방향이 어느 방향인지, 그 관계의 크기는 어느 정도인지**를 분석하여 변수들 간의 연관성을 파악하는 분석 기법이다.
- 따라서 상관분석의 **중요한 기본가정은 두 변수 간의 선형성이 충족되어야 한다는 것**이며, 이외 이상치의 확인 및 제거가 동반될 수 있다.
- **단순상관분석**[1], **다중상관분석**[2], **편상관분석**[3] 등의 유형이 있다.

[1] 단순상관분석
두 변수 간의 상관분석
[2] 다중상관분석
2개 이상 변수 간의 상관분석
[3] 편상관분석
다른 변수를 통제한 상태에서 두 변수 간의 상관분석으로, 편상관계수는 다른 변수들의 상관관계를 통제하고 순수하게 두 변수 간의 상관관계를 나타낸다.

1 공분산(Covariance)

1. 개념
① 상관분석에 있어 두 변수 간의 공분산의 개념이 기본이 된다.
② 공분산은 두 변수 X, Y가 있다고 할 때 **두 변수의 동시적 변화 정도, 즉 X의 변화(증감)가 있을 때 Y의 변화(증감)에 대한 정보**를 나타낸다. 즉 두 변수 사이의 상관성을 나타내주는 지표이다.

2. 모집단의 공분산과 표본의 공분산

(1) 모집단의 공분산

$$\text{Covariance} = Cov(X, Y) = \sigma_{XY} = \frac{\sum_{i=1}^{N}(X_i - \overline{X})(Y_i - \overline{Y})}{N}$$

$$= \text{변수 } X \text{와 } Y \text{의 모평균 } \mu_X, \mu_Y \text{에 대한}$$
$$(X - \mu_X)(Y - \mu_Y) \text{의 기댓값}$$

$$= E[(X - \mu_X)(Y - \mu_Y)] = \frac{1}{N}\sum_{i=1}^{N}(X - \mu_X)(Y - \mu_Y)$$

(2) 표본의 공분산

$$Cov(X, Y) = S_{XY} = \frac{\sum_{i=1}^{n}(X_i - \overline{X})(Y_i - \overline{Y})}{n-1}$$

3. 공분산의 성질

(1) 공분산은 **두 변수 간 선형적 연관성**을 나타낸다(양수이면 양의 선형관계, 음수이면 음의 선형관계).
　① 공분산 > 0이면 두 변수가 같은 방향으로, 공분산 < 0이면 반대방향으로 움직임을 의미한다.
　② 공분산이 0이면 두 변수 간에 선형적 관계가 없음을 의미한다.
(2) 한 변수의 분산이 0이면 공분산도 0이 된다.
(3) **공분산의 결정적 단점**: 단위에 따라 공분산의 크기가 달라진다.
　☞ 상관관계의 방향은 알 수 있지만 그 관계의 크기를 측정하는 지표로서는 부적합하다.

- $Cov(X,Y) = Cov(Y,X)$
- $Cov(X,Y) = E[(X-\mu_X)(Y-\mu_Y)]$
- $Cov(X,Y) = E(XY) - E(X)E(Y)$
- a, b, c, d가 상수일 때 $Cov(aX+b, cY+d) = acCov(X,Y)$

2 상관관계와 상관계수

1. 상관관계

① 두 변수 간 **서로 선형관계[4]를 가질 때** 상관관계가 있다고 하며 **상관관계의 크기를 나타내는 값**이 상관계수이다. 모집단의 상관계수는 ρ_{XY}로 나타내고, 표본의 상관계수는 r_{XY}로 나타낸다.

② 산점도를 그려서 변수들 간의 연관성을 개략적으로 파악해 볼 수 있다.
　☞ 산점도(scatter plot): 직교좌표계(도표)를 이용해 좌표상의 점들을 표시함으로써 두 개 변수 간의 관계를 나타내는 그래프 방법으로, 도표 위에 두 변수의 값이 만나는 지점을 표시한 그림이다. 선형관계의 정도를 관찰하며 자료의 층화여부 관찰, 변수 간 관계를 왜곡시키는 특이점(이상치 등) 확인에도 유용하다.

[4] **선형관계**(Linear Relationship): 두 변수 간의 직선관계로, 종속변수의 값이 독립변수에 기울기를 곱하고 상수를 더한 값이다.

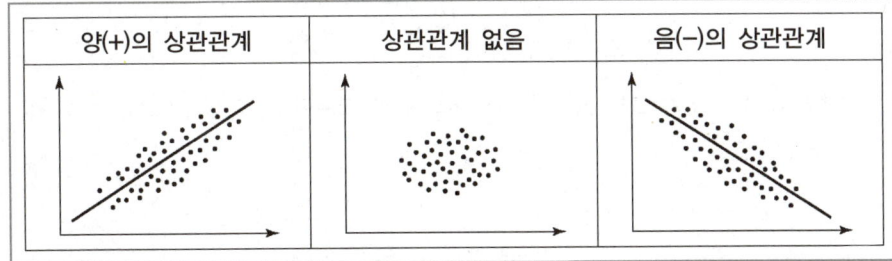

☞ 선형이 아닌 경우 '관계가 전혀 없다'고 하기는 어려우나, 적어도 '선형적 상관관계'는 없는 것을 의미한다.

2. 상관계수

(1) 개념

① 상관계수란 변수간의 **선형관계의 정도**(산점도에서는 점들이 얼마나 직선에 가까운가의 정도)를 **수량화**(계량화)하는 **척도**로 두 변수 간의 **선형적인 관계에 대해 정도와 방향을 수학적으로 정량화**하여 나타낸 계수이다.

② 변수가 **등간(간격)척도/비율척도**로 측정된 연속형 변수일 경우에는 **피어슨 상관계수**[1]를 이용한 상관분석으로 연관성 정도를 분석한다.

③ 다음은 피어슨 상관계수의 공식이다.
(*N: 모집단의 크기, n: 표본의 크기)

- 모집단(ρ_{XY}) = $\dfrac{\sigma_{XY}}{\sigma_X \sigma_Y}$

$$= \dfrac{\dfrac{1}{N}\sum_{i=1}^{N}(X_i - \mu_X)(Y_i - \mu_Y)}{\sqrt{\dfrac{1}{N}\sum_{i=1}^{N}(X_i - \mu_X)^2}\sqrt{\dfrac{1}{N}\sum_{i=1}^{N}(Y_i - \mu_Y)^2}}$$

$$= \dfrac{\sum_{i=1}^{N}(X_i - \mu_X)(Y_i - \mu_Y)}{\sqrt{\sum_{i=1}^{n}(X_i - \mu_X)^2}\sqrt{\sum_{i=1}^{n}(Y_i - \mu_Y)^2}}$$

* σ_{XY}: X와 Y의 공분산, σ_X: X의 표준편차, σ_Y: Y의 표준편차

- 표본(r_{XY}) = $\dfrac{S_{XY}}{S_X S_Y}$

$$= \dfrac{\dfrac{1}{n-1}\sum_{i=1}^{n}(X_i - \overline{X})(Y_i - \overline{Y})}{\sqrt{\dfrac{1}{n-1}\sum_{i=1}^{n}(X_i - \overline{X})^2}\sqrt{\dfrac{1}{n-1}\sum_{i=1}^{n}(Y_i - \overline{Y})^2}}$$

$$= \dfrac{\sum_{i=1}^{n}(X_i - \overline{X})(Y_i - \overline{Y})}{\sqrt{\sum_{i=1}^{n}(X_i - \overline{X})^2}\sqrt{\sum_{i=1}^{n}(Y_i - \overline{Y})^2}}$$

* S_{XY}: X와 Y의 표본 공분산, S_X: X의 표본 표준편차, S_Y: Y의 표본 표준편차

---

[1] 피어슨의 단순적률 상관계수(Pearson's simple product–moment correlation coefficient)를 간략하게 피어슨 상관계수라고 한다.
스피어만 상관계수: 변수가 서열척도로 측정된 경우 순위를 이용하여 계산하는 상관계수이다.

> **참고**
>
> 표본의 상관계수를 다음과 같은 형태로도 나타낼 수 있다.
>
> $$표본(r_{XY}) = \frac{S_{XY}}{S_X S_Y}$$
>
> $$= \frac{\sum_{i=1}^{n}(X_i - \overline{X})(Y_i - \overline{Y})}{\sqrt{\sum_{i=1}^{n}(X_i - \overline{X})^2}\sqrt{\sum_{i=1}^{n}(Y_i - \overline{Y})^2}}$$
>
> $$= \frac{\sum_{i=1}^{n}X_i Y_i - n\overline{X}\,\overline{Y}}{\sqrt{\sum_{i=1}^{n}X_i^2 - n\overline{X}^2}\sqrt{\sum_{i=1}^{n}Y_i^2 - n\overline{Y}^2}}$$

(2) 특징(성질)

피어슨 상관계수(이하 상관계수)는 **공분산을 두 변수의 표준편차로 나누어 표준화**시킨 형태로 다음과 같은 특징(성질)을 갖는다.

① 공분산과는 달리, **측정단위가 달라져도 영향을 받지 않는다**.
② 상관관계가 두 변수의 **인과관계를 말해주는 것은 아니다(인과관계를 담보하지 않는다)**.
③ 상관계수의 값은 **-1부터 +1 사이의 값**을 갖는다.
  - 상관계수가 마이너스 값을 가지면 부(negative) 또는 음(-)의 상관관계를, 플러스 값을 가지면 정(positive) 또는 양(+)의 상관관계를 갖는다고 하며, **절댓값 1에 가까울수록 그 상관관계는 강하다는 의미이다**.
    ☞ **0에 가까울수록 그 상관관계는 약하다**.
  - **상관계수가 1(또는 -1)이면** 모든 자료가 기울기가 양수(또는 음수)인 직선 위에 있다는 것으로 '**완전한 상관관계**'라고 한다.
  - **상관계수가 0인 경우 '선형적 연관성은 없다**'는 것이며, **다른 연관성은 있을 수 있다**. 즉 어떠한 관계도 없다고는 할 수 없다.
    예 직선관계가 아니라 곡선관계 등이 있을 수 있다. 곡선관계의 경우 선형적 연관성이 없어서 상관계수가 0이 될 수 있다.
  - **임의의 상수 a, b에 대하여** 일차직선 $Y = a + bX$와 같이 Y를 X의 **선형변환으로 표현**(직선관계가 성립)할 수 있다면 X와 Y간의 **상관계수는 b가** 0이 아닌 **양수일 때($b > 0$)는 1**, b가 0이 아닌 **음수일 때($b < 0$)는 -1**이다.[2]
  - **상관계수**는 두 변수의 **선형관계만을 나타낸다**. 즉 그 외의 이차곡선 관계 등을 나타내지는 않는다.
  - **편상관계수**는 **다른 변수들과의 상관관계를 통제**하고 **순수하게 두 변수 간의 상관관계를 구한 것**이다. 즉 두 변수 이외에 관련된 변수의 영향을 통제했을 때의 순수한 두 개의 변수 간 상관계수이다.
  - 피어슨 상관계수의 제곱은 단순회귀분석에서 결정계수의 값과 같다(다중회귀분석에서는 성립하지 않는다).

---

[2] b는 기울기이므로 b의 부호에 따라 X의 값이 증가할 때 Y의 값은 증가하거나 감소하는 방향으로 움직이게 된다. 만약 두 변수 X, Y간의 기울기가 양수인 일차직선 관계가 성립하면 두 변수 간에 정확한 양의 상관관계가 있음을 의미한다.

④ 두 확률변수가 **독립이면 상관계수는 0이다.** 그러나 상관계수가 0이라고 해서 두 변수가 반드시 독립인 것은 아니다.
⑤ 두 확률변수 $aX+b$, $cY+d$에 대한 상관계수 $corr(aX+b, cY+d)$는 $ac>0$이면 $corr(X, Y)$, $ac<0$이면 $-corr(X, Y)$이다.

> • $[ac>0]$ $Corr(aX+b, cY+d) = Corr(X, Y)$
> • $[ac<0]$ $Corr(aX+b, cY+d) = -Corr(X, Y)$

(3) 상관계수의 유의성 검정(t)

- t분포를 활용하여 상관계수의 통계적 유의성을 검정할 수 있다.
- 귀무가설과 대립가설을 설정하여 표본추출로 얻은 상관계수가 유의한지 판단한다.
  ☞ 상관계수를 대입하여 산출된 **t 통계량**과 주어진 자유도와 유의수준으로 산출된 **t 임계치**를 비교한다.

> 검정통계량(t) = $\dfrac{r_{XY}\sqrt{(n-2)}}{\sqrt{1-r_{XY}^2}}$
>
> (자유도 = $n-2$)

① **가설 설정**
- **귀무가설**(H_0): $\rho = 0$(두 변수 간에 상관관계가 없다)
- **대립가설**(H_1): $\rho \neq 0$(두 변수 간에 상관관계가 있다)

② **상관계수 계산 및 검정통계량 t 산출**

③ **검정통계량과 임계치를 비교하여 가설검정**
- 검정통계량이 임계치보다 크면 귀무가설을 기각할 수 있다.
- 귀무가설이 기각되면 두 변수 간에는 통계적으로 유의한 상관관계가 있다고 할 수 있다.

✅ 확인 문제

A사 회계항목에 있어서 비용항목인 X, Y 두 변수[단위: 억원]에 대하여 6개월간의 데이터를 표본으로 추출하였다. 두 변수의 6개월간 월별 변동 추이가 다음과 같을 때 상관계수를 구하고 통계적 유의성을 검정하시오($\alpha = 0.05$).

항목	1월	2월	3월	4월	5월	6월
X	4	7	5	8	4	8
Y	8	10	5	8	7	10

해설

- **귀무가설(H_0)**: $\rho = 0$(두 변수 X, Y 간에는 상관관계가 없다)
- **대립가설(H_1)**: $\rho \neq 0$(두 변수 X, Y 간에 상관관계가 있다) ☞ 양측검정

① 각 변수 평균은 $\overline{X} = \dfrac{(4+7+5+8+4+8)}{6} = 6$

$\overline{Y} = \dfrac{(8+10+5+8+7+10)}{6} = 8$

② $S_{XY} = (4-6)(8-8) + (7-6)(10-8) + (5-6)(5-8) + (8-6)(8-8) + (4-6)(7-8) + (8-6)(10-8)$
$= 11$

③ $S_X = \sqrt{(4-6)^2 + (7-6)^2 + (5-6)^2 + (8-6)^2 + (4-6)^2 + (8-6)^2} = \sqrt{18}$

$S_Y = \sqrt{(8-8)^2 + (10-8)^2 + (5-8)^2 + (8-8)^2 + (7-8)^2 + (10-8)^2} = \sqrt{18}$

④ $r_{XY} = \dfrac{11}{\sqrt{18}\sqrt{18}} = 0.6111 \fallingdotseq 0.61$

⑤ 검정통계량 $t = \dfrac{0.61\sqrt{(6-2)}}{\sqrt{1-(0.61)^2}} = 1.5396 \fallingdotseq 1.54$

⑥ 검정통계량과 임계치($\alpha/2 = 0.025$, 자유도 $= n - 2 = 6 - 2 = 4$) 비교

$t_{obs} = 1.54$, $t_{crit(0.025, 4)} = 2.776$

☞ t분포표에서 $\alpha = 0.025$와 자유도 $= 4$의 교차점에 있는 값이 임계치이다.

∴ 검정통계량이 임계치보다 절댓값이 작아 귀무가설의 기각역에 위치하지 못하므로 귀무가설을 기각하지 못한다. 즉 두 변수 X, Y 간에는 유의한 상관관계가 있다고 할 수 없다.

📋 참고

상관계수의 실제적 유의성 판단(±)

0.00 ~ 0.20	없거나 매우 약함	0.61 ~ 0.80	강함
0.21 ~ 0.40	약함	0.81 ~ 1.00	매우 강함
0.41 ~ 0.60	어느 정도 있음		

Chapter 05 회귀분석

1 회귀분석(Regression Analysis)

1. 개념
(1) 회귀분석은 한 변수를 종속변수로, 다른 변수(또는 변수들)를 독립변수로 설정하여 이들 간의 관계를 분석하는 것이다. 즉, **독립변수의 변화에 따라 종속변수가 어떻게 변화하는지**를 분석한다.
(2) 독립변수를 원인변수, 설명변수, 예측변수라고도 하며, 종속변수를 결과변수, 반응변수, 기준변수라고도 한다.
(3) 회귀분석을 통해 **변수들 간의 함수관계(인과관계)를 분석**하며 독립변수가 종속변수에 미치는 **영향력의 크기**를 파악하고 독립변수의 값(변화)에 상응하는 **종속변수의 값(변화)을 예측**하는 모형을 산출한다.
(4) 일반적으로 독립변수와 종속변수 간의 선형적 함수관계를 분석하는데, 반드시 선형적 함수관계 분석으로 제한되는 것은 아니다(비선형 회귀분석도 존재).

2. 종류
(1) 회귀분석에 사용되는 자료는 일반적으로 **등간척도 또는 비율척도**로 측정한 값이어야 하며, 이에 따라 독립변수와 종속변수는 모두 연속형 척도로 측정된 변수가 일반적이다. 그러나 그 외의 경우에도 가능하다. 즉, **독립변수가 범주형 척도로 측정된 변수일 때** 가변수를 만들어 사용할 수 있으며 **종속변수가 범주형 이변량 변수일 때** 로지스틱 회귀분석을 통해 분석할 수 있다.
(2) 독립변수의 수와 척도, 그리고 독립변수와 종속변수 간의 관계에 따라 구분된다.

독립변수의 수		독립변수의 척도	
1개	2개 이상	등간, 비율척도	범주형 척도[1)]
단순회귀분석	중(다중)회귀분석	일반적 회귀분석	더미변수(가변수)를 이용한 회귀분석

[1) 주로 명목척도로 측정된 변수가 더미변수로 활용된다.]

3. 주요 특징과 절차
(1) 먼저 산점도(scatter plot)를 통해 독립변수와 종속변수의 **선형관계를 파악**할 수 있다. 잔차(Residual)의 산점도를 통해 회귀분석의 주요 가정(정규성, 등분산성, 독립성 등❶)에 관해 점검할 수 있다.
(2) **최적의 회귀선(직선식)을 찾는다.** ☞ 최소제곱법❷을 이용한다.

❶ 상세내용 후술(418p)

❷ 상세내용 후술(419p)

(3) 관련된 통계적 분석(분산분석표 등❸)결과를 통해 회귀식(모형)의 **통계적 유의성을 검정**한다.❹

  ① **회귀모형**(Regression Model)의 통계적 유의성은 **F검정**을 통해 점검하고,
  ② **독립변수의 회귀계수**(Regression Coefficient)의 통계적 유의성은 **t - 검정**을 통해 점검한다.

(4) 분석결과를 의사결정 등에 활용한다.

❸ 상세내용 후술(422p)

❹ 상세내용 후술(420p)

2 단순회귀분석

1. 개념

(1) 단순회귀분석은 **독립변수가 하나**일 경우에 종속변수와의 관계를 분석하여 독립변수가 종속변수에 미치는 영향을 분석하는 방법이다.

(2) 기본적 과업은 회귀식을 추정하는 것이다.

> 광고비와 매출액에 대한 자료가 있다고 하자. 연구자가 광고비를 독립변수로 하고 매출액을 종속변수로 할 때, 이 두 변수 사이에 어떠한 인과관계가 존재하며 어떠한 함수관계가 성립할 수 있는지를 알고자 한다면 연구자는 표본을 통해 모집단에 존재하는 어떠한 관계를 알고자 할 것이다. 이를 위해 모집단에서의 독립변수와 종속변수 간의 관계에 대해 회귀모형을 설정하고, 표본자료를 통해 그 관계를 추정할 수 있는 회귀식(회귀모형)을 찾아내는 과정이 회귀분석이다.

(3) **단순회귀식(단순회귀모형)**은 다음과 같다.

☞ 추정하고자 하는 모집단에 대한 회귀식

$$y_i = \beta_0 + \beta_1 x_i + \epsilon_i \quad (i = 1, 2, \cdots, n)$$

* β_0, β_1: 회귀계수로, 각각 y절편과 기울기를 나타냄
  ϵ_i: 오차로, $E(\epsilon_1) = 0$, $Var(\epsilon_i) = \sigma^2$
☞ β_0, β_1, σ는 추정해야 할 미지의 모수

(4) $\beta_0 + \beta_1 x_i$의 추정량 = $E(y_i)$이며, 다음과 같이 나타낼 수 있다.

☞ 표본에 의한 회귀식 추정

$$\widehat{y_i} = \widehat{\beta_0} + \widehat{\beta_1} x_i$$

* $\widehat{\beta_0}$, $\widehat{\beta_1}$: (추정)회귀계수로, 각각 y절편과 기울기를 나타내며 모수 β_0, β_1의 추정값

*이때 관측값 y_i와 회귀식에 의한 예측값 $\widehat{y_i}$의 차이를 잔차라고 한다.

*기울기는 x_i가 한 단위 증가할 때 $\widehat{y_i}$의 증가량을 나타낸다.

☞ 연구자는 표본자료를 통해 이 회귀계수들을 추정하게 된다.

> **참고**
>
> **오차와 잔차**
> (1) **오차(Error)**
>   모집단에서 회귀식을 얻었을 경우 그 회귀식에 의한 예측값과 실제 예측값의 차이이다.
> (2) **잔차(Residual)**
>   ① 표본집단에서 회귀식을 얻었을 경우 그 회귀식에 의한 예측값과 실제 예측값의 차이이다.
>   ② 일반적으로 모집단의 모든 데이터에서 회귀식을 얻는 것이 아니라 표본 데이터로 회귀식(회귀모형)을 구하여 모집단에 대해 추정하므로 회귀계수 추정 등에 있어서 잔차가 기준이 된다.
>   ☞ 표본자료에 의한 잔차로 오차를 추정하는 관계이다.

2. 오차(잔차)항의 기본 가정(회귀분석의 전제조건[1])

[1] 이하 전제조건과 참고는 '잔차'에 대해서도 적용된다.

정규성	오차항 ϵ_i는 정규분포 $N(0, \sigma^2)$를 따른다. (x의 어떤 값에 대해 여러 개의 y가 존재하면 여러 개의 오차가 발생하게 된다. 이때 그 오차들은 평균이 0인 정규분포를 따른다는 가정) ☞ 오차항의 기댓값은 0이다.
등분산성	오차항 ϵ_i의 분산은 모든 i에 대하여 같다. ☞ 오차들의 분산은 x의 모든 값들에 걸쳐 일정하다.

독립성	① 오차항 ϵ_i들은 서로 독립이다.
	  ☞ 임의의 오차항 ϵ_i와 $\epsilon_{i'}$은 독립이다.
	② 더빈왓슨의 통계량으로 오차의 독립성을 검정한다.
	  • 더빈왓슨 통계량이 2에 가까우면 독립성을 만족한다.
	  • 더빈왓슨 통계량이 0에 가까우면 양(+)의 상관관계가 존재한다.
	  • 더빈왓슨 통계량이 4에 가까우면 음(-)의 상관관계가 존재한다.

*오차항 ϵ_i와 Y_i는 동일한 분산을 갖는다.

> **참고**
>
> (1) 독립변수와 종속변수간의 **선형성 가정**이 추가되기도 한다.
>   ☞ 독립변수와 종속변수간 선형적 관계에 대한 가정
>   예 $\hat{y} = \hat{\beta_0} + \hat{\beta_1} x$의 회귀식은 x의 모든 범위에 걸쳐 기울기가 β_1으로 일정하다는 것이다.
> (2) "**다중회귀분석의 경우 독립변수들 간에는 다중공선성이 존재하지 않아야 한다**"가 전제조건으로 추가되기도 한다. 독립변수들 간에 높은 상관관계가 존재하여 회귀계수의 추정이 왜곡되는 현상을 공선성이라고 하는데, 독립변수가 세 개 이상인 경우 다중공선성이라고 한다.
> (3) '**오차(잔차)끼리 서로 상관성이 없어야 한다**'는 것을 오차(잔차)의 '비상관성'으로 명명하여 추가하기도 한다.
> (4) 회귀분석에서의 추정량은 불편성을 가진다. 즉 기댓값이 모수가 된다.
>   • 추정량 $\hat{\beta_1}$은 평균이 β_1이고 분산이 σ^2 / S_{XX}인 정규분포를 따른다.
>   • 추정량 $\hat{\beta_0}$은 회귀직선의 절편 β_0의 불편추정량이다.
> (5) 더빈왓슨 통계량은 자기상관[2]을 검증하는 통계량으로 쓰인다.
>   자기상관 발생 ☞ 오차의 독립성 가정을 위배한다.

[2] 서로 다른 시차의 오차항이 양의 방향이나 음의 방향으로 서로 상관되는 것으로, 2회 이상의 데이터, 시계열 자료 등에서 이슈가 될 수 있다.

3. 회귀식의 발견: 최소제곱법(최소자승법, Least Squares Method)

(1) 변수 X와 Y에 대한 n개의 표본자료들로부터 최적의 회귀식을 산출하기 위한 방법 중 하나이다.

(2) 단순회귀모형 $y_i = \beta_0 + \beta_1 x_i + \epsilon_i$에서 최소제곱법을 통해 **추정오차(잔차: $e_i = y_i - \hat{y}_i$) 제곱의 합을 가장 작게 하는** 최적의 식을 발견(즉 β_0와 β_1을 추정)할 수 있다.

　☞ β_0와 β_1에 대한 최소제곱추정량 $\hat{\beta}_0$, $\hat{\beta}_1$을 구하고 회귀식 $\hat{y}_i = \hat{\beta}_0 + \hat{\beta}_1 x_i$을 추정하는 것이다.

① **추정오차(잔차)**: 추정된 회귀선과 관측치들 간의 차이이다.

　☞ 추정오차 $= |y_i - \hat{y}_i|$ (*y_i: 관측치, $\hat{y}_i$: 회귀선에 의한 추정치)

② 이러한 **추정오차(잔차)의 제곱합(SSE; Sum of Squares due to Error)이 최소가 되도록** 최적의 직선식을 구하는(즉, 회귀계수들을 추정하는) 방법이 최소제곱법이다.

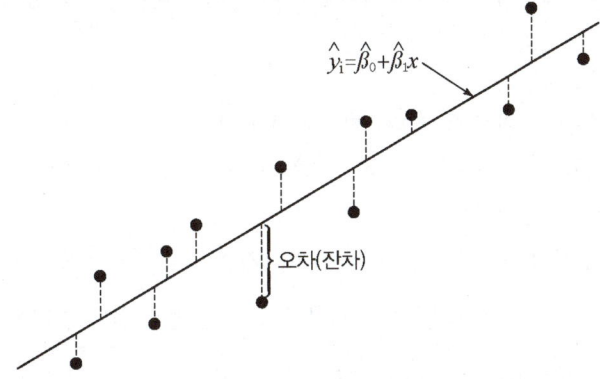

(3) 이러한 최소제곱법을 통한 **회귀계수의 추정**은 다음과 같다.

① 회귀식이 $\hat{y} = \hat{\beta}_0 + \hat{\beta}_1 x$와 같을 때

　*$\hat{\beta}_0$: 추정된 회귀선의 절편, $\hat{\beta}_1$: 추정된 회귀선의 기울기

$$\hat{\beta}_0 = \bar{y} - \hat{\beta}_1 \bar{x}$$

$$\hat{\beta}_1 = r_{XY} \frac{S_Y}{S_X} = \frac{S_{XY}}{S_{XX}} = \frac{\sum_{i=1}^{n}(x_i - \bar{x})(y_i - \bar{y})}{\sum_{i=1}^{n}(x_i - \bar{x})^2} = \frac{\sum_{i=1}^{n} x_i y_i - n\bar{x}\bar{y}}{\sum_{i=1}^{n} x_i^2 - n\bar{x}^2}$$

* r_{XY}: X와 Y의 상관계수,
  S_{XY}: X와 Y의 공분산, S_{XX}: X의 분산,
  S_X: X의 표준편차, S_Y: Y의 표준편차

② **이렇게 얻어지는 추정량을 최소제곱 추정량(Least Square Estimator, LSE)이라고 한다.** 회귀계수의 부호와 상관계수의 부호 간의 관계는 다음과 같다.

- $\hat{\beta}_1 > 0$이면 양의 상관관계를 가진다. ($r_{XY} > 0$)
- $\hat{\beta}_1 < 0$이면 음의 상관관계를 가진다. ($r_{XY} < 0$)
- $\hat{\beta}_1 = 0$이면 상관관계가 없다. ($r_{XY} = 0$)

❶ 415p 참조

③ 상관분석 예제❶에서 x를 독립변수, y를 종속변수로 하여 활용하면 다음의 회귀식을 구할 수 있다.

$$\widehat{\beta_1} = \frac{11}{18} = 0.611, \quad \widehat{\beta_0} = 8 - 0.611 \times 6 = 4.333$$

$$\therefore \text{회귀식}: \hat{y} = 4.333 + 0.611x$$

④ 추정회귀선은 X의 평균과 Y의 평균을 지난다.

4. 통계적 검정

(1) 독립변수 계수(회귀계수)의 통계적 유의성 검정

① 추정한 회귀식의 **독립변수 계수**(β_1)는 모집단 기울기의 추정치이며, 유의성 검정이 필요하다.

② **귀무가설**은 회귀계수가 유의하지 않다, **대립가설**은 회귀계수가 유의하다는 의미로 설정한다.

- 귀무가설(H_0): $\beta_1 = 0$
  ☞ 회귀계수는 유의하지 않다. 기울기가 0이다.
- 대립가설(H_1): $\beta_1 \neq 0$(또는 $\beta_1 > 0$ 또는 $\beta_1 < 0$으로 설정가능)
  ☞ 회귀계수는 유의하다.
  기울기가 0이 아니다 또는 회귀계수(기울기)는 양수(또는 음수)이다.

[단순회귀분석에서 독립변수 계수의 통계적 유의성 검정을 위한 검정통계량 t]

$$t = \frac{\widehat{\beta_1} - \beta_1}{\sqrt{Var(\widehat{\beta_1})}} = \frac{\widehat{\beta_1} - \beta_1}{\sqrt{MSE/S_{XX}}} \quad (\text{자유도}: n - k - 1 = n - 2)^{1)}$$

* β_1: 귀무가설 하에서의 β_1

MSE: 잔차평균제곱, $MSE = \frac{SSE(\text{잔차제곱합})}{n - k - 1}$

1) 단순회귀분석이므로 $k = 1$이다.

- **검정통계량**과 **임계치**(t - 분포표에서 유의수준 α와 자유도 $n - 2$의 교차점에 있는 값)를 **비교**하여 귀무가설의 **기각 여부를 판단**한다.
  (가설설정의 방향에 따라 단측 또는 양측검정한다. 이 경우 α 또는 $\alpha/2$를 사용한다)
- 검정통계량 t를 계산하여 유의성을 판단한다.
  ☞ 독립변수 계수가 유의하지 않다는 귀무가설이 기각되면 회귀식에 의해 종속변수 값을 추정할 수 있게 된다.
- **단순회귀분석**에서 (회귀계수 유의성 검정) 검정통계량 **t값의 제곱**은 단순회귀분석에서의 (회귀모형의 유의성 검정) 검정통계량 **F값**❷과 동일하다.

❷ 상세내용 후술(422p)

> [회귀분석에서의 통계적 유의성 검정][2]
> 일반적인 유의성 검정과 동일하게
> ① 검정통계량의 값과 임계치를 비교하거나,
> ② 검정통계량의 유의확률(p - value)을 유의수준(α)과 비교하여 가설을 검정할 수 있다. 유의확률과 유의수준을 비교할 경우 p - value ≤ α이면 귀무가설을 기각할 수 있으며 검정통계량과 임계치를 비교할 경우 검정통계량 F의 값이 F 임계치보다 크면 귀무가설을 기각할 수 있다.

[2] 단순회귀분석과 다중회귀분석에서 모두 동일하다.

(2) 회귀선의 설명력(결정계수 R^2)

① 결정계수는 독립변수가 **종속변수의 분산을 얼마나 설명하는가**의 정도로 **회귀식이 자료에 얼마나 적합한가의 정도**를 나타낸다.

② 평균값으로 관측치의 값을 추정하였을 경우에 발생하는 차이를 추정된 회귀선이 어느 정도 줄일 수 있는가하는 것으로, **전체 분산**(회귀선에 의해 설명되는 분산과 회귀선에 의해 설명 되지 못한 분산의 합계) **중 회귀선에 의해 설명되는 분산의 비**를 말한다.

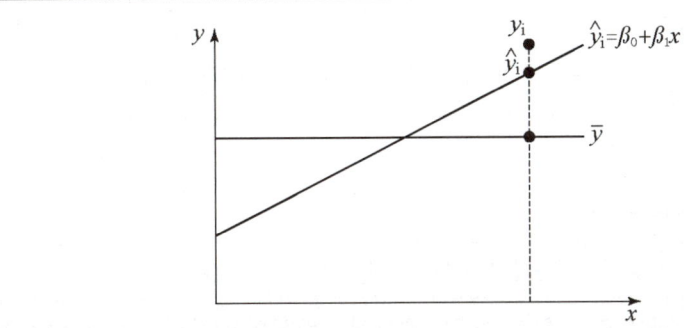

$\sum(y_i - \bar{y})^2$: 전체분산(SST)[3]
$\sum(\hat{y_i} - \bar{y})^2$: 회귀식에 의해 설명되는 분산(SSR)
$\sum(y_i - \hat{y_i})^2$: 회귀식에 의해 설명되지 않는 분산(SSE)
$R^2 = \dfrac{\text{회귀식에 의해 설명되는 분산}}{\text{전체 분산}} = \dfrac{SSR}{SST} = 1 - \dfrac{SSE}{SST}$

[3] SS
Sum of Squares의 의미이다.

③ **0에서 1 사이의 값**을 가지며($0 \leq R^2 \leq 1$), 값이 **클수록** 회귀식이 자료를 **잘 나타내고 있다고** 볼 수 있다.
  • 모든 측정값이 하나의 직선상에 놓이면(SSE = 0이면) 결정계수의 값은 1이 된다. 이는 추정된 회귀선이 종속변수의 분산을 완벽하게 설명함을 의미한다.
  • 두 변수 간에 회귀관계가 전혀 없어서 추정회귀선의 기울기가 0이면, 이는 추정된 회귀선이 종속변수의 분산을 전혀 설명하지 못하는 것(SSR = 0)이므로 SST = SSE가 되고 결정계수는 0이 된다.

④ **단순회귀분석에서는 상관계수를 제곱하면 결정계수의 값과 같다**(다중회귀에서는 성립하지 않는다).
  ☞ 단순회귀분석에서 결정계수의 제곱근은 상관계수가 되며 부호는 추정회귀계수 $\hat{\beta_1}$의 부호를 따른다.
⑤ 다중회귀분석에서는 **독립변수의 수가 늘어나면 결정계수의 값은 증가한다.**

(3) 회귀식 모형의 통계적 유의성 검정: F - 검정
① 회귀식의 통계적 유의성 검정을 회귀모형의 적합도분석이라고도 한다.
② 대표적 방법으로 분산분석표를 이용한다.

[단순회귀분석의 분산분석표] * n: 표본의 크기

변동의 원천(요인)	제곱합(SS)	자유도(df)	평균제곱(MS)	검정통계량 F
회귀(SSR) ☞ 회귀제곱합, 회귀변동	$\sum_{i=1}^{n}(\hat{y_i}-\bar{y})^2$	독립변수의 수(k)	$MSR = \dfrac{SSR}{k}$	$F = \dfrac{MSR}{MSE}$
잔차(SSE) ☞ 잔차제곱합, 잔차(오차)변동	$\sum_{i=1}^{n}(y_i-\hat{y_i})^2$	$n-k-1$	$MSE = \dfrac{SSE}{n-k-1} = \dfrac{\sum_{i=1}^{n}(y_i-\hat{y_i})^2}{n-k-1}$	
Total(SST) ☞ 총제곱합, 총변동	$\sum_{i=1}^{n}(y_i-\bar{y})^2$	$n-1$		

* 총제곱합의 자유도 = 회귀제곱합의 자유도 + 잔차제곱합의 자유도

㉠ 회귀선이 **설명력이 아무리 높아도 통계적으로 유의하지 않으면 일반화하여 사용하기 어렵다. 분산분석표**는 객관적으로 도출된 회귀식이 통계적으로 유의한가를 평가하는 방법으로, 검정통계량 **F 값으로 회귀식의 통계적 유의성을 검정**한다.

㉡ 여기서의 F값은 $F = \dfrac{회귀식에 의해 설명되는 분산\,(MSR)}{회귀식에 의해 설명되지 않는 분산\,(MSE)}$으로 표현된다. 이 값을 **임계치의 F값(유의수준(α) 및 회귀의 자유도(v_1)와 잔차의 자유도(v_2) 사용**: 해당 유의수준에서 v_1과 v_2의 교차점에 있는 값이 임계치)과 비교하여 귀무가설의 기각 여부를 판단한다.
  • 귀무가설(H_0): β_1 = 0(회귀식(회귀모형)은 유의하지 않다)
  • 대립가설(H_1): β_1 ≠ 0(회귀식(회귀모형)은 유의하다)

> **참고**
> 단순회귀분석에서는 모형의 F − 검정이 유의하면 독립변수 계수의 유의성 검정, 즉 기울기의 유의성 검정도 항상 유의하게 된다.

(4) 회귀분석에서 잔차의 성질

회귀분석에서 오차와 잔차: 표본의 잔차로 모집단의 오차를 추정하는 관계

> **[잔차 적합성]**
>
> 변수 x와 y에 대한 n개의 자료 $(x_1, y_1), \cdots, (x_n, y_n)$에 대하여 단순회귀모형 $y_i = \beta_0 + \beta_i x_i + \epsilon_i (i = 1, 2, \cdots, n)$의 가정 하에 회귀직선을 추정하는 경우, 즉 자료에 대해 단순회귀모형을 적합시키는 경우 잔차 $e_i = y_i - \hat{y_i}$의 성질은 다음과 같다.
>
> ① $E(e_i) = 0$: 잔차들의 평균은 0이다.
>
> ② $\sum_{i=1}^{n} e_i = 0$: 잔차들의 합은 0이다(아울러 잔차제곱의 합은 최소의 값이다).
>
> ③ $\sum_{i=1}^{n} x_i e_i = 0$: 각 잔차들에 각 독립변수를 가중치로 하여 서로 곱한 후 이를 모두 합한 결과는 0이다.
>
> ④ $\sum_{i=1}^{n} \hat{y_i} e_i = 0$: 각 잔차들에 각 예측값을 가중치로 하여 서로 곱한 후 이를 모두 합한 결과는 0이다.
>
> ☞ $\sum_{i=1}^{n} e_i = 0 = \sum_{i=1}^{n} x_i e_i = \sum_{i=1}^{n} \hat{y_i} e_i$

참고

회귀분석에서 오차분산의 추정값(추정량: 불편추정량)

분산분석표에서 **오차항의 분산에 해당하는 것은 SSE**이다. 이를 자유도로 나눈 **MSE(잔차평균제곱합)**는 **오차분산(σ^2)의 불편추정량**이다.[1]

$$MSE = \frac{SSE}{n-k-1} = \frac{\sum_{i=1}^{n}(y_i - \hat{y_i})^2}{n-k-1}$$

$$= \frac{\sum_{i=1}^{n} e_i^2}{n-k-1}$$

$$= \hat{\sigma^2} = \text{오차분산}(\sigma^2 = Var(e_i))\text{의 불편추정량}$$

1) 다중회귀분석에서도 동일하다.

> **참고**
>
> **오차의 자기상관**
> 오차의 자기상관이 존재하는 경우 MSE는 오차항의 분산 σ^2을 실제보다 작게 추정하게 됨으로써 추정량의 표준오차는 작아진다. 그 결과 회귀계수를 유의하다고 판단할 수 있는데, 이는 사실은 오차의 자기상관에 기인한 것이므로 자기상관으로 인해 '실제로는 유의하지 않은 회귀계수를 유의하다고 판정'하게 될 수 있다.
> ☞ 자기상관 검정: 더빈 – 왓슨 통계량을 이용한다.

> **참고**
>
> **최대우도법(MLE; Maximum Likelihood Estimation)**
> 우도는 '가능도' 정도의 의미로, 최대우도법은 이미 뽑은 표본이 발생할 확률을 최대로 만드는 값을 모수의 추정값으로 사용하는 것이다. 각 사건이 발생할 확률을 계산하여 구해진 우도함수가 최댓값을 갖도록 회귀계수 β를 추정하는 방법이다.

3 다중회귀분석

1. 개념

(1) **2개 이상의 복수의 독립변수들을 이용한 회귀분석**으로, 복수의 독립변수와 한 개의 종속변수 간의 관계를 설명하고 종속변수 값의 예측에 사용할 수 있는 회귀식을 도출하는 분석방법이다.

(2) 단순회귀분석에서의 기본적 가정과 분석방법이 대부분 그대로 적용된다.

(3) **다중회귀식(다중회귀모형)은 다음과 같다.**

$$y_i = \beta_0 + \beta_1 x_{1i} + \beta_2 x_{2i} + \cdots + \beta_k x_{ki} + \epsilon_i \quad (i=1, 2, \cdots, n)$$
$$* E(y) = \beta_0 + \beta_1 x_1 + \beta_2 x_2 + \cdots + \beta_k x_k$$
ϵ_i: 오차로, $E(\epsilon_i) = 0$, $Var(\epsilon_i) = \sigma^2$
$\beta_0, \beta_1, \beta_2, \cdots, \beta_k, \sigma$: 미지의 모수

(4) $\beta_0 + \beta_1 x_1 + \beta_2 x_2 + \cdots + \beta_k x_k$의 추정량 $= E(y)$를 다음과 같이 나타낼 수 있다.

$$\hat{y_i} = \hat{\beta_0} + \hat{\beta_1} x_1 + \hat{\beta_2} x_2 + \cdots + \hat{\beta_k} x_k$$

2. 다중회귀모형행렬

다중회귀모형을 행렬로 나타냄으로써 간단한 형태로 표현이 가능하다. Y항, X항, 회귀계수, 오차항을 벡터와 행렬로 정의했을 경우 행렬에 기초한 회귀모델(독립변수가 k개인 다중회귀모형 행렬)은 다음과 같다.

$$y = X\beta + \epsilon$$

$$y = \begin{pmatrix} y_1 \\ y_2 \\ \vdots \\ y_n \end{pmatrix}, X = \begin{pmatrix} 1 & x_{11} & x_{12} & \cdots & x_{1k} \\ 1 & x_{21} & x_{22} & \cdots & x_{2k} \\ \vdots & \vdots & \vdots & & \vdots \\ 1 & x_{n1} & x_{n2} & \cdots & x_{nk} \end{pmatrix}, \beta = \begin{pmatrix} \beta_0 \\ \beta_1 \\ \vdots \\ \beta_k \end{pmatrix}, \epsilon = \begin{pmatrix} \epsilon_1 \\ \epsilon_2 \\ \vdots \\ \epsilon_n \end{pmatrix}$$

이때 회귀계수 벡터 β의 추정식은 $\hat{\beta} = (X'X)^{-1}X'y$ (*X': X의 전치행렬[1]),
분산-공분산 행렬은 $Var(\hat{\beta}) = (X'X)^{-1}\sigma^2$이다.

3. 다중회귀분석에서 사용되는 개념 및 분산분석표

① 회귀식 도출, 결정계수 산출 등은 단순회귀분석의 경우와 같은 개념이며 분산분석표, 오차와 잔차의 개념, 오차분산의 추정값과 추정오차 등의 개념도 단순회귀분석에 준한다.

② **다중회귀모형의 통계적 유의성 분석**을 위해 분산분석표를 사용한다.

[다중회귀분석의 분산분석표] * n: 표본의 크기

변동의 원천(요인)	제곱합(SS)	자유도(df)	평균제곱(MS)	검정통계량 F
회귀(SSR) ☞ 회귀제곱합, 회귀변동	$\sum_{i=1}^{n}(\hat{y_i}-\overline{y})^2$	독립변수의 수(k)	$MSR = \dfrac{SSR}{k}$	$F = \dfrac{MSR}{MSE}$
잔차(SSE) ☞ 잔차제곱합, 잔차(오차)변동	$\sum_{i=1}^{n}(y_i-\hat{y_i})^2$	$n-k-1$	$MSE = \dfrac{SSE}{n-k-1}$	
Total(SST) ☞ 총제곱합, 총변동	$\sum_{i=1}^{n}(y_i-\overline{y})^2$	$n-1$		

☞ 분산분석표는 단순회귀분석에서도 적용된다. 단순회귀분석은 독립변수의 수가 1개이므로 회귀의 자유도는 1, 잔차의 자유도는 $n-2$, 총합계의 자유도는 $n-1$이 된다.[2]

1) 전치행렬
임의의 행렬A가 주어졌을 때, 그 행렬 A에서 행과 열을 바꾼 행렬이다. 이를 행렬 A의 전치행렬이라고 한다.

2) 총제곱합의 자유도 = 회귀제곱합의 자유도 + 잔차제곱합의 자유도

4. 변수 선택 방법

전진선택법 (Forward selection)	변수가 존재하지 않는 영(Null)모델에서 시작해서 설명력이 가장 큰 독립변수부터 차례로 추가하는 방법이다.
후진소거법 (Backward elimination)	독립변수들이 모두 포함되어 있는 모형에서 시작해서 설명력이 가장 작은 변수부터 차례로 소거해 나가는 방법이다.
단계적 방법 (Stepwise selection)	위 두 가지 방법을 결합한 방법이다. ☞ 전진선택법에 의해 변수를 추가하면서, 변수 신규 추가로 기존 추가된 변수의 설명력이 약화되면 설명력이 약화된 변수를 제거하는 등 단계별로 추가 또는 제거하는 방법이다.

5. 통계적 유의성 검정

회귀식 전체(회귀모형)의 유의성 검정	개별 독립변수 계수들의 유의성 검정
F(분산분석표)	t(각각의 독립변수별로 시행)
• 귀무가설: $\beta_1 = \beta_2 = \cdots = \beta_k = 0$ • 대립가설: 적어도 하나는 0이 아니다.	• 귀무가설: $\beta_i = 0$ • 대립가설: $\beta_i \neq 0$ (또는 $\beta_i > 0$ 또는 $\beta_i < 0$)
① $F = \dfrac{MSR}{MSE}$ ② F 임계치 $= F_{(\alpha; k, n-k-1)}$ * 귀무가설은 '회귀모형이 유의하지 않다'는 것이고, 대립가설은 '회귀모형이 유의하다'는 것이다.	① $t = \dfrac{\hat{\beta_i} - \beta_i}{\sqrt{Var(\hat{\beta_i})}} = \dfrac{\hat{\beta_i} - \beta_i}{\sqrt{MSE/S_{XX}}}$ (자유도: $n-k-1$) * β_i: 귀무가설 하에서의 β_i ② t 임계치 $= t_{(\alpha; n-k-1)}$ *양측검정이면 $\alpha/2$ 사용 * 독립변수 각각을 검정하며 각 독립변수의 종속변수에의 영향을 검정한다. * 귀무가설은 (그) 회귀계수가 유의하지 않다는 것이고, 대립가설은 (그) 회귀계수가 유의하다는 것이다.

☞ 위 표에서 F 임계치는 F 분포표에서 주어진 α 수준 하에 두 자유도($k = v_1$, $n-k-1 = v_2$)의 교차점에 있는 값이다. t 임계치는 t 분포표에서 주어진 α와 자유도 $(n-k-1)$의 교차점에 있는 값이다.

6. 독립변수들의 상대적 영향력 비교

어느 독립변수가 종속변수에 대해 보다 영향력이 큰가를 분석할 수 있는데, 회귀계수는 각기 다른 단위를 반영하고 있으므로 이 값들을 비교하면 안 되고 표준화한 회귀계수를 비교한다.

(1) 표준화 계수
① 입력자료를 표준화(평균 = 0, 표준편차 = 1)시켜 분석한 회귀분석에서 얻게 되는 계수이다.
② 이들의 크기를 서로 비교함으로써 여러 개의 독립변수 중에서 어느 변수가 종속변수에 더 많은 영향을 미치는지를 파악할 수 있다.
③ 표준화 계수의 절댓값이 클수록 그 변수의 영향력이 크다.

(2) 비표준화 계수
표준화하기 전의 원래 자료를 이용한 회귀분석 결과로 얻게 되는 계수이다.

7. 수정결정계수(Adjusted Coefficient of Determination, $adj R^2$)

결정계수는 회귀식에 독립변수가 추가됨으로써 점차 커지게 되는데, 결정계수를 약간 증가시키기 위해서 독립변수가 추가되는 것은 낭비요소가 될 수 있다. 이를 보완하기 위해 결정계수를 독립변수의 수(k)와 표본의 크기(n)로 조정한 것이 수정결정계수이다.
☞ 새롭게 추가되는 변수가 추가적 설명력이 낮으면 수정결정계수가 감소하는 구조이다.

$$adj R^2 = 1 - \frac{SSE/(n-k-1)}{SST/(n-1)}$$
$$= 1 - (1-R^2)\frac{n-1}{n-k-1} = \frac{(n-1)R^2 - k}{n-k-1}$$
$$\left(R^2 = \frac{SSR}{SSR+SSE}\right)$$

8. 다중공선성(Multicolinearity)

(1) 다중회귀모형 속의 <u>독립변수들 간에 높은 상관관계</u>가 존재하여 회귀계수의 추정이 왜곡되면 모형의 정확성이 문제가 생기게 된다. 즉 회귀분석의 결과를 신뢰하기 어렵게 된다.

(2) 다중공선성을 진단하는 대표적 방법은 다음과 같다.

① 공차한계(tolerance)
- 한 독립변수의 분산 중 다른 모든 독립변수들에 의하여 설명되지 않는 정도를 의미한다.
- 공차한계가 클수록 다중공선성은 낮아진다. 즉 작을수록 다중공선성이 높아진다.
- 변수 i의 공차는 $1 - R_i^2$으로 표시되며 공차의 최댓값은 1, 최솟값은 0이다 (R_i^2: 독립변수 i가 다른 독립변수들에 의해 설명되는 정도로 독립변수 i를 종속변수로, 다른 독립변수들을 독립변수로 하여 회귀분석한 경우의 R^2에 해당한다).

② 분산팽창요인(VIF; Variance Inflation Factor)
- 분산확대지수라고도 하며, 공차한계의 역수이다.
- 독립변수 간에 발생하는 다중공선성으로 인한 분산의 증가를 의미한다.
- VIF가 클수록 다중공선성은 높아진다. 즉 작을수록 다중공선성이 낮아진다.
- 통상 10 이상이면 다중공선성을 의심한다.

> **참고**
>
> **표준화잔차(Standardized Residuals)**
> ① 잔차를 표준오차로 나누어 표준화하여 나타낸 것으로 스튜던트화 잔차(studentized residual)라고도 부른다.
> ② 표준화 잔차의 절댓값이 2 이상인 값을 이상치(Outlier)로 간주하며, 표준화잔차와 예측값의 산점도를 통해 등분산성을 검토할 수 있다.
> ③ 모든 관측값을 고려하여 분산의 추정값을 구하는 내적 스튜던트화 잔차(Internally Studentized Residual)와 i번째 관측값을 제외한 관측값들로 분산을 추정하는 외적 스튜던트화 잔차(Externally Studentized Residual)로 나눌 수 있다.

4 더미(dummy)변수를 이용한 회귀분석

1. 개념
(1) 회귀분석의 입력자료는 대부분의 경우 간격척도나 비율척도인데, 범주형 척도로 측정된 변수를 부득이 독립변수로 사용해야 하는 경우가 있다. 이 때에는 **범주형 척도로 측정된 변수를 0과 1의 값만을 갖는 한 개 혹은 몇 개의 이항변수로 바꾸어 회귀분석에 활용**할 수 있다.
   예 성별, 종교, 지역 등
(2) 이항변수는 실제로 측정한 변수가 아니라 범주형 척도로 측정된 변수 값들을 서로 구분할 수 있도록 하기 위해 가상적으로 만든 변수라 하여 이들을 **더미변수**라 하고, **가변수**라고도 한다.
   ☞ 즉, 질적 효과를 고려할 수 있는 독립변수를 가변수로 변환하는 것이다.

2. 적용
[더미변수의 수]
더미변수의 수 = (범주(수준)의 수 - 1)
예 범주가 두 개(남, 여)라면 남자는 1, 여자는 0으로 입력하는 것

범주	더미변수
남	1
여	0

 예시

매장의 지역(동부, 서부, 남부, 북부)과 판촉비에 따른 연 매출액 분석
회귀분석 결과 회귀계수는 $\beta_0 = 100$, $\beta_1 = 20$, $\beta_2 = 30$, $\beta_3 = -10$, $\beta_4 = 10$일 때, 판촉비를 동부지역 매장은 2억 원을, 북부지역 매장은 1억 원을 지출한다는 가정 하에 두 매장의 추정되는 매출액 차이는?

$$y_i = \beta_0 + \beta_1 D_{1i} + \beta_2 D_{2i} + \beta_3 D_{3i} + \beta_4 x_i$$

* y_i: 추정된 매출액[단위: 억원]
　D_{ji}: 지역 더미변수(D_{1i} = 서부, D_{2i} = 남부, D_{3i} = 북부)
　x_i: 판촉비[단위: 억원]
　β_k: 회귀계수(k = 0, 1, 2, 3, 4)

[해설]
- 동부 매장 추정 매출액 = 100 + (20 × 0) + (30 × 0) − (10 × 0) + (10 × 2) = 120[1)]
- 북부 매장 추정 매출액 = 100 + (20 × 0) + (30 × 0) − (10 × 1) + (10 × 1) = 100
*관측대상이 해당 범주에 속하면 1, 그렇지 않으면 0으로 입력한다.
∴ 동부 매장이 북부 매장보다 추정 매출액이 20억 원 높음.

1) 동부매장
   다른 더미변수들의 값이 모두 0이 되는 경우이다.

GO득점 GO!

[회귀분석 SPSS Output]

중소형 쇼핑몰을 운영하는 A사는 고객들의 만족도와 관계가 있을 것으로 생각되는 요인들을 조사하여 마케팅 전략을 수립하고자 한다. 이에 내점 고객 중 30명을 대상으로 5점 척도로 조사를 실시하였다. 다음은 이에 대한 다중회귀분석 결과이다(유의수준 = 0.05).

[표1. 모형 요약]

모형	R	R제곱	조정된 R제곱	표준오차
1	0.794	0.631	0.589	0.52413

[표2. 분산분석]

모형	제곱합	자유도	평균제곱	F	유의확률
회귀	12.224	3	4.075	14.832	0.000*
오차	7.143	26	0.275		
전체	19.367	29			

*a. 예측값: (상수), 편의성, 품질, 가격. b. 종속변수: 만족도

[표3. 계수]

구분	비표준화 계수		표준화 계수	t	유의확률	공선성 통계량	
	B	표준오차	베타			공차한계	VIF
(상수)	0.026	0.496		0.051	0.959		
품질	0.536	0.151	0.502	3.560	0.001	0.714	1.400
가격	0.219	0.120	0.258	1.827	0.079	0.709	1.411
편의성	0.240	0.092	0.316	2.609	0.015	0.966	1.035

해설

- [표1] R제곱은 [표2]의 회귀제곱합 12.224를 전체제곱합 19.367으로 나누어 산출한다.
- [표2] 회귀의 자유도는 독립변수의 수이고, 오차의 자유도는 {n − (독립변수의 수) − 1}이다. 평균제곱은 제곱합을 각각의 자유도로 나누어 산출하며, F는 (회귀평균제곱/오차(잔차)평균제곱)이다.
- [표3] 회귀식은 **비표준화 계수 B에 나타난 값으로 도출**한다.
  ☞ 만족도(Y)=0.026 + 0.536X_1(품질) + 0.219X_2(가격) + 0.240X_3(편의성)

(1) 분산분석표의 검정통계량 F의 유의확률(p - value)이 0.000으로 유의수준 α = 0.05보다 작으므로, 즉 'p - value ≤ α' 요건을 충족하므로 회귀모형은 유의하다.
(2) R^2 값이 0.631로, 종속변수 분산의 63.1%가 독립변수들에 의해 설명된다.
(3) 독립변수 중 품질변수와 편의성 변수는 유의확률이 각각 0.001, 0.015로 'p - value ≤ α' 요건이 충족되어 통계적으로 유의한 변수이나, 가격 변수는 유의확률이 0.079로 α보다 커서 유의하지 않은 변수이다.
(4) 편의성 변수가 공차한계(공차)가 0.966으로 가장 커서 다중공선성이 가장 낮고, 가격의 공차가 0.709로 가장 작아서 다중공선성이 가장 높은 변수이다.

* 검정통계량 t는 각 해당 변수의 비표준화계수 B에 나타난 값을 해당 표준오차로 나누어 산출한다(검정통계량 $t = (\hat{\beta_i} - \beta_i)/\sqrt{Var(\hat{\beta_i})}$ 와 산식의 표현은 다르나 동일한 맥락이다).
* 상기의 값들은 SPSS Output으로, 수작업으로 검산 시 (생략된) 소수점 차이로 약간의 값 차이가 발생할 수 있다.

기출 및 예상적중문제 — PART 04 통계분석

01
2020년 3회

두 변량 중 X를 독립변수, Y를 종속변수로 하여 X와 Y의 관계를 분석하고자 한다. X가 범주형 변수이고 Y가 연속형 변수일 때 가장 적합한 분석방법은?

① 회귀분석
② 교차분석
③ 분산분석
④ 상관분석

해설
(독립변수, 종속변수)로 나타내면 다음과 같다.
① (연속형: 더미변수 등 범주형도 가능, 연속형)
② (범주형, 범주형)
③ (범주형, 연속형)
④ (연속형, 연속형: 엄밀하게는 독립변수와 종속변수의 구분은 없다)

02
2019년 1회

두 정당(A, B)에 대한 선호도가 성별에 따라 다른지 알아보기 위하여 1,000명을 임의추출하였다. 이 경우에 가장 적합한 통계분석법은?

① 분산분석
② 회귀분석
③ 인자분석
④ 교차분석

해설
성별(범주형 변수)과 선호정당(범주형 변수) 간의 연관성이 있는지를 선호도를 통해 알아보는 분석방법이다. 범주형 변수 간의 연관성 분석이 되므로 교차분석이 적합하다. 인자분석은 소수의 인자(Factor)로 많은 변량 사이의 관계를 설명하기 위한 통계적 분석방법이다.

03
2021년 2회

특정값의 산포를 총제곱합으로 나타내고, 이 총제곱합을 실험과 관련된 요인마다 제곱합으로 분해하여 오차에 비해 특히 큰 영향을 주는 요인이 무엇인지를 찾아내는 분석방법은?

① 분산분석
② 추정
③ 상관분석
④ 회귀분석

해설
분산분석은 보통 3개 이상(2개 이상에도 가능)의 서로 다른 처치집단들에 대한 처치의 결과로 나타나는 총제곱합(총분산)을 집단 간 제곱합(처치 제곱합)과 집단 내 제곱합(오차 제곱합)으로 분해하여 검정통계량 F를 구하고 이를 통해 각 처치집단 간의 평균에 차이가 있는가를 분석하는 방법으로 정의할 수 있다.

04
2020년 4회

다음 중 분산분석에 관한 설명으로 틀린 것은?

① 분산분석은 분산값들을 이용해서 두 개 이상의 집단 간 평균차이를 검정할 때 사용된다.
② 각 집단에 해당되는 모집단의 분포가 정규분포이며 서로 동일한 분산을 가져야 한다.
③ 관측값에 영향을 주는 요인은 등간척도나 비율척도이다.
④ 분산분석의 가설검정에는 F – 분포 통계량을 이용한다.

해설
분산분석에서 독립변수를 요인이라 하며 독립변수는 범주형, 종속변수는 연속형 변수이므로 관측값에 영향을 주는 요인은 범주형 변수이다.

| 정답 | 01 ③ 02 ④ 03 ① 04 ③ |

05
2017년 1회

분산분석을 수행하는 데 필요한 가정이 아닌 것은?

① 독립성
② 불편성
③ 정규성
④ 등분산성

해설
분산분석의 기본 가정은 모집단의 정규분포와 등분산성이며, 관측치들의 독립성이다. 오차항에 대한 가정에도 독립성, 정규성, 등분산성이 필요하다.

06
2021년 2회

일원배치법에 대한 설명으로 맞는 것은?

① 인자의 처리별 반복수는 동일하여야 한다.
② 일원배치법에 의해 여러 그룹의 분산의 차이를 해석할 수 있다.
③ 한 종류의 인자가 특성 값에 미치는 영향을 조사하고자 할 때 사용하는 분석법이다.
④ 3명의 기술자가 3가지 재료를 이용해서 어떤 제품을 만들고자 할 때 가장 좋은 제품을 만들 수 있는 조건을 찾으려면 일원배치법이 적절한 방법이다.

해설
분산분석은 집단 간 분산과 집단 내 분산을 이용하여 그룹간 차이를 분석하는 방법이다. 일원배치분산분석은 독립변수(처치변수)가 1개인 경우 종속변수의 평균이 다른지를 분석하는 방법이므로 한 종류의 인자가 특성값에 미치는 영향을 조사하고자 할 때 사용하는 분석법이며 인자의 처리별 반복수는 동일하지 않아도 된다.

07
2018년 1회

일원배치분산분석법을 적용하기에 부적합한 경우는?

① 어느 화학회사에서 3개의 제조업체에서 생산된 기계로 원료를 혼합하는 데 소요되는 평균 시간이 동일한지를 검정하기 위하여 소요시간(분) 자료를 수집하였다.
② 소기업 경영연구에 실린 한 논문은 자영업자의 스트레스가 비자영업자보다 높다고 결론을 내렸다. 부동산중개업자, 건축가, 증권거래인들을 각각 15명씩 무작위로 추출하여 5점 척도로 된 15개 항목으로 직무 스트레스를 조사하였다.
③ 어느 회사에 다니는 회사원은 입사 시 학점이 높은 사람일수록 급여를 많이 받는다고 알려져 있다. 30명을 무작위로 추출하여 평균학점과 월급여를 조사하였다.
④ A구, B구, C구 등 3개 지역이 서울시에서 아파트 가격이 가장 높은 것으로 나타났다. 각 구마다 15개씩 아파트 매매가격을 조사하였다.

해설
분산분석은 2개(보통 3개) 이상의 집단들의 평균값을 비교하는 것이다.
①은 3개의 기계별 평균시간이 동일한가.
②는 3개의 직업별 스트레스가 동일한가.
④는 3개의 지역별 매매가격이 동일한가이므로 일원배치분산분석법 적용에 적합하지만 ③은 상관관계분석에 해당한다.

08
2020년 4회

k개 처리에서 n회씩 실험을 반복하는 일원배치 모형 $Y_{ij} = \mu + \alpha_i + \epsilon_{ij}$에 관한 설명으로 틀린 것은?
(단, $i = 1, 2, \cdots, k$, $j = 1, 2, \cdots, n$, $\epsilon_{ij} \sim N(0, \sigma^2)$)

① 오차항 ϵ_{ij}들의 분산은 같다.
② 총실험횟수는 $k \times n$이다.
③ 총평균 μ와 i번째 처리효과 α_i는 서로 독립이다.
④ Y_{ij}는 i번째 처리의 j번째 관측값이다.

해설
$\alpha_i = \mu_i - \mu$이다. 따라서 총평균 μ와 i번째 처리효과 α_i는 서로 독립이 아니다.

| 정답 | 05 ② 06 ③ 07 ③ 08 ③

09 · 2019년 1회

다음 중 일원배치법의 모집단 모형으로 적합한 것은? (단, Y_{ij}는 관측값이고, μ는 이들의 모평균, ϵ_i나 ϵ_{ij}는 실험의 오차로서 평균 0, 분산 σ^2인 정규분포 $N(0, \sigma^2)$을 따르고 서로 독립이다.)

① $Y_{ij} = \mu + \alpha_i + \epsilon_{ij}$ $(i = 1, \cdots, k, \ j = 1, \cdots, n)$
② $Y_{ij} = \mu + \alpha_i + \beta_j + \epsilon_{ij}$ $(i = 1, \cdots, p, \ j = 1, \cdots, q)$
③ $Y_i = \alpha_i + \beta x_i + \epsilon_i$ $(i = 1, \cdots, n)$
④ $Y_i = \alpha_i + \beta_1 x_1 + \beta_2 x_2 + \epsilon_i$ $(i = 1, \cdots, n)$

해설
일원배치법의 모집단 모형은 $Y_{ij} = \mu + \alpha_i + \epsilon_{ij}$ $(i = 1, \cdots, k, \ j = 1, \cdots, n)$이다. ($i$ = 처리, j = 반복)

10 · 2019년 1회

일원분산분석 모형에서 오차항에 대한 가정에 해당되지 않는 것은?

① 정규성
② 독립성
③ 일치성
④ 등분산성

해설
일원분산분석의 오차항에 대한 가정은 다음과 같다.
• 오차(ϵ_{ij})의 기댓값은 0이다.
• [독립성] 오차는 서로 독립적이다.
  ☞ 임의의 오차 ϵ_{ij}와 $\epsilon_{i'j}$는 서로 독립이다.
• [정규성] 오차(ϵ_{ij})의 분포는 정규분포이다.
• [등분산성] 오차들의 분산은 동일하다.

11 · 2021년 3회

일원배치법의 모형 $Y_{ij} = \mu + \alpha_i + \epsilon_{ij}$에서 오차항 ϵ_{ij}의 가정에 대한 설명으로 틀린 것은?

① 오차항 ϵ_{ij}는 서로 독립이다.
② 오차항 ϵ_{ij}의 기댓값은 0이다.
③ 오차항 ϵ_{ij}는 정규분포를 따른다.
④ 오차항 ϵ_{ij}의 분산은 동일하지 않아도 무방하다.

해설
일원분산분석의 오차항에 대한 가정은 다음과 같다.
• 오차(ϵ_{ij})의 기댓값은 0이다.
• [독립성] 오차는 서로 독립적이다.
  ☞ 임의의 오차 ϵ_{ij}와 $\epsilon_{i'j}$는 서로 독립이다.
• [정규성] 오차(ϵ_{ij})의 분포는 정규분포이다.
• [등분산성] 오차들의 분산은 동일하다.

12 · 2018년 3회

일원배치 모형을 $Y_{ij} = \mu + \alpha_i + \epsilon_{ij}$ $(i = 1, \cdots, k, \ j = 1, \cdots, n)$로 나타낼 때, 분산분석표를 이용하여 검정하려는 귀무가설 H_0는? (단, i는 처리, j는 반복을 나타내는 첨자이며, 오차항 $\epsilon_{ij} \sim N(0, \sigma^2)$이고 서로 독립적이며 $\overline{y_i} = \dfrac{\sum_{j=1}^{n} y_{ij}}{n}$이다.)

① H_0: $\overline{y_1} = \overline{y_2} = \cdots = \overline{y_k}$
② H_0: $\alpha_1 = \alpha_2 = \cdots = \alpha_k = 0$
③ H_0: 적어도 한 α_i는 0이 아니다.
④ H_0: 오차항 ϵ_{ij}들은 서로 독립이다.

해설
일원배치분산분석에서의 집단의 평균이 μ_i, 전체 총평균이 μ일 때, 귀무가설은 $H_0: \mu_1 = \mu_2 = \cdots = \mu_k$와 같이 집단들의 평균이 동일하다고 설정한다. $\alpha_i = \mu_i - \mu$이고, 이것이 0이라는 것은 처리효과가 0이라는 의미로, 처리집단 평균간의 차이가 없다는 것이므로 이를 이용해서 $H_0: \alpha_1 = \alpha_2 = \cdots = \alpha_k = 0$로 나타낼 수도 있다.

| 정답 | 09 ① 10 ③ 11 ④ 12 ② |

13
2017년 1회

다음 일원배치분산분석 모형에 대한 설명으로 틀린 것은?

$$Y_{ij} = \mu + \alpha_i + \epsilon_{ij} \ (i = 1, \cdots, k, \ j = 1, \cdots, n)$$

① ϵ_{ij}는 서로 독립이고, 평균은 0, 분산은 σ^2인 정규분포를 따른다고 가정한다.
② α_i는 각각의 집단평균(μ_i)과 전체평균(μ)의 차이를 나타낸다.
③ $\sum_{i=1}^{k} \alpha_i > 0$을 만족한다.
④ 귀무가설은 $H_0 : \mu_1 = \mu_2 = \cdots = \mu_k$이다.

해설

일원배치분산분석의 모집단모형에서 $\sum_{i=1}^{k} \alpha_i = 0$이다.

14
2021년 1회

다음 분산분석표의 ㉠ ~ ㉢에 들어갈 값은?

요인	제곱합	자유도	평균제곱	F - 값	유의확률
인자	199.34	1	199.34	㉢	0.099
잔차	315.54	6	㉡		
계	514.88	㉠			

	㉠	㉡	㉢
①	7	52.59	2.58
②	7	52.59	3.79
③	7	1893.24	2.58
④	7	1893.24	9.50

해설

일원배치분산분석에서 분산분석표 상의 자유도는
- 처리(집단간, 인자) = $k - 1$
- 오차(집단내, 잔차) = $n - k$
- 합계 = 처리자유도 + 오차자유도 = $n - 1$
- 평균제곱 = $\dfrac{\text{제곱합}}{\text{자유도}}$, $F = \dfrac{\text{처치(집단간, 인자) 평균제곱}}{\text{오차(집단내, 잔차) 평균제곱}}$이므로

㉠ 1 + 6 = 7
㉡ 315.54/6 = 52.59
㉢ 199.34/52.59 = 3.79

15
2017년 3회

세 그룹의 평균을 비교하기 위해 각 수준에서 5번씩 반복실험한 일원분산분석 모형 $X_{ij} = \mu + \alpha_i + \epsilon_{ij}$ ($i = 1, 2, 3$, $j = 1, 2, \cdots, 5$)에 대한 분산분석표가 아래와 같을 때 ㉠, ㉡에 들어갈 값은?

요인	제곱합	자유도	F - 통계량
처리	52.0	2	㉡
오차	60.0	㉠	

	㉠	㉡		㉠	㉡
①	12	4.8	②	12	5.2
③	13	4.8	④	13	5.2

해설

오차의 자유도를 알기 위해서는 총합의 자유도를 알아야 하는데, 각 수준에서 모두 5번씩 반복실험을 했으므로 각 처리수준별 반복수가 동일하다면 측정자료의 총 개수 n은 '처리수준의 수 × 반복수'와 일치하게 되는 것을 이용한다.
측정자료의 총 개수 = [처리수준의 수(k: 그룹의 수) 3 × 반복수 5] = 15
∴ 총합의 자유도 $n - 1 = 15 - 1 = 14$
총합의 자유도 14 = 처리의 자유도 2 + 오차의 자유도 ㉠
∴ ㉠ 12
따라서 오차의 평균제곱 = [오차제곱합/오차의 자유도] = 60/12 = 5이다.
또한 처리의 평균제곱 = [처리제곱합/처리의 자유도] = 52/2 = 26이므로
㉡ $F = \dfrac{\text{처치(집단간, 인자) 평균제곱}}{\text{오차(집단내, 잔차) 평균제곱}} = \dfrac{26}{5} = 5.2$

16
2019년 3회

성별 평균소득에 관한 설문조사자료를 정리한 결과, 집단 내 평균제곱(Mean Squares within Groups)은 50, 집단 간 평균제곱(Mean Squares between Groups)은 25로 나타났다. 이 경우에 F값은?

① 0.5
② 2
③ 25
④ 75

해설

$F = \dfrac{\text{처리(집단 간, 인자) 평균제곱}}{\text{오차(집단 내, 잔차) 평균제곱}} = \dfrac{25}{50} = 0.5$

17
2020년 4회

다음은 특정한 4개의 처리수준에서 각각 6번의 반복을 통해 측정된 반응값을 이용하여 계산한 값들이다. 이를 이용하여 계산된 평균제곱오차(MS_E)는?

> 총제곱합(SST)=1200, 총자유도=23,
> 처리제곱합(SS_T)=640

① 28.0
② 5.29
③ 31.1
④ 213.3

해설

평균제곱오차(오차평균제곱) = $\dfrac{오차제곱합}{오차자유도}$

㉠ 오차제곱합
  총제곱합 = 처리제곱합 + 오차제곱합이므로
  1200 = 640 + 오차제곱합이다.
  ∴ 오차제곱합 = 1200 − 640 = 560
㉡ 오차의 자유도 = $n-k$에서 n과 k를 구하면
  처리수준은 4개이고 각 6번 반복이므로 자료의 총 개수는 $4 \times 6 = 24$이다.
  ∴ $n = 24$, 처리수준 $k = 4$
  따라서 오차 자유도 = $n-k = (24-4) = 20$
∴ 구하고자 하는 평균제곱오차(오차평균제곱) = $\dfrac{오차제곱합}{오차자유도}$
$= \dfrac{560}{20} = 28$

18
2018년 3회

서로 다른 4가지 교수방법 A, B, C, D의 학습효과를 알아보기 위하여 같은 수준에 있는 학생 중에서 99명을 임의추출하여 A 교수방법에 19명, B 교수방법에 31명, C 교수방법에 27명, D 교수방법에 22명을 할당하였다. 일정기간 수업 후 성취도를 100점 만점으로 측정, 정리하여 다음의 평방합(제곱합)을 얻었다. 교수방법 A, B, C, D의 학습효과 사이에 차이가 있는가를 검정하기 위한 F - 통계량 값은?

그룹 간 평방합	63.21
그룹 내 평방합	350.55

① 0.175
② 0.180
③ 5.71
④ 8.11

해설

처치 $k = 4$, 자료의 총개수 $n = 99$이다. 계산을 위해 분산분석표를 이용하면 다음과 같다.

요인	제곱합	자유도	평균제곱 (제곱합/자유도)	F – 값 (처리평균제곱/오차평균제곱)
그룹 간 (집단 간, 처리)	63.21	$k-1$ = (4−1) = 3	63.21/3 = 21.07	21.07/3.69 = 5.71
그룹 내 (집단 내, 오차(잔차))	350.55	$n-k$ = (99−4) = 95	350.55/95 = 3.69	
계	413.76	$n-1$ = (99−1) = 98		

| 정답 | 17 ① 18 ③

19
2021년 2회

중소기업들 간 30대 직원의 연봉에 차이가 있는지 알아보기 위해 몇 개의 기업을 조사한 결과 다음과 같은 분산분석표를 얻었다. 총 몇 개 기업이 비교대상이 되었으며, 총 몇 명이 조사되었나?

요인	제곱합	자유도	평균제곱	F-값
그룹 간	777.39	2	388.69	5.36
그룹 내	1522.58	21	72.50	
계	2299.97	23		

① 2개 회사, 21명
② 2개 회사, 22명
③ 3개 회사, 23명
④ 3개 회사, 24명

해설

자유도가 어떻게 산출되었는지를 역산해보면 된다.
㉠ 그룹 간(처치) 자유도는 $k-1=2$이므로 $k=3$이다.
즉 총 3개 회사가 비교대상이 되었다.
㉡ 그룹 내(오차) 자유도는 $n-k=n-3=21$이므로 $n=24$이다.
즉 총 24명이 조사되었다.

20
2020년 3회

다음은 처리(Treatment)의 각 수준별 반복수이다. 오차제곱합의 자유도는?

수준	반복수
1	7
2	4
3	6

① 13
② 14
③ 15
④ 16

해설

오차제곱합의 자유도는 $n-k$이므로 이를 이용하여 구한다.
㉠ 3개의 수준이므로 처리의 수 $k=3$
㉡ 반복수의 합이 n이므로 $n=7+4+6=17$
따라서 오차제곱합의 자유도는 $n-k=17-3=14$이다.

21
2018년 1회

일원배치분산분석에서 인자의 수준이 3이고 각 수준마다 반복실험을 5회씩 한 경우 잔차(오차)의 자유도는?

① 9
② 10
③ 11
④ 12

해설

오차의 자유도는 $n-k$이다. 인자(요인, 처리)의 수준이 3이고, 각 수준마다 반복실험을 5회씩 동일하게 했으므로
㉠ 자료의 총 개수 $n=3\times 5=15$
㉡ 처리수준이 3이므로 $k=3$
따라서 오차의 자유도=$n-k=15-3=12$이다.

22
2020년 1·2회

다음 표는 완전 확률화 계획법의 분산분석표에서 자유도의 값을 나타내고 있다. 반복수가 일정하다고 한다면 처리수와 반복수는 얼마인가?

변인	자유도
처리	( )
오차	42
전체	47

	처리수	반복수		처리수	반복수
①	5	7	②	5	8
③	6	7	④	6	8

해설

완전확률화 계획법이란 주로 인자가 하나일 때 어떤 처리를 실험단위에 배치하는 순서를 무작위로 선택하는 것으로 통계적 분석방법의 일원배치분산분석의 의미로 쓰인다. 처리의 자유도 + 오차의 자유도(42) = 전체 자유도(47)이므로, 처리의 자유도는 5이다. 이를 이용하여 처리수를 구할 수 있다.
㉠ 처리수 k
처리의 자유도가 $k-1$이므로 $k-1=5$
∴ $k=6$
㉡ 반복수
총 자료수 $n=$ 처리수(6) × 반복수임을 이용한다.
표에서 전체의 자유도 $=n-1=47$이므로 $n=48$이다.
∴ 반복수 = 총 자료수/처리수 = 48/6 = 8
따라서 답은 처리수 6, 반복수 8이다.

| 정답 | 19 ④ 20 ② 21 ④ 22 ④

23

2019년 3회

3개의 처리(Treatment)를 각각 5번씩 반복하여 실험하였고, 이에 대해 분산분석을 실시하고자 할 때의 설명으로 틀린 것은?

① 분산분석표에서 오차의 자유도는 12이다.
② 분산분석의 영가설(H_0)은 3개의 처리 간 분산이 모두 동일하다고 설정한다.
③ 유의수준 0.05 하에서 계산된 F – 값은 F(0.05, 2,12) 분포값과 비교하여 영가설의 기각여부를 결정한다.
④ 처리평균제곱은 처리제곱합을 처리자유도로 나눈 것을 말한다.

해설

② 분산분석의 영가설은 집단의 평균이 모두 동일하다고 설정한다.
 ($H_0 : \mu_1 = \mu_2 = \mu_3$)
① 오차의 자유도 = 총 자료수 n – 처리 k
 = (처리 × 반복수 = 3 × 5 = 15) – 3 = 12
③ 유의수준 0.05 하에서 계산된 F값을 F 임계치와 비교한다. F 임계치는 유의수준 0.05에서 (처리의 자유도(v_1), 오차의 자유도(v_2))로 계산한다. 즉 0.05에서 v_1과 v_2의 교차점에 있는 값이 임계치가 된다. 처리의 자유도는 [처리 k – 1]이므로 3 – 1 = 2, 오차의 자유도는 12이므로 (0.05, 2,12)의 값을 구해서 영가설의 기각여부를 결정한다.
④ 처리평균제곱은 처리제곱합을 처리자유도로 나눈 것이다.

24

2017년 3회

I개 그룹의 평균을 비교하고자 한다. 다음 일원분산분석 모형에 대한 가설을 유의수준 0.05에서 F-검정한 결과 p-값이 0.07이었을 때의 추론결과로 옳은 것은?

$$X_{ij} = \mu + \alpha_i + \epsilon_{ij} \ (i = 1, 2, \cdots, I, \ j = 1, 2, \cdots, J)$$

① I개 그룹의 평균은 모두 같다.
② I개 그룹의 평균은 모두 다르다.
③ I개 그룹의 평균 중 적어도 하나는 다르다.
④ I개 그룹의 평균은 증가하는 관계가 성립된다.

해설

일원분산분석에서 다음과 같이 설정한다.
• 귀무가설: I개 그룹의 평균이 모두 같다. ☞ $H_0: \mu_1 = \mu_2 = \cdots = \mu_I$
• 대립가설: 모든 μ가 동일하지는 않다. 즉 최소한 어떤 두 개의 평균값들 간에는 차이가 있다.
'p – 값 ≤ 유의수준'인 경우 귀무가설을 기각할 수 있는데,
p – 값(0.07) > 유의수준(0.05)이므로 귀무가설을 기각할 수 없다.
따라서 추론 결과는 'I개 그룹의 평균은 모두 같다'이다.

25

2020년 3회

철선을 생산하는 어떤 철강회사에서는 A, B, C 세 공정에 의해 생산되는 철선의 인장강도(kg/psi)에 차이가 있는가를 알아보기 위해 일원배치법을 적용하였다. 각 공정에서 생산된 철선의 인장강도를 5회씩 반복측정한 자료로부터 총제곱합 606, 처리제곱합 232를 얻었다. 귀무가설 'H_0: A, B, C 세 공정에 의한 철선의 인장강도에 차이가 없다'를 유의수준 5%에서 검정할 때 검정통계량과 검정결과로 옳은 것은? [단, F(2,12: 0.05) = 3.89, F(3,11: 0.05) = 3.59]

① 3.72, H_0를 기각함
② 2.72, H_0를 기각함
③ 3.72, H_0를 기각하지 못함
④ 2.72, H_0를 기각하지 못함

해설

귀무가설과 대립가설을 다음과 같이 설정한다.
- 귀무가설(H_0): A, B, C 세 공정에 의한 철선의 인장강도에 차이가 없다.
  ☞ H_0: $\mu_1 = \mu_2 = \mu_3$
- 대립가설(H_1): 모든 μ가 동일하지는 않다. 즉 최소한 어떤 두 개의 평균 값들 간에는 차이가 있다.

평균을 비교하는 집단은 3개(A, B, C 세 공정)이므로 $k = 3$.
각 공정에 대해 5회씩 동일하게 반복측정했으므로
자료의 총 수(n) = 처리 × 반복수 = 3 × 5 = 15이다.
총 제곱합 = 집단 간 제곱합 + 집단 내 제곱합이므로
집단 내 제곱합 = 총 제곱합 − 집단 간 제곱합 = 606 − 232 = 374이다.
가설검정을 위해서 분산분석표를 통해 검정통계량 F값을 계산하면 다음과 같다.

요인	제곱합	자유도	평균제곱 (제곱합/자유도)	F − 값 (처리평균제곱/오차평균제곱)
그룹 간 (집단 간, 처리)	232	$k − 1$ = 3 − 1 = 2	232/2 = 116	116/31.2 = 3.717 ≒ 3.72
그룹 내 (집단 내, 오차(잔차))	374	$n − k$ = 15 − 3 = 12	374/12 ≒ 31.2	
계 (총 제곱합)	606	$n − 1$ = 15 − 1 = 14		

$\alpha = 0.05$, 처리(v_1)의 자유도는 2, 오차(v_2)의 자유도는 12이므로 F임계치는 F(2,12: 0.05) = 3.89이다.
검정통계량 F는 3.72로 F임계치 3.89보다 절댓값이 작으므로 귀무가설의 기각역에 위치하지 못하게 되므로 귀무가설은 기각되지 않는다. 결론적으로 유의수준 0.05 하에서 세 공정에 의해 생산되는 철선의 인장강도에 차이가 있다고 할 수 없다.

26

2020년 1·2회

행의 수가 2, 열의 수가 3인 이원교차표에 근거한 카이제곱검정을 하려 한다. 검정통계량의 자유도는 얼마인가?

① 1
② 2
③ 3
④ 4

해설

교차표에 의한 카이제곱검정에서 검정통계량의 자유도는
(행의 수 − 1) × (열의 수 − 1)이다.
∴ (2 − 1) × (3 − 1) = 2

27

2020년 3회

다음은 어느 손해보험회사에 운전자의 연령과 교통법규 위반 횟수 사이의 관계를 알아보기 위하여 무작위로 추출한 18세 이상, 60세 이하인 500명의 운전자 중에서 지난 1년 동안 교통법규 위반 횟수를 조사한 자료이다. 두 변수 사이의 독립성검정을 하려고 할 때 검정통계량의 자유도는?

위반횟수	연령			합계
	18~25	26~50	51~60	
없음	60	110	120	290
1회	60	50	40	150
2회 이상	30	20	10	60
합계	150	180	170	500

① 1
② 3
③ 4
④ 9

해설

위반횟수(행 변수. 없음/1회/2회 이상으로 구분된 범주형 변수)와 연령(18~25/26~50/51~60의 세 구간으로 구분된 범주형 변수) 간에 연관성이 있는가의 여부를 검정하는 교차분석의 카이제곱 독립성 검정에서 검정통계량의 자유도는 (행의 수 − 1) × (열의 수 − 1)이다. 행의 수는 3(없음/1회/2회 이상), 열의 수는 3(8~25/26~50/51~60)이므로
자유도 = (3 − 1) × (3 − 1) = 4이다.

28
2021년 2회

다음은 A 대학 입학시험의 지역별 합격자 수를 성별에 따라 정리한 자료이다. 지역별 합격자 수가 성별에 따라 차이가 있는지를 검정하기 위해 교차분석을 하고자 한다. 카이제곱 검정통계량의 자유도는?

구분	A지역	B지역	C지역	D지역	합계
남	40	30	50	50	170
여	60	40	70	30	200
합계	100	70	120	80	370

① 1
② 2
③ 3
④ 4

해설

성별(행 변수이며 범주형 변수)과 지역(열 변수이며 범주형 변수) 간에 연관성이 있는가를 검정하는 교차분석의 카이제곱 독립성 검정에서 카이제곱 검정통계량의 자유도는 (행의 수−1) × (열의 수−1)이다. 행의 수는 2(남, 여)이며 열의 수는 4(지역 A, B, C, D)이므로
카이제곱 검정통계량의 자유도 = (2−1) × (4−1) = 3이다.

29

작년도 자료에 의하면 어느 대학교의 도서관에서 도서를 대출한 학부 학생들의 학년별 구성비는 1학년 12%, 2학년 20%, 3학년 33%, 4학년 35%였다. 올해 이 도서관에서 도서를 대출한 학부 학생들의 학년별 구성비가 작년도와 차이가 있는가를 분석하기 위해 학부생 도서대출자 400명을 랜덤하게 추출하여 학생들의 학년별 도수를 조사하였다. 이 자료를 갖고 통계적인 분석을 하는 경우 사용되는 검정통계량은?

① 자유도가 4인 카이제곱 검정통계량
② 자유도가 (3, 396)인 F−검정통계량
③ 자유도가 (1, 398)인 F−검정통계량
④ 자유도가 3인 카이제곱 검정통계량

해설

학년(명목척도로 범주형 변수)의 구성비가 특정한 분포를 따른다는 가정이 있을 때, 그 가정이 옳은지를 실제 관측된 자료에 의해 검정하는 경우이다. 따라서 어떤 조건에서 기대되는 도수에 관측도수가 적합한가를 검정하는 카이제곱 적합성 검정이다. 카이제곱 적합성 검정에서 검정통계량은 (셀의 수−1)의 자유도를 갖는 카이제곱 분포를 한다. 셀의 수는 4(1, 2, 3, 4학년)이므로 자유도는 4−1=3이다. 즉 검정통계량은 자유도가 3인 카이제곱 검정통계량이다.

30
2021년 1회

다음 표는 빨강, 파랑, 노랑 3가지 색상에 대한 선호도가 성별에 따라 차이가 있는지를 알아보기 위해 초등학교 남학생 200명과 여학생 200명을 임의로 추출하여 선호도를 조사한 분할표이다. 성별에 따라 선호하는 색상에 차이가 없다면 파랑을 선호하는 여학생 수에 대한 기대도수의 추정값은?

구분	빨강	파랑	노랑	합계
남학생	60	90	50	200
여학생	90	70	40	200
합계	150	160	90	400

① 70
② 75
③ 80
④ 85

해설

성별(행 변수이며 범주형 변수)과 색상(열 변수이며 범주형 변수) 간에 연관성이 있는가를 검정하는 교차분석의 카이제곱 독립성 검정에서 기대도수는 다음과 같이 구한다.

$$기대도수(E_{ij}) = \frac{O_i \times O_j}{N}$$

* O_i: 해당 cell이 속하는 행의 빈도 합계
* O_j: 해당 cell이 속하는 열의 빈도합계
* N: 총빈도

이에 따라 기대도수를 계산하면 다음과 같다.

구분	빨강	파랑	노랑	합계
남학생	$\frac{200 \times 150}{400} = 75$	$\frac{200 \times 160}{400} = 80$	$\frac{200 \times 90}{400} = 45$	200
여학생	$\frac{200 \times 150}{400} = 75$	$\frac{200 \times 160}{400} = 80$	$\frac{200 \times 90}{400} = 45$	200
합계	150	160	90	400

기대도수 교차표에서 파랑을 선호하는 여학생 수에 대한 셀은 색상변수의 파랑과 성별 변수의 여학생이 교차하는 셀이며, 따라서 해당 기대도수의 추정값은 80이다.

31

2019년 3회

카이제곱 검정에 의해 성별과 지지하는 정당 사이에 관계가 있는지를 알아보기 위해 자료를 조사한 결과, 남자 200명 중 A 정당 지지자가 140명, B 정당 지지자가 60명, 여자 200명 중 A 정당 지지자가 80명, B 정당 지지자가 120명이다. 성별과 정당 사이에 관계가 없을 경우 남자와 여자 각각 몇 명이 B 정당을 지지한다고 기대할 수 있는가?

	남자	여자
①	50명	50명
②	60명	60명
③	80명	80명
④	90명	90명

해설

성별(범주형 변수)과 지지하는 정당(범주형 변수) 간에 연관성이 있는가를 검정하는 교차분석의 카이제곱 독립성 검정에서 귀무가설과 대립가설은 다음과 같이 설정한다.

- 귀무가설(H_0): 성별과 지지하는 정당은 독립적이다(연관성이 없다).
- 대립가설(H_1): 성별과 지지하는 정당은 독립적이지 않다(연관성이 있다).

기대도수는 귀무가설 하에서 기대되는 도수이므로, 성별과 정당 사이에 관계가 없을 경우 남자와 여자 각각 몇 명이 B 정당을 지지한다고 기대할 수 있는가는 해당 셀의 기대도수를 구하는 문제가 된다.

먼저 관측도수를 정리하면 다음과 같다.

구분	A정당	B정당	합계
남자	140	60	200
여자	80	120	200
합계	220	180	400

기대도수는 다음과 같이 구한다.

$$\text{기대도수}(E_{ij}) = \frac{O_i \times O_j}{N}$$

* O_i: 해당 cell이 속하는 행의 빈도 합계
  O_j: 해당 cell이 속하는 열의 빈도합계
  N: 총빈도

이에 따라 기대도수를 계산하면 다음과 같다.

구분	A정당	B정당	합계
남자	$\frac{200 \times 220}{400} = 110$	$\frac{200 \times 180}{400} = 90$	200
여자	$\frac{200 \times 220}{400} = 110$	$\frac{200 \times 180}{400} = 90$	200
합계	220	180	400

기대도수 교차표에서 B 정당을 지지하는 남자에 대한 셀의 값은 90, B 정당을 지지하는 여자에 대한 셀의 값은 90이다. 따라서 성별과 정당 사이에 관계가 없을 경우 남자 90명, 여자 90명이 각각 B 정당을 지지한다고 기대할 수 있다.

32

2019년 2회

행 변수가 M개의 범주를 갖고 열변수가 N개의 범주를 갖는 분할표에서 행 변수와 열 변수가 서로 독립인지를 검정하고자 한다. (i, j)셀의 관측도수를 O_{ij}, 귀무가설 하에서의 기대도수의 추정치를 $\widehat{E}_{ij}$라 할 때, 이 검정을 위한 검정통계량은?

① $\sum_{i=1}^{M}\sum_{j=1}^{N} \frac{(O_{ij} - \widehat{E}_{ij})^2}{O_{ij}}$

② $\sum_{i=1}^{M}\sum_{j=1}^{N} \frac{(O_{ij} - \widehat{E}_{ij})^2}{\widehat{E}_{ij}}$

③ $\sum_{i=1}^{M}\sum_{j=1}^{N} \frac{(O_{ij} - \widehat{E}_{ij})}{\widehat{E}_{ij}}$

④ $\sum_{i=1}^{M}\sum_{j=1}^{N} \frac{(O_{ij} - \widehat{E}_{ij})}{\sqrt{n\widehat{E}_{ij}O_{ij}}}$

해설

범주형 척도로 측정된 두 변수가 서로 독립적인지(연관성이 없는지)의 여부를 검정하는 카이제곱 독립성 검정에서 행 변수가 r개의 범주를 갖고 열 변수가 c개의 범주를 갖는 교차표일 때 검정통계량을 산출하기 위한 공식은 다음과 같다.

$$\chi^2 = \sum_{i=1}^{r}\sum_{j=1}^{c} \frac{(O_{ij} - E_{ij})^2}{E_{ij}}$$

* O_{ij}: (i, j)cell의 관측도수
  E_{ij}: (i, j)cell의 기대도수

따라서 행 변수가 M개의 범주를 갖고 열변수가 N개의 범주를 갖는 분할표에서 행 변수와 열변수가 서로 독립인지를 검정하고자 하며 (i, j)셀의 관측도수를 O_{ij}, 귀무가설 하에서의 기대도수의 추정치를 $\widehat{E}_{ij}$라 할 때, 이 검정을 위한 검정통계량은 다음과 같이 나타낼 수 있다.

$$\chi^2 = \sum_{i=1}^{M}\sum_{j=1}^{N} \frac{(O_{ij} - \widehat{E}_{ij})^2}{\widehat{E}_{ij}}$$

* O_{ij}: (i, j)cell의 관측도수
  E_{ij}: (i, j)cell의 기대도수의 추정치

33
2020년 4회

어떤 동전이 공정한가를 검정하고자 20회를 던져본 결과 앞면이 15번 나왔다. 이 검정에서 사용되는 카이제곱 통계량 $\sum_{i=1}^{2}\frac{(O_i-E_i)^2}{E_i}$의 값은?

① 2.5
② 5
③ 10
④ 12.5

해설

동전을 던지는 시행을 여러 번 할 때 각각 앞면(앞면을 1, 뒷면을 0으로 할 때 명목척도로 범주형 변수가 된다)이 나오는 횟수의 분포에 대하여, 기대되는 도수에 관측도수가 적합한가(동전이 공정한가)를 검정하는 카이제곱 적합성 검정이다. 20회를 던져본 결과 앞면이 15번, 뒷면이 5번 나왔으므로 이를 교차표로 만들면 다음과 같다.

구분	앞면	뒷면	합계
빈도	15	5	20

앞면이 나오는 횟수에 대한 기대도수는 다음과 같이 구한다.

$$\text{기대도수 } E_i = n \times p_i$$

*n: 표본의 총 개수, P_i: 각 범주의 예상확률

앞면이 나올 확률은 1/2이고, 표본의 총 개수(시행횟수)는 20이므로 기대도수는 $20 \times \frac{1}{2} = 10$이다.

카이제곱 적합성 검정에서 검정통계량은 다음과 같이 구한다.

$$\chi^2 = \sum_{i=1}^{c}\frac{(O_i-E_i)^2}{E_i}$$

*O_i: 관측도수, E_i: 기대도수

∴ 검정통계량 $\chi^2 = \sum_{i=1}^{2}\frac{(O_i-E_i)^2}{E_i}$
$= \frac{(15-10)^2}{10} + \frac{(5-10)^2}{10} = 5$

34
2020년 4회

지각건수가 요일별로 동일한 비율인지 알아보기 위해 카이제곱(χ^2) 검정을 실시할 경우 이 자료에서 χ^2값은?

요일	월	화	수	목	금	합계
지각 횟수	65	43	48	41	73	270

① 14.96
② 16.96
③ 18.96
④ 20.96

해설

지각건수는 요일(범주형 변수)별로 동일하다는 귀무가설(H_0)에 대하여 기대되는 도수에 관측도수가 적합한가를 검정하는 카이제곱 적합성 검정에서 기대도수는 다음과 같이 구한다.

$$\text{기대도수 } E_i = n \times p_i$$

*n: 표본의 총 개수, p_i: 각 범주의 예상확률

표본의 총 개수는 270, 각 범주의 예상확률은 요일별로 모두 동일하게 $\frac{1}{5}$이므로, 기대도수는 $270 \times \frac{1}{5} = 54$이다.

이를 교차표로 만들면 다음과 같다.

요일	월	화	수	목	금	합계
지각 횟수	54	54	54	54	54	270

열 변수가 c개의 범주를 갖는 교차표에서 카이제곱 적합성 검정에서 검정통계량은 다음과 같이 구한다.

$$\chi^2 = \sum_{i=1}^{c}\frac{(O_i-E_i)^2}{E_i}$$

*O_i: 관측도수, E_i: 기대도수

따라서 검정통계량은
$\chi^2 = \sum_{i=1}^{5}\frac{(O_i-E_i)^2}{E_i}$
$= \frac{(65-54)^2}{54} + \frac{(43-54)^2}{54} + \frac{(48-54)^2}{54} + \frac{(41-54)^2}{54} + \frac{(73-54)^2}{54}$
$\fallingdotseq 14.96$

35
2019년 1회

월요일부터 금요일까지 업무를 보는 어느 가전제품 서비스센터에서는 요일에 따라 애프터 서비스 신청률이 다른지를 알아보기 위해 요일별 서비스 신청건수를 조사한 결과 다음과 같았다. 귀무가설 'H_0: 요일별 서비스 신청률은 모두 동일하다'를 유의수준 5%에서 검정할 때 검정통계량의 값과 검정 결과로 옳은 것은? [단, $\chi^2(4, 0.05) = 9.49$]

요일	월	화	수	목	금	계
서비스 신청건수	21	25	35	32	37	150

① 10.23, H_0를 기각함
② 10.23, H_0를 채택함
③ 6.13, H_0를 기각함
④ 6.13, H_0를 채택함

해설

요일(범주형 변수)별 애프터서비스 신청률은 동일하다는 귀무가설(H_0)에 대하여, 기대되는 도수에 관측도수가 적합한가를 검정하는 카이제곱 적합성 검정에서 기대도수는 다음과 같이 구한다.

> 기대도수 $E_i = n \times p_i$
> *n: 표본의 총 개수, p_i: 각 범주의 예상확률

표본의 총 개수는 150, 각 범주의 예상확률은 요일별로 모두 동일하게 $\frac{1}{5}$이므로, 기대도수는 $150 \times \frac{1}{5} = 30$이다.

이를 교차표로 만들면 다음과 같다.

요일	월	화	수	목	금	계
서비스 신청건수	30	30	30	30	30	150

열 변수가 c개의 범주를 갖는 교차표에서 카이제곱 적합성검정에서의 검정통계량은 다음과 같이 구한다.

> $\chi^2 = \sum_{i=1}^{c} \frac{(O_i - E_i)^2}{E_i}$
> *O_i: 관측도수, E_i: 기대도수

따라서 검정통계량은

$\chi^2 = \sum_{i=1}^{5} \frac{(O_i - E_i)^2}{E_i}$
$= \frac{(21-30)^2}{30} + \frac{(25-30)^2}{30} + \frac{(35-30)^2}{30} + \frac{(32-30)^2}{30} + \frac{(37-30)^2}{30}$
$\fallingdotseq 6.13$

카이제곱 적합성 검정에서 검정통계량의 자유도는 (셀의 수(c) − 1) = 5 − 1 = 4이고 유의수준은 5%이므로, 임계치는 $\chi^2(4, 0.05) = 9.49$이다. 검정통계량 6.13이 절댓값으로 임계치 9.49보다 작으므로 귀무가설의 기각역에 위치하지 못한다. 따라서 요일별 애프터서비스 신청률이 $\frac{1}{5}$로 동일하다는 귀무가설(H_0)을 기각할 수 없기 때문에 검정결과는 유의수준 5% 하에서 H_0를 채택하는 결과가 된다.

36
2020년 1·2회

화장터 건립의 후보지로 거론되는 세 지역의 여론을 비교하기 위해 각 지역에서 500명, 450명, 400명을 임의추출하여 건립에 대한 찬성여부를 조사하고 분할표를 작성하여 계산한 결과 검정통계량의 값이 7.55였다. 유의수준 5%에서 임계값과 검정결과가 알맞게 짝지어진 것은? [단, $\chi^2_{0.025}(2) = 7.38$, $\chi^2_{0.05}(2) = 5.99$, $\chi^2_{0.025}(3) = 9.35$, $\chi^2_{0.05}(3) = 7.81$이다.]

① 7.38, 지역에 따라 건립에 대한 찬성률에 차이가 있다.
② 5.99, 지역에 따라 건립에 대한 찬성률에 차이가 있다.
③ 9.35, 지역에 따라 건립에 대한 찬성률에 차이가 없다.
④ 7.81, 지역에 따라 건립에 대한 찬성률에 차이가 없다.

해설

지역(범주형 변수)에 따라 건립여부에 대한 찬성여부(범주형 변수: 예 찬성을 1, 반대를 0으로 구분)에 차이가 있는가를 검정하기 위한 검정통계량 값 7.55를 유의수준 5%에서 카이제곱 임계값과 비교하는 문제이므로, 필요한 카이제곱 검정통계량의 자유도를 구하여 임계치를 결정하여 비교하면 된다. 관측도수에 대해 교차표를 작성한다면 찬성여부 변수의 범주는 2(찬성/반대), 지역 변수의 범주는 3(3개 지역)이므로 각 범주의 수에서 1을 차감하여 서로 곱하면 (2−1) × (3−1) = 2가 되기 때문에, 자유도는 2이다.

임계치는 유의수준 5%에서 자유도 2이므로 $\chi^2_{0.05}(2) = 5.99$이다. 검정통계량 7.55가 절댓값으로 임계치 5.99보다 크므로 귀무가설(H_0: 지역에 따라 건립에 대한 찬성률에 차이가 없다)을 기각할 수 있다.

따라서 유의수준 5% 하에서(임계값은 5.99) 지역에 따라 찬성률에 차이가 있다고 할 수 있다는 것이 검정결과이다.

37
2018년 1회

두 변수 X와 Y의 상관계수 r_{XY}에 대한 설명으로 틀린 것은?

① r_{XY}는 두 변수 X와 Y의 산포의 정도를 나타낸다.
② $-1 \leq r_{XY} \leq 1$
③ $r_{XY}=0$이면 두 변수는 선형이 아니거나 무상관이다.
④ $r_{XY}=-1$이면 두 변수는 완전한 음의 상관관계에 있다.

해설
상관계수가 0인 경우 '선형적 연관성은 없다'는 것이며, 다른 연관성(곡선관계 등)은 있을 수 있다. 즉 어떠한 관계도 없다고는 할 수 없다.

38
2020년 4회

다음 중 상관계수(r_{XY})에 대한 설명으로 틀린 것은?

① 상관계수 r_{XY}는 두 변수 X와 Y의 선형관계의 정도를 나타낸다.
② 상관계수의 범위는 [-1, 1]이다.
③ $r_{XY}=\pm 1$이면 두 변수는 완전한 상관관계에 있다.
④ 상관계수 r_{XY}는 두 변수의 이차곡선관계를 나타내기도 한다.

해설
상관계수는 두 변수의 선형관계만을 나타내며, 그 외의 이차곡선관계 등을 나타내지는 않는다.

39
2020년 3회

피어슨 상관계수에 관한 설명으로 옳은 것은?

① 두 변수가 곡선관계가 되었을 때 기울기를 의미한다.
② 두 변수가 모두 질적변수일 때만 사용한다.
③ 상관계수가 음일 경우는 어느 한 변수가 커지면 다른 변수도 커지려는 경향이 있다.
④ 단순회귀분석에서 결정계수의 제곱근은 반응변수와 설명변수의 피어슨 상관계수이다.

해설
④ 피어슨 상관계수의 제곱은 단순회귀분석에서 결정계수의 값과 같다(다중회귀분석에서는 성립하지 않는다). 따라서 단순회귀분석에서 결정계수의 제곱근($\pm\sqrt{R^2}$)은 단순회귀분석에서의 반응변수(종속변수)와 설명변수(독립변수)에 대한 피어슨 상관계수의 값과 같다는 관계가 성립한다.
① 두 변수가 선형관계(직선관계)일 때 두 변수 간의 선형적 관계에 대해 정도와 방향을 수학적으로 정량화하여 나타낸 계수이다.
② 두 변수가 등간(간격)척도/비율척도로 측정된 연속형 변수일 경우에 피어슨 상관계수를 이용한 상관분석으로 연관성 정도를 분석한다.
③ 음의 상관관계는 어느 한 변수가 커지면 다른 변수는 작아지는 것이다.

40
2019년 3회

다른 변수들의 상관관계를 통제하고 순수하게 두 변수 간의 상관관계를 나타내는 것은?

① 단순상관계수
② 편상관계수
③ 다중상관계수
④ 결정계수

해설
편상관계수는 다른 변수들과의 상관관계를 통제하고 순수하게 두 변수 간의 상관관계를 구한 것이다. 즉 두 변수 이외에 관련된 변수의 영향을 통제했을 때의 순수한 두 개 변수 간 상관계수이다.

| 정답 | 37 ③ | 38 ④ | 39 ④ | 40 ② |

41
2021년 1회

다음은 3개의 자료 A, B, C에 대한 산점도이다. 이 자료에 대한 상관계수가 -0.93, 0.20, 0.70 중 하나일 때, 산점도와 해당하는 상관계수의 값을 올바르게 짝 지은 것은?

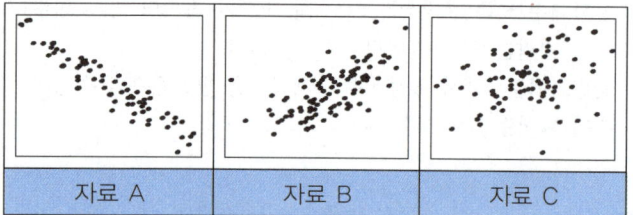

	자료 A	자료 B	자료 C
①	-0.93	0.20	0.70
②	-0.93	0.70	0.20
③	0.20	-0.93	0.70
④	0.20	0.70	-0.93

해설

자료 A는 한 변수가 증가할 때 다른 변수는 감소하는 음의 상관관계이며, 산점도상 선형관계가 뚜렷하여 강한 음의 상관관계를 나타내므로 제시된 상관계수 중 -0.93에 해당한다고 할 수 있다. 자료 B와 C는 모두 한 변수가 증가할 때 다른 변수도 증가하는 양의 상관관계인데, 산점도로 미루어 보아 자료 B가 더 선형관계가 뚜렷하여 상대적으로 양의 상관관계가 더 크다고 볼 수 있다. 따라서 자료 B의 상관계수가 0.70, 자료 C의 상관계수가 0.20이 적합하다.

42
2020년 1·2회

두 변수 간의 상관계수 값으로 옳은 것은?

x	2	4	6	8	10
y	5	4	3	2	1

① -1
② -0.5
③ 0.5
④ 1

해설

상관계수는 표본(r_{XY}) = $\dfrac{S_{XY}}{S_X S_Y}$

$$= \dfrac{\sum_{i=1}^{n}(X_i - \overline{X})(Y_i - \overline{Y})}{\sqrt{\sum_{i=1}^{n}(X_i - \overline{X})^2}\sqrt{\sum_{i=1}^{n}(Y_i - \overline{Y})^2}}$$ 이다.

두 변수의 공분산을 두 변수의 표준편차로 나눈 값이므로 관련한 값들을 먼저 계산한다.

㉠ $\overline{X} = (2+4+6+8+10)/5 = 6$
　$\overline{Y} = (5+4+3+2+1)/5 = 3$

㉡ $\sum_{i=1}^{n}(X_i - \overline{X})(Y_i - \overline{Y})$
　$= (2-6) \times (5-3) + (4-6) \times (4-3) + (6-6) \times (3-3)$
　$\quad + (8-6) \times (2-3) + (10-6) \times (1-3)$
　$= -20$

㉢ $\sum_{i=1}^{n}(X_i - \overline{X})^2 = (2-6)^2 + (4-6)^2 + (6-6)^2 + (8-6)^2 + (10-6)^2 = 40$

㉣ $\sum_{i=1}^{n}(Y_i - \overline{Y})^2 = (5-3)^2 + (4-3)^2 + (3-3)^2 + (2-3)^2 + (1-3)^2 = 10$

∴ 상관계수 $= \dfrac{\sum_{i=1}^{n}(X_i - \overline{X})(Y_i - \overline{Y})}{\sqrt{\sum_{i=1}^{n}(X_i - \overline{X})^2}\sqrt{\sum_{i=1}^{n}(Y_i - \overline{Y})^2}}$
　$= \dfrac{-20}{\sqrt{40}\sqrt{10}} = -1$

43
2018년 2회

$Y = a + bX (b > 0)$인 관계가 성립할 때 두 확률변수 X와 Y 간의 상관계수 ρ_{XY}는?

① $\rho_{XY} = 1.0$
② $\rho_{XY} = 0.8$
③ $\rho_{XY} = 0.6$
④ $\rho_{XY} = 0.4$

해설

두 변수 X, Y간에 기울기가 양수인 일차직선 관계가 성립하면 두 변수 간에 정확한 양의 상관관계가 있음을 의미한다. 임의의 상수 a, b에 대하여 일차직선 $Y = a + bX$같이 Y를 X의 선형변환으로 표현(직선관계가 성립)할 수 있다면
X와 Y간의 상관계수는 b가 0이 아닌 양수일 때($b > 0$) 상관계수는 1, b가 0이 아닌 음수일 때($b < 0$) 상관계수는 -1이다.

44
2020년 4회

두 확률변수 X와 Y의 상관계수는 0.92이다. $U = \frac{1}{2}X + 5$, $V = \frac{3}{2}Y + 1$이라 할 때 두 확률변수 U와 V의 상관계수는?

① 0.69
② -0.69
③ 0.92
④ -0.92

해설

두 확률변수 $aX + b$, $cY + d$에 대한 상관계수 $corr(aX+b, cY+d)$는 $ac > 0$이면 $corr(X, Y)$이고, $ac < 0$이면 $-corr(X, Y)$이다.
이에 따라 두 확률변수 $U = \frac{1}{2}X + 5$, $V = \frac{3}{2}Y + 1$에 대한 상관계수 $corr(\frac{1}{2}X + 5, \frac{3}{2}Y + 1)$은 $(\frac{1}{2}) \times (\frac{3}{2}) > 0$이므로
$corr(\frac{1}{2}X + 5, \frac{3}{2}Y + 1) = corr(X, Y) = 0.92$($X$와 Y의 상관계수)가 된다.

45
2018년 3회

X와 Y의 평균과 분산은 각각 $E(X) = 4$, $V(X) = 8$, $E(Y) = 10$, $V(Y) = 32$이고 $E(XY) = 28$이다. $2X + 1$과 $-3Y + 5$의 상관계수는?

① 0.75
② -0.75
③ 0.67
④ -0.67

해설

두 확률변수 $aX + b$, $cY + d$에 대한 상관계수 $corr(aX+b, cY+d)$는 $ac > 0$이면 $corr(X, Y)$이고, $ac < 0$이면 $-corr(X, Y)$이다.
이에 따라 두 확률변수 $2X + 1$, $-3Y + 5$에 대한 상관계수 $corr(2X + 1, -3Y + 5)$은 $2 \times (-3) < 0$이므로
$corr(2X + 1, -3Y + 5) = -corr(X, Y)$이다.
X와 Y의 상관계수는 공분산을 각 변수의 표준편차의 곱으로 나누면 된다.
공분산은 $Cov(X, Y) = E(XY) - E(X)E(Y)$
$= 28 - (4 \times 10) = -12$이므로

$r_{XY} = \frac{공분산}{S_X S_Y}$
$= \frac{Cov(X, Y)}{\sqrt{V(X)}\sqrt{V(Y)}} = \frac{-12}{\sqrt{8}\sqrt{32}} = -0.75$이다.

$\therefore -corr(X, Y) = 0.75$

46
2017년 2회

키와 몸무게의 상관계수가 0.6으로 계산되었다. 키에 2을 곱하고, 몸무게는 3을 곱하고 1을 더한 후 계산된 새로운 변수들 간의 상관계수는?

① 0.28
② 0.36
③ 0.52
④ 0.60

해설

두 확률변수 $aX + b$, $cY + d$에 대한 상관계수 $corr(aX+b, cY+d)$는 $ac > 0$이면 $corr(X, Y)$이고, $ac < 0$이면 $-corr(X, Y)$이다.
키와 몸무게를 각각 확률변수 X, Y로 나타내면 $2X$, $3Y + 1$로 나타낼 수 있다. (키는 2를 곱하고 몸무게는 3을 곱하고 1을 더함) 확률변수들 간의 상관계수 $corr(2X, 3Y + 1)$은 $2 \times 3 > 0$이므로 $corr(X, Y)$이다.
이에 따라 $corr(X, Y)$는 키와 몸무게의 상관계수인 0.60이 된다.

| 정답 | 43 ① | 44 ③ | 45 ① | 46 ④ |

47
2019년 1회

두 변수 (X, Y)의 n개의 표본자료 $(x_1, y_1), \cdots, (x_n, y_n)$에 대하여 다음과 같이 정의된 표본상관계수 r에 관한 설명으로 틀린 것은?

$$r = \frac{\sum_{i=1}^{n}(x_i - \overline{x})(y_i - \overline{y})}{\sqrt{\sum_{i=1}^{n}(x_i - \overline{x})^2}\sqrt{\sum_{i=1}^{n}(y_i - \overline{y})^2}}$$

① 상관계수는 항상 -1 이상, 1 이하의 값을 갖는다.
② X와 Y의 상관계수의 값과 $(X+2)$와 $2Y$ 사이의 상관계수의 값은 같다.
③ X와 Y의 상관계수의 값과 $-3X$와 $2Y$ 사이의 상관계수의 값은 같다.
④ 서로 연관성이 있는 경우에도 X와 Y 사이의 상관계수의 값은 0이 될 수도 있다.

해설

두 확률변수 $aX+b$, $cY+d$에 대한 상관계수 $corr(aX+b, cY+d)$는 $ac > 0$이면 $corr(X, Y)$이고, $ac < 0$이면 $-corr(X, Y)$이다.
이에 따라 $(X+2)$와 $2Y$ 사이의 상관계수의 값은 $ac > 0$이므로 $corr(X, Y)$가 되어 X와 Y의 상관계수의 값과 같지만, -3X와 2Y 사이의 상관계수의 값은 $ac < 0$이므로 $-corr(X, Y)$가 되어 X와 Y의 상관계수의 값과 절댓값은 같지만 부호가 반대가 되므로 같은 값이 아니다.
④ 직선관계가 아닌 곡선관계 등이 있을 수 있다. 선형은 아니더라도 연관성은 있지만 상관계수의 값은 0이 될 수도 있다.

48
2017년 1회

어떤 승용차의 가격이 출고연도가 지남에 따라 얼마나 떨어지는가를 알아보기 위하여 이 승용차에 대한 중고 판매가격에 대한 조사를 하였다. 사용연수와 중고차 가격과의 관계를 보기 위한 적합한 분석방법은?

① 단순회귀분석　② 중회귀분석
③ 분산분석　　　④ 다변량 분석

해설

회귀분석은 한 변수를 종속변수로, 다른 변수(또는 변수들)를 독립변수로 설정하여 이들 간의 관계를 분석하는 것이다. 즉 독립변수의 변화에 따라 종속변수가 어떻게 변화하는지를 분석한다. 단순회귀분석은 독립변수가 하나일 경우에 종속변수와의 관계를 분석하여 독립변수가 종속변수에 미치는 영향을 분석하는 방법이다. 하나의 독립변수(출고연도, 즉 사용연수)의 변화에 따라 종속변수(중고차 가격)의 변화를 분석하는 것이므로 단순회귀분석이 적합하다.

49
2019년 3회

회귀분석에 대한 설명 중 옳은 것은?

① 회귀분석에서 분산분석표는 사용되지 않는다.
② 독립변수는 양적인 관찰값만 허용된다.
③ 회귀분석은 독립변수 간에 상관관계가 0인 경우만 분석 가능하다.
④ 회귀분석에서 t-검정과 F-검정이 모두 사용된다.

해설

④ 회귀분석에서 회귀모형의 유의성 검정에는 F검정이 사용되며 독립변수 계수(회귀계수)의 유의성 검정에는 t-검정이 사용된다.
① 회귀분석에서 회귀식의 통계적 유의성 검정에 분산분석표를 이용한다.
② 범주형 척도로 측정된 변수를 0과 1의 값만을 갖는 한 개 혹은 몇 개의 이항변수로 바꾸어 회귀분석에 활용(더미변수)할 수 있다.
③ 독립변수 간에 상관관계가 0인 것이 이상적이나 현실적으로 그러한 경우는 거의 없다. 다만 다중공선성 점검 등을 통하여 통계적 유의성을 일정 수준 이상 훼손시킬 정도의 상관관계에 대해서는 각 케이스에 적합한 적절한 조치를 취해야 한다(해당변수 제거, 대체 등).

50
2019년 2회

상관분석 및 회귀분석을 실시할 때의 설명으로 틀린 것은?

① 연구자는 먼저 설명변수와 반응변수의 산점도를 그려서 관계를 파악해보아야 한다.
② 두 변수 간의 관계가 선형이 아니라면, 관련이 있어도 상관계수가 0이 될 수 있다.
③ 상관계수가 +1에 가까우면 높은 상관이 있는 것이고, -1에 가까우면 상관이 없는 것으로 해석할 수 있다.
④ 두 개의 설명변수가 있을 때 다중회귀분석을 실시한 경우의 회귀계수와 각각 단순회귀분석을 했을 때의 회귀계수는 달라진다.

해설
② 두 변수 간에 선형관계가 없더라도 곡선관계 등이 있을 수 있으며, 이 경우 상관계수는 0이 될 수 있다.
③ 상관계수가 -1에 가까우면 어느 한 변수가 커지면 다른 변수는 작아지는 강한 음의 상관관계가 있는 것이다.
④ 두 개의 설명변수가 있을 때와 각각 하나씩의 설명변수가 있을 때는 해당 독립변수가 종속변수의 분산에 미치는 영향이 독립변수간의 상호영향 등 관련된 요인들에 따라 달라질 수 있게 되므로 회귀계수는 달라진다.

51
2019년 1회

회귀분석에서는 회귀모형에 대한 몇 가지 가정을 전제로 하여 분석을 실시하게 되며, 이러한 가정들에 대한 타당성은 잔차분석(Residual Analysis)을 통해 판단하게 된다. 이때 검토되는 가정이 아닌 것은?

① 정규성
② 등분산성
③ 독립성
④ 불편성

해설
회귀분석에서 오차항의 기본 가정은 다음과 같다.
㉠ 정규성: 오차항 ϵ_i는 정규분포 $N(0, \sigma^2)$를 따른다.
  ☞ 오차항의 기댓값은 0이다.
㉡ 등분산성: 오차항 ϵ_i의 분산은 모든 i에 대하여 같다.
㉢ 독립성: 오차항 ϵ_i들은 서로 독립이다. 즉 임의의 오차항 ϵ_i와 ϵ_i'은 독립이다.

52
2017년 1회

단순회귀분석의 모형에서 오차항의 기본 가정에 대한 설명으로 틀린 것은?

① 오차항은 정규분포를 따른다.
② 오차항은 서로 독립이다.
③ 오차항의 기댓값은 0이다.
④ 오차항의 분산이 다르다.

해설
회귀분석에서 오차항의 기본 가정은 다음과 같다.
㉠ 정규성: 오차항 ϵ_i는 정규분포 $N(0, \sigma^2)$를 따른다.
  ☞ 오차항의 기댓값은 0이다.
㉡ 등분산성: 오차항 ϵ_i의 분산은 모든 i에 대하여 같다.
㉢ 독립성: 오차항 ϵ_i들은 서로 독립이다. 즉 임의의 오차항 ϵ_i와 ϵ_i'은 독립이다.

53
2018년 2회

Y의 X에 대한 회귀직선식이 $\hat{Y} = 3 + X$라 한다. Y의 표준편차가 5, X의 표준편차가 3일 때 X와 Y의 상관계수는?

① 0.6
② 1
③ 0.8
④ 0.5

해설

회귀식이 $\hat{y} = \hat{\beta_0} + \hat{\beta_1}x$와 같을 때 * $\hat{\beta_0}$: 절편, $\hat{\beta_1}$: 기울기

회귀직선의 기울기 $\hat{\beta_1} = r_{XY}\dfrac{S_Y}{S_X}$

$$= \dfrac{S_{XY}}{S_{XX}} = \dfrac{\sum_{i=1}^{n}(x_i - \overline{x})(y_i - \overline{y})}{\sum_{i=1}^{n}(x_i - \overline{x})^2}$$

* r_{XY}: X, Y의 상관계수,
  S_X: X의 표준편차, S_Y: Y의 표준편차,
  S_{XY}: X, Y의 공분산,
  S_{XX}: X의 분산

$S_Y = 5$, $S_X = 3$, $\hat{Y} = 3 + X$의 기울기인 1은 $r_{XY}\dfrac{S_Y}{S_X}$ 과 같으므로

$r_{XY}\dfrac{S_Y}{S_X} = r_{XY}\dfrac{5}{3} = 1$

$\therefore r_{XY} = 0.6$

| 정답 | 50 ③ | 51 ④ | 52 ④ | 53 ① |

54

2019년 3회

n개의 관측치에 대하여 단순회귀모형 $Y_i = \beta_0 + \beta_1 x_i + \epsilon_i$을 이용하여 분석하려 한다. $\sum_{i=1}^{n}(x_i - \overline{x})^2 = 20$, $\sum_{i=1}^{n}(y_i - \overline{y})^2 = 30$, $\sum_{i=1}^{n}(x_i - \overline{x})(y_i - \overline{y}) = -10$일 때, 회귀계수 추정치 $\hat{\beta_1}$의 값은?

① $-\dfrac{1}{3}$
② $-\dfrac{1}{2}$
③ $\dfrac{2}{3}$
④ $\dfrac{3}{2}$

해설

회귀식이 $\hat{y} = \hat{\beta_0} + \hat{\beta_1}x$와 같을 때   *$\hat{\beta_0}$: 절편, $\hat{\beta_1}$: 기울기

회귀직선의 기울기 $\hat{\beta_1} = r_{XY}\dfrac{S_Y}{S_X}$

$$= \dfrac{S_{XY}}{S_{XX}} = \dfrac{\sum_{i=1}^{n}(x_i - \overline{x})(y_i - \overline{y})}{\sum_{i=1}^{n}(x_i - \overline{x})^2}$$

*r_{XY}: X, Y의 상관계수,
S_X: X의 표준편차, S_Y: Y의 표준편차,
S_{XY}: X, Y의 공분산,
S_{XX}: X의 분산

$\therefore \hat{\beta_1} = \dfrac{\sum_{i=1}^{n}(x_i - \overline{x})(y_i - \overline{y})}{\sum_{i=1}^{n}(x_i - \overline{x})^2} = \dfrac{-10}{20} = -\dfrac{1}{2}$

55

2021년 1회

x를 독립변수로, y를 종속변수로 하여 선형회귀분석을 하고자 한다. 다음의 요약자료를 이용하여 추정회귀직선의 기울기와 절편을 구하면?

$$\overline{x} = 4, \sum_{i=1}^{5}(x_i - \overline{x})^2 = 10,$$
$$\overline{y} = 7, \sum_{i=1}^{5}(x_i - \overline{x})(y_i - \overline{y}) = 13$$

	기울기	절편
①	0.77	1.80
②	0.77	3.92
③	1.30	1.80
④	1.30	3.92

해설

회귀식이 $\hat{y} = \hat{\beta_0} + \hat{\beta_1}x$와 같을 때   *$\hat{\beta_0}$: 절편, $\hat{\beta_1}$: 기울기

$\hat{\beta_0} = \overline{y} - \hat{\beta_1}\overline{x}$

$\hat{\beta_1} = r_{XY}\dfrac{S_Y}{S_X}$

$$= \dfrac{S_{XY}}{S_{XX}} = \dfrac{\sum_{i=1}^{n}(x_i - \overline{x})(y_i - \overline{y})}{\sum_{i=1}^{n}(x_i - \overline{x})^2}$$

*r_{XY}: X, Y의 상관계수,
S_X: X의 표준편차, S_Y: Y의 표준편차,
S_{XY}: X, Y의 공분산,
S_{XX}: X의 분산

$\therefore$ 기울기 $\hat{\beta_1} = \dfrac{\sum_{i=1}^{n}(x_i - \overline{x})(y_i - \overline{y})}{\sum_{i=1}^{n}(x_i - \overline{x})^2} = \dfrac{13}{10} = 1.30$

절편 $\hat{\beta_0} = \overline{y} - \hat{\beta_1}\overline{x} = 7 - 1.3 \times 4 = 1.80$

56
2019년 2회

단순회귀분석을 적용하여 자료를 분석하기 위해서 10쌍의 독립변수와 종속변수의 값들을 측정하여 정리한 결과 다음과 같은 값을 얻었다. 회귀모형 $y_i = \alpha + \beta x_i + \epsilon_i (i=1, 2, \cdots, n)$ 의 β의 최소제곱추정량을 구하면?

$$\sum_{i=1}^{10} x_i = 39, \quad \sum_{i=1}^{10} x_i^2 = 193, \quad \sum_{i=1}^{10} y_i = 35.1, \quad \sum_{i=1}^{10} y_i^2 = 130.05,$$
$$\sum_{i=1}^{10} x_i y_i = 152.7$$

① 0.287
② 0.357
③ 0.387
④ 0.487

해설

회귀식이 $\hat{y} = \hat{\beta}_0 + \hat{\beta}_1 x$와 같을 때 *$\hat{\beta}_0$: 절편, $\hat{\beta}_1$: 기울기
$$\hat{\beta}_0 = \overline{y} - \hat{\beta}_1 \overline{x}$$
$$\hat{\beta}_1 = r_{XY} \frac{S_Y}{S_X}$$
$$= \frac{S_{XY}}{S_{XX}} = \frac{\sum_{i=1}^{n}(x_i - \overline{x})(y_i - \overline{y})}{\sum_{i=1}^{n}(x_i - \overline{x})^2} = \frac{\sum_{i=1}^{n}x_i y_i - n\overline{x}\overline{y}}{\sum_{i=1}^{n}x_i^2 - n\overline{x}^2}$$

* r_{XY}: X, Y의 상관계수,
  S_X: X의 표준편차, S_Y: Y의 표준편차,
  S_{XY}: X, Y의 공분산,
  S_{XX}: X의 분산

먼저 $\overline{x}$, $\overline{y}$를 구하면
$$\overline{x} = \frac{\sum_{i=1}^{10} x_i}{10} = \frac{39}{10} = 3.9$$
$$\overline{y} = \frac{\sum_{i=1}^{10} y_i}{10} = \frac{35.1}{10} = 3.51 \text{이다.}$$

$$\therefore \hat{\beta}_1 = \frac{\sum_{i=1}^{n} x_i y_i - n\overline{x}\overline{y}}{\sum_{i=1}^{n} x_i^2 - n\overline{x}^2}$$
$$= \frac{152.7 - 10 \times 3.9 \times 3.51}{193 - 10 \times (3.9)^2} \fallingdotseq 0.387$$

따라서 회귀모형 $y_i = \alpha + \beta x_i + \epsilon_i (i=1, 2, \cdots, n)$의 β의 최소제곱추정량은 0.387이다.

57
2018년 3회

다음 자료는 설명변수(X)와 반응변수(Y) 사이의 관계를 알아보기 위하여 조사한 자료이다. 설명변수(X)와 반응변수(Y) 사이에 단순회귀모형을 가정할 때 회귀직선의 기울기에 대한 추정값은 얼마인가?

X	0	1	2	3	4	5
Y	4	3	2	0	−3	−6

① −2
② −1
③ 1
④ 2

해설

회귀식이 $\hat{y} = \hat{\beta}_0 + \hat{\beta}_1 x$와 같을 때 *$\hat{\beta}_0$: 절편, $\hat{\beta}_1$: 기울기
$$\hat{\beta}_0 = \overline{y} - \hat{\beta}_1 \overline{x}$$
$$\hat{\beta}_1 = r_{XY} \frac{S_Y}{S_X}$$
$$= \frac{S_{XY}}{S_{XX}} = \frac{\sum_{i=1}^{n}(x_i - \overline{x})(y_i - \overline{y})}{\sum_{i=1}^{n}(x_i - \overline{x})^2}$$

* r_{XY}: X, Y의 상관계수,
  S_X: X의 표준편차, S_Y: Y의 표준편차,
  S_{XY}: X, Y의 공분산,
  S_{XX}: X의 분산

필요한 값들을 먼저 계산하면

㉠ $\overline{X} = (0+1+2+3+4+5)/6 = 2.5$
  $\overline{Y} = (4+3+2+0-3-6)/6 = 0$

㉡ $\sum_{i=1}^{n}(X_i - \overline{X})(Y_i - \overline{Y})$
  $= (0-2.5) \times (4-0) + (1-2.5) \times (3-0) + (2-2.5) \times (2-0)$
  $+ (3-2.5) \times (0-0) + (4-2.5) \times (-3-0) + (5-2.5) \times (-6-0)$
  $= -35$

㉢ $\sum_{i=1}^{n}(X_i - \overline{X})^2 = (0-2.5)^2 + (1-2.5)^2 + (2-2.5)^2$
  $+ (3-2.5)^2 + (4-2.5)^2 + (5-2.5)^2 = 17.5$

따라서 기울기 $\hat{\beta}_1 = \frac{\sum_{i=1}^{n}(x_i - \overline{x})(y_i - \overline{y})}{\sum_{i=1}^{n}(x_i - \overline{x})^2} = \frac{-35}{17.5} = -2$이다.

58
2017년 3회

설명변수(X)와 반응변수(Y) 사이에 단순회귀모형을 가정할 때 회귀직선의 절편에 대한 추정값은?

X	0	1	2	3	4	5
Y	4	3	2	0	-3	-6

① 1
② 3
③ 5
④ 7

해설

회귀식이 $\hat{y} = \hat{\beta}_0 + \hat{\beta}_1 x$ 와 같을 때   *$\hat{\beta}_0$: 절편, $\hat{\beta}_1$: 기울기

$$\hat{\beta}_0 = \bar{y} - \hat{\beta}_1 \bar{x}$$

$$\hat{\beta}_1 = r_{XY} \frac{S_Y}{S_X} = \frac{S_{XY}}{S_{XX}} = \frac{\sum_{i=1}^{n}(x_i - \bar{x})(y_i - \bar{y})}{\sum_{i=1}^{n}(x_i - \bar{x})^2}$$

* r_{XY}: X, Y의 상관계수,
  S_X: X의 표준편차, S_Y: Y의 표준편차,
  S_{XY}: X, Y의 공분산,
  S_{XX}: X의 분산

필요한 값들을 먼저 계산하면

㉠ $\bar{X} = (0+1+2+3+4+5)/6 = 2.5$
  $\bar{Y} = (4+3+2+0-3-6)/6 = 0$

㉡ $\sum_{i=1}^{n}(X_i - \bar{X})(Y_i - \bar{Y})$
  $= (0-2.5) \times (4-0) + (1-2.5) \times (3-0) + (2-2.5) \times (2-0)$
  $+ (3-2.5) \times (0-0) + (4-2.5) \times (-3-0) + (5-2.5) \times (-6-0)$
  $= -35$

㉢ $\sum_{i=1}^{n}(X_i - \bar{X})^2 = (0-2.5)^2 + (1-2.5)^2 + (2-2.5)^2$
  $+ (3-2.5)^2 + (4-2.5)^2 + (5-2.5)^2 = 17.5$

기울기 $\hat{\beta}_1 = \frac{\sum_{i=1}^{n}(x_i - \bar{x})(y_i - \bar{y})}{\sum_{i=1}^{n}(x_i - \bar{x})^2} = \frac{-35}{17.5} = -2$ 이므로

절편 $\hat{\beta}_0 = \bar{y} - \hat{\beta}_1 \bar{x} = 0 - (-2) \times 2.5 = 5$ 이다.

59
2019년 2회

다음과 같은 자료가 주어져 있다. 최소제곱법에 의한 회귀직선은?

X	3	4	5	3	5
Y	12	22	32	22	32

① $\hat{y} = \frac{30}{4}x - 6$

② $\hat{y} = \frac{30}{4}x + 6$

③ $\hat{y} = \frac{30}{2}x - 6$

④ $\hat{y} = \frac{30}{2}x + 6$

해설

회귀식이 $\hat{y} = \hat{\beta}_0 + \hat{\beta}_1 x$ 와 같을 때   *$\hat{\beta}_0$: 절편, $\hat{\beta}_1$: 기울기

$$\hat{\beta}_0 = \bar{y} - \hat{\beta}_1 \bar{x}$$

$$\hat{\beta}_1 = r_{XY} \frac{S_Y}{S_X} = \frac{S_{XY}}{S_{XX}} = \frac{\sum_{i=1}^{n}(x_i - \bar{x})(y_i - \bar{y})}{\sum_{i=1}^{n}(x_i - \bar{x})^2}$$

* r_{XY}: X, Y의 상관계수,
  S_X: X의 표준편차, S_Y: Y의 표준편차,
  S_{XY}: X, Y의 공분산,
  S_{XX}: X의 분산

필요한 값들을 먼저 계산하면

㉠ $\bar{X} = (3+4+5+3+5)/5 = 4$
  $\bar{Y} = (12+22+32+22+32)/5 = 24$

㉡ $\sum_{i=1}^{n}(X_i - \bar{X})(Y_i - \bar{Y}) = (3-4) \times (12-24) + (4-4) \times (22-24)$
  $+ (5-4) \times (32-24) + (3-4) \times (22-24)$
  $+ (5-4) \times (32-24)$
  $= 30$

㉢ $\sum_{i=1}^{n}(X_i - \bar{X})^2 = (3-4)^2 + (4-4)^2 + (5-4)^2 + (3-4)^2 + (5-4)^2$
  $= 4$

기울기 $\hat{\beta}_1 = \frac{\sum_{i=1}^{n}(x_i - \bar{x})(y_i - \bar{y})}{\sum_{i=1}^{n}(x_i - \bar{x})^2} = \frac{30}{4}$ 이고,

절편 $\hat{\beta}_0 = \bar{y} - \hat{\beta}_1 \bar{x} = 24 - \frac{30}{4} \times 4 = -6$ 이다.

따라서 최소제곱법에 의한 추정회귀식은
$\hat{y} = \hat{\beta}_0 + \hat{\beta}_1 x = -6 + \frac{30}{4} x = \frac{30}{4} x - 6$ 이다.

60
2021년 1회

다음은 독립변수가 k개인 경우의 중회귀모형이다. 최소제곱법에 의한 회귀계수 벡터 β의 추정식 b는? (단, X'은 X의 전치행렬이다.)

$$y = X\beta + \epsilon$$

$$y = \begin{pmatrix} y_1 \\ y_2 \\ \vdots \\ y_n \end{pmatrix}, X = \begin{pmatrix} 1 & x_{11} & x_{12} & \cdots & x_{1k} \\ 1 & x_{21} & x_{22} & \cdots & x_{2k} \\ \vdots & \vdots & \vdots & & \vdots \\ 1 & x_{n1} & x_{n2} & \cdots & x_{nk} \end{pmatrix}, \beta = \begin{pmatrix} \beta_0 \\ \beta_1 \\ \vdots \\ \beta_k \end{pmatrix}, \epsilon = \begin{pmatrix} \epsilon_1 \\ \epsilon_2 \\ \vdots \\ \epsilon_n \end{pmatrix}$$

① $b = X'y$
② $b = (X'X)^{-1}y$
③ $b = X^{-1}y$
④ $b = (X'X)^{-1}X'y$

해설
다중회귀모형을 행렬로 나타냄으로써 간단한 형태로 표현이 가능한데, 독립변수가 k개인 다중회귀모형 행렬에서 회귀계수 벡터 β의 추정식은 $b = (X'X)^{-1}X'y$이다.

61
2020년 1·2회

독립변수가 k개인 중회귀모형 $y = \beta X + \epsilon$에서 회귀계수 벡터 β의 추정량 b의 분산 - 공분산 행렬 $Var(b)$는? (단, $Var(\epsilon) = \sigma^2 I$)

① $Var(b) = (X'X)^{-1}\sigma^2$
② $Var(b) = X'X\sigma^2$
③ $Var(b) = k(X'X)^{-1}\sigma^2$
④ $Var(b) = k(X'X)\sigma^2$

해설
다중회귀모형을 행렬로 나타냄으로써 간단한 형태로 표현이 가능한데, 독립변수가 k개인 다중회귀모형 행렬에서 회귀계수 벡터 β의 분산-공분산 행렬은 $Var(b) = (X'X)^{-1}\sigma^2$이다.

62
2021년 3회

회귀분석에서 관측값과 예측값의 차이는?

① 잔차(Residual)
② 오차(Error)
③ 편차(Deviation)
④ 거리(Distance)

해설
회귀분석에서는 표본의 데이터로 모집단에 대한 회귀식(회귀계수)을 추정한다. 표본 데이터에 의해 추정한 추정회귀식에서 관측값과 예측값의 차이가 잔차이므로 잔차가 적합한 답이 된다.

63
2020년 3회

변수 x와 y에 대한 n개의 자료 $(x_1, y_1), \cdots, (x_n, y_n)$에 대하여 단순회귀모형 $y_i = \beta_0 + \beta_1 x_i + \epsilon_i$를 적합시키는 경우 잔차 $e_i = y_i - \hat{y_i} (i = 1, 2, \cdots, n)$에 대한 성질이 아닌 것은?

① $\sum_{i=1}^{n} e_i = 0$
② $\sum_{i=1}^{n} e_i x_i = 0$
③ $\sum_{i=1}^{n} y_i e_i = 0$
④ $\sum_{i=1}^{n} \hat{y_i} e_i = 0$

해설
단순회귀모형에서 잔차의 성질은 다음과 같다.
㉠ $E(e_i) = 0$
㉡ $\sum_{i=1}^{n} e_i = 0$
㉢ $\sum_{i=1}^{n} x_i e_i = 0$
㉣ $\sum_{i=1}^{n} \hat{y_i} e_i = 0$
∴ $\sum_{i=1}^{n} e_i = 0 = \sum_{i=1}^{n} x_i e_i = \sum_{i=1}^{n} \hat{y_i} e_i$

64
2018년 1회

단순회귀모형 $y_i = \beta_0 + \beta_1 x_i + \epsilon_i (i = 1, 2, \cdots, n)$의 가정 하에 최소제곱법에 의해 회귀직선을 추정하는 경우 잔차 $e_i = y_i - \hat{y_i}$의 성질로 틀린 것은?

① $\sum e_i = 0$
② $\sum e_i = \sum x_i e_i$
③ $\sum e_i^2 = \sum \hat{x_i} e_i$
④ $\sum x_i e_i = \sum \hat{y_i} e_i$

해설

단순회귀모형에서 잔차의 성질은 다음과 같다.
㉠ $E(e_i) = 0$
㉡ $\sum_{i=1}^{n} e_i = 0$
㉢ $\sum_{i=1}^{n} x_i e_i = 0$
㉣ $\sum_{i=1}^{n} \hat{y_i} e_i = 0$
∴ $\sum_{i=1}^{n} e_i = 0 = \sum_{i=1}^{n} x_i e_i = \sum_{i=1}^{n} \hat{y_i} e_i$

65
2021년 1회

k개 독립변수 $x_i(i = 1, 2, \cdots, k)$와 종속변수 y에 대한 중회귀모형 $y = \beta_0 + \beta_1 x_1 + \cdots + \beta_k x_k + \epsilon$을 고려하여 n개의 자료에 대해 중회귀분석을 실시하고자 한다. 총 편차 $y_i - \bar{y}$를 분해하여 얻을 수 있는 3개의 제곱합 $\sum_{i=1}^{n}(y_i - \bar{y})^2$, $\sum_{i=1}^{n}(y_i - \hat{y_i})^2$, $\sum_{i=1}^{n}(\hat{y_i} - \bar{y})^2$의 자유도를 각각 구하여 순서대로 나열한 것은?

① n, $n-k$, k
② n, $n-k-1$, $k-1$
③ $n-1$, $n-k-1$, k
④ $n-1$, $n-k-1$, $k-1$

해설

다음은 다중회귀분석의 분산분석표이다.

변동의 원천(요인)	제곱합 (SS)	자유도 (df)	평균제곱 (MS)	검정통계량 F
회귀 (SSR)	$\sum_{i=1}^{n}(\hat{y_i} - \bar{y})^2$	독립변수의 수 k	$MSR = \dfrac{SSR}{k}$	$F = \dfrac{MSR}{MSE}$
잔차 (SSE)	$\sum_{i=1}^{n}(y_i - \hat{y_i})^2$	$n-k-1$	$MSE = \dfrac{SSE}{n-k-1}$	
총 제곱합 (SST)	$\sum_{i=1}^{n}(y_i - \bar{y})^2$	$n-1$		

이에 따라 자유도는 문제의 순서대로 $n-1$, $n-k-1$, k이다.

66
2021년 3회

독립변수가 5개인 100개의 자료를 이용하여 절편이 있는 선형회귀모형을 추정할 때 잔차의 자유도는?

① 4
② 5
③ 94
④ 95

해설

독립변수가 5개이므로 회귀모형 $y = \beta_0 + \beta_1 x_1 + \beta_2 x_2 + \cdots + \beta_5 x_5 + \epsilon$인 다중회귀분석이다. 다중회귀분석의 분산분석표는 다음과 같다.

변동의 원천(요인)	제곱합 (SS)	자유도 (df)	평균제곱 (MS)	검정통계량 F
회귀 (SSR)	$\sum_{i=1}^{n}(\hat{y}_i - \bar{y})^2$	독립변수의 수 k	$MSR = \dfrac{SSR}{k}$	$F = \dfrac{MSR}{MSE}$
잔차 (SSE)	$\sum_{i=1}^{n}(y_i - \hat{y}_i)^2$	$n - k - 1$	$MSE = \dfrac{SSE}{n-k-1}$	
총 제곱합 (SST)	$\sum_{i=1}^{n}(y_i - \bar{y})^2$	$n - 1$		

잔차의 자유도는 $n - k - 1$ (n: 표본의 크기, k: 독립변수의 수)이므로 $n - k - 1 = 100 - 5 - 1 = 94$이다.

67
2021년 1회

관측값 12개를 갖고 수행한 단순회귀분석에서 회귀직선의 유의성 검정을 위해 작성된 분산분석표가 다음과 같다. ㉠ ~ ㉢에 해당하는 값은?

요인	제곱합	자유도	평균제곱	F - 값
회귀	66	1	66	㉢
잔차	220	㉠	㉡	

	㉠	㉡	㉢
①	10	22	3
②	10	220	3.67
③	11	22	3.3
④	11	220	0.3

해설

단순회귀분석의 분산분석표에서 각각의 숫자는 다음과 같이 산출된다.
㉠ 잔차의 자유도 $= n - k - 1$ (n: 표본의 크기, k: 독립변수의 수)이므로 ∴ $12 - 1 - 1 = 10$
㉡ 잔차의 평균제곱 = 잔차 제곱합/자유도이므로 ∴ $220/10 = 22$
㉢ F - 값 = 회귀의 평균제곱/잔차의 평균제곱이므로 ∴ $66/22 = 3$

68
2021년 1회

독립변수가 3개인 중회귀분석의 결과가 다음과 같을 때 오차분산의 추정값은?

$$\sum_{i=1}^{n}(y_i - \hat{y}_i)^2 = 1100, \quad \sum_{i=1}^{n}(\hat{y}_i - \bar{y})^2 = 110, \quad n = 100$$

① 11.20
② 11.32
③ 11.46
④ 11.58

해설

회귀분석에서 오차항의 분산(SSE)에 대한 추정값은 잔차평균제곱합(MSE)이다. 이는 오차분산(σ^2)의 불편추정량이다.
MSE는 다음과 같이 나타낼 수 있다.

$$MSE = \dfrac{SSE}{n-k-1} = \dfrac{\sum_{i=1}^{n}(y_i - \hat{y}_i)^2}{n-k-1} = \dfrac{\sum_{i=1}^{n}e_i^2}{n-k-1} = \hat{\sigma}^2$$

*n: 표본의 크기, k: 독립변수의 수

$n = 100$, $k = 3$, 잔차제곱합 = 1100이므로 오차분산의 추정값은

$$MSE = \dfrac{\sum_{i=1}^{n}(y_i - \hat{y}_i)^2}{n-k-1} = \dfrac{1100}{100-3-1} \approx 11.46$$

이다.

69

2021년 3회

단순선형회귀모형 $y_i = \beta_0 + \beta_1 x_i + \epsilon_i$에서 오차항 ϵ_i의 분포가 평균이 0이고 분산이 σ^2인 정규분포를 따른다고 가정하였다. 22개의 자료들로부터 회귀식을 추정하고 나서 잔차제곱합 (SSE)을 구하였더니 그 값이 4,000이었다. 이때 분산 σ^2의 불편추정값은?

① 100
② 150
③ 200
④ 250

해설

회귀분석에서 오차항의 분산(SSE)에 대한 추정값은 잔차평균제곱합(MSE) 이다. 이는 오차분산(σ^2)의 불편추정량이다.
MSE는 다음과 같이 나타낼 수 있다.

$$MSE = \frac{SSE}{n-k-1} = \frac{\sum_{i=1}^{n}(y_i - \hat{y_i})^2}{n-k-1} = \frac{\sum_{i=1}^{n}e_i^2}{n-k-1} = \hat{\sigma}^2$$

*n: 표본의 크기, k: 독립변수의 수

$n = 22$, $k = 1$, 잔차제곱합 = 4000이므로 오차분산의 추정값은

$$MSE = \frac{\sum_{i=1}^{n}(y_i - \hat{y_i})^2}{n-k-1} = \frac{4000}{22-1-1} = 200 \text{이다}.$$

70

2018년 3회

중회귀모형 $y_i = \beta_0 + \beta_1 x_{1i} + \beta_2 x_{2i} + \epsilon_i \, (i = 1, 2, \cdots, n)$에서 오차분산 σ^2의 추정량은? (단, e_i는 잔차를 나타낸다.)

① $\frac{1}{n-1}\sum e_i^2$

② $\frac{1}{n-2}\sum (y_i - \hat{\beta_0} - \hat{\beta_1}x_{1i} - \hat{\beta_2}x_{2i})^2$

③ $\frac{1}{n-3}\sum e_i^2$

④ $\frac{1}{n-4}\sum (y_i - \hat{\beta_0} - \hat{\beta_1}x_{1i} - \hat{\beta_2}x_{2i})^2$

해설

회귀분석에서 오차항의 분산(SSE)에 대한 추정값은 잔차평균제곱합(MSE) 이다. 이는 오차분산(σ^2)의 불편추정량이다.
MSE는 다음과 같이 나타낼 수 있다.

$$MSE = \frac{SSE}{n-k-1} = \frac{\sum_{i=1}^{n}(y_i - \hat{y_i})^2}{n-k-1} = \frac{\sum_{i=1}^{n}e_i^2}{n-k-1} = \hat{\sigma}^2$$

*n: 표본의 크기, k: 독립변수의 수

$k = 2$이므로 오차분산의 추정값은

$$MSE = \frac{\sum e_i^2}{n-k-1} = \frac{\sum e_i^2}{n-2-1} = \frac{\sum e_i^2}{n-3} = \frac{1}{n-3}\sum e_i^2 \text{이다}.$$

71

2018년 3회

회귀분석에서 결정계수 R^2에 관한 설명으로 틀린 것은?

① 단순회귀모형에서는 종속변수와 독립변수의 상관계수의 제곱과 같다.
② R^2은 독립변수의 수가 늘어날수록 증가하는 경향이 있다.
③ 모든 측정값이 한 직선상에 놓이면 R^2의 값은 0이다.
④ R^2값은 0에서 1까지의 값을 가진다.

해설

회귀분석에서 결정계수는 독립변수가 종속변수의 분산을 얼마나 설명하는 가의 정도로 회귀식이 자료에 얼마나 적합한가의 정도를 나타낸다. 결정계 수는 0에서 1 사이의 값을 가지며($0 \leq R^2 \leq 1$). 이 값이 클수록 회귀식이 자료를 잘 나타내고 있다고 볼 수 있다. 단순회귀분석에서는 상관계수를 제곱하면 결정계수의 값과 같다(다중회귀에서는 성립하지 않음). 모든 측정 값이 하나의 직선상에 놓이면(SSE = 0이면) 결정계수의 값은 1이 된다. 이 는 추정된 회귀선이 종속변수의 분산을 완벽하게 설명함을 의미한다.

| 정답 | 69 ③ 70 ③ 71 ③ |

72
2019년 3회

회귀분석에서 결정계수 R^2에 관한 설명으로 틀린 것은?

① $R^2 = \dfrac{SSR}{SST}$
② $-1 \leq R^2 \leq 1$
③ SSE가 작아지면 R^2은 커진다.
④ R^2은 독립변수의 수가 늘어날수록 증가하는 경향이 있다.

해설

회귀분석에서 결정계수는 독립변수가 종속변수의 분산을 얼마나 설명하는가의 정도로 회귀식이 자료에 얼마나 적합한가의 정도를 나타낸다. 결정계수는 0에서 1 사이의 값을 가지며($0 \leq R^2 \leq 1$), 이 값이 클수록 회귀식이 자료를 잘 나타내고 있다고 볼 수 있다.

①, ③ $R^2 = \dfrac{\text{회귀식에 의해 설명되는 분산}}{\text{전체 분산}} = \dfrac{SSR}{SST} = 1 - \dfrac{SSE}{SST}$

SSE(회귀식에 의해 설명되지 않는 분산)이 작아지면 결정계수는 증가한다.

73
2019년 3회

단순회귀분석의 경우 적합도 추정에 대한 설명으로 틀린 것은?

① 결정계수가 1이면 상관계수는 1 또는 -1이다.
② 결정계수는 오차의 변동 대비 회귀의 변동을 비율로 나타낸 값이다.
③ 추정의 표준오차는 잔차에 의한 식으로 계산된다.
④ 모형의 F-검정이 유의하면 기울기의 유의성 검정도 항상 유의하다.

해설

회귀분석에서 결정계수는 독립변수가 종속변수의 분산을 얼마나 설명하는가의 정도로, 회귀식이 자료에 얼마나 적합한가의 정도를 나타낸다.
R^2 = 회귀식에 의해 설명되는 분산/전체분산 = SSR/SST
즉 결정계수는 전체 분산(회귀선에 의해 설명되는 분산과 회귀선에 의해 설명되지 못한 분산의 합계) 중 회귀선에 의해 설명되는 분산의 비를 말한다.
① 단순회귀분석에서는 상관계수를 제곱하면 결정계수의 값과 같다(다중회귀에서는 성립하지 않음). 따라서 단순회귀분석에서 결정계수의 제곱근은 상관계수가 되며 부호는 추정회귀계수 $\hat{\beta_1}$의 부호를 따른다.
③ 회귀분석에서 추정표준오차의 제곱은 잔차평균제곱합(MSE)이다.

74
2020년 1·2회

단순회귀모형 $Y_i = \beta_0 + \beta_1 x_i + \epsilon_i (i=1, 2, \cdots, n)$에서 최소제곱법에 의한 추정회귀직선 $\hat{y} = b_0 + b_1 x$의 설명력을 나타내는 결정계수 R^2에 대한 설명으로 틀린 것은?

① 결정계수 R^2은 총변동 $SST = \sum_{i=1}^{n}(y_i - \bar{y})^2$ 중 추정회귀직선에 의해 설명되는 변동 $SSR = \sum_{i=1}^{n}(\hat{y_i} - \bar{y})^2$의 비율, 즉 SSR/SST로 정의된다.
② x와 y 사이에 회귀관계가 전혀 존재하지 않아 추정회귀직선의 기울기 b_1이 0인 경우에는 결정계수 R^2은 0이 된다.
③ 단순회귀의 경우 결정계수 R^2은 x와 y의 상관계수 r_{xy}와는 직접적인 관계가 없다.
④ x와 y의 상관계수 r_{xy}는 추정회귀계수 b_1이 음수이면 결정계수의 음의 제곱근 $-\sqrt{R^2}$과 같다.

해설

단순회귀분석에서는 상관계수를 제곱하면 결정계수의 값과 같다(다중회귀에서는 성립하지 않음). 따라서 단순회귀분석에서 결정계수의 제곱근은 상관계수가 되며 부호는 추정회귀계수 $\hat{\beta_1}$의 부호를 따른다. 회귀분석에서 결정계수는 독립변수가 종속변수의 분산을 얼마나 설명하는가의 정도로, 회귀식이 자료에 얼마나 적합한가의 정도를 나타낸다.
R^2 = 회귀식에 의해 설명되는 분산/전체분산 = SSR/SST
두 변수 간에 회귀관계가 전혀 없어서 추정회귀선의 기울기가 0이면, 이는 추정된 회귀선이 종속변수의 분산을 전혀 설명하지 못하는 것(SSR = 0)이므로 SST = SSE가 되고 결정계수는 0이 된다.

| 정답 | 72 ② 73 ④ 74 ③

75
2022년 4회

추정된 회귀선이 주어진 자료에 얼마나 잘 적합하는지 알아보는 데 사용하는 결정계수를 나타낸 식이 아닌 것은? (단, Y_i는 주어진 자료의 값이고, $\hat{Y}_i$는 추정값이며 $\overline{Y}$는 자료의 평균이다.)

① $\dfrac{회귀제곱합}{총제곱합}$

② $\dfrac{\sum(\hat{Y}_i - \overline{Y})^2}{\sum(Y_i - \overline{Y})^2}$

③ $1 - \dfrac{잔차제곱합}{회귀제곱합}$

④ $1 - \dfrac{\sum(Y_i - \hat{Y})^2}{\sum(Y_i - \overline{Y})^2}$

해설
회귀분석에 있어서 결정계수의 산출 구조는 다음과 같다.

$\sum(y_i - \overline{y})^2$: 전체분산(SST)
$\sum(\hat{y}_i - \overline{y})^2$: 회귀식에 의해 설명되는 분산(SSR)
$\sum(y_i - \hat{y}_i)^2$: 회귀식에 의해 설명되지 않는 분산(SSE)
$\therefore R^2 = \dfrac{회귀식에 의해 설명되는 분산}{전체 분산} = \dfrac{SSR}{SST} = 1 - \dfrac{SSE}{SST}$

76
2019년 1회

두 변수 x와 y의 함수관계를 알아보기 위하여 크기가 10인 표본을 취하여 단순회귀분석을 실시한 결과 회귀식 $y = 20 - 0.1x$를 얻었고, 결정계수 R^2은 0.81이었다. x와 y의 상관계수는?

① −0.1
② −0.81
③ −0.9
④ −1.1

해설
단순회귀분석에서는 상관계수를 제곱하면 결정계수의 값과 같다(다중회귀에서는 성립하지 않음). 따라서 단순회귀분석에서 결정계수의 제곱근은 상관계수가 되며 부호는 추정회귀계수 $\hat{\beta}_1$의 부호를 따른다. 결정계수의 제곱근은 $\pm\sqrt{0.81} = \pm 0.9$인데, 단순회귀식의 $y = 20 - 0.1x$에서 회귀계수가 음수이므로 답은 -0.9이다.

77
2021년 3회

두 변수 가족 수와 생활비 간의 상관계수가 0.6이라면 생활비 변동의 몇 %가 가족 수로 설명된다고 할 수 있는가?

① 0.36%
② 0.6%
③ 36%
④ 60%

해설
결정계수는 독립변수가 종속변수의 분산을 얼마나 설명하는가의 정도를 나타낸다. 따라서 생활비 변동(종속변수)의 몇 %가 가족 수(독립변수)로 설명된다고 할 수 있는가는 결정계수를 계산하는 문제가 된다.
단순회귀분석에서는 상관계수를 제곱하면 결정계수의 값과 같다(다중회귀에서는 성립하지 않음). 따라서 단순회귀분석에서 결정계수의 제곱근은 상관계수가 되며 부호는 추정회귀계수 $\hat{\beta}_1$의 부호를 따른다.
두 변수 간의 상관계수를 제곱하면 결정계수가 되므로 $r_{XY}^2 = (0.6)^2 = R^2$이다.
$\therefore R^2 = 0.36$
이에 따라 생활비 변동(종속변수)의 36%가 가족 수(독립변수)로 설명된다고 할 수 있다.

78
2019년 2회

단순선형회귀모형 $Y_i = \beta_0 + \beta_1 x_i + \epsilon_i (i = 1, 2, \cdots, n)$을 고려하여 자료들로부터 다음과 같은 분산분석표를 얻었다. 이 때 결정계수는 얼마인가?

변인	자유도	제곱합	평균제곱합	F-값
회귀	1	541.69	541.69	29.036
잔차	10	186.56	18.656	
전체	11	728.25		

① 0.7
② 0.72
③ 0.74
④ 0.76

해설
결정계수 $R^2 = \dfrac{회귀식에 의해 설명되는 분산}{전체 분산} = \dfrac{SSR}{SST} = 1 - \dfrac{SSE}{SST}$이므로
$R^2 = \dfrac{SSR}{SST} = \dfrac{541.69}{728.25} ≒ 0.74$이다.

| 정답 | 75 ③ 76 ③ 77 ③ 78 ③

79
2018년 2회

회귀분석결과, 분산분석표에서 잔차제곱합(SSE)은 60, 총제곱합(SST)은 240임을 알았다. 이 회귀모형의 결정계수는?

① 0.25
② 0.5
③ 0.75
④ 0.95

해설

결정계수 $R^2 = \dfrac{\text{회귀식에 의해 설명되는 분산}}{\text{전체 분산}} = \dfrac{SSR}{SST} = 1 - \dfrac{SSE}{SST}$ 이므로

$R^2 = 1 - \dfrac{SSE}{SST} = 1 - \dfrac{60}{240} = 0.75$ 이다.

80
2020년 3회

단순회귀모형 $y_i = \alpha + \beta x_i + \epsilon_i \ (i=1, 2, \cdots, n)$을 적합하여 다음을 얻었다.

$$\sum_{i=1}^{n}(y_i - \hat{y_i})^2 = 200, \ \sum_{i=1}^{n}(\hat{y_i} - \bar{y})^2 = 300$$

이때 결정계수 R^2을 구하면? (단, $\hat{y_i}$는 i번째 추정값을 나타낸다.)

① 0.4
② 0.5
③ 0.6
④ 0.7

해설

회귀분석에 있어서 결정계수의 산출 구조는 다음과 같다.

$\sum(y_i - \bar{y})^2$: 전체분산(SST)
$\sum(\hat{y_i} - \bar{y})^2$: 회귀식에 의해 설명되는 분산(SSR)
$\sum(y_i - \hat{y_i})^2$: 회귀식에 의해 설명되지 않는 분산(SSE)

$\therefore R^2 = \dfrac{\text{회귀식에 의해 설명되는 분산}}{\text{전체 분산}} = \dfrac{SSR}{SST} = 1 - \dfrac{SSE}{SST}$

$SSE = 200, \ SSR = 300$ 이므로
$SST = SSR + SSE = 300 + 200 = 500$ 이다.
따라서 결정계수 $R^2 = \dfrac{SSR}{SST} = \dfrac{300}{500} = 0.6$ 이다.

81
2020년 1·2회

통계학 과목을 수강한 학생 가운데 학생 10명을 추출하여 그들의 강의에 결석한 시간(X)과 통계학 점수(Y)를 조사하여 다음의 표를 얻었다.

X	5	4	5	7	3	5	4	3	7	5
Y	9	4	5	11	5	8	9	7	7	6

단순선형 회귀분석을 수행한 다음 결과의 ㉠~㉦에 들어갈 것으로 틀린 것은?

변인	자유도	제곱합	평균제곱	F-값
회귀	㉠	9.9	㉡	㉢
잔차	㉣	33.0	㉤	
전체	㉥	42.9		

$R^2 = ㉦$

① ㉠ 1, ㉡ 9.9
② ㉣ 8, ㉤ 4.125
③ ㉢ 2.4
④ ㉦ 0.7

해설

단순선형회귀분석에서 n = 표본의 크기, k = 독립변수의 수일 때
$n = 10, \ k = 1$이므로

㉠ 회귀의 자유도: 독립변수의 수 $k = 1$
㉡ 회귀의 평균제곱: 회귀제곱합/회귀의 자유도 = 9.9/1 = 9.9
㉣ 잔차의 자유도: $n - k - 1 = 10 - 1 - 1 = 8$
㉤ 잔차의 평균제곱: 잔차제곱합/잔차의 자유도 = 33.0/8 = 4.125
㉥ 전체 자유도: $n - 1 = 10 - 1 = 9$
㉢ F-값: 회귀평균제곱/잔차평균제곱 = 9.9/4.125 = 2.4
㉦ 결정계수: 회귀제곱합/전체제곱합 = 9.9/42.9 ≒ 0.23

82

2020년 4회

설명변수(X)와 반응변수(Y) 사이에 단순회귀모형을 가정할 때 결정계수는?

X	0	1	2	3	4	5
Y	4	3	2	0	-3	-6

① 0.205
② 0.555
③ 0.745
④ 0.946

해설

단순회귀분석에서는 상관계수를 제곱하면 결정계수의 값과 같다(다중회귀에서는 성립 하지 않음). 따라서 단순회귀분석에서 결정계수의 제곱근은 상관계수가 되며 부호는 추정회귀계수 $\hat{\beta_1}$의 부호를 따른다.

상관계수 $r_{XY} = \dfrac{S_{XY}}{S_X S_Y} = \dfrac{\sum_{i=1}^{n}(X_i - \overline{X})(Y_i - \overline{Y})}{\sqrt{\sum_{i=1}^{n}(X_i - \overline{X})^2}\sqrt{\sum_{i=1}^{n}(Y_i - \overline{Y})^2}}$ 이다.

필요한 계산은 다음과 같다.

㉠ $\overline{X} = (0+1+2+3+4+5)/6 = 2.5$
$\overline{Y} = (4+3+2+0-3-6)/6 = 0$

㉡ $\sum_{i=1}^{n}(X_i - \overline{X})(Y_i - \overline{Y})$
$= (0-2.5) \times (4-0) + (1-2.5) \times (3-0) + (2-2.5) \times (2-0)$
$\quad + (3-2.5) \times (0-0) + (4-2.5) \times (-3-0) + (5-2.5) \times (-6-0)$
$= -35$

㉢ $\sum_{i=1}^{n}(X_i - \overline{X})^2 = (0-2.5)^2 + (1-2.5)^2 + (2-2.5)^2$
$\quad + (3-2.5)^2 + (4-2.5)^2 + (5-2.5)^2 = 17.5$

㉣ $\sum_{i=1}^{n}(Y_i - \overline{Y})^2 = (4-0)^2 + (3-0)^2 + (2-0)^2$
$\quad + (0-0)^2 + (-3-0)^2 + (-6-0)^2$
$= 74$

상관계수를 계산하면

$r_{XY} = \dfrac{S_{XY}}{S_X S_Y} = \dfrac{\sum_{i=1}^{n}(X_i - \overline{X})(Y_i - \overline{Y})}{\sqrt{\sum_{i=1}^{n}(X_i - \overline{X})^2}\sqrt{\sum_{i=1}^{n}(Y_i - \overline{Y})^2}}$

$= \dfrac{-35}{\sqrt{17.5}\sqrt{74}}$ 이고

상관계수의 제곱이 결정계수의 값과 같으므로

∴ 결정계수 $R^2 = r_{XY}^2 = \left(\dfrac{-35}{\sqrt{17.5}\sqrt{74}}\right)^2 ≒ 0.946$

83

2018년 3회

중회귀모형 $y_i = \beta_0 + \beta_1 x_{1i} + \beta_2 x_{2i} + \epsilon_i$ 에 대한 분산분석표가 다음과 같다.

요인	제곱합	자유도	평균제곱	F – 값	유의확률
회귀	66.12	2	33.06	33.96	0.000258
잔차	6.87	7	0.98		

위의 분산분석표를 이용하여 유의수준 0.05에서 모형에 대한 유의성 검정을 할 때 추론결과로 가장 적합한 것은?

① 두 설명변수 x_1과 x_2 모두 반응변수에 영향을 주지 않는다.
② 두 설명변수 x_1과 x_2 모두 반응변수에 영향을 준다.
③ 두 설명변수 x_1과 x_2 중 적어도 하나는 반응변수에 영향을 준다.
④ 두 설명변수 x_1과 x_2 중 하나는 반응변수에 영향을 준다.

해설

설명변수가 2개인 다중회귀분석 $y_i = \beta_0 + \beta_1 x_{1i} + \beta_2 x_{2i} + \epsilon_i$에서 귀무가설과 대립가설은 다음과 같이 설정한다.
귀무가설(H_0): $\beta_1 = \beta_2 = 0$ (두 설명변수 모두 반응변수에 영향을 주지 않는다)
대립가설(H_1): β_1, β_2 중 적어도 하나는 0이 아니다(두 설명변수 중 적어도 하나는 반응변수에 영향을 준다).
회귀식 전체의 통계적 유의성 검정은 F – 검정을 사용한다. 검정통계량 F의 값과 F 임계치를 비교하거나 검정통계량 F의 유의확률 p – value를 유의수준 $\alpha = 0.05$와 비교하여 가설을 검정할 수 있다. 유의확률과 유의수준을 비교할 경우 p – value $\leq \alpha$이면 귀무가설을 기각할 수 있다. p – value(0.000258) < α(0.05)이므로 귀무가설을 기각할 수 있다. 따라서 유의수준 5% 하에서 두 설명변수 x_1과 x_2 중 적어도 하나는 반응변수에 영향을 준다는 결론이 가능하다.

84

2019년 3회

독립변수(k)가 2개인 중회귀모형 $y_i = \beta_0 + \beta_1 x_{1i} + \beta_2 x_{2i} + \epsilon_i$ ($i=1,\cdots,n$)의 유의성 검정에 대한 내용으로 틀린 것은?

① $H_0 : \beta_1 = \beta_2 = 0$
② H_1 : 회귀계수 β_1, β_2중 적어도 하나는 0이 아니다.
③ $\dfrac{MSE}{MSR} > F(k, n-k-1, \alpha)$이면 H_0를 기각한다.
④ 유의확률 p가 α보다 작으면 H_0를 기각한다.

해설

독립변수가 2개인 다중회귀모형에 대해 회귀식 전체(회귀모형)의 통계적 유의성은 F-검정을 사용한다. 가설은 다음과 같이 설정한다.
귀무가설 $H_0 : \beta_1 = \beta_2 = 0$
대립가설 $H_1 : \beta_1, \beta_2$ 중 적어도 하나는 0이 아니다.
검정통계량 F의 값과 F 임계치를 비교하거나 검정통계량 F의 유의확률 p-value를 유의수준 α와 비교하여 가설을 검정할 수 있다. 유의확률과 유의수준을 비교할 경우 p-value $\leq \alpha$이면 귀무가설을 기각할 수 있으며 검정통계량과 임계치를 비교할 경우 검정통계량 F의 값이 F 임계치보다 크면 귀무가설을 기각할 수 있다.
검정통계량은 $F = \dfrac{MSR}{MSE}$ 이며, 이를 F 임계치와 비교하여 임계치보다 크면 귀무가설을 기각한다.

85

2020년 4회

다음은 중회귀식 $\hat{Y} = 39.689 + 3.372X_1 + 0.532X_2$의 회귀계수 표이다. ㉠ ~ ㉢에 알맞은 값은?

<Coefficient>

Model	Unstandardized Coefficients		standardized Coefficients	t	Sig
	B	Std. Error	Beta		
(Constants)	39.689	32.74		㉠	0.265
평수(X_1)	3.372	0.94	0.85	㉡	0.009
가족 수(X_2)	0.532	6.9	0.02	㉢	0.941

	㉠	㉡	㉢
①	1.21	3.59	0.08
②	2.65	0.09	9.41
③	10.21	36	0.8
④	39.69	3.96	26.5

해설

회귀계수표에서 검정통계량 t의 값은 각 해당 변수의 비표준화계수 B에 나타난 값을 해당 표준오차로 나누어 구할 수 있다.

㉠ $t = \dfrac{39.689}{32.74} \fallingdotseq 1.21$

㉡ $t = \dfrac{3.372}{0.94} \fallingdotseq 3.59$

㉢ $t = \dfrac{0.532}{6.9} \fallingdotseq 0.08$

86
2021년 1회

단순회귀모형 $y_i = \beta_0 + \beta_1 x_i + \epsilon_i$에 대한 분산분석표가 다음과 같다. 설명변수와 반응변수가 양의 상관관계를 가질 때, $H_0: \beta_1 = 0$ vs $H_1: \beta \neq 0$을 검정하기 위한 t - 검정통계량의 값은?

요인	제곱합	자유도	평균제곱	F-통계량
회귀	24.0	1	24.0	4.0
잔차	60.0	10	6.0	

① −2
② −1
③ 1
④ 2

해설

단순회귀분석에서 (회귀계수 유의성 검정) 검정통계량 t값의 제곱은 단순회귀분석에서의 (회귀모형의 유의성 검정) 검정통계량 F값과 동일하다.
$t^2 = F$이므로 $t = \pm\sqrt{F} = \pm\sqrt{4} = \pm 2$이다.
설명변수와 반응변수가 양의 상관관계이므로 회귀계수도 양수이며, 이에 따라 t-검정통계량도 양수가 되므로 t = 2 이다.

87
2020년 1·2회

단순회귀모형 $y_i = \beta_0 + \beta_1 x_i + \epsilon_i$, $\epsilon_i \sim N(0, \sigma^2)$ ($i = 1, 2, \cdots, n$)에서 최소제곱법에 의해 추정된 회귀직선을 $\hat{y} = b_0 + b_1 x$라 할 때, 다음 설명 중 옳지 않은 것은? (단, $S_{xx} = \sum_{i=1}^{2}(x_i - \overline{x})^2$, $MSE = \sum_{i=1}^{n}\frac{(y_i - \hat{y_i})^2}{n-2}$이다.)

① 추정량 b_1은 평균이 β_1이고 분산이 σ^2/S_{xx}인 정규분포를 따른다.
② 추정량 b_0은 회귀직선의 절편 β_0의 불편추정량이다.
③ MSE는 오차항 ϵ_i의 분산 σ^2에 대한 불편추정량이다.
④ $\dfrac{b_1 - \beta_1}{\sqrt{MSE/S_{xx}}}$는 자유도 각각 1, $n-2$인 F - 분포 $F(1, n-2)$를 따른다.

해설

단순회귀분석에서 회귀계수의 유의성 검정에 사용되는 검정통계량 $t = \dfrac{b_1 - \beta_1}{\sqrt{MSE/S_{xx}}}$는 자유도 $n - k - 1 = n - 2$인 t-분포를 따른다.
*n: 표본의 크기, k: 독립변수의 수

88
2018년 2회

단순회귀분석을 수행한 결과 다음과 같은 결과를 얻었다. 결정계수 R^2 값과 기울기에 대한 가설 $H_0: \beta_1 = 0$에 대한 유의수준 5%에 대한 검정결과로 옳은 것은? (단, $\alpha = 0.05$, $t_{(0.025)}(3) = 3.182$, $\sum_{i=1}^{5}(x_i - \overline{x})^2 = 329.2$)

> $\hat{y} = 5.766 + 0.722x$, $\overline{x} = \dfrac{118}{5} = 23.6$
>
> 총제곱합 $SST = 192.8$, 잔차제곱합 $SSE = 21.312$

① $R^2 = 0.889$, 기울기를 0이라 할 수 없다.
② $R^2 = 0.551$, 기울기를 0이라 할 수 없다.
③ $R^2 = 0.889$, 기울기를 0이라 할 수 있다.
④ $R^2 = 0.551$, 기울기를 0이라 할 수 있다.

해설

해당 검정의 방향은 기울기를 0이라고 할 수 있느냐 없느냐이므로 귀무가설과 대립가설은 다음과 같이 설정한다.
- 귀무가설(H_0): $\beta_1 = 0$(회귀계수는 유의하지 않다. 즉 기울기가 0이다)
- 대립가설(H_1): $\beta_1 \neq 0$(회귀계수는 유의하다. 즉 기울기가 0이 아니다)

이때 $R^2 = \dfrac{\text{회귀식에 의해 설명되는 분산}}{\text{전체 분산}} = \dfrac{SSR}{SST} = 1 - \dfrac{SSE}{SST}$이고,
$SST = 192.8$, $SSE = 21.312$이므로 $R^2 = 1 - \dfrac{SSE}{SST} = 1 - \dfrac{21.312}{192.8} ≒ 0.889$이다.

단순회귀분석에서 기울기($\hat{\beta_1}$)에 대한 유의성 검정은 t - 검정이고, $t = \dfrac{\hat{\beta_1} - \beta_1}{\sqrt{Var(\hat{\beta_1})}} = \dfrac{\hat{\beta_1} - \beta_1}{\sqrt{MSE/S_{xx}}}$ (자유도: $n - k - 1 = n - 2$)이다.

회귀식 $\hat{y} = 5.766 + 0.722x$에서 $\hat{\beta_1} = 0.722$, $\beta_1 = 0$(귀무가설 하에서의 β_1의 값), $SSE = 21.312$이고, $n = 5$이므로
$MSE = \dfrac{SSE}{n - k - 1} = \dfrac{21.312}{5 - 1 - 1} = \dfrac{21.312}{3}$,
$S_{XX} = \sum_{i=1}^{5}(x_i - \overline{x})^2 = 329.2$

$t = \dfrac{\hat{\beta_1} - \beta_1}{\sqrt{MSE/S_{XX}}} = \dfrac{0.722 - 0}{\sqrt{\dfrac{21.312}{3} \times \dfrac{1}{329.2}}} = 4.914 ≒ 4.91$이다. 검정통계량 t를 임계치와 비교하여 귀무가설의 기각여부를 결정한다.

대립가설의 방향에 따라 양측검정이 되므로 t - 검정에 있어서 t 임계치는 $\dfrac{\alpha}{2}$인 0.025와 자유도와의 교차점의 값이 된다.

따라서 t 임계치는 유의수준 5%에서 $\alpha = 0.05$, $t_{(0.025)}(3) = 3.182$이므로 검정통계량 4.91이 임계치 3.182보다 크다.

∴ 기울기가 0이라는 귀무가설을 기각할 수 있다. 즉 유의수준 5% 하에서 기울기를 0이라 할 수 없다.

89
2019년 1회

크기가 10인 표본으로부터 얻은 자료 $(x_1, y_1), (x_2, y_2), \cdots, (x_{10}, y_{10})$에서 얻은 단순선형회귀식의 기울기가 0인지 아닌지를 검정할 때 사용되는 t - 분포의 자유도는?

① 19
② 18
③ 9
④ 8

해설

단순회귀분석에서 회귀계수의 통계적 유의성 검정에 사용되는 검정통계량 $t = \dfrac{\hat{\beta_1} - \beta_1}{\sqrt{Var(\hat{\beta_1})}} = \dfrac{\hat{\beta_1} - \beta_1}{\sqrt{MSE/S_{XX}}}$ 는 자유도가 $n-2$인 t - 분포를 따르므로 $n=10$인 경우의 자유도는 $10-2=8$이다.

90
2020년 4회

다음 단순회귀모형에 대한 설명으로 틀린 것은?

$$Y_i = \beta_0 + \beta_1 x_i + \epsilon_i \ (i = 1, 2, \cdots, n)$$
(단, 오차항 ϵ_i는 서로 독립이며 동일한 분포 $N(0, \sigma^2)$을 따른다.)

① 각 Y_i의 기댓값은 $\beta_0 + \beta_1 X_i$로 주어진다.
② 오차항 ϵ_i와 Y_i는 동일한 분산을 갖는다.
③ β_0는 X_i가 $\overline{X}$일 경우 Y의 반응량을 나타낸다.
④ 모든 Y_i들은 상호 독립적으로 측정된다.

해설

β_0는 Y 절편값이므로 X_i가 0인 경우 Y의 반응량을 나타낸다.

91
2020년 3회

단순회귀모형 $Y_i = \beta_0 + \beta_1 x_i + \epsilon_i,\ \epsilon_i \sim N(0, \sigma^2)$에 관한 설명으로 틀린 것은?

① ϵ_i들은 서로 독립인 확률변수이다.
② Y는 독립변수이고 x는 종속변수이다.
③ $\beta_0,\ \beta_1,\ \sigma^2$은 회귀모형에 대한 모수이다.
④ 독립변수가 종속변수의 기댓값과 직선관계인 모형이다.

해설

단순회귀모형 $Y_i = \beta_0 + \beta_1 x_i + \epsilon_i,\ \epsilon_i \sim N(0, \sigma^2)$에서 Y는 종속변수이고 x는 독립변수이다.

92
2019년 2회

단순회귀분석에서 회귀직선의 추정식이 $\hat{y} = 0.5 - 2x$와 같이 주어졌을 때 다음 설명 중 틀린 것은?

① 반응변수는 y이고 설명변수는 x이다.
② 반응변수와 설명변수의 상관계수는 0.5이다.
③ 설명변수가 0일 때 반응변수가 기본적으로 갖는 값은 0.5이다.
④ 설명변수가 한 단위 증가할 때 반응변수는 평균적으로 2단위 감소한다.

해설

회귀직선 $\hat{y} = 0.5 - 2x$는 기울기를 나타내는 회귀계수 $\hat{\beta_1}$의 값이 음수이다. $\hat{\beta_1}$은 공분산을 X의 분산으로 나눈 값이므로 공분산이 음수라는 것이고 따라서 반응변수와 설명변수의 상관계수는 음수일 것이므로 0.5와 같은 양의 값을 가지지 못한다.

| 정답 | 89 ④ 90 ③ 91 ② 92 ② |

93

2021년 2회

아파트의 평수 및 가족 수가 난방비에 미치는 영향을 알아보기 위해 중회귀분석을 실시하여 다음의 결과를 얻었다. 분석 결과에 대한 설명으로 틀린 것은? (단, Y는 아파트 난방비 [단위: 천원])

모형	비표준화 계수		표준화 계수	t	$p-$값
	B	표준오차	Beta		
상수	39.69	32.74		1.21	0.265
평수(X_1)	3.37	0.94	0.85	3.59	0.009
가족 수(X_2)	0.53	0.25	0.42	1.72	0.090

① 추정된 회귀식은 $\hat{Y}= 39.69+3.37X_1+0.53X_2$이다.
② 가족 수가 주어지면, 아파트가 1평 커질 때 난방비가 평균 3.37(천원) 증가한다.
③ 유의수준 5%에서 종속변수 난방비에 유의한 영향을 주는 독립변수는 평수이다.
④ 아파트 평수가 30평이고 가족이 5명인 가구의 난방비는 122.44(천원)으로 예측된다.

해설

추정된 회귀식 $\hat{Y}= 39.69+3.37X_1+0.53X_2$에 의해 계산해보면 아파트 평수 $X_1 = 30$, 가족 수 $X_2 = 5$인 경우 난방비 Y는
$\hat{Y} = 39.69+3.37\times30+0.53\times5 = 143.44$(천원)으로 예측된다.
③ 평수 변수는 $p-$값이 0.009로 유의수준 5%($\alpha = 0.05$) 하에서 $p-value \leq \alpha$의 요건을 충족하여 통계적으로 유의한 변수이며 다른 변수 대비 $p-$값이 가장 작아서 가장 유의하다.

94

2019년 1회

봉급생활자의 연봉과 근속연수, 학력 간의 관계를 알아보기 위하여 연봉을 반응변수로 하여 회귀분석을 실시하기로 하였다. 그런데 근속연수는 양적변수이지만 학력은 중졸, 고졸, 대졸로 수준 수가 3개인 지시변수(또는 가변수)이다. 다중회귀모형 설정 시 필요한 설명변수는 모두 몇 개인가?

① 1
② 2
③ 3
④ 4

해설

회귀분석의 입력자료는 일반적으로 간격척도나 비율척도로 측정된 연속형 변수인데, 범주형 척도로 측정된 변수를 0과 1의 값만을 갖는 한 개 혹은 몇 개의 이항변수로 바꾸어 회귀분석에 활용할 수 있다. 이들을 가변수(더미변수)라 한다.
가변수의 수 = (범주(수준)의 수 − 1)이고, 가변수인 학력 변수는 범주가 중졸, 고졸, 대졸로 3개이므로 3−1=2개의 가변수가 된다. 나머지 독립변수는 근속연수 1개이므로 다중회귀모형 설정 시 필요한 설명변수의 개수는 총 3개가 된다.

pass.Hackers.com

해커스자격증
pass.Hackers.com

해커스 **사회조사분석사 2급 필기** 한권합격 이론 + 최신기출 + 핵심노트

부록
통계표

- 표준정규분포표 1/2
- t분포표
- 카이제곱 분포표
- F분포표
- 난수표

[표준정규분포표 1]

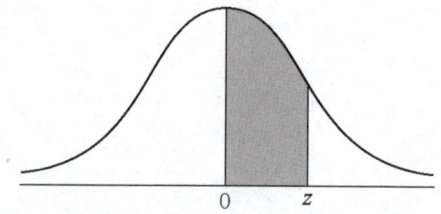

z	0.00	0.01	0.02	0.03	0.04	0.05	0.06	0.07	0.08	0.09
0.0	0.0000	0.0040	0.0080	0.0120	0.0160	0.0199	0.0239	0.0279	0.0319	0.0359
0.1	0.0398	0.0438	0.0478	0.0517	0.0557	0.0596	0.0636	0.0675	0.0714	0.0753
0.2	0.0793	0.0832	0.0871	0.0910	0.0948	0.0987	0.1026	0.1064	0.1103	0.1141
0.3	0.1179	0.1217	0.1255	0.1293	0.1331	0.1368	0.1406	0.1443	0.1480	0.1517
0.4	0.1554	0.1591	0.1628	0.1664	0.1700	0.1736	0.1772	0.1808	0.1844	0.1879
0.5	0.1915	0.1950	0.1985	0.2019	0.2054	0.2088	0.2123	0.2157	0.2190	0.2224
0.6	0.2257	0.2291	0.2324	0.2357	0.2389	0.2422	0.2454	0.2486	0.2517	0.2549
0.7	0.2580	0.2611	0.2642	0.2673	0.2704	0.2734	0.2764	0.2794	0.2823	0.2852
0.8	0.2881	0.2910	0.2939	0.2967	0.2995	0.3023	0.3051	0.3078	0.3106	0.3133
0.9	0.3159	0.3186	0.3212	0.3238	0.3264	0.3289	0.3315	0.3340	0.3365	0.3389
1.0	0.3413	0.3438	0.3461	0.3485	0.3508	0.3531	0.3554	0.3577	0.3599	0.3621
1.1	0.3643	0.3665	0.3686	0.3708	0.3729	0.3749	0.3770	0.3790	0.3810	0.3830
1.2	0.3849	0.3869	0.3888	0.3907	0.3925	0.3944	0.3962	0.3980	0.3997	0.4015
1.3	0.4032	0.4049	0.4066	0.4082	0.4099	0.4115	0.4131	0.4147	0.4162	0.4177
1.4	0.4192	0.4207	0.4222	0.4236	0.4251	0.4265	0.4279	0.4292	0.4306	0.4319
1.5	0.4332	0.4345	0.4357	0.4370	0.4382	0.4394	0.4406	0.4418	0.4429	0.4441
1.6	0.4452	0.4463	0.4474	0.4484	0.4495	0.4505	0.4515	0.4525	0.4535	0.4545
1.7	0.4554	0.4564	0.4573	0.4582	0.4591	0.4599	0.4608	0.4616	0.4625	0.4633
1.8	0.4641	0.4649	0.4656	0.4664	0.4671	0.4678	0.4686	0.4693	0.4699	0.4706
1.9	0.4713	0.4719	0.4726	0.4732	0.4738	0.4744	0.4750	0.4756	0.4761	0.4767
2.0	0.4772	0.4778	0.4783	0.4788	0.4793	0.4798	0.4803	0.4808	0.4812	0.4817
2.1	0.4821	0.4826	0.4830	0.4834	0.4838	0.4842	0.4846	0.4850	0.4854	0.4857
2.2	0.4861	0.4864	0.4868	0.4871	0.4875	0.4878	0.4881	0.4884	0.4887	0.4890
2.3	0.4893	0.4896	0.4898	0.4901	0.4904	0.4906	0.4909	0.4911	0.4913	0.4916
2.4	0.4918	0.4920	0.4922	0.4925	0.4927	0.4929	0.4931	0.4932	0.4934	0.4936
2.5	0.4938	0.4940	0.4941	0.4943	0.4945	0.4946	0.4948	0.4949	0.4951	0.4952
2.6	0.4953	0.4955	0.4956	0.4957	0.4959	0.4960	0.4961	0.4962	0.4963	0.4964
2.7	0.4965	0.4966	0.4967	0.4968	0.4969	0.4970	0.4971	0.4972	0.4973	0.4974
2.8	0.4974	0.4975	0.4976	0.4977	0.4977	0.4978	0.4979	0.4979	0.4980	0.4981
2.9	0.4981	0.4982	0.4982	0.4983	0.4984	0.4984	0.4985	0.4985	0.4986	0.4986
3.0	0.4987	0.4987	0.4987	0.4988	0.4988	0.4989	0.4989	0.4989	0.4990	0.4990
3.1	0.4990	0.4991	0.4991	0.4991	0.4992	0.4992	0.4992	0.4992	0.4993	0.4993
3.2	0.4993	0.4993	0.4994	0.4994	0.4994	0.4994	0.4994	0.4995	0.4995	0.4995
3.3	0.4995	0.4995	0.4995	0.4996	0.4996	0.4996	0.4996	0.4996	0.4996	0.4997
3.4	0.4997	0.4997	0.4997	0.4997	0.4997	0.4997	0.4997	0.4997	0.4997	0.4998

[표준정규분포표 2]

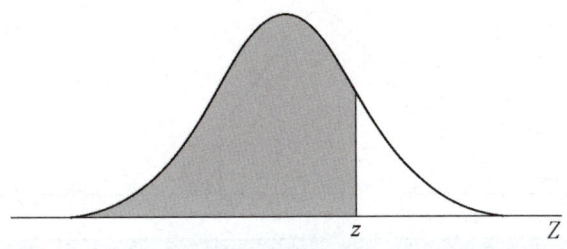

z	0.00	0.01	0.02	0.03	0.04	0.05	0.06	0.07	0.08	0.09
0.0	0.5000	0.5040	0.5080	0.5120	0.5160	0.5199	0.5239	0.5279	0.5319	0.5359
0.1	0.5398	0.5438	0.5478	0.5517	0.5557	0.5596	0.5636	0.5675	0.5714	0.5753
0.2	0.5793	0.5832	0.5871	0.5910	0.5948	0.5987	0.6026	0.6064	0.6103	0.6141
0.3	0.6179	0.6217	0.6255	0.6293	0.6331	0.6368	0.6406	0.6443	0.6480	0.6517
0.4	0.6554	0.6591	0.6628	0.6664	0.6700	0.6736	0.6772	0.6808	0.6844	0.6879
0.5	0.6915	0.6950	0.6985	0.7019	0.7054	0.7088	0.7123	0.7157	0.7190	0.7224
0.6	0.7257	0.7291	0.7324	0.7357	0.7389	0.7422	0.7454	0.7486	0.7517	0.7549
0.7	0.7580	0.7611	0.7642	0.7673	0.7704	0.7734	0.7764	0.7794	0.7823	0.7852
0.8	0.7881	0.7910	0.7939	0.7967	0.7995	0.8023	0.8051	0.8078	0.8106	0.8133
0.9	0.8159	0.8186	0.8212	0.8238	0.8264	0.8289	0.8315	0.8340	0.8365	0.8389
1.0	0.8413	0.8438	0.8461	0.8485	0.8508	0.8531	0.8554	0.8577	0.8599	0.8621
1.1	0.8643	0.8665	0.8686	0.8708	0.8729	0.8749	0.8770	0.8790	0.8810	0.8830
1.2	0.8849	0.8869	0.8888	0.8907	0.8925	0.8944	0.8962	0.8980	0.8997	0.9015
1.3	0.9032	0.9049	0.9066	0.9082	0.9099	0.9115	0.9131	0.9147	0.9162	0.9177
1.4	0.9192	0.9207	0.9222	0.9236	0.9251	0.9265	0.9279	0.9292	0.9306	0.9319
1.5	0.9332	0.9345	0.9357	0.9370	0.9382	0.9394	0.9406	0.9418	0.9429	0.9441
1.6	0.9452	0.9463	0.9474	0.9484	0.9495	0.9505	0.9515	0.9525	0.9535	0.9545
1.7	0.9554	0.9564	0.9573	0.9582	0.9591	0.9599	0.9608	0.9616	0.9625	0.9633
1.8	0.9641	0.9649	0.9656	0.9664	0.9671	0.9678	0.9686	0.9693	0.9699	0.9706
1.9	0.9713	0.9719	0.9726	0.9732	0.9738	0.9744	0.9750	0.9756	0.9761	0.9767
2.0	0.9772	0.9778	0.9783	0.9788	0.9793	0.9798	0.9803	0.9808	0.9812	0.9817
2.1	0.9821	0.9826	0.9830	0.9834	0.9838	0.9842	0.9846	0.9850	0.9854	0.9857
2.2	0.9861	0.9864	0.9868	0.9871	0.9875	0.9878	0.9881	0.9884	0.9887	0.9890
2.3	0.9893	0.9896	0.9898	0.9901	0.9904	0.9906	0.9909	0.9911	0.9913	0.9916
2.4	0.9918	0.9920	0.9922	0.9925	0.9927	0.9929	0.9931	0.9932	0.9934	0.9936
2.5	0.9938	0.9940	0.9941	0.9943	0.9945	0.9946	0.9948	0.9949	0.9951	0.9952
2.6	0.9953	0.9955	0.9956	0.9957	0.9959	0.9960	0.9961	0.9962	0.9963	0.9964
2.7	0.9965	0.9966	0.9967	0.9968	0.9969	0.9970	0.9971	0.9972	0.9973	0.9974
2.8	0.9974	0.9975	0.9976	0.9977	0.9977	0.9978	0.9979	0.9979	0.9980	0.9981
2.9	0.9981	0.9982	0.9982	0.9983	0.9984	0.9984	0.9985	0.9985	0.9986	0.9986
3.0	0.9987	0.9987	0.9987	0.9988	0.9988	0.9989	0.9989	0.9989	0.9990	0.9990
3.1	0.9990	0.9991	0.9991	0.9991	0.9992	0.9992	0.9992	0.9992	0.9993	0.9993
3.2	0.9993	0.9993	0.9994	0.9994	0.9994	0.9994	0.9994	0.9995	0.9995	0.9995
3.3	0.9995	0.9995	0.9995	0.9996	0.9996	0.9996	0.9996	0.9996	0.9996	0.9997
3.4	0.9997	0.9997	0.9997	0.9997	0.9997	0.9997	0.9997	0.9997	0.9997	0.9998

[t분포표]

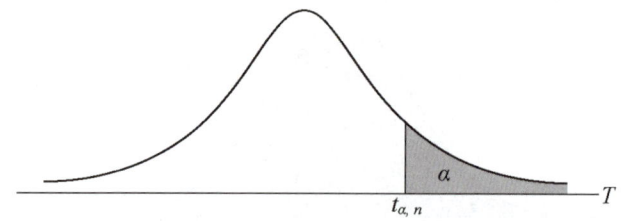

d.f.	$t_{.100}$	$t_{.050}$	$t_{.025}$	$t_{.010}$	$t_{.005}$	d.f.
1	3.078	6.314	12.706	31.821	63.657	1
2	1.886	2.920	4.303	6.965	9.925	2
3	1.638	2.353	3.182	4.541	5.841	3
4	1.533	2.132	2.776	3.747	4.604	4
5	1.476	2.015	2.571	3.365	4.032	5
6	1.440	1.943	2.447	3.143	3.707	6
7	1.415	1.895	2.365	2.998	3.499	7
8	1.397	1.860	2.306	2.896	3.355	8
9	1.383	1.833	2.262	2.821	3.250	9
10	1.372	1.812	2.228	2.764	3.169	10
11	1.363	1.796	2.201	2.718	3.106	11
12	1.356	1.782	2.179	2.681	3.055	12
13	1.350	1.771	2.160	2.650	3.012	13
14	1.345	1.761	2.145	2.624	2.977	14
15	1.341	1.753	2.131	2.602	2.947	15
16	1.337	1.746	2.120	2.583	2.921	16
17	1.333	1.740	2.110	2.567	2.898	17
18	1.330	1.734	2.101	2.552	2.878	18
19	1.328	1.729	2.093	2.539	2.861	19
20	1.325	1.725	2.086	2.528	2.845	20
21	1.323	1.721	2.080	2.518	2.831	21
22	1.321	1.717	2.074	2.508	2.819	22
23	1.319	1.714	2.069	2.500	2.807	23
24	1.318	1.711	2.064	2.492	2.797	24
25	1.316	1.708	2.060	2.485	2.787	25
26	1.315	1.706	2.056	2.479	2.779	26
27	1.314	1.703	2.052	2.473	2.771	27
28	1.313	1.701	2.048	2.467	2.763	28
29	1.311	1.699	2.045	2.462	2.756	29
30	1.310	1.697	2.042	2.457	2.750	30
40	1.303	1.684	2.021	2.423	2.704	40
60	1.296	1.671	2.000	2.390	2.660	60
inf.	1.282	1.645	1.96	2.326	2.576	inf.

[카이제곱 분포표]

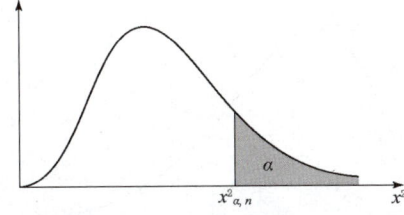

d.f.	$\chi^2_{0.995}$	$\chi^2_{0.990}$	$\chi^2_{0.975}$	$\chi^2_{0.950}$	$\chi^2_{0.900}$	$\chi^2_{0.100}$	$\chi^2_{0.050}$	$\chi^2_{0.025}$	$\chi^2_{0.010}$	$\chi^2_{0.005}$
1	0.000	0.000	0.001	0.004	0.016	2.706	3.841	5.024	6.635	7.879
2	0.010	0.020	0.051	0.103	0.211	4.605	5.991	7.378	9.210	10.597
3	0.072	0.115	0.216	0.352	0.584	6.251	7.815	9.348	11.345	12.838
4	0.207	0.297	0.484	0.711	1.064	7.779	9.488	11.143	13.277	14.860
5	0.412	0.554	0.831	1.145	1.610	9.236	11.070	12.833	15.086	16.750
6	0.676	0.872	1.237	1.635	2.204	10.645	12.592	14.449	16.812	18.548
7	0.989	1.239	1.690	2.167	2.833	12.017	14.067	16.013	18.475	20.278
8	1.344	1.646	2.180	2.733	3.490	13.362	15.507	17.535	20.090	21.955
9	1.735	2.088	2.700	3.325	4.168	14.684	16.919	19.023	21.666	23.589
10	2.156	2.558	3.247	3.940	4.865	15.987	18.307	20.483	23.209	25.188
11	2.603	3.053	3.816	4.575	5.578	17.275	19.675	21.920	24.725	26.757
12	3.074	3.571	4.404	5.226	6.304	18.549	21.026	23.337	26.217	28.300
13	3.565	4.107	5.009	5.892	7.042	19.812	22.362	24.736	27.688	29.819
14	4.075	4.660	5.629	6.571	7.790	21.064	23.685	26.119	29.141	31.319
15	4.601	5.229	6.262	7.261	8.547	22.307	24.996	27.488	30.578	32.801
16	5.142	5.812	6.908	7.962	9.312	23.542	26.296	28.845	32.000	34.267
17	5.697	6.408	7.564	8.672	10.085	24.769	27.587	30.191	33.409	35.718
18	6.265	7.015	8.231	9.390	10.865	25.989	28.869	31.526	34.805	37.156
19	6.844	7.633	8.907	10.117	11.651	27.204	30.144	32.852	36.191	38.582
20	7.434	8.260	9.591	10.851	12.443	28.412	31.410	34.170	37.566	39.997
21	8.034	8.897	10.283	11.591	13.240	29.615	32.671	35.479	38.932	41.401
22	8.643	9.542	10.982	12.338	14.041	30.813	33.924	36.781	40.289	42.796
23	9.260	10.196	11.689	13.091	14.848	32.007	35.172	38.076	41.638	44.181
24	9.886	10.856	12.401	13.848	15.659	33.196	36.415	39.364	42.980	45.559
25	10.520	11.524	13.120	14.611	16.473	34.382	37.652	40.646	44.314	46.928
26	11.160	12.198	13.844	15.379	17.292	35.563	38.885	41.923	45.642	48.290
27	11.808	12.879	14.573	16.151	18.114	36.741	40.113	43.195	46.963	49.645
28	12.461	13.565	15.308	16.928	18.939	37.916	41.337	44.461	48.278	50.993
29	13.121	14.256	16.047	17.708	19.768	39.087	42.557	45.722	49.588	52.336
30	13.787	14.953	16.791	18.493	20.599	40.256	43.773	46.979	50.892	53.672
40	20.707	22.164	24.433	26.509	29.051	51.805	55.758	59.342	63.691	66.766
50	27.991	29.707	32.357	34.764	37.689	63.167	67.505	71.420	76.154	79.490
60	35.534	37.485	40.482	43.188	46.459	74.397	79.082	83.298	88.379	91.952
70	43.275	45.442	48.758	51.739	55.329	85.527	90.531	95.023	100.42	104.21
80	51.172	53.540	57.153	60.391	64.278	96.578	101.87	106.62	112.32	116.32
90	59.196	61.754	65.647	69.126	73.291	107.56	113.14	118.13	124.11	128.29
100	67.328	70.065	74.222	77.929	82.358	118.49	124.34	129.56	135.80	140.16

[F분포표($\alpha = 0.01$)]

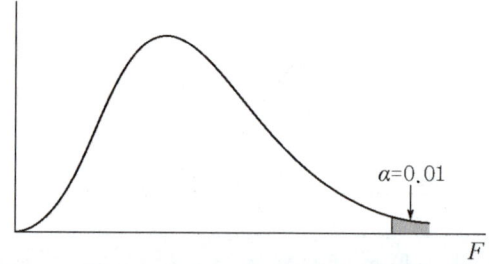

분모 자유도 \ 분자 자유도	1	2	3	4	5	6	7	8	9
1	4052	5000	5403	5625	5764	5859	5928	5981	6022
2	98.50	99.00	99.17	99.25	99.30	99.33	99.36	99.37	99.39
3	34.12	30.82	29.46	28.71	28.24	27.91	27.67	27.49	27.35
4	21.20	18.00	16.69	15.98	15.52	15.21	14.98	14.80	14.66
5	16.26	13.27	12.06	11.39	10.97	10.67	10.46	10.29	10.16
6	13.75	10.92	9.78	9.15	8.75	8.47	8.26	8.10	7.98
7	12.25	9.55	8.45	7.85	7.46	7.19	6.99	6.84	6.72
8	11.26	8.65	7.59	7.01	6.63	6.37	6.18	6.03	5.91
9	10.56	8.02	6.99	6.42	6.06	5.80	5.61	5.47	5.35
10	10.04	7.56	6.55	5.99	5.64	5.39	5.20	5.06	4.94
11	9.65	7.21	6.22	5.67	5.32	5.07	4.89	4.74	4.63
12	9.33	6.93	5.95	5.41	5.06	4.82	4.64	4.50	4.39
13	9.07	6.70	5.74	5.21	4.86	4.62	4.44	4.30	4.19
14	8.86	6.51	5.56	5.04	4.69	4.46	4.28	4.14	4.03
15	8.68	6.36	5.42	4.89	4.56	4.32	4.14	4.00	3.89
16	8.53	6.23	5.29	4.77	4.44	4.20	4.03	3.89	3.78
17	8.40	6.11	5.18	4.67	4.34	4.10	3.93	3.79	3.68
18	8.29	6.01	5.09	4.58	4.25	4.01	3.84	3.71	3.60
19	8.18	5.93	5.01	4.50	4.17	3.94	3.77	3.63	3.52
20	8.10	5.85	4.94	4.43	4.10	3.87	3.70	3.56	3.46
21	8.02	5.78	4.87	4.37	4.04	3.81	3.64	3.51	3.40
22	7.95	5.72	4.82	4.31	3.99	3.76	3.59	3.45	3.35
23	7.88	5.66	4.76	4.26	3.94	3.71	3.54	3.41	3.30
24	7.82	5.61	4.72	4.22	3.90	3.67	3.50	3.36	3.26
25	7.77	5.57	4.68	4.18	3.85	3.63	3.46	3.32	3.22
30	7.56	5.39	4.51	4.02	3.70	3.47	3.30	3.17	3.07
40	7.31	5.18	4.31	3.83	3.51	3.29	3.12	2.99	2.89
60	7.08	4.98	4.13	3.65	3.34	3.12	2.95	2.82	2.72
120	6.85	4.79	3.95	3.48	3.17	2.96	2.79	2.66	2.56
∞	6.63	4.61	3.78	3.32	3.02	2.80	2.64	2.51	2.41

분모 자유도 \ 분자 자유도	10	12	15	20	24	30	40	60	120	∞
1	6056	6106	6157	6209	6235	6261	6287	6313	6339	6365
2	99.40	99.42	99.43	99.45	99.46	99.47	99.47	99.48	99.49	99.50
3	27.23	27.05	26.87	26.69	26.60	26.50	26.41	26.32	26.22	26.13
4	14.55	14.37	14.20	14.02	13.93	13.84	13.75	13.65	13.56	13.46
5	10.05	9.89	9.72	9.55	9.47	9.38	9.29	9.20	9.11	9.02
6	7.87	7.72	7.56	7.40	7.31	7.23	7.14	7.06	6.97	6.88
7	6.62	6.47	6.31	6.16	6.07	5.99	5.91	5.82	5.74	5.65
8	5.81	5.67	5.52	5.36	5.28	5.20	5.12	5.03	4.95	4.86
9	5.26	5.11	4.96	4.81	4.73	4.65	4.57	4.48	4.40	4.31
10	4.85	4.71	4.56	4.41	4.33	4.25	4.17	4.08	4.00	3.91
11	4.54	4.40	4.25	4.10	4.02	3.94	3.86	3.78	3.69	3.60
12	4.30	4.16	4.01	3.86	3.78	3.70	3.62	3.54	3.45	3.36
13	4.10	3.96	3.82	3.66	3.59	3.51	3.43	3.34	3.25	3.17
14	3.94	3.80	3.66	3.51	3.43	3.35	3.27	3.18	3.09	3.00
15	3.80	3.67	3.52	3.37	3.29	3.21	3.13	3.05	2.96	2.87
16	3.69	3.55	3.41	3.26	3.18	3.10	3.02	2.93	2.84	2.75
17	3.59	3.46	3.31	3.16	3.08	3.00	2.92	2.83	2.75	2.65
18	3.51	3.37	3.23	3.08	3.00	2.92	2.84	2.75	2.66	2.57
19	3.43	3.30	3.15	3.00	2.92	2.84	2.76	2.67	2.58	2.49
20	3.37	3.23	3.09	2.94	2.86	2.78	2.69	2.61	2.52	2.42
21	3.31	3.17	3.03	2.88	2.80	2.72	2.64	2.55	2.46	2.36
22	3.26	3.12	2.98	2.83	2.75	2.67	2.58	2.50	2.40	2.31
23	3.21	3.07	2.93	2.78	2.70	2.62	2.54	2.45	2.35	2.26
24	3.17	3.03	2.89	2.74	2.66	2.58	2.49	2.40	2.31	2.21
25	3.13	2.99	2.85	2.70	2.62	2.54	2.45	2.36	2.27	2.17
30	2.98	2.84	2.70	2.55	2.47	2.39	2.30	2.21	2.11	2.01
40	2.80	2.66	2.52	2.37	2.29	2.20	2.11	2.02	1.92	1.80
60	2.63	2.50	2.35	2.20	2.12	2.03	1.94	1.84	1.73	1.60
120	2.47	2.34	2.19	2.03	1.95	1.86	1.76	1.66	1.53	1.38
∞	2.32	2.18	2.04	1.88	1.79	1.70	1.59	1.47	1.32	1.00

[F분포표($\alpha = 0.05$)]

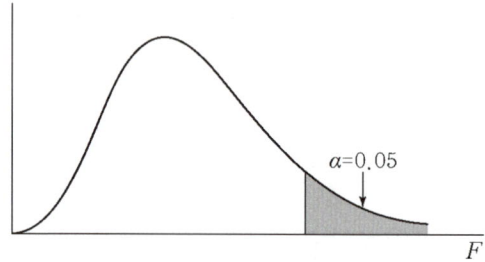

분모 자유도 \ 분자 자유도	1	2	3	4	5	6	7	8	9
1	161.4	199.5	215.7	224.6	230.2	234.0	236.8	238.9	240.5
2	18.51	19.00	19.16	19.25	19.30	19.33	19.35	19.37	19.38
3	10.13	9.55	9.28	9.12	9.01	8.94	8.89	8.85	8.81
4	7.71	6.94	6.59	6.39	6.26	6.16	6.09	6.04	6.00
5	6.61	5.79	5.41	5.19	5.05	4.95	4.88	4.82	4.77
6	5.99	5.14	4.76	4.53	4.39	4.28	4.21	4.15	4.10
7	5.59	4.74	4.35	4.12	3.97	3.87	3.79	3.73	3.68
8	5.32	4.46	4.07	3.84	3.69	3.58	3.50	3.44	3.39
9	5.12	4.26	3.86	3.63	3.48	3.37	3.29	3.23	3.18
10	4.96	4.10	3.71	3.48	3.33	3.22	3.14	3.07	3.02
11	4.84	3.98	3.59	3.36	3.20	3.09	3.01	2.95	2.90
12	4.75	3.89	3.49	3.26	3.11	3.00	2.91	2.85	2.80
13	4.67	3.81	3.41	3.18	3.03	2.92	2.83	2.77	2.71
14	4.60	3.74	3.34	3.11	2.96	2.85	2.76	2.70	2.65
15	4.54	3.68	3.29	3.06	2.90	2.79	2.71	2.64	2.59
16	4.49	3.63	3.24	3.01	2.85	2.74	2.66	2.59	2.54
17	4.45	3.59	3.20	2.96	2.81	2.70	2.61	2.55	2.49
18	4.41	3.55	3.16	2.93	2.77	2.66	2.58	2.51	2.46
19	4.38	3.52	3.13	2.90	2.74	2.63	2.54	2.48	2.42
20	4.35	3.49	3.10	2.87	2.71	2.60	2.51	2.45	2.39
21	4.32	3.47	3.07	2.84	2.68	2.57	2.49	2.42	2.37
22	4.30	3.44	3.05	2.82	2.66	2.55	2.46	2.40	2.34
23	4.28	3.42	3.03	2.80	2.64	2.53	2.44	2.37	2.32
24	4.26	3.40	3.01	2.78	2.62	2.51	2.42	2.36	2.30
25	4.24	3.39	2.99	2.76	2.60	2.49	2.40	2.34	2.28
30	4.17	3.32	2.92	2.69	2.53	2.42	2.33	2.27	2.21
40	4.08	3.23	2.84	2.61	2.45	2.34	2.25	2.18	2.12
60	4.00	3.15	2.76	2.53	2.37	2.25	2.17	2.10	2.04
120	3.92	3.07	2.68	2.45	2.29	2.18	2.09	2.02	1.96
∞	3.84	3.00	2.60	2.37	2.21	2.10	2.01	1.94	1.88

분모 자유도 \ 분자 자유도	10	12	15	20	24	30	40	60	120	∞
1	241.9	243.9	245.9	248.0	249.1	250.1	251.1	252.2	253.3	254.3
2	19.40	19.41	19.43	19.45	19.45	19.46	19.47	19.48	19.49	19.50
3	8.79	8.74	8.70	8.66	8.64	8.62	8.59	8.57	8.55	8.53
4	5.96	5.91	5.86	5.80	5.77	5.75	5.72	5.69	5.66	5.63
5	4.74	4.68	4.62	4.56	4.53	4.50	4.46	4.43	4.40	4.37
6	4.06	4.00	3.94	3.87	3.84	3.81	3.77	3.74	3.70	3.67
7	3.64	3.57	3.51	3.44	3.41	3.38	3.34	3.30	3.27	3.23
8	3.35	3.28	3.22	3.15	3.12	3.08	3.04	3.01	2.97	2.93
9	3.14	3.07	3.01	2.94	2.90	2.86	2.83	2.79	2.75	2.71
10	2.98	2.91	2.85	2.77	2.74	2.70	2.66	2.62	2.58	2.54
11	2.85	2.79	2.72	2.65	2.61	2.57	2.53	2.49	2.45	2.40
12	2.75	2.69	2.62	2.54	2.51	2.47	2.43	2.38	2.34	2.30
13	2.67	2.60	2.53	2.46	2.42	2.38	2.34	2.30	2.25	2.21
14	2.60	2.53	2.46	2.39	2.35	2.31	2.27	2.22	2.18	2.13
15	2.54	2.48	2.40	2.33	2.29	2.25	2.20	2.16	2.11	2.07
16	2.49	2.42	2.35	2.28	2.24	2.19	2.15	2.11	2.06	2.01
17	2.45	2.38	2.31	2.23	2.19	2.15	2.10	2.06	2.01	1.96
18	2.41	2.34	2.27	2.19	2.15	2.11	2.06	2.02	1.97	1.92
19	2.38	2.31	2.23	2.16	2.11	2.07	2.03	1.98	1.93	1.88
20	2.35	2.28	2.20	2.12	2.08	2.04	1.99	1.95	1.90	1.84
21	2.32	2.25	2.18	2.10	2.05	2.01	1.96	1.92	1.87	1.81
22	2.30	2.23	2.15	2.07	2.03	1.98	1.94	1.89	1.84	1.78
23	2.27	2.20	2.13	2.05	2.01	1.96	1.91	1.86	1.81	1.76
24	2.25	2.18	2.11	2.03	1.98	1.94	1.89	1.84	1.79	1.73
25	2.24	2.16	2.09	2.01	1.96	1.92	1.87	1.82	1.77	1.71
30	2.16	2.09	2.01	1.93	1.89	1.84	1.79	1.74	1.68	1.62
40	2.08	2.00	1.92	1.84	1.79	1.74	1.69	1.64	1.58	1.51
60	1.99	1.92	1.84	1.75	1.70	1.65	1.59	1.53	1.47	1.39
120	1.91	1.83	1.75	1.66	1.61	1.55	1.50	1.43	1.35	1.25
∞	1.83	1.75	1.67	1.57	1.52	1.46	1.39	1.32	1.22	1.00

[난수표]

Line \ Column	1	2	3	4	5	6	7	8	9	10
1	10480	15011	01536	02011	81647	31949	69179	14194	62590	36207
2	22368	46573	25596	85393	30995	89198	27982	53402	93965	34095
3	24130	48360	22527	97265	76393	64809	15179	24830	49340	32081
4	42167	93093	06243	61680	07856	16376	39440	53537	71341	57004
5	37570	39975	81837	16656	06121	91782	60468	81305	49684	60672
6	77921	06907	11008	42751	27756	53498	18602	70659	60655	15053
7	99562	72905	56420	69994	98872	31016	71194	18738	44013	48840
8	96301	91977	05463	07972	18876	20922	94595	56869	69014	60045
9	89579	14342	63661	10281	17453	18103	57740	84378	25331	12566
10	85475	36857	53342	53988	53060	59533	38867	62300	08158	17983
11	28918	69578	88231	33276	70997	79936	56865	05859	90106	31595
12	63553	40961	48235	03427	49626	69445	18663	72695	52180	20847
13	09429	93969	52636	92737	88974	33488	36320	17617	30015	08272
14	10365	61129	87529	85689	48237	52267	67689	93394	01511	26358
15	07119	97336	71048	08178	77233	13916	47564	81056	97735	85977
16	51085	12765	51821	51259	77452	16308	60756	92144	49442	53900
17	02368	21382	52404	60268	89368	19885	55322	44819	01188	65255
18	01011	54092	33362	94904	31273	04146	18594	29852	71585	85030
19	52162	53916	46369	58586	23216	14513	83149	98736	23495	64350
20	07056	97628	33787	09998	42698	06691	76988	13602	51851	46104
21	48663	91245	85828	14346	09172	30168	90229	04734	59193	22178
22	54164	58492	22421	74103	47070	25306	76468	26374	58151	06646
23	32639	32363	05597	24200	13363	38005	94342	28728	35806	06912
24	29334	27001	87637	87308	58731	00256	45834	15398	46557	41135
25	02488	33062	28834	07351	19731	92420	60952	61280	50001	67658
26	81525	04839	04839	96423	24878	82651	66566	14778	76797	14780
27	29676	68086	68086	26432	46901	20849	89768	81536	96645	12659
28	00742	39064	39064	66432	84673	40027	32832	61362	98947	96067
29	05366	25669	25669	26422	44407	44048	37937	63904	45766	66134
30	91921	64117	64117	94305	24766	25940	39972	22209	71500	64568
31	00582	87917	87917	77341	42206	35126	74087	99547	81817	42607
32	00725	62797	62797	56170	86324	88072	76222	36086	84637	93161
33	69011	95876	95876	55293	18988	27354	26575	08625	40801	59920
34	25976	29888	29888	88604	67917	48708	18912	82271	65424	69774
35	09763	73577	73577	12908	30883	18317	28290	35797	05998	41688
36	91576	27958	27958	30134	04024	86385	29880	99730	55536	84855
37	17955	90999	90999	49127	20044	59931	06115	20542	18059	02008
38	46503	18845	18845	49618	02304	51038	20655	58727	28168	15475
39	92157	94824	94824	78171	84610	82834	09922	25417	44137	48413
40	14577	35605	35605	81263	39667	47358	56873	56307	61607	49518

[참고자료]

- 마케팅조사 3판, 4판, 이학식, 집현재
- 통계학 3판, 류근관, 법문사
- 이훈영 교수의 마케팅 조사론 4판, 이훈영, 도서출판 청람
- 사회과학 연구방법론(수정판), 이군희, 법문사
- 사회과학 연구조사 방법론 3판, 김구, 비앤엠북스
- 사회조사방법론, 김수택, 이계민, 자유아카데미

해커스자격증
pass.Hackers.com

해커스 **사회조사분석사 2급 필기** 한권합격 이론 + 최신기출 + 핵심노트

최신기출

2025년 제3회(CBT)	2023년 제3회(CBT)
2025년 제2회(CBT)	2023년 제2회(CBT)
2025년 제1회(CBT)	2023년 제1회(CBT)
2024년 제3회(CBT)	2022년 제3회(CBT)
2024년 제2회(CBT)	2022년 제2회
2024년 제1회(CBT)	2022년 제1회

2025년 제3회 (CBT)

※ CBT 문제는 수험생의 기억에 따라 복원된 것이며, 실제 기출문제와 동일하지 않을 수 있습니다.

제1과목: 조사방법과 설계

01 과학적 연구의 특성에 대한 설명과 가장 거리가 먼 것은?

① 다른 사람이 보아도 동일하게 인식해야 한다.
② 감각기관에 의해 지각되어야 할 필요는 없다.
③ 경험적으로 검증가능해야 한다.
④ 실제 현상적인 증거가 존재해야 한다.

[해설]
② 연구대상이 궁극적으로는 감각기관에 의해 지각될 수 있어야 한다.

02 초점집단(Focus Group)조사와 델파이 조사에 관한 설명으로 옳은 것은?

① 초점집단조사에서는 익명집단의 상호작용을 통해 도출된 자료를 분석한다.
② 초점집단조사는 본질적으로 정성조사의 성격이다.
③ 델파이 조사는 비구조화 방식으로 정보의 흐름을 제어한다.
④ 델파이 조사는 대면(face to face)집단의 상호작용을 통해 도출된 자료를 분석한다.

[해설]
② 초점집단조사(FGI)는 토론, 대화, 기술 등에 의해 자료를 수집하는 정성조사의 성격이다.
① 초점집단조사는 자유로운 토론을 통한 방식으로 대면집단의 상호작용을 통해 자료가 도출된다. 익명집단의 상호작용을 통해 자료가 도출되는 것은 델파이 조사이다.
③ 델파이 조사는 수집된 의견을 반복적으로 전달하도록 조사내용이 구조화된 방식이다.
④ 초점집단조사에 대한 설명이다.

03 사회조사연구의 과정을 순서대로 잘 배열한 것은?

① 가설형성 → 자료수집 → 표본선정 → 보고서작성
② 표본선정 → 연구문제 정립 → 가설형성 → 자료수집
③ 연구문제 정립 → 가설형성 → 표본선정 → 자료수집
④ 자료수집 → 연구문제 선정 → 자료처리 → 보고서작성

[해설]
과학적 조사의 절차는 문제 인식과 문제 정립 → (기존 이론·연구 고찰) → 가설 설정 → 조사설계 → 자료수집 → 자료분석 → 보고서 작성이다.

04 질문지의 개별항목을 완성할 때 주의사항으로 옳은 것은?

① 다양한 정보의 획득을 위해 한 질문에 2가지 이상의 요소가 포함되는 것이 바람직하다.
② 질문의 용어는 응답자 모두가 이해할 수 있도록 이해력이 낮은 사람의 수준에 맞춰야 한다.
③ 질문내용에 응답자에 대한 가정을 제시하여 응답편의를 제공하는 것이 바람직하다.
④ 질문지의 용이한 작성을 위해 일정한 방향을 유도하는 문항을 가지는 것이 필요하다.

[해설]
질문은 응답자의 이해가 가능한 난이도의 질문이어야 한다.
① 하나의 질문에 2가지 요소가 포함되는 이중적·복합적 질문은 하지 말아야 한다.
③ 응답자에 대해 임의로 가정하여 질문하지 않는다.
④ 특정한 응답을 유도해서는 안 된다.

| 정답 | 01 ② 02 ② 03 ③ 04 ②

05 다음 중 개방형 질문의 특징이 아닌 것은?

① 자료처리를 위한 코딩이 쉬운 장점을 갖는다.
② 예기치 않은 응답을 발견할 수 있다.
③ 자세하고 풍부한 응답내용을 얻을 수 있다.
④ 탐색조사에서 특히 유용한 질문의 형태이다.

해설
개방형 질문은 자유롭게 응답하게 하는 형식의 질문으로 주로 조사자가 문제에 대한 정보를 충분히 가지고 있지 못한 예비조사 단계에서 활용하기 적합하며 자세하고 풍부한 응답내용 및 응답자의 모든 가능한 의견을 얻어낼 수 있으며 연구자가 기대하지 못했던 응답의 획득이 가능하다.
① 개방형 질문은 응답자료가 표준화되어 있지 않아서 부호로 변환하는 작업이 어렵다.

06 계획 중인 일련의 교통 관련 정책을 실시하게 되면 국가적으로 보아 교통사고로 인한 사회적 비용 지출이 상당히 줄게 될 것이므로, 이 정책이 본격 시행되면 개인이 부담하는 교통사고 치료비도 반드시 크게 줄어들 수 있을 것이라고 주장한다면 그 주장은?

① 올바른 주장이다.
② 환원주의 오류(Reductionism Fallacy)를 범할 가능성이 있다.
③ 생태학적 오류(Ecological Fallacy)를 범할 가능성이 있다.
④ 개인주의적 오류(Individualistic Fallacy)를 범할 가능성이 있다.

해설
분석단위를 집단에 둔 연구결과를 바탕으로 집단 속 개인특성을 추리할 때 오류가 나타날 수 있으며 이는 생태학적 오류에 해당한다.

07 2차 자료에 대한 설명으로 맞는 것은?

① 연구자가 직접 수집한 자료이다.
② 1차 자료에 비해 시간과 비용이 많이 소요된다.
③ 연구의 분석단위나 조작적 정의가 달라도 사용이 용이하다.
④ 기존문헌이나 연구논문 등은 2차 자료에 해당한다.

해설
2차 자료는 다른 조사목적으로 기존에 작성된 자료이다. 기존문헌이나 연구논문 등은 2차 자료에 해당한다.
① 연구자가 직접수집한 자료는 1차 자료이다.
② 조사자가 직접 수집하는 자료인 1차 자료에 비해 시간과 비용을 절약할 수 있다.
③ 연구의 분석단위나 조작적 정의가 다른 경우 사용이 곤란하다.

08 양적 연구와 비교한 질적 연구의 특징이 아닌 것은?

① 비공식적 언어를 사용한다.
② 주관적 동기의 이해와 의미해석을 하는 현상학적·해석학적 입장이다.
③ 비통제적 관찰, 심층적·비구조적 면접을 실시한다.
④ 자료분석에 소요되는 시간이 짧아 소규모 분석에 유리하다.

해설
질적 연구는 소요되는 시간이 긴 점 등 소규모 분석에 적합하다.

09 횡단조사에 관한 설명으로 옳은 것은?

① 정해진 연구대상의 특정 변수 값을 여러 시점에 걸쳐 연구한다.
② 패널로 선정된 동일집단을 반복적으로 조사한다.
③ 여러 연구대상들을 정해진 한 시점에서 조사, 분석하는 방법이다.
④ 한정된 모집단의 변화를 여러 시점에서 조사한다.

해설
횡단연구는 일정 조사 대상에 대해 어느 한 시점에 관련 모든 변수에 대한 자료를 수집하는 것으로 어느 한 시점에서 어떤 현상을 주의 깊게 연구한다.
①, ②, ④ 종단조사에 해당하는 설명이다.

10 다음에 해당하는 연구 행태는?

> 경제공황기에 태어난 사람들의 소비성향의 변화를 연구하기 위해 모집단으로부터 매년 표본을 추출하여 조사하였다.

① 패널연구   ② 횡단적연구
③ 코호트 연구 ④ 서베이 연구

해설
코호트는 조사하는 주제와 관련된 특성을 공유하는 대상의 집단을 의미(예 특정 시기에 출생했거나 같은 시점에 어떤 특정한 사건을 경험한 사람들 등)하며, 코호트 조사는 이러한 특정경험을 같이 하는 사람들이 가지는 특성들에 대해 시간의 경과에 따른 변화를 조사하기 위해 두 번 이상의 다른 시점에 걸쳐 비교 연구하는 방법이다. 일반적으로 한정(고정)된 모집단에서 조사시점마다 다른 표본을 추출하며, 동질성집단 연구라고도 한다.

11 다음 중 탐색적 연구를 하기 위한 방법으로 가장 적합한 것은?

① 횡단연구   ② 유사실험연구
③ 시계열 연구 ④ 사례연구

해설
탐색적 조사의 주요 유형으로는 문헌조사, 전문가의견 조사, 사례 연구, 표적집단면접법(FGI) 등이 있다.
①, ③ 기술적 조사의 유형이다.
② 설명적 조사의 실험조사의 유형이다.

12 기술적 조사의 특성과 거리가 가장 먼 것은?

① 연구의 반복이 어렵다.
② 설명적 조사의 기초자료를 제공한다.
③ 패널조사도 여기에 속한다.
④ 표준화된 문항을 사용하여 측정의 일관성을 유지할 수 있다.

해설
기술적 조사는 현상에 대한 탐구, 명료화가 주목적으로, 빈도, 비율 등 관련 상황의 특성, 변수간의 상관관계 파악 등 단순통계적 자료를 수집한다. 이에 따라 연구의 반복이 가능하며 각 변수들의 반응을 예측하는 등 미래 상황에 대한 '개략적' 예측 및 설명적 조사의 기초자료를 제공한다. 기술조사에서 자주 이용되는 것이 주로 표준화된 설문지를 이용하는 서베이(Survey) 조사이다. 기술적 조사는 종단적 조사와 횡단적 조사로 나뉘며 패널조사는 종단적 조사에 해당한다.

| 정답 | 09 ③ 10 ③ 11 ④ 12 ①

13 종단연구에 관한 설명으로 틀린 것은?

① 동태적 변화발전 과정의 연구에 적합하다.
② 조사내용의 시간에 따른 변화를 분석한다.
③ 추세분석은 종단연구에 속한다.
④ 일정 조사 대상에 대해 단 한 차례만 조사를 실시하는 방법이다.

해설
④는 횡단적 조사에 대한 설명이다.

14 패널조사에 관한 설명으로 틀린 것은?

① 특정 조사대상자들을 선정해 놓고 반복적으로 실시하는 조사방법을 의미한다.
② 종단적 조사의 성격을 지닌다.
③ 반복적인 조사과정에서 성숙효과, 시험효과가 나타날 수 있다.
④ 패널 운영시 자연 탈락된 패널 구성원은 조사결과에 크게 영향을 미치지 않는다.

해설
패널조사에서는 참여를 거부하거나 못하게 된 응답자를 대체할 수 있는 동일표본을 사전에 준비해야 한다. 조사기간 중 패널구성원의 탈락은 조사결과에 큰 영향을 미칠 수 있기 때문이다.

15 다음 중 질문지 작성의 원칙이 아닌 것은?

① 명확성
② 부연설명
③ 가치중립성
④ 규범적 응답의 억제

해설
질문지 작성의 원칙
㉠ 질문은 읽기 쉽고 간결해야 한다.
㉡ 질문은 명료하고 구체적이며 의미가 명확하게 전달되어야 한다.
㉢ 응답자의 이해가 가능한 난이도의 질문이어야 하며 모든 응답자에게 적용될 수 있어야 한다.
㉣ 이중적 질문(복합적 질문)을 하지 말아야 한다.
㉤ 중립적이어야 한다.
㉥ 규범적 응답은 억제해야 한다.
㉦ 지나치게 자세한 응답 요구는 피해야 한다.
㉧ 응답자에 대해 임의로 가정하여 질문하지 않는다.
㉨ 적절한 언어를 사용해야 한다.
㉩ 특정한 응답을 유도해서는 안 된다.
㉪ 질문은 완전한 문장으로 해야 한다.
㉫ 기타: 개별 질문 내용 결정 시 하나의 질문으로 충분한지, 그 질문이 반드시 필요한지, 응답할 수 있는 질문인지 등을 점검해야 한다.

16 설문지 작성 과정 중 사전검사(Pretest)를 실시하는 이유와 가장 거리가 먼 것은?

① 연구하려는 문제의 핵심적인 요소가 무엇인지 확인한다.
② 응답이 한 쪽으로 치우치지 않는지 확인한다.
③ 질문순서가 바뀌었을 때 응답에 실질적 변화가 일어나는지 확인한다.
④ 무응답, 기타응답이 많은 경우를 확인한다.

해설
• 사전조사는 설문지 초안 완성 후 본조사를 실행하기 전에 일부 대상에게 실시하는 조사이다.
• 주요 검토 사항
 ㉠ 응답에 일관성이 있는지
 ㉡ 지나치게 한 쪽으로 치우쳐진 응답이 나오는 문항이 있는지
 ㉢ '모른다, 보통이다' 등의 회피형 응답이 많은지
 ㉣ 어떤 문항에 무응답이 많은지
 ㉤ 어떤 순서가 정확한 응답을 얻을 수 있는지
 ㉥ 질문의 순서가 바뀌었을 경우 응답에 실질적 변화가 일어나는지
 ㉦ 질문의 의도가 정확하게 전달되었는지, 유도하는 질문은 아닌지 등
 ㉧ 소요시간, 문항의 난이도, 필요한 문항이나 고려사항의 미비 여부 등

| 정답 | 13 ④ 14 ④ 15 ② 16 ① |

17 다음 중 특정 연구에 대한 사전지식이 부족할 때 예비조사(Pilot Test)에서 사용하기 가장 적합한 질문유형은?

① 개방형 질문
② 폐쇄형 질문
③ 가치중립적 질문
④ 유도성 질문

해설
개방형 질문은 자유롭게 응답하게 하는 형식의 질문으로 자유응답형이라고도 한다. 주로 조사자가 문제에 대한 정보를 충분히 가지고 있지 못한 예비조사 단계에서 활용하기 적합하다.

18 다음 중 사례조사에 관한 설명으로 가장 적합한 것은?

① 본조사를 실행하기 앞서 먼저 시행한다.
② 조사의 범위를 한 지역 또는 한 번의 현상에 국한시켜 연구하고자 하는 현상의 대표성을 유지시킨 채 결과를 도출하는 방법이다.
③ 일정지역 또는 작은 샘플을 추출하여 대표성을 유지시킨 채 사전에 진행하는 것이다.
④ 조사의 타당도, 신뢰도를 측정해보는 방법이다.

해설
사례조사는 조사연구문제와 유사한 상황이나 사례들을 찾아내어 깊이 있게 분석하는 방법이다. 소수의 특정한 사례를 조사하여 문제에 대해 종합적 파악과 심층적 분석을 실행한다.

19 다음 사례에서 영향을 미칠 수 있는 대표적인 타당도 저해 요인은 무엇인가?

> 초등학교 4학년 학생들을 대상으로 체조프로그램을 진행한 후에 학생들의 키가 부쩍 자랐다. 이 결과를 통해 체조 프로그램이 어린이들의 키 성장에 크게 효과가 있었다고 추론하였다.

① 외부사건(History)
② 검사효과(Testing Effect)
③ 성숙효과(Maturation Effect)
④ 도구효과(Instrumentation Effect)

해설
성숙효과는 사전검사와 사후검사 사이의 시간 경과에 따라 조사대상의 특성이 변화하는 것이다. 어린이들의 키는 시간이 경과함에 따라 자연성장하므로 외생변수로 작용하여 인과관계 분석의 위협요인으로 작용한다.
① 첫 번째 측정과 두 번째 측정 사이에 특정 사건이 발생해서 종속변수가 영향을 받는 것이다.
② 사전검사가 사후검사에 영향을 미쳐 종속변수의 변화를 나타나게 하는 것이다.
④ 측정도구의 문제로 인해 측정결과가 왜곡되거나 측정도구나 관리절차에 따라 측정이 달라지는 것이다.

20 실험연구 설계의 원리에 해당하지 않는 것은?

① 측정과정에서 발생하는 오차를 최소화해야 한다.
② 실험설계는 조사 질문에 대한 해답을 구할 수 있도록 설계되어야 한다.
③ 실험설계의 중요한 목적 중 하나인 분석 결과의 타당성 확보를 위해서 통제과정이 중요하다.
④ 변수 간 인과관계를 도출한 실험 결과가 일반화되기 위해서 실험대상들이 무작위 또는 작위적으로 추출되어야 한다.

해설
결과의 일반화를 위해서는 대상들이 무작위로 추출되어야 한다.

| 정답 | 17 ① 18 ② 19 ③ 20 ④ |

21 표본추출오차와 비표본추출오차에 관한 설명으로 틀린 것은?

① 표본추출오차의 크기는 표본크기의 제곱근에 반비례한다.
② 비표본추출오차는 표본조사와 전수조사에서 모두 발생할 수 있다.
③ 표본추출오차의 크기는 표본의 크기가 증가함에 따라 감소한다.
④ 전수조사의 경우 비표본추출오차는 없으나 표본추출오차는 상당히 클 수 있다.

해설
표본추출오차(표본오차)는 표본추출과정에서 대표성이 없는 표본을 잘못 추출함으로써 발생하는 등 추출된 표본이 모집단을 대표하지 못하는 오차로 표본오차의 크기는 표본크기의 제곱근에 반비례하며 표본의 크기가 증가함에 따라 감소한다. 비표본추출오차는 표본추출과정 이외에서 발생되는 오차이다. 표본추출과정과는 관계없지만 조사연구의 다른 모든 과정에서 확산되어 발생하며 전수조사와 표본조사 모두에서 발생할 수 있다.
④ 전수조사의 경우 표본추출과정이 없어서 표본추출오차는 없으나 조사 규모가 커지고 실제적 조사과정이 복잡해지면서 비표본추출오차는 상당히 클 수 있다.

22 면접원을 활용하는 조사 중 상이한 특성의 면접원에 의해 발생하는 편향(bias)이 가장 클 것으로 추정되는 조사는?

① 전화인터뷰 조사
② 심층인터뷰 조사
③ 구조화된 질문지를 사용하는 인터뷰 조사
④ 집단면접조사

해설
면접원의 상이한 특성으로 인한 면접원의 편향은 전문 면접원이 1명 또는 소수의 피면접자를 대상으로 주제와 관련된 질문 방향을 가지고 탐사방식에 의해 깊게 질문을 해나가는 심층인터뷰의 경우에 가장 클 것이다. 심층인터뷰의 한계점 중 하나가 면접자의 개인별 차이에서 오는 영향이나 오류를 통제하기 어렵다는 것이다.

23 폐쇄형 질문과 비교한 개방형 질문에 대한 설명으로 틀린 것은?

① 자료처리에 많은 시간과 노력이 든다.
② 개인 사생활과 관련되거나 민감한 질문일수록 적합하다.
③ 연구자가 알지 못했던 정보나 문제점을 발견하는 데 유용하다.
④ 응답자에게 자기표현의 기회를 줌으로써 응답자의 의견을 존중하는 느낌을 준다.

해설
개방형 질문은 사생활 관련 등 민감한 질문에 부적합할 수 있다. 이러한 질문에는 폐쇄형 질문이 보다 적합하다.

24 전수조사 대신 표본조사를 하는 이유와 가장 거리가 먼 것은?

① 경비를 절감하기 위해
② 전수조사에 비해 조사과정을 보다 잘 통제할 수 있어서
③ 표본오차를 줄이기 위해
④ 광범위한 주제에 걸쳐서 연구하기 위해

해설
전수조사에 대비한 표본조사의 장점은 시간과 비용의 절약, 비표본오차의 감소, 전수조사 대비 조사과정을 보다 잘 통제할 수 있고 상대적으로 더 많은 조사항목 포함 가능 및 다양한 정보 취득이 가능하여 경우에 따라 전수조사보다 더 정확한 자료 취득이 가능한 점 등이다.
③ 표본조사를 하게 되면 무조건적으로 표본오차가 발생하게 된다.

25 다음 사례에 해당하는 표본프레임 오류는?

> A보험사에 가입한 고객을 대상으로 만족도 조사를 실시하였다. 조사대상 표본은 A보험사에 최근 1년 동안 가입한 고객 명단으로부터 추출하였다.

① 모집단과 표본프레임이 동일한 경우
② 모집단이 표본프레임에 포함되는 경우
③ 표본프레임이 모집단 내에 포함되는 경우
④ 모집단과 표본프레임이 전혀 일치하지 않는 경우

해설
모집단은 보험사에 가입한 전체 고객인데 표본프레임은 최근 1년 동안 가입한 고객 명단이다. 모집단 내에 표본프레임이 포함되는 경우의 표본프레임 오류가 된다.

26 단순무작위표집에 대한 설명으로 틀린 것은?

① 표본이 모집단으로부터 추출된다.
② 모든 요소가 동등한 확률을 가지고 추출된다.
③ 구성요소가 바로 표집단위가 되는 것은 아니다.
④ 표집 시 보편적인 방법은 난수표를 사용하는 것이다.

해설
단순무작위표본추출은 무작위의 개념 그대로의 방법에 의해 표본추출하는 방법으로 각 구성요소에 고유번호를 부여하여 결정된 표본 크기에 해당하는 수만큼 표본을 추출한다. 구성요소가 표집단위가 되며 난수표, 추첨법 등을 사용하여 모든 요소가 동등한 확률을 가지고 추출된다.

27 계통표집에 관한 설명으로 가장 거리가 먼 것은?

① 각 층위별 정보를 얻을 수 있다.
② 단순무작위표집의 대용으로 사용될 수 있다.
③ 표집틀에 주기성이 없는 경우 모집단을 잘 반영할 수 있다.
④ 최초의 표본집단을 무작위로 선정한 다음에 k번째마다 표본을 추출하는 것을 의미한다.

해설
체계적(계통적) 표본추출은 모집단을 일정한 질서에 따라 번호부여 후 등간격으로 나누고 첫 구간에서 하나의 번호를 무작위로 추출 후 다음 n번째 떨어져 있는 번호들을 추출하는 방법이다. 단순무작위표집의 대용으로 사용될 수 있다. 한계점 중의 하나는 모집단의 일정한 주기성이나 특정 경향이 있는 경우 대표성 문제가 발생가능하다는 점이다.
① 층화표본추출에 관한 내용이다.

28 다음 ( )에 알맞은 것은?

> 군집표집(Cluster Sampling)에서 표집된 군집들은 가능한 군집간에는 (㉠)이고 군집 속에 포함한 표본요소 간에는 (㉡)이어야 한다.

	㉠	㉡
①	동질적	동질적
②	동질적	이질적
③	이질적	동질적
④	이질적	이질적

해설
군집표집은 모집단이 유사한 소그룹들로 구성되어 있는 경우 무작위로 한 그룹 또는 몇 개의 그룹을 표본으로 추출하여 추출한 그룹 전체를 조사하거나 추출한 그룹 내에서 확률표본추출하여 조사하는 방법으로 집단 내는 이질적, 집단 간은 동질적인 특징을 가진다.

29 표집오차(Sampling Error)에 대한 설명으로 틀린 것은?

① 표본의 크기가 클수록 표집오차는 작아진다.
② 표본의 분산이 작을수록 표집오차는 작아진다.
③ 표집오차란 통계량들이 모수 주위에 분산되어 있는 정도를 의미한다.
④ 표본의 크기가 같을 때 단순무작위표집보다 집락표집에서 표집오차가 작다.

해설
표집오차(표본오차)는 표본추출과정에서 대표성이 없는 표본을 잘못 추출함으로써 발생하는 등 추출된 표본이 모집단을 대표하지 못하는 오차로, 통계적으로는 통계량 값이 모수치 주위에 분산되어 있는 정도를 의미한다. 분산과 신뢰수준이 클수록 표본오차는 증가하며 표본 수가 클수록 표본오차는 감소한다.
④ 표본의 크기 동일가정 시 표본오차의 크기는 층화표본이 가장 작고 그 다음이 단순무작위표본이며 군집표본이 가장 크다.

30 분석단위와 연구내용이 잘못 짝지어진 것은?

① 도시 – 흑인이 많은 도시에서 범죄율이 높은 것으로 나타났다.
② 도시 – 인구가 10만 명 이상인 도시 중 89%는 적어도 종합병원이 2개 이상이었다.
③ 개인 – 전체 농부 중에서 32%가 여성임에도 불구하고 여성은 전통적으로 농부라기보다 농부의 아내로 인식되었다.
④ 개인 – 1970년부터 현재까지 고용주가 게재한 구인광고의 내용과 강조점이 어떻게 변화하였는지 파악하였다.

해설
④ 분석단위가 구인광고이므로 분석단위의 분류에서 개인은 적합하지 않다. 구인광고는 관점에 따라 사회적 생성물 또는 프로그램의 성격을 가질 수 있다.

제2과목: 조사관리와 자료처리

31 내용분석에 관한 설명과 가장 거리가 먼 것은?

① 분석대상에 영향을 미치지 않는다.
② 필요한 경우 재분석이 가능하다.
③ 양적 내용을 질적 자료로 전환한다.
④ 다양한 기록자료 유형을 분석할 수 있다.

해설
내용분석은 기록물에 포함된 메시지 등 기존의 질적 자료를 수집하여 객관적, 체계적, 수량적으로 기술하여 양적 정보로 변환하는 방법으로 여러 가지 문서화된 매체들을 중심으로 필요한 자료를 수집하는 방법이다. 양적 분석이 주를 이루지만 질적 분석 방법도 사용한다.

32 조사자가 필요로 하는 자료를 1차 자료와 2차 자료로 구분할 때 1차 자료에 대한 설명으로 옳지 않은 것은?

① 조사목적에 적합한 정보를 필요한 시기에 제공한다.
② 자료수집에 인력과 시간, 비용이 많이 소요된다.
③ 현재 수행 중인 의사결정 문제를 해결하기 위해 직접 수집한 자료이다.
④ 1차 자료를 얻은 후 조사목적과 일치하는 2차 자료의 존재 및 사용가능성을 확인하는 것이 경제적이다.

해설
1차 자료는 조사 목적에 적합한 자료를 얻기 위해서 조사자가 직접 수집한 자료로, 조사목적에 적합한 정보를 필요한 시기에 제공할 수 있다. 하지만 자료수집에 시간과 비용이 많이 들고 조사방법에 관한 많은 지식과 기술, 경험이 필요하다. 따라서 일단 2차 자료를 탐색해보고, 충분한 자료가 없을 때 1차 자료를 수집하는 방식이 경제적일 수 있다. 충분한 1차 자료를 수집했다면 굳이 추가적으로 2차 자료를 수집하지 않아도 된다.

| 정답 | 29 ④ | 30 ④ | 31 ③ | 32 ④ |

33 다음 중 질문지법의 단점이 아닌 것은?
① 조사결과의 비교가능성을 높이기 어렵다.
② 조사대상자의 삶에 대한 전체적인 맥락을 다루기 어렵다.
③ 최소한으로 적합한 질문들을 만듦으로써 가장 적절한 선택지를 빠뜨릴 수 있다.
④ 정확한 대상이 응답했는지 확인이 어려울 수 있다.

해설
질문지법은 표준화된 질문지를 사용함으로써 조사결과의 비교가능성을 높일 수 있고 질문항목의 기술이 명확한 경우 반복측정 시 높은 신뢰성을 얻을 수 있다(측정의 신뢰성). 다만 정확한 대상이 응답했는지 확인이 어렵고, 이 경우 본질적으로 '응답에 대한 신뢰성' 문제가 있을 수 있다.

34 자기기입식 조사방법이 아닌 것은?
① 전화조사 ② 집단조사
③ 우편조사 ④ 온라인 조사

해설
전화조사는 선정된 응답자에게 전화를 걸어 질문사항들을 읽어준 후 응답을 조사원이 기록하는 면접자 기입식 조사이다.

35 전화조사의 장점과 가장 거리가 먼 것은?
① 신속한 조사가 가능하다.
② 표본의 대표성을 확보하기 쉽다.
③ 면접자에 대한 감독이 용이하다.
④ 광범위한 지역에 대한 조사가 용이하다.

해설
전화조사는 선정된 응답자에게 전화를 걸어 질문사항들을 읽어준 후 응답을 조사원이 기록하는 조사로 신속하게 저렴한 비용으로 조사 실시가 가능하며 면접자 영향 통제가 가능하고 광범위한 지역에 대한 조사가 가능하지만 응답자의 적정 표본 여부를 확인이 어려우므로 표본의 대표성에 문제발생 개연성이 존재한다.

36 우편조사의 응답률에 영향을 미치는 요인과 가장 거리가 먼 것은?
① 응답집단의 동질성
② 응답자의 지역적 범위
③ 질문지의 양식 및 우송방법
④ 연구주관기관 및 지원 단체의 성격

해설
우편조사의 응답률에 영향을 미치는 요인들은 조사주관 기관 및 지원단체의 성격, 질문의 형식, 질문지의 질과 형태, Cover Letter(표지문), 반송봉투 유무(우송방법), 독촉, 유인 수단 여부, 응답집단의 동질성 여부 등이다.
② 우편조사는 표본추출된 조사대상자에게 질문지를 우편 발송, 응답자가 스스로 응답한 후 다시 조사자에게 우편 발송해주도록 하는 방법으로 광범위한 지역과 대상이 가능한 조사방법이므로 응답자의 지역적 범위가 응답률에 영향을 미친다고 할 수 없다.

37 이상값(Outlier)에 관한 내용으로 틀린 것은?
① 이상값은 관측된 데이터의 범위에서 많이 벗어난 아주 작은 값이나 아주 큰 값이다.
② 이상값은 자료의 중심과의 상대적 거리로 판단한다.
③ 자료분석을 위해서는 이상값은 반드시 제거해야 한다.
④ 이상값의 처리기법으로는 삭제, 대체, 변환이 있다.

해설
이상값은 통계적 추정에 영향을 미치지만, 그렇다고 무조건 반드시 제거해야 하는 것은 아니다.

38 다음 중 면접원의 자율성이 가장 적은 면접 유형은?
① 초점집단면접 ② 심층면접
③ 구조화면접 ④ 반표준화면접

해설
구조화면접은 표준화면접으로 표준화되어 정해진 면접조사표에 의하여 모든 응답자에게 동일한 질문순서 및 동일한 질문내용으로 면접을 진행하는 방식이다. 면접자가 임의로 질문항목, 배열 등을 변경할 수 없으며 면접자의 가치나 생각의 전달이 제한된다.

| 정답 | 33 ③ 34 ① 35 ② 36 ② 37 ③ 38 ③

39 어떤 대상이나 사람에 대한 일반적인 견해가 그 대상이나 사람의 구체적 특성을 평가하는 데 영향을 미치는 현상이 발생하는 이유는 어떤 효과에 기인한 것인가?

① 후광효과(Halo Effect)
② 동조효과(Conformity Effect)
③ 위신향상효과(Self – lifting Effect)
④ 체면치례효과(Ego – threat Effect)

해설
① 후광효과는 일반적으로 어떠한 특성이나 속성이 너무 강렬해서 전체에 영향을 미쳐서 응답하는 것으로 다른 특성을 평가할 때 영향을 미친다.
② 다른 사람들도 모두 그럴 것이다. 그래서 자신도 그래야 한다고 생각하는 것이다.
③ 자신의 사회적 지위나 위신을 한층 더 높이려고 사실과 다르게 응답하는 것이다.
④ 유행이나 시대에 뒤떨어진다는 소리를 듣지 않기 위해 다르게 답변을 하는 현상이다.

40 자료수집방법 중 관찰에 관한 설명으로 틀린 것은?

① 복잡한 사회적 맥락이나 상호작용을 연구하는 데 적절한 방법이다.
② 피조사자가 느끼지 못하는 행위까지 조사할 수 있다.
③ 양적 연구와 질적 연구에 모두 활용될 수 있다.
④ 의사소통능력이 없는 대상자에게는 활용될 수 없다.

해설
관찰법은 복잡한 사회작용을 연구하는데 적절한 방법으로 양적 연구와 질적 연구에 모두 활용될 수 있으며 무의식적이거나 인식하기 어려운 문제도 관찰이 가능하다.
④ 관찰법은 비언어적 자료 수집이 가능하므로 의사소통 능력이 없거나 부족하여 구체적 언어 표현이 힘든 유아나 동물연구에 유용하게 활용될 수 있다.

41 다음 중 표준화 면접의 사용이 가장 적합한 경우는?

① 새로운 사실을 발견하고자 할 때
② 정확하고 체계적인 자료를 얻고자 할 때
③ 피면접자로 하여금 자유연상을 하게 할 때
④ 보다 융통성 있는 면접 분위기를 유도하고자 할 때

해설
표준화면접은 구조화면접, 통제면접이라고도 하며 표준화되어 정해진 면접조사표에 의하여 모든 응답자에게 동일한 질문순서 및 동일한 질문내용으로 면접을 진행하는 방식이다. 정확하고 체계적 자료를 얻고자 할 때 적합하다.
①, ③, ④ 비표준화면접에 해당하는 내용이다.

42 응답자의 대답이 불충분하거나 모호할 때 추가 질문을 통해 정확한 대답을 이끌어 내는 면접조사상의 기술은?

① 심층면접(In-depth Interview)
② 라포(Rapport)
③ 투사법(Projective Method)
④ 프로빙(Probing)

해설
프로빙은 캐묻기, 심층규명이라고 하며 응답자로부터 충분한 답을 얻지 못했을 경우, 모호한 응답의 경우 조사자가 이용하는 기술이다. 무언의 캐묻기, 적극적 권장, 자세한 응답 요구, 명료화의 방법, 반복의 방법 등이 있다.

43 다음 설명에 해당하는 자료수집방법은?

> 응답자가 직접 말할 수 없거나 말하고 싶지 않은 대상이나 행동을 보다 잘 이해하기 위해, 직접적인 질문을 하는 대신 가상의 상황으로 응답자를 자극하여 진실한 응답을 이끌어 내는 방법이다.

① 투사법
② 면접법
③ 내용분석법
④ 관찰법

해설
투사법은 조사의 목적이나 주제를 응답자가 모르도록 하면서 간접적으로 조사하는 방법으로 무의식 속에 내재되어 있는 동기, 가치, 태도 등을 측정하기 위해서 모호한 자극을 응답자에게 제시하여 반응을 조사하는 방법이다. 직접 질문하기 어렵거나 또는 직접 질문을 하여도 타당성 있는 응답을 얻을 가능성이 낮을 때 혹은 전혀 없을 때 사용한다.

44 변수 사이의 관계에 대한 설명으로 맞는 것은?

① X와 Y 사이에 매개변수가 있을 경우 X와 Y 사이에는 인과관계가 존재하지 않는다.
② X와 Y가 실제로는 정(Positive)의 관계를 가지면서도, 상관계수는 부(Negative)의 관계로 나타날 수 있다.
③ X와 Y의 상관계수(피어슨의 상관계수)가 0이면, 두 변수 간에는 아무런 관계가 존재하지 않는다고 결론 짓는다.
④ X가 Y보다 논리적으로 선행하고 두 변수가 높은 상관을 보이면 두 변수 X와 Y가 인과관계가 있다고 결론 짓는다.

해설
실제로는 두 변수가 정의 관계를 가지고 있지만 다른 변수의 개입 등으로 상관계수는 부의 관계로 나타날 수 있다.
① 매개변수가 있다고 해서 인과관계가 존재하지 않는 것은 아니다.
③ 상관계수는 선형적 관계에 관한 것이다. 두 변수의 상관계수가 0이어도 두 변수 간에는 곡선관계 등 다른 관계가 존재할 수 있다.
④ 인과관계를 위한 3요건은 공동변화(연관성), 시간적 선후성, 허위관계의 배제(외생변수 통제)이다.

45 다음 ( )에 알맞은 변수를 순서대로 나열한 것은?

> ( )는 독립변수의 결과인 동시에 종속변수의 원인이 되는 변수로 두 변수의 관계를 중간에서 설명해 주는 것이고, ( )는 독립변수가 종속변수에 미치는 영향을 강화시키거나 약화시키는 변수를 의미한다.

① 조절변수 - 억제변수
② 매개변수 - 구성변수
③ 매개변수 - 조절변수
④ 조절변수 - 매개변수

해설
독립변수의 결과인 동시에 종속변수의 원인이 되는 변수는 매개변수이며, 독립변수가 종속변수에 미치는 관계 "강도"에 영향을 주는 변수로 독립변수의 영향을 강화 또는 약화시키는 변수는 조절변수이다.

46 교육수준은 소득수준에 영향을 미치지 않지만, 연령을 통제하면 두 변수 사이의 상관관계가 매우 유의미하게 나타난다. 이때 연령과 같은 검정요인을 무엇이라 부르는가?

① 억제변수
② 왜곡변수
③ 구성변수
④ 외재적변수

해설
교육수준과 소득수준 간의 관계에 있어서 연령을 통제하기 전에는 두 변수 간의 관계가 유의미하지 않다가 연령을 통제하니 유의미하게 나타났으므로, 연령변수는 두 변수 간에 사실적 관계가 있는데 마치 없는 것처럼 억누르는 변수인 억제변수가 된다.

정답 | 43 ① 44 ② 45 ③ 46 ①

47 측정에 대한 설명과 가장 거리가 먼 것은?

① 변수에 대한 조작적 정의에 입각해 이루어진다.
② 하나의 변수에 대한 관찰값은 동시에 두 가지 속성을 지닐 수 없다.
③ 이론과 현실을 연결시켜주는 매개체이다.
④ 경험적으로 관찰 가능한 것을 추상적 개념으로 바꾸어 놓는 과정이다.

해설
측정은 관찰된 현상의 경험적인 속성(변수)에 대해 일정한 규칙에 따라 수치를 부여하는 것으로, 추상적 개념·변수들을 관찰 가능한 자료로 연결시키는 것이다. 이론에서 도출된 가설들을 경험적으로 검증하기 위해서 그 안의 개념들을 적절한 방법을 통해 경험적으로 변화시키는 작업이며, 추상적·이론적 세계를 경험적 세계와 연결시키는 수단이다. 변수에 대한 조작적 정의에 입각하여 이루어진다. 또한 하나의 변수에 대한 관찰값은 동시에 두 가지의 속성을 가질 수 없다.

48 개념적 정의와 예로 적합하지 않은 것은?

① 신앙심 – 한 달 동안 예배에 참여한 횟수
② 무게 – 물체의 중량
③ 불안 – 주관화된 공포
④ 지능 – 추상적 사고능력 또는 문제해결 능력

해설
개념적 정의는 현상이나 대상의 속성을 이론적이고 추상적으로 정의하는 것으로 하나의 개념을 명확하고 정확하게 정의하기 위해 다른 개념을 사용하여 정의하는 것이다.
① 추상적인 개념을 관찰 가능한 구체적인 지표로 표현하는 조작적 정의에 해당한다.

49 질적 변수와 양적 변수에 관한 설명으로 틀린 것은?

① 성별, 종교, 직업, 학력 등을 나타내는 변수는 질적 변수이다.
② 질적 변수에서 양적 변수로의 변환은 거의 불가능하다.
③ 계량적 변수 혹은 메트릭(Metric) 변수라고 불리는 것은 양적변수이다.
④ 양적 변수는 몸무게나 키와 같은 이산변수(Discrete Variable)와 자동차의 판매대수같은 연속변수(Continuous Variable)로 나누어진다.

해설
양적 변수는 자동차의 판매대수같은 이산변수(Discrete Variable)와 몸무게나 키와 같은 연속변수(Continuous Variable)로 나누어진다.

50 다음 중 비율척도가 아닌 것은?

① 온도
② 투표율
③ 소득금액
④ 몸무게

해설
온도는 등간척도에 해당하며 절대영점이 존재하지 않는다.

| 정답 | 47 ④ | 48 ① | 49 ④ | 50 ① |

51 다음에서 설명하고 있는 측정의 종류는?

> 어떤 사물이나 사건의 속성을 측정하기 위해 관련된 다른 사물이나 사건의 속성을 측정하는 것이다. 대표적인 예로 밀도(Density)는 어떤 사물의 부피와 질량의 비율로 정의하며, 이 경우 밀도는 부피와 질량 사이의 비율을 통해 간접적으로 측정하게 된다.

① 임의측정(Measurement by Fiat)
② 추론측정(Derived Measurement)
③ 본질측정(Fundamental Measurement)
④ A급 측정(Measurement of A Magnitude)

해설
측정의 종류는 본질측정, 추론측정, 임의측정으로 나눌 수 있다. 어떤 사물이나 사건의 속성을 측정하기 위해 관련된 다른 사물이나 사건의 속성을 측정하는 것은 추론측정이다. B급 측정이라고도 한다.

52 측정의 수준이 바르게 짝지어진 것은?

> ㉠ 교육수준 - 중졸 이하, 고졸, 대졸 이상
> ㉡ 교육연수 - 정규교육을 받은 기간(년)
> ㉢ 출신 고등학교 지역

	㉠	㉡	㉢
①	명목측정	서열측정	등간측정
②	등간측정	서열측정	비율측정
③	서열측정	등간측정	명목측정
④	서열측정	비율측정	명목측정

해설
㉠ 교육수준이라는 상호배타적 범주에 서열성이 가미된 서열측정이다.
㉡ 교육연수는 절대영점이 존재하는 비율측정이다.
㉢ 지역이라는 상호배타적 범주에 수치를 부여한 명목측정이다.

53 척도와 지수에 관한 설명으로 옳지 않은 것은?

① 지수는 개별적인 속성들에 할당된 점수들을 합산하여 구한다.
② 척도는 속성들 간에 존재하고 있는 강도(Intensity)구조를 이용한다.
③ 지수는 척도보다 더 많은 정보를 제공해준다.
④ 척도와 지수 모두 변수에 대한 서열측정이다.

해설
지수는 개별적 속성들에 배정되어 있는 점수들을 단순히 누적(합산)하여 구축되는 반면에 척도는 속성들의 패턴에 점수들을 배정(즉 속성들 간에 존재하는 어떤 강도 구조를 이용)함으로써 구축된다. 따라서 척도가 지수보다 더 많은 정보를 제공해 줄 수 있다.

54 다음은 어떤 척도의 특징인가?

> • 대체적으로 11점 척도로 구성되어 있다.
> • 개발하기 위하여 시간과 노력이 많이 든다.
> • 최종적으로 구성된 척도는 동일한 간격을 지닐 수 있다.

① 리커트 척도(Likert Scale)
② 서스톤 척도(Thurstone Scale)
③ 보가더스 척도(Bogardus Scale)
④ 오스굿 척도(Osgood Scale)

해설
서스톤 척도는 어떤 사실에 대하여 가장 우호적인 태도와 가장 비우호적인 태도를 나타내는 양 극단을 등간격으로 구분하여 일련의 문항들을 나열하여 여기에 수치를 부여하는 척도이다. 대체적으로 11점 척도로 구성되어 있으며 질문 문항들을 정리하여 가능한 한 간격을 같도록 함으로써 일반적 서열척도보다 한 수준 높은 등간척도 수준을 유지하려 한다. 평가 작업에 과다한 비용과 시간이 소요되는 것이 단점 중의 하나이다.

55
척도구성방법 중 인종, 사회계급과 같은 여러 가지 형태의 사회집단에 대한 사회적 거리를 측정하기 위한 척도는?

① 서스톤 척도(Thurstone Scale)
② 보가더스 척도(Bogardus Scale)
③ 거트만 척도(Guttman Scale)
④ 리커트 척도(Likert Scale)

해설
보가더스 척도는 사회적 거리감의 정도(집단간의 친밀정도)를 측정하기 위해 서열적 측정방법의 연속적 문항들을 사용하는 척도로 단일차원의 서로 이질적인 문항들로 구성된다. 개인 간 또는 어떤 집단 간의 관계를 규명할 수 있다.

56
조작적 정의에 관한 설명과 가장 거리가 먼 것은?

① 추상적 개념을 구체적 경험세계와 연결시킨다.
② 적절한 조작적 정의는 정확한 측정의 전제조건이다.
③ 개념적 정의와는 최대한 일치하지 않게 정의되어야 한다.
④ 측정의 타당성과 관련이 있다.

해설
조작적 정의는 추상적 개념을 측정이 가능하도록 계량적인 형태로 나타내는 것이다. 정확한 측정의 전제조건으로 측정의 타당성과 관련이 있다. 조작적 정의는 개념적 정의에 최대한 일치되도록 정의되어야 하나 반드시 일치해야 하는 것은 아니다.

57
측정을 위해 개발한 도구가 측정하고자 하는 대상의 정확한 속성값을 얼마나 포괄적으로 포함하고 있는가를 나타내는 타당도는?

① 내용타당성(Content Validity)
② 기준관련 타당성(Criterion – related Validity)
③ 집중타당성(Convergent Validity)
④ 예측타당성(Predictive Validity)

해설
내용타당도는 측정도구(척도)가 측정대상의 정확한 속성값을 얼마나 포괄적으로 잘 포함하고 있는 가에 관한 것으로 측정도구가 측정하려는 속성이나 개념을 제대로 대표하고 있는지를 나타낸다. 척도가 일반화하려고하는 개념을 얼마나 잘 반영해주는가를 나타내는 것으로 척도의 측정항목이 얼마나 연구자의 의도 내용대로 개념을 잘 반영·대표하여 측정되고 있는가와 연관된다.

58
다음에서 설명하고 있는 타당도의 원리는?

> 타당도를 평가하는 데 있어, 동일한 속성에 대한 두 측정은 서로 다른 방법을 사용하더라도 각각 높은 상관관계를 가져야 한다.

① 수렴주의
② 차별원리
③ 독단주의
④ 요인분석

해설
수렴타당성(집중타당성)은 같은 개념을 측정하는 경우에는 상이한 측정방법을 사용하더라도 그 측정값들 간에 높은 상관관계가 존재해야 한다는 것이다. 어떤 추상적 개념에 대해 기존 측정도구와 새 측정도구 간의 결과 수준을 비교하여 두 결과값들 간의 상관관계가 높다면 이 검사(측정)의 집중타당도가 높다는 것이다.

| 정답 | 55 ② | 56 ③ | 57 ① | 58 ① |

59 신뢰도 측정방법 중 설문지 혹은 시험지의 문항들을 두 부분으로 나누어서 각 부분에서 얻은 측정값들을 두 번의 조사에서 얻어진 것처럼 간주하여 그 사이의 상관계수를 구하여 검사하는 방법은?

① 반분법
② 재검사법
③ 동형방법
④ 상관분석법

해설
반분법은 전체 문항을 두 개의 그룹으로 나누고, 각 그룹(문항)측정치 간의 상관계수를 계산하여 신뢰도를 평가하는 방법이다. 동일한 대상에 대해 각 그룹이 각각 독립된 척도로 사용된다.

60 무응답 자료에 대한 설명으로 틀린 것은?

① 무응답이 발생했다고 해서 설문지를 모두 제거해야 하는 것은 아니다.
② 단순기입누락이나 표기상의 실수의 경우 응답내용을 재확인하여 설문결과에 반영한다.
③ 결측치(Missing Value)로 처리할 경우 해당 사유를 감안하여 별도 구분하여 입력하면 안 된다.
④ 조사원은 무응답에 대한 1차적 재확인을 할 수 있다.

해설
결측치는 입력이 누락된 값이라는 의미로 해당 사유를 감안하여 별도로 구분하여 입력할 수 있다.

제3과목: 통계분석과 활용

61 일원배치 분산분석에 대한 설명으로 틀린 것은?

① 집단 간 평균을 비교하는 분석이다.
② 요인이 2개인 경우에 적용할 수 있다.
③ 유의확률이 유의수준보다 크면 귀무가설을 기각할 수 없다.
④ 검정통계량은 집단 내 제곱합과 집단 간 제곱합으로 구한다.

해설
일원배치분산분석은 집단구분변수(독립변수), 즉 요인이 1개인 경우 종속변수의 평균이 서로 다른지를 분석하는 방법이다.

62 다음 6개 자료의 통계량에 대한 설명으로 틀린 것은?

| 2 2 2 3 4 5 |

① 평균은 3이다.
② 최빈값은 2이다.
③ 중앙값은 2.5이다.
④ 왜도는 0보다 작다.

해설

산술평균	중위수	최빈수
$\frac{(2+2+2+3+4+5)}{6}$ $= \frac{18}{6} = 3$	$\frac{n}{2} = \frac{6}{2} = 3$ $\frac{n}{2}+1 = 3+1 = 4$ → 3번째와 4번째 수의 산술평균 $= \frac{(4+6)}{2} = 5$	3

최빈수 < 중위수 < (산술)평균
☞ 오른쪽으로 꼬리를 늘어뜨린 양(+)의 왜도이므로 왜도는 0보다 크다.

63 표본자료가 다음과 같을 때 대푯값으로 가장 적합한 것은?

| 30 | 32 | 41 | 48 | 500 |

① 최빈수
② 중위수
③ 산술평균
④ 가중평균

해설
500이라는 극단값이 포함되어 있다. 이 영향을 줄이기 위해서는 중위수가 적합하다.

64 어느 대학교에서 학생들을 대상으로 4개의 변수(종교, 월평균 교통비, 체중, 키)에 대한 관측값을 얻었다. 4개의 변수 중에서 최빈값을 대푯값으로 사용할 때 가장 적절한 변수는?

① 종교
② 월평균 교통비
③ 체중
④ 키

해설
최빈값은 명목수준의 측정(범주형 자료)에서 적절한 대푯값으로 사용된다는 것을 상기하면 된다. 주어진 변수 중 범주형 자료에 해당하는 변수는 종교이다. 나머지 변수들은 절대영점이 존재하는 비율척도로 측정된 연속형 변수들이다.

65 $P(A) = 0.4$, $P(B) = 0.2$, $P(B|A) = 0.4$일 때, $P(A|B)$는?

① 0.4
② 0.5
③ 0.6
④ 0.8

해설
$P(A|B) = \dfrac{P(A \cap B)}{P(B)} = \dfrac{P(A \cap B)}{0.2}$ 이다.

$P(B|A) = \dfrac{P(A \cap B)}{P(A)}$ 에서

$P(A \cap B) = P(A) \times P(B|A) = 0.4 \times 0.4 = 0.16$ 이므로

$\therefore P(A|B) = \dfrac{P(A \cap B)}{P(B)} = \dfrac{0.16}{0.2} = 0.8$

66 어느 한 집단의 신체검사에서 키는 cm로, 발 크기는 mm로 측정하였다. 측정결과에 대해 서로 다른 단위로 측정된 키와 발의 산포의 크기를 비교하고자 할 때 가장 적합한 측도는?

① 분산
② 표준편차
③ 변동계수
④ 결정계수

해설
변동계수(변이계수)는 표준편차를 산술평균으로 나눈 값으로, 측정 단위가 다른 두 집단자료의 산포를 비교할 때 적합하다.

67 어느 자동차 정비업소에서 최근 1년 동안의 기록을 근거로 하루 동안에 찾아오는 손님의 수에 대한 확률분포를 다음과 같이 얻었다. 이 확률분포에 근거할 때, 하루에 몇 명 정도의 손님이 이 정비업소를 찾아올 것으로 기대되는가?

손님 수	0	1	2	3	4	5
확률	0.05	0.2	0.3	0.25	0.15	0.05

① 2.0　　② 2.4
③ 2.5　　④ 3.0

[해설]
이산확률변수 X(손님 수)의 기댓값을 계산하면 된다. 이산확률변수 X의 기댓값은 $E(X) = \sum_{i=1}^{n} x f(x)$ 이다. 여기서 $f(x)$ 는 이산확률변수에서 특정값에 대한 확률 $P(X = x_i)$ 을 나타내는 함수로 확률질량함수를 말한다.
따라서 (각 손님수 × 해당 확률)을 계산하여 이를 모두 합산한다.
$(0 \times 0.05) + (1 \times 0.2) + (2 \times 0.3) + (3 \times 0.25) + (4 \times 0.15) + (5 \times 0.05) = 2.4$

68 확률변수 X의 평균은 10, 분산은 5이다. $Y = 5 + 2X$의 평균과 분산은?

① 20, 15　　② 20, 20
③ 25, 15　　④ 25, 20

[해설]
기댓값과 분산의 성질을 이용한다. 기댓값의 성질 $E(aX \pm b) = aE(X) \pm b$, 분산의 성질 $V(aX \pm b) = a^2 V(X)$ 이므로
$E(Y) = E(5 + 2X) = 2E(X) + 5$
$V(Y) = V(5 + 2X) = 2^2 V(X)$ 이다.
이때 $E(X) = 10$, $V(X) = 5$ 이므로
∴ $E(Y) = 2 \times 10 + 5 = 25$
　$V(Y) = 2^2 \times 5 = 20$

69 이산형 확률변수 X의 확률분포가 다음과 같을 때 확률변수 X의 기댓값은?

X	0	1	2	3	4
$P(X=x)$	0.15	0.30	0.25	0.20	( )

① 1.25　　② 1.40
③ 1.65　　④ 1.80

[해설]
이산확률변수 X의 기댓값은 $E(X) = \sum_{i=1}^{n} x f(x)$ 이다. 여기서 $f(x)$ 는 이산확률변수에서 특정값에 대한 확률 $P(X = x_i)$ 을 나타내는 함수로 확률질량함수를 말한다. $\sum_{i=1}^{n} P(X = x_i) = 1$ 이므로 표에서 $X = 4$에 해당하는 $P(X = 4)$의 값을 구하면 $0.15 + 0.30 + 0.25 + 0.20 + P(X = 4) = 1$
∴ $P(X = 4) = 1 - 0.15 - 0.30 - 0.25 - 0.20 = 0.1$
∴ $E(X) = \sum_{i=1}^{n} x f(x)$
$= \sum_{i=1}^{n} x_i \times P(X = x_i)$
$= (0 \times 0.15) + (1 \times 0.30) + (2 \times 0.25) + (3 \times 0.20) + (4 \times 0.1)$
$= 1.80$

70 어느 공정에서 생산된 제품 10개 중 평균적으로 2개가 불량품이라고 알려져있다. 그 공정에서 임의로 제품 7개를 선택하여 검사한다고 할 때 불량품의 수를 Y라고 하자. Y의 분산은?

① 1.4　　② 1.02
③ 1.12　　④ 0.16

[해설]
'불량품' 또는 '정상품'의 상호배타적인 두 가지 결과만을 가진 베르누이 시행을 독립적으로 반복한 경우의 성공횟수(불량품)를 확률변수 Y로 했을 때 그 확률변수 Y의 확률분포로 이항분포이다. 따라서 확률변수 Y는 $n = 7$, $p = 0.2$인 이항분포 $B(7, 0.2)$를 따른다. 그러므로 ∴ Y의 분산 $V(Y) = np(1-p) = 7 \times 0.2 \times (1 - 0.2) = 1.12$

| 정답 | 67 ② | 68 ④ | 69 ④ | 70 ③ |

71 초기하분포와 이항분포에 대한 설명으로 틀린 것은?

① 초기하분포는 유한모집단으로부터의 복원추출을 전제한다.
② 이항분포는 베르누이 시행을 전제로 한다.
③ 초기하분포는 모집단의 크기가 충분히 큰 경우 이항분포로 근사될 수 있다.
④ 이항분포는 적절한 조건 하에서 정규분포로 근사될 수 있다.

해설
초기하분포는 유한모집단으로부터의 비복원추출을 전제로 한다.

72 동전을 던질 때 앞면이 나올 확률을 0.4라고 할 때 동전을 세 번 던져서 두 번은 앞면, 한 번은 뒷면이 나올 확률은?

① 0.125
② 0.192
③ 0.288
④ 0.375

해설
'앞면' 또는 '뒷면'의 상호배타적인 두 가지 결과만을 가진 베르누이 시행을 독립적으로 반복한 경우의 성공횟수(앞면)를 확률변수 X라 하면 그 확률변수 X의 확률분포는 이항분포이다. 앞면이 나올 확률은 0.4이므로 $X \sim B(n, p) = B(3, 0.4)$이며 확률에 관한 산식(확률질량함수)은 다음과 같다.

$$P(X=x) = \binom{n}{x} p^x (1-p)^{n-x} = {}_nC_x p^x (1-p)^{n-x}$$

*n: 시행횟수, p: 특정실험결과가 성공할 확률, x: 성공횟수

3번을 던져 두 번이 앞면이 나오는 확률을 구하면 되고,
이때 $n=3$, $p=0.4$, $x=2$이므로
$P(X=2) = {}_3C_2 (0.4)^2 (1-0.4)^{3-2}$
$= \frac{3 \times 2}{2 \times 1} \times (0.4)^2 (0.6)^1 = 3 \times 0.16 \times 0.6 = 0.288$

73 확률변수 X가 평균이 5이고 표준편차가 2인 정규분포를 따를 때 X의 값이 4보다 크고 6보다 작을 확률은? (단, $P(Z<0.5)=0.6915$, $Z \sim N(0, 1)$)

① 0.6915
② 0.3830
③ 0.3085
④ 0.2580

해설
평균 5, 표준편차 2인 정규분포 $N(5, 2^2)$에서의 값 4와 6을 표준정규분포 ($N(0, 1)$)를 따르는 확률변수 Z로 표준화하여 표준정규분포에서의 값으로 변환한다.

$$Z = \frac{x-\mu}{\sigma}$$

* x: 표본통계량, μ: 모집단 평균의 추정치, σ: 모집단 표준편차의 추정치

정규분포에서의 값 4, 6은 각각 $Z=\frac{4-5}{2}=-0.5$, $Z=\frac{6-5}{2}=0.5$이다.
따라서 $P(4<X<6) = P(-0.5<Z<0.5)$이 된다.
$P(Z<0.5) = 0.6915$, $Z \sim N(0,1)$이므로 $P(0<Z<0.5)$는 0.6915에서 표준정규분포의 1/2의 면적을 뺀 값이 된다.
∴ $P(0<Z<0.5) = (0.6915-0.5) = 0.1915$
이때 정규분포는 좌우대칭이므로 $P(-0.5<Z<0)$도 같은 값을 가진다.
따라서 $P(-0.5<Z<0.5) = 0.1915 + 0.1915 = 0.3830$

74 평균이 μ이고 분산이 σ^2인 임의의 모집단에서 확률표본 $X_1, X_2, \cdots, X_n$을 추출하였다. 표본평균 $\overline{X}$에 대한 설명으로 틀린 것은?

① $E(\overline{X}) = \mu$
② $V(\overline{X}) = \frac{\sigma^2}{n}$
③ n이 충분히 클 때 $\overline{X}$의 근사분포는 $N(\mu, \sigma^2)$이다.
④ n이 충분히 클 때 $\frac{\overline{X}-\mu}{\sigma/\sqrt{n}}$의 근사분포는 $N(0, 1)$이다.

해설
중심극한의 정리이다. n이 충분히 클 때 $\overline{X}$의 근사분포는 $N(\mu, \frac{\sigma^2}{n})$이다.

|정답| 71 ① 72 ③ 73 ② 74 ③

75 표본평균에 대한 표준오차의 설명으로 틀린 것은?

① 표본평균의 표준편차를 말한다.
② 모집단의 표준편차가 클수록 작아진다.
③ 표본의 크기가 클수록 작아진다.
④ 항상 0 이상이다.

해설

표준오차 $= \frac{\sigma}{\sqrt{n}}$ 에서 모집단의 표준편차가 커지면 표준오차는 커지게 된다.

76 평균이 10이고 분산이 4인 정규분포를 따르는 모집단에서 임의로 크기가 4인 표본을 뽑았다. 이때 표본평균의 기댓값은?

① 1
② 2
③ 4
④ 10

해설

중심극한의 정리에 따라 평균 μ, 표준편차 σ인 모집단에서 n개의 표본을 반복 추출하면 그 표본들의 각 평균값 $\bar{x}$의 분포는 정규분포로 수렴하게 되며, 평균 μ, 표준편차 $\frac{\sigma}{\sqrt{n}}$ 가 되므로 표본평균의 기댓값은 모평균과 동일한 10이다.

77 모평균의 추정량 $\bar{x}$의 90% 오차한계를 추정하기 위하여 반드시 필요한 통계량은? (단, 모분산은 모른다고 가정한다)

① 평균간 차이에 대한 표준오차
② 표본상관계수
③ 표본의 표준편차
④ 사분위범위

해설

평균의 표본추출분포에서 '오차한계 $= Z_{\frac{\alpha}{2}} \times \frac{\sigma}{\sqrt{n}} = Z_{\frac{\alpha}{2}} \times$ 표준오차'로 나타낼 수 있다.
모분산은 모른다고 가정하므로 모평균 μ의 추정량 $\bar{X}$의 오차한계 추정을 위해서는 $Z_{\frac{\alpha}{2}} \times \frac{S(\text{표본의 표준편차})}{\sqrt{n}}$ 에 의해 표본의 표준편차가 반드시 필요하다.

78 통계조사 시 한 가구를 조사하는 데 소요되는 시간을 측정하기 위하여 64가구를 임의추출하여 조사한 결과 평균 소요시간이 30분, 표준편차 5분이었다. 한 가구를 조사하는 데 소요되는 평균시간에 대한 95% 신뢰구간 하한과 상한은 각각 얼마인가? (단, $Z_{0.025} = 1.96$, $Z_{0.05} = 1.645$)

① 28.8, 31.2
② 28.4, 31.6
③ 29.0, 31.0
④ 28.5, 31.5

해설

단일모집단 평균의 신뢰구간을 구하는데 모분산은 알려져 있지 않지만 표본의 크기가 $n \geq 30$인 64이므로 Z-분포를 사용한다.
$\bar{X} - Z_{\frac{\alpha}{2}} \frac{\sigma}{\sqrt{n}} \leq \mu \leq \bar{X} + Z_{\frac{\alpha}{2}} \frac{\sigma}{\sqrt{n}}$ 에서 표본평균 $\bar{X} = 30$,
95% 신뢰수준에서 $Z_{0.025} = 1.96$, $\sigma =$ 표본의 표준편차$(S) = 5$, $n = 64$이므로 95% 신뢰구간은
$30 - 1.96 \frac{5}{\sqrt{64}} \leq \mu \leq 30 + 1.96 \frac{5}{\sqrt{64}}$
$30 - 1.225 \leq \mu \leq 30 + 1.225$
약 $28.8 \leq \mu \leq 31.2$이므로 하한 28.8, 상한 31.2이다.

| 정답 | 75 ② | 76 ④ | 77 ③ | 78 ① |

79 어느 이동통신 회사에서 20대를 대상으로 자사의 선호도에 대한 조사를 하려고 한다. 전년도 조사에서 선호도가 40%였다. 금년도 조사에서 선호도에 대한 추정이 95% 신뢰수준에 오차한계가 4% 이내로 되기 위한 표본의 최소 크기는? (단, $Z \sim N(0,1)$일 때 $P(Z>1.96)=0.025$, $P(Z>1.65)=0.05$)

① 409
② 426
③ 577
④ 601

해설

표본비율의 오차한계 $Z_{\frac{\alpha}{2}}\sqrt{\frac{\hat{p}\hat{q}}{n}} \leq 0.04$에서, 이를 만족시키는 n의 최솟값을 구하면 된다.
95% 신뢰수준이므로 $Z_{0.025}=1.96$이고 허용오차(비율) $d=0.04$, $\hat{p}=0.4$이므로 $1.96\sqrt{\frac{0.4(1-0.4)}{n}} \leq 0.04$이다.
$1.96^2 \times \frac{0.4(1-0.4)}{n} \leq 0.04^2$
$n \geq \frac{1.96^2 \times 0.4 \times (1-0.4)}{0.04^2}$
$\therefore n \geq 576.24$
따라서 표본의 최소크기는 577이다.

80 통계적 가설검정을 위한 검정통계량값에 대한 유의확률(p - value)이 주어졌을 때, 귀무가설을 유의수준 α로 기각할 수 있는 경우는?

① p – value > α
② p – value < α
③ p – value ≥ α
④ p – value > 2α

해설

p-value ≤ α이면 귀무가설을 기각할 수 있다. 즉 유의확률이 작을수록 귀무가설이 맞을 가능성은 작아진다.

81 여론조사 기관에서 특정정책의 지지율을 조사하기 위하여 100명의 성인 국민을 임의로 추출하여 지지여부를 물었더니 이중 50명이 지지하였다. 이때, 이 정책의 지지율에 대한 95% 신뢰구간은? [단, 표준정규분포를 따르는 확률변수 Z는 $P(Z>1.96)=0.025$를 만족한다]

① (0.398, 0.505)
② (0.402, 0.598)
③ (0.412, 0.610)
④ (0.498, 0.524)

해설

모비율에 대한 신뢰구간을 구하는 문제이다.
지지율은 $\hat{p}=\frac{50}{100}=0.5$이고 $n \geq 30$으로 대표본이므로 검정통계량 Z를 이용하며 95% 신뢰구간을 구한다.
$Z_{\frac{\alpha}{2}}=Z_{0.025}=1.96$이므로
$\hat{p}-Z_{\frac{\alpha}{2}}\sqrt{\frac{\hat{p}(1-\hat{p})}{n}} \leq p \leq \hat{p}+Z_{\frac{\alpha}{2}}\sqrt{\frac{\hat{p}(1-\hat{p})}{n}}$
$0.5-1.96\sqrt{\frac{0.5(1-0.5)}{100}} \leq p \leq 0.5+1.96\sqrt{\frac{0.5(1-0.5)}{100}}$
$\therefore 0.402 \leq p \leq 0.598$

82 통계적 가설 검정에 대한 설명으로 틀린 것은?

① 유의수준은 제1종 오류를 범할 확률의 최대허용한계를 말한다.
② 기각역은 귀무가설을 기각하게 되는 검정통계량의 관측값의 영역이다.
③ 귀무가설은 표본에 근거한 강력한 증거에 의하여 입증하고자 하는 가설이다.
④ 제2종 오류는 대립가설이 참임에도 불구하고 귀무가설을 기각하지 못하는 오류이다.

해설

표본에 근거한 강력한 증거에 의하여 입증하고자 하는 가설은 대립가설이다.

83 "남녀간 월급여의 차이가 있다."라는 주장을 검정하기 위하여 사회조사를 실시하였다. 조사결과 남자집단의 월평균급여를 μ_1, 여자집단의 월평균급여를 μ_2라고 한다면 귀무가설은?

① $\mu_1 > \mu_2$
② $\mu_1 = \mu_2$
③ $\mu_1 < \mu_2$
④ $\mu_1 \neq \mu_2$

해설
가설검정에서 귀무가설은 '같다. 차이가 없다'는 입장에서의 주장이다. 따라서 문제에서의 귀무가설은 '남녀간 월급여의 차이가 없다' 즉 '남자집단의 월평균급여와 여자집단의 월평균급여가 같다'고 설정한다.

84 평균이 μ이고 분산이 $\sigma^2 = 9$인 정규모집단으로부터 추출한 크기 100인 확률표본의 표본평균 $\overline{X}$를 이용하여 가설 $H_0 : \mu = 0$ vs $H_1 : \mu > 0$을 유의수준에서 검정하는 경우 기각역이 $Z_0 \geq 1.645$이다. 이때 검정통계량 Z_0에 해당하는 것은?

① $10 \times \dfrac{\overline{X}}{9}$
② $10 \times \dfrac{\overline{X}}{3}$
③ $100 \times \dfrac{\overline{X}}{9}$
④ $100 \times \dfrac{\overline{X}}{3}$

해설
평균에 대한 검정에서 모분산이 알려져 있는 경우 검정통계량 Z를 사용한다.

$$Z = \frac{\overline{X} - \mu_0}{\sigma / \sqrt{n}}$$

* $\overline{X}$: 표본의 평균값, μ_0: 귀무가설로 설정된 모집단의 평균값, σ: 모표준편차, $\sigma/\sqrt{n}$: $\overline{X}$의 표준오차

모표준편차 = 3, $n = 100$이므로
$$Z = \frac{\overline{X} - \mu_0}{\sigma/\sqrt{n}} = \frac{\overline{X} - 0}{3/\sqrt{100}} = \frac{\overline{X}}{3/10} = 10 \times \frac{\overline{X}}{3}$$

85 모집단으로부터 크기가 100인 표본을 추출하였다. 이 표본으로부터 표본비율 $\hat{p} = 0.42$를 추정하였다. 모비율에 대한 가설 $H_0 : p = 0.4$ vs $H_1 : p > 0.4$을 검정하기 위한 검정통계량은?

① $\dfrac{0.42 - 0.4}{\sqrt{0.4(1-0.4)/100}}$
② $\dfrac{0.4}{\sqrt{0.4(1-0.4)/100}}$
③ $\dfrac{0.42 + 0.4}{\sqrt{0.4(1-0.4)/100}}$
④ $\dfrac{0.42}{\sqrt{0.4(1-0.4)/100}}$

해설
단일모집단 비율검정을 위한 검정통계량 Z를 이용한다. $n = 100$, 표본의 비율 $\hat{p} = 0.42$, 귀무가설로 설정된 모집단의 비율 $p_0 = 0.40$이므로

$$Z = \frac{\hat{p} - p_0}{\sqrt{\dfrac{p_0(1-p_0)}{n}}} = \frac{0.42 - 0.4}{\sqrt{\dfrac{0.4(1-0.4)}{100}}}$$

86 다음 중 중심위치의 측도와 가장 거리가 먼 것은?

① 산술평균
② 분산
③ 중위수
④ 최빈수

해설
분산은 산포도에 관한 측도이다.

| 정답 | 83 ② 84 ② 85 ① 86 ②

87 일원배치 모형을 $Y_{ij} = \mu + \alpha_i + \epsilon_{ij}$ ($i=1, \cdots, k, j=1, \cdots, n$)로 나타낼 때, 분산분석표를 이용하여 검정하려는 귀무가설 H_0는? (단, i는 처리, j는 반복을 나타내는 첨자이며, 오차항 $\epsilon_{ij} \sim N(0, \sigma^2)$ 이고 서로 독립적이며 $\overline{y_i} = \dfrac{\sum_{j=1}^n y_{ij}}{n}$이다)

① $H_0 : \overline{y_1} = \overline{y_2} = \cdots = \overline{y_k}$
② $H_0 : \alpha_1 = \alpha_2 = \cdots = \alpha_k = 0$
③ $H_0 :$ 적어도 한 α_i는 0이 아니다.
④ $H_0 :$ 오차항 ϵ_{ij}들은 서로 독립이다.

해설
일원배치분산분석에서의 집단의 평균이 μ_i, 전체 총평균이 μ일 때, 귀무가설은 $H_0 : \mu_1 = \mu_2 = \cdots = \mu_k$와 같이 집단들의 평균이 동일하다고 설정한다. $\alpha_i = \mu_i - \mu$이고, 이것이 0이라는 것은 처리효과가 0이라는 의미로, 처리집단 평균간의 차이가 없다는 것이므로 이를 이용해서 $H_0 : \alpha_1 = \alpha_2 = \cdots = \alpha_k = 0$로 나타낼 수도 있다.

88 중소기업들 간 30대 직원의 연봉에 차이가 있는지 알아보기 위해 몇 개의 기업을 조사한 결과 다음과 같은 분산분석표를 얻었다. 총 몇 개 기업이 비교대상이 되었으며, 총 몇 명이 조사되었나?

요인	제곱합	자유도	평균제곱	F-값
그룹간	777.39	2	388.69	5.36
그룹내	1522.58	21	72.50	
계	2299.97	23		

① 2개 회사, 21명
② 2개 회사, 22명
③ 3개 회사, 23명
④ 3개 회사, 24명

해설
자유도가 어떻게 산출되었는지를 역산해보면 된다.
㉠ 그룹간(처치) 자유도는 $k-1=2$이므로 $k=3$이다.
   즉 총 3개 회사가 비교대상이 되었다.
㉡ 그룹내(오차) 자유도는 $n-k=n-3=21$이므로 $n=24$이다.
   즉 총 24명이 조사되었다.

89 다음은 일원배치분산분석에 있어서 처리(Treatment)의 각 수준별 반복수이다. 오차제곱합의 자유도는?

수준	반복수
1	7
2	4
3	6

① 13
② 14
③ 15
④ 16

해설
오차제곱합의 자유도는 $n-k$이므로 이를 이용하여 구한다.
㉠ 3개의 수준이므로 처리의 수 $k=3$
㉡ 반복수의 합이 n이므로 $n=7+4+6=17$
따라서 오차제곱합의 자유도 $= n-k = 17-3 = 14$이다.

90 봉급생활자의 연봉과 근속연수, 학력 간의 관계를 알아보기 위하여 연봉을 반응변수로 하여 회귀분석을 실시하기로 하였다. 그런데 근속연수는 양적변수이지만 학력은 중졸, 고졸, 대졸로 수준 수가 3개인 지시변수(또는 가변수)이다. 다중회귀모형 설정 시 필요한 설명변수는 모두 몇 개인가?

① 1
② 2
③ 3
④ 4

해설
회귀분석의 입력자료는 일반적으로 간격척도나 비율척도로 측정된 연속형 변수인데, 범주형 척도로 측정된 변수를 0과 1의 값만을 갖는 한 개 혹은 몇 개의 이항변수로 바꾸어 회귀분석에 활용할 수 있다. 이들을 가변수(더미변수)라 한다.
가변수의 수 =(범주(수준)의 수 −1)이고, 가변수인 학력 변수는 범주가 중졸, 고졸, 대졸로 3개이므로 3−1=2개의 가변수가 된다. 나머지 독립변수는 근속연수 1개이므로 다중회귀모형 설정 시 필요한 설명변수의 개수는 총 3개가 된다.

| 정답 | 87 ② 88 ④ 89 ② 90 ③

91 카이제곱 검정에 의해 성별과 지지하는 정당 사이에 관계가 있는지를 알아보기 위해 자료를 조사한 결과, 남자 200명 중 A 정당 지지자가 140명, B 정당 지지자가 60명, 여자 200명 중 A 정당 지지자가 80명, B 정당 지지자가 120명이다. 성별과 정당 사이에 관계가 없을 경우 남자와 여자 각각 몇 명이 B 정당을 지지한다고 기대할 수 있는가?

	남자	여자
①	50명	50명
②	60명	60명
③	80명	80명
④	90명	90명

해설

성별(범주형 변수)과 지지하는 정당(범주형 변수)간에 연관성이 있는가를 검정하는 교차분석의 카이제곱 독립성 검정에서 귀무가설과 대립가설은 다음과 같이 설정한다.
- 귀무가설(H_0): 성별과 지지하는 정당은 독립적이다(연관성이 없다).
- 대립가설(H_1): 성별과 지지하는 정당은 독립적이지 않다(연관성이 있다).

기대도수는 귀무가설 하에서 기대되는 도수이므로, 성별과 정당 사이에 관계가 없을 경우 남자와 여자 각각 몇 명이 B 정당을 지지한다고 기대할 수 있는가는 해당 셀의 기대도수를 구하는 문제가 된다.

먼저 관측도수를 정리하면 다음과 같다.

구분	A정당	B정당	합계
남자	140	60	200
여자	80	120	200
합계	220	180	400

기대도수는 다음과 같이 구한다.

$$기대도수(E_{ij}) = \frac{O_i \times O_j}{N}$$

* O_i: 해당 cell이 속하는 행의 빈도 합계
  O_j: 해당 cell이 속하는 열의 빈도합계
  N: 총빈도

이에 따라 기대도수를 계산하면 다음과 같다.

구분	A정당	B정당	합계
남자	$\frac{200 \times 220}{400} = 110$	$\frac{200 \times 180}{400} = 90$	200
여자	$\frac{200 \times 220}{400} = 110$	$\frac{200 \times 180}{400} = 90$	200
합계	220	180	400

기대도수 교차표에서 B 정당을 지지하는 남자에 대한 셀의 값은 90, B 정당을 지지하는 여자에 대한 셀의 값은 90이다. 따라서 성별과 정당 사이에 관계가 없을 경우 남자 90명, 여자 90명이 각각 B 정당을 지지한다고 기대할 수 있다.

92 화장터 건립의 후보지로 거론되는 세 지역의 여론을 비교하기 위해 각 지역에서 500명, 450명, 400명을 임의추출하여 건립에 대한 찬성여부를 조사하고 분할표를 작성하여 계산한 결과 검정통계량의 값이 7.55였다. 유의수준 5%에서 임계값과 검정결과가 알맞게 짝지어진 것은? (단, $\chi^2_{0.025}(2) = 7.38$, $\chi^2_{0.05}(2) = 5.99$, $\chi^2_{0.025}(3) = 9.35$, $\chi^2_{0.05}(3) = 7.81$이다)

① 7.38, 지역에 따라 건립에 대한 찬성률에 차이가 있다.
② 5.99, 지역에 따라 건립에 대한 찬성률에 차이가 있다.
③ 9.35, 지역에 따라 건립에 대한 찬성률에 차이가 없다.
④ 7.81, 지역에 따라 건립에 대한 찬성률에 차이가 없다.

해설

지역(범주형 변수)에 따라 건립여부에 대한 찬성여부(범주형 변수: 예 찬성을 1, 반대를 0으로 구분)에 차이가 있는가를 검정하기 위한 검정통계량 값 7.55를 유의수준 5%에서 카이제곱 임계값과 비교하는 문제이므로, 필요한 카이제곱 검정통계량의 자유도를 구하여 임계치를 결정하여 비교하면 된다.

관측도수에 대해 교차표를 작성한다면 찬성여부 변수의 범주는 2(찬성/반대), 지역 변수의 범주는 3(3개 지역)이므로 각 범주의 수에서 1을 차감하여 서로 곱하면 $(2-1) \times (3-1) = 2$가 되기 때문에, 자유도는 2이다.

임계치는 유의수준 5%에서 자유도 2이므로 $\chi^2_{0.05}(2) = 5.99$이다. 검정통계량 7.55가 절댓값으로 임계치 5.99보다 크므로 귀무가설(H_0: 지역에 따라 건립에 대한 찬성률에 차이가 없다)을 기각할 수 있다.

따라서 유의수준 5% 하에서(임계값은 5.99) 지역에 따라 찬성률에 차이가 있다고 할 수 있다는 것이 검정결과이다.

93 두 확률변수 X와 Y의 상관계수는 0.75이다. $U = \frac{1}{2}X + 5$, $V = \frac{3}{2}Y + 1$이라 할 때 두 확률변수 U와 V의 상관계수는?

① 0.25
② -0.25
③ 0.75
④ -0.75

해설
두 확률변수 $aX+b$, $cY+d$에 대한 상관계수 $corr(aX+b, cY+d)$는 $ac > 0$이면 $corr(X, Y)$이고, $ac < 0$이면 $-corr(X, Y)$이다.
이에 따라 두 확률변수 $U = \frac{1}{2}X + 5$, $V = \frac{3}{2}Y + 1$에 대한 상관계수 $corr(\frac{1}{2}X+5, \frac{3}{2}Y+1)$은 $(\frac{1}{2}) \times (\frac{3}{2}) > 0$이므로
$corr(\frac{1}{2}X+5, \frac{3}{2}Y+1) = corr(X, Y) = 0.75$($X$와 Y의 상관계수)가 된다.

94 다음은 3개의 자료 A, B, C에 대한 산점도이다. 이 자료에 대한 상관계수가 -0.93, 0.20, 0.70 중 하나일 때, 산점도와 해당하는 상관계수의 값을 올바르게 짝지은 것은?

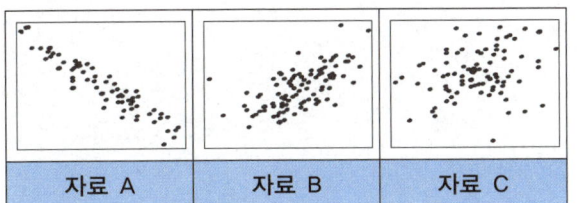

	자료 A	자료 B	자료 C
①	-0.93	0.20	0.70
②	-0.93	0.70	0.20
③	0.20	-0.93	0.70
④	0.20	0.70	-0.93

해설
자료 A는 한 변수가 증가할 때 다른 변수는 감소하는 음의 상관관계이며, 산점도상 선형관계가 뚜렷하여 강한 음의 상관관계를 나타내므로 제시된 상관계수 중 -0.93에 해당한다고 할 수 있다. 자료 B와 C는 모두 한 변수가 증가할 때 다른 변수도 증가하는 양의 상관관계인데, 산점도로 미루어 보아 자료 B가 더 선형관계가 뚜렷하여 상대적으로 양의 상관관계가 더 크다고 볼 수 있다. 따라서 자료 B의 상관계수가 0.70, 자료 C의 상관계수가 0.20이 적합하다.

95 상관분석 및 회귀분석을 실시할 때의 설명으로 틀린 것은?

① 연구자는 먼저 설명변수와 반응변수의 산점도를 그려서 관계를 파악해보아야 한다.
② 두 변수 간의 관계가 선형이 아니라면, 관련이 있어도 상관계수가 0이 될 수 있다.
③ 상관계수가 +1에 가까우면 높은 상관이 있는 것이고, -1에 가까우면 상관이 없는 것으로 해석할 수 있다.
④ 두 개의 설명변수가 있을 때 다중회귀분석을 실시한 경우의 회귀계수와 각각 단순회귀분석을 했을 때의 회귀계수는 달라진다.

해설
② 두 변수 간에 선형관계가 없더라도 곡선관계 등이 있을 수 있으며, 이 경우 상관계수는 0이 될 수 있다.
③ 상관계수가 -1에 가까우면 어느 한 변수가 커지면 다른 변수는 작아지는 강한 음의 상관관계가 있는 것이다.
④ 두 개의 설명변수가 있을 때와 각각 하나씩의 설명변수가 있을 때는 해당 독립변수가 종속변수의 분산에 미치는 영향이 독립변수간의 상호영향 등 관련한 요인들에 따라 달라질 수 있게 되므로 회귀계수는 달라진다.

96 다음 자료는 설명변수(X)와 반응변수(Y) 사이의 관계를 알아보기 위하여 조사한 자료이다. 설명변수(X)와 반응변수(Y) 사이에 단순회귀모형을 가정할 때 회귀직선의 기울기에 대한 추정값은 얼마인가?

X	0	1	2	3	4	5
Y	4	3	2	0	-3	-6

① -2
② -1
③ 1
④ 2

해설

회귀식이 $\hat{y} = \hat{\beta}_0 + \hat{\beta}_1 x$와 같을 때   * $\hat{\beta}_0$: 절편, $\hat{\beta}_1$: 기울기

$$\hat{\beta}_0 = \bar{y} - \hat{\beta}_1 \bar{x}$$

$$\hat{\beta}_1 = r_{XY} \frac{S_Y}{S_X}$$

$$= \frac{S_{XY}}{S_{XX}} = \frac{\sum_{i=1}^{n}(x_i - \bar{x})(y_i - \bar{y})}{\sum_{i=1}^{n}(x_i - \bar{x})^2}$$

* r_{XY}: X, Y의 상관계수,
S_X: X의 표준편차, S_Y: Y의 표준편차,
S_{XY}: X, Y의 공분산,
S_{XX}: X의 분산

필요한 값들을 먼저 계산하면

㉠ $\bar{X} = (0+1+2+3+4+5)/6 = 2.5$
$\bar{Y} = (4+3+2+0-3-6)/6 = 0$

㉡ $\sum_{i=1}^{n}(X_i - \bar{X})(Y_i - \bar{Y})$
$= (0-2.5) \times (4-0) + (1-2.5) \times (3-0) + (2-2.5) \times (2-0)$
$\quad + (3-2.5) \times (0-0) + (4-2.5) \times (-3-0) + (5-2.5) \times (-6-0)$
$= -35$

㉢ $\sum_{i=1}^{n}(X_i - \bar{X})^2 = (0-2.5)^2 + (1-2.5)^2 + (2-2.5)^2$
$\quad + (3-2.5)^2 + (4-2.5)^2 + (5-2.5)^2 = 17.5$

따라서 기울기 $\hat{\beta}_1 = \dfrac{\sum_{i=1}^{n}(x_i - \bar{x})(y_i - \bar{y})}{\sum_{i=1}^{n}(x_i - \bar{x})^2} = \dfrac{-35}{17.5} = -2$이다.

97 k개 독립변수 $x_i (i=1, 2, \cdots, k)$와 종속변수 y에 대한 중회귀모형 $y = \beta_0 + \beta_1 x_1 + \cdots + \beta_k x_k + \epsilon$을 고려하여 n개의 자료에 대해 중회귀분석을 실시하고자 한다. 총편차 $y_i - \bar{y}$를 분해하여 얻을 수 있는 3개의 제곱합 $\sum_{i=1}^{n}(y_i - \bar{y})^2$, $\sum_{i=1}^{n}(y_i - \hat{y}_i)^2$, $\sum_{i=1}^{n}(\hat{y}_i - \bar{y})^2$의 자유도를 각각 구하여 순서대로 나열한 것은?

① n, $n-k$, k
② n, $n-k-1$, $k-1$
③ $n-1$, $n-k-1$, k
④ $n-1$, $n-k-1$, $k-1$

해설

다음은 다중회귀분석의 분산분석표이다.

변동의 원천(요인)	제곱합 (SS)	자유도 (df)	평균제곱 (MS)	검정통계량 F
회귀 (SSR)	$\sum_{i=1}^{n}(\hat{y}_i - \bar{y})^2$	독립변수의 수 k	$MSR = \dfrac{SSR}{k}$	$F = \dfrac{MSR}{MSE}$
잔차 (SSE)	$\sum_{i=1}^{n}(y_i - \hat{y}_i)^2$	$n-k-1$	$MSE = \dfrac{SSE}{n-k-1}$	
총제곱합 (SST)	$\sum_{i=1}^{n}(y_i - \bar{y})^2$	$n-1$		

이에 따라 자유도는 문제의 순서대로 $n-1$, $n-k-1$, k이다.

98 단순선형회귀모형 $Y_i = \beta_0 + \beta_1 x_i + \epsilon_i (i = 1, 2, \cdots, n)$을 고려하여 자료들로부터 다음과 같은 분산분석표를 얻었다. 이때 결정계수는 얼마인가?

변인	자유도	제곱합	평균제곱합	F-값
회귀	1	541.69	541.69	29.036
잔차	10	186.56	18.656	
전체	11	728.25		

① 0.7
② 0.72
③ 0.74
④ 0.76

해설

결정계수 $R^2 = \dfrac{\text{회귀식에 의해 설명되는 분산}}{\text{전체 분산}} = \dfrac{SSR}{SST} = 1 - \dfrac{SSE}{SST}$ 이므로

$R^2 = \dfrac{SSR}{SST} = \dfrac{541.69}{728.25} ≒ 0.74$이다.

99 다음은 A 대학 입학시험의 지역별 합격자 수를 성별에 따라 정리한 자료이다. 지역별 합격자 수가 성별에 따라 차이가 있는지를 검정하기 위해 교차분석을 하고자 한다. 카이제곱 검정통계량의 자유도는?

구분	A지역	B지역	C지역	D지역	합계
남	40	30	50	50	170
여	60	40	70	30	200
합계	100	70	120	80	370

① 1
② 2
③ 3
④ 4

해설

성별(행 변수이며 범주형 변수)과 지역(열 변수이며 범주형 변수) 간에 연관성이 있는가를 검정하는 교차분석의 카이제곱 독립성 검정에서 카이제곱 검정통계량의 자유도는 (행의 수-1) × (열의 수-1)이다. 행의 수는 2(남, 여)이며 열의 수는 4(지역 A, B, C, D)이므로
카이제곱 검정통계량의 자유도 = (2-1) × (4-1) = 3이다.

100 중회귀모형 $y_i = \beta_0 + \beta_1 x_{1i} + \beta_2 x_{2i} + \epsilon_i$에 대한 분산분석표가 다음과 같다.

요인	제곱합	자유도	평균제곱	F-값	유의확률
회귀	66.12	2	33.06	33.96	0.000258
잔차	6.87	7	0.98		

위의 분산분석표를 이용하여 유의수준 0.05에서 모형에 대한 유의성 검정을 할 때 추론결과로 가장 적합한 것은?

① 두 설명변수 x_1과 x_2 모두 반응변수에 영향을 주지 않는다.
② 두 설명변수 x_1과 x_2 모두 반응변수에 영향을 준다.
③ 두 설명변수 x_1과 x_2 중 적어도 하나는 반응변수에 영향을 준다.
④ 두 설명변수 x_1과 x_2 중 하나는 반응변수에 영향을 준다.

해설

설명변수가 2개인 다중회귀분석 $y_i = \beta_0 + \beta_1 x_{1i} + \beta_2 x_{2i} + \epsilon_i$에서 귀무가설과 대립가설은 다음과 같이 설정한다.
귀무가설(H_0): $\beta_1 = \beta_2 = 0$ (두 설명변수 모두 반응변수에 영향을 주지 않는다)
대립가설(H_1): β_1, β_2 중 적어도 하나는 0이 아니다(두 설명변수 중 적어도 하나는 반응변수에 영향을 준다).
회귀식 전체의 통계적 유의성 검정은 F - 검정을 사용한다. 검정통계량 F의 값과 F 임계치를 비교하거나 검정통계량 F의 유의확률 p-value를 유의수준 α = 0.05와 비교하여 가설을 검정할 수 있다. 유의확률과 유의수준을 비교할 경우 p-value ≤ α이면 귀무가설을 기각할 수 있다. p-value(0.000258) < α(0.05)이므로 귀무가설을 기각할 수 있다. 따라서 유의수준 5% 하에서 두 설명변수 x_1과 x_2 중 적어도 하나는 반응변수에 영향을 준다는 결론이 가능하다.

2025년 제2회(CBT)

※ CBT 문제는 수험생의 기억에 따라 복원된 것이며, 실제 기출문제와 동일하지 않을 수 있습니다.

제1과목: 조사방법과 설계

01 초점집단(Focus Group) 조사에 관한 설명으로 옳은 것은?

① 구조화된 토론을 통한 방식이다.
② 정량조사의 성격으로 주관적 해석의 여지가 없다.
③ 익명 집단의 상호작용을 통해 도출된 자료를 분석한다.
④ 새로운 아이디어 창출이 가능하다는 장점이 있다.

[해설]
초점집단조사(FGI)는 전문지식을 갖춘 사람 또는 경험자를 소수의 응답자로 선정하고 사회자가 배석하여 연구목적의 방향을 제시하되, 자유로운 토론을 벌이게 하여 필요한 정보를 획득하는 방법으로, 새로운 아이디어 창출과 높은 타당성이 가능하다는 등의 장점이 있다.
① 초점집단조사는 비구조화된 토론 방식이다.
② 초점집단조사는 정성조사로 주관적 해석의 한계점이 있다.
③ 초점집단조사는 대면집단의 상호작용을 통해 자료가 도출된다.

02 층화표본추출에 대한 설명으로 맞는 것은?

① 비확률표본추출방법이다.
② 집단 간에는 동질적이고 집단 내는 이질적이다.
③ 각 층에서 일정 수의 표본을 연구자의 주관에 의해 추출한다.
④ 모집단의 각 층에 대한 정확한 정보가 필요하다.

[해설]
층화표본추출은 확률표본추출의 유형으로, 모집단을 일정기준(층화변수)에 의해 동질적인 몇 개 층으로 나누고, 각 층에서 일정수의 표본을 무작위 추출하는 방법이다. 모집단의 각 층에 대한 정확한 사전정보가 필요하며 집단 내는 동질적, 집단 간에는 이질적인 특성을 갖게 된다.

03 다음 중 설문지 사전검사(Pretest)의 주된 목적은?

① 조사원들의 경험과 적합성을 파악하는 목적이다.
② 모든 응답 대상자들의 특성 분포를 사전 점검한다.
③ 본조사와 다른 방식으로 조사했을 경우의 결과를 파악한다.
④ 질문들이 갖고 있는 문제점들을 찾아내고 수정한다.

[해설]
사전검사(사전조사)는 설문지 초안 완성 후 본조사를 실행하기 전에 일부 대상에게 실시하는 조사로 본조사와 동일한 방법으로 실시하여 질문지의 문제점 및 적합성을 파악하는 조사이다. 초안 질문지가 갖는 문제점을 찾아내고 수정하여 질문지의 타당성을 높일 수 있으며 본조사시 소요될 시간과 비용을 미리 예측하고 애로사항을 미리 발견하여 대책을 마련할 수 있다.

04 다음 중 질문문항의 배열에 관한 설명으로 틀린 것은?

① 일반적인 것을 먼저 배열하고, 특수한 질문은 후반부에 배열한다.
② 민감한 질문은 되도록 질문 전반부에서 질문한다.
③ 답변이 용이한 질문을 주로 앞부분에 배열한다.
④ 질문들은 동일한 주제별로 모아서 배열한다.

[해설]
질문의 배열은 일반적인 것을 먼저 배열하고, 특수한 질문은 후반부에 배열한다. 민감한 질문은 가능한 한 질문 후반부에 배열하며 답변이 용이한 질문을 주로 앞부분에 배열한다. 질문들은 동일한 주제별로 모아서 배열한다.

정답 | 01 ④ 02 ④ 03 ④ 04 ②

05 특정한 시기에 태어났거나 동일 시점에 특정 사건을 경험한 사람들을 대상으로 이들이 시간이 지남에 따라 어떻게 변화하는지를 조사하는 방법은?

① 사례조사
② 패널조사
③ 코호트 조사
④ 전문가의견조사

해설
코호트는 조사하는 주제와 관련된 특성을 공유하는 대상의 집단을 의미(특정 시기에 출생했거나 같은 시점에 어떤 특정한 사건을 경험한 사람들 등)하며, 코호트 조사는 이러한 특정경험을 같이 하는 사람들이 가지는 특성들에 대해 시간의 경과에 따른 변화를 조사하기 위해 두 번 이상의 다른 시점에 걸쳐 비교 연구하는 방법이다.

06 진행자(Moderator)가 동질의 소수 응답자 집단을 대상으로 특정한 주제에 대하여 자유롭게 토론하는 가운데 필요한 정보를 수집하는 방법은?

① 문헌연구
② 전문가의견조사
③ 표적집단면접법
④ 사례연구

해설
표적집단면접법은 1명 또는 2명의 사회자(moderator)의 진행 아래 주제에 대한 식견이나 지식을 갖춘 소수의 참여자가 한 장소에 모여 주어진 특정한 주제에 대해 토론을 하게 함으로써 필요한 정보를 수집하는 방법이다.

07 사회과학적 연구의 일반적인 연구목적과 가장 거리가 먼 것은?

① 사건이나 현상을 설명(Explanation)하는 것이다.
② 사건이나 상황을 기술 또는 서술(Description)하는 것이다.
③ 사건이나 상황을 예측(Prediction)하는 것이다.
④ 새로운 이론(Theory)이나 가설(Hypothesis)을 만드는 것이다.

해설
과학적 연구의 일반적 연구목적은 탐색, 기술, 설명, 이해, 예측, 통제, 평가이다.

08 실증주의 패러다임에 대한 내용과 가장 거리가 먼 것은?

① 실험을 강조한다.
② 객관성과 일반화를 강조한다.
③ 질적 방법을 선호한다.
④ 논리적 유추와 경험적 관찰을 활용하여 연구한다.

해설
실증주의 패러다임은 과학적 원리를 이용한 실험을 강조하며 양적 방법을 선호한다. 일반적 법칙을 발견하고 이를 확인하기 위해 논리적 유추와 경험적 관찰을 활용하여 연구한다. 연구의 가치중립성, 객관성, 일반화를 강조한다.

| 정답 | 05 ③ 06 ③ 07 ④ 08 ③

09 과학적 연구방법의 특징에 관한 설명으로 틀린 것은?

① 과학적 연구는 논리적 사고에 의존한다.
② 과학적 진실의 현실 적합성을 높이기 위하여 가급적 많은 자료와 변수를 포함하는 것이 좋다.
③ 과학적 현상은 스스로 발생하는 것이 아니라 어떤 원인이 있는 것이며, 그 원인은 논리적으로 확인될 수 있는 것이다.
④ 사회과학 분야 연구에서 과학성은 연구자들이 공통적으로 가지는 주관성(Inter-Subjectivity)에 근거하는 경우가 많다.

해설
② 과학적 연구의 특성 중 하나는 간결성이다. 즉, 가급적 최소한의 설명변수로 보다 많은 설명력을 확보할 수 있어야 한다는 것이다.
① 논리성
③ 인과성
④ 간주관성

10 다음 사례에 해당하는 오류는?

> 전국의 시·도를 조사하여 평균 음주량 수준이 높은 지역이 낮은 지역에 비해 교통사고 사망률이 더 높음을 알게 되었다. 이를 통해 음주량이 많은 사람이 적은 사람에 비해 교통사고 사망률이 높다는 결론에 도달했다.

① 무작위 오류
② 체계적 오류
③ 환원주의적 오류
④ 생태학적 오류

해설
분석단위를 집단에 둔 연구결과를 바탕으로 개인특성을 추리할 때 나타나는 오류이므로 생태학적 오류에 해당한다.
① 측정과정에서 우연히 또는 가변적인 일시적인 사정에 의해 무작위로 나타나는 오류이다.
② 측정 오차가 체계적 패턴을 띠게 되면서 일정한 방향으로 작용하는 오류이다.

11 기술적 조사의 특성과 거리가 가장 먼 것은?

① 추세조사는 기술적 조사의 유형이다.
② 설명적 조사의 기초자료를 제공한다.
③ 반복적 연구가 어렵다.
④ 현상에 대한 탐구, 명료화가 주목적이다.

해설
기술적 조사는 현상에 대한 탐구, 명료화가 주목적으로, 빈도, 비율 등 관련 상황의 특성, 변수간의 상관관계 파악 등 단순통계적 자료를 수집한다. 이에 따라 연구의 반복이 가능하며 각 변수들의 반응을 예측하는 등 미래 상황에 대한 '개략적' 예측 및 설명적 조사의 기초자료를 제공한다. 기술조사에서 자주 이용되는 것이 주로 표준화된 설문지를 이용하는 서베이(Survey) 조사이다. 기술적 조사는 종단적 조사와 횡단적 조사로 나뉘며 패널조사는 종단적 조사로는 패널조사, 추세조사, 코호트 조사가 있다.

12 인구통계학적, 경제적, 사회·문화·자연 요인 등의 분류기준에 따라 전체 표본을 여러 집단으로 구분하고 집단별로 필요한 대상을 사전에 정해진 크기만큼 추출하는 표본추출방법은?

① 할당표본추출법(Quota Sampling)
② 편의표본추출법(Convenience Sampling)
③ 층화표본추출법(Stratified Random Sampling)
④ 단순무작위표본추출법(Simple Random Sampling)

해설
할당표본추출법은 모집단을 특정변수를 중심으로 일정한 범주로 나누고, 각 범주에서 사전에 정해진 기준·비율 등에 따라 모집단 구성원들을 추출하여 표본에 할당하는 방법이다. 즉 전체를 주로 인구통계적 특성, 경제적, 사회·문화 요인 등의 분류기준에 따라 여러 집단으로 구분하고 집단별로 필요한 대상을 사전에 정해진 크기만큼 표본에 할당하는 방식으로 표본을 추출한다.

| 정답 | 09 ② 10 ④ 11 ③ 12 ①

13 다음 설명에 해당하는 관찰 도구는?

> 기계를 통한 관찰도구로, 심리적 변화에 따른 응답자의 생체변화를 측정한다.

① 오디미터(Audimeter)
② 사이코갈바노미터(Psychogalvanometer)
③ 퓨필로미터(Pupilometer)
④ 모션픽처카메라(Motion Picture Camera)

해설
기계적 관찰의 예시는 다음과 같다.
㉠ 오디미터(Audimeter): 조사대상 가구에 설치하여 TV 시청률 조사하는 자동장치
㉡ 사이코갈바노미터(Psychogalvanometer): 심리적 변화에 따른 응답자의 생체변화 측정
㉢ 퓨필로미터(Pupilometer): 자극을 보여주고 피관찰자의 동공의 크기 변화를 측정
㉣ 아이 카메라(Eye Camera): 응답자가 어디에 주의를 기울이는지 알기 위해 눈동자가 어느 방향으로 움직이는지 등을 측정
㉤ 모션픽처카메라(Motion Picture Camera): 연속영상촬영을 통한 관찰 등

14 가설에 관한 설명으로 틀린 것은?

① 가설은 검증된 상태의 명제이다.
② 가설은 동일 연구 분야의 다른 가설이나 이론과 차이가 있어야 한다.
③ 가설은 둘 이상의 변수나 현상간의 관계에 대한 진술이다.
④ 가설은 과학적 지식을 증진시키는 가장 효과적 수단이다.

해설
가설은 2개 이상의 변수 또는 현상 간의 관계를 검증 가능한 형태로 서술한 하나의 문장이며 연구 문제에 관해 검증할 수 있도록 기술된 잠정적 결론이다. 가설은 기존이론과 차이가 있어야 하지만 연관성이 없어야 한다는 것은 아니다. 가설은 과학적 검증방법을 통하여 가설의 옳고 그름을 판단할 수 있어야 하는 것이며 과학적인 지식을 증진시키는 가장 효과적인 수단이다.

15 심층면접법(In - depth Interview)에 대한 설명으로 옳지 않은 것은?

① 조사의 유연성이 없다.
② 결과의 일반화가 어렵다.
③ 조사자의 편견개입 가능성이 있다.
④ 면접자 개인별 차이에서 오는 영향이나 오류를 통제하기 어렵다.

해설
심층면접법은 전문 면접원이 1명 또는 소수의 피면접자를 대상으로 주제와 관련된 질문 방향을 가지고 탐사방식에 의해 깊게 질문을 해나가는 것으로 다양하고 풍부한 의견을 수집할 수 있으며 조사의 유연성이 있다. 그러나 결과의 일반화가 어렵고 조사자의 편견개입 가능성이 있으며, 면접자 개인별 차이에서 오는 영향이나 오류를 통제하기 어렵다.

16 다음 중 표집틀(Sampling Frame)을 평가하는 주요 요소와 가장 거리가 먼 것은?

① 포괄성
② 추출확률
③ 효율성
④ 안정성

해설
표집틀(표본추출프레임)은 포괄성(전체 모집단 중 얼마나 많은 부분을 포함하는가), 추출확률(모집단에서의 각 개별요소들의 추출확률이 동일한가), 효율성(조사에 필요한 대상들만으로 표집프레임에 잘 포함되었는가) 등에 의해 평가한다.

| 정답 | 13 ② 14 ① 15 ① 16 ④

17 질문지 작성원칙과 가장 거리가 먼 것은?

① 연구자의 가치관이나 의견이 반영된 문장을 사용한다.
② 질문이 짧을수록 좋고 부연설명이나 단어의 중복 사용은 피해야 한다.
③ 복합적인 질문을 피하고, 두 개 이상의 질문을 하나로 묶지 말아야 한다.
④ 질문은 그 자체로서 의미가 명확히 전달될 수 있도록 구성하고 모호한 질문은 피해야 한다.

해설
질문지의 질문은 읽기 쉽고 간결해야 하며 명료하고 구체적이며 의미가 명확하게 전달되어야 한다. 이중적 질문(복합적 질문)은 하지 말아야 하며 연구자의 가치관이나 의견이 반영되지 않은 가치중립적 질문이어야 한다.

18 좋은 가설의 평가기준으로 옳지 않은 것은?

① 가설의 표현은 간단명료해야 한다.
② 가설은 경험적으로 검증할 수 있어야 한다.
③ 한정성은 가설의 평가기준이 될 수 없다.
④ 좋은 가설의 평가기준 중 하나는 가치중립성이다.

해설
좋은 가설의 평가기준은 명료성(간결성), 가치중립성, 한정성, 검증가능성, 계량화 가능성, 입증의 명백성, 가설자체의 개연성, 다른 가설과의 연관성, 일반화 가능성이다.

19 사례조사 연구의 목적으로 가장 적합한 것은?

① 명제나 가설의 검증
② 연구대상에 대한 탐구
③ 분석단위의 파악
④ 연구결과에 대한 일반화

해설
사례조사는 탐색적 조사의 유형으로, 조사연구문제와 유사한 상황이나 사례들을 찾아내어 깊이 있게 분석하는 것이므로 연구대상에 대한 탐구의 목적에 적합하다.

20 다음과 같은 목적에 적합한 조사의 종류는?

- 연구문제의 도출
- 변수들 사이의 관계에 대한 통찰력 제고
- 중요도에 따른 우선순위 파악

① 기술조사
② 탐색조사
③ 종단조사
④ 설명적 조사

해설
탐색적 연구(조사)는 조사의 초기단계에서 통찰과 아이디어를 얻기 위한 조사이다. 조사설계 확정 전 연구문제 발견, 변수규명과 가설도출, 타당도 검증 등을 위해 예비적으로 실시한다.
현상에 대한 이해, 중요한 변수를 확인하고 발견하여 변수를 규정, 연구를 위한 가설을 도출·설정하기 위한 조사로 ㉠ 연구문제 도출 및 연구가치 추정, ㉡ 보다 정교한 문제와 기회의 파악, ㉢ 연구주제와 관련된 변수들 사이의 통찰력 제고, ㉣ 중요도에 따른 연구의 우선순위와 중요 부분에 대한 실태 파악 및 ㉤ 조사를 시행하기 위한 절차나 행위를 구체화하는 조사이다.

21 양적 - 질적 연구방법의 비교에서 질적 연구방법에 대한 설명으로 맞는 것을 모두 고른 것은?

㉠ 심층규명(probing)을 한다.
㉡ 연구자의 주관성을 활용한다.
㉢ 연구도구로 연구자의 자질이 중요하다.
㉣ 선(先)이론, 후(後)조사의 방법을 활용한다.

① ㉡, ㉣
② ㉠, ㉡, ㉢
③ ㉠, ㉢, ㉣
④ ㉠, ㉡, ㉢, ㉣

해설
선이론, 후조사는 연역적 방법을 활용하는 양적 연구방법에 해당하는 설명이다. 질적 연구방법은 귀납적 방법을 활용하므로 선조사, 후이론의 특성을 갖는다.

| 정답 | 17 ① 18 ③ 19 ② 20 ② 21 ②

22 다음 질문 항목의 문제점은?

> 사회적 소양 교육에 대한 1차적 책임은 개인, 지방자치단체, 정부 중 어디에 있다고 생각하십니까?
> ㉠ 개인
> ㉡ 지방자치단체
> ㉢ 정부

① 응답항목 간의 내용이 중복되어 있다.
② 대답 가능한 응답을 모두 제시해주지 않았다.
③ 의미가 명확하게 구분되는 단어를 사용하지 않았다.
④ 조사가 임의로 응답자들에 대한 가정을 하고 있다.

해설
응답항목으로 개인, 지방자치단체, 정부 외의 항목이 필요할 수 있는데, 이에 대한 응답범주가 제시되어 있지 않다. 따라서 가능한 응답범주 모두를 제시해야 한다는 응답범주의 포괄성에 문제가 있다.

23 표본추출(Sampling)에 대한 설명으로 틀린 것은?

① 표본을 추출할 때는 모집단을 분명하게 정의하는 것이 중요하다.
② 표본추출이란 모집단에서 표본을 선택하는 행위를 말한다.
③ 확률표본추출을 할 경우 표본오차는 없으나 비표본오차는 발생할 수 있다.
④ 일반적으로 표본이 모집단을 잘 대표하기 위해서는 가능한 확률표본추출을 하는 것이 바람직하다.

해설
표본오차는 모집단에서 표본추출하는 과정에서 유발되는 오차로, 표본추출 과정에서 대표성이 없는 표본을 잘못 추출함으로써 발생하는 등 추출된 표본이 모집단을 대표하지 못하는 오차이다. 통계적으로는 통계량 값이 모수치 주위에 분산되어 있는 정도를 의미한다. 확률표본추출을 할 경우에도 표본오차는 불가피하게 존재한다. 다만 그 크기를 좀 더 줄일 수 있을 뿐이다.

24 비확률표본추출 방법과 비교한 확률표본추출 방법에 관한 설명으로 틀린 것은?

① 비용과 시간이 많이 든다.
② 표본오차 추정이 가능하다.
③ 무작위적 표본추출을 한다.
④ 표본분석결과의 일반화에 제약이 있다.

해설
확률표본추출은 무작위로 표본을 추출하므로 모집단에 속한 모든 요소가 표본추출될 확률이 있고 표본의 추출확률을 알 수 있다. 대표성 높은 표본을 추출하며 모수추정에 편의가 없고 표본오차의 계산이 가능하다. 대표성 있는 표본추출이 가능하지만 시간과 비용이 많이 소요되는 단점이 있다.

25 어떤 공정으로부터 제품이 생산되어 나오는 경우 일정 시간간격마다 하나의 표본을 뽑는다고 할 때, 이에 해당되는 표본추출방법은?

① 편의표본추출
② 계통표본추출
③ 층화표본추출
④ 눈덩이 표본추출

해설
체계적(계통적) 표본추출은 모집단을 일정한 질서에 따라 번호부여 후 등간격으로 나누고 첫 구간에서 하나의 번호를 무작위로 추출 후 다음 n번째 떨어져 있는 번호들을 추출하는 방법이다. 일정한 표본추출(표집)간격에 의해 표본을 추출한다.

26 눈덩이표본추출에 관한 옳은 설명을 모두 고른 것은?

> ㉠ 모집단을 파악하기 어려운 대상의 표본추출에 적합하다.
> ㉡ 표본의 대표성을 확보하기 어렵다.
> ㉢ 연결망을 가진 사람들의 특성을 파악할 때 적절한 방법이다.

① ㉠, ㉡
② ㉡, ㉢
③ ㉠, ㉢
④ ㉠, ㉡, ㉢

해설
눈덩이표본추출은 조사대상자 파악 및 접근이 어려울 때, 모집단 프레임의 작성이 불가능할 때 사용하는 방법으로 처음에는 소수의 인원을 표본으로 추출하여 조사한 다음, 그 소수인원을 조사원으로 활용하여 그 조사원의 주위 사람들을 소개받아 조사하는 과정을 반복하는 방법이다. 상호연결망을 가진 대상들의 특성 파악에 적절하지만 한 쪽으로 치우친 표본추출 가능성이 있어 일반화 가능성 측면에서의 문제가 발생할 수 있다.

27 다음은 어떤 표집방법에 관한 설명인가?

> • 조사문제를 잘 알고 있거나 모집단의 의견을 효과적으로 반영할 수 있을 것으로 판단되는 특정집단을 표본으로 선정하여 조사하는 방법이다.
> • 예를 들어 휴대폰 로밍서비스에 대한 전문지식을 가진 표본을 임의로 선정하는 경우가 있다.

① 편의표집
② 판단표집
③ 할당표집
④ 층화표집

해설
판단표집은 조사자가 모집단을 대표할 수 있다고 판단되거나 조사목적에 적합하다고 판단되는 소수 인원을 적절한 판단과 전략 하에 표본으로 선정하는 방법이다. 조사연구의 목적 달성에 필요한 구성요소를 의도적으로 추출한다.

28 귀납법에 관한 설명으로 틀린 것은?

① 개별적 사실들로부터 일반적 원리를 이끌어낸다.
② 가설을 검증하는 설명적 연구에 주로 사용된다.
③ 주로 탐색적 연구에서 많이 활용된다.
④ 관찰에 따르는 측정상의 오류 가능성이 한계점이다.

해설
②는 연역법에 관한 설명이다.

29 다음에 해당하는 외생변수 통제방법은?

> 어떤 특정한 외생변수가 실험에 영향을 미칠 것으로 예상되어, 이 외생변수의 영향을 동일하게 받을 수 있도록 실험집단과 통제집단을 구성하였다.

① 제거 (Elimination)
② 균형화 (Matching)
③ 상쇄 (Counter Balancing)
④ 무작위화 (Randomization)

해설
균형화는 실험집단과 통제집단 구성에 있어서 예상되는 외생변수의 영향을 동일하게 받을 수 있도록 실험집단과 통제집단을 구성하는 것이다.

30 다음에서 설명하는 실험설계 방법은 무엇인가?

> ㉠ 무작위할당 대신 실험집단과 유사한 비교집단을 구성한다.
> ㉡ 실험집단과 비교집단 모두 사전 사후 측정을 한다.
> ㉢ 선택의 편향이 발생하게 된다.

① 단일집단 사후 측정 실험설계
② 통제집단 사전 사후 측정 실험설계
③ 비동일 통제집단 설계
④ 단순 시계열 설계

해설
③ 실험집단과 통제집단이 있지만 무작위 할당이 이루어지지 않는 것으로, 두집단 사전사후 측정 실험설계라고도 한다. 두 집단이 동질적이지 않으므로 선택의 편향이 발생한다.

제2과목: 조사관리와 자료처리

31 개념(Concepts)의 정의와 가장 거리가 먼 것은?

① 일정한 관계·사실에 대한 추상적인 표현
② 사실과 사실 간의 관계에 논리의 연관성을 부여하는 것
③ 특정한 여러 현상들을 일반화함으로써 나타내는 추상적인 용어
④ 현상을 예측·설명하고자 하는 명제 및 이론의 전개에서 그 바탕을 이루는 역할

해설
개념은 사건 및 현상들을 일반화하여 하나의 용어로 추상화한 것으로, 일정한 관계·사실에 대한 추상적 표현이다. 즉 관찰된 현상을 대표할 수 있는 추상적 용어로 표현한 것이다. 현상을 예측·설명하고자 하는 명제 및 이론의 전개에서 그 바탕을 이루는 역할을 한다.
② 이론에 대한 정의이다.

32 2차 자료 분석의 특징과 가장 거리가 먼 것은?

① 자료의 결측값을 추적할 수 있다.
② 자료를 직접 수집하지 않아도 된다.
③ 기존 데이터를 수정·편집해 분석할 수 있다.
④ 비교적 적은 비용으로 대규모 사례분석이 가능하다.

해설
2차 자료는 다른 조사목적으로 다른 연구자가 기존에 작성한 자료로, 빠른 수집과 즉각적 사용이 가능하며 자료를 직접수집하지 않으므로 조사대상의 반응성이나 권익침해 등에 대한 우려가 없다. 또한 기존데이터를 수정·편집해 분석할 수 있고 비교적 적은 비용으로 대규모 사례분석이 가능하다.
① 자료의 결측값이나 이상값 추적은 1차 자료에서 가능하다.

33 우편조사, 전화조사, 대인면접조사에 관한 비교설명으로 옳은 것은?

① 우편조사의 응답률이 가장 높다.
② 대인면접조사에서는 추가 질문하기가 가장 어렵다.
③ 우편조사와 전화조사는 자기기입식 자료수집방법이다.
④ 어린이나 노인에게는 대인면접조사가 가장 적절하다.

해설
어린이나 노인에게는 조사원이 응답자와 대면하여 필요한 보조설명을 해줄 수 있는 대인면접조사가 가장 적절하다.
① 다른 조사대비 응답률이 가장 높은 것은 대인면접조사이다.
② 대인면접조사에서는 추가질문이 용이하다.
③ 우편조사는 자기기입식 조사이나 전화조사는 면접원 기입식 조사이다.

34 설문지 회수율을 높이는 방안과 가장 거리가 먼 것은?

① 폐쇄형 질문의 수를 가능한 줄인다.
② 독촉편지를 보내거나 독촉전화를 한다.
③ 개인신상에 민감한 질문들을 가능한 줄인다.
④ 겉표지에 설문 내용의 중요성을 부각시켜 응답자가 인식하게 한다.

해설
폐쇄형 질문의 수를 줄이는 것은 설문지 회수율을 높이는 방안과는 거리가 있다.

35 우편조사에 관한 설명으로 틀린 것은?

① 응답자의 익명성을 보장하기 어렵다.
② 접근하기 편리하고 광범위한 지역에 걸쳐 조사가 가능하다.
③ 응답 대상자 자신이 직접 응답했는지에 대한 통제가 어렵다.
④ 회수율이 낮으므로 서면 또는 전화로 협조를 구하는 것이 좋다.

해설
우편조사는 표본추출된 조사대상자에게 질문지를 우편 발송, 응답자가 스스로 응답한 후 다시 조사자에게 우편 발송해주도록 하는 방법으로 높은 익명성 보장이 가능하다.

36 우편조사 시 취지문이나 질문지 표지에 반드시 포함되지 않아도 되는 사항은?

① 조사기관
② 조사목적
③ 자료분석방법
④ 비밀유지 보장

해설
Cover Letter는 우편조사 표지문으로 응답자에게 협조를 구하기 위한 질문지 겉표지를 말한다. 조사자의 연락처, 실시기관, 지원기관, 연구목적, 연구의 중요성 등이 기입되어야 하며 응답에 대한 비밀유지와 익명성을 강조해야 한다.

| 정답 | 33 ④ 34 ① 35 ① 36 ③

37 다음에 열거한 속성을 모두 충족하는 자료수집방법은?

> - 비용이 저렴하다.
> - 조사기간이 짧다.
> - 그림, 음성, 동영상 등을 이용할 수 있어 응답자의 이해도를 높일 수 있다.
> - 모집단이 편향되어 있다.

① 면접조사
② 우편조사
③ 전화조사
④ 온라인 조사

해설

온라인 조사는 인터넷 매체 등 온라인 통신망 상에서 이루어지는 제반 조사를 실시하여 자료를 수집하는 방법으로 시간과 공간의 제약이 타 방법에 비해 적고 표본수가 증가해도 조사비용이 많이 증가하지 않아 우편조사 등에 비해 조사비용이 경제적이며 멀티미디어 자료 등 시각보조자료의 활용이 가능하여 응답자의 이해도를 높일 수 있지만 인터넷을 사용하는 사람만 응답자가 되므로, 특정 계층에 편중된 응답 등으로 표본의 대표성 확보가 어렵다는 단점이 있다.

38 다음중 투표와 관련된 정치 여론조사를 신속하게 실시해야 할 경우 가장 적합한 자료 수집방법은?

① 면접조사
② 전화조사
③ 우편조사
④ 집단조사

해설

전화조사는 신속한 정보획득을 요하는 여론조사에 많이 사용한다.

39 집단조사를 실시할 때 일반적으로 유의해야 할 사항과 가장 거리가 먼 것은?

① 응답자들에 대한 통제가 용이하다.
② 조사기관으로부터 협력을 얻어야 한다.
③ 집단상황이 응답을 왜곡시킬 가능성이 있다.
④ 집단조사를 승인해준 당국에 의해 조사결과가 이용될 것이라고 인식될 가능성이 있다.

해설

집단조사는 조사대상자를 집단으로 같은 시간, 같은 장소에 두고 질문지를 교부하여 응답자가 응답을 직접 기재하게 하는 자기기입식으로 조사하는 방식으로 대상에 따라 면접방식과 조합하여 실시할 수도 있다. 조사조건의 표본화 및 응답조건의 동등화를 통해 조사의 동일성 확보가 가능하며 조사원의 수를 줄일 수 있는 등 시간과 비용의 절약이 가능하지만 집단 상황이 응답을 왜곡할 수 있으며 일부 통제되지 않는 응답자들로 인해서 전체 응답자들에 대한 관리가 어려워질 수 있다.

40 면접조사에 관한 설명과 가장 거리가 먼 것은?

① 면접 시 조사자는 질문뿐 아니라 관찰도 할 수 있다.
② 같은 조건 하에서 우편설문에 비하여 높은 응답률을 얻을 수 있다.
③ 여러 명의 면접원을 고용하여 조사할 때는 이들을 조정하고 통제하는 것이 요구된다.
④ 가구소득, 가정폭력, 성적경향 등 민감한 사안의 조사 시 유용하다.

해설

면접조사는 응답의 답변 외에도 비언어적 행위의 관찰이 가능하며 응답률이 높지만 면접자에 대한 통제가 어렵다.
④ 면접조사는 면접자와 응답자가 대면하여 조사하는 특성상 익명성 보장이 어려워 민감한 사안의 조사에는 유용성을 갖기 어렵다.

| 정답 | 37 ④ | 38 ② | 39 ① | 40 ④ |

41 비표준화면접에 비해, 표준화면접의 장점이 아닌 것은?

① 새로운 사실, 아이디어의 발견 가능성이 높다.
② 면접결과의 계량화가 용이하다.
③ 반복적 연구가 가능하다.
④ 신뢰도가 높다.

해설
표준화면접은 표준화되어 정해진 면접조사표에 의하여 모든 응답자에게 동일한 질문순서 및 동일한 질문내용으로 면접을 진행하는 방식이다. 결과의 수치화가 용이하며 반복적 조사가 가능하고 정보의 비교가 용이하여 신뢰도가 높지만 면접의 유연성이 부족하고 새로운 사실 발견 가능성이 낮다.

42 면접조사에서 면접자에게 일반적으로 허용되는 사항은?

① 피면접자가 아닌 다른 사람의 조언을 받아 면접내용을 수정한다.
② 선정된 피면접자가 부재중일 때 다른 사람으로 대체해 면접한다.
③ 피면접자가 질문내용을 이해하지 못할 때 간단한 부연설명을 추가한다.
④ 2회 이상 방문하여 대상자를 만나지 못할 경우, 전화조사로 대체하여 조사한다.

해설
면접자는 조사 대상자와의 라포 형성이 주요하며 응답자에게 동기를 부여해야 한다. 성실한 태도와 비밀보장 등으로 편안한 응답을 할 수 있도록 분위기를 조성하며 적절한 부연설명으로 응답자의 이해를 돕고 정확한 응답을 얻기 위한 프로빙 기법 등을 적절하게 활용한다. 주관을 배제한 채 응답내용 그대로를 기록한다. 사소한 것도 빼놓지 않고 기록한다.

43 프로빙(Probing)에 대한 설명으로 틀린 것은?

① 정확한 답을 얻기 위해 방향을 제시하는 기법이다.
② 답변의 정확도를 판단하는 방법으로 활용되기도 한다.
③ 개방형 질문에 대한 답을 비교하는 절차로서 활용된다.
④ 일종의 폐쇄식 질문에 답을 하고 이에 관련된 의문을 탐색하는 보조 방법이다.

해설
프로빙은 응답자로부터 충분한 답을 얻지 못했을 경우, 모호한 응답의 경우 조사자가 이용하는 기술이다. 정확한 답을 얻기위해 방향을 제시하는 기법으로 일종의 폐쇄식 질문에 답을 하고 이에 관련된 의문을 탐색하는 보조 방법이다. 답변의 정확도를 판단하는 방법으로 활용되기도 한다.

44 간접관찰에 대한 내용으로 틀린 것은?

① 획득한 자료를 해석하고 유추하는 과정이 필요하다.
② 직접관찰보다 왜곡될 과정과 여지가 거의 없다.
③ 마모측정은 마모된 정도를 조사하여 조사대상의 특성을 파악하는 것이다.
④ 퇴적측정은 퇴적된 정도를 통해 이것이 의미하는 바의 자료를 수집하는 것이다.

해설
간접관찰은 대상을 간접적으로 관찰하는 것으로, 직접적으로 대상을 관찰하는 것이 아니라 대상과 연관된 정보를 수집하는 방법이다. 획득한 자료를 해석하고 유추하는 과정이 필요하다.
② 직접관찰보다 왜곡될 과정과 여지가 많다.

| 정답 | 41 ① 42 ③ 43 ③ 44 ② |

45 관찰을 통한 자료수집 시 지각과정에서 나타나는 오류를 감소하기 위한 방안과 가장 거리가 먼 것은?

① 보다 큰 단위의 관찰을 한다.
② 객관적인 관찰도구를 사용한다.
③ 관찰기간을 될 수 있는 한 길게 잡는다.
④ 가능한 관찰단위를 명세화해야 한다.

해설
관찰법에서 관찰자마다 감각이 다르며 상황의 복잡성이나 이질성 등이 관찰에 영향을 줌으로써 지각과정에서의 오류가 발생할 수 있다. 감소방안은 보다 큰 단위의 관찰, 객관적 관찰도구 사용, 관찰단위 명세화, 관찰기술 훈련, 관찰기간 단기화, 복수의 관찰자, 관련 요인들에 대한 통제 등이다.

46 관찰의 세부유형에 관한 설명으로 틀린 것은?

① 관찰이 일어나는 상황이 실제 상황인지 연구자가 만들어 놓은 인위적인 상황인지를 기준으로 자연적 관찰과 인위적 관찰로 구분된다.
② 피관찰자가 자신의 행동이 관찰된다는 사실을 알고 있는지 모르고 있는지를 기준으로 공개적 관찰과 비공개적 관찰로 구분한다.
③ 표준관찰기록 양식의 사전결정 등 체계화의 정도에 따라 체계적 관찰과 비체계적 관찰로 구분한다.
④ 관찰에 사용하는 도구에 따라 직접관찰과 간접관찰로 구분한다.

해설
직접관찰과 간접관찰은 관찰시기와 행동발생 시기가 일치하는가의 여부에 따른 분류이다.

47 자기기입식 설문에서 제일 처음에 제시된 응답항목을 선택하는 경향이 큰 것은 어떤 효과에 기인한 것인가?

① 1차 정보효과(Primacy Effect)
② 동조효과(Conformity Effect)
③ 위신향상효과(Self-lifting Effect)
④ 체면치레효과(Ego-threat Effect)

해설
1차 정보효과는 직접 기입하는 응답(자기기입식 설문)에서 잘 모르거나 귀찮을 때 등의 경우에 제일 처음에 제시된 응답항목을 선택하는 경향이 큰 것을 말한다.
② 다른 사람들로 모두 그럴 것이다. 그래서 자신도 그래야 한다고 생각하는 것이다.
③ 자신의 사회적 지위나 위신을 한층 더 높이려고 사실과 다르게 응답하는 것이다.
④ 유행이나 시대에 뒤떨어진다는 소리를 듣지 않기 위해 다르게 답변을 하는 현상이다.

48 실사진행관리에 있어서 면접 시 지켜야 할 규칙에 대한 내용 중 맞는 것을 모두 고르면?

㉠ 조사원은 편견을 갖지 말아야 하며 경청하는 태도를 가져야 한다.
㉡ 응답자의 이해정도에 맞는 질문을 해야 한다.
㉢ 응답자와 대화하는 태도는 조사의 신뢰성을 저해할 수 있으므로 객관적 태도 유지에 힘쓴다.
㉣ 응답거부가 일어날 수 있는 상황을 파악하고 적절히 대처한다.

① ㉠, ㉣
② ㉠, ㉡, ㉢
③ ㉠, ㉡, ㉣
④ ㉠, ㉡, ㉢, ㉣

해설
응답자와 대화하는 태도를 갖춰야 한다.

49 변수의 종류에 관한 설명으로 옳은 것을 모두 고른 것은?

㉠ 매개변수는 독립변수와 종속변수 사이에서 독립변수의 결과인 동시에 종속변수의 원인이 되는 변수이다.
㉡ 억제변수는 두 변수 X, Y의 사실상의 관계를 정반대의 관계로 나타나게 하는 제3의 변수이다.
㉢ 왜곡변수는 두 변수 X, Y가 서로 관계가 있는데도 관계가 없는 것으로 나타나게 하는 제3의 변수이다.
㉣ 통제변수는 외재적 변수의 일종으로 그 영향을 검토하지 않기로 한 변수이다.

① ㉠, ㉡
② ㉡, ㉢
③ ㉢, ㉣
④ ㉠, ㉣

해설
㉡ 두 변수 X, Y의 사실상의 관계를 정반대의 관계로 나타나게 하는 제3의 변수는 왜곡변수이다.
㉢ 두 변수 X, Y가 서로 관계가 있는데도 관계가 없는 것으로 나타나게 하는 제3의 변수는 억제변수이다.

50 리커트(Likert) 척도법에 대한 설명으로 적절하지 않은 것은?

① 척도가 단일차원을 측정하고 있는가를 검토하기 위하여 인자분석(Factor Analysis)을 사용하기도 한다.
② 항목들은 동일한 태도 가치를 갖는다고 전제한다.
③ 항목들이 내적일관성을 가져야 하며 신뢰성 측정방법으로 이를 평가할 수 있다.
④ 각 문항에 대한 가중치를 다르게 부여할 수 없다는 단점이 있다.

해설
리커트 척도법은 하나의 주제를 척도의 중심 내용으로 잡아서 진술 세트를 구성하고, 그 진술들에 대하여 응답자에게 긍정·부정의 정도가 어디까지인지를 표시하게 하고 이를 합산 또는 평균한 결과로 응답자의 태도를 측정한다.
항목들은 동일한 태도 가치를 갖는다고 전제하며, 사용하기 쉽고 직관적인 이해가 가능하여 사회조사에서 널리 사용된다. 동일한 개념을 여러 문장으로 질문하는데, 이러한 항목들이 내적일관성을 가져야 하며 신뢰성 측정방법으로 이를 평가할 수 있다. 척도의 단일차원성 검토를 위해 인자분석(요인분석, Factor Analysis)을 사용하기도 한다.
④ 각 문항에 대한 가중치를 다르게 부여할 수 있다.

51 소시오메트리에 관한 설명으로 잘못된 것은?

① 주관적 경험을 통한 현상학적 접근으로 집단 구조를 이해하려 하는 것이다.
② 집단 구성원 간의 친화와 반감을 조사하여 집단 구조를 이해하려는 방법이다.
③ 구성원들 사이에 존재하는 관계의 총체적 구조를 단순화하거나 도표화한 것이다.
④ 집단이 형성된 시간, 집단의 크기 등은 고려하지 않아도 된다.

해설
소시오메트리는 집단 구성원 간의 친화와 반감을 조사, 친화와 반감의 빈도와 강도에 의해 집단내의 구조를 측정하고 집단 구조를 이해하려는 방법으로, 구성원들 사이에 존재하는 관계의 총체적 구조를 단순화하거나 도표화한 것이다. 주관적 경험을 통한 현상학적 접근으로 집단 구조를 이해하려 하는 것으로 일반적으로 모레노를 중심으로 발전한 인간관계의 측정에 관한 방법을 의미한다. 집단이 형성된 시간, 집단의 크기, 집단의 조사목적에의 적합성 등이 고려 사항이 된다.

| 정답 | 49 ④ 50 ④ 51 ④

52 속성이 전혀 존재하지 않는 상태의 영점(0)이 존재하는 척도는?

① 서열척도
② 명목척도
③ 비율척도
④ 등간척도

해설
속성이 전혀 존재하지 않는 상태의 영점(0)은 절대영점을 의미하며 이는 비율척도 수준에서 성립한다.

53 다음에서 설명하고 있는 것은?

> 추상적 구성개념이나 잠재변수의 값을 측정하기 위해, 측정할 내용이나 측정방법을 구체적으로 정확하게 표현하고 의미를 부여하는 것으로, 추상적 개념을 관찰 가능한 형태로 표현해 놓은 것이다.

① 개념적 정의
② 추상적 정의
③ 가설설정
④ 조작적 정의

해설
조작적 정의는 추상적인 개념을 관찰 가능한 구체적인 지표로 표현하는 것으로 측정가능성과 직결된 정의이다. 추상적 개념들을 구체적 경험세계와 연결시켜 준다.

54 입사성적이 높은 사람이 회사에 대한 공헌도가 매우 높고 근무성적 또한 우수하다면 입사시험이라는 측정도구는 어떤 타당성이 높다고 할 수 있는가?

① 안면타당성(Face Validity)
② 내용타당성(Content Validity)
③ 예측타당성(Predictive Validity)
④ 집중타당성(Convergent Validity)

해설
입사성적이라는 척도가 미래의 사건을 얼마나 잘 예측하는 가에 관한 것이다. 이는 예측타당성에 해당된다. 예측타당성은 척도가 미래의 사건을 얼마나 잘 예측하는가에 관한 것으로, 현재의 상태로부터 차후의 사건과의 차이를 예측해내는 정도이다.

55 조사원 모집과 선발에 관한 내용 중 적합하지 않은 것은?

① 조사내용이나 성격, 조사대상자의 연령이나 특성을 감안하여 조사의 방법 별로 일정한 요건에 중점을 두어 선발한다.
② 면접조사원의 경우 인터넷 활용능력과 정확성 등에 대한 사항이 우선적으로 고려되어야 한다.
③ 외형적 요건 및 내면적 요건을 고려한다.
④ 전화조사원의 경우 발음, 전달력 등을 점검하여 선발하는 것이 좋다.

해설
면접조사원의 경우 외형과 성격, 유사조사경력 등 일정한 경력요건 등을 감안한다. 인터넷 활용능력과 정확성 등에 대한 우선적 고려는 인터넷 조사원에 해당하는 사항이다.

| 정답 | 52 ③ | 53 ④ | 54 ③ | 55 ② |

56 명목척도 구성을 위한 측정범주들에 대한 기본원칙과 가장 거리가 먼 것은?

① 상호배타성
② 포괄성
③ 논리적 연관성
④ 비례성

[해설]
명목척도 구성을 위한 측정범주의 기본원칙은 상호배타성, 포괄성, 논리적 연관성이다.
④ 비율척도에 해당하는 내용이다.

57 개념타당성(Construct Validity)에 관한 옳은 설명을 모두 고른 것은?

㉠ 측정에 의해 얻는 측정값 자체보다는 측정하고자 하는 속성에 초점을 맞춘 타당성이다.
㉡ 이론과 관련하여 측정도구의 타당성을 검증한다.
㉢ 개념타당성 측정방법으로 요인분석 등이 있다.
㉣ 통계적 검증을 할 수 있다.

① ㉠, ㉣
② ㉡, ㉢, ㉣
③ ㉡, ㉢
④ ㉠, ㉡, ㉢, ㉣

[해설]
개념타당성은 이론과 관련하여 측정도구의 타당도를 검증한다. 척도가 이론적·추상적 개념을 얼마나 적절하게 잘 측정하였는가를 나타내는 것으로 척도를 구성하는 개념이 이론적 개념들에 잘 부합하는가를 확인함으로써 측정도구의 타당성을 이론적 바탕 위에서 경험적으로 평가하는 것이다. 측정값들 간의 상관관계를 점검하며, 통계적 검증을 할 수 있다. 타당성을 통계적으로 검증할 수 있는 방법으로 요인분석, 다중속성-다중측정법, 이론적 구성개념 등이 있다.

58 토익점수와 실제 영어회화와의 관련성을 분석한 결과, 토익점수가 높다고 해서 영어회화를 잘한다는 가설에 대한 통계적 유의성은 없다고 가정하면 토익점수라는 측정도구는 어떤 문제가 있는가?

① 신뢰도
② 타당도
③ 유의도
④ 내적일관성

[해설]
타당도는 연구자·측정도구가 측정하고자 하는 개념을 얼마나 정확하게/실제에 가깝게/제대로 잘 측정했는지를 나타내는 것이다. 토익점수가 실제적인 영어회화 능력을 정확하게 나타내거나 측정한다고 할 수 없다는 것은 타당도의 문제이다.

59 다음 설명에 해당하는 척도는?

- 대립적인 형용사의 쌍을 이룬다.
- 의미적 공간에 어떤 대상을 위치시킬 수 있다는 이론적 가정에 기초한다.
- 마케팅조사에서 기업이나 브랜드에 대한 이미지, 태도 등의 방향과 정도를 알기 위해 널리 이용된다.

① 의미분화척도(Semantic Differential Scale)
② 서스톤 척도(Thurstone Scale)
③ 스타펠 척도(Stapel Scale)
④ 거트만 척도(Guttman Scale)

[해설]
의미분화척도는 척도의 양극단에 서로 상반되는 두 개의 형용사를 제시하고, 그 사이에서 속성을 평가하여 선택하도록 하는 방법으로 의미적 공간에 어떤 대상을 위치시킬 수 있다는 이론적 가정에 기초한다. 마케팅조사에서 기업이나 브랜드에 대한 이미지, 태도 등의 방향과 정도를 알기 위해 널리 이용된다.

| 정답 | 56 ④ 57 ④ 58 ② 59 ①

60 측정오차(Error of Measurement)에 관한 설명으로 틀린 것은?

① 체계적 오차는 항상 일정한 방향으로 작용하는 편향(Bias)이다.
② 비체계적 오차는 상호상쇄(Self-compensation)되는 경향도 있다.
③ 비체계적 오차는 측정대상, 측정과정, 측정수단 등에 따라 일관성 없이 영향을 미침으로써 발생한다.
④ 측정의 오차를 신뢰성 및 타당성과 관련지었을 때 체계적 오차는 신뢰성과, 비체계적 오차는 타당성과 관련된다.

해설
측정오차를 신뢰성 및 타당성과 관련지었을 때, 체계적 오차는 타당성과, 비체계적 오차는 신뢰성과 관련된다.

제3과목: 통계분석과 활용

61 어느 회사는 자사에서 생산되는 제품의 탄성검사를 위해 랜덤하게 추출한 49개 제품을 조사하였다. 조사결과 평균은 160mm, 표준편차는 15mm이었다. 이 회사 생산제품의 탄성 평균에 대한 95%신뢰구간을 추정하면? [단, $P(Z>1.96)=0.025$, $P(Z>1.645)=0.05$]

① $160 \pm 1.645 \frac{15}{7}$
② $160 \pm 1.645 \frac{15}{49}$
③ $160 \pm 1.96 \frac{15}{7}$
④ $160 \pm 1.96 \frac{15}{49}$

해설
단일모집단 평균의 신뢰구간을 구하는데 모분산은 알려져 있지 않지만 표본의 크기가 $n \geq 30$인 49이므로 Z-분포를 사용한다.
$\overline{X} - Z_{\frac{\alpha}{2}} \frac{\sigma}{\sqrt{n}} \leq \mu \leq \overline{X} + Z_{\frac{\alpha}{2}} \frac{\sigma}{\sqrt{n}}$ 에서 표본평균 $\overline{X} = 160$,
95% 신뢰수준에서 $Z_{0.025} = 1.96$, σ = 표본의 표준편차(S) = 15, $n = 49$
이므로 95% 신뢰구간은 $160 - 1.96 \frac{15}{\sqrt{49}} \leq \mu \leq 160 + 1.96 \frac{15}{\sqrt{49}}$ 이다.
∴ $160 \pm 1.96 \frac{15}{7}$

62 자료의 분포에 대한 대푯값으로 평균(Mean) 대신 중앙값(Median)을 사용하는 이유로 가장 적합한 것은?

① 자료의 크기가 큰 경우 평균은 계산이 어렵다.
② 편차의 총합은 항상 0이다.
③ 평균은 음수가 나올 수 있다.
④ 평균은 중앙값보다 극단적 관측값에 의해 영향을 받는 정도가 심하다.

해설
평균(산술평균)은 극단적 관측값에 의해 영향을 받는 정도가 심하므로 이 영향을 줄이려면 중앙값이 보다 적합하다.

63 통계학 과목의 기말고사 성적은 평균(Mean)이 30점, 중위값(Median)이 28점이었다. 점수가 너무 낮아서 담당교수는 20점의 기본 점수를 더해 주었다. 새로 산정한 점수의 중위값은?

① 28점
② 30점
③ 38점
④ 48점

해설
값들 모두에 20점을 더해주었기 때문에 모든 값이 20점만큼 커지는 방향으로 동일하게 이동한 것으로 보면 된다. 따라서 중위값은 28점에서 20점만큼 커진 48점이 된다.

64 평균이 60, 중앙값이 58, 표준편차가 6일 때 변이계수(Coefficient of Variation)는?

① 4%
② 10%
③ 10.5%
④ 40%

해설
변이계수 = $\frac{표준편차(S)}{평균(\bar{X})}$ = $\frac{6}{60}$ = 0.1 = 10%

65 오른쪽으로 꼬리가 긴 분포를 갖는 것은?

① 평균 = 40, 중위수 = 45, 최빈수 = 50
② 평균 = 40, 중위수 = 50, 최빈수 = 55
③ 평균 = 50, 중위수 = 45, 최빈수 = 40
④ 평균 = 50, 중위수 = 50, 최빈수 = 50

해설
오른쪽으로 꼬리가 길게 늘어진 형태의 분포는 좌측으로 치우친 비대칭 분포로 양(+)의 왜도를 가진다. 최빈수 < 중위수 < (산술)평균의 관계가 성립한다.

66 3개의 공정한 동전을 던질 때 적어도 앞면이 하나 이상 나올 확률은?

① 7/8
② 6/8
③ 5/8
④ 4/8

해설
적어도 앞면이 하나 이상 나올 확률 = (전체 확률 − 앞면이 하나도 나오지 않을 확률)

동전 1개를 던질 때 뒷면이 나올 확률 = $\frac{1}{2}$

3개 모두가 뒷면이 나올 확률은 각 사건은 독립이므로 $\frac{1}{2} \times \frac{1}{2} \times \frac{1}{2} = \frac{1}{8}$

$\therefore 1 - \frac{1}{8} = \frac{7}{8}$

| 정답 | 63 ④ | 64 ② | 65 ③ | 66 ① |

67 다음은 어느 한 야구선수가 임의의 한 시합에서 치는 안타수의 확률분포이다. 이 야구선수가 내일 시합에서 2개 이상의 안타를 칠 확률은?

안타 수(X)	0	1	2	3	4	5
$P(X=x)$	0.30	0.15	0.25	0.20	0.08	0.02

① 0.2
② 0.25
③ 0.45
④ 0.55

해설
- 이산확률변수 X의 확률질량함수 $P(X=x_i)$에 관한 성질에서
$$P(x_i \leq X \leq x_j) = \sum_{k=i}^{j} P(X=x_k)$$
- 안타를 2개 이상 칠 확률 = $P(X \geq 2)$
= $P(X=2) + P(X=3) + P(X=4) + P(X=5)$
= $0.25 + 0.20 + 0.08 + 0.02 = 0.55$

68 확률변수 X는 평균이 2이고 표준편차가 2인 분포를 따를 때, $Y=-2X+10$의 평균과 표준편차는?

	평균	표준편차
①	6	4
②	6	6
③	14	4
④	14	6

해설
기댓값과 분산의 성질을 이용한다. 기댓값의 성질 $E(aX \pm b) = aE(X) \pm b$, 분산의 성질 $V(aX \pm b) = a^2 V(X)$이므로
$E(Y) = E(-2X+10) = -2E(X) + 10$
$V(Y) = V(-2X+10) = (-2)^2 V(X)$ 이다.
이때 $E(X) = 2$, $V(X) = 2^2$이므로
$E(Y) = -2 \times 2 + 10 = 6$
$V(Y) = (-2)^2 \times 2^2 = 16$
표준편차는 $\sqrt{V(Y)}$이므로 $\sqrt{16} = 4$이다.

69 어느 제약회사에서 생산하고 있는 진통제는 복용 후 진통효과가 나타날 때까지 걸리는 시간이 평균 30분, 표준편차 8분인 정규분포를 따른다고 한다. 임의로 추출한 100명의 환자에게 진통제를 복용시킬 때 복용 후 40분에서 44분 사이에 진통효과가 나타나는 환자의 수는? (단, 다음 표준정규분포표를 이용하시오)

z	0.75	1.00	1.25	1.50	1.75
$P(0 \leq Z \leq z)$	0.27	0.34	0.39	0.43	0.46

① 4
② 5
③ 7
④ 10

해설
진통효과가 나타나는 시간을 확률변수 X라 할 때 X는 정규분포 $N(30, 8^2)$을 따른다. 해당 정규분포에서의 값 40분과 44분을 각각 표준정규분포 $N(0, 1)$를 따르는 확률변수 Z로 표준화하여 표준정규분포에서의 값으로 변환한다.

$$Z = \frac{x - \mu}{\sigma}$$

*x: 표본통계량, μ: 모집단 평균의 추정치,
σ: 모집단 표준편차의 추정치

40분과 44분을 표준화한 값들은 각각 $Z = \frac{40-30}{8} = 1.25$, $Z = \frac{44-30}{8} = 1.75$ 이다.
따라서 진통효과가 나타날 때까지 걸리는 시간이 40분에서 44분 사이일 확률은 $P(1.25 < Z < 1.75)$이다. 이는 Z가 0과 1.75 사이에 있을 확률에서 Z가 0과 1.25 사이에 있을 확률을 뺀 값과 같으므로 $P(1.25 < Z < 1.75)$ = $0.46 - 0.39 = 0.07$이다. 따라서 환자 수 100명에 0.07을 곱하면 구하고자 하는 문제의 답은 $100 \times 0.07 = 7$명이 된다.

| 정답 | 67 ④ 68 ① 69 ③

70 평균체중이 58kg이고 표준편차가 3kg인 B고등학교 학생들 중에서 임의로 뽑은 100명 학생들의 평균체중 $\overline{X}$의 표준편차는?

① 0.03kg
② 0.3kg
③ 3kg
④ 30kg

해설

표본평균($\overline{X}$)의 표준편차는 표준오차이며 $\frac{\sigma}{\sqrt{n}}$이다. 모집단의 표준편차를 사용하면 되므로 $\frac{\sigma}{\sqrt{n}} = \frac{3}{\sqrt{100}} = \frac{3}{10} = 0.3$이다.

71 어느 학교에서 A반과 B반의 영어점수는 평균과 범위가 모두 동일하고, 표준편차는 A반이 15점, B반이 5점이었다. 이 자료를 기초로 내릴 수 있는 결론으로 맞는 것은?

① A반 학생의 점수가 B반 학생보다 평균점수 근처에 더 많이 몰려있다.
② B반 학생의 점수가 A반 학생보다 평균점수 근처에 더 많이 몰려있다.
③ (평균점수 ± 1 × 표준편차)의 범위 안에 들어있는 학생들의 수는 A반이 B반보다 3개가 더 많다.
④ (평균점수 ± 1 × 표준편차)의 범위 안에 들어있는 학생들의 수는 A반이 B반보다 1/3밖에 되지 않는다.

해설

B반이 A반보다 표준편차가 더 작으므로 B반이 평균점수 근처에 더 몰려있다고 볼 수 있다. 상대적 분포의 산포도인 변동계수 = $\frac{표준편차}{평균}$를 점검해보면 두 반의 평균이 같은 상태에서 더 작은 표준편차를 가진 B반이 변동계수가 작다는 것을 알 수 있게 된다. 추가로, 주어진 정보만으로는 ③과 ④를 판단하기 어렵다.

72 평균이 10이고 분산이 0.4인 정규모집단으로부터 10개의 표본을 임의로 추출하는 경우, 표본평균의 평균과 분산은?

① (1.0, 0.4)
② (1.0, 0.04)
③ (10, 0.04)
④ (10, 0.08)

해설

중심극한의 정리에 따라 평균 μ, 표준편차 σ인 모집단에서 n개의 표본을 반복 추출하면 그 표본들의 각 평균값 $\overline{x}$의 분포는 정규분포로 수렴하게 되며, 평균 μ, 표준편차 $\frac{\sigma}{\sqrt{n}}$가 된다.
모집단의 평균은 10, 분산 $\sigma^2 = 0.4$이므로 표본평균의 평균은 10, 분산(표준편차의 제곱)은 $\frac{\sigma^2}{n} = \frac{0.4}{10} = 0.04$

73 두 확률변수 X와 Y의 결합확률분포가 다음과 같을 때, $P(X-Y=1)$은?

X \ Y	1	3	5
2	0.25	0.15	0.05
4	0.15	0.30	0.10

① 0.25
② 0.40
③ 0.55
④ 0.65

해설

$P(X-Y=1)$이 되는 경우는 ($X=2$, $Y=1$)인 경우와 ($X=4$, $Y=3$)인 경우이므로, 주어진 표에서 그에 해당하는 확률 0.25와 0.30의 합인 0.55가 답이 된다.

74 귀무가설이 참임에도 불구하고 이를 기각하는 결정을 내리는 오류를 무엇이라고 하는가?

① 제1종 오류
② 제2종 오류
③ 제3종 오류
④ 제4종 오류

[해설]
귀무가설이 참임에도 불구하고 이를 기각하는 결정을 내리는 오류를 제1종 오류라고 한다.

75 다음 중 유의확률(p - value)에 대한 설명으로 틀린 것은?

① 주어진 데이터와 직접적으로 관계가 있다.
② 검정통계량이 실제 관측된 값보다 대립가설을 지지하는 방향으로 더욱 치우칠 확률로서 귀무가설 하에서 계산된 값이다.
③ 유의확률이 작을수록 귀무가설에 대한 반증이 강한 것을 의미한다.
④ 유의수준이 유의확률보다 작으면 귀무가설을 기각한다.

[해설]
유의확률은 귀무가설이 맞을 때 적어도 그 정도의 극단적인 표본값이 나올 확률로 0과 1 사이의 값을 가진다. 즉 귀무가설이 맞다는 전제하에 검정통계량이 표본에서 계산된 값보다 같거나 대립가설을 지지하는 방향으로 더 극단적인 값을 가질 확률이다. 표본자료로부터 계산되는 값이며, p-value로 나타낸다. p-value ≤ α이면 귀무가설을 기각할 수 있다. 즉 유의확률이 작을수록 귀무가설이 맞을 가능성은 작아진다.

76 여론조사 기관에서 특정 프로그램의 시청률을 조사하기 위하여 100명의 시청자를 임의로 추출하여 시청여부를 물었더니 이 중 10명이 시청하였다. 이 때 이 프로그램의 시청률에 대한 95% 신뢰구간은? (단, 표준정규분포를 따르는 확률변수 Z는 P(Z > 1.96)=0.025를 만족한다)

① (0.0312, 0.1688)
② (0.0412, 0.1588)
③ (0.0512, 0.1488)
④ (0.0612, 0.1388)

[해설]
모비율에 대한 신뢰구간을 구하는 문제이다.
시청비율은 $\hat{p} = \frac{10}{100} = 0.1$이고 $n \geq 30$으로 대표본이므로 검정통계량 Z를 이용하며 95% 신뢰구간을 구한다.
$Z_{\frac{\alpha}{2}} = Z_{0.025} = 1.96$이므로

$$\hat{p} - Z_{\frac{\alpha}{2}}\sqrt{\frac{\hat{p}(1-\hat{p})}{n}} \leq p \leq \hat{p} + Z_{\frac{\alpha}{2}}\sqrt{\frac{\hat{p}(1-\hat{p})}{n}}$$

$$0.1 - 1.96\sqrt{\frac{0.1(1-0.1)}{100}} \leq p \leq 0.1 + 1.96\sqrt{\frac{0.1(1-0.1)}{100}}$$

∴ $0.0412 \leq p \leq 0.1588$

| 정답 | 74 ① | 75 ④ | 76 ② |

77 크기가 100인 확률표본으로부터 얻은 표본평균에 근거하여 구한 모평균에 대한 90% 신뢰구간의 오차의 한계가 3이라고 할 때, 오차의 한계가 1.5가 넘지 않도록 표본설계를 하려면 표본의 크기를 최소한 얼마 이상이 되도록 하여야 하는가?

① 100
② 200
③ 400
④ 1000

해설

오차한계 $Z_{\frac{\alpha}{2}} \frac{\sigma}{\sqrt{n}} \leq 1.5$를 만족시키는 n을 구하면 된다.

$n = 100$, $Z_{\alpha/2} = 1.645$(90% 신뢰수준)일 때 오차한계 $Z_{\frac{\alpha}{2}} \frac{\sigma}{\sqrt{n}} = 3$이므로 이를 이용하여 표본의 크기 n에 관한 값을 구할 수 있다.

$1.645 \frac{\sigma}{\sqrt{100}} = 3$이므로 $\sigma = \frac{30}{1.645}$

$\therefore Z_{\frac{\alpha}{2}} \frac{\sigma}{\sqrt{n}} = 1.645 \frac{\frac{30}{1.645}}{\sqrt{n}} \leq 1.5$

양변을 제곱하여 정리하면 $(1.645)^2 \frac{\left(\frac{30}{1.645}\right)^2}{n} \leq (1.5)^2$

$\frac{900}{n} \leq 2.25$

따라서 $n \geq 400$이 되므로 오차한계가 1.5를 넘지 않도록 하는 최소표본의 크기는 400 이상이다.

78 국회의원 후보 A에 대한 청년층 지지율 p_1과 노년층 지지율 p_2의 차이 $p_1 - p_2$는 6.6%로 알려져 있다. 청년층과 노년층 각각 500명씩을 랜덤 추출하여 조사하였더니, 위 지지율 차이는 3.3%로 나타났다. 지지율 차이가 줄어들었다고 할 수 있는지를 검정하기 위한 귀무가설 H_0와 대립가설 H_1은?

① $H_0 : p_1 - p_2 = 0.033$, $H_1 : p_1 - p_2 > 0.033$
② $H_0 : p_1 - p_2 > 0.033$, $H_1 : p_1 - p_2 \leq 0.033$
③ $H_0 : p_1 - p_2 < 0.066$, $H_1 : p_1 - p_2 \geq 0.066$
④ $H_0 : p_1 - p_2 = 0.066$, $H_1 : p_1 - p_2 < 0.066$

해설

기존의 알려진 지지율 차이는 6.6%이며 이것이 귀무가설로 설정된다. 본 문제에서의 대립가설은 지지율 차이가 귀무가설에서의 차이 6.6%보다 줄어들었다는 방향을 가지고 있으므로 귀무가설에서 설정된 값보다 작다는 방향으로 설정된다.

*귀무가설: 같다, 차이가 없다는 입장으로, 일반적으로 등호로 표시된다.

79 두 모집단의 분산에 대한 동일성 검정에 사용되는 검정통계량의 분포는?

① t - 분포
② 기하분포
③ χ^2 - 분포
④ F - 분포

해설

두 모집단의 분산에 대한 동일성 검정은 2개의 모집단에서 각각 표본을 추출하여 이들의 분산을 비교함으로써 두 모집단 간의 분산의 차이를 검정(모분산비 검정)하는 것으로, 두 모집단의 분산이 같은지 아니면 어느 한 쪽의 분산이 더 큰지를 검정하는 것이다. 두 모집단의 분산검정에는 F - 분포가 사용된다.

80 제1종 오류와 제2종 오류를 범할 확률을 각각 α, β라 할 때 다음 설명 중 옳은 것은?

① $\alpha \neq \beta = 1$이면 귀무가설을 기각해야 한다.
② $\alpha = \beta$이면 귀무가설을 채택해야 한다.
③ 주어진 표본에서 α와 β를 동시에 줄일 수는 없다.
④ $\alpha \neq \beta$이면 항상 귀무가설을 채택해야 한다.

해설
α와 β는 서로 반대방향으로 작용한다. 즉 하나를 줄이면 다른 하나가 커진다. 동시에 줄일 수 없다.

81 정규분포를 따르는 어떤 집단의 모평균이 10인지를 검정하기 위하여 크기가 25인 표본을 추출하여 관측한 결과 표본평균은 9, 표본표준편차는 2.5이었다. t - 검정을 할 경우 검정통계량 값은?

① 2
② 1
③ -1
④ -2

해설
평균검정에서 모분산이 알려져 있지 않고 소표본인 경우 사용되는 검정통계량 t는 다음과 같다.

$$t = \frac{\overline{X} - \mu_0}{S/\sqrt{n}} \ (d.f. = n-1)$$
* $\overline{X}$: 표본의 평균값, μ_0: 귀무가설로 설정된 모집단의 평균값,
S: 표본의 표준편차, $S/\sqrt{n}$: $\overline{X}$의 표준오차

이때 표본평균 $\overline{X} = 9$, 모평균 $\mu_0 = 10$, 표본표준편차 $S = 2.5$, $n = 25$이므로
$t = \frac{\overline{X} - \mu_0}{S/\sqrt{n}} = \frac{9 - 10}{2.5/\sqrt{25}} = \frac{-1}{2.5/5} = -\frac{5}{2.5} = -2$

82 정규분포를 따르는 모집단의 모평균에 대한 가설 $H_0 : \mu = 50$ vs $H_1 : \mu < 50$을 검정하고자 한다. 크기 $n = 100$의 임의표본을 취하여 표본평균을 구한 결과 $\overline{X} = 49.02$를 얻었다. 모집단의 표준편차가 5라면 유의확률은 얼마인가?
(단, $P(Z \leq -1.96) = 0.025$)

① 0.025
② 0.05
③ 0.95
④ 0.975

해설
유의확률(p-value)은 귀무가설이 옳다는 전제하에 검정통계량이 표본에서 계산된 값보다 같거나 대립가설을 지지하는 방향으로 더 극단적인 값을 가질 확률이므로, 표본통계량을 구하고 통계량보다 극단적인 영역에 속하는 부분의 확률값을 구하면 된다. 평균검정에서 모분산이 알려져 있고 대표본이므로 검정통계량 Z를 사용한다.

$$Z = \frac{\overline{X} - \mu_0}{\sigma/\sqrt{n}}$$
* $\overline{X}$: 표본의 평균값,
μ_0: 귀무가설로 설정된 모집단의 평균값,
σ: 모표준편차, $\sigma/\sqrt{n}$: $\overline{X}$의 표준오차

이때 표본평균 $\overline{X} = 49.02$, 모집단의 평균 $\mu_0 = 50$, 모표준편차 $\sigma = 5$, $n = 100$이므로
$Z = \frac{\overline{X} - \mu_0}{\sigma/\sqrt{n}} = \frac{49.02 - 50}{5/\sqrt{100}} = \frac{-0.98}{5/10} = -1.96$
표본에서 계산된 통계량 -1.96과 같거나 대립가설 지지방향으로 더 극단적 값을 가질 확률, 즉 유의확률은 $P(Z \leq -1.96) = 0.025$이다.

| 정답 | 80 ③ 81 ④ 82 ①

83 A도시에서는 실업률이 5.5%라고 발표하였다. 그러나 관련 민간단체에서는 실업률 5.5%는 너무 낮게 추정된 값이라고 여겨 이를 확인하고자 노동력 인구 중 520명을 임의로 추출하여 조사한 결과 39명이 무직임을 알게 되었다. 이를 확인하기 위한 검정을 수행할 때 검정통계량의 값은?

① -2.58
② 1.75
③ 1.96
④ 2.00

해설

단일모집단 비율검정을 위한 검정통계량 Z를 이용한다.

표본의 비율 $\hat{p} = \frac{39}{520} = 0.075$, 귀무가설로 설정된 모집단의 비율 $p_0 = 0.055$, $n = 520$ 이므로

$$Z = \frac{\hat{p} - p_0}{\sqrt{\frac{p_0(1-p_0)}{n}}} = \frac{0.075 - 0.055}{\sqrt{\frac{0.055(1-0.055)}{520}}} \fallingdotseq 2$$

84 두 변량 중 X를 독립변수, Y를 종속변수로 하여 X와 Y의 관계를 분석하고자 한다. X가 범주형 변수이고 Y가 연속형 변수일 때 가장 적합한 분석방법은?

① 회귀분석
② 교차분석
③ 분산분석
④ 상관분석

해설

(독립변수, 종속변수)로 나타내면 다음과 같다.
① (연속형: 더미변수 등 범주형도 가능, 연속형)
② (범주형, 범주형)
③ (범주형, 연속형)
④ (연속형, 연속형: 엄밀하게는 독립변수와 종속변수의 구분은 없다)

85 일원배치법의 모형 $Y_{ij} = \mu + \alpha_i + \epsilon_{ij}$ 에서 오차항 ϵ_{ij}의 가정에 대한 설명으로 틀린 것은?

① 오차항 ϵ_{ij}는 서로 독립이다.
② 오차항 ϵ_{ij}의 기댓값은 0이다.
③ 오차항 ϵ_{ij}는 정규분포를 따른다.
④ 오차항 ϵ_{ij}의 분산은 동일하지 않아도 무방하다.

해설

일원분산분석의 오차항에 대한 가정은 다음과 같다.
• 오차(ϵ_{ij})의 기댓값은 0이다.
• [독립성] 오차는 서로 독립적이다.
  ☞ 임의의 오차 ϵ_{ij}와 $\epsilon_{i'j'}$는 서로 독립이다.
• [정규성] 오차(ϵ_{ij})의 분포는 정규분포이다.
• [등분산성] 오차들의 분산은 동일하다.

86 일원배치분산분석에서 인자의 수준이 3이고 각 수준마다 반복실험을 5회씩 한 경우 잔차(오차)의 자유도는?

① 9 ② 10
③ 11 ④ 12

해설

오차의 자유도는 $n-k$이다. 인자(요인, 처리)의 수준이 3이고, 각 수준마다 반복실험을 5회씩 동일하게 했으므로
㉠ 자료의 총 개수 $n = 3 \times 5 = 15$
㉡ 처리수준이 3이므로 $k = 3$
따라서 오차의 자유도 $= n - k = 15 - 3 = 12$이다.

87 다음 분산분석표의 ㉠~㉢에 들어갈 값은?

요인	제곱합	자유도	평균 제곱	F-값	유의 확률
인자	199.34	1	199.34	㉢	0.099
잔차	315.54	6	㉡		
계	514.88	㉠			

	㉠	㉡	㉢
①	7	52.59	2.58
②	7	52.59	3.79
③	7	1893.24	2.58
④	7	1893.24	9.50

해설

일원배치분산분석에서 분산분석표 상의 자유도는
- 처치(집단간, 인자) = $k-1$
- 오차(집단내, 잔차) = $n-k$
- 합계 = 처치자유도 + 오차자유도 = $n-1$
- 평균제곱 = $\frac{제곱합}{자유도}$, $F = \frac{처치(집단간, 인자)평균제곱}{오차(집단내, 잔차)평균제곱}$ 이므로

㉠ $1+6=7$
㉡ $315.54/6 = 52.59$
㉢ $199.34/52.59 = 3.79$

88 3개의 처리(Treatment)를 각각 5번씩 반복하여 실험하였고, 이에 대해 분산분석을 실시하고자 할 때의 설명으로 틀린 것은?

① 분산분석표에서 오차의 자유도는 12이다.
② 분산분석의 영가설(H_0)은 3개의 처리 간 분산이 모두 동일하다고 설정한다.
③ 유의수준 0.05 하에서 계산된 F-값은 F(0.05, 2, 12) 분포값과 비교하여 영가설의 기각여부를 결정한다.
④ 처리평균제곱은 처리제곱합을 처리자유도로 나눈 것을 말한다.

해설

② 분산분석의 영가설은 집단의 평균이 모두 동일하다고 설정한다.
  ($H_0 : \mu_1 = \mu_2 = \mu_3$)
① 오차의 자유도 = 총자료수 n - 처리 k
  = (처리 × 반복수 = 3 × 5 = 15) - 3 = 12
③ 유의수준 0.05 하에서 계산된 F값을 F 임계치와 비교한다. F 임계치는 유의수준 0.05에서 (처리의 자유도(v_1), 오차의 자유도(v_2))로 계산한다. 즉 0.05에서 v_1과 v_2의 교차점에 있는 값이 임계치가 된다. 처리의 자유도는 [처리 $k-1$]이므로 3-1=2, 오차의 자유도는 12이므로 (0.05, 2, 12)의 값을 구해서 영가설의 기각여부를 결정한다.
④ 처리평균제곱은 처리제곱합을 처리자유도로 나눈 것이다.

89 독립변수가 5개인 100개의 자료를 이용하여 절편이 있는 선형회귀모형을 추정할 때 잔차의 자유도는?

① 4 ② 5
③ 94 ④ 95

해설

독립변수가 5개이므로 회귀모형 $y = \beta_0 + \beta_1 x_1 + \beta_2 x_2 + \cdots + \beta_5 x_5 + \epsilon$ 인 다중회귀분석이다. 다중회귀분석의 분산분석표는 다음과 같다.

변동의 원천(요인)	제곱합 (SS)	자유도 (df)	평균제곱 (MS)	검정통계량 F
회귀 (SSR)	$\sum_{i=1}^{n}(\hat{y_i}-\bar{y})^2$	독립변수의 수 k	$MSR = \dfrac{SSR}{k}$	$F = \dfrac{MSR}{MSE}$
잔차 (SSE)	$\sum_{i=1}^{n}(y_i-\hat{y_i})^2$	$n-k-1$	$MSE = \dfrac{SSE}{n-k-1}$	
총제곱합 (SST)	$\sum_{i=1}^{n}(y_i-\bar{y})^2$	$n-1$		

잔차의 자유도는 $n-k-1$ (n: 표본의 크기, k: 독립변수의 수)이므로 $n-k-1 = 100-5-1 = 94$이다.

90 어떤 동전이 공정한가를 검정하고자 20회를 던져본 결과 앞면이 15번 나왔다. 이 검정에서 사용되는 카이제곱 통계량 $\sum_{i=1}^{2} \dfrac{(O_i - E_i)^2}{E_i}$의 값은?

① 2.5 ② 5
③ 10 ④ 12.5

해설

동전을 던지는 시행을 여러 번 할 때 각각 앞면(앞면을 1, 뒷면을 0으로 할 때 명목척도로 범주형 변수가 된다)이 나오는 횟수의 분포에 대하여, 기대되는 도수에 관측도수가 적합한가(동전이 공정한가)를 검정하는 카이제곱 적합성 검정이다. 20회를 던져본 결과 앞면이 15번, 뒷면이 5번 나왔으므로 이를 교차표로 만들면 다음과 같다.

구분	앞면	뒷면	합계
빈도	15	5	20

앞면이 나오는 횟수에 대한 기대도수는 다음과 같이 구한다.

> 기대도수 $E_i = n \times p_i$
> * n: 표본의 총 개수, P_i: 각 범주의 예상확률

앞면이 나올 확률은 1/2이고, 표본의 총 개수(시행횟수)는 20이므로 기대도수는 $20 \times \dfrac{1}{2} = 10$이다.

카이제곱 적합성 검정에서 검정통계량은 다음과 같이 구한다.

> $\chi^2 = \sum_{i=1}^{c} \dfrac{(O_i - E_i)^2}{E_i}$
> * O_i: 관측도수, E_i: 기대도수

∴ 검정통계량 $\chi^2 = \sum_{i=1}^{2} \dfrac{(O_i - E_i)^2}{E_i}$
$= \dfrac{(15-10)^2}{10} + \dfrac{(5-10)^2}{10} = 5$

91 피어슨 상관계수에 관한 설명으로 옳은 것은?

① 두 변수가 곡선관계가 되었을 때 기울기를 의미한다.
② 두 변수가 모두 질적변수일 때만 사용한다.
③ 상관계수가 음일 경우는 어느 한 변수가 커지면 다른 변수도 커지려는 경향이 있다.
④ 단순회귀분석에서 결정계수의 제곱근은 반응변수와 설명변수의 피어슨 상관계수이다.

해설
④ 피어슨 상관계수의 제곱은 단순회귀분석에서 결정계수의 값과 같다(다중회귀분석에서는 성립하지 않는다). 따라서 단순회귀분석에서 결정계수의 제곱근($\pm\sqrt{R^2}$)은 단순회귀분석에서의 반응변수(종속변수)와 설명변수(독립변수)에 대한 피어슨 상관계수의 값과 같다는 관계가 성립한다.
① 두 변수가 선형관계(직선관계)일 때 두 변수 간의 선형적 관계에 대해 정도와 방향을 수학적으로 정량화하여 나타낸 계수이다.
② 두 변수가 등간(간격)척도/비율척도로 측정된 연속형 변수일 경우에 피어슨 상관계수를 이용한 상관분석으로 연관성 정도를 분석한다.
③ 음의 상관관계는 어느 한 변수가 커지면 다른 변수는 작아지는 것이다.

92 두 변수 $(X,\ Y)$의 n개의 표본자료 $(x_1, y_1),\ \cdots,\ (x_n, y_n)$에 대하여 다음과 같이 정의된 표본상관계수 r에 관한 설명으로 틀린 것은?

$$r = \frac{\sum_{i=1}^{n}(x_i - \overline{x})(y_i - \overline{y})}{\sqrt{\sum_{i=1}^{n}(x_i - \overline{x})^2}\sqrt{\sum_{i=1}^{n}(y_i - \overline{y})^2}}$$

① 상관계수는 항상 -1 이상, 1 이하의 값을 갖는다.
② X와 Y의 상관계수의 값과 $(X+2)$와 $2Y$ 사이의 상관계수의 값은 같다.
③ X와 Y의 상관계수의 값과 $-3X$와 $2Y$ 사이의 상관계수의 값은 같다.
④ 서로 연관성이 있는 경우에도 X와 Y 사이의 상관계수의 값은 0이 될 수도 있다.

해설
두 확률변수 $aX+b$, $cY+d$에 대한 상관계수 $corr(aX+b, cY+d)$는 $ac > 0$이면 $corr(X, Y)$이고, $ac < 0$이면 $-corr(X, Y)$이다.
이에 따라 $(X+2)$와 $2Y$ 사이의 상관계수의 값은 $ac > 0$이므로 $corr(X, Y)$가 되어 X와 Y의 상관계수의 값과 같지만
$-3X$와 $2Y$ 사이의 상관계수의 값은 $ac < 0$이므로 $-corr(X, Y)$가 되어 X와 Y의 상관계수의 값과 절댓값은 같지만 부호가 반대가 되므로 같은 값이 아니다.
④ 직선관계가 아닌 곡선관계 등이 있을 수 있다. 선형은 아니더라도 연관성은 있지만 상관계수의 값은 0이 될 수도 있다.

93 회귀분석에서는 회귀모형에 대한 몇 가지 가정을 전제로 하여 분석을 실시하게 되며, 이러한 가정들에 대한 타당성은 잔차분석(Residual Analysis)을 통해 판단하게 된다. 이때 검토되는 가정이 아닌 것은?

① 정규성
② 등분산성
③ 독립성
④ 불편성

해설

회귀분석에서 오차항의 기본 가정은 다음과 같다.
㉠ 정규성: 오차항 ϵ_i는 정규분포 $N(0, \sigma^2)$를 따른다.
  ☞ 오차항의 기댓값은 0이다.
㉡ 등분산성: 오차항 ϵ_i의 분산은 모든 i에 대하여 같다.
㉢ 독립성: 오차항 ϵ_i들은 서로 독립이다. 즉 임의의 오차항 ϵ_i와 ϵ_i'은 독립이다.

---

94 두 변수 간의 상관계수 값으로 옳은 것은?

x	2	4	6	8	10
y	5	4	3	2	1

① -1
② -0.5
③ 0.5
④ 1

해설

상관계수는 표본$(r_{XY}) = \dfrac{S_{XY}}{S_X S_Y} = \dfrac{\sum_{i=1}^{n}(X_i - \overline{X})(Y_i - \overline{Y})}{\sqrt{\sum_{i=1}^{n}(X_i - \overline{X})^2}\sqrt{\sum_{i=1}^{n}(Y_i - \overline{Y})^2}}$ 이다.

두 변수의 공분산을 두 변수의 표준편차로 나눈 값이므로 관련한 값들을 먼저 계산한다.

㉠ $\overline{X} = (2+4+6+8+10)/5 = 6$
  $\overline{Y} = (5+4+3+2+1)/5 = 3$

㉡ $\sum_{i=1}^{n}(X_i - \overline{X})(Y_i - \overline{Y})$
  $= (2-6) \times (5-3) + (4-6) \times (4-3) + (6-6) \times (3-3)$
  $\quad + (8-6) \times (2-3) + (10-6) \times (1-3)$
  $= -20$

㉢ $\sum_{i=1}^{n}(X_i - \overline{X})^2 = (2-6)^2 + (4-6)^2 + (6-6)^2 + (8-6)^2 + (10-6)^2 = 40$

㉣ $\sum_{i=1}^{n}(Y_i - \overline{Y})^2 = (5-3)^2 + (4-3)^2 + (3-3)^2 + (2-3)^2 + (1-3)^2 = 10$

∴ 상관계수 $= \dfrac{\sum_{i=1}^{n}(X_i - \overline{X})(Y_i - \overline{Y})}{\sqrt{\sum_{i=1}^{n}(X_i - \overline{X})^2}\sqrt{\sum_{i=1}^{n}(Y_i - \overline{Y})^2}}$

$= \dfrac{-20}{\sqrt{40}\sqrt{10}} = -1$

95 x를 독립변수로, y를 종속변수로 하여 선형회귀분석을 하고자 한다. 다음의 요약자료를 이용하여 추정회귀직선의 기울기와 절편을 구하면?

$$\overline{x}=4, \sum_{i=1}^{5}(x_i-\overline{x})^2=10,$$
$$\overline{y}=7, \sum_{i=1}^{5}(x_i-\overline{x})(y_i-\overline{y})=13$$

	기울기	절편
①	0.77	1.80
②	0.77	3.92
③	1.30	1.80
④	1.30	3.92

해설

회귀식이 $\hat{y}=\hat{\beta_0}+\hat{\beta_1}x$와 같을 때   *$\hat{\beta_0}$: 절편, $\hat{\beta_1}$: 기울기

$\hat{\beta_0}=\overline{y}-\hat{\beta_1}\overline{x}$

$\hat{\beta_1}=r_{XY}\dfrac{S_Y}{S_X}$

$=\dfrac{S_{XY}}{S_{XX}}=\dfrac{\sum_{i=1}^{n}(x_i-\overline{x})(y_i-\overline{y})}{\sum_{i=1}^{n}(x_i-\overline{x})^2}$

* r_{XY}: X, Y의 상관계수,
  S_X: X의 표준편차, S_Y: Y의 표준편차,
  S_{XY}: X, Y의 공분산,
  S_{XX}: X의 분산

∴ 기울기 $\hat{\beta_1}=\dfrac{\sum_{i=1}^{n}(x_i-\overline{x})(y_i-\overline{y})}{\sum_{i=1}^{n}(x_i-\overline{x})^2}=\dfrac{13}{10}=1.30$

절편 $\hat{\beta_0}=\overline{y}-\hat{\beta_1}\overline{x}=7-1.3\times 4=1.80$

96 변수 x와 y에 대한 n개의 자료 $(x_1, y_1), \cdots, (x_n, y_n)$에 대하여 단순회귀모형 $y_i=\beta_0+\beta_1 x_i+\epsilon_i$를 적합시키는 경우 잔차 $e_i=y_i-\hat{y_i}(i=1, 2, \cdots, n)$에 대한 성질이 아닌 것은?

① $\sum_{i=1}^{n}e_i=0$

② $\sum_{i=1}^{n}e_i x_i=0$

③ $\sum_{i=1}^{n}y_i e_i=0$

④ $\sum_{i=1}^{n}\hat{y_i} e_i=0$

해설

단순회귀모형에서 잔차의 성질은 다음과 같다.

㉠ $E(e_i)=0$

㉡ $\sum_{i=1}^{n}e_i=0$

㉢ $\sum_{i=1}^{n}x_i e_i=0$

㉣ $\sum_{i=1}^{n}\hat{y_i} e_i=0$

∴ $\sum_{i=1}^{n}e_i=0=\sum_{i=1}^{n}x_i e_i=\sum_{i=1}^{n}\hat{y_i} e_i$

97 행의 수가 2, 열의 수가 3인 이원교차표에 근거한 카이제곱 검정을 하려 한다. 검정통계량의 자유도는 얼마인가?

① 1
② 2
③ 3
④ 4

해설

교차표에 의한 카이제곱검정에서 검정통계량의 자유도는 (행의 수-1)×(열의 수-1)이다.
∴ $(2-1)\times(3-1)=2$

98 독립변수가 3개인 중회귀분석의 결과가 다음과 같을 때 오차분산의 추정값은?

$$\sum_{i=1}^{n}(y_i - \hat{y_i})^2 = 1100, \quad \sum_{i=1}^{n}(\hat{y_i} - \bar{y})^2 = 110, \quad n = 100$$

① 11.20
② 11.32
③ 11.46
④ 11.58

해설

회귀분석에서 오차항의 분산(SSE)에 대한 추정값은 잔차평균제곱합(MSE)이다. 이는 오차분산(σ^2)의 불편추정량이다.
MSE는 다음과 같이 나타낼 수 있다.

$$MSE = \frac{SSE}{n-k-1} = \frac{\sum_{i=1}^{n}(y_i - \hat{y_i})^2}{n-k-1} = \frac{\sum_{i=1}^{n}e_i^2}{n-k-1} = \hat{\sigma}^2$$

*n: 표본의 크기, k: 독립변수의 수

$n=100$, $k=3$, 잔차제곱합=1100이므로 오차분산의 추정값은

$MSE = \dfrac{\sum_{i=1}^{n}(y_i - \hat{y_i})^2}{n-k-1} = \dfrac{1100}{100-3-1} \approx 11.46$이다.

99 회귀분석에서 결정계수 R^2에 관한 설명으로 틀린 것은?

① 단순회귀모형에서는 종속변수와 독립변수의 상관계수의 제곱과 같다.
② R^2은 독립변수의 수가 늘어날수록 증가하는 경향이 있다.
③ 모든 측정값이 한 직선상에 놓이면 R^2의 값은 0이다.
④ R^2값은 0에서 1까지의 값을 가진다.

해설

회귀분석에서 결정계수는 독립변수가 종속변수의 분산을 얼마나 설명하는가의 정도로 회귀식이 자료에 얼마나 적합한가의 정도를 나타낸다. 결정계수는 0에서 1 사이의 값을 가지며($0 \leq R^2 \leq 1$), 이 값이 클수록 회귀식이 자료를 잘 나타내고 있다고 볼 수 있다. 단순회귀분석에서는 상관계수를 제곱하면 결정계수의 값과 같다(다중회귀에서는 성립하지 않음). 모든 측정값이 하나의 직선상에 놓이면(SSE=0이면) 결정계수의 값은 1이 된다. 이는 추정된 회귀선이 종속변수의 분산을 완벽하게 설명함을 의미한다.

100 단순회귀모형 $y_i = \beta_0 + \beta_1 x_i + \epsilon_i$에 대한 분산분석표가 다음과 같다. 설명변수와 반응변수가 양의 상관관계를 가질 때, $H_0: \beta_1 = 0$ vs $H_1: \beta \neq 0$을 검정하기 위한 t-검정통계량의 값은?

요인	제곱합	자유도	평균제곱	F-통계량
회귀	24.0	1	24.0	4.0
잔차	60.0	10	6.0	

① −2
② −1
③ 1
④ 2

해설

단순회귀분석에서 (회귀계수 유의성 검정) 검정통계량 t값의 제곱은 단순회귀분석에서의 (회귀모형의 유의성 검정) 검정통계량 F값과 동일하다.
$t^2 = F$이므로 $t = \pm\sqrt{F} = \pm\sqrt{4} = \pm 2$이다.
설명변수와 반응변수가 양의 상관관계이므로 회귀계수도 양수이며, 이에 따라 t-검정통계량도 양수가 되므로 $t=2$이다.

| 정답 | 98 ③ 99 ③ 100 ④

2025년 제1회(CBT)

※ CBT 문제는 수험생의 기억에 따라 복원된 것이며, 실제 기출문제와 동일하지 않을 수 있습니다.

제1과목: 조사방법과 설계

01 개방형 질문에 대한 설명으로 틀린 것은?

① 응답자의 모든 가능한 의견을 얻어낼 수 있다.
② 탐색조사에는 유용하지 않다.
③ 응답자의 기초적인 요구를 탐색할 수 있다.
④ 응답자료가 표준화되어있지 않다.

해설
개방형 질문은 응답자의 모든 가능한 의견을 얻어낼 수 있으며 응답자의 기초적인 요구를 탐색할 수 있어 탐색조사에 유용하다.

02 설문지 작성 과정 중 사전검사(Pretest)를 실시하는 이유와 가장 거리가 먼 것은?

① 연구하려는 문제의 핵심적인 요소가 무엇인지 확인한다.
② 응답이 한 쪽으로 치우치지 않는지 확인한다.
③ 질문순서가 바뀌었을 때 응답에 실질적 변화가 일어나는지 확인한다.
④ 무응답, 기타응답이 많은 경우를 확인한다.

해설
• 사전조사는 설문지 초안 완성 후 본조사를 실행하기 전에 일부 대상에게 실시하는 조사이다.
• 주요 검토 사항
 ㉠ 응답에 일관성이 있는지
 ㉡ 지나치게 한 쪽으로 치우쳐진 응답이 나오는 문항이 있는지
 ㉢ '모른다. 보통이다' 등의 회피형 응답이 많은지
 ㉣ 어떤 문항에 무응답이 많은지
 ㉤ 어떤 순서가 정확한 응답을 얻을 수 있는지
 ㉥ 질문의 순서가 바뀌었을 경우 응답에 실질적 변화가 일어나는지
 ㉦ 질문의 의도가 정확하게 전달되었는지, 유도하는 질문은 아닌지 등
 ㉧ 소요시간, 문항의 난이도, 필요한 문항이나 고려사항의 미비 여부 등

03 과학적 연구방법에 관한 설명으로 옳지 않은 것은?

① 간결성: 최소한의 설명변수만을 사용하여 가능한 최대의 설명력을 얻는다.
② 인과성: 모든 현상에 반드시 원인이 존재하는 것은 아니다.
③ 일반성: 경험을 통해 얻은 구체적 사실로 보편적인 원리를 추구한다.
④ 경험적 검증가능성: 이론의 현실세계에서 경험을 통해 검증이 될 수 있어야 한다.

해설
과학적 방법의 특징 중 인과성은 과학적 현상은 반드시 원인이 존재한다는 것이다.

04 실증주의에 관한 설명으로 틀린 것은?

① 객관적 측정과 일반화를 전제한다.
② 논리적 유추와 경험적 관찰을 활용한다.
③ 과학적 원리를 이용한 실험을 강조한다.
④ 현상의 원인을 주관적 의미에 대한 해석과 이해를 통해 설명하려 한다.

해설
④ 현상의 원인을 개인의 경험, 사회적 행위의 주관적 의미에 대한 해석과 이해를 통해 설명하는 해석주의에 대한 설명이다.
실증주의는 현상의 원인을 객관적으로 측정하고 일반화를 전제하여 인과관계를 설명하는 목적으로 경험적 관찰을 사용한다. 인간행동의 일반적 행태를 예측하는 데 사용할 수 있는 일반적 법칙을 확률에 근거하여 발견하고 이를 확인하기 위해 논리적 유추와 경험적 관찰을 활용하여 연구하는 것이며 과학적 원리를 이용한 실험을 강조한다.

| 정답 | 01 ② | 02 ① | 03 ② | 04 ④ |

05 분석단위를 집단에 둔 연구결과를 바탕으로 개인특성을 추리할 때 나타나는 오류는?

① 집단주의 오류
② 생태주의 오류
③ 개인주의 오류
④ 환원주의 오류

해설
분석단위를 집단에 둔 연구결과를 바탕으로 집단 속 개인특성을 추리할 때 나타나는 오류는 생태주의 오류이다.

06 다음 중 분석단위가 나머지 셋과 다른 하나는?

① 전국 요양병원 당 운영비용 조사
② 남자 대학생의 흡연률 조사
③ 가구당 자동차 보유현황 조사
④ 전국 요식업체 당 종업원 수 조사

해설
남자 대학생의 흡연률 조사는 분석단위가 개인이다.
①, ③, ④의 분석단위는 집단이다.

07 좋은 가설이 되기 위한 요건과 가장 거리가 먼 것은?

① 검증가능해야 한다.
② 입증된 결과는 일반화가 가능해야 한다.
③ 사용된 변수는 계량화가 가능해야 한다.
④ 추상적이며 되도록 긴 문장으로 표현을 해야 한다.

해설
좋은 가설의 조건 및 평가기준은 명료성(간결성), 가치중립성, 한정성, 검증가능성, 계량화 가능성, 입증의 명백성, 가설자체의 개연성, 다른 가설과의 연관성, 일반화 가능성이다.
④는 간결성과는 거리가 멀다.

08 다음과 같은 목적에 적합한 조사의 종류는?

- 조사설계 확정 전 연구문제 발견과 변수 규명
- 중요도에 따른 우선순위 파악
- 연구를 위한 가설을 도출하고 설정

① 탐색조사
② 기술조사
③ 종단조사
④ 인과조사

해설
탐색적 연구(조사)는 조사의 초기단계에서 통찰과 아이디어를 얻기 위한 조사이다. 조사설계 확정 전 연구문제 발견, 변수규명과 가설도출, 타당도 검증 등을 위해 예비적으로 실시한다.
현상에 대한 이해, 중요한 변수를 확인하고 발견하여 변수를 규정, 연구를 위한 가설을 도출·설정하기 위한 조사로 ㉠ 연구문제 도출 및 연구가치 추정, ㉡ 보다 정교한 문제와 기회의 파악, ㉢ 연구주제와 관련된 변수들 사이의 통찰력 제고, ㉣ 중요도에 따른 연구의 우선순위와 중요 부분에 대한 실태 파악 및 ㉤ 조사를 시행하기 위한 절차나 행위를 구체화하는 조사이다.

09 종단연구에 관한 설명으로 틀린 것은?

① 두 번 이상 시점에 반복적으로 나타나는 변화에 대해 측정한다.
② 패널 조사는 종단연구에 속한다
③ 조사내용의 시간에 따른 변화를 분석한다.
④ 자료는 일정한 특정시점에서의 정태적 특징을 가진다.

해설
④ 일정 조사대상에 대해 한 시점에 관련 모든 변수에 대한 자료를 수집하는 횡단적 조사에 대한 설명이다.

| 정답 | 05 ② 06 ② 07 ④ 08 ① 09 ④

10 다음에서 설명하는 연구 방법은?

> 소위 X세대라고 일컬어지는 사회집단이 가진 문화의식이 2000년 이후 5년 단위로 어떠한 변화를 보이고 있는지에 대해 종단적 조사를 실시했다.

① 추세연구
② 패널연구
③ 현장연구
④ 코호트연구

해설
④ 코호트연구는 조사하는 주제와 관련된 특성을 공유하는 대상의 집단을 의미(예 특정 시기에 출생했거나 같은 시점에 어떤 특정한 사건을 경험한 사람들 등)하며, 코호트 조사는 이러한 특정경험을 같이 하는 사람들이 가지는 특성들에 대해 시간의 경과에 따른 변화를 조사하기 위해 두 번 이상의 다른 시점에 걸쳐 비교 연구하는 방법이다.

11 기술적 조사에 대한 설명으로 틀린 것은?

① 어떤 현상을 통계적으로 명확하게 요약, 기술하는 것이 목적이다.
② 설명적 조사의 기초자료를 제공한다.
③ 현상에 대한 탐구, 명료화가 주목적이다.
④ 지식이나 선행연구가 없을 때 예비지식 확보를 위해 실시한다.

해설
기술적 조사는 어떤 현상을 조사하여 통계적으로 명확하게 요약, 기술하는 것이 목적이다. 현상의 빈도, 비율 등 관련 상황의 특성, 변수 간의 상관관계 파악 등 단순통계적 자료를 수집한다. 미래 상황에 대한 개략적 예측 및 설명적 조사의 기초자료를 제공한다.
④ 탐험조사에 대한 설명이다.

12 양적 연구와 질적 연구에 관한 설명으로 옳지 않은 것은?

① 양적 연구는 객관적이고 실증주의적인 연구방법이다.
② 질적 연구는 현상에 대한 깊은 의미를 고찰한다.
③ 질적 연구는 정태적 현상을 가정하며 대규모 분석에 주로 사용한다.
④ 양적 연구는 가치중립성과 편견의 배제를 강조한다.

해설
질적 연구는 주관적, 해석적인 사회과학의 연구방법으로 동태적 현상을 가정하며 소규모 분석에 주로 사용한다.

13 초점집단(Focus Group)조사에 관한 설명으로 틀린 것은?

① 질적 조사 및 탐색조사의 유형이다.
② 대면집단의 상호작용을 통해 도출된 자료를 분석한다.
③ 사회자의 진행 아래 구조화된 토론방식으로 진행된다.
④ 새로운 아이디어를 발견하거나 내면적 이유를 도출할 수 있다는 장점이 있다.

해설
초점집단조사(FGI)는 전문지식을 갖춘 사람 또는 경험자를 소수의 응답자로 선정하고 사회자가 배석하여 연구목적의 방향을 제시하되, 자유로운 토론을 벌이게 하여 필요한 정보를 획득하는 방법으로, 질적조사의 한 종류이며 탐색조사의 유형이다. 대면집단의 상호작용을 통해 도출된 자료를 분석한다. 새로운 아이디어를 발견하거나 내면적 이유를 도출할 수 있다는 장점이 있지만 수집자료의 특성상 결과의 분석과 해석이 어렵다는 단점이 있다.
③ 초점집단조사는 자유로운 토론을 통한 방식이므로 비구조화된 토론 형식이다.

14 질문지 작성원칙과 가장 거리가 먼 것은?

① 이중적 질문을 하지 말아야 한다.
② 전문용어 사용을 자제해야 한다.
③ 질문은 특정한 응답을 유도해낼 수 있어야 한다.
④ 응답자의 이해가 가능한 난이도의 질문이어야 한다.

해설
③ 질문은 특정한 응답을 유도해서는 안 된다. 이는 연구자의 가치관이나 의견이 반영되지 않은 가치중립과 연관된다.

15 다음 중 질문문항의 배열에 관한 설명으로 틀린 것은?

① 시작하는 질문은 응답자의 흥미를 유발하고 쉽게 대답할 수 있는 것으로 한다.
② 개인의 사생활과 같이 민감한 질문은 가급적 뒤로 돌린다.
③ 특수한 것을 먼저 묻고, 일반적인 것을 그 다음에 질문한다.
④ 논리적인 순서에 따라 배열함으로써 응답자 자신도 조사의 의미를 찾을 수 있도록 한다.

해설
질문의 배열은 일반적인 것을 먼저 배열하고, 특수한 질문은 후반부에 배열한다. 즉 깔대기형 질문으로 질문이 후반부로 갈수록 그 범위를 특정내용들로 좁혀나가는 방식이다. 큰 범위의 질문을 먼저하고 점차 특정적·구체적 질문을 뒤쪽에 배열한다.

16 다음 중 표본추출에 대한 설명으로 틀린 것은?

① 표본조사가 전수조사에 비해 시간과 비용이 적게 든다.
② 관찰단위와 분석단위가 반드시 일치하는 것은 아니다.
③ 모수는 표본조사를 통해 얻는 통계량을 바탕으로 추정한다.
④ 단순무작위추출방법은 일련번호와 함께 표본간격이 중요하다.

해설
단순무작위추출방법은 각 구성요소에 고유번호를 부여하여 결정된 표본크기에 해당하는 수만큼 표본을 추출한다. 난수표, 추첨법 등을 사용하며 표본간격이 고려요소는 아니다. 일련번호와 함께 표본간격이 중요한 방법은 모집단을 일정한 질서에 따라 번호부여 후 등간격으로 나누고 첫 구간에서 하나의 번호를 무작위로 추출 후 다음 n번째 떨어져 있는 번호들을 추출하는 체계적 표본추출이다.

17 어느 백화점에서 자사가 발급한 백화점 카드 사용자 중 최근 1년 동안 100만 원 이상 사용자들을 모집단으로 하면서 자사 카드 소지자 명단 전체를 표본프레임으로 사용하여 전체에서 표본추출을 할 때의 표본프레임 오류는?

① 모집단이 표본프레임 내에 포함되는 경우
② 표본프레임이 모집단 내에 포함되는 경우
③ 모집단과 표본프레임의 일부분만이 일치하는 경우
④ 모집단과 표본프레임이 전혀 일치하지 않는 경우

해설
표본프레임오류는 모집단과 표본프레임이 일치하지 않아 발생하는 오류이다. 모집단은 자사 발급 카드 사용자 중 1년 동안 100만원 이상 사용자들인데, 표본프레임은 자사 발급 카드 소지자 전체이므로 모집단보다 표본프레임이 큰 경우가 되어 모집단이 표본프레임 내에 포함되는 오류가 발생한다.

| 정답 | 14 ③ 15 ③ 16 ④ 17 ①

18 다음은 확률표본추출 방법의 특징이다. 맞는 것을 모두 고른 것은?

> ㉠ 연구대상이 표본으로 추출될 확률이 알려져 있음
> ㉡ 표본오차 추정 불가능
> ㉢ 무작위적 표본추출
> ㉣ 시간과 비용이 적게 듦

① ㉠
② ㉡, ㉣
③ ㉡, ㉢, ㉣
④ ㉠, ㉢

해설
확률표본추출은 무작위로 표본을 추출하므로 모집단에 속한 모든 요소가 표본 추출될 확률이 있고 표본의 추출확률을 알 수 있다. 대표성 높은 표본을 추출하며 모수추정에 편의가 없고 표본오차의 계산이 가능하다. 대표성 있는 표본추출이 가능하지만 시간과 비용이 많이 소요되는 단점이 있다.

19 비확률표집방법이 아닌 것은?

① 판단표집
② 편의표집
③ 할당표집
④ 층화표집

해설
비확률표본추출(비확률표집)에는 편의, 판단, 할당, 눈덩이 표본추출이 있다.
④ 층화표집은 확률표집의 유형이다.

20 어떤 선거 투표소에서 투표를 마치고 나오는 유권자들을 일정 시간간격마다 하나의 표본으로 추출하여 조사한다고 할 때, 이에 해당되는 표본추출방법은?

① 편의표본추출
② 계통표본추출
③ 층화표본추출
④ 눈덩이 표본추출

해설
체계적(계통적) 표본추출은 모집단을 일정한 질서에 따라 번호부여 후 등간격으로 나누고 첫 구간에서 하나의 번호를 무작위로 추출 후 다음 n번째 떨어져 있는 번호들을 추출하는 방법이다. 일정한 표본추출(표집)간격에 의해 표본을 추출한다.

21 대학생을 대상으로 여론조사를 할 때, 모집단 학생들의 학년별 구성을 가장 잘 반영할 수 있는 표집방법은?

① 계통표집
② 층화표집
③ 단순무작위 표집
④ 눈덩이표집

해설
층화표집은 모집단을 일정기준(층화변수)에 의해 동질적인 몇 개 층으로 나누고, 각 층에서 일정수의 표본을 무작위 추출하는 방법이다. 층화변수에 기준하여 표본프레임에 층을 만들게 되어 표본은 모집단의 특성에 따라 층화된다. 표본의 각 층은 모집단의 특성에 따라 층화되므로 각 층의 정보를 대표성 있게 나타낼 수 있다.

| 정답 | 18 ④ 19 ④ 20 ② 21 ②

22 군집표집에 대한 설명으로 틀린 것은?

① 집단 내 동질성이 높은 경우 표본오차의 가능성이 낮아진다.
② 전체 모집단의 목록표를 작성하지 않아도 된다.
③ 시간과 비용을 절약할 수 있다.
④ 특정 집단의 특성을 과대 혹은 과소하게 나타낼 위험이 있다.

해설
군집표집은 모집단이 유사한 소그룹들로 구성되어 있는 경우 무작위로 한 그룹 또는 몇 개의 그룹을 표본으로 추출하여 추출한 그룹 전체를 조사하거나 추출한 그룹 내에서 확률표본추출하여 조사하는 방법으로 시간과 비용의 절약이 가능하며 전체 모집단의 목록이 불필요하다. 하지만 군집이 모집단을 대표하지 못할 수 있고, 특정 집단에 대해 과대·과소평가할 수 있고 집단 내 동질성이 높은 경우 표본오차 발생 가능성이 높아진다.

23 다음 중 마약중독자처럼 일반적으로 쉽게 접근하기 힘든 집단을 대상으로 설문조사를 할 때 가장 적합한 표본추출방법은?

① 눈덩이표본추출
② 편의표본추출
③ 판단표본추출
④ 할당표본추출

해설
눈덩이표본추출은 조사대상자 파악 및 접근이 어려울 때, 모집단 프레임의 작성이 불가능 할 때 사용하는 방법으로 처음에는 소수의 인원을 표본으로 추출하여 조사한 다음, 그 소수인원을 조사원으로 활용하여 그 조사원의 주위 사람들을 소개받아 조사하는 과정을 반복하는 방법이다.

24 표집오차를 줄이기 위한 방법으로 가장 거리가 먼 것은?

① 표본크기를 크게 한다.
② 확률표본추출보다는 비확률표본추출법을 사용한다.
③ 분산이 작아질수록 표집오차는 줄어들 수 있다.
④ 신뢰수준이 낮아질수록 표집오차는 줄어 들 수 있다.

해설
표집오차(표본오차)는 표본추출과정에서 대표성이 없는 표본을 잘못 추출함으로써 발생하는 등 추출된 표본이 모집단을 대표하지 못하는 오차이다. 분산과 신뢰수준이 클수록 표본오차는 증가하며 표본 크기가 클수록 표본오차는 감소한다. 또한 표본선택방법을 엄격히 하여 확률표본추출법 등 표본오차가 작은 표본추출방법으로 표본오차를 감소시킬 수 있다.

25 실험설계에 관한 내용 중 거리가 먼 것은?

① 실험자가 의도하는 조건을 갖춘 상황에서 변수간의 효과를 관찰한다.
② 독립변수를 의도적으로 특정 시기에 실행시켜 종속변수의 변화를 관찰한다.
③ 실험설계의 내적 타당성은 추정되는 인과관계가 실제 상황에서도 같은 식으로 나타나는가에 관한 것이다.
④ 외생변수 통제는 실험설계의 중요한 요건 중 하나이다.

해설
추정되는 인과관계가 실제상황에서도 같은 식으로 나타나는가에 관한 것은 실험설계의 외적 타당성이다.

26 연구방법으로서 연역적 접근법과 귀납적 접근법에 관한 설명으로 틀린 것은?

① 연역적 접근법은 이론으로부터 가설을 설정한다.
② 귀납적 접근법은 현실세계에 대한 관찰을 통해 경험적 일반화를 추구한다.
③ 연역적 접근법은 설명적 연구에 주로 사용된다.
④ 귀납적 접근법은 가설검증에 주로 사용된다.

해설
가설검증에 주로 사용되는 것은 연역적 접근법이다.

27 다음 중 외생변수 통제정도가 가장 높은 실험설계는?

① 정태적 집단비교설계
② 솔로몬 4집단 실험설계
③ 다중 시계열 설계
④ 비동일 통제집단설계

해설
순수실험설계는 실험대상의 무작위화를 통하여 내적타당도 저해 요소들을 최대한 통제한 유형으로 외생변수 통제정도가 높다. ②는 순수실험설계의 유형, ①은 원시실험설계의 유형, ③, ④는 유사실험설계의 유형이다.

28 다음에서 설명하는 실험설계의 타당성을 저해하는 외생변수는?

> 처치 전의 사전측정이 처치에 영향을 주어 실험의 내적 타당성을 저해하는 요인으로 작용하였다.

① 실험대상의 소멸
② 통계적 회귀
③ 역사적 오염
④ 상호작용 효과

해설
실험의 내적 타당성을 저해하는 외생변수 중 상호작용효과는 첫 번째 측정이 그 다음의 처치에 영향을 주는 것이다.

29 과학적 연구의 특성에 대한 설명과 가장 거리가 먼 것은?

① 연구대상이 감각기관에 의해 지각될 수 있어야 한다.
② 과학적 연구를 통해 얻어진 지식은 절대불변이다.
③ 개별현상으로 전체의 일반 이해를 추구한다.
④ 과학적 연구는 최소한의 변수를 이용하여 최대한의 설명을 하려고 한다.

해설
과학적 연구의 특성 중 하나는 연구결과는 절대불변인 것이 아니라 언제든지 비판되고 수정될 수 있으므로 변화가능성을 가진다는 것이다.

| 정답 | 26 ④ | 27 ② | 28 ④ | 29 ② |

30 단일사례연구에 관한 설명으로 틀린 것은?

① 개입 전과 개입 후의 상태를 비교하여 개입효과를 파악한다.
② 비반응성 연구의 유형이다.
③ 개인과 집단뿐만 아니라 조직이나 지역사회도 연구대상이 될 수 있다.
④ 하나의 대상 또는 사례에 대해 시계열적으로 반복 측정한다.

해설
단일사례연구는 하나의 대상 또는 사례를 가지고 반복적으로 관찰하여 개입의 효과를 평가하는 연구로, 개인, 가족, 단체 등이 분석대상이며 조직이나 지역사회도 연구대상이 될 수 있다. 시계열적으로 반복 측정하며 개입 전과 개입 후의 상태를 비교하여 개입 효과를 파악하고 개입효과에 대한 즉각적인 피드백(feed back)이 가능한 반응성 연구의 한 유형이다.

제2과목: 조사관리와 자료처리

31 직접관찰과 간접관찰을 분류하는 기준으로 맞는 것은?

① 상황이 인공적인지 여부
② 의사결정 문제의 확정 여부
③ 관찰시기와 행동발생의 일치 여부
④ 응답자가 관찰사실을 아는지 여부

해설
관찰시기와 행동 발생의 일치여부에 따라 직접관찰과 간접관찰로 분류된다. 직접관찰은 관찰시기와 행동발생 시기가 일치하는 것이며 간접관찰은 관찰시기와 행동발생 시기가 일치하지 않는 것이다.

32 서베이(Survey)에서 우편설문법과 비교한 대인면접법의 특성으로 틀린 것은?

① 비언어적 행위의 관찰이 가능하다.
② 대리응답의 가능성이 낮다.
③ 설문과정에서의 유연성이 높다.
④ 응답환경을 구조화하기 어렵다.

해설
대인면접법은 면접자와 응답자가 대면하는 방식이므로 우편설문법 등에 비해 응답환경을 구조화하기 용이하다.

| 정답 | 30 ② | 31 ③ | 32 ④ |

33 질문지를 이용한 자료수집방법의 결정 시 조사속도가 빠르고 일반적으로 비용이 적게 드는 장점이 있으나 질문의 내용이 어렵고 시간이 길어질수록 응답률이 떨어지는 단점을 가진 자료수집방법은?

① 전화조사
② 면접조사
③ 집합조사
④ 우편조사

해설
전화조사는 선정된 응답자에게 전화를 걸어 질문사항들을 읽어준 후 응답을 조사원이 기록하는 조사로 신속하게 저렴한 비용으로 조사 실시가 가능하나 시간제한 및 이에 따른 조사문항 제한으로 다양한 질문이 어렵다.

34 참여관찰(Participant Observation)에 대한 설명으로 틀린 것은?

① 객관성을 상실하기 쉽다.
② 주로 양적자료를 수집하므로 자료의 표준화가 쉽다.
③ 연구자가 상황에 대한 통제를 하기 어렵다.
④ 독립변수를 조작하는 현장실험과는 다르며, 자연상태에서 연구대상을 관찰해 그들의 관계를 규명하는 것이다.

해설
참여관찰은 조사자가 관찰대상 내부에 들어가 구성원의 일원으로서 직접 참여하여 같이 생활하거나 행동하면서 조사하고자 하는 현상을 관찰 기술하는 방법이다. 연구자가 자연상태에서 연구대상을 관찰해 그들의 관계를 규명하는 것이다. 연구자가 상황에 대한 통제를 할 수 없으며 자연적 상태에서 깊이 있는 사실까지 자연스럽게 알 수 있으나 동조현상이 일어날 경우 객관성을 상실하기 쉬우며 대규모 모집단에 대한 기술이나 수집한 자료(주로 질적 자료)의 표준화가 어렵다.

35 조사자의 주관이 개입될 가능성이 가장 높은 자료수집방법은?

① 면접조사
② 온라인조사
③ 우편조사
④ 전화조사

해설
면접조사는 면접자와 응답자가 대면하여 조사하는 특성상 면접자의 편견, 주관개입 가능성이 높다.

36 비구조화(비표준화)면접에 관한 옳은 설명을 모두 고른 것은?

㉠ 부호화가 어렵다.
㉡ 심층적인 질문이 가능하다.
㉢ 미개척 분야의 개발에 적합하다.
㉣ 면접자의 편의(bias)가 개입될 가능성이 적다.

① ㉠, ㉡
② ㉢, ㉣
③ ㉠, ㉡, ㉢
④ ㉡, ㉢, ㉣

해설
비표준화면접은 비구조화된 면접조사로, 정해진 면접조사표 없이 질문의 내용이나 형식, 순서 등을 미리 정하지 않고 면접을 진행한다. 면접상황에 따라 자유롭게 질문이나 순서의 변경이 가능하며 응답자는 의견이나 생각 등을 자유롭게 표현하고 면접원이 이를 기록한다. 심층적 질문이 가능하고 새로운 사실의 발견 가능성이 높지만 면접자의 편견이 개입될 수 있으며 부호화·계량화가 어렵다.

| 정답 | 33 ① 34 ② 35 ① 36 ③ |

37 면접원이 자유응답식 질문에 대한 응답을 기록할 때 지켜야 할 원칙과 가장 거리가 먼 것은?

① 면접조사를 진행한 이후 최종응답을 기록한다.
② 응답자가 사용한 어휘를 원래 그대로 기록한다.
③ 질문과 관련된 모든 것을 기록에 포함시킨다.
④ 같은 응답이 반복되더라도 가감 없이 있는 그대로 기록한다.

해설
응답을 기록 시 주관을 배제한 채 응답내용 그대로를 기록하며 사소한 것도 빼놓지 않고 기록하고 면접과정에서의 구체적 상황 등도 함께 기록한다.
① 면접원은 정확한 기록을 위해 응답이 이루어지는 즉시 기입하는 것이 좋다.

39 조사원에 대한 설명 중 잘못된 것은?

① 조사원은 실제 조사현장에서 직접 자료수집을 담당하는 인력이다.
② 조사원은 쉽게 접촉 가능한 사람들로 표본을 선정하여 조사결과의 편향을 방지해야 한다.
③ 조사원은 연구목적과 중요성 등을 잘 인식할 필요가 있다.
④ 조사원은 조사 이후 응답에 대한 검수 등을 수행한다.

해설
조사원은 표준적이고 체계적 표본추출절차에 따라야 한다. 자기 마음대로 응답자를 선정하게 되면 대부분 조사원이 쉽게 접촉가능한 사람들로 선정하는 등 조사결과에 편향이 발생하게 된다.

38 의사소통을 통한 자료수집방법에서 비체계적 - 비공개적 의사소통방법에 해당하는 것은?

① 우편조사
② 표적집단면접법
③ 대인면접법
④ 투사법

해설
비체계적 – 비공개적 의사소통방법은 자료수집과정이 표준화되어 있지 않고 자유로운 대화형식이며 응답자가 조사의 목적을 알 수 없는 의사소통방법을 말한다. 대표적으로 투사법이 이에 해당한다.

40 다음의 가설을 검증하기 위해 국가별 통계자료를 수집한다고 할 때, '출생률'은 어떤 변수인가?

> 1인당 국민소득(GNP)이 올라가면 출생률, 즉 인구 1,000명 당 신생아의 수는 감소한다.

① 매개변수 ② 독립변수
③ 외적변수 ④ 종속변수

해설
1인당 국민소득이 올라가면 출생률이 감소한다는 가설의 검증이다. 여기서 1인당 국민소득은 종속변수에 영향을 주는 독립변수이며 출생률은 독립변수의 영향을 받아 일정하게 변화된 결과치인 종속변수이다.

41 다음 내용에서 설명하고 있는 척도는?

- 진술세트를 구성하고 그 진술들에 대하여 응답자에게 긍정·부정의 정도가 어디까지인지를 표시하게 한다.
- 관련문항간의 높은 상관관계를 전제한다.
- 각 문항별 응답점수의 총합이 측정하고자 하는 개념을 대표한다는 가정에 근거한다.

① 리커트 척도(Likert Scale)
② 거트만 척도(Guttman Scale)
③ 서스톤 척도(Thurstone Scale)
④ 의미분화척도(Semantic Differential Scale)

해설

리커트 척도는 하나의 주제를 척도의 중심 내용으로 잡아서 진술 세트를 구성하고, 그 진술들에 대하여 응답자에게 긍정·부정(동의·동의 않음)의 정도가 어디까지인지를 표시하게 하는 척도로 이를 합산·평균한 결과로 응답자의 태도를 측정한다. 측정하고자 하는 개념을 응답점수의 총합이 대표한다는 가정 하에 주로 태도를 측정하는 척도이다.

42 개념적 정의에 대한 설명으로 틀린 것은?

① 대상의 속성을 이론적이고 추상적으로 정의하는 것이다.
② 순환적 정의를 해야 한다.
③ 실증적 검증을 하기는 어렵다.
④ 뜻이 분명해서 누구나 알아들을 수 있는 의미를 공유하는 용어를 써야 한다.

해설

개념적 정의는 현상이나 대상의 속성을 이론적이고 추상적으로 정의하는 것이다. 실증적 검증을 하기는 어려우며 뜻이 분명해서 누구나 알아들을 수 있는 의미를 공유하는 보편적 용어를 사용해야 한다.
② 개념적 정의에서는 순환적 정의를 지양해야 한다. 순환적 정의란 어떤 개념을 다른 동일한 내용의 말로 바꾸어 말하는 것뿐이라 언뜻 보기에는 정의가 된 것 같지만 사실은 아무런 내용이 없는 거짓 정의를 말한다.

43 다음 설명에 해당하는 척도는?

- 누적 스케일링(Cumulative Scaling)의 대표적 형태이다.
- 측정에 동원된 특정 문항이 다른 지표보다 더 극단적인 지표가 될 수 있다는 점에 근거한다.
- 완전한 척도유형과의 일치 정도 측정을 위해 재생계수를 사용한다.

① 크루스칼(Kruskal) 척도
② 서스톤(Thurstone) 척도
③ 보가더스(Bogardus) 척도
④ 거트만(Guttman) 척도

해설

거트만 척도는 태도의 강도에 대한 연속적 증가유형을 측정하고자 하는 척도이다. 측정에 사용되는 개별항목 자체에 서열성을 미리 부여한 척도이다. 태도의 단일차원성의 경험적 검증이 가능하도록 설계되었고, 누적성의 개념이 결합되었다. 누적성은 가장 강한 정도를 나타내는 문항에 대한 응답으로부터 다른 문항에 대한 응답을 예측할 수 있다는 것으로, 거트만 척도는 문항들의 강도가 달라서 특정 문항이 다른 지표보다 더 극단적 지표가 될 수 있다는 점에 근거한다. 완전한 척도유형과의 일치 정도 측정을 위해 재생계수를 사용한다.

44 측정오차가 체계적인 패턴을 띠게 된다면, 측정도구에 어떠한 문제가 있을 것으로 예상할 수 있는가?

① 신뢰도
② 타당도
③ 검증도
④ 일반화

해설

측정오차가 체계적 패턴을 띠게 되는 것은 측정오차가 일정한 방향으로 작용하는 체계적 오차이며, 체계적 오차는 타당도와 관련 있다.

45 연속변수로 구성하기 어려운 것은?

① 인종   ② 소득
③ 범죄율   ④ 거주기간

해설
연속변수는 양적 변수 중 어떤 구간 내에서 취할 수 있는 값이 무한한 변수로 소수점 이하로 표시가 가능하며 값과 값 사이가 서로 연결되어 있어서 그 사이의 값이 의미를 가진다.
① 인종은 측정 시 속성을 의미있는 수치로 나타낼 수 없는 변수로 명목척도로 측정하여 구별된 몇 개의 범주 중 하나에 측정대상이 속하게 되는 질적 변수이다. 질적 변수는 양적 변수로의 변환이 거의 불가능하므로 인종을 연속변수로 구성하기 어렵다.

46 다음 중 2차 자료를 이용하는 조사방법은?

① 현지조사   ② 패널조사
③ 문헌조사   ④ 대인면접법

해설
문헌조사는 기존에 존재하고 있는 문헌자료를 통해 필요한 정보를 수집하는 방법으로 이를 통해 2차 자료를 수집하고 연구할 수 있다.

47 측정에 대한 설명으로 틀린 것은?

① 조작적 정의에 입각하여 이루어진다.
② 양적 속성을 질적 속성으로 전환하는 작업이다.
③ 현상의 경험적 속성에 수치를 부여한다.
④ 추상적 개념들을 관찰 가능한 자료와 연결해주는 것이다.

해설
측정은 관찰된 현상의 경험적인 속성(변수)에 대해 일정한 규칙에 따라 수치를 부여하는 것으로, 추상적 개념·변수들을 관찰 가능한 자료로 연결시키는 것이다. 추상적·이론적 세계를 경험적 세계와 연결시키는 수단이다. 변수에 대한 조작적 정의에 입각하여 이루어지고, 질적 속성에 대해 이를 양적 속성으로 전환한다.

48 내용타당도(Content Validity)에 관한 설명으로 옳은 것은?

① 주관적 타당도의 특징을 갖는다.
② 통계적 검증이 필수 요건이다.
③ 측정하고자 하는 속성과 개별항목 간의 상응관계 정도를 파악할 수 있다.
④ 전문가들의 전문적 지식을 배제한다.

해설
내용타당도는 측정도구가 측정하려는 속성이나 개념을 제대로 대표하고 있는지를 나타내는 것으로, 주로 논리적 분석과정으로 판단하는 주관적 타당도라는 특징을 갖는다. 즉 타당도를 측정대상과 관련된 이론을 기준으로 판단하게 되는데, 주로 전문가들의 전문적인 지식에 근거하게 된다. 통계적 검증이 없으며 측정하고자 하는 속성과 개별항목간의 상응관계 정도를 파악할 수 없다.

49 타당도에 대한 설명으로 옳지 않은 것은?

① 개념의 본질에 대한 일치 정도에 관한 것이다.
② 조사자가 측정하고자 하는 것을 어느 정도 잘 측정하였는가의 문제이다.
③ 같은 대상의 속성을 반복적으로 측정할 때 같은 측정결과를 가져올 수 있는 정도를 말한다.
④ 외적타당도란 연구결과를 일반화시킬 수 있는 정도를 의미한다.

해설
타당도는 연구자·측정도구가 측정하고자 하는 개념을 얼마나 정확하게/실제에 가깝게/제대로 잘 측정했는지를 나타내는 것으로 개념의 본질에 대한 일치정도에 관한 것이며 조작적 정의, 지표 등이 측정하고자 하는 개념을 제대로 반영하는가의 정도이다. 실험연구에서 내적타당도는 측정된 결과가 실험변수의 변화 때문에 일어난 것인가에 관한 것이고 외적타당도는 연구결과의 일반화 가능성 또는 대표성을 의미한다.
③ 한 대상을 유사한 척도로 여러 번 측정하거나 하나의 척도로 반복 측정했을 때, 일관성 있는 결과를 산출하는 정도인 신뢰도에 대한 설명이다.

| 정답 | 45 ① 46 ③ 47 ② 48 ① 49 ③

50 면접조사의 원활한 자료수집을 위해 조사자가 응답자와 인간적인 친밀관계를 형성하는 것은?

① 라포(Rapport)
② 사회화(Socialization)
③ 조작화(Operationalization)
④ 개념화(Conceptualization)

해설
라포는 조사자와 조사대상자간의 친밀한 관계 형성을 의미한다.

51 측정도구의 타당도 평가방법에 대한 설명으로 틀린 것은?

① 기준관련 타당도는 척도와 기준변수들 간의 상관관계를 통해 타당성을 평가한다.
② 일관성 있는 결과의 산출 정도를 평가하는 것에 초점을 맞춘다.
③ 내용타당도는 척도가 일반화하려고 하는 개념을 어느 정도 잘 반영해주는가를 의미한다.
④ 개념타당도는 측정하고자 하는 개념이 실제로 적절하게 측정되었는가를 의미한다.

해설
② 일관성 있는 결과의 산출정도 평가에 초점을 맞추는 것은 타당도가 아니라 신뢰도이다.

52 측정의 신뢰성을 높이는 방법과 가장 거리가 먼 것은?

① 측정항목의 수를 줄인다.
② 측정항목의 모호성을 제거한다.
③ 조사자의 면접 방식과 태도에 일관성을 확보한다.
④ 이전의 조사에서 신뢰성이 있다고 인정된 측정도구를 이용한다.

해설
측정의 신뢰성을 높이는 방법은 다음과 같다.
㉠ 동일 개념(속성)을 측정하는 항목의 수를 늘린다.
㉡ 문항설명을 명확히 하여 해석상의 차이가 발생하지 않도록 한다.
㉢ 무성의하거나 일관성이 없는 응답지는 제외시킨다.
㉣ 이전의 조사 및 기존의 연구를 통해 신뢰성이 있다고 검증된 측정도구를 활용한다.
㉤ 중요한 질문은 한 번 더 동일하거나 유사한 질문을 하여 응답들 간에 신뢰성이 있는지 파악한다.
㉥ 응답자가 모르거나 관심 없는 내용은 측정하지 않는다.
㉦ 측정항목의 모호성을 제거한다.
㉧ 표준화된 설명 사용 및 조사자의 면접방식과 태도 등 자료수집 과정에 있어서 일관성을 유지한다.
㉨ 측정지표에 대하여 사전검사 또는 예비조사를 실시한다.
㉩ 조사자에게 측정도구에 대한 사전교육을 충분히 한다.
㉪ 연구자가 임의로 응답자에 대한 가정을 해서는 안 된다.
㉫ 가능하면 단일항목보다는 여러 개의 항목을 이용하여 측정한다.

53 전화조사의 장점과 가장 거리가 먼 것은?

① 면접조사 대비 면접자 영향 통제가 가능하다.
② 신속하게 저렴한 비용으로 조사가 가능하다.
③ 표본의 대표성이 높다.
④ 광범위한 지역에 대한 조사가 용이하다.

해설
전화조사는 선정된 응답자에게 전화를 걸어 질문사항들을 읽어준 후 응답을 조사원이 기록하는 조사로 신속하게 저렴한 비용으로 조사 실시가 가능하며 면접조사 대비 면접자 영향 통제가 가능하고 광범위한 지역에 대한 조사가 가능하지만 응답자의 적정 표본 여부를 확인이 어려우므로 표본의 대표성에 문제발생 개연성이 존재한다.

54 등간척도에 관한 설명으로 틀린 것은?

① 사칙연산 중 가감은 성립한다.
② 절대영점이 존재한다.
③ 통계기법으로 산술평균이 가능하다.
④ 간격이 일정하다는 성질을 가지고 있다.

해설
등간척도는 서열척도 속성에 더해서 대상들 간의 간격을 표준화하여 간격의 동일성을 의미하는 척도로 절대영점이 존재하지 않는다. 가감승제 중 가감의 계산이 가능하며 통계기법으로 표준편차, 산술평균 등이 가능하다.

55 대상자들의 거주지역을 '수도권'과 '비수도권'이라는 두 개의 범주로 구분하여 조사한 경우 측정수준은?

① 서열척도
② 명목척도
③ 등간척도
④ 비율척도

해설
명목수준 측정은 대상을 유사성과 상이성에 의해 구분하여 명목상의 이름·숫자를 부여하는 것으로 부여된 수치는 단순한 구분을 위한 것일 뿐, 계량적 의미를 가지고 있지 않다. 거주지역을 두 개의 상호배타적 범주로 구분하여 조사하였으므로 명목수준 측정에 해당한다.

56 다음 중 2차 자료가 아닌 것은?

① 정부 간행물
② 조사자가 직접 설문조사를 통해 수집한 자료
③ 기업 내부에서 작성한 데이터
④ 문헌자료

해설
2차 자료는 다른 조사목적으로 기존에 작성된 자료이다.
② 조사자가 직접 설문조사를 통해 수집한 자료는 1차 자료에 해당한다.

57 신뢰성 측정방법 중 재검사법(Test - retest Method)에 관한 설명으로 틀린 것은?

① 안정성을 기준으로 신뢰성을 평가한다.
② 일정시간 간격을 두고 반복적으로 측정하여 그 결과값을 비교, 분석하는 방법이다.
③ 측정간격이 길어지면 값 자체의 변화 가능성이 높아진다.
④ 두 시점간에 발생한 외부요인에 의한 변화를 쉽게 파악할 수 있다.

해설
재검사법은 안정성을 기준으로 신뢰성을 평가하는 방법이며 동일한 측정대상에 대하여 동일한 측정도구를 통해 일정시간 간격을 두고 반복적으로 측정하여 그 결과값을 비교, 분석한다. 재검사법에서 측정시간의 간격이 길면 성숙효과 등의 작용으로 값 자체가 변화할 가능성이 높아지는 등 외생변수의 작용으로 신뢰성이 낮아질 수 있는데, 두 시점간 발생한 외부요인에 의한 변화를 파악하기 어렵다.

58 어떤 공장에서 생산공정별 부적합품률을 조사하였을 때, 척도의 수준으로 맞는 것은?

① 수학적 계산이 불가능하다.
② 덧셈과 뺄셈만이 가능하다.
③ 곱셈과 나눗셈만이 가능하다.
④ 덧셈, 뺄셈, 곱셈, 나눗셈 모두 가능하다.

해설
부적합품률은 절대영점이 존재하며 비례 조작이 가능한 비율척도에 해당하므로 사칙연산이 모두 가능하다.

59 부호화에 대한 내용 중 잘못 기술된 것은?

① 설문 항목별로 자료값 범위를 설정한다.
② 컬럼(Column)은 항목별로 부호화된 자료값이 가질 수 있는 자릿수를 의미한다.
③ 개방형 설문은 개방형 응답이 가질 수 있는 최대 응답을 기준으로 컬럼 수를 지정한다.
④ 폐쇄형 응답내용에 대해서도 반드시 별도 부호화하는 작업이 필요하다.

해설
폐쇄형 응답내용에 대해서는 별도로 다시 부호화하는 작업이 필요하지 않고 다만 부호의 중복 여부 등을 점검하면 된다.

60 집단조사에 대한 내용과 가장 거리가 먼 것은?

① 자기기입식 조사만이 가능하다.
② 조사조건의 표본화가 가능하다.
③ 집단상황이 응답을 왜곡시킬 가능성이 있다.
④ 조사원의 수를 줄일 수 있는 등 시간과 비용의 절약이 가능하다.

해설
집단조사는 조사대상자를 집단으로 같은 시간, 같은 장소에 두고 질문지를 교부하여 응답자가 응답을 직접 기재하게 하는 자기기입식으로 조사하는 방식으로 대상에 따라 면접방식과 조합하여 실시할 수도 있다. 조사조건의 표본화 및 응답조건의 동등화를 통해 조사의 동일성 확보가 가능하며 조사원의 수를 줄일 수 있는 등 시간과 비용의 절약이 가능하지만 집단 상황이 응답을 왜곡할 수 있으며 일부 통제되지 않는 응답자들로 인해서 전체 응답자들에 대한 관리가 어려워질 수 있다.

제3과목: 통계분석과 활용

61 A 신문사에서 성인 1,000명을 대상으로 B후보에 대한 지지도를 조사한 결과 60%의 지지율을 얻었다. 95%의 신뢰수준에서 이번 조사의 오차한계는 얼마인가? (단, 95% 신뢰수준의 Z값은 ±1.96으로 한다)

① ±2.8%
② ±2.9%
③ ±3.0%
④ ±3.1%

해설
비율추정에서의 오차한계는 $Z_{\frac{\alpha}{2}}\sqrt{\frac{\hat{p}(1-\hat{p})}{n}}$ 이다.
95% 신뢰수준이므로 $Z_{\frac{\alpha}{2}} = 0.025$ 이고, Z값은 1.96, $\hat{p} = 0.6$, $n = 1000$ 이다.
오차한계 $Z_{\frac{\alpha}{2}}\sqrt{\frac{\hat{p}(1-\hat{p})}{n}} = 1.96\sqrt{\frac{0.6(1-0.6)}{1000}} \approx 0.03$
∴ 3%

62 확률분포에 대한 설명으로 틀린 것은?

① 베르누이 시행이란 성공 또는 실패라는 상호배타적인 두 가지 결과만을 가진 시행이다.
② 포아송 분포의 기댓값과 분산은 동일하다.
③ 연속확률분포의 확률밀도함수 $f(x)$와 x축으로 둘러싸인 부분의 면적의 합은 항상 1이다.
④ 정규분포의 표준편차 σ는 음의 값을 가질 수 있다.

해설
표준편차는 분산의 양의 제곱근이기 때문에 음의 값을 가질 수 없다.

63 모평균과 모분산이 각각 μ, σ^2인 무한모집단으로부터 추출한 크기 n의 랜덤표본에 근거한 표본평균 $\overline{X_n}$의 확률분포에 대한 설명으로 틀린 것은?

① 모집단의 확률분포가 정규분포이면 표본평균 $\overline{X_n}$ 역시 정규분포를 따른다.
② 모집단의 확률분포가 비대칭분포이면 표본평균 $\overline{X_n}$의 확률분포는 정규분포로 근사하지 않는다.
③ 모집단의 분포가 무엇이든 간에 관계없이 표본평균 $\overline{X_n}$의 확률분포는 표본의 크기가 커짐에 따라 근사적으로 평균이 μ이고 분산이 σ^2/n인 정규분포를 따른다.
④ 표본평균 $\overline{X_n}$의 기댓값은 표본의 크기 n에 관계없이 항상 모평균 μ와 같으나 표본평균 $\overline{X_n}$의 표준편차는 표본의 크기 n이 커짐에 따라 점점 작아져 0으로 가까이 가게 된다.

해설
표본평균 $\overline{X_n}$의 확률분포는 모집단의 분포가 무엇이든 간에 관계없이 표본의 크기가 커짐에 따라 근사적으로 평균이 μ이고 분산이 σ^2/n인 정규분포를 따른다.

64 일원분산분석 모형에서 오차항에 대한 가정에 해당되지 않는 것은?

① 정규성
② 독립성
③ 일치성
④ 등분산성

해설
일원분산분석의 오차항에 대한 가정은 다음과 같다.
• 오차(ϵ_{ij})의 기댓값은 0이다.
• [독립성] 오차는 서로 독립적이다.
  ☞ 임의의 오차 ϵ_{ij}와 $\epsilon_{i'j}$는 서로 독립이다.
• [정규성] 오차(ϵ_{ij})의 분포는 정규분포이다.
• [등분산성] 오차들의 분산은 동일하다.

65 남자직원과 여자직원의 임금을 조사하여 다음과 같은 결과를 얻었다. 변동(변이)계수에 근거한 남녀 직원 임금의 산포에 관한 설명으로 맞는 것은?

성별	임금평균[천원]	표준편차[천원]
남자	2,000	40
여자	1,500	30

① 남자직원 임금의 산포가 더 크다.
② 여자직원 임금의 산포가 더 크다.
③ 이 정보로는 산포를 설명할 수 없다.
④ 남자직원과 여자직원의 임금의 산포가 같다.

해설
변이계수 $= \dfrac{표준편차(S)}{평균(\overline{X})}$ 이다.
㉠ 남자직원 임금의 변이계수 $= \dfrac{40}{2000} = \dfrac{1}{50} = 2\%$
㉡ 여자직원 임금의 변이계수 $= \dfrac{30}{1500} = \dfrac{1}{50} = 2\%$
∴ 남자직원과 여자직원의 임금의 변이계수는 같다.

66 행 변수가 M개의 범주를 갖고 열변수가 N개의 범주를 갖는 분할표에서 행 변수와 열 변수가 서로 독립인지를 검정하고자 한다. (i, j)셀의 관측도수를 O_{ij}, 귀무가설 하에서의 기대도수의 추정치를 $\widehat{E}_{ij}$라 할 때, 이 검정을 위한 검정통계량은?

① $\sum_{i=1}^{M}\sum_{j=1}^{N}\frac{(O_{ij}-\widehat{E}_{ij})^2}{O_{ij}}$

② $\sum_{i=1}^{M}\sum_{j=1}^{N}\frac{(O_{ij}-\widehat{E}_{ij})^2}{\widehat{E}_{ij}}$

③ $\sum_{i=1}^{M}\sum_{j=1}^{N}\frac{(O_{ij}-\widehat{E}_{ij})}{\widehat{E}_{ij}}$

④ $\sum_{i=1}^{M}\sum_{j=1}^{N}\frac{(O_{ij}-\widehat{E}_{ij})}{\sqrt{n\widehat{E}_{ij}O_{ij}}}$

해설
범주형 척도로 측정된 두 변수가 서로 독립적인지(연관성이 없는지)의 여부를 검정하는 카이제곱 독립성 검정에서 행 변수가 r개의 범주를 갖고 열변수가 c개의 범주를 갖는 교차표일 때 검정통계량을 산출하기 위한 공식은 다음과 같다.

$$\chi^2 = \sum_{i=1}^{r}\sum_{j=1}^{c}\frac{(O_{ij}-E_{ij})^2}{E_{ij}}$$

* O_{ij}: (i, j)cell의 관측도수
  E_{ij}: (i, j)cell의 기대도수

따라서 행 변수가 M개의 범주를 갖고 열변수가 N개의 범주를 갖는 분할표에서 행 변수와 열변수가 서로 독립인지를 검정하고자 하며 (i, j)셀의 관측도수를 O_{ij}, 귀무가설 하에서의 기대도수의 추정치를 $\widehat{E}_{ij}$라 할 때, 이 검정을 위한 검정통계량은 다음과 같이 나타낼 수 있다.

$$\chi^2 = \sum_{i=1}^{M}\sum_{j=1}^{N}\frac{(O_{ij}-\widehat{E}_{ij})^2}{\widehat{E}_{ij}}$$

* O_{ij}: (i, j)cell의 관측도수
  $\widehat{E}_{ij}$: (i, j)cell의 기대도수의 추정치

67 사회조사분석사 시험응시생 500명의 통계학 성적의 평균점수는 70점이고, 표준편차는 10점이라고 한다. 통계학 성적이 정규분포를 따른다고 할 때 성적이 50점에서 90점 사이인 응시자는 약 몇 명인가? [단, $P(Z<2)=0.9772$]

① 498명
② 477명
③ 378명
④ 250명

해설
통계학 성적의 평균점수를 확률변수 X라 할 때 X는 정규분포 $N(70, 10^2)$을 따른다. 해당 정규분포에서의 값 50, 90점을 각각 표준정규분포 $N(0,1)$를 따르는 확률변수 Z로 표준화하여 표준정규분포에서의 값으로 변환한다.

$$Z = \frac{x-\mu}{\sigma}$$

* x: 표본통계량, μ: 모집단 평균의 추정치,
  σ: 모집단 표준편차의 추정치

50점과 90점을 표준화한 값들은 각각 $Z=\frac{50-70}{10}=-2$, $Z=\frac{90-70}{10}=2$이다. 따라서 통계학 성적이 50점에서 90점 사이일 확률은 $P(-2<Z<2)$이다. $P(Z<2)=0.9772$이므로 $P(0<Z<2)$는 0.9772에서 표준정규분포의 1/2의 면적인 0.5를 뺀 값과 같다. $P(0<Z<2)=(0.9772-0.5)=0.4772$이며 정규분포는 좌우대칭이므로 $P(-2<Z<0)$도 같은 값을 갖는다.
따라서 $P(-2<Z<2)=0.4772+0.4772=0.9544$이므로 95.44%이며, 전체 응시생 500명의 95.44%는 477.2명으로 약 477명이다.

68 다음 중 중심위치의 측도와 가장 거리가 먼 것은?

① 중앙값
② 표준편차
③ 평균
④ 최빈수

해설
표준편차는 산포도에 관한 측도이다.

| 정답 | 66 ② 67 ② 68 ②

69 두 변수 X와 Y의 상관계수 r_{XY}에 대한 설명으로 틀린 것은?

① r_{XY}는 두 변수 X와 Y의 선형적 연관성의 정도를 나타낸다.
② $-1 \leq r_{XY} \leq 1$
③ $r_{XY} = 0$이면 두 변수는 선형이 아니거나 무상관이다.
④ $r_{XY} = -1$이면 두 변수는 완전한 음의 상관관계에 있다.

해설
상관계수가 0인 경우 '선형적 연관성은 없다'는 것이며, 다른 연관성(곡선관계 등)은 있을 수 있다. 즉, 어떠한 관계도 없다고는 할 수 없다.

70 다음 사례에 알맞은 검정방법은?

> 도시지역과 시골지역의 가족 구성원 수의 평균 차이가 있는지를 알아보고자 도시지역과 시골지역 중 각각 몇 개의 지역을 골라 가족 구성원 수를 조사하였다.

① F - 검정
② 더빈 왓슨 검정
③ χ^2 - 검정
④ 독립표본 t - 검정

해설
평균차이 검정에 있어서 두 모집단의 가설검정은 모집단이 두 개이며, 두 모집단의 평균에 차이가 있는지를 검정하는 방법이다. 두 집단의 평균을 비교함에 있어서 두 집단이 서로 독립적인 경우 두 모분산이 알려져 있거나, 알려져 있지 않더라도 대표본일 때에는 검정통계량 Z을 사용하여 검정한다. 두 모분산이 알려져 있지 않고 표본의 크기가 소표본인 경우에는 t-검정을 사용(독립표본 t-검정)한다. 주어진 사례에 있어서 도시지역과 시골지역의 가족 구성원 수는 서로 독립적이고 두 모집단의 평균에 차이가 있는가를 검정하는 방법이므로 주어진 보기에서 가장 적합한 검정방법은 독립표본 t-검정이 된다.

71 공정한 동전 10개를 동시에 던질 때 앞면이 정확히 1개만 나올 확률은?

① 3/1024
② 9/1024
③ 10/1024
④ 15/1024

해설
앞면 또는 뒷면의 상호배타적인 두 가지 결과만을 가진 베르누이 시행을 독립적으로 반복한 경우의 성공횟수(앞면)를 확률변수 X라 하면 그 확률변수 X의 확률분포는 이항분포이다. 동전을 10개를 던져서 앞면이 1개만 나오는 확률을 구하려는 것이고 동전의 앞면이 나올 확률은 1/2이므로 $X \sim B(n, p) = B(10, \frac{1}{2})$이며 확률에 관한 산식(확률질량함수)은 다음과 같다.

$$P(X = x) = \binom{n}{x} p^x (1-p)^{n-x} = {}_nC_x p^x (1-p)^{n-x}$$

* n: 시행횟수, p: 특정실험결과가 성공할 확률, x: 성공횟수

이때 $n = 10$, $p = \frac{1}{2}$, $x = 1$이므로

$$P(X = 1) = {}_{10}C_1 \left(\frac{1}{2}\right)^1 \left(1 - \frac{1}{2}\right)^{10-1}$$

$$= 10 \times \left(\frac{1}{2}\right)^1 \left(\frac{1}{2}\right)^9 = \frac{10}{1024}$$

72 부적합률이 0.05인 제품을 20개씩 한 박스에 넣어서 포장하였다. 10개의 박스를 구입했을 때, 기대되는 부적합품의 총 개수는?

① 1개
② 5개
③ 10개
④ 15개

해설
1개 박스에 20개가 들어있으므로 10개 박스면 200개가 들어있다. 200개에 부적합률을 곱하면 기대되는 부적합품 총개수를 산출할 수 있다.
∴ 200 × 0.05 = 10개

| 정답 | 69 ③ 70 ④ 71 ③ 72 ③

73. 다음 중 추정량에 요구되는 바람직한 성질이 아닌 것은?

① 불편성(unbiasedness) ② 효율성(efficiency)
③ 충분성(sufficiency) ④ 정확성(accuracy)

해설
바람직한 추정량의 기준은 불편성, 효율성, 일치성, 충분성이다.

74. 어떤 가설검정에서 유의확률(P값)이 0.02일 때, 검정 결과로 맞는 것은?

① 귀무가설을 유의수준 1%와 5%에서 모두 기각할 수 없다.
② 귀무가설을 유의수준 1%와 5%에서 모두 기각할 수 있다.
③ 귀무가설을 유의수준 1%에서 기각할 수 있으나 5%에서는 기각할 수 없다.
④ 귀무가설을 유의수준 1%에서 기각할 수 없으나 5%에서는 기각할 수 있다.

해설
- [P값(0.02) ≤ 유의수준]일 때 귀무가설 기각이 가능하다.
- 유의수준 1%(0.01)에서는 P값(0.02) > 유의수준(0.01)로 귀무가설을 기각할 수 없고, 유의수준 5%(0.05)에서는 P값(0.02) < 유의수준(0.05)로 귀무가설을 기각할 수 있다.

75. 다음 자료에 대한 설명으로 틀린 것은?

| 58 | 54 | 54 | 81 | 56 | 81 | 75 | 55 | 41 | 40 | 20 |

① 중앙값은 55이다.
② 표본평균은 중앙값보다 작다.
③ 최빈값은 54와 81이다.
④ 자료의 범위는 61이다.

해설
전반적 계산을 위해 일단 데이터들을 오름차순으로 나열해보면 총 11개 숫자들은 20, 40, 41, 54, 54, 55, 56, 58, 75, 81, 81로 나열된다. 최빈값은 54와 81이다. 자료의 범위는 (최댓값 81 - 최솟값 20 = 61)이다. 데이터 개수가 11개로 홀수이므로 데이터가 홀수인 경우 중앙값 공식을 이용하면 $\left(\frac{n+1}{2}\right) = \left(\frac{11+1}{2}\right) = 6$번째 수인 55가 중앙값이다.
평균값은 $\frac{(20+40+41+54+54+55+56+58+75+81+81)}{11} ≒ 55.90$이므로 중앙값보다 크다.

76. 다음 중 연속확률변수인 것은?

① A 대학 학생의 인터넷 사용 여부
② B 고등학교 학생들의 일주일 평균 인터넷 사용 정도: 상, 중, 하
③ C 대학 학생들의 1개월 평균 인터넷 사용 시간
④ 어느 프로야구 선수가 한 시즌 동안 친 홈런의 수

해설
연속확률변수는 변수값이 연속된 구간의 모든 연속된 (소수점의 값을 포함하는) 실수값을 취한다. 취할 수 있는 값의 범위가 무한하고 가능한 변수값을 셀 수 없다. 반면 이산확률변수는 변수값이 정수와 같이 명확하며 확률변수가 가질 수 있는 변수값이 한정되거나 셀 수 없다.

| 정답 | 73 ④ | 74 ④ | 75 ② | 76 ③ |

77 단일모집단의 모분산의 검정에 사용되는 분포는?

① 정규분포 ② F – 분포
③ 이항분포 ④ χ^2 – 분포

[해설]
단일모집단의 분산검정은 단일모집단 평균검정과 유사하게 모집단의 분산이 어떤 특정한 값과 다르다 또는 특정한 값보다 크다, 작다를 연구가설로 제기하여 분산에 대해 검정하는 것이다. 단일모집단의 모분산 검정에는 χ^2 -분포가 사용된다.

78 어느 대학에서 2014학년도 1학기에 개설된 통계학 강좌에 A반 20명, B반 30명이 수강하고 있다. 중간고사에서 A반, B반의 평균은 각각 70점, 80점이었다. 이번 학기에 통계학을 수강하고 있는 학생 50명의 중간고사 평균은?

① 70점 ② 74점
③ 75점 ④ 76점

[해설]
두 반의 전체점수 합계를 계산하고 이를 총 학생 수로 나누면 된다. A반의 점수합계를 20명으로 나눈 결과가 70점이므로 A반의 점수합계는 70×20 = 1400이 된다. 동일한 방식으로 B반의 점수합계는 2400이다.

- A반 평균 $70 = \dfrac{(A반\ 학생들의\ 점수합계:\ D_1 + D_2 + \cdots + D_{20})}{20}$ 이므로
  A반 점수합계는 $70 \times 20 = 1400$
- B반 평균 $80 = \dfrac{(B반\ 학생들의\ 점수합계:\ F_1 + F_2 + \cdots + F_{30})}{30}$ 이므로
  B반 점수합계는 $80 \times 30 = 2400$

☞ 통계학 수강생 50명 전체의 평균
$= \dfrac{(A반의\ 점수합계 + B반의\ 점수합계)}{(전체 50명 = A반의\ 학생\ 수 + B반의\ 학생\ 수)}$
$= \dfrac{1400 + 2400}{50} = 76$

79 어느 대학교에서 학생들을 대상으로 4개의 변수(키, 몸무게, 혈액형, 월평균 용돈)에 대한 관측값을 얻었다. 4개의 변수 중에서 최빈값을 대푯값으로 사용할 때 가장 적절한 변수는?

① 키 ② 혈액형
③ 몸무게 ④ 월평균 용돈

[해설]
최빈값은 명목수준의 측정(범주형 자료)에서 적절한 대푯값으로 사용된다는 것을 상기하면 된다. 주어진 변수 중 범주형 자료에 해당하는 변수는 혈액형이다. 나머지 변수들은 절대영점이 존재하는 비율척도로 측정된 연속형 변수들이다.

80 모평균에 대한 신뢰구간의 길이를 1/4로 줄이고자 한다. 표본 크기를 몇 배로 해야 하는가?

① 1/4배
② 1/2배
③ 2배
④ 16배

[해설]
신뢰구간의 길이는 $\left(Z_{\frac{\alpha}{2}} \dfrac{\sigma}{\sqrt{n}}\right) \times 2$ 이다. 이는 신뢰수준에 비례하며, 표본크기 n 의 제곱근에 반비례한다. 신뢰구간의 길이를 $\dfrac{1}{4}$ 로 줄이므로 길이는 $\dfrac{1}{4} \times \left(Z_{\frac{\alpha}{2}} \dfrac{\sigma}{\sqrt{n}}\right) \times 2$ 이 된다.

$\dfrac{1}{4} \times \left(\dfrac{Z_{\alpha/2} \times \sigma}{\sqrt{n}}\right) \times 2 = \left(\dfrac{Z_{\alpha/2} \times \sigma}{4\sqrt{n}}\right) \times 2 = \left(\dfrac{Z_{\alpha/2} \times \sigma}{\sqrt{16n}}\right) \times 2$ 이므로
∴ n 은 16배가 커져야 한다.

| 정답 | 77 ④ 78 ④ 79 ② 80 ④

81 두 변수 x, y의 상관계수가 0.5일 때, $(2x+3, -3y-4)$와 $(-3x+4, -2y-2)$의 상관계수는?

① 0.5, 0.5
② 0.5, -0.5
③ -0.5, 0.5
④ -0.5, -0.5

해설
두 확률변수 $aX+b$, $cY+d$에 대한 상관계수 $Corr(aX+b, cY+d)$는 $ac>0$이면 $Corr(X, Y)$이고, $ac<0$이면 $-Corr(X, Y)$이다.
• $[ac>0]$ $Corr(aX+b, cY+d) = Corr(X, Y)$
• $[ac<0]$ $Corr(aX+b, cY+d) = -Corr(X, Y)$
이에 따라 두 변수 x, y의 상관계수가 0.5일 때 $(2x+3, -3y-4)$에서 $2 \times (-3) = -6 < 0$이므로, 상관계수는 -0.5가 되고, $(-3x+4, -2y-2)$에서 $-3 \times -2 = 6 > 0$이므로, 상관계수는 0.5가 된다.

82 모집단으로부터 크기가 100인 표본을 추출하였다. 이 표본으로부터 표본비율 $\hat{p}=0.55$를 추정하였다. 모비율에 대한 가설 H_0: $p=0.5$ vs H_1: $p>0.5$를 검정하기 위한 검정통계량은?

① $\dfrac{0.55-0.5}{\sqrt{0.5(1-0.5)/100}}$

② $\dfrac{0.5}{\sqrt{0.5(1-0.5)/100}}$

③ $\dfrac{0.55+0.5}{\sqrt{0.5(1-0.5)/100}}$

④ $\dfrac{0.55}{\sqrt{0.5(1-0.5)/100}}$

해설
단일모집단 비율검정을 위한 검정통계량 Z를 이용한다. $n=100$, 표본의 비율 $\hat{p}=0.55$, 귀무가설로 설정된 모집단의 비율 $p_0=0.50$이므로
$Z = \dfrac{\hat{p}-p_0}{\sqrt{\dfrac{p_0(1-p_0)}{n}}} = \dfrac{0.55-0.5}{\sqrt{\dfrac{0.5(1-0.5)}{100}}}$

83 자료의 산술평균에 대한 설명으로 틀린 것은?

① 이상점의 영향을 받지 않는다.
② 편차들의 합은 0이다.
③ 분포가 좌우대칭이면 산술평균과 중앙값은 같다.
④ 자료의 중심위치에 대한 측도이다.

해설
산술평균은 극단값(이상값, 이상점)의 영향을 많이 받는다.

84 시험을 친 학생 중 국어합격자는 50%, 영어합격자는 60%이며, 두 과목 모두 합격한 학생은 15%라고 한다. 이때 임의로 한 학생을 뽑았을 때, 이 학생이 국어에 합격한 학생이라면 영어에도 합격했을 확률은?

① 10%
② 20%
③ 30%
④ 40%

해설
국어에 합격하는 사건을 A, 영어에 합격하는 사건을 B라고 할 때
$P(A)=0.5$, $P(B)=0.6$, $P(A \cap B)=0.15$
국어에 합격한 학생이면서 영어에도 합격했을 확률을 구하면 되므로 $P(B|A)$를 계산하면 된다.
$\therefore P(B|A) = \dfrac{P(A \cap B)}{P(A)} = \dfrac{0.15}{0.5} = 0.3$

85 확률변수 X의 확률분포가 다음과 같을 때 분산 $Var(X)$의 값은?

X	0	1	2
$P(X=x)$	3/10	6/10	1/10

① 0.36
② 0.6
③ 1
④ 0.49

해설

이산확률변수 X의 분산은 $Var(X) = E(X^2) - [E(X)]^2$이다.

$$E(X) = \sum_{i=1}^{n} x f(x)$$
$$= \sum_{i=1}^{n} x_i \times P(X=x_i)$$
$$= (0 \times \frac{3}{10}) + (1 \times \frac{6}{10}) + (2 \times \frac{1}{10}) = 0.8$$

$$E(X^2) = \sum_{i=1}^{n} x^2 f(x)$$
$$= \sum_{i=1}^{n} x_i^2 \times P(X=x_i)$$
$$= (0^2 \times \frac{3}{10}) + (1^2 \times \frac{6}{10}) + (2^2 \times \frac{1}{10}) = 1.0$$

$\therefore Var(X) = 1 - (0.8)^2 = 0.36$

86 평균이 8이고 분산이 0.6인 정규모집단으로부터 10개의 표본을 임의로 추출하는 경우, 표본평균의 평균과 분산은?

① (0.8, 0.6)
② (0.8, 0.06)
③ (8, 0.06)
④ (8, 0.19)

해설

중심극한의 정리에 따라 평균 μ, 표준편차 σ인 모집단에서 n개의 표본을 반복 추출하면 그 표본들의 각 평균값 $\bar{x}$의 분포는 정규분포로 수렴하게 되며, 평균 μ, 표준편차 $\frac{\sigma}{\sqrt{n}}$가 된다. 모집단의 평균은 8, 분산 $\sigma^2 = 0.6$이므로 표본평균의 평균은 8, 분산(표준편차의 제곱)은 $\frac{\sigma^2}{n} = \frac{0.6}{10} = 0.06$

87 어느 대학에서 학생들이 온라인 강의 한 편을 수강하는데 걸리는 시간을 조사하기 위하여 100명의 학생을 무작위 추출하여 조사한 결과 평균 소요시간이 30분, 표준편차 5분이었다. 온라인 강의 한편을 수강하는데 소요되는 평균시간에 대한 95% 신뢰구간 하한과 상한은 각각 얼마인가? (단, $Z_{0.025} = 1.96$, $Z_{0.05} = 1.645$)

① 28.07, 31.04
② 29.02, 30.98
③ 29.12, 31.05
④ 28.50, 31.25

해설

단일모집단 평균의 신뢰구간을 구하는데 모분산은 알려져 있지 않지만 표본의 크기가 $n \geq 30$인 100이므로 Z-분포를 사용한다.
$\bar{X} - Z_{\frac{\alpha}{2}} \frac{\sigma}{\sqrt{n}} \leq \mu \leq \bar{X} + Z_{\frac{\alpha}{2}} \frac{\sigma}{\sqrt{n}}$에서 표본평균 $\bar{X} = 30$.
95% 신뢰수준에서 $Z_{0.025} = 1.96$, σ = 표본의 표준편차$(S) = 5$, $n = 100$이므로 95% 신뢰구간은

$$30 - 1.96 \frac{5}{\sqrt{100}} \leq \mu \leq 30 + 1.96 \frac{5}{\sqrt{100}}$$
$$30 - 0.98 \leq \mu \leq 30 + 0.98$$

약 $29.02 \leq \mu \leq 30.98$이므로 하한 29.02, 상한 30.98이다.

88 유의수준에 대한 설명으로 옳은 것은?

① 대립가설이 참일 때 귀무가설을 채택하는 오류를 범할 확률의 최대허용한계이다.
② 유의수준 α검정법이란 제2종 오류를 범할 확률이 α 이하인 검정방법을 말한다.
③ 귀무가설이 참임에도 불구하고 귀무가설을 기각하는 오류를 범할 확률의 최대허용한계를 뜻한다.
④ 제1종 오류를 범할 확률과 제2종 오류를 범할 확률 중 큰 쪽의 확률을 의미한다.

해설

유의수준 α는 1종 오류(귀무가설이 참임에도 귀무가설을 기각하는 오류)를 범할 확률의 최대허용한계를 뜻한다.

89 어느 조사기관에서 대한민국에 거주하는 10세 아동의 평균키는 112cm이고 표준편차가 6cm인 정규분포를 따르는 것으로 보고하였다. 이 결과를 확인하기 위하여 36명을 무작위로 추출하여 측정한 결과 표본평균이 109cm이었다. 가설 $H_0 : \mu = 112cm$ vs $H_1 : \mu \neq 112cm$에 대한 유의수준 5%의 검정결과로 옳은 것은? (단, $Z_{0.025} = 1.96$, $Z_{0.05} = 1.645$)

① 검정통계량은 2이다.
② 귀무가설을 기각한다.
③ 귀무가설을 기각할 수 없다.
④ 위 사실로는 판단할 수 없다.

해설

평균검정에서 모분산이 알려져 있고 대표본이므로 검정통계량 Z를 사용한다.

$$Z = \frac{\overline{X} - \mu_0}{\sigma/\sqrt{n}}$$

* $\overline{X}$: 표본의 평균값, μ_0 : 귀무가설로 설정된 모집단의 평균값, σ : 모표준편차, $\sigma/\sqrt{n}$: $\overline{X}$의 표준오차

이때 표본평균 $\overline{X} = 109$, 모집단의 평균 $\mu_0 = 112$, 모표준편차 $\sigma = 6$, $n = 36$이므로

$Z = \frac{\overline{X} - \mu_0}{\sigma/\sqrt{n}} = \frac{109 - 112}{6/\sqrt{36}} = \frac{-3}{6/6} = -3$이다.

유의수준 5%에서 대립가설의 설정에 따라 양측검정이므로 임계치는 $Z_{0.025} = 1.96$이다.

검정통계량 Z의 값이 -3으로, 절댓값이 임계치 1.96보다 크므로 귀무가설의 기각역에 해당한다(-1.96보다 좌측에 위치함).

따라서 유의수준 5%에서 귀무가설 $H_0 : \mu = 112cm$을 기각할 수 있다.

90 세 그룹의 평균을 비교하기 위해 각 수준에서 5번씩 반복실험한 일원분산분석 모형 $X_{ij} = \mu + \alpha_i + \epsilon_{ij}$ ($i = 1, 2, 3, j = 1, 2, \cdots, 5$)에 대한 분산분석표가 아래와 같을 때 ㉠, ㉡에 들어갈 값은?

요인	제곱합	자유도	F - 통계량
처리	52.0	2	㉡
오차	60.0	㉠	

	㉠	㉡
①	12	4.8
②	12	5.2
③	13	4.8
④	13	5.2

해설

오차의 자유도를 알기 위해서는 총합의 자유도를 알아야 하는데, 각 수준에서 모두 5번씩 반복실험을 했으므로 각 처리수준별 반복수가 동일하다면 측정자료의 총 개수 n은 '처리수준의 수 × 반복수'와 일치하게 되는 것을 이용한다.

측정자료의 총 개수 = [처리수준의 수(k: 그룹의 수) 3 × 반복수 5] = 15
∴ 총합의 자유도 $n - 1 = 15 - 1 = 14$
총합의 자유도 14 = 처리의 자유도 2 + 오차의 자유도 ㉠
∴ ㉠ 12

따라서 오차의 평균제곱 = [오차제곱합/오차의 자유도] = 60/12 = 5이다.
또한 처리의 평균제곱 = [처리제곱합/처리의 자유도] = 52/2 = 26이므로

㉡ $F = \frac{\text{처치(집단간, 인자)평균제곱}}{\text{오차(집단내, 잔차)평균제곱}} = \frac{26}{5} = 5.2$

91 일원배치분산분석법을 적용하기에 부적합한 경우는?

① 어느 화학회사에서 3개의 제조업체에서 생산된 기계로 원료를 혼합하는 데 소요되는 평균 시간이 동일한지를 검정하기 위하여 소요시간(분) 자료를 수집하였다.

② 소기업 경영연구에 실린 한 논문은 자영업자의 스트레스가 비자영업자보다 높다고 결론을 내렸다. 부동산중개업자, 건축가, 증권거래인들을 각각 15명씩 무작위로 추출하여 5점 척도로 된 15개 항목으로 직무 스트레스를 조사하였다.

③ 어느 회사에 다니는 회사원은 입사 시 학점이 높은 사람일수록 급여를 많이 받는다고 알려져 있다. 30명을 무작위로 추출하여 평균학점과 월급여를 조사하였다.

④ A구, B구, C구 등 3개 지역이 서울시에서 아파트 가격이 가장 높은 것으로 나타났다. 각 구마다 15개씩 아파트 매매가격을 조사하였다.

해설
분산분석은 2개(보통 3개) 이상의 집단들의 평균값을 비교하는 것이다. ①은 3개의 기계별 평균시간이 동일한가, ②는 3개의 직업별 스트레스가 동일한가, ④는 3개의 지역별 매매가격이 동일한가이므로 모두 일원배치분산분석법 적용에 적합하지만 ③은 상관관계분석에 해당한다.

92 행의 수가 4, 열의 수가 2인 이원교차표에 근거한 카이제곱 검정을 하려 한다. 검정통계량의 자유도는 얼마인가?

① 1
② 2
③ 3
④ 4

해설
교차표에 의한 카이제곱검정에서 검정통계량의 자유도는 (행의 수−1) × (열의 수−1)이다.
∴ $(4-1) \times (2-1) = 3$

93 키와 몸무게의 상관계수가 0.6으로 계산되었다. 키에 2을 곱하고, 몸무게는 3을 곱하고 1을 더한 후 계산된 새로운 변수들 간의 상관계수는?

① 0.28
② 0.36
③ 0.52
④ 0.60

해설
두 확률변수 $aX+b$, $cY+d$에 대한 상관계수 $corr(aX+b, cY+d)$는 $ac>0$이면 $corr(X, Y)$이고, $ac<0$이면 $-corr(X, Y)$이다.
키와 몸무게를 각각 확률변수 X, Y로 나타내면 $2X$, $3Y+1$로 나타낼 수 있다. (키는 2를 곱하고 몸무게는 3을 곱하고 1을 더함) 확률변수들 간의 상관계수 $corr(2X, 3Y+1)$은 $2 \times 3 > 0$이므로 $corr(X, Y)$이다.
이에 따라 $corr(X, Y)$는 키와 몸무게의 상관계수인 0.60이 된다.

94 지각건수가 요일별로 동일한 비율인지 알아보기 위해 카이제곱(χ^2) 검정을 실시할 경우 이 자료에서 χ^2 값은?

요일	월	화	수	목	금	합계
지각 횟수	65	43	48	41	73	270

① 14.96
② 16.96
③ 18.96
④ 20.96

해설

지각건수는 요일(범주형 변수)별로 동일하다는 귀무가설(H_0)에 대하여 기대되는 도수에 관측도수가 적합한가를 검정하는 카이제곱 적합성 검정에서 기대도수는 다음과 같이 구한다.

기대도수 $E_i = n \times p_i$
*n: 표본의 총 개수, p_i: 각 범주의 예상확률

표본의 총 개수는 270, 각 범주의 예상확률은 요일별로 모두 동일하게 $\frac{1}{5}$ 이므로, 기대도수는 $270 \times \frac{1}{5} = 54$이다.
이를 교차표로 만들면 다음과 같다.

요일	월	화	수	목	금	합계
지각 횟수	54	54	54	54	54	270

열 변수가 c개의 범주를 갖는 교차표에서 카이제곱 적합성 검정에서 검정통계량은 다음과 같이 구한다.

$$\chi^2 = \sum_{i=1}^{c} \frac{(O_i - E_i)^2}{E_i}$$
*O_i: 관측도수, E_i: 기대도수

따라서 검정통계량은
$\chi^2 = \sum_{i=1}^{5} \frac{(O_i - E_i)^2}{E_i}$
$= \frac{(65-54)^2}{54} + \frac{(43-54)^2}{54} + \frac{(48-54)^2}{54} + \frac{(41-54)^2}{54} + \frac{(73-54)^2}{54}$
$≒ 14.96$

95 I개 그룹의 평균을 비교하고자 한다. 다음 일원분산분석 모형에 대한 가설을 유의수준 0.05에서 F-검정한 결과 p-값이 0.07이었을 때의 추론결과로 옳은 것은?

$$X_{ij} = \mu + \alpha_i + \epsilon_{ij} \ (i = 1, 2, \cdots, I, \ j = 1, 2, \cdots, J)$$

① I개 그룹의 평균은 모두 같다.
② I개 그룹의 평균은 모두 다르다.
③ I개 그룹의 평균 중 적어도 하나는 다르다.
④ I개 그룹의 평균은 증가하는 관계가 성립된다.

해설

일원분산분석에서 다음과 같이 설정한다.
• 귀무가설: I개 그룹의 평균이 모두 같다. ☞ $H_0: \mu_1 = \mu_2 = \cdots = \mu_I$
• 대립가설: 모든 μ가 동일하지는 않다. 즉 최소한 어떤 두 개의 평균값들 간에는 차이가 있다.
'p-값 ≤ 유의수준'인 경우 귀무가설을 기각할 수 있는데
p-값(0.07) > 유의수준(0.05)이므로 귀무가설을 기각할 수 없다.
따라서 추론 결과는 'I개 그룹의 평균은 모두 같다'이다.

96 회귀분석에 대한 설명 중 옳은 것은?

① 회귀분석에서 분산분석표는 사용되지 않는다.
② 독립변수는 양적인 관찰값만 허용된다.
③ 회귀분석은 독립변수 간에 상관관계가 0인 경우만 분석 가능하다.
④ 회귀분석에서 t-검정과 F-검정이 모두 사용된다.

해설

④ 회귀분석에서 회귀모형의 유의성 검정에는 F검정이 사용되며 독립변수 계수(회귀계수)의 유의성 검정에는 t-검정이 사용된다.
① 회귀분석에서 회귀식의 통계적 유의성 검정에 분산분석표를 이용한다.
② 범주형 척도로 측정된 변수를 0과 1의 값만 갖는 한 개 혹은 몇 개의 이항변수로 바꾸어 회귀분석에 활용(더미변수)할 수 있다.
③ 독립변수 간에 상관관계가 0인 것이 이상적이나 현실적으로 그러한 경우는 거의 없다. 다만 다중공선성 점검 등을 통하여 통계적 유의성을 일정 수준 이상 훼손시킬 정도의 상관관계에 대해서는 각 케이스에 적합한 적절한 조치를 취해야 한다(해당변수 제거, 대체 등).

97 Y의 X에 대한 회귀직선식이 $\hat{Y}=3+X$라 한다. Y의 표준편차가 5, X의 표준편차가 3일 때 X와 Y의 상관계수는?

① 0.6
② 1
③ 0.8
④ 0.5

해설

> 회귀식이 $\hat{y}=\hat{\beta}_0+\hat{\beta}_1 x$와 같을 때 *$\hat{\beta}_0$: 절편, $\hat{\beta}_1$: 기울기
>
> 회귀직선의 기울기 $\hat{\beta}_1 = r_{XY}\dfrac{S_Y}{S_X}$
>
> $= \dfrac{S_{XY}}{S_{XX}} = \dfrac{\sum_{i=1}^{n}(x_i-\overline{x})(y_i-\overline{y})}{\sum_{i=1}^{n}(x_i-\overline{x})^2}$
>
> * r_{XY}: X, Y의 상관계수,
> S_X: X의 표준편차, S_Y: Y의 표준편차,
> S_{XY}: X, Y의 공분산,
> S_{XX}: X의 분산

$S_Y=5$, $S_X=3$, $\hat{Y}=3+X$의 기울기인 1은 $r_{XY}\dfrac{S_Y}{S_X}$ 과 같으므로

$r_{XY}\dfrac{S_Y}{S_X} = r_{XY}\dfrac{5}{3} = 1$

$\therefore r_{XY} = 0.6$

98 n개의 관측치에 대하여 단순회귀모형 $Y_i = \beta_0 + \beta_1 x_i + \epsilon_i$을 이용하여 분석하려 한다. $\sum_{i=1}^{n}(x_i-\overline{x})^2 = 20$, $\sum_{i=1}^{n}(y_i-\overline{y})^2 = 30$, $\sum_{i=1}^{n}(x_i-\overline{x})(y_i-\overline{y}) = -10$일 때, 회귀계수 추정치 $\hat{\beta}_1$의 값은?

① $-\dfrac{1}{3}$
② $-\dfrac{1}{2}$
③ $\dfrac{2}{3}$
④ $\dfrac{3}{2}$

해설

> 회귀식이 $\hat{y}=\hat{\beta}_0+\hat{\beta}_1 x$와 같을 때 *$\hat{\beta}_0$: 절편, $\hat{\beta}_1$: 기울기
>
> 회귀직선의 기울기 $\hat{\beta}_1 = r_{XY}\dfrac{S_Y}{S_X}$
>
> $= \dfrac{S_{XY}}{S_{XX}} = \dfrac{\sum_{i=1}^{n}(x_i-\overline{x})(y_i-\overline{y})}{\sum_{i=1}^{n}(x_i-\overline{x})^2}$
>
> * r_{XY}: X, Y의 상관계수,
> S_X: X의 표준편차, S_Y: Y의 표준편차,
> S_{XY}: X, Y의 공분산,
> S_{XX}: X의 분산

$\therefore \hat{\beta}_1 = \dfrac{\sum_{i=1}^{n}(x_i-\overline{x})(y_i-\overline{y})}{\sum_{i=1}^{n}(x_i-\overline{x})^2} = \dfrac{-10}{20} = -\dfrac{1}{2}$

99 관측값 10개를 갖고 수행한 단순회귀분석에서 회귀직선의 유의성 검정을 위해 작성된 분산분석표가 다음과 같다. ㉠~㉢에 해당하는 값은?

요인	제곱합	자유도	평균제곱	F - 값
회귀	60	1	60	㉢
잔차	240	㉠	㉡	

	㉠	㉡	㉢
①	12	22	2
②	10	24	3
③	8	30	2
④	11	24	2

해설
단순회귀분석의 분산분석표에서 각각의 숫자는 다음과 같이 산출된다.
㉠ 잔차의 자유도 $= n-k-1$ (n: 표본의 크기, k: 독립변수의 수)이므로 ∴ $10-1-1=8$
㉡ 잔차의 평균제곱 = 잔차 제곱합/자유도이므로 ∴ $240/8=30$
㉢ F - 값 = 회귀의 평균제곱/잔차의 평균제곱이므로 ∴ $60/30=2$

100 독립변수(k)가 2개인 중회귀모형 $y_i = \beta_0 + \beta_1 x_{1i} + \beta_2 x_{2i} + \epsilon_i (i=1, \cdots, n)$의 유의성 검정에 대한 내용으로 틀린 것은?

① H_0: $\beta_1 = \beta_2 = 0$
② H_1: 회귀계수 β_1, β_2중 적어도 하나는 0이 아니다.
③ $\dfrac{MSE}{MSR} > F(k, n-k-1, \alpha)$이면 H_0를 기각한다.
④ 유의확률 p가 α보다 작으면 H_0를 기각한다.

해설
독립변수가 2개인 다중회귀모형에 대해 회귀식 전체(회귀모형)의 통계적 유의성은 F - 검정을 사용한다. 가설은 다음과 같이 설정한다.
귀무가설 H_0: $\beta_1 = \beta_2 = 0$
대립가설 H_1: β_1, β_2 중 적어도 하나는 0이 아니다.
검정통계량 F의 값과 F 임계치를 비교하거나 검정통계량 F의 유의확률 p - value를 유의수준 α와 비교하여 가설을 검정할 수 있다. 유의확률과 유의수준을 비교할 경우 p - value ≤ α이면 귀무가설을 기각할 수 있으며 검정통계량과 임계치를 비교할 경우 검정통계량 F의 값이 F 임계치보다 크면 귀무가설을 기각할 수 있다.
검정통계량은 $F = \dfrac{MSR}{MSE}$이며, 이를 F 임계치와 비교하여 임계치보다 크면 귀무가설을 기각한다.

2024년 제3회 (CBT)

※ CBT 문제는 수험생의 기억에 따라 복원된 것이며, 실제 기출문제와 동일하지 않을 수 있습니다.

제1과목: 조사방법과 설계

01 횡단조사(Cross-sectional Study)에 관한 설명으로 옳은 것은?

① 동태적 변화 발전 과정의 연구에 적합하다.
② 일정 조사 대상에 대해 시간 간격을 두고 두 번 이상의 시점에 반복적으로 조사한다.
③ 자료는 일정한 특정시점에서의 한 집단 또는 사례들의 특징을 가진다.
④ 특정한 대상을 패널로 선정하고 반복적으로 조사한다.

해설
횡단연구는 일정 조사 대상에 대해 어느 한 시점에 관련 모든 변수에 대한 자료를 수집하는 것으로 어느 한 시점에서 어떤 현상을 주의 깊게 연구한다. 자료는 일정한 특정시점에서의 한 집단 또는 사례들의 특징을 가진다. ①, ②, ④ 종단조사에 해당하는 설명이다.

02 분석단위의 성격이 다른 것은?

① 남성은 여성보다 외부에서 활동하는 시간이 많아 교통사고의 피해자나 가해자가 될 확률이 더 높다.
② A 지역의 투표자들은 B 지역의 투표자들에 비하여 X 정당 후보자를 지지할 의사가 더 많다.
③ A 기업의 회장은 B 기업의 회장에 비하여 성격이 훨씬 더 이기적이다.
④ 선진국의 근로자들과 후진국의 근로자들의 생산성을 국가별로 비교한 결과 선진국의 생산성이 더 높았다.

해설
분석단위는 연구의 특성을 살피기 위해 구분지어진 단위이다. 개인, 집단, 프로그램, 조직/제도, 지역사회/지방정부/국가, 사회적 생성물 중 ④의 분석단위는 국가이며, ①, ②, ③의 분석단위는 개인이다.

03 집락(Cluster)표본추출법에 관한 설명으로 틀린 것은?

① 선정된 각 집락은 다른 조사의 표본으로도 사용 할 수 있다.
② 모집단의 목록이 없는 경우에 매우 유용하다.
③ 단순무작위표본추출법에 비해서 시간과 비용면에서 효율적이다.
④ 집락 단계의 수가 많을수록 표본오차(Sampling Error)가 작아지게 된다.

해설
집락표본추출(군집표본추출)은 모집단이 유사한 소그룹들로 구성되어 있는 경우 무작위로 한 그룹 또는 몇 개의 그룹을 표본으로 추출하여 추출한 그룹 전체를 조사하거나 추출한 그룹 내에서 확률표본추출하여 조사하는 방법이다. 전체 모집단의 목록이 불필요하며 선정된 표본은 다른 조사에 있어서 표본으로 활용가능하나 군집단계의 수가 많아지거나 집단 내 동질성이 높을 경우 표본오류 발생 가능성이 높아진다.

04 과학적 연구의 특성에 대한 설명과 가장 거리가 먼 것은?

① 과학적 연구는 경험적으로 검증 가능해야 한다.
② 과학적 연구를 통해 얻어진 지식은 바뀌지 않는다.
③ 연구방법과 과정이 같으면 같은 결론을 얻을 수 있어야 한다.
④ 과학적 연구는 최소한의 변수를 이용하여 최대한의 설명을 하려고 한다.

해설
과학적 연구의 특성 중 하나는 변화가능성이다. 즉, 연구결과는 절대불변인 것이 아니라 언제든지 비판되고 수정될 수 있으므로 변화가능성을 가진다는 것이다.

| 정답 | 01 ③ 02 ④ 03 ④ 04 ②

05 설문지 작성에서 질문의 순서를 결정할 때 고려할 사항이 아닌 것은?

① 시작하는 질문은 쉽고 흥미를 유발할 수 있어야 한다.
② 인적 사항이나 사생활에 대한 질문은 가급적 처음에 묻는다.
③ 일반적인 내용을 먼저 묻고, 다음에 구체적인 것을 묻도록 한다.
④ 연상작용을 일으키는 문항들은 간격을 멀리 떨어뜨려 놓는다.

해설
질문의 순서 배열 결정 시 민감한 질문은 가능한 한 질문 후반부에 배치한다.

06 다음 중 개방형 질문의 장점이 아닌 것은?

① 응답 가능한 모든 응답의 범주를 모를 때 적합하다.
② 탐색조사에 유용하다.
③ 개인의 사생활이나 소득수준과 같이 밝히기를 꺼리는 민감한 주제에 보다 적합하다.
④ 연구자가 기대하지 못했던 새로운 사실 발견 등의 응답 획득이 가능하다.

해설
개방형 질문은 자유롭게 응답하게 하는 형식의 질문으로, 탐색조사에 유용하며 가능한 응답의 범주를 모르는 경우에 유용하고 새로운 사실의 획득 등이 가능하지만 응답 자료가 표준화되어 있지 않으며 사생활 관련 등 민감한 질문에 부적합할 수 있다는 등의 단점이 있다.

07 질적 연구에 관한 설명과 가장 거리가 먼 것은?

① 현상에 대해 깊은 의미를 고찰한다.
② 연구대상의 속성 등을 질적으로 표현한다.
③ 질적 연구는 양적 연구에 비해 대상자를 정확히 이해할 수 있는 더 나은 연구 방법이다.
④ 연구 주제에 따라서는 질적 연구와 양적 연구를 혼용하여 진행할 수 있다.

해설
질적 연구는 행위자의 준거틀에 입각해서 인간의 행태를 이해하는 현상학적 사회학, 상호작용하는 개인들의 상징적 상호작용론 등을 배경으로 한다. 연구대상의 속성 등을 질적으로 표현하며 현상에 대한 깊은 의미를 고찰한다.
③ 양적 연구와 질적 연구는 연구방법·자료수집의 성격에 따른 분류로 상대적으로 어느 것이 더 나은 연구방법인 것은 아니다.

08 가설에 관한 설명으로 틀린 것은?

① 가설은 연구문제에 관해 검증할 수 있도록 기술된 잠정적 결론이다.
② 가설은 동일 연구 분야의 다른 가설이나 이론과 연관이 없어야 한다.
③ 가설은 두 개 이상의 구성개념이나 변수 간의 관계에 대한 진술이다.
④ 가설은 과학적 지식을 증진시키는 가장 효과적 수단이다.

해설
가설은 2개 이상의 변수 또는 현상간의 관계를 검증 가능한 형태로 서술한 하나의 문장이며 연구 문제에 관해 검증할 수 있도록 기술된 잠정적 결론이다. 가설은 과학적 검증방법을 통하여 가설의 옳고 그름을 판단할 수 있어야 하는 것이며 과학적인 지식을 증진시키는 가장 효과적인 수단이다.
② 가설은 기존이론과 차이가 있어야 하지만 연관성이 없어야 한다는 것은 아니다.

| 정답 | 05 ② 06 ③ 07 ③ 08 ② |

09 귀납법과 연역법에 관한 설명으로 옳은 것은?

① 귀납법과 연역법은 상호보완적으로 사용될 수 없다.
② 귀납법은 이미 인정된 보편적 원리를 가지고 현상을 설명하는 것이다.
③ 귀납법은 현실의 경험세계에서 출발하고 연역법은 가설이나 명제의 세계에서 출발한다.
④ 연역법은 주로 질적 연구에서 강조된다.

해설
연역법은 이론으로부터 가설을 끌어내어 설정하고 이를 경험적 자료를 수집해서 검증하는 것이며 귀납법은 관찰과 자료수집을 통해 개별적 사실들로부터 일반적 원리를 이끌어내는 것이다.
① 연구방법은 경험적 성격인 귀납적 논리와 분석적 성격인 연역적 방법을 상호보완적으로 활용하는 것이 좋다.
② 연역법에 대한 설명이다.
④ 질적 연구에서 강조되는 것은 귀납법이다. 연역법은 가설을 검증하는 설명적 연구에서 주로 사용되며 양적 조사방법에서 강조된다.

10 전문가의 견해를 물어 종합적인 상황을 파악하거나 미래의 불확실한 상황을 예측할 때 주로 이용되는 조사기법은?

① 이차적 연구(Secondary Research)
② 코호트(Cohort) 설계
③ 추세(Trend) 설계
④ 델파이(Delphi) 기법

해설
델파이(Delphi)기법은 여러 전문가의 의견을 되풀이해 모으고, 교환하고 발전시켜 현상을 종합적으로 파악하거나 미래를 예측하는 방법이다.

11 초점집단(Focus Group) 조사에 관한 설명으로 옳은 것은?

① 초점집단 조사는 내용타당도를 높이는 목적으로 사용될 수 있다.
② 초점집단 조사의 자료수집 과정에서는 연구자의 주관적 개입이 불가능하다.
③ 초점집단 조사에서는 익명 집단의 상호작용을 통해 도출된 자료를 분석한다.
④ 조사결과가 체계적이기 때문에 결과의 분석과 해석이 용이하다.

해설
초점집단조사(FGI)는 전문지식을 갖춘 사람 또는 경험자를 소수의 응답자로 선정하고 사회자가 배석하여 연구목적의 방향을 제시하되, 자유로운 토론을 벌이게 하여 필요한 정보를 획득하는 방법으로, 새로운 아이디어 창출과 높은 타당성이 가능하다는 등의 장점이 있다.
② 초점집단조사는 정성조사로 주관적 해석의 한계점이 있다.
③ 초점집단조사는 자유로운 토론을 통한 방식으로 대면집단의 상호작용을 통해 자료가 도출된다. 따라서 델파이 조사와 같은 익명집단의 상호작용에 의한 방식이 아니다.
④ 초점집단조사는 자유로운 토론을 통한 방식이므로 비구조화된 토론 형식이며 수집자료의 특성상 결과의 분석과 해석이 어렵다.

12 심층면접 시 고려사항이 아닌 것은?

① 피면접자와 친밀한 관계(rapport)를 형성해야 한다.
② 비밀보장, 안전성 등 피면접자가 편안한 분위기를 느낄 수 있도록 해야 한다.
③ 피면접자의 대답을 주의 깊게 경청하여야 하며 이전의 응답과 연결시켜 생각하는 습관을 가져야 한다.
④ 피면접자가 대답을 하는 도중에 응답 내용에 대한 평가적인 코멘트를 자주 해 주는 것이 좋다.

해설
심층면접법은 전문면접원이 1명 또는 소수의 피면접자를 대상으로 주제와 관련된 질문 방향을 가지고 탐사방식에 의해 깊게 질문을 해나가는 것이다. 심층면접법에서 응답내용에 대한 평가적 코멘트는 응답에 영향을 줄 수 있으므로 바람직하지 않다.

정답 | 09 ③ 10 ④ 11 ① 12 ④

13 서베이 조사의 일반적 특성에 관한 설명으로 틀린 것은?

① 큰 규모의 표본이 가능하며 일반화 가능성이 높다.
② 보통 비정형화된 질문지를 사용하여 조사한다.
③ 인과관계분석보다는 예측과 기술을 주목적으로 한다.
④ 대인조사, 전화조사, 우편조사, 온라인조사 등이 있다.

해설
서베이 조사는 다수의 응답자들을 대상으로 설문조사에 의하여 자료를 수집하는 방법으로 보통 정형화된 질문지를 사용하여 누구에게나 동일한 질문이 주어지도록 한다.

14 다음 중 탐색적 연구를 하기 위한 방법으로 가장 적합한 것은?

① 횡단연구
② 유사실험연구
③ 시계열 연구
④ 사례연구

해설
탐색적 조사의 주요 유형으로는 문헌조사, 전문가의견 조사, 사례 연구, 표적집단면접법(FGI) 등이 있다.
①, ③ 기술적 조사의 유형이다.
② 설명적 조사의 실험조사의 유형이다.

15 질문지의 형식 중 간접질문의 종류가 아닌 것은?

① 투사법(Projective Method)
② 오류선택법(Error-choice Method)
③ 컨틴전시법(Contingency Method)
④ 토의완성법(Argument Completion)

해설
간접질문은 응답자의 태도나 의견 등을 직접적으로 질문하는 직접질문과는 달리 조사자의 의도를 파악하지 못하도록 질문하는 것이다.
① 투사법: 간접질문의 유형으로 조사의 목적이나 주제를 응답자가 모르도록 하면서 간접적으로 조사하는 방법이다.
② 오류선택법: 간접질문의 유형으로 어떤 질문에 대해 틀린 답을 여러 개 제시하고 그것을 선택하게 함으로써 응답자의 태도를 살핀다.
③ 컨틴전시법: 대화 도중 응답내용이 불충분한 경우 등에 있어서 갑작스러운 질문을 던져 정확한 답을 이끌어내는 직접질문법으로 프로빙과 유사한 개념이다.
④ 토의완성법: 간접질문의 유형으로 두 사람의 토의 내용이 적힌 카드를 주고, 그 토의 내용을 완성하게 해서 태도·의견을 알아본다.

16 탐색적 연구의 연구목적을 반영하고 있는 것만을 고른 것은?

> ㉠ 보다 정교한 문제와 기회의 파악
> ㉡ 연도별 광고비 지출에 따른 매출액의 변화 조사
> ㉢ 연구주제와 관련된 변수에 대한 통찰력 제고
> ㉣ 특정시점에서 집단 간 차이의 조사

① ㉠, ㉢
② ㉡, ㉢
③ ㉡, ㉣
④ ㉢, ㉣

해설
탐색적 연구(조사)는 조사의 초기단계에서 통찰과 아이디어를 얻기 위한 조사이다. 조사설계 확정 전 연구문제 발견, 변수규명과 가설도출, 타당도 검증 등을 위해 예비적으로 실시한다.
현상에 대한 이해, 중요한 변수를 확인하고 발견하여 변수를 규정, 연구를 위한 가설을 도출·설정하기 위한 조사로 ⓐ 연구문제 도출 및 연구가치 추정, ⓑ 보다 정교한 문제와 기회의 파악, ⓒ 연구주제와 관련된 변수들 사이의 통찰력 제고, ⓓ 중요도에 따른 연구의 우선순위와 중요 부분에 대한 실태 파악 및 ⓔ 조사를 시행하기 위한 절차나 행위를 구체화하는 조사이다.

| 정답 | 13 ② 14 ④ 15 ③ 16 ①

17 과학적 연구조사를 목적에 따라 탐색조사, 기술조사, 인과조사로 분류할 때 기술조사에 해당하는 것은?

① 종단조사 ② 문헌조사
③ 사례조사 ④ 전문가 의견 조사

해설
기술조사의 유형을 조사의 시점에 따라 종단적 조사와 횡단적 조사로 나눌 수 있다.
②, ③, ④ 탐색적 조사의 유형이다.

18 연구의 단위(Unit)를 혼동하여 집합 단위의 자료를 바탕으로 개인의 특성을 추리할 때 저지를 수 있는 오류는?

① 집단주의 오류 ② 생태주의 오류
③ 개인주의 오류 ④ 환원주의 오류

해설
분석단위를 집단에 둔 연구결과를 바탕으로 집단 속 개인특성을 추리할 때 나타나는 오류는 생태주의 오류이다.

19 다음 질문 항목의 문제점은?

> 환경오염에 대한 1차적 책임은 개인, 기업, 정부 중 어디에 있다고 생각하십니까?
> ㉠ 개인
> ㉡ 기업
> ㉢ 정부

① 응답항목 간의 내용이 중복되어 있다.
② 대답 가능한 응답을 모두 제시해주지 않았다.
③ 의미가 명확하게 구분되는 단어를 사용하지 않았다.
④ 조사가 임의로 응답자들에 대한 가정을 하고 있다.

해설
응답항목으로 개인, 기업, 정부 외의 항목이 필요할 수 있는데, 이에 대한 응답범주가 제시되어 있지 않다. 따라서 가능한 응답범주 모두를 제시해야 한다는 응답범주의 포괄성에 문제가 있다.

20 다음 중 설문지 사전검사(Pretest)의 주된 목적은?

① 응답자들의 분포를 확인한다.
② 질문들이 갖고 있는 문제들을 파악한다.
③ 본조사의 결과와 비교할 수 있는 자료를 얻는다.
④ 조사원들을 훈련한다.

해설
사전검사(사전조사)는 설문지 초안 완성 후 본조사를 실행하기 전에 일부 대상에게 실시하는 조사로 본조사와 동일한 방법으로 실시하여 질문지의 문제점 및 적합성을 파악하는 조사이다. 초안 질문지가 갖는 문제점을 찾아내고 수정하여 질문지의 타당성을 높일 수 있으며 본조사시 소요될 시간과 비용을 미리 예측하고 애로사항을 미리 발견하여 대책을 마련할 수 있다.

21 표집을 위한 명단 배열에 일정한 주기성이 있는 경우 편중된 표본을 추출할 위험이 있는 표집방법은?

① 집락표집(Cluster Sampling)
② 판단표집(Judgmental Sampling)
③ 층화표집(Stratified Sampling)
④ 계통표집(Systematic Sampling)

해설
계통적(체계적) 표집은 모집단을 일정한 질서에 따라 번호부여 후 등간격으로 나누고, 첫 구간에서 하나의 번호를 무작위로 추출 후 다음 n번째 떨어져있는 번호들을 추출하는 방법으로 모집단의 배열이 일정한 주기성이나 특정 경향이 있을 경우 대표성 문제 발생이 가능하다.

22 층화표본추출에 대한 설명으로 바르지 않은 것은?

① 확률표본추출방법이다.
② 표본층 간은 동질적이고 표본층 내에서는 이질적이다.
③ 층화한 모든 부분 집단에서 표본을 추출한다.
④ 모집단의 각 층에 대한 정확한 정보가 필요하다.

해설
층화표본추출은 모집단을 일정기준(층화변수)에 의해 동질적인 몇 개 층으로 나누고, 각 층에서 일정수의 표본을 무작위 추출하는 방법이다. 층화변수에 기준하여 표본프레임에 층을 만들게 되어 표본은 모집단의 특성에 따라 층화된다. 각 층에 대한 정확한 사전정보가 필요하다. 집단 내는 동질적, 집단 간에는 이질적인 특성을 갖게 된다.

23 표본 크기의 결정에 관한 설명으로 틀린 것은?

① 모집단의 이질성이 클수록 표본 크기는 작아져야 한다.
② 분석의 정교성이 높을수록 표본 크기는 커야 한다.
③ 모집단의 크기가 클수록 표본크기는 커야 한다.
④ 변수의 수가 많을수록 표본의 크기는 커야 한다.

해설
표본크기가 커질수록 모수와 통계치의 유사성이 증가할 수 있고 대표성이 높아질 수 있지만 시간과 예산 그리고 오차 및 여러 사항들을 감안하여 적정한 수준을 결정해야 한다.
① 모집단의 이질성이 클수록 표본 크기는 커야 한다.

24 표집틀(Sampling Frame)과 모집단의 관계로 가장 이상적인 경우는?

① 표집틀과 모집단이 일치할 때
② 표집틀이 모집단 내에 포함될 때
③ 모집단이 표집틀 내에 포함될 때
④ 모집단과 표집틀의 일부분만이 일치할 때

해설
표집틀(표본프레임)은 표본을 추출하기 위한 모집단의 목록이다. 표본프레임 오류는 모집단과 표본프레임이 일치하지 않는 것이다.
표집틀과 모집단이 일치할 때 가장 이상적이다.

25 다음 중 불법체류자처럼 일반적으로 쉽게 접근하기 힘든 집단을 대상으로 설문조사를 할 때 가장 적합한 표본추출방법은?

① 눈덩이표본추출
② 편의표본추출
③ 판단표본추출
④ 할당표본추출

해설
눈덩이표본추출은 조사대상자 파악 및 접근이 어려울 때, 모집단 프레임의 작성이 불가능 할 때 사용하는 방법으로 처음에는 소수의 인원을 표본으로 추출하여 조사한 다음, 그 소수인원을 조사원으로 활용하여 그 조사원의 주위 사람들을 소개받아 조사하는 과정을 반복하는 방법이다.

26 표본추출과 관련된 용어 설명으로 옳지 않은 것은?

① 관찰단위: 직접적인 조사대상
② 모집단: 연구하고자 하는 이론상의 전체집단
③ 표집률: 모집단에서 개별 요소가 선택될 비율
④ 통계량(Statistic): 모집단에서 어떤 변수가 가지고 있는 특성을 요약한 통계치

해설
통계량은 표본의 특성을 요약한 값으로 표본에서 어떤 변수가 가지고 있는 특성을 요약한 것이다.

27 다음 중 작업가설로 가장 적합한 것은?

① 한국사회는 양극화되고 있다.
② 대학생들은 독서를 많이 해야 한다.
③ 경제성장은 사회혼란을 심화시킬 수 있다.
④ 소득수준이 높아질수록 생활에 대한 만족도는 높아진다.

해설
작업가설은 실험이나 관찰 등으로 검증하기 위하여 수립한 가설이다. 변수들 간의 관계, 방향, 성립조건 등에 관해 명확히 밝힐 수 있어야 한다.
④ 소득수준과 만족도의 두 변수에 대해 독립변수와 종속변수의 관계가 일정한 방향성을 가진 가설로 명시하고 있으므로 경험적으로 검증할 수 있는 적합한 가설이다.

| 정답 | 22 ② | 23 ① | 24 ① | 25 ① | 26 ④ | 27 ④ |

28 단일사례연구에 관한 설명으로 틀린 것은?

① 하나의 대상 또는 사례에 대해 시계열적으로 반복 측정한다.
② 외적 타당도가 높다.
③ 반응성 연구의 유형이다.
④ 개인과 집단뿐만 아니라 조직이나 지역사회도 연구대상이 될 수 있다.

해설
단일사례연구는 하나의 대상 또는 사례를 가지고 반복적으로 관찰하여 개입의 효과를 평가하는 연구로, 개인, 가족, 단체 등이 분석대상이며 조직이나 지역사회도 연구대상이 될 수 있다. 시계열적으로 반복 측정하며 개입 전과 개입 후의 상태를 비교하여 개입 효과를 파악하고 개입효과에 대한 즉각적인 피드백(feed back)이 가능한 반응성 연구의 한 유형이다.
② 단일사례연구의 외적타당도는 낮다. 하나의 사례에 대한 실험의 과정과 결과를 일반적인 상황에 적용할 수 없기 때문이다.

29 다음에서 설명하는 실험설계의 타당성을 저해하는 외생변수는?

실험 기간 중에 실험집단의 육체적·심리적 특성이 자연적으로 변화해 종속변수에 영향을 미칠 수 있다.

① 시험효과
② 표본의 편중
③ 성숙효과
④ 우연적 사건

해설
실험의 내적 타당성을 저해하는 외생변수 중 성숙효과는 사전검사와 사후검사 간 시간 경과에 따라 조사대상의 특성이 변화하는 것이다.

30 다음 사례에 해당하는 표본프레임 오류는?

A보험사에 가입한 고객을 대상으로 만족도 조사를 실시하였다. 조사대상 표본은 A보험사에 최근 1년 동안 가입한 고객 명단으로부터 추출하였다.

① 모집단과 표본프레임이 동일한 경우
② 모집단이 표본프레임에 포함되는 경우
③ 표본프레임이 모집단 내에 포함되는 경우
④ 모집단과 표본프레임이 전혀 일치하지 않는 경우

해설
모집단은 보험사에 가입한 전체 고객인데 표본프레임은 최근 1년 동안 가입한 고객 명단이다. 모집단 내에 표본프레임이 포함되는 경우의 표본프레임 오류가 된다.

| 정답 | 28 ② 29 ③ 30 ③

제2과목: 조사관리와 자료처리

31 2차 자료 분석의 특징과 가장 거리가 먼 것은?

① 비교적 적은 비용으로 대규모 사례분석이 가능하다.
② 자료의 결측값을 추적할 수 있다.
③ 빠른 수집과 즉각적 사용이 가능하다.
④ 조사대상의 반응성에 대한 우려가 없다.

해설
2차 자료는 다른 조사목적으로 기존에 작성된 자료로 빠른 수집과 즉각적 사용이 가능하며 자료를 직접수집하지 않으므로 조사대상의 반응성이나 권익침해 등에 대한 우려가 없다. 또한 비교적 적은 비용으로 대규모 사례분석이 가능하다.
② 자료의 결측값이나 이상값 추적은 1차 자료에서 가능하다.

32 면접조사와 비교하여 전화조사의 장점이 아닌 것은?

① 면접자의 영향을 통제할 수 있다.
② 표본의 높은 대표성 확보가 가능하다.
③ 조사에 소요되는 시간이 짧다.
④ 비용이 적게 든다.

해설
전화조사는 선정된 응답자에게 전화를 걸어 질문사항들을 읽어준 후 응답을 조사원이 기록하는 조사로, 면접조사 대비 면접자의 영향을 통제할 수 있고 시간과 비용이 적게 소요되지만 응답자의 적정표본 여부 확인이 어려우므로 표본의 대표성에 문제 발생의 개연성이 존재한다.

33 자기기입식 설문조사에 비해 면접 설문조사가 갖는 장점이 아닌 것은?

① 답변의 맥락을 이해할 수 있다.
② 무응답 항목을 최소화한다.
③ 조사 대상 1인당 비용이 저렴하다.
④ 개방형 질문에 유리하다.

해설
면접설문조사는 답변의 맥락을 이해하기 용이하며 면접자의 존재로 다른 조사 대비 응답률이 높고 개방형 질문에 유리하며 무응답 항목을 최소화할 수 있다는 장점이 있지만 상대적으로 조사대상 1인당 소요시간이 길고 자료수집 비용이 높다.

34 면접조사 시 조사자가 유의해야 할 사항과 가장 거리가 먼 것은?

① 응답자와 친숙한 분위기(rapport)를 형성해야 한다.
② 조사에 임하기 전에 스스로 질문내용에 대해 숙지하고 있어야 한다.
③ 가급적이면 응답자가 이질감을 느끼지 않도록 복장이나 언어사용에 유의하여야 한다.
④ 응답 내용은 조사자가 해석하여 요약·정리해 두는 것이 바람직하다.

해설
면접조사에 있어서 조사자에게는 중립성과 공평성 및 자연스러운 분위기 형성과 조사내용의 사전적 숙지 등이 요구된다. 또한 조사대상자와의 라포 형성이 중요하며 언어 사용 등에 유의해야 한다. 면접조사에서 기록은 응답이 이루어지는 즉시 기록하는 것이 좋으며 주관을 배제한 채 응답내용 그대로를 기록한다.

35 우편조사에 대한 설명으로 틀린 것은?

① 높은 익명성 보장이 가능하다.
② 자기기입식 조사이다.
③ 면접원에 의한 편향(bias)이 없다.
④ 응답률이 높다.

해설
우편조사는 표본추출된 조사대상자에게 질문지를 우편 발송, 응답자가 스스로 응답한 후 다시 조사자에게 우편 발송해주도록 하는 방법이다. 높은 익명성 보장이 가능하며 조사자의 개인 차이 즉 면접자의 편견이나 특성으로 발생하는 오류가 없으나 응답률(회수율)이 낮다.

36 집단조사를 실시할 때 일반적으로 유의해야 할 사항과 가장 거리가 먼 것은?

① 응답자들에 대한 통제가 용이하다.
② 조사기관으로부터 협력을 얻어야 한다.
③ 집단상황이 응답을 왜곡시킬 가능성이 있다.
④ 집단조사를 승인해준 당국에 의해 조사결과가 이용될 것이라고 인식될 가능성이 있다.

해설
집단조사는 조사대상자를 집단으로 같은 시간, 같은 장소에 두고 질문지를 교부하여 응답자가 응답을 직접 기재하게 하는 자기기입식으로 조사하는 방식으로 대상에 따라 면접방식과 조합하여 실시할 수도 있다. 조사조건의 표본화 및 응답조건의 동등화를 통해 조사의 동일성 확보가 가능하며 조사원의 수를 줄일 수 있는 등 시간과 비용의 절약이 가능하지만 집단 상황이 응답을 왜곡할 수 있으며 일부 통제되지 않는 응답자들로 인해서 전체 응답자들에 대한 관리가 어려워질 수 있다.

37 관찰의 세부유형에 관한 설명으로 틀린 것은?

① 관찰이 일어나는 상황이 실제 상황인지 연구자가 만들어 놓은 인위적인 상황인지를 기준으로 자연적 관찰과 인위적 관찰로 구분된다.
② 피관찰자가 자신의 행동이 관찰된다는 사실을 알고 있는지 모르고 있는지를 기준으로 공개적 관찰과 비공개적 관찰로 구분한다.
③ 표준관찰기록 양식의 사전결정 등 체계화의 정도에 따라 체계적 관찰과 비체계적 관찰로 구분한다.
④ 관찰에 사용하는 도구에 따라 직접관찰과 간접관찰로 구분한다.

해설
직접관찰과 간접관찰은 관찰시기와 행동발생 시기가 일치하는가의 여부에 따른 분류이다.

38 다음 중 표준화 면접에 대한 내용과 거리가 먼 것은?

① 임의로 질문항목, 배열 등을 변경할 수 없다.
② 면접자의 편향개입 여지가 거의 없다.
③ 새로운 사실 발견이 용이하다.
④ 정확하고 체계적인 자료를 얻고자 할 때 적합하다.

해설
표준화면접은 구조화면접, 통제면접이라고도 하며 표준화되어 정해진 면접조사표에 의하여 모든 응답자에게 동일한 질문순서 및 동일한 질문내용으로 면접을 진행하는 방식으로 면접자가 임의로 질문항목, 배열 등을 변경할 수 없다. 면접자의 편향개입 여지가 거의 없고 정확하고 체계적 자료를 얻고자 할 때 적합하다. 그러나 면접의 유연성이 부족하고 새로운 사실 발견 가능성이 낮다.

| 정답 | 35 ④ 36 ① 37 ④ 38 ③

39 의사소통을 통한 자료수집방법에서 비체계적 - 비공개적 의사소통방법에 해당하는 것은?

① 우편조사
② 표적집단면접법
③ 대인면접법
④ 역할행동법

해설
비체계적 - 비공개적 의사소통방법은 자료수집과정이 표준화되어 있지 않고 자유로운 대화형식이며 응답자가 조사의 목적을 알 수 없는 의사소통 방법을 말한다. 대표적으로 투사법이 이에 해당한다.
④ 역할행동법은 어떤 역할을 수행하고 태도나 감정을 표현하게 하는 것으로 투사법의 한 종류이다.

40 다음 중 실사관리에 있어서 조사참여인력의 책임과 역할이 잘못 기술된 것은?

① 실사감독관은 자료의 수집의 전 과정을 총괄감독하며 단계별 작업을 진행하고 관리한다.
② 검증원은 자료가 표준적인 진행절차에 따라 정확하게 수집되었는가를 검증한다.
③ 입력원(Key Puncher)은 개방형 질문에 대한 응답 등을 적절한 범주에 따라 분류하고 부호화한다.
④ 조사원은 조사현장에서 직접 자료를 수집하는 역할이다.

해설
개방형 질문에 대한 응답 등을 적절한 범주에 따라 분류하고 부호화하는 것은 부호기입원(Coder)이다.

41 '노인의 사회참여가 높을수록 자아존중감이 향상되고, 자아존중감의 향상으로 생활만족도가 높아진다'에서 자아존중감은 어떤 변수에 해당하는가?

① 종속변수
② 매개변수
③ 외생변수
④ 통제변수

해설
자아존중감은 원인변수인 노인의 사회참여의 영향을 받는 결과변수인 동시에 생활만족도에 영향을 주는 원인변수이다. 따라서 자아존중감은 독립변수의 결과인 동시에 종속변수의 원인이 되는 변수로 종속변수에 일정한 영향을 주며 두 변수 간에 간접적 관계를 맺도록 매개하는 매개변수에 해당한다.

42 다음 중 범주형 변수(Categorical Variable)인 것은?

① 매출액
② 연간소득
③ 온도
④ 자동차의 색상(검은색/흰색/빨간색)

해설
범주형 변수는 명목척도, 서열척도로 측정된 변수로 측정 시 속성을 의미 있는 수치로 나타낼 수 없는 변수이다. 구별된 몇 개의 범주 중 하나에 측정대상이 속하게 된다.
④ 검은색/흰색/빨간색으로 나눈 자동차의 색상은 범주형 변수에 해당된다.

| 정답 | 39 ④ | 40 ③ | 41 ② | 42 ④ |

43 개념적 정의와 조작적 정의에 관한 설명으로 틀린 것은?

① 조작적 정의는 추상적 개념을 계량적 형태로 나타내는 것이다.
② 개념적 정의는 실증주의 패러다임에서 강조된다.
③ 개념적 정의와 조작적 정의가 반드시 일치하는 것은 아니다.
④ 개념적 정의는 추상적 수준의 정의이다.

해설
개념적 정의는 현상이나 대상의 속성을 이론적이고 추상적으로 정의하는 것이며 조작적 정의는 추상적 개념을 측정이 가능하도록 계량적인 형태로 나타내는 것이다. 조작적 정의는 측정을 위하여 불가피하며 개념적 정의에 최대한 일치되도록 정의되어야 하나 반드시 일치하는 것은 아니다.
② 개념적 정의는 실증적인 검증을 하기는 어렵다. 조작적 정의는 실증주의 패러다임에서 강조된다.

44 측정의 수준이 바르게 짝지어진 것은?

| ⊙ 교육수준 - 중졸 이하, 고졸, 대졸 이상 |
| ⓒ 교육연수 - 정규교육을 받은 기간(년) |
| ⓒ 출신 고등학교 지역 |

	⊙	ⓒ	ⓒ
①	명목측정	서열측정	등간측정
②	등간측정	서열측정	비율측정
③	서열측정	등간측정	명목측정
④	서열측정	비율측정	명목측정

해설
⊙ 교육수준이라는 상호배타적 범주에 서열성이 가미된 서열측정이다.
ⓒ 교육연수는 절대영점이 존재하는 비율측정이다.
ⓒ 지역이라는 상호배타적 범주에 수치를 부여한 명목측정이다.

45 거트만척도에서 응답자의 응답이 이상적인 패턴에 얼마나 가까운가를 측정하는 것은?

① 단일차원계수
② 스캘로그램
③ 재생가능계수
④ 최소오차계수

해설
거트만척도는 태도의 강도에 대한 연속적 증가유형을 측정하고자 하는 척도로 응답자의 응답이 이상적인 경향을 띠는지 여부를 판단하는 것이 재생가능성이며 재생계수는 완전한 척도유형과의 일치정도를 측정하기 위해 사용하며 0~1까지의 범위이다. 1이면 완벽하게 척도가 구성되었다고 본다. 일반적으로 0.9 이상이 되어야 바람직한 거트만 척도라고 할 수 있다.

46 각 문항이 척도상 어디에 위치할 것인가를 평가자들이 판단한 다음 조사자가 이를 바탕으로 대표적인 문항들을 선정하여 척도를 구성하는 방법은?

① 서스톤 척도
② 리커트 척도
③ 거트만 척도
④ 의미분화척도

해설
서스톤 척도는 어떤 사실에 대하여 가장 우호적인 태도와 가장 비우호적인 태도를 나타내는 양 극단을 등간격으로 구분하여 일련의 문항들을 나열하여 여기에 수치를 부여하는 척도로 각 문항에는 가중치가 부여되어 있다. 평가자들의 평가에 근거하여 문항을 분류하고 조사자가 척도에 포함될 적절한 문항들을 선정하여 척도를 구성한다.

47 신뢰도에 관한 기술 중 옳은 것은?

① 신뢰도 계수는 참값의 분산을 실제값의 분산으로 나눈 것이다.
② 신뢰도 계수는 -1과 1 사이를 움직인다.
③ 오차분산이 클수록 측정의 신뢰도는 높아진다.
④ 신뢰도에 관한 오차는 체계적 오차를 말한다.

해설
신뢰도는 한 대상을 유사한 척도로 여러 번 측정하거나 하나의 척도로 반복 측정했을 때, 일관성 있는 결과를 산출하는 정도이다. 신뢰도 계수는 진실값(참값)의 분산을 측정값(실제값)의 분산으로 나눈 것이다.
② 신뢰도 계수는 0~1 사이에 위치한다.
③ 오차분산이 클수록 그 측정의 신뢰도는 낮아진다.
④ 신뢰도는 비체계적 오차와 관련이 있다.

48 경험의 세계와 추상적인 관념의 세계를 연결시켜 주는 수단으로서 일정한 법칙에 따라 사물이나 사건의 속성에 숫자를 부여하는 과정은?

① 측정
② 척도
③ 개념적 정의
④ 연속화

해설
측정은 관찰된 현상의 경험적인 속성에 대해 일정한 규칙에 따라 수치를 부여하는 것으로, 추상적이고 이론적 세계를 경험적 세계와 연결시키는 수단이다. 변수에 대한 조작적 정의에 입각하여 이루어진다.

49 중앙값, 순위상관관계, 비모수통계검증 등의 통계방법에 주로 활용되는 척도유형은?

① 명목측정
② 서열측정
③ 등간측정
④ 비율측정

해설
서열측정에서는 비모수통계검증을 사용한다. 중심경향치로는 중앙값을 사용하며 서열측정에서의 주요 통계분석 기법으로는 순위상관관계와 스피어만 상관계수가 있다.

50 어떤 선생님이 학생들의 지능지수(IQ)를 측정하기 위해 정확하기로 소문난 전자저울(체중계)을 사용했을 때, 측정의 신뢰도와 타당도에 관한 설명으로 옳은 것은?

① 신뢰도와 타당도 모두 낮다.
② 신뢰도와 타당도 모두 높다.
③ 신뢰도는 낮지만 타당도는 높다.
④ 신뢰도는 높지만 타당도는 낮다.

해설
체중계를 사용하여 지능지수를 측정하는 것은 지능지수를 정확히 측정하는 방법과는 거리가 멀다. 따라서 타당도는 낮다. 그러나 정확한 체중계이므로 체중의 측정값은 반복적으로 측정하더라도 일관성이 있을 것이므로 신뢰도는 높다.

51 서열척도에 관한 설명으로 맞는 것은?

① 절대 영이 존재한다.
② 표준측정단위가 존재한다.
③ 원칙적으로 사칙연산이 가능하다.
④ 분류범주가 상호배타성을 갖고 있다.

해설
서열척도는 대상을 상호배타적이고 포괄적인 범주로 구분하여 수치를 부여하는 명목척도의 속성에 서열성을 추가한 것으로 단지 상대적 순위만을 결정하며 각 숫자간의 차이는 의미를 두지 않는다.
① 비율척도에 대한 설명이다.
② 등간척도에 대한 설명이다.
③ 비율척도에 대한 설명이다.

| 정답 | 47 ① | 48 ① | 49 ② | 50 ④ | 51 ④ |

52 측정오차의 발생원인과 가장 거리가 먼 것은?

① 통계분석기법
② 측정방법 자체의 문제
③ 측정시점에 따른 측정대상자의 변화
④ 측정시점의 환경요인

해설
측정오차의 발생원인은 크게 보아 사람, 환경, 도구, 절차 등이다. 측정태도의 가변성, 측정시점에서의 응답자의 일시적 변화나 외부환경요인 및 상호작용 그리고 측정방법이나 측정도구 자체의 문제 등에서 기인한다.

53 다음 사례에 해당하는 타당성은?

> 새로 개발된 학업성취도 측정도구를 사용하여 측정한 결과와 이미 검증되고 통용 중인 학업성취도 측정도구의 결과를 비교하여 타당도를 확인하였다.

① 내용타당성(Content Validity)
② 동시타당성(Concurrent Validity)
③ 예측타당성(Predictive Validity)
④ 판별타당성(Discriminant Validity)

해설
기준관련 타당성은 기존 이미 타당성을 검증받고 있는 척도와의 유사성이나 연관성에 의해 새로운 척도의 타당성을 검증하는 것이다. 이미 검증되고 통용 중인 학업성취도 측정도구의 결과를 새로 개발된 학업성취도 측정도구를 사용하여 측정한 결과를 비교하는 것은 기준관련 타당성에 해당되며, 기준관련 타당성의 유형 중 척도가 현재의 사건을 얼마나 잘 나타내는가에 관한 동시타당성에 해당한다.

54 측정항목이 가질 수 있는 모든 조합의 상관관계의 평균값을 산출해 신뢰도를 측정하는 방법은?

① 재검사법(Test - retest Method)
② 복수양식법(Parallel - forms Technique)
③ 반분법(Split - half Method)
④ 내적일관성법(Internal Consistency Method)

해설
내적일관성법은 동일한 개념을 여러 문항으로 질문 시 항목들이 일관성을 갖는지를 측정하는 방법으로, 크론바하 알파(Cronbach's 알파)계수를 이용하여 항목들 중 신뢰도를 저해하는 항목이 있으면 그 항목을 제외함으로써 신뢰성을 높인다. 크론바하 알파계수는 표준화된 알파라고도 하며 측정항목이 가질 수 있는 모든 조합의 상관관계의 평균값이다.

55 측정오차 중 체계적 오차(Systematic Error)와 관련된 것은?

① 통계적 회귀
② 생태학적 오류
③ 환원주의적 오류
④ 사회적 바람직성 편향

해설
사회적 바람직성 편향은 사회적으로 바람직한 방식으로 응답하려 하는 경향 때문에 특정방향으로의 쏠림이 나타나는 것을 말한다. 측정오차가 체계적 패턴을 띠게 되면서 일정한 방향으로 작용하는 체계적 오차와 관련된다.

56 이상값(Outlier)에 관한 내용으로 틀린 것은?

① 이상값은 관측된 데이터의 범위에서 많이 벗어난 아주 작은 값이나 아주 큰 값이다.
② 이상값은 자료의 중심과의 상대적 거리로 판단한다.
③ 자료분석을 위해서는 이상값은 반드시 제거해야 한다.
④ 이상값의 처리기법으로는 삭제, 대체, 변환이 있다.

해설
이상값은 통계적 추정에 영향을 미치지만, 그렇다고 무조건 반드시 제거해야 하는 것은 아니다.

| 정답 | 52 ① 53 ② 54 ④ 55 ④ 56 ③

57 2차 문헌자료를 활용할 때 주의해야 할 사항이 아닌 것은?

① 샘플링의 편향성(bias)
② 반응성(reactivity)의 문제
③ 자료 간 일관성 부재
④ 불완전한 정보의 한계

해설
문헌연구는 연구자가 연구하고자 하는 사회문화 현상에 영향을 끼치지 않는 비개입적 연구이므로 반응성의 문제가 없다.

58 지수(Index)와 척도(Scale)에 관한 설명으로 틀린 것은?

① 지수와 척도 모두 변수에 대한 서열측정이다.
② 척도점수는 지수점수보다 더 많은 정보를 전달한다.
③ 지수와 척도 모두 둘 이상의 자료문항에 기초한 변수의 합성측정이다.
④ 지수는 동일한 변수의 속성들 가운데서 그 강도의 차이를 이용하여 구별되는 응답유형을 밝혀낸다.

해설
지수는 개별적 속성들에 배정되어 있는 점수들을 단순히 누적(합산)하여 구축되는 반면에 척도는 속성들의 패턴에 점수들을 배정(즉, 속성들 간에 존재하는 어떤 강도 구조를 이용)함으로써 구축된다.

59 대상자들의 종교를 불교, 기독교, 가톨릭교, 기타의 범주로 나누어 조사한 경우 측정수준은?

① 서열척도
② 명목척도
③ 등간척도
④ 비율척도

해설
명목수준 측정은 대상을 유사성과 상이성에 의해 구분하여 명목상의 이름·숫자를 부여하는 것으로 부여된 수치는 단순한 구분을 위한 것일 뿐, 계량적 의미를 가지고 있지 않다. 종교를 상호배타적 범주로 구분하여 조사하였으므로 명목수준 측정에 해당한다.

60 이론적 개념을 측정가능한 수준의 변수로 전환시키는 작업과정은?

① 서열화
② 수량화
③ 척도화
④ 조작화

해설
조작적 정의는 추상적인 개념을 관찰 가능한 구체적인 지표로 표현하는 것으로 '측정가능성과 직결된 정의이다. 추상적 개념들을 구체적 경험세계와 연결시켜 준다.

| 정답 | 57 ② | 58 ④ | 59 ② | 60 ④ |

제3과목: 통계분석과 활용

61 다음 중 추정량에 요구되는 바람직한 성질이 아닌 것은?

① 불편성(unbiasedness) ② 효율성(efficiency)
③ 충분성(sufficiency) ④ 정확성(accuracy)

해설
바람직한 추정량의 기준은 불편성, 효율성, 일치성, 충분성이다.

62 분산을 모르는 정규모집단으로부터의 확률표본에 기초하여 모평균에 대한 신뢰구간을 구하고자 한다. 표본크기가 충분히 크지 않을 때 신뢰구간을 구하기 위해 사용되는 분포는?

① t분포 ② 정규분포
③ 이항분포 ④ F분포

해설
모평균의 신뢰구간을 구할 때 모집단의 분산(표준편차)을 모르고 n이 30개 미만의 소표본인 경우 t분포를 사용한다.

63 다음 중 연속확률변수인 것은?

① A 대학 학생의 인터넷 사용 여부
② A 대학 학생의 일주일 평균 인터넷 사용 정도: 상, 중, 하
③ A 대학 학생의 일주일 평균 인터넷 사용 시간
④ 최근 1주간 A 대학의 B 컴퓨터 실습실 개방 일수

해설
연속확률변수는 변수값이 연속된 구간의 모든 연속된 (소수점의 값을 포함하는) 실수값을 취한다. 취할 수 있는 값의 범위가 무한하고 가능한 변수값을 셀 수 없다. 반면 이산확률변수는 변수값이 정수와 같이 명확하며 확률변수가 가질 수 있는 변수값이 한정되거나 셀 수 없다.

64 두 변수 간의 상관계수 값으로 옳은 것은?

x	2	4	6	8	10
y	5	4	3	2	1

① -1
② -0.5
③ 0.5
④ 1

해설

상관계수는 표본 $(r_{XY}) = \dfrac{S_{XY}}{S_X S_Y} = \dfrac{\sum_{i=1}^{n}(X_i - \overline{X})(Y_i - \overline{Y})}{\sqrt{\sum_{i=1}^{n}(X_i - \overline{X})^2}\sqrt{\sum_{i=1}^{n}(Y_i - \overline{Y})^2}}$ 이다.

두 변수의 공분산을 두 변수의 표준편차로 나눈 값이므로 관련된 값들을 먼저 계산한다.

㉠ $\overline{X} = (2+4+6+8+10)/5 = 6$
$\overline{Y} = (5+4+3+2+1)/5 = 3$

㉡ $\sum_{i=1}^{n}(X_i - \overline{X})(Y_i - \overline{Y})$
$= (2-6) \times (5-3) + (4-6) \times (4-3) + (6-6) \times (3-3)$
$\quad + (8-6) \times (2-3) + (10-6) \times (1-3)$
$= -20$

㉢ $\sum_{i=1}^{n}(X_i - \overline{X})^2 = (2-6)^2 + (4-6)^2 + (6-6)^2 + (8-6)^2 + (10-6)^2 = 40$

㉣ $\sum_{i=1}^{n}(Y_i - \overline{Y})^2 = (5-3)^2 + (4-3)^2 + (3-3)^2 + (2-3)^2 + (1-3)^2 = 10$

∴ 상관계수 $= \dfrac{\sum_{i=1}^{n}(X_i - \overline{X})(Y_i - \overline{Y})}{\sqrt{\sum_{i=1}^{n}(X_i - \overline{X})^2}\sqrt{\sum_{i=1}^{n}(Y_i - \overline{Y})^2}}$

$= \dfrac{-20}{\sqrt{40}\sqrt{10}} = -1$

65 극단값이 포함되어 있는 자료의 대푯값을 구하고자 한다. 극단값에 의한 영향을 줄이기 위한 측도로 적합하지 않은 것은?

① 중앙값
② 제50백분위수
③ 절사평균
④ 평균

해설
산술평균은 극단값의 영향을 많이 받는다. 이에 비해 중앙값은 극단값의 영향을 줄일 수 있는데, 제50백분위수는 백분위에서 중간에 해당하는 값이므로 중앙값에 해당한다. 절사평균은 데이터 총 개수 중 일정비율만큼 가장 큰 부분과 작은 부분을 제외하고 평균을 산출하는 것으로 산술평균이 극단값의 영향을 받는 것에 대한 보완이다.

66 어떤 회사에서 생산되는 제품이 부적합품일 확률은 서로 독립적으로 0.01이라 한다. 이 회사는 한 상자에 10개씩 포장해서 판매를 하는데 만일 한 상자에 부적합품이 2개 이상이면 돈을 환불해준다. 판매된 한 상자가 반품될 확률은 약 얼마인가?

① 0.1
② 0.4%
③ 9.1%
④ 9.6%

해설
한 상자에서 부적합품이 2개 이상 나올 확률(반품될 확률)은 전체 확률에서 한 상자에 부적합품이 하나도 없거나 1개가 있는 경우의 확률(반품되지 않을 확률)을 제외한 확률이다. 이는 이항분포 확률을 활용하여 구할 수 있다.

$$p(X=x) = \binom{n}{x}p^x(1-p)^{n-x} = {}_nC_x p^x(1-p)^{n-x}$$

* n: 시행횟수
  p: 특정실험결과가 성공할 확률
  X: 성공횟수

한 상자에 10개씩 포장하므로 $n=10$이다.
$1 - ({}_{10}C_0 \times 0.01^0 \times 0.99^{10} + {}_{10}C_1 \times 0.01^1 \times 0.99^9) \fallingdotseq 0.004$
∴ 상자가 반품될 확률은 0.4%이다.

67 평균이 40, 중앙값이 38, 표준편차가 4일 때 변이계수 (Coefficient of Variation)는?

① 4%
② 10%
③ 10.5%
④ 40%

해설
변이계수 $= \dfrac{\text{표준편차}(S)}{\text{평균}(\overline{X})} = \dfrac{4}{40} = \dfrac{1}{10} = 10\%$

68 다음 자료에 대한 설명으로 틀린 것은?

| 3 | 4 | 6 | 9 | 3 |

① 최빈값은 3이다.
② 평균은 5이다.
③ 중위수는 6이다.
④ 범위는 6이다.

해설
③ 자료를 다음과 같이 오름차순으로 재배열하여 중위수를 계산한다.

| 3 | 3 | 4 | 6 | 9 |

$n=5$로 홀수이므로 $\left(\dfrac{n+1}{2}\right) = \left(\dfrac{5+1}{2}\right) = 3$번째 값인 4가 중위수이다.
② 평균 $= (3+4+6+9+3)/5 = 5$
④ 범위 $= (9-3) = 6$

69 크기가 10인 표본으로부터 얻은 자료 (x_1, y_1), (x_2, y_2), $\cdots$, (x_{10}, y_{10})에서 얻은 단순선형회귀식의 기울기가 0인지 아닌지를 검정할 때 사용되는 t - 분포의 자유도는?

① 19
② 18
③ 9
④ 8

해설

단순회귀분석에서 회귀계수의 통계적 유의성 검정에 사용되는 검정통계량 $t = \dfrac{\hat{\beta_1} - \beta_1}{\sqrt{Var(\hat{\beta_1})}} = \dfrac{\hat{\beta_1} - \beta_1}{\sqrt{MSE/S_{XX}}}$는 자유도가 $n-2$인 t−분포를 따르므로 $n=10$인 경우의 자유도는 10−2=8이다.

70 $P(A) = 0.4$, $P(B) = 0.2$, $P(B|A) = 0.4$일 때, $P(A|B)$는?

① 0.4
② 0.5
③ 0.6
④ 0.8

해설

$P(A|B) = \dfrac{P(A \cap B)}{P(B)} = \dfrac{P(A \cap B)}{0.2}$ 이다.

$P(B|A) = \dfrac{P(A \cap B)}{P(A)}$에서

$P(A \cap B) = P(A) \times P(B|A) = 0.4 \times 0.4 = 0.16$이므로

$\therefore P(A|B) = \dfrac{P(A \cap B)}{P(B)} = \dfrac{0.16}{0.2} = 0.8$

71 이산형 확률변수 X의 확률분포가 다음과 같을 때 확률변수 X의 기댓값은?

X	0	1	2	3	4
$P(X=x)$	0.15	0.30	0.25	0.20	( )

① 1.25
② 1.40
③ 1.65
④ 1.80

해설

이산확률변수 X의 기댓값은 $E(X) = \sum_{i=1}^{n} xf(x)$이다. 여기서 $f(x)$는 이산확률변수에서 특정값에 대한 확률 $P(X=x_i)$을 나타내는 함수로 확률질량함수를 말한다. $\sum_{i=1}^{n} P(X=x_i) = 1$이므로 표에서 $X=4$에 해당하는 $P(X=4)$의 값을 구하면 $0.15 + 0.30 + 0.25 + 0.20 + P(X=4) = 1$

$\therefore P(X=4) = 1 - 0.15 - 0.30 - 0.25 - 0.20 = 0.1$

$\therefore E(X) = \sum_{i=1}^{n} xf(x)$
$= \sum_{i=1}^{n} x_i \times P(X=x_i)$
$= (0 \times 0.15) + (1 \times 0.30) + (2 \times 0.25) + (3 \times 0.20) + (4 \times 0.1)$
$= 1.80$

72 어느 회사에서는 남녀 사원이 퇴직할 때까지의 평균 근무연수에 차이가 있는지를 알아보기 위하여 표본을 무작위로 추출하여 다음과 같은 자료를 얻었다. 남자사원의 평균 근무연수가 여자사원에 비해 2년보다 더 길다고 할 수 있는가에 대해 유의수준 5%로 검정한 결과는?

구분	남자사원	여자사원
표본크기	50	35
평균근무연수	21.8	18.5
표준편차	5.6	2.4

① 귀무가설을 기각한다. 따라서 남자사원의 평균 근무연수는 여자사원보다 더 길다.
② 귀무가설을 채택한다. 따라서 남자사원의 평균 근무연수는 여자사원보다 더 길지 않다.
③ 귀무가설을 기각한다. 따라서 남자사원의 평균 근무연수는 여자사원에 비해 2년보다 더 길다.
④ 귀무가설을 채택한다. 따라서 남자사원의 평균 근무연수는 여자사원에 비해 2년보다 더 길지 않다.

해설
남자사원과 여자사원의 두 집단에 대한 두 모집단 평균차이 검정이며 두 집단은 독립적이다.
남자사원을 집단 1, 여자사원을 집단 2로 하여 남자사원의 평균근무연수를 μ_1, 여자사원의 평균근무연수를 μ_2라 할 때 두 모집단 평균의 차이 $\mu_1 - \mu_2$에 대해 검정한다. 귀무가설과 대립가설은 남자사원의 평균근무연수와 여자사원의 평균근무연수의 차이가 2년보다 더 길다고 할 수 있는가에 대한 것이므로 $H_0 : \mu_1 - \mu_2 = 2$ vs $H_1 : \mu_1 - \mu_2 > 2$로 설정할 수 있으므로 단측(우측)검정이 된다. 모분산이 알려져 있지 않은데 $n_1, n_2 > 30$인 대표본이므로 검정통계량 Z를 사용한다. 이 경우 유의수준 5%에서 임계치는 문제에서는 따로 제시되어 있지 않으나 $Z_{0.05} = 1.645$이다.

$$Z = \frac{(\overline{X_1} - \overline{X_2}) - (\mu_1 - \mu_2)}{\sqrt{\frac{S_1^2}{n_1} + \frac{S_2^2}{n_2}}}$$

* $\overline{X_1}$: 표본 1의 평균, $\overline{X_2}$: 표본 2의 평균,
  μ_1: 모집단 1의 평균, μ_2: 모집단 2의 평균
  S_1^2: 표본 1의 분산, S_2^2: 표본 2의 분산,
  n_1: 표본 1의 표본수, n_2: 표본 2의 표본수

$\overline{X_1} = 21.8$, $\overline{X_2} = 18.5$, 귀무가설로 설정된 모집단평균의 차 $\mu_1 - \mu_2 = 2$, $S_1 = 5.6$, $S_2 = 2.4$, $n_1 = 50$, $n_2 = 35$이므로

$$Z = \frac{(\overline{X_1} - \overline{X_2}) - (\mu_1 - \mu_2)}{\sqrt{\frac{S_1^2}{n_1} + \frac{S_2^2}{n_2}}}$$
$$= \frac{(21.8 - 18.5) - 2}{\sqrt{\frac{5.6^2}{50} + \frac{2.4^2}{35}}} = 1.4609 ≒ 1.46$$

검정통계량 Z의 값이 1.46으로, 절댓값이 임계치 1.645보다 작으므로 귀무가설의 기각역에 위치하지 못한다. 따라서 유의수준 5%에서 귀무가설 $H_0 : \mu_1 - \mu_2 = 2$를 기각하지 못한다. 즉 남자사원의 평균 근무연수가 여자사원에 비해 2년보다 더 길지 않다.

73 정규분포를 따르는 어떤 집단의 모평균이 8인지를 검정하기 위하여 크기가 25인 표본을 추출하여 관측한 결과 표본평균은 6, 표본표준편차는 2이었다. t-검정을 할 경우 검정통계량 값은

① 5 ② 4
③ -4 ④ -5

해설
평균검정에서 모분산이 알려져 있지 않고 소표본인 경우 사용되는 검정통계량 t는 다음과 같다.

$$t = \frac{\overline{X} - \mu_0}{S/\sqrt{n}} \ (d.f. = n - 1)$$

* $\overline{X}$: 표본의 평균값, μ_0: 귀무가설로 설정된 모집단의 평균값,
  S: 표본의 표준편차, $S/\sqrt{n}$: $\overline{X}$의 표준오차

이때 표본평균 $\overline{X} = 6$, 모평균 $\mu_0 = 8$, 표본표준편차 $S = 2$, $n = 25$이므로
$t = \frac{\overline{X} - \mu_0}{S/\sqrt{n}} = \frac{6 - 8}{2/\sqrt{25}} = \frac{-2}{2/5} = -5$

74 두 변량 X와 Y의 관계를 분석하고자 한다. X와 Y가 모두 연속형 변수일 때 가장 적합한 분석은?

① 회귀분석 ② 분산분석
③ 교차분석 ④ 베이즈 분석

해설
회귀분석은 한 변수를 종속변수로, 다른 변수(들)을 독립변수로 설정하여 이들 간의 관계를 분석하는 것이다. 일반적으로 독립변수와 종속변수는 연속형 척도로 측정된 변수이다. 단, 범주형 변수를 더미변수로 하여 독립변수로 사용할 수 있다.
② 분산분석은 독립변수는 범주형 변수이고 종속변수는 연속형 변수이다.
③ 교차분석은 범주형 변수 간의 연관성을 분석한다.
④ 베이즈 분석은 통계적 추론의 한 방법으로, 추론 대상의 사전확률과 추가적 정보를 통해서 대상의 사후확률을 추론하는 방법이다.

75 정규분포를 따르는 모집단의 모평균에 대한 가설 $H_0 : \mu = 50$ vs $H_1 : \mu < 50$을 검정하고자 한다. 크기 $n = 100$의 임의표본을 취하여 표본평균을 구한 결과 $\overline{X} = 49.02$를 얻었다. 모집단의 표준편차가 5라면 유의확률은 얼마인가? [단, $P(Z \leq -1.96) = 0.025$]

① 0.025
② 0.05
③ 0.95
④ 0.975

해설

유의확률(p-value)은 귀무가설이 옳다는 전제하에 검정통계량이 표본에서 계산된 값보다 같거나 대립가설을 지지하는 방향으로 더 극단적인 값을 가질 확률이므로, 표본통계량을 구하고 통계량보다 극단적인 영역에 속하는 부분의 확률값을 구하면 된다. 평균검정에서 모분산이 알려져 있고 대표본이므로 검정통계량 Z를 사용한다.

$$Z = \frac{\overline{X} - \mu_0}{\sigma / \sqrt{n}}$$

* $\overline{X}$: 표본의 평균값,
  μ_0: 귀무가설로 설정된 모집단의 평균값,
  σ: 모표준편차, $\sigma/\sqrt{n}$: $\overline{X}$의 표준오차

이때 표본평균 $\overline{X} = 49.02$, 모집단의 평균 $\mu_0 = 50$, 모표준편차 $\sigma = 5$, $n = 100$이므로

$$Z = \frac{\overline{X} - \mu_0}{\sigma/\sqrt{n}} = \frac{49.02 - 50}{5/\sqrt{100}} = \frac{-0.98}{5/10} = -1.96$$

표본에서 계산된 통계량 -1.96과 같거나 대립가설 지지방향으로 더 극단적 값을 가질 확률, 즉 유의확률은 $P(Z \leq -1.96) = 0.025$이다.

76 통계조사 시 한 가구를 조사하는 데 소요되는 시간을 측정하기 위하여 64가구를 임의추출하여 조사한 결과 평균 소요시간이 30분, 표준편차 5분이었다. 한 가구를 조사하는 데 소요되는 평균시간에 대한 95% 신뢰구간 하한과 상한은 각각 얼마인가? (단, $Z_{0.025} = 1.96$, $Z_{0.05} = 1.645$)

① 28.8, 31.2
② 28.4, 31.6
③ 29.0, 31.0
④ 28.5, 31.5

해설

단일모집단 평균의 신뢰구간을 구하는데 모분산은 알려져 있지 않지만 표본의 크기가 $n \geq 30$인 64이므로 Z-분포를 사용한다.
$\overline{X} - Z_{\frac{\alpha}{2}} \frac{\sigma}{\sqrt{n}} \leq \mu \leq \overline{X} + Z_{\frac{\alpha}{2}} \frac{\sigma}{\sqrt{n}}$에서 표본평균 $\overline{X} = 30$,
95% 신뢰수준에서 $Z_{0.025} = 1.96$, σ = 표본의 표준편차$(S) = 5$, $n = 64$이므로 95% 신뢰구간은
$30 - 1.96 \frac{5}{\sqrt{64}} \leq \mu \leq 30 + 1.96 \frac{5}{\sqrt{64}}$
$30 - 1.225 \leq \mu \leq 30 + 1.225$
약 $28.8 \leq \mu \leq 31.2$이므로 하한 28.8, 상한 31.2이다.

77 오른쪽으로 꼬리가 긴 분포를 갖는 것은?

① 평균 = 40, 중위수 = 45, 최빈수 = 50
② 평균 = 40, 중위수 = 50, 최빈수 = 55
③ 평균 = 50, 중위수 = 45, 최빈수 = 40
④ 평균 = 50, 중위수 = 50, 최빈수 = 50

해설

오른쪽으로 꼬리가 긴 분포일 경우 산술평균 > 중앙값 > 최빈값이다.

| 정답 | 75 ① | 76 ① | 77 ③

78 다음 단순회귀모형에 대한 설명으로 틀린 것은?

$$Y_i = \beta_0 + \beta_1 x_i + \epsilon_i \ (i = 1, 2, \cdots, n)$$
(단, 오차항 ϵ_i는 서로 독립이며 동일한 분포 $N(0, \sigma^2)$을 따른다)

① 각 Y_i의 기댓값은 $\beta_0 + \beta_1 X_i$로 주어진다.
② 오차항 ϵ_i와 Y_i는 동일한 분산을 갖는다.
③ β_0는 X_i가 $\overline{X}$일 경우 Y의 반응량을 나타낸다.
④ 모든 Y_i들은 상호 독립적으로 측정된다.

해설
β_0는 Y 절편값이므로 X_i가 0인 경우 Y의 반응량을 나타낸다.

---

79 행변수가 M개의 범주를 갖고 열변수가 N개의 범주를 갖는 분할표에서 행변수와 열변수가 서로 독립인지를 검정하고자 한다. (i, j)셀의 관측도수를 O_{ij}, 귀무가설에서의 기대도수의 추정치를 $\widehat{E}_{ij}$라 할 때, 이 검정을 위한 검정통계량은?

① $\sum_{i=1}^{M}\sum_{j=1}^{N} \dfrac{(O_{ij} - \widehat{E}_{ij})^2}{O_{ij}}$

② $\sum_{i=1}^{M}\sum_{j=1}^{N} \dfrac{(O_{ij} - \widehat{E}_{ij})}{\widehat{E}_{ij}}$

③ $\sum_{i=1}^{M}\sum_{j=1}^{N} \dfrac{(O_{ij} - \widehat{E}_{ij})^2}{\widehat{E}_{ij}}$

④ $\sum_{i=1}^{M}\sum_{j=1}^{N} \dfrac{(O_{ij} - \widehat{E}_{ij})}{\sqrt{n\widehat{E}_{ij}O_{ij}}}$

해설
카이제곱 독립성 검정에서 검정통계량은 다음과 같다.

$$\chi^2 = \sum_{i=1}^{r}\sum_{j=1}^{c} \dfrac{(O_{ij} - E_{ij})^2}{E_{ij}}$$

*O_{ij}: (i, j)cell의 관측도수, E_{ij}: (i, j)cell의 기대도수

행변수가 M개의 범주, 열변수가 N개의 범주를 가지므로 검정통계량은 $\sum_{i=1}^{M}\sum_{j=1}^{N} \dfrac{(O_{ij} - \widehat{E}_{ij})^2}{\widehat{E}_{ij}}$ 이다.

---

80 다음 분산분석표에 대응하는 통계적 모형으로 적절한 것은?

요인	제곱합	자유도	제곱평균	F_0
회귀	420	3	140	7.0
잔차	240	12	20	
계	660	15		

① 독립변수가 4개인 중회귀 모형
② 처치 수준 수가 3개인 일원배치모형
③ 처치 수준 수가 4개인 일원배치모형
④ 독립변수가 3개인 중회귀모형

해설
요인의 구성항목인 [회귀, 잔차, 계]로 보아 회귀분석이 적합하며, 회귀의 자유도 3은 독립변수의 수가 3개인 중회귀분석임을 나타낸다. 다중회귀분석의 분산분석표는 다음과 같다.

변동의 원천(요인)	제곱합 (SS)	자유도 (df)	평균제곱 (MS)	검정통계량 F
회귀(SSR)	$\sum_{i=1}^{n}(\hat{y_i} - \overline{y})^2$	독립변수의 수(k)	$MSR = \dfrac{SSR}{k}$	$F = \dfrac{MSR}{MSE}$
잔차(SSE)	$\sum_{i=1}^{n}(y_i - \hat{y_i})^2$	$n - k - 1$	$MSE = \dfrac{SSE}{n-k-1}$	
Total(SST)	$\sum_{i=1}^{n}(y_i - \overline{y})^2$	$n - 1$		

---

81 이상치(Outlier)를 탐지하는 기능을 가지고 있고 최솟값, 제1사분위수, 중앙값, 제3사분위수, 최댓값의 정보를 이용하여 자료를 도표로 나타내는 방법은?

① 도수다각형 ② 리그레쏘그램
③ 히스토그램 ④ 상자수염그림

해설
상자수염그림은 상자그림(Box Plot)으로도 불리며, 다섯 숫자의 요약으로 그린, 자료의 특성을 요약하는 그래프로 전체 분포의 모습을 쉽게 파악 가능하며 이상값(이상치)을 별도 기호로 표시한다. 다섯 숫자는 최솟값, 최댓값, 사분위수(1사분위수, 중앙값, 3사분위수)로 구성된다.

82 확률변수 X의 평균은 8, 분산은 2이다. $Y=3+4X$의 평균과 분산은?

① 36, 24
② 40, 25
③ 32, 30
④ 35, 32

해설
기댓값과 분산의 성질을 이용한다. 기댓값의 성질 $E(aX \pm b) = aE(X) \pm b$, 분산의 성질 $V(aX \pm b) = a^2 V(X)$이므로
$E(Y) = E(3+4X) = 4E(X) + 3$
$V(Y) = V(3+4X) = 4^2 V(X)$이다. 이때 $E(X) = 8$, $V(X) = 2$이므로
∴ $E(Y) = 4 \times 8 + 3 = 35$
   $V(Y) = 4^2 \times 2 = 32$

83 확률분포에 대한 설명으로 틀린 것은?

① X가 연속형 균일분포를 따르는 확률변수일 때, $P(X=x)$는 모든 x에서 0이다.
② 포아송 분포의 평균과 분산은 동일하다.
③ 연속확률분포의 확률밀도함수 $f(x)$와 x축으로 둘러싸인 부분의 면적의 합은 항상 1이다.
④ 정규분포의 표준편차 σ는 음의 값을 가질 수 있다.

해설
표준편차는 분산의 양의 제곱근이기 때문에 음의 값을 가질 수 없다. 한편, 확률밀도함수를 갖는 연속확률변수의 한 점에서의 확률은 항상 0이다.

84 성공률이 p인 베르누이 시행을 4회 반복하는 실험에서 성공이 일어난 횟수 X의 표준편차는?

① $2\sqrt{p(1-p)}$
② $2p(1-p)$
③ $\sqrt{p(1-p)/2}$
④ $p(1-p)/2$

해설
'성공' 또는 '실패'의 상호배타적인 두 가지 결과만을 가진 베르누이 시행을 독립적으로 반복한 경우의 성공횟수를 확률변수 X로 했을 때 그 확률변수 X의 확률분포로 이항분포이다.
이때 $n=4$, $p=p$이므로 확률변수 X는 이항분포 $B(4, p)$를 따른다.
∴ $V(X) = np(1-p) = 4p(1-p)$이므로
∴ $\sigma(X) = \sqrt{V(X)} = \sqrt{4p(1-p)} = 2\sqrt{p(1-p)}$

85 평균이 100, 표준편차가 10인 정규분포에서 110 이상일 확률은 어느 것과 같은가? (단, Z는 표준정규분포를 따르는 확률변수이다)

① $P(Z \leq -1)$
② $P(Z \leq 1)$
③ $P(Z \leq -10)$
④ $P(Z \leq 10)$

해설
평균 100, 표준편차 10인 정규분포 $N(100, 10^2)$에서의 값 110을 표준정규분포 $N(0, 1)$를 따르는 확률변수 Z로 표준화하여 표준정규분포에서의 값으로 변환한다.

$$Z = \frac{x - \mu}{\sigma}$$

* x: 표본통계량, μ: 모집단 평균의 추정치,
σ: 모집단 표준편차의 추정치

∴ $Z = \frac{110 - 100}{10} = 1$

따라서 $P(Z \geq 1)$인데 정규분포는 좌우대칭이므로 이 확률은 $P(Z \leq -1)$과 같다.

86 평균이 10이고 분산이 4인 정규분포를 따르는 모집단에서 임의로 크기가 4인 표본을 뽑았다. 이때 표본평균의 기댓값은?

① 1
② 2
③ 4
④ 10

해설
중심극한의 정리에 따라 평균 μ, 표준편차 σ인 모집단에서 n개의 표본을 반복 추출하면 그 표본들의 각 평균값 $\bar{x}$의 분포는 정규분포로 수렴하게 되며, 평균 μ, 표준편차 $\frac{\sigma}{\sqrt{n}}$가 되므로 표본평균의 기댓값은 모평균과 동일한 10이다.

87 평균이 μ이고 표준편차가 σ인 모집단에서 임의추출한 100개의 표본평균 $\bar{X}$와 1,000개의 표본평균 $\bar{Y}$를 이용하여 μ를 측정하고자 한다. 두 추정량 $\bar{X}$와 $\bar{Y}$ 중 어느 추정량이 더 좋은 추정량인지를 올바르게 설명한 것은?

① $\bar{X}$의 표준오차가 더 크므로 $\bar{X}$가 더 좋은 추정량이다.
② $\bar{X}$의 표준오차가 더 작으므로 $\bar{X}$가 더 좋은 추정량이다.
③ $\bar{Y}$의 표준오차가 더 크므로 $\bar{Y}$가 더 좋은 추정량이다.
④ $\bar{Y}$의 표준오차가 더 작으므로 $\bar{Y}$가 더 좋은 추정량이다.

해설
평균의 표본추출분포에서 표준오차는 $\frac{\sigma}{\sqrt{n}}$이므로, 표본의 크기가 클수록 작아진다. 표준오차가 작을수록 더 좋은 추정량이다. 여러 불편추정량 중에서 효율적인 불편추정량은 분산이 더 작은, 즉 추정량의 표준편차(표준오차)가 더 작은 추정량이라는 것이 효율성(유효성)이다. 따라서 $\bar{Y}$가 표준오차가 더 작으므로 더 좋은 추정량이다.

88 어느 회사는 자사에서 생산되는 제품의 탄성검사를 위해 랜덤하게 추출한 64개의 제품을 조사하였다. 조사결과 평균은 180mm, 표준편차는 15mm이었다. 이 회사 생산제품의 탄성 평균에 대한 95%신뢰구간을 추정하면? [단, $P(Z>1.96)=0.025$, $P(Z>1.645)=0.05$]

① $180 \pm 1.645 \frac{15}{8}$
② $180 \pm 1.645 \frac{15}{64}$
③ $180 \pm 1.96 \frac{15}{8}$
④ $180 \pm 1.96 \frac{15}{64}$

해설
단일모집단 평균의 신뢰구간을 구하는데 모분산은 알려져 있지 않지만 표본의 크기가 $n \geq 30$인 64이므로 Z-분포를 사용한다.
$\bar{X} - Z_{\frac{\alpha}{2}} \frac{\sigma}{\sqrt{n}} \leq \mu \leq \bar{X} + Z_{\frac{\alpha}{2}} \frac{\sigma}{\sqrt{n}}$에서 표본평균 $\bar{X}=180$,
95% 신뢰수준에서 $Z_{0.025}=1.96$, $\sigma=$ 표본의 표준편차$(S)=15$, $n=64$이므로 95% 신뢰구간은 $180 - 1.96 \frac{15}{\sqrt{64}} \leq \mu \leq 180 + 1.96 \frac{15}{\sqrt{64}}$이다.
$\therefore 180 \pm 1.96 \frac{15}{8}$

89 다음 중 유의확률(p-value)에 대한 설명으로 틀린 것은?

① 주어진 데이터와 직접적인 관계가 있다.
② 검정통계량이 실제 관측된 값보다 대립가설을 지지하는 방향으로 더욱 치우칠 확률로서 귀무가설 하에서 계산된 값이다.
③ 유의확률이 작을수록 귀무가설에 대한 반증이 강한 것을 의미한다.
④ 유의수준이 유의확률보다 작으면 귀무가설을 기각한다.

해설
유의확률은 귀무가설이 맞을 때 적어도 그 정도의 극단적인 표본값이 나올 확률로 0과 1 사이의 값을 가진다. 즉 귀무가설이 맞다는 전제하에 검정통계량이 표본에서 계산된 값보다 같거나 대립가설을 지지하는 방향으로 더 극단적인 값을 가질 확률이다. 표본자료로부터 계산되는 값이며, p-value로 나타낸다. p-value $\leq \alpha$이면 귀무가설을 기각할 수 있다. 즉 유의확률이 작을수록 귀무가설이 맞을 가능성은 작아진다.

90 어느 도시 성인남성들의 체중은 평균 72kg이고 표준편차는 4kg으로 알려져 있다. 이를 확인하기 위하여 36명을 무작위로 추출하여 측정한 결과 표본평균은 74kg이었다. 가설 $H_0 : \mu = 72kg$ vs $H_1 : \mu \neq 72kg$에 대한 유의수준 5%의 검정결과로 옳은 것은?
(단, $Z_{0.025} = 1.96$, $Z_{0.05} = 1.645$)

① 검정통계량은 4이다.
② 귀무가설을 기각한다.
③ 귀무가설을 기각할 수 없다.
④ 위 사실로는 판단할 수 없다.

해설
평균검정에서 모분산이 알려져 있고 대표본이므로 검정통계량 Z를 사용한다.

$$Z = \frac{\overline{X} - \mu_0}{\sigma/\sqrt{n}}$$

* $\overline{X}$: 표본의 평균값, μ_0: 귀무가설로 설정된 모집단의 평균값,
  σ: 모표준편차, $\sigma/\sqrt{n}$: $\overline{X}$의 표준오차

이때 표본평균 $\overline{X} = 74$, 모집단의 평균 $\mu_0 = 72$, 모표준편차 $\sigma = 4$, $n = 36$이므로

$Z = \frac{\overline{X} - \mu_0}{\sigma/\sqrt{n}} = \frac{74 - 72}{4/\sqrt{36}} = \frac{2}{4/6} = 3$이다.

유의수준 5%에서 대립가설의 설정에 따라 양측검정이므로 임계치는 $Z_{0.025} = 1.96$이다.
검정통계량 Z의 값이 3으로, 절대값이 임계치 1.96보다 크므로 귀무가설의 기각역에 해당한다.
따라서 유의수준 5%에서 귀무가설 $H_0 : \mu = 72kg$을 기각할 수 있다.

91 일원배치법에 대한 설명으로 맞는 것은?

① 인자의 처리별 반복수는 동일하여야 한다.
② 일원배치법에 의해 여러 그룹의 분산의 차이를 해석할 수 있다.
③ 한 종류의 인자가 특성 값에 미치는 영향을 조사하고자 할 때 사용하는 분석법이다.
④ 3명의 기술자가 3가지 재료를 이용해서 어떤 제품을 만들고자 할 때 가장 좋은 제품을 만들 수 있는 조건을 찾으려면 일원배치법이 적절한 방법이다.

해설
분산분석은 집단 간 분산과 집단 내 분산을 이용하여 그룹 간 차이를 분석하는 방법이다. 일원배치분산분석은 독립변수(처치변수)가 1개인 경우 종속변수의 평균이 다른지를 분석하는 방법이므로 한 종류의 인자가 특성값에 미치는 영향을 조사하고자 할 때 사용하는 분석법이며 인자의 처리별 반복수는 동일하지 않아도 된다.

92 k개 처리에서 n회씩 실험을 반복하는 일원배치 모형 $Y_{ij} = \mu + \alpha_i + \epsilon_{ij}$에 관한 설명으로 틀린 것은?
[단, $i = 1, 2, \cdots, k$, $j = 1, 2, \cdots, n$, $\epsilon_{ij} \sim N(0, \sigma^2)$]

① 오차항 ϵ_{ij}들의 분산은 같다.
② 총실험횟수는 $k \times n$이다.
③ 총평균 μ와 i번째 처리효과 α_i는 서로 독립이다.
④ Y_{ij}는 i번째 처리의 j번째 관측값이다.

해설
$\alpha_i = \mu_i - \mu$이다. 따라서 총평균 μ와 i번째 처리효과 α_i는 서로 독립이 아니다.

93 일원배치분산분석에서 인자의 수준이 4이고 각 수준마다 반복실험을 6회씩 한 경우 잔차(오차)의 자유도는?

① 30　　② 24
③ 32　　④ 20

해설

오차의 자유도는 $n-k$이다. 인자(요인, 처리)의 수준이 4이고, 각 수준마다 반복실험을 6회씩 동일하게 했으므로
㉠ 자료의 총 개수 $n = 4 \times 6 = 24$
㉡ 처리수준이 4이므로 $k = 4$
따라서 오차의 자유도 = n − k = 24−4=20이다.

94 서로 다른 4가지 교수방법 A, B, C, D의 학습효과를 알아보기 위하여 같은 수준에 있는 학생 중에서 99명을 임의추출하여 A 교수방법에 19명, B 교수방법에 31명, C 교수방법에 27명, D 교수방법에 22명을 할당하였다. 일정기간 수업 후 성취도를 100점 만점으로 측정, 정리하여 다음의 평방합(제곱합)을 얻었다. 교수방법 A, B, C, D의 학습효과 사이에 차이가 있는가를 검정하기 위한 F - 통계량 값은?

그룹 간 평방합	63.21
그룹 내 평방합	350.55

① 0.175　　② 0.180
③ 5.71　　④ 8.11

해설

처치 $k = 4$, 자료의 총 개수 $n = 99$이다. 계산을 위해 분산분석표를 이용하면 다음과 같다.

요인	제곱합	자유도	평균제곱 (제곱합/자유도)	F - 값 (처리평균제곱/오차평균제곱)
그룹 간 (집단간, 처리)	63.21	$k-1$ $=(4-1)=3$	63.21/3 = 21.07	21.07/3.69 = 5.71
그룹 내 [집단내, 오차(잔차)]	350.55	$n-k$ $=(99-4)=95$	350.55/95 = 3.69	
계	413.76	$n-1$ $=(99-1)=98$		

95 다음 표는 빨강, 파랑, 노랑 3가지 색상에 대한 선호도가 성별에 따라 차이가 있는지를 알아보기 위해 초등학교 남학생 200명과 여학생 200명을 임의로 추출하여 선호도를 조사한 분할표이다. 성별에 따라 선호하는 색상에 차이가 없다면 파랑을 선호하는 여학생 수에 대한 기대도수의 추정값은?

구분	빨강	파랑	노랑	합계
남학생	60	90	50	200
여학생	90	70	40	200
합계	150	160	90	400

① 70
② 75
③ 80
④ 85

해설

성별(행 변수이며 범주형 변수)과 색상(열 변수이며 범주형 변수) 간에 연관성이 있는가를 검정하는 교차분석의 카이제곱 독립성 검정에서 기대도수는 다음과 같이 구한다.

$$기대도수(E_{ij}) = \frac{O_i \times O_j}{N}$$

* O_i: 해당 cell이 속하는 행의 빈도 합계
  O_j: 해당 cell이 속하는 열의 빈도합계
  N: 총빈도

이에 따라 기대도수를 계산하면 다음과 같다.

구분	빨강	파랑	노랑	합계
남학생	$\frac{200 \times 150}{400}=75$	$\frac{200 \times 160}{400}=80$	$\frac{200 \times 90}{400}=45$	200
여학생	$\frac{200 \times 150}{400}=75$	$\frac{200 \times 160}{400}=80$	$\frac{200 \times 90}{400}=45$	200
합계	150	160	90	400

기대도수 교차표에서 파랑을 선호하는 여학생 수에 대한 셀은 색상변수의 파랑과 성별 변수의 여학생이 교차하는 셀이며, 따라서 해당 기대도수의 추정값은 80이다.

96 두 확률변수 X와 Y의 상관계수는 0.75이다. $U = \frac{3}{4}X + 3$, $V = \frac{2}{3}Y + 1$이라 할 때 두 확률변수 U와 V의 상관계수는?

① 0.65
② −0.65
③ 0.75
④ −0.75

해설

두 확률변수 $aX + b$, $cY + d$에 대한 상관계수 $corr(aX + b, cY + d)$는 $ac > 0$이면 $corr(X, Y)$이고, $ac < 0$이면 $-corr(X, Y)$이다.

이에 따라 두 확률변수 $U = \frac{3}{4}X + 3$, $V = \frac{2}{3}Y + 1$에 대한 상관계수 $corr(\frac{3}{4}X + 3, \frac{2}{3}Y + 1)$은 $\left(\frac{3}{4}\right) \times \left(\frac{2}{3}\right) > 0$이므로 $corr(\frac{3}{4}X + 3, \frac{2}{3}Y + 1) = corr(X, Y) = 0.75$($X$와 Y의 상관계수)가 된다.

97 단순선형회귀모형 $y_i = \beta_0 + \beta_1 x_i + \epsilon_i$에서 오차항 ϵ_i의 분포가 평균이 0이고 분산이 σ^2인 정규분포를 따른다고 가정하였다. 42개의 자료들로부터 회귀식을 추정하고 나서 잔차제곱합(SSE)을 구하였더니 그 값이 5,000이었다. 이때 분산 σ^2의 불편추정값은?

① 112
② 120
③ 125
④ 150

해설

회귀분석에서 오차항의 분산(SSE)에 대한 추정값은 잔차평균제곱합(MSE)이다. 이는 오차분산(σ^2)의 불편추정량이다.
MSE는 다음과 같이 나타낼 수 있다.

$$MSE = \frac{SSE}{n - k - 1} = \frac{\sum_{i=1}^{n}(y_i - \hat{y_i})^2}{n - k - 1} = \frac{\sum_{i=1}^{n}e_i^2}{n - k - 1} = \hat{\sigma}^2$$

*n: 표본의 크기, k: 독립변수의 수

$n = 42$, $k = 1$, 잔차제곱합 = 5000이므로 오차분산의 추정값은

$$MSE = \frac{\sum_{i=1}^{n}(y_i - \hat{y_i})^2}{n - k - 1} = \frac{5000}{42 - 1 - 1} = 125 \text{이다.}$$

98 회귀분석결과, 분산분석표에서 잔차제곱합(SSE)은 60, 총제곱합(SST)은 240임을 알았다. 이 회귀모형의 결정계수는?

① 0.25
② 0.5
③ 0.75
④ 0.95

해설

결정계수 $R^2 = \frac{\text{회귀식에 의해 설명되는 분산}}{\text{전체 분산}} = \frac{SSR}{SST} = 1 - \frac{SSE}{SST}$이므로 $R^2 = 1 - \frac{SSE}{SST} = 1 - \frac{60}{240} = 0.75$이다.

99 단순회귀모형 $y_i = \beta_0 + \beta_1 x_i + \epsilon_i (i = 1, 2, \cdots, n)$의 가정 하에 최소제곱법에 의해 회귀직선을 추정하는 경우 잔차 $e_i = y_i - \hat{y_i}$의 성질로 틀린 것은?

① $\sum e_i = 0$
② $\sum e_i = \sum x_i e_i$
③ $\sum e_i^2 = \sum \hat{x_i} e_i$
④ $\sum x_i e_i = \sum \hat{y_i} e_i$

해설

단순회귀모형에서 잔차의 성질은 다음과 같다.
㉠ $E(e_i) = 0$
㉡ $\sum_{i=1}^{n} e_i = 0$
㉢ $\sum_{i=1}^{n} x_i e_i = 0$
㉣ $\sum_{i=1}^{n} \hat{y_i} e_i = 0$
∴ $\sum_{i=1}^{n} e_i = 0 = \sum_{i=1}^{n} x_i e_i = \sum_{i=1}^{n} \hat{y_i} e_i$

100 x를 독립변수로, y를 종속변수로 하여 선형회귀분석을 하고자 한다. 다음의 요약자료를 이용하여 추정회귀직선의 기울기와 절편을 구하면?

$$\overline{x}=6,\ \sum_{i=1}^{5}(x_i-\overline{x})^2=24,$$

$$\overline{y}=12,\ \sum_{i=1}^{5}(x_i-\overline{x})(y_i-\overline{y})=36$$

	기울기	절편
①	1.2	3
②	1.8	2
③	1.5	3
④	1.5	4

해설

회귀식이 $\hat{y}=\hat{\beta}_0+\hat{\beta}_1 x$와 같을 때   *$\hat{\beta}_0$: 절편, $\hat{\beta}_1$: 기울기

$$\hat{\beta}_0=\overline{y}-\hat{\beta}_1\overline{x}$$

$$\hat{\beta}_1=r_{XY}\frac{S_Y}{S_X}$$

$$=\frac{S_{XY}}{S_{XX}}=\frac{\sum_{i=1}^{n}(x_i-\overline{x})(y_i-\overline{y})}{\sum_{i=1}^{n}(x_i-\overline{x})^2}$$

* r_{XY}: X, Y의 상관계수,
S_X: X의 표준편차, S_Y: Y의 표준편차,
S_{XY}: X, Y의 공분산,
S_{XX}: X의 분산

∴ 기울기 $\hat{\beta}_1=\dfrac{\sum_{i=1}^{n}(x_i-\overline{x})(y_i-\overline{y})}{\sum_{i=1}^{n}(x_i-\overline{x})^2}=\dfrac{36}{24}=1.5$

절편 $\hat{\beta}_0=\overline{y}-\hat{\beta}_1\overline{x}=12-1.5\times 6=3$

| 정답 | 100 ③

2024년 제2회 (CBT)

※ CBT 문제는 수험생의 기억에 따라 복원된 것이며, 실제 기출문제와 동일하지 않을 수 있습니다.

제1과목: 조사방법과 설계

01 실험설계에 관한 내용 중 거리가 먼 것은?
① 조작이란 독립변수를 의도적으로 특정 시기에 실행시켜 종속변수의 변화를 관찰하는 것이다.
② 실험설계의 외적타당성은 추정되는 인과관계가 실제 상황에서도 같은 식으로 나타나는가에 관한 것이다.
③ 실험집단과 통제집단의 동질화를 위해 실험대상들은 연구자가 작위적으로 추출한다.
④ 외생변수 통제는 실험설계의 중요한 요건 중 하나이다.

[해설]
무작위할당을 통해 실험집단과 통제집단을 동질화한다.

02 서베이 조사와 비교한 사례연구에 대한 설명으로 틀린 것은?
① 연구대상을 질적으로 파악하고 기술한다.
② 소수대상의 여러 가지 복합적 요인에 대한 복합적 관찰을 한다.
③ 연구대상 집단의 공통분모적 성질인 대표성을 추구한다.
④ 연구대상의 내면적·동태적 양상을 수직적으로 파고드는 조사이다.

[해설]
사례조사는 소수의 특정한 사례를 조사하여 문제에 대해 종합적 파악과 심층적 분석을 실행한다. 시간 경과에 따른 특정적 영향요인과 변화 간의 관계 파악 등 문제에 대한 간접적인 경험과 사전지식을 얻을 수 있고 탐색적 목적을 위해 유용하게 사용 가능하지만 대표성이 낮아 일반화 가능성이 떨어지는 것이 한계점 중의 하나이다.

03 종단연구(Longitudinal Study)에 관한 설명으로 틀린 것은?
① 조사대상을 두 번 이상의 시점에 반복적으로 조사한다.
② 동태적 변화발전 과정의 연구에 적합하다.
③ 추세조사는 종단연구에 속한다.
④ 패널조사는 시간의 변화에 따른 특정 하위모집단 변화를 관찰하는 조사이다.

[해설]
패널조사는 특정한 대상을 사전에 패널로 선정하고 이들을 대상으로 반복적으로 조사를 실시하는 것이다.
시간의 변화에 따른 특정 하위모집단 변화를 관찰하는 조사는 코호트 조사이다.

04 실험의 내적 타당성을 저해하는 요인으로, 동일 질문을 반복하는 것이 응답자에게 영향을 주는 것은?
① 시험효과(Testing Effect)
② 도구 효과(Instrumentation Effect)
③ 성숙 효과(Maturation Effect)
④ 통계적 회귀(Statistical Regression)

[해설]
시험효과는 사전검사가 사후검사에 영향을 미쳐 종속변수의 변화를 나타나게 하는 것이다.
주시험 효과(첫 번째 측정으로 인해 두 번째 측정이 영향을 받는 것: 반복으로 인한 학습효과 등)와 상호작용 효과(첫 번째 측정이 그 다음의 처치에 영향을 주는 것)가 있다.

| 정답 | 01 ③ 02 ③ 03 ④ 04 ①

05 질문지 작성원칙과 가장 거리가 먼 것은?

① 연구자의 가치관이나 의견이 반영된 문장을 사용한다.
② 질문이 짧을수록 좋고 부연설명이나 단어의 중복 사용은 피해야 한다.
③ 복합적인 질문을 피하고, 두 개 이상의 질문을 하나로 묶지 말아야 한다.
④ 질문은 그 자체로서 의미가 명확히 전달될 수 있도록 구성하고 모호한 질문은 피해야 한다.

해설
질문지의 질문은 읽기 쉽고 간결해야 하며 명료하고 구체적이며 의미가 명확하게 전달되어야 한다. 이중적 질문(복합적 질문)은 하지 말아야 하며 연구자의 가치관이나 의견이 반영되지 않은 가치중립적 질문이어야 한다.

06 일반적으로 표집방법들 간의 표집효과를 계산할 때 준거가 되는 표집방법은?

① 군집표집
② 체계적 표집
③ 층화표집
④ 단순무작위표집

해설
단순무작위표본추출은 일반적으로 다른 추출방법과 표본오차 등을 계산할 때 준거가 된다.

07 초점집단(focus group)조사와 델파이조사에 관한 설명으로 옳은 것은?

① 초점집단조사에서는 익명 집단의 상호작용을 통해 도출된 자료를 분석한다.
② 초점집단조사는 높은 타당성이 가능하다.
③ 델파이조사는 비구조화 방식으로 정보의 흐름을 제어한다.
④ 델파이조사는 대면(face to face) 집단의 상호작용을 통해 도출된 자료를 분석한다.

해설
② 초점집단조사(FGI)는 높은 타당성이 가능하다는 장점이 있다.
① 초점집단조사는 자유로운 토론을 통한 방식으로 대면집단의 상호작용을 통해 자료가 도출된다. 익명집단의 상호작용을 통해 자료가 도출되는 것은 델파이 조사이다.
③ 델파이 조사는 수집된 의견을 반복적으로 전달하도록 조사내용이 구조화된 방식이다.
④ 초점집단조사에 대한 설명이다.

08 표적집단면접법(Focus Group Interview)에 대한 설명으로 틀린 것은?

① 대표성과 일반화 가능성이 낮다.
② 새로운 아이디어 발견과 내면적 이유 도출이 가능하다.
③ 개인면접에 비해 연구대상의 통제가 수월하다.
④ 비구조화된 토론 형식이다.

해설
표적집단면접법은 전문지식을 갖춘 사람 또는 경험자를 소수의 응답자로 선정하고 사회자가 배석하여 연구목적의 방향을 제시하되, 자유로운 토론을 벌이게 하여 필요한 정보를 획득하는 방법이다. 자유로운 토론으로 새로운 사실 발견이 가능하고 행동의 내면적 이유 파악이 가능하나, 조사결과를 일반화하기가 용이하지 않은 단점이 있다. 또한 개인면접에 비해 연구대상을 통제하기 어렵다.

| 정답 | 05 ① 06 ④ 07 ② 08 ③

09 다음에서 설명하는 실험설계의 유형에 해당하지 않는 것은?

> • 주로 현실상황에서 이용한다.
> • 무작위 할당 대신 실험집단과 유사한 비교집단을 구성하는 등 실험설계의 실험적 조건 중 한 두 가지가 결여된 유형이다.

① 단순 시계열설계
② 솔로몬 4집단 실험설계
③ 두 집단 사전사후 실험설계
④ 다중 시계열설계

해설
유사실험설계에 대한 설명이다. ②는 순수실험설계의 유형이다.

10 연구가설과 관련한 내용 중 거리가 먼 것은?

① 모든 연구에 명백하게 연구가설을 설정해야 한다.
② 경험적 검증의 절차를 시사해 준다.
③ 현상들의 잠재적 의미를 찾아내고 현상에 질서를 부여할 수 있다.
④ 문제해결에 필요한 관찰 및 실험의 적정성을 판단하게 한다.

해설
연구가설의 기능은 ⊙ 현상들의 잠재적 의미를 찾아내고, ⓒ 현상에 질서를 부여하고, ⓒ 경험적 검증의 절차를 시사하며, ② 문제해결에 필요한 관찰 및 실험의 적정성을 판단할 수 있게 하는 것이다.
① 가설이 아닌 연구 질문만을 가지고 연구를 시작하는 질적 연구의 형태도 있으므로 모든 연구에 명백하게 연구가설을 설정해야 하는 것은 아니다.

11 다음 기업조사 설문의 응답항목이 가지고 있는 문제점은?

> 귀사는 기업이윤의 몇 퍼센트를 재투자하십니까?
> ⊙ 0%
> ⓒ 1 ~ 10%
> ⓒ 11 ~ 40%
> ② 41 ~ 50%
> ⓜ 100% 이상

① 간결성
② 명확성
③ 포괄성
④ 상호배제성

해설
51 ~ 99%의 응답범주가 빠져있는 등 응답범주에 포함되어 있지 않은 범주가 존재한다. 따라서 가능한 응답범주 모두를 제시해야 한다는 응답범주의 포괄성에 문제가 있다.

12 질문지 초안이 작성된 후 마지막 단계에서 질문지의 문제점을 찾아내기 위한 작업은?

① 전수조사
② 사전검사
③ 표본조사
④ 사후검사

해설
사전조사(사전검사)의 목적은 초안 질문지가 갖는 문제점을 찾아내고 수정하여 질문지의 타당성을 높이는 것이다. 또한 본조사 시 소요될 시간과 비용을 미리 예측하고 애로 사항을 미리 발견하여 대책을 마련하기 위한 목적도 있다.

13 모집단을 구성하고 있는 구성요소들이 자연적인 순서 또는 일정한 질서에 따라 배열된 목록에서 매 k번째 구성요소를 추출하여 표본을 형성하는 표집방법은?

① 체계적 표집
② 무작위 표집
③ 층화표집
④ 판단표집

해설
체계적 표본추출은 모집단을 일정한 질서에 따라 번호부여 후 등간격으로 나누고 첫 구간에서 하나의 번호를 무작위로 추출 후 다음 n번째 떨어져 있는 번호들을 추출하는 방법이다. 일정한 표본추출(표집)간격에 의해 표본을 추출한다.

14 개방형 질문의 장점으로 옳은 것은?

① 질문에 대한 응답이 표준화되어 있어 비교가 용이하다.
② 부호화와 분석이 용이하여 시간과 경비가 절약된다.
③ 탐색조사에 유용하다.
④ 고르기만 하면 되기 때문에 쉽게 응답할 수 있다.

해설
개방형 질문은 자유롭게 응답하게 하는 형식의 질문으로 주로 조사자가 문제에 대한 정보나 사전지식이 충분하지 않은 경우 탐색적 예비 조사단계에서 활용한다. 응답자료가 표준화되어 있지 않아서 부호로 변환하는 작업이 어렵다는 단점이 있다.

15 다음 사례에 해당하는 오류는?

> 전국의 시·도를 조사하여 대학졸업 이상의 인구 비율이 높은 지역이 낮은 지역에 비해 소득이 더 높음을 알게 되었고, 이를 통해 학력수준이 높은 사람이 낮은 사람에 비해 소득수준이 높다는 결론에 도달했다.

① 무작위 오류
② 체계적 오류
③ 환원주의적 오류
④ 생태학적 오류

해설
분석단위를 집단(지역)에 둔 연구결과를 바탕으로 집단 속 개인특성(소득)을 추리할 때 나타나는 오류이므로 생태학적 오류에 해당한다.
① 측정과정에서 우연히 또는 가변적인 일시적인 사정에 의해 무작위로 나타나는 오류이다.
② 측정 오차가 체계적 패턴을 띠게 되면서 일정한 방향으로 작용하는 오류이다.

16 전문가의 견해를 물어 종합적인 상황을 파악하거나 미래의 불확실한 상황을 예측할 때 주로 이용되는 조사기법은?

① 이차적 연구(Secondary Research)
② 코호트(Cohort)설계
③ 추세(Trend)설계
④ 델파이(Delphi)기법

해설
델파이(Delphi)기법은 여러 전문가의 의견을 되풀이해 모으고, 교환하고 발전시켜 현상을 종합적으로 파악하거나 미래를 예측하는 방법이다.

| 정답 | 13 ① | 14 ③ | 15 ④ | 16 ④ |

17 전수조사 대신 표본조사를 하는 이유와 가장 거리가 먼 것은?

① 경비를 절감하기 위해
② 전수조사에 비해 조사과정을 보다 잘 통제할 수 있어서
③ 표본오류를 줄이기 위해
④ 광범위한 주제에 걸쳐서 연구하기 위해

해설
전수조사에 대비한 표본조사의 장점은 시간과 비용의 절약, 비표본오차의 감소, 전수조사 대비 조사과정을 보다 잘 통제할 수 있고 상대적으로 더 많은 조사항목 포함 가능 및 다양한 정보 취득이 가능하여 경우에 따라 전수조사보다 더 정확한 자료 취득이 가능한 점 등이다.
③ 표본조사를 하게 되면 무조건적으로 표본오차가 발생하게 된다.

18 2차 자료에 대한 설명으로 맞는 것은?

① 1차 자료에 비해 비용과 시간을 절약할 수 있다.
② 현재 연구 중인 조사목적에 따른 정확도, 신뢰도, 타당도를 평가할 수 있다.
③ 1차 자료에 비해 조사목적에 적합한 정보를 의사결정이 필요한 시기에 적절히 이용하기 쉽다.
④ 조사자가 현재 수행 중인 연구의 목적을 달성하기 위해 적절한 조사설계를 통하여 직접 수집한 자료이다.

해설
① 2차 자료는 다른 조사목적으로 기존에 작성된 자료이다. 빠른 수집과 즉각적 사용이 가능하여 조사자가 직접 수집하는 자료인 1차 자료에 비해 시간과 비용을 절약할 수 있다.
②, ③ 2차 자료는 다른 조사목적에 따라 수집된 자료이기 때문에, 조사자가 파악하고자 하는 조사에 정확한 정보를 제공하지 못할 수도 있으며 신뢰도와 타당도가 낮을 수 있다.
④ 1차 자료에 대한 설명이다.

19 양적 연구와 비교한 질적 연구의 특징이 아닌 것은?

① 연구대상의 속성을 질적으로 표현한다.
② 주관적 동기의 이해와 의미해석을 하는 현상학적·해석학적 입장이다.
③ 심층적·비구조적 면접을 실시한다.
④ 자료분석에 소요되는 시간이 짧아 소규모 분석에 유리하다.

해설
질적 연구는 소요되는 시간이 긴 점 등 소규모 분석에 적합하다.

20 심층면접에 대한 설명으로 거리가 먼 것은?

① 조사의 유연성이 있다.
② 결과의 일반화가 어렵다.
③ 조사자의 편견개입을 방지할 수 있다.
④ 면접자의 개인별 차이에서 오는 영향이나 오류를 통제하기 어렵다.

해설
심층면접법은 전문면접원이 1명 또는 소수의 피면접자를 대상으로 주제와 관련된 질문 방향을 가지고 탐사방식에 의해 깊게 질문을 해나가는 것이다. 조사의 유연성이 있지만 결과의 일반화가 어렵고 면접자의 개인별 차이에서 오는 영향이나 오류를 통제하기 어려우며 조사자의 편견 개입 등 객관성이 훼손될 개연성이 있다.

21 다음 중 표집틀(Sampling Frame)을 평가하는 주요 요소와 가장 거리가 먼 것은?

① 포괄성　　② 추출확률
③ 효율성　　④ 안정성

해설
표집틀(표본추출프레임)은 포괄성(전체 모집단 중 얼마나 많은 부분을 포함하는가), 추출확률(모집단에서의 각 개별요소들의 추출확률이 동일한가), 효율성(조사에 필요한 대상들만으로 표집프레임에 잘 포함되었는가) 등에 의해 평가한다.

| 정답 | 17 ③ 18 ① 19 ④ 20 ③ 21 ④

22 과학적 연구의 특징에 해당하지 않는 것은?

① 과학적 연구는 논리적(Logical)이다.
② 과학적 연구는 직관적(Intuitive)이다.
③ 과학적 연구는 결정론적(Deterministic)이다.
④ 과학적 연구는 일반화(Generalization)를 목적으로 한다.

해설
과학적 연구의 특징은 객관성, 경험성, 검증가능성, 재생가능성, 간결성, 체계성, 논리성, 변화가능성, 상호주관성, 결정성, 일반성, 구체성, 설명적, 통제성 등이다.
② 직관에 의한 것은 과학적 방법의 특징으로 볼 수 없다.

23 연역법과 귀납법에 관한 설명으로 옳은 것은?

① 귀납법은 가설을 검증하는 설명적 연구에서 주로 사용된다.
② 연역법은 선(先)조사 후(後)이론의 방법을 택한다.
③ 연역법과 귀납법은 상호보완적으로 활용하면 안 된다.
④ 귀납법은 관찰로부터 일반화로 나아가는 것이다.

해설
연역법은 이론으로부터 가설을 끌어내어 설정하고 이를 경험적 자료를 수집해서 검증하는 것이며 귀납법은 관찰과 자료수집을 통해 개별적 사실들로부터 일반적 원리를 이끌어내는 것이다.
① 가설을 검증하는 설명적 연구에서 주로 사용되는 것은 연역법이다.
② 연역법은 선(先)이론 후(後)조사이다.
③ 연구방법은 경험적 성격인 귀납적 논리와 분석적 성격인 연역적 방법을 상호보완적으로 활용하는 것이 좋다.

24 좋은 가설의 평가기준으로 옳지 않은 것은?

① 가설의 표현은 간단명료해야 한다.
② 가설은 경험적으로 검증할 수 있어야 한다.
③ 계량화 가능성은 가설의 평가기준이 될 수 없다.
④ 가설은 동의반복이어서는 안 된다.

해설
좋은 가설의 평가기준은 명료성(간결성), 가치중립성, 한정성, 검증가능성, 계량화 가능성, 입증의 명백성, 가설자체의 개연성, 다른 가설과의 연관성, 일반화 가능성이다.

25 탐색적 연구의 연구목적을 반영하고 있는 것만을 고른 것은?

> ㉠ 보다 정교한 문제와 기회의 파악
> ㉡ 연도별 광고비 지출에 따른 매출액의 변화 조사
> ㉢ 연구주제와 관련된 변수에 대한 통찰력 제고
> ㉣ 특정시점에서 집단 간 차이의 조사

① ㉠, ㉢
② ㉡, ㉢
③ ㉡, ㉣
④ ㉢, ㉣

해설
탐색적 연구(조사)는 조사의 초기단계에서 통찰과 아이디어를 얻기 위한 조사이다. 조사설계 확정 전 연구문제 발견, 변수규명과 가설도출, 타당도 검증 등을 위해 예비적으로 실시한다.
현상에 대한 이해, 중요한 변수를 확인하고 발견하여 변수를 규정, 연구를 위한 가설을 도출·설정하기 위한 조사로 ⓐ 연구문제 도출 및 연구가치 추정, ⓑ 보다 정교한 문제와 기회의 파악, ⓒ 연구주제와 관련된 변수들 사이의 통찰력 제고, ⓓ 중요도에 따른 연구의 우선순위와 중요 부분에 대한 실태 파악 및 ⓔ 조사를 시행하기 위한 절차나 행위를 구체화하는 조사이다.

| 정답 | 22 ② 23 ④ 24 ③ 25 ①

26 특정 연구대상이 시간이 지남에 따라 의견이나 태도가 변하는 경우에 사용하는 조사기법으로 연구대상을 구성하는 동일한 단위집단에 대하여 상이한 시점에서 반복하여 조사하는 방법은?

① 패널조사
② 횡단조사
③ 인과조사
④ 집단조사

해설
패널조사는 특정한 대상을 사전에 패널로 선정하고 이들을 대상으로 반복적으로 조사를 실시하는 것으로 특정 주제에 대해 동일한 대상을 일정한 시간간격을 두고 지속적으로 반복 조사하는 동일 집단 반복 연구이다.

27 다음 ( )에 알맞은 것은?

> 군집표집(Cluster Sampling)에서 표집된 군집들은 가능한 군집 간에는 (㉠)이고 군집 속에 포함된 표본 요소 간에는 (㉡)이어야 한다.

　　　㉠　　　㉡
① 동질적　동질적
② 동질적　이질적
③ 이질적　동질적
④ 이질적　이질적

해설
군집표집은 모집단이 유사한 소그룹들로 구성되어 있는 경우 무작위로 한 그룹 또는 몇 개의 그룹을 표본으로 추출하여 추출한 그룹 전체를 조사하거나 추출한 그룹 내에서 확률표본추출하여 조사하는 방법으로 집단 내는 이질적, 집단 간은 동질적인 특징을 가진다.

28 오전 11시부터 오후 1시 사이 특정지역 특정 백화점 앞을 지나는 행인들 중 접근이 쉬운 사람을 대상으로 신제품에 대한 의견을 물어보는 경우 이에 해당하는 표집방법은?

① 판단표집
② 편의표집
③ 층화표집
④ 군집표집

해설
편의표집은 조사자가 편리한 대상들을 편의대로 정해서 시간과 공간을 정해두고 정해진 크기까지 표본을 우발적으로 추출한다. 모집단에 대한 정보가 없고 구성요소 간 차이가 크지 않다고 판단될 때 사용한다.

29 표집오차(Sampling Error)에 대한 설명으로 틀린 것은?

① 표본의 크기가 클수록 표집오차는 작아진다.
② 표본의 분산이 작을수록 표집오차는 작아진다.
③ 표집오차란 통계량들이 모수 주위에 분산되어 있는 정도를 의미한다.
④ 표본의 크기가 같을 때 단순무작위표집보다 집락표집에서 표집오차가 작다.

해설
표집오차(표본오차)는 표본추출과정에서 대표성이 없는 표본을 잘못 추출함으로써 발생하는 등 추출된 표본이 모집단을 대표하지 못하는 오차로, 통계적으로는 통계량 값이 모수치 주위에 분산되어 있는 정도를 의미한다. 분산과 신뢰수준이 클수록 표본오차는 증가하며 표본 수가 클수록 표본오차는 감소한다.
④ 표본의 크기 동일가정 시 표본오차의 크기는 층화표본이 가장 작고 그 다음이 단순무작위표본이며 군집표본이 가장 크다.

| 정답 | 26 ① 27 ② 28 ② 29 ④

30 실증주의에 관한 설명으로 틀린 것은?

① 현상의 원인을 객관적으로 측정하고 일반화를 전제한다.
② 인과관계를 설명하는 목적으로 경험적 관찰을 사용한다.
③ 인간행위를 예측할 수 있는 확률적 법칙을 강조한다.
④ 인간행위의 사회적 의미를 행위자의 입장에서 이해하려 한다.

해설
실증주의는 현상의 원인을 객관적으로 측정하고 일반화를 전제하여 인과관계를 설명하는 목적으로 경험적 관찰을 사용한다. 인간행동의 일반적 행태를 예측하는 데 사용할 수 있는 일반적 법칙을 확률에 근거하여 발견하고 이를 확인하기 위해 논리적 유추와 경험적 관찰을 활용하여 연구하는 것이며 과학적 원리를 이용한 실험을 강조한다.
④ 현상의 원인을 개인의 경험, 사회적 행위의 주관적 의미에 대한 해석과 이해를 통해 설명하는 해석주의에 대한 설명이다.

제2과목: 조사관리와 자료처리

31 자료수집방법에 대한 비교설명으로 옳은 것은?

① 인터넷 조사는 우편조사에 비하여 비용이 많이 소요된다.
② 전화조사는 면접조사에 비해서 시간이 많이 소요된다.
③ 인터넷 조사는 다른 조사에 비해 시각보조자료의 활용이 곤란하다.
④ 면접조사는 다른 조사에 비해 라포(Rapport)의 형성이 용이하다.

해설
면접조사는 다른 조사 방법들에 비해 라포 형성이 용이하다.
① 인터넷 조사는 우편조사 등에 비해 조사비용이 경제적이다.
② 전화조사는 면접조사 대비 면접자 영향 통제가 가능하고 시간과 비용이 적게 소요된다.
③ 인터넷 조사는 멀티미디어 자료 등 시각보조자료의 활용이 가능하다.

32 설문지 회수율을 높이는 방안과 가장 거리가 먼 것은?

① 폐쇄형 질문의 수를 가능한 줄인다.
② 독촉편지를 보내거나 독촉전화를 한다.
③ 개인신상에 민감한 질문들을 가능한 줄인다.
④ 겉표지에 설문 내용의 중요성을 부각시켜 응답자가 인식하게 한다.

해설
폐쇄형 질문의 수를 줄이는 것은 설문지 회수율을 높이는 방안과는 거리가 있다.

33 입사성적이 높은 사람이 회사에 대한 공헌도가 매우 높고 근무성적 또한 우수하다면 입사시험이라는 측정도구는 어떤 타당성이 높다고 할 수 있는가?

① 안면타당성(Face Validity)
② 내용타당성(Content Validity)
③ 예측타당성(Predictive Validity)
④ 집중타당성(Convergent Validity)

해설
입사성적이라는 척도가 미래의 사건을 얼마나 잘 예측하는 것에 관한 것이다. 이는 예측타당성에 해당된다. 예측타당성은 척도가 미래의 사건을 얼마나 잘 예측하는가에 관한 것으로, 현재의 상태로부터 차후의 사건과의 차이를 예측해내는 정도이다.

34 다음 설명에 해당하는 기계를 통한 관찰 도구는?

> 어떠한 자극을 보여주고 피관찰자의 눈동자 크기를 측정하는 것으로, 동공의 크기변화를 통해 응답자의 반응을 측정한다.

① 오디미터(Audimeter)
② 사이코갈바노미터(Psychogalvanometer)
③ 퓨필로미터(Pupilometer)
④ 모션픽처카메라(Motion Picture Camera)

해설
기계적 관찰의 예시는 다음과 같다.
㉠ 오디미터(Audimeter): 조사대상 가구에 설치하여 TV 시청률 조사하는 자동장치
㉡ 사이코갈바노미터(Psychogalvanometer): 심리적 변화에 따른 응답자의 생체변화 측정
㉢ 퓨필로미터(Pupilometer): 자극을 보여주고 피관찰자의 동공의 크기 변화를 측정
㉣ 아이 카메라(Eye Camera): 응답자가 어디에 주의를 기울이는지 알기 위해 눈동자가 어느 방향으로 움직이는지 등을 측정
㉤ 모션픽처카메라(Motion Picture Camera): 연속영상촬영을 통한 관찰 등

35 다음 설명에 해당하는 척도는?

> • 합성측정(Composite Measurement)의 유형 중 하나이다.
> • 누적 스케일링(Cumulative Scaling)의 대표적 형태이다.
> • 측정에 동원된 특정 문항이 다른 지표보다 더 극단적인 지표가 될 수 있다는 점에 근거한다.
> • 측정에 동원된 개별항목 자체에 서열성을 미리 부여한다.

① 크루스칼(Kruskal) 척도
② 서스톤(Thurstone) 척도
③ 보가더스(Bogardus) 척도
④ 거트만(Guttman) 척도

해설
거트만 척도는 태도의 강도에 대한 연속적 증가유형을 측정하고자 하는 척도이다. 측정에 사용되는 개별항목 자체에 서열성을 미리 부여한 척도이며 합성측정의 유형이다. 태도의 단일차원성의 경험적 검증이 가능하도록 설계되었고, 누적성의 개념이 결합되었다. 누적성은 가장 강한 정도를 나타내는 문항에 대한 응답으로부터 다른 문항에 대한 응답을 예측할 수 있다는 것으로, 거트만 척도는 문항들의 강도가 달라서 특정 문항이 다른 지표보다 더 극단적 지표가 될 수 있다는 점에 근거한다.

36 척도의 종류 중 비율척도에 관한 설명으로 틀린 것은?

① 비율의 개념이 추가된 가장 높은 수준의 척도로 절대영점이 존재한다.
② 가감승제와 같은 모든 산술적인 사칙연산이 가능하다.
③ 비율척도로 측정된 값들이 가장 많은 정보를 포함하고 있다고 볼 수 있다.
④ 카드번호, 최종 성적 순위 등이 대표적 예이다.

해설
비율척도는 명목, 서열, 등간 수준 측정에 더하여, 절대영점을 가진 척도로써 수치를 부여한 것이다. 가감(+, −)은 물론 승제(곱셈, 나눗셈)까지 가능하여 배수의 개념이 성립한다.
④ 카드번호는 명목척도에 해당하며 최종 성적순위는 서열척도에 해당한다.

| 정답 | 33 ③ 34 ③ 35 ④ 36 ④

37 다음 중 2차 자료가 아닌 것은?

① 각종 통계자료
② 연구자가 직접 응답자에게 질문해서 얻은 자료
③ 조사기관의 정기, 비정기 간행물
④ 기업에서 수집한 자료

해설
2차 자료는 다른 조사목적으로 기존에 작성된 자료이다.
② 연구자가 직접 응답자에게 질문해서 얻은 자료는 1차 자료에 해당한다.

38 부적절한 표집틀(Sampling Frame)을 사용하여 얻은 자료가 가지는 문제점으로 맞는 것은?

① 대표성을 결여하게 된다.
② 정확한 측정을 어렵게 한다.
③ 이론적인 적절성이 결여된다.
④ 정확한 가설을 설정하기 어렵다.

해설
샘플링 설계를 잘못하면 표본프레임 오류(Sampling Frame Error: 모집단과 표본프레임이 일치하지 않아 발생하는 오류)가 발생하여 대표성을 결여하게 된다.

39 스피어만 - 브라운(Spearman - Brown) 공식은 주로 어떤 경우에 사용되는가?

① 동형검사 신뢰도 추정
② 쿠더 – 리처드슨(Kuder – Richardson) 신뢰도 추정
③ 반분신뢰도로 전체 신뢰도 추정
④ 범위의 축소로 인한 예언타당도에 대한 교정

해설
스피어만 – 브라운 공식은 반으로 나뉜 측정도구로 반분되지 않은 원래 측정도구의 신뢰성을 추정하기 위한 공식으로, 반분한 각 측정도구로부터 얻은 결과 값의 상관계수로 반분되지 않은 전체 신뢰성을 추정한다. 전체의 신뢰성이 반분한 측정도구의 신뢰성보다 높다고 가정한다.

40 측정수준과 예가 잘못 짝지어진 것은?

① 명목측정: 운동선수의 등번호, 종교
② 비율측정: 소득, 거주지역
③ 등간측정: 온도, IQ지수
④ 서열측정: 브랜드 선호 순위, 성적 순위

해설
② 거주지역은 대상을 몇 개의 상호배타적 범주로 구분하는 수치를 부여하는 명목수준의 측정이다.

41 교육수준은 소득수준에 영향을 미치지 않지만, 연령을 통제하면 두 변수 사이의 상관관계가 매우 유의미하게 나타난다. 이때 연령과 같은 검정요인을 무엇이라 부르는가?

① 억제변수
② 왜곡변수
③ 구성변수
④ 외재적변수

해설
교육수준과 소득수준간의 관계에 있어서 연령을 통제하기 전에는 두 변수 간의 관계가 유의미하지 않다가 연령을 통제하니 유의미하게 나타났으므로, 연령변수는 두 변수 간에 사실적 관계가 있는데 마치 없는 것처럼 억누르는 변수인 억제변수가 된다.

42 비표준화면접에 비해, 표준화면접의 장점이 아닌 것은?

① 새로운 사실, 아이디어의 발견 가능성이 높다.
② 면접결과의 계량화가 용이하다.
③ 반복적 연구가 가능하다.
④ 신뢰도가 높다.

해설
표준화면접은 표준화되어 정해진 면접조사표에 의하여 모든 응답자에게 동일한 질문순서 및 동일한 질문내용으로 면접을 진행하는 방식이다. 결과의 수치화가 용이하며 반복적 조사가 가능하고 정보의 비교가 용이하여 신뢰도가 높지만 면접의 유연성이 부족하고 새로운 사실 발견 가능성이 낮다.

| 정답 | 37 ② | 38 ① | 39 ③ | 40 ② | 41 ① | 42 ① |

43 면접조사에 관한 설명과 가장 거리가 먼 것은?

① 탐사질문 및 복잡한 질문 등이 가능하다.
② 같은 조건 하에서 우편설문에 비하여 높은 응답률을 얻을 수 있다.
③ 응답자의 비언어적 행동 및 주변 상황 등을 관찰할 수 있다.
④ 익명성 보장 정도가 높아 민감한 사안의 조사 시 유용하다.

해설
면접조사는 탐사질문 및 복잡한 질문 등이 가능하고 응답의 답변 외에도 비언어적 행위의 관찰이 가능하며 다른 조사 대비 응답률이 높지만 응답자가 대면하여 조사하는 특성상 익명성 보장이 어려워 민감한 사안의 조사에는 유용성을 갖기 어렵다.

44 자료수집방법 중 관찰에 관한 설명으로 틀린 것은?

① 복잡한 사회적 맥락이나 상호작용을 연구하는 데 적절한 방법이다.
② 피조사자가 느끼지 못하는 행위까지 조사할 수 있다.
③ 양적 연구와 질적 연구에 모두 활용될 수 있다.
④ 의사소통능력이 없는 대상자에게는 활용될 수 없다.

해설
관찰법은 복잡한 사회작용을 연구하는데 적절한 방법으로 양적 연구와 질적 연구에 모두 활용될 수 있으며 무의식적이거나 인식하기 어려운 문제도 관찰이 가능하다.
④ 관찰법은 비언어적 자료 수집이 가능하므로 의사소통 능력이 없거나 부족하여 구체적 언어 표현이 힘든 유아나 동물연구에 유용하게 활용될 수 있다.

45 다음 중 우편조사의 특징과 가장 거리가 먼 것은?

① 최소의 경비와 노력으로 광범위한 지역과 대상을 표본으로 삼을 수 있다.
② 다른 조사에 비해 응답률이 높다.
③ 면접조사에 비해 응답자에게 익명성에 대한 확신을 부여할 수 있다.
④ 조사자의 개인차에서 오는 영향을 배제시킬 수 있다.

해설
우편조사는 표본추출된 조사대상자에게 질문지를 우편 발송, 응답자가 스스로 응답한 후 다시 조사자에게 우편 발송해주도록 하는 방법으로 여러 조사방법 중 응답률이 가장 낮다.

46 등간척도에 관한 설명으로 틀린 것은?

① 절대영점이 존재하지 않는다.
② 사칙연산이 전혀 성립하지 않는다.
③ 평균, 표준편차 등의 통계기법을 적용할 수 있다.
④ 측정대상의 순위를 표시하면서도 간격이 일정하다는 성질을 가지고 있다.

해설
등간척도는 서열척도 속성에 더해서 대상들 간의 간격을 표준화하여 간격의 동일성을 의미하는 척도로 절대영점이 존재하지 않는다. 가감승제 중 가감의 계산이 가능하며 통계기법으로 표준편차, 산술평균 등이 가능하다.

47 각 대학교의 졸업생들을 중심으로 취업률을 조사하였을 때 척도의 수준으로 맞는 것은?

① 수학적 계산이 불가능하다.
② 덧셈과 뺄셈만이 가능하다.
③ 곱셈과 나눗셈만이 가능하다.
④ 덧셈, 뺄셈, 곱셈, 나눗셈 모두 가능하다.

해설
취업률은 절대영점이 존재하며 비례 조작이 가능한 비율척도에 해당하므로 사칙연산이 모두 가능하다.

| 정답 | 43 ④ 44 ④ 45 ② 46 ② 47 ④

48 대학수학능력시험의 타당도를 평가하기 위해 대학수학능력시험 점수와 대학진학 후 학업성적과의 상관관계를 조사하는 방법은?

① 내용타당도
② 논리적 타당도
③ 내적 타당도
④ 기준관련 타당도

해설
대학수학능력 시험점수가 대학진학 후 학업성적이라는 미래의 사건을 얼마나 잘 예측하는 가에 관한 타당도이다. 이는 현재의 척도가 미래의 사건(기준변수)를 얼마나 잘 예측하는가에 관하여 상관관계를 조사하여 평가하는 것이므로 예측타당도이며, 예측타당도는 기준관련 타당도의 유형 중 하나이다.

49 측정에 대한 설명과 가장 거리가 먼 것은?

① 질적 속성에 대해 이를 양적 속성으로 전환한다.
② 변수에 대한 조작적 정의에 입각해 이루어진다.
③ 이론적 세계를 경험적 세계와 연결시키는 수단이다.
④ 경험적으로 관찰 가능한 것을 추상적 개념으로 바꾸어 놓는 과정이다.

해설
측정은 관찰된 현상의 경험적인 속성(변수)에 대해 일정한 규칙에 따라 수치를 부여하는 것으로, 추상적 개념·변수들을 관찰 가능한 자료로 연결시키는 것이다. 이론에서 도출된 가설들을 경험적으로 검증하기 위해서 그 안의 개념들을 적절한 방법을 통해 경험적으로 변화시키는 작업이며, 추상적·이론적 세계를 경험적 세계와 연결시키는 수단이다. 변수에 대한 조작적 정의에 입각하여 이루어지고 질적 속성에 대해 이를 양적 속성으로 전환한다.

50 개념적 정의와 예로 적합하지 않은 것은?

① 신앙심 – 한 달 동안 예배에 참여한 횟수
② 무게 – 물체의 중량
③ 불안 – 주관화된 공포
④ 지능 – 추상적 사고능력 또는 문제해결 능력

해설
개념적 정의는 현상이나 대상의 속성을 이론적이고 추상적으로 정의하는 것으로 하나의 개념을 명확하고 정확하게 정의하기 위해 다른 개념을 사용하여 정의하는 것이다.
① 추상적인 개념을 관찰 가능한 구체적인 지표로 표현하는 조작적 정의에 해당한다.

51 용수철이 고장 난 체중계가 있어서 체중을 잴 때마다 항상 실제와 다르게 체중이 일정하게 나타난다면, 이 체중계의 타당도와 신뢰도는?

① 신뢰도와 타당도 모두 높다.
② 신뢰도와 타당도 모두 낮다.
③ 신뢰도는 높고 타당도는 낮다.
④ 신뢰도는 낮고 타당도는 높다.

해설
타당도는 연구자·측정도구가 측정하고자 하는 개념을 얼마나 정확하게/실제에 가깝게/제대로 잘 측정했는지를 나타내는 것이며 신뢰도는 한 대상을 유사한 척도로 여러 번 측정하거나 하나의 척도로 반복 측정했을 때, 일관성 있는 결과를 산출하는 정도이다. 고장난 체중계는 측정하고자 하는 체중을 정확하게 측정하지 못하므로 타당도는 낮으나 항상 체중이 일정하게 나타나므로 신뢰도는 높다.

| 정답 | 48 ④ 49 ④ 50 ① 51 ③

52
두 변수(X, Y)가 있을 때, 한 변수(X)가 다른 변수(Y)에 시간적으로나 이론적으로 선행하면서 그 변수(X)의 변화가 다른 변수(Y)의 변화에 영향을 미칠 수 있다. 이때 두 변수(X, Y)를 무엇이라고 하는가?

① 독립변수와 종속변수
② 독립변수와 선행변수
③ 종속변수와 매개변수
④ 선행변수와 매개변수

[해설]
독립변수는 종속변수에 영향을 주는 원인변수이며 종속변수는 독립변수의 영향으로 결과가 나타나는 결과변수이다.

53
다음 중 잘못된 설명인 것은?

① 수집된 자료의 점검은 자료를 수집한 조사원에 의해서 검증되어서는 안 된다.
② 실사관리자에 의한 자료편집단계에서 문제 발견 시 실사관리자는 조사원 및 응답자에게 오류내용을 확인하여 필요한 조치를 취한다.
③ 실사관리자의 편집단계에서의 검증 완료 후 실사 담당자가 응답자에게 전화를 걸어 응답자의 진위여부, 적격대상자인지 여부 등을 확인한다.
④ 오류의 유형이나 사안에 따라 응답자와 재접촉을 통한 설문이나 재조사 등 필요한 조치를 취한다.

[해설]
자료수집 완료 직후 조사원이 1차적으로 현장에서 자료 검증하여 필요한 조치를 수행한다. 1차 현장검증단계이다.

54
"투자클럽에 가입한 학생이 가입하지 않은 학생보다 환율에 대한 관심이 더 높을 것이다."라는 가설에서 '투자클럽 가입 여부'라는 변수를 척도로 나타낼 때 이 척도의 성격은?

① 순위척도
② 서열척도
③ 비율척도
④ 명목척도

[해설]
명목척도는 측정대상을 몇 개의 상호배타적 범주로 구분하는 수치를 부여하며 숫자가 아무런 계량적 의미를 갖지 않는다. 투자클럽 가입 여부는 투자클럽 가입한 학생이면 1, 아니면 2 등의 단순한 구분상의 수치를 부여하여 나타낼 수 있다.

55
신뢰성 측정방법 중 재검사법(Test - retest Method)에 관한 설명으로 틀린 것은?

① 결과들 간의 상관관계를 계산하여 신뢰성을 측정한다.
② 동일한 측정대상에 대하여 동일한 측정도구를 통해 일정시간 간격을 두고 반복적으로 측정하여 그 결과 값을 비교, 분석하는 방법이다.
③ 측정간격이 길어지더라도 신뢰성에는 아무런 영향이 없다.
④ 외생변수의 영향을 파악하기 어렵다.

[해설]
재검사법에서 측정시간의 간격이 길면 성숙효과 등의 작용으로 값 자체가 변화할 가능성이 높아지는 등 외생변수의 작용으로 신뢰성이 낮아질 수 있다.

| 정답 | 52 ① 53 ① 54 ④ 55 ③ |

56 암기력을 측정하기 위해 암기한 것을 모두 종이위에 쓰도록 하는 방법과 암기한 것을 모두 말하도록 하는 방법을 사용하는 경우처럼 서로 다른 두 가지의 측정방법으로 측정한 결과 값들 간에 상관관계의 정도를 나타내는 타당성은?

① 내용타당성(Content Validity)
② 기준에 의한 타당성(Criterion – related Validity)
③ 예측타당성(Predictive Validity)
④ 집중타당성(Convergent Validity)

해설
집중타당성(수렴타당성)은 같은 개념을 측정하는 경우에는 상이한 측정방법을 사용하더라도 그 측정값들 간에 높은 상관관계가 존재해야 한다는 것이다. 추상적 개념인 암기력에 대해 종이 위에 쓰는 방법과 모두 말하도록 하는 방법 간의 결과 수준을 비교하여 두 결과값들 간의 상관관계가 높다면 이 검사(측정)의 집중타당도가 높다는 것이다.

57 무응답 자료에 대한 설명으로 틀린 것은?

① 무응답이 발생했다고 해서 설문지를 모두 제거해야 하는 것은 아니다.
② 단순기입누락이나 표기상의 실수의 경우 응답내용을 재확인하여 설문결과에 반영한다.
③ 결측치(Missing Value)로 처리할 경우 해당 사유를 감안하여 별도 구분하여 입력하면 안 된다.
④ 조사원은 무응답에 대한 1차적 재확인을 할 수 있다.

해설
결측치는 입력이 누락된 값이라는 의미로 해당 사유를 감안하여 별도 구분하여 입력할 수 있다.

58 신뢰도를 향상시키는 방법으로 옳지 않은 것은?

① 중요한 질문의 경우 동일하거나 유사한 질문을 2회 이상 한다.
② 측정항목의 모호성을 제거하기 위해 내용을 명확히 한다.
③ 이전의 조사에서 이미 신뢰성이 있다고 인정된 측정도구를 이용한다.
④ 조사대상자가 잘 모르거나 전혀 관심이 없는 내용일수록 더 많이 질문한다.

해설
응답자가 모르거나 관심 없는 내용은 측정하지 않는 것이 신뢰도를 향상시키는 방법 중 하나이다.

59 측정도구의 타당도 평가방법에 대한 설명으로 틀린 것은?

① 한 측정치를 기준으로 다른 측정치와의 상관관계를 추정한다.
② 크론바하 알파값을 산출하여 문항 상호 간의 일관성을 측정한다.
③ 내용타당도는 점수 또는 척도가 일반화하려고 하는 개념을 어느 정도 잘 반영해주는가를 의미한다.
④ 개념타당도는 측정하고자 하는 개념이 실제로 적절하게 측정되었는가를 의미한다.

해설
크론바하 알파값은 척도를 구성하는 항목들 간의 모든 가능한 상관관계 값들을 구해 이를 평균한 것으로 측정도구의 신뢰도 평가에 사용되는 값이다.

| 정답 | 56 ④ 57 ③ 58 ④ 59 ② |

60 다음 중 심층규명(Probing)을 하고자 할 때 가장 적합한 조사방법은?

① 우편설문조사
② 온라인설문조사
③ 간접관찰조사
④ 비구조화면접조사

해설
비구조화면접조사는 정해진 면접조사표 없이 질문의 내용이나 형식, 순서 등을 미리 정하지 않고 면접을 진행하는 방식으로 면접상황에 따라 자유롭게 질문이나 순서의 변경이 가능하고 응답자가 의견이나 생각 등을 자유롭게 표현하므로 프로빙을 하고자 할 때 적합한 조사방법이다.

제3과목: 통계분석과 활용

61 귀무가설이 참임에도 불구하고 이를 기각하는 결정을 내리는 오류를 무엇이라고 하는가?

① 제1종 오류
② 제2종 오류
③ 제3종 오류
④ 제4종 오류

해설
귀무가설이 참임에도 불구하고 이를 기각하는 결정을 내리는 오류를 제1종 오류라고 한다.

62 오른쪽으로 꼬리가 길게 늘어진 형태의 분포에 대해 옳은 설명으로만 짝지어진 것은?

㉠ 왜도는 양의 값을 가진다.
㉡ 왜도는 음의 값을 가진다.
㉢ 자료의 평균은 중앙값보다 큰 값을 가진다.
㉣ 자료의 평균은 중앙값보다 작은 값을 가진다.

① ㉠, ㉢
② ㉠, ㉣
③ ㉡, ㉢
④ ㉡, ㉣

해설
오른쪽으로 꼬리가 길게 늘어진 형태의 분포는 좌측으로 치우친 비대칭 분포로 양(+)의 왜도를 가진다. 최빈수 < 중위수 < (산술)평균의 관계가 성립한다.

63 표본의 크기가 $n = 10$에서 $n = 160$으로 증가한다면, 평균의 표준오차는 $n = 10$에서 얻은 경우와 비교할 경우 값의 변화는?

① $\frac{1}{4}$배 ② $\frac{1}{2}$배
③ 2배 ④ 4배

해설
표준오차 $= \frac{\sigma}{\sqrt{n}}$ 이므로 $\frac{\sigma}{\sqrt{10}}$ 에 비해 $\frac{\sigma}{\sqrt{160}}$ 이 어느 정도로 변화하는가에 대한 문제이다.
$\frac{\sigma}{\sqrt{160}} = \frac{\sigma}{\sqrt{16 \times 10}} = \frac{\sigma}{4\sqrt{10}}$ 이므로 $\frac{1}{4}$배 변화한 것이 된다.

64 표준정규분포를 따르는 확률변수의 제곱은 어떤 분포를 따르는가?

① 정규분포 ② t - 분포
③ F - 분포 ④ 카이제곱분포

해설
표준정규분포를 따르는 확률변수 $Z \sim N(0, 1)$의 제곱인 Z^2는 자유도 1인 카이제곱 분포를 따르며, $Z_1, Z_2, \cdots, Z_k$가 서로 독립이며 각각 표준정규분포를 따르는 확률변수일 때, $Z_1^2 + Z_2^2 + \cdots + Z_k^2$는 자유도가 k인 카이제곱 분포를 따른다.

65 가설검정 시 유의확률(p값)과 유의수준(α)의 관계에 대한 설명으로 맞는 것은?

① 유의확률 < 유의수준일 때 귀무가설을 기각한다.
② 유의확률 ≥ 유의수준일 때 귀무가설을 기각한다.
③ 유의확률 ≠ 유의수준일 때 귀무가설을 기각한다.
④ 유의확률과 유의수준 중 어느 것이 큰가하는 문제와 가설검정과는 아무런 관계가 없다.

해설
유의확률(p - value)이 유의수준(α)보다 작을 때에는 귀무가설을 기각한다.

66 어느 도시에서 해당 도시에 거주하는 성인들의 지역 도서관 이용률 p를 조사하기 위해 이 도시에 거주하는 성인 1,000명을 임의로 추출하여 조사한 결과, 95명이 이용하고 있었다. 이 도시 성인들의 지역도서관 이용률 p의 추정값 $\hat{p}$와 $\hat{p}$의 95% 오차한계는?
[단, $P(Z > 1.645) = 0.05$, $P(Z > 1.96) = 0.025$, $P(Z > 2.58) = 0.005$이다]

① $\hat{p} = 0.085$, 오차한계 = 0.015
② $\hat{p} = 0.095$, 오차한계 = 0.016
③ $\hat{p} = 0.095$, 오차한계 = 0.018
④ $\hat{p} = 0.105$, 오차한계 = 0.025

해설
모비율 추정에 관한 문제이다. 이용률(추정값) $\hat{p} = \frac{95}{1000} = 0.095$, $n \geq 30$ (대표본)이므로 검정통계량 Z를 사용한다. 95% 신뢰구간이므로 $Z_{\frac{\alpha}{2}} = Z_{0.025} = 1.96$이고, 오차한계는 95% 신뢰구간에서 구할 수 있다.

$$\hat{p} - Z_{\frac{\alpha}{2}} \sqrt{\frac{\hat{p}(1-\hat{p})}{n}} \leq p \leq \hat{p} + Z_{\frac{\alpha}{2}} \sqrt{\frac{\hat{p}(1-\hat{p})}{n}}$$

$$0.095 - 1.96\sqrt{\frac{0.095(1-0.095)}{1000}} \leq p \leq 0.095 + 1.96\sqrt{\frac{0.095(1-0.095)}{1000}}$$

$\therefore$ 오차한계 $= 1.96\sqrt{\frac{0.095(1-0.095)}{1000}} \approx 0.018$

67 두 변수 x, y의 상관계수가 0.7일 때, (4x+2, -2y-4)와 (-2x+4, -4y-2)의 상관계수는?

① 0.7, 0.7 ② 0.7, -0.7
③ -0.7, 0.7 ④ -0.7, -0.7

해설
두 확률변수 $aX + b$, $cY + d$에 대한 상관계수 $Corr(aX+b, cY+d)$는 $ac > 0$이면 $Corr(X, Y)$이고, $ac < 0$이면 $-Corr(X, Y)$이다.
• [$ac > 0$] $Corr(aX+b, cY+d) = Corr(X, Y)$
• [$ac < 0$] $Corr(aX+b, cY+d) = -Corr(X, Y)$
이에 따라 두 변수 x, y의 상관계수가 0.7일 때 $(4x+2, -2y-4)$에서 $4 \times (-2) = -8 < 0$이므로, 상관계수는 -0.7이 되고, $(-2x+4, -4y-2)$에서 $-2 \times -4 = 8 > 0$이므로, 상관계수는 0.7이 된다.

68 항아리 속에 흰 구슬 2개, 붉은 구슬 3개, 검은 구슬 5개가 들어있다. 이 항아리에서 임의로 구슬 3개를 꺼낼 때, 흰 구슬 2개와 검은 구슬 1개가 나올 확률은?

① 1/24
② 9/40
③ 3/10
④ 1/5

해설

$\dfrac{\text{흰구슬 2개를 꺼낼 경우의 수} \times \text{검은 구슬 1개를 꺼낼 경우의 수}}{\text{항아리에서 임의로 구슬 3개를 꺼내는 경우의 수}}$ 로 구하면 된다.

흰 구슬 2개가 나오는 경우의 수 $= {}_2C_2 = \dfrac{2 \times 1}{2 \times 1} = 1$

검은 구슬 1개가 나오는 경우의 수 $= {}_5C_1 = \dfrac{5}{1} = 5$

항아리에서 임의로 구슬 3개를 꺼내는 경우의 수 $= {}_{10}C_3$
$= \dfrac{10 \times 9 \times 8}{3 \times 2 \times 1} = 120$

$\therefore \dfrac{1 \times 5}{120} = \dfrac{1}{24}$

69 모집단의 모수 θ에 대한 추정량(Estimator)으로서 지녀야 할 성질 중 일치추정량에 대한 설명으로 가장 적합한 것은?

① 추정량의 평균이 θ가 되는 추정량을 의미한다.
② 여러 가지 추정량 중 분산이 가장 작은 추정량을 의미한다.
③ 모집단으로부터 추출한 표본의 정보를 모두 사용한 추정량을 의미한다.
④ 표본의 크기가 커질수록 추정량이 모수에 가까워지는 성질을 의미한다.

해설

일치성은 표본크기(n)가 커질수록 표본으로부터 구한 추정량(또는 추정값)이 확률적으로 모수와 근접한다는 것이며 일치성을 가진 추정량을 일치추정량이라고 한다.

70 통계적 가설의 기각여부를 판정하는 가설검정에 대한 설명으로 맞는 것은?

① 표본으로부터 확실한 근거에 의하여 입증하고자 하는 가설을 귀무가설이라 한다.
② 유의수준은 제2종 오류를 범할 확률의 최대허용한계이다.
③ 대립가설을 채택하게 하는 검정통계량의 영역을 채택역이라 한다.
④ 대립가설이 옳은데도 귀무가설을 채택함으로써 범하게 되는 오류를 제2종 오류라 한다.

해설

① 표본으로부터 확실한 근거에 의하여 입증하고자 하는 가설은 대립가설이다.
② 유의수준은 제1종 오류를 범할 확률의 최대허용한계이다.
③ 귀무가설을 채택하게 하는 검정통계량의 영역을 채택역이라 한다.

71 일원배치분산분석법을 적용하기에 부적합한 경우는?

① 어느 화학회사에서 3개의 제조업체에서 생산된 기계로 원료를 혼합하는 데 소요되는 평균 시간이 동일한지를 검정하기 위하여 소요시간(분) 자료를 수집하였다.
② 소기업 경영연구에 실린 한 논문은 자영업자의 스트레스가 비자영업자보다 높다고 결론을 내렸다. 부동산중개업자, 건축가, 증권거래인들을 각각 15명씩 무작위로 추출하여 5점 척도로 된 15개 항목으로 직무 스트레스를 조사하였다.
③ 어느 회사에 다니는 회사원은 입사 시 학점이 높은 사람일수록 급여를 많이 받는다고 알려져 있다. 30명을 무작위로 추출하여 평균학점과 월급여를 조사하였다.
④ A구, B구, C구 등 3개 지역이 서울시에서 아파트 가격이 가장 높은 것으로 나타났다. 각 구마다 15개씩 아파트 매매가격을 조사하였다.

해설

분산분석은 2개(보통 3개) 이상의 집단들의 평균값을 비교하는 것이다.
①은 3개의 기계별 평균시간이 동일한가.
②는 3개의 직업별 스트레스가 동일한가.
④는 3개의 지역별 매매가격이 동일한가이므로 일원배치분산분석법 적용에 적합하지만 ③은 상관관계분석에 해당한다.

| 정답 | 68 ① 69 ④ 70 ④ 71 ③

72 단일모집단의 모분산의 검정에 사용되는 분포는?

① 정규분포　　② F - 분포
③ 이항분포　　④ χ^2 - 분포

해설
단일모집단의 분산검정은 단일모집단 평균검정과 유사하게 모집단의 분산이 어떤 특정한 값과 다르다 또는 특정한 값보다 크다, 작다를 연구가설로 제기하여 분산에 대해 검정하는 것이다. 단일모집단의 모분산 검정에는 χ^2-분포가 사용된다.

73 어느 투자자의 연도별 수익률이 $x_1, x_2, \cdots, x_n$일 때, 연평균 수익률을 구하는 방법으로 가장 적절한 것은?

① 기하평균　　② 산술평균
③ 절사평균　　④ 조화평균

해설
기하평균은 주로 시간에 따라 비율적으로 변화하는 값(=변화율이나 비율의 평균)을 알아내기 위한 계산방법으로 경제/인구/물가 등의 변동률 또는 성장률을 구할 때 많이 쓰이며 시간의 개념이 녹아 있어서 순차적으로 연속적인 수익률(예 투자수익률) 계산 등에 주로 쓰인다.

74 10m당 평균 1개의 흠집이 나타나는 전선이 있다. 이 전선 10m를 구입하였을 때, 발견되는 흠집 수의 확률분포는?

① 이항분포　　② 초기하분포
③ 기하분포　　④ 포아송 분포

해설
주어진 시간이나 정해진 영역(단위시간, 단위공간, 단위면적)에서 일어나는 사건(성공)의 횟수를 확률변수 X라 할 때 확률변수 X는 λ를 모수로 갖는 포아송 분포를 따른다. 따라서 답은 포아송 분포($\lambda = 1$)이다.

75 X와 Y의 평균과 분산은 각각 $E(X) = 4$, $V(X) = 8$, $E(Y) = 10$, $V(Y) = 32$이고, $E(XY) = 28$이다. $2X+1$과 $-3y+5$의 상관계수는?

① 0.75　　② -0.75
③ 0.67　　④ -0.67

해설
두 확률변수 $aX+b$, $cY+d$에 대한 상관계수 $corr(aX+b, cY+d)$는 $ac > 0$이면 $corr(X, Y)$이고, $ac < 0$이면 $-corr(X, Y)$이다.
이에 따라 두 확률변수 $2X+1$, $-3Y+5$에 대한 상관계수 $corr(2X+1, -3Y+5)$는 $2 \times (-3) < 0$이므로
$corr(2X+1, -3Y+5) = -corr(X, Y)$이다.
X와 Y의 상관계수는 공분산을 각 변수의 표준편차의 곱으로 나누면 된다.
공분산은 $Cov(X, Y) = E(XY) - E(X)E(Y)$
$= 28 - (4 \times 10) = -12$이므로
$r_{XY} = \dfrac{\text{공분산}}{S_X S_Y} = \dfrac{Cov(X, Y)}{\sqrt{V(X)}\sqrt{V(Y)}} = \dfrac{-12}{\sqrt{8}\sqrt{32}} = -0.75$이다.
$\therefore -corr(X, Y) = 0.75$

76 행의 수가 2, 열의 수가 3인 이원교차표에 근거한 카이제곱검정을 하려 한다. 검정통계량의 자유도는 얼마인가?

① 1　　② 2
③ 3　　④ 4

해설
교차표에 의한 카이제곱검정에서 검정통계량의 자유도는 (행의 수 - 1) × (열의 수 - 1)이다.
$\therefore (2-1) \times (3-1) = 2$

| 정답 | 72 ④　73 ①　74 ④　75 ①　76 ②

77 확률변수 X는 평균이 2이고 표준편차가 2인 분포를 따를 때, $Y=-2X+10$의 평균과 표준편차는?

	평균	표준편차
①	6	4
②	6	6
③	14	4
④	14	6

해설
기댓값과 분산의 성질을 이용한다. 기댓값의 성질 $E(aX \pm b) = aE(X) \pm b$, 분산의 성질 $V(aX \pm b) = a^2 V(X)$이므로
$E(Y) = E(-2X+10) = -2E(X) + 10$
$V(Y) = V(-2X+10) = (-2)^2 V(X)$이다.
이때 $E(X) = 2$, $V(X) = 2^2$이므로
∴ $E(Y) = -2 \times 2 + 10 = 6$
$V(Y) = (-2)^2 \times 2^2 = 16$
표준편차는 $\sqrt{V(Y)}$이므로 $\sqrt{16} = 4$이다.

78 여론조사 기관 A에서 성인 1,000명을 대상으로 특정 정치인에 대한 지지도를 조사한 결과 50%의 지지율을 얻었다. 95%의 신뢰수준에서 이번 조사의 오차한계는 얼마인가? (단, 95% 신뢰수준의 Z값은 ±1.96으로 한다)

① ±2.5%
② ±1.8%
③ ±3.0%
④ ±5.2%

해설
비율추정에서의 오차한계는 $Z_{\frac{\alpha}{2}} \sqrt{\frac{\hat{p}(1-\hat{p})}{n}}$이다.
95% 신뢰수준이므로 $Z_{\frac{\alpha}{2}} = 0.025$이고, Z값은 1.96, $\hat{p} = 0.5$, $n = 1000$이다.
오차한계 $Z_{\frac{\alpha}{2}} \sqrt{\frac{\hat{p}(1-\hat{p})}{n}} = 1.96 \sqrt{\frac{0.5(1-0.5)}{1000}} ≒ 0.03$
∴ 3%

79 어느 대학교에서 학생들을 대상으로 4개의 변수(키, 몸무게, 혈액형, 월평균 용돈)에 대한 관측값을 얻었다. 4개의 변수 중에서 최빈값을 대푯값으로 사용할 때 가장 적절한 변수는?

① 키
② 혈액형
③ 몸무게
④ 월평균 용돈

해설
최빈값은 명목수준의 측정(범주형 자료)에서 적절한 대푯값으로 사용된다는 것을 상기하면 된다. 주어진 변수 중 범주형 자료에 해당하는 변수는 혈액형이다. 나머지 변수들은 절대영점이 존재하는 비율척도로 측정된 연속형 변수들이다.

80 변동계수(Coefficient of Variation)에 대한 설명으로 틀린 것은?

① 변동계수는 0 이상, 1 이하의 값을 갖는다.
② 변동계수는 단위에 의존하지 않는 통계량이다.
③ 상대적인 산포의 측도로서 표준편차를 평균으로 나눈 값으로 정의된다.
④ 단위가 서로 다르거나 집단 간에 평균의 차이가 큰 산포를 비교하는 데 유용하게 사용된다.

해설
표준편차는 항상 양수이기 때문에, 평균의 값에 따라 변동계수는 0 이하의 값을 가질 수도 있다.

81 중심극한 정리(Central Limit Theorem)는 어느 분포에 관한 것인가?

① 모집단
② 표본
③ 모집단의 평균
④ 표본의 평균

해설
중심극한의 정리란 표본평균 $\overline{X_n}$의 확률분포는 모집단의 분포가 무엇이든 간에 관계없이 표본의 크기가 커짐에 따라 근사적으로 평균이 μ이고 분산이 σ^2/n인 정규분포를 따른다는 것이다.

| 정답 | 77 ① 78 ③ 79 ② 80 ① 81 ④

82 평균이 8이고 분산이 0.6인 정규모집단으로부터 10개의 표본을 임의로 추출하는 경우, 표본평균의 평균과 분산은?

① (0.8, 0.6) ② (0.8, 0.06)
③ (8, 0.06) ④ (8, 0.19)

해설
중심극한의 정리에 따라 평균 μ, 표준편차 σ인 모집단에서 n개의 표본을 반복 추출하면 그 표본들의 각 평균값 $\bar{x}$의 분포는 정규분포로 수렴하게 되며, 평균 μ, 표준편차 $\frac{\sigma}{\sqrt{n}}$가 된다. 모집단의 평균은 8, 분산 $\sigma^2 = 0.6$이므로 표본평균의 평균은 8, 분산(표준편차의 제곱)은 $\frac{\sigma^2}{n} = \frac{0.6}{10} = 0.06$

83 어느 라면회사에서 새로 출시한 상품에 대한 선호도를 조사하려고 한다. 100명의 조사 대상자 중 새 상품을 선호한 사람은 55명이었다. 이때 다음 가설에 대한 유의확률은? [단, $Z \sim N(0, 1)$이다]

$$H_0: p=0.5 \text{ vs } H_1: p>0.5$$

① $P(Z \geq 2)$ ② $P(Z \geq 3)$
③ $P(Z \geq 1)$ ④ $P(Z \geq 4)$

해설
- 유의확률은 귀무가설이 맞을 때 적어도 그 정도의 극단적인 표본값이 나올 확률로 0과 1 사이의 값을 가진다. 즉 '귀무가설이 맞다'는 전제하에 검정통계량이 표본에서 계산된 값보다 같거나 대립가설을 지지하는 방향으로 더 극단적인 값을 가질 확률이다. 표본자료로부터 계산되는 값이며, p-value로 나타낸다.
- 유의확률을 구하기 위해서 비율검정을 위한 검정통계량 Z를 계산하고, 계산된 검정통계량보다 대립가설을 지지하는 방향으로 더 극단값이 나올 확률을 구하면 된다. 단일모집단에 대한 비율검정이며 $n \geq 30$의 대표본이므로 검정통계량 Z를 사용한다.

표본의 비율 $\hat{p} = \frac{55}{100} = 0.55$, 귀무가설로 설정된 모집단의 비율 $p_0 = 0.5$이므로

$$Z = \frac{\hat{p} - p_0}{\sqrt{\frac{p_0(1-p_0)}{n}}} = \frac{0.55 - 0.5}{\sqrt{\frac{0.5(1-0.5)}{100}}} = 1 \text{이다.}$$

∴ 유의확률 $= P(Z \geq 1)$이다.

84 표본자료가 다음과 같을 때 대푯값으로 가장 적합한 것은?

| 10 | 11 | 12 | 14 | 98 |

① 최빈수 ② 중위수
③ 산술평균 ④ 가중평균

해설
98이라는 극단값이 포함되어 있다. 이 영향을 줄이기 위해서는 중위수가 적합하다.

85 여론조사 기관에서 특정정책의 지지율을 조사하기 위하여 100명의 성인 국민을 임의로 추출하여 지지여부를 물었더니, 이중 50명이 지지하였다. 이때, 이 정책의 지지율에 대한 95% 신뢰구간은? [단, 표준정규분포를 따르는 확률변수 Z는 $P(Z > 1.96) = 0.025$를 만족한다]

① (0.398, 0.505)
② (0.402, 0.598)
③ (0.412, 0.610)
④ (0.498, 0.524)

해설
모비율에 대한 신뢰구간을 구하는 문제이다.
지지율은 $\hat{p} = \frac{50}{100} = 0.5$이고 $n \geq 30$으로 대표본이므로 검정통계량 Z를 이용하며 95% 신뢰구간을 구한다.
$Z_{\frac{\alpha}{2}} = Z_{0.025} = 1.96$이므로

$$\hat{p} - Z_{\frac{\alpha}{2}} \sqrt{\frac{\hat{p}(1-\hat{p})}{n}} \leq p \leq \hat{p} + Z_{\frac{\alpha}{2}} \sqrt{\frac{\hat{p}(1-\hat{p})}{n}}$$

$$0.5 - 1.96\sqrt{\frac{0.5(1-0.5)}{100}} \leq p \leq 0.5 + 1.96\sqrt{\frac{0.5(1-0.5)}{100}}$$

∴ $0.402 \leq p \leq 0.598$

| 정답 | 82 ③ 83 ③ 84 ② 85 ②

86 어떤 일원배치 분산분석의 분산분석표가 다음과 같을 때 ( ) 안에 들어갈 값은?

요인	제곱합	자유도	평균 제곱합	검정 통계량
교육 프로그램	330	3	110	(ㄴ)
오차	240	12	(ㄱ)	
총합	570	15		

	ㄱ	ㄴ
①	30	5.5
②	20	5.5
③	25	4.0
④	30	4.5

해설

오차의 평균제곱합 ㄱ = 오차제곱합/오차의 자유도 = 240/12=20
검정통계량 ㄴ = 교육 프로그램(처리) 평균제곱합/오차평균 제곱합
= 110/20=5.5
일원배치분산분석의 분산분석표는 다음과 같다.
* k: 집단(처리)의 수, n: 총관측수

원천 (요인)	제곱합	자유도	평균제곱	F값
처치 (집단 간)	SSB	$k-1$	MSB = SSB/($k-1$)	F = MSB/MSE
오차 (집단 내)	SSE	$n-k$	MSE=SSE/($n-k$)	–
합계	SST	$n-1$	–	–

87 다음 중 중심위치의 측도와 가장 거리가 먼 것은?

① 중앙값
② 표준편차
③ 평균
④ 최빈수

해설

표준편차는 산포도에 관한 측도이다.

88 앞면과 뒷면이 나올 확률이 동일한 동전을 20번 독립적으로 던질 때 앞면이 나오는 횟수를 X라고 하면 X의 기댓값과 분산은?

① $E(X)=5$, $Var(X)=5$
② $E(X)=10$, $Var(X)=\sqrt{5}$
③ $E(X)=5$, $Var(X)=\sqrt{10}$
④ $E(X)=10$, $Var(X)=5$

해설

앞면(성공) 또는 뒷면의 상호배타적인 두 가지 결과만을 가진 베르누이 시행을 독립적으로 반복한 경우의 성공횟수를 확률변수 X로 했을 때 그 확률변수 X의 확률분포로 이항분포이다.
앞면이 나올 확률은 $p=0.5$이고, 동전을 던지는 각 시행이 독립적이므로 이 시행을 20번($n=20$) 반복할 때 앞면이 나오는 횟수인 확률변수 X는 이항분포 $B(20, 0.5)$를 따른다.
∴ 기댓값 $E(X)$ = 시행횟수 n × 성공확률 $p = 20 \times 0.5 = 10$
  분산 $Var(X) = npq = 20 \times 0.5 \times (1-0.5) = 5$

89 모분산 σ^2=25인 정규모집단에서 표본의 크기가 36인 확률표본을 추출한 결과 표본평균 8을 얻었다. 모평균에 대한 90% 신뢰구간을 구하면? [단, 표준정규분포를 따르는 확률변수 Z에 대해 $P(Z<1.28)=0.90$, $P(Z<1.645)=0.95$, $P(Z<1.96)=0.975$]

① (10.43, 14.76)
② (6.63, 9.37)
③ (8.58, 11.12)
④ (7.18, 9.82)

해설

단일모집단 평균의 신뢰구간을 구하는데 모분산이 알려져 있으므로 Z-분포를 사용한다.
$\overline{X} - Z_{\frac{\alpha}{2}} \frac{\sigma}{\sqrt{n}} \leq \mu \leq \overline{X} + Z_{\frac{\alpha}{2}} \frac{\sigma}{\sqrt{n}}$ 에서
표본평균 $\overline{X}=8$, 90% 신뢰수준에서 $Z_{0.05}=1.645$, $\sigma=5$, $n=36$이다.
90% 신뢰구간은 $8 - 1.645 \frac{5}{\sqrt{36}} \leq \mu \leq 8 + 1.645 \frac{5}{\sqrt{36}}$ 이므로
약 $6.63 \leq \mu \leq 9.37$이다.

90 어떤 회귀분석에서 종속변수를 Y, 원인변수인 독립변수를 X라고 하자. 종속변수 (Y)의 평균과 표준편차는 각각 12와 6이고 독립변수 (X)의 평균과 표준편차는 각각 10과 5이다. X와 Y의 상관계수가 0.7일 때, 추정회귀직선 $\hat{Y} = \hat{\alpha} + \hat{\beta}X$에서 기울기 $\hat{\beta}$의 값은?

① 0.75
② 0.82
③ 0.84
④ 0.88

해설

회귀식이 $\hat{y} = \hat{\beta}_0 + \hat{\beta}_1 x$와 같을 때 *$\hat{\beta}_0$: 절편, $\hat{\beta}_1$: 기울기

$$\hat{\beta}_0 = \bar{y} - \hat{\beta}_1 \bar{x}$$

$$\hat{\beta}_1 = r_{XY} \frac{S_Y}{S_X} = \frac{S_{XY}}{S_{XX}} = \frac{\sum_{i=1}^{n}(x_i - \bar{x})(y_i - \bar{y})}{\sum_{i=1}^{n}(x_i - \bar{x})^2}$$

* r_{XY}: X와 Y의 상관계수,
  S_X: X의 표준편차, S_Y: Y의 표준편차,
  S_{XY}: X와 Y의 공분산, S_{XX}: X의 분산

$r_{XY} = 0.7$, $S_X = 5$, $S_Y = 6$일 때
추정회귀직선 $\hat{Y} = \hat{\alpha} + \hat{\beta}X$에서 기울기 $\hat{\beta}$의 값은
$\hat{\beta}_1 = r_{XY} \frac{S_Y}{S_X} = 0.7 \times \frac{6}{5} = 0.84$이다.

91 일원배치법의 모형 $Y_{ij} = \mu + \alpha_i + \epsilon_{ij}$에서 오차항 ϵ_{ij}의 가정에 대한 설명으로 틀린 것은?

① 오차항 ϵ_{ij}는 서로 독립이다.
② 오차항 ϵ_{ij}의 기댓값은 0이다.
③ 오차항 ϵ_{ij}는 정규분포를 따른다.
④ 오차항 ϵ_{ij}의 분산은 동일하지 않아도 무방하다.

해설

분산분석의 오차항에 대한 기본가정은 다음과 같다.
㉠ 오차(ϵ_{ij})의 기댓값은 0이다.
㉡ [독립성] 오차는 서로 독립적이다(임의의 오차 ϵ_{ij}와 $\epsilon_{i'j}$는 서로 독립이다).
㉢ [정규성] 오차(ϵ_{ij})의 분포는 정규분포이다.
㉣ [등분산성] 오차들의 분산은 동일하다(오차 ϵ_{ij}의 분산은 σ_ϵ^2으로, 어떤 i, j에 대해서도 같다).

92 사회조사분석사 시험응시생 500명의 통계학 성적의 평균점수는 70점이고, 표준편차는 10점이라고 한다. 통계학 성적이 정규분포를 따른다고 할 때 성적이 50점에서 90점 사이인 응시자는 약 몇 명인가? [단, $P(Z < 2) = 0.9772$]

① 498명
② 477명
③ 378명
④ 250명

해설

통계학 성적의 평균점수를 확률변수 X라 할 때 X는 정규분포 $N(70, 10^2)$을 따른다. 해당 정규분포에서의 값 50, 90점을 각각 표준정규분포 $N(0,1)$를 따르는 확률변수 Z로 표준화하여 표준정규분포에서의 값으로 변환한다.

$$Z = \frac{x - \mu}{\sigma}$$

* x: 표본통계량, μ: 모집단 평균의 추정치,
  σ: 모집단 표준편차의 추정치

50점과 90점을 표준화한 값들은 각각 $Z = \frac{50-70}{10} = -2$, $Z = \frac{90-70}{10} = 2$이다. 따라서 통계학 성적이 50점에서 90점 사이일 확률은 $P(-2 < Z < 2)$이다. $P(Z < 2) = 0.9772$이므로 $P(0 < Z < 2)$는 0.9772에서 표준정규분포의 1/2의 면적인 0.5를 뺀 값과 같다.
$P(0 < Z < 2) = (0.9772 - 0.5) = 0.4772$이며 정규분포는 좌우대칭이므로 $P(-2 < Z < 0)$도 같은 값을 갖는다.
따라서 $P(-2 < Z < 2) = 0.4772 + 0.4772 = 0.9544$이므로 95.44%이며, 전체 응시생 500명의 95.44%는 477.2명으로 약 477명이다.

93 회귀분석에서 관측값과 예측값의 차이는?

① 잔차(Residual)
② 오차(Error)
③ 편차(Deviation)
④ 거리(Distance)

해설

회귀분석에서는 표본의 데이터로 모집단에 대한 회귀식(회귀계수)을 추정한다. 표본 데이터에 의해 추정한 추정회귀식에서 관측값과 예측값의 차이가 잔차이므로 잔차가 적합한 답이 된다.

94 확률변수 X는 표준정규분포를 따른다. 이때 $2X$의 확률분포는?

① $N(0, 1)$
② $N(0, 2)$
③ $N(0, 4)$
④ $N(0, 16)$

해설

기댓값의 성질 $E(aX \pm b) = aE(X) \pm b$
분산의 성질 $V(aX \pm b) = a^2 V(X)$을 이용한다.
$Y = 2X$라 할 때 확률변수 Y의 기댓값과 분산을 구하면 확률분포를 알 수 있다.
$\therefore E(Y) = E(2X) = 2E(X)$
$V(Y) = V(2X) = 4V(X)$
확률변수 X는 $N(0, 1)$인 표준정규분포를 따르므로 $E(X) = 0$, $V(X) = 1$이고 구해놓은 산식에서 $E(Y) = E(2X) = 2E(X) = 2 \times 0 = 0$,
$V(Y) = V(2X) = 4V(X) = 4 \times 1 = 4$가 되므로
$\therefore 2X$의 확률분포는 $N(0, 4)$이다.

95 어떤 연속확률변수 X의 평균이 0이고, 분산이 4이다. 체비셰프(Chebyshev) 부등식을 이용하여 $P(-4 \leq X \leq 4)$의 범위를 구하면?

① $P(-4 \leq X \leq 4) \leq 0.5$
② $P(-4 \leq X \leq 4) \geq 0.75$
③ $P(-4 \leq X \leq 4) \geq 0.95$
④ $P(-4 \leq X \leq 4) \leq 0.99$

해설

체비셰프 부등식에서 확률변수 X에 대한 평균 $E(X) = \mu$,
분산 $V(X) = \sigma^2$과 임의의 양수 k에 대하여
$P(|X - \mu| \leq k\sigma) = P(-k\sigma < X - \mu < k\sigma) \geq 1 - \frac{1}{k^2}$이 성립한다.
$\mu = 0$, $\sigma = 2(\sigma^2 = 4)$이므로
$P(-2k < X - 0 < 2k) \geq 1 - \frac{1}{k^2}$
이때 $-2k = -4$, $2k = 4$이므로 이를 풀면 $k = 2$가 산출된다.
따라서 $P(-4 < X < 4) \geq 1 - \frac{1}{2^2}$
$P(-4 < X < 4) \geq \frac{3}{4}$
$\therefore P(-4 < X < 4) \geq 0.75$

96 두 변수 X와 Y의 상관계수 r_{XY}에 대한 설명으로 틀린 것은?

① r_{XY}는 두 변수 X와 Y의 산포의 정도를 나타낸다.
② $-1 \leq r_{XY} \leq 1$
③ $r_{XY} = 0$이면 두 변수는 선형이 아니거나 무상관이다.
④ $r_{XY} = -1$이면 두 변수는 완전한 음의 상관관계에 있다.

해설

상관계수가 0인 경우 '선형적 연관성은 없다'는 것이며, 다른 연관성(곡선 관계 등)은 있을 수 있다. 즉, 어떠한 관계도 없다고는 할 수 없다.

97 모상관계수가 ρ인 이변량 정규분포를 따르는 두 변수에 대한 자료 $(x_i, y_i)(i = 1, 2, \cdots, n)$에 대하여 표본상관계수 $r = \dfrac{\sum_{i=1}^{n}(x_i - \bar{x})(y_i - \bar{y})}{\sqrt{\sum_{i=1}^{n}(x_i - \bar{x})^2}\sqrt{\sum_{i=1}^{n}(y_i - \bar{y})^2}}$을 이용하여 귀무가설 $H_0 : \rho = 0$을 검정하고자 한다. 이때 사용되는 ㉠ 검정통계량과 ㉡ 자유도는?

	㉠	㉡
①	$\sqrt{n-1}\dfrac{r}{\sqrt{1-r}}$	$n-1$
②	$\sqrt{n-2}\dfrac{r}{\sqrt{1-r}}$	$n-2$
③	$\sqrt{n-1}\dfrac{r}{\sqrt{1-r^2}}$	$n-1$
④	$\sqrt{n-2}\dfrac{r}{\sqrt{1-r^2}}$	$n-2$

해설

상관계수의 유의성 검정에서 검정통계량과 자유도는 다음과 같다.
검정통계량 $t = \dfrac{r_{XY}\sqrt{(n-2)}}{\sqrt{1-r_{XY}^2}}$ (자유도 $= n-2$)이다.

98
지각건수가 요일별로 동일한 비율인지 알아보기 위해 카이제곱(χ^2) 검정을 실시할 경우 이 자료에서 χ^2값은?

요일	월	화	수	목	금	합계
지각 횟수	65	43	48	41	73	270

① 14.96
② 16.96
③ 18.96
④ 20.96

해설

지각건수는 요일(범주형 변수)별로 동일하다는 귀무가설(H_0)에 대하여 기대되는 도수에 관측도수가 적합한가를 검정하는 카이제곱 적합성 검정에서 기대도수는 다음과 같이 구한다.

기대도수 $E_i = n \times p_i$
*n: 표본의 총 개수, p_i: 각 범주의 예상확률

표본의 총 개수는 270, 각 범주의 예상확률은 요일별로 모두 동일하게 $\frac{1}{5}$이므로, 기대도수는 $270 \times \frac{1}{5} = 54$이다.

이를 교차표로 만들면 다음과 같다.

요일	월	화	수	목	금	합계
지각 횟수	54	54	54	54	54	270

열 변수가 c개의 범주를 갖는 교차표에서 카이제곱 적합성 검정에서 검정통계량은 다음과 같이 구한다.

$$\chi^2 = \sum_{i=1}^{c} \frac{(O_i - E_i)^2}{E_i}$$

*O_i: 관측도수, E_i: 기대도수

따라서 검정통계량은

$$\chi^2 = \sum_{i=1}^{5} \frac{(O_i - E_i)^2}{E_i}$$

$$= \frac{(65-54)^2}{54} + \frac{(43-54)^2}{54} + \frac{(48-54)^2}{54} + \frac{(41-54)^2}{54} + \frac{(73-54)^2}{54}$$

$$\fallingdotseq 14.96$$

99
독립변수가 4개인 60개의 자료를 이용하여 절편이 있는 선형회귀모형을 추정할 때 잔차의 자유도는?

① 35
② 40
③ 55
④ 59

해설

다중회귀분석에서 잔차의 자유도는
(전체 자료 수 − 독립변수의 수 − 1 = $n - k - 1$)이다.
∴ 60 − 4 − 1 = 55
다중회귀분석의 분산분석표는 다음과 같다.

변동의 원천(요인)	제곱합 (SS)	자유도 (df)	평균제곱 (MS)	검정통계량 F
회귀(SSR)	$\sum_{i=1}^{n}(\hat{y_i}-\bar{y})^2$	독립변수의 수(k)	$MSR = \frac{SSR}{k}$	$F = \frac{MSR}{MSE}$
잔차(SSE)	$\sum_{i=1}^{n}(y_i-\hat{y_i})^2$	$n-k-1$	$MSE = \frac{SSE}{n-k-1}$	
Total(SST)	$\sum_{i=1}^{n}(y_i-\bar{y})^2$	$n-1$		

100
단순회귀모형 $y_i = \alpha + \beta x_i + \epsilon_i$ ($i=1, 2, \cdots, n$)을 적합하여 다음을 얻었다.

$$\sum_{i=1}^{n}(y_i - \hat{y_i})^2 = 200, \quad \sum_{i=1}^{n}(\hat{y_i} - \bar{y})^2 = 300$$

이때 결정계수 R^2을 구하면? (단, $\hat{y_i}$는 i번째 추정값을 나타낸다)

① 0.4
② 0.5
③ 0.6
④ 0.7

해설

회귀분석에 있어서 결정계수의 산출 구조는 다음과 같다.

$\sum(y_i - \bar{y})^2$: 전체분산(SST)
$\sum(\hat{y_i} - \bar{y})^2$: 회귀식에 의해 설명되는 분산(SSR)
$\sum(y_i - \hat{y_i})^2$: 회귀식에 의해 설명되지 않는 분산(SSE)
∴ $R^2 = \frac{회귀식에 의해 설명되는 분산}{전체분산} = \frac{SSR}{SST} = 1 - \frac{SSE}{SST}$

$SSE = 200$, $SSR = 300$이므로
$SST = SSR + SSE = 300 + 200 = 500$이다.
따라서 결정계수 $R^2 = \frac{SSR}{SST} = \frac{300}{500} = 0.6$이다.

2024년 제1회 (CBT)

※ CBT 문제는 수험생의 기억에 따라 복원된 것이며, 실제 기출문제와 동일하지 않을 수 있습니다.

제1과목: 조사방법과 설계

01 심층면접법(In-depth Interview)에 대한 설명으로 틀린 것은?

① 대체로 대규모 조사연구에 적합하다.
② 같은 표본규모의 전화조사에 비해 대체로 비용이 많이 든다.
③ 면접자는 응답자와 친숙한 분위기를 형성하도록 해야 한다.
④ 면접자 개인별 차이에서 오는 영향이나 오류를 통제하기 어렵다.

해설
심층면접법은 전문 면접원이 1명 또는 소수의 피면접자를 대상으로 주제와 관련된 질문 방향을 가지고 탐사방식에 의해 깊게 질문을 해나가는 것으로 대규모 조사연구에는 부적합하다.

02 과학적 방법의 특징에 해당하지 않는 것은?

① 상호주관성
② 인과성
③ 추상성
④ 경험적 검증가능성

해설
과학적 방법의 특징은 객관성, 경험적 검증가능성, 재현(재생)가능성, 간결성, 체계성, 논리성, 변화가능성(수정가능성), 상호주관성(간주관성), 반증가능성, 결정성(인과성), 일반성(일반화 가능성), 구체성(특정성), 설명적, 통제성(제어가능성) 등이다.

03 분석단위 관련 오류 중 개인을 분석단위로 한 연구결과를 집단에 동일하게 확대 적용하여 발생하는 오류는?

① 개인주의적 오류
② 생태학적 오류
③ 비체계적 오류
④ 체계적 오류

해설
개인을 분석단위로 한 연구결과를 집단에 동일하게 확대 적용하여 집단, 사회, 국가 등의 특성을 추론할 때 나타나는 오류는 개인주의적 오류이다.

04 다음 중 외생변수 통제정도가 가장 높은 실험설계는?

① 단일집단 사후측정 실험설계
② 통제집단사전사후 실험설계
③ 다중 시계열 설계
④ 비동일 통제집단설계

해설
순수실험설계는 실험대상의 무작위화를 통하여 내적타당도 저해 요소들을 최대한 통제한 유형으로 외생변수 통제정도가 높다.
②는 순수실험설계의 유형, ①은 원시실험설계의 유형, ③, ④는 유사실험설계의 유형이다.

05 연구방법으로서 연역적 접근법과 귀납적 접근법에 관한 설명으로 틀린 것은?

① 연역적 접근법은 이론으로부터 가설을 설정한다.
② 귀납적 접근법은 현실세계에 대한 관찰을 통해 경험적 일반화를 추구한다.
③ 연역적 접근법은 설명적 연구에 주로 사용된다.
④ 귀납적 접근법은 가설검증에 주로 사용된다.

해설
가설검증에 주로 사용되는 것은 연역적 접근법이다.

| 정답 | 01 ① | 02 ③ | 03 ① | 04 ② | 05 ④ |

06 종단연구에 관한 설명으로 틀린 것은?

① 패널조사는 특정한 대상을 사전에 패널로 선정하고 이들을 대상으로 반복적으로 조사를 실시한다.
② 조사내용의 시간에 따른 변화를 분석한다.
③ 코호트 조사는 종단연구에 속한다.
④ 정태적 연구에 적합하다.

해설
종단연구는 동태적 변화발전 과정의 연구에 적합하다.

07 단일사례연구에 관한 설명으로 틀린 것은?

① 시계열적으로 반복측정하여 개입효과를 파악한다.
② 개입효과에 대한 즉각적인 피드백이 가능하다.
③ 조사연구과정과 실천과정이 통합될 수 있다.
④ 비반응성 연구의 유형이다.

해설
단일사례연구는 개인, 가족, 단체 등이 분석대상이며 조직이나 지역사회도 연구대상이 될 수 있다. 시계열적으로 반복 측정하며 개입 전과 개입 후의 상태를 비교하여 개입 효과를 파악하고 개입효과에 대한 즉각적인 피드백(feed back)이 가능한 반응성 연구의 한 유형이다. 조사연구 과정과 실천과정이 통합될 수 있다.

08 좋은 가설의 평가기준으로 옳지 않은 것은?

① 가설은 입증된 결과의 일반화가 가능해야 한다.
② 가설은 경험적으로 검증할 수 있어야 한다.
③ 가설은 연구자의 주관적 견해가 적극 반영되어야 한다.
④ 가설의 표현은 간단명료해야 한다.

해설
좋은 가설의 평가기준은 명료성(간결성), 가치중립성, 한정성, 검증가능성, 계량화 가능성, 입증의 명백성, 가설자체의 개연성, 다른 가설과의 연관성, 일반화 가능성이다.
③ 가설은 연구자의 주관적 견해 등을 배제해야 한다.

09 기술적 조사의 특성과 거리가 가장 먼 것은?

① 주목적은 현상에 대한 요약, 기술이다.
② 설명적 조사의 기초자료를 제공한다.
③ 패널조사와 추세조사는 기술적 조사에 속한다.
④ 표준화된 설문지를 이용하는 서베이조사는 기술적 조사에서 이용되지 않는다.

해설
기술적 조사는 현상에 대한 탐구, 명료화가 주목적으로, 빈도, 비율 등 관련 상황의 특성, 변수간의 상관관계 파악 등 단순통계적 자료를 수집한다. 이에 따라 연구의 반복이 가능하며 각 변수들의 반응을 예측하는 등 미래 상황에 대한 '개략적' 예측 및 설명적 조사의 기초자료를 제공한다. 기술조사에서 자주 이용되는 것이 주로 표준화된 설문지를 이용하는 서베이(Survey)조사이다. 기술적 조사는 종단적 조사와 횡단적 조사로 나뉜다. 종단적 조사의 주요 유형은 패널조사, 추세조사, 코호트 조사이다.

10 패널조사에 관한 설명으로 틀린 것은?

① 특정 조사대상자들을 선정해 놓고 반복적으로 실시하는 조사방법을 의미한다.
② 종단적 조사의 성격을 지닌다.
③ 반복적인 조사과정에서 성숙효과, 시험효과가 나타날 수 있다.
④ 패널 운영시 자연 탈락된 패널 구성원은 조사결과에 크게 영향을 미치지 않는다.

해설
패널조사에서는 참여를 거부하거나 못하게 된 응답자를 대체할 수 있는 동일표본을 사전에 준비해야 한다. 조사기간 중 패널구성원의 탈락은 조사결과에 큰 영향을 미칠 수 있기 때문이다.

| 정답 | 06 ④ 07 ④ 08 ③ 09 ④ 10 ④ |

11 질적 연구 중 초점집단연구의 특성과 가장 거리가 먼 것은?

① 내면적 이유를 도출할 수 있다.
② 높은 타당도를 가진다.
③ 구조화된 토론 형식이다.
④ 대표성과 일반화 가능성이 낮다.

해설
초점집단연구는 집단의 자유로운 토론을 통해 자료가 수집되는 비구조화된 토론 방식으로 새로운 아이디어를 발견하거나 내면적 이유를 도출할 수 있으며 높은 타당도를 가지지만 대표성과 일반화 가능성이 낮다.

12 질문지에 사용되는 질문이나 진술을 작성하는 원칙과 가장 거리가 먼 것은?

① 항목들이 명확해야 한다.
② 질문항목들은 되도록 짧아야 한다.
③ 편견에 치우친 항목과 용어를 지양한다.
④ 부정어가 포함된 질문을 반드시 포함한다.

해설
질문의 작성원칙은 읽기 쉽고 간결해야 할 것, 질문은 명료하고 구체적이며 의미가 명확하게 전달되어야 할 것, 이중적(복합적) 질문을 하지 말 것, 중립적이어야 할 것, 특정한 응답을 유도하지 말 것 등이다.
④는 이러한 작성원칙에 포함되지 않는다.

13 폐쇄형 질문과 비교한 개방형 질문에 대한 설명으로 틀린 것은?

① 탐색적 예비조사 단계에서 활용할 수 있다.
② 응답의 해석에 있어서 편견개입을 최소화 할 수 있다.
③ 연구자가 알지 못했던 정보나 문제점을 발견하는 데 유용하다.
④ 응답자의 기초적 요구를 탐색 할 수 있다.

해설
개방형 질문은 응답자의 기초적 요구를 탐색할 수 있으며 연구자가 알지 못했던 정보나 문제점을 발견하는 데 유용하고 탐색적 예비조사 단계에서 활용할 수 있으나 응답의 해석에 편견이 개입될 소지가 높다.

14 실험연구 설계의 원리에 해당하지 않는 것은?

① 측정과정에서 발생하는 오차를 최소화해야 한다.
② 실험설계는 조사 질문에 대한 해답을 구할 수 있도록 설계되어야 한다.
③ 실험설계의 중요한 목적 중 하나인 분석 결과의 타당성 확보를 위해서 통제과정이 중요하다.
④ 변수 간 인과관계를 도출한 실험 결과가 일반화되기 위해서 실험대상들이 무작위 또는 작위적으로 추출되어야 한다.

해설
결과의 일반화를 위해서는 대상들이 무작위로 추출되어야 한다.

15 실험설계 방법 중 유사실험설계에 해당하지 않는 것은?

① 단순시계열설계
② 비동일 통제집단설계
③ 다중시계열 설계
④ 통제집단 사후측정설계

해설
④는 순수실험설계의 유형이다.

16 설문지 작성 과정 중 사전검사(Pretest)를 실시하는 이유와 가장 거리가 먼 것은?

① 연구하려는 문제의 핵심적인 요소가 무엇인지 확인한다.
② 응답이 한 쪽으로 치우치지 않는지 확인한다.
③ 질문순서가 바뀌었을 때 응답에 실질적 변화가 일어나는지 확인한다.
④ 무응답, 기타응답이 많은 경우를 확인한다.

> **해설**
> • 사전조사는 설문지 초안 완성 후 본조사를 실행하기 전에 일부 대상에게 실시하는 조사이다.
> • 주요 검토 사항
> ㉠ 응답에 일관성이 있는지
> ㉡ 지나치게 한 쪽으로 치우쳐진 응답이 나오는 문항이 있는지
> ㉢ '모른다, 보통이다' 등의 회피형 응답이 많은지
> ㉣ 어떤 문항에 무응답이 많은지
> ㉤ 어떤 순서가 정확한 응답을 얻을 수 있는지
> ㉥ 질문의 순서가 바뀌었을 경우 응답에 실질적 변화가 일어나는지
> ㉦ 질문의 의도가 정확하게 전달되었는지, 유도하는 질문은 아닌지 등
> ㉧ 소요시간, 문항의 난이도, 필요한 문항이나 고려사항의 미비 여부 등

17 다음의 조사유형으로 옳은 것은?

> 베이비부머(Baby-boomers)의 정치성향의 변화를 파악하기 위해 이들이 성년이 된 후 10년마다 50명씩 새로운 표집을 대상으로 조사하여 그 결과를 비교하여 보았다.

① 횡단(Cross-sectional)조사
② 추세(Trend)조사
③ 코호트(Cohort)조사
④ 패널(Panel)조사

> **해설**
> 문제에서 한정된 모집단은 베이비부머 세대라는 특정경험을 같이 하는 동시경험집단이다. 코호트조사는 일정기간 동안의 어떤 한정된 모집단(특정경험을 같이 하는 동시경험집단)의 변화를 두 번 이상의 다른 시점에 조사하여 비교 연구하는 방법이다. 일반적으로 한정/고정된 모집단에서 조사시점마다 다른 표본을 추출한다.

18 질적 연구에 관한 설명으로 틀린 것은?

① 소규모 분석에 유리하고 자료분석 시간이 많이 소요된다.
② 주관적 동기의 이해와 의미해석을 하는 현상학적·해석학적 입장이다.
③ 과정지향적이며 일반화가 어렵다.
④ 연구 참여자와 연구자 간에 상호작용을 통해 연구가 진행되며 편견이 개입되지 않는다.

> **해설**
> 질적연구는 주관적, 해석적인 사회과학의 연구방법이며 정보의 심층적 의미파악 및 현상의 의미를 고찰한다. 소규모 분석에 주로 사용되며 자료분석에 소요되는 시간이 길다. 과정지향적이며 일반화가 어렵다.
> ④ 질적연구는 참여자와 연구자 간의 상호작용 과정에서 편견이 개입될 가능성이 있다.

19 개방형 질문에 대한 설명으로 틀린 것은?

① 응답의 형태에 제한을 가하지 않는다.
② 탐색적 예비조사 단계에서 활용한다.
③ 상호비교나 통계분석에 쉽게 활용할 수 있다.
④ 조사자가 가능한 응답범주를 모르는 경우 유용하다.

> **해설**
> 개방형 질문은 자유롭게 응답하게 하는 형식의 질문으로, 주로 조사자가 문제에 대한 정보나 사전지식이 충분하지 못한 경우 탐색적 예비조사 단계에서 활용한다. 자세하고 풍부한 응답내용 및 응답자의 모든 가능한 의견을 얻어낼 수 있으며 연구자가 기대하지 못했던 응답(새로운 사실 발견 등) 획득이 가능하다. 또한 가능한 응답범주를 모르는 경우 유용하다. 그러나 응답의 해석에 편견이 개입될 소지가 크며, 부호로 변환하는 작업이 어렵고 상호비교나 통계분석이 어렵다.

| 정답 | 16 ① | 17 ③ | 18 ④ | 19 ③ |

20 일반적인 표본추출과정의 순서를 바르게 나열한 것은?

> ㉠ 표본추출
> ㉡ 표본추출방법의 결정
> ㉢ 모집단의 확정
> ㉣ 표본프레임의 선정
> ㉤ 표본크기의 결정

① ㉡ → ㉣ → ㉢ → ㉤ → ㉠
② ㉢ → ㉣ → ㉡ → ㉤ → ㉠
③ ㉢ → ㉡ → ㉣ → ㉠ → ㉤
④ ㉣ → ㉢ → ㉡ → ㉤ → ㉠

해설
표본추출과정은 모집단의 확정 → 표본프레임 결정 → 표본추출방법 결정 → 표본크기 결정 → 표본추출 실행의 순으로 진행된다.

21 표집오차(Sampling Error)에 대한 일반적인 설명으로 틀린 것은?

① 일반적으로 표본의 크기가 클수록 표집오차는 작아진다.
② 일반적으로 표본의 분산이 작을수록 표집오차는 작아진다.
③ 일반적으로 신뢰수준이 높을수록 표집오차는 커진다.
④ 표본의 크기가 같을 경우 단순무작위표집에서보다 집락표집의 경우 표집오차가 작다.

해설
표집오차(표본오차)는 표본추출과정에서 대표성이 없는 표본을 잘못 추출함으로써 발생하는 등 추출된 표본이 모집단을 대표하지 못하는 오차로, 통계적으로는 통계량 값이 모수치 주위에 분산되어 있는 정도를 의미한다. 분산과 신뢰수준이 클수록 표본오차는 증가하며 표본 수가 클수록 표본오차는 감소한다.
④ 표본의 크기 동일가정 시 표본오차의 크기는 층화표본이 가장 작고 그 다음이 단순무작위표본이며 군집표본이 가장 크다.

22 표본추출 과정에서 표본크기의 결정에 영향을 미치지 않는 것은?

① 신뢰구간의 크기
② 모집단 분산의 크기
③ 조사대상 지역의 지리적 여건
④ 허용오차의 크기

해설
표본크기 결정에 영향을 미치는 요소들은 고려할 요소 측면에서 조사문제의 중요성, 변수의 수와 범주의 다양성, 모집단의 크기 및 이질성, 시간과 비용적 측면, 자료분석의 방법, 표본추출방법 등이며 통계적 결정 방법 측면에서 모집단의 분산, 신뢰구간, 신뢰수준, 허용오차 등이다.

23 비확률표본추출 방법과 비교한 확률표본추출 방법에 관한 설명으로 틀린 것은?

① 비용과 시간이 많이 든다.
② 표본오차 추정이 가능하다.
③ 무작위적 표본추출을 한다.
④ 표본분석결과의 일반화에 제약이 있다.

해설
확률표본추출은 무작위로 표본을 추출하므로 모집단에 속한 모든 요소가 표본추출될 확률이 있고 표본의 추출확률을 알 수 있다. 대표성 높은 표본을 추출하며 모수추정에 편의가 없고 표본오차의 계산이 가능하다. 대표성 있는 표본추출이 가능하지만 시간과 비용이 많이 소요되는 단점이 있다.

| 정답 | 20 ② 21 ④ 22 ③ 23 ④

24 층화표본추출방법에 관한 설명으로 틀린 것은?

① 모집단을 특정한 기준에 따라 서로 상이한 소집단으로 나누고 이들 각각의 소집단들로부터 일정수의 표본을 무작위로 추출하는 방법이다.
② 표본의 대표성이 높다.
③ 시간, 비용을 절약할 수 있다.
④ 모집단을 일정한 분류기준에 따라 소집단들로 분류한 후 각 소집단별로 표본을 추출한다는 측면에서는 할당표본추출방법과 유사한 점이 있다.

해설
층화표본추출은 모집단을 일정 기준에 의해 동질적인 몇 개의 층으로 나누고 각 층에서 일정수의 표본을 무작위 추출하는 방법으로 표본의 대표성이 높으나 시간과 비용이 많이 소요된다.

25 계통표집에 관한 설명으로 가장 거리가 먼 것은?

① 표본은 모집단의 특성에 따라 층화된다.
② 선거예측조사에서 출구조사 등에 주로 사용된다.
③ 표집틀에 주기성이 없는 경우 모집단을 잘 반영할 수 있다.
④ 모집단을 일정한 질서에 따라 번호부여 후 일정한 표집간격에 의해 표본을 추출한다.

해설
체계적(계통적) 표본추출은 모집단을 일정한 질서에 따라 번호부여 후 등간격으로 나누고 첫 구간에서 하나의 번호를 무작위로 추출 후 다음 n번째 떨어져 있는 번호들을 추출하는 방법이다. 단순무작위표집의 대용으로 사용될 수 있다. 한계점 중의 하나는 모집단의 일정한 주기성이나 특정 경향이 있는 경우 대표성 문제가 발생가능하다는 점이다.
① 층화표본추출에 관한 내용이다.

26 다음 중 표집틀(Sampling Frame)을 평가하는 주요 요소와 가장 거리가 먼 것은?

① 포괄성
② 추출확률
③ 효율성
④ 안정성

해설
표집틀(표본추출프레임)은 포괄성(전체 모집단 중 얼마나 많은 부분을 포함하는가), 추출확률(모집단에서의 각 개별요소들의 추출확률이 동일한가), 효율성(조사에 필요한 대상들만으로 표집프레임에 잘 포함되었는가) 등에 의해 평가한다.

27 다음 중 탐색적 조사에 관한 설명으로 가장 적합한 것은?

① 어떤 현상을 정확하게 기술하는 것을 주목적으로 하는 연구이다.
② 시간의 흐름에 따라 일반적인 대상집단의 변화를 관찰하는 조사이다.
③ 동일한 표본을 대상으로 일정한 시간간격을 두고 반복적으로 측정하는 조사이다.
④ 연구문제의 발견, 변수의 규명, 가설의 도출을 위해서 실시하는 조사로서 예비적 조사로 실시한다.

해설
탐색적 연구(조사)는 조사의 초기단계에서 통찰과 아이디어를 얻기 위한 조사로 현상에 대한 이해 및 중요한 변수를 확인하고 발견하여 변수를 규정하고 연구를 위한 가설을 도출·설정하기 위한 조사이다. 조사설계 확정 전 연구문제 발견, 변수규명과 가설도출, 타당도 검증 등을 위해 예비적으로 실시한다.

| 정답 | 24 ③ 25 ① 26 ④ 27 ④

28 특정한 사회현상에 대해 알려진 사실이 거의 없는 경우 또는 기존의 사회현상에 대해 새로운 이해를 얻기 위해 관찰이나 면접 등의 방법에 의해 실제적 분야를 탐색하는 연구 방법론은?

① 근거이론연구
② 실험 연구
③ 서베이조사
④ 시계열 연구

[해설]
근거이론연구는 특정한 사회현상에 대해 알려진 사실이 거의 없는 경우 또는 기존의 사회현상에 대해 새로운 이해를 얻기 위해 관찰이나 면접 등의 방법에 의해 실제적 분야를 탐색하는 연구 방법론이다. 참여자들의 기술을 개념화하여 점차 추상화된 범주를 도출해나간 끝에 이론을 만들게 된다.

29 다음 중 잘못 기술된 것은?

① 현지조사(Field study)는 현장에 나가서 직접 자료를 수집하는 조사로 일정한 실험적 조작을 가하여 조사한다.
② 표준화된 설문지를 이용하는 서베이 조사는 탐사방식에 의한 깊이 있는 질문이 어렵다.
③ 추세조사는 일반적으로 측정하고자 할 때마다 동일한 모집단으로부터 새로운 표본을 추출한다.
④ 패널조사는 획득한 정보의 유연성이 적다.

[해설]
현지조사는 연구문제 설정이나 가설 형성을 위해 현장에 나가서 직접 자료를 수집하는 조사로 실험적 조작을 가하지 않고 있는 그대로 조사한다.

30 질문지 문항배열에 대한 고려사항으로 적합하지 않은 것은?

① 시작하는 질문은 쉽게 응답할 수 있고 흥미를 유발할 수 있어야 한다.
② 앞의 질문이 다음 질문에 연상작용을 일으켜 응답에 영향을 미칠 수 있다면 질문들 사이의 간격을 멀리 떨어뜨린다.
③ 응답자의 인적사항에 대한 질문은 가능한 한 나중에 한다.
④ 질문이 담고 있는 내용의 범위가 좁은 것에서부터 점차 넓어지도록 배열한다.

[해설]
질문의 배열은 일반적인 것을 먼저 배열하고, 특수한 질문은 후반부에 배열한다. 즉, 깔대기형 질문으로 질문이 후반부로 갈수록 그 범위를 특정내용들로 좁혀나가는 방식이다. 큰 범위의 질문을 먼저하고 점차 특정적·구체적 질문을 뒤쪽에 배열한다.

| 정답 | 28 ① 29 ① 30 ④ |

제2과목: 조사관리와 자료처리

31 면접법의 장점으로 틀린 것은?

① 응답자의 언어적, 비언어적 행동을 관찰할 수 있다.
② 신축성 있게 자료를 얻을 수 있다.
③ 복잡한 질문이 가능하다.
④ 면접원의 주관개입 가능성이 낮다.

해설
면접법은 조사원(면접자)이 응답자와 대면(face to face)하여 질문을 하고 질문사항에 대한 응답내용을 통상적으로 조사원이 기록하는 방법이다. 질문내용 이외에도 응답자의 언어적, 비언어적 행동 및 주변 상황 등을 관찰할 수 있으며 면접원이 질문의 순서 등을 통제할 수 있고 신축성 있는 자료수집이 가능하다. 또한 탐사질문 및 복잡한 질문 등이 가능하다. 하지만 응답자와 대면하는 조사의 특성상 면접원의 편견, 주관개입 가능성이 높으며 면접원의 통제가 어렵고 응답자의 익명성 보장이 어렵다.

32 조작적 정의에 관한 설명과 가장 거리가 먼 것은?

① 추상적 개념을 구체적 경험세계와 연결시킨다.
② 적절한 조작적 정의는 정확한 측정의 전제조건이다.
③ 개념적 정의와는 최대한 일치하지 않게 정의되어야 한다.
④ 측정의 타당성과 관련이 있다.

해설
조작적 정의는 추상적 개념을 측정이 가능하도록 계량적인 형태로 나타내는 것이다. 정확한 측정의 전제조건으로 측정의 타당성과 관련이 있다. 조작적 정의는 개념적 정의에 최대한 일치되도록 정의되어야 하나 반드시 일치해야 하는 것은 아니다.

33 관찰기법 분류에 관한 설명으로 틀린 것은?

① 체계적 관찰은 관찰조건을 표준화한 관찰이다.
② 직접관찰은 관찰시기와 행동발생시기가 일치하는 것이다.
③ 비공개적 관찰은 관찰대상자가 관찰사실을 알고 있는 것이다.
④ 자연적 관찰은 관찰이 일어나는 상황이 인위적이지 않은 것이다.

해설
비공개적 관찰은 관찰대상자가 관찰사실을 모르는 것이다.

34 일주일의 시간 간격을 두고 동일한 문제지를 이용해 같은 반 학생들을 대상으로 EQ검사를 두 차례 실시하였더니 그 결과가 매우 상이하게 나타났다. 이 문제지의 문제점은?

① 타당성
② 예측성
③ 대표성
④ 신뢰성

해설
동일한 문제지를 이용해 시간간격을 두고 측정한 결과를 비교하는 방법이므로 신뢰성 평가방법 중 동일한 상황에서 동일한 측정도구를 이용하여 동일한 측정대상을 일정한 시간 간격을 두고 두 번 이상 측정하여 그 결과를 비교하여 결과들 간의 상관관계를 계산하여 신뢰성을 측정하는 방법인 재검사법이다. 재검사법의 결과 상관관계가 낮으므로 신뢰성에 문제가 있다.

35 자료수집방법에 대한 비교설명으로 옳은 것은?

① 인터넷 조사는 우편조사에 비하여 비용이 많이 소요된다.
② 전화조사는 면접조사에 비해서 시간이 많이 소요된다.
③ 인터넷 조사는 다른 조사에 비해 시각보조자료의 활용이 곤란하다.
④ 면접조사는 다른 조사에 비해 라포(Rapport)의 형성이 용이하다.

해설
① 인터넷 조사는 우편조사 등에 비해 조사비용이 경제적이다.
② 전화조사는 면접조사 대비 면접자 영향 통제가 가능하고 시간과 비용이 적게 소요된다.
③ 인터넷 조사는 멀티미디어 자료 등 시각보조자료의 활용이 가능하다.

36 비구조화(비표준화) 면접에 관한 옳은 설명을 모두 고른 것은?

> ㉠ 부호화가 어렵다.
> ㉡ 심층적인 질문이 가능하다.
> ㉢ 미개척 분야의 개발에 적합하다.
> ㉣ 면접자의 편의(bias)가 개입될 가능성이 적다.

① ㉠, ㉡
② ㉢, ㉣
③ ㉠, ㉡, ㉢
④ ㉡, ㉢, ㉣

해설
비표준화면접은 비구조화된 면접조사로, 정해진 면접조사표 없이 질문의 내용이나 형식, 순서 등을 미리 정하지 않고 면접을 진행한다. 면접상황에 따라 자유롭게 질문이나 순서의 변경이 가능하며 응답자는 의견이나 생각 등을 자유롭게 표현하고 면접원이 이를 기록한다. 심층적 질문이 가능하고 새로운 사실의 발견 가능성이 높지만 면접자의 편견이 개입될 수 있으며 부호화·계량화가 어렵다.

37 변수에 대한 설명으로 틀린 것은?

① 경험적으로 측정 가능한 연구대상의 속성을 나타낸다.
② 독립변수는 결과변수를, 종속변수는 원인변수를 말한다.
③ 변수의 속성은 경험적 현실의 전제, 계량화, 속성의 연속성 등이 있다.
④ 변수의 기능에 따른 분류에 따라 독립변수, 종속변수, 매개변수로 나눈다.

해설
변수는 어떤 관계나 범위 안에서 여러 가지 값으로 변화할 수 있는 것으로 연구대상의 경험적 속성을 나타낸다. 경험적 현실을 전제하며 현상의 속성을 지시하고 계량화가 가능해야 하며 연속성을 가져야 한다.
② 독립변수는 원인변수를 말하고 종속변수는 결과변수를 말한다.

38 측정에 대한 설명과 가장 거리가 먼 것은?

① 변수에 대한 조작적 정의에 입각해 이루어진다.
② 하나의 변수에 대한 관찰값은 동시에 두 가지 속성을 지닐 수 없다.
③ 이론과 현실을 연결시켜주는 매개체이다.
④ 경험적으로 관찰 가능한 것을 추상적 개념으로 바꾸어 놓는 과정이다.

해설
측정은 관찰된 현상의 경험적인 속성(변수)에 대해 일정한 규칙에 따라 수치를 부여하는 것으로, 추상적 개념·변수들을 관찰 가능한 자료로 연결시키는 것이다. 이론에서 도출된 가설들을 경험적으로 검증하기 위해서 그 안의 개념들을 적절한 방법을 통해 경험적으로 변화시키는 작업이며, 추상적·이론적 세계를 경험적 세계와 연결시키는 수단이다. 변수에 대한 조작적 정의에 입각하여 이루어진다. 또한 하나의 변수에 대한 관찰값은 동시에 두 가지의 속성을 가질 수 없다.

| 정답 | 35 ④ 36 ③ 37 ② 38 ④

39 제공되는 정보와 자료 분석에 이용할 수 있는 통계적 방법의 수준에 따라 척도를 순서대로 나열한 것은?

① 서열척도 > 명목척도 > 등간척도 > 비율척도
② 명목척도 > 서열척도 > 비율척도 > 등간척도
③ 비율척도 > 등간척도 > 서열척도 > 명목척도
④ 등간척도 > 비율척도 > 서열척도 > 명목척도

해설
명목척도는 상호배타적 범주 구분을 위해 계량적 의미가 없는 수치를 부여한다. 서열척도는 명목척도의 속성에 서열성이 추가되며 등간척도는 서열척도의 속성에 등간성이 추가되며 절대영점이 존재하지 않는다. 비율척도는 절대영점이 존재하는 가장 높은 수준의 척도이다.

40 내용분석에 관한 설명으로 틀린 것은?

① 조사대상에 영향을 미치지 않는다.
② 주로 기존의 양적 자료를 질적 정보로 변환한다.
③ 표본추출에 의한 분석도 가능하다.
④ 문헌연구의 일종이다.

해설
내용분석법은 기록물에 포함된 메시지 등 기존의 질적 자료를 수집하여 객관적, 체계적, 수량적으로 기술하여 양적 정보로 변환하는 방법으로 여러 가지 문서화된 매체들을 중심으로 필요한 자료를 수집하는 방법이다. 연구자가 현상 관찰에 개입하지 않는 비개입적 연구의 성격이므로 조사대상에 영향을 미치지 않는다. 문헌연구의 일종으로 표본추출에 의한 분석도 가능하다.

41 다음은 어떤 척도의 특징인가?

- 대체적으로 11점 척도로 구성되어 있다.
- 개발하기 위하여 시간과 노력이 많이 든다.
- 최종적으로 구성된 척도는 동일한 간격을 지닐 수 있다.

① 리커트 척도(Likert Scale)
② 서스톤 척도(Thurstone Scale)
③ 보가더스 척도(Bogardus Scale)
④ 오스굿 척도(Osgood Scale)

해설
서스톤 척도는 어떤 사실에 대하여 가장 우호적인 태도와 가장 비우호적인 태도를 나타내는 양 극단을 등간격으로 구분하여 일련의 문항들을 나열하여 여기에 수치를 부여하는 척도이다. 대체적으로 11점 척도로 구성되어 있으며 질문 문항들을 정리하여 가능한 한 간격을 같도록 함으로써 일반적 서열척도보다 한 수준 높은 등간척도 수준을 유지하려 한다. 평가 작업에 과다한 비용과 시간이 소요되는 것이 단점 중의 하나이다.

42 신뢰도 측정방법 중 설문지 혹은 시험지의 문항들을 두 부분으로 나누어서 각 부분에서 얻은 측정값들을 두 번의 조사에서 얻어진 것처럼 간주하여 그 사이의 상관계수를 구하여 검사하는 방법은?

① 반분법
② 재검사법
③ 동형방법
④ 상관분석법

해설
반분법은 전체 문항을 두 개의 그룹으로 나누고, 각 그룹(문항)측정치간의 상관계수를 계산하여 신뢰도를 평가하는 방법이다. 동일한 대상에 대해 각 그룹이 각각 독립된 척도로 사용된다.

| 정답 | 39 ③ 40 ② 41 ② 42 ① |

43 2차 자료에 대한 설명으로 틀린 것은?

① 2차 자료를 이용하여 문제발견이 가능하다.
② 1차 자료에 비해 상대적으로 자료수집에 오랜 시간이 걸린다.
③ 조사문제에 답하거나 가설을 검증할 수 있다.
④ 연구자가 원하는 개념을 마음대로 측정할 수 없으므로 척도의 타당도가 문제될 수 있다.

해설
2차 자료는 1차 자료에 비해 상대적으로 단시간에 자료수집이 가능하다. 2차 자료를 이용하여 문제발견이 가능하며 문제에 대한 접근방법을 찾아낼 수 있다. 조사문제에 답하거나 가설을 검증할 수 있으며 1차 자료 분석결과를 보다 통찰력 있게 해석할 수 있다. 그러나 연구자가 원하는 개념을 마음대로 측정할 수 없으므로 척도의 타당도가 문제될 수 있다.

44 문헌조사, 전화조사, 대인면접조사에 관한 비교설명으로 옳은 것은?

① 우편조사의 응답률이 가장 높다.
② 대인면접조사에서는 추가 질문하기가 가장 어렵다.
③ 우편조사와 전화조사는 자기기입식 자료수집방법이다.
④ 어린이나 노인에게는 대인면접조사가 가장 적절하다.

해설
어린이나 노인에게는 조사원이 응답자와 대면하여 필요한 보조설명을 해 줄 수 있는 대인면접조사가 가장 적절하다.
① 다른 조사대비 응답률이 가장 높은 것은 대인면접조사이다.
② 대인면접조사에서는 추가질문이 용이하다.
③ 우편조사는 자기기입식 조사이나 전화조사는 면접원 기입식 조사이다.

45 참여관찰(Participant Observation)에 대한 설명으로 틀린 것은?

① 연구자는 상황에 대한 통제를 할 수 없다.
② 양적 자료이기 때문에 대규모 모집단에 대한 기술이 쉽다.
③ 연구자가 관심을 가지고 있는 변수들 간의 관계를 현실상황에서 체계적으로 관찰하는 연구조사방법이다.
④ 독립변수를 조작하는 현장실험과는 다르며, 자연상태에서 연구대상을 관찰해 그들의 관계를 규명하는 것이다.

해설
참여관찰은 조사자가 관찰대상 내부에 들어가 구성원의 일원으로서 직접 참여하여 같이 생활하거나 행동하면서 조사하고자 하는 현상을 관찰 기술하는 방법이다. 연구자가 관심을 가지고 있는 변수들 간의 관계를 현실상황에서 체계적으로 관찰하는 연구조사방법으로 자연상태에서 연구대상을 관찰해 그들의 관계를 규명하는 것이다. 연구자가 상황에 대한 통제를 할 수 없으며 자연적 상태에서 깊이 있는 사실까지 자연스럽게 알 수 있으나 동조현상이 일어날 경우 객관성을 상실하기 쉬우며 대규모 모집단에 대한 기술이나 수집한 자료(주로 질적 자료)의 표준화가 어렵다.

46 지수(Index)에 관한 설명으로 틀린 것은?

① 복합측정치로 여러 문항으로 구성된다.
② 추상적 개념을 단일수치로 표현할 수 있다.
③ 지표(Indicator)보다 변수의 속성을 파악하기 쉽다.
④ 측정대상의 개별속성에 부여한 개별지표점수의 합으로 표시할 수 없다.

해설
지수는 개별적 속성들에 배정되어 있는 점수들을 단순 누적(합산)하여 구축되며, 합계점수는 여러 지표들의 합으로 합성측정도구의 성격을 갖는다.

| 정답 | 43 ② 44 ④ 45 ② 46 ④

47 측정오차에 관한 설명으로 틀린 것은?

① 체계적 오차는 신뢰도와 관련된다.
② 측정오차가 일정한 방향으로 작용한다.
③ 측정오차는 표준화된 측정도구 사용 등으로 줄일 수 있다.
④ 개인적 성향 등에 의해 발생할 수 있다.

해설
체계적 오차는 측정오차가 체계적 패턴을 띠면서 일정한 방향으로 작용하는 것으로 타당도와 관련된다.

48 다음 중 심층규명(Probing)을 하고자 할 때 가장 적합한 조사방법은?

① 우편설문조사
② 온라인설문조사
③ 간접관찰조사
④ 비구조화면접조사

해설
비구조화면접조사는 정해진 면접조사표 없이 질문의 내용이나 형식, 순서 등을 미리 정하지 않고 면접을 진행하는 방식으로 면접상황에 따라 자유롭게 질문이나 순서의 변경이 가능하고 응답자가 의견이나 생각 등을 자유롭게 표현하므로 프로빙을 하고자 할 때 적합한 조사방법이다.

49 측정하고자 하는 것을 얼마나 정확히 측정했는가에 관한 것은?

① 신뢰도
② 정밀도
③ 판별도
④ 타당도

해설
측정의 타당도는 연구자·측정도구가 측정하고자 하는 개념을 얼마나 정확하게/실제에 가깝게/제대로 잘 측정했는지를 나타내는 것이다.

50 전화조사의 장점과 가장 거리가 먼 것은?

① 신속한 조사가 가능하다.
② 표본의 대표성을 확보하기 쉽다.
③ 면접자에 대한 감독이 용이하다.
④ 광범위한 지역에 대한 조사가 용이하다.

해설
전화조사는 선정된 응답자에게 전화를 걸어 질문사항들을 읽어준 후 응답을 조사원이 기록하는 조사로 신속하게 저렴한 비용으로 조사 실시가 가능하며 면접자 영향 통제가 가능하고 광범위한 지역에 대한 조사가 가능하지만 응답자의 적정 표본 여부를 확인이 어려우므로 표본의 대표성에 문제발생 개연성이 존재한다.

51 실제관계가 표면적으로 나타나는 관계와는 정반대임을 밝혀주는 검정요인은?

① 외재적변수(Extraneous Variable)
② 매개변수(Intervening Variables)
③ 억제변수(Suppressor Variable)
④ 왜곡변수(Distorter Variable)

해설
왜곡변수는 두 개 변수 간의 관계를 정반대로 나타나게 왜곡하는 변수이다.

| 정답 | 47 ① | 48 ④ | 49 ④ | 50 ② | 51 ④ |

52 다음 사례에서 발생하는 측정상의 문제는?

> 경제발전을 평가하기 위해 식생활 개선에 주목하였다. 이를 위해 미국, 일본, 인도, 한국 등 4개국을 대상으로 소고기 소비량을 측정하여 경제개발 정도를 비교하였다.

① 안정성
② 타당성
③ 신뢰성
④ 일관성

해설
경제발전을 평가하기 위해 식생활 개선에 주목하고 이에 소고기 소비량을 측정하여 경제발전 정도를 비교하는 것은 측정하고자 하는 개념의 본질에 일치하지 않는 것이며, 각 국의 식습관 차이 측면 역시 고려하고 있지 않다. 이에 측정하고자 하는 개념을 얼마나 정확하게/실제에 가깝게/제대로 잘 측정했는지를 나타내는 타당도 측면에서 문제가 있다.

53 내용타당도(Content Validity)의 의미로 맞는 것은?

① 측정하고자 하는 현상을 일관되게 측정하는 능력이다.
② 측정목적에 기초하여 측정항목들의 적합성을 결정한다.
③ 두 명 이상의 관찰자들이 관찰 후 얼마나 일관성이 있는지를 확인한다.
④ 같은 측정도구를 사용하여 측정을 두 번 하여 그 상관관계를 확인한다.

해설
내용타당도는 측정도구가 측정하려는 속성이나 개념을 제대로 대표하고 있는지를 나타내는 것으로, 측정목적에 기초하여 측정항목들의 적합성을 결정하게 된다.
① 신뢰도에 대한 설명이다.
② 관찰자 간 신뢰도에 대한 설명이다.
③ 재검사법에 대한 설명이다.

54 측정의 신뢰성을 높이는 방법과 가장 거리가 먼 것은?

① 측정항목의 수를 줄인다.
② 측정항목의 모호성을 제거한다.
③ 조사자의 면접 방식과 태도에 일관성을 확보한다.
④ 이전의 조사에서 신뢰성이 있다고 인정된 측정도구를 이용한다.

해설
측정의 신뢰성을 높이는 방법은 다음과 같다.
㉠ 동일 개념(속성)을 측정하는 항목의 수를 늘린다.
㉡ 문항설명을 명확히 하여 해석상의 차이가 발생하지 않도록 한다.
㉢ 무성의하거나 일관성이 없는 응답지는 제외시킨다.
㉣ 이전의 조사 및 기존의 연구를 통해 신뢰성이 있다고 검증된 측정도구를 활용한다.
㉤ 중요한 질문은 한 번 더 동일하거나 유사한 질문을 하여 응답들 간에 신뢰성이 있는지 파악한다.
㉥ 응답자가 모르거나 관심 없는 내용은 측정하지 않는다.
㉦ 측정항목의 모호성을 제거한다.
㉧ 표준화된 설명 사용 및 조사자의 면접방식과 태도 등 자료수집 과정에 있어서 일관성을 유지한다.
㉨ 측정지표에 대하여 사전검사 또는 예비조사를 실시한다.
㉩ 조사자에게 측정도구에 대한 사전교육을 충분히 한다.
㉪ 연구자가 임의로 응답자에 대한 가정을 해서는 안 된다.
㉫ 가능하면 단일항목보다는 여러 개의 항목을 이용하여 측정한다.

| 정답 | 52 ② 53 ② 54 ①

55 창의성을 측정하기 위해 새롭게 개발된 측정도구의 수렴타당도(Convergent Validity)가 높은 경우는?

① 새로운 창의성 측정도구와 기존의 창의성 측정 도구로 측정된 점수들 간의 상관이 높은 경우
② 새로운 창의성 측정도구와 지능검사로 측정된 점수들 간의 상관이 높은 경우
③ 새로운 창의성 측정도구와 예술성 측정도구로 측정된 점수들 간의 상관이 높은 경우
④ 새로운 창의성 측정도구와 신체적 능력 측정 도구로 측정된 점수들 간의 상관이 높은 경우

해설
수렴타당성은 집중타당성이라고도 하며 같은 개념을 측정하는 경우에는 상이한 측정방법을 사용하더라도 그 측정값들 간에 높은 상관관계가 존재해야 한다는 것이다.
문제에서 창의성이라는 같은 개념을 측정함에 있어서 새로운 창의성 측정 도구와 기존의 창의성 측정도구 간의 상관이 높다는 것은 수렴(집중)타당성이 높다는 것을 의미한다.

56 명목척도(nominal scale)에 관한 설명으로 옳지 않은 것은?

① 측정의 각 응답 범주들이 상호 배타적이어야 한다.
② 측정 대상의 특성을 분류하거나 확인할 목적으로 숫자를 부여하는 것이다.
③ 사칙연산이 성립하지 않는다.
④ 절대영점이 존재한다.

해설
절대영점은 비율척도 수준에서 존재한다.

57 소시오메트리에 관한 설명으로 잘못된 것은?

① 집단 구성원들 사이에 존재하는 관계의 총체적 구조를 단순화하거나 도표화 한 것이다.
② 객관적 경험을 통한 접근으로 집단 구조를 이해하려는 것이다.
③ 분석방법에는 소시오그램, 소시오메트릭 행렬, 소시오메트릭 지수가 있다.
④ 집단이 형성된 시간, 집단의 크기 등을 고려해야 한다.

해설
소시오메트리는 집단 구성원 간의 친화와 반감을 조사, 친화와 반감의 빈도와 강도에 의해 집단내의 구조를 측정하고 집단 구조를 이해하려는 방법으로, 구성원들 사이에 존재하는 관계의 총체적 구조를 단순화하거나 도표화한 것이다. 주관적 경험을 통한 현상학적 접근으로 집단 구조를 이해하려 하는 것으로 일반적으로 모레노를 중심으로 발전한 인간관계의 측정에 관한 방법을 의미하며 리더십 연구와 집단 내의 갈등, 응집에 관한 연구에서 사용된다. 분석방법에는 소시오그램, 소시오메트릭 행렬, 소시오메트릭 지수(선택지위지수, 집단확장지수, 집단응집지수)가 있다.

58 연속변수로 구성하기 어려운 것은?

① 성별
② 소득
③ 매출액
④ 몸무게

해설
연속변수는 양적 변수 중 어떤 구간 내에서 취할 수 있는 값이 무한한 변수로 소수점 이하로 표시가 가능하며 값과 값 사이가 서로 연결되어 있어서 그 사이의 값이 의미를 가진다.
① 성별은 측정 시 속성을 의미있는 수치로 나타낼 수 없는 변수로 명목척도로 측정하여 구별된 몇 개의 범주 중 하나에 측정대상이 속하게 되는 질적 변수이다. 질적 변수는 양적 변수로의 변환이 거의 불가능하므로 성별을 연속변수로 구성하기 어렵다.

| 정답 | 55 ① | 56 ④ | 57 ② | 58 ① |

59 부호화에 대한 내용 중 잘못 기술된 것은?

① 문항별 부호화의 범위 설정은 해당문항이 가질 수 있는 최대자릿수를 확인하여 설정한다.
② 컬럼(Column)은 항목별로 부호화된 자료값이 가질 수 있는 자릿수를 의미한다.
③ 응답자 ID 관련 범위는 연속되는 번호로 지정한다.
④ 설문의 항목별로 자료 값의 범위를 설정하지는 않는다.

[해설]
설문의 항목별로 자료 값의 범위를 설정한다.

60 결측치에 관한 내용으로 적합하지 않은 것은?

① 결측치 처리방법 중 핫덱(Hot-Deck) 대체는 현재 진행 중인 연구에서 비슷한 성향을 가진 응답자의 자료로 대체하는 것이다.
② 결측치를 별도 구분하여 입력할 경우, 변수의 값이 가질 수 있는 대안과 동일한 값을 부여한다.
③ 입력이 누락된 값이라는 의미로 값이 있어야 하는 항목인데 값이 없는 것을 의미한다.
④ 다중대치법은 여러 번의 대치표본으로 추정치의 총분산을 추정하는 것이다.

[해설]
결측치를 별도 구분하여 입력할 경우, 변수의 값이 가질 수 있는 대안 외의 값을 부여한다.

제3과목: 통계분석과 활용

61 피어슨 상관계수에 관한 설명으로 옳은 것은?

① 두 변수가 곡선관계가 되었을 때 기울기를 의미한다.
② 두 변수가 모두 질적변수일 때만 사용한다.
③ 상관계수가 음일 경우는 어느 한 변수가 커지면 다른 변수도 커지려는 경향이 있다.
④ 단순회귀분석에서 결정계수의 제곱근은 반응변수와 설명변수의 피어슨 상관계수이다.

[해설]
④ 피어슨 상관계수의 제곱은 단순회귀분석에서 결정계수의 값과 같다(다중회귀분석에서는 성립하지 않는다). 따라서 단순회귀분석에서 결정계수의 제곱근($\pm\sqrt{R^2}$)은 단순회귀분석에서의 반응변수(종속변수)와 설명변수(독립변수)에 대한 피어슨 상관계수의 값과 같다는 관계가 성립한다.
① 두 변수가 선형관계(직선관계)일 때 두 변수 간의 선형적 관계에 대해 정도와 방향을 수학적으로 정량화하여 나타낸 계수이다.
② 두 변수가 등간(간격)척도/비율척도로 측정된 연속형 변수일 경우에 피어슨 상관계수를 이용한 상관분석으로 연관성 정도를 분석한다.
③ 음의 상관관계는 어느 한 변수가 커지면 다른 변수는 작아지는 것이다.

62 다음 중 변동계수(Coefficient of Variation)에 대한 설명으로 틀린 것은?

① 상대적인 산포의 측도로서 표준편차를 표본평균으로 나눈 값으로 정의된다.
② 변동계수는 단위에 의존하지 않는 통계량이다.
③ 단위가 서로 다르거나 또는 집단간에 평균의 차이가 큰 산포를 비교하는데 유용하게 사용된다.
④ 변동계수는 0 이상의 값을 가진다.

[해설]
변동계수는 표준편차를 산술평균으로 나누어 구한다. 표준편차는 항상 양수이기 때문에 변동계수는 0이하의 값을 가질 수도 있다.

| 정답 | 59 ④ | 60 ② | 61 ④ | 62 ④ |

63 분산분석의 기본가정이 아닌 것은?

① 관측값은 독립적이어야 한다.
② 각 모집단에서 독립변수는 F분포를 따른다.
③ 각 모집단에서 반응변수는 정규분포를 따른다.
④ 반응변수의 분산은 모집단에서 동일하다.

해설
분산분석의 기본가정은 다음과 같다.
㉠ 모집단은 정규분포 해야 하며 서로 동일한 분산을 가져야 한다.
㉡ 표본추출은 무작위로 이뤄져야 하며 각 집단의 표본, 즉 관측치들은 서로 독립적이어야 한다.
이에 따라 ①, ③, ④는 분산분석의 기본가정에 해당한다.

64 어느 산업체 근로자들의 전년도 임금의 평균이 200만 원이라고 알려져 있다. 금년도 근로자 중 100명을 조사하였더니 평균이 209만원이고 표준편차가 50만원이었다. 이 산업체 근로자들의 임금이 인상되었는지 유의수준 5%에서 검정한다면 검정통계량의 값과 검정결과는?

① 검정통계량: 1.8
 검정결과: 산업체 근로자들의 임금이 전년도에 비하여 인상되었다고 할 수 있다.
② 검정통계량: 1.8
 검정결과: 산업체 근로자들의 임금이 전년도에 비하여 인상되었다고 할 수 없다.
③ 검정통계량: 2.0
 검정결과: 산업체 근로자들의 임금이 전년도에 비하여 인상되었다고 할 수 있다.
④ 검정통계량: 2.0
 검정결과: 산업체 근로자들의 임금이 전년도에 비하여 인상되었다고 할 수 없다.

해설
평균검정에서 모분산이 알려져 있지 않은데 대표본이므로 검정통계량 Z, 모표준편차 대신 표본 표준편차를 사용한다.

$$Z = \frac{\overline{X} - \mu_0}{S/\sqrt{n}}$$

* $\overline{X}$: 표본의 평균값
  μ_0: 귀무가설로 설정된 모집단의 평균값
  S: 표본의 표준편차, $S/\sqrt{n}$: $\overline{X}$의 표준오차

이때 표본평균 $\overline{X} = 209$, 모집단의 평균 $\mu_0 = 200$, 표본의 표준편차 $S = 50$, $n = 100$이므로

$$Z = \frac{\overline{X} - \mu_0}{S/\sqrt{n}} = \frac{209 - 200}{50/\sqrt{100}} = \frac{9}{50/10} = 1.8$$

이다.
귀무가설 $H_0: \mu = 200$ vs 대립가설 $H_1: \mu > 200$으로 설정되므로 단측(우측)검정이 되며, 이에 따라 유의수준 5%에서 임계치는 $Z_{0.05} = 1.645$ 가 된다. 검정통계량 Z의 값이 1.8 로, 절대값이 임계치 1.645보다 크므로 귀무가설의 기각역에 해당한다. 따라서 유의수준 5%에서 귀무가설 $H_0: \mu = 200$을 기각할 수 있다. 즉, 산업체 근로자들의 임금이 전년도에 비하여 인상되었다고 할 수 있다.

65 기존의 취업 교육 프로그램을 이수한 사람의 취업률 p는 0.7이다. 새로운 교육 프로그램이 취업률을 높인다는 주장이 있어 통계적으로 검정하기 위해 새로운 교육 프로그램을 이수한 사람을 임의로 추출하여 취업률을 조사하였다. 이때 적절한 귀무가설(H_0)과 대립가설(H_1)은?

① $H_0: p > 0.7$, $H_1: p = 0.7$
② $H_0: p \neq 0.7$, $H_1: p = 0.7$
③ $H_0: p = 0.7$, $H_1: p > 0.7$
④ $H_0: p = 0.7$, $H_1: p \neq 0.7$

해설
귀무가설은 '같다, 차이가 없다'는 입장의 가설이며 기존의 보편적 사실에 해당한다. 대립가설은 연구자의 주장으로 '다르다, 차이가 있다'는 입장의 가설이다. 따라서 귀무가설은 기존의 취업 교육 프로그램을 이수한 사람의 취업률 p는 0.7이라는 입장이므로 $H_0: p = 0.7$로 설정한다. 대립가설은 새로운 교육 프로그램이 취업률을 높인다는 주장이므로 $H_1: p > 0.7$로 설정한다.

66 어떤 공장에서 생산된 전자제품 중 5개의 표본에서 1개 이상의 부적합품이 발견되면 그날에 생산된 전제품을 불합격으로 처리하고 그렇지 않으면 합격으로 처리한다. 이 공장의 생산공정의 모부적합품률이 0.1일 때, 어느 날 생산된 전제품이 불합격처리될 확률은? (단, 9^5 = 59049)

① 0.10745　　② 0.28672
③ 0.40951　　④ 0.42114

해설

생산된 전제품이 불합격처리될 확률
= 5개의 표본에서 1개 이상의 부적합품이 발견될 확률
= (전체확률) − (모두 적합품일 확률)이므로 이를 이용한다.
- (적합품일 확률) = 1 − (부적합품률) = 1 − 0.1 = 0.9
- (5개가 모두 적합품일 확률) = 0.9 × 0.9 × 0.9 × 0.9 × 0.9
　　　　　　　　　　　　　　= 0.9^5 = 0.59049
∴ (전체확률) − (모두 적합품일 확률) = 1 − 0.59049 = 0.40951

67 다음 표는 성별과 혼인상태에 따른 교차표이다. 이 표에 대한 설명으로 틀린 것은?

구분		혼인상태			
		미혼	기혼	기타	계
성별	남성	13	45	1	59
	여성	85	43	6	134
	합계	98	88	7	193

① 전체에서 여성이 차지하는 비율은 69.4%이다.
② 기혼자 가운데 여성의 비율은 48.9%이다.
③ 전체에서 여성기혼자가 차지하는 비율은 42.3%이다.
④ 남성 가운데 미혼자의 비율은 22%이다.

해설

① $\frac{134}{193}$ = 69.4%
② $\frac{43}{88}$ = 48.9%
③ $\frac{43}{193}$ = 22.3%
④ $\frac{13}{59}$ = 22%

68 어느 병원 입원환자 6명에 대하여 특정 증상의 발생빈도를 측정한 결과가 다음과 같이 정리되었다. 피어슨의 비대칭계수(p)에 근거한 자료의 분포에 관한 설명으로 옳은 것은?

| 10 | 3 | 3 | 6 | 4 | 7 |

① 비대칭계수의 값이 0에 근사하여 좌우대칭형 분포를 나타낸다.
② 비대칭계수의 값이 양의 값을 나타내어 왼쪽으로 꼬리를 늘어뜨린 비대칭분포를 나타낸다.
③ 비대칭계수의 값이 음의 값을 나타내어 왼쪽으로 꼬리를 늘어뜨린 비대칭분포를 나타낸다.
④ 비대칭계수의 값이 양의 값을 나타내어 오른쪽으로 꼬리를 늘어뜨린 비대칭분포를 나타낸다.

해설

비대칭도$(p) = \dfrac{산술평균(\overline{X}) - 최빈수(M_o)}{표준편차(S)}$

$\simeq \dfrac{3\{산술평균(\overline{X}) - 중위수(M_e)\}}{표준편차(S)}$

자료를 오름차순으로 정리하면 3, 3, 4, 6, 7, 10이며 데이터 개수는 6이다.

산술평균	중위수	최빈수
$\dfrac{(3+3+4+6+7+10)}{6}$ $= \dfrac{33}{6} = 5.5$	$\dfrac{n}{2} = \dfrac{6}{2} = 3$ $\dfrac{n}{2} + 1 = 3 + 1 = 4$ → 3번째와 4번째 수의 산술평균 $= \dfrac{(4+6)}{2} = 5$	3

비대칭도$(p) = \dfrac{(5.5 - 3)}{표준편차(S)} \simeq \dfrac{3(5.5 - 5)}{표준편차(S)}$

표준편차는 항상 양수이므로 비대칭도 p는 0보다 크다. ($p > 0$)
따라서 오른쪽으로 꼬리를 늘어뜨린 비대칭 분포를 나타낸다.

69 홈쇼핑 콜센터에서 30분마다 전화를 통해 주문이 성사되는 건수는 $\lambda = 6.7$인 포아송 분포를 따른다고 할 때의 설명으로 틀린 것은?

① 확률변수 X는 주문이 성사되는 주문 건수를 말한다.
② X의 확률함수는 $\dfrac{e^{-6.7}(6.7)^x}{x!}$ 이다.
③ 1시간 동안의 주문건수 평균은 13.4이다.
④ 분산은 6.7^2이다.

해설
포아송 분포의 기댓값과 분산은 λ로 동일하다. 따라서 분산은 6.7이다.
③ 주문건수는 30분마다 6.7건이므로 1시간 동안의 주문건수 평균은 6.7 + 6.7 = 13.4가 된다.

70 어느 제약회사에서 생산하고 있는 진통제는 복용 후 진통효과가 나타날 때까지 걸리는 시간이 평균 30분, 표준편차 8분인 정규분포를 따른다고 한다. 임의로 추출한 100명의 환자에게 진통제를 복용시킬 때 복용 후 40분에서 44분 사이에 진통효과가 나타나는 환자의 수는? (단, 다음 표준정규분포표를 이용하시오)

z	0.75	1.00	1.25	1.50	1.75
$P(0 \leq Z \leq z)$	0.27	0.34	0.39	0.43	0.46

① 4   ② 5
③ 7   ④ 10

해설
진통효과가 나타나는 시간을 확률변수 X라 할 때 X는 정규분포 $N(30, 8^2)$을 따른다. 해당 정규분포에서의 값 40분과 44분을 각각 표준정규분포 $N(0, 1)$를 따르는 확률변수 Z로 표준화하여 표준정규분포에서의 값으로 변환한다.

$$Z = \dfrac{x - \mu}{\sigma}$$

* x: 표본통계량, μ: 모집단 평균의 추정치,
  σ: 모집단 표준편차의 추정치

40분과 44분을 표준화한 값들은 각각
$Z = \dfrac{40-30}{8} = 1.25$, $Z = \dfrac{44-30}{8} = 1.75$이다.
따라서 진통효과가 나타날 때까지 걸리는 시간이 40분에서 44분 사이일 확률은 $P(1.25 < Z < 1.75)$이다. 이는 Z가 0과 1.75 사이에 있을 확률에서 Z가 0과 1.25 사이에 있을 확률을 뺀 값과 같으므로 $P(1.25 < Z < 1.75)$ = 0.46 − 0.39 = 0.07이다. 따라서 환자 수 100명에 0.07을 곱하면 구하고자 하는 문제의 답은 100 × 0.07 = 7명이 된다.

71 회귀분석에서 회귀제곱합(SSR)이 150이고, 오차제곱합(SSE)이 50인 경우, 결정계수는?

① 0.25   ② 0.3
③ 0.75   ④ 1.1

해설
$R^2 = \dfrac{SSR}{SST}$ 이며 SSR+SSE=SST(총제곱합)이므로 이를 이용한다.
∴ $R^2 = \dfrac{SSR}{SST} = \dfrac{SSR}{SSR+SSE} = \dfrac{150}{150+50} = 0.75$ 이다.

72 평균이 6이고 분산이 0.3인 정규모집단으로부터 10개의 표본을 임의로 추출하는 경우, 표본평균의 평균과 분산은?

① (0.6, 0.3)   ② (0.6, 0.03)
③ (6, 0.03)   ④ (6, 0.09)

해설
중심극한의 정리에 따라 평균 μ, 표준편차 σ인 모집단에서 n개의 표본을 반복 추출하면 그 표본들의 각 평균값 $\bar{x}$의 분포는 정규분포로 수렴하게 되며, 평균 μ, 표준편차 $\dfrac{\sigma}{\sqrt{n}}$ 가 된다. 모집단의 평균은 6, 분산 σ^2=0.3이므로 표본평균의 평균은 6, 분산(표준편차의 제곱)은 $\dfrac{\sigma^2}{n} = \dfrac{0.3}{10} = 0.03$ 이다.

73 모집단의 평균을 추정하기 위해 1,000개의 표본을 취하여 정리한 결과 표본평균은 50 표준편차는 2로 계산되었다. 모평균에 대한 점추정치는?

① 15   ② 10
③ 30   ④ 50

해설
모평균에 대한 점추정치는 표본평균이다.

74 카이제곱분포에 대한 설명으로 틀린 것은?

① 자유도가 k인 카이제곱분포의 평균은 k이고, 분산은 2k이다.
② 카이제곱분포는 오른쪽으로 치우쳐져 있고, 왼쪽으로 긴 꼬리를 갖는다.
③ 자유도가 커질수록 좌우대칭인 정규분포에 가까워진다.
④ $Z_1, \cdots, Z_k$가 서로 독립이며 각각 표준정규분포를 따르는 확률변수일 때 $Z_1^2 + \cdots + Z_k^2$은 자유도가 k인 카이제곱분포를 따른다.

해설
카이제곱분포는 오른쪽 꼬리를 가진 비대칭분포이다.

75 모평균에 대한 신뢰구간의 길이를 1/4로 줄이고자 한다. 표본 크기를 몇 배로 해야 하는가?

① 1/4배
② 1/2배
③ 2배
④ 16배

해설
신뢰구간의 길이는 $\left(Z_{\frac{\alpha}{2}} \frac{\sigma}{\sqrt{n}} \right) \times 2$이다. 이는 신뢰수준에 비례하며, 표본크기 n의 제곱근에 반비례한다. 신뢰구간의 길이를 $\frac{1}{4}$로 줄이므로 길이는 $\frac{1}{4} \times \left(Z_{\frac{\alpha}{2}} \frac{\sigma}{\sqrt{n}} \right) \times 2$이 된다.
$\frac{1}{4} \times \left(\frac{Z_{\alpha/2} \times \sigma}{\sqrt{n}} \right) \times 2 = \left(\frac{Z_{\alpha/2} \times \sigma}{4\sqrt{n}} \right) \times 2 = \left(\frac{Z_{\alpha/2} \times \sigma}{\sqrt{16n}} \right) \times 2$이므로
∴ n은 16배가 커져야 한다.

76 특정 정치적 사안의 찬성여부에 대해 세 지역의 여론을 비교하기 위해 각 지역에서 500명, 450명, 400명을 임의추출하여 찬성여부를 조사하고 분할표를 작성하여 계산한 결과 검정통계량의 값이 8.25였다. 유의수준 5%에서 임계값과 검정 결과가 알맞게 짝지어진 것은?
[단, $\chi^2_{0.025}(2) = 7.38$, $\chi^2_{0.05}(2) = 5.99$, $\chi^2_{0.025}(3) = 9.35$, $\chi^2_{0.05}(3) = 7.81$ 이다]

① 7.38, 지역에 따라 건립에 대한 찬성률에 차이가 있다.
② 5.99, 지역에 따라 건립에 대한 찬성률에 차이가 있다.
③ 9.35, 지역에 따라 건립에 대한 찬성률에 차이가 없다.
④ 7.81, 지역에 따라 건립에 대한 찬성률에 차이가 없다.

해설
지역(범주형 변수)에 따라 찬성여부(범주형 변수: 찬성을 1, 반대를 0으로 구분)에 차이가 있는가를 검정하기 위한 검정통계량 값 8.25를 유의수준 5%에서 카이제곱 임계값과 비교하는 문제이므로, 필요한 카이제곱 검정통계량의 자유도를 구하여 임계치를 결정하여 비교하면 된다. 관측도수에 대해 교차표를 작성한다면 찬성여부 변수의 범주는 2(찬성/반대), 지역 변수의 범주는 3(3개 지역)이므로 각 범주의 수에서 1을 차감하여 서로 곱하면 $(2-1) \times (3-1) = 2$가 되기 때문에, 자유도는 2이다.
임계치는 유의수준 5%에서 자유도 2이므로 $\chi^2_{0.05}(2) = 5.99$이다. 검정통계량 8.25가 절댓값으로 임계치 5.99보다 크므로 귀무가설(H_0: 지역에 따라 찬성률에 차이가 없다)을 기각할 수 있다. 따라서 유의수준 5% 하에서(임계값은 5.99) 지역에 따라 찬성률에 차이가 있다고 할 수 있다는 것이 검정결과이다.

77 어떤 동전이 공정한가를 검정하고자 20회를 던져본 결과 앞면이 15번 나왔다. 이 검정에서 사용되는 카이제곱 통계량 $\sum_{i=1}^{2}\frac{(O_i-E_i)^2}{E_i}$의 값은?

① 2.5
② 5
③ 10
④ 12.5

해설
동전을 던지는 시행을 여러 번 할 때 각각 앞면(앞면을 1, 뒷면을 0으로 할 때 명목척도로 범주형 변수가 된다)이 나오는 횟수의 분포에 대하여, 기대되는 도수에 관측도수가 적합한가(동전이 공정한가)를 검정하는 카이제곱 적합성 검정이다. 20회를 던져본 결과 앞면이 15번, 뒷면이 5번 나왔으므로 이를 교차표로 만들면 다음과 같다.

구분	앞면	뒷면	합계
빈도	15	5	20

앞면이 나오는 횟수에 대한 기대도수는 다음과 같이 구한다.

기대도수 $E_i = n \times p_i$

* n: 표본의 총 개수, P_i: 각 범주의 예상확률

앞면이 나올 확률은 1/2이고, 표본의 총 개수(시행횟수)는 20이므로 기대도수는 $20 \times \frac{1}{2} = 10$이다.
카이제곱 적합성 검정에서 검정통계량은 다음과 같이 구한다.

$$\chi^2 = \sum_{i=1}^{c}\frac{(O_i-E_i)^2}{E_i}$$

* O_i: 관측도수, E_i: 기대도수

∴ 검정통계량 $\chi^2 = \sum_{i=1}^{2}\frac{(O_i-E_i)^2}{E_i}$
$= \frac{(15-10)^2}{10} + \frac{(5-10)^2}{10} = 5$

78 일원배치 분산분석에 대한 설명으로 틀린 것은?

① 집단 간 평균을 비교하는 분석이다.
② 요인이 2개인 경우에 적용할 수 있다.
③ 유의확률이 유의수준보다 크면 귀무가설을 기각할 수 없다.
④ 검정통계량은 집단 내 제곱합과 집단 간 제곱합으로 구한다.

해설
일원배치분산분석은 집단구분변수(독립변수), 즉 요인이 1개인 경우 종속변수의 평균이 서로 다른지를 분석하는 방법이다.

79 다음 중 표본평균의 분포에 관한 설명으로 틀린 것은?

① 표본평균의 분포 평균은 모집단의 평균과 동일하다.
② 표본의 크기가 어느 정도 크면 표본평균의 분포는 근사적 정규분포를 따른다.
③ 표본평균의 분포는 모집단의 분포와 동일하다.
④ 표본평균의 분포 분산은 표본의 크기에 따라 달라진다.

해설
모집단의 평균을 μ, 표준편차를 σ라고 할 때 모집단에서 n개의 표본을 반복추출하면 표본들의 평균값의 분포는 표본의 크기가 커짐에 따라 근사적으로 평균이 μ이고 분산이 $\frac{\sigma^2}{n}$인 정규분포를 따른다.

80 정규분포에 관한 설명으로 틀린 것은?

① 정규분포곡선은 자유도에 따라 모양이 달라진다.
② 정규분포는 평균을 기준으로 대칭인 종 모양의 분포를 이룬다.
③ 평균, 중위수, 최빈수가 동일하다.
④ 정규분포에서 분산이 클수록 정규분포곡선은 양옆으로 퍼지는 모습을 한다.

해설
정규분포는 자유도에 따라 모양이 달라지지 않으며 평균 μ와 분산 σ^2에 따라 모양이 달라진다.

| 정답 | 77 ② 78 ② 79 ③ 80 ①

81 어느 지역의 청년취업률을 알아보기 위해 조사한 500명 중 400명이 취업을 한 것으로 나타냈다. 이 지역의 청년취업률에 대한 95% 신뢰구간은? [단, Z가 표준정규분포를 따르는 확률변수일 때, P(Z > 1.96) = 0.025이다]

① $0.8 \pm 1.96 \times \dfrac{0.8}{\sqrt{500}}$

② $0.8 \pm 1.96 \times \dfrac{0.16}{\sqrt{500}}$

③ $0.8 \pm 1.96 \times \sqrt{\dfrac{0.8}{500}}$

④ $0.8 \pm 1.96 \times \sqrt{\dfrac{0.16}{500}}$

해설

단일모집단 비율의 신뢰구간 추정이다. 신뢰구간 공식은 다음과 같다.
p = 모집단의 비율, $\hat{p}$ = 표본의 비율이라고 할 때

$$\hat{p} - Z_{\frac{\alpha}{2}}\sqrt{\dfrac{\hat{p}(1-\hat{p})}{n}} \leq p \leq \hat{p} + Z_{\frac{\alpha}{2}}\sqrt{\dfrac{\hat{p}(1-\hat{p})}{n}}$$

$\hat{p} = \dfrac{400}{500} = 0.8$, $n = 500$, $Z_{\frac{\alpha}{2}} = Z_{0.025} = 1.96$이므로,

$\therefore \hat{p} \pm Z_{\frac{\alpha}{2}}\sqrt{\dfrac{\hat{p}(1-\hat{p})}{n}} = 0.8 \pm 1.96 \times \sqrt{\dfrac{0.8(1-0.8)}{500}}$

$\qquad = 0.8 \pm 1.96 \times \sqrt{\dfrac{0.16}{500}}$이다.

82 가설검정에 대한 설명으로 틀린 것은?

① 가설은 귀무가설과 대립가설이 있다.
② 귀무가설은 주로 기존의 사실을 위주로 보수적으로 세운다.
③ 가설검정의 과정에서 유의수준은 검정통계량과 임계치를 비교한 후에 설정한다.
④ 유의확률(p-value)이 유의수준보다 작으면 귀무가설을 기각한다.

해설

가설검정의 일반적 절차는 [적합한 검정방법 결정 → 귀무가설과 대립가설 설정 → 신뢰수준과 유의수준 결정 → 기각역과 채택역 결정 → 검정통계량 산출 및 임계치와 비교 → 귀무가설의 기각 여부 결정]이다.

83 다른 변수들의 상관관계를 통제하고 순수하게 두 변수 간의 상관관계를 나타내는 것은?

① 단순상관계수   ② 편상관계수
③ 다중상관계수   ④ 결정계수

해설

편상관계수는 다른 변수들과의 상관관계를 통제하고 순수하게 두 변수 간의 상관관계를 구한 것이다. 즉, 두 변수 이외에 관련된 변수의 영향을 통제했을 때의 순수한 두 개 변수 간 상관계수이다.

84 다음 중 대표값에 해당하지 않는 것은?

① 최빈값   ② 기하평균
③ 조화평균   ④ 분산

해설

분산은 산포도에 관한 측도이다.

85 두 확률변수 X와 Y의 상관계수는 0.65이다. $U = \dfrac{1}{3}X + 6$, $V = \dfrac{3}{4}Y + 1$이라 할 때, 두 확률변수 U와 V의 상관계수는?

① 0.86   ② 0.92
③ 0.65   ④ -0.65

해설

두 확률변수 $aX + b$, $cY + d$에 대한 상관계수 $corr(aX+b, cY+d)$는 $ac > 0$이면 $corr(X, Y)$이고, $ac < 0$이면 $-corr(X, Y)$이다.
이에 따라 두 확률변수 $U = \dfrac{1}{3}X + 6$, $V = \dfrac{3}{4}Y + 1$에 대한 상관계수 $corr(\dfrac{1}{3}X + 6, \dfrac{3}{4}Y + 1)$은 $\left(\dfrac{1}{3}\right) \times \left(\dfrac{3}{4}\right) > 0$이므로
$\therefore corr(\dfrac{1}{3}X + 6, \dfrac{3}{4}Y + 1) = corr(X, Y) = 0.65$($X$와 Y의 상관계수)가 된다.

| 정답 | 81 ④   82 ③   83 ②   84 ④   85 ③

86 단순회귀모형 $\hat{y}=\hat{\beta_0}+\hat{\beta_1}x$에 대한 분산분석표가 다음과 같다. 설명변수와 반응변수가 양의 상관관계를 가질 때, 귀무가설(H_0): $\beta_1=0$, 대립가설(H_1): $\beta_1 \neq 0$을 검정하기 위한 t-검정통계량의 값은?

요인	제곱합	자유도	평균제곱	F-통계량
회귀	32.0	1	32.0	4.0
잔차	80.0	10	8.0	

① 2
② -2
③ 1
④ -1

해설
단순회귀분석에서 (회귀계수 유의성 검정)검정통계량 t값의 제곱은 단순회귀분석에서의 (회귀모형 유의성 검정)검정통계량 F값과 동일하다. 따라서 $t^2=4$이다. 이때 $t=\pm 2$ 인데, 설명변수와 반응변수가 양의 상관관계이므로 회귀선의 기울기($\hat{\beta_1}$)는 양(+)이다.
따라서 t-검정통계량 ($t = \frac{\hat{\beta_1}-\beta_1}{\sqrt{Var(\hat{\beta_1})}}$)도 양의 값이 되므로 t=2이다.
(t-검정통계량 공식에서의 β_1은 귀무가설에서의 모집단의 기울기이므로 값이 0이 된다)

87 X가 이항분포 $B(n, p)$를 따를 때, p의 불편추정량인 $\hat{p}=\frac{X}{n}$의 분산은?

① np
② $p(1-p)$
③ $\frac{p(1-p)}{n}$
④ $np(1-p)$

해설
확률변수 X가 이항분포 $B(n, p)$를 따를 때, 분산은 $V(X)=np(1-p)$이다. 분산의 성질 $V(aX\pm b)=a^2V(X)$에 따라
$V(\hat{p}) = V\left(\frac{X}{n}\right) = \left(\frac{1}{n}\right)^2 V(X)$
$= \frac{1}{n^2} \times n \times p \times (1-p) = \frac{p(1-p)}{n}$

88 다음 어떤 표본 자료 A, B, C의 표준편차를 a, b, c라 할 때, a, b, c의 대소관계로 옳은 것은?

- A: 1~30 중 짝수
- B: 31~60 중 짝수
- C: 1~60 중 짝수

① a, b, c 모두 같다.
② a는 b와 같고 c는 a, b 보다 크다.
③ a가 가장 크고 b와 c는 같다.
④ b가 가장 크며 그 다음은 c, a의 순서로 크다.

해설
모든 집합에서 짝수만을 고려하고 있는 상황에서 a와 b는 데이터의 범위가 같아 a, b의 표준편차는 같으나 더 넓은 데이터 범위를 가진 c는 a, b에 비해 표준편차가 더 크다.

구분	평균
a	$\frac{(2+4+6+\cdots+30)}{15}=16$
b	$\frac{(32+34+36+\cdots+60)}{15}=46$
c	$\frac{(2+4+6+\cdots+60)}{30}=31$

구분	표준편차
a	$\sqrt{\frac{(2-16)^2+(4-16)^2+\cdots(30-16)^2}{14}} \fallingdotseq 8.944$
b	$\sqrt{\frac{(32-46)^2+(34-46)^2+\cdots(60-46)^2}{14}} \fallingdotseq 8.944$
c	$\sqrt{\frac{(2-31)^2+(4-31)^2+\cdots(60-31)^2}{29}} \fallingdotseq 17.607$

| 정답 | 86 ① 87 ③ 88 ②

89 다음 중 이산확률변수에 해당하는 것은?

① 어느 중학교 학생들의 몸무게
② 습도 80%의 대기 중에서 빛의 속도
③ 장마기간 동안 A 도시의 강우량
④ 어느 프로야구 선수가 한 시즌 동안 친 홈런의 수

해설

이산확률변수는 변수값이 정수와 같이 명확하고 확률변수가 가질 수 있는 변수 값이 한정되거나 셀 수 있다. 프로야구 선수가 한 시즌 동안 친 홈런의 수는 셀 수 있으며 정수로 표시되므로 이산확률변수이다. 그 외는 변수값이 연속된 구간의 모든 연속된 실수값을 취하며 취할 수 있는 값의 범위가 무한하고 가능한 변수 값을 셀 수 없는 연속확률변수이다.

90 어느 투자자의 포트폴리오의 기대수익률이 평균 20%, 표준편차 4%인 정규분포를 따른다고 한다. 이때 투자자의 수익률이 20% 이하일 확률은?

① 0.25
② 0.375
③ 0.475
④ 0.5

해설

기대수익률을 확률변수 X라 할 때 X는 정규분포 $N(20, 4^2)$을 따른다. 20% 수익률을 표준정규분포 $N(0, 1)$를 따르는 확률변수 Z로 표준화하여 표준정규분포에서의 값으로 변환한다.

$$Z = \frac{x - \mu}{\sigma}$$

* x: 표본통계량, μ: 모집단 평균의 추정치,
  σ: 모집단 표준편차의 추정치

정규분포에서의 값 20%는 $Z = \frac{20 - 20}{4} = 0$이다.

따라서 투자자의 수익률이 20% 이하일 확률은 $P(Z \le 0)$인데, 표준정규분포에서 0은 평균이므로
평균보다 작을 확률은 표준정규분포 전체 확률의 1/2이므로, 답은 0.5이다.

91 다음 중 유의확률(p - value)에 대한 설명으로 틀린 것은?

① 주어진 데이터와 직접적으로 관계가 있다.
② 검정통계량이 실제 관측된 값보다 대립가설을 지지하는 방향으로 더욱 치우칠 확률로서 귀무가설 하에서 계산된 값이다.
③ 유의확률이 작을수록 귀무가설에 대한 반증이 강한 것을 의미한다.
④ 유의수준이 유의확률보다 작으면 귀무가설을 기각한다.

해설

유의확률은 귀무가설이 맞을 때 적어도 그 정도의 극단적인 표본값이 나올 확률로 0과 1 사이의 값을 가진다. 즉, 귀무가설이 맞다는 전제하에 검정통계량이 표본에서 계산된 값보다 같거나 대립가설을 지지하는 방향으로 더 극단적인 값을 가질 확률이다. 표본자료로부터 계산되는 값이며, p - value로 나타낸다. p - value ≤ α이면 귀무가설을 기각할 수 있다. 즉, 유의확률이 작을수록 귀무가설이 맞을 가능성은 작아진다.

92 어느 대학교 학생회장 선거에서 A후보자는 40%의 득표를 할 것으로 예상하고 있다. 이러한 예상을 확인하기 위해 예상 투표자 중 100명을 무작위추출하여 조사하였더니 그 중 45명이 A후보자를 지지한다고 하였다. 이때 검정통계량 값은?

① 1.02
② −1.02
③ 0.05
④ 1.52

해설

단일모집단 비율검정을 위한 검정통계량 Z를 이용한다.
표본의 비율 $\hat{p} = \frac{45}{100} = 0.45$, 귀무가설로 설정된 모집단의 비율 $p_0 = 0.4$, $n = 100$이므로

$$\therefore Z = \frac{\hat{p} - p_0}{\sqrt{\frac{p_0(1-p_0)}{n}}} = \frac{0.45 - 0.4}{\sqrt{\frac{0.4(1-0.4)}{100}}} \fallingdotseq 1.02$$

93 어떤 정치적 사안에 대한 A지역 지지율 p_1과 B지역 지지율 p_2의 차이 p_1-p_2는 4.5%로 알려져 있다. A지역과 B지역 각각 500명씩을 랜덤 추출하여 조사하였더니, 위 지지율 차이는 4.1%로 나타났다. 지지율 차이가 줄어들었다고 할 수 있는지를 검정하기 위한 귀무가설 H_0와 대립가설 H_1은?

① $H_0 : p_1-p_2 = 0.041$, $H_1 : p_1-p_2 > 0.041$
② $H_0 : p_1-p_2 > 0.041$, $H_1 : p_1-p_2 \leq 0.041$
③ $H_0 : p_1-p_2 < 0.045$, $H_1 : p_1-p_2 \geq 0.045$
④ $H_0 : p_1-p_2 = 0.045$, $H_1 : p_1-p_2 < 0.045$

[해설]
기존의 알려진 지지율 차이는 4.5%이며 이것이 귀무가설로 설정된다. 본 문제에서의 대립가설은 지지율 차이가 귀무가설에서의 차이 4.5%보다 줄어들었다는 방향을 가지고 있으므로 귀무가설에서 설정된 값보다 작다는 방향으로 설정된다.
* 귀무가설: 같다, 차이가 없다는 입장으로, 일반적으로 등호로 표시된다.

94 세 그룹의 평균을 비교하기 위해 각 수준에서 5번씩 반복실험한 일원분산분석 모형 $X_{ij} = \mu + \alpha_i + \epsilon_{ij}$ ($i=1, 2, 3, j=1, 2, \cdots, 5$)에 대한 분산분석표가 아래와 같을 때 ㉠, ㉡에 들어갈 값은?

요인	제곱합	자유도	F - 통계량
처리	52.0	2	㉡
오차	60.0	㉠	

   ㉠   ㉡
① 12   4.8
② 12   5.2
③ 13   4.8
④ 13   5.2

[해설]
오차의 자유도를 알기 위해서는 총합의 자유도를 알아야 하는데, 각 수준에서 모두 5번씩 반복실험을 했으므로 각 처리수준별 반복수가 동일하다면 측정자료의 총 개수 n은 '처리수준의 수 × 반복수'와 일치하게 되는 것을 이용한다.
측정자료의 총 개수 = [처리수준의 수(k: 그룹의 수) 3 × 반복수 5] = 15
∴ 총합의 자유도 $n-1 = 15-1 = 14$
총합의 자유도 14 = 처리의 자유도 2 + 오차의 자유도 ㉠
∴ ㉠ 12
따라서 오차의 평균제곱 = [오차제곱합/오차의 자유도] = 60/12 = 5이다. 또한 처리의 평균제곱 = [처리제곱합/처리의 자유도] = 52/2 = 26이므로
∴ ㉡ $F = \dfrac{\text{처치(집단 간, 인자) 평균제곱}}{\text{오차(집단 내, 잔차) 평균제곱}} = \dfrac{26}{5} = 5.2$

95 다음은 유권자 중 무작위 추출한 250명을 대상으로 가장 선호하는 정당을 조사한 결과를 성별로 정리한 자료이다. 두 변수 사이의 독립성 검정을 하려고 할 때 검정통계량의 자유도는?

구분	A정당	B정당	C정당	합계
남자	60	50	40	150
여자	40	30	30	100
합계	100	80	70	250

① 4　　② 1
③ 2　　④ 6

해설

범주형 변수인 선호하는 정당(A, B, C)과 범주형 변수인 성별(남, 여) 간에 연관성이 있는가의 여부를 검정하는 교차분석의 카이제곱 독립성 검정에서 검정통계량의 자유도는 (행의 수−1)×(열의 수−1)이다.
행의 수는 2이며 열의 수는 3이므로
∴ 검정통계량의 자유도 = (2−1)×(3−1) = 2이다.

96 Y의 X에 대한 회귀직선식이 $\hat{Y}=5+2X$라 한다. Y의 표준편차가 10, X의 표준편차가 4일 때 X와 Y의 상관계수는?

① 0.9　　② 0.8
③ 0.7　　④ 0.6

해설

회귀식이 $\hat{y}=\hat{\beta}_0+\hat{\beta}_1 x$와 같을 때　*$\hat{\beta}_0$: 절편, $\hat{\beta}_1$: 기울기

회귀직선의 기울기 $\hat{\beta}_1 = r_{XY}\dfrac{S_Y}{S_X} = \dfrac{S_{XY}}{S_{XX}} = \dfrac{\sum_{i=1}^{n}(x_i-\overline{x})(y_i-\overline{y})}{\sum_{i=1}^{n}(x_i-\overline{x})^2}$

* r_{XY}: X, Y의 상관계수,
  S_X: X의 표준편차, S_Y: Y의 표준편차,
  S_{XY}: X, Y의 공분산,
  S_{XX}: X의 분산

$S_Y=10$, $S_X=4$, $\hat{Y}=5+2X$의 기울기인 2는 $r_{XY}\dfrac{S_Y}{S_X}$과 같으므로

$r_{XY}\dfrac{S_Y}{S_X} = r_{XY}\dfrac{10}{4} = 2$

∴ $r_{XY}=0.8$

97 설명변수(X)와 반응변수(Y) 사이에 단순회귀모형을 가정할 때 회귀직선의 절편에 대한 추정값은?

X	0	1	2	3	4	5
Y	4	3	2	0	−3	−6

① 1　　② 3
③ 5　　④ 7

해설

회귀식이 $\hat{y}=\hat{\beta}_0+\hat{\beta}_1 x$와 같을 때　*$\hat{\beta}_0$: 절편, $\hat{\beta}_1$: 기울기

$\hat{\beta}_0 = \overline{y}-\hat{\beta}_1\overline{x}$

$\hat{\beta}_1 = r_{XY}\dfrac{S_Y}{S_X} = \dfrac{S_{XY}}{S_{XX}} = \dfrac{\sum_{i=1}^{n}(x_i-\overline{x})(y_i-\overline{y})}{\sum_{i=1}^{n}(x_i-\overline{x})^2}$

* r_{XY}: X, Y의 상관계수,
  S_X: X의 표준편차, S_Y: Y의 표준편차,
  S_{XY}: X, Y의 공분산,
  S_{XX}: X의 분산

필요한 값들을 먼저 계산하면
㉠ $\overline{X}=(0+1+2+3+4+5)/6=2.5$
　$\overline{Y}=(4+3+2+0-3-6)/6=0$

㉡ $\sum_{i=1}^{n}(X_i-\overline{X})(Y_i-\overline{Y})$
　$=(0-2.5)\times(4-0)+(1-2.5)\times(3-0)+(2-2.5)\times(2-0)$
　$+(3-2.5)\times(0-0)+(4-2.5)\times(-3-0)+(5-2.5)\times(-6-0)$
　$=-35$

㉢ $\sum_{i=1}^{n}(X_i-\overline{X})^2 = (0-2.5)^2+(1-2.5)^2+(2-2.5)^2$
　$+(3-2.5)^2+(4-2.5)^2+(5-2.5)^2=17.5$

기울기 $\hat{\beta}_1 = \dfrac{\sum_{i=1}^{n}(x_i-\overline{x})(y_i-\overline{y})}{\sum_{i=1}^{n}(x_i-\overline{x})^2} = \dfrac{-35}{17.5} = -2$ 이므로

∴ 절편 $\hat{\beta}_0 = \overline{y}-\hat{\beta}_1\overline{x} = 0-(-2)\times 2.5 = 5$ 이다.

98 회귀분석에서 결정계수 R^2에 관한 설명으로 틀린 것은?

① $R^2 = \dfrac{SSR}{SST}$

② $-1 \leq R^2 \leq 1$

③ SSE가 작아지면 R^2은 커진다.

④ R^2은 독립변수의 수가 늘어날수록 증가하는 경향이 있다.

해설

회귀분석에서 결정계수는 독립변수가 종속변수의 분산을 얼마나 설명하는가의 정도로 회귀식이 자료에 얼마나 적합한가의 정도를 나타낸다. 결정계수는 0에서 1 사이의 값을 가지며($0 \leq R^2 \leq 1$), 이 값이 클수록 회귀식이 자료를 잘 나타내고 있다고 볼 수 있다.

①, ③ $R^2 = \dfrac{\text{회귀식에 의해 설명되는 분산}}{\text{전체 분산}} = \dfrac{SSR}{SST} = 1 - \dfrac{SSE}{SST}$

SSE(회귀식에 의해 설명되지 않는 분산)이 작아지면 결정계수는 증가한다.

---

99 다음은 특정한 4개의 처리수준에서 각각 8번의 반복을 통해 측정된 반응값을 이용하여 계산한 값들이다. 이를 이용하여 계산된 평균제곱오차(MS_E)는?

총제곱합(SST)=1400, 총자유도=31,
처리제곱합(SS_T)=850

① 19.6 ② 30.4
③ 50.0 ④ 17.7

해설

평균제곱오차(오차평균제곱) = $\dfrac{\text{오차제곱합}}{\text{오차자유도}}$

㉠ 오차제곱합
총제곱합 = 처리제곱합 + 오차제곱합이므로
1400 = 850 + 오차제곱합이다.
∴ 오차제곱합 = 1400 − 850 = 550

㉡ 오차의 자유도 = $n - k$에서 n과 k를 구하면
처리수준은 4개이고 각 8번 반복이므로 자료의 총 개수는 $4 \times 8 = 32$이다.
∴ $n = 32$, 처리수준 $k = 4$
따라서 오차 자유도 = $n - k = (32 - 4) = 28$

∴ 구하고자 하는 평균제곱오차(오차평균제곱) = $\dfrac{\text{오차제곱합}}{\text{오차자유도}}$
$= \dfrac{550}{28} ≒ 19.6$

---

100 독립변수가 4개인 중회귀분석의 결과가 다음과 같을 때 오차분산의 추정값은?

$$\sum_{i=1}^{n}(y_i - \hat{y_i})^2 = 1200, \quad \sum_{i=1}^{n}(\hat{y_i} - \overline{y})^2 = 140, \quad n = 100$$

① 12.50
② 12.63
③ 12.00
④ 12.45

해설

회귀분석에서 오차항의 분산(SSE)에 대한 추정값은 잔차평균제곱합(MSE)이다. 이는 오차분산(σ^2)의 불편추정량이다.
MSE는 다음과 같이 나타낼 수 있다.

$$MSE = \dfrac{SSE}{n-k-1} = \dfrac{\sum_{i=1}^{n}(y_i - \hat{y_i})^2}{n-k-1} = \dfrac{\sum_{i=1}^{n}e_i^2}{n-k-1} = \hat{\sigma}^2$$

*n: 표본의 크기, k: 독립변수의 수

$n = 100$, $k = 4$, 잔차제곱합 = 1200이므로

∴ 오차분산의 추정값은 $MSE = \dfrac{\sum_{i=1}^{n}(y_i - \hat{y_i})^2}{n-k-1} = \dfrac{1200}{100-4-1} ≒ 12.63$이다.

| 정답 | 98 ② 99 ① 100 ②

제1과목: 조사방법과 설계

01 과학적 연구의 논리체계에 관한 설명으로 틀린 것은?

① 사회과학 이론과 연구는 연역과 귀납의 방법을 통해 연결된다.
② 연역은 이론으로부터 기대 또는 가설을 이끌어내는 것이다.
③ 귀납은 구체적인 관찰로부터 일반화로 나아가는 것이다.
④ 귀납적 논리의 고전적인 예는 '모든 사람은 죽는다. 소크라테스는 사람이다. 따라서 소크라테스는 죽는다.'이다.

해설
④ 연역적 논리의 예이다.
 귀납적 논리는 관찰로부터 일반화로 나아가는 것이므로 고전적인 예는 'A도 죽고, B도 죽고, C도 죽었다. → A, B, C는 사람이다. → 따라서 모든 사람은 죽는다.'이다.

02 집단이나 사회의 특성을 분석한 결과를 바탕으로 집단 속 개인에 관한 결론을 도출할 때 발생하는 오류는?

① 제1종 오류
② 생태학적 오류
③ 제3종 오류
④ 비체계적 오류

해설
분석단위를 집단에 둔 연구결과를 바탕으로 집단 속 개인특성을 추리할 때 나타나는 오류는 생태학적 오류이다.
① 귀무가설이 진실인데 이를 기각하는 오류이다.
④ 측정과정에서 우연히 또는 가변적인 일시적인 사정에 의해 측정상황이나 측정대상 등에 영향을 미쳐 나타나는 오류이다.

03 다음 중 질문문항의 배열에 관한 설명으로 틀린 것은?

① 시작하는 질문은 응답자의 흥미를 유발하고 쉽게 대답할 수 있는 것으로 한다.
② 개인의 사생활과 같이 민감한 질문은 가급적 뒤로 돌린다.
③ 특수한 것을 먼저 묻고, 일반적인 것을 그 다음에 질문한다.
④ 논리적인 순서에 따라 배열함으로써 응답자 자신도 조사의 의미를 찾을 수 있도록 한다.

해설
질문의 배열은 일반적인 것을 먼저 배열하고, 특수한 질문은 후반부에 배열한다. 즉 깔대기형 질문으로 질문이 후반부로 갈수록 그 범위를 특정내용들로 좁혀나가는 방식이다. 큰 범위의 질문을 먼저하고 점차 특정적·구체적 질문을 뒤쪽에 배열한다.

04 표집오차(Sampling Error)에 대한 설명으로 틀린 것은?

① 표본의 크기가 클수록 표집오차는 작아진다.
② 표본의 분산이 작을수록 표집오차는 작아진다.
③ 표집오차란 통계량들이 모수 주위에 분산되어 있는 정도를 의미한다.
④ 표본의 크기가 같을 때 단순무작위표집보다 집락표집에서 표집오차가 작다.

해설
표집오차(표본오차)는 표본추출과정에서 대표성이 없는 표본을 잘못 추출함으로써 발생하는 등 추출된 표본이 모집단을 대표하지 못하는 오차로, 통계적으로는 통계량 값이 모수치 주위에 분산되어 있는 정도를 의미한다. 분산과 신뢰수준이 클수록 표본오차는 증가하며 표본 수가 클수록 표본오차는 감소한다.
④ 표본의 크기 동일가정 시 표본오차의 크기는 층화표본이 가장 작고 그 다음이 단순무작위표본이며 군집표본이 가장 크다.

| 정답 | 01 ④ 02 ② 03 ③ 04 ④

05 표적집단면접법(Focus Group Interview)에 대한 설명으로 틀린 것은?

① 표본이 특정 집단이기 때문에 조사결과의 일반화가 어려운 단점이 있다.
② 조사자의 개입이 미비하므로 조사자의 주관이나 편견이 개입되지 않는다.
③ 응답자는 응답을 강요당하지 않기 때문에 솔직하고 정확히 자신의 의견을 표명할 수 있다.
④ 심층면접법을 응용한 방법으로, 조사자가 소수의 응답자를 한 장소에 모이게 한 후 관련된 주제에 대하여 대화와 토론을 통해 정보를 수집하는 방법이다.

해설
표적집단면접법은 전문지식을 갖춘 사람 또는 경험자를 소수의 응답자로 선정하고 사회자가 배석하여 연구목적의 방향을 제시하되, 자유로운 토론을 벌이게 하여 필요한 정보를 획득하는 방법으로 사회자의 역할이 중요하다. 자유로운 토론으로 새로운 사실 발견이 가능하고 행동의 내면적 이유 파악이 가능하나, 조사결과를 일반화하기가 용이하지 않은 단점이 있다.
② 결과의 해석 시 주관개입 가능성에 주의해야 한다.

06 표본추출과 관련된 용어 설명으로 틀린 것은?

① 관찰단위: 직접적인 조사대상
② 모집단: 연구하고자 하는 이론상의 전체집단
③ 표집률: 모집단에서 개별 요소가 선택될 비율
④ 통계량(Statistic): 모집단에서 어떤 변수가 가지고 있는 특성을 요약한 통계치

해설
통계량은 표본의 특성을 나타내는 값으로, 표본에서 어떤 변수가 가지고 있는 특성을 요약한 것이다.

07 서베이 조사와 비교한 사례연구에 대한 설명으로 틀린 것은?

① 연구대상을 질적으로 파악하고 기술한다.
② 소수대상의 여러 가지 복합적 요인에 대한 복합적 관찰을 한다.
③ 연구대상 집단의 공통분모적 성질인 대표성을 추구한다.
④ 연구대상의 내면적·동태적 양상을 수직적으로 파고드는 조사이다.

해설
사례조사는 소수의 특정한 사례를 조사하여 문제에 대해 종합적 파악과 심층적 분석을 실행한다. 시간 경과에 따른 특정적 영향요인과 변화 간의 관계 파악 등 문제에 대한 간접적인 경험과 사전지식을 얻을 수 있고 탐색적 목적을 위해 유용하게 사용 가능하지만 대표성이 낮아 일반화 가능성이 떨어지는 것이 한계점 중의 하나이다.

08 패널조사의 특징과 가장 거리가 먼 것은?

① 패널조사는 측정기간 동안 패널이 이탈될 수 있는 단점이 있다.
② 패널조사는 조사대상자로부터 추가적인 자료를 얻기가 비교적 쉽다.
③ 패널조사는 조사대상자의 태도 및 행동변화에 대한 분석이 가능하다.
④ 패널조사는 최초 패널을 잘못 구성하더라도 장기간에 걸쳐 수정이 가능하다는 장점이 있다.

해설
패널 관리가 어렵고 최초에 잘못 구성하면 수정이 어렵다(장기간에 걸쳐 수정 불가)는 것이 패널조사의 한계점 중 하나이다.

| 정답 | 05 ② | 06 ④ | 07 ③ | 08 ④ |

09 초점집단(Focus Group)조사에 관한 설명으로 맞는 것은?

① 조사결과가 체계적이기 때문에 결과의 분석과 해석이 용이하다.
② 초점집단조사는 내용타당도를 높이는 목적으로 사용될 수 있다.
③ 초점집단조사의 자료수집과정에서는 연구자의 주관적 개입이 불가능하다.
④ 초점집단조사에서는 익명집단의 상호작용을 통해 도출된 자료를 분석한다.

해설
초점집단조사(FGI)는 전문지식을 갖춘 사람 또는 경험자를 소수의 응답자로 선정하고 사회자가 배석하여 연구목적의 방향을 제시하되, 자유로운 토론을 벌이게 하여 필요한 정보를 획득하는 방법으로, 새로운 아이디어 창출과 높은 타당성이 가능하다는 등의 장점이 있다.
① 초점집단조사는 자유로운 토론을 통한 방식이므로 비구조화된 토론 형식이며 수집자료의 특성 상 결과의 분석과 해석이 어렵다.
③ 초점집단조사는 정성조사로 주관적 해석의 한계점이 있다.
④ 초점집단조사는 자유로운 토론을 통한 방식으로 대면집단의 상호작용을 통해 자료가 도출된다. 따라서 델파이 조사와 같은 익명집단의 상호작용에 의한 방식이 아니다.

10 특정 연구대상이 시간이 지남에 따라 의견이나 태도가 변하는 경우에 사용하는 조사기법으로 연구대상을 구성하는 동일한 단위집단에 대하여 상이한 시점에서 반복하여 조사하는 방법은?

① 패널조사
② 횡단조사
③ 인과조사
④ 집단조사

해설
패널조사는 특정한 대상을 사전에 패널로 선정하고 이들을 대상으로 반복적으로 조사를 실시하는 것으로 특정 주제에 대해 동일한 대상을 일정한 시간간격을 두고 지속적으로 반복 조사하는 동일 집단 반복 연구이다.

11 양적 연구와 비교한 질적 연구의 특징이 아닌 것은?

① 비공식적 언어를 사용한다.
② 주관적 동기의 이해와 의미해석을 하는 현상학적·해석학적 입장이다.
③ 비통제적 관찰, 심층적·비구조적 면접을 실시한다.
④ 자료분석에 소요되는 시간이 짧아 소규모 분석에 유리하다.

해설
질적 연구는 소요되는 시간이 긴 점 등 소규모 분석에 적합하다.

12 표본오류의 크기에 영향을 미치는 요인으로 거리가 가장 먼 것은?

① 표본의 크기
② 표본추출방법
③ 문항의 무응답
④ 모집단의 분산정도

해설
표본오류(표본오차)에 영향을 미치는 요인은 모집단의 분산, 신뢰수준, 표본의 크기, 표본추출방법 등이며, 문항의 무응답은 표본추출과정 이외에서 발생되는 오류인 비표본오류에 해당한다.

13 시간의 변화에 따른 특정 하위 모집단의 변화를 관찰하는 연구는?

① 횡단연구
② 추이연구
③ 패널연구
④ 코호트연구

해설
코호트 조사는 일정 기간 동안의 어떤 한정된 모집단(특정경험을 같이 하는 동시경험집단)의 변화를 두 번 이상의 다른 시점에 조사하여 비교 연구하는 방법으로 시간의 변화에 따른 특정 하위 모집단의 변화를 관찰하는 연구이다.

| 정답 | 09 ② 10 ① 11 ④ 12 ③ 13 ④

14 다음 중 설문지 사전검사(Pretest)의 주된 목적은?

① 응답자들의 분포를 확인한다.
② 질문들이 갖고 있는 문제들을 파악한다.
③ 본조사의 결과와 비교할 수 있는 자료를 얻는다.
④ 조사원들을 훈련한다.

해설
사전검사(사전조사)는 설문지 초안 완성 후 본조사를 실행하기 전에 일부 대상에게 실시하는 조사로 본조사와 동일한 방법으로 실시하여 질문지의 문제점 및 적합성을 파악하는 조사이다. 초안 질문지가 갖는 문제점을 찾아내고 수정하여 질문지의 타당성을 높일 수 있으며 본조사시 소요될 시간과 비용을 미리 예측하고 애로사항을 미리 발견하여 대책을 마련할 수 있다.

15 심층면접 시 고려사항이 아닌 것은?

① 피면접자와 친밀한 관계(Rapport)를 형성해야 한다.
② 비밀보장, 안정성 등 피면접자가 편안한 분위기를 느낄 수 있도록 해야 한다.
③ 피면접자의 대답을 주의 깊게 경청하여야 하며 이전의 응답과 연결시켜 생각하는 습관을 가져야 한다.
④ 피면접자가 대답을 하는 도중에 응답내용에 대한 평가적인 코멘트를 자주 해주는 것이 좋다.

해설
심층면접법에서 응답내용에 대한 평가적 코멘트는 응답에 영향을 줄 수 있으므로 바람직하지 않다.

16 질적 연구 중 초점집단연구의 특성과 가장 거리가 먼 것은?

① 빠른 결과를 보여준다.
② 높은 타당도를 가진다.
③ 개인면접에 비해 연구대상을 통제하기 수월하다.
④ 사회환경에서 일어나는 실제의 생활을 포착하는 사회지향적 연구방법이다.

해설
초점집단연구는 집단의 자유로운 토론을 통해 자료가 수집되는 방식이므로 개인면접에 비해 연구대상을 통제하기가 어렵다.

17 질문지 작성원칙과 가장 거리가 먼 것은?

① 연구자의 가치관이나 의견이 반영된 문장을 사용한다.
② 질문은 짧을수록 좋고 부연설명이나 단어의 중복사용은 피해야 한다.
③ 복합적인 질문을 피하고 두 개 이상의 질문을 하나로 묶지 말아야 한다.
④ 질문은 그 자체로서 의미가 명확히 전달될 수 있도록 구성하고 모호한 질문은 피해야 한다.

해설
질문은 특정한 응답을 유도해서는 안 된다. 이는 연구자의 가치관이나 의견이 반영되지 않은 가치중립을 의미한다.

| 정답 | 14 ② | 15 ④ | 16 ③ | 17 ① |

18 다음 질문항목의 문제점은?

> 환경오염에 대한 1차적 책임은 개인, 기업, 정부 중 어디에 있다고 생각하십니까?
> ㉠ 개인
> ㉡ 기업
> ㉢ 정부

① 응답항목 간의 내용이 중복되어 있다.
② 대답 가능한 응답을 모두 제시해주지 않았다.
③ 의미가 명확하게 구분되는 단어를 사용하지 않았다.
④ 조사가 임의로 응답자들에 대한 가정을 하고 있다.

해설
응답항목으로 개인, 기업, 정부 외의 항목이 필요할 수 있는데, 이에 대한 응답범주가 제시되어 있지 않다. 따라서 가능한 응답범주 모두를 제시해야 한다는 응답범주의 포괄성에 문제가 있다.

19 심층면접법(In-depth Interview)에 대한 설명으로 틀린 것은?

① 대체로 대규모 조사연구에 적합하다.
② 같은 표본규모의 전화조사에 비해 대체로 비용이 많이 든다.
③ 면접자는 응답자와 친숙한 분위기를 형성하도록 해야 한다.
④ 면접자 개인별 차이에서 오는 영향이나 오류를 통제하기 어렵다.

해설
심층면접법은 전문 면접원이 1명 또는 소수의 피면접자를 대상으로 주제와 관련된 질문 방향을 가지고 탐사방식에 의해 깊게 질문을 해나가는 것으로 대규모 조사연구에는 부적합하다.

20 질문지 문항배열에 대한 고려사항으로 적합하지 않은 것은?

① 시작하는 질문은 쉽게 응답할 수 있고 흥미를 유발할 수 있어야 한다.
② 앞의 질문이 다음 질문에 연상작용을 일으켜 응답에 영향을 미칠 수 있다면 질문들 사이의 간격을 멀리 떨어뜨린다.
③ 응답자의 인적사항에 대한 질문은 가능한 한 나중에 한다.
④ 질문이 담고 있는 내용의 범위가 좁은 것에서부터 점차 넓어지도록 배열한다.

해설
질문의 배열은 일반적인 것을 먼저 배열하고, 특수한 질문은 후반부에 배열한다. 즉 깔대기형 질문으로 질문이 후반부로 갈수록 그 범위를 특정내용들로 좁혀가는 방식이다. 큰 범위의 질문을 먼저하고 점차 특정적·구체적 질문을 뒤쪽에 배열한다.

21 실험의 내적 타당성을 저해하는 요인으로, 동일 질문을 반복하는 것이 응답자에게 영향을 주는 것은?

① 시험효과(Testing Effect)
② 도구 효과(Instrumentation Effect)
③ 성숙 효과(Maturation Effect)
④ 통계적 회귀(Statistical Regression)

해설
① 시험효과에는 주시험 효과(첫 번째 측정으로 인해 두 번째 측정이 영향을 받는 것으로, 반복으로 인한 학습효과 등이다)와 상호작용 효과(첫 번째 측정이 그 다음의 처치에 영향을 주는 것)가 있다.
② 측정도구의 문제로 인해 측정결과가 왜곡되거나 기타 관리 절차 등에 따라 측정이 달라져 결과에 영향을 미치는 것
③ 사전검사와 사후검사 간 시간 경과에 따라 조사대상의 특성이 변화하는 것
④ 같은 현상을 반복하여 측정하면 그 값들이 평균으로 수렴하는 특징

| 정답 | 18 ② | 19 ① | 20 ④ | 21 ① |

22 횡단연구와 종단연구에 관한 설명으로 틀린 것은?

① 횡단연구는 한 시점에서 이루어진 관찰을 통해 얻은 자료를 바탕으로 하는 연구이다.
② 종단연구는 일정 기간에 여러 번의 관찰을 통해 얻은 자료를 이용하는 연구이다.
③ 횡단연구는 동태적이며, 종단연구는 정태적인 성격이다.
④ 종단연구에는 코호트 연구, 패널연구, 추세연구 등이 있다.

해설
횡단연구는 일정 조사대상에 대해 어느 한 시점에 관련 모든 변수에 대한 자료를 수집하는 것으로 어느 한 시점에서 어떤 현상을 주의 깊게 연구하는 것이며 정태적 특징을 갖는다. 이에 비해 종단연구는 동태적 특징을 갖는다.

23 연구가설에 대한 설명으로 틀린 것은?

① 모든 연구에는 명백히 연구가설을 설정해야 한다.
② 연구가설은 일반적으로 독립변수와 종속변수로 구성된다.
③ 연구가설은 예상된 해답으로, 경험적으로 검증되지 않은 이론이라 할 수 있다.
④ 가치중립적이어야 한다.

해설
연구가설은 연구자가 주장하고자 하는 가설이다. 연구문제에 대한 잠정적인 해답으로 연구자의 이론으로부터 도출된 가설이다. 경험적으로 검증되지 않은 이론의 성격으로 연구자의 주관을 배제하고 가치중립적으로 진술되어야 한다.
① 가설이 아닌 연구 질문만으로 연구를 시작하는 질적 연구의 형태도 존재한다.

24 다음 중 탐색적 연구를 하기 위한 방법으로 가장 적합한 것은?

① 횡단연구   ② 유사실험연구
③ 시계열연구   ④ 사례연구

해설
탐색적 조사의 주요 유형으로는 문헌조사, 전문가의견조사, 사례연구, 표적집단면접법(FGI) 등이 있다.
①, ③ 기술적 조사의 유형이다.
② 설명적 조사의 실험조사의 유형이다.

25 좋은 가설의 평가기준으로 옳지 않은 것은?

① 가설의 표현은 간단명료해야 한다.
② 가설은 경험적으로 검증할 수 있어야 한다.
③ 계량화 가능성은 가설의 평가기준이 될 수 없다.
④ 가설은 동의반복이어서는 안 된다.

해설
좋은 가설의 평가기준은 명료성(간결성), 가치중립성, 한정성, 검증가능성, 계량화 가능성, 입증의 명백성, 가설자체의 개연성, 다른 가설과의 연관성, 일반화 가능성이다.

26 다음 중 표집틀(Sampling Frame)을 평가하는 주요 요소와 가장 거리가 먼 것은?

① 포괄성   ② 추출확률
③ 효율성   ④ 안정성

해설
표집틀(표본추출프레임)은 포괄성(전체 모집단 중 얼마나 많은 부분을 포함하는가), 추출확률(모집단에서의 각 개별요소들의 추출확률이 동일한가), 효율성(조사에 필요한 대상들만으로 표집프레임에 잘 포함되었는가) 등에 의해 평가한다.

| 정답 | 22 ③ | 23 ① | 24 ④ | 25 ③ | 26 ④ |

27 다음은 비확률표본추출방법과 비교한 확률표본추출방법의 특징이다. 맞는 것을 모두 고른 것은?

> ㉠ 연구대상이 표본으로 추출될 확률이 알려져 있음
> ㉡ 표본오차 추정 불가능
> ㉢ 무작위적 표본추출
> ㉣ 시간과 비용이 적게 듦

① ㉠
② ㉡, ㉣
③ ㉡, ㉢, ㉣
④ ㉠, ㉢

해설
확률표본추출은 무작위로 표본을 추출하므로 모집단에 속한 모든 요소가 표본추출될 확률이 있고 표본의 추출확률을 알 수 있다. 대표성 높은 표본을 추출하며 모수추정에 편의가 없고 표본오차의 계산이 가능하다. 대표성 있는 표본추출이 가능하지만 시간과 비용이 많이 소요되는 단점이 있다.

28 다음 표본추출방법 중 표집오차의 추정이 확률적으로 가능한 것은?

① 할당표집
② 판단표집
③ 편의표집
④ 단순무작위표집

해설
확률표본추출은 대표성 높은 표본을 추출하며 모수추정에 편의가 없고 표본오차의 계산이 가능하다. 단순무작위, 층화, 군집, 체계적(계통적) 표본추출이 있다.
①, ②, ③ 비확률표본추출의 방법이다.

29 다음에서 설명하는 실험설계의 유형에 해당하지 않는 것은?

> • 주로 현실상황에서 이용한다.
> • 무작위 할당 대신 실험집단과 유사한 비교집단을 구성하는 등 실험설계의 실험적 조건 중 한 두 가지가 결여된 유형이다.

① 단순 시계열설계
② 솔로몬 4집단 실험설계
③ 두 집단 사전사후 실험설계
④ 다중 시계열설계

해설
유사실험설계에 대한 설명이다. 순수실험설계에 비해 내적 타당도가 낮지만 현실적으로 많이 활용된다.
② 순수실험설계의 유형이다.

30 모집단을 구성하고 있는 구성요소들이 자연적인 순서 또는 일정한 질서에 따라 배열된 목록에서 매 k번째 구성요소를 추출하여 표본을 형성하는 표집방법은?

① 체계적 표집
② 무작위 표집
③ 층화표집
④ 판단표집

해설
체계적 표본추출은 모집단을 일정한 질서에 따라 번호 부여 후 등간격으로 나누고 첫 구간에서 하나의 번호를 무작위로 추출 후 다음 n번째 떨어져있는 번호들을 추출하는 방법이다. 일정한 표본추출 간격에 의해 표본을 추출한다.

| 정답 | 27 ④ 28 ④ 29 ② 30 ①

제2과목: 조사관리와 자료처리

31 개념적 정의와 조작적 정의에 관한 설명으로 틀린 것은?

① 개념적 정의는 추상적 수준의 정의이다.
② 조작적 정의는 인위적이기 때문에 가급적 피해야 한다.
③ 개념적 정의와 조작적 정의가 반드시 일치하는 것은 아니다.
④ 조작적 정의는 측정을 위하여 불가피하다.

해설
개념적 정의는 현상이나 대상의 속성을 이론적이고 추상적으로 정의하는 것이며 조작적 정의는 추상적 개념을 측정이 가능하도록 계량적인 형태로 나타내는 것이다. 조작적 정의는 측정을 위하여 불가피하며 개념적 정의에 최대한 일치되도록 정의되어야 하나 반드시 일치하는 것은 아니다.

32 용수철이 고장 난 체중계가 있어서 체중을 잴 때마다 항상 실제와 다르게 체중이 일정하게 나타난다면, 이 체중계의 타당도와 신뢰도는?

① 신뢰도와 타당도 모두 높다.
② 신뢰도와 타당도 모두 낮다.
③ 신뢰도는 높고 타당도는 낮다.
④ 신뢰도는 낮고 타당도는 높다.

해설
타당도는 연구자·측정도구가 측정하고자 하는 개념을 얼마나 정확하게/실제에 가깝게/제대로 잘 측정했는지를 나타내는 것이며 신뢰도는 한 대상을 유사한 척도로 여러 번 측정하거나 하나의 척도로 반복 측정했을 때, 일관성 있는 결과를 산출하는 정도이다. 고장난 체중계는 측정하고자 하는 체중을 정확하게 측정하지 못하므로 타당도는 낮으나 항상 체중이 일정하게 나타나므로 신뢰도는 높다.

33 2차 자료의 사용에 관한 설명으로 틀린 것은?

① 자료수집에 걸리는 시간과 노력을 줄일 수 있다.
② 2차 자료는 가설의 검증을 위해서는 사용할 수 없다.
③ 다른 방법에 의해 수집된 자료를 보충하고 타당성을 검토하기 위해 사용한다.
④ 연구자가 원하는 개념을 마음대로 측정할 수 없으므로 척도의 타당도가 문제될 수 있다.

해설
2차 자료를 이용하여 문제발견이 가능하며 문제에 대한 접근방법을 찾아낼 수 있다. 또한 주요 변수들을 찾아낼 수 있고 적절한 조사설계를 개발할 수 있다. 조사문제에 답하거나 가설을 검증할 수 있으며 1차 자료 분석결과를 보다 통찰력 있게 해석할 수 있다.

34 리커트(Likert) 척도법에 대한 설명으로 적절하지 않은 것은?

① 각 문항에 대한 가중치를 다르게 부여할 수 없다는 단점이 있다.
② 척도점수에 대한 신뢰성을 검토하기 위해 반분법을 이용할 수 있다.
③ 사용하기 쉽고, 직관적인 이해가 가능하기 때문에 사회조사에서 널리 사용된다.
④ 척도가 단일차원을 측정하고 있는가를 검토하기 위하여 인자분석(Factor Analysis)을 사용하기도 한다.

해설
리커트 척도법은 하나의 주제를 척도의 중심 내용으로 잡아서 진술 세트를 구성하고, 그 진술들에 대하여 응답자에게 긍정·부정의 정도가 어디까지 인지를 표시하게 하고 이를 합산 또는 평균한 결과로 응답자의 태도를 측정한다. 항목들은 동일한 태도 가치를 갖는다고 전제하며, 사용하기 쉽고 직관적인 이해가 가능하여 사회조사에서 널리 사용된다. 동일한 개념을 여러 문장으로 질문하는데, 이러한 항목들이 내적일관성을 가져야 하며 신뢰성 측정 방법으로 이를 평가할 수 있다. 척도의 단일차원성 검토를 위해 인자분석(요인분석, Factor Analysis)을 사용하기도 한다.
① 각 문항에 대한 가중치를 다르게 부여할 수 있다.

| 정답 | 31 ② 32 ③ 33 ② 34 ① |

35 측정수준과 예가 잘못 짝지어진 것은?

① 명목측정: 성별, 인종
② 비율측정: 소득, 직업
③ 등간측정: 온도, IQ지수
④ 서열측정: 후보자 선호, 사회계층

해설
직업은 대상을 몇 개의 상호배타적 범주로 구분하는 수치를 부여하는 명목 수준의 측정이다.

36 다음 중 2차 자료를 이용하는 조사방법은?

① 현지조사　　② 패널조사
③ 문헌조사　　④ 대인면접법

해설
문헌조사는 기존에 존재하고 있는 문헌자료를 통해 필요한 정보를 수집하는 방법으로 이를 통해 2차 자료를 수집하고 연구할 수 있다.

37 구성타당도(Construct Validity)에 대한 설명으로 틀린 것은?

① 이론과 관련하여 측정도구의 타당도를 검증한다.
② 구성타당도를 측정할 수 있는 방법으로 요인분석 등이 있다.
③ 측정값 자체보다 측정하고자 하는 속성에 초점을 맞춘 타당성이다.
④ 측정도구의 측정치와 기준이 되는 측정도구의 측정치와의 상관관계를 나타낸다.

해설
구성타당도(개념타당도)는 이론과 관련하여 측정도구의 타당도를 검증하며 척도가 추상적 개념을 얼마나 적절하게 잘 측정하였는가를 나타낸다. 추상적 개념에 조작적 정의를 부여한 후, 검사가 조작적 정의에서 규명한 심리적 개념 등을 제대로 측정하였는가를 점검한다.
④ 측정도구의 측정치와 기준이 되는 측정도구의 측정치와의 상관관계를 나타내는 것은 기준관련 타당도이다.

38 질적 방법으로 수집된 자료에 관한 설명으로 틀린 것은?

① 현장 중심의 사고를 할 수 있다.
② 자료의 표준화를 도모하기 쉽다.
③ 유용한 정보의 유실을 줄일 수 있다.
④ 정보의 심층적 의미를 파악할 수 있다.

해설
질적 연구는 심층적·비구조적(비표준화) 면접을 통해 자료를 수집한다.

39 다음 중 무응답에 대한 설명으로 적합하지 않은 것은?

① 응답내용을 잘 모르는 것은 응답 발생의 주요 원인 중 하나이다.
② 무응답은 표본오류의 상당부분을 차지하는 오류이다.
③ 무응답은 표본 수를 감소시키게 된다.
④ 단위무응답은 응답자가 설문에 전혀 응답을 하지 않은 것이다.

해설
무응답은 비표본오류의 상당부분을 차지하는 오류이다.

40 우편조사에 관한 설명으로 틀린 것은?

① 응답자의 익명성을 보장하기 어렵다.
② 접근하기 편리하고 광범위한 지역에 걸쳐 조사가 가능하다.
③ 응답 대상자 자신이 직접 응답했는지에 대한 통제가 어렵다.
④ 회수율이 낮으므로 서면 또는 전화로 협조를 구하는 것이 좋다.

해설
우편조사는 표본추출된 조사대상자에게 질문지를 우편 발송, 응답자가 스스로 응답한 후 다시 조사자에게 우편 발송해주도록 하는 방법으로 높은 익명성 보장이 가능하다.

| 정답 | 35 ② | 36 ③ | 37 ④ | 38 ② | 39 ② | 40 ① |

41 전화조사의 장점과 가장 거리가 먼 것은?

① 신속한 조사가 가능하다.
② 표본의 대표성을 확보하기 쉽다.
③ 면접자에 대한 감독이 용이하다.
④ 광범위한 지역에 대한 조사가 용이하다.

해설
전화조사는 선정된 응답자에게 전화를 걸어 질문사항들을 읽어준 후 응답을 조사원이 기록하는 조사로 신속하게 저렴한 비용으로 조사 실시가 가능하며 면접자 영향 통제가 가능하고 광범위한 지역에 대한 조사가 가능하지만 응답자의 적정 표본 여부를 확인이 어려우므로 표본의 대표성에 문제발생 개연성이 존재한다.

42 조사원 모집과 선발에 관한 내용 중 적합하지 않은 것은?

① 조사내용이나 성격, 조사대상자의 연령이나 특성을 감안하여 조사의 방법 별로 일정한 요건에 중점을 두어 선발한다.
② 면접조사원의 경우 인터넷 활용능력과 정확성 등에 대한 사항이 우선적으로 고려되어야 한다.
③ 외형적 요건 및 내면적 요건을 고려한다.
④ 전화조사원의 경우 발음, 전달력 등을 점검하여 선발하는 것이 좋다.

해설
면접조사원의 경우 외형과 성격, 유사조사경력 등 일정한 경력요건 등을 감안한다. 인터넷 활용능력과 정확성 등에 대한 우선적 고려는 인터넷 조사원에 해당하는 사항이다.

43 신뢰도와 타당도 간의 관계에 대한 설명으로 가장 거리가 먼 것은?

① 신뢰도가 높은 측정은 항상 타당도가 높다.
② 타당도가 높은 측정은 항상 신뢰도가 높다.
③ 신뢰도가 낮은 측정은 항상 타당도가 낮다.
④ 타당도가 낮다고 해서 반드시 신뢰도가 낮은 것은 아니다.

해설
신뢰도가 높다고 해서 타당도가 높은 것은 아니다. 그러나 타당도를 높이려면 신뢰도가 높아야 한다. 타당도가 높으면 신뢰도가 높으며, 신뢰도가 낮으면 타당성도 낮다. 이외의 경우는 둘 사이의 관계를 확연하게 알 수 없다.
① 신뢰도가 높다고 해서 반드시 타당도가 높은 것은 아니다.

44 개념적 정의에 대한 설명으로 틀린 것은?

① 순환적인 정의를 해야 한다.
② 적극적 혹은 긍정적인 표현을 써야 한다.
③ 정의하려는 대상이 무엇이든 그것만의 특유한 요소나 성질을 직시해야 한다.
④ 뜻이 분명해서 누구나 알아들을 수 있는 의미를 공유하는 용어를 써야 한다.

해설
개념적 정의는 현상이나 대상의 속성을 이론적이고 추상적으로 정의하는 것이다.
① 순환적 정의란 어떤 개념을 다른 동일한 내용의 말로 바꾸어 말하는 것 뿐이라 언뜻 보기에는 정의가 된 것 같지만 사실은 아무런 내용이 없는 거짓 정의를 말한다. 개념적 정의에서는 순환적 정의를 지양해야 한다.

| 정답 | 41 ② 42 ② 43 ① 44 ① |

45 측정에 대한 설명으로 틀린 것은?

① 질적 속성을 양적 속성으로 전환하는 작업이다.
② 경험의 세계와 개념적·추상적 세계를 연결하는 수단이다.
③ 조사대상의 속성을 추상적 개념으로 전환시키는 과정이다.
④ 이론을 구성하는 개념들을 현실세계에서 관찰이 가능한 자료와 연결해주는 과정이다.

해설
측정은 관찰된 현상의 경험적인 속성(변수)에 대해 일정한 규칙에 따라 수치를 부여하는 것으로, 추상적 개념·변수들을 관찰 가능한 자료로 연결시키는 것이다. 추상적·이론적 세계를 경험적 세계와 연결시키는 수단이다. 변수에 대한 조작적 정의에 입각하여 이루어지고, 질적 속성에 대해 이를 양적 속성으로 전환한다.
③ 측정은 조사대상의 속성을 조작적 개념으로 전환시킨다.

46 관찰을 통한 자료수집 시 지각과정에서 나타나는 오류를 감소하기 위한 방안과 가장 거리가 먼 것은?

① 보다 큰 단위의 관찰을 한다.
② 객관적인 관찰도구를 사용한다.
③ 관찰기간을 될 수 있는 한 길게 잡는다.
④ 가능한 관찰단위를 명세화해야 한다.

해설
관찰법에서 관찰자마다 감각이 다르며 상황의 복잡성이나 이질성 등이 관찰에 영향을 줌으로써 지각과정에서의 오류가 발생할 수 있다. 감소방안은 보다 큰 단위의 관찰, 객관적 관찰도구 사용, 관찰단위 명세화, 관찰기술 훈련, 관찰기간 단기화, 복수의 관찰자, 관련 요인들에 대한 통제 등이다.

47 설문지 회수율을 높이는 방안과 가장 거리가 먼 것은?

① 폐쇄형 질문의 수를 가능한 줄인다.
② 독촉편지를 보내거나 독촉전화를 한다.
③ 개인신상에 민감한 질문들을 가능한 줄인다.
④ 겉표지에 설문 내용의 중요성을 부각시켜 응답자가 인식하게 한다.

해설
폐쇄형 질문의 수를 줄이는 것은 설문지 회수율을 높이는 방안과는 거리가 있다.

48 집단조사를 실시할 때 일반적으로 유의해야 할 사항과 가장 거리가 먼 것은?

① 응답자들에 대한 통제가 용이하다.
② 조사기관으로부터 협력을 얻어야 한다.
③ 집단상황이 응답을 왜곡시킬 가능성이 있다.
④ 집단조사를 승인해준 당국에 의해 조사결과가 이용될 것이라고 인식될 가능성이 있다.

해설
집단조사는 조사대상자를 집단으로 같은 시간, 같은 장소에 두고 질문지를 교부하여 응답자가 응답을 직접 기재하게 하는 자기기입식으로 조사하는 방식으로 대상에 따라 면접방식과 조합하여 실시할 수도 있다. 조사조건의 표본화 및 응답조건의 동등화를 통해 조사의 동일성 확보가 가능하며 조사원의 수를 줄일 수 있는 등 시간과 비용의 절약이 가능하지만 집단 상황이 응답을 왜곡할 수 있으며 일부 통제되지 않는 응답자들로 인해서 전체 응답자들에 대한 관리가 어려워질 수 있다.

| 정답 | 45 ③ 46 ③ 47 ① 48 ①

49 측정에 대한 설명과 가장 거리가 먼 것은?

① 변수에 대한 조작적 정의에 입각해 이루어진다.
② 하나의 변수에 대한 관찰값은 동시에 두 가지 속성을 지닐 수 없다.
③ 이론과 현실을 연결시켜주는 매개체이다.
④ 경험적으로 관찰 가능한 것을 추상적 개념으로 바꾸어 놓는 과정이다.

해설
측정은 관찰된 현상의 경험적인 속성(변수)에 대해 일정한 규칙에 따라 수치를 부여하는 것으로, 추상적 개념·변수들을 관찰 가능한 자료로 연결시키는 것이다. 이론에서 도출된 가설들을 경험적으로 검증하기 위해서 그 안의 개념들을 적절한 방법을 통해 경험적으로 변화시키는 작업이며, 추상적·이론적 세계를 경험적 세계와 연결시키는 수단이다. 변수에 대한 조작적 정의에 입각하여 이루어진다. 또한 하나의 변수에 대한 관찰값은 동시에 두 가지의 속성을 가질 수 없다.

50 비표준화면접에 비해, 표준화면접의 장점이 아닌 것은?

① 새로운 사실, 아이디어의 발견 가능성이 높다.
② 면접결과의 계량화가 용이하다.
③ 반복적 연구가 가능하다.
④ 신뢰도가 높다.

해설
표준화면접은 표준화되어 정해진 면접조사표에 의하여 모든 응답자에게 동일한 질문순서 및 동일한 질문내용으로 면접을 진행하는 방식이다. 결과의 수치화가 용이하며 반복적 조사가 가능하고 정보의 비교가 용이하여 신뢰도가 높지만 면접의 유연성이 부족하고 새로운 사실 발견 가능성이 낮다.

51 면접원이 자유응답식 질문에 대한 응답을 기록할 때 지녀야 할 원칙과 가장 거리가 먼 것은?

① 면접조사를 진행한 이후 최종응답을 기록한다.
② 응답자가 사용한 어휘를 원래 그대로 기록한다.
③ 질문과 관련된 모든 것을 기록에 포함시킨다.
④ 같은 응답이 반복되더라도 가감 없이 있는 그대로 기록한다.

해설
응답 기록 시 주관을 배제한 채 응답내용 그대로를 기록하며 사소한 것도 빼놓지 않고 기록하고 면접과정에서의 구체적 상황 등도 함께 기록한다. ① 면접원은 정확한 기록을 위해 응답이 이루어지는 즉시 기입하는 것이 좋다.

52 응답자의 대답이 불충분하거나 모호할 때 추가 질문을 통해 정확한 대답을 이끌어 내는 면접조사상의 기술은?

① 심층면접(In-depth Interview)
② 라포(Rapport)
③ 투사법(Projective Method)
④ 프로빙(Probing)

해설
프로빙은 캐묻기, 심층규명이라고 하며 응답자로부터 충분한 답을 얻지 못했을 경우, 모호한 응답의 경우 조사자가 이용하는 기술이다. 무언의 캐묻기, 적극적 권장, 자세한 응답 요구, 명료화의 방법, 반복의 방법 등이 있다.

| 정답 | 49 ④ | 50 ① | 51 ① | 52 ④ |

53 내용분석에 관한 설명으로 틀린 것은?

① 조사대상에 영향을 미친다.
② 시간과 비용측면에서 경제성이 있다.
③ 일정기간 진행되는 과정에 대한 분석이 용이하다.
④ 연구진행 중에 연구계획의 부분적인 수정이 가능하다.

해설
내용분석법은 기록물에 포함된 메시지 등 기존의 질적 자료를 수집하여 객관적, 체계적, 수량적으로 기술하여 양적 정보로 변환하는 방법으로 여러 가지 문서화된 매체들을 중심으로 필요한 자료를 수집하는 방법이다. 연구자가 현상 관찰에 개입하지 않는 비개입적 연구의 성격이므로 조사대상에 영향을 미치지 않는다.

54 다음은 어떤 척도의 특징인가?

- 대체적으로 11점 척도로 구성되어 있다.
- 개발하기 위하여 시간과 노력이 많이 든다.
- 최종적으로 구성된 척도는 동일한 간격을 지닐 수 있다.

① 리커트 척도(Likert Scale)
② 서스톤 척도(Thurstone Scale)
③ 보가더스 척도(Bogardus Scale)
④ 오스굿 척도(Osgood Scale)

해설
서스톤 척도는 어떤 사실에 대하여 가장 우호적인 태도와 가장 비우호적인 태도를 나타내는 양 극단을 등간격으로 구분하여 일련의 문항들을 나열하여 여기에 수치를 부여하는 척도이다. 대체적으로 11점 척도로 구성되어 있으며 질문 문항들을 정리하여 가능한 한 간격을 같도록 함으로써 일반적 서열척도보다 한 수준 높은 등간척도 수준을 유지하려 한다. 평가 작업에 과다한 비용과 시간이 소요되는 것이 단점 중의 하나이다.

55 교육수준은 소득수준에 영향을 미치지 않지만, 연령을 통제하면 두 변수 사이의 상관관계가 매우 유의미하게 나타난다. 이때 연령과 같은 검정요인을 무엇이라 부르는가?

① 억제변수
② 왜곡변수
③ 구성변수
④ 외재적변수

해설
교육수준과 소득수준간의 관계에 있어서 연령을 통제하기 전에는 두 변수 간의 관계가 유의미하지 않다가 연령을 통제하니 유의미하게 나타났으므로, 연령변수는 두 변수 간에 사실적 관계가 있는데 마치 없는 것처럼 억누르는 변수인 억제변수가 된다.

56 실사관리에 관한 내용 중 잘못 기술된 것은?

① 수집된 자료의 점검은 자료를 수집한 조사원에 의해서 검증되어서는 안 된다.
② 실사관리자에 의한 자료편집단계에서 문제 발견 시 실사관리자는 조사원 및 응답자에게 오류내용을 확인하여 필요한 조치를 취한다.
③ 실사관리자의 편집단계에서의 검증 완료 후 실사 담당자가 응답자에게 전화를 걸어 응답자의 진위여부, 적격 대상자인지 여부 등을 확인한다.
④ 오류의 유형이나 사안에 따라 응답자와 재접촉을 통한 설문이나 재조사 등 필요한 조치를 취한다.

해설
자료수집 완료 직후 조사원이 1차적으로 현장에서 자료 검증하여 필요한 조치를 수행한다. 1차 현장검증단계이다.

| 정답 | 53 ① 54 ② 55 ① 56 ①

57 소시오메트리에 관한 설명으로 맞는 것은?

① 사회적 거리척도로서 집단 간 거리를 측정하는 척도이다.
② 리더십 연구와 집단 내의 갈등, 응집에 관한 연구에서 사용된다.
③ 모레노(Moreno)를 중심으로 발전한 인간과 친환경 관계의 측정에 관한 방법이다.
④ 소시오메트리의 분석방법에는 소시오메트릭 행렬, 지니지수, 집단확장지수가 있다.

해설
소시오메트리는 집단 구성원 간의 친화와 반감을 조사, 친화와 반감의 빈도와 강도에 의해 집단내의 구조를 측정하고 집단 구조를 이해하려는 방법으로, 구성원들 사이에 존재하는 관계의 총체적 구조를 단순화하거나 도표화한 것이다. 일반적으로 모레노를 중심으로 발전한 인간관계의 측정에 관한 방법을 의미하며 리더십 연구와 집단 내의 갈등, 응집에 관한 연구에서 사용된다. 분석방법에는 소시오그램, 소시오메트릭 행렬, 소시오메트릭 지수(선택지위지수, 집단확장지수, 집단응집지수)가 있다.

58 측정대상들의 편견에 의해서 발생하는 측정오류와 가장 거리가 먼 것은?

① 고정반응 편견
② 사회적 적절성 편견
③ 문화적 차이 편견
④ 무작위적 오류

해설
측정대상들의 편견에 의해서 발생하는 측정오류는 체계적 오류이다. 측정오차가 체계적 패턴을 띠게 되면서 일정한 방향으로 작용하는 것으로 개인적 성향 및 사회경제적 특성, 문화적 차이 등에 의한 편견·편향과 부정확한 측정도구 등 본질적 요소에 의해 발생한다.
④ 측정과정에서 우연히 또는 가변적인 일시적인 사정에 의해 측정상황이나 측정대상 등에 영향을 미쳐 나타나는 오차이다. 오차는 인위적이지 않아 무작위로 다양하게 분산된다.

59 신뢰성 측정방법 중 재검사법(Test - retest Method)에 관한 설명으로 틀린 것은?

① 동일한 측정대상에 대하여 동일한 측정도구를 통해 일정시간 간격을 두고 반복적으로 측정하여 그 결과값을 비교, 분석하는 방법이다.
② 측정도구 자체를 직접 비교할 수 있고 실제 현상에 적용시키는 데 매우 용이하다.
③ 측정시간의 간격이 크면 클수록 신뢰성은 높아진다.
④ 외생변수의 영향을 파악하기 어렵다.

해설
재검사법에서 측정시간의 간격이 길면 성숙효과 등의 작용으로 값 자체가 변화할 가능성이 높아지는 등 외생변수의 작용으로 신뢰성이 낮아질 수 있다.

60 어느 제조업 공장에 근무하는 현장사원들과 관리자 간에 유지되고 있는 사회적 관계의 특성을 규명하기 위해 참여관찰인 현장조사를 실시할 경우의 장점이 아닌 것은?

① 조사과정의 유연성
② 가설도출이 가능한 인과적 연구
③ 조사결과의 높은 일반화 가능성
④ 현장상황에 따라 조사내용 변경 가능

해설
참여관찰은 조사자가 관찰대상 내부에 들어가 구성원의 일원으로서 직접 참여하여 같이 생활하거나 행동하면서 조사하고자 하는 현상을 관찰·기술하는 방법으로 연구문제의 성격에 따라 가설도출이 가능한 인과적 연구의 성격이다. 조사과정의 유연성이 있고 자연적 상태에서 깊이 있는 사실까지 자연스럽게 알 수 있으나 동조현상이 일어날 경우 객관성을 상실하기 쉽다.
③ 참여관찰은 대규모 모집단에 대한 기술이나 수집한 자료의 표준화가 어려우며 결과의 일반화에 제약이 존재한다.

| 정답 | 57 ② 58 ④ 59 ③ 60 ③

제3과목: 통계분석과 활용

61 다음 자료에 대한 설명으로 틀린 것은?

| 58 | 54 | 54 | 81 | 56 | 81 | 75 | 55 | 41 | 40 | 20 |

① 중앙값은 55이다.
② 표본평균은 중앙값보다 작다.
③ 최빈값은 54와 81이다.
④ 자료의 범위는 61이다.

해설
전반적 계산을 위해 일단 데이터들을 오름차순으로 나열해보면 총 11개 숫자들은 20, 40, 41, 54, 54, 55, 56, 58, 75, 81, 81로 나열된다. 최빈값은 54와 81이다. 자료의 범위는 (최댓값 81 − 최솟값 20 = 61)이다. 데이터 개수가 11개로 홀수이므로 데이터가 홀수인 경우 중앙값 공식을 이용하면 $\left(\frac{n+1}{2}\right) = \left(\frac{11+1}{2}\right) =$ 6번째 수인 55가 중앙값이다.
평균값은 $\frac{(20+40+41+54+54+55+56+58+75+81+81)}{11} ≒ 55.90$이므로 중앙값보다 크다.

62 상관계수의 범위에 관한 설명으로 맞는 것은?

① 상관계수의 범위는 0에서 1이다.
② 상관계수의 범위는 1에서 2이다.
③ 상관계수의 범위는 −1에서 0이다.
④ 상관계수의 범위는 −1에서 1이다.

해설
상관계수는 −1에서 1 사이의 값을 갖는다.

63 가설검정과 관련한 용어에 대한 설명으로 틀린 것은?

① 유의수준이란 제1종 오류를 범할 확률의 최대 허용한계를 말한다.
② 검정력 함수란 귀무가설을 채택할 확률을 모수의 함수로 나타낸 것이다.
③ 제2종 오류란 대립가설(H_1)이 참인데도 불구하고 귀무가설(H_0)을 기각하지 못하는 오류이다.
④ 유의확률이란 검정통계량의 관측값에 의해 귀무가설을 기각할 수 있는 최소의 유의수준을 뜻한다.

해설
검정력 함수는 고려중인 모든 분포에 대해 정의하고, 표본점이 그 검정의 기각역에 있을 확률을 생성하는 함수로 귀무가설을 기각할 확률을 모수값의 함수로 나타낸 것으로 정의된다.

64 표본평균과 표준오차에 관한 설명으로 틀린 것은? (단, 모집단 분산은 σ^2, 표본의 크기는 n이다)

① 표준오차의 크기는 $\sqrt{n}$에 비례한다.
② n이 커질 때 표본평균의 분포는 정규분포에 가까워진다.
③ 표준오차는 모집단의 분산 및 표본의 크기에 영향을 받는다.
④ 표준오차는 모평균을 추정할 때, 표본평균의 오차에 대하여 설명한다.

해설
$\sqrt{n}$이 증가할수록 표준오차의 크기는 작아진다. 표준오차의 공식 $\frac{\sigma}{\sqrt{n}}$에서 확인할 수 있다.

| 정답 | 61 ② 62 ④ 63 ② 64 ①

65 일원배치분산분석에서 자유도에 대한 설명으로 틀린 것은?

① 총 제곱합의 자유도는 (자료의 총 개수 - 1)이다.
② 집단 간 제곱합의 자유도는 (집단의 개수 - 1)이다.
③ 집단 내 제곱합의 자유도는 (자료의 총 개수 - 집단의 개수 - 1)이다.
④ 집단 내 제곱합의 자유도는 총 제곱합의 자유도에서 집단 간 제곱합의 자유도를 뺀 값이다.

해설
일원배치분산분석에서 집단 내 제곱합의 자유도는 (자료의 총 개수 n - 집단의 개수 k)이다. 일원배치분산분석의 분산분석표는 다음과 같다.
*k: 집단(처리)의 수, n: 총 관측수

원천 (요인)	제곱합	자유도	평균제곱	F값
처치 (집단 간)	SSB	$k-1$	MSB = SSB/($k-1$)	F = MSB/MSE
오차 (집단 내)	SSE	$n-k$	MSE = SSE/($n-k$)	-
합계	SST	$n-1$	-	-

66 X는 정규분포를 따르는 확률변수이다. $P=(X<10)=0.5$일 때 X의 기댓값은?

① 8
② 8.5
③ 9.5
④ 10

해설
정규분포를 따르는 확률변수가 10보다 작은 구간에 있을 확률이 0.5이라는 것은 10이 이 정규분포의 평균, 즉 기댓값이라는 의미이다. 정규분포는 평균을 중심으로 좌우대칭이므로 전체의 확률을 반으로 나누면 0.5이다.

67 독립변수가 3개인 중회귀분석의 결과가 다음과 같을 때 오차분산의 추정값은?

$$\sum_{i=1}^{n}(y_i-\hat{y_i})^2=1100, \quad \sum_{i=1}^{n}(\hat{y_i}-\bar{y})^2=110, \quad n=100$$

① 11.20
② 11.32
③ 11.46
④ 11.58

해설
회귀분석에서 오차항의 분산(SSE)에 대한 추정값은 잔차평균제곱합(MSE)이다. 이는 오차분산(σ^2)의 불편추정량이다.
MSE는 다음과 같이 나타낼 수 있다.

$$MSE = \frac{SSE}{n-k-1} = \frac{\sum_{i=1}^{n}(y_i-\hat{y_i})^2}{n-k-1} = \frac{\sum_{i=1}^{n}e_i^2}{n-k-1} = \hat{\sigma}^2$$

*n: 표본의 크기, k: 독립변수의 수

$n=100$, $k=3$, 잔차제곱합=1100이므로 오차분산의 추정값은

$$MSE = \frac{\sum_{i=1}^{n}(y_i-\hat{y_i})^2}{n-k-1} = \frac{1100}{100-3-1} ≒ 11.46이다.$$

68 정규분포에 관한 설명으로 틀린 것은?

① 정규분포곡선은 자유도에 따라 모양이 달라진다.
② 정규분포는 평균을 기준으로 대칭인 종 모양의 분포를 이룬다.
③ 평균, 중위수, 최빈수가 동일하다.
④ 정규분포에서 분산이 클수록 정규분포곡선은 양옆으로 퍼지는 모습을 한다.

해설
정규분포는 자유도에 따라 모양이 달라지지 않으며 평균 μ와 분산 σ^2에 따라 모양이 달라진다.

| 정답 | 65 ③ | 66 ④ | 67 ③ | 68 ① |

69 단순회귀분석에서 결정계수 r^2에 대한 설명 중 틀린 것은?

① 추정회귀직선의 기울기가 0이면 $r^2 = 0$이다.
② 결정계수가 취할 수 있는 범위는 $0 \leq r^2 \leq 1$이다.
③ 모든 관찰점들이 추정 회귀직선상에 위치하면 $r^2 = 1$이다.
④ 결정계수는 설명변수와 반응변수 사이의 상관계수와는 관계가 없다.

해설
결정계수는 회귀분석에서 독립변수가 종속변수의 분산을 얼마나 설명하는가의 정도로 회귀식이 자료에 얼마나 적합한가의 정도를 나타낸다. 0에서 1 사이의 값을 가지며 모든 측정값이 하나의 직선상에 놓이면 결정계수의 값은 1이 되고 두 변수 간에 회귀관계가 전혀 없어서 추정회귀선의 기울기가 0이면 결정계수는 0이 된다.
④ 단순회귀분석에서는 상관계수를 제곱하면 결정계수의 값과 같다. 단, 다중회귀분석에서는 이 관계가 성립하지 않는다.

70 다음 중 이항분포에 관한 설명으로 틀린 것은?

① $p = \dfrac{1}{2}$이면 좌우대칭의 형태가 된다.
② $p = \dfrac{3}{4}$이면 왜도가 음수인 분포이다.
③ $p = \dfrac{1}{4}$이면 왜도가 0이 아니다.
④ $p = \dfrac{1}{2}$이면 왜도는 양수인 분포이다.

해설
이항분포의 왜도는 $\dfrac{1-2p}{\sqrt{np(1-p)}}$ 이다.

①	②	③	④
$\dfrac{1-2\times\frac{1}{2}}{\sqrt{n\times\frac{1}{2}(1-\frac{1}{2})}}$	$\dfrac{1-2\times\frac{3}{4}}{\sqrt{n\times\frac{3}{4}(1-\frac{3}{4})}}$	$\dfrac{1-2\times\frac{1}{4}}{\sqrt{n\times\frac{1}{4}(1-\frac{1}{4})}}$	$\dfrac{1-2\times\frac{1}{2}}{\sqrt{n\times\frac{1}{2}(1-\frac{1}{2})}}$
결과 = 0: 좌우대칭	결과 < 0: 음수	결과 > 0: 양수	결과 = 0: 좌우대칭

71 어떤 공장에서 생산된 전자제품 중 5개의 표본에서 1개 이상의 부적합품이 발견되면 그날의 생산된 전제품을 불합격으로 처리하고 그렇지 않으면 합격으로 처리한다. 이 공장의 생산공정의 모부적합품률이 0.1일 때, 어느 날 생산된 전제품이 불합격처리될 확률은? (단, $9^5 = 59049$)

① 0.10745 ② 0.28672
③ 0.40951 ④ 0.42114

해설
생산된 전제품이 불합격처리될 확률 = 5개의 표본에서 1개 이상의 부적합품이 발견될 확률 = (전체 확률) − (모두 적합품일 확률)이므로 이를 이용한다.
- (적합품일 확률) = 1 − (부적합품률) = 1 − 0.1 = 0.9
- (5개가 모두 적합품일 확률) = $0.9 \times 0.9 \times 0.9 \times 0.9 \times 0.9 = 0.9^5 = 0.59049$
∴ (전체 확률) − (모두 적합품일 확률) = 1 − 0.59049 = 0.40951

72 어떤 회사에서 생산되는 제품이 부적합품일 확률은 서로 독립적으로 0.01이라 한다. 이 회사는 한 상자에 10개씩 포장해서 판매를 하는데 만일 한 상자에 부적합품이 2개 이상이면 돈을 환불해준다. 판매된 한 상자가 반품될 확률은 약 얼마인가?

① 0.1% ② 0.4%
③ 9.1% ④ 9.6%

해설
한 상자에서 부적합품이 2개 이상 나올 확률(반품될 확률)은 전체 확률에서 한 상자에 부적합품이 하나도 없거나 1개가 있는 경우의 확률(반품되지 않을 확률)을 제외한 확률이다. 이는 이항분포 확률을 활용하여 구할 수 있다.

$$p(X=x) = \binom{n}{x} p^x (1-p)^{n-x} = {}_nC_x p^x (1-p)^{n-x}$$

* n: 시행횟수
* p: 특정실험결과가 성공할 확률
* X: 성공횟수

한 상자에 10개씩 포장하므로 $n = 10$이다.
$1 - ({}_{10}C_0 \times 0.01^0 \times 0.99^{10} + {}_{10}C_1 \times 0.01^1 \times 0.99^9) \fallingdotseq 0.004$
∴ 상자가 반품될 확률은 0.4%이다.

| 정답 | 69 ④ 70 ④ 71 ③ 72 ②

73 귀무가설이 참임에도 불구하고 이를 기각하는 결정을 내리는 오류를 무엇이라고 하는가?

① 제1종 오류
② 제2종 오류
③ 제3종 오류
④ 제4종 오류

해설
귀무가설이 참임에도 불구하고 이를 기각하는 결정을 내리는 오류를 제1종 오류라고 한다.

74 단일모집단의 모분산의 검정에 사용되는 분포는?

① 정규분포
② F - 분포
③ 이항분포
④ χ^2 - 분포

해설
단일모집단의 분산검정은 단일모집단 평균검정과 유사하게 모집단의 분산이 어떤 특정한 값과 다르다 또는 특정한 값보다 크다, 작다를 연구가설로 제기하여 분산에 대해 검정하는 것이다. 단일모집단의 모분산 검정에는 χ^2 - 분포가 사용된다.

75 통계적 가설검정을 위한 검정통계량값에 대한 유의확률 (p - value)이 주어졌을 때, 귀무가설을 유의수준 α로 기각할 수 있는 경우는?

① p - value $>$ α
② p - value $<$ α
③ p - value $\geq$ α
④ p - value $>$ 2α

해설
p-value $\leq \alpha$이면 귀무가설을 기각할 수 있다. 즉 유의확률이 작을수록 귀무가설이 맞을 가능성은 작아진다.

76 2차원 교차표에서 행 변수의 범주 수는 5이고, 열 변수의 범주 수는 4이다. 두 변수 간의 독립성 검정에 사용되는 검정통계량의 분포는?

① 자유도 9인 t분포
② 자유도 12인 t분포
③ 자유도 9인 χ^2분포
④ 자유도 12인 χ^2분포

해설
범주형 변수들에 대한 독립성 검정으로 카이제곱 독립성 검정이 사용되며 자유도는 (행의 수 − 1) × (열의 수 − 1)이다.
따라서 자유도는 (5 − 1) × (4 − 1) = 12이다.

77 평균이 μ이고 분산이 $\sigma^2 = 9$인 정규모집단으로부터 추출한 크기 100인 확률표본의 표본평균 $\overline{X}$를 이용하여 가설 $H_0 : \mu = 0$ vs $H_1 : \mu > 0$을 유의수준에서 검정하는 경우 기각역이 $Z_0 \geq 1.645$이다. 이때 검정통계량 Z_0에 해당하는 것은?

① $10 \times \dfrac{\overline{X}}{9}$
② $10 \times \dfrac{\overline{X}}{3}$
③ $100 \times \dfrac{\overline{X}}{9}$
④ $100 \times \dfrac{\overline{X}}{3}$

해설
평균에 대한 검정에서 모분산이 알려져 있는 경우 검정통계량 Z를 사용한다.

$$Z = \dfrac{\overline{X} - \mu_0}{\sigma/\sqrt{n}}$$

* $\overline{X}$: 표본의 평균값, μ_0: 귀무가설로 설정된 모집단의 평균값, σ: 모표준편차, $\sigma/\sqrt{n}$: $\overline{X}$의 표준오차

모표준편차 = 3, $n = 100$이므로
$Z = \dfrac{\overline{X} - \mu_0}{\sigma/\sqrt{n}} = \dfrac{\overline{X} - 0}{3/\sqrt{100}} = \dfrac{\overline{X}}{3/10} = 10 \times \dfrac{\overline{X}}{3}$

78 행변수가 M개의 범주를 갖고 열변수가 N개의 범주를 갖는 분할표에서 행변수와 열변수가 서로 독립인지를 검정하고자 한다. (i, j)셀의 관측도수를 O_{ij}, 귀무가설에서의 기대도수의 추정치를 $\widehat{E}_{ij}$라 하고, 이때 사용되는 검정통계량은 $\sum_{i=1}^{M}\sum_{j=1}^{N}\frac{(O_{ij}-\widehat{E}_{ij})^2}{\widehat{E}_{ij}}$ 일 때, $\widehat{E}_{ij}$는? (단, 전체 데이터 수는 n이고, i번째 행의 합은 $T_{i\cdot}$, j번째 열의 합은 $T_{\cdot j}$이다)

① $\widehat{E}_{ij}=\dfrac{T_{i\cdot}}{n}$

② $\widehat{E}_{ij}=T_{i\cdot}\times T_{\cdot j}$

③ $\widehat{E}_{ij}=\dfrac{T_{\cdot j}}{n}$

④ $\widehat{E}_{ij}=\dfrac{T_{i\cdot}\times T_{\cdot j}}{n}$

해설

카이제곱 독립성 검정에서 기대도수의 추정치는 다음과 같다.

$$기대도수(E_{ij})=\frac{O_i\times O_j}{N}$$

* O_i: 해당 cell이 속하는 행의 빈도 합계
  O_j: 해당 cell이 속하는 열의 빈도 합계
  N: 총빈도

---

79 다음은 어느 손해보험회사에 운전자의 연령과 교통법규 위반횟수 사이의 관계를 알아보기 위하여 무작위로 추출한 18세 이상, 60세 이하인 500명의 운전자 중에서 지난 1년 동안 교통법규 위반 횟수를 조사한 자료이다. 두 변수 사이의 독립성검정을 하려고 할 때 검정통계량의 자유도는?

위반 횟수	연령			합계
	18~25	26~50	51~60	
없음	60	110	120	290
1회	60	50	40	150
2회 이상	30	20	10	60
합계	150	180	170	500

① 1 ② 3
③ 4 ④ 9

해설

위반횟수(행 변수. 없음/1회/2회 이상으로 구분된 범주형 변수)와 연령(18~25/26~50/51~60의 세 구간으로 구분된 범주형 변수) 간에 연관성이 있는가의 여부를 검정하는 교차분석의 카이제곱 독립성 검정에서 검정통계량의 자유도는 (행의 수-1)×(열의 수-1)이다. 행의 수는 3(없음/1회/2회 이상), 열의 수는 3(8~25/26~50/51~60)이므로 자유도=(3-1)×(3-1)=4이다.

80 어느 기업의 전년도 대졸신입사원 임금의 평균이 200만 원이라고 한다. 금년도 대졸신입사원 중 100명을 조사하였더니 평균이 209만원이고 표준편차가 50만원이었다. 금년도 대졸 신입사원의 임금이 인상되었는지 유의수준 5%에서 검정한다면 검정통계량의 값과 검정결과는? [단, $P(|Z|>1.64)=0.10$, $P(|Z|>1.96)=0.05$, $P(|Z|>2.58)=0.01$]

① 검정통계량: 1.8
검정결과: 금년도 대졸신입사원 임금이 전년도에 비하여 인상되었다고 할 수 있다.

② 검정통계량: 1.8
검정결과: 금년도 대졸신입사원 임금이 전년도에 비하여 인상되었다고 할 수 없다.

③ 검정통계량: 2.0
검정결과: 금년도 대졸신입사원 임금이 전년도에 비하여 인상되었다고 할 수 있다.

④ 검정통계량: 2.0
검정결과: 금년도 대졸신입사원 임금이 전년도에 비하여 인상되었다고 할 수 없다.

해설
평균검정에서 모분산이 알려져 있지 않은데 대표본이므로 검정통계량 Z, 모표준편차 대신 표본 표준편차를 사용한다.

$$Z = \frac{\overline{X} - \mu_0}{S/\sqrt{n}}$$

* $\overline{X}$: 표본의 평균값,
  μ_0: 귀무가설로 설정된 모집단의 평균값,
  S: 표본의 표준편차, $S/\sqrt{n}$: $\overline{X}$의 표준오차

이때 표본평균 $\overline{X} = 209$, 모집단의 평균 $\mu_0 = 200$, 표본의 표준편차 $S = 50$, $n = 100$이므로 $Z = \frac{\overline{X}-\mu_0}{S/\sqrt{n}} = \frac{209-200}{50/\sqrt{100}} = \frac{9}{50/10} = 1.8$이다.

귀무가설 $H_0: \mu = 200$ vs 대립가설 $H_1: \mu > 200$으로 설정되므로 단측(우측)검정이 되며, 이에 따라 유의수준 5%에서 임계치는 $Z_{0.05} = 1.645$이 된다. 검정통계량 Z의 값이 1.8으로, 절댓값이 임계치 1.645보다 크므로 귀무가설의 기각역에 해당한다. 따라서 유의수준 5%에서 귀무가설 $H_0: \mu = 200$을 기각할 수 있다. 즉 금년도 대졸신입사원 임금이 전년도에 비하여 인상되었다고 할 수 있다.

81 카이제곱 검정에 의해 성별과 지지하는 정당 사이에 관계가 있는지를 알아보기 위해 자료를 조사한 결과, 남자 200명 중 A 정당 지지자가 140명, B 정당 지지자가 60명, 여자 200명 중 A 정당 지지자가 80명, B 정당 지지자가 120명이다. 성별과 정당 사이에 관계가 없을 경우 남자와 여자 각각 몇 명이 B 정당을 지지한다고 기대할 수 있는가?

	남자	여자
①	50명	50명
②	60명	60명
③	80명	80명
④	90명	90명

해설
성별(범주형 변수)과 지지하는 정당(범주형 변수)간에 연관성이 있는가를 검정하는 교차분석의 카이제곱 독립성 검정에서 귀무가설과 대립가설은 다음과 같이 설정한다.
• 귀무가설(H_0): 성별과 지지하는 정당은 독립적이다(연관성이 없다).
• 대립가설(H_1): 성별과 지지하는 정당은 독립적이지 않다(연관성이 있다).
기대도수는 귀무가설 하에서 기대되는 도수이므로, 성별과 정당 사이에 관계가 없을 경우 남자와 여자 각각 몇 명이 B 정당을 지지한다고 기대할 수 있는가는 해당 셀의 기대도수를 구하는 문제가 된다.

먼저 관측도수를 정리하면 다음과 같다.

구분	A정당	B정당	합계
남자	140	60	200
여자	80	120	200
합계	220	180	400

기대도수는 다음과 같이 구한다.

$$기대도수(E_{ij}) = \frac{O_i \times O_j}{N}$$

* O_i: 해당 cell이 속하는 행의 빈도 합계
  O_j: 해당 cell이 속하는 열의 빈도 합계
  N: 총빈도

이에 따라 기대도수를 계산하면 다음과 같다.

구분	A정당	B정당	합계
남자	$\frac{200\times220}{400}=110$	$\frac{200\times180}{400}=90$	200
여자	$\frac{200\times220}{400}=110$	$\frac{200\times180}{400}=90$	200
합계	220	180	400

기대도수 교차표에서 B 정당을 지지하는 남자에 대한 셀의 값은 90, B 정당을 지지하는 여자에 대한 셀의 값은 90이다. 따라서 성별과 정당 사이에 관계가 없을 경우 남자 90명, 여자 90명이 각각 B 정당을 지지한다고 기대할 수 있다.

| 정답 | 80 ① | 81 ④ |

82 x를 독립변수로, y를 종속변수로 하여 선형회귀분석을 하고자 한다. 다음의 요약자료를 이용하여 추정회귀직선의 기울기와 절편을 구하면?

$$\bar{x}=4, \sum_{i=1}^{5}(x_i-\bar{x})^2=10,$$
$$\bar{y}=7, \sum_{i=1}^{5}(x_i-\bar{x})(y_i-\bar{y})=13$$

	기울기	절편
①	0.77	1.80
②	0.77	3.92
③	1.30	1.80
④	1.30	3.92

해설

회귀식이 $\hat{y}=\hat{\beta_0}+\hat{\beta_1}x$와 같을 때　*$\hat{\beta_0}$: 절편, $\hat{\beta_1}$: 기울기

$$\hat{\beta_0}=\bar{y}-\hat{\beta_1}\bar{x}$$

$$\hat{\beta_1}=r_{XY}\frac{S_Y}{S_X}=\frac{S_{XY}}{S_{XX}}=\frac{\sum_{i=1}^{n}(x_i-\bar{x})(y_i-\bar{y})}{\sum_{i=1}^{n}(x_i-\bar{x})^2}$$

* r_{XY}: X, Y의 상관계수,
  S_X: X의 표준편차, S_Y: Y의 표준편차,
  S_{XY}: X, Y의 공분산,
  S_{XX}: X의 분산

∴ 기울기 $\hat{\beta_1}=\dfrac{\sum_{i=1}^{n}(x_i-\bar{x})(y_i-\bar{y})}{\sum_{i=1}^{n}(x_i-\bar{x})^2}=\dfrac{13}{10}=1.30$

절편 $\hat{\beta_0}=\bar{y}-\hat{\beta_1}\bar{x}=7-1.3\times 4=1.80$

83 다음 일원배치분산분석 모형에 대한 설명으로 틀린 것은?

$$Y_{ij}=\mu+\alpha_i+\epsilon_{ij}\ (i=1,\ \cdots,\ k,\ j=1,\ \cdots,\ n)$$

① ϵ_{ij}는 서로 독립이고, 평균은 0, 분산은 σ^2인 정규분포를 따른다고 가정한다.
② α_i는 각각의 집단평균(μ_i)과 전체평균(μ)의 차이를 나타낸다.
③ $\sum_{i=1}^{k}\alpha_i > 0$을 만족한다.
④ 귀무가설은 $H_0: \mu_1=\mu_2=\cdots=\mu_k$이다.

해설

일원배치분산분석의 모집단모형에서 $\sum_{i=1}^{k}\alpha_i = 0$이다.

84 중심극한 정리(Central Limit Theorem)는 어느 분포에 관한 것인가?

① 모집단　　　　　② 표본
③ 모집단의 평균　　④ 표본의 평균

해설

중심극한의 정리란 표본평균 $\overline{X_n}$의 확률분포는 모집단의 분포가 무엇이든 간에 관계없이 표본의 크기가 커짐에 따라 근사적으로 평균이 μ이고 분산이 σ^2/n인 정규분포를 따른다는 것이다.

85 세 그룹의 평균을 비교하기 위해 각 수준에서 5번씩 반복 실험한 일원분산분석 모형 $X_{ij} = \mu + \alpha_i + \epsilon_{ij}$ ($i=1, 2, 3, j=1, 2, \cdots, 5$)에 대한 분산분석표가 아래와 같을 때 ㉠, ㉡에 들어갈 값은?

요인	제곱합	자유도	F - 통계량
처리	52.0	2	㉡
오차	60.0	㉠	

	㉠	㉡		㉠	㉡
①	12	4.8	②	12	5.2
③	13	4.8	④	13	5.2

해설
오차의 자유도를 알기 위해서는 총합의 자유도를 알아야 하는데, 각 수준에서 모두 5번씩 반복실험을 했으므로 각 처리수준별 반복수가 동일하다면 측정자료의 총 개수 n은 '처리수준의 수× 반복수'와 일치하게 되는 것을 이용한다.
측정자료의 총 개수 = [처리수준의 수(k: 그룹의 수) 3 × 반복수 5] = 15
∴ 총합의 자유도 $n-1 = 15-1 = 14$
총합의 자유도 14 = 처리의 자유도 2 + 오차의 자유도 ㉠
∴ ㉠ 12
따라서 오차의 평균제곱 = [오차제곱합/오차의 자유도] = 60/12 = 5이다.
또한 처리의 평균제곱 = [처리제곱합/처리의 자유도] = 52/2 = 26이므로
㉡ $F = \dfrac{\text{처치(집단간, 인자) 평균제곱}}{\text{오차(집단내, 잔차) 평균제곱}} = \dfrac{26}{5} = 5.2$

86 검정력에 대한 설명으로 옳은 것은?

① 참인 귀무가설을 채택할 확률이다.
② 거짓인 귀무가설을 채택할 확률이다.
③ 귀무가설이 참임에도 불구하고 이를 기각시킬 확률이다.
④ 대립가설이 참일 때 귀무가설을 기각시킬 확률이다.

해설
귀무가설이 허위일 때, 즉 대립가설이 참일 때 귀무가설을 기각할 확률을 검정력이라고 한다.

87 다음 중 상관계수(r_{XY})에 대한 설명으로 틀린 것은?

① 상관계수 r_{XY}는 두 변수 X와 Y의 선형관계의 정도를 나타낸다.
② 상관계수의 범위는 [-1, 1]이다.
③ $r_{XY} = \pm 1$이면 두 변수는 완전한 상관관계에 있다.
④ 상관계수 r_{XY}는 두 변수의 이차곡선관계를 나타내기도 한다.

해설
상관계수는 두 변수의 선형관계만을 나타내며, 그 외의 이차곡선관계 등을 나타내지는 않는다.

88 어떤 모터사이클의 가격이 출고연도가 지남에 따라 얼마나 떨어지는가를 알아보기 위하여 이 모터사이클에 대한 중고 판매가격에 대한 조사를 하였다. 사용연수와 모터사이클 가격과의 관계를 보기 위한 적합한 분석방법은?

① 단순회귀분석
② 중회귀분석
③ 분산분석
④ 다변량 분석

해설
회귀분석은 한 변수를 종속변수로, 다른 변수(또는 변수들)를 독립변수로 설정하여 이들 간의 관계를 분석하는 것이다. 즉 독립변수의 변화에 따라 종속변수가 어떻게 변화하는지를 분석한다. 단순회귀분석은 독립변수가 하나일 경우에 종속변수와의 관계를 분석하여 독립변수가 종속변수에 미치는 영향을 분석하는 방법이다. 하나의 독립변수(출고연도, 즉 사용연수)의 변화에 따라 종속변수(모터사이클 가격)의 변화를 분석하는 것이므로 단순회귀분석이 적합하다.

89 모분산 $\sigma^2 = 16$인 정규모집단에서 표본의 크기가 25인 확률표본을 추출한 결과 표본평균 10을 얻었다. 모평균에 대한 90% 신뢰구간을 구하면? [단, 표준정규분포를 따르는 확률변수 Z에 대해 $P(Z<1.28)=0.90$, $P(Z<1.645)=0.95$, $P(Z<1.96)=0.975$]

① (8.43, 11.57) ② (8.68, 11.32)
③ (8.98, 11.02) ④ (9.18, 10.82)

해설
단일모집단 평균의 신뢰구간을 구하는데 모분산이 알려져 있으므로 Z-분포를 사용한다.
$\overline{X} - Z_{\frac{\alpha}{2}}\frac{\sigma}{\sqrt{n}} \leq \mu \leq \overline{X} + Z_{\frac{\alpha}{2}}\frac{\sigma}{\sqrt{n}}$ 에서
표본평균 $\overline{X} = 10$, 90% 신뢰수준에서 $Z_{0.05} = 1.645$, $\sigma = 4$, $n=25$이므로
90% 신뢰구간은 $10 - 1.645\frac{4}{\sqrt{25}} \leq \mu \leq 10 + 1.645\frac{4}{\sqrt{25}}$
$10 - 1.316 \leq \mu \leq 10 + 1.316$ 이므로 약 $8.68 \leq \mu \leq 11.32$ 이다.

90 통계적 가설 검정에 대한 설명으로 틀린 것은?

① 유의수준은 제1종 오류를 범할 확률의 최대허용한계를 말한다.
② 기각역은 귀무가설을 기각하게 되는 검정통계량의 관측값의 영역이다.
③ 귀무가설은 표본에 근거한 강력한 증거에 의하여 입증하고자 하는 가설이다.
④ 제2종 오류는 대립가설이 참임에도 불구하고 귀무가설을 기각하지 못하는 오류이다.

해설
표본에 근거한 강력한 증거에 의하여 입증하고자 하는 가설은 대립가설이다.

91 확률분포에 대한 설명으로 틀린 것은?

① X가 연속형 균일분포를 따르는 확률변수일 때, $P(X=x)$는 모든 x에서 0이다.
② 포아송 분포의 평균과 분산은 동일하다.
③ 연속확률분포의 확률밀도함수 $f(x)$와 x축으로 둘러싸인 부분의 면적의 합은 항상 1이다.
④ 정규분포의 표준편차 σ는 음의 값을 가질 수 있다.

해설
표준편차는 분산의 양의 제곱근이기 때문에 음의 값을 가질 수 없다. 한편, 확률밀도함수를 갖는 연속확률변수의 한 점에서의 확률은 항상 0이다.

92 확률변수 X는 평균이 2이고 표준편차가 2인 분포를 따를 때, $Y = -2X + 10$의 평균과 표준편차는?

	평균	표준편차
①	6	4
②	6	6
③	14	4
④	14	6

해설
기댓값과 분산의 성질을 이용한다. 기댓값의 성질 $E(aX \pm b) = aE(X) \pm b$, 분산의 성질 $V(aX \pm b) = a^2V(X)$이므로
$E(Y) = E(-2X+10) = -2E(X) + 10$
$V(Y) = V(-2X+10) = (-2)^2V(X)$이다.
이때 $E(X) = 2$, $V(X) = 2^2$이므로
$E(Y) = -2 \times 2 + 10 = 6$
$V(Y) = (-2)^2 \times 2^2 = 16$
표준편차는 $\sqrt{V(Y)}$이므로 $\sqrt{16} = 4$이다.

93 지각건수가 요일별로 동일한 비율인지 알아보기 위해 카이제곱(χ^2) 검정을 실시할 경우 이 자료에서 χ^2값은?

요일	월	화	수	목	금	합계
지각횟수	65	43	48	41	73	270

① 14.96
② 16.96
③ 18.96
④ 20.96

해설

지각건수는 요일(범주형 변수)별로 동일하다는 귀무가설(H_0)에 대하여 기대되는 도수에 관측도수가 적합한가를 검정하는 카이제곱 적합성 검정에서 기대도수는 다음과 같이 구한다.

$$\text{기대도수 } E_i = n \times p_i$$
*n: 표본의 총 개수, p_i: 각 범주의 예상확률

표본의 총 개수는 270, 각 범주의 예상확률은 요일별로 모두 동일하게 $\frac{1}{5}$이므로, 기대도수는 $270 \times \frac{1}{5} = 54$이다.

이를 교차표로 만들면 다음과 같다.

요일	월	화	수	목	금	합계
지각횟수	54	54	54	54	54	270

열 변수가 c개의 범주를 갖는 교차표에서 카이제곱 적합성 검정에서 검정통계량은 다음과 같이 구한다.

$$\chi^2 = \sum_{i=1}^{c} \frac{(O_i - E_i)^2}{E_i}$$
*O_i: 관측도수, E_i: 기대도수

따라서 검정통계량은
$\chi^2 = \sum_{i=1}^{5} \frac{(O_i - E_i)^2}{E_i}$
$= \frac{(65-54)^2}{54} + \frac{(43-54)^2}{54} + \frac{(48-54)^2}{54} + \frac{(41-54)^2}{54} + \frac{(73-54)^2}{54}$
≈ 14.96

94 어느 조사기관에서 대한민국에 거주하는 10세 아동의 평균키는 112cm이고 표준편차가 6cm인 정규분포를 따르는 것으로 보고하였다. 이 결과를 확인하기 위하여 36명을 무작위로 추출하여 측정한 결과 표본평균이 109cm이었다. 가설 $H_0 : \mu = 112cm$ vs $H_1 : \mu \neq 112cm$에 대한 유의수준 5%의 검정결과로 옳은 것은? (단, $Z_{0.025} = 1.96$, $Z_{0.05} = 1.645$)

① 검정통계량은 2이다.
② 귀무가설을 기각한다.
③ 귀무가설을 기각할 수 없다.
④ 위 사실로는 판단할 수 없다.

해설

평균검정에서 모분산이 알려져 있고 대표본이므로 검정통계량 Z를 사용한다.

$$Z = \frac{\overline{X} - \mu_0}{\sigma / \sqrt{n}}$$
* $\overline{X}$: 표본의 평균값, μ_0: 귀무가설로 설정된 모집단의 평균값,
σ: 모표준편차, $\sigma/\sqrt{n}$: $\overline{X}$의 표준오차

이때 표본평균 $\overline{X} = 109$, 모집단의 평균 $\mu_0 = 112$, 모표준편차 $\sigma = 6$, $n = 36$이므로
$Z = \frac{\overline{X} - \mu_0}{\sigma/\sqrt{n}} = \frac{109 - 112}{6/\sqrt{36}} = \frac{-3}{6/6} = -3$이다.

유의수준 5%에서 대립가설의 설정에 따라 양측검정이므로 임계치는 $Z_{0.025} = 1.96$이다.
검정통계량 Z의 값이 -3으로, 절댓값이 임계치 1.96보다 크므로 귀무가설의 기각역에 해당한다(-1.96보다 좌측에 위치함).
따라서 유의수준 5%에서 귀무가설 $H_0 : \mu = 112cm$을 기각할 수 있다.

95 단순회귀분석의 모형에서 오차항의 기본 가정에 대한 설명으로 틀린 것은?

① 오차항은 정규분포를 따른다.
② 오차항은 서로 독립이다.
③ 오차항의 기댓값은 0이다.
④ 오차항의 분산이 다르다.

해설

회귀분석에서 오차항의 기본 가정은 다음과 같다.
㉠ 정규성: 오차항 ϵ_i는 정규분포 $N(0, \sigma^2)$를 따른다.
  ☞ 오차항의 기댓값은 0이다.
㉡ 등분산성: 오차항 ϵ_i의 분산은 모든 i에 대하여 같다.
㉢ 독립성: 오차항 ϵ_i들은 서로 독립이다. 즉 임의의 오차항 ϵ_i와 $\epsilon_{i'}$은 독립이다.

96 X와 Y의 평균과 분산은 각각 $E(X)=4$, $V(X)=8$, $E(Y)=10$, $V(Y)=32$이고 $E(XY)=28$이다. $2X+1$과 $-3Y+5$의 상관계수는?

① 0.75
② -0.75
③ 0.67
④ -0.67

해설

두 확률변수 $aX+b$, $cY+d$에 대한 상관계수 $corr(aX+b, cY+d)$는 $ac > 0$이면 $corr(X,Y)$이고, $ac < 0$이면 $-corr(X,Y)$이다.
이에 따라 두 확률변수 $2X+1$, $-3Y+5$에 대한 상관계수 $corr(2X+1, -3Y+5)$은 $2 \times (-3) < 0$이므로
$corr(2X+1, -3Y+5) = -corr(X,Y)$이다.
X와 Y의 상관계수는 공분산을 각 변수의 표준편차의 곱으로 나누면 된다.
공분산은 $Cov(X,Y) = E(XY) - E(X)E(Y)$
$= 28 - (4 \times 10) = -12$이므로
$r_{XY} = \dfrac{공분산}{S_X S_Y}$
$= \dfrac{Cov(X,Y)}{\sqrt{V(X)}\sqrt{V(Y)}} = \dfrac{-12}{\sqrt{8}\sqrt{32}} = -0.75$이다.
$\therefore -corr(X,Y) = 0.75$

97 다음은 처리(Treatment)의 각 수준별 반복수이다. 오차제곱합의 자유도는?

수준	반복수
1	7
2	4
3	6

① 13
② 14
③ 15
④ 16

해설

오차제곱합의 자유도는 $n-k$이므로 이를 이용하여 구한다.
㉠ 3개의 수준이므로 처리의 수 $k=3$
㉡ 반복수의 합이 n이므로 $n = 7+4+6 = 17$
따라서 오차제곱합의 자유도 $= n-k = 17-3 = 14$이다.

98 평균이 8이고 분산이 0.6인 정규모집단으로부터 10개의 표본을 임의로 추출하는 경우, 표본평균의 평균과 분산은?

① (0.8, 0.6)
② (0.8, 0.06)
③ (8, 0.06)
④ (8, 0.19)

해설

중심극한의 정리에 따라 평균 μ, 표준편차 σ인 모집단에서 n개의 표본을 반복 추출하면 그 표본들의 각 평균값 $\bar{x}$의 분포는 정규분포로 수렴하게 되며, 평균 μ, 표준편차 $\dfrac{\sigma}{\sqrt{n}}$가 된다. 모집단의 평균은 8, 분산 $\sigma^2 = 0.6$이므로 표본평균의 평균은 8, 분산(표준편차의 제곱)은 $\dfrac{\sigma^2}{n} = \dfrac{0.6}{10} = 0.06$

| 정답 | 95 ④ | 96 ① | 97 ② | 98 ③ |

99 모평균에 대한 신뢰구간의 길이를 1/4로 줄이고자 한다. 표본크기를 몇 배로 해야 하는가?

① 1/4배
② 1/2배
③ 2배
④ 16배

해설

신뢰구간의 길이는 $\left(Z_{\frac{\alpha}{2}} \frac{\sigma}{\sqrt{n}}\right) \times 2$ 이다. 이는 신뢰수준에 비례하며, 표본크기 n의 제곱근에 반비례한다.

신뢰구간의 길이를 $\frac{1}{4}$로 줄이므로 길이는 $\frac{1}{4} \times \left(Z_{\frac{\alpha}{2}} \frac{\sigma}{\sqrt{n}}\right) \times 2$이 된다.

$\frac{1}{4} \times \left(\frac{Z_{\alpha/2} \times \sigma}{\sqrt{n}}\right) \times 2 = \left(\frac{Z_{\alpha/2} \times \sigma}{4\sqrt{n}}\right) \times 2$

$= \left(\frac{Z_{\alpha/2} \times \sigma}{\sqrt{16n}}\right) \times 2$ 이므로

n은 16배가 커져야 한다.

100 다음은 어느 한 야구선수가 임의의 한 시합에서 치는 안타수의 확률분포이다. 이 야구선수가 내일 시합에서 2개 이상의 안타를 칠 확률은?

안타 수(X)	0	1	2	3	4	5
$P(X=x)$	0.30	0.15	0.25	0.20	0.08	0.02

① 0.2
② 0.25
③ 0.45
④ 0.55

해설

- 이산확률변수 X의 확률질량함수 $P(X=x_i)$에 관한 성질에서

$P(x_i \leq X \leq x_j) = \sum_{k=i}^{j} P(X=x_k)$

- 안타를 2개 이상 칠 확률 $= P(X \geq 2)$
$= P(X=2) + P(X=3) + P(X=4) + P(X=5)$
$= 0.25 + 0.20 + 0.08 + 0.02 = 0.55$

2023년 제2회 (CBT)

※ CBT 문제는 수험생의 기억에 따라 복원된 것이며, 실제 기출문제와 동일하지 않을 수 있습니다.

제1과목: 조사방법과 설계

01 연구가설에 대한 설명으로 틀린 것은?

① 모든 연구에는 명백히 연구가설을 설정해야 한다.
② 연구가설은 일반적으로 독립변수와 종속변수로 구성된다.
③ 연구가설은 예상된 해답으로, 경험적으로 검증되지 않은 이론이라 할 수 있다.
④ 가치중립적이어야 한다.

해설
연구가설은 연구자가 주장하고자 하는 가설이다. 연구문제에 대한 잠정적인 해답으로 연구자의 이론으로부터 도출된 가설이다. 경험적으로 검증되지 않은 이론의 성격으로 연구자의 주관을 배제하고 가치중립적으로 진술되어야 한다.
① 가설이 아닌 연구 질문만으로 연구를 시작하는 질적 연구의 형태도 존재한다.

02 사회조사에서 생태학적오류(ecological fallacy)란?

① 주변 환경에 대한 주요 정보를 누락시키는 오류
② 연구에서 사회조직의 활동결과인 사회적 산물들을 누락시키는 오류
③ 집단이나 집합체에 관한 성격을 바탕으로 개인들에 대한 성격을 규정하게 되는 연구분석 단위의 혼란
④ 사회조사설계 과정에서 문제를 중심으로 관련된 여러 체계들 간의 상호작용 가능성에 대한 고려를 누락시키는 오류

해설
생태학적 오류는 분석단위를 집단에 둔 연구결과를 바탕으로 집단 속 개인 특성을 추리할 때 나타나는 오류이다.

03 서베이 조사와 비교한 사례연구에 대한 설명으로 틀린 것은?

① 연구대상을 질적으로 파악하고 기술한다.
② 소수대상의 여러 가지 복합적 요인에 대한 복합적 관찰을 한다.
③ 연구대상 집단의 공통분모적 성질인 대표성을 추구한다.
④ 연구대상의 내면적·동태적 양상을 수직적으로 파고드는 조사이다.

해설
사례조사는 소수의 특정한 사례를 조사하여 문제에 대해 종합적 파악과 심층적 분석을 실행한다. 시간 경과에 따른 특정적 영향요인과 변화 간의 관계 파악 등 문제에 대한 간접적인 경험과 사전지식을 얻을 수 있고 탐색적 목적을 위해 유용하게 사용 가능하지만 대표성이 낮아 일반화 가능성이 떨어지는 것이 한계점 중의 하나이다.

04 탐색적 조사의 유형(방법)에 해당하지 않는 것은?

① 문헌조사
② 인과조사
③ 사례조사
④ 경험자·전문가 의견조사

해설
탐색적 조사에는 문헌조사, 전문가 의견조사, 사례조사, 표적집단면접법(FGI) 등이 있다.
② 조사의 목적에 따른 분류에서 설명적 조사에 해당하는 것으로, 인과관계를 규명하거나 미래를 예측하기 위한 조사이므로 탐색적 조사와는 조사의 목적이 다르다.

정답 | 01 ① 02 ③ 03 ③ 04 ②

05 사회과학적 연구의 일반적인 연구목적과 가장 거리가 먼 것은?

① 사건이나 현상을 설명(Explanation)하는 것이다.
② 사건이나 상황을 기술 또는 서술(Description)하는 것이다.
③ 사건이나 상황을 예측(Prediction)하는 것이다.
④ 새로운 이론(Theory)이나 가설(Hypothesis)을 만드는 것이다.

해설
과학적 연구의 일반적 연구목적은 탐색, 기술, 설명, 이해, 예측, 통제, 평가이다.

06 횡단연구와 종단연구에 관한 설명으로 틀린 것은?

① 횡단연구는 한 시점에서 이루어진 관찰을 통해 얻은 자료를 바탕으로 하는 연구이다.
② 종단연구는 일정 기간에 여러 번의 관찰을 통해 얻은 자료를 이용하는 연구이다.
③ 횡단연구는 동태적이며, 종단연구는 정태적인 성격이다.
④ 종단연구에는 코호트 연구, 패널연구, 추세연구 등이 있다.

해설
횡단연구는 일정 조사 대상에 대해 어느 한 시점에 관련 모든 변수에 대한 자료를 수집하는 것으로 어느 한 시점에서 어떤 현상을 주의 깊게 연구하는 것이며 정태적 특징을 갖는다. 이에 비해 종단연구는 동태적 특징을 갖는다.

07 연역법과 귀납법에 관한 설명으로 옳은 것은?

① 연역법은 선(先)조사 후(後)이론의 방법을 택한다.
② 연역법과 귀납법은 상호보완적으로 사용할 수 없다.
③ 연역법과 귀납법의 선택은 조사의 용이성에 달려있다.
④ 기존이론의 확인을 위해서는 연역법을 주로 사용한다.

해설
④ 기존이론의 확인을 위해서는 연역법이 주로 사용된다.
① 연역법은 선(先)이론 후(後)조사이다.
② 연구방법은 경험적 성격인 귀납적 논리와 분석적 성격인 연역적 방법을 상호보완적으로 활용하는 것이 좋다.
③ 연역법과 귀납법의 선택은 조사의 목적이나 성격에 달려있다.

08 특정시점에 다른 특성을 지닌 집단들 사이의 차이를 측정하는 조사방법은?

① 패널조사
② 추세조사
③ 코호트 조사
④ 서베이 조사

해설
일정 조사대상에 대해 어느 한 시점에 모든 관련 변수에 대한 자료를 수집하는 횡단적 조사의 종류로 현지조사와 서베이 조사가 있다.
④ 서베이 조사는 표본으로 선정된 다수의 응답자들을 대상으로 설문조사에 의하여 자료를 수집하는 방법으로 특정시점의 집단들 사이의 차이 측정 등 기술조사를 위해 가장 많이 이용된다.

| 정답 | 05 ④ 06 ③ 07 ④ 08 ④ |

09 과학적 연구방법에 관한 설명으로 옳지 않은 것은?

① 간결성: 최소한의 설명변수만을 사용하여 가능한 최대의 설명력을 얻는다.
② 인과성: 모든 현상은 자연발생적인 것이어야 한다.
③ 일반성: 경험을 통해 얻은 구체적 사실로 보편적인 원리를 추구한다.
④ 경험적 검증가능성: 이론의 현실세계에서 경험을 통해 검증이 될 수 있어야 한다.

해설
과학적 방법의 특징 중 인과성은 과학적 현상은 스스로 발생하는 것이 아니라 반드시 원인이 존재한다는 것이다.

10 질적 연구 중 초점집단연구의 특성과 가장 거리가 먼 것은?

① 빠른 결과를 보여준다.
② 높은 타당도를 가진다.
③ 개인면접에 비해 연구대상을 통제하기 수월하다.
④ 사회환경에서 일어나는 실제의 생활을 포착하는 사회지향적 연구방법이다.

해설
초점집단연구는 집단의 자유로운 토론을 통해 자료가 수집되는 방식이므로 개인면접에 비해 연구대상을 통제하기가 어렵다.

11 다음 중 탐색적 연구를 하기 위한 방법으로 가장 적합한 것은?

① 횡단연구   ② 유사실험연구
③ 시계열 연구 ④ 사례연구

해설
탐색적 조사의 주요 유형으로는 문헌조사, 전문가의견조사, 사례연구, 표적집단면접법(FGI) 등이 있다.
①, ③ 기술적 조사의 유형이다.
② 설명적 조사의 실험조사의 유형이다.

12 다음은 어떤 설계방식에 해당하는가?

> 수학과외의 효과를 측정하기 위하여 유사한 특징을 가진 두 집단을 구성하고 두 집단을 각각 수학시험을 보게 하였다. 이후 한 집단에는 과외를 시키고 다른 집단은 그대로 둔 다음, 다시 수학시험을 보게 하였다.

① 집단비교설계(static - group comparison)
② 솔로몬 4집단 설계(Solomon four - group design)
③ 통제집단 사후 측정설계(posttest - only control group design)
④ 통제집단 사전사후 측정설계(pretest - posttest control group design)

해설
두 집단 모두 수학시험을 보게 하고 점수를 측정한(사전 측정) 이후 한 집단에는 과외를 시키는 한편(실험집단에 실험처치) 다른 집단은 그대로 두고서(실험처치를 하지 않은 통제집단) 다시 두 집단 모두 수학시험을 보게 하고 점수를 측정(사후 측정)하는 구조이다. 따라서 실험집단과 통제집단을 무작위로 할당하고 실험처치 전후 각각 종속변수를 측정하여 양집단을 비교하는 통제집단 사전사후 측정실험설계에 해당한다.

13 다음 기업조사 설문의 응답항목이 가지고 있는 문제점은?

> 귀사는 기업이윤의 몇 퍼센트를 재투자하십니까?
> ㉠ 0%
> ㉡ 1 ~ 10%
> ㉢ 11 ~ 40%
> ㉣ 41 ~ 50%
> ㉤ 100% 이상

① 간결성   ② 명확성
③ 포괄성   ④ 상호배제성

해설
51~99%의 응답범주가 빠져있는 등 응답범주에 포함되어 있지 않은 범주가 존재한다. 따라서 가능한 응답범주 모두를 제시해야 한다는 응답범주의 포괄성에 문제가 있다.

| 정답 | 09 ② 10 ③ 11 ④ 12 ④ 13 ③

14 심층면접 시 고려사항이 아닌 것은?

① 피면접자와 친밀한 관계(Rapport)를 형성해야 한다.
② 비밀보장, 안정성 등 피면접자가 편안한 분위기를 느낄 수 있도록 해야 한다.
③ 피면접자의 대답을 주의 깊게 경청하여야 하며 이전의 응답과 연결시켜 생각하는 습관을 가져야 한다.
④ 피면접자가 대답을 하는 도중에 응답내용에 대한 평가적인 코멘트를 자주 해주는 것이 좋다.

해설
심층면접법에서 응답내용에 대한 평가적 코멘트는 응답에 영향을 줄 수 있으므로 바람직하지 않다.

15 대학생을 대상으로 여론조사를 할 때, 모집단 학생들의 학년별 구성을 가장 잘 반영할 수 있는 표집방법은?

① 계통표집
② 층화표집
③ 단순무작위표집
④ 눈덩이표집

해설
층화표집은 모집단을 일정기준(층화변수)에 의해 동질적인 몇 개 층으로 나누고, 각 층에서 일정수의 표본을 무작위 추출하는 방법이다. 층화변수에 기준하여 표본프레임에 층을 만들게 되어 표본은 모집단의 특성에 따라 층화된다. 표본의 각 층은 모집단의 특성에 따라 층화되므로 각 층의 정보를 대표성 있게 나타낼 수 있다.

16 가급적 적은 수의 변수로 더욱 많은 현상을 설명하고자 하는 것은?

① 간결성의 원칙(Principle of Parsimony)
② 관료제의 원칙(Iron law of Bureaucracy)
③ 배제성의 원칙(Principle of Exclusiveness)
④ 포괄성의 원칙(Principle of Exhaustiveness)

해설
간결성의 원칙은 가급적 최소한의 설명변수로 최대한의 보다 많은 설명력을 확보할 수 있어야 한다는 것이다.

17 다음 중 이론에 대한 함축적 의미가 아닌 것은?

① 과학적인 지식을 증진시키는 가장 효과적인 수단을 말한다.
② 명확하게 정의된 구성개념이 상호 관련된 상태에서 형성된 일련의 명제를 말한다.
③ 구성개념을 실제로 나타내는 구체적 변수들 간의 관계에 대한 체계적 견해를 제시한다.
④ 개념들 간의 연관성에 대한 현상을 설명한다.

해설
이론은 사실과 사실 간의 관계에 대해 논리적 연관성을 부여하는 것으로 개념들 간의 관계에 대해 규칙성이나 법칙성을 나타내는 일반적 진술이며 현상에 대한 설명과 예측을 목적으로 변수 간의 관계를 밝혀 그 현상에 대한 체계적 견해를 제공하는 일련의 상호 연결된 개념의 정의 또는 명제이다.
① 가설에 대한 설명이다.

| 정답 | 14 ④ 15 ② 16 ① 17 ① |

18 분석단위의 혼란에서 오는 오류 중 개인의 특성에 관한 자료로부터 집단의 특성을 도출할 경우 발생하기 쉬운 오류는?

① 생태학적 오류
② 비표본 오차
③ 개인주의적 오류
④ 체계적 오류

해설
개인을 분석단위로 한 연구결과를 집단에 동일하게 확대 적용하여 집단, 사회, 국가 등의 특성을 추론할 때 나타나는 오류는 개인주의적 오류이다.
② 표본추출과정에서 발생하는 표본추출오차 이외의 모든 오차로, 조사원의 실수에 의해 나타나는 오차 등을 말한다.

19 질문지 작성의 일반적인 과정을 바르게 나열할 것은?

㉠ 필요한 정보의 결정
㉡ 자료수집방법 결정
㉢ 개별항목 결정
㉣ 질문형태 결정
㉤ 질문순서 결정
㉥ 초안 작성
㉦ 사전조사(Pretest)
㉧ 질문지 완성

① ㉠ → ㉡ → ㉢ → ㉣ → ㉤ → ㉥ → ㉦ → ㉧
② ㉠ → ㉤ → ㉡ → ㉣ → ㉢ → ㉥ → ㉦ → ㉧
③ ㉠ → ㉢ → ㉣ → ㉡ → ㉤ → ㉥ → ㉦ → ㉧
④ ㉠ → ㉡ → ㉣ → ㉢ → ㉤ → ㉥ → ㉦ → ㉧

해설
질문지 작성의 일반적 과정
질문지 작성의 목적과 범위 확인 → 필요한 정보의 결정 → 자료수집방법 결정 → 질문내용 결정 → 질문과 응답 형태 결정 → 질문항목 결정 → 질문의 표현 및 배열순서 결정 → 질문지 초안 작성 → 사전조사 → 질문지 완성

20 연구자가 확률표본을 사용할 것인지, 비확률표본을 사용할 것인지를 결정할 때 고려요인이 아닌 것은?

① 연구목적
② 비용 대 가치
③ 모집단의 수
④ 허용되는 오차의 크기

해설
어떤 표본추출방법을 사용할 것인가를 결정하기 위해서 다음과 같은 사항들을 고려할 수 있다.
㉠ 조사의 목적 및 오차의 크기
㉡ 비용(예산)
㉢ 시간
㉣ 모집단에 대한 사전지식

21 다음 사례의 표본추출방법은?

불법체류 이주노동자의 취업실태를 조사하려는 경우, 모집단을 찾을 수 없어 일상적인 표집절차로는 조사 수행이 어려웠다. 그래서 첫 단계에서는 종교단체를 통해 소수의 응답자를 찾아 면접하고, 다음 단계에서는 첫 번째 응답자의 소개로 면접 조사하였으며, 계속 다음 단계의 면접자를 소개받는 방식으로 표본수를 충족시켰다.

① 할당표집(Quota Sampling)
② 군집표집(Cluster Sampling)
③ 눈덩이표집(Snowball Sampling)
④ 편의표집(Convenience Sampling)

해설
눈덩이표집은 처음에는 소수의 인원을 표본으로 추출하여 조사한 다음, 그 소수인원을 조사원으로 활용하여 그 조사원의 주위 사람들을 소개받아 조사하는 과정을 반복하는 방법이다.

| 정답 | 18 ③ 19 ④ 20 ③ 21 ③

22 시간의 변화에 따른 특정 하위 모집단의 변화를 관찰하는 연구는?

① 횡단연구
② 추이연구
③ 패널연구
④ 코호트연구

해설
코호트 조사는 일정 기간 동안의 어떤 한정된 모집단(특정경험을 같이 하는 동시경험집단)의 변화를 두 번 이상의 다른 시점에 조사하여 비교 연구하는 방법으로 시간의 변화에 따른 특정 하위 모집단의 변화를 관찰하는 연구이다.

23 다음 중 대규모 모집단의 특성을 기술하기에 유용한 방법은?

① 참여관찰
② 표본조사
③ 유사실험
④ 내용분석

해설
표본조사에서는 모집단을 대표하는 표본을 추출하여 이들을 대상으로 주로 표준화된 질문지를 사용하는 서베이법에 의해 통계분석이 가능한 양적 자료를 수집하여 대규모 모집단의 특성을 기술할 수 있다.

24 양적 연구와 비교한 질적 연구의 특징이 아닌 것은?

① 비공식적 언어를 사용한다.
② 주관적 동기의 이해와 의미해석을 하는 현상학적·해석학적 입장이다.
③ 비통제적 관찰, 심층적·비구조적 면접을 실시한다.
④ 자료분석에 소요되는 시간이 짧아 소규모 분석에 유리하다.

해설
질적 연구는 소요되는 시간이 긴 점 등 소규모 분석에 적합하다.

25 기술적 조사와 설명적 조사에 관한 설명으로 틀린 것은?

① 설명적 조사는 두 변수 간의 시간적 선행성과는 무관하게 진행되는 경우가 많다.
② 설명적 조사연구를 수행하기 위해서는 변수의 수가 둘 또는 그 이상이 되는 경우가 많다.
③ 기술적 조사는 물가조사와 국세조사 등 어떤 현상에 대한 탐구와 명백화가 주목적이다.
④ 기술적 조사는 관련 상황의 특성 파악, 변수 간에 상관관계 파악 및 상황변화에 대한 각 변수 간의 반응을 예측할 수 있다.

해설
설명적 조사는 현상에 대한 단순한 기술이 아닌 원인과 결과간의 관계를 통해 현상을 설명하는 인과론적 설명을 전개하는 것으로, 공동변화(연관성)의 원칙, 시간적 선후성(선행성), 허위관계의 배제(외생변수 통제)가 인과관계의 3요건이다.

26 다음 중 솔로몬 연구설계에 관한 설명으로 맞는 것을 모두 고른 것은?

> ㉠ 4개의 집단으로 구성한다.
> ㉡ 사전측정을 하지 않는 집단은 2개이다.
> ㉢ 사후측정에서의 차이점이 독립변수에 의한 것인지 사전측정에 의한 것인지 알 수 있다.
> ㉣ 통제집단 사전사후 검사설계와 비동일 비교집단설계를 합한 형태이다.

① ㉠, ㉢
② ㉠, ㉡, ㉢
③ ㉡, ㉣
④ ㉠, ㉡, ㉢, ㉣

해설
솔로몬 연구설계는 순수실험설계의 유형으로, 통제집단 사후측정 실험설계와 통제집단 사전사후측정 실험설계를 혼합한 것이다. 따라서 연구대상을 4개의 집단으로 무작위 할당하며 사전측정을 하지 않는 집단은 2개가 된다. 사후측정에서의 차이점이 독립변수에 의한 것인지 사전측정에 의한 것인지 알 수 있는 등 가장 이상적이며 높은 수준의 외생변수 통제로 내적 타당도가 높으나 시간과 비용이 많이 소요된다는 단점이 있다.

| 정답 | 22 ④ | 23 ② | 24 ④ | 25 ① | 26 ② |

27 가설설정시 유의해야 할 사항으로 틀린 것은?

① 가설은 경험적으로 검증할 수 있어야 한다.
② 연구문제를 해결할 수 있어야 한다.
③ 동의반복적(tautological)이어야 한다.
④ 검증결과는 가능한 한 광범위하게 적용 될 수 있어야 한다.

해설
가설의 표현은 간단명료해야 하며 동의반복이어서는 안 된다. 경험적으로 검증할 수 있어야 하며 가치중립적이어야 하고 계량화가 가능해야 하며 연구문제를 해결할 수 있어야 하고 가능한 한 광범위하게 적용될 수 있어야 한다.

28 다음 중 확률표본추출방법을 적용하기 가장 용이한 것은?

① 실험(experimentation)
② 현지조사(field research)
③ 참여관찰(participant observation)
④ 서베이 조사(survey research)

해설
서베이 조사는 모집단에서 추출한 표본을 대상으로 표준화된 조사도구인 질문지를 이용하여 자료를 수집하는 방법이다. 큰 표본과 넓은 범위에 적용이 가능하고 일반화가 용이한 방법이므로 표본추출에 과정에 있어서 확률표본추출 적용이 용이하며 이를 통해 대표성을 제고할 수 있다.

29 일반적으로 표집방법들 간의 표집효과를 계산할 때 준거가 되는 표집방법은?

① 군집표집   ② 체계적 표집
③ 층화표집   ④ 단순무작위표집

해설
단순무작위표본추출은 일반적으로 다른 추출방법과 표본오차 등을 계산할 때 준거가 된다.

30 단일사례연구에 관한 설명으로 틀린 것은?

① 외적타당도가 높다.
② 개입효과에 대한 즉각적인 피드백이 가능하다.
③ 조사연구과정과 실천과정이 통합될 수 있다.
④ 개인과 집단뿐만 아니라 조직이나 지역사회도 연구대상이 될 수 있다.

해설
단일사례연구는 개인, 가족, 단체 등이 분석대상이며 조직이나 지역사회도 연구대상이 될 수 있다. 시계열적으로 반복 측정하며 개입 전과 개입 후의 상태를 비교하여 개입 효과를 파악하고 개입효과에 대한 즉각적인 피드백(feed back)이 가능한 반응성 연구의 한 유형이다. 조사연구 과정과 실천과정이 통합될 수 있다.
① 단일사례연구의 외적타당도는 낮다. 하나의 사례에 대한 실험의 과정과 결과를 일반적인 상황에 적용할 수 없기 때문이다.

제2과목: 조사관리와 자료처리

31 다음 중 우편조사의 특징과 가장 거리가 먼 것은?

① 최소의 경비와 노력으로 광범위한 지역과 대상을 표본으로 삼을 수 있다.
② 다른 조사에 비해 응답률이 높다.
③ 면접조사에 비해 응답자에게 익명성에 대한 확신을 부여할 수 있다.
④ 조사자의 개인차에서 오는 영향을 배제 시킬 수 있다.

해설
우편조사는 높은 익명성 보장과 광범위한 지역과 대상이 가능하며 면접자의 편견이나 특성으로 발생하는 오류가 거의 없다는 장점이 있지만, 응답률이 낮고 응답자의 적확성 통제가 불가하다는 등의 한계점이 있다.

32 서스톤 척도에 대한 설명으로 틀린 것은?

① 리커트 척도법이나 거트만 척도법에 비해 서스톤 척도법은 상당한 비용과 시간이 걸린다는 단점을 가지고 있다.
② 리커트 척도법이나 거트만 척도법은 구간수준(Interval Level)의 측정이 가능하지만, 서스톤 척도법은 서열수준(Ordinal Level)의 측정만이 가능하다.
③ 평가자의 편견이 개입될 가능성이 있으며, 이 문제를 완화하기 위해서는 가능하면 많은 수의 평가자를 선정하는 것이 좋다.
④ 문항의 선정과정에서 평가자 간에 이견이 큰 문항은 제외한다.

해설
서스톤 척도는 일반적인 서열척도보다 한 수준 높은 등간척도 수준을 유지하려 하는 척도로 유사등간척도라고도 한다.

33 2차 자료 분석의 특징과 가장 거리가 먼 것은?

① 자료의 결측값을 추적할 수 있다.
② 자료를 직접 수집하지 않아도 된다.
③ 기존 데이터를 수정·편집해 분석할 수 있다.
④ 비교적 적은 비용으로 대규모 사례분석이 가능하다.

해설
2차 자료는 다른 조사목적으로 다른 연구자가 기존에 작성한 자료로, 빠른 수집과 즉각적 사용이 가능하며 자료를 직접수집하지 않으므로 조사대상의 반응성이나 권익침해 등에 대한 우려가 없다. 또한 기존데이터를 수정·편집해 분석할 수 있고 비교적 적은 비용으로 대규모 사례분석이 가능하다.
① 자료의 결측값이나 이상값 추적은 1차 자료에서 가능하다.

34 다음 설명에 해당하는 기계를 통한 관찰 도구는?

> 어떠한 자극을 보여주고 피관찰자의 눈동자 크기를 측정하는 것으로, 동공의 크기변화를 통해 응답자의 반응을 측정한다.

① 오디미터(Audimeter)
② 사이코갈바노미터(Psychogalvanometer)
③ 퓨필로미터(Pupilometer)
④ 모션픽처카메라(Motion Picture Camera)

해설
기계적 관찰의 예시는 다음과 같다.
㉠ 오디미터(Audimeter): 조사대상 가구에 설치하여 TV 시청률 조사하는 자동장치
㉡ 사이코갈바노미터(Psychogalvanometer): 심리적 변화에 따른 응답자의 생체변화 측정
㉢ 퓨필로미터(Pupilometer): 자극을 보여주고 피관찰자의 동공의 크기 변화를 측정
㉣ 아이 카메라(Eye camera): 응답자가 어디에 주의를 기울이는지 알기 위해 눈동자가 어느 방향으로 움직이는지 등을 측정
㉤ 모션픽처카메라(Motion Picture Camera): 연속영상촬영을 통한 관찰 등

| 정답 | 31 ② | 32 ② | 33 ① | 34 ③ |

35 크론바하 알파(Cronbach's Alpha)에 관한 설명으로 틀린 것은?

① 표준화된 알파라고도 한다.
② 값의 범위는 -1에서 +1까지이다.
③ 문항 간 평균 상관관계가 증가할수록 값이 커진다.
④ 문항의 수가 증가할수록 값이 커진다.

해설
크론바하 알파는 표준화된 알파라고도 하며 측정항목이 가질 수 있는 모든 조합의 상관관계의 평균값이다. 문항 간 평균 상관관계가 증가할수록 값이 커지며 문항의 수가 증가할수록 값이 커진다.
② 크론바하 알파계수의 값의 범위는 0에서 1까지이다.

36 수집자료의 신뢰성 점검에 대한 내용 중 맞는 것은?

① 응답내용이 오류가 없이 제대로 되어 있는가를 점검한다.
② 기입오류와 논리적 모순 여부 등을 점검한다.
③ 실사관리자에 의한 에디팅 단계에 해당한다.
④ 응답자의 진위여부 확인은 신뢰성 점검에 해당한다.

해설
①, ② 정합성에 대한 설명이다.
③ 신뢰성 점검은 3차 전화검증에 해당한다.

37 '노인의 사회참여가 높을수록 자아존중감이 향상되고, 자아존중감의 향상으로 생활만족도가 높아진다'에서 자아존중감은 어떤 변수에 해당하는가?

① 종속변수　　② 매개변수
③ 외생변수　　④ 통제변수

해설
자아존중감은 원인변수인 노인의 사회참여의 영향을 받는 결과변수인 동시에 생활만족도에 영향을 주는 원인변수이다. 따라서 자아존중감은 독립변수의 결과인 동시에 종속변수의 원인이 되는 변수로 종속변수에 일정한 영향을 주며 두 변수 간에 간접적 관계를 맺도록 매개하는 매개변수에 해당한다.

38 각 대학교의 졸업생들을 중심으로 취업률을 조사하였을 때 척도의 수준으로 맞는 것은?

① 수학적 계산이 불가능하다.
② 덧셈과 뺄셈만이 가능하다.
③ 곱셈과 나눗셈만이 가능하다.
④ 덧셈, 뺄셈, 곱셈, 나눗셈 모두 가능하다.

해설
취업률은 절대영점이 존재하는 비율척도 수준이다. 따라서 가감승제가 모두 가능하다.

| 정답 | 35 ② | 36 ④ | 37 ② | 38 ④ |

39 명목척도 구성을 위한 측정범주들에 대한 기본원칙과 가장 거리가 먼 것은?

① 배타성　　② 포괄성
③ 논리적 연관성　　④ 선택성

해설
명목수준 측정은 상호배타적이고 포괄적인 카테고리(범주)로 구분하여 수치를 부여하는 것으로 한 카테고리 내의 모든 대상이 동등하다는 속성을 기본으로 한다. 기본원칙은 배타성, 포괄성, 논리적 연관성이다.

40 연속변수로 구성하기 어려운 것은?

① 인종　　② 소득
③ 범죄율　　④ 거주기간

해설
연속변수는 양적 변수 중 어떤 구간 내에서 취할 수 있는 값이 무한한 변수로 소수점 이하로 표시가 가능하며 값과 값 사이가 서로 연결되어 있어서 그 사이의 값이 의미를 가진다.
① 인종은 측정 시 속성을 의미있는 수치로 나타낼 수 없는 변수로 명목척도로 측정하여 구별된 몇 개의 범주 중 하나에 측정대상이 속하게 되는 질적 변수이다. 질적 변수는 양적 변수로의 변환이 거의 불가능하므로 인종을 연속변수로 구성하기 어렵다.

41 다음 중 면접원의 자율성이 가장 적은 면접 유형은?

① 초점집단면접　　② 심층면접
③ 구조화면접　　④ 임상면접

해설
구조화면접은 표준화면접으로 표준화되어 정해진 면접조사표에 의하여 모든 응답자에게 동일한 질문순서 및 동일한 질문내용으로 면접을 진행하는 방식이다. 면접자가 임의로 질문항목, 배열 등을 변경할 수 없으며 면접자의 가치나 생각의 전달이 제한된다.

42 개념타당성(Construct Validity)에 관한 옳은 설명을 모두 고른 것은?

> ㉠ 측정에 의해 얻는 측정값 자체보다는 측정하고자 하는 속성에 초점을 맞춘 타당성이다.
> ㉡ 이론과 관련하여 측정도구의 타당성을 검증한다.
> ㉢ 개념타당성 측정방법으로 요인분석 등이 있다.
> ㉣ 통계적 검증을 할 수 있다.

① ㉠, ㉣
② ㉡, ㉢, ㉣
③ ㉡, ㉢
④ ㉠, ㉡, ㉢, ㉣

해설
개념타당성은 이론과 관련하여 측정도구의 타당도를 검증한다. 척도가 이론적·추상적 개념을 얼마나 적절하게 잘 측정하였는가를 나타내는 것으로 척도를 구성하는 개념이 이론적 개념들에 잘 부합하는가를 확인함으로써 측정도구의 타당성을 이론적 바탕 위에서 경험적으로 평가하는 것이다. 측정값들 간의 상관관계를 점검하며, 통계적 검증을 할 수 있다. 타당성을 통계적으로 검증할 수 있는 방법으로 요인분석, 다중속성-다중측정법, 이론적 구성개념 등이 있다.

43 측정항목이 가질 수 있는 모든 조합의 상관관계의 평균값을 산출해 신뢰도를 측정하는 방법은?

① 재검사법(Test-retest Method)
② 복수양식법(Parallel-forms Technique)
③ 반분법(Split-half Method)
④ 내적일관성법(Internal Consistency Method)

해설
내적일관성법은 동일한 개념을 여러 문항으로 질문 시 항목들이 일관성을 갖는지를 측정하는 방법으로, 크론바하 알파(Cronbach's 알파)계수를 이용하여 항목들 중 신뢰도를 저해하는 항목이 있으면 그 항목을 제외함으로써 신뢰성을 높인다. 크론바하 알파계수는 표준화된 알파라고도 하며 측정항목이 가질 수 있는 모든 조합의 상관관계의 평균값이다.

| 정답 | 39 ④　40 ①　41 ③　42 ④　43 ④ |

44 관찰을 통한 자료수집 시 지각과정에서 나타나는 오류를 감소하기 위한 방안과 가장 거리가 먼 것은?

① 보다 큰 단위의 관찰을 한다.
② 객관적인 관찰도구를 사용한다.
③ 관찰기간을 될 수 있는 한 길게 잡는다.
④ 가능한 관찰단위를 명세화해야 한다.

해설
관찰법에서 관찰자마다 감각이 다르며 상황의 복잡성이나 이질성 등이 관찰에 영향을 줌으로써 지각과정에서의 오류가 발생할 수 있다. 감소방안은 보다 큰 단위의 관찰, 객관적 관찰도구 사용, 관찰단위 명세화, 관찰기술훈련, 관찰기간 단기화, 복수의 관찰자, 관련 요인들에 대한 통제 등이다.

45 변수의 종류에 관한 설명으로 옳은 것을 모두 고른 것은?

㉠ 매개변수는 독립변수와 종속변수 사이에서 독립변수의 결과인 동시에 종속변수의 원인이 되는 변수이다.
㉡ 억제변수는 두 변수 X, Y의 사실상의 관계를 정반대의 관계로 나타나게 하는 제3의 변수이다.
㉢ 왜곡변수는 두 변수 X, Y가 서로 관계가 있는데도 관계가 없는 것으로 나타나게 하는 제3의 변수이다.
㉣ 통제변수는 외재적 변수의 일종으로 그 영향을 검토하지 않기로 한 변수이다.

① ㉠, ㉡
② ㉡, ㉢
③ ㉢, ㉣
④ ㉠, ㉣

해설
㉡ 두 변수 X, Y의 사실상의 관계를 정반대의 관계로 나타나게 하는 제3의 변수는 왜곡변수이다.
㉢ 두 변수 X, Y가 서로 관계가 있는데도 관계가 없는 것으로 나타나게 하는 제3의 변수는 억제변수이다.

46 면접조사시 어려운 질문항목에 부딪치게 되면 가능한 한 응답에서 비롯되는 심리적 부담감을 덜기 위해서 어떤 질문항목이건 여러 개의 응답이 제시되어 있다면 무조건 제일 첫 번째 응답을 주로 올바른 응답으로 기재하는 것은 어떤 효과 때문인가?

① 후광효과(halo effect)
② 1차정보효과(primacy effect)
③ 동조효과(acquiescence effect)
④ 최근정보효과(recency effect)

해설
1차 정보효과는 주로 자기기입식 설문에서 제일 처음에 제시된 응답항목을 선택하는 경향이 크다는 것이다.
① 어떠한 특성이나 속성이 너무 강렬해서 전체에 영향을 미쳐서 응답하게 되는 효과
③ 다른 사람들이 어떻게 생각하느냐에 따라 응답하게 되는 효과
④ 시간적으로 끝에 제시된 정보가 판단에서 중요한 역할을 하는 효과

47 교육수준은 소득수준에 영향을 미치지 않지만, 연령을 통제하면 두 변수 사이의 상관관계가 매우 유의미하게 나타난다. 이때 연령과 같은 검정요인을 무엇이라 부르는가?

① 억제변수
② 왜곡변수
③ 구성변수
④ 외재적변수

해설
교육수준과 소득수준간의 관계에 있어서 연령을 통제하기 전에는 두 변수 간의 관계가 유의미하지 않다가 연령을 통제하니 유의미하게 나타났으므로, 연령변수는 두 변수 간에 사실적 관계가 있는데 마치 없는 것처럼 억누르는 변수인 억제변수가 된다.

48 내용분석에 관한 설명과 가장 거리가 먼 것은?

① 분석대상에 영향을 미치지 않는다.
② 필요한 경우 재분석이 가능하다.
③ 양적 내용을 질적 자료로 전환한다.
④ 다양한 기록자료 유형을 분석할 수 있다.

해설
내용분석은 기록물에 포함된 메시지 등 기존의 질적 자료를 수집하여 객관적, 체계적, 수량적으로 기술하여 양적 정보로 변환하는 방법으로 여러 가지 문서화된 매체들을 중심으로 필요한 자료를 수집하는 방법이다. 양적 분석이 주를 이루지만 질적 분석방법도 사용한다.

49 다음 중 관찰의 단점과 가장 거리가 먼 것은?

① 피관찰자가 관찰 사실을 아는 경우 조사반응성으로 인한 왜곡이 있을 수 있다.
② 표현능력이 부족한 대상에게 적용이 어렵다.
③ 연구대상의 특성상 관찰할 수 없는 문제가 있다.
④ 자료처리가 어렵다.

해설
관찰법은 대상이 관찰사실을 의식하여 다른 행동을 할 수 있으며 여러 제약이나 한계로 관찰 자체를 못할 수 있고 수집한 자료의 처리 및 일반화·표준화가 어렵다.
② 관찰법은 비언어적 자료수집이 가능하므로 의사소통 능력이 없거나 부족하여 구체적 언어 표현이 힘든 유아나 동물연구에 유용하게 활용될 수 있다.

50 개념적 정의와 조작적 정의에 관한 설명으로 틀린 것은?

① 개념적 정의는 추상적 수준의 정의이다.
② 조작적 정의는 인위적이기 때문에 가급적 피해야 한다.
③ 개념적 정의와 조작적 정의가 반드시 일치하는 것은 아니다.
④ 조작적 정의는 측정을 위하여 불가피하다.

해설
개념적 정의는 현상이나 대상의 속성을 이론적이고 추상적으로 정의하는 것이며 조작적 정의는 추상적 개념을 측정이 가능하도록 계량적인 형태로 나타내는 것이다. 조작적 정의는 측정을 위하여 불가피하며 개념적 정의에 최대한 일치되도록 정의되어야 하나 반드시 일치하는 것은 아니다.

51 다음 중 심층규명(Probing)을 하고자 할 때 가장 적합한 조사방법은?

① 우편설문조사
② 온라인설문조사
③ 간접관찰조사
④ 비구조화면접조사

해설
비구조화면접조사는 정해진 면접조사표 없이 질문의 내용이나 형식, 순서 등을 미리 정하지 않고 면접을 진행하는 방식으로 면접상황에 따라 자유롭게 질문이나 순서의 변경이 가능하고 응답자가 의견이나 생각 등을 자유롭게 표현하므로 프로빙을 하고자 할 때 적합한 조사방법이다.

| 정답 | 48 ③ | 49 ② | 50 ② | 51 ④ |

52 조사원 모집과 선발에 관한 내용 중 적합하지 않은 것은?

① 조사내용이나 성격, 조사대상자의 연령이나 특성을 감안하여 조사의 방법별로 일정한 요건에 중점을 두어 선발한다.
② 면접조사원의 경우 인터넷 활용능력과 정확성 등에 대한 사항이 우선적으로 고려되어야 한다.
③ 외형적 요건 및 내면적 요건을 고려한다.
④ 전화조사원의 경우 발음, 전달력 등을 점검하여 선발하는 것이 좋다.

해설
면접조사원의 경우 외형과 성격, 유사조사경력 등 일정한 경력요건 등을 감안한다. 인터넷 활용능력과 정확성 등에 대한 우선적 고려는 인터넷 조사원에 해당하는 사항이다.

53 입사성적이 높은 사람이 회사에 대한 공헌도가 매우 높고 근무성적 또한 우수하다면 입사시험이라는 측정도구는 어떤 타당성이 높다고 할 수 있는가?

① 안면타당성(Face Validity)
② 내용타당성(Content Validity)
③ 예측타당성(Predictive Validity)
④ 집중타당성(Convergent Validity)

해설
입사성적이라는 척도가 미래의 사건을 얼마나 잘 예측하는 것에 관한 것이다. 이는 예측타당성에 해당된다. 예측타당성은 척도가 미래의 사건을 얼마나 잘 예측하는가에 관한 것으로, 현재의 상태로부터 차후의 사건과의 차이를 예측해내는 정도이다.

54 인구통계학적, 경제적, 사회·문화·자연 요인 등의 분류기준에 따라 전체 표본을 여러 집단으로 구분하고 집단별로 필요한 대상을 사전에 정해진 크기만큼 추출하는 표본추출방법은?

① 할당표본추출법(Quota Sampling)
② 편의표본추출법(Convenience Sampling)
③ 층화표본추출법(Stratified Random Sampling)
④ 단순무작위표본추출법(Simple Random Sampling)

해설
할당표본추출법은 모집단을 특정변수를 중심으로 일정한 범주로 나누고, 각 범주에서 사전에 정해진 기준·비율 등에 따라 모집단 구성원들을 추출하여 표본에 할당하는 방법이다. 즉 전체를 주로 인구통계적 특성, 경제적, 사회·문화 요인 등의 분류기준에 따라 여러 집단으로 구분하고 집단별로 필요한 대상을 사전에 정해진 크기만큼 표본에 할당하는 방식으로 표본을 추출한다.

55 측정의 신뢰도를 높이는 방법으로 적절하지 않은 것은?

① 측정도구의 모호성을 없앤다.
② 동일한 개념이나 속성을 측정하기 위해 여러 개의 항목보다는 단일항목을 이용한다.
③ 측정자들의 면접방식과 태도의 일관성을 취한다.
④ 조사대상자가 잘 모르거나 전혀 관심이 없는 내용에 대해서는 측정을 삼간다.

해설
측정의 신뢰도를 높이는 방법 중의 하나는 동일 개념(속성)을 측정하는 항목의 수를 늘리는 것이다.

| 정답 | 52 ② 53 ③ 54 ① 55 ②

56 표본추출과 관련된 용어 설명으로 옳지 않은 것은?

① 관찰단위: 직접적인 조사대상
② 모집단: 연구하고자 하는 이론상의 전체집단
③ 표집률: 모집단에서 개별 요소가 선택될 비율
④ 통계량(Statistic): 모집단에서 어떤 변수가 가지고 있는 특성을 요약한 통계치

해설
통계량은 표본에서 어떤 변수가 가지고 있는 특성을 요약한 통계치이다.

57 자기기입식 조사방법이 아닌 것은?

① 전화조사　　② 집단조사
③ 우편조사　　④ 온라인 조사

해설
전화조사는 선정된 응답자에게 전화를 걸어 질문사항들을 읽어준 후 응답을 조사원이 기록하는 면접자 기입식 조사이다.

58 관찰대상자가 관찰사실을 아는지에 대한 여부를 기준으로 관찰기법을 분류한 것은?

① 직접/간접관찰
② 자연적/인위적 관찰
③ 공개적/비공개적 관찰
④ 체계적/비체계적 관찰

해설
③ 공개적 관찰은 관찰대상자가 관찰사실을 알고 있는 것이며 비공개적 관찰은 관찰대상자가 관찰사실을 알지 못하는 것이다.
① 관찰시기와 행동발생 시기가 일치하는가의 여부에 따른 분류이다.
② 관찰이 일어나는 상황이 인위적인지의 여부에 따른 분류이다.
④ 관찰조건의 표준화 여부에 따른 분류이다.

59 대학수학능력시험의 타당도를 평가하기 위해 대학수학능력시험 점수와 대학진학 후 학업성적과의 상관관계를 조사하는 방법은?

① 내용타당도
② 논리적 타당도
③ 내적 타당도
④ 기준관련 타당도

해설
대학수학능력 시험점수가 대학진학 후 학업성적이라는 미래의 사건을 얼마나 잘 예측하는 가에 관한 타당도이다. 이는 현재의 척도가 미래의 사건(기준변수)를 얼마나 잘 예측하는가에 관하여 상관관계를 조사하여 평가하는 것이므로 예측타당도이며, 예측타당도는 기준관련 타당도의 유형 중 하나이다.

60 어떤 선생님이 학생들의 지능지수(IQ)를 측정하기 위해 정확하기로 소문난 전자저울(체중계)을 사용했을 때, 측정의 신뢰도와 타당도에 관한 설명으로 옳은 것은?

① 신뢰도와 타당도 모두 낮다.
② 신뢰도와 타당도 모두 높다.
③ 신뢰도는 낮지만 타당도는 높다.
④ 신뢰도는 높지만 타당도는 낮다.

해설
체중계를 사용하여 지능지수를 측정하는 것은 지능지수를 정확히 측정하는 방법과는 거리가 멀다. 따라서 타당도는 낮다. 그러나 정확한 체중계이므로 체중의 측정값은 반복적으로 측정하더라도 일관성이 있을 것이므로 신뢰도는 높다.

| 정답 | 56 ④　57 ①　58 ③　59 ④　60 ④

제3과목: 통계분석과 활용

61 극단값이 포함되어 있는 자료의 대푯값을 구하고자 한다. 극단값에 의한 영향을 줄이기 위한 측도로 적합하지 않은 것은?

① 중앙값
② 제50백분위수
③ 절사평균
④ 평균

[해설]
산술평균은 극단값의 영향을 많이 받는다. 이에 비해 중앙값은 극단값의 영향을 줄일 수 있는데, 제50백분위수는 백분위에서 중간에 해당하는 값이므로 중앙값에 해당한다. 절사평균은 데이터 총 개수 중 일정비율만큼 가장 큰 부분과 작은 부분을 제외하고 평균을 산출하는 것으로 산술평균이 극단값의 영향을 받는 것에 대한 보완이다.

62 정규분포를 따르는 어떤 집단의 모평균이 10인지를 검정하기 위하여 크기가 25인 표본을 추출하여 관측한 결과 표본평균은 9, 표본표준편차는 2.5이었다. t-검정을 할 경우 검정통계량 값은?

① 2
② 1
③ -1
④ -2

[해설]
평균검정에서 모분산이 알려져 있지 않고 소표본인 경우 사용되는 검정통계량 t는 다음과 같다.

$$t = \frac{\overline{X} - \mu_0}{S/\sqrt{n}} \;(d.f. = n-1)$$

* $\overline{X}$: 표본의 평균값, μ_0: 귀무가설로 설정된 모집단의 평균값,
  S: 표본의 표준편차, $S/\sqrt{n}$: $\overline{X}$의 표준오차

표본평균 $\overline{X} = 9$, 모평균 $\mu_0 = 10$, 표본표준편차 $S = 2.5$, $n = 25$이므로
$t = \frac{\overline{X} - \mu_0}{S/\sqrt{n}} = \frac{9-10}{2.5/\sqrt{25}} = \frac{-1}{2.5/5} = -\frac{5}{2.5} = -2$

63 중심극한정리에 대한 설명으로 옳은 것은?

㉠ 표본의 크기가 충분히 큰 경우 모집단의 분포의 형태에 관계없이 성립한다.
㉡ 모집단의 분포는 연속형, 이산형 모두 가능하다.
㉢ 표본평균의 기댓값과 분산은 모집단의 것과 동일하다.

① ㉠
② ㉠, ㉡
③ ㉡, ㉢
④ ㉠, ㉡, ㉢

[해설]
중심극한의 정리란 표본평균 $\overline{X}_n$의 확률분포는 모집단의 분포의 종류에 관계없이 표본의 크기가 커짐에 따라 근사적으로 평균이 μ이고 분산이 σ^2/n인 정규분포를 따른다는 것이다. 모집단의 분포는 연속형, 이산형 모두 가능하다.

64 오른쪽으로 꼬리가 길게 늘어진 형태의 분포에 대해 옳은 설명으로만 짝지어진 것은?

㉠ 왜도는 양의 값을 가진다.
㉡ 왜도는 음의 값을 가진다.
㉢ 자료의 평균은 중앙값보다 큰 값을 가진다.
㉣ 자료의 평균은 중앙값보다 작은 값을 가진다.

① ㉠, ㉢
② ㉠, ㉣
③ ㉡, ㉢
④ ㉡, ㉣

[해설]
오른쪽으로 꼬리가 길게 늘어진 형태의 분포는 좌측으로 치우친 비대칭 분포로 양(+)의 왜도를 가진다. 최빈수 < 중위수 < (산술)평균의 관계가 성립한다.

| 정답 | 61 ④ 62 ④ 63 ② 64 ① |

65 정규모집단으로부터 뽑은 확률표본 X_1, X_2, X_3가 주어졌을 때, 모집단의 평균에 대한 추정량으로 다음을 고려할 때 옳은 설명은? (단, X_1, X_2, X_3의 관측값은 2, 3, 4이다)

$$A = \frac{(X_1 + X_2 + X_3)}{3},\ B = \frac{(X_1 + 2X_2 + X_3)}{4},$$
$$C = \frac{(2X_1 + X_2 + 2X_3)}{4}$$

① A, B, C 중에 유일한 불편추정량은 A이다.
② A, B, C 중에 분산이 가장 작은 추정량은 A이다.
③ B는 편향(bias)이 존재하는 추정량이다.
④ 불편성과 최소분산성의 관점에서 가장 선호되는 추정량은 B이다.

해설

먼저, 불편추정량인지를 점검한다.
즉 $E(\hat{\theta}) = \theta$가 되는지를 본다. 그를 위해서는 각 기댓값을 계산해서 μ와 일치하는지를 점검한다.

A: $E\left(\frac{X_1 + X_2 + X_3}{3}\right) = \frac{1}{3}E(X_1 + X_2 + X_3)$
$= \frac{1}{3}(\mu + \mu + \mu) = \frac{3\mu}{3} = \mu$

B: $E\left(\frac{X_1 + 2X_2 + X_3}{4}\right) = \frac{1}{4}E(X_1 + 2X_2 + X_3)$
$= \frac{1}{4}(\mu + 2\mu + \mu) = \frac{4\mu}{4} = \mu$

C: $E\left(\frac{2X_1 + X_2 + 2X_3}{4}\right) = \frac{1}{4}E(2X_1 + X_2 + 2X_3)$
$= \frac{1}{4}(2\mu + \mu + 2\mu) = \frac{5\mu}{4}$

따라서 C만 불편추정량이 아니다. 그러므로 ①과 ③은 틀린 답이다.
다음으로는 분산에 대해서 점검한다. 즉 추정량의 분산이 어느 것이 작은지 유효성(효율성)에 대한 점검이다.

A: $V\left(\frac{X_1 + X_2 + X_3}{3}\right) = \left(\frac{1}{3}\right)^2 V(X_1 + X_2 + X_3)$
$= \frac{1}{9}(\sigma^2 + \sigma^2 + \sigma^2) = \frac{3\sigma^2}{9} = \frac{\sigma^2}{3}$

B: $V\left(\frac{X_1 + 2X_2 + X_3}{4}\right) = \left(\frac{1}{4}\right)^2 V(X_1 + 2X_2 + X_3)$
$= \frac{1}{16}(\sigma^2 + 4\sigma^2 + \sigma^2) = \frac{6\sigma^2}{16}$

C: $V\left(\frac{2X_1 + X_2 + 2X_3}{4}\right) = \left(\frac{1}{4}\right)^2 V(2X_1 + X_2 + 2X_3)$
$= \frac{1}{16}(4\sigma^2 + \sigma^2 + 4\sigma^2) = \frac{9\sigma^2}{16}$

A가 가장 분산이 작다. 따라서 불편성과 최소분산성 관점에서 가장 선호되므로 ④는 틀린 답이다.
결과적으로 정답은 ②가 된다.

66 k개 독립변수 $x_i(i=1, 2, \cdots, k)$와 종속변수 y에 대한 중회귀모형 $y = \beta_0 + \beta_1 x_1 + \cdots + \beta_k x_k + \epsilon$을 고려하여 n개의 자료에 대해 중회귀분석을 실시하고자 한다. 총편차 $y_i - \bar{y}$를 분해하여 얻을 수 있는 3개의 제곱합 $\sum_{i=1}^{n}(y_i - \bar{y})^2$, $\sum_{i=1}^{n}(y_i - \hat{y_i})^2$, $\sum_{i=1}^{n}(\hat{y_i} - \bar{y})^2$의 자유도를 각각 구하여 순서대로 나열한 것은?

① n, $n-k$, k
② n, $n-k-1$, $k-1$
③ $n-1$, $n-k-1$, k
④ $n-1$, $n-k-1$, $k-1$

해설

다음은 다중회귀분석의 분산분석표이다.

변동의 원천 (요인)	제곱합 (SS)	자유도 (df)	평균제곱 (MS)	검정통계량F
회귀 (SSR)	$\sum_{i=1}^{n}(\hat{y_i} - \bar{y})^2$	독립변수의 수 k	$MSR = \frac{SSR}{k}$	$F = \frac{MSR}{MSE}$
잔차 (SSE)	$\sum_{i=1}^{n}(y_i - \hat{y_i})^2$	$n-k-1$	$MSE = \frac{SSE}{n-k-1}$	
총제곱합 (SST)	$\sum_{i=1}^{n}(y_i - \bar{y})^2$	$n-1$		

이에 따라 자유도는 문제의 순서대로 $n-1$, $n-k-1$, k이다.

67 다음 중 이산확률변수에 해당하는 것은?

① 어느 중학교 학생들의 몸무게
② 습도 80%의 대기 중에서 빛의 속도
③ 장마기간 동안 A 도시의 강우량
④ 어느 프로야구 선수가 한 시즌 동안 친 홈런의 수

해설

이산확률변수는 변수값이 정수와 같이 명확하고 확률변수가 가질 수 있는 변수 값이 한정되거나 셀 수 있다. 프로야구 선수가 한 시즌 동안 친 홈런의 수는 셀 수 있으며 정수로 표시되므로 이산확률변수이다. 그 외는 변수값이 연속된 구간의 모든 연속된 실수값을 취하며 취할 수 있는 값의 범위가 무한하고 가능한 변수 값을 셀 수 없는 연속확률변수이다.

| 정답 | 65 ② 66 ③ 67 ④

68 다음은 처리(Treatment)의 각 수준별 반복수이다. 오차제곱합의 자유도는?

수준	반복수
1	7
2	4
3	6

① 13
② 14
③ 15
④ 16

해설
오차제곱합의 자유도는 $n-k$이므로 이를 이용하여 구한다.
㉠ 3개의 수준이므로 처리의 수 $k=3$
㉡ 반복수의 합이 n이므로 $n=7+4+6=17$
따라서 오차제곱합의 자유도 $=n-k=17-3=14$이다.

69 단순회귀분석의 모형에서 오차항의 기본 가정에 대한 설명으로 틀린 것은?

① 오차항은 정규분포를 따른다.
② 오차항은 서로 독립이다.
③ 오차항의 기댓값은 0이다.
④ 오차항의 분산이 다르다.

해설
회귀분석에서 오차항의 기본 가정은 다음과 같다.
㉠ 정규성: 오차 ϵ_i는 정규분포 $N(0, \sigma^2)$를 따른다.
　☞ 오차항의 기댓값은 0이다.
㉡ 등분산성: 오차항 ϵ_i의 분산은 모든 i에 대하여 같다.
㉢ 독립성: 오차항 ϵ_i들은 서로 독립이다. 즉 임의의 오차항 ϵ_i와 $\epsilon_{i'}$은 독립이다.

70 표본자료가 다음과 같을 때 대푯값으로 가장 적합한 것은?

> 10　20　30　40　100

① 최빈수
② 중위수
③ 산술평균
④ 가중평균

해설
100이라는 극단값이 포함되어 있다. 이 영향을 줄이기 위해서는 중위수가 적합하다.

71 Y의 X에 대한 회귀직선식이 $\hat{Y}=3+X$라 한다. Y의 표준편차가 5, X의 표준편차가 3일 때 X와 Y의 상관계수는?

① 0.6　　② 1
③ 0.8　　④ 0.5

해설

> 회귀식이 $\hat{y}=\hat{\beta_0}+\hat{\beta_1}x$와 같을 때　*$\hat{\beta_0}$: 절편, $\hat{\beta_1}$: 기울기
> 회귀직선의 기울기 $\hat{\beta_1}=r_{XY}\dfrac{S_Y}{S_X}=\dfrac{S_{XY}}{S_{XX}}=\dfrac{\sum_{i=1}^{n}(x_i-\overline{x})(y_i-\overline{y})}{\sum_{i=1}^{n}(x_i-\overline{x})^2}$
> * r_{XY}: X, Y의 상관계수,
> 　S_X: X의 표준편차, S_Y: Y의 표준편차,
> 　S_{XY}: X, Y의 공분산,
> 　S_{XX}: X의 분산

$S_Y=5$, $S_X=3$, $\hat{Y}=3+X$의 기울기인 1은 $r_{XY}\dfrac{S_Y}{S_X}$과 같으므로
$r_{XY}\dfrac{S_Y}{S_X}=r_{XY}\dfrac{5}{3}=1$
$r_{XY}=0.6$

72 카이제곱 검정에 의해 성별과 지지하는 정당 사이에 관계가 있는지를 알아보기 위해 자료를 조사한 결과, 남자 200명 중 A정당 지지자가 140명, B정당 지지자가 60명, 여자 200명 중 A정당 지지자가 80명, B정당 지지자가 120명이다. 성별과 정당 사이에 관계가 없을 경우 남자와 여자 각각 몇 명이 B정당을 지지한다고 기대할 수 있는가?

	남자	여자
①	50명	50명
②	60명	60명
③	80명	80명
④	90명	90명

해설

성별(범주형 변수)과 지지하는 정당(범주형 변수)간에 연관성이 있는가를 검정하는 교차분석의 카이제곱 독립성 검정에서 귀무가설과 대립가설은 다음과 같이 설정한다.
- 귀무가설(H_0): 성별과 지지하는 정당은 독립적이다(연관성이 없다).
- 대립가설(H_1): 성별과 지지하는 정당은 독립적이지 않다(연관성이 있다).

기대도수는 귀무가설 하에서 기대되는 도수이므로, 성별과 정당 사이에 관계가 없을 경우 남자와 여자 각각 몇 명이 B정당을 지지한다고 기대할 수 있는가는 해당 셀의 기대도수를 구하는 문제가 된다.
먼저 관측도수를 정리하면 다음과 같다.

구분	A정당	B정당	합계
남자	140	60	200
여자	80	120	200
합계	220	180	400

기대도수는 다음과 같이 구한다.

$$기대도수(E_{ij}) = \frac{O_i \times O_j}{N}$$

* O_i: 해당 cell이 속하는 행의 빈도 합계
  O_j: 해당 cell이 속하는 열의 빈도합계
  N: 총빈도

이에 따라 기대도수를 계산하면 다음과 같다.

구분	A정당	B정당	합계
남자	$\frac{200 \times 220}{400} = 110$	$\frac{200 \times 180}{400} = 90$	200
여자	$\frac{200 \times 220}{400} = 110$	$\frac{200 \times 180}{400} = 90$	200
합계	220	180	400

기대도수 교차표에서 B정당을 지지하는 남자에 대한 셀의 값은 90, B정당을 지지하는 여자에 대한 셀의 값은 90이다. 따라서 성별과 정당 사이에 관계가 없을 경우 남자 90명, 여자 90명이 각각 B정당을 지지한다고 기대할 수 있다.

73 이라크 파병에 대한 여론조사를 실시했다. 100명을 무작위로 추출하여 조사한 결과 56명이 파병에 대해 찬성했다. 이 자료로부터 파병을 찬성하는 사람이 전 국민의 과반수이상이 되는지를 유의수준 5%에서 통계적 가설검정을 실시했다. 다음 중 옳은 것은?

$$P(|Z| > 1.64) = 0.10,$$
$$P(|Z| > 1.96) = 0.05,$$
$$P(|Z| > 2.58) = 0.01$$

① 찬성률이 전 국민의 과반수이상이라고 할 수 있다.
② 찬성률이 전 국민의 과반수이상이라고 할 수 없다.
③ 표본의 수가 부족해서 결론을 얻을 수 없다.
④ 표본의 과반수이상이 찬성해서 찬성률이 전 국민의 과반수이상이라고 할 수 있다.

해설

단일모집단 비율검정을 위한 검정통계량 Z를 이용한다.
귀무가설과 대립가설은 파병찬성률이 전 국민의 과반수이상인지의 여부에 따라 $H_0 : p = 0.5$ vs $H_1 : p > 0.5$으로 설정되므로 단측(우측)검정이 되며, 이에 따라 유의수준 5%에서 임계치는 문제에 따라 $Z_{0.05} = 1.64$가 된다.

표본의 비율 $\hat{p} = \frac{56}{100} = 0.56$, 귀무가설로 설정된 모집단의 비율 $p_0 = 0.5$, $n = 100$이므로 검정통계량 $Z = \frac{\hat{p} - p_0}{\sqrt{\frac{p_0(1-p_0)}{n}}} = \frac{0.56 - 0.5}{\sqrt{\frac{0.5(1-0.5)}{100}}} = 1.2$이다.

검정통계량 Z의 값이 1.2로, 절댓값이 임계치 1.64보다 작으므로 귀무가설의 기각역에 위치하지 못한다.
따라서 유의수준 5%에서 귀무가설 $H_0 : p = 0.5$을 기각하지 못한다. 즉 찬성률이 전 국민의 과반수이상이라고 할 수 없다.

74 IQ 측정 점수가 $N(100, 15^2)$을 따른다고 할 때, IQ 점수가 100이상인 경우는 전체의 몇 %인가?

① 0%
② 50%
③ 75%
④ 100%

해설
평균인 100을 기준으로 이 이상일 확률을 구하는 문제이다. 정규분포는 평균을 중심으로 서로 대칭이며 따라서 평균을 중심으로 했을 때 한 쪽의 확률은 0.5이므로, 답은 50%이다.

75 다음 중 첨도가 가장 큰 분포는?

① 표준정규분포
② 자유도가 1인 t – 분포
③ 평균 = 0, 표준편차 = 0.1인 정규분포
④ 평균 = 0, 표준편차 = 5인 정규분포

해설
t – 분포는 정규분포보다 꼬리가 길고 두터우며 첨도가 표준정규분포보다 큰데, 자유도가 무한대로 접근하면서 커지게 되면 분포가 표준정규분포에 가까워지면서 표준정규분포에 가깝게 첨도가 낮아진다.

76 산포의 척도가 아닌 것은?

① 분산
② 표준편차
③ 중위수(Median)
④ 사분위수 범위

해설
중위수는 대푯값의 유형 중 하나이다.

77 다른 변수들의 상관관계를 통제하고 순수하게 두 변수 간의 상관관계를 나타내는 것은?

① 단순상관계수
② 편상관계수
③ 다중상관계수
④ 결정계수

해설
편상관계수는 다른 변수들과의 상관관계를 통제하고 순수하게 두 변수간의 상관관계를 구한 것이다. 즉 두 변수 이외에 관련된 변수의 영향을 통제했을 때의 순수한 두 개 변수 간 상관계수이다.

78 모평균에 대한 신뢰구간의 길이를 1/4로 줄이고자 한다. 표본크기를 몇 배로 해야 하는가?

① 1/4배
② 1/2배
③ 2배
④ 16배

해설
신뢰구간의 길이는 $\left(Z_{\frac{\alpha}{2}} \frac{\sigma}{\sqrt{n}}\right) \times 2$이다. 이는 신뢰수준에 비례하며, 표본크기 n의 제곱근에 반비례한다.
신뢰구간의 길이를 $\frac{1}{4}$로 줄이므로 길이는 $\frac{1}{4} \times \left(Z_{\frac{\alpha}{2}} \frac{\sigma}{\sqrt{n}}\right) \times 2$이 된다.
$$\frac{1}{4} \times \left(\frac{Z_{\alpha/2} \times \sigma}{\sqrt{n}}\right) \times 2 = \left(\frac{Z_{\alpha/2} \times \sigma}{4\sqrt{n}}\right) \times 2 = \left(\frac{Z_{\alpha/2} \times \sigma}{\sqrt{16n}}\right) \times 2$$
이므로 n은 16배가 커져야 한다.

79 중회귀모형 $y_i = \beta_0 + \beta_1 x_{1i} + \beta_2 x_{2i} + \epsilon_i$ 에 대한 분산분석표가 다음과 같다.

요인	제곱합	자유도	평균제곱	F-값	유의확률
회귀	66.12	2	33.06	33.96	0.000258
잔차	6.87	7	0.98		

위의 분산분석표를 이용하여 유의수준 0.05에서 모형에 대한 유의성 검정을 할 때 추론결과로 가장 적합한 것은?

① 두 설명변수 x_1과 x_2 모두 반응변수에 영향을 주지 않는다.
② 두 설명변수 x_1과 x_2 모두 반응변수에 영향을 준다.
③ 두 설명변수 x_1과 x_2 중 적어도 하나는 반응변수에 영향을 준다.
④ 두 설명변수 x_1과 x_2 중 하나는 반응변수에 영향을 준다.

해설

설명변수가 2개인 다중회귀분석 $y_i = \beta_0 + \beta_1 x_{1i} + \beta_2 x_{2i} + \epsilon_i$에서 귀무가설과 대립가설은 다음과 같이 설정한다.
귀무가설(H_0): $\beta_1 = \beta_2 = 0$ (두 설명변수 모두 반응변수에 영향을 주지 않는다)
대립가설(H_1): β_1, β_2 중 적어도 하나는 0이 아니다 (두 설명변수 중 적어도 하나는 반응변수에 영향을 준다).
회귀식 전체의 통계적 유의성 검정은 F-검정을 사용한다. 검정통계량 F의 값과 F 임계치를 비교하거나 검정통계량 F의 유의확률 p-value를 유의수준 α=0.05와 비교하여 가설을 검정할 수 있다. 유의확률과 유의수준을 비교할 경우 p-value ≤ α이면 귀무가설을 기각할 수 있다.
p-value(0.000258) < α(0.05)이므로 귀무가설을 기각할 수 있다. 따라서 유의수준 5% 하에서 두 설명변수 x_1과 x_2 중 적어도 하나는 반응변수에 영향을 준다는 결론이 가능하다.

80 모평균 μ에 대한 구간추정에서 95% 신뢰수준(confidence level)을 갖는 신뢰구간 100 ± 5라고 할 때, 신뢰수준 95%의 의미는?

① 구간추정치가 맞을 확률이다.
② 모평균의 추정치가 100 ± 5 내에 있을 확률이다.
③ 모평균과 구간추정치가 95% 같다.
④ 동일한 추정방법을 사용하여 신뢰구간을 반복하여 추정할 경우 평균적으로 100회 중에서 95회는 추정구간이 모평균을 포함한다.

해설

신뢰구간은 실제 모집단의 값이 이 구간 안에 위치할 것이라고 예측하는 구간이며, 신뢰수준은 신뢰구간 내에 모집단의 값이 위치할 것이라고 예측하는 확률이다. 즉 조사자의 확신의 정도로 반복 측정 시 동일결과가 나오는 정도인 신뢰도의 개념이다. 백분율로 나타낸다.

81 제1종 오류와 제2종 오류를 범할 확률을 각각 α, β라 할 때 다음 설명 중 옳은 것은?

① $\alpha \neq \beta = 1$이면 귀무가설을 기각해야 한다.
② $\alpha = \beta$이면 귀무가설을 채택해야 한다.
③ 주어진 표본에서 α와 β를 동시에 줄일 수는 없다.
④ $\alpha \neq \beta$이면 항상 귀무가설을 채택해야 한다.

해설

α와 β는 서로 반대방향으로 작용한다. 즉 하나를 줄이면 다른 하나가 커진다. 동시에 줄일 수 없다.

82 정규분포를 따르는 모집단의 모평균에 대한 가설 $H_0 : \mu = 50$ vs $H_1 : \mu < 50$을 검정하고자 한다. 크기 $n=100$의 임의표본을 취하여 표본평균을 구한 결과 $\overline{X} = 49.02$를 얻었다. 모집단의 표준편차가 5라면 유의확률은 얼마인가? [단 $P(Z \leq -1.96) = 0.025$]

① 0.025
② 0.05
③ 0.95
④ 0.975

해설

유의확률(p-value)은 귀무가설이 옳다는 전제하에 검정통계량이 표본에서 계산된 값보다 같거나 대립가설을 지지하는 방향으로 더 극단적인 값을 가질 확률이므로, 표본통계량을 구하고 통계량보다 극단적인 영역에 속하는 부분의 확률값을 구하면 된다. 평균검정에서 모분산이 알려져 있고 대표본이므로 검정통계량 Z를 사용한다.

$$Z = \frac{\overline{X} - \mu_0}{\sigma / \sqrt{n}}$$

* $\overline{X}$: 표본의 평균값,
  μ_0: 귀무가설로 설정된 모집단의 평균값,
  σ: 모표준편차, $\sigma / \sqrt{n}$: $\overline{X}$의 표준오차

이때 표본평균 $\overline{X} = 49.02$, 모집단의 평균 $\mu_0 = 50$, 모표준편차 $\sigma = 5$, $n=100$이므로

$$Z = \frac{\overline{X} - \mu_0}{\sigma / \sqrt{n}} = \frac{49.02 - 50}{5 / \sqrt{100}} = \frac{-0.98}{5/10} = -1.96$$

표본에서 계산된 통계량 -1.96과 같거나 대립가설 지지방향으로 더 극단적 값을 가질 확률, 즉 유의확률은 $P(Z \leq -1.96) = 0.025$이다.

83 비대칭도(Skewness)에 관한 설명으로 틀린 것은?

① 비대칭도의 값이 1이면 좌우대칭형인 분포를 나타낸다.
② 비대칭도는 대칭성 혹은 비대칭성을 나타내는 측도이다.
③ 비대칭도의 부호는 관측값 분포의 긴 쪽 꼬리방향을 나타낸다.
④ 비대칭도의 값이 음수이면 자료의 분포형태가 왼쪽으로 꼬리를 길게 늘어뜨린 모양을 나타낸다.

해설

좌우대칭이면 비대칭도의 값은 0이다.

84 회귀분석결과, 분산분석표에서 잔차제곱합(SSE)은 60, 총제곱합(SST)은 240임을 알았다. 이 회귀모형의 결정계수는?

① 0.25
② 0.5
③ 0.75
④ 0.95

해설

결정계수 $R^2 = \frac{회귀식에 의해 설명되는 분산}{전체 분산} = \frac{SSR}{SST} = 1 - \frac{SSE}{SST}$이므로

$R^2 = 1 - \frac{SSE}{SST} = 1 - \frac{60}{240} = 0.75$이다.

85 다음 사례에 알맞은 검정방법은?

> 도시지역과 시골지역의 가족 구성원 수의 평균 차이가 있는지를 알아보고자 도시지역과 시골지역 중 각각 몇 개의 지역을 골라 가족 구성원 수를 조사하였다.

① F - 검정
② 더빈 왓슨 검정
③ χ^2 - 검정
④ 독립표본 t - 검정

해설

평균차이 검정에 있어서 두 모집단의 가설검정은 모집단이 두 개이며, 두 모집단의 평균에 차이가 있는지를 검정하는 방법이다.
두 집단의 평균을 비교함에 있어서
㉠ 두 집단이 서로 독립적인 경우 두 모분산이 알려져 있거나, 알려져 있지 않더라도 대표본일 때에는 검정통계량 Z를 사용하여 검정하며
㉡ 두 모분산이 알려져 있지 않고 표본의 크기가 소표본인 경우에는 t-검정을 사용(독립표본 t-검정)한다.
주어진 사례에 있어서 도시지역과 시골지역의 가족 구성원 수는 서로 독립적이고 두 모집단의 평균에 차이가 있는가를 검정하는 방법이므로 보기에서 가장 적합한 검정방법은 독립표본 t-검정이다.

| 정답 | 82 ① 83 ① 84 ③ 85 ④

86 두 변수 (X, Y)의 n개의 표본자료 (x_1, y_1), …, (x_n, y_n)에 대하여 다음과 같이 정의된 표본상관계수 r에 관한 설명으로 틀린 것은?

$$r = \frac{\sum_{i=1}^{n}(x_i - \bar{x})(y_i - \bar{y})}{\sqrt{\sum_{i=1}^{n}(x_i - \bar{x})^2}\sqrt{\sum_{i=1}^{n}(y_i - \bar{y})^2}}$$

① 상관계수는 항상 -1 이상, 1 이하의 값을 갖는다.
② X와 Y의 상관계수의 값과 $(X+2)$와 $2Y$ 사이의 상관계수의 값은 같다.
③ X와 Y의 상관계수의 값과 $-3X$와 $2Y$ 사이의 상관계수의 값은 같다.
④ 서로 연관성이 있는 경우에도 X와 Y 사이의 상관계수의 값이 0이 될 수도 있다.

해설
두 확률변수 $aX+b$, $cY+d$에 대한 상관계수 $corr(aX+b, cY+d)$는 $ac>0$이면 $corr(X,Y)$이고, $ac<0$이면 $-corr(X,Y)$이다. 이에 따라 $(X+2)$와 $2Y$ 사이의 상관계수의 값은 $ac>0$이므로 $corr(X,Y)$가 되어 X와 Y의 상관계수의 값과 같지만 $-3X$와 $2Y$ 사이의 상관계수의 값은 $ac<0$이므로 $-corr(X,Y)$가 되어 X와 Y의 상관계수의 값과 절댓값은 같지만 부호가 반대가 되므로 같은 값이 아니다.
④ 직선관계가 아닌 곡선관계 등이 있을 수 있다. 선형은 아니더라도 연관성은 있지만 상관계수의 값이 0이 될 수도 있다.

87 다음 중 단위가 다른 두 집단의 자료 간 산포를 비교하는 측도로 가장 적절한 것은?

① 분산   ② 표준편차
③ 변동계수   ④ 표준오차

해설
변동계수(변이계수)는 단위가 다른 두 집단자료의 산포를 비교하거나 평균의 차이가 큰 두 집단의 산포를 비교할 때 이용한다.

88 회귀분석에서는 회귀모형에 대한 몇 가지 가정을 전제로 하여 분석을 실시하게 되며, 이러한 가정들에 대한 타당성은 잔차분석(Residual Analysis)을 통해 판단하게 된다. 이때 검토되는 가정이 아닌 것은?

① 정규성
② 등분산성
③ 독립성
④ 불편성

해설
회귀분석에서 오차항의 기본 가정은 다음과 같다.
㉠ 정규성: 오차항 ϵ_i는 정규분포 $N(0, \sigma^2)$를 따른다.
  ☞ 오차항의 기댓값은 0이다.
㉡ 등분산성: 오차항 ϵ_i의 분산은 모든 i에 대하여 같다.
㉢ 독립성: 오차항 ϵ_i들은 서로 독립이다. 즉 임의의 오차항 ϵ_i와 $\epsilon_{i'}$은 독립이다.

89 점 추정치에 관한 설명 중 틀린 것은?

① 좋은 추정량의 성질 중 하나는 추정량의 기댓값이 모수값이 되는 것인데, 이를 불편성이라 한다.
② 표본의 크기가 커질수록, 표본으로부터 구한 추정치가 모수와 다를 확률이 0에 가깝다는 것을 일치성이 있다고 한다.
③ 표본에 의한 추정치 중에서 중위수는 평균보다 중앙에 위치하기 때문에 더욱 효율성 있는 추정치가 될 수 있다.
④ 좋은 추정량의 성질 중 하나는 추정량의 값이 주어질 때 조건부 분포가 모수에 의존하지 않는다는 것이며 이를 충분성이라고 한다.

해설
불편추정량은 여러 개일 수 있는데 그 중에서도 효율적인 불편추정량은 분산이 더 작은, 즉 추정량의 표준편차(표준오차)가 더 작은 추정량이라는 것이 효율성(유효성)이다. 중심경향치 간의 비교에 이용하는 개념은 아니다.

| 정답 | 86 ③ 87 ③ 88 ④ 89 ③ |

90 이산형 확률변수 X의 확률분포가 다음과 같을 때 확률변수 X의 기댓값은?

X	0	1	2	3	4
$P(X=x)$	0.15	0.30	0.25	0.20	( )

① 1.25
② 1.40
③ 1.65
④ 1.80

해설

이산확률변수 X의 기댓값은 $E(X) = \sum_{i=1}^{n} x f(x)$ 이다. 여기서 $f(x)$는 이산확률변수에서 특정값에 대한 확률 $P(X=x_i)$을 나타내는 함수로 확률질량함수를 말한다. $\sum_{i=1}^{n} P(X=x_i) = 1$이므로 표에서 $X=4$에 해당하는 $P(X=4)$의 값을 구하면 $0.15 + 0.30 + 0.25 + 0.20 + P(X=4) = 1$

∴ $P(X=4) = 1 - 0.15 - 0.30 - 0.25 - 0.20 = 0.1$

∴ $E(X) = \sum_{i=1}^{n} x f(x)$
$= \sum_{i=1}^{n} x_i \times P(X=x_i)$
$= (0 \times 0.15) + (1 \times 0.30) + (2 \times 0.25) + (3 \times 0.20) + (4 \times 0.1)$
$= 1.80$

91 행의 수가 2, 열의 수가 3인 이원교차표에 근거한 카이제곱검정을 하려 한다. 검정통계량의 자유도는 얼마인가?

① 1
② 2
③ 3
④ 4

해설

교차표에 의한 카이제곱검정에서 검정통계량의 자유도는 (행의 수 − 1) × (열의 수 − 1)이다.
∴ $(2-1) \times (3-1) = 2$

92 단순선형회귀모형 $y_i = \beta_0 + \beta_1 x_i + \epsilon_i$에서 오차항 ϵ_i의 분포가 평균이 0이고 분산이 σ^2인 정규분포를 따른다고 가정하였다. 22개의 자료들로부터 회귀식을 추정하고 나서 잔차제곱합(SSE)을 구하였더니 그 값이 4,000이었다. 이때 분산 σ^2의 불편추정값은?

① 100
② 150
③ 200
④ 250

해설

회귀분석에서 오차항의 분산(SSE)에 대한 추정값은 잔차평균제곱합(MSE)이다. 이는 오차분산(σ^2)의 불편추정량이다.
MSE는 다음과 같이 나타낼 수 있다.

$$MSE = \frac{SSE}{n-k-1} = \frac{\sum_{i=1}^{n}(y_i - \hat{y_i})^2}{n-k-1} = \frac{\sum_{i=1}^{n} e_i^2}{n-k-1} = \hat{\sigma}^2$$

*n: 표본의 크기, k: 독립변수의 수

$n=22$, $k=1$, 잔차제곱합 = 4000이므로 오차분산의 추정값은

$$MSE = \frac{\sum_{i=1}^{n}(y_i - \hat{y_i})^2}{n-k-1} = \frac{4000}{22-1-1} = 200 \text{이다.}$$

93 초기하분포와 이항분포에 대한 설명으로 틀린 것은?

① 초기하분포는 유한모집단으로부터의 복원추출을 전제한다.
② 이항분포는 베르누이 시행을 전제로 한다.
③ 초기하분포는 모집단의 크기가 충분히 큰 경우 이항분포로 근사될 수 있다.
④ 이항분포는 적절한 조건 하에서 정규분포로 근사될 수 있다.

해설

초기하분포는 유한모집단으로부터의 비복원추출을 전제로 한다.

94 중회귀모형 $y_i = \beta_0 + \beta_1 x_{1i} + \beta_2 x_{2i} + \epsilon_i (i=1, 2, \cdots, n)$ 에서 오차분산 σ^2의 추정량은? (단, e_i는 잔차를 나타낸다)

① $\dfrac{1}{n-1} \sum e_i^2$

② $\dfrac{1}{n-2} \sum (y_i - \hat{\beta}_0 - \hat{\beta}_1 x_{1i} - \hat{\beta}_2 x_{2i})^2$

③ $\dfrac{1}{n-3} \sum e_i^2$

④ $\dfrac{1}{n-4} \sum (y_i - \hat{\beta}_0 - \hat{\beta}_1 x_{1i} - \hat{\beta}_2 x_{2i})^2$

해설

회귀분석에서 오차항의 분산(SSE)에 대한 추정값은 잔차평균제곱합(MSE)이다. 이는 오차분산(σ^2)의 불편추정량이다.
MSE는 다음과 같이 나타낼 수 있다.

$$MSE = \frac{SSE}{n-k-1} = \frac{\sum_{i=1}^{n}(y_i - \hat{y}_i)^2}{n-k-1} = \frac{\sum_{i=1}^{n} e_i^2}{n-k-1} = \hat{\sigma}^2$$

* n: 표본의 크기, k: 독립변수의 수

$k = 2$이므로 오차분산의 추정값은
$MSE = \dfrac{\sum e_i^2}{n-k-1} = \dfrac{\sum e_i^2}{n-2-1} = \dfrac{\sum e_i^2}{n-3} = \dfrac{1}{n-3} \sum e_i^2$ 이다.

95 두 변수 사이의 피어슨 상관계수에 대한 설명으로 틀린 것은?

① -1과 1 사이의 값을 갖는다.
② 두 변수의 직선관계를 측정한 값이다.
③ 두 변수는 독립변수와 종속변수 관계이어야 한다.
④ 상관계수의 절대 값이 1에 가까울수록 직선관계가 강하다고 할 수 있다.

해설

상관관계는 두 변수가 독립변수와 종속변수 관계이어야 한다는 것을 요건으로 하지 않는다.

96 어느 포장기계를 이용하여 생산한 제품의 무게는 평균이 240g, 표준편차는 8g인 정규분포를 따른다고 한다. 이 기계에서 생산한 제품 25개의 평균무게가 242g 이하일 확률은? (단, Z는 표준정규분포를 따르는 확률변수이다)

① $P(Z \leq 1)$
② $P(Z \leq \dfrac{5}{4})$
③ $P(Z \leq \dfrac{3}{2})$
④ $P(Z \leq 2)$

해설

생산된 제품의 무게를 확률변수 X라 할 때 X는 정규분포 $N(240, 8^2)$을 따른다. 이로부터 추출한 $n=25$ 표본의 표본평균의 분포는 중심극한의 정리에 따라 $N(\mu, \dfrac{\sigma^2}{n}) = N(240, \dfrac{8^2}{25})$을 따른다. 표본평균을 표준화시킨 표준화 확률변수 $Z = \dfrac{\overline{x} - \mu}{\sigma/\sqrt{n}}$이므로
평균무게가 242g 이하일 확률을 표준정규분포에서의 값으로 구하면
$P(\overline{X} \leq 242) = P\left(Z \leq \dfrac{242-240}{\frac{8}{\sqrt{25}}}\right) = P(Z \leq \dfrac{5}{4})$ 이다.

97 모분산 $\sigma^2 = 16$인 정규모집단에서 표본의 크기가 25인 확률표본을 추출한 결과 표본평균 10을 얻었다. 모평균에 대한 90% 신뢰구간을 구하면? [단, 표준정규분포를 따르는 확률변수 Z에 대해 $P(Z<1.28)=0.90$, $P(Z<1.645)=0.95$, $P(Z<1.96)=0.975$]

① (8.43, 11.57)
② (8.68, 11.32)
③ (8.98, 11.02)
④ (9.18, 10.82)

해설

단일모집단 평균의 신뢰구간을 구하는데 모분산이 알려져 있으므로 Z-분포를 사용한다.
$\overline{X} - Z_{\frac{\alpha}{2}} \dfrac{\sigma}{\sqrt{n}} \leq \mu \leq \overline{X} + Z_{\frac{\alpha}{2}} \dfrac{\sigma}{\sqrt{n}}$ 에서
표본평균 $\overline{X} = 10$, 90% 신뢰수준에서 $Z_{0.05} = 1.645$, $\sigma = 4$, $n = 25$이므로
90% 신뢰구간은 $10 - 1.645 \dfrac{4}{\sqrt{25}} \leq \mu \leq 10 + 1.645 \dfrac{4}{\sqrt{25}}$
$10 - 1.316 \leq \mu \leq 10 + 1.316$ 이므로 약 $8.68 \leq \mu \leq 11.32$이다.

| 정답 | 94 ③ | 95 ③ | 96 ② | 97 ② |

98 행변수가 M개의 범주를 갖고 열변수가 N개의 범주를 갖는 분할표에서 행변수와 열변수가 서로 독립인지를 검정하고자 한다. (i, j)셀의 관측도수를 O_{ij}, 귀무가설에서의 기대도수의 추정치를 $\widehat{E}_{ij}$라 하고, 이때 사용되는 검정통계량은 $\sum_{i=1}^{M}\sum_{j=1}^{N}\frac{(O_{ij}-\widehat{E}_{ij})^2}{\widehat{E}_{ij}}$일 때, $\widehat{E}_{ij}$는? (단, 전체 데이터 수는 n이고, i번째 행의 합은 $T_{i\cdot}$, j번째 열의 합은 $T_{\cdot j}$이다)

① $\widehat{E}_{ij}=\dfrac{T_{i\cdot}}{n}$

② $\widehat{E}_{ij}=T_{i\cdot}\times T_{\cdot j}$

③ $\widehat{E}_{ij}=\dfrac{T_{\cdot j}}{n}$

④ $\widehat{E}_{ij}=\dfrac{T_{i\cdot}\times T_{\cdot j}}{n}$

해설

카이제곱 독립성 검정에서 기대도수의 추정치는 다음과 같다.

$$\text{기대도수}(E_{ij})=\dfrac{O_i\times O_j}{N}$$

* O_i: 해당 cell이 속하는 행의 빈도 합계
  O_j: 해당 cell이 속하는 열의 빈도 합계
  N: 총빈도

99 어떤 회사에서 생산되는 제품이 부적합품일 확률은 서로 독립적으로 0.01이라 한다. 이 회사는 한 상자에 10개씩 포장해서 판매를 하는데 만일 한 상자에 부적합품이 2개 이상이면 돈을 환불해준다. 판매된 한 상자가 반품될 확률은 약 얼마인가?

① 0.1   ② 0.4%
③ 9.1% ④ 9.6%

해설

한 상자에서 부적합품이 2개 이상 나올 확률(반품될 확률)은 전체 확률에서 한 상자에 부적합품이 하나도 없거나 1개가 있는 경우의 확률(반품되지 않을 확률)을 제외한 확률이다. 이는 이항분포 확률을 활용하여 구할 수 있다.

$$p(X=x)=\binom{n}{x}p^x(1-p)^{n-x}={}_nC_x p^x(1-p)^{n-x}$$

* n: 시행횟수, p: 특정실험결과가 성공할 확률, X: 성공횟수

한 상자에 10개씩 포장하므로 $n=10$이다.
$1-({}_{10}C_0\times 0.01^0\times 0.99^{10}+{}_{10}C_1\times 0.01^1\times 0.99^9)\fallingdotseq 0.004$
∴ 상자가 반품될 확률은 0.4%이다.

100 키와 몸무게의 상관계수가 0.6으로 계산되었다. 키에 2을 곱하고, 몸무게는 3을 곱하고 1을 더한 후 계산된 새로운 변수들 간의 상관계수는?

① 0.28   ② 0.36
③ 0.52   ④ 0.60

해설

두 확률변수 $aX+b$, $cY+d$에 대한 상관계수 $corr(aX+b, cY+d)$는 $ac>0$이면 $corr(X, Y)$이고, $ac<0$이면 $-corr(X, Y)$이다.
키와 몸무게를 각각 확률변수 X, Y로 나타내면 $2X$, $3Y+1$로 나타낼 수 있다. (키는 2를 곱하고 몸무게는 3을 곱하고 1을 더함) 확률변수들 간의 상관계수 $corr(2X, 3Y+1)$은 $2\times 3>0$이므로 $corr(X, Y)$이다.
이에 따라 $corr(X, Y)$는 키와 몸무게의 상관계수인 0.60이 된다.

| 정답 | 98 ④ 99 ② 100 ④ |

2023년 제1회 (CBT)

※ CBT 문제는 수험생의 기억에 따라 복원된 것이며, 실제 기출문제와 동일하지 않을 수 있습니다.

제1과목: 조사방법과 설계

01 표본의 크기에 관한 설명으로 틀린 것은?

① 허용오차가 클수록 표본의 크기가 커야 한다.
② 조사하고자 하는 변수의 분산값이 클수록 표본의 크기는 커야 한다.
③ 추정치에 대한 높은 신뢰수준이 요구될수록 표본의 크기는 커야한다.
④ 비확률표본추출의 경우 표본의 크기는 예산과 시간을 고려하여 조사자가 결정할 수 있다.

해설
비확률표본추출의 경우 표본의 크기는 특별한 계산방법이 없으며 예산과 시간을 고려하여 조사자가 판단하여 결정할 수 있다. 이에 비해 확률표본추출의 경우 표본의 크기는 통계적 측면의 요소에 의해 결정된다. 통계적 측면의 요소로는 모집단의 크기와 분산, 신뢰구간, 신뢰수준, 추정치의 허용오차 등이 있다. 표본의 크기는 신뢰수준과 분산에 비례하며 허용오차에 반비례한다.
① 허용오차가 클수록 표본의 크기는 작아진다.

02 전문가의 견해를 물어 종합적인 상황을 파악하거나 미래의 불확실한 상황을 예측할 때 주로 이용되는 조사기법은?

① 이차적 연구(Secondary Research)
② 코호트(Cohort)설계
③ 추세(Trend)설계
④ 델파이(Delphi)기법

해설
델파이(Delphi)기법은 여러 전문가의 의견을 되풀이해 모으고, 교환하고 발전시켜 현상을 종합적으로 파악하거나 미래를 예측하는 방법이다.

03 의약분업을 하게 되면 국민들이 약의 오·남용을 줄일 수 있기 때문에 국가적으로 의료비의 지출이 줄게 된다. 이 사실을 기초로 의약분업을 실시하게 되면 환자들은 적은 비용으로 치료를 받을 수 있게 된다고 주장한다면 그 주장은?

① 올바른 주장이다.
② 환원주의 오류(Reductionism Fallacy)를 범할 가능성이 있다.
③ 생태학적 오류(Ecological Fallacy)를 범할 가능성이 있다.
④ 개인주의적 오류(Individualistic Fallacy)를 범할 가능성이 있다.

해설
국가적으로 의료비 지출이 감소한다는 것은 집단에 대한 연구결과이다. 이 결과를 가지고 환자들이 적은 비용으로 치료를 받을 수 있다는 것은 개인에 대한 추리에 해당한다. 분석단위를 집단에 둔 연구결과를 바탕으로 집단 속 개인특성을 추리할 때 오류가 나타날 수 있으며 이는 생태학적 오류에 해당한다.

04 횡단연구(Cross-sectional Study)에 관한 설명으로 틀린 것은?

① 추세연구는 횡단연구의 일종이다.
② 인구센서스 조사는 횡단연구의 대표적인 예이다.
③ 어느 한 시점에서 어떤 현상을 주의 깊게 연구하는 방법이다.
④ 횡단연구로 인과적 관계를 규명하려는 가설검증이 가능하다.

해설
횡단연구는 일정 조사대상에 대해 어느 한 시점에 관련 모든 변수에 대한 자료를 수집하는 것으로 어느 한 시점에서 어떤 현상을 주의 깊게 연구(대표적 예: 인구센서스)한다. 횡단연구는 기술적 조사의 유형으로, 기술적 조사는 인과관계에 관한 설명적 조사의 기초자료를 제공한다.
① 추세연구는 종단연구의 일종이다.

| 정답 | 01 ① 02 ④ 03 ③ 04 ①

05 개별적인 사실들로부터 일반적인 원리를 이끌어내는 방법은?

① 추론법
② 연역법
③ 귀납법
④ 삽입법

해설
귀납법은 개별적 사실들로부터 일반적 원리를 이끌어내어 보편성 또는 일반성을 가지는 하나의 결론을 내리는 것이다.

06 질문지 초안 완성 후 실시하는 사전검사에 관한 설명으로 맞는 것은?

① 사전검사 표본 수는 본조사와 비슷해야 한다.
② 사전검사는 본조사의 조사방법과 같아야 한다.
③ 사전검사는 가설을 보다 명확히 하기 위한 조사이다.
④ 사전검사 결과는 본조사에 포함해 분석하여야 한다.

해설
② 사전검사는 설문지(질문지) 초안 완성 후 본조사를 실행하기 전에 일부 대상에게 실시하는 조사로 본조사와 동일한 방법으로 실시하여 질문지의 문제점 및 적합성을 파악한다.
① 일부대상에게 실시한다.
③ 사전검사의 목적은 초안 질문지가 갖는 문제점을 찾아내고 수정하여 질문지의 타당성을 높이는 것이다.
④ 사전검사는 본조사 이전의 Pretest의 성격이다. 결과에 대한 일반화 목적이 아니다.

07 표집과 관련된 용어에 대한 설명으로 틀린 것은?

① 모수는 표본에서 어떤 변수가 가지고 있는 특성을 요약한 통계량이다.
② 표집률은 모집단에서 개별요소가 선택될 비율이다.
③ 표집간격은 모집단으로부터 표본을 추출할 때 추출되는 요소와 요소 간의 간격을 의미한다.
④ 관찰단위는 직접적인 조사의 대상을 의미한다.

해설
모수(Parameter)는 모집단의 특성을 나타내는 값으로 모집단에서 어떤 변수가 가지고 있는 특성을 요약한 것이다.

08 다음 사례에 해당하는 표본프레임 오류는?

> A보험사에 가입한 고객을 대상으로 만족도 조사를 실시하였다. 조사대상 표본은 A보험사에 최근 1년 동안 가입한 고객 명단으로부터 추출하였다.

① 모집단과 표본프레임이 동일한 경우
② 모집단이 표본프레임에 포함되는 경우
③ 표본프레임이 모집단 내에 포함되는 경우
④ 모집단과 표본프레임이 전혀 일치하지 않는 경우

해설
모집단은 보험사에 가입한 전체 고객인데 표본프레임은 최근 1년 동안 가입한 고객 명단이다. 모집단 내에 표본프레임이 포함되는 경우의 표본프레임 오류가 된다.

| 정답 | 05 ③ | 06 ② | 07 ① | 08 ③ |

09 다음 중 사례조사에 관한 설명으로 가장 적합한 것은?

① 본조사를 실행하기 앞서 먼저 시행한다.
② 조사의 범위를 한 지역 또는 한 번의 현상에 국한시켜 연구하고자 하는 현상의 대표성을 유지시킨 채 결과를 도출하는 방법이다.
③ 일정지역 또는 작은 샘플을 추출하여 대표성을 유지시킨 채 사전에 진행하는 것이다.
④ 조사의 타당도, 신뢰도를 측정해보는 방법이다.

해설
사례조사는 조사연구문제와 유사한 상황이나 사례들을 찾아내어 깊이 있게 분석하는 방법이다. 소수의 특정한 사례를 조사하여 문제에 대해 종합적 파악과 심층적 분석을 실행한다.

10 표본오차(Sampling Error)에 대한 설명으로 옳은 것은?

① 표본의 크기가 커지면 늘어난다.
② 모집단과 표본의 차이에 의해 발생하는 오류를 말한다.
③ 조사연구의 모든 과정에서 확산되어 발생한다.
④ 조사원의 훈련부족으로 인해 각기 다른 성격의 자료가 수집되는 경우에 발생한다.

해설
표집오차(표본오차)는 표본추출과정에서 대표성이 없는 표본을 잘못 추출함으로써 발생하는 등 추출된 표본이 모집단을 대표하지 못하는 오차로, 통계적으로는 통계량 값이 모수치 주위에 분산되어 있는 정도를 의미한다.
① 분산과 신뢰수준이 클수록 표본오차는 증가하며 표본 수가 클수록 표본오차는 감소한다.
③, ④ 비표본오차에 해당하는 내용이다.

11 사회조사연구의 과정을 순서대로 잘 배열한 것은?

① 가설형성 → 자료수집 → 표본선정 → 보고서작성
② 표본선정 → 연구문제 정립 → 가설형성 → 자료수집
③ 연구문제 정립 → 가설형성 → 표본선정 → 자료수집
④ 자료수집 → 연구문제 선정 → 자료처리 → 보고서작성

해설
과학적 조사의 절차는 문제 인식과 문제 정립→(기존 이론·연구 고찰)→가설 설정→조사설계→자료수집→자료분석→보고서 작성이다.

12 질적 방법으로 수집된 자료에 관한 설명으로 틀린 것은?

① 현장 중심의 사고를 할 수 있다.
② 자료의 표준화를 도모하기 쉽다.
③ 유용한 정보의 유실을 줄일 수 있다.
④ 정보의 심층적 의미를 파악할 수 있다.

해설
질적 연구는 심층적·비구조적(비표준화) 면접을 통해 자료를 수집한다.

13 질문지 설계 시 고려할 사항과 가장 거리가 먼 것은?

① 지시문의 내용   ② 자료수집방법
③ 질문의 유형   ④ 표본추출방법

해설
질문지 설계 시 주요 고려 사항은 자료수집 방법, 질문의 유형, 질문의 내용, 지시문의 내용 등이다.
④ 질문지 작성 이전에 문제의 명백한 규정과 관계된 문헌 및 자료조사, 연구의 기본전제와 가설설정, 조사를 위한 표본결정이 확립 및 완료되어 있어야 한다.

| 정답 | 09 ② 10 ② 11 ③ 12 ② 13 ④ |

14 다음 질문 항목의 문제점은?

> 환경오염에 대한 1차적 책임은 개인, 기업, 정부 중 어디에 있다고 생각하십니까?
> ㉠ 개인
> ㉡ 기업
> ㉢ 정부

① 응답항목 간의 내용이 중복되어 있다.
② 대답 가능한 응답을 모두 제시해주지 않았다.
③ 의미가 명확하게 구분되는 단어를 사용하지 않았다.
④ 조사가 임의로 응답자들에 대한 가정을 하고 있다.

해설
응답항목으로 개인, 기업, 정부 외의 항목이 필요할 수 있는데, 이에 대한 응답범주가 제시되어 있지 않다. 따라서 가능한 응답범주 모두를 제시해야 한다는 응답범주의 포괄성에 문제가 있다.

15 다음 사례에서 영향을 미칠 수 있는 대표적인 타당도 저해 요인은 무엇인가?

> 체육활동을 진행한 후에 대상 청소년들의 키가 부쩍 자랐다. 이 결과를 통해 체육활동이 청소년의 키 성장에 크게 효과가 있었다고 추론하였다.

① 외부사건(History)
② 검사효과(Testing Effect)
③ 성숙효과(Maturation Effect)
④ 도구효과(Instrumentation Effect)

해설
성숙효과는 사전검사와 사후검사 사이의 시간 경과에 따라 조사대상의 특성이 변화하는 것이다. 청소년들의 키는 시간이 경과함에 따라 자연성장하므로 외생변수로 작용하여 인과관계 분석의 위협요인으로 작용한다.
① 첫 번째 측정과 두 번째 측정 사이에 특정 사건이 발생해서 종속변수가 영향을 받는 것이다.
② 사전검사가 사후검사에 영향을 미쳐 종속변수의 변화를 나타나게 하는 것이다.
④ 측정도구의 문제로 인해 측정결과가 왜곡되거나 측정도구나 관리절차에 따라 측정이 달라지는 것이다.

16 다음 중 불법체류자처럼 일반적으로 쉽게 접근하기 힘든 집단을 대상으로 설문조사를 할 때 가장 적합한 표본추출방법은?

① 눈덩이표본추출
② 편의표본추출
③ 판단표본추출
④ 할당표본추출

해설
눈덩이표본추출은 조사대상자 파악 및 접근이 어려울 때, 모집단 프레임의 작성이 불가능 할 때 사용하는 방법으로 처음에는 소수의 인원을 표본으로 추출하여 조사한 다음, 그 소수인원을 조사원으로 활용하여 그 조사원의 주위 사람들을 소개받아 조사하는 과정을 반복하는 방법이다.

17 우리나라 고등학생 집단을 학년과 성별, 계열별(인문계, 자연계, 예체능계)로 구분하여 할당표본추출을 할 경우, 총 몇 개의 범주로 구분되는가?

① 6개   ② 12개
③ 18개   ④ 24개

해설
범주는 학년(3) × 성별(2) × 계열(3) = 18개이다.

18 다음 중 특정 연구에 대한 사전지식이 부족할 때 예비조사(Pilot Test)에서 사용하기 가장 적합한 질문유형은?

① 개방형 질문
② 폐쇄형 질문
③ 가치중립적 질문
④ 유도성 질문

해설
개방형 질문은 자유롭게 응답하게 하는 형식의 질문으로 자유응답형이라고도 한다. 주로 조사자가 문제에 대한 정보를 충분히 가지고 있지 못한 예비조사 단계에서 활용하기 적합하다.

| 정답 | 14 ② 15 ③ 16 ① 17 ③ 18 ① |

19 초점집단(Focus Group)조사에 관한 설명으로 맞는 것은?

① 조사결과가 체계적이기 때문에 결과의 분석과 해석이 용이하다.
② 초점집단조사는 내용타당도를 높이는 목적으로 사용될 수 있다.
③ 초점집단조사의 자료수집과정에서는 연구자의 주관적 개입이 불가능하다.
④ 초점집단조사에서는 익명집단의 상호작용을 통해 도출된 자료를 분석한다.

해설
초점집단조사(FGI)는 전문지식을 갖춘 사람 또는 경험자를 소수의 응답자로 선정하고 사회자가 배석하여 연구목적의 방향을 제시하되, 자유로운 토론을 벌이게 하여 필요한 정보를 획득하는 방법으로, 새로운 아이디어 창출과 높은 타당성이 가능하다는 등의 장점이 있다.
① 초점집단조사는 자유로운 토론을 통한 방식이므로 비구조화된 토론 형식이며 수집자료의 특성 상 결과의 분석과 해석이 어렵다.
③ 초점집단조사는 정성조사로 주관적 해석의 한계점이 있다.
④ 초점집단조사는 자유로운 토론을 통한 방식으로 대면집단의 상호작용을 통해 자료가 도출된다. 따라서 델파이 조사와 같은 익명집단의 상호작용에 의한 방식이 아니다.

20 가설의 특징으로 거리가 가장 먼 것은?

① 간략성
② 가치중립성
③ 명료성
④ 검증가능성

해설
가설의 조건이자 평가기준이 되는 주요 특징은 명료성, 가치중립성, 한정성, 검증가능성 등이다.

21 다음 질문문항과 가장 관련이 없는 것은?

당신의 종교는 무엇입니까?
㉠ 불교   ㉡ 개신교   ㉢ 카톨릭   ㉣ 기타

① 폐쇄형 질문
② 선다형 질문
③ 사실 질문
④ 평가 질문

해설
사실의 발견을 위한 질문으로 응답자의 속성에 관한 정보를 위한 객관적 사실에 대한 질문이다. 응답범주들을 주어진 선택지에서 선택하도록 하는 폐쇄형 질문으로 선다형 질문의 구조이다.

22 다음 ( ) 안에 공통으로 들어갈 말로 알맞은 것은?

( )(이)란 토마스 쿤(Thomas Kuhn)이 제시한 개념으로, 어떤 한 시대 사람들의 견해나 사고를 지배하고 있는 이론적 틀이나 개념의 집합체를 말한다. 조사연구에서 ( )의 의미는 특정 과학공동체의 구성원이 공유하는 세계관, 신념 및 연구과정의 체계로서 개념적, 이론적, 방법론적, 도구적 체계를 지칭한다.

① 패러다임(Paradigm)
② 명제(Proposition)
③ 법칙(Law)
④ 공리(Axioms)

해설
토마스 쿤에 의해 제시된 개념인 패러다임에 대한 설명이다. 어떤 한 시대 사람들의 견해나 사고를 지배하고 있는 이론적 틀이나 개념의 집합체를 말한다.

정답 | 19 ② 20 ① 21 ④ 22 ①

23 개방형 질문의 장점으로 옳은 것은?

① 질문에 대한 응답이 표준화되어 있어 비교가 용이하다.
② 부호화와 분석이 용이하여 시간과 경비가 절약된다.
③ 응답범주의 수적 제한을 받지 않는다.
④ 고르기만 하면 되기 때문에 쉽게 응답할 수 있다.

해설
개방형 질문은 자유롭게 응답하게 하는 형식의 질문이다. 응답자료가 표준화되어 있지 않아 부호화가 어려우며 상호 비교가 어렵고 시간이 많이 소요되는 등의 한계점이 있지만 응답자의 모든 가능한 의견을 얻어낼 수 있고 새로운 사실의 발견이 가능하다는 등의 장점이 있다.

24 사후 실험설계의 설명으로 틀린 것은?

① 독립변수를 조작할 수 없는 상태 또는 이미 노출된 상태에서 변수들간의 관계를 검증하는 방법이다.
② 독립변수에 대한 통제가 윤리적으로 바람직하지 않을 때 사용될 수 있다.
③ 일반적인 실험설계보다 종속변수에 영향을 줄 수 있는 변수의 통제가 용이하다.
④ 실제 상황에서 검증하기 때문에 일반적인 실험설계에 비해서 현실성이 높은 결과를 얻을 수 있다.

해설
사후 실험설계는 독립변수를 조작할 수 없는 상태 또는 이미 노출된 상태에서 변수들간의 관계를 검증하는 방법이다. 일반적 실험설계처럼 변수통제 등의 방법으로 인과적 과정을 명확히 밝히는 방법이 아니라 자연적 상황에서 발생하는 공동변화와 그 순서에 대한 관찰에 기초를 두고 인과적 과정을 추론하는 것으로 검정한다.

25 서베이 조사의 일반적 특성에 관한 설명으로 틀린 것은?

① 모집단으로부터 추출된 표본을 대상으로 조사하는 방법이다.
② 센서스(census)는 대표적인 서베이 방법 중 하나이다.
③ 인과관계분석보다는 예측과 기술을 주목적으로 한다.
④ 대인조사, 전화조사, 우편조사, 온라인조사 등이 있다.

해설
서베이 조사는 일반적으로 모집단에서 표본 추출하여 시행하는 표본조사이지만 센서스는 전수조사이다.

26 표본추출오차와 비표본추출오차에 관한 설명으로 틀린 것은?

① 표본추출오차의 크기는 표본크기의 제곱근에 반비례한다.
② 비표본추출오차는 표본조사와 전수조사에서 모두 발생할 수 있다.
③ 표본추출오차의 크기는 표본의 크기가 증가함에 따라 감소한다.
④ 전수조사의 경우 비표본추출오차는 없으나 표본추출오차는 상당히 클 수 있다.

해설
표본추출오차(표본오차)는 표본추출과정에서 대표성이 없는 표본을 잘못 추출함으로써 발생하는 등 추출된 표본이 모집단을 대표하지 못하는 오차로 표본오차의 크기는 표본크기의 제곱근에 반비례하며 표본의 크기가 증가함에 따라 감소한다. 비표본추출오차는 표본추출과정 이외에서 발생되는 오차이다. 표본추출과정과는 관계없지만 조사연구의 다른 모든 과정에서 확산되어 발생하며 전수조사와 표본조사 모두에서 발생할 수 있다.
④ 전수조사의 경우 표본추출과정이 없어서 표본추출오차는 없으나 조사 규모가 커지고 실제적 조사과정이 복잡해지면서 비표본추출오차는 상당히 클 수 있다.

27 실증주의에 관한 설명으로 틀린 것은?

① 관찰결과의 일반화 가능성을 강조한다.
② 과학과 비과학을 철저히 구분하려 한다.
③ 인간행위를 예측할 수 있는 확률적 법칙을 강조한다.
④ 인간행위의 사회적 의미를 행위자의 입장에서 이해하려 한다.

해설

④ 현상의 원인을 개인의 경험, 사회적 행위의 주관적 의미에 대한 해석과 이해를 통해 설명하는 해석주의에 대한 설명이다.
실증주의는 현상의 원인을 객관적으로 측정하고 일반화를 전제하여 인과관계를 설명하는 목적으로 경험적 관찰을 사용한다. 인간행동의 일반적 행태를 예측하는 데 사용할 수 있는 일반적 법칙을 확률에 근거하여 발견하고 이를 확인하기 위해 논리적 유추와 경험적 관찰을 활용하여 연구하는 것이며 과학적 원리를 이용한 실험을 강조한다.

28 다음 사례에 해당하는 오류는?

> 전국의 시·도를 조사하여 대학졸업 이상의 인구 비율이 높은 지역이 낮은 지역에 비해 소득이 더 높음을 알게 되었고, 이를 통해 학력수준이 높은 사람이 낮은 사람에 비해 소득수준이 높다는 결론에 도달했다.

① 무작위 오류
② 체계적 오류
③ 환원주의적 오류
④ 생태학적 오류

해설

분석단위를 집단(지역)에 둔 연구결과를 바탕으로 집단 속 개인특성(소득)을 추리할 때 나타나는 오류이므로 생태학적 오류에 해당한다.
① 측정과정에서 우연히 또는 가변적인 일시적인 사정에 의해 무작위로 나타나는 오류이다.
② 측정 오차가 체계적 패턴을 띠게 되면서 일정한 방향으로 작용하는 오류이다.

29 질문지의 형식 중 간접질문의 종류가 아닌 것은?

① 투사법(Projective Method)
② 오류선택법(Error – choice Method)
③ 컨틴전시법(Contingency Method)
④ 토의완성법(Argument Completion)

해설

간접질문은 응답자의 태도나 의견 등을 직접적으로 질문하는 직접질문과는 달리 조사자의 의도를 파악하지 못하도록 질문하는 것이다.
① 투사법: 간접질문의 유형으로 조사의 목적이나 주제를 응답자가 모르도록 하면서 간접적으로 조사하는 방법이다.
② 오류선택법: 간접질문의 유형으로 어떤 질문에 대해 틀린 답을 여러 개 제시하고 그것을 선택하게 함으로써 응답자의 태도를 살핀다.
③ 컨틴전시법: 대화 도중 응답내용이 불충분한 경우 등에 있어서 갑작스러운 질문을 던져 정확한 답을 이끌어내는 직접질문법으로 프로빙과 유사한 개념이다.
④ 토의완성법: 간접질문의 유형으로 두 사람의 토의 내용이 적힌 카드를 주고, 그 토의 내용을 완성하게 해서 태도·의견을 알아본다.

30 진행자(Moderator)가 동질의 소수 응답자 집단을 대상으로 특정한 주제에 대하여 자유롭게 토론하는 가운데 필요한 정보를 수집하는 방법은?

① 문헌연구
② 전문가의견조사
③ 표적집단면접법
④ 사례연구

해설

표적집단면접법은 1명 또는 2명의 사회자(moderator)의 진행 아래 주제에 대한 식견이나 지식을 갖춘 소수의 참여자가 한 장소에 모여 주어진 특정한 주제에 대해 토론을 하게 함으로써 필요한 정보를 수집하는 방법이다.

제2과목: 조사관리와 자료처리

31 조사자가 필요로 하는 자료를 1차 자료와 2차 자료로 구분할 때 1차 자료에 대한 설명으로 옳지 않은 것은?

① 조사목적에 적합한 정보를 필요한 시기에 제공한다.
② 자료수집에 인력과 시간, 비용이 많이 소요된다.
③ 현재 수행 중인 의사결정 문제를 해결하기 위해 직접 수집한 자료이다.
④ 1차 자료를 얻은 후 조사목적과 일치하는 2차 자료의 존재 및 사용가능성을 확인하는 것이 경제적이다.

[해설]
1차 자료는 조사 목적에 적합한 자료를 얻기 위해서 조사자가 직접 수집한 자료로, 조사목적에 적합한 정보를 필요한 시기에 제공할 수 있다. 하지만 자료수집에 시간과 비용이 많이 들고 조사방법에 관한 많은 지식과 기술, 경험이 필요하다. 따라서 일단 2차 자료를 탐색해보고, 충분한 자료가 없을 때 1차 자료를 수집하는 방식이 경제적일 수 있다. 충분한 1차 자료를 수집했다면 굳이 추가적으로 2차 자료를 수집하지 않아도 된다.

32 관찰을 통한 자료수집 시 지각과정에서 나타나는 오류를 감소하기 위한 방안과 가장 거리가 먼 것은?

① 보다 큰 단위의 관찰을 한다.
② 객관적인 관찰도구를 사용한다.
③ 관찰기간을 될 수 있는 한 길게 잡는다.
④ 가능한 관찰단위를 명세화해야 한다.

[해설]
관찰법에서 관찰자마다 감각이 다르며 상황의 복잡성이나 이질성 등이 관찰에 영향을 줌으로써 지각과정에서의 오류가 발생할 수 있다. 감소방안은 보다 큰 단위의 관찰, 객관적 관찰도구 사용, 관찰단위 명세화, 관찰기술훈련, 관찰기간 단기화, 복수의 관찰자, 관련 요인들에 대한 통제 등이다.

33 다음 중 잘못 기술된 것은?

① 수집된 자료의 점검은 자료를 수집한 조사원에 의해서 검증되어서는 안 된다.
② 실사관리자에 의한 자료편집단계에서 문제 발견 시 실사관리자는 조사원 및 응답자에게 오류내용을 확인하여 필요한 조치를 취한다.
③ 실사관리자의 편집단계에서의 검증 완료 후 실사 담당자가 응답자에게 전화를 걸어 응답자의 진위여부, 적격대상자인지 여부 등을 확인한다.
④ 오류의 유형이나 사안에 따라 응답자와 재접촉을 통한 설문이나 재조사 등 필요한 조치를 취한다.

[해설]
자료수집 완료 직후 조사원이 1차적으로 현장에서 자료 검증하여 필요한 조치를 수행한다. 1차 현장검증단계이다.

34 다음 자료수집방법 중 조사자가 미완성의 문장을 제시하면 응답자가 이 문장을 완성시키는 방법은?

① 투사법
② 면접법
③ 관찰법
④ 내용분석법

[해설]
투사법은 조사의 목적이나 주제를 응답자가 모르도록 하면서 간접적으로 조사하는 방법으로 무의식 속에 내재되어 있는 동기, 가치, 태도 등을 측정하기 위해서 모호한 자극을 응답자에게 제시하여 반응을 조사하는 방법이다. 투사법의 종류로 단어연상법, 그림묘사법, 문장완성법, 만화완성법, 역할행동법 등이 있으며 조사자가 미완성의 문장을 제시하면 응답자가 이 문장을 완성시키는 방법은 문장완성법이다.

| 정답 | 31 ④ 32 ③ 33 ① 34 ①

35 내용타당도(Content Validity)에 관한 설명으로 옳은 것은?

① 통계적 검증이 가능하다.
② 특정대상의 모든 속성들을 파악할 수 있다.
③ 조사자의 주관적 해석과 판단에 의해 결정되기 쉽다.
④ 다른 측정결과와 비교하여 관련성 정도를 파악한다.

해설
내용타당도는 측정도구가 측정하려는 속성이나 개념을 제대로 대표하고 있는지를 나타내는 것으로, 주로 논리적 분석과정으로 판단하는 주관적 타당도라는 특징을 갖는다. 즉 타당도를 측정대상과 관련된 이론을 기준으로 판단하게 되는데, 주로 전문가들의 전문적인 지식에 근거하게 된다.

36 다음 중 측정오차의 원인이 아닌 것은?

① 측정자의 잘못 때문이다.
② 측정자나 피측정자가 지니는 지적 사고력이나 판단력에 기인한다.
③ 측정소재의 관련이나 시·공간의 제약 때문이다.
④ 사회과학에서 측정오차방법은 예외적 현상이다.

해설
측정오차는 대상의 실제와 계량적으로 측정한 결과 간의 불일치로서, 사람, 환경, 도구, 방법, 절차 등이 측정오차의 원인이다. 사회조사에서 측정대상은 본질적으로 지속적 변화의 과정에 있기 때문에 측정오차는 불가피한 측면이 있다.

37 부호화 지침서 작성 시 유의사항에 관한 내용 중 잘못된 것은?

① 일관된 부호체계를 사용해야 한다.
② 응답이 없는 문항들은 따로 구분할 필요는 없다.
③ 범주는 포괄적이고 상호배타적이어야 한다.
④ 결측값 처리시에는 변수의 값이 가질 수 있는 대안 외의 값을 부여한다.

해설
응답이 없는 문항들도 내용에 따라 구분되도록 부호화해야 한다.

38 어떤 제품의 선호도를 조사하기 위하여 '아주 좋아한다, 좋아한다, 싫어한다, 아주 싫어한다'와 같은 선택지를 사용하였다. 이는 어떤 척도로 측정된 것인가?

① 서열척도
② 명목척도
③ 등간척도
④ 비율척도

해설
'아주 좋아한다, 좋아한다, 싫어한다, 아주 싫어한다'와 같은 선택지는 서열성에 기반한 것이다. 서열척도는 단순한 명칭·숫자 부여에서 한발 더 나아가 상대적 순서·서열을 부여한 것으로 숫자는 범주 및 순서의 정보이며, 거리나 간격의 의미를 가지지는 않는다.

| 정답 | 35 ③ 36 ④ 37 ② 38 ① |

39 우편조사의 응답률에 영향을 미치는 요인과 가장 거리가 먼 것은?

① 응답집단의 동질성
② 응답자의 지역적 범위
③ 질문지의 양식 및 우송방법
④ 연구주관기관 및 지원 단체의 성격

해설
우편조사의 응답률에 영향을 미치는 요인들은 조사주관 기관 및 지원단체의 성격, 질문의 형식, 질문지의 질과 형태, Cover Letter(표지문), 반송봉투 유무(우송방법), 독촉, 유인 수단 여부, 응답집단의 동질성 여부 등이다.
② 우편조사는 표본추출된 조사대상자에게 질문지를 우편 발송, 응답자가 스스로 응답한 후 다시 조사자에게 우편 발송해주도록 하는 방법으로 광범위한 지역과 대상이 가능한 조사방법이므로 응답자의 지역적 범위가 응답률에 영향을 미친다고 할 수 없다.

40 토익점수와 실제 영어회화와의 관련성을 분석한 결과, 토익점수가 높다고 해서 영어회화를 잘한다는 가설에 대한 통계적 유의성은 없다고 가정하면 토익점수라는 측정도구는 어떤 문제가 있는가?

① 신뢰도
② 타당도
③ 유의도
④ 내적일관성

해설
타당도는 연구자·측정도구가 측정하고자 하는 개념을 얼마나 정확하게/실제에 가깝게/제대로 잘 측정했는지를 나타내는 것이다. 토익점수가 실제적인 영어회화 능력을 정확하게 나타내거나 측정한다고 할 수 없다는 것은 타당도의 문제이다.

41 기준관련 타당도(Criterion - related Validity)와 가장 거리가 먼 것은?

① 경험적 타당도
② 이론적 타당도
③ 예측적 타당도
④ 동시적 타당도

해설
기준관련 타당도는 기준타당도, 준거타당도, 경험적 타당도, 실용적 타당도 라고도 하며 기준관련 타당도의 종류로는 동시타당도와 예측타당도가 있다.

42 연구자들의 [가설]에 포함된 변수들에 관한 옳은 설명을 [보기]에서 모두 고른 것은?

[가설]
연구자들은 학생들의 학업부진이 비행친구와 사귀도록 만들고 이것이 비행으로 이어진다고 본다. 그러나 학업이 부진한 학생이라도 학교 선생님의 관심을 받으면 비행가능성이 줄어들 수 있다고 본다. 그런데 학생들의 어릴 적 가정환경이 비행을 설명하는 가장 중요한 원인일 것이라는 또 다른 연구자들의 가설이 있다.

[보기]
㉠ 학업부진은 독립변수이고 비행은 종속변수이다.
㉡ 비행친구와의 사귐은 매개변수이다.
㉢ 선생님의 관심은 조절변수이다.
㉣ 어릴 적 가정환경은 외생변수이다.

① ㉡, ㉣
② ㉠, ㉡, ㉣
③ ㉠, ㉢, ㉣
④ ㉠, ㉡, ㉢, ㉣

해설
학업부진은 독립변수이며 비행친구와 사귀는 것은 매개변수이고 비행은 종속변수인 관계이다. 학교선생님의 관심은 독립변수인 학업부진과 종속변수인 비행 간의 관계에 있어서 독립변수가 종속변수에 미치는 강도에 영향을 주는 조절변수이다. 어릴 적 가정환경은 연구자의 의도와는 상관없이 종속변수에 직접적 영향을 미쳐 학업부진이라는 순수한 독립변수 효과의 측정을 어렵게 하는 의도치 않은 변수로 외생변수로 볼 수 있다.

43 각 문항이 척도상 어디에 위치할 것인가를 평가자들이 판단한 다음 조사자가 이를 바탕으로 대표적인 문항들을 선정하여 척도를 구성하는 방법은?

① 서스톤 척도
② 리커트 척도
③ 거트만 척도
④ 의미분화척도

해설
서스톤 척도는 어떤 사실에 대하여 가장 우호적인 태도와 가장 비우호적인 태도를 나타내는 양 극단을 등간격으로 구분하여 일련의 문항들을 나열하여 여기에 수치를 부여하는 척도로 각 문항에는 가중치가 부여되어 있다. 평가자들의 평가에 근거하여 문항을 분류하고 조사자가 척도에 포함될 적절한 문항들을 선정하여 척도를 구성한다.

44 설문지 회수율을 높이는 방안과 가장 거리가 먼 것은?

① 폐쇄형 질문의 수를 가능한 줄인다.
② 독촉편지를 보내거나 독촉전화를 한다.
③ 개인신상에 민감한 질문들을 가능한 줄인다.
④ 겉표지에 설문내용의 중요성을 부각시켜 응답자가 인식하게 한다.

해설
폐쇄형 질문의 수를 줄이는 것은 설문지 회수율을 높이는 방안과는 거리가 있다.

45 다음 ( )에 공통으로 들어갈 변수는?

- ( )는 인과관계에서 독립변수에 앞서면서 독립변수에 대해 유효한 영향력을 행사하는 변수를 의미한다.
- ( )는 매개변수와는 달리 독립변수와 종속변수 간의 관계를 설명하는 것이 아니라 그 관계에 미치는 영향을 명확히 하고자 할 때 도입한다.

① 선행변수 ② 구성변수
③ 조절변수 ④ 외생변수

해설
선행변수는 인과관계에서 독립변수에 앞서면서 독립변수에 유효한 영향을 미치는 변수로, 독립변수와 종속변수 간 관계에 미치는 영향을 명확히 하고자 할 때 도입한다. 선행변수를 통제해도 독립변수와 종속변수의 관계는 유지된다.

46 측정오차 중 체계적 오차(Systematic Error)와 관련된 것은?

① 통계적 회귀
② 생태학적 오류
③ 환원주의적 오류
④ 사회적 바람직성 편향

해설
사회적 바람직성 편향은 사회적으로 바람직한 방식으로 응답하려 하는 경향 때문에 특정방향으로의 쏠림이 나타나는 것을 말한다. 측정오차가 체계적 패턴을 띠게 되면서 일정한 방향으로 작용하는 체계적 오차와 관련된다.

47 신뢰성에 대한 설명으로 옳지 않은 것은?

① 측정하고자 하는 개념을 정확히 측정했는지를 의미한다.
② 측정된 결과치의 일관성, 정확성, 예측가능성과 관련된 개념이다.
③ 신뢰성 측정법에는 재검사법, 복수양식법, 반분법 등이 있다.
④ 측정값들 간에 비체계적 오차가 적으면 신뢰성이 높은 측정결과이다.

해설
신뢰성은 한 대상을 유사한 척도로 여러 번 측정하거나 하나의 척도로 반복 측정했을 때, 일관성 있는 결과를 산출하는 정도로 일관성, 안정성, 예측성 등의 의미를 가지고 있다. 측정의 신뢰성 평가방법으로는 재검사법, 복수양식법, 반분법, 내적일관성법이 있다. 신뢰성은 비체계적 오차와 관련이 있으며 서로 반비례 관계이다.
① 타당성에 대한 설명이다.

48 관찰의 세부유형에 관한 설명으로 틀린 것은?

① 관찰이 일어나는 상황이 실제 상황인지 연구자가 만들어 놓은 인위적인 상황인지를 기준으로 자연적 관찰과 인위적 관찰로 구분된다.
② 피관찰자가 자신의 행동이 관찰된다는 사실을 알고 있는지 모르고 있는지를 기준으로 공개적 관찰과 비공개적 관찰로 구분한다.
③ 표준관찰기록 양식의 사전결정 등 체계화의 정도에 따라 체계적 관찰과 비체계적 관찰로 구분한다.
④ 관찰에 사용하는 도구에 따라 직접관찰과 간접관찰로 구분한다.

해설
직접관찰과 간접관찰은 관찰시기와 행동발생 시기가 일치하는가의 여부에 따른 분류이다.

49 측정의 수준에 따라 사용할 수 있는 통계기법이 달라지는데 다음 중 측정의 수준과 사용 가능한 기술통계(Descriptive Statistics)를 잘못 짝지은 것은?

① 명목수준 – 중간값(Median)
② 서열수준 – 범위(Range)
③ 등간수준 – 최빈값(Mode)
④ 비율수준 – 표준편차(Standard Deviation)

해설
① 명목수준의 측정에서는 빈도, 백분율, 최빈수의 사용이 가능하다. 중간값(중위수)은 서열수준부터 사용이 가능하다.
② 서열수준의 측정에서는 빈도, 백분율, 범위, 최빈수 및 중위수가 가능하다.
③ 등간수준에서는 빈도, 백분율, 범위, 최빈수 및 중위수와 표준편차, 피어슨 상관계수, 산술평균 사용이 가능하다.
④ 비율수준에서는 빈도, 백분율, 범위와 표준편차, 피어슨 상관계수, 산술평균 및 조화평균과 기하평균, 변동계수 등의 사용이 가능하다.

50 연속변수로 구성하기 어려운 것은?

① 인종
② 소득
③ 범죄율
④ 거주기간

해설
연속변수는 양적 변수 중 어떤 구간 내에서 취할 수 있는 값이 무한한 변수로 소수점 이하로 표시가 가능하며 값과 값 사이가 서로 연결되어 있어서 그 사이의 값이 의미를 가진다.
① 인종은 측정 시 속성을 의미있는 수치로 나타낼 수 없는 변수로 명목척도로 측정하여 구별된 몇 개의 범주 중 하나에 측정대상이 속하게 되는 질적 변수이다. 질적 변수는 양적 변수로의 변환이 거의 불가능하므로 인종을 연속변수로 구성하기 어렵다.

51 사회조사에서 개념의 재정의(Reconceptualization)가 필요한 이유로 가장 거리가 먼 것은?

① 개념과 개념 간의 상관관계가 아닌 인과관계를 밝혀야 하기 때문이다.
② 동일한 개념이라도 사회가 변함에 따라 원래의 뜻이 변할 수 있기 때문이다.
③ 사회조사에서 사용되는 개념은 일상생활에서 통상적으로 사용되는 상투어와는 그 의미가 다를 수 있기 때문이다.
④ 한 가지 개념이라도 두 가지 또는 그 이상의 다양한 의미를 가지고 있을 가능성이 많으므로 이들 각기 다른 의미 중에서 어떤 특성의 의미를 조사연구대상으로 삼을 것인가를 밝혀야 하기 때문이다.

해설
개념의 재정의, 즉 재개념화는 주된 개념에 대한 정리·분석을 통하여 개념을 보다 명백하게 재구성·재규정하는 것이다. 사회조사에서의 개념은 통상적 용어나 개념과는 의미가 다를 수 있으며 같은 개념이라도 사회의 변화에 따라 본래의 의미가 변할 수 있고, 한 가지 개념이라도 여러 다양한 의미를 가지게 될 수 있다. 개념을 다시 명확하게 함으로써 주된 개념을 명확하게 파악하고 관찰과 측정 가능성 및 객관성을 높일 수 있게 된다.

52 청소년의 비행에 관하여 연구할 때 조작적 정의 단계에 해당하는 것은?

① 사전(Dictionary)을 참고하여 비행을 명확히 정의한다.
② 청소년의 비행에 대한 기존 연구결과를 정리한다.
③ 비행관련 척도를 탐색한 후 선정한다.
④ 비행청소년의 현황을 파악한다.

해설
조작적 정의는 추상적 개념을 측정이 가능하도록 계량적인 형태로 나타내는 것이다. 비행관련 척도를 탐색하고 선정하여 비행이라는 추상적 개념을 관찰가능한 구체적 지표로 표현함으로써 측정가능성과 직결시키는 단계가 조작적 정의 단계가 된다.

53 다음에서 설명하고 있는 측정의 종류는?

> 어떤 사물이나 사건의 속성을 측정하기 위해 관련된 다른 사물이나 사건의 속성을 측정하는 것이다. 대표적인 예로 밀도(Density)는 어떤 사물의 부피와 질량의 비율로 정의하며, 이 경우 밀도는 부피와 질량 사이의 비율을 통해 간접적으로 측정하게 된다.

① 임의측정(Measurement by Fiat)
② 추론측정(Derived Measurement)
③ 본질측정(Fundamental Measurement)
④ A급 측정(Measurement of A Magnitude)

해설
측정의 종류는 본질측정, 추론측정, 임의측정으로 나눌 수 있다. 어떤 사물이나 사건의 속성을 측정하기 위해 관련된 다른 사물이나 사건의 속성을 측정하는 것은 추론측정이다. B급 측정이라고도 한다.

54 명목척도 구성을 위한 측정범주들에 대한 기본원칙과 가장 거리가 먼 것은?

① 배타성
② 포괄성
③ 논리적 연관성
④ 선택성

해설
명목수준 측정은 상호배타적이고 포괄적인 카테고리(범주)로 구분하여 수치를 부여하는 것으로 한 카테고리 내의 모든 대상이 동등하다는 속성을 기본으로 한다. 기본원칙은 배타성, 포괄성, 논리적 연관성이다.

55 다음 설명에 해당하는 척도는?

> • 대립적인 형용사의 쌍을 이룬다.
> • 의미적 공간에 어떤 대상을 위치시킬 수 있다는 이론적 가정에 기초한다.
> • 조사대상에 대한 프로파일 분석에 유용하게 사용한다.

① 의미분화척도(Semantic Differential Scale)
② 서스톤 척도(Thurstone Scale)
③ 스타펠 척도(Stapel Scale)
④ 거트만 척도(Guttman Scale)

해설
의미분화척도는 척도의 양극단에 서로 상반되는 두 개의 형용사를 제시하고, 그 사이에서 속성을 평가하여 선택하도록 하는 방법으로 의미적 공간에 어떤 대상을 위치시킬 수 있다는 이론적 가정에 기초한다. 조사대상에 대한 프로파일 분석에 유용하게 사용할 수 있으며 마케팅조사에서 기업이나 브랜드에 대한 이미지, 태도 등의 방향과 정도를 알기 위해 널리 이용된다.

| 정답 | 52 ③ 53 ② 54 ④ 55 ①

56 이메일을 활용한 온라인 조사의 장점과 가장 거리가 먼 것은?

① 신속성
② 저렴한 비용
③ 면접원 편향통제
④ 조사모집단 규정의 명확성

해설
온라인 조사는 응답자 목록 확보가 어렵고 모집단 조사대상 명부가 정확한지 불확실하다는 한계점이 있다.

57 참여관찰(participant observation)에 대한 설명으로 틀린 것은?

① 연구 설계 및 착수가 용이하다.
② 연구의 설계과정에서 융통성이 높다.
③ 직접 참여해서 현상을 관찰·기술하는 방법이다.
④ 양적 자료이기 때문에 대규모 모집단에 대한 기술이 쉽다.

해설
참여관찰은 주로 질적 자료이다. 대규모 모집단에 대한 기술이나 수집한 자료의 표준화가 어렵다.

58 스피어만 - 브라운(Spearman - Brown)공식은 주로 어떤 경우에 사용되는가?

① 동형검사 신뢰도 추정
② 쿠더 – 리처드슨(Kuder – Richardson) 신뢰도 추정
③ 반분신뢰도로 전체 신뢰도 추정
④ 범위의 축소로 인한 예언타당도에 대한 교정

해설
스피어만 – 브라운 공식은 반으로 나뉜 측정도구로 반분되지 않은 원래 측정도구의 신뢰성을 추정하기 위한 공식으로, 반분한 각 측정도구로부터 얻은 결과 값의 상관계수로 반분되지 않은 전체 신뢰성을 추정한다. 전체의 신뢰성이 반분한 측정도구의 신뢰성보다 높다고 가정한다.

59 교육수준은 소득수준에 영향을 미치지 않지만, 연령을 통제하면 두 변수 사이의 상관관계가 매우 유의미하게 나타난다. 이때 연령과 같은 검정요인을 무엇이라 부르는가?

① 억제변수
② 왜곡변수
③ 구성변수
④ 외재적변수

해설
교육수준과 소득수준간의 관계에 있어서 연령을 통제하기 전에는 두 변수 간의 관계가 유의미하지 않다가 연령을 통제하니 유의미하게 나타났으므로, 연령변수는 두 변수 간에 사실적 관계가 있는데 마치 없는 것처럼 억누르는 변수인 억제변수가 된다.

60 조사결과의 기록에 관한 내용 중 맞는 것은?

① 오기나 누락이 없도록 질문지에 정확히 응답내용을 기록한다.
② 개방형 질문의 경우 응답자가 응답한 내용에 대해 최대한 요약 해석하여 내용을 기록한다.
③ 개별면접의 경우 면접과정까지 정확하게 기입할 필요는 없다.
④ 개별면접의 경우 사후검증을 고려할 필요성은 없다.

해설
② 개방형 질문의 경우 응답자가 응답한 내용을 상세히 기록한다.
③, ④ 개별면접의 경우 사후 검증을 위해 면접대상 가구 및 응답대상자 선정과정 등의 면접과정을 정확하게 기입한다.

| 정답 | 56 ④ | 57 ④ | 58 ③ | 59 ① | 60 ① |

제3과목: 통계분석과 활용

61 통계학 과목의 기말고사 성적은 평균(Mean)이 40점, 중위값(Median)이 38점이었다. 점수가 너무 낮아서 담당교수는 12점의 기본 점수를 더해 주었다. 새로 산정한 점수의 중위값은?

① 40점   ② 42점
③ 50점   ④ 52점

해설
값들 모두에 12점을 더해주었기 때문에 모든 값이 12점만큼 커지는 방향으로 동일하게 이동한 것으로 보면 된다. 따라서 중위값은 38점에서 12점만큼 커진 50점이 된다.

62 제1종 오류와 제2종 오류를 범할 확률을 각각 α, β라 할 때 다음 설명 중 옳은 것은?

① $\alpha \neq \beta = 1$이면 귀무가설을 기각해야 한다.
② $\alpha = \beta$이면 귀무가설을 채택해야 한다.
③ 주어진 표본에서 α와 β를 동시에 줄일 수는 없다.
④ $\alpha \neq \beta$이면 항상 귀무가설을 채택해야 한다.

해설
α와 β는 서로 반대방향으로 작용한다. 즉 하나를 줄이면 다른 하나가 커진다. 동시에 줄일 수 없다.

63 어느 제약회사에서 생산하고 있는 진통제는 복용 후 진통효과가 나타날 때까지 걸리는 시간이 평균 30분, 표준편차 8분인 정규분포를 따른다고 한다. 임의로 추출한 100명의 환자에게 진통제를 복용시킬 때 복용 후 40분에서 44분 사이에 진통효과가 나타나는 환자의 수는? (단, 다음 표준정규분포표를 이용하시오)

z	0.75	1.00	1.25	1.50	1.75
$P(0 \leq Z \leq z)$	0.27	0.34	0.39	0.43	0.46

① 4
② 5
③ 7
④ 10

해설
진통효과가 나타나는 시간을 확률변수 X라 할 때 X는 정규분포 $N(30, 8^2)$을 따른다. 해당 정규분포에서의 값 40분과 44분을 각각 표준정규분포 $N(0, 1)$를 따르는 확률변수 Z로 표준화하여 표준정규분포에서의 값으로 변환한다.

$$Z = \frac{x - \mu}{\sigma}$$
* x: 표본통계량, μ: 모집단 평균의 추정치,
  σ: 모집단 표준편차의 추정치

40분과 44분을 표준화한 값들은 각각
$Z = \frac{40 - 30}{8} = 1.25$, $Z = \frac{44 - 30}{8} = 1.75$이다.
따라서 진통효과가 나타날 때까지 걸리는 시간이 40분에서 44분 사이일 확률은 $P(1.25 < Z < 1.75)$이다. 이는 Z가 0과 1.75 사이에 있을 확률에서 Z가 0과 1.25 사이에 있을 확률을 뺀 값과 같으므로 $P(1.25 < Z < 1.75) = 0.46 - 0.39 = 0.07$이다. 따라서 환자 수 100명에 0.07을 곱하면 구하고자 하는 문제의 답은 $100 \times 0.07 = 7$명이 된다.

64 일원배치 분산분석에서 다음과 같은 결과를 얻었을 때, 처리효과의 유의성 검정을 위한 검정통계량의 값은?

> 처리수 = 3, 각 처리에서의 관측값의 수 = 10,
> 총제곱합 = 650, 잔차제곱합 = 540

① 1.83   ② 1.90
③ 2.75   ④ 2.85

해설
처리 수 $k = 3$, 각 처리수준에서의 관측값의 수(반복수)가 동일하므로, 자료의 총개수 n = 처리수 × 총반복수 = 3 × 10 = 30이다. 계산을 위해 분산분석표를 이용하면 처리제곱합을 구할 수 있고(650 − 540 = 110), 이를 통해 평균제곱을 계산하여 검정통계량 F값을 구할 수 있다.

요인	제곱합	자유도	평균제곱 (제곱합/ 자유도)	F − 값 (처리평균제곱/ 오차평균제곱)
처리 제곱합 (집단간)	110	$k-1$ = (3−1) = 2	110/2 = 55	55/20 = 2.75
잔차제곱합 (집단내)	540	$n-k$ = (30−3) = 27	540/27 = 20	
총제곱합	650	$n-1$ = (30−1) = 29		

66 모평균과 모분산이 각각 μ, σ^2인 무한모집단으로부터 추출한 크기 n의 랜덤표본에 근거한 표본평균 $\overline{X_n}$의 확률분포에 대한 설명으로 틀린 것은?

① 모집단의 확률분포가 정규분포이면 표본평균 $\overline{X_n}$ 역시 정규분포를 따른다.
② 모집단의 확률분포가 비대칭분포이면 표본평균 $\overline{X_n}$의 확률분포는 정규분포로 근사하지 않는다.
③ 모집단의 분포가 무엇이든 간에 관계없이 표본평균 $\overline{X_n}$의 확률분포는 표본의 크기가 커짐에 따라 근사적으로 평균이 μ이고 분산이 σ^2/n인 정규분포를 따른다.
④ 표본평균 $\overline{X_n}$의 기댓값은 표본의 크기 n에 관계없이 항상 모평균 μ와 같으나 표본평균 $\overline{X_n}$의 표준편차는 표본의 크기 n이 커짐에 따라 점점 작아져 0으로 가까이 가게 된다.

해설
표본평균 $\overline{X_n}$의 확률분포는 모집단의 분포가 무엇이든 간에 관계없이 표본의 크기가 커짐에 따라 근사적으로 평균이 μ이고 분산이 σ^2/n인 정규분포를 따른다.

65 어느 공장에서 생산되는 나사못의 10%가 불량품이라고 한다. 이 공장에서 만든 나사못 중 400개를 임의로 뽑았을 때 불량품 개수 X의 평균과 표준편차는?

	평균	표준편차
①	30	3
②	40	36
③	30	36
④	40	6

해설
'불량품' 또는 '정상품'의 상호배타적인 두 가지 결과만을 가진 베르누이 시행을 독립적으로 반복한 경우의 성공횟수(불량품)를 확률변수 X로 했을 때 그 확률변수 X의 확률분포로 이항분포이다.
나사못 400개를 임의로 뽑으므로 시행횟수 $n = 400$, 생산되는 나사못의 10%가 불량품이므로 $p = 0.1$로 $X \sim B(n, p) = B(400, 0.1)$이다.
∴ $E(X) = np = 400 \times 0.1 = 40$
$V(X) = np(1-p) = 400 \times 0.1 \times (1 - 0.1) = 36$
∴ $\sigma(X) = \sqrt{V(X)} = \sqrt{36} = 6$

67 대통령 선거에서 A후보자는 50%의 득표를 할 것으로 예상하고 있다. 이러한 예상을 확인하기 위해 유권자 200명을 무작위추출하여 조사하였더니 그 중 81명이 A후보자를 지지한다고 하였다. 이때 검정통계량 값은?

① − 2.69
② − 1.90
③ 0.045
④ 1.645

해설
단일모집단 비율검정을 위한 검정통계량 Z를 이용한다.
표본의 비율 $\hat{p} = \frac{81}{200} = 0.405$, 귀무가설로 설정된 모집단의 비율 $p_0 = 0.5$, $n = 200$이므로

$$Z = \frac{\hat{p} - p_0}{\sqrt{\frac{p_0(1-p_0)}{n}}} = \frac{0.405 - 0.5}{\sqrt{\frac{0.5(1-0.5)}{200}}} = -2.687 ≒ -2.69$$

| 정답 | 64 ③   65 ④   66 ②   67 ①

68 평균이 70이고 표준편차가 5인 정규분포를 따르는 집단에서 추출된 1개의 관찰 값이 80이었다고 하자. 이 개체의 상대적 위치를 나타내는 표준화점수는?

① −2
② 0.02
③ 2
④ 2.5

해설

$N(70, 5^2)$을 따르는 정규분포에서 추출된 1개의 값 80을 확률변수 Z로 표준화하여 표준정규분포에서의 값으로 나타내면 $Z = \frac{80-70}{5} = 2$이다.

69 표본크기가 3인 자료 X_1, X_2, X_3의 평균 $\overline{X} = 10$, 분산 $S^2 = 100$이다. 관측값 10이 추가되었을 때 4개 자료의 분산 S^2은? (단, 표본분산 S^2은 불편분산이다)

① 100/3
② 50
③ 55
④ 200/3

해설

$\frac{X_1 + X_2 + X_3}{3} = 10$이므로 $X_1 + X_2 + X_3 = 30$이다.

분산 $S^2 = 100 = \frac{(X_1-10)^2 + (X_2-10)^2 + (X_3-10)^2}{3-1}$

$\therefore (X_1-10)^2 + (X_2-10)^2 + (X_3-10)^2 = 200$

관측값 10이 추가된 4개 자료의 평균은 $\frac{X_1+X_2+X_3+10}{4} = \frac{30+10}{4} = 10$ 이므로 관측값 10이 추가된 4개 자료의 분산은

$\frac{(X_1-10)^2 + (X_2-10)^2 + (X_3-10)^2 + (10-10)^2}{4-1} = \frac{200}{3}$ 이다.

70 두 변수 간의 상관계수 값으로 옳은 것은?

x	2	4	6	8	10
y	5	4	3	2	1

① −1
② −0.5
③ 0.5
④ 1

해설

상관계수는 표본$(r_{XY}) = \frac{S_{XY}}{S_X S_Y} = \frac{\sum_{i=1}^{n}(X_i - \overline{X})(Y_i - \overline{Y})}{\sqrt{\sum_{i=1}^{n}(X_i - \overline{X})^2}\sqrt{\sum_{i=1}^{n}(Y_i - \overline{Y})^2}}$ 이다.

두 변수의 공분산을 두 변수의 표준편차로 나눈 값이므로 관련한 값들을 먼저 계산한다.

㉠ $\overline{X} = (2+4+6+8+10)/5 = 6$
$\overline{Y} = (5+4+3+2+1)/5 = 3$

㉡ $\sum_{i=1}^{n}(X_i - \overline{X})(Y_i - \overline{Y})$
$= (2-6) \times (5-3) + (4-6) \times (4-3) + (6-6) \times (3-3)$
$+ (8-6) \times (2-3) + (10-6) \times (1-3)$
$= -20$

㉢ $\sum_{i=1}^{n}(X_i - \overline{X})^2 = (2-6)^2 + (4-6)^2 + (6-6)^2 + (8-6)^2 + (10-6)^2 = 40$

㉣ $\sum_{i=1}^{n}(Y_i - \overline{Y})^2 = (5-3)^2 + (4-3)^2 + (3-3)^2 + (2-3)^2 + (1-3)^2 = 10$

$\therefore$ 상관계수 $= \frac{\sum_{i=1}^{n}(X_i - \overline{X})(Y_i - \overline{Y})}{\sqrt{\sum_{i=1}^{n}(X_i - \overline{X})^2}\sqrt{\sum_{i=1}^{n}(Y_i - \overline{Y})^2}}$

$= \frac{-20}{\sqrt{40}\sqrt{10}} = -1$

| 정답 | 68 ③ 69 ④ 70 ①

71 k개 처리에서 n회씩 실험을 반복하는 일원배치 모형 $Y_{ij} = \mu + \alpha_i + \epsilon_{ij}$에 관한 설명으로 틀린 것은?
[단, $i = 1, 2, \cdots, k$, $j = 1, 2, \cdots, n$, $\epsilon_{ij} \sim N(0, \sigma^2)$]

① 오차항 ϵ_{ij}들의 분산은 같다.
② 총실험횟수는 $k \times n$이다.
③ 총평균 μ와 i번째 처리효과 α_i는 서로 독립이다.
④ Y_{ij}는 i번째 처리의 j번째 관측값이다.

해설
$\alpha_i = \mu_i - \mu$이다. 따라서 총평균 μ와 i번째 처리효과 α_i는 서로 독립이 아니다.

72 오른쪽으로 꼬리가 긴 분포를 갖는 것은?

① 평균 = 40, 중위수 = 45, 최빈수 = 50
② 평균 = 40, 중위수 = 50, 최빈수 = 55
③ 평균 = 50, 중위수 = 45, 최빈수 = 40
④ 평균 = 50, 중위수 = 50, 최빈수 = 50

해설
오른쪽으로 꼬리가 길게 늘어진 형태의 분포는 좌측으로 치우친 비대칭 분포로 양(+)의 왜도를 가진다. 최빈수 < 중위수 < (산술)평균의 관계가 성립한다.

73 성별 평균소득에 관한 설문조사자료를 정리한 결과, 집단내 평균제곱(Mean Squares within Groups)은 50, 집단간 평균제곱(Mean Squares between Groups)은 25로 나타났다. 이 경우에 F값은?

① 0.5 ② 2
③ 25   ④ 75

해설
$F = \dfrac{\text{처치(집단간, 인자)평균제곱}}{\text{오차(집단내, 잔차)평균제곱}} = \dfrac{25}{50} = 0.5$

74 화장터 건립의 후보지로 거론되는 세 지역의 여론을 비교하기 위해 각 지역에서 500명, 450명, 400명을 임의추출하여 건립에 대한 찬성여부를 조사하고 분할표를 작성하여 계산한 결과 검정통계량의 값이 7.55였다. 유의수준 5%에서 임계값과 검정결과가 알맞게 짝지어진 것은? [단, $\chi^2_{0.025}(2) = 7.38$, $\chi^2_{0.05}(2) = 5.99$, $\chi^2_{0.025}(3) = 9.35$, $\chi^2_{0.05}(3) = 7.81$이다]

① 7.38, 지역에 따라 건립에 대한 찬성률에 차이가 있다.
② 5.99, 지역에 따라 건립에 대한 찬성률에 차이가 있다.
③ 9.35, 지역에 따라 건립에 대한 찬성률에 차이가 없다.
④ 7.81, 지역에 따라 건립에 대한 찬성률에 차이가 없다.

해설
지역(범주형 변수)에 따라 건립여부에 대한 찬성여부(범주형 변수: 예 찬성을 1, 반대를 0으로 구분)에 차이가 있는가를 검정하기 위한 검정통계량 값 7.55를 유의수준 5%에서 카이제곱 임계값과 비교하는 문제이므로, 필요한 카이제곱 검정통계량의 자유도를 구하여 임계치를 결정하여 비교하면 된다. 관측도수에 대해 교차표를 작성한다면 찬성여부 변수의 범주는 2(찬성/반대), 지역 변수의 범주는 3(3개 지역)이므로 각 범주의 수에서 1을 차감하여 서로 곱하면 $(2-1) \times (3-1) = 2$가 되기 때문에, 자유도는 2이다.
임계치는 유의수준 5%에서 자유도 2이므로 $\chi^2_{0.05}(2) = 5.99$이다. 검정통계량 7.55가 절댓값으로 임계치 5.99보다 크므로 귀무가설(H_0: 지역에 따라 건립에 대한 찬성률에 차이가 없다)을 기각할 수 있다.
따라서 유의수준 5% 하에서(임계값은 5.99) 지역에 따라 찬성률에 차이가 있다고 할 수 있다는 것이 검정결과이다.

75 다음 중 분산분석에 관한 설명으로 틀린 것은?

① 분산분석은 분산값들을 이용해서 두 개 이상의 집단 간 평균차이를 검정할 때 사용된다.
② 각 집단에 해당되는 모집단의 분포가 정규분포이며 서로 동일한 분산을 가져야 한다.
③ 관측값에 영향을 주는 요인은 등간척도나 비율척도이다.
④ 분산분석의 가설검정에는 F - 분포 통계량을 이용한다.

해설
분산분석에서 독립변수를 요인이라 하며 독립변수는 범주형, 종속변수는 연속형 변수이므로 관측값에 영향을 주는 요인은 범주형 변수이다.

76 어떤 승용차의 가격이 출고연도가 지남에 따라 얼마나 떨어지는가를 알아보기 위하여 이 승용차에 대한 중고 판매가격에 대한 조사를 하였다. 사용연수와 중고차 가격과의 관계를 보기 위한 적합한 분석방법은?

① 단순회귀분석
② 중회귀분석
③ 분산분석
④ 다변량 분석

해설
회귀분석은 한 변수를 종속변수로, 다른 변수(또는 변수들)를 독립변수로 설정하여 이들 간의 관계를 분석하는 것이다. 즉 독립변수의 변화에 따라 종속변수가 어떻게 변화하는지를 분석한다. 단순회귀분석은 독립변수가 하나일 경우에 종속변수와의 관계를 분석하여 독립변수가 종속변수에 미치는 영향을 분석하는 방법이다. 하나의 독립변수(출고연도, 즉 사용연수)의 변화에 따라 종속변수(중고차 가격)의 변화를 분석하는 것이므로 단순회귀분석이 적합하다.

77 어느 투자자의 연도별 수익률이 $x_1, x_2, \cdots, x_n$일 때, 연평균 수익률을 구하는 방법으로 가장 적절한 것은?

① 기하평균
② 산술평균
③ 절사평균
④ 조화평균

해설
기하평균은 주로 시간에 따라 비율적으로 변화하는 값(= 변화율이나 비율의 평균)을 알아내기 위한 계산방법으로 경제 / 인구 / 물가 등의 변동률 또는 성장률을 구할 때 많이 쓰이며 시간의 개념이 녹아있어서 순차적으로 연속적인 수익률(예 투자수익률) 계산 등에 주로 쓰인다.

78 회귀분석에 대한 설명 중 옳은 것은?

① 회귀분석에서 분산분석표는 사용되지 않는다.
② 독립변수는 양적인 관찰값만 허용된다.
③ 회귀분석은 독립변수 간에 상관관계가 0인 경우만 분석 가능하다.
④ 회귀분석에서 t – 검정과 F – 검정이 모두 사용된다.

해설
④ 회귀분석에서 회귀모형의 유의성 검정에는 F검정이 사용되며 독립변수 계수(회귀계수)의 유의성 검정에는 t – 검정이 사용된다.
① 회귀분석에서 회귀식의 통계적 유의성 검정에 분산분석표를 이용한다.
② 범주형 척도로 측정된 변수를 0과 1의 값만을 갖는 한 개 혹은 몇 개의 이항변수로 바꾸어 회귀분석에 활용(더미변수)할 수 있다.
③ 독립변수 간에 상관관계가 0인 것이 이상적이나 현실적으로 그러한 경우는 거의 없다. 다만 다중공선성 점검 등을 통하여 통계적 유의성을 일정 수준 이상 훼손시킬 정도의 상관관계에 대해서는 각 케이스에 적합한 적절한 조치를 취해야 한다(해당변수 제거, 대체 등).

79 4자 택일형 문제가 10개 있다. 각 문제에 임의로 답을 써 넣을 때 정답을 맞힌 개수 X의 분포는?

① 이항분포
② t – 분포
③ 정규분포
④ F – 분포

해설
'정답(성공)' 또는 '정답이 아님'의 상호배타적인 두 가지 결과만을 가진 베르누이 시행을 독립적으로 반복한 경우의 성공횟수를 확률변수 X라 하면, 그 확률변수 X의 확률분포는 이항분포이다. 10개의 문제에 각각 임의로 답을 써넣을 때 정답을 맞힌 개수 X의 분포를 구하면, 정답을 맞힐 확률은 $\frac{1}{4}$이므로 $X \sim B(n, p) = X \sim B(10, \frac{1}{4})$이다.

80 어느 회사에서는 남녀 사원이 퇴직할 때까지의 평균 근무연수에 차이가 있는지를 알아보기 위하여 표본을 무작위로 추출하여 다음과 같은 자료를 얻었다. 남자사원의 평균 근무연수가 여자사원에 비해 2년보다 더 길다고 할 수 있는가에 대해 유의수준 5%로 검정한 결과는?

구분	남자사원	여자사원
표본크기	50	35
평균근무연수	21.8	18.5
표준편차	5.6	2.4

① 귀무가설을 기각한다. 따라서 남자사원의 평균 근무연수는 여자사원보다 더 길다.
② 귀무가설을 채택한다. 따라서 남자사원의 평균 근무연수는 여자사원보다 더 길지 않다.
③ 귀무가설을 기각한다. 따라서 남자사원의 평균 근무연수는 여자사원에 비해 2년보다 더 길다.
④ 귀무가설을 채택한다. 따라서 남자사원의 평균 근무연수는 여자사원에 비해 2년보다 더 길지 않다.

해설

남자사원과 여자사원의 두 집단에 대한 두 모집단 평균차이 검정이며 두 집단은 독립적이다.

남자사원을 집단 1, 여자사원을 집단 2로 하여 남자사원의 평균근무연수를 μ_1, 여자사원의 평균근무연수를 μ_2라 할 때 두 모집단 평균의 차이 $\mu_1 - \mu_2$에 대해 검정한다. 귀무가설과 대립가설은 남자사원의 평균근무연수와 여자사원의 평균근무연수의 차이가 2년보다 더 길다고 할 수 있는가에 대한 것이므로 $H_0 : \mu_1 - \mu_2 = 2$ vs $H_1 : \mu_1 - \mu_2 > 2$로 설정할 수 있으므로 단측(우측)검정이 된다. 모분산이 알려져 있지 않은데 $n_1, n_2 > 30$인 대표본이므로 검정통계량 Z를 사용한다. 이 경우 유의수준 5%에서 임계치는 문제에서는 따로 제시되어 있지 않으나 $Z_{0.05} = 1.645$이다.

$$Z = \frac{(\overline{X_1} - \overline{X_2}) - (\mu_1 - \mu_2)}{\sqrt{\frac{S_1^2}{n_1} + \frac{S_2^2}{n_2}}}$$

* $\overline{X_1}$: 표본 1의 평균, $\overline{X_2}$: 표본 2의 평균,
  μ_1: 모집단 1의 평균, μ_2: 모집단 2의 평균
  S_1^2: 표본 1의 분산, S_2^2: 표본 2의 분산,
  n_1: 표본 1의 표본수, n_2: 표본 2의 표본수

$\overline{X_1} = 21.8$, $\overline{X_2} = 18.5$, 귀무가설로 설정된 모집단평균의 차 $\mu_1 - \mu_2 = 2$, $S_1 = 5.6$, $S_2 = 2.4$, $n_1 = 50$, $n_2 = 35$이므로

$$Z = \frac{(\overline{X_1} - \overline{X_2}) - (\mu_1 - \mu_2)}{\sqrt{\frac{S_1^2}{n_1} + \frac{S_2^2}{n_2}}}$$

$$= \frac{(21.8 - 18.5) - 2}{\sqrt{\frac{5.6^2}{50} + \frac{2.4^2}{35}}} = 1.4609 ≒ 1.46$$

검정통계량 Z의 값이 1.46으로, 절댓값이 임계치 1.645보다 작으므로 귀무가설의 기각역에 위치하지 못한다. 따라서 유의수준 5%에서 귀무가설 $H_0 : \mu_1 - \mu_2 = 2$을 기각하지 못한다. 즉 남자사원의 평균 근무연수가 여자사원에 비해 2년보다 더 길지 않다.

81 X와 Y의 평균과 분산은 각각 $E(X)=4$, $V(X)=8$, $E(Y)=10$, $V(Y)=32$이고 $E(XY)=28$이다. $2X+1$과 $-3Y+5$의 상관계수는?

① 0.75
② -0.75
③ 0.67
④ -0.67

해설
두 확률변수 $aX+b$, $cY+d$에 대한 상관계수 $corr(aX+b,cY+d)$는 $ac>0$이면 $corr(X,Y)$이고, $ac<0$이면 $-corr(X,Y)$이다.
이에 따라 두 확률변수 $2X+1$, $-3Y+5$에 대한 상관계수 $corr(2X+1,-3Y+5)$은 $2\times(-3)<0$이므로
$corr(2X+1,-3Y+5)=-corr(X,Y)$이다.
X와 Y의 상관계수는 공분산을 각 변수의 표준편차의 곱으로 나누면 된다.
공분산은 $Cov(X,Y)=E(XY)-E(X)E(Y)$
$=28-(4\times10)=-12$이므로
$r_{XY}=\dfrac{공분산}{S_X S_Y}$
$=\dfrac{Cov(X,Y)}{\sqrt{V(X)}\sqrt{V(Y)}}=\dfrac{-12}{\sqrt{8}\sqrt{32}}=-0.75$이다.
$\therefore -corr(X,Y)=0.75$

82 다음 (   )에 알맞은 것은?

(   )이란 특성값의 산포를 총제곱합으로 나타내고, 이 총제곱합을 실험과 관련된 요인마다 제곱합으로 분해하여 오차에 비해 특히 큰 영향을 주는 요인이 무엇인지를 찾아내는 분석방법이다.

① 추정
② 상관분석
③ 회귀분석
④ 분산분석

해설
분산분석은 보통 3개 이상 서로 다른 처리 집단들에 대한 처리의 결과로 나타나는 총제곱합(총분산)을 집단간 제곱합(처치 제곱합)과 집단내 제곱합(오차 제곱합)으로 분해하여 검정통계량 F를 구하고 이를 통해 각 처리집단 간의 평균에 차이가 있는가를 분석하는 방법이다.

83 공정한 동전 10개를 동시에 던질 때 앞면이 정확히 1개만 나올 확률은?

① 3/1024
② 9/1024
③ 10/1024
④ 15/1024

해설
앞면 또는 뒷면의 상호배타적인 두 가지 결과만을 가진 베르누이 시행을 독립적으로 반복한 경우의 성공횟수(앞면)를 확률변수 X라 하면 그 확률변수 X의 확률분포는 이항분포이다. 동전을 10개를 던져서 앞면이 1개만 나오는 확률을 구하려는 것이고 동전의 앞면이 나올 확률은 1/2이므로 $X \sim B(n,p)=B\left(10,\dfrac{1}{2}\right)$이며 확률에 관한 산식(확률질량함수)은 다음과 같다.

$$P(X=x)=\binom{n}{x}p^x(1-p)^{n-x}={}_nC_x p^x(1-p)^{n-x}$$

* n: 시행횟수, p: 특정실험결과가 성공할 확률, x: 성공횟수

이때 $n=10$, $p=\dfrac{1}{2}$, $x=1$이므로
$P(X=1)={}_{10}C_1\left(\dfrac{1}{2}\right)^1\left(1-\dfrac{1}{2}\right)^{10-1}$
$=10\times\left(\dfrac{1}{2}\right)^1\left(\dfrac{1}{2}\right)^9=\dfrac{10}{1024}$

84 평균이 μ이고 표준편차가 σ인 정규모집단으로부터 표본을 관측할 때, 관측값이 $\mu+2\sigma$와 $\mu-2\sigma$ 사이에 존재할 확률은 약 몇 %인가?

① 33%
② 68%
③ 95%
④ 99%

해설
정규분포는 평균을 중심으로 좌우 1표준편차에 확률변수 값의 68.27%가 포함되어 있어야 하며(즉 1표준편차 내에 포함될 확률이 68.27%), 2표준편차 내에 95.45%, 3표준편차 내에 99.73%가 있어야 한다.

85 사업시행에 대한 찬반여론을 수렴하기 위해 400명의 주민을 대상으로 표본조사를 실시하였다. 그러나 표본수가 너무 적어 신뢰성에 문제가 있다는 지적이 있어 4배인 1,600명의 주민을 재조사하였다. 신뢰수준 95% 하에서 추정오차는 얼마나 감소하는가?

① 1.23% ② 1.03%
③ 2.45% ④ 2.06%

해설

표본의 크기가 400명인 경우와 1,600명인 경우의 추정오차를 비교해보면 된다. 비율의 표본추출분포로 95% 신뢰수준에서 $\alpha = 0.05$이므로 오차한계 $SE(\hat{p}) = Z_{\frac{\alpha}{2}} \times$ 표준오차 $= Z_{0.025} \times \sqrt{\frac{\hat{p}\hat{q}}{n}}$ 이다.
추정치가 비율인 경우 모비율의 대체적 값도 모르고 표본의 비율도 알려져 있지 않을 경우 대체적 값을 추정하거나 이런 값들도 알 수 없다면 $\hat{p} = \frac{1}{2}$을 사용한다. 95% 신뢰수준에서 $Z_{\frac{\alpha}{2}} = 1.96$이므로

- $n = 400$일 경우 $SE(\hat{p}) = 1.96 \times \sqrt{\frac{0.5 \times 0.5}{400}} = 1.96 \times \sqrt{\frac{0.25}{400}} = 0.049$
- $n = 1,600$일 경우
  $SE(\hat{p}) = 1.96 \times \sqrt{\frac{0.5 \times 0.5}{1600}} = 1.96 \times \sqrt{\frac{0.25}{1600}} = 0.0245$

∴ 추정오차 감소는 $0.049 - 0.0245 = 0.0245$이다. 따라서 2.45% 감소하게 된다.

86 회귀분석에서 관측값과 예측값의 차이는?

① 잔차(Residual)
② 오차(Error)
③ 편차(Deviation)
④ 거리(Distance)

해설

회귀분석에서는 표본의 데이터로 모집단에 대한 회귀식(회귀계수)을 추정한다. 표본 데이터에 의해 추정한 추정회귀식에서 관측값과 예측값의 차이가 잔차이므로 잔차가 적합한 답이 된다.

87 피어슨 상관계수에 관한 설명으로 옳은 것은?

① 두 변수가 곡선관계가 되었을 때 기울기를 의미한다.
② 두 변수가 모두 질적 변수일 때만 사용한다.
③ 상관계수가 음일 경우는 어느 한 변수가 커지면 다른 변수도 커지려는 경향이 있다.
④ 단순회귀분석에서 결정계수의 제곱근은 반응변수와 설명변수의 피어슨 상관계수이다.

해설

④ 피어슨 상관계수의 제곱은 단순회귀분석에서 결정계수의 값과 같다(다중회귀분석에서는 성립하지 않는다). 따라서 단순회귀분석에서 결정계수의 제곱근($\pm\sqrt{R^2}$)은 단순회귀분석에서의 반응변수(종속변수)와 설명변수(독립변수)에 대한 피어슨 상관계수의 값과 같다는 관계가 성립한다.
① 두 변수가 선형관계(직선관계)일 때 두 변수 간의 선형적 관계에 대해 정도와 방향을 수학적으로 정량화하여 나타낸 계수이다.
② 두 변수가 등간(간격)척도/비율척도로 측정된 연속형 변수일 경우에 피어슨 상관계수를 이용한 상관분석으로 연관성 정도를 분석한다.
③ 음의 상관관계는 어느 한 변수가 커지면 다른 변수는 작아지는 것이다.

88 모평균에 대한 신뢰구간의 길이를 1/4로 줄이고자 한다. 표본크기를 몇 배로 해야 하는가?

① 1/4배 ② 1/2배
③ 2배   ④ 16배

해설

신뢰구간의 길이는 $\left(Z_{\frac{\alpha}{2}} \frac{\sigma}{\sqrt{n}}\right) \times 2$이다. 이는 신뢰수준에 비례하며, 표본크기 n의 제곱근에 반비례한다.
신뢰구간의 길이를 $\frac{1}{4}$로 줄이므로 길이는 $\frac{1}{4} \times \left(Z_{\frac{\alpha}{2}} \frac{\sigma}{\sqrt{n}}\right) \times 2$이 된다.

$$\frac{1}{4} \times \left(\frac{Z_{\alpha/2} \times \sigma}{\sqrt{n}}\right) \times 2 = \left(\frac{Z_{\alpha/2} \times \sigma}{4\sqrt{n}}\right) \times 2$$
$$= \left(\frac{Z_{\alpha/2} \times \sigma}{\sqrt{16n}}\right) \times 2$$ 이므로 n은 16배가 커져야 한다.

| 정답 | 85 ③ | 86 ① | 87 ④ | 88 ④ |

89 "남녀간 월급여의 차이가 있다."라는 주장을 검정하기 위하여 사회조사를 실시하였다. 조사결과 남자집단의 월평균급여를 μ_1, 여자집단의 월평균급여를 μ_2라고 한다면 귀무가설은?

① $\mu_1 > \mu_2$
② $\mu_1 = \mu_2$
③ $\mu_1 < \mu_2$
④ $\mu_1 \neq \mu_2$

해설
가설검정에서 귀무가설은 '같다, 차이가 없다'는 입장에서의 주장이다. 따라서 문제에서의 귀무가설은 '남녀간 월급여의 차이가 없다' 즉 '남자집단의 월평균급여와 여자집단의 월평균급여가 같다'고 설정한다.

90 평균이 8이고 분산이 0.6인 정규모집단으로부터 10개의 표본을 임의로 추출하는 경우, 표본평균의 평균과 분산은?

① (0.8, 0.6)
② (0.8, 0.06)
③ (8, 0.06)
④ (8, 0.19)

해설
중심극한의 정리에 따라 평균 μ, 표준편차 σ인 모집단에서 n개의 표본을 반복 추출하면 그 표본들의 각 평균값 $\bar{x}$의 분포는 정규분포로 수렴하게 되며, 평균 μ, 표준편차 $\frac{\sigma}{\sqrt{n}}$가 된다. 모집단의 평균은 8, 분산 $\sigma^2 = 0.6$이므로 표본평균의 평균은 8, 분산(표준편차의 제곱)은 $\frac{\sigma^2}{n} = \frac{0.6}{10} = 0.06$

91 표본평균에 대한 표준오차의 설명으로 틀린 것은?

① 표본평균의 표준편차를 말한다.
② 모집단의 표준편차가 클수록 작아진다.
③ 표본의 크기가 클수록 작아진다.
④ 항상 0 이상이다.

해설
표준오차 $= \frac{\sigma}{\sqrt{n}}$ 에서 모집단의 표준편차가 커지면 표준오차는 커지게 된다.

92 A회사에서 개발하여 판매하고 있는 신형 PC의 수명은 평균 5년, 표준편차 0.6년인 정규분포를 따른다고 한다. A회사의 신형 PC 중 9대를 임의로 추출하여 수명을 측정하였다. 평균수명이 4.6년 이하일 확률은? [단, $P(|Z| > 2) = 0.046$, $P(|Z| > 1.96) = 0.05$, $P(|Z| > 2.58) = 0.01$]

① 0.01
② 0.023
③ 0.025
④ 0.048

해설
신형 PC의 수명을 확률변수 X라 할 때 X는 정규분포 $N(5, 0.6^2)$을 따른다. 이로부터 추출한 $n = 9$ 표본의 표본평균의 분포는 중심극한의 정리에 따라 $N(\mu, \frac{\sigma^2}{n}) = N(5, \frac{0.6^2}{9}) = N(5, 0.2^2)$을 따른다.
평균수명이 4.6년 이하일 확률을 표준정규분포에서의 값으로 구하면 $P(\bar{X} \leq 4.6) = P(Z \leq \frac{4.6-5}{0.2}) = P(Z \leq -2)$인 데, $P(|Z| > 2) = 0.046$이므로 $P(Z \leq -2)$는 0.046의 1/2인 0.023이다.

93 다음 분산분석표의 ㉠ ~ ㉢에 들어갈 값은?

요인	제곱합	자유도	평균제곱	F – 값	유의확률
인자	199.34	1	199.34	㉢	0.099
잔차	315.54	6	㉡		
계	514.88	㉠			

	㉠	㉡	㉢
①	7	52.59	2.58
②	7	52.59	3.79
③	7	1893.24	2.58
④	7	1893.24	9.50

해설

일원배치분산분석에서 분산분석표 상의 자유도는
- 처치(집단간, 인자) = $k-1$
- 오차(집단내, 잔차) = $n-k$
- 합계 = 처치자유도 + 오차자유도 = $n-1$
- 평균제곱 = $\dfrac{제곱합}{자유도}$, $F = \dfrac{처치(집단간, 인자)평균제곱}{오차(집단내, 잔차)평균제곱}$ 이므로

㉠ 1 + 6 = 7
㉡ 315.54/6 = 52.59
㉢ 199.34/52.59 ≒ 3.79

94 다음은 어느 손해보험회사에 운전자의 연령과 교통법규 위반횟수 사이의 관계를 알아보기 위하여 무작위로 추출한 18세 이상, 60세 이하인 500명의 운전자 중에서 지난 1년 동안 교통법규 위반 횟수를 조사한 자료이다. 두 변수 사이의 독립성검정을 하려고 할 때 검정통계량의 자유도는?

위반횟수	연령			합계
	18~25	26~50	51~60	
없음	60	110	120	290
1회	60	50	40	150
2회 이상	30	20	10	60
합계	150	180	170	500

① 1
② 3
③ 4
④ 9

해설

위반횟수(행 변수. 없음/1회/2회 이상으로 구분된 범주형 변수)와 연령(18~25/26~50/51~60의 세 구간으로 구분된 범주형 변수) 간에 연관성이 있는가의 여부를 검정하는 교차분석의 카이제곱 독립성 검정에서 검정통계량의 자유도는 (행의 수-1) × (열의 수-1)이다. 행의 수는 3(없음/1회/2회 이상), 열의 수는 3(18~25/26~50/51~60)이므로
자유도 = (3-1) × (3-1) = 4이다.

95 x를 독립변수로, y를 종속변수로 하여 선형회귀분석을 하고자 한다. 다음의 요약자료를 이용하여 추정회귀직선의 기울기와 절편을 구하면?

$$\bar{x}=4, \sum_{i=1}^{5}(x_i-\bar{x})^2=10,$$
$$\bar{y}=7, \sum_{i=1}^{5}(x_i-\bar{x})(y_i-\bar{y})=13$$

	기울기	절편
①	0.77	1.80
②	0.77	3.92
③	1.30	1.80
④	1.30	3.92

해설

회귀식이 $\hat{y}=\hat{\beta}_0+\hat{\beta}_1 x$와 같을 때 *$\hat{\beta}_0$: 절편, $\hat{\beta}_1$: 기울기

$$\hat{\beta}_0=\bar{y}-\hat{\beta}_1\bar{x}$$
$$\hat{\beta}_1=r_{XY}\frac{S_Y}{S_X}$$
$$=\frac{S_{XY}}{S_{XX}}=\frac{\sum_{i=1}^{n}(x_i-\bar{x})(y_i-\bar{y})}{\sum_{i=1}^{n}(x_i-\bar{x})^2}$$

* r_{XY}: X, Y의 상관계수,
S_X: X의 표준편차, S_Y: Y의 표준편차,
S_{XY}: X, Y의 공분산,
S_{XX}: X의 분산

∴ 기울기 $\hat{\beta}_1=\frac{\sum_{i=1}^{n}(x_i-\bar{x})(y_i-\bar{y})}{\sum_{i=1}^{n}(x_i-\bar{x})^2}=\frac{13}{10}=1.30$

절편 $\hat{\beta}_0=\bar{y}-\hat{\beta}_1\bar{x}=7-1.3\times 4=1.80$

96 확률분포에 대한 설명으로 틀린 것은?

① X가 연속형 균일분포를 따르는 확률변수일 때, $P(X=x)$는 모든 x에서 0이다.
② 포아송 분포의 평균과 분산은 동일하다.
③ 연속확률분포의 확률밀도함수 $f(x)$와 x축으로 둘러싸인 부분의 면적의 합은 항상 1이다.
④ 정규분포의 표준편차 σ는 음의 값을 가질 수 있다.

해설
표준편차는 분산의 양의 제곱근이기 때문에 음의 값을 가질 수 없다. 한편, 확률밀도함수를 갖는 연속확률변수의 한 점에서의 확률은 항상 0이다.

97 모분산 $\sigma^2=16$인 정규모집단에서 표본의 크기가 25인 확률표본을 추출한 결과 표본평균 10을 얻었다. 모평균에 대한 90% 신뢰구간을 구하면? [단, 표준정규분포를 따르는 확률변수 Z에 대해 $P(Z<1.28)=0.90$, $P(Z<1.645)=0.95$, $P(Z<1.96)=0.975$]

① (8.43, 11.57)
② (8.68, 11.32)
③ (8.98, 11.02)
④ (9.18, 10.82)

해설
단일모집단 평균의 신뢰구간을 구하는데 모분산이 알려져 있으므로 $Z-$분포를 사용한다. $\bar{X}-Z_{\frac{\alpha}{2}}\frac{\sigma}{\sqrt{n}}\leq\mu\leq\bar{X}+Z_{\frac{\alpha}{2}}\frac{\sigma}{\sqrt{n}}$에서 표본평균 $\bar{X}=10$, 90% 신뢰수준에서 $Z_{0.05}=1.645$, $\sigma=4$, $n=25$이므로
90% 신뢰구간은 $10-1.645\frac{4}{\sqrt{25}}\leq\mu\leq 10+1.645\frac{4}{\sqrt{25}}$
$10-1.316\leq\mu\leq 10+1.316$ 이므로 약 $8.68\leq\mu\leq 11.32$이다.

98 시계에 넣는 배터리 16개의 수명을 측정한 결과 평균이 2년이고 표준편차가 1년이었다. 이 배터리 수명의 95% 신뢰구간을 구하면? [단, $t_{0.025}(15) = 2.13$]

① (1.47, 2.53)
② (1.73, 2.27)
③ (1.87, 2.13)
④ (1.97, 2.03)

해설
단일모집단 평균의 신뢰구간을 구하는데 모분산은 알려져 있지 않고 표본의 크기가 $n < 30$인 16이므로 자유도 $(n-1)$인 t-분포를 사용한다.
$\overline{X} - t_{\frac{\alpha}{2}, n-1} \frac{S}{\sqrt{n}} \leq \mu \leq \overline{X} + t_{\frac{\alpha}{2}, n-1} \frac{S}{\sqrt{n}}$ 에서 표본평균 $\overline{X} = 2$, 자유도는 $(16-1) = 15$, 95% 신뢰수준에서 $t_{0.025}(15) = 2.13$, $S = 1$, $n = 16$이므로 95% 신뢰구간은 $2 - 2.13\frac{1}{\sqrt{16}} \leq \mu \leq 2 + 2.13\frac{1}{\sqrt{16}}$
$2 - 0.5325 \leq \mu \leq 2 + 0.5325$이므로 약 $1.47 \leq \mu \leq 2.53$이다.

99 통계적 가설 검정에 대한 설명으로 틀린 것은?

① 유의수준은 제1종 오류를 범할 확률의 최대허용한계를 말한다.
② 기각역은 귀무가설을 기각하게 되는 검정통계량의 관측값의 영역이다.
③ 귀무가설은 표본에 근거한 강력한 증거에 의하여 입증하고자 하는 가설이다.
④ 제2종 오류는 대립가설이 참임에도 불구하고 귀무가설을 기각하지 못하는 오류이다.

해설
표본에 근거한 강력한 증거에 의하여 입증하고자 하는 가설은 대립가설이다.

100 유의수준에 대한 설명으로 옳은 것은?

① 대립가설이 참일 때 귀무가설을 채택하는 오류를 범할 확률의 최대허용한계이다.
② 유의수준 α 검정법이란 제2종 오류를 범할 확률이 α 이하인 검정방법을 말한다.
③ 귀무가설이 참임에도 불구하고 귀무가설을 기각하는 오류를 범할 확률의 최대허용한계를 뜻한다.
④ 제1종 오류를 범할 확률과 제2종 오류를 범할 확률 중 큰 쪽의 확률을 의미한다.

해설
유의수준 α는 1종 오류(귀무가설이 참임에도 귀무가설을 기각하는 오류)를 범할 확률의 최대허용한계를 뜻한다.

2022년 제3회(CBT)

※ CBT 문제는 수험생의 기억에 따라 복원된 것이며, 실제 기출문제와 동일하지 않을 수 있습니다.

제1과목: 조사방법론 Ⅰ

01 비표준화면접에 비해, 표준화면접의 장점이 아닌 것은?

① 새로운 사실, 아이디어의 발견 가능성이 높다.
② 면접결과의 계량화가 용이하다.
③ 반복적 연구가 가능하다.
④ 신뢰도가 높다.

해설
표준화면접은 표준화되어 정해진 면접조사표에 의하여 모든 응답자에게 동일한 질문순서 및 동일한 질문내용으로 면접을 진행하는 방식이다. 결과의 수치화가 용이하며 반복적 조사가 가능하고 정보의 비교가 용이하여 신뢰도가 높지만 면접의 유연성이 부족하고 새로운 사실 발견 가능성이 낮다.

02 좋은 가설이 되기 위한 요건과 가장 거리가 먼 것은?

① 검증 가능해야 한다.
② 입증된 결과는 일반화가 가능해야 한다.
③ 사용된 변수는 계량화가 가능해야 한다.
④ 추상적이며 되도록 긴 문장으로 표현을 해야 한다.

해설
좋은 가설의 조건 및 평가 기준은 명료성(간결성), 가치중립성, 한정성, 검증가능성, 계량화 가능성, 입증의 명백성, 가설 자체의 개연성, 다른 가설과의 연관성, 일반화 가능성 등이다.
④ 간결성과는 거리가 멀다.

03 2차 자료의 이용에 관한 설명으로 틀린 것은?

① 2차 자료의 이점은 시간과 비용을 절약할 수 있다는 것이다.
② 2차 자료는 조사목적의 적합성, 자료의 정확성, 일치성 등을 기준으로 평가될 수 있다.
③ 조사목적을 달성하기 위해서는 2차 자료가 반드시 필요하다.
④ 2차 자료는 경우에 따라 당면한 조사문제를 평가할 수도 있다.

해설
꼭 1차 자료와 2차 자료가 모두 필요한 것이 아니다. 2차 자료만으로 충분할 수도 있으며, 같은 맥락에서 1차 자료를 충분히 획득했다면 굳이 2차 자료가 필요하지는 않다.

04 자료수집방법에 대한 비교설명으로 옳은 것은?

① 인터넷 조사는 우편조사에 비하여 비용이 많이 소요된다.
② 전화조사는 면접조사에 비해서 시간이 많이 소요된다.
③ 인터넷 조사는 다른 조사에 비해 시각보조자료의 활용이 곤란하다.
④ 면접조사는 다른 조사에 비해 라포(Rapport)의 형성이 용이하다.

해설
① 인터넷 조사는 우편조사 등에 비해 조사비용이 경제적이다.
② 전화조사는 면접조사 대비 면접자 영향 통제가 가능하고 시간과 비용이 적게 소요된다.
③ 인터넷 조사는 멀티미디어 자료 등 시각보조자료의 활용이 가능하다.

| 정답 | 01 ① 02 ④ 03 ③ 04 ④

05 다음에 열거한 속성을 모두 충족하는 자료수집방법은?

> - 비용이 저렴하다.
> - 조사기간이 짧다.
> - 그림, 음성, 동영상 등을 이용할 수 있어 응답자의 이해도를 높일 수 있다.
> - 모집단이 편향되어 있다.

① 면접조사
② 우편조사
③ 전화조사
④ 온라인 조사

해설
온라인 조사는 인터넷 매체 등 온라인 통신망 상에서 이루어지는 제반 조사를 실시하여 자료를 수집하는 방법으로 시간과 공간의 제약이 타 방법에 비해 적고 표본수가 증가해도 조사비용이 많이 증가하지 않아 우편조사 등에 비해 조사비용이 경제적이며 멀티미디어 자료 등 시각보조자료의 활용이 가능하여 응답자의 이해도를 높일 수 있지만 인터넷을 사용하는 사람만 응답자가 되므로, 특정 계층에 편중된 응답 등으로 표본의 대표성 확보가 어렵다는 단점이 있다.

06 의사소통을 통한 자료수집방법에서 비체계적 - 비공개적 의사소통방법에 해당하는 것은?

① 우편조사
② 표적집단면접법
③ 대인면접법
④ 역할행동법

해설
비체계적 - 비공개적 의사소통방법은 자료수집과정이 표준화되어 있지 않고 자유로운 대화형식이며 응답자가 조사의 목적을 알 수 없는 의사소통방법을 말한다. 대표적으로 투사법이 이에 해당한다.
④ 역할행동법은 어떤 역할을 수행하고 태도나 감정을 표현하게 하는 것으로 투사법의 한 종류이다.

07 다음 자료수집방법 중 조사자가 미완성의 문장을 제시하면 응답자가 이 문장을 완성시키는 방법은?

① 투사법
② 면접법
③ 관찰법
④ 내용분석법

해설
투사법은 조사의 목적이나 주제를 응답자가 모르도록 하면서 간접적으로 조사하는 방법으로 무의식 속에 내재되어 있는 동기, 가치, 태도 등을 측정하기 위해서 모호한 자극을 응답자에게 제시하여 반응을 조사하는 방법이다. 투사법의 종류로 단어연상법, 그림묘사법, 문장완성법, 만화완성법, 역할행동법 등이 있으며 조사자가 미완성의 문장을 제시하면 응답자가 이 문장을 완성시키는 방법은 문장완성법이다.

08 소득수준과 출산력의 관계를 알아볼 때, 개별 사례를 바탕으로 어떤 일반적 유형을 찾아내는 방법은?

① 연역적 방법
② 귀납적 방법
③ 참여관찰법
④ 질문지법

해설
개별사례를 바탕으로 어떤 일반적 유형을 찾아내는 방법은 특수한 사실로부터 일반적인 원리를 이끌어내는 논리인 귀납법이다.

09 면접조사의 원활한 자료수집을 위해 조사자가 응답자와 인간적인 친밀관계를 형성하는 것은?

① 라포(Rapport)
② 사회화(Socialization)
③ 조작화(Operationalization)
④ 개념화(Conceptualization)

해설
라포는 조사자와 조사대상자간의 친밀한 관계 형성을 의미한다.

| 정답 | 05 ④ 06 ④ 07 ① 08 ② 09 ①

10 교수법의 차이가 아동들의 문장독해능력에 어떤 영향을 미치는가를 알아보기 위해 초등학교 아동 50명을 대상으로 연구를 하려고 한다. 어떤 연구방법이 가장 적당한가?

① 참여관찰법
② 내용분석법
③ 실험법
④ 조사연구법

해설
교수법을 여러 가지로 했을 때 각각의 방법으로 교육한 후 각 교수법의 결과(문장독해능력)을 측정하여 차이가 있는가를 분석하는 방법이므로, 상태를 조작하여 독립변수의 효과를 측정하는 방법인 실험법이 가장 적당한 방법이다.

11 관찰대상자가 관찰사실을 아는지에 대한 여부를 기준으로 관찰기법을 분류한 것은?

① 직접/간접관찰
② 자연적/인위적 관찰
③ 공개적/비공개적 관찰
④ 체계적/비체계적 관찰

해설
③ 공개적 관찰은 관찰대상자가 관찰사실을 알고 있는 것이며 비공개적 관찰은 관찰대상자가 관찰사실을 알지 못하는 것이다.
① 관찰시기와 행동발생 시기가 일치하는가의 여부에 따른 분류이다.
② 관찰이 일어나는 상황이 인위적인지의 여부에 따른 분류이다.
④ 관찰조건의 표준화 여부에 따른 분류이다.

12 다음에 해당하는 연구유형은?

[연구목적]
• 현상에 대한 이해
• 중요한 변수를 확인하고 발견
• 미래 연구를 위한 가설 도출

[연구질문]
• 여기서 무슨 일이 일어나고 있습니까?
• 뚜렷한 주제, 패턴, 범주는 무엇입니까?

① 탐색적 연구
② 기술적 연구
③ 종단적 연구
④ 설명적 연구

해설
탐색적 연구(조사)는 조사의 초기단계에서 통찰과 아이디어를 얻기 위한 조사로 현상에 대한 이해 및 중요한 변수를 확인하고 발견하여 변수를 규정하고 연구를 위한 가설을 도출·설정하기 위한 조사이다. 조사설계 확정 전 연구문제 발견, 변수규명과 가설도출, 타당도 검증 등을 위해 예비적으로 실시한다.

13 참여관찰에서 윤리적인 문제를 겪을 가능성이 가장 높은 관찰자 유형은?

① 완전관찰자(Complete Observer)
② 완전참여자(Complete Participant)
③ 관찰자로서의 참여자(Participant as Observer)
④ 참여자로서의 관찰자(Observer as Participant)

해설
완전참여자는 자신의 신분을 밝히지 않은 상태에서 완전히 조직, 집단 등에 동화되어 관찰하는 유형으로 객관성 유지가 어렵고 관찰자가 연구대상자들에게 영향을 미칠 수 있으며 윤리적 문제를 겪을 가능성이 가장 높은 관찰자 유형이다.

| 정답 | 10 ③ | 11 ③ | 12 ① | 13 ② |

14 초점집단(focus group)조사와 델파이조사에 관한 설명으로 옳은 것은?

① 초점집단조사에서는 익명 집단의 상호작용을 통해 도출된 자료를 분석한다.
② 초점집단조사는 내용타당도를 높이는 목적으로 사용될 수 있다.
③ 델파이조사는 비구조화 방식으로 정보의 흐름을 제어한다.
④ 델파이조사는 대면(face to face) 집단의 상호작용을 통해 도출된 자료를 분석한다.

해설
- 초점집단조사(FGI)는 전문지식을 갖춘 사람 또는 경험자를 소수의 응답자로 선정하고 사회자가 배석하여 연구목적의 방향을 제시하되, 자유로운 토론을 벌이게 하여 필요한 정보를 획득하는 방법으로, 새로운 아이디어 창출과 높은 타당성이 가능하다는 등의 장점이 있다.
- 델파이조사는 주로 전문가로 구성된 토론 집단의 각각의 익명성을 보장하여 각자의 자유로운 견해를 수회에 걸쳐 토론자들에게 전달하여 집단의 의견을 수렴해나가는 방식이다.
① 초점집단조사는 자유로운 토론을 통한 방식으로 대면집단의 상호작용을 통해 자료가 도출된다. 따라서 델파이 조사와 같은 익명집단의 상호작용에 의한 방식이 아니다.
③ 델파이조사는 수집된 의견을 반복적으로 전달하도록 조사내용이 구조화된 방식이다.
④ 델파이조사는 익명집단의 상호작용을 통해 도출된 자료를 분석한다.

15 '최근 텔레비전 프로그램에 등장하고 있는 폭력적 장면과 선정적 장면에 대해서 어떻게 생각하십니까'라는 질문은 주로 어떤 오류를 범하고 있는가?

① 부적절한 언어의 사용
② 비윤리적 질문
③ 전문용어의 사용
④ 이중적 질문

해설
하나의 질문에 2가지 이상의 요소가 포함(폭력적·선정적)되는 이중적·복합적 질문을 하지 말아야 한다.

16 경험적 연구를 위한 작업가설의 요건으로 옳지 않은 것은?

① 명료해야 한다.
② 특정화되어 있어야 한다.
③ 검정 가능한 것이어야 한다.
④ 연구자의 주관이 분명해야 한다.

해설
작업가설의 요건은 간단명료, 명확한 조작적 정의, 가치중립성, 구체성, 검증가능성, 현실적 실행가능성 등이다.
④ 연구자의 주관이 개입되면 결과가 왜곡된다.

17 참여관찰법에 비해 조사연구(Survey Research)가 가지는 장점으로 맞는 것은?

① 연구의 융통성이 크다.
② 시간과 비용을 절약할 수 있다.
③ 연구대상을 심층적으로 관찰할 수 있다.
④ 대규모 모집단의 특성을 기술할 수 있다.

해설
조사연구(서베이 조사)는 다수의 응답자들을 대상으로 설문조사에 의하여 자료를 수집하는 방법으로 큰 규모의 표본과 일반화 가능성으로 대규모 모집단의 특성 기술이 가능하다는 것이 주요 장점 중 하나이다.

18 전문가의 견해를 물어 종합적인 상황을 파악하거나 미래의 불확실한 상황을 예측할 때 주로 이용되는 조사기법은?

① 이차적 연구(Secondary Research)
② 코호트(Cohort)설계
③ 추세(Trend)설계
④ 델파이(Delphi)기법

해설
델파이(Delphi)기법은 여러 전문가의 의견을 되풀이해 모으고, 교환하고 발전시켜 현상을 종합적으로 파악하거나 미래를 예측하는 방법이다.

| 정답 | 14 ② 15 ④ 16 ④ 17 ④ 18 ④

19 서베이 조사와 비교한 사례연구에 대한 설명으로 틀린 것은?

① 연구대상을 질적으로 파악하고 기술한다.
② 소수대상의 여러 가지 복합적 요인에 대한 복합적 관찰을 한다.
③ 연구대상 집단의 공통분모적 성질인 대표성을 추구한다.
④ 연구대상의 내면적·동태적 양상을 수직적으로 파고드는 조사이다.

해설
사례조사는 소수의 특정한 사례를 조사하여 문제에 대해 종합적 파악과 심층적 분석을 실행한다. 시간 경과에 따른 특정적 영향요인과 변화 간의 관계 파악 등 문제에 대한 간접적인 경험과 사전지식을 얻을 수 있고 탐색적 목적을 위해 유용하게 사용 가능하지만 대표성이 낮아 일반화 가능성이 떨어지는 것이 한계점 중의 하나이다.

20 다음에서 설명하는 연구방법은?

> 소위 386세대라고 일컬어지는 사회집단이 가진 정치의식이 1990년 이후 5년 단위로 어떠한 변화를 보이고 있는지에 대해 종단분석을 실시했다.

① 추세연구
② 패널연구
③ 현장연구
④ 코호트연구

해설
④ 코호트연구는 조사하는 주제와 관련된 특성을 공유하는 대상의 집단을 의미(예 특정 시기에 출생했거나 같은 시점에 어떤 특정한 사건을 경험한 사람들 등)하며, 코호트 조사는 이러한 특정경험을 같이 하는 사람들이 가지는 특성들에 대해 시간의 경과에 따른 변화를 조사하기 위해 두 번 이상의 다른 시점에 걸쳐 비교 연구하는 방법이다.

21 의약분업을 하게 되면 국민들이 약의 오남용을 줄일 수 있기 때문에 국가적으로 의료비 지출이 줄게 된다. 이 사실을 기초로 의약분업을 실시하게 되면 환자들은 적은 비용으로 치료를 받을 수 있게 된다고 주장한다면 그 주장은 옳은가?

① 올바른 주장이다.
② 환원주의 오류를 범할 가능성이 있다.
③ 생태학적 오류를 범할 가능성이 있다.
④ 개인주의적 오류를 범할 가능성이 있다.

해설
국가적으로 의료비 지출이 감소한다는 것은 집단에 대한 연구결과이다. 이 결과를 가지고 환자들이 적은 비용으로 치료를 받을 수 있다는 것은 개인에 대한 추리에 해당한다. 분석단위를 집단에 둔 연구결과를 바탕으로 집단 속 개인특성을 추리할 때 오류가 나타날 수 있으며 이는 생태학적 오류에 해당한다.

22 가설의 특성에 관한 설명으로 틀린 것은?

① 가설은 검증될 수 있어야 한다.
② 가설검정은 연구자가 제기한 문제의 해결과 관련이 있어야 한다.
③ 가설은 변수로 구성되며, 그들 간의 관계를 나타내고 있어야 한다.
④ 가설이 기각되었다면 반대되는 가설이 참임을 의미하는 것이다.

해설
가설은 2개 이상의 변수 또는 현상간의 관계를 검증 가능한 형태로 서술한 하나의 문장이며 연구문제에 관해 검증할 수 있도록 기술된 잠정적 결론이다.
④ 가설이 기각되었다고 해서 반대되는 가설이 참인 것은 아니다. 다만 관찰에서 얻은 데이터에 의해서는 가설이 옳다는 결정적 증거를 발견하지 못했다는 것을 의미할 뿐이다.

| 정답 | 19 ③　20 ④　21 ③　22 ④ |

23 면접법의 장점으로 틀린 것은?

① 관찰을 병행할 수 있다.
② 신축성 있게 자료를 얻을 수 있다.
③ 질문순서, 정보의 흐름을 통제할 수 있다.
④ 익명성이 높아 솔직한 의견을 들을 수 있다.

해설
면접법은 조사원(면접자)이 응답자와 대면(face to face)하여 질문을 하고 질문사항에 대한 응답내용을 통상적으로 조사원이 기록하는 방법이다. 질문내용 이외에도 응답자의 언어적, 비언어적 행동 및 주변 상황 등을 관찰할 수 있으며 면접원이 질문의 순서 등을 통제할 수 있고 신축성 있는 자료수집이 가능하다. 하지만 응답자와 대면하는 조사의 특성상 면접원의 편견, 주관개입 가능성이 높으며 면접원의 통제가 어렵고 응답자의 익명성 보장이 어렵다.

24 질적 연구에 관한 설명과 가장 거리가 먼 것은?

① 질적 연구에서는 어떤 현상에 대해 깊은 이해를 하고 주관적인 의미를 찾고자 한다.
② 질적 연구는 개별 사례 과정과 결과의 의미, 사회적 맥락을 규명하고자 한다.
③ 질적 연구는 양적 연구에 비해 대상자를 정확히 이해할 수 있는 더 나은 연구방법이다.
④ 연구주제에 따라서는 질적 연구와 양적 연구를 동시에 진행할 수 있다.

해설
양적 연구와 질적 연구는 연구방법·자료수집의 성격에 따른 분류로 상대적으로 어느 것이 더 나은 연구방법인 것은 아니다.

25 질문지 초안이 작성된 후 마지막 단계에서 질문지의 문제점을 찾아내기 위한 작업은?

① 전수조사
② 사전검사
③ 표본조사
④ 사후검사

해설
질문지 초안 완성 후 본조사를 실행하기 전에 일부 대상에게 본조사와 동일한 방법으로 사전조사를 실시하여 질문지의 문제점 및 적합성을 파악하게 된다.

26 문헌고찰에 관한 설명으로 틀린 것은?

① 문헌고찰은 연구의 과정에서 매우 중요한 위치를 차지한다.
② 문헌고찰은 가능한 한 연구 초기에 해야 한다.
③ 문헌고찰을 통해 해당 연구주제에 대한 과거 관련 연구들의 결과를 학습할 수 있다.
④ 문헌고찰을 통해 기존 연구문제와 관련된 새로운 아이디어를 얻기는 어렵다.

해설
문헌고찰(문헌조사)은 문제를 규명하고 가설을 설정하기 위해서 기존의 문헌을 살펴보는 방법이다. 선행연구고찰을 통해 연구문제 발견, 새로운 아이디어 획득, 최신 연구경향 확인 등이 가능하다.

| 정답 | 23 ④ | 24 ③ | 25 ② | 26 ④ |

27 다음에서 설명하는 조사방법은?

> 공공기관의 행정서비스 만족도를 알아보기 위해 동일한 시민들을 표본으로 6개월 단위로 10년간 조사한다.

① 추세조사
② 패널조사
③ 탐색적 조사
④ 횡단적 조사

해설
패널조사는 특정한 대상을 사전에 패널로 선정하고 이들을 대상으로 반복적으로 조사를 실시하는 것으로 특정 주제에 대해 동일한 대상을 일정한 시간간격을 두고 지속적으로 반복 조사하는 동일 집단 반복 연구이다.

28 폐쇄형 질문과 비교한 개방형 질문에 대한 설명으로 틀린 것은?

① 자료처리에 많은 시간과 노력이 든다.
② 개인 사생활과 관련되거나 민감한 질문일수록 적합하다.
③ 연구자가 알지 못했던 정보나 문제점을 발견하는 데 유용하다.
④ 응답자에게 자기표현의 기회를 줌으로써 응답자의 의견을 존중하는 느낌을 준다.

해설
개방형 질문은 사생활 관련 등 민감한 질문에 부적합할 수 있다. 이러한 질문에는 폐쇄형 질문이 보다 적합하다.

29 과학적 연구방법에 관한 설명으로 옳지 않은 것은?

① 간결성: 최소한의 설명변수만을 사용하여 가능한 최대의 설명력을 얻는다.
② 인과성: 모든 현상은 자연발생적인 것이어야 한다.
③ 일반성: 경험을 통해 얻은 구체적 사실로 보편적인 원리를 추구한다.
④ 경험적 검증가능성: 이론의 현실세계에서 경험을 통해 검증이 될 수 있어야 한다.

해설
과학적 방법의 특징 중 인과성은 과학적 현상은 스스로 발생하는 것이 아니라 반드시 원인이 존재한다는 것이다.

30 전수조사 대신 표본조사를 하는 이유와 가장 거리가 먼 것은?

① 경비를 절감하기 위해
② 전수조사에 비해 조사과정을 보다 잘 통제할 수 있어서
③ 표본오류를 줄이기 위해
④ 광범위한 주제에 걸쳐서 연구하기 위해

해설
전수조사에 대비한 표본조사의 장점은 시간과 비용의 절약, 비표본오차의 감소, 전수조사 대비 조사과정을 보다 잘 통제할 수 있고 상대적으로 더 많은 조사항목 포함 가능 및 다양한 정보 취득이 가능하여 경우에 따라 전수조사보다 더 정확한 자료 취득이 가능한 점 등이다.
③ 표본조사를 하게 되면 무조건적으로 표본오차가 발생하게 된다.

제2과목: 조사방법론 II

31 연구자가 확률표본을 사용할 것인지, 비확률표본을 사용할 것인지를 결정할 때 고려요인이 아닌 것은?

① 연구목적
② 비용 대 가치
③ 모집단의 수
④ 허용되는 오차의 크기

해설
어떤 표본추출방법을 사용할 것인가를 결정하기 위해서 다음과 같은 사항들을 고려할 수 있다.
㉠ 조사의 목적 및 오차의 크기
㉡ 비용(예산)
㉢ 시간
㉣ 모집단에 대한 사전지식

32 다음 중 마약중독자처럼 일반적으로 쉽게 접근하기 힘든 집단을 대상으로 설문조사를 할 때 가장 적합한 표본추출방법은?

① 눈덩이표본추출   ② 편의표본추출
③ 판단표본추출   ④ 할당표본추출

해설
눈덩이표본추출은 조사대상자 파악 및 접근이 어려울 때, 모집단 프레임의 작성이 불가능할 때 사용하는 방법으로 처음에는 소수의 인원을 표본으로 추출하여 조사한 다음, 그 소수인원을 조사원으로 활용하여 그 조사원의 주위 사람들을 소개받아 조사하는 과정을 반복하는 방법이다.

33 표집틀(Sampling Frame)과 모집단의 관계로 가장 이상적인 경우는?

① 표집틀과 모집단이 일치할 때
② 표집틀이 모집단 내에 포함될 때
③ 모집단이 표집틀 내에 포함될 때
④ 모집단과 표집틀의 일부분만이 일치할 때

해설
표집틀과 모집단이 일치할 때 가장 이상적이다.

34 계통표집에 관한 설명으로 가장 거리가 먼 것은?

① 각 층위별 정보를 얻을 수 있다.
② 단순무작위표집의 대용으로 사용될 수 있다.
③ 표집틀에 주기성이 없는 경우 모집단을 잘 반영할 수 있다.
④ 최초의 표본집단을 무작위로 선정한 다음에 k번째마다 표본을 추출하는 것을 의미한다.

해설
체계적(계통적) 표본추출은 모집단을 일정한 질서에 따라 번호부여 후 등간격으로 나누고 첫 구간에서 하나의 번호를 무작위로 추출 후 다음 n번째 떨어져 있는 번호들을 추출하는 방법이다. 단순무작위표집의 대용으로 사용될 수 있다. 한계점 중의 하나는 모집단의 일정한 주기성이나 특정 경향이 있는 경우 대표성 문제가 발생가능하다는 점이다.
① 층화표본추출에 관한 내용이다.

| 정답 | 31 ③ 32 ① 33 ① 34 ①

35 일반적인 표본추출과정의 순서를 바르게 나열한 것은?

> ㉠ 표본추출
> ㉡ 표본추출방법의 결정
> ㉢ 모집단의 확정
> ㉣ 표본프레임의 선정
> ㉤ 표본크기의 결정

① ㉡ → ㉣ → ㉢ → ㉤ → ㉠
② ㉢ → ㉣ → ㉡ → ㉤ → ㉠
③ ㉢ → ㉡ → ㉣ → ㉠ → ㉤
④ ㉣ → ㉢ → ㉡ → ㉤ → ㉠

해설
표본추출과정은 모집단의 확정 → 표본프레임 결정 → 표본추출방법 결정 → 표본크기 결정 → 표본추출 실행의 순으로 진행된다.

36 우편조사를 실시하는 이유와 가장 거리가 먼 것은?

① 지리적으로 멀리 떨어져 있을 경우 조사비용을 줄일 수 있다.
② 쉽게 접근할 수 없는 대상을 조사할 수 있다.
③ 응답자에게 익명성에 대한 확신을 줄 수 있다.
④ 조사를 신속하게 완료할 수 있다.

해설
우편조사는 표본추출된 조사대상자에게 질문지를 우편 발송, 응답자가 스스로 응답한 후 다시 조사자에게 우편 발송해주도록 하는 방법으로 익명성에 대한 보장이 가능하고 조사대상자가 지역적으로 흩어져 있는 경우에 유용하며 면접조사에서 쉽게 접근할 수 없는 다양한 대상 포함이 가능하지만 준비작업 및 회수에 시간과 노력이 필요하여 조사의 신속한 완료가 어렵다는 단점이 있다.

37 일주일의 시간 간격을 두고 동일한 문제지를 이용해 같은 반 학생들을 대상으로 EQ 검사를 두 차례 실시하였더니 그 결과가 매우 상이하게 나타났다. 이 문제지의 문제점은?

① 타당성
② 예측성
③ 대표성
④ 신뢰성

해설
동일한 문제지를 이용해 시간간격을 두고 측정한 결과를 비교하는 방법이므로 신뢰성 평가방법 중 동일한 상황에서 동일한 측정도구를 이용하여 동일한 측정대상을 일정한 시간 간격을 두고 두 번 이상 측정하여 그 결과를 비교하여 결과들 간의 상관관계를 계산하여 신뢰성을 측정하는 방법인 재검사법이다. 재검사법의 결과 상관관계가 낮으므로 신뢰성에 문제가 있다.

38 크론바하 알파(Cronbach's Alpha)에 관한 설명으로 틀린 것은?

① 표준화된 알파라고도 한다.
② 값의 범위는 -1에서 +1까지이다.
③ 문항 간 평균 상관관계가 증가할수록 값이 커진다.
④ 문항의 수가 증가할수록 값이 커진다.

해설
크론바하 알파는 표준화된 알파라고도 하며 측정항목이 가질 수 있는 모든 조합의 상관관계의 평균값이다. 문항 간 평균 상관관계가 증가할수록 값이 커지며 문항의 수가 증가할수록 값이 커진다.
② 크론바하 알파계수의 값의 범위는 0에서 1까지이다.

39 암기력을 측정하기 위해 암기한 것을 모두 종이위에 쓰도록 하는 방법과 암기한 것을 모두 말하도록 하는 방법을 사용하는 경우처럼 서로 다른 두 가지의 측정방법으로 측정한 결과값들 간에 상관관계의 정도를 나타내는 타당성은?

① 내용타당성(Content Validity)
② 기준에 의한 타당성(Criterion-related Validity)
③ 예측타당성(Predictive Validity)
④ 집중타당성(Convergent Validity)

해설
집중타당성(수렴타당성)은 같은 개념을 측정하는 경우에는 상이한 측정방법을 사용하더라도 그 측정값들 간에 높은 상관관계가 존재해야 한다는 것이다. 추상적 개념인 암기력에 대해 종이 위에 쓰는 방법과 모두 말하도록 하는 방법 간의 결과 수준을 비교하여 두 결과값들 간의 상관관계가 높다면 이 검사(측정)의 집중타당도가 높다는 것이다.

40 소시오메트리에 관한 설명으로 맞는 것은?

① 사회적 거리척도로서 집단 간 거리를 측정하는 척도이다.
② 리더십 연구와 집단 내의 갈등, 응집에 관한 연구에서 사용된다.
③ 모레노(Moreno)를 중심으로 발전한 인간과 친환경 관계의 측정에 관한 방법이다.
④ 소시오메트리의 분석방법에는 소시오메트릭 행렬, 지니지수, 집단확장지수가 있다.

해설
소시오메트리는 집단 구성원 간의 친화와 반감을 조사, 친화와 반감의 빈도와 강도에 의해 집단내의 구조를 측정하고 집단 구조를 이해하려는 방법으로, 구성원들 사이에 존재하는 관계의 총체적 구조를 단순화하거나 도표화한 것이다. 일반적으로 모레노를 중심으로 발전한 인간관계의 측정에 관한 방법을 의미하며 리더십 연구와 집단 내의 갈등, 응집에 관한 연구에서 사용된다. 분석방법에는 소시오그램, 소시오메트릭 행렬, 소시오메트릭 지수(선택지위지수, 집단확장지수, 집단응집지수)가 있다.

41 각 문항이 척도상 어디에 위치할 것인가를 평가자들이 판단한 다음 조사자가 이를 바탕으로 대표적인 문항들을 선정하여 척도를 구성하는 방법은?

① 서스톤 척도
② 리커트 척도
③ 거트만 척도
④ 의미분화척도

해설
서스톤 척도는 어떤 사실에 대하여 가장 우호적인 태도와 가장 비우호적인 태도를 나타내는 양 극단을 등간격으로 구분하여 일련의 문항들을 나열하여 여기에 수치를 부여하는 척도로 각 문항에는 가중치가 부여되어 있다. 평가자들의 평가에 근거하여 문항을 분류하고 조사자가 척도에 포함될 적절한 문항들을 선정하여 척도를 구성한다.

42 다음 (   )에 공통으로 들어갈 변수는?

- (   )는 인과관계에서 독립변수에 앞서면서 독립변수에 대해 유효한 영향력을 행사하는 변수를 의미한다.
- (   )는 매개변수와는 달리 독립변수와 종속변수 간의 관계를 설명하는 것이 아니라 그 관계에 미치는 영향을 명확히 하고자 할 때 도입한다.

① 선행변수
② 구성변수
③ 조절변수
④ 외생변수

해설
선행변수는 인과관계에서 독립변수에 앞서면서 독립변수에 유효한 영향을 미치는 변수로, 독립변수와 종속변수 간 관계에 미치는 영향을 명확히 하고자 할 때 도입한다. 선행변수를 통제해도 독립변수와 종속변수의 관계는 유지된다.

| 정답 | 39 ④ 40 ② 41 ① 42 ① |

43 다음 설명에 해당하는 척도는?

- 대립적인 형용사의 쌍을 이룬다.
- 의미적 공간에 어떤 대상을 위치시킬 수 있다는 이론적 가정에 기초한다.
- 조사대상에 대한 프로파일 분석에 유용하게 사용한다.

① 의미분화척도(Semantic Differential Scale)
② 서스톤 척도(Thurstone Scale)
③ 스타펠 척도(Stapel Scale)
④ 거트만 척도(Guttman Scale)

해설
의미분화척도는 척도의 양극단에 서로 상반되는 두 개의 형용사를 제시하고, 그 사이에서 속성을 평가하여 선택하도록 하는 방법으로 의미적 공간에 어떤 대상을 위치시킬 수 있다는 이론적 가정에 기초한다. 조사대상에 대한 프로파일 분석에 유용하게 사용할 수 있으며 마케팅조사에서 기업이나 브랜드에 대한 이미지, 태도 등의 방향과 정도를 알기 위해 널리 이용된다.

44 특정한 구성개념이나 잠재변수의 값을 측정하기 위해 측정할 내용이나 측정방법을 구체적으로 정확하게 표현하고 의미를 부여하는 것은?

① 구성적 정의(constitutive definition)
② 조작적 정의(operational definition)
③ 개념화(conceptualization)
④ 패러다임(paradigm)

해설
조작적 정의는 추상적 개념을 측정이 가능하도록 계량적인 형태로 나타내는 것이다.

45 척도와 지수에 관한 설명으로 옳지 않은 것은?

① 지수는 개별적인 속성들에 할당된 점수들을 합산하여 구한다.
② 척도는 속성들 간에 존재하고 있는 강도(Intensity)구조를 이용한다.
③ 지수는 척도보다 더 많은 정보를 제공해준다.
④ 척도와 지수 모두 변수에 대한 서열측정이다.

해설
지수는 개별적 속성들에 배정되어 있는 점수들을 단순히 누적(합산)하여 구축되는 반면에 척도는 속성들의 패턴에 점수들을 배정(즉 속성들 간에 존재하는 어떤 강도 구조를 이용)함으로써 구축된다. 따라서 척도가 지수보다 더 많은 정보를 제공해 줄 수 있다.

46 신뢰도와 타당도 간의 관계에 대한 설명으로 가장 거리가 먼 것은?

① 신뢰도가 높은 측정은 항상 타당도가 높다.
② 타당도가 높은 측정은 항상 신뢰도가 높다.
③ 신뢰도가 낮은 측정은 항상 타당도가 낮다.
④ 타당도가 낮다고 해서 반드시 신뢰도가 낮은 것은 아니다.

해설
신뢰도가 높다고 해서 타당도가 높은 것은 아니다. 그러나 타당도를 높이려면 신뢰도가 높아야 한다. 타당도가 높으면 신뢰도가 높으며, 신뢰도가 낮으면 타당성도 낮다. 이외의 경우는 둘 사이의 관계를 확연하게 알 수 없다.
① 신뢰도가 높다고 해서 반드시 타당도가 높은 것은 아니다.

| 정답 | 43 ① | 44 ② | 45 ③ | 46 ① |

47 서베이(survey)에서 우편설문법과 비교한 대인면접법의 특성으로 틀린 것은?

① 비언어적 행위의 관찰이 가능하다.
② 대리응답의 가능성이 낮다.
③ 설문과정에서의 유연성이 높다.
④ 응답환경을 구조화하기 어렵다.

해설
대인면접법은 면접자와 응답자가 대면하는 방식이므로 우편설문법 등에 비해 응답환경을 구조화하기 용이하다.

48 리커트 척도에서 문항들이 단일차원을 이루는지를 확인할 수 있는 방법은?

① 재생계수 계산
② 구조방정식 모형
③ 회귀분석
④ 요인분석

해설
리커트척도는 여러 개의 다양한 문항으로 강도를 측정하는데, 문항들의 단일차원성 검토를 위해 요인분석을 사용한다.

49 측정오차의 발생원인과 가장 거리가 먼 것은?

① 통계분석기법
② 측정방법 자체의 문제
③ 측정시점에 따른 측정대상자의 변화
④ 측정시점의 환경요인

해설
측정오차의 발생원인은 사람, 환경, 도구, 방법, 절차 등이다. 즉 측정자 또는 측정대상자의 가변성, 측정 시점의 외부적 환경요인, 측정방법 또는 측정도구 자체의 문제 등이다.

50 측정도구가 '잴 것을 제대로 잰다'는 것은 무엇을 의미하는 말인가?

① 신뢰도
② 타당도
③ 안정도
④ 일관도

해설
타당도는 연구자 또는 측정도구가 측정하고자 하는 개념을 얼마나 정확하게, 실제에 가깝게, 제대로 잘 측정했는지를 나타내는, 개념의 본질에 대한 일치정도에 관한 것이다.

51 신뢰도 측정방법의 유형으로 틀린 것은?

① 복수양식법 ② 재검사법
③ 내적일관성법 ④ 다속성다측정방법

해설
신뢰도는 한 대상을 유사한 척도로 여러 번 측정하거나 하나의 척도로 반복 측정했을 때, 일관성 있는 결과를 산출하는 정도이다. 측정의 신뢰도 평가방법으로는 재검사법, 복수양식법, 반분법, 내적일관성법이 있다.

52 측정의 수준이 바르게 짝지어진 것은?

㉠ 교육수준 – 중졸 이하, 고졸, 대졸 이상
㉡ 교육연수 – 정규교육을 받은 기간(년)
㉢ 출신 고등학교 지역

	㉠	㉡	㉢
①	명목측정	서열측정	등간측정
②	등간측정	서열측정	비율측정
③	서열측정	등간측정	명목측정
④	서열측정	비율측정	명목측정

해설
㉠ 교육수준이라는 상호배타적 범주에 서열성이 가미된 서열측정이다.
㉡ 교육연수는 절대영점이 존재하는 비율측정이다.
㉢ 지역이라는 상호배타적 범주에 수치를 부여한 명목측정이다.

53 비율척도에 대한 설명으로 틀린 것은?

① 등간척도의 성격에 절대 0의 값을 추가한 척도이다.
② 사칙연산이 가능하다.
③ 기하평균과 변동계수 등을 비롯한 모든 고등 통계량을 구할 수 있다.
④ 통계기법으로 모수통계를 사용할 수는 없다.

해설
모수통계는 모집단의 특정한 분포를 가정하고 표본을 추출하여 모집단의 특성을 추론하는 방법으로 통계적 검증을 하는 것으로, 등간척도와 비율척도 수준에서 가능하다.

54 입사성적이 높은 사람이 회사에 대한 공헌도가 매우 높고 근무성적 또한 우수하다면 입사시험이라는 측정도구는 어떤 타당성이 높다고 할 수 있는가?

① 내용타당성(Content validity)
② 예측타당성(Predictive validity)
③ 집중타당성(Convergent validity)
④ 판별타당성(Discriminant validity)

해설
척도가 미래의 사건(기준변수)을 얼마나 잘 예측하는가에 관한 타당성은 예측타당성이다.

| 정답 | 51 ④ 52 ④ 53 ④ 54 ②

55 조사대상자들의 종교를 불교, 기독교, 가톨릭, 기타의 범주로 나누어 관찰한 경우 측정 수준은?

① 명목척도
② 서열척도
③ 등간척도
④ 비율척도

해설
명목척도는 측정대상을 몇 개의 상호배타적 범주로 구분하는 수치를 부여하며, 숫자는 단순 구별이 목적일 뿐 양적인 의미를 갖지 않는다. 즉 아무런 계량적 의미를 갖지 않는다.

56 척도구성의 통계적 기법으로 틀린 것은?

① 개별문항과 척도 간의 상관분석
② 개별문항들에 대한 요인분석
③ 개별문항들에 대한 평균값과 표준편차의 산출
④ 문항별 기준변수와의 상관관계 분석

해설
척도구성의 대표적 통계적 구성기법은 개별문항과 척도 간의 상관분석, 문항 간 상관관계 분석을 통한 요인분석, 설명력이 좋은 문항들을 선별하는 회귀분석, 개별문항과 이론적으로 타당한 변수들로 구성된 기준변수와의 관계분석이다.

57 다음 중 표본의 크기가 같다고 했을 때 표집오차가 가장 작은 표집방법은?

① 층화표집
② 단순무작위표집
③ 집락표집
④ 편의표집

해설
층화표집은 표본의 각 층이 모집단 특성에 따라 층화되므로 각 층의 정보를 대표성 있게 나타낼 수 있어 대표성이 가장 높으며 표본의 크기 동일 가정 시 표본오차의 크기는 층화표본이 가장 작고 그 다음이 단순무작위표본이며 군집표본이 가장 크다.

58 어떤 제품의 선호도를 조사하기 위해 "아주 좋아한다. 좋아한다. 싫어한다. 아주 싫어한다"와 같은 보기를 사용하였다. 이는 어떤 척도로 측정된 것인가?

① 서열척도
② 명목척도
③ 등간척도
④ 비율척도

해설
서열척도는 명목척도의 속성에 서열성이 추가된 것이다. 즉 단순한 명칭이나 숫자 부여에서 한발 더 나아가 상대적 순서를 부여한 것이다. 거리나 간격의 의미를 가지지는 않는다.

| 정답 | 55 ① 56 ③ 57 ① 58 ① |

59 다음 중 표집틀을 평가하는 주요 요소가 아닌 것은?

① 포괄성
② 추출확률
③ 효율성
④ 안정성

해설
표집틀은 포괄성(전체 모집단 중 얼마나 많은 부분을 포함하는가), 추출확률(모집단에서의 각 개별요소들의 추출확률이 동일한가), 효율성(조사에 필요한 대상들만으로 표집프레임에 잘 포함되었는가) 등에 의해 평가한다.

60 오후 4시부터 6시 사이 서울 강남지역 A백화점 주변을 지나는 행인들 중 접근이 쉬운 사람을 대상으로 신제품에 대한 의견을 물어보는 경우 이에 해당하는 표집방법은?

① 판단표집
② 편의표집
③ 층화표집
④ 군집표집

해설
편의표집은 조사자가 편리한 대상들을 편의대로 정해서 시간과 공간을 정해두고 정해진 크기까지 표본을 우발적으로 추출한다. 모집단에 대한 정보가 없고 구성요소 간 차이가 크지 않다고 판단될 때 사용한다.

제3과목: 사회통계

61 자료의 산술평균에 대한 설명으로 틀린 것은?

① 이상점의 영향을 받지 않는다.
② 편차들의 합은 0이다.
③ 분포가 좌우대칭이면 산술평균과 중앙값은 같다.
④ 자료의 중심위치에 대한 측도이다.

해설
산술평균은 극단값(이상값, 이상점)의 영향을 많이 받는다.

62 X가 이항분포 $B(n, p)$를 따를 때, p의 불편추정량인 $\hat{p}=\dfrac{X}{n}$의 분산은?

① np
② $p(1-p)$
③ $\dfrac{p(1-p)}{n}$
④ $np(1-p)$

해설
확률변수 X가 이항분포 $B(n, p)$를 따를 때, 분산은 $V(X) = np(1-p)$이다. 분산의 성질 $V(aX \pm b) = a^2 V(X)$에 따라
$$V(\hat{p}) = V\left(\dfrac{X}{n}\right) = \left(\dfrac{1}{n}\right)^2 V(X)$$
$$= \dfrac{1}{n^2} \times n \times p \times (1-p) = \dfrac{p(1-p)}{n}$$

63 10m당 평균 1개의 흠집이 나타나는 전선이 있다. 이 전선 10m를 구입하였을 때, 발견되는 흠집 수의 확률분포는?

① 이항분포
② 초기하분포
③ 기하분포
④ 포아송 분포

해설

주어진 시간이나 정해진 영역(단위시간, 단위공간, 단위면적)에서 일어나는 사건(성공)의 횟수를 확률변수 X라 할 때 확률변수 X는 λ를 모수로 갖는 포아송 분포를 따른다. 따라서 답은 포아송 분포($X=1$)이다.

64 어느 조사기관에서 대한민국에 거주하는 10세 아동의 평균키는 112cm이고 표준편차가 6cm인 정규분포를 따르는 것으로 보고하였다. 이 결과를 확인하기 위하여 36명을 무작위로 추출하여 측정한 결과 표본평균이 109cm일때 가설 $H_0 : \mu = 112cm$ vs $H_1 : \mu \neq 112cm$에 대한 유의수준 5%의 검정결과로 옳은 것은? (단, $Z_{0.025} = 1.96$, $Z_{0.05} = 1.645$)

① 검정통계량은 2이다.
② 귀무가설을 기각한다.
③ 귀무가설을 기각할 수 없다.
④ 위 사실로는 판단할 수 없다.

해설

평균검정에서 모분산이 알려져 있고 대표본이므로 검정통계량 Z를 사용한다.

$$Z = \frac{\overline{X} - \mu_0}{\sigma / \sqrt{n}}$$

* $\overline{X}$: 표본의 평균값, μ_0: 귀무가설로 설정된 모집단의 평균값,
  σ: 모표준편차, $\sigma / \sqrt{n}$: $\overline{X}$의 표준오차

이때 표본평균 $\overline{X} = 109$, 모집단의 평균 $\mu_0 = 112$, 모표준편차 $\sigma = 6$, $n = 36$이므로 $Z = \frac{\overline{X} - \mu_0}{\sigma / \sqrt{n}} = \frac{109 - 112}{6/\sqrt{36}} = \frac{-3}{6/6} = -3$이다.

유의수준 5%에서 대립가설의 설정에 따라 양측검정이므로 임계치는 $Z_{0.025} = 1.96$이다.
검정통계량 Z의 값이 -3으로, 절댓값이 임계치 1.96보다 크므로 귀무가설의 기각역에 해당한다(-1.96보다 좌측에 위치함).
따라서 유의수준 5%에서 귀무가설 $H_0 : \mu = 112cm$을 기각할 수 있다.

65 다음과 같은 확률분포를 갖는 이산확률변수가 있다고 할 때 수학적 기댓값 $E[(X-1)(X-1)]$의 기댓값은?

X	0	1	2	3
$P(X=x)$	1/3	1/2	0	1/6

① 0.5
② 1
③ 1.5
④ 2

해설

$E[(X-1)(X-1)] = E(X^2 - 2X + 1) = E(X^2) - 2E(X) + 1$

$E(X) = \sum_{i=1}^{n} x_i \times P(X = x_i)$
$= (0 \times \frac{1}{3}) + (1 \times \frac{1}{2}) + (2 \times 0) + (3 \times \frac{1}{6}) = \frac{1}{2} + \frac{1}{2} = 1$

$E(X^2) = \sum_{i=1}^{n} x_i^2 \times P(X = x_i)$
$= (0^2 \times \frac{1}{3}) + (1^2 \times \frac{1}{2}) + (2^2 \times 0) + (3^2 \times \frac{1}{6}) = \frac{1}{2} + \frac{9}{6} = 2$

$\therefore E[(X-1)(X-1)] = E(X^2) - 2E(X) + 1$
$= 2 - (2 \times 1) + 1 = 1$

66 일원분산분석 모형에서 오차항에 대한 가정에 해당되지 않는 것은?

① 정규성
② 독립성
③ 일치성
④ 등분산성

해설

일원분산분석의 오차항에 대한 가정은 다음과 같다.
• 오차(ϵ_{ij})의 기댓값은 0이다.
• [독립성] 오차는 서로 독립적이다.
  ☞ 임의의 오차 ϵ_{ij}와 $\epsilon_{i'j'}$는 서로 독립이다.
• [정규성] 오차(ϵ_{ij})의 분포는 정규분포이다.
• [등분산성] 오차들의 분산은 동일하다.

| 정답 | 63 ④ | 64 ② | 65 ② | 66 ③ |

67 국회의원 후보 A에 대한 청년층 지지율 p_1과 노년층 지지율 p_2의 차이 p_1-p_2는 6.6%로 알려져 있다. 청년층과 노년층 각각 500명씩 랜덤 추출하여 조사하였더니, 위 지지율 차이는 3.3%로 나타났다. 지지율 차이가 줄어들었다고 할 수 있는지를 검정하기 위한 귀무가설 H_0와 대립가설 H_1은?

① $H_0 : p_1-p_2 = 0.033,\ H_1 : p_1-p_2 > 0.033$
② $H_0 : p_1-p_2 > 0.033,\ H_1 : p_1-p_2 \leq 0.033$
③ $H_0 : p_1-p_2 < 0.066,\ H_1 : p_1-p_2 \geq 0.066$
④ $H_0 : p_1-p_2 = 0.066,\ H_1 : p_1-p_2 < 0.066$

해설
기존의 알려진 지지율 차이는 6.6%이며 이것이 귀무가설로 설정된다. 본 문제에서의 대립가설은 지지율 차이가 귀무가설에서의 차이 6.6%보다 줄어들었다는 방향을 가지고 있으므로 귀무가설에서 설정된 값보다 작다는 방향으로 설정된다.
*귀무가설: 같다, 차이가 없다는 입장으로, 일반적으로 등호로 표시된다.

68 이상치(Outlier)를 탐지하는 기능을 가지고 있고 최솟값, 제1사분위수, 중앙값, 제3사분위수, 최댓값의 정보를 이용하여 자료를 도표로 나타내는 방법은?

① 도수다각형   ② 리그레쏘그램
③ 히스토그램   ④ 상자수염그림

해설
상자수염그림은 상자그림(Box Plot)으로도 불리며, 다섯 숫자의 요약으로 그린, 자료의 특성을 요약하는 그래프로 전체 분포의 모습을 쉽게 파악 가능하며 이상값(이상치)을 별도 기호로 표시한다. 다섯 숫자는 최솟값, 최댓값, 사분위수(1사분위수, 중앙값, 3사분위수)로 구성된다.

69 x를 독립변수로, y를 종속변수로 하여 선형회귀분석을 하고자 한다. 다음의 요약자료를 이용하여 추정회귀직선의 기울기와 절편을 구하면?

$$\overline{x}=4,\ \sum_{i=1}^{5}(x_i-\overline{x})^2 = 10,$$
$$\overline{y}=7,\ \sum_{i=1}^{5}(x_i-\overline{x})(y_i-\overline{y}) = 13$$

기울기	절편
① 0.77	1.80
② 0.77	3.92
③ 1.30	1.80
④ 1.30	3.92

해설
회귀식이 $\hat{y}=\hat{\beta}_0+\hat{\beta}_1 x$와 같을 때 *$\hat{\beta}_0$: 절편, $\hat{\beta}_1$: 기울기
$$\hat{\beta}_0 = \overline{y}-\hat{\beta}_1\overline{x}$$
$$\hat{\beta}_1 = r_{XY}\frac{S_Y}{S_X}$$
$$= \frac{S_{XY}}{S_{XX}} = \frac{\sum_{i=1}^{n}(x_i-\overline{x})(y_i-\overline{y})}{\sum_{i=1}^{n}(x_i-\overline{x})^2}$$

* r_{XY}: X, Y의 상관계수,
S_X: X의 표준편차, S_Y: Y의 표준편차,
S_{XY}: X, Y의 공분산,
S_{XX}: X의 분산

$\therefore$ 기울기 $\hat{\beta}_1 = \dfrac{\sum_{i=1}^{n}(x_i-\overline{x})(y_i-\overline{y})}{\sum_{i=1}^{n}(x_i-\overline{x})^2} = \dfrac{13}{10} = 1.30$

절편 $\hat{\beta}_0 = \overline{y}-\hat{\beta}_1\overline{x} = 7-1.3\times 4 = 1.80$

| 정답 | 67 ④ | 68 ④ | 69 ③ |

70 어느 여행사에서 앞으로 1년 이내에 어학연수를 원하는 대학생들의 비율을 조사하기를 원한다. 95% 신뢰수준에서 참 비율과의 오차가 3% 이내가 되도록 하기 위하여 최소한 몇 명의 대학생을 조사해야 하는가? (단, $Z_{0.05} = 1.645$, $Z_{0.025} = 1.96$이고 표본비율 $\hat{p}$는 0.5로 추측한다)

① 250
② 435
③ 752
④ 1068

해설

표본비율의 오차한계 $Z_{\frac{\alpha}{2}}\sqrt{\frac{\hat{p}\hat{q}}{n}} \leq 0.03$에서, 이를 만족시키는 n의 최솟값을 구하면 된다.
95% 신뢰수준이므로 $Z_{0.025} = 1.96$이고, 허용오차(비율) $d = 0.03$, 표본비율이 알려져 있지 않아 0.5로 추측하였으므로 $\hat{p} = 0.5$이다.

$1.96\sqrt{\frac{0.5(1-0.5)}{n}} \leq 0.03$

$1.96^2 \times \frac{0.25}{n} \leq 0.03^2$

$n \geq \frac{1.96^2 \times 0.25}{0.03^2} = 1067.11$

따라서 표본의 최소크기는 1068명이다.

71 중심극한정리(Central Limit Theorem)는 어느 분포에 관한 것인가?

① 모집단
② 표본
③ 모집단의 평균
④ 표본의 평균

해설

중심극한의 정리란 표본평균 $\overline{X}_n$의 확률분포는 모집단의 분포가 무엇이든 간에 관계없이 표본의 크기가 커짐에 따라 근사적으로 평균이 μ이고 분산이 σ^2/n인 정규분포를 따른다는 것이다.

72 변수 x와 y에 대한 n개의 자료 $(x_1, y_1), \cdots, (x_n, y_n)$에 대하여 단순회귀모형 $y_i = \beta_0 + \beta_1 x_i + \epsilon_i$를 적합시키는 경우 잔차 $e_i = y_i - \hat{y}_i (i = 1, 2, \cdots, n)$에 대한 성질이 아닌 것은?

① $\sum_{i=1}^{n} e_i = 0$
② $\sum_{i=1}^{n} e_i x_i = 0$
③ $\sum_{i=1}^{n} y_i e_i = 0$
④ $\sum_{i=1}^{n} \hat{y}_i e_i = 0$

해설

단순회귀모형에서 잔차의 성질은 다음과 같다.
㉠ $E(e_i) = 0$
㉡ $\sum_{i=1}^{n} e_i = 0$
㉢ $\sum_{i=1}^{n} x_i e_i = 0$
㉣ $\sum_{i=1}^{n} \hat{y}_i e_i = 0$
∴ $\sum_{i=1}^{n} e_i = 0 = \sum_{i=1}^{n} x_i e_i = \sum_{i=1}^{n} \hat{y}_i e_i$

73 두 변량 중 X를 독립변수, Y를 종속변수로 하여 X와 Y의 관계를 분석하고자 한다. X가 범주형 변수이고 Y가 연속형 변수일 때 가장 적합한 분석방법은?

① 회귀분석
② 교차분석
③ 분산분석
④ 상관분석

해설

(독립변수, 종속변수)로 나타내면 다음과 같다.
① (연속형: 더미변수 등 범주형도 가능, 연속형)
② (범주형, 범주형)
③ (범주형, 연속형)
④ (연속형, 연속형: 엄밀하게는 독립변수와 종속변수의 구분은 없다)

| 정답 | 70 ④ 71 ④ 72 ③ 73 ③

74 어떤 연속확률변수 X의 평균이 0이고, 분산이 4이다. 체비셰프(Chebyshev) 부등식을 이용하여 $P(-4 \leq X \leq 4)$의 범위를 구하면?

① $P(-4 \leq X \leq 4) \leq 0.5$
② $P(-4 \leq X \leq 4) \geq 0.75$
③ $P(-4 \leq X \leq 4) \geq 0.95$
④ $P(-4 \leq X \leq 4) \leq 0.99$

해설

체비셰프 부등식에서 확률변수 X에 대한 평균 $E(X) = \mu$, 분산 $V(X) = \sigma^2$과 임의의 양수 k에 대하여
$P(|X-\mu| \leq k\sigma) = P(-k\sigma < X-\mu < k\sigma) \geq 1 - \frac{1}{k^2}$ 이 성립한다.
$\mu = 0$, $\sigma = 2(\sigma^2 = 4)$이므로 $P(-2k < X-0 < 2k) \geq 1 - \frac{1}{k^2}$
이때 $-2k = -4$, $2k = 4$이므로 이를 풀면 $k = 2$가 산출된다.
따라서 $P(-4 < X < 4) \geq 1 - \frac{1}{2^2}$
$P(-4 < X < 4) \geq \frac{3}{4}$
$\therefore P(-4 < X < 4) \geq 0.75$

75 표준정규분포를 따르는 확률변수의 제곱은 어떤 분포를 따르는가?

① 정규분포
② t - 분포
③ F - 분포
④ 카이제곱분포

해설

표준정규분포를 따르는 확률변수 $Z \sim N(0, 1)$의 제곱인 Z^2는 자유도 1인 카이제곱 분포를 따르며, $Z_1, Z_2, \cdots, Z_k$가 서로 독립이며 각각 표준정규분포를 따르는 확률변수일 때, $Z_1^2 + Z_2^2 + \cdots + Z_k^2$는 자유도가 k인 카이제곱 분포를 따른다.

76 어느 대학교에서 학생들을 대상으로 4개의 변수(키, 몸무게, 혈액형, 월평균 용돈)에 대한 관측값을 얻었다. 4개의 변수 중에서 최빈값을 대푯값으로 사용할 때 가장 적절한 변수는?

① 키
② 혈액형
③ 몸무게
④ 월평균 용돈

해설

최빈값은 명목수준의 측정(범주형 자료)에서 적절한 대푯값으로 사용된다는 것을 상기하면 된다. 주어진 변수 중 범주형 자료에 해당하는 변수는 혈액형이다. 나머지 변수들은 절대영점이 존재하는 비율척도로 측정된 연속형 변수들이다.

77 $P(A) = 0.4$, $P(B) = 0.2$, $P(B|A) = 0.4$일 때, $P(A|B)$는?

① 0.4
② 0.5
③ 0.6
④ 0.8

해설

$P(A|B) = \frac{P(A \cap B)}{P(B)} = \frac{P(A \cap B)}{0.2}$ 이다.
$P(B|A) = \frac{P(A \cap B)}{P(A)}$ 에서
$P(A \cap B) = P(A) \times P(B|A) = 0.4 \times 0.4 = 0.16$이므로
$P(A|B) = \frac{P(A \cap B)}{P(B)} = \frac{0.16}{0.2} = 0.8$

78 다음은 3개의 자료 A, B, C에 대한 산점도이다. 이 자료에 대한 상관계수가 -0.93, 0.20, 0.70 중 하나일 때, 산점도와 해당하는 상관계수의 값을 올바르게 짝지은 것은?

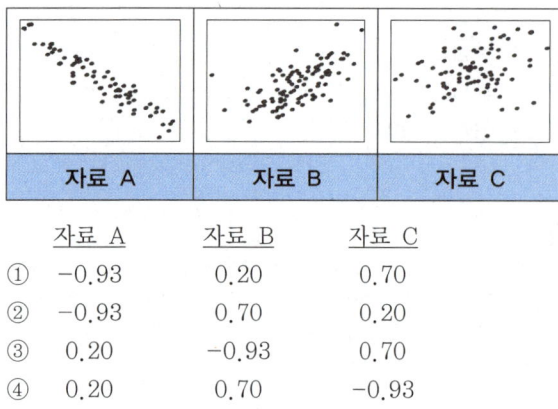

	자료 A	자료 B	자료 C
①	-0.93	0.20	0.70
②	-0.93	0.70	0.20
③	0.20	-0.93	0.70
④	0.20	0.70	-0.93

> 해설
>
> 자료 A는 한 변수가 증가할 때 다른 변수는 감소하는 음의 상관관계이며, 산점도상 선형관계가 뚜렷하여 강한 음의 상관관계를 나타내므로 제시된 상관계수 중 -0.93에 해당한다고 할 수 있다. 자료 B와 C는 모두 한 변수가 증가할 때 다른 변수도 증가하는 양의 상관관계인데, 산점도로 미루어 보아 자료 B가 더 선형관계가 뚜렷하여 상대적으로 양의 상관관계가 더 크다고 볼 수 있다. 따라서 자료 B의 상관계수가 0.70, 자료 C의 상관계수가 0.20이 적합하다.

79 통계적 가설검정을 위한 검정통계량값에 대한 유의확률(p - value)이 주어졌을 때, 귀무가설을 유의수준 α로 기각할 수 있는 경우는?

① p − value > α
② p − value < α
③ p − value ≥ α
④ p − value > 2α

> 해설
>
> p−value ≤ α이면 귀무가설을 기각할 수 있다. 즉 유의확률이 작을수록 귀무가설이 맞을 가능성은 작아진다.

80 다음은 어느 한 야구선수가 임의의 한 시합에서 치는 안타수의 확률분포이다. 이 야구선수가 내일 시합에서 2개 이상의 안타를 칠 확률은?

안타 수(X)	0	1	2	3	4	5
$P(X=x)$	0.30	0.15	0.25	0.20	0.08	0.02

① 0.2   ② 0.25
③ 0.45   ④ 0.55

> 해설
>
> • 이산확률변수 X의 확률질량함수 $P(X=x_i)$에 관한 성질에서
> $$P(x_i \leq X \leq x_j) = \sum_{k=i}^{j} P(X = x_k)$$
> • 안타를 2개 이상 칠 확률 = $P(X \geq 2)$
> $= P(X=2) + P(X=3) + P(X=4) + P(X=5)$
> $= 0.25 + 0.20 + 0.08 + 0.02 = 0.55$

81 단순회귀모형 $y_i = \beta_0 + \beta_1 x_i + \epsilon_i$, $\epsilon_i \sim N(0, \sigma^2)$ ($i = 1, 2, \cdots, n$)에서 최소제곱법에 의해 추정된 회귀직선을 $\hat{y} = b_0 + b_1 x$라 할 때, 다음 설명 중 옳지 않은 것은?
(단, $S_{xx} = \sum_{i=1}^{2}(x_i - \bar{x})^2$, $MSE = \sum_{i=1}^{n} \frac{(y_i - \hat{y_i})^2}{n-2}$이다)

① 추정량 b_1은 평균이 β_1이고 분산이 σ^2/S_{xx}인 정규분포를 따른다.
② 추정량 b_0은 회귀직선의 절편 β_0의 불편추정량이다.
③ MSE는 오차항 ϵ_i의 분산 σ^2에 대한 불편추정량이다.
④ $\dfrac{b_1 - \beta_1}{\sqrt{MSE/S_{xx}}}$는 자유도 각각 1, $n-2$인 F − 분포 F(1, $n-2$)를 따른다.

> 해설
>
> 단순회귀분석에서 회귀계수의 유의성 검정에 사용되는 검정통계량 $t = \dfrac{b_1 - \beta_1}{\sqrt{MSE/S_{xx}}}$는 자유도 $n-k-1 = n-2$인 t−분포를 따른다.
> *n: 표본의 크기, k: 독립변수의 수

| 정답 | 78 ② 79 ② 80 ④ 81 ④ |

82. 다음 중 상관계수(r_{XY})에 대한 설명으로 틀린 것은?

① 상관계수 r_{XY}는 두 변수 X와 Y의 선형관계의 정도를 나타낸다.
② 상관계수의 범위는 [-1, 1]이다.
③ $r_{XY} = \pm 1$이면 두 변수는 완전한 상관관계에 있다.
④ 상관계수 r_{XY}는 두 변수의 이차곡선관계를 나타내기도 한다.

해설
상관계수는 두 변수의 선형관계만을 나타내며, 그 외의 이차곡선관계 등을 나타내지는 않는다.

83. 어떤 동전이 공정한가를 검정하고자 20회를 던져본 결과 앞면이 15번 나왔다. 이 검정에서 사용되는 카이제곱 통계량 $\sum_{i=1}^{2} \frac{(O_i - E_i)^2}{E_i}$의 값은?

① 2.5
② 5
③ 10
④ 12.5

해설
동전을 던지는 시행을 여러 번 할 때 각각 앞면(앞면을 1, 뒷면을 0으로 할 때 명목척도로 범주형 변수가 된다)이 나오는 횟수의 분포에 대하여, 기대되는 도수에 관측도수가 적합한가(동전이 공정한가)를 검정하는 카이제곱 적합성 검정이다. 20회를 던져본 결과 앞면이 15번, 뒷면이 5번 나왔으므로 이를 교차표로 만들면 다음과 같다.

구분	앞면	뒷면	합계
빈도	15	5	20

앞면이 나오는 횟수에 대한 기대도수는 다음과 같이 구한다.

$$\text{기대도수 } E_i = n \times p_i$$

* n: 표본의 총 개수, P_i: 각 범주의 예상확률

앞면이 나올 확률은 1/2이고, 표본의 총 개수(시행횟수)는 20이므로 기대도수는 $20 \times \frac{1}{2} = 10$이다.
카이제곱 적합성 검정에서 검정통계량은 다음과 같이 구한다.

$$\chi^2 = \sum_{i=1}^{c} \frac{(O_i - E_i)^2}{E_i}$$

* O_i: 관측도수, E_i: 기대도수

∴ 검정통계량 $\chi^2 = \sum_{i=1}^{2} \frac{(O_i - E_i)^2}{E_i}$
$= \frac{(15-10)^2}{10} + \frac{(5-10)^2}{10} = 5$

84. 다음 표는 빨강, 파랑, 노랑 3가지 색상에 대한 선호도가 성별에 따라 차이가 있는지를 알아보기 위해 초등학교 남학생 200명과 여학생 200명을 임의로 추출하여 선호도를 조사한 분할표이다. 성별에 따라 선호하는 색상에 차이가 없다면 파랑을 선호하는 여학생 수에 대한 기대도수의 추정값은?

구분	빨강	파랑	노랑	합계
남학생	60	90	50	200
여학생	90	70	40	200
합계	150	160	90	400

① 70
② 75
③ 80
④ 85

해설
성별(행 변수이며 범주형 변수)과 색상(열 변수이며 범주형 변수) 간에 연관성이 있는가를 검정하는 교차분석의 카이제곱 독립성 검정에서 기대도수는 다음과 같이 구한다.

$$\text{기대도수}(E_{ij}) = \frac{O_i \times O_j}{N}$$

* O_i: 해당 cell이 속하는 행의 빈도 합계
* O_j: 해당 cell이 속하는 열의 빈도합계
* N: 총빈도

이에 따라 기대도수를 계산하면 다음과 같다.

구분	빨강	파랑	노랑	합계
남학생	$\frac{200 \times 150}{400} = 75$	$\frac{200 \times 160}{400} = 80$	$\frac{200 \times 90}{400} = 45$	200
여학생	$\frac{200 \times 150}{400} = 75$	$\frac{200 \times 160}{400} = 80$	$\frac{200 \times 90}{400} = 45$	200
합계	150	160	90	400

기대도수 교차표에서 파랑을 선호하는 여학생 수에 대한 셀은 색상변수의 파랑과 성별 변수의 여학생이 교차하는 셀이며, 따라서 해당 기대도수의 추정값은 80이다.

| 정답 | 82 ④ 83 ② 84 ③

85 세 그룹의 평균을 비교하기 위해 각 수준에서 5번씩 반복 실험한 일원분산분석 모형 $X_{ij} = \mu + \alpha_i + \epsilon_{ij}$ ($i = 1, 2, 3,$ $j = 1, 2, \cdots, 5$)에 대한 분산분석표가 아래와 같을 때 ㉠, ㉡에 들어갈 값은?

요인	제곱합	자유도	F - 통계량
처리	52.0	2	㉡
오차	60.0	㉠	

	㉠	㉡
①	12	4.8
②	12	5.2
③	13	4.8
④	13	5.2

해설

오차의 자유도를 알기 위해서는 총합의 자유도를 알아야 하는데, 각 수준에서 모두 5번씩 반복실험을 했으므로 각 처리수준별 반복수가 동일하다면 측정자료의 총 개수 n은 '처리수준의 수 × 반복수'와 일치하게 되는 것을 이용한다.

측정자료의 총 개수 = [처리수준의 수 (k: 그룹의 수) 3 × 반복수 5] = 15
∴ 총합의 자유도 $n - 1 = 15 - 1 = 14$
총합의 자유도 14 = 처리의 자유도 2 + 오차의 자유도 ㉠
∴ ㉠ 12
따라서 오차의 평균제곱 = [오차제곱합/오차의 자유도] = 60/12 = 5이다.
또한 처리의 평균제곱 = [처리제곱합/처리의 자유도] = 52/2 = 26이므로
㉡ $F = \dfrac{\text{처치(집단간, 인자) 평균제곱}}{\text{오차(집단내, 잔차) 평균제곱}} = \dfrac{26}{5} = 5.2$

86 일원배치분산분석법을 적용하기에 부적합한 경우는?

① 어느 화학회사에서 3개의 제조업체에서 생산된 기계로 원료를 혼합하는 데 소요되는 평균 시간이 동일한지를 검정하기 위하여 소요시간(분) 자료를 수집하였다.
② 소기업 경영연구에 실린 한 논문은 자영업자의 스트레스가 비자영업자보다 높다고 결론을 내렸다. 부동산중개업자, 건축가, 증권거래인들을 각각 15명씩 무작위로 추출하여 5점 척도로 된 15개 항목으로 직무 스트레스를 조사하였다.
③ 어느 회사에 다니는 회사원은 입사 시 학점이 높은 사람일수록 급여를 많이 받는다고 알려져 있다. 30명을 무작위로 추출하여 평균학점과 월급여를 조사하였다.
④ A구, B구, C구 등 3개 지역이 서울시에서 아파트 가격이 가장 높은 것으로 나타났다. 각 구마다 15개씩 아파트 매매가격을 조사하였다.

해설

분산분석은 2개(보통 3개) 이상의 집단들의 평균값을 비교하는 것이다.
①은 3개의 기계별 평균시간이 동일한가,
②는 3개의 직업별 스트레스가 동일한가,
④는 3개의 지역별 매매가격이 동일한가이므로 일원배치분산분석법 적용에 적합하지만 ③은 상관관계분석에 해당한다.

87 두 확률변수 X와 Y의 상관계수는 0.92이다. $U = \dfrac{1}{2}X + 5$, $V = \dfrac{3}{2}Y + 1$이라 할 때 두 확률변수 U와 V의 상관계수는?

① 0.69
② -0.69
③ 0.92
④ -0.92

해설

두 확률변수 $aX + b$, $cY + d$에 대한 상관계수 $corr(aX + b, cY + d)$는 $ac > 0$이면 $corr(X, Y)$이고, $ac < 0$이면 $-corr(X, Y)$이다.
이에 따라 두 확률변수 $U = \dfrac{1}{2}X + 5$, $V = \dfrac{3}{2}Y + 1$에 대한 상관계수 $corr(\dfrac{1}{2}X + 5, \dfrac{3}{2}Y + 1)$은 $\left(\dfrac{1}{2}\right) \times \left(\dfrac{3}{2}\right) > 0$이므로 $corr(\dfrac{1}{2}X + 5, \dfrac{3}{2}Y + 1) = corr(X, Y) = 0.92$($X$와 Y의 상관계수)가 된다.

정답 | 85 ② 86 ③ 87 ③

88 다음은 중회귀식 $\hat{Y} = 39.689 + 3.372X_1 + 0.532X_2$의 회귀계수표이다. ㉠ ~ ㉢에 알맞은 값은?

〈Coefficient〉

Model	Unstandardized Coefficients		standardized Coefficients	t	Sig
	B	Std. Error	Beta		
(Constants)	39.689	32.74		㉠	0.265
평수(X_1)	3.372	0.94	0.85	㉡	0.009
가족 수(X_2)	0.532	6.9	0.02	㉢	0.941

	㉠	㉡	㉢
①	1.21	3.59	0.08
②	2.65	0.09	9.41
③	10.21	36	0.8
④	39.69	3.96	26.5

해설

회귀계수표에서 검정통계량 t의 값은 각 해당 변수의 비표준화계수 B에 나타난 값을 해당 표준오차로 나누어 구할 수 있다.

㉠ $t = \dfrac{39.689}{32.74} \fallingdotseq 1.21$

㉡ $t = \dfrac{3.372}{0.94} \fallingdotseq 3.59$

㉢ $t = \dfrac{0.532}{6.9} \fallingdotseq 0.08$

---

89 어느 대형마트 고객 관리팀에서는 다음과 같은 기준에 따라 매일 고객을 분류하여 관리한다. 어느 특정한 날 마트를 방문한 고객들의 자료를 분류한 결과 A그룹이 30%, B그룹이 50%, C그룹이 20%인 것으로 나타났다. 이날 마트를 방문한 고객 중 임의로 4명을 택할 때 이들 중 3명만이 B그룹에 속할 확률은?

구분	구매금액
A그룹	20만 원 이상
B그룹	10만 원 이상 ~ 20만 원 미만
C그룹	10만원 미만

① 0.25 ② 0.27
③ 0.37 ④ 0.39

해설

'B그룹' 또는 'B 외 다른 그룹'에 속하는 상호배타적인 두 가지 결과만을 가진 베르누이 시행을 독립적으로 반복한 경우의 성공횟수(B그룹에 속함)를 확률변수 X로 했을 때 그 확률변수 X의 확률분포는 이항분포이다. 4명을 임의선택했을 때 3명만이 B그룹에 속할 확률을 구하려 하며, 고객 중 50%가 B그룹에 속하므로 $X \sim B(n, p) = B(4, 0.5)$이며 확률에 관한 산식(확률질량함수)은 다음과 같다.

$$P(X = x) = \binom{n}{x} p^x (1-p)^{n-x} = {}_nC_x \, p^x (1-p)^{n-x}$$

* n: 시행횟수, p: 특정실험결과가 성공할 확률, x: 성공횟수

4명을 임의선택했을 때 3명이 B그룹일 확률을 구하면 되므로
$n = 4$, $p = 0.5$, $x = 3$

$P(X = 3) = {}_4C_3 (0.5)^3 (1 - 0.5)^{4-3}$
$= \dfrac{4 \times 3 \times 2}{3 \times 2 \times 1} \times (0.5)^3 (0.5)^1 = 4 \times (0.5)^4 = 0.25$

90 일정 기간 공사장 지대에서 방목한 가축 소변의 불소농도에 변화가 있는가를 조사하고자 한다. 랜덤하게 추출한 10마리의 가축 소변의 불소농도를 방목 초기에 조사하고 일정 기간 방목한 후 다시 소변의 불소 농도를 조사하였다. 방목 전후의 불소농도에 차이가 있는가에 대한 분석방법으로 적합한 것은?

① F – 검정
② 쌍체비교(대응비교)
③ 단일모평균에 대한 검정
④ 독립표본에 의한 두 모평균의 비교

해설
동일한 집단(10마리의 가축)에 대하여 처치(방목)전후의 차이를 비교하는 분석방법으로 쌍체비교(대응비교)로 대응표본 t – 검정이라고도 한다. 한 모집단 내에서 조사대상 개체가 같고 표본의 값이 짝을 이루고 있을 때 이 값들 간에 차이가 있는지를 검정하는 것이다.

91 단일모집단의 모분산의 검정에 사용되는 분포는?

① 정규분포
② F – 분포
③ 이항분포
④ χ^2 – 분포

해설
단일모집단의 분산검정은 단일모집단 평균검정과 유사하게 모집단의 분산이 어떤 특정한 값과 다르다 또는 특정한 값보다 크다, 작다를 연구가설로 제기하여 분산에 대해 검정하는 것이다. 단일모집단의 모분산 검정에는 χ^2 –분포가 사용된다.

92 확률변수 X는 평균이 2이고 표준편차가 2인 분포를 따를 때, $Y = -2X + 10$의 평균과 표준편차는?

	평균	표준편차
①	6	4
②	6	6
③	14	4
④	14	6

해설
기댓값과 분산의 성질을 이용한다. 기댓값의 성질 $E(aX \pm b) = aE(X) \pm b$, 분산의 성질 $V(aX \pm b) = a^2 V(X)$ 이므로
$E(Y) = E(-2X + 10) = -2E(X) + 10$
$V(Y) = V(-2X + 10) = (-2)^2 V(X)$ 이다.
이때 $E(X) = 2$, $V(X) = 2^2$ 이므로
$E(Y) = -2 \times 2 + 10 = 6$
$V(Y) = (-2)^2 \times 2^2 = 16$
표준편차는 $\sqrt{V(Y)}$ 이므로 $\sqrt{16} = 4$ 이다.

93 자료의 분포에 대한 대푯값으로 평균(Mean) 대신 중앙값(Median)을 사용하는 이유로 가장 적합한 것은?

① 자료의 크기가 큰 경우 평균은 계산이 어렵다.
② 편차의 총합은 항상 0이다.
③ 평균은 음수가 나올 수 있다.
④ 평균은 중앙값보다 극단적 관측값에 의해 영향을 받는 정도가 심하다.

해설
평균(산술평균)은 극단적 관측값에 의해 영향을 받는 정도가 심하므로 이 영향을 줄이려면 중앙값이 보다 적합하다.

94 A도시에서는 실업률이 5.5%라고 발표하였다. 그러나 관련 민간단체에서는 실업률 5.5%는 너무 낮게 추정된 값이라고 여겨 이를 확인하고자 노동력 인구 중 520명을 임의로 추출하여 조사한 결과 39명이 무직임을 알게 되었다. 이를 확인하기 위한 검정을 수행할 때 검정통계량의 값은?

① −2.58
② 1.75
③ 1.96
④ 2.00

해설
단일모집단 비율검정을 위한 검정통계량 Z를 이용한다.
표본의 비율 $\hat{p} = \frac{39}{520} = 0.075$, 귀무가설로 설정된 모집단의 비율 $p_0 = 0.055$, $n = 520$이므로

$$Z = \frac{\hat{p} - p_0}{\sqrt{\frac{p_0(1-p_0)}{n}}} = \frac{0.075 - 0.055}{\sqrt{\frac{0.055(1-0.055)}{520}}} \fallingdotseq 2.0$$

95 단순회귀분석에서 결정계수 r^2에 대한 설명 중 틀린 것은?

① 추정회귀직선의 기울기가 0이면 $r^2 = 0$이다.
② 결정계수가 취할 수 있는 범위는 $0 \leq r^2 \leq 1$이다.
③ 모든 관찰점들이 추정 회귀직선상에 위치하면 $r^2 = 1$이다.
④ 결정계수는 설명변수와 반응변수 사이의 상관계수와는 관계가 없다.

해설
결정계수는 회귀분석에서 독립변수가 종속변수의 분산을 얼마나 설명하는가의 정도로 회귀식이 자료에 얼마나 적합한가의 정도를 나타낸다. 0에서 1 사이의 값을 가지며 모든 측정값이 하나의 직선상에 놓이면 결정계수의 값은 1이 되고 두 변수 간에 회귀관계가 전혀 없어서 추정회귀선의 기울기가 0이면 결정계수는 0이 된다.
④ 단순회귀분석에서는 상관계수를 제곱하면 결정계수의 값과 같다. 단 다중회귀분석에서는 이 관계가 성립하지 않는다.

96 관측값 12개를 갖고 수행한 단순회귀분석에서 회귀직선의 유의성 검정을 위해 작성된 분산분석표가 다음과 같다. ㉠ ~ ㉢에 해당하는 값은?

요인	제곱합	자유도	평균제곱	F − 값
회귀	66	1	66	㉢
잔차	220	㉠	㉡	

	㉠	㉡	㉢
①	10	22	3
②	10	220	3.67
③	11	22	3.3
④	11	220	0.3

해설
단순회귀분석의 분산분석표에서 각각의 숫자는 다음과 같이 산출된다.
㉠ 잔차의 자유도 $= n - k - 1$ (n: 표본의 크기, k: 독립변수의 수)이므로
∴ 12 − 1 − 1 = 10
㉡ 잔차의 평균제곱 = 잔차 제곱합/자유도이므로 ∴ 220/10 = 22
㉢ F − 값 = 회귀의 평균제곱/잔차의 평균제곱이므로 ∴ 66/22 = 3

97 A, B C 세 지역에서 금맥이 발견될 확률은 각각 20%라고 한다. 이들 세 지역에 대해 금맥이 발견될 수 있는 지역의 수에 대한 기댓값은?

① 0.60
② 0.66
③ 0.72
④ 0.75

해설
'금맥 발견' 또는 '발견 못함'의 상호배타적인 두 가지 결과만을 가진 베르누이 시행을 독립적으로 반복한 경우의 성공횟수(금맥 발견)를 확률변수 X로 했을 때 그 확률변수 X의 확률분포로 이항분포이다. 세 지역에 대해 금맥이 발견되는 지역의 수(성공횟수)를 구하려 하고 각 성공의 확률은 20%이므로 $X \sim B(n, p) = B(3, 0.2)$
∴ $E(X) = np = 3 \times 0.2 = 0.60$

| 정답 | 94 ④ 95 ④ 96 ① 97 ①

98 중회귀모형 $y_i = \beta_0 + \beta_1 x_{1i} + \beta_2 x_{2i} + \epsilon_i (i = 1, 2, \cdots, n)$ 에서 오차분산 σ^2의 추정량은? (단, e_i는 잔차를 나타낸다)

① $\dfrac{1}{n-1}\sum e_i^2$

② $\dfrac{1}{n-2}\sum(y_i - \hat{\beta}_0 - \hat{\beta}_1 x_{1i} - \hat{\beta}_2 x_{2i})^2$

③ $\dfrac{1}{n-3}\sum e_i^2$

④ $\dfrac{1}{n-4}\sum(y_i - \hat{\beta}_0 - \hat{\beta}_1 x_{1i} - \hat{\beta}_2 x_{2i})^2$

해설

회귀분석에서 오차항의 분산(SSE)에 대한 추정값은 잔차평균제곱합(MSE)이다. 이는 오차분산(σ^2)의 불편추정량이다.
MSE는 다음과 같이 나타낼 수 있다.

$$MSE = \frac{SSE}{n-k-1} = \frac{\sum_{i=1}^{n}(y_i - \hat{y}_i)^2}{n-k-1} = \frac{\sum_{i=1}^{n}e_i^2}{n-k-1} = \hat{\sigma}^2$$

* n: 표본의 크기, k: 독립변수의 수

$k = 2$이므로 오차분산의 추정값은

$MSE = \dfrac{\sum e_i^2}{n-k-1} = \dfrac{\sum e_i^2}{n-2-1} = \dfrac{\sum e_i^2}{n-3} = \dfrac{1}{n-3}\sum e_i^2$이다.

99 취업을 위한 특별 교육프로그램을 시행한 결과 통계가 다음과 같이 집계되었다. 특별교육을 이수한 어떤 사람이 취업할 확률은?

구분	미취업	취업	합계
특별교육 이수	200	300	500
이수 안함	280	220	500
합계	480	520	1,000

① 48%
② 50%
③ 52%
④ 60%

해설

특별교육을 이수하는 사건을 A, 취업하는 사건을 B라 할 때, 특별교육을 이수한 사람이 취업할 확률은 $P(B|A)$이다.

$$\therefore P(B|A) = \frac{P(A \cap B)}{P(A)} = \frac{\frac{300}{1000}}{\frac{500}{1000}} = 0.6$$

100 다음 자료는 새로 개발한 학습 방법에 의해 일정 기간 교육을 실시하기 전후에 시험을 통해 얻은 자료이다. 학습효과가 있는지에 대한 가설검정에 관한 설명으로 틀린 것은?

(단, $\overline{D} = \sum_{i=1}^{5} \frac{D_i}{5} = 18$, $S_D = \sqrt{\frac{\sum_{i=1}^{5}(D_i - \overline{D})^2}{4}} = 17.899$)

학생	학습 전	학습 후	차이(D)
1	50	90	40
2	40	40	0
3	50	50	0
4	70	100	30
5	30	50	20

① 가설의 형태는 $H_0 : \mu_D = 0$ vs $H_1 : \mu_D > 0$이다. 단 μ_D는 학습 전후 차이의 평균이다.
② 가설검정에는 자유도가 4인 t-분포가 이용된다.
③ 검정통계량 값은 2.25이다.
④ 조사한 학생의 수가 늘어날수록 귀무가설을 채택할 가능성이 많아진다.

해설

동일한 집단(5명의 학생)에 대하여 처치(교육)전후의 차이(시험결과)를 비교하는 분석방법으로 쌍체비교(대응비교)로 대응표본 t-검정이라고도 한다. 한 모집단 내에서 조사대상 개체가 같고 표본의 값이 짝을 이루고 있을 때 이 값들 간에 차이가 있는지를 검정하는 것이다. 검정통계량은 t이며 모집단이 1개이므로 자유도는 $n-1$을 사용한다.

$$t = \frac{\overline{d} - D_0}{s_d / \sqrt{n}} \text{ (자유도 } n-1)$$

$$s_d = \sqrt{\frac{\sum_{i=1}^{n}(d_i - \overline{d})^2}{n-1}}$$

* $\overline{d}$: 각 표본요소값들의 차이(d)의 평균값,
  D_0: 귀무가설로 설정된 차이의 평균값,
  s_d: 표본요소 차이값들의 표준편차, $s_d / \sqrt{n}$: d의 표준오차

$\overline{d}(\overline{D}) = 18$, $s_d(S_D) = 17.899$로 주어져 있으므로

$t = \frac{\overline{d} - D_0}{s_d / \sqrt{n}} = \frac{18 - 0}{17.899 / \sqrt{5}} = 2.2486 ≒ 2.25$ (자유도: $5-1 = 4$)

문제에서 제시된 학습전후의 평균은 (학습 후 평균 - 학습 전 평균)이므로, 귀무가설과 대립가설은 다음과 같이 설정한다.
$H_0 : \mu_D = 0$(학습전후의 평균차이가 없다) vs
$H_1 : \mu_D > 0$(학습후의 평균이 학습전의 평균보다 크다)

④ 조사한 학생의 수가 늘어나게 되면 표본크기가 증가하게 되어 검정통계량 t가 증가하게 된다(공식참조). 검정통계량이 커지면, 귀무가설의 채택역을 벗어날 가능성이 커지게 되어 귀무가설의 기각 가능성이 커진다.

2022년 제2회

제1과목: 조사방법론 Ⅰ

01 실증주의에 관한 설명으로 틀린 것은?

① 관찰결과의 일반화 가능성을 강조한다.
② 과학과 비과학을 철저히 구분하려 한다.
③ 인간 행위를 예측할 수 있는 확률적 법칙을 강조한다.
④ 인간 행위의 사회적 의미를 행위자의 입장에서 이해하려 한다.

[해설]
실증주의는 현상의 원인을 객관적으로 측정하고 일반화를 전제하여 인과관계를 설명하는 목적으로 경험적 관찰을 사용한다. 인간행동의 일반적 행태를 예측하는 데 사용할 수 있는 일반적 법칙을 확률에 근거하여 발견하고 이를 확인하기 위해 논리적 유추와 경험적 관찰을 활용하여 연구하는 것이며 과학적 원리를 이용한 실험을 강조한다.
④ 현상의 원인을 개인의 경험, 사회적 행위의 주관적 의미에 대한 해석과 이해를 통해 설명하는 해석주의에 대한 설명이다.

02 개념(Concepts)의 정의와 가장 거리가 먼 것은?

① 일정한 관계사실에 대한 추상적인 표현
② 사실과 사실 간의 관계에 논리의 연관성을 부여하는 것
③ 특정한 여러 현상들을 일반화함으로써 나타내는 추상적인 용어
④ 현상을 예측 설명하고자 하는 명제, 이론의 전개에서 그 바탕을 이루는 역할

[해설]
개념은 사건 및 현상들을 일반화하여 하나의 용어로 추상화한 것으로, 일정한 관계·사실에 대한 추상적 표현이다. 즉 관찰된 현상을 대표할 수 있는 추상적 용어로 표현한 것이다. 현상을 예측·설명하고자 하는 명제, 이론의 전개에서 그 바탕을 이루는 역할을 한다.
② 이론에 대한 정의이다.

03 개방형 질문에 대한 설명으로 틀린 것은?

① 강제성이 없으며, 다양한 응답을 얻을 수 있다.
② 특정 견해에 대한 탐색적 질문방법으로 적합하다.
③ 표현상의 차이는 있으나 응답에 대한 동일한 해석이 가능하므로 응답의 일관성을 유지할 수 있다.
④ 자유응답형 질문으로 응답자가 할 수 있는 응답의 형태에 제약을 가하지 않고 자유롭게 표현하는 방식이다.

[해설]
개방형 질문은 자유롭게 응답하게 하는 형식의 질문으로, 주로 조사자가 문제에 대한 정보나 사전지식이 충분하지 못한 경우 탐색적 예비조사 단계에서 활용한다. 자세하고 풍부한 응답내용 및 응답자의 모든 가능한 의견을 얻어낼 수 있으며 연구자가 기대하지 못했던 응답(새로운 사실 발견 등) 획득이 가능하다. 그러나 응답의 해석에 편견이 개입될 소지가 크며, 부호로 변환하는 작업이 어렵고 상호비교나 통계분석이 어렵다.

| 정답 | 01 ④　02 ②　03 ③

04 다음 사례에서 영향을 미칠 수 있는 대표적인 타당도 저해 요인은 무엇인가?

> 체육활동을 진행한 후에 대상 청소년들의 키가 부쩍 자랐다. 이 결과를 통해 체육활동이 청소년의 키 성장에 크게 효과가 있었다고 추론하였다.

① 외부사건(History)
② 검사효과(Testing Effect)
③ 성숙효과(Maturation Effect)
④ 도구효과(Instrumentation Effect)

해설
성숙효과는 사전검사와 사후검사 사이의 시간 경과에 따라 조사대상의 특성이 변화하는 것이다. 청소년들의 키는 시간이 경과함에 따라 자연성장하므로 외생변수로 작용하여 인과관계 분석의 위협요인으로 작용한다.
① 첫 번째 측정과 두 번째 측정 사이에 특정 사건이 발생해서 종속변수가 영향을 받는 것이다.
② 사전검사가 사후검사에 영향을 미쳐 종속변수의 변화를 나타나게 하는 것이다.
④ 측정도구의 문제로 인해 측정결과가 왜곡되거나 측정도구나 관리절차에 따라 측정이 달라지는 것이다.

05 다음에서 설명하는 가설의 종류는?

> • 대립가설과 논리적으로 반대의 입장을 취하는 가설이다.
> • 수집된 자료에서 나타난 차이나 관계가 우연의 법칙으로 생긴 것이라는 진술로 "차이나 관계가 없다"는 형식을 취한다.

① 귀무가설
② 통계적 가설
③ 대안가설
④ 설명적 가설

해설
귀무가설은 연구자가 주장하고자 하는 연구가설과 논리적으로 반대의 입장을 취하는 가설(= 영가설)이다. 통계적 검증의 대상으로, 관계가 없다. 같다. 차이가 없다 등으로 나타낸다. 자료에 나타난 차이나 관계가 우연의 법칙으로 생긴 것이라는 진술이다.

06 면접법의 장점으로 틀린 것은?

① 관찰을 병행할 수 있다.
② 신축성 있게 자료를 얻을 수 있다.
③ 질문순서, 정보의 흐름을 통제할 수 있다.
④ 익명성이 높아 솔직한 의견을 들을 수 있다.

해설
면접법은 조사원(면접자)이 응답자와 대면(face to face)하여 질문을 하고 질문사항에 대한 응답내용을 통상적으로 조사원이 기록하는 방법이다. 질문내용 이외에도 응답자의 언어적, 비언어적 행동 및 주변 상황 등을 관찰할 수 있으며 면접원이 질문의 순서 등을 통제할 수 있고 신축성 있는 자료수집이 가능하다. 하지만 응답자와 대면하는 조사의 특성상 면접원의 편견, 주관개입 가능성이 높으며 면접원의 통제가 어렵고 응답자의 익명성 보장이 어렵다.

07 관찰법(Observation Method)의 분류기준에 대한 설명으로 틀린 것은?

① 관찰이 일어나는 상황이 인공적인지 여부에 따라 자연적·인위적 관찰로 나누어진다.
② 관찰시기가 행동 발생과 일치하는지 여부에 따라 체계적·비체계적 관찰로 나누어진다.
③ 피관찰자가 관찰사실을 알고 있는지 여부에 따라 공개적·비공개적 관찰로 나누어진다.
④ 관찰주체 또는 도구가 무엇인지에 따라 인간의 직접적·기계를 이용한 관찰로 나누어진다.

해설
관찰시기가 행동 발생과 일치하는지 여부에 따라 직접관찰과 간접관찰로 나누어진다. 체계적 관찰과 비체계적 관찰은 관찰조건이 표준화되어있는지 여부에 따른 구분이다.

08 가급적 적은 수의 변수로 더욱 많은 현상을 설명하고자 하는 것은?

① 간결성의 원칙(Principle of Parsimony)
② 관료제의 원칙(Iron law of Bureaucracy)
③ 배제성의 원칙(Principle of Exclusiveness)
④ 포괄성의 원칙(Principle of Exhaustiveness)

해설
간결성의 원칙은 가급적 최소한의 설명변수로 최대한의 보다 많은 설명력을 확보할 수 있어야 한다는 것이다.

09 패널조사에 관한 설명으로 틀린 것은?

① 종단적 조사의 성격을 지닌다.
② 반복적인 조사과정에서 성숙효과, 시험효과가 나타날 수 있다.
③ 패널 운영 시 자연 탈락한 패널구성원은 조사결과에 크게 영향을 미치지 않는다.
④ 특정 조사대상자들을 선정해 놓고 반복적으로 실시하는 조사방식을 의미한다.

해설
패널조사는 특정한 대상을 사전에 패널로 선정하고 이들을 대상으로 반복적으로 조사를 실시하는 것으로, 종단조사의 유형이다. 반복적 조사과정에서 성숙효과, 시험효과 등으로 부정확한 자료가 발생할 수 있다.
③ 패널조사의 단점 중 하나는 조사기간 중 패널의 탈락이 조사결과에 큰 영향을 미칠 수 있다는 것이다.

10 집단조사(Group Questionnaire Survey)의 특징과 거리가 가장 먼 것은?

① 집단조사는 집단이 속한 조직을 연구하는 데에만 사용할 수 있다.
② 집단으로 조사되므로 주변 사람이 응답자에 영향을 미칠 가능성이 높다.
③ 일반적으로 집단조사를 승인한 조직체나 단체에 유리한 쪽으로 응답할 가능성이 높다.
④ 집단이 속한 조직으로부터 적절한 협조가 있으면, 비용과 시간을 절약할 수 있는 조사기법이다.

해설
집단조사는 조사대상자를 집단으로 같은 시간, 같은 장소에 두고 질문지를 교부하여 조사하는 방식이다. 집단이 속한 조직을 연구하는 것 이외의 연구에도 사용할 수 있으며 조사원의 수를 줄일 수 있고, 집단이 속한 조직으로부터 적절한 협조가 있으면 시간과 비용 절약이 가능하다. 하지만 집단 상황이 응답을 왜곡할 수 있으며 일부 통제되지 않는 응답자들로 인해서 전체 응답자들에 대한 관리가 어려워질 수 있다. 또한 조사하고자 하는 조직이나 단체의 승인을 구하는 것이 어렵고, 소속된 조직과 관련된 질문에 대해서는 응답자가 대체적으로 중립적 대답이거나 긍정적인 응답을 하기 때문에 응답내용이 왜곡될 수 있다.

11 초점집단(Focus Group)조사에 관한 설명으로 맞는 것은?

① 조사결과가 체계적이기 때문에 결과의 분석과 해석이 용이하다.
② 초점집단조사는 내용타당도를 높이는 목적으로 사용될 수 있다.
③ 초점집단조사의 자료수집 과정에서는 연구자의 주관적 개입이 불가능하다.
④ 초점집단조사에서는 익명 집단의 상호작용을 통해 도출된 자료를 분석한다.

해설
초점집단조사는 전문지식을 갖춘 사람 또는 경험자를 소수의 응답자로 선정하고 사회자가 배석하여 연구목적의 방향을 제시하되, 자유로운 토론을 벌이게 하여 필요한 정보를 획득하는 방법으로, 새로운 아이디어 창출과 높은 타당성이 가능하다는 등의 장점이 있다.
① 초점집단조사는 자유로운 토론을 통한 방식이므로 비구조화된 토론 형식이며 수집자료의 특성 상 결과의 분석과 해석이 어렵다.
③ 초점집단조사는 정성조사로 주관적 해석의 한계점이 있다.
④ 델파이 조사에 해당하는 내용이다. 초점집단조사는 자유로운 토론을 통한 방식으로 대면집단의 상호작용을 통해 자료가 도출된다. 따라서 델파이 조사와 같은 익명집단의 상호작용에 의한 방식이 아니다.

| 정답 | 08 ① 09 ③ 10 ① 11 ②

12 연구가설의 기능과 거리가 가장 먼 것은?

① 경험적 검증의 절차를 시사해 준다.
② 현상들의 잠재적 의미를 찾아내고 현상에 질서를 부여할 수 있다.
③ 문제해결에 필요한 관찰 및 실험의 적정성을 판단하게 한다.
④ 다양한 연구문제를 동시에 해결하기 위해 많은 종류의 변수들을 채택하게 되므로, 복잡한 변수들의 관계를 표시한다.

해설
연구가설의 기능은 ⊙ 현상들의 잠재적 의미를 찾아내고, ⓒ 현상에 질서를 부여하고, ⓒ 경험적 검증의 절차를 시사하며, ⓔ 문제해결에 필요한 관찰 및 실험의 적정성을 판단할 수 있게 하는 것이다.
④ 연구가설의 기능에 해당하지 않으며 많은 종류의 변수를 채택하는 것은 '가급적 최소한의 설명변수로 최대한의 보다 많은 설명력을 확보할 수 있어야 한다'는 간결성에 위배되는 내용이다.

13 어느 제조업 공장에 근무하는 현장사원들과 관리자 간에 유지되고 있는 사회적 관계의 특성을 규명하기 위해 참여관찰인 현장조사를 실시할 경우의 장점이 아닌 것은?

① 조사과정의 유연성
② 가설도출이 가능한 인과적 연구
③ 조사결과의 높은 일반화 가능성
④ 현장상황에 따라 조사내용 변경 가능

해설
참여관찰은 조사자가 관찰대상 내부에 들어가 구성원의 일원으로서 직접 참여하여 같이 생활하거나 행동하면서 조사하고자 하는 현상을 관찰·기술하는 방법으로 연구문제의 성격에 따라 가설도출이 가능한 인과적 연구의 성격이다. 조사과정의 유연성이 있고 자연적 상태에서 깊이 있는 사실까지 자연스럽게 알 수 있으나 동조현상이 일어날 경우 객관성을 상실하기 쉽다.
③ 참여관찰은 대규모 모집단에 대한 기술이나 수집한 자료의 표준화가 어려우며 결과의 일반화에 제약이 존재한다.

14 일반적으로 자료수집 현장에서 수행하는 일이 아닌 것은?

① 슈퍼바이저가 완성된 조사표 심사
② 기본적인 정보의 상호일치성 점검
③ 조사원에 대한 슈퍼바이저의 면접지도
④ 이전의 통계표를 이용한 조사내용의 확인

해설
현장에서 실제로 자료의 수집을 수행함에 있어서, 조사과정이 얼마나 체계화되고 표준화되어 있는가가 조사자료의 품질을 결정하므로 조사표 심사, 기본적 정보의 확인, 면접에 대한 지도 등이 이루어지게 되며 표준적인 진행절차에 따라 정확하게 자료를 수집한다. 이전의 통계표를 이용하여 조사내용을 확인하는 것은 일반적인 자료수집 현장에서 수행하는 일이라고 볼 수 없다.

15 다음의 특성을 가진 연구방법은?

> • 자연스러운 상태에서 현상을 파악할 수 있기 때문에 미묘한 어감 차이, 시간상의 변화 등 심층의 차원을 이해할 수 있다.
> • 때때로 객관적인 판단을 그르칠 수 있으며 대규모 모집단에 대한 기술이 어렵다.

① 우편조사(Mail Survey)
② 내용분석(Contents Analysis)
③ 유사실험(Quasi – Experiment)
④ 참여관찰(Participant Observation)

해설
참여관찰은 조사자가 관찰대상 내부에 들어가 구성원의 일원으로서 직접 참여하여 같이 생활하거나 행동하면서 조사하고자 하는 현상을 관찰 기술하는 방법이다. 자연적 상태에서 깊이 있는 사실까지 자연스럽게 알 수 있으나 동조현상이 일어날 경우 객관성을 상실하기 쉽다. 또한 대규모 모집단에 대한 기술이나 수집한 자료의 표준화가 어려우며 결과의 일반화에 제약이 존재한다.

| 정답 | 12 ④ 13 ③ 14 ④ 15 ④

16 의약분업을 하게 되면 국민들이 약의 오·남용을 줄일 수 있기 때문에 국가적으로 의료비의 지출이 줄게 된다. 이 사실을 기초로 의약분업을 실시하게 되면 환자들은 적은 비용으로 치료를 받을 수 있게 된다고 주장한다면 그 주장은?

① 올바른 주장이다.
② 환원주의 오류(Reductionism Fallacy)를 범할 가능성이 있다.
③ 생태학적 오류(Ecological Fallacy)를 범할 가능성이 있다.
④ 개인주의적 오류(Individualistic Fallacy)를 범할 가능성이 있다.

해설
국가적으로 의료비 지출이 감소한다는 것은 집단에 대한 연구결과이다. 이 결과를 가지고 환자들이 적은 비용으로 치료를 받을 수 있다는 것은 개인에 대한 추리에 해당한다. 분석단위를 집단에 둔 연구결과를 바탕으로 집단 속 개인특성을 추리할 때 오류가 나타날 수 있으며 이는 생태학적 오류에 해당한다.

17 질문지를 설계할 때 폐쇄형 응답식으로 할 때의 장점은?

① 심층적인 정보를 얻기가 용이하다.
② 수집된 자료의 수량적 분석이 용이하다.
③ 응답자로부터 포괄적인 응답을 얻을 수 있다.
④ 연구를 시작할 때 기초정보 수집에 적절하다.

해설
② 폐쇄형 응답식은 응답 범주들을 주어진 선택지에서 간단하게 선택하도록 질문하는 것이다. 코딩이 간편하여 통계적 분석을 위한 처리가 용이해서 시간과 비용 절약이 가능하다.
①, ③ 응답자의 한정된 답변만을 얻을 수 있으며 의견을 충분히 반영할 수 없다.
④ 개방형 응답식으로 가능하다.

18 2차 자료에 대한 설명으로 맞는 것은?

① 1차 자료에 비해 비용과 시간을 절약할 수 있다.
② 현재 연구 중인 조사목적에 따른 정확도, 신뢰도, 타당도를 평가할 수 있다.
③ 1차 자료에 비해 조사목적에 적합한 정보를 의사결정이 필요한 시기에 적절히 이용하기 쉽다.
④ 조사자가 현재 수행 중인 연구의 목적을 달성하기 위해 적절한 조사설계를 통하여 직접 수집한 자료이다.

해설
① 2차 자료는 다른 조사목적으로 기존에 작성된 자료이다. 빠른 수집과 즉각적 사용이 가능하여 조사자가 직접 수집하는 자료인 1차 자료에 비해 시간과 비용을 절약할 수 있다.
②, ③ 2차 자료는 다른 조사목적에 따라 수집된 자료이기 때문에, 조사자가 파악하고자 하는 조사에 정확한 정보를 제공하지 못할 수도 있으며 신뢰도와 타당도가 낮을 수 있다.
④ 1차 자료에 대한 설명이다.

19 질문지 구성에 관한 설명으로 가장 타당한 것은?

① 사회적 규범 편향(Social Desirability Bias)은 보수적인 사회일수록 더 높다.
② 중간범주를 생략한 경우에는 선택 범주에 대한 강도를 측정할 필요가 없다.
③ 마지막 범주를 선택하는 최후효과(Recency Effect)는 부동적 응답자일수록 크게 나타났다.
④ 태도를 제대로 측정하기 위해서는 응답자들이 잘 알지 못하는 응답 범주를 삽입하는 것이 좋다.

해설
사회적 바람직성 편향은 사회적으로 바람직한 방식으로 응답하려 하는 경향 때문에 특정방향으로의 쏠림이 나타나는 것으로 보수적인 사회일수록 더 높게 나타날 수 있다.

| 정답 | 16 ③ 17 ② 18 ① 19 ①

20 연구문제가 설정된 후, 연구문제를 정의하는 과정을 바르게 나열한 것은?

> ㉠ 문제를 프로그램 미션과 목적에 관련시킨다.
> ㉡ 문제의 배경을 검토한다.
> ㉢ 무엇을 측정할 것인가를 결정한다.
> ㉣ 문제의 하위영역, 구성요소, 요인들을 확립한다.
> ㉤ 관련 변수들을 결정한다.
> ㉥ 연구목적과 관련 하위 목적을 설정한다.
> ㉦ 한정된 변수, 목적, 하위목적들에 대한 예비조사를 수행한다.

① ㉠ → ㉡ → ㉣ → ㉢ → ㉤ → ㉥ → ㉦
② ㉠ → ㉡ → ㉢ → ㉣ → ㉤ → ㉥ → ㉦
③ ㉠ → ㉡ → ㉤ → ㉣ → ㉥ → ㉢ → ㉦
④ ㉠ → ㉡ → ㉢ → ㉤ → ㉣ → ㉢ → ㉦

해설
과학적 조사의 절차에서 문제인식과 문제 정립 단계에 있어서 문제 정의 과정은 다음과 같다.
연구의 목적 확인 → 문제의 배경 검토 → 문제의 구성요소 등 확인 → 측정대상 결정 → 관련변수 결정 → 연구의 하위목적 설정 → 한정된 목적과 변수들에 대한 예비조사 수행 → 문제 정의

21 분석단위의 혼란에서 오는 오류 중 개인의 특성에 관한 자료로부터 집단의 특성을 도출할 경우 발생하기 쉬운 오류는?

① 생태학적 오류
② 비표본 오차
③ 개인주의적 오류
④ 체계적 오류

해설
개인을 분석단위로 한 연구결과를 집단에 동일하게 확대 적용하여 집단, 사회, 국가 등의 특성을 추론할 때 나타나는 오류는 개인주의적 오류이다.
② 표본추출과정에서 발생하는 표본추출오차 이외의 모든 오차이다.

22 폐쇄형 질문의 응답 범주 작성 원칙으로 맞는 것은?

① 범주의 수는 많을수록 좋다.
② 관련된 현상 중 가장 중요한 것만 범주로 제시한다.
③ 제시된 범주들 사이에 약간의 중복은 있어도 무방하다.
④ 제시된 응답 범주는 가능한 응답 내용을 모두 포함해야 한다.

해설
폐쇄형 질문의 응답 범주들은 포괄성과 상호배타성을 갖춰야 하며 각 응답 범주는 비교를 위해 동일한 단위를 사용해야 한다.
• 포괄성: 가능한 응답 범주 모두를 제시해야 한다.
• 상호배타성: 응답항목간 내용이 중복되면 안 된다. 즉 응답 범주들이 상호독립적이고 중첩이 없어야 한다.

23 양적 - 질적 연구방법의 비교에서 질적 연구방법에 대한 설명으로 맞는 것을 모두 고른 것은?

> ㉠ 심층규명(Probing)을 한다.
> ㉡ 연구자의 주관성을 활용한다.
> ㉢ 연구도구로 연구자의 자질이 중요하다.
> ㉣ 선(先)이론 후(後)조사의 방법을 활용한다.

① ㉡, ㉣
② ㉠, ㉡, ㉢
③ ㉠, ㉢, ㉣
④ ㉠, ㉡, ㉢, ㉣

해설
선이론, 후조사는 연역적 방법을 활용하는 양적 연구방법에 해당하는 설명이다. 질적 연구방법은 귀납적 방법을 활용하므로 선조사, 후이론의 특성을 갖는다.

| 정답 | 20 ① | 21 ③ | 22 ④ | 23 ② |

24 참여관찰법에 비해 조사연구(Survey Research)가 가지는 장점으로 맞는 것은?

① 연구의 융통성이 크다.
② 시간과 비용을 절약할 수 있다.
③ 연구대상을 심층적으로 관찰할 수 있다.
④ 대규모 모집단의 특성을 기술할 수 있다.

해설
조사연구(서베이조사)는 다수의 응답자들을 대상으로 설문지에 의하여 자료를 수집하는 방법으로, 큰 규모의 표본과 일반화 가능성으로 대규모 모집단의 특성 기술이 가능하다는 것이 주요 장점 중 하나이다.

25 기술적 조사의 특성과 거리가 가장 먼 것은?

① 연구의 반복이 어렵다.
② 설명적 조사의 기초자료를 제공한다.
③ 패널조사(Panel Study)도 여기에 속한다.
④ 표준화된 문항을 사용하여 측정의 일관성을 유지할 수 있다.

해설
기술적 조사는 현상에 대한 탐구, 명료화가 주목적으로, 빈도, 비율 등 관련 상황의 특성, 변수간의 상관관계 파악 등 단순통계적 자료를 수집한다. 이에 따라 연구의 반복이 가능하며 각 변수들의 반응을 예측하는 등 미래 상황에 대한 '개략적' 예측 및 설명적 조사의 기초자료를 제공한다. 기술조사에서 자주 이용되는 것이 주로 표준화된 설문지를 이용하는 서베이(Survey)조사이다. 기술적 조사는 종단적 조사와 횡단적 조사로 나뉘며 패널조사는 종단적 조사에 해당한다.

26 비표준화(비구조화)면접의 장점으로 짝지어진 것은?

㉠ 융통성이 있다.
㉡ 면접결과의 신뢰도가 높다.
㉢ 면접결과자료의 수량화 및 통계처리가 용이하다.
㉣ 표준화면접에서 필요한 변수를 찾아내는 데 유용한 자료를 제공한다.

① ㉠, ㉡
② ㉠, ㉣
③ ㉡, ㉢
④ ㉢, ㉣

해설
비표준화면접은 정해진 면접조사표 없이 질문의 내용이나 형식, 순서 등을 미리 정하지 않고 면접을 진행한다. 면접상황에 따라 자유롭게 질문이나 순서의 변경이 가능하고 응답자는 의견이나 생각 등을 자유롭게 표현한다. 유연성 높고 새로운 사실의 발견가능성이 높아지며 심층적 질문이 가능하고 중요한 질문에 대해 정확한 파악이 가능하여 타당도가 높다. 또한 표준화면접 등에서 필요한 변수를 찾아내는 데 유용한 자료를 제공할 수 있다. 하지만 다른 여러 대상에 대한 반복적 조사가 어려워서 면접결과 비교가 불가하며 면접자의 역량에 따라 조사결과의 신뢰성이 달라질 수 있다. 즉, 상대적으로 타당도가 높지만 신뢰도는 낮다. 또한 부호화·계량화가 어렵다.

27 질문지 초안 완성 후 실시하는 사전검사에 관한 설명으로 맞는 것은?

① 사전검사 표본 수는 본조사와 비슷해야 한다.
② 사전검사는 본조사의 조사방법과 같아야 한다.
③ 사전검사는 가설을 보다 명확히 하기 위한 조사이다.
④ 사전검사 결과는 본조사에 포함해 분석하여야 한다.

해설
② 사전검사는 설문지(질문지) 초안 완성 후 본조사를 실행하기 전에 일부 대상에게 실시하는 조사로 본조사와 동일한 방법으로 실시하여 질문지의 문제점 및 적합성을 파악한다.
① 일부대상에게 실시한다.
③ 사전검사의 목적은 초안 질문지가 갖는 문제점을 찾아내고 수정하여 질문지의 타당성을 높이는 것이다.
④ 사전검사는 본조사 이전의 Pretest의 성격이다. 결과에 대한 일반화 목적이 아니다.

| 정답 | 24 ④ 25 ① 26 ② 27 ②

28 다음 설명은 외생변수를 통제하는 방법 중 무엇에 해당하는가?

> 하나의 실험집단에 2개 이상의 실험변수가 가해지는 경우 사용하는 방법이다. 예를 들면, 두 가지 광고 A와 B에 대한 사람들의 선호도를 알아보고자 할 때, 광고의 제시순서가 그 광고에 대한 사람들의 선호도에 영향을 미칠 수 있다. 이때 실험집단 참여자의 반에는 광고를 A → B의 순으로 제시하고, 나머지 반에는 B → A의 순으로 제시하여, 각 광고에 대한 그들의 선호도를 측정한다.

① 매칭(Matching)
② 제거(Elimination)
③ 상쇄(Counter Balancing)
④ 무작위화(Randomization)

해설
상쇄는 '외생변수가 작용하는 강도가 다른 상황'에 대해서 다른 실험을 실시함으로써 외생변수의 영향을 제거하는 것이다. 처음효과와 나중효과가 있다고 판단하는 경우 순서를 서로 균등하게 바꾸어 실험함으로써 순서에 의한 효과를 상쇄한다.
① 예상되는 외생변수의 영향을 동일하게 받을 수 있도록 실험집단과 통제집단을 선정하는 방법이다.
② 외생변수로 작용할 수 있는 요인이 실험상황에 개입되지 않도록 한다.
④ 어떠한 외생변수가 작용할지 모르는 경우, 실험집단과 통제집단을 무작위로 추출(표본으로 추출될 확률이 사전에 알려져 있고, 동일하며, 영(0)이 아니도록 추출)한다.

29 특정 시점에 다른 특성을 지닌 집단들 사이의 차이를 측정하는 조사 방법은?

① 코호트(Cohort) 조사
② 패널(Panel) 조사
③ 서베이(Survey) 조사
④ 추세(Trend) 조사

해설
횡단조사는 일정 조사대상에 대해 어느 한 시점에 모든 관련 변수에 대한 자료를 수집하는 것으로 주요유형으로는 현지조사와 서베이 조사가 있다.
①, ②, ④ 일정조사대상에 대해 시간간격을 두고 두 번 이상의 시점에 반복적으로 변화에 대하여 측정하는 조사인 종단적 조사의 유형이다.

30 다음에 나타난 실험설계 방법은?

> • 비교를 위한 두 개의 집단이 있다.
> • 외부요인 효과의 발생 가능성을 배제하기 어렵다.
> • 상관관계 연구와 유사한 성격을 지닌다.
> • 집단 간 동질성 보장이 어렵다.

① 다중시계열(Multiple Time - series) 설계
② 플라시보 통제집단(Placebo Control Group) 설계
③ 통제집단 사후검사(Posttest Control Group) 설계
④ 정태집단 비교(Static Group Comparison) 설계

해설
정태집단 비교 설계는 실험을 실시하는 실험집단과 실험을 실시하지 않는 통제집단을 선정하나, 무작위 할당이 아니므로 양 집단의 동질성이 확보되지 않으며 한 시점에서만 측정이 이루어지므로 처치 전후의 차이를 알기 어렵다. 외생변수 통제가 거의 불가하여 인과적 추론이 어려우며 내적·외적 타당도를 거의 기하지 못하는 원시실험설계의 유형이다.

| 정답 | 28 ③ | 29 ③ | 30 ④ |

제2과목: 조사방법론 II

31 신뢰도 측정 방법의 하나인 반분법(Split - half Method)에 관한 스피어만 - 브라운(Spearman - Brown) 공식의 가정으로 맞는 것은?

① 질문지 전체가 반쪽보다 신뢰도가 높다.
② 측정도구가 경험적으로 다차원적이어야 한다.
③ 측정도구를 반으로 나누어 각각 종속적인 두 개의 척도를 사용한다.
④ 질문의 수가 짝수인 질문지가 홀수인 질문지보다 신뢰도가 낮다.

해설
스피어만 - 브라운 공식은 전체의 신뢰성이 반분한 측정도구의 신뢰성보다 높으며 질문의 수가 짝수인 질문지가 홀수인 질문지보다 신뢰도가 높다고 가정한다.

32 선거예측조사에서 출구조사를 할 경우, 주로 사용되는 표집방법은?

① 할당표집(Quota Sampling)
② 군집표집(Cluster Sampling)
③ 체계적 표집(Systematic Sampling)
④ 층화표집(Stratified Random Sampling)

해설
체계적 표집은 모집단을 일정한 질서에 따라 번호부여 후 등간격으로 나누고 첫 구간에서 하나의 번호를 무작위로 추출 후 다음 n번째 떨어져 있는 번호들을 추출하는 방법이다. n은 표본추출(표집)간격으로 모집단을 표본크기로 나누어 구한다. 선거예측조사에서 출구조사를 할 경우 주로 사용된다.

33 측정의 체계적 오류와 관련이 있는 것은?

① 통계적 회귀
② 생태학적 오류
③ 환원주의적 오류
④ 사회적으로 바람직한 편향

해설
체계적 오류는 측정오차가 체계적 패턴을 띠게 되면서 일정한 방향으로 작용하는 것이다. 사회적으로 바람직한 방식으로 응답하려 하는 경향 때문에 특정방향으로의 쏠림이 나타나는 사회적 바람직성 편향은 체계적 오류에 해당한다.

34 표집틀(Sampling Frame)을 평가하는 주요 요소와 가장 거리가 먼 것은?

① 포괄성
② 안정성
③ 효율성
④ 추출확률

해설
표집틀은 포괄성(전체 모집단 중 얼마나 많은 부분을 포함하는가), 추출확률(모집단에서의 각 개별요소들의 추출확률이 동일한가), 효율성(조사에 필요한 대상들만으로 표집프레임에 잘 포함되었는가) 등에 의해 평가한다.

35 부적절한 표집틀(Sampling Frame)을 사용하여 얻은 자료가 가지는 문제점으로 맞는 것은?

① 대표성을 결여하게 된다.
② 정확한 측정을 어렵게 한다.
③ 이론적인 적절성이 결여된다.
④ 정확한 가설을 설정하기 어렵다.

해설
샘플링 설계를 잘못하면 표본프레임 오류(Sampling Frame Error: 모집단과 표본프레임이 일치하지 않아 발생하는 오류)가 발생하여 대표성을 결여하게 된다.

| 정답 | 31 ① | 32 ③ | 33 ④ | 34 ② | 35 ① |

36 표본추출방법에 관한 설명으로 틀린 것은?

① 비확률표본추출방법은 표본추출오차를 구하기 쉽다.
② 확률표본추출방법은 통계치로부터 모수치를 추정할 수 있다.
③ 확률표본추출방법은 모집단의 구성요소가 표본으로 추출될 확률을 알 수 있다.
④ 비확률표본추출방법은 모집단의 구성요소가 표본으로 선정될 확률이 동일하지 않다.

해설
비확률표본추출은 무작위에 의하지 않고 표본을 추출하는 방법으로 편의적, 주관적, 의도적으로 표본을 추출하여 모수 추정에 편의(bias)가 존재하고 표본오차 추정이 불가능하며 표본의 대표성과 결과의 일반화에 제약이 존재한다.

37 측정하고자 하는 것을 얼마나 정확히 측정했는가에 관한 것은?

① 신뢰도
② 정밀도
③ 판별도
④ 타당도

해설
측정의 타당도는 연구자·측정도구가 측정하고자 하는 개념을 얼마나 정확하게/실제에 가깝게/제대로 잘 측정했는지를 나타내는 것이다.

38 "상경계열에 다니는 대학생이 이공계열에 다니는 대학생보다 물가 변동에 대한 관심이 더 높을 것이다."라는 가설에서 '상경계열학생 여부'라는 변수를 척도로 나타낼 때 이 척도의 성격은?

① 순위척도
② 서열척도
③ 비율척도
④ 명목척도

해설
명목척도는 측정대상을 몇 개의 상호배타적 범주로 구분하는 수치를 부여하며 숫자가 아무런 계량적 의미를 갖지 않는다. 상경계열 학생 여부는 상경계열 학생이면 1, 아니면 2 등의 단순한 구분상의 수치를 부여하여 나타낼 수 있다.

39 층화표집(Stratified Random Sampling)에 대한 설명으로 틀린 것은?

① 층화 시 모집단에 대한 지식이 필요하다.
② 층화한 모든 부분 집단에서 표본을 추출한다.
③ 층화한 부분 집단 간은 동질적이고, 부분 집단 내에서는 이질적이다.
④ 추정값의 표본오차를 감소시켜 표본의 대표성을 높이기 위해 사용되는 방법이다.

해설
층화표집은 모집단을 일정기준(층화변수)에 의해 동질적인 몇 개 층으로 나누고, 각 층에서 일정수의 표본을 무작위 추출하는 방법이다. 추정값의 표본오차를 감소시켜 표본의 대표성을 높일 수 있으며 모집단에 대한 사전 지식이 필요하다.
③ 집단 내는 동질적, 집단 간에는 이질적이다.

| 정답 | 36 ① 37 ④ 38 ④ 39 ③ |

40 등간척도에 관한 설명으로 틀린 것은?

① 등간척도는 +, - 양쪽 다 표시된다.
② 섭씨온도계 및 카드번호에서 사용된다.
③ 평균, 표준편차 등의 통계기법을 적용할 수 있다.
④ 측정대상의 순위를 표시하면서도 간격이 일정하다는 성질을 가지고 있다.

해설
등간척도는 서열척도 속성에 더해서 대상들 간의 간격을 표준화하여 간격의 동일성을 의미하는 척도로 절대영점이 존재하지 않는다. 가감승제 중 가감의 계산이 가능하며 통계기법으로 표준편차, 산술평균 등이 가능하다.
② 대표적 예로 온도계의 눈금을 들 수 있는데, 카드번호는 명목척도이다.

41 연구주제와 관련된 가능한 많은 진술들을 수집하여 평가자들로 하여금 판단토록 한 다음 그 결과를 바탕으로 문항을 선정하는 척도는?

① 거트만 척도
② 서스톤 척도
③ 리커트 척도
④ 총화평정척도

해설
서스톤 척도는 어떤 사실에 대하여 가장 우호적인 태도와 가장 비우호적인 태도를 나타내는 양 극단을 등간격으로 구분하여 일련의 문항들을 나열하여 여기에 수치를 부여한다. 평가자들의 평가에 근거하여 문항을 분류하며 의견일치도가 높은 항목을 감안하여 조사자가 척도에 포함될 적절한 문항들을 선정하여 척도를 구성한다.

42 전수조사와 비교한 표본조사의 특징에 관한 설명으로 맞는 것은?

① 시간과 노력이 많이 든다.
② 비표본오차를 줄일 수 있다.
③ 항상 정확한 자료를 수집할 수 있다.
④ 조사기간 동안에 발생하는 변화를 반영하지 못한다.

해설
표본조사는 모집단을 대표할 수 있는 일부를 추출하여 조사하여 전체 모집단을 추정하는 것이다. 전수조사 대비 조사원의 실수 등으로 인한 비표본오차를 줄일 수 있다.
① 전수조사 대비 시간과 비용을 절약할 수 있다.
③ 표본오차가 무조건적으로 발생하며 표본의 대표성 문제가 야기될 수 있으므로 항상 정확한 자료를 수집할 수 있다고는 볼 수 없다.
④ 조사기간 동안에 발생하는 변화를 잘 반영할 수 있다.

43 표집틀(Sampling Frame)과 모집단과의 관계가 가장 이상적인 경우는?

① 표집틀과 모집단이 일치할 때
② 표집틀이 모집단 내에 포함될 때
③ 모집단이 표집틀 내에 포함될 때
④ 모집단과 표집틀의 일부분만이 일치할 때

해설
표집틀과 모집단의 관계는 표집틀과 모집단이 일치할 때 가장 이상적이다. 샘플링 설계를 잘못하면 표본프레임 오류(Sampling Frame Error: 모집단과 표본프레임이 일치하지 않아 발생하는 오류)가 발생하여 대표성을 결여하게 된다.

44 이타심을 '모금기관에 매년 기부하는 금액'으로 정의하였다면 이러한 정의는?

① 개념적 정의 ② 실제적 정의
③ 사전적 정의 ④ 조작적 정의

해설
이타심이라는 추상적 개념을 경험적으로 측정이 가능하도록 구체화하는 것은 추상적인 개념을 관찰 가능한 구체적인 지표로 표현하는 것으로 측정 가능성과 직결된 정의인 조작적 정의에 해당한다.

45 사용하고 있는 측정도구의 측정값과 기준이 되는 측정도구의 측정값의 상관관계로 측정되는 타당도는?

① 액면타당도 ② 구성체타당도
③ 기준관련 타당도 ④ 다차원타당도

해설
기준관련 타당도는 '새로 개발되거나 사용하고 있는 측정도구의 측정값과 기존에 이미 타당성이 검증된 기준이 되는 측정도구의 측정값' 간의 상관관계에 기준하여 통계적으로 타당도를 평가하는 것으로 경험적 근거에 의해 타당도를 확인한다.

46 확률표본추출방법을 적용하기에 가장 용이한 것은?

① 현지조사(Field Research)
② 델파이 조사(Delphi Research)
③ 서베이 조사(Survey Research)
④ 참여관찰(Participant Observation)

해설
확률표본추출은 무작위로 표본을 추출하는 것으로, 대표성 있는 표본을 추출하여 표본에서 얻은 결과를 모집단에 대하여 일반화하기 위해서는 큰 규모의 표본이 가능한 서베이 조사가 적용하기에 가장 용이하다.
①, ②, ④ 조사의 특성 상 무작위 표본추출이나 일반화 가능성과는 거리가 있다.

47 측정오류에 관한 설명으로 맞는 것은?

① 편향에 의해 체계적 오류가 발생한다.
② 무작위 오류는 측정의 타당도를 저해한다.
③ 표준화된 측정도구를 사용하더라도 체계적 오류를 줄일 수 없다.
④ 측정자, 측정 대상자 등에 일관성이 없어 생기는 오류를 체계적 오류라 한다.

해설
체계적 오류는 측정오차가 체계적 패턴을 띠게 되면서 일정한 방향으로 작용하는 것으로 측정대상 또는 측정과정에 대해 어떠한 요소가 일정하게 체계적으로 영향을 미침으로써 편향(bias)을 보이게 되어 오류를 발생시키는 것이다.
② 무작위 오류는 측정의 신뢰도와 관련이 있다.
③ 체계적 오류는 타당성 문제와 관련이 있으며 표준화된 측정도구 사용 등으로 줄일 수 있다.
④ 비체계적 오류에 대한 설명이다.

48 서울시민의 정당의식 조사를 위해 첫 번째 단계에서는 임의로 10개 동의 표본추출 지역을 선택하였다. 두 번째 단계에서는 해당 10개 동의 유권자 비율을 고려하여 주민등록명부를 기준으로 100명의 표집 간격을 두고 최종응답자를 선택하였다. 이때 각 단계에서 활용된 표본추출 방법으로 맞는 것은?

① 첫 번째 단계: 층화표집, 두 번째 단계: 계통표집
② 첫 번째 단계: 집락표집, 두 번째 단계: 계통표집
③ 첫 번째 단계: 층화표집, 두 번째 단계: 무작위표집
④ 첫 번째 단계: 집락표집, 두 번째 단계: 무작위표집

해설
첫 번째 단계에서 10개 동의 지역을 선택한 것은 모집단이 유사한 소그룹들로 구성되어 있는 경우 무작위로 한 그룹 또는 몇 개의 그룹을 표본으로 추출하여 추출한 그룹 전체를 조사하거나, 추출한 그룹 내에서 확률표본추출하여 조사하는 방법인 집락표집에 해당한다. 두 번째 단계에서 100명의 표집간격을 두고 최종응답자를 선택한 것은 일정한 표집간격에 의해 표본을 추출하는 방법인 계통표집에 해당한다.

| 정답 | 44 ④ 45 ③ 46 ③ 47 ① 48 ② |

49 특정한 규칙에 따라 현상에 숫자를 부여하는 과정은?

① 검사
② 통계
③ 척도
④ 측정

해설
측정은 관찰된 현상의 경험적인 속성(변수)에 대해 일정한 규칙에 따라 수치를 부여하는 것으로, 추상적 개념·변수들을 관찰 가능한 자료로 연결시키는 것이다.

50 대중교통에 대한 시민들의 만족도를 조사하기 위하여 오전 9:00경에 10군데의 지하철역에 조사자를 배치하여 일부 시민들의 의견을 조사하였다. 이때 사용된 표집법은?

① 계통표집법
② 비확률표집법
③ 층화표집
④ 단순무작위표집법

해설
표본을 무작위로 추출하지 않았으므로 비확률표집법에 해당한다.
①, ③, ④ 확률표집법이다.

51 명목척도 구성을 위한 측정범주들에 대한 기본원칙과 가장 거리가 먼 것은?

① 상호배타성
② 포괄성
③ 논리적 연관성
④ 선택성

해설
명목척도 구성을 위한 측정범주의 기본원칙은 상호배타성, 포괄성, 논리적 연관성이다.

52 개념적 정의의 특성으로 틀린 것은?

① 순환적인 정의가 이루어져야 한다.
② 적극적 혹은 긍정적인 표현을 써야 한다.
③ 뜻이 분명해서 누구나 알아들을 수 있는 의미를 공유하는 용어를 써야 한다.
④ 정의하려는 대상이 무엇이든 그것만의 특유한 요소나 성질을 적시해야 한다.

해설
개념적 정의는 현상이나 대상의 속성을 이론적이고 추상적으로 정의하는 것이다.
① 순환적 정의는 어떤 개념을 다른 동일한 내용의 말로 바꾸어 말하였을 뿐이라 언뜻 보기에는 정의가 된 것 같지만 사실은 아무런 내용이 없는 거짓 정의를 말한다. 개념적 정의에서 순환적 정의는 지양해야 한다.

53 서열척도에 관한 설명으로 맞는 것은?

① 절대 영이 존재한다.
② 표준측정단위가 존재한다.
③ 원칙적으로 사칙연산이 가능하다.
④ 분류범주가 상호배타성을 갖고 있다.

해설
서열척도는 대상을 상호배타적이고 포괄적인 범주로 구분하여 수치를 부여하는 명목척도의 속성에 서열성을 추가한 것으로 단지 상대적 순위만을 결정하며 각 숫자간의 차이는 의미를 두지 않는다.
① 비율척도에 대한 설명이다.
② 등간척도에 대한 설명이다.
③ 비율척도에 대한 설명이다.

| 정답 | 49 ④ 50 ② 51 ④ 52 ① 53 ④

54 조작적 정의에 대한 설명으로 맞는 것은?

① 논리적으로 정의한 것
② 가치중립적으로 정의한 것
③ 측정 가능한 형태로 정의한 것
④ 복잡한 것을 단순하게 정의한 것

해설
조작적 정의는 추상적인 개념을 관찰 가능한 구체적인 지표로 표현하는 것으로 측정가능성과 직결된 정의이다.

55 측정에 있어서 신뢰성을 높이는 방법으로 가장 거리가 먼 것은?

① 측정항목의 수를 늘린다.
② 측정항목의 모호성을 제거한다.
③ 전문가의 의견을 듣고 문항을 만든다.
④ 중요한 질문의 경우 유사한 문장을 반복하여 물어본다.

해설
측정에 있어서 신뢰성을 높이는 방법은 다음과 같다.
(1) 동일 개념(속성)을 측정하는 항목의 수를 늘린다.
(2) 문항설명을 명확히 하여 해석상의 차이가 발생하지 않도록 한다.
(3) 무성의하거나 일관성이 없는 응답지는 제외시킨다.
(4) 이전의 조사 및 기존의 연구를 통해 신뢰성이 있다고 검증된 측정도구를 활용한다.
(5) 중요한 질문은 한 번 더 동일하거나 유사한 질문을 하여 응답들 간에 신뢰성이 있는지 파악한다.
(6) 응답자가 모르거나 관심 없는 내용은 측정하지 않는다.
(7) 측정항목의 모호성을 제거한다.
(8) 표준화된 설명 사용 및 조사자의 면접방식과 태도 등 자료수집과정에 있어서 일관성을 유지한다.
(9) 측정지표에 대하여 사전검사 또는 예비조사를 실시한다.
(10) 조사자에게 측정도구에 대한 사전교육을 충분히 한다.
(11) 연구자가 임의로 응답자에 대한 가정을 해서는 안 된다.
(12) 가능하면 단일항목보다는 여러 개의 항목을 이용하여 측정한다.

56 두 변수(X, Y)가 있을 때, 한 변수(X)가 다른 변수(Y)에 시간적으로나 이론적으로 선행하면서 그 변수(X)의 변화가 다른 변수(Y)의 변화에 영향을 미칠 수 있다. 이때 두 변수(X, Y)를 무엇이라고 하는가?

① 독립변수와 종속변수
② 독립변수와 선행변수
③ 종속변수와 매개변수
④ 선행변수와 매개변수

해설
독립변수는 종속변수에 영향을 주는 원인변수이며 종속변수는 독립변수의 영향으로 결과가 나타나는 결과변수이다.

57 낙태 수술의 허용 여부에 대한 국민들의 의견을 조사하기 위하여 다음과 같은 일련의 질문으로 조사할 때 가장 관련이 있는 척도는?

낙태 수술이 다음의 각각의 경우에 허용되어야 한다고 생각하십니까?
(1) 산모의 생명이 위험한 경우
(2) 강간이나 근친상간에 의해 임신한 경우
(3) 태아의 건강 상태가 좋지 않은 경우
(4) 산모가 미혼모로서 아이를 키울 능력이 없을 경우
(5) 부모는 아들을 원하는데 태아가 딸로 밝혀진 경우

① 리커트 척도
② 거트만 척도
③ 서스톤 척도
④ 의미분화 척도

해설
거트만 척도는 태도의 강도에 대한 연속적 증가유형을 측정하고자 하는 척도로, 다양한 강도를 가진 어떤 태도유형에 대해 (강도가) 가장 약한 표현부터 가장 강한 표현에 이르기까지 서열적 순서를 부여하여 강도가 다른 문항들을 척도화 시킨 것이다.

58 척도의 신뢰도를 파악하는 방법이 아닌 것은?

① 하나의 척도를 동일인에 대하여 두 번 이상 반복하여 측정한다.
② 여러 평가자들을 통해 얻은 측정결과들 간의 일치도를 비교한다.
③ 측정점수를 몇 가지 다른 기준과 비교하여 일치되는 정도를 측정한다.
④ 한 측정도구의 전체 문항들을 반씩 나누어 두 부분 간의 상관성을 측정한다.

해설
척도의 신뢰도는 한 대상을 유사한 척도로 여러 번 측정하거나 하나의 척도로 반복 측정했을 때, 일관성 있는 결과를 산출하는 정도이다. 다른 기준과 비교하여 일치정도를 측정하는 것은 신뢰도를 파악하는 방법으로 볼 수 없다.
④ 신뢰도 파악 방법 중 반분법에 대한 설명이다.

59 구성요소가 5개인 모집단에서 2개를 표본추출할 경우 가능한 표본집단의 수는 몇 개인가?

① 5
② 10
③ 15
④ 20

해설
순서를 감안할 필요는 없으므로, 조합의 공식을 활용한다.
$_5C_2 = \dfrac{5 \times 4}{2 \times 1} = 10$

60 측정을 위해 개발한 도구가 측정하고자 하는 대상의 정확한 속성값을 얼마나 포괄적으로 포함하고 있는가를 나타내는 타당도는?

① 내용타당도(Content Validity)
② 예측타당도(Predictive Validity)
③ 집중타당도(Convergent Validity)
④ 기준관련 타당도(Criterion – related Validity)

해설
내용타당도는 측정도구(척도)가 측정대상의 정확한 속성값을 얼마나 포괄적으로 잘 포함하고 있는가에 관한 것으로 측정도구가 측정하려는 속성이나 개념을 제대로 대표하고 있는지를 나타낸다.

| 정답 | 58 ③ 59 ② 60 ① |

제3과목: 사회통계

61 다음 중 표준편차가 가장 큰 자료는?

① 3, 4, 5, 6, 7
② 3, 3, 5, 7, 7
③ 3, 5, 5, 5, 7
④ 5, 6, 7, 8, 9

해설

각각 평균을 구하고, 평균과 자료들이 떨어진 정도를 표준편차 공식을 이용하여 구한다.

- 평균 $\mu = \dfrac{\sum_{i=1}^{N} X_i}{N}$

- 표준편차 $\sigma = \sqrt{\dfrac{\sum_{i=1}^{N}(X_i - \mu)^2}{N}}$

① 평균 $\mu = \dfrac{(3+4+5+6+7)}{5} = 5$

  표준편차
  $\sigma = \sqrt{\dfrac{(3-5)^2+(4-5)^2+(5-5)^2+(6-5)^2+(7-5)^2}{5}} = \sqrt{\dfrac{10}{5}}$

② 평균 $\mu = \dfrac{(3+3+5+7+7)}{5} = 5$

  표준편차
  $\sigma = \sqrt{\dfrac{(3-5)^2+(3-5)^2+(5-5)^2+(7-5)^2+(7-5)^2}{5}} = \sqrt{\dfrac{16}{5}}$

③ 평균 $\mu = \dfrac{(3+5+5+5+7)}{5} = 5$

  표준편차
  $\sigma = \sqrt{\dfrac{(3-5)^2+(5-5)^2+(5-5)^2+(5-5)^2+(7-5)^2}{5}} = \sqrt{\dfrac{8}{5}}$

④ 평균 $\mu = \dfrac{(5+6+7+8+9)}{5} = 7$

  표준편차
  $\sigma = \sqrt{\dfrac{(5-7)^2+(6-7)^2+(7-7)^2+(8-7)^2+(9-7)^2}{5}} = \sqrt{\dfrac{10}{5}}$

62 다음 분산분석표의 (㉠), (㉡)에 들어갈 값으로 맞는 것은?

요인	제곱합	자유도	평균제곱	F값
처리	42.0	2		(㉡)
잔차	(㉠)	25		
계	129.5	27		

    ㉠   ㉡   ㉠   ㉡
① 87.5 6.0   ② 87.5 8.5
③ 92.5 6.0   ④ 92.5 8.5

해설

- 총제곱합 = 처리제곱합 + 잔차제곱합
- ∴ 잔차제곱합 = 전체제곱합 − 처리제곱합

제곱합을 각 자유도로 나눈 평균제곱을 계산하여 [처리의 평균제곱/잔차의 평균제곱]의 식을 이용해서 F값을 구할 수 있다.

㉠ 잔차제곱합 = 전체제곱합 − 처리제곱합 = 129.5 − 42.0 = 87.5

㉡ F값 = 처리 평균제곱/잔차 평균제곱 = $\dfrac{42.0/2}{87.5/25} = \dfrac{21}{3.5} = 6.0$

63 다음 단순회귀분석에서의 분산분석 결과로 결정계수를 구하면?

구분	자유도	제곱합
회귀	1	1575.76
잔차	8	349.14
계	9	1924.90

① 0.15   ② 0.18
③ 0.82   ④ 0.94

해설

- 단순회귀분석의 분산분석 결과에서 결정계수는

  $R^2 = \dfrac{\text{회귀식에 의해 설명되는 분산}}{\text{전체 분산}} = \dfrac{SSR}{SST} = 1 - \dfrac{SSE}{SST}$,

  즉 $R^2 = \dfrac{\text{회귀제곱합}}{\text{총제곱합}}$ 이다.

- 회귀제곱합이 1575.76, 총제곱합이 1924.90일 때

  $R^2 = \dfrac{1575.76}{1924.90} ≒ 0.82$이다.

| 정답 | 61 ②   62 ①   63 ③

64 4 × 5 분할표 자료에 대한 독립성 검정에서 카이제곱 통계량의 자유도는?

① 9
② 12
③ 19
④ 20

해설
카이제곱 독립성 검정에서
카이제곱 통계량 자유도 = (행의수 − 1) × (열의 수 − 1)
= (4 − 1) × (5 − 1) = 3 × 4 = 12

65 확률변수 X와 Y의 결합확률밀도함수가 다음과 같을 때 X와 Y의 상관계수는?

X \ Y	−1	0	1
0	0	0.2	0
1	0.4	0	0.4

① −1
② 0
③ 0.5
④ 1

해설
상관계수 $Corr(X, Y) = \dfrac{\sigma_{XY}}{\sigma_X \sigma_Y}$ 이고,
σ_{XY} = 공분산 $Cov(X, Y) = E(XY) - E(X)E(Y)$ 임을 이용하여 계산한다.
$\sigma_X = \sqrt{Var(X)} = \sqrt{E(X^2) - E(X)^2}$
$\sigma_Y = \sqrt{Var(Y)} = \sqrt{E(Y^2) - E(Y)^2}$
$\sigma_{XY} = Cov(X, Y) = E(XY) - E(X)E(Y)$ 이다. 이들 공식에 대입할 값들을 계산한다.
$E(X) = \{(1 \times 0.4) + (1 \times 0.4)\} = 0.8$
$E(Y) = \{(-1 \times 0.4) + (1 \times 0.4)\} = 0$
$E(XY) = \{(1 \times -1 \times 0.4) + (1 \times 1 \times 0.4)\} = 0$
$E(X^2) = \{(1^2 \times 0.4) + (1^2 \times 0.4)\} = 0.8$
$E(Y^2) = \{(-1^2 \times 0.4) + (1^2 \times 0.4)\} = 0.8$ 이므로
☞ $\sigma_X = \sqrt{Var(X)} = \sqrt{E(X^2) - E(X)^2} = \sqrt{0.8 - (0.8)^2} = \sqrt{0.16}$
$\sigma_Y = \sqrt{Var(Y)} = \sqrt{E(Y^2) - E(Y)^2} = \sqrt{0.8 - (0)^2} = \sqrt{0.8}$
$\sigma_{XY} = Cov(X, Y) = E(XY) - E(X)E(Y) = (0 - 0.8 \times 0) = 0$
∴ $Corr(X, Y) = \dfrac{\sigma_{XY}}{\sigma_X \sigma_Y} = \dfrac{0}{\sqrt{0.16}\sqrt{0.8}} = 0$

66 자료의 위치를 나타내는 척도가 아닌 것은?

① 표준편차
② 중앙값
③ 백분위수
④ 사분위수

해설
표준편차는 자료의 산포 정도를 나타낸다.

67 교육수준에 따른 생활만족도의 차이를 다양한 배경변수를 통제한 상태에서 비교하기 위해서 다중회귀분석을 실시하고자 한다. 교육수준을 5개의 범주(무학, 초졸, 중졸, 고졸, 대졸 이상)로 측정하였다. 이때 대졸 이상을 기준으로 할 때 교육수준별 차이를 나타내는 가변수(Dummy Variable)를 몇 개 만들어야 하는가?

① 1개
② 2개
③ 3개
④ 4개

해설
• 가변수(더미변수)의 개수 = (범주의 수 − 1)
• 가변수인 교육 수준이 5개의 범주이므로 가변수의 개수는 (5 − 1) = 4이다.

| 정답 | 64 ② 65 ② 66 ① 67 ④

68 어느 회사는 노조와 협의하여 오후의 중간 휴식시간을 20분으로 정하였다. 그런데 총무과장은 대부분의 종업원이 규정된 휴식시간보다 더 많은 시간을 쉬고 있다고 생각하고 있다. 이를 확인하기 위하여 전체 종업원 1,000명 중에서 25명을 조사한 결과 표본으로 추출된 종업원의 평균 휴식시간은 22분이고 표준편차는 3분으로 계산되었다. 유의수준 5%에서 총무과장의 의견에 대한 가설검정 결과로 맞는 것은? (단, $t_{0.05}(24) = 1.711$ 이다)

① 검정통계량 t < 1.711이므로 귀무가설을 기각한다.
② 검정통계량 t > 1.711이므로 귀무가설을 기각하지 않는다.
③ 종업원의 실제 휴식시간은 규정시간 20분보다 더 짧다고 할 수 있다.
④ 종업원의 실제 휴식시간은 규정시간 20분보다 더 길다고 할 수 있다.

해설

모집단이 하나이며 이 모집단의 평균이 어느 특정한 값이라고 알려진 상태에서, 연구자가 기존에 알려진 값과 다르게 생각하는 경우 '다르다' 또는 '작다'나 '크다'와 같은 이의를 연구가설로 제기하고 모수에 대한 귀무가설이 맞는지를 검정하는 단일모집단 평균검정이다.

• 귀무가설과 대립가설은 다음과 같이 설정한다.
 ㉠ 귀무가설(H_0): $\mu = 20$ (휴식하는 시간은 20분이다)
 ㉡ 대립가설(H_1): $\mu > 20$ (휴식하는 시간은 20분보다 더 많다)
• 단측(우측)검정이므로 임계치 산정시 적용되는 유의수준 α는 0.05이다. 단일 모집단의 평균에 대한 검정이며 모분산이 알려져 있지 않고 표본의 크기 n이 25명인 소표본이므로 검정통계량 t를 사용한다.

$$t = \frac{\overline{x} - \mu_0}{S/\sqrt{n}} \ (d.f. = n-1)$$
*$\overline{x}$: 표본의 평균값
μ_0: 귀무가설로 설정된 모집단의 평균값
S: 표본의 표준편차
$S/\sqrt{n}$: $\overline{x}$의 표준오차

검정통계량 $t = \frac{\overline{x} - \mu_0}{S/\sqrt{n}} = \frac{22 - 20}{3/\sqrt{25}} ≒ 3.33$
$d.f. = n - 1 = 25 - 1 = 24$

임계치는 t분포표에서 자유도(24)와 유의수준(0.05)의 교차점에 있는 값이다.
∴ $t_{0.05}(24) = 1.711$
검정통계량 3.33은 임계치보다 절댓값이 크므로 귀무가설의 기각역에 위치하게 되어 귀무가설을 기각할 수 있다. 즉 유의수준 5% 하에서 종업원의 실제 휴식시간은 규정시간 20분보다 더 길다고 할 수 있다.

69 대통령 선거에서 A 후보자는 50%의 득표를 할 것으로 예상하고 있다. 이러한 예상을 확인하기 위해 유권자 200명을 무작위 추출하여 조사하였더니 그 중 81명이 A 후보자를 지지한다고 하였다. 이때 검정통계량의 값은?

① −2.69
② −1.90
③ 0.045
④ 1.645

해설

모집단이 하나이며 이 모집단의 비율이 어느 특정한 값이라고 알려진 상태에서, 연구자가 기존에 알려진 값과 다르게 생각하는 경우 '다르다' 또는 '작다'나 '크다'와 같은 이의를 연구가설로 제기하고 모수에 대한 귀무가설이 맞는지를 검정하는 단일모집단 비율검정이다. 단일모집단 비율검정을 위한 검정통계량 Z를 이용한다.

표본의 비율 $\hat{p} = \frac{81}{200} = 0.405$,

귀무가설로 설정된 모집단의 비율 $p_0 = 0.5$, $n = 200$이므로

$$Z = \frac{\hat{p} - p_0}{\sqrt{\frac{p_0(1-p_0)}{n}}}$$

$= \frac{0.405 - 0.5}{\sqrt{\frac{0.5(1-0.5)}{200}}} = -2.6870 ≒ -2.69$이다.

70 회귀분석에서 추정량의 성질이 아닌 것은?

① 유효성
② 선형성
③ 불편성
④ 등분산성

해설

회귀분석의 주요 가정은 ㉠ 오차의 정규성, ㉡ 오차의 등분산성, ㉢ 오차의 독립성, ㉣ 독립변수와 종속변수간의 선형성, ㉤ 불편성이다.
① 유효성은 바람직한 추정량의 기준 중 하나이다.

71 다중회귀분석에 관한 설명으로 틀린 것은?

① 표준화잔차의 절댓값이 2 이상인 값은 이상값이다.
② 더빈왓슨 통계량이 0에 가까우면 독립이다.
③ 표준화잔차와 예측값의 산점도를 통해 등분산성을 검토해야 한다.
④ 분산팽창계수(VIF)가 10 이상이면 다중공선성을 의심해야 한다.

해설

② 더빈왓슨의 통계량으로 오차의 독립성을 검정한다.
- 더빈왓슨 통계량이 2에 가까우면 독립성을 만족한다.
- 0에 가까우면 양(+)의 상관관계가 존재한다.
- 4에 가까우면 음(−)의 상관관계가 존재한다.

①, ③ 표준화잔차는 잔차를 표준오차로 나누어 표준화하여 나타낸 것으로 스튜던트화 잔차(Studentized Residual)라고도 부른다. 표준화잔차의 절댓값이 2 이상인 값을 이상치(Outlier)로 간주하며, 표준화잔차와 예측값의 산점도를 통해 등분산성을 검토할 수 있다.

④ 다중회귀모형 속의 독립변수들 간에 높은 상관관계가 존재하여 회귀계수의 추정이 왜곡되면 모형의 정확성이 문제가 생기게 되는데 이를 다중공선성이라 한다. 공차한계와 분산팽창계수가 다중공선성을 진단하는 대표적 방법이다. 분산팽창계수는 통상 10 이상이면 다중공선성을 의심한다.

72 어느 대학에서 2014학년도 1학기에 개설된 통계학 강좌에 A반 20명, B반 30명이 수강하고 있다. 중간고사에서 A반, B반의 평균은 각각 70점, 80점이었다. 이번 학기에 통계학을 수강하고 있는 학생 50명의 중간고사 평균은?

① 70점 ② 74점
③ 75점 ④ 76점

해설

두 반의 전체점수 합계를 계산하고 이를 총 학생 수로 나누면 된다. A반의 점수합계를 20명으로 나눈 결과가 70점이므로 A반의 점수합계는 70 × 20 = 1400이 된다. 동일한 방식으로 B반의 점수합계는 2400이다.

- A반 평균 $70 = \dfrac{(A반\ 학생들의\ 점수합계:\ D_1 + D_2 + \cdots + D_{20})}{20}$ 이므로

  A반 점수합계는 70 × 20 = 1400

- B반 평균 $80 = \dfrac{(B반\ 학생들의\ 점수합계:\ F_1 + F_2 + \cdots + F_{30})}{30}$ 이므로

  B반 점수합계는 80 × 30 = 2400

☞ 통계학 수강생 50명 전체의 평균

$= \dfrac{(A반의\ 점수합계 + B반의\ 점수합계)}{(전체 50명 = A반의\ 학생\ 수 + B반의\ 학생\ 수)} = \dfrac{1400 + 2400}{50} = 76$

73 다음은 일원분산분석을 실시한 결과이다. 결과에 대한 해석으로 틀린 것은?

Source	DF	SS	MS	F	P
Month	7	127049	18150	1.52	0.164
Error	135	1608204	11913		
Total	142	1735253			

① 총 관측자료 수는 142개이다.
② 오차항의 분산 추정값은 11913이다.
③ 요인은 Month로서 수준 수는 8개이다.
④ 유의수준 0.05에서 요인의 효과는 유의하지 않다.

해설

일원분산분석에서 총합계의 자유도는 $n - 1$이다. 따라서 총관측자료의 수 n은 다음과 같이 계산된다.

$n - 1 = 142$

∴ $n = 143$, 즉 총 관측자료는 143개이다.

② 오차의 평균제곱은 오차항의 분산 추정값이다.
③ 처리수준의 수를 k라 할 때 요인인 Month의 자유도 $(k-1)$가 7이므로 $k = 8$
④ p값(0.164) > 유의수준(0.05)이므로 요인의 효과는 유의하지 않다.

| 정답 | 71 ② 72 ④ 73 ①

74 어떤 사람이 즉석 당첨복권을 5일 연속하여 구입한다. 어느 날 당첨될 확률은 $\frac{1}{5}$이고, 어느 날 구입한 복권의 당첨 여부가 그 다음날 구입한 복권의 당첨 여부에 영향을 미치지 않는다면 2장이 당첨되고 3장이 당첨되지 않은 복권을 구매할 확률은?

① $10 \times \left(\frac{1}{5}\right)^2 \times \left(\frac{4}{5}\right)^3$

② $2 \times \left(\frac{1}{5}\right)^2 \times \left(\frac{4}{5}\right)^3$

③ $5 \times \left(\frac{1}{5}\right)^2 \times \left(\frac{4}{5}\right)^3$

④ $3 \times \left(\frac{1}{5}\right)^2 \times \left(\frac{4}{5}\right)^3$

해설

당첨 또는 당첨되지 않음의 상호배타적인 두 가지 결과만을 가진 베르누이 시행을 독립적으로 반복한 경우의 성공횟수(당첨)를 확률변수 X로 했을 때 그 확률변수 X의 확률분포인 이항분포를 이용하여 문제를 풀 수 있다. 다음의 산식으로 해당 확률을 구한다.

$$P(X=x) = \binom{n}{x} p^x (1-p)^{n-x} = {}_nC_x p^x (1-p)^{n-x}$$

*n: 시행횟수
p: 특정실험결과가 성공할 확률
x: 성공횟수

5회 중 2회만 특정사건(당첨)이 일어날 확률은 $n=5$, $x=2$, 문제에서 주어진 당첨 확률 $p=\frac{1}{5}$이므로

$P(X=2) = {}_5C_2 \times \left(\frac{1}{5}\right)^2 \times \left(1-\frac{1}{5}\right)^{5-2} = 10 \times \left(\frac{1}{5}\right)^2 \times \left(\frac{4}{5}\right)^3$

75 크기가 100인 확률표본으로부터 얻은 표본평균에 근거하여 구한 모평균에 대한 90% 신뢰구간의 오차의 한계가 3이라고 할 때, 오차의 한계가 1.5가 넘지 않도록 표본설계를 하려면 표본의 크기를 최소한 얼마 이상이 되도록 하여야 하는가?

① 100
② 200
③ 400
④ 1000

해설

오차한계 $Z_{\frac{\alpha}{2}} \frac{\sigma}{\sqrt{n}} \leq 1.5$를 만족시키는 n을 구하면 된다.

$n=100$, $Z_{\alpha/2}=1.645$(90% 신뢰수준)일 때 오차한계 $Z_{\frac{\alpha}{2}} \frac{\sigma}{\sqrt{n}} = 3$이므로 이를 이용하여 표본의 크기 n에 관한 값을 구할 수 있다.

$1.645 \frac{\sigma}{\sqrt{100}} = 3$이므로 $\sigma = \frac{30}{1.645}$

$\therefore Z_{\frac{\alpha}{2}} \frac{\sigma}{\sqrt{n}} = 1.645 \frac{\frac{30}{1.645}}{\sqrt{n}} \leq 1.5$

양변을 제곱하여 정리하면 $(1.645)^2 \frac{\left(\frac{30}{1.645}\right)^2}{n} \leq (1.5)^2$

$\frac{900}{n} \leq 2.25$

따라서 $n \geq 400$이 되므로 오차한계가 1.5를 넘지 않도록 하는 최소표본의 크기는 400 이상이다.

76 새로운 복지정책에 대한 찬반여부가 성별에 따라 차이가 있는지를 알아보기 위해 남녀 100명씩을 랜덤하게 추출하여 조사한 결과이다. 가설 "H_0: 새로운 복지정책에 대한 찬반 여부는 남녀 성별에 따라 차이가 없다"의 검정에 대한 설명으로 틀린 것은?

구분	찬성	반대
남자	40	60
여자	60	40

① 가설검정에 이용되는 카이제곱 통계량의 값은 8이다.
② 가설검정에 이용되는 카이제곱 통계량의 자유도는 1이다.
③ 유의수준 0.05에서 기각역의 임계값이 3.84이면 카이제곱 검정의 유의확률(p값)은 0.05보다 크다.
④ 남자와 여자의 찬성률에 대한 오즈비(Odds Ratio)는 $\frac{P(찬성|남자)/P(반대|남자)}{P(찬성|여자)/P(반대|여자)} = \frac{(0.4/0.6)}{(0.6/0.4)} = 0.4444$ 로 구해진다.

해설

성별(범주형 변수)과 찬반 여부(범주형 변수)의 두 변수 간에 연관성이 있는지를 검정하는 카이제곱 독립성 검정이다. 카이제곱 독립성 검정에서 검정통계량은 실제(관측)도수(O_{ij})와 기대도수(E_{ij})를 이용하여 각 셀의 값을 구하고 전체 셀의 합을 구하여 산출한다. 공식에 의해 기대도수를 계산하고 기대도수 교차표를 작성하면 다음과 같다.

$$\text{기대도수 } E_{ij} = \frac{O_i \times O_j}{N}$$
$*O_i$: 해당 cell이 속하는 행의 빈도합계
O_j: 해당 cell이 속하는 열의 빈도합계
N: 총빈도

[기대도수 교차표]

구분	찬성	반대
남자	$\frac{100 \times 100}{200} = 50$	$\frac{100 \times 100}{200} = 50$
여자	$\frac{100 \times 100}{200} = 50$	$\frac{100 \times 100}{200} = 50$

① 이에 따라 검정통계량은 다음과 같이 계산된다.
$$\chi^2 = \sum_{i=1}^{r} \sum_{j=1}^{c} \frac{(O_{ij} - E_{ij})^2}{E_{ij}}$$
$$= \frac{(40-50)^2}{50} + \frac{(60-50)^2}{50} + \frac{(60-50)^2}{50} + \frac{(40-50)^2}{50} = 8$$

② 검정통계량은 (행의 수 - 1) × (열의 수 - 1)의 자유도를 갖는 카이제곱분포를 하므로 자유도는 (2-1) × (2-1) = 10 이다.

③ 임계치는 $\chi^2_{[\alpha:\ (행의\ 수(r)-1) \times (열의\ 수(c)-1)]}$ 이므로 $\chi^2_{[0.05:\ 1 \times 1]}$ 인데, 이 값이 3.84라면 검정통계량이 임계치보다 커서 귀무가설은 기각될 수 있다. 귀무가설 기각의 경우 p값은 유의수준보다 작다.

④ 승산이란 특정사건이 발생할 확률과 그 사건이 발생하지 않을 확률의 비이며, 승산비는 특정한 조건이 있을 때의 성공승산을 다른 조건이 있을 때의 성공승산으로 나눈 값이다. 찬성을 성공이라고 할 때 남자와 여자의 찬성률에 대한 오즈비는
$\frac{P(찬성|남자)/P(반대|남자)}{P(찬성|여자)/P(반대|여자)} = \frac{(0.4/0.6)}{(0.6/0.4)} ≒ 0.4$ 로 계산할 수 있다.

77 $X_1, X_2, \cdots, X_n$이 정규분포 $N(\mu, \sigma^2)$에서 얻은 확률표본일 때의 설명으로 맞는 것은?

① $\dfrac{\overline{x}-\mu}{\sigma/\sqrt{n}}$는 $N(0, 1)$을 따른다.

② $\dfrac{\overline{x}-\mu}{\sigma/\sqrt{n}}$는 $N(\mu, 1)$을 따른다.

③ $\dfrac{\overline{x}-\mu}{\sigma/\sqrt{n}}$는 $N(1, \sigma^2)$을 따른다.

④ $\dfrac{\overline{x}-\mu}{\sigma/\sqrt{n}}$는 $N(0, \sigma^2)$을 따른다.

해설
모집단의 분포가 정규분포를 따를 때, $N(\mu, \sigma^2)$인 모집단에서 크기 n인 표본을 추출하는 경우 표본의 평균 $\overline{x}$은 정규분포 $N(\mu, \dfrac{\sigma^2}{n})$을 따르게 되며, 또한 표본평균 $\overline{x}$를 표준화시킨 표준화 확률변수 $Z=\dfrac{\overline{x}-\mu}{\sigma/\sqrt{n}}$는 표준정규분포 $N(0, 1)$을 따른다.

78 상관분석의 적용을 위해 산점도에서 관찰해야 하는 자료의 특징이 아닌 것은?

① 자료의 층화여부
② 이상점의 존재 여부
③ 원점 (0, 0)의 통과 여부
④ 선형 또는 비선형 관계의 여부

해설
산점도(scatter plot)
직교좌표계(도표)를 이용해 좌표상의 점들을 표시함으로써 두 개 변수간의 관계를 나타내는 그래프 방법으로, 도표 위에 두 변수의 값이 만나는 지점을 표시한 그림이다. 선형관계의 정도를 관찰하며 자료의 층화여부 관찰, 변수 간 관계를 왜곡시키는 특이점(이상치 등) 확인에도 유용하다. 하지만 원점의 통과 여부는 산점도에서 관찰해야 하는 자료의 특징에 해당되지 않는다.

79 두 변수 X와 Y에 대해서 9개의 관찰값으로부터 계산한 통계량들이 다음과 같을 때, 단순회귀모형의 가정 하에 추정한 회귀직선은?

$$\overline{X}=5.9, \quad \overline{Y}=15.1$$
$$S_{XX}=\sum_{i=1}^{9}(X_i-\overline{X})^2=40.9$$
$$S_{YY}=\sum_{i=1}^{9}(Y_i-\overline{Y})^2=370.9$$
$$S_{XY}=\sum_{i=1}^{9}(X_i-\overline{X})(Y_i-\overline{Y})=112.1$$

① $\hat{y}=-1.07-2.74x$
② $\hat{y}=-1.07+2.74x$
③ $\hat{y}=1.07-2.74x$
④ $\hat{y}=1.07+2.74x$

해설
회귀식이 $\hat{y}=\hat{\beta_0}+\hat{\beta_1}x$와 같을 때 *$\hat{\beta_0}$: 절편, $\hat{\beta_1}$: 기울기

$$\hat{\beta_0}=\overline{y}-\hat{\beta_1}\overline{x}$$
$$\hat{\beta_1}=r_{XY}\dfrac{S_Y}{S_X}=\dfrac{S_{XY}}{S_{XX}}=\dfrac{\sum_{i=1}^{n}(x_i-\overline{x})(y_i-\overline{y})}{\sum_{i=1}^{n}(x_i-\overline{x})^2}$$

*r_{XY}: X와 Y의 상관계수,
S_X: X의 표준편차, S_Y: Y의 표준편차,
S_{XY}: X와 Y의 공분산, S_{XX}: X의 분산

이에 의해 계산하면
$$\hat{\beta_1}=r_{XY}\dfrac{S_Y}{S_X}=\dfrac{S_{XY}}{S_{XX}}$$
$$=\dfrac{\sum_{i=1}^{n}(x_i-\overline{x})(y_i-\overline{y})}{\sum_{i=1}^{n}(x_i-\overline{x})^2}=\dfrac{112.1}{40.9}=2.74$$ 이고

$\hat{\beta_0}=\overline{y}-\hat{\beta_1}\overline{x}=15.1-2.74\times5.9=-1.07$

따라서 회귀식은 $\hat{y}=-1.07+2.74x$ 가 된다.

80 부적합률이 0.05인 제품을 20개씩 한 박스에 넣어서 포장하였다. 10개의 박스를 구입했을 때, 기대되는 부적합품의 총개수는?

① 1개
② 5개
③ 10개
④ 15개

해설
1개 박스에 20개가 들어있으므로 10개 박스면 200개가 들어있다. 200개에 부적합률을 곱하면 기대되는 부적합품 총개수를 산출할 수 있다.
∴ 200 × 0.05 = 10개

81 분산분석에 대한 설명으로 맞는 것은?

① 분산분석이란 각 처리집단의 분산이 서로 같은지를 점검하기 위한 방법이다.
② 비교하려는 처리집단이 k개 있으면 처리에 의한 자유도는 k - 2가 된다.
③ 일원배치분산분석에서 일원배치의 의미는 반응변수에 영향을 주는 요인이 하나인 것을 의미한다.
④ 두 개의 요인이 있을 때 각 요인의 주효과를 알아보기 위해서는 요인간 교호작용이 있어야 한다.

해설
① 일원배치분산분석은 독립변수(요인)가 1개인 경우 종속변수의 평균이 서로 다른지를 분석하는 것이다. 따라서 처리집단의 분산에 대한 동일성을 점검하는 것이 아니다.
② 처리집단이 k개일 경우 처리에 의한 자유도는 k-1이다.
④ 두 개의 요인이 있을 때 각 요인의 주효과(각 독립변수가 종속변수에 미치는 효과)를 알아보기 위해 요인간 교호작용(독립변수간의 상호작용으로 종속변수에 미치는 효과)이 있어야 하는 것은 아니다.

82 피어슨의 비대칭도를 대표치 간의 관계식으로 바르게 나타낸 것은? (단, $\overline{X}$: 산술평균, M_e: 중위수, M_o: 최빈수)

① $\overline{X} - M_o = 3(M_e - \overline{X})$
② $M_o - \overline{X} = 3(M_o - M_e)$
③ $\overline{X} - M_o = 3(\overline{X} - M_e)$
④ $M_o - \overline{X} = 3(M_e - M_o)$

해설
왜도(S_k) = 비대칭도(p)
$= \dfrac{(산술평균(\overline{X}) - 최빈수(M_o))}{표준편차(S)}$
$\cong \dfrac{3(산술평균(\overline{X}) - 중위수(M_e))}{표준편차(S)}$

83 통계적 가설의 기각여부를 판정하는 가설검정에 대한 설명으로 맞는 것은?

① 표본으로부터 확실한 근거에 의하여 입증하고자 하는 가설을 귀무가설이라 한다.
② 유의수준은 제2종 오류를 범할 확률의 최대허용한계이다.
③ 대립가설을 채택하게 하는 검정통계량의 영역을 채택역이라 한다.
④ 대립가설이 옳은데도 귀무가설을 채택함으로써 범하게 되는 오류를 제2종 오류라 한다.

해설
① 표본으로부터 확실한 근거에 의하여 입증하고자 하는 가설은 대립가설이다.
② 유의수준은 제1종 오류를 범할 확률의 최대허용한계이다.
③ 귀무가설을 채택하게 하는 검정통계량의 영역을 채택역이라 한다.

| 정답 | 80 ③ 81 ③ 82 ③ 83 ④

84 상관계수에 대한 설명으로 틀린 것은?

① 두 변수의 직선 관계를 나타내는 척도이다.
② 상관계수는 -1에서 1 사이의 값을 갖는다.
③ 상관계수가 0에 가깝다는 의미는 두 변수 간의 연관성이 없다는 의미이다.
④ 상관계수 값이 1이나 -1에 가깝다는 의미는 두 변수 간의 강한 연관성을 가지고 있다는 의미이기도 하다.

해설
상관계수가 0이라는 것은 변수 간 선형연관성이 없다는 의미다. 다른 형태의 연관성(예 곡선관계 등)은 있을 수 있다.

85 어떤 회사의 제품 중 10%는 유통과정에서 변질되어 부적합품이 발생한다고 한다. 이를 확인하기 위하여 해당 제품 100개를 추출하여 실험하였다. 이때 10개 이상이 부적합품일 확률은?

① 0.1
② 0.3
③ 0.5
④ 0.7

해설
이항분포와 이항분포의 정규근사치를 활용한다. 어떤 시행에서 부적합품 발생확률이 $p=0.1$, 발생하지 않을 확률이 $q=1-p=0.9$라 하면 이 시행을 독립적으로 100번($n=100$) 했을 때 그 중 x회만 부적합품이 발생할 확률에 관한 문제이므로, 부적합품 발생 또는 발생되지 않음의 상호배타적인 두 가지 결과만을 가진 베르누이 시행을 독립적으로 반복한 경우의 성공횟수를 확률변수 X로 했을 때 그 확률변수 X의 확률분포인 이항분포의 문제이고 B(100, 0.1)로 나타낸다. 이때 시행횟수 n이 충분히 커지면, 확률변수는 근사적으로 정규분포 N(np, npq)를 따른다. 이에 따라 시행횟수가 클 경우 정규분포를 이용하여 이항분포확률의 근사치를 구할 수 있다. 시행횟수가 n이고 성공확률이 p인 이항분포 B(n, p)는 위와 같은 경우 정규분포 N(np, npq)에 근사하므로 B(100, 0.1)은
정규분포 N(100 × 0.1, 100 × 0.1 × 0.9) = N(10, 9)에 근사한다.
$X \sim Z(10, 9)$일 때 10개 이상이 부적합일 확률은 $P(X \geq 10)$이고, 이를 정규근사공식 $Z = \dfrac{X-np}{\sqrt{np(1-p)}}$을 적용하여 Z로 나타내면 $P(Z \geq \dfrac{10-10}{\sqrt{9}}) = P(Z \geq 0) = 0.5$이다.

86 일원분산분석 모형에서 오차항에 대한 가정에 해당되지 않는 것은?

① 일치성
② 정규성
③ 독립성
④ 등분산성

해설
분산분석의 오차항에 대한 기본가정은 다음과 같다.
㉠ 오차(ϵ_{ij})의 기댓값은 0이다.
㉡ [독립성] 오차는 서로 독립적이다(임의의 오차 ϵ_{ij}와 $\epsilon_{i'j'}$는 서로 독립이다).
㉢ [정규성] 오차(ϵ_{ij})의 분포는 정규분포이다.
㉣ [등분산성] 오차들의 분산은 동일하다(오차 ϵ_{ij}의 분산은 σ_ϵ^2으로, 어떤 i, j에 대해서도 같다).

87 어떤 가설검정에서 유의확률(P값)이 0.044일 때, 검정 결과로 맞는 것은?

① 귀무가설을 유의수준 1%와 5%에서 모두 기각할 수 없다.
② 귀무가설을 유의수준 1%와 5%에서 모두 기각할 수 있다.
③ 귀무가설을 유의수준 1%에서 기각할 수 있으나 5%에서는 기각할 수 없다.
④ 귀무가설을 유의수준 1%에서 기각할 수 없으나 5%에서는 기각할 수 있다.

해설
• [P값(0.044) ≤ 유의수준]일 때 귀무가설 기각이 가능하다.
• 유의수준 1%(0.01)에서는 P값(0.044) > 유의수준(0.001)로 귀무가설을 기각할 수 없고,
유의수준 5%(0.05)에서는 P값(0.044) < 유의수준(0.05)로 귀무가설을 기각할 수 있다.

| 정답 | 84 ③ 85 ③ 86 ① 87 ④ |

88 모평균과 모분산이 각각 μ, σ^2인 모집단으로부터 크기 2인 확률표본 X_1, X_2를 추출하고 이에 근거하여 모평균 μ를 추정하고자 한다. 모평균 μ의 추정량으로 다음의 두 추정량을 고려할 때, 일반적으로 $\hat{\theta}_2$ 보다 $\hat{\theta}_1$을 선호하는 이유는?

$$\hat{\theta}_1 = \frac{X_1 + X_2}{2}, \quad \hat{\theta}_2 = \frac{2X_1 + X_2}{3}$$

① 유효성
② 일치성
③ 충분성
④ 비편향성

해설
- $\hat{\theta}_2$보다 $\hat{\theta}_1$이 추정량의 분산이 작다. 이는 유효성에 관련된다.
- 추정량의 분산을 계산해보면 다음과 같다.

$$Var(\hat{\theta}_1) = Var\left(\frac{X_1 + X_2}{2}\right)$$
$$= \frac{1}{2^2}\{(Var(X_1) + Var(X_2)\} = \frac{1}{4} \times 2\sigma^2 = \frac{\sigma^2}{2}$$

$$Var(\hat{\theta}_2) = Var\left(\frac{2X_1 + X_2}{3}\right)$$
$$= \frac{2^2}{3^2}Var(X_1) + \frac{1}{3^2}Var(X_2) = \frac{4}{9} \times \sigma^2 + \frac{1}{9} \times \sigma^2 = \frac{5\sigma^2}{9}$$

89 단순회귀모형 $Y = \beta_0 + \beta_1 x + \epsilon$, $\epsilon \sim N(0, \sigma^2)$을 이용한 적합한 회귀식 $\hat{y} = 30 + 0.44x$에 대한 설명으로 맞는 것은?

① 종속변수가 0일 때, 독립변수 값은 0.44이다.
② 독립변수가 0일 때, 종속변수 값은 0.44이다.
③ 종속변수가 한 단위 증가할 때, 독립변수의 값은 평균 0.44 증가한다.
④ 독립변수가 한 단위 증가할 때, 종속변수의 값은 평균 0.44 증가한다.

해설
독립변수 x의 변화에 따라 종속변수 Y의 값이 변화한다.

90 LCD패널을 생산하는 공장에서 출하 제품의 질적 관리를 위하여 패널 100개를 임의추출하여 실제 몇 개의 결점이 있는가를 세어본 결과 평균은 5.88개, 표준편차는 2.03개였다. 모평균 추정량 표준오차의 추정치는?

① 0.203
② 0.103
③ 0.230
④ 0.320

해설
모표준편차가 σ일 때 평균추정에 있어서의 표준오차는 $\frac{\sigma}{\sqrt{n}}$이다. 모표준편차가 알려져 있지 않으므로 표본의 표준편차 s를 이용하여 계산한다.
$n = 100$, $s = 2.03$이므로 $\frac{\sigma}{\sqrt{n}} = \frac{s}{\sqrt{n}} = \frac{2.03}{\sqrt{100}} = 0.203$이다.

91 전체 인구의 2%가 어느 질병을 앓고 있다고 한다. 이 질병을 검진하기 위해 사용되고 있는 어느 진단시약은 질병에 걸린 사람 중 80%, 질병에 걸리지 않은 사람 중 10%에 대해 양성반응을 보인다. 어떤 사람의 진단 테스트 결과가 양성반응일 때, 이 사람이 질병에 걸렸을 확률은?

① $\frac{7}{57}$
② $\frac{8}{57}$
③ $\frac{10}{57}$
④ $\frac{11}{57}$

해설
질병에 걸릴 사건을 A, 질병에 걸리지 않을 사건을 B, 진단 테스트 결과로 양성반응을 보일 사건을 C라고 하면
$P(A) = 0.02$, $P(B) = 0.98$, $P(C|A) = 0.8$, $P(C|B) = 0.1$로 나타낼 수 있다.
어떤 사람의 진단 테스트 결과가 양성반응일 때 이 사람이 질병에 걸렸을 확률 $P(A|C) = \frac{P(A \cap C)}{P(C)}$이다.
양성반응을 보일 확률 $P(C)$는 '질병에 걸리고 양성반응'일 확률과 '질병에 걸리지 않고 양성반응'일 확률의 합이므로
$P(C) = P(A \cap C) + P(B \cap C)$
$= P(A)P(C|A) + P(B)P(C|B)$로 나타낼 수 있다.
$\therefore P(C) = (0.02 \times 0.8) + (0.98 \times 0.1)$
$= 0.016 + 0.098 = 0.114$이다.
이 식에서 $P(A \cap C) = 0.016$이므로
$\therefore P(A|C) = \frac{P(A \cap C)}{P(C)} = \frac{0.016}{0.114} = \frac{8}{57}$

92 다음은 정규분포의 정규곡선을 설명한 것으로 맞는 것은 모두 몇 개인가?

> ㉠ 정규곡선은 중앙값을 중심으로 좌우 대칭을 이룬다.
> ㉡ 정규곡선의 형태와 위치는 평균과 표준편차에 의해 결정된다.
> ㉢ 정규곡선 밑의 면적은 1이다.
> ㉣ 정규곡선이 그려지는 확률변수의 범위는 $-\infty$에서 $+\infty$까지이다.

① 1개　　② 2개
③ 3개　　④ 4개

해설
㉠ 정규분포의 곡선은 평균(기댓값)을 중심으로 좌우 대칭을 이루며 왜도는 0으로 평균, 중위수, 최빈값이 모두 일치한다.
㉡ 평균과 분산(표준편차)에 의해 정규곡선의 위치와 형태가 결정된다.
㉢ 곡선 아래의 면적(곡선과 X축 사이)은 전체가 1이다.
㉣ 확률변수가 취할 수 있는 값의 범위는 음의 무한대부터 양의 무한대까지이다.

93 국회의원 후보 A에 대한 청년층 지지율 p_1과 노년층 지지율 p_2의 차이 $p_1 - p_2$는 6.6%로 알려져 있다. 청년층과 노년층 각각 500명씩 랜덤 추출하여 조사하였더니, 위 지지율 차이는 3.3%로 나타났다. 지지율 차이가 줄어들었다고 할 수 있는지를 검정하기 위한 귀무가설 H_0와 대립가설 H_1은?

① $H_0 : p_1 - p_2 = 0.033$,　$H_1 : p_1 - p_2 > 0.033$
② $H_0 : p_1 - p_2 < 0.033$,　$H_1 : p_1 - p_2 \leq 0.033$
③ $H_0 : p_1 - p_2 < 0.066$,　$H_1 : p_1 - p_2 \geq 0.066$
④ $H_0 : p_1 - p_2 = 0.066$,　$H_1 : p_1 - p_2 < 0.066$

해설
기존의 알려진 지지율 차이는 6.6%이며 이것이 귀무가설(같다, 차이가 없다는 입장으로, 일반적으로 등호로 표시된다)로 설정된다. 본 문제에서의 대립가설은 지지율 차이가 귀무가설에서의 차이 6.6%보다 줄어들었다는 방향을 가지고 있으므로 귀무가설에서 설정된 값보다 작다는 방향으로 설정된다.
∴ $H_0 : p_1 - p_2 = 0.066$,　$H_1 : p_1 - p_2 < 0.066$

94 어느 조사에서 응답자가 조사에 응답할 확률이 0.4라고 알려져 있다. 1,000명을 조사할 때, 응답자 수의 기댓값과 분산은?

	기댓값	분산		기댓값	분산
①	400	120	②	400	240
③	600	120	④	600	240

해설
- 응답(성공) 또는 응답하지 않음의 상호배타적인 두 가지 결과만을 가진 베르누이 시행을 독립적으로 반복한 경우의 성공횟수를 확률변수 X로 했을 때 그 확률변수 X의 확률분포는 이항분포이다.
- 응답(성공) 확률은 p = 0.4이며 1,000명에 대한 조사 시행은 각각 서로 독립적이다(n = 1000). 확률변수 X는 이항분포 B(1000, 0.4)를 따르므로 기댓값과 분산은 B(np, npq)에 의해 구한다.
∴ 기댓값 np = 1000 × 0.4 = 400
　분산 npq = 1000 × 0.4 × (1 − 0.4) = 240

95 곤충학자가 70마리의 모기에게 A회사의 살충제를 뿌리고 생존시간을 관찰하여 $\bar{x} = 18.3$, $s = 5.2$를 얻었다. 생존시간의 모평균 μ에 대한 99% 신뢰구간은?
[단, P(Z > 2.58) = 0.005, P(Z > 1.96) = 0.025, P(Z > 1.645) = 0.05이다]

① $8.6 \leq \mu \leq 28.0$
② $16.7 \leq \mu \leq 19.9$
③ $17.1 \leq \mu \leq 19.5$
④ $18.1 \leq \mu \leq 18.5$

해설
모집단의 분산이 알려져 있지 않은 대표본인 경우의 모평균에 대한 신뢰구간을 구하는 문제이므로 검정통계량 Z를 사용하며, 이때 모집단의 표준편차 대신 표본의 표준편차를 사용한다. 신뢰수준 99%이므로 양쪽 임계치 중 한 쪽 임계치에 해당하는 확률은 0.005이다.
P(Z > 2.58) = 0.005로 주어져 있으므로 해당 면적의 Z값은 $Z_{0.005} = 2.58$이며, 이 값이 $Z_{\frac{\alpha}{2}}$이다. 따라서 $\bar{X} = 18.3$, $S = 5.2$, $Z_{\frac{\alpha}{2}} = 2.58$, $n = 70$일 때 모평균에 대한 신뢰구간은 다음과 같이 계산된다.

$$\bar{x} - Z_{\frac{\alpha}{2}} \frac{S}{\sqrt{n}} \leq \mu \leq \bar{x} + Z_{\frac{\alpha}{2}} \frac{S}{\sqrt{n}}$$

$$18.3 - 2.58 \frac{5.2}{\sqrt{70}} \leq \mu \leq 18.3 + 2.58 \frac{5.2}{\sqrt{70}}$$

$$16.7 \leq \mu \leq 19.9$$

96 크기가 5인 확률표본에 대해 다음과 같은 자료를 얻었다면, 표본 변동계수(Coefficient of Variation)는?

$$\sum_{j=1}^{5} x_j = 10, \quad \sum_{j=1}^{5} x_j^2 = 30$$

① 0.5
② 0.79
③ 1.0
④ 1.26

해설

표본변동계수는 표본의 표준편차를 표본의 평균으로 나누어 구한다.

표본의 평균 = $\dfrac{\sum_{j=1}^{5} x_j}{n} = \dfrac{10}{5} = 2$

표본의 표준편차는 표본의 분산을 이용하여 다음과 같이 구한다.

$s^2 = \dfrac{\sum_{j=1}^{5}(x_j - \overline{x})^2}{n-1}$

$= \dfrac{\sum_{j=1}^{5} x_j^2 - n \times \overline{x}^2}{n-1} = \dfrac{30 - 5 \times 2^2}{5-1} = \dfrac{10}{4} = 2.5$

∴ 표준편차 $s = \sqrt{2.5}$

∴ 표본변동계수 = $\dfrac{\text{표본의 표준편차}}{\text{표본의 평균}} = \dfrac{\sqrt{2.5}}{2} ≒ 0.79$

97 다음 사례에 알맞은 검정방법은?

도시지역과 시골지역의 가족 구성원 수의 평균 차이가 있는지를 알아보고자 도시지역과 시골지역 중 각각 몇 개의 지역을 골라 가족 구성원 수를 조사하였다.

① F - 검정
② 더빈 왓슨 검정
③ χ^2 - 검정
④ 독립표본 t - 검정

해설

평균차이 검정에 있어서 두 모집단의 가설검정은 모집단이 두 개이며, 두 모집단의 평균에 차이가 있는지를 검정하는 방법이다. 두 집단의 평균을 비교함에 있어서 두 집단이 서로 독립적인 경우 두 모분산이 알려져 있거나, 알려져 있지 않더라도 대표본일 때에는 검정통계량 Z을 사용하여 검정한다. 두 모분산이 알려져 있지 않고 표본의 크기가 소표본인 경우에는 t - 검정을 사용(독립표본 t - 검정)한다. 주어진 사례에 있어서 도시지역과 시골지역의 가족 구성원 수는 서로 독립적이고 두 모집단의 평균에 차이가 있는가를 검정하는 방법이므로 주어진 보기에서 가장 적합한 검정방법은 독립표본 t - 검정이 된다.

98 자료 $x_1, x_2, \cdots, x_n$을 $z_i = ax_i + b$, $i = 1, 2, \cdots, n$(단, a, b는 상수)으로 변환할 때, 평균과 분산에 있어서 변환한 자료와 원자료 사이에 성립하는 관계식은? (단, 원자료의 평균과 분산은 각각 $\overline{x}$, s_x^2이고, 변환한 자료의 평균과 분산은 각각 $\overline{z}$, s_z^2이다)

① $\overline{z} = a\overline{x}$, $s_z^2 = a^2 s_x^2$
② $\overline{z} = a\overline{x} + b$, $s_z^2 = a^2 s_x^2$
③ $\overline{z} = a\overline{x} + b$, $s_z^2 = as_x^2 + b$
④ $\overline{z} = a\overline{x} + b$, $s_z^2 = a^2 s_x + b$

해설

기댓값과 분산의 성질을 이용한다.

㉠ $E(aX+b) = aE(X) + b$의 성질을 이용하여 원자료 평균 $\overline{x}$과 변환한 자료의 평균 $\overline{z}$의 관계식에서 변환한 자료 $z_i = ax_i + b$의 기댓값을 구하면 $E(z_i) = E(ax_i + b) = aE(x_i) + b$이다. 이때 $E(z_i) = \overline{z}$, $E(x_i) = \overline{x}$이므로 $E(z_i) = aE(x_i) + b$를 이에 대해 정리하면 $\overline{z} = a\overline{x} + b$의 관계가 성립하게 된다.

㉡ $V(aX+b) = a^2 V(X)$의 성질을 이용하여 원자료 분산 s_x^2과 변환한 자료의 분산 s_z^2의 관계식을 구하면 $Var(z_i) = Var(ax_i + b) = a^2 Var(x_i)$이다. 이때 $Var(z_i) = s_z^2$, $Var(x_i) = s_x^2$이므로 $Var(z_i) = a^2 Var(x_i)$를 이에 대해 정리하면 $s_z^2 = a^2 s_x^2$의 관계가 성립한다.

| 정답 | 96 ② 97 ④ 98 ② |

99 A분포와 B분포의 특성에 관한 설명으로 틀린 것은?

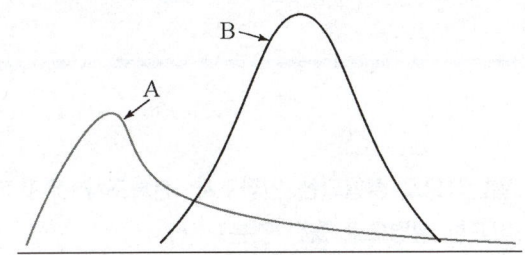

① A의 분산은 B의 분산보다 크다.
② A의 왜도는 양(+)의 값을 가진다.
③ B의 왜도는 음(-)의 값을 가진다.
④ A의 최빈값은 B의 최빈값보다 작다.

해설
B는 좌우대칭이므로 왜도가 0이 된다.

100 골동품 시장에서 거래되는 그림의 20%가 위조품이라고 가정한다. 오래된 그림의 진위를 감정하는 감정사들이 진품그림을 진품으로 평가할 확률은 85%이고, 위조그림을 진품으로 감정할 확률은 15%이다. 한 고객이 감정사가 진품이라고 감정한 그림을 샀을 때, 구입한 그림이 진품일 확률은?

① 0.85
② 0.90
③ 0.95
④ 0.96

해설
위조품일 확률을 P(F)라 하고, 진품일 확률을 P(T)라고 하면 P(F)=0.2, P(T)=0.8이다. 감정사가 그림을 진품으로 평가할 확률을 P(X)라고 하면 이 확률은 '진품을 진품으로 평가할 확률 P(X|T)=0.85'와 '위조품을 진품으로 평가할 확률 P(X|F)=0.15'로 구성된다. 이 두 사건은 동시에 발생하지 않는 배반사건이므로 합의 법칙을 이용해서 나타낼 수 있다. 고객이 어떤 그림 1점을 샀을 때 그 그림이 진품으로 감정한 그림일 확률 P(X)는
P(X) = P(T ∩ X) + P(F ∩ X)
    = P(T)P(X|T) + P(F)P(X|F)로 나타낼 수 있다.
이미 구해놓은 확률들을 대입하면
P(X) = (0.8 × 0.85) + (0.2 × 0.15) = 0.71이다.
따라서 진품으로 감정한 그림을 샀을 때 그 그림이 진품일 확률을 P(T|X)라고 하면

$P(T|X) = \dfrac{\text{진품으로 감정했는데 진품일 확률}}{\text{진품으로 감정할 확률}}$

$= \dfrac{P(T \cap X)}{P(X)} = \dfrac{(0.8 \times 0.85)}{0.71} ≒ 0.96$

2022년 제1회

제1과목: 조사방법론 Ⅰ

01 과학적 연구조사를 목적에 따라 탐색조사, 기술조사, 인과조사로 분류할 때 기술조사에 해당하는 것은?

① 종단조사
② 문헌조사
③ 사례조사
④ 전문가의견조사

해설
기술조사는 어떤 현상을 조사하여 통계적으로 명확하게 요약·기술하는 것이 목적인 조사로, 기술조사의 유형을 조사의 시점에 따라 종단적 조사와 횡단적 조사로 나눌 수 있다.
②, ③, ④ 탐색적 조사의 유형이다.

02 설문지의 질문으로 가장 적합한 것은?

① 당신의 국적은 어디입니까?
② 당신 아버지의 수입은 얼마입니까?
③ 미친 사람에 대한 당신의 반응은 어떻습니까?
④ 어묵과 붕어빵을 파는 노점상들 간에는 경쟁이 치열합니까?

해설
설문지의 질문은 명료하고 구체적이며 의미가 명확히 전달되어야 하며, 이중적(복합적) 질문을 하지 말아야 한다.
②, ③ 수입, 미친 사람 등 질문에서 의미하는 개념이 명확하지 않다.
④ 하나의 질문에 2가지 이상의 요소가 포함된 복합적 질문이다.

03 일반적으로 실행되는 면접조사, 전화조사, 우편조사를 비교한 설명으로 틀린 것은?

① 3가지 방법 모두 개방형 질문을 활용할 수 있다.
② 조사자의 영향을 가장 적게 받는 것은 전화조사이다.
③ 복잡한 질문을 다루는 데는 면접조사가 가장 적합하다.
④ 익명성을 보장하려면 면접조사보다는 우편조사를 실시한다.

해설
우편조사는 조사대상자에게 질문지를 우편 발송, 응답자가 스스로 응답한 후 다시 조사자에게 우편 발송해주도록 하는 방법이므로 면접조사와 전화조사에 비해 조사자의 영향을 가장 적게 받는 조사방법이다.

04 연구자가 검정요인(Test Factor)을 연구에 도입하는 가장 큰 이유는?

① 측정의 타당도 향상
② 측정의 신뢰도 향상
③ 일반화 가능성의 증대
④ 상관관계의 허위 여부 확인

해설
검정요인은 두 변수 간 관계의 허위 여부를 확인해보려고 할 때, 즉 두 변수 사이의 관계가 또 다른 변수에 의한 것인가를 판별해보고자 할 때 검정요인으로 제3의 변수를 도입해서 분석할 수 있다.

| 정답 | 01 ① 02 ① 03 ② 04 ④

05 면접조사에서 조사자가 준수해야 할 일반적인 원칙으로 틀린 것은?

① 질문지를 숙지하고 있어야 한다.
② 응답자와 친숙한 분위기를 형성하여야 한다.
③ 개방형 질문의 경우에는 응답 내용을 해석하고 요약하여 기록하여야 한다.
④ 면접자는 응답자가 이질감을 느끼지 않도록 복장이나 언어사용에 유의하여야 한다.

해설
면접자는 중립성, 공평성을 갖추고 친숙하고 자연스러운 분위기를 조성해야 하며 복장이나 언어사용에 유의하며 조사내용을 잘 숙지하고 있어야 한다. ③ 면접내용의 기록에 있어서 주관을 배제한 채 응답내용 그대로를 기록한다.

06 다음에서 설명하고 있는 것은?

> 하나의 사실과 다른 사실과의 관계를 잠정적으로 나타내는 것으로 이것에 대한 검증을 통해 연구자가 제기한 문제의 해답을 내리게 되는 것이다.

① 가설
② 연구문제
③ 관찰
④ 인과관계

해설
가설은 일련의 현상을 설명하기 위해 과학적 근거를 가진 명제형태로 추측하는 것(추론의 전제)으로, 보통 둘 이상의 변수·현상 간의 관계를 설명하는 검증되지 않은 상태의 명제이다.

07 질문지 작성원칙과 가장 거리가 먼 것은?

① 연구자의 가치관이나 의견이 반영된 문장을 사용한다.
② 질문이 짧을수록 좋고 부연설명이나 단어의 중복 사용은 피해야 한다.
③ 복합적인 질문을 피하고, 두 개 이상의 질문을 하나로 묶지 말아야 한다.
④ 질문은 그 자체로서 의미가 명확히 전달될 수 있도록 구성하고 모호한 질문은 피해야 한다.

해설
질문지의 질문은 읽기 쉽고 간결해야 하며 명료하고 구체적이며 의미가 명확하게 전달되어야 한다. 이중적 질문(복합적 질문)은 하지 말아야 하며 연구자의 가치관이나 의견이 반영되지 않은 가치중립적 질문이어야 한다.

08 관찰기법 분류에 관한 설명으로 틀린 것은?

① 응답자에게 자신이 관찰된다는 사실을 알려주고 관찰하는 것은 공개적 관찰이다.
② 관찰할 내용이 미리 명확히 결정되어, 준비된 표준양식에 관찰사실을 기록하는 것은 체계적 관찰이다.
③ 청소년의 인터넷 이용실태를 조사하기 위해 PC방을 방문하여 이용 상황을 옆에서 직접 지켜본다면 직접관찰이다.
④ 컴퓨터 브랜드 선호도 조사를 위해 판매 매장과 비슷한 상황을 만들어 표본으로 선발된 소비자로 하여금 제품을 선택하게 하여 행동을 관찰한다면 자연적 관찰이다.

해설
④ 관찰이 일어나는 상황이 인위적인 경우이므로 인위적 관찰에 해당된다.

09 종단연구(Longitudinal Study)에 관한 설명으로 틀린 것은?

① 추세분석은 종단연구에 속한다.
② 조사내용의 시간에 따른 변화를 분석한다.
③ 변화분석은 조사내용의 시간에 따른 변화의 원인에 대한 분석도 포함한다.
④ 패널조사란 특정 조사대상자들을 선정하여 단 한 차례만 조사를 실시하는 방법이다.

해설
패널조사는 특정한 대상을 사전에 패널로 선정하고 이들을 대상으로 반복적으로 조사를 실시하는 것이다.

10 변수 사이의 관계에 대한 설명으로 맞는 것은?

① X와 Y 사이에 매개변수가 있을 경우 X와 Y 사이에는 인과관계가 존재하지 않는다.
② X와 Y가 실제로는 정(Positive)의 관계를 가지면서도, 상관계수는 부(Negative)의 관계로 나타날 수 있다.
③ X와 Y의 상관계수(피어슨의 상관계수)가 0이면, 두 변수 간에는 아무런 관계가 존재하지 않는다고 결론짓는다.
④ X가 Y보다 논리적으로 선행하고 두 변수가 높은 상관을 보이면 두 변수 X와 Y가 인과관계가 있다고 결론짓는다.

해설
실제로는 두 변수가 정의 관계를 가지고 있지만 다른 변수의 개입 등으로 상관계수는 부의 관계로 나타날 수 있다.
① 매개변수가 있다고 해서 인과관계가 존재하지 않는 것은 아니다.
③ 상관계수는 선형적 관계에 관한 것이다. 두 변수의 상관계수가 0이어도 두 변수 간에는 곡선관계 등 다른 관계가 존재할 수 있다.
④ 인과관계를 위한 3요건은 공동변화(연관성), 시간적 선후성, 허위관계의 배제(외생변수 통제)이다.

11 다음은 과학적 방법의 특징 중 무엇에 관한 설명인가?

> 대통령 후보 지지율에 대한 여론조사를 여당과 야당이 동시에 실시하였다. 서로 다른 동기에 의해서 조사를 하였지만, 양쪽의 조사설계와 자료수집 과정이 객관적이라면 서로 독립적으로 조사했더라도 양쪽 당의 조사결과는 동일해야 한다.

① 검증가능성
② 상호주관성
③ 재생가능성
④ 논리적 일관성

해설
연구자들의 주관이 제각기 달라도, 동일한 방법을 사용했을 때에는 동일한 해석·설명에 도달할 수 있어야 한다는 것이다. 과학적 방법의 특징 중 상호주관성에 해당하는 설명이다.

12 일반적으로 가장 높은 응답률을 확보할 수 있는 조사방법은?

① 우편설문법
② 전화설문법
③ 직접면접
④ 전자서베이

해설
직접면접법은 면접자의 존재로 응답자의 응답에 있어서 동기유발이 되며, 라포 형성 및 응답자에게 질문 내용에 대한 설명 등이 가능하여 다른 조사 대비 응답률이 높다.

| 정답 | 09 ④ | 10 ② | 11 ② | 12 ③ |

13 분석단위와 연구내용이 잘못 짝지어진 것은?

① 도시 – 흑인이 많은 도시에서 범죄율이 높은 것으로 나타났다.
② 도시 – 인구가 10만 명 이상인 도시 중 89%는 적어도 종합 병원이 2개 이상 있었다.
③ 개인 – 전체 농부 중에서 32%가 여성임에도 불구하고 여성은 전통적으로 농부라기보다 농부의 아내로 인식되었다.
④ 개인 – 1970년부터 현재까지 고용주가 게재한 구인광고의 내용과 강점이 어떻게 변화되었는지 파악하였다.

해설
분석단위는 개인수준, 집단수준, 프로그램, 조직, 제도, 국가, 지방자치단체, 사회적 생성물 등이다.
④ 분석단위가 구인광고이므로 분석단위의 분류에서 개인은 적합하지 않다. 구인광고는 관점에 따라 사회적 생성물 또는 프로그램의 성격을 가질 수 있다.

14 사회조사연구의 과정을 순서대로 잘 배열한 것은?

① 가설형성 → 자료수집 → 표본선정 → 보고서작성
② 표본선정 → 연구문제 정립 → 가설형성 → 자료수집
③ 연구문제 정립 → 가설형성 → 표본선정 → 자료수집
④ 자료수집 → 연구문제 선정 → 자료처리 → 보고서작성

해설
과학적 조사의 절차는 문제 인식과 문제 정립 → (기존 이론·연구 고찰) → 가설 설정 → 조사 설계 → 자료 수집 → 자료 분석 → 보고서 작성이다.

15 다음 중 좋은 가설이 아닌 것은?

① 자녀 학업을 위한 가족분리는 바람직하지 않다.
② 부모의 학력이 높을수록 자녀의 학력도 높아진다.
③ 리더십 형태에 따라 직원의 직무만족도가 달라진다.
④ 고객만족도가 높을수록 기업의 재무적 성과가 더 높아진다.

해설
가설은 일련의 현상을 설명하기 위해 과학적 근거를 가진 명제형태로 추측하는 것(추론의 전제)으로, 보통 둘 이상의 변수·현상 간의 관계를 설명하는 검증되지 않은 상태의 명제이다. 좋은 가설의 요건은 명료성, 가치중립성, 한정성, 검증가능성 등이며 변수들 간의 관계가 시간, 공간, 분석단위 등에 따라 어떻게 성립하며 변화하는지 관계, 방향, 성립 조건 등에 관하여 한정적으로 명확히 밝힐 수 있어야 한다.

16 실험설계를 위한 필수요건과 가장 거리가 먼 것은?

① 통제집단과 비교집단을 함께 갖추어야 한다.
② 실험대상자들을 실험집단과 통제집단으로 무작위 배분하여야 한다.
③ 독립변수는 실험집단에만 투입하고 통제집단에서는 통제되어야 한다.
④ 독립변수의 효과를 추정하기 위해 두 집단의 종속변수 값이 비교되어야 한다.

해설
실험설계의 구성요소(요건)은 독립변수의 조작, 외생변수의 통제, 무작위할당이다.
① 통제집단은 실험집단과의 비교를 위해 실험적 조작을 가하지 않는 집단이다.

17 실험연구 설계의 원리에 해당하지 않는 것은?

① 측정과정에서 발생하는 오차를 최소화해야 한다.
② 실험설계는 조사 질문에 대한 해답을 구할 수 있도록 설계되어야 한다.
③ 실험설계의 중요한 목적 중 하나인 분석 결과의 타당성 확보를 위해서 통제과정이 중요하다.
④ 변수 간 인과관계를 도출한 실험 결과가 일반화되기 위해서 실험대상들이 무작위 또는 작위적으로 추출되어야 한다.

해설
결과의 일반화를 위해서는 대상들이 무작위로 추출되어야 한다.

18 두 변수들 사이에 인과관계가 존재하기 위해 필요한 조건과 가장 거리가 먼 것은?

① 원인은 시간적으로 결과를 선행한다.
② 두 변수는 경험적으로 서로 상호 관련되어 있다.
③ 두 변수의 값은 각각 다른 변수의 값에 의하여 결정된다.
④ 두 변수의 상관관계는 제3의 변수에 의해 만들어진 것이 아니다.

해설
인과관계의 3요건은 공동변화(연관성; 두 변수가 서로 연관되어 상관관계가 있는 것), 시간적 선후성(원인변수의 변화가 결과변수의 변화에 선행해야 함), 허위관계의 배제(외생변수의 통제)이다.

19 특정한 시기에 태어났거나 동일 시점에 특정 사건을 경험한 사람들을 대상으로 이들이 시간이 지남에 따라 어떻게 변화하는지를 조사하는 방법은?

① 사례조사
② 패널조사
③ 코호트 조사
④ 전문가의견조사

해설
코호트는 조사하는 주제와 관련된 특성을 공유하는 대상의 집단을 의미(예 특정 시기에 출생했거나 같은 시점에 어떤 특정한 사건을 경험한 사람들 등)하며, 코호트 조사는 이러한 특정경험을 같이 하는 사람들이 가지는 특성들에 대해 시간의 경과에 따른 변화를 조사하기 위해 두 번 이상의 다른 시점에 걸쳐 비교 연구하는 방법이다.

20 직접관찰과 간접관찰을 분류하는 기준으로 맞는 것은?

① 상황이 인공적인지 여부
② 의사결정 문제의 확정 여부
③ 관찰시기와 행동발생의 일치 여부
④ 응답자가 관찰사실을 아는지 여부

해설
관찰시기와 행동 발생의 일치여부에 따라 직접관찰과 간접관찰로 분류된다. 직접관찰은 관찰시기와 행동발생 시기가 일치하는 것이며 간접관찰은 관찰시기와 행동발생 시기가 일치하지 않는 것이다.

21 자료수집방법에 관한 설명으로 틀린 것은?

① 비반응성 자료수집: 연구대상의 반응성 오류를 피할 수 있다.
② 대인면접설문: 방문 조사원에 의해 보충적인 자료가 수집될 수 있다.
③ 우편설문: 원래 표본으로 추출된 응답자가 응답하지 않을 수 있다.
④ 실험자료수집: 개입을 제공하기 전에는 종속변수의 측정이 사실상 불가능하다.

해설
실험에서 개입 전에 사전검사를 실시하여 종속변수를 측정할 수 있다.

22 우편조사와 비교했을 때, 면접조사가 가지는 장점이 아닌 것은?

① 응답률이 높다.
② 응답자에게 익명성에 대한 확신을 부여할 수 있다.
③ 응답자와 그 주변의 상황들을 직접 관찰할 수 있다.
④ 민감하지 않은 질문은 보다 신뢰성 있는 대답을 얻을 수 있다.

해설
우편조사는 조사대상자에게 질문지를 우편발송하여 응답자가 스스로 응답한 후 다시 조사자에게 우편발송해주도록 하는 방법이다. 응답자에게 익명성에 대한 확신 부여가 가능하여 높은 익명성 보장이 가능하지만 낮은 응답률 등이 한계점이다. 반면 면접조사는 응답률이 높고 조사과정에서의 유연성이 높지만 대인면접의 특성 상 응답자의 익명성 보장이 어렵다.

23 면접 중에 피면접자가 너무 짧은 응답만을 하였다. 이 상황에서 면접자가 이용할 수 있는 프로빙(Probing)의 기법이 아닌 것은?

① 간단한 찬성적 응답을 한다.
② 물끄러미 상대방을 응시한다.
③ 응답자의 대답을 되풀이한다.
④ 다른 대답은 어떻겠냐고 예를 들어 물어본다.

해설
프로빙은 응답자로부터 충분한 답을 얻지 못했을 경우, 모호한 응답의 경우 조사자가 이용하는 기술로, 캐묻기 또는 심층규명이라고도 한다. 주요 방법은 무언의 캐묻기, 적극적으로 권장, 자세한 응답을 요구, 명료화의 방법, 반복의 방법 등이 있다.

24 사회과학적 연구의 일반적인 연구목적과 가장 거리가 먼 것은?

① 사건이나 상황을 예측(Prediction)하는 것이다.
② 사건이나 현상을 설명(Explanation)하는 것이다.
③ 새로운 이론(Theory)이나 가설(Hypothesis)을 만드는 것이다.
④ 사건이나 상황을 기술 또는 서술(Description)하는 것이다.

해설
과학적 연구의 일반적 목적은 탐색(살펴보고 찾아봄), 기술(현상 및 속성을 체계적으로 묘사), 설명(원인과 결과를 설명), 이해(지식 제공 및 이해), 예측(미래의 결과를 예상하여 나타냄), 통제(적정한 방향으로 개선 또는 유지), 평가(객관적으로 평가하고 가치를 규명)이다.

25 자료수집을 위한 사전검사에서 검토할 사항이 아닌 것은?

① 응답에 일관성이 있는지의 여부를 검토한다.
② 보다 나은 결과를 얻기 위하여 대규모 표본조사를 실시한다.
③ 응답 거부나 "모른다"라는 항목에 표시한 경우가 많은지 여부를 검토한다.
④ 한 쪽으로 치우치는 응답이 나오거나 질문순서의 변화에 따른 반응의 변화를 검토한다.

해설
사전검사는 설문지(질문지)초안 완성 후 본조사를 실행하기 전에 일부 대상에게 실시하는 조사로, 본조사와 동일한 방법으로 실시하여 질문지의 문제점 및 적합성을 파악하는 조사이다. 검토할 주요 사항은 응답의 일관성 여부, 지나치게 한 쪽으로 치우치는 응답이 나오는 문항의 존재 여부, 질문의 순서가 바뀌었을 경우 응답에 실질적 변화가 일어나는지 여부, 모른다 또는 보통이다' 등의 회피형 응답이 많은지 여부, 어떤 문항에 무응답이 많은지, 소요시간, 문항의 난이도, 필요한 문항이나 고려사항의 미비 여부 등이다.

26 표적집단면접법(Focus Group Interview)에 대한 설명으로 틀린 것은?

① 표본이 특정 집단이기 때문에 조사결과의 일반화가 어려운 단점이 있다.
② 조사자의 개입이 미비하므로 조사자의 주관이나 편견이 개입되지 않는다.
③ 응답자는 응답을 강요당하지 않기 때문에 솔직하고 정확히 자신의 의견을 표명할 수 있다.
④ 심층면접법을 응용한 방법으로, 조사자가 소수의 응답자를 한 장소에 모이게 한 후 관련된 주제에 대하여 대화와 토론을 통해 정보를 수집하는 방법이다.

해설
표적집단면접법은 전문지식을 갖춘 사람 또는 경험자를 소수의 응답자로 선정하고 사회자가 배석하여 연구목적의 방향을 제시하되, 자유로운 토론을 벌이게 하여 필요한 정보를 획득하는 방법으로 사회자의 역할이 중요하다. 자유로운 토론으로 새로운 사실 발견이 가능하고 행동의 내면적 이유 파악이 가능하나, 조사결과를 일반화하기가 용이하지 않은 단점이 있다.
② 결과의 해석 시 주관개입 가능성에 주의해야 한다.

27 다음 질문항목의 문제점으로 가장 적합한 것은?

귀하의 고향은 어디입니까?			
서울특별시	( )	부산광역시	( )
대구광역시	( )	인천광역시	( )
광주광역시	( )	대전광역시	( )
울산광역시	( )	세종특별자치시	( )
경기도	( )	강원도	( )
충청북도	( )	충청남도	( )
전라북도	( )	전라남도	( )
경상북도	( )	경상남도	( )
제주특별자치도	( )	외국	( )

① 간결성 결여
② 포괄성 결여
③ 상호배제성 결여
④ 명확성 결여

해설
질문은 읽기 쉽고 간결해야 하며 명료하고 구체적이며 의미가 명확하게 전달되어야 한다. 고향이라는 단어에 대한 개념과 정의가 명확하게 제시되어 있지 않아 응답자마다 받아들이는 의미가 다를 수 있다. 따라서 명확성이 결여되었다.

28 가설의 특징으로 거리가 가장 먼 것은?

① 간략성
② 가치중립성
③ 명료성
④ 검증가능성

해설
가설의 조건이자 평가기준이 되는 주요 특징은 명료성, 가치중립성, 한정성, 검증가능성 등이다.

| 정답 | 25 ② 26 ② 27 ④ 28 ①

29 다음 사례가 나타내는 연구방법은?

> 폭력적 비디오 시청이 아동의 폭력성에 미치는 영향을 알아보기 위하여 아동들을 무선적으로 두 집단으로 나누어 한 집단에게는 폭력적인 장면이 주로 포함된 비디오를 보여주고 다른 집단에게는 서정적인 장면이 주로 포함된 비디오를 보여준 후, 일주일 동안 두 집단의 아동들이 폭력적인 행동을 얼마나 많이 하는지를 관찰하였다.

① 실험법
② 설문조사법
③ 사례연구법
④ 내용연구법

해설
실험법은 인과관계에 대한 가설을 검증하기 위해 '변수를 조작·통제하고 조작효과를 관찰'하기 위한 방법이다. 기본적으로 ㉠ 실험집단(자극·조작을 가하는 집단), ㉡ 통제집단(자극·조작을 가하지 않는 집단), ㉢ 자극으로 이루어진다. 아동들을 무선적으로(무작위로) 두 집단으로 나누어 집단별로 서로 다른 장면이 포함된 비디오를 보여주고 (독립변수의 조작) 이후 폭력적 행동(종속변수)에 관한 관찰을 하였으므로, 이는 실험법에 해당한다.

30 과학적 연구의 특징에 해당하지 않는 것은?

① 과학적 연구는 논리적(Logical)이다.
② 과학적 연구는 직관적(Intuitive)이다.
③ 과학적 연구는 결정론적(Deterministic)이다.
④ 과학적 연구는 일반화(Generalization)를 목적으로 한다.

해설
과학적 연구의 특징은 객관성, 경험성, 검증가능성, 재생가능성, 간결성, 체계성, 논리성, 변화가능성, 상호주관성, 결정성, 일반성, 구체성, 설명적, 통제성 등이다.
② 직관에 의한 것은 과학적 방법의 특징으로 볼 수 없다.

제2과목: 조사방법론 II

31 측정방법에 따라 측정을 구분할 때, 밀도(Density)와 같이 어떤 사물이나 사건의 속성을 측정하기 위해 관련된 다른 사물이나 사건의 속성을 측정하는 것은?

① 추론측정
② 임의측정
③ 본질측정
④ A급 측정

해설
특정한 사물·사건의 속성 측정을 위해 관련된 다른 사물·사건의 속성을 측정하는 것은 추론측정이다. 특정한 법칙에 따라 속성들 간의 관계가 결정된 후 이에 근거하여 측정한다. B급 측정이라고 한다.
② 특정한 속성과 측정값 간에 관계가 있다고 가정하고 측정하는 것이다.
③, ④ 특정 사물의 속성을 나타내는 본질적 법칙에 따라 계량화하는 것이다.

32 입사성적이 높은 사람이 회사에 대한 공헌도가 매우 높고 근무성적 또한 우수하다면 입사시험이라는 측정도구는 어떤 타당성이 높다고 할 수 있는가?

① 안면타당성(Face Validity)
② 내용타당성(Content Validity)
③ 예측타당성(Predictive Validity)
④ 집중타당성(Convergent Validity)

해설
입사성적이라는 척도가 미래의 사건을 얼마나 잘 예측하는 것에 관한 것이다. 이는 예측타당성에 해당된다. 예측타당성은 척도가 미래의 사건을 얼마나 잘 예측하는가에 관한 것으로, 현재의 상태로부터 차후의 사건과의 차이를 예측해내는 정도이다.

33 리커트(Likert) 척도와 같은 의미로 사용되는 것은?

① 누적척도
② 단일차원척도
③ 비율척도
④ 총화평정척도

해설
리커트 척도는 측정하고자 하는 개념을 응답점수의 총합이 대표한다는 가정 하에 전체 문항의 평점을 총화(합산)하여 문항수로 나눈 평균치로 태도 점수를 산출한다. 총화평정척도(Summated Rating Scale)라고도 한다.

34 인구통계학적, 경제적, 사회·문화·자연 요인 등의 분류기준에 따라 전체 표본을 여러 집단으로 구분하고 집단별로 필요한 대상을 사전에 정해진 크기만큼 추출하는 표본추출 방법은?

① 할당표본추출법(Quota Sampling)
② 편의표본추출법(Convenience Sampling)
③ 층화표본추출법(Stratified Random Sampling)
④ 단순무작위표본추출법(Simple Random Sampling)

해설
할당표본추출법은 모집단을 특정변수를 중심으로 일정한 범주로 나누고, 각 범주에서 사전에 정해진 기준·비율 등에 따라 모집단 구성원들을 추출하여 표본에 할당하는 방법이다. 즉 전체를 주로 인구통계적 특성, 경제적, 사회·문화 요인 등의 분류기준에 따라 여러 집단으로 구분하고 집단별로 필요한 대상을 사전에 정해진 크기만큼 표본에 할당하는 방식으로 표본을 추출한다.

35 단순무작위표본 추출법에 대한 설명으로 맞는 것은?

① 비확률표집방법이다.
② 표본이 모집단의 전체에서 추출된다.
③ 난수표 또는 할당표를 이용할 수 있다.
④ 모집단의 평균에 가까운 요소가 평균에 멀리 떨어진 요소보다 표본으로 추출될 확률이 더 크다.

해설
단순무작위표본추출법은 무작위의 개념 그대로의 방법에 의해 표본을 추출하는 방법이다. 각 구성 요소에 고유 번호를 부여하여 결정된 표본 크기에 해당하는 수만큼 표본을 추출한다. 구성요소가 표집단위가 되며 표본이 모집단 전체에서 추출된다. 난수표, 추첨법 등을 사용한다.
① 확률표집방법이다.
④ 모집단의 모든 요소가 동등한 확률을 가지고 추출되며 특정 요소의 추출이 '계속되는 다른 요소의 추출 기회에' 아무런 영향을 주지 않는다.

36 표집대상이 되는 소수의 응답자를 찾아내어 면접하고, 이들을 정보원으로 다른 응답자를 소개받는 절차를 반복하는 표집방법은?

① 할당표집
② 판단표집
③ 편의표집
④ 눈덩이표집

해설
눈덩이표집은 처음에는 소수의 인원을 표본으로 추출하여 조사한 다음, 그 소수인원을 조사원으로 활용하여 그 조사원의 주위 사람들을 소개받아 조사하는 과정을 반복하는 방법이다. 조사대상자 파악 및 접근이 어려울 때, 모집단 프레임의 작성이 불가능할 때 사용한다.

| 정답 | 33 ④ | 34 ① | 35 ② | 36 ④ |

37 다음과 같이 양극단의 상반된 수식어 대신 하나의 수식어(Unipolar Adjective)만을 평가 기준으로 제시하는 척도는?

AA백화점은		
5 ⋮ 2 1	5 ⋮ 2 1	5 ⋮ 2 1
고급이다.	서비스가 부족하다.	상품이 다양하다.
−1 ⋮ −4 −5	−1 ⋮ −4 −5	−1 ⋮ −4 −5

① 리커트 척도(Likert Scale)
② 스타펠 척도(Stapel Scale)
③ 거트만 척도(Guttman Scale)
④ 서스톤 척도(Thurstone Scale)

해설
스타펠 척도는 가운데에 하나의 수식어를 부여하고 응답의 강도를 측정한다. 태도의 방향과 그 강도를 측정하기 위해 사용된다. 일반적으로 음수(−) 값으로 갈수록 부정을, 양수(+) 값으로 갈수록 긍정을 의미한다.

38 비확률표집이 아닌 것은?

① 할당(Quota) 표집
② 유의(Purposive) 표집
③ 계통(Systematic) 표집
④ 편의(Convenience) 표집

해설
비확률표집법은 편의, 판단(유의), 할당, 눈덩이(누적) 표집법이 있다.
③ 확률표집법이다.

39 다음 ( )에 알맞은 것은?

군집표집(Cluster Sampling)에서 표집된 군집들은 가능한 군집 간에는 (㉠)이고 군집 속에 포함된 표본 요소 간에는 (㉡)이어야 한다.

　　　㉠　　　㉡
① 동질적　동질적
② 동질적　이질적
③ 이질적　동질적
④ 이질적　이질적

해설
군집표집은 모집단이 유사한 소그룹들로 구성되어 있는 경우 무작위로 한 그룹 또는 몇 개의 그룹을 표본으로 추출하여 추출한 그룹 전체를 조사하거나, 추출한 그룹 내에서 확률표본 추출하여 조사하는 방법으로 군집 내는 이질적, 군집 간은 동질적인 특징을 가진다.

40 측정오차(Error of Measurement)에 관한 설명으로 틀린 것은?

① 체계적 오차는 항상 일정한 방향으로 작용하는 편향(Bias)이다.
② 비체계적 오차는 상호상쇄(Self-compensation)되는 경향도 있다.
③ 비체계적 오차는 측정대상, 측정과정, 측정수단 등에 따라 일관성 없이 영향을 미침으로써 발생한다.
④ 측정의 오차를 신뢰성 및 타당성과 관련지었을 때 신뢰성과 타당성은 정도의 개념이 아닌 존재의 개념이다.

해설
측정오차를 신뢰성 및 타당성과 관련지었을 때, 신뢰성과 타당성은 존재의 개념(있다, 없다)이 아닌 정도의 개념(높다, 낮다)이다.

| 정답 | 37 ② 38 ③ 39 ② 40 ④

41 표본추출 과정에서 표본크기의 결정에 영향을 미치지 않는 것은?

① 신뢰구간의 크기
② 비용 및 시간의 제약
③ 조사대상 지역의 지리적 여건
④ 유의수준으로 대변되는 정확도

해설
표본크기 결정에 영향을 미치는 요소들은 고려할 요소 측면에서 조사문제의 중요성, 변수의 수와 범주의 다양성, 모집단의 크기 및 이질성, 시간과 비용적 측면, 자료분석의 방법, 표본추출방법 등이며 통계적 결정 방법 측면에서 모집단의 분산, 신뢰구간, 신뢰수준, 허용오차 등이다.
③ 조사대상 지역의 지리적 여건은 표본크기의 결정에 영향을 미치는 요소로 볼 수 없다.

42 신뢰성을 높일 수 있는 방법으로 거리가 가장 먼 것은?

① 측정항목의 수를 줄인다.
② 측정항목의 모호성을 제거한다.
③ 중요한 질문의 경우 동일하거나 유사한 질문을 2회 이상 한다.
④ 조사대상자가 잘 모르거나 관심이 없는 내용은 측정하지 않는다.

해설
측정에 있어서 신뢰성을 높이는 방법은 다음과 같다.
(1) 동일 개념(속성)을 측정하는 항목의 수를 늘린다.
(2) 문항설명을 명확히 하여 해석상의 차이가 발생하지 않도록 한다.
(3) 무성의하거나 일관성이 없는 응답지는 제외시킨다.
(4) 이전의 조사 및 기존의 연구를 통해 신뢰성이 있다고 검증된 측정도구를 활용한다.
(5) 중요한 질문은 한 번 더 동일하거나 유사한 질문을 하여 응답들 간에 신뢰성이 있는지 파악한다.
(6) 응답자가 모르거나 관심 없는 내용은 측정하지 않는다.
(7) 측정항목의 모호성을 제거한다.
(8) 표준화된 설명 사용 및 조사자의 면접방식과 태도 등 자료수집 과정에 있어서 일관성을 유지한다.
(9) 측정지표에 대하여 사전검사 또는 예비조사를 실시한다.
(10) 조사자에게 측정도구에 대한 사전교육을 충분히 한다.
(11) 연구자가 임의로 응답자에 대한 가정을 해서는 안 된다.
(12) 가능하면 단일항목보다는 여러 개의 항목을 이용하여 측정한다.

43 다음의 예와 같이 응답자에게 한 속성의 보유 정도를 기준으로 다른 속성의 보유 정도를 판단하도록 하는 척도법은?

자동차 선택 시 고려하는 요인 중 자동차 가격의 중요성을 100점이라고 한다면, 다음의 요인은 몇 점에 해당한다고 생각하십니까?
• 가격   100점
• 디자인   (   )점
• 성능   (   )점

① 항목평정법(Itemized Rating)
② 연속평정법(Continuous Rating)
③ 비율분할법(Fractionation Method)
④ 고정총합척도법(Constant Sum Method)

해설
비율분할법은 한 속성의 보유 정도를 기준으로 다른 속성의 보유 정도를 판단하게 하는 방법이다.
① 몇 개의 응답값을 제시하고 이 중 하나만 선택하도록 하는 것으로 전체 문항의 총점 또는 평균을 가지고 측정한다.
② 응답값을 매우 자세하게 구분하여 평가하게 한다.
④ 응답자에게 고정된 수치를 부여하고 각 속성들에 대해 상대적 중요성에 따라 자유롭게 점수를 배정하는 방법이다.

44 표본오류의 크기에 영향을 미치는 요인으로 거리가 가장 먼 것은?

① 표본의 크기
② 표본추출방법
③ 문항의 무응답
④ 모집단의 분산정도

해설
표본오류(표본오차)에 영향을 미치는 요인은 모집단의 분산, 신뢰수준, 표본의 크기, 표본추출방법 등이며, 문항의 무응답은 표본추출과정 이외에서 발생되는 오류인 비표본오류에 해당한다.

| 정답 | 41 ③ 42 ① 43 ③ 44 ③

45 개념의 조작화에 관한 설명으로 거리가 가장 먼 것은?

① 실증주의 패러다임에서 강조된다.
② 개념을 수량화하여 측정 가능하도록 해준다.
③ 사회현상을 보편적 언어로 정의하는 과정이다.
④ 추상적 세계와 경험적 세계를 연결하는 역할을 한다.

해설
개념의 조작화, 즉 조작적 정의는 추상적인 개념을 관찰 가능한 구체적인 지표로 표현하는 것으로, 측정가능성과 직결된 정의이며 추상적 개념들을 경험적·실증적으로 측정이 가능하도록 경험적 지표로 구체화한 것이다. 조작적 정의는 실증주의 패러다임에서 강조된다.
③ 사회현상을 보편적 언어로 정의하는 과정은 개념의 조작화가 아니라 현상이나 대상의 속성을 이론적이고 추상적으로 정의하는 개념적 정의에 해당하는 내용이다.

46 두 변수 간의 관계를 보다 정확하고 명료하게 이해할 수 있도록 밝혀주는 역할을 하는 검정변수가 아닌 것은?

① 예측변수(Predictor Variable)
② 구성변수(Component Variable)
③ 선행변수(Antecedent Variable)
④ 매개변수(Intervening Variable)

해설
두 변수 간 관계의 허위 여부를 확인해보려고 할 때, 즉 두 변수 사이의 관계가 또 다른 변수에 의한 것인가를 판별해 보고자 할 때 검정요인으로 제3의 변수를 도입해서 분석할 수 있다. 외재적 변수, 매개변수, 선행변수, 구성변수, 억제변수, 왜곡변수 등이 있다.
① 예측변수는 변수의 기능에 따른 분류에 있어서 종속변수에 영향을 주는 변수인 독립변수를 의미한다.

47 1,000명으로 구성된 모집단에서 100명을 뽑아 연구하고자 할 때, 첫 번째 사람은 무작위로 추출하고, 그 다음부터는 목록에서 매 10번째 사람을 뽑아 표본을 구성한 것은 어떤 표본추출방법에 해당하는가?

① 계통표집(Systematic Sampling)
② 편의표집(Convenience Sampling)
③ 층화표집(Stratified Random Sampling)
④ 단순무작위표집(Simple Random Sampling)

해설
계통표집(체계적표집)은 모집단을 일정한 질서에 따라 번호부여 후 등간격으로 나누고, 첫 구간에서 하나의 번호를 무작위로 추출 후 다음 n번째 떨어져 있는 번호들을 추출하는 방법으로 일정한 표집간격에 의해 표본을 추출하는 방법이다.

48 인과적 관계의 검정요인에 속하지 않는 것은?

① 외적변수
② 매개변수
③ 선행변수
④ 잠재변수

해설
검정요인으로는 외재적(외적) 변수, 매개변수, 선행변수, 구성변수, 억제변수, 왜곡변수 등이 있다.
④ 직접관찰이 불가한 변수(예 지능)을 의미한다.

49 축구선수의 등번호를 표현하는 측정수준은?

① 명목수준의 측정
② 비율수준의 측정
③ 등간수준의 측정
④ 서열수준의 측정

해설
명목수준의 측정은 대상을 유사성과 상이성에 의해 구분하여 명목상의 이름·숫자를 부여한 것으로, 부여된 수치는 단순한 구분을 위한 것일 뿐, 계량적 의미를 가지고 있지 않다. 성별, 종교, 주민등록번호, 운동선수의 등번호 등을 예로 들 수 있다.

| 정답 | 45 ③ | 46 ① | 47 ① | 48 ④ | 49 ① |

50 비율척도로서 의미를 가진다고 보기 어려운 것은?

① A 드라마의 시청률이 20%이고, B 드라마의 시청률이 10%라면, A 드라마의 시청률이 B 드라마보다 2배 높다.
② A 자동차가 시속 100km로 달리고, B 자동차는 시속 150km로 달리고 있다면, B 자동차가 A 자동차보다 1.5배 빠르다.
③ A 학생이 받은 용돈이 20만원이고 B 학생이 받은 용돈이 10만 원이라면, A 학생의 용돈이 B 학생보다 2배 많다.
④ A 주전자의 온도가 섭씨 100°C이고 B 주전자의 온도가 섭씨 50°C 라면, A 주전자는 B 주전자보다 2배 더 뜨겁다.

[해설]
비율척도는 등간척도의 특성에 더하여 절대영점이 존재하는 척도로, 승제로 표시되는 비례 조작이 가능하여 사칙연산이 모두 가능한 가장 높은 수준의 척도이다.
④ 온도는 절대영점이 존재하지 않는 등간척도에 해당하는 개념으로 가감승제 중 승제가 성립하지 않는 수준의 척도이다.

51 어느 검사의 신뢰도가 1로 나왔다면 측정의 표준오차는?

① 0이다.
② 1이다.
③ 표준편차의 제곱근과 같다.
④ 검사점수의 표준편차와 같다.

[해설]
측정값의 신뢰도를 신뢰도 계수로 나타낼 경우 다음과 같다.
측정값의 신뢰도 $= \dfrac{참값의\ 분산}{측정값의\ 분산} = \dfrac{참값의\ 분산}{참값의\ 분산 + 오차\ 분산}$
이에 따라 신뢰도가 1이라는 것은 오차가 없다는 것이다. 따라서 표준오차는 0이다.

52 개념을 경험적 수준으로 구체화하는 과정을 바르게 나열한 것은?

㉠ 조작적 정의
㉡ 개념적 정의
㉢ 변수의 측정

① ㉠ → ㉡ → ㉢
② ㉢ → ㉠ → ㉡
③ ㉡ → ㉠ → ㉢
④ ㉢ → ㉡ → ㉠

[해설]
개념을 경험적으로 구체화하는 과정이 개념의 구체화이다. 개념은 개념적 정의를 통해 정제되고, 조작적 정의를 거치면서 측정된다.

53 비확률표본추출방법과 비교한 확률표본추출방법에 관한 설명으로 틀린 것은?

① 비용과 시간이 많이 든다.
② 표본오차 추정이 가능하다.
③ 무작위적 표본추출을 한다.
④ 표본분석 결과의 일반화에 제약이 있다.

[해설]
확률표본추출방법은 표본을 추출할 때 주관적 방법이 아니라 객관적인 확률적 방법에 의하는 것으로 무작위(Random)로 표본을 추출한다. 모수 추정에 편의(bias)가 없으며, 표본오차 추정이 가능하지만 시간과 비용이 많이 소요되는 단점이 있다.
④ 확률표본추출방법은 대표성 있는 표본을 추출하여 표본에서 얻은 결과를 모집단에 대하여 일반화가 가능하다.

54. 비표본오차의 원인으로 가장 거리가 먼 것은?

① 조사자의 오류
② 표본선정의 오류
③ 조사설계상 오류
④ 조사표 작성 오류

해설
비표본오차는 표본추출과정 이외에서 발생되는 오차로, 불포함오차, 무응답 오차, 조사현장에서의 오차, 자료 기록 오차, 자료처리 오차가 있다. ② 추출된 표본이 모집단을 대표하지 못하게 되며, 표본추출과정에서의 오류이다.

55. 척도구성방법을 비교척도구성(Comparative Scaling)과 비비교척도구성(Non-comparative Scaling)으로 구분할 때 비교척도구성에 해당하는 것은?

㉠ 쌍대비교법(Paired Comparison)
㉡ 순위법(Rank-order)
㉢ 고정총합법(Constant Sum)
㉣ 연속평정법(Continuous Rating)
㉤ 항목평정법(Itemized Rating)

① ㉣, ㉤
② ㉠, ㉡, ㉢
③ ㉠, ㉡, ㉢, ㉣, ㉤
④ ㉠, ㉢, ㉤

해설
비교척도는 순위법, 쌍대비교법, 항목순위법, 비율분할법, 고정총합법 등이며, 비비교척도는 연속평정법, 단일평정법, 항목평정법 등이다.

56. 측정오차가 체계적인 패턴을 띠게 된다면, 측정도구에 어떠한 문제가 있을 것으로 예상할 수 있는가?

① 신뢰도
② 타당도
③ 검증도
④ 일반화

해설
측정오차가 체계적 패턴을 띠게 되는 것은 측정오차가 일정한 방향으로 작용하는 체계적 오차이며, 체계적 오차는 타당도와 관련 있다.

57. 대학수능시험 출제를 위해 대학교수들이 출제하고 현직 고등학교 교사들이 검토하여 부적절한 문제를 제외하는 절차를 거친다면 이러한 과정은 무엇을 높이기 위한 것인가?

① 집중타당성
② 내용타당성
③ 동등형 신뢰도
④ 검사-재검사 신뢰도

해설
내용타당성은 측정도구(척도)가 측정대상의 정확한 속성 값을 얼마나 포괄적으로 잘 포함하고 있는 가에 관한 것으로 측정도구가 측정하려는 속성이나 개념을 제대로 대표하고 있는지를 나타낸다. 내용타당성은 주로 논리적 분석과정으로 판단하는 주관적 타당도이다. 대학교수들이 출제한 내용을 고교 교사들이 검토하는 절차를 거치는 것은 이러한 내용타당성의 제고를 위한 것이라고 볼 수 있다.

58. 다음 ( )에 공통적으로 알맞은 것은?

( )은 측정도구 자체가 측정하고자 하는 속성이나 개념을 얼마나 대표할 수 있는지를 평가하는 것으로 측정도구가 측정대상이 가진 많은 속성 중 일부를 대표성 있게 포함한다면 그 측정도구는 ( )이 높다고 할 수 있다.

① 내용타당성(Content Validity)
② 개념타당성(Construct Validity)
③ 집중타당성(Convergent Validity)
④ 이해타당성(Nomological Validity)

해설
내용타당성은 측정도구(척도)가 측정대상의 정확한 속성 값을 얼마나 포괄적으로 잘 포함하고 있는가에 관한 것으로 측정도구가 측정하려는 속성이나 개념을 제대로 대표하고 있는지를 나타낸다. 측정도구가 측정대상이 가진 많은 속성 중 일부를 대표성 있게 포함한다면 그 측정도구는 내용타당성이 높다고 할 수 있다.

| 정답 | 54 ② | 55 ② | 56 ② | 57 ② | 58 ① |

59 표본추출과 관련된 용어 설명으로 틀린 것은?

① 관찰단위: 직접적인 조사 대상
② 모집단: 연구하고자 하는 이론상의 전체집단
③ 표집률: 모집단에서 개별 요소가 선택될 비율
④ 통계량(Statistic): 모집단에서 어떤 변수가 가지고 있는 특성을 요약한 통계치

해설
통계량은 표본의 특성을 나타내는 값으로, 표본에서 어떤 변수가 가지고 있는 특성을 요약한 것이다.

60 사회조사에서 어떤 태도를 측정하기 위해 단일지표보다 여러 개의 지표를 사용하는 이유가 아닌 것은?

① 신뢰도를 높이기 위해
② 타당도를 높이기 위해
③ 내적일관성을 높이기 위해
④ 측정도구의 안정성을 높이기 위해

해설
합성측정, 즉 복수지표로 구성된 척도를 사용하는 것은 단일지표를 사용하는 것에 비해 다음과 같은 장점을 가진다.
㉠ 하나의 개념이 갖는 다양한 의미에 대해 포괄적 측정이 가능하다.
㉡ 측정도구의 안정성 및 내적 일관성 등 신뢰도를 높일 수 있다.
㉢ 측정의 오류를 감소시킨다.
㉣ 척도의 단일 차원성 여부를 분석할 수 있다.
㉤ 여러 문항(지표)을 하나의 점수로 나타냄으로써 자료의 복잡성을 감소시킬 수 있으며, 하나의 지표로 측정하기 어려운 복합적 개념들을 측정할 수 있다.

제3과목: 사회통계

61 정규분포 $N(\mu, \sigma^2)$를 따르는 모집단에서 무작위로 표본 3개 X_1, X_2, X_3을 추출했다. 다음 추정량의 기댓값이 모평균이 아닌 것은?

① X_2
② $\dfrac{X_1 + X_3}{2}$
③ $\dfrac{X_1 + X_2 + X_3}{(3-1)}$
④ $\dfrac{X_1 + 2X_2 + X_3}{(3+1)}$

해설
각 기댓값을 계산하여 μ와 일치하는지, 즉 $E(\hat{\theta}) = \theta$가 되는 불편추정량인지를 본다.
① $E(X_2) = \mu$
② $E\left(\dfrac{X_1 + X_3}{2}\right) = \dfrac{1}{2}E(X_1 + X_3)$
$= \dfrac{1}{2}\{E(X_1) + E(X_3)\} = \dfrac{1}{2}(\mu + \mu) = \dfrac{2\mu}{2} = \mu$
③ $E\left(\dfrac{X_1 + X_2 + X_3}{(3-1)}\right) = \dfrac{1}{2}E(X_1 + X_2 + X_3)$
$= \dfrac{1}{2}\{E(X_1) + E(X_2) + E(X_3)\}$
$= \dfrac{1}{2}(\mu + \mu + \mu) = \dfrac{3}{2}\mu$
④ $E\left(\dfrac{X_1 + 2X_2 + X_3}{(3+1)}\right) = \dfrac{1}{4}E(X_1 + 2X_2 + X_3)$
$= \dfrac{1}{4}\{E(X_1) + 2E(X_2) + E(X_3)\}$
$= \dfrac{1}{4}(\mu + 2\mu + \mu) = \dfrac{4\mu}{4} = \mu$

위 계산결과 $\dfrac{X_1 + X_2 + X_3}{(3-1)}$의 기댓값은 $\dfrac{3}{2}\mu$로 μ와 일치하지 않는다.

62
기계 A에서 제품의 40%를, 기계 B에서 제품의 60%를 생산한다. 기계 A에서 생산된 제품의 부적합품률은 1%이고, 기계 B에서 생산된 제품의 부적합품률은 2%라면, 전체 부적합품률은?

① 1.5%
② 1.6%
③ 1.7%
④ 1.8%

해설

기계 A에서 제품의 40%가 생산되는데 이중 1%가 부적합품이므로
$0.4 \times 0.01 = 0.004$
기계 B에서 제품의 60%가 생산되는데 이중 2%가 부적합품이므로
$0.6 \times 0.02 = 0.012$
∴ 전체제품 차원에서 볼 때 전체 부적합품률
$= 0.004 + 0.012 = 0.016 = 1.6\%$

63
분산분석의 기본가정이 아닌 것은?

① 관측값은 독립적이어야 한다.
② 각 모집단에서 독립변수는 F분포를 따른다.
③ 각 모집단에서 반응변수는 정규분포를 따른다.
④ 반응변수의 분산은 모집단에서 동일하다.

해설

분산분석의 기본가정은 다음과 같다.
- 모집단은 정규분포 해야 하며 서로 동일한 분산을 가져야 한다.
- 표본추출은 무작위로 이뤄져야 하며 각 집단의 표본, 즉 관측치들은 서로 독립적이어야 한다.

이에 따라 ①, ③, ④는 분산분석의 기본가정에 해당한다.

64
다음 표는 중회귀모형의 추정식에 대한 결과이다. ㉠ ~ ㉢에 알맞은 값은?

Model	Unstandardized Coefficients		Standardized Coefficients	t	Sig
	B	std. Error	Beta		
(Constant)	39.69	30.72		㉠	0.265
평수(X_1)	3.37	0.96	0.85	㉡	0.009
가족수(X_2)	0.53	6.6	0.02	㉢	0.941

   ㉠ ㉡ ㉢
① 0.21 3.59 0.08
② 1.29 3.51 0.08
③ 10.21 36.2 0.80
④ 39.69 3.37 26.5

해설

계수에 대한 분석결과를 나타낸 표이다. 이 표에서 t는 비표준화계수의 B값을 각 해당변수의 표준오차로 나눈 것이다.

㉠ $\frac{39.69}{30.72} \fallingdotseq 1.29$

㉡ $\frac{3.37}{0.96} \fallingdotseq 3.51$

㉢ $\frac{0.53}{6.6} \fallingdotseq 0.08$

| 정답 | 62 ②   63 ②   64 ②

65 다음은 두 종류 타이어의 평균수명에 차이가 있는지를 확인하기 위하여 각각 60개의 표본을 추출하여 조사한 결과이다. 두 타이어의 평균수명에 차이가 있는지를 유의수준 5%에서 검정한 결과는? [단, $P(Z>1.96)=0.025$, $P(Z>1.645)=0.05$이다]

타이어	표본크기	평균수명(km)	표준편차(km)
A	60	48500	3600
B	60	52000	4200

① 주어진 정보만으로는 알 수 없다.
② 두 타이어의 평균수명이 완전히 일치한다.
③ 두 타이어의 평균수명에 통계적으로 유의한 차이가 있다.
④ 두 타이어의 평균수명에 통계적으로 유의한 차이가 없다.

해설
두 모집단의 평균차이에 대한 검정이고 $n_1, n_2 > 30$이므로 Z검정을 실시한다. 귀무가설과 대립가설은 다음과 같이 설정한다.
- 귀무가설 H_0: $\mu_A = \mu_B$ (두 모집단의 평균은 같다)
- 대립가설 H_1: $\mu_A \neq \mu_B$ (두 모집단의 평균은 다르다)

대립가설의 방향("차이가 있는지"를 검정)에 따라 양측검정이다. 검정통계량 Z는 다음과 같다.

$$Z = \frac{(\overline{X_1} - \overline{X_2}) - (\mu_1 - \mu_2)}{\sqrt{\frac{S_1^2}{n_1} + \frac{S_2^2}{n_2}}}$$

*$\overline{X_1}$: 표본 1의 평균, $\overline{X_2}$: 표본 2의 평균,
μ_1: 모집단 1의 평균, μ_2: 모집단 2의 평균
S_1^2: 표본 1의 분산, S_2^2: 표본 2의 분산,
n_1: 표본 1의 표본크기, n_2: 표본 2의 표본크기

$$\therefore \text{검정통계량 } Z = \frac{(\overline{X_1} - \overline{X_2}) - (\mu_1 - \mu_2)}{\sqrt{\frac{S_1^2}{n_1} + \frac{S_2^2}{n_2}}}$$

$$= \frac{(48500 - 52000) - 0}{\sqrt{\frac{3600^2}{60} + \frac{4200^2}{60}}}$$

$$= \frac{-3500}{\sqrt{216000 + 294000}} \fallingdotseq -4.9$$

95% 신뢰수준에서 양측검정이므로 $\frac{\alpha}{2} = 0.025$이다. $P(Z>1.96) = 0.025$이므로 해당면적의 Z값은 1.96이고 이 값이 임계치이다. 검정통계량 -4.9는 임계치 1.96(분포의 음의 영역에서는 -1.96이 임계치가 된다)보다 절댓값이 크므로 귀무가설의 기각역에 위치하게 되어 두 모집단 평균이 같다는 귀무가설을 기각할 수 있다. 즉 유의수준 5% 하에서 두 모집단 평균에 통계적으로 유의한 차이가 있다.

66 컴퓨터 제조회사에서 보증기간을 정하려고 한다. 컴퓨터 수명은 평균 3년, 표준편차 9개월인 정규분포를 따른다고 한다. 보증기간 이전에 고장이 나면 무상으로 수리해 주어야 한다. 이 회사는 출하제품 가운데 5% 이내에서만 무상수리가 되기를 원한다. 보증기간을 몇 개월로 정하면 되겠는가? [단, $P(Z>1.645)=0.05$이다]

① 17
② 19
③ 21
④ 23

해설
평균 수명 3년(표준편차 9개월)인 정규분포에서 바깥쪽에 위치하는, 즉 보증기간에 못 미치고 고장 나는 비율이 5%인 임계값에 해당하는 개월 수가 얼마인가를 계산하면 된다. 이때 컴퓨터 수명 3년은 개월 수로 바꾸어 계산한다.

임계값을 알아야 하므로 $Z = \frac{X-\mu}{\sigma}$의 공식을 이용한다.

$P(Z<-1.645) = 0.05$인 경우를 구하는 것이므로 $P(\frac{X-\mu}{\sigma} < -1.645)$를 이용하여 평균수명을 구한다.

$$\therefore P(\frac{X-36}{9} < -1.645) = P(X < 21.195)$$

즉 21.2개월이 경계값이 되므로 보증기간을 21개월로 하면 보증기간 이전에 고장(무상 수리 대상) 비율은 5% 이내가 된다.

67 가설검정과 관련한 용어에 대한 설명으로 틀린 것은?

① 유의수준이란 제1종 오류를 범할 확률의 최대 허용한계를 말한다.
② 검정력 함수란 귀무가설을 채택할 확률을 모수의 함수로 나타낸 것이다.
③ 제2종 오류란 대립가설(H_1)이 참인데도 불구하고 귀무가설(H_0)을 기각하지 못하는 오류이다.
④ 유의확률이란 검정통계량의 관측값에 의해 귀무가설을 기각할 수 있는 최소의 유의수준을 뜻한다.

해설
검정력 함수는 고려중인 모든 분포에 대해 정의하고, 표본점이 그 검정의 기각역에 있을 확률을 생성하는 함수로 귀무가설을 기각할 확률을 모수값의 함수로 나타낸 것으로 정의된다.

68 어느 학교에서 A반과 B반의 영어점수는 평균과 범위가 모두 동일하고, 표준편차는 A반이 15점, B반이 5점이었다. 이 자료를 기초로 내릴 수 있는 결론으로 맞는 것은?

① A반 학생의 점수가 B반 학생보다 평균점수 근처에 더 많이 몰려있다.
② B반 학생의 점수가 A반 학생보다 평균점수 근처에 더 많이 몰려있다.
③ (평균점수 ± 1 × 표준편차)의 범위 안에 들어있는 학생들의 수는 A반이 B반보다 3개가 더 많다.
④ (평균점수 ± 1 × 표준편차)의 범위 안에 들어있는 학생들의 수는 A반이 B반보다 1/3밖에 되지 않는다.

해설
B반이 A반보다 표준편차가 더 작으므로 B반이 평균점수 근처에 더 몰려있다고 볼 수 있다. 상대적 분포의 산포도인 변동계수 = $\frac{표준편차}{평균}$ 를 점검해 보면 두 반의 평균이 같은 상태에서 더 작은 표준편차를 가진 B반이 변동계수가 작다는 것을 알 수 있게 된다. 추가로, 주어진 정보만으로는 ③과 ④를 판단하기 어렵다.

69 단순선형회귀모형 $Y_i = \alpha + \beta x_i + \epsilon_i$에서 최소제곱추정량 $\hat{\alpha}$, $\hat{\beta}$를 이용한 최소제곱회귀추정량 $\hat{y} = \hat{\alpha} + \hat{\beta}x$의 잔차 $\hat{e}_i = y_i - \hat{y}_i$로부터 서로 독립이고, 등분산인 오차들의 분산 $Var(e_i) = \sigma^2$의 불편추정량은? (단, $i = 1, 2, \cdots, n$이다)

① $\hat{\sigma}^2 = \frac{\sum_{i=1}^{n}(y_i - \hat{y}_i)^2}{n-3}$
② $\hat{\sigma}^2 = \frac{\sum_{i=1}^{n}(y_i - \hat{y}_i)^2}{n-2}$
③ $\hat{\sigma}^2 = \frac{\sum_{i=1}^{n}(y_i - \hat{y}_i)^2}{n-1}$
④ $\hat{\sigma}^2 = \frac{\sum_{i=1}^{n}(y_i - \hat{y}_i)^2}{n}$

해설
오차항의 분산에 해당하는 것은 SSE이다. 이를 자유도로 나눈 MSE가 오차분산 σ^2의 불편추정량이다. 단순회귀모형이므로 독립변수의 수 k는 1이다.

$\therefore MSE = \frac{SSE}{n-k-1} = \frac{\sum_{i=1}^{n}(y_i - \hat{y})^2}{n-k-1} = \frac{\sum_{i=1}^{n}(y_i - \hat{y})^2}{n-1-1} = \frac{\sum_{i=1}^{n}(y_i - \hat{y})^2}{n-2}$

70 집단 A에서 크기 n_A의 임의표본(평균 m_A, 표준편차 s_A)을 추출하고, 집단 B에서는 크기 n_B의 임의표본(평균 m_B, 표준편차 s_B)을 추출하였다. 두 집단의 산포(散布)를 비교하는데 가장 적합한 통계치는?

① $m_A - m_B$
② $\frac{m_A}{m_B}$
③ $s_A - s_B$
④ $\frac{s_A}{s_B}$

해설
두 집단의 산포(자료들이 퍼져있는 정도)를 평균으로 비교하는 것은 적합하지 않다. 집단의 크기가 다르므로 표준편차의 단순한 차이로 비교하는 것도 적합하지 않다. 표준편차의 비로 비교하는 것이 적합하다.

71 서울지역 300개 고등학교에서 각각 100명씩 추출하여 평균 키를 측정하였다. 측정된 자료의 중앙값, 평균값, 최빈값에 대한 표현으로 적합한 것은? (단, a는 중앙값, b는 평균값, c는 최빈값이다)

① $a > b > c$
② $a = b > c$
③ $a < b < c$
④ $a = b = c$

해설
n이 충분히 큰 대표본이어서 좌우대칭의 정규분포 형태이므로 평균과 중앙값, 최빈값은 모두 일치한다.

| 정답 | 68 ② | 69 ② | 70 ④ | 71 ④ |

72 이상점 자료에 대한 설명으로 틀린 것은?

① 이상점 자료는 반드시 제외하고 분석하는 것이 바람직하다.
② 상자그림 요약에서 안쪽 울타리를 벗어나는 자료는 이상점 자료이다.
③ 이상점 자료에 의한 산술평균의 변화는 중위수의 경우보다 훨씬 더 심하다.
④ 자료의 수가 적을 경우에 이상점 자료는 산술평균에 민감하게 영향을 미친다.

해설
① 이상점이라고 해서 무조건 제외하는 것은 아니다. 현상에 대한 정확한 설명력을 훼손할 수도 있기 때문이다.
③, ④ 산술평균은 극단값의 영향을 많이 받으며 자료의 수가 적으면 그 영향이 커지게 된다.

73 어느 농구선수의 자유투 성공률이 70%라고 알려져 있다. 이 선수가 자유투를 20회 던진다면 몇 회 정도 성공할 것으로 기대되는가?

① 7
② 8
③ 16
④ 14

해설
성공 또는 실패의 상호배타적인 두 가지 결과만을 가진 베르누이 시행을 독립적으로 반복하는 경우의 성공횟수(자유투 성공)를 확률변수 X로 했을 때 그 확률변수 X의 확률분포로 이항분포이다. 자유투를 20번 던졌을 때의 성공횟수를 구하려 하고 성공확률은 0.7로 주어져있다.
$X \sim B(n, p) = B(20, 0.7)$이므로 이항분포의 기댓값은 $E(X) = np = 20 \times 0.7 = 14$이다.

74 귀무가설이 참임에도 불구하고 귀무가설을 기각하는 판정을 내릴 확률은?

① 유의확률
② 주변확률
③ 제1종 오류를 범할 확률
④ 제2종 오류를 범할 확률

해설
제1종 오류에 해당하는 확률이다. 유의수준이라고도 한다.

제1종 오류(α)	· 귀무가설이 진실(true)임에도 불구하고 귀무가설을 기각하는 오류이다. · 오류를 발생시킬 확률을 α로 나타내며, 제1종 오류의 허용유의확률이라고도 한다.
제2종 오류(β)	· 귀무가설이 허위(false)임에도 불구하고 귀무가설이 기각되지 않는 오류를 말한다. · 귀무가설이 허위일 때 이를 기각할 확률은 검정력이라고 하며 $1-\beta$로 나타낸다.

75 어느 시험을 본 응시자의 점수는 정규분포 $N(20, 4^2)$을 따른다고 한다. 두 집단 A와 B에서 이 시험을 본 사람 중 4명씩을 임의로 추출하여 구한 평균점수가 두 집단 모두 18 이상 26 이하가 될 확률은?

z	$P(0 \leq Z \leq z)$
1	0.3413
2	0.4772
3	0.4987

① 0.6587
② 0.7056
③ 0.7078
④ 0.8185

해설
모집단의 분포가 정규분포를 따를 때 $N(\mu, \sigma^2)$인 모집단에서 크기 n인 표본을 추출하는 경우 표본의 평균 $\overline{X}$은 정규분포 $N(\mu, \frac{\sigma^2}{n})$를 따른다. 이를 이용하여 $P(18 \leq Z \leq 26)$을 계산한다. 4명씩 임의로 추출한 각 집단의 표본평균은 정규분포 $N(\mu, \frac{\sigma^2}{n}) = N(20, \frac{4^2}{4}) = N(20, 2^2)$을 따른다.
집단 A에서 추출한 4명에 대한 확률은 $Z = \frac{X-\mu}{\sigma}$ 공식에 의해
$P(18 \leq Z \leq 26) = P\left(\frac{18-20}{2} \leq Z \leq \frac{26-20}{2}\right) = P(-1 \leq Z \leq 3)$
∴ $P(-1 \leq Z \leq 0) + P(0 \leq Z \leq 3) = 0.3413 + 0.4987 = 0.84$
이 계산결과는 집단 B에서 추출한 4명에 대해서도 동일하므로 두 집단 모두 평균점수가 18 이상이고 26 이하가 될 확률은 $0.84 \times 0.84 = 0.7056$이다.

| 정답 | 72 ① 73 ④ 74 ③ 75 ②

76 표본평균과 표준오차에 관한 설명으로 틀린 것은? (단, 모집단 분산은 σ^2, 표본의 크기는 n이다)

① 표준오차의 크기는 $\sqrt{n}$에 비례한다.
② n이 커질 때 표본평균의 분포는 정규분포에 가까워진다.
③ 표준오차는 모집단의 분산 및 표본의 크기에 영향을 받는다.
④ 표준오차는 모평균을 추정할 때, 표본평균의 오차에 대하여 설명한다.

해설
$\sqrt{n}$이 증가할수록 표준오차의 크기는 작아진다. 표준오차의 공식 $\frac{\sigma}{\sqrt{n}}$에서 확인할 수 있다.

77 대학생들의 정당 지지도를 조사하기 위해 100명을 뽑은 결과 45명이 지지하는 것으로 나타났다. 지지도에 대한 95% 신뢰구간은? (단, $Z_{0.025}=1.96$, $Z_{0.05}=1.645$이다)

① 0.45 ± 0.0823
② 0.45 ± 0.0860
③ 0.45 ± 0.0920
④ 0.45 ± 0.0975

해설
모비율에 대한 신뢰구간을 구하는 문제이다.
지지율 $\hat{p} = \frac{45}{100} = 0.45$이고 $n \geq 30$인 대표본이므로 검정통계량 Z를 이용한다. 95% 신뢰구간이므로 $Z_{\frac{\alpha}{2}} = Z_{0.025} = 1.96$, $n=100$일 때의 신뢰구간은 다음과 같다.

$$\hat{p} - Z_{\frac{\alpha}{2}}\sqrt{\frac{\hat{p}(1-\hat{p})}{n}} \leq p \leq \hat{p} + Z_{\frac{\alpha}{2}}\sqrt{\frac{\hat{p}(1-\hat{p})}{n}}$$

$$0.45 - 1.96\sqrt{\frac{0.45(1-0.45)}{100}} \leq p \leq 0.45 + 1.96\sqrt{\frac{0.45(1-0.45)}{100}}$$

∴ 신뢰구간 = 0.45 ± 0.0975

78 어느 고등학교 1학년생 280명에 대한 국어성적의 평균이 82점, 표준편차가 8점이었다. 66점부터 98점 사이에 포함된 학생들은 몇 명 이상인가?

① 22명
② 211명
③ 230명
④ 240명

해설
해당구간 사이에 포함된 학생 수를 X라 하고, 체비세프 부등식을 이용하여 그 구간에 포함된 학생 수를 구할 수 있다. 확률변수 X에 대한 평균 $E(X) = \mu$, 분산 $V(X) = \sigma^2$과 임의의 양수 k에 대하여
$$P(|X-\mu| \leq k\sigma) = P(-k\sigma < X - \mu < k\sigma) \geq 1 - \frac{1}{k^2}$$이 성립한다.
$\mu = 82$, $\sigma = 8$이므로 $P(-8k < X - 82 < 8k) \geq 1 - \frac{1}{k^2}$
$$P(82 - 8k < X < 8k + 82) \geq 1 - \frac{1}{k^2}$$
이때 $82 - 8k = 66$, $8k + 82 = 98$이므로 이를 풀면 $k = 2$가 산출된다.
따라서 $P(66 < X < 98) \geq 1 - \frac{1}{2^2}$이므로 $P(66 < X < 98) \geq \frac{3}{4}$이다.
1학년생 280명의 $\frac{3}{4}$은 210인데, 이는 '적어도 그 이상'의 의미이므로 211명 이상이 적절한 답이 된다.

79 확률변수 X가 정규분포 $N(\mu, \sigma^2)$을 따를 때, $\mu = \frac{X-\mu}{\sigma}$는 어떤 분포를 따르는가?

① $\mu \sim N(0, 1)$
② $\mu \sim N(1, 1)$
③ $\mu \sim N(\mu, 1)$
④ $\mu \sim N(\mu, \sigma^2)$

해설
$X \sim N(\mu, \sigma^2)$일 때 $\frac{X-\mu}{\sigma}$의 기댓값과 분산을 구한다.

기댓값 $E\left(\frac{X-\mu}{\sigma}\right) = \frac{1}{\sigma}E(X-\mu)$
$$= \left\{\frac{1}{\sigma}E(X) - \frac{1}{\sigma}\mu\right\} = \left(\frac{1}{\sigma}\mu - \frac{1}{\sigma}\mu\right) = 0$$

분산 $V\left(\frac{X-\mu}{\sigma}\right) = \frac{1}{\sigma^2}V(X-\mu)$
$$= \frac{1}{\sigma^2}V(X) = \frac{1}{\sigma^2}\sigma^2 = 1$$

따라서 $\mu = \frac{X-\mu}{\sigma}$는 평균 0, 분산 1인 정규분포를 따른다.

| 정답 | 76 ① | 77 ④ | 78 ② | 79 ① |

80 모표준편차가 10인 정규모집단에서 n = 25인 표본을 추출하여 $\bar{x}$ = 40을 얻었다. 90% 신뢰구간으로 맞는 것은? [단, $P(Z > 1.645) = 0.05$이다]

① (34.89, 46.65)　② (34.54, 45.78)
③ (35.67, 44.12)　④ (36.71, 43.29)

해설

모평균에 대한 90%의 신뢰구간을 구하는 문제이다.
$\bar{X} = 40$, $n = 25$, $Z_{\frac{\alpha}{2}} = Z_{0.025} = 1.645$

$$\bar{X} - Z_{\frac{\alpha}{2}} \frac{\sigma}{\sqrt{n}} \leq \mu \leq \bar{X} + Z_{\frac{\alpha}{2}} \frac{\sigma}{\sqrt{n}}$$

$$40 - 1.645 \frac{10}{\sqrt{25}} \leq \mu \leq 40 + 1.645 \frac{10}{\sqrt{25}}$$

∴ $36.71 \leq \mu \leq 43.29$

81 일원배치분산분석에서 자유도에 대한 설명으로 틀린 것은?

① 총 제곱합의 자유도는 (자료의 총 개수 - 1)이다.
② 집단 간 제곱합의 자유도는 (집단의 개수 - 1)이다.
③ 집단 내 제곱합의 자유도는 (자료의 총 개수 - 집단의 개수 - 1)이다.
④ 집단 내 제곱합의 자유도는 총 제곱합의 자유도에서 집단 간 제곱합의 자유도를 뺀 값이다.

해설

일원배치분산분석에서 집단 내 제곱합의 자유도는 (자료의 총 개수 n - 집단의 개수 k)이다. 일원배치분산분석의 분산분석표는 다음과 같다. *k: 집단(처리)의 수, n: 총 관측수

원천 (요인)	제곱합	자유도	평균제곱	F값
처치 (집단 간)	SSB	$k - 1$	MSB = SSB/$(k - 1)$	F = MSB/MSE
오차 (집단 내)	SSE	$n - k$	MSE = SSE/$(n - k)$	-
합계	SST	$n - 1$	-	-

82 공분산에 대한 설명으로 틀린 것은?

① 공분산은 음수의 값을 가질 수 있다.
② 한 변수의 분산이 0이면, 공분산도 0이다.
③ 두 변수의 선형관계의 밀접성 정도를 나타낸다.
④ 공분산이 양수이면 두 변수가 같은 방향으로 움직이는 것을 나타낸다.

해설

공분산은 단위의 영향을 받기 때문에 선형관계의 밀접성 정도를 나타내는 데는 적합하지 않다. 단위에 영향을 받는 공분산의 단점을 표준화된 공분산 개념으로 보완한 것이 상관계수이다.

83 가설검정 시 대립가설(H_1)이 사실인 상황에서 귀무가설(H_0)을 기각할 확률을 무엇이라 하는가?

① 검정력
② 신뢰수준
③ 유의수준
④ 제2종 오류를 범할 확률

해설

귀무가설이 거짓일 때 기각하는 확률은 검정력이고, $1 - \beta$로 나타낸다.

제1종 오류(α)	• 귀무가설이 진실(true)임에도 불구하고 귀무가설을 기각하는 오류이다. • 오류를 발생시킬 확률을 α로 나타내며, 제1종 오류의 허용유의확률이라고도 한다.
제2종 오류(β)	• 귀무가설이 허위(false)임에도 불구하고 귀무가설이 기각되지 않는 오류를 말한다. • 귀무가설이 허위일 때 이를 기각할 확률은 검정력이라고 하며 $1 - \beta$로 나타낸다.

84 2차원 교차표에서 행 변수의 범주 수는 5이고, 열 변수의 범주 수는 4이다. 두 변수 간의 독립성 검정에 사용되는 검정통계량의 분포는?

① 자유도 9인 t분포
② 자유도 12인 t분포
③ 자유도 9인 χ^2분포
④ 자유도 12인 χ^2분포

해설
범주형 변수들에 대한 독립성 검정으로 카이제곱 독립성 검정이 사용되며 자유도는 (행의 수 − 1) × (열의 수 − 1)이다.
따라서 자유도는 (5 − 1) × (4 − 1) = 12이다.

85 두 확률변수 X와 Y의 결합확률분포가 다음과 같을 때, $P(X-Y=1)$은?

X \ Y	1	3	5
2	0.25	0.15	0.05
4	0.15	0.30	0.10

① 0.25 ② 0.40
③ 0.55 ④ 0.65

해설
$P(X-Y=1)$이 되는 경우는 ($X=2$, $Y=1$)인 경우와 ($X=4$, $Y=3$)인 경우이므로, 주어진 표에서 그에 해당하는 확률 0.25와 0.30의 합인 0.55가 답이 된다.

86 어느 회사는 4개의 철강공급업체로부터 철판을 공급받는다. 각 공급업체가 납품하는 철판의 품질을 평가하기 위해 인장강도(kg/psi)를 각 3회씩 측정해서 다음의 중간결과를 얻었다. 4개의 공급업체가 납품하는 철강의 품질에 차이가 없다는 가설을 검정하기 위한 F - 비는?

(단, $\overline{X_{\cdot j}} = \frac{1}{3}\sum_{i=1}^{3} X_{ij}$, $\overline{\overline{X}} = \frac{1}{4}\frac{1}{3}\sum_{j=1}^{4}\sum_{i=1}^{3} X_{ij}$ 이다)

$$\sum_{j=1}^{4}(\overline{X_{\cdot j}} - \overline{\overline{X}})^2 = 15.5, \quad \sum_{j=1}^{4}\sum_{i=1}^{3}(X_{ij} - \overline{X}_{\cdot j})^2 = 19$$

① 0.816
② 2.175
③ 4.895
④ 6.526

해설
$\sum_{j=1}^{4}(\overline{X_{\cdot j}} - \overline{\overline{X}})^2 = 15.5 =$ 처리제곱합
$\sum_{j=1}^{4}\sum_{i=1}^{3}(X_{ij} - \overline{X}_{\cdot j})^2 = 19 =$ 오차(잔차)제곱합
총 관측수 = (요인의 수준 4) × (반복수 3) = 12이다.
이를 토대로 분산분석표를 만들어 F - 비를 구하면 다음과 같다.

요인	제곱합	자유도	평균제곱	F - 비
처리	15.5	4 − 1 = 3	5.166	2.175
오차(잔차)	19	12 − 4 = 8	2.375	
총합	34.5	12 − 1 = 11		

87 두 변수 사이의 피어슨 상관계수에 대한 설명으로 틀린 것은?

① −1과 1 사이의 값을 갖는다.
② 두 변수의 직선관계를 측정한 값이다.
③ 두 변수는 독립변수와 종속변수 관계이어야 한다.
④ 상관계수의 절대 값이 1에 가까울수록 직선관계가 강하다고 할 수 있다.

해설
상관관계는 두 변수가 독립변수와 종속변수 관계이어야 한다는 것을 요건으로 하지 않는다.

88 상자 3개에 공이 들어있다. A 상자에는 빨간 공 2개, 노란 공 1개, 파란 공 3개가 들어있고, B 상자에는 빨간 공 1개, 노란 공 3개, 파란 공 2개, C 상자에는 빨간 공 3개, 노란 공 2개, 파란 공 1개가 들어있다. 임의로 1개의 상자를 택하여 공 한 개를 꺼냈을 때 노란 공이 나왔다면, 그 공이 B 상자에서 나왔을 확률은 얼마인가?

① 1/2
② 1/3
③ 1/4
④ 1/5

해설
A, B, C 세 상자의 노란 공 개수의 합계는 (1+3+2)=6개이고, 그 중의 한 개가 B 상자에서 나올 확률은 $\frac{3}{6} = \frac{1}{2}$ 이다.

89 행변수가 M개의 범주를 갖고 열변수가 N개의 범주를 갖는 분할표에서 행변수와 열변수가 서로 독립인지를 검정하고자 한다. (i, j)셀의 관측도수를 O_{ij}, 귀무가설에서의 기대도수의 추정치를 $\widehat{E}_{ij}$라 하고, 이때 사용되는 검정통계량은 $\sum_{i=1}^{M}\sum_{j=1}^{N}\frac{(O_{ij}-\widehat{E}_{ij})^2}{\widehat{E}_{ij}}$ 일 때, $\widehat{E}_{ij}$는? (단, 전체 데이터 수는 n이고, i번째 행의 합은 $T_{i\cdot}$, j번째 열의 합은 $T_{\cdot j}$이다)

① $\widehat{E}_{ij} = \frac{T_{i\cdot}}{n}$
② $\widehat{E}_{ij} = T_{i\cdot} \times T_{\cdot j}$
③ $\widehat{E}_{ij} = \frac{T_{\cdot j}}{n}$
④ $\widehat{E}_{ij} = \frac{T_{i\cdot} \times T_{\cdot j}}{n}$

해설
카이제곱 독립성 검정에서 기대도수의 추정치는 다음과 같다.

> 기대도수$(E_{ij}) = \frac{O_i \times O_j}{N}$
> *O_i: 해당 cell이 속하는 행의 빈도 합계
> O_j: 해당 cell이 속하는 열의 빈도 합계
> N: 총빈도

90 다음 분산분석표에 관한 설명으로 틀린 것은?

요인	SS	df	MS	F_0	유의확률
Month	127049	7	18150	1.52	0.164
잔차	1608204	135	11913		
계	1735253	142			

① 총 관측자료 수는 142개이다.
② 총 오차항의 분산 추정값은 11913이다.
③ 요인은 Month로서 수준 수는 8개이다.
④ 유의수준 0.05에서 요인의 효과가 인정되지 않는다.

해설

일원배치분산분석에서 총합의 자유도는 '총 관측자료수(n) − 1'이므로, 분산분석표 상의 자유도 142는 총 관측자료수가 143이라는 것을 의미한다.
∴ 143 − 1 = 142
일원배치분산분석의 분산분석표는 다음과 같다.
* k: 집단(처리)의 수, n: 총관측수

원천 (요인)	제곱합	자유도	평균제곱	F값
처리 (집단 간)	SSB	$k-1$	MSB = SSB/$(k-1)$	F = MSB/MSE
오차 (집단 내)	SSE	$n-k$	MSE = SSE/$(n-k)$	−
합계	SST	$n-1$	−	−

91 산포의 척도가 아닌 것은?

① 분산
② 표준편차
③ 중위수(Median)
④ 사분위수 범위

해설

중위수는 대푯값의 유형 중 하나이다.

92 모집단으로부터 크기가 100인 표본을 추출하였다. 이 표본으로부터 표본비율 $\hat{p}=0.42$를 추정하였다. 모비율에 대한 가설 $H_0: p=0.4$ vs $H_1: p<0.4$를 검정하기 위한 검정통계량은?

① $\dfrac{0.42-0.4}{\sqrt{0.4(1-0.4)/100}}$

② $\dfrac{0.4}{\sqrt{0.4(1-0.4)/100}}$

③ $\dfrac{0.42+0.4}{\sqrt{0.4(1-0.4)/100}}$

④ $\dfrac{0.42}{\sqrt{0.4(1-0.4)/100}}$

해설

단일모집단 비율검정을 위한 검정통계량 Z를 이용한다. $n=100$, 표본의 비율 $\hat{p}=0.42$, 귀무가설로 설정된 모집단의 비율 $p_0=0.40$이므로

$$Z=\dfrac{\hat{p}-p_0}{\sqrt{\dfrac{p_0(1-p_0)}{n}}}=\dfrac{0.42-0.4}{\sqrt{\dfrac{0.4(1-0.4)}{100}}}$$

93 비대칭도(Skewness)에 관한 설명으로 틀린 것은?

① 비대칭도의 값이 1이면 좌우대칭형인 분포를 나타낸다.
② 비대칭도는 대칭성 혹은 비대칭성을 나타내는 측도이다.
③ 비대칭도의 부호는 관측값 분포의 긴 쪽 꼬리 방향을 나타낸다.
④ 비대칭도의 값이 음수이면 자료의 분포 형태가 왼쪽으로 꼬리를 길게 늘어뜨린 모양을 나타낸다.

해설

좌우대칭형의 분포는 비대칭도의 값이 0이다.

94 어떤 화학반응으로 생성되는 반응량 Y이 첨가제의 양 X에 따라 어떻게 변화하는지를 실험하여 다음과 같은 자료를 얻었다. 변화의 관계를 직선으로 가정하고 최소제곱법에 의하여 회귀직선을 추정할 때 추정된 회귀직선의 절편과 기울기는?

X	1	3	4	5	7
Y	2	4	3	6	9

	절편	기울기
①	0.2	1.15
②	1.15	0.2
③	0.4	1.25
④	1.25	0.4

해설

회귀식이 $\hat{y} = \hat{\beta_0} + \hat{\beta_1}x$와 같을 때 *$\hat{\beta_0}$: 절편, $\hat{\beta_1}$: 기울기

$$\hat{\beta_0} = \bar{y} - \hat{\beta_1}\bar{x}$$
$$\hat{\beta_1} = r_{XY}\frac{S_Y}{S_X} = \frac{S_{XY}}{S_{XX}} = \frac{\sum_{i=1}^{n}(x_i - \bar{x})(y_i - \bar{y})}{\sum_{i=1}^{n}(x_i - \bar{x})^2}$$

* r_{XY}: X와 Y의 상관계수,
S_X: X의 표준편차, S_Y: Y의 표준편차,
S_{XY}: X와 Y의 공분산, S_{XX}: X의 분산

필요한 데이터를 계산하면 다음과 같다.
㉠ $\bar{X} = (1+3+4+5+7)/5 = 4$
  $\bar{Y} = (2+4+3+6+9)/5 = 4.8$
㉡ $S_{XX} = (1-4)^2 + (3-4)^2 + (4-4)^2 + (5-4)^2 + (7-4)^2 = 20$
㉢ $S_{XY} = (1-4)(2-4.8) + (3-4)(4-4.8) + \cdots + (7-4)(9-4.8) = 23$

∴ 기울기 $\hat{\beta_1} = \frac{S_{XY}}{S_{XX}} = \frac{23}{20} = 1.15$

절편 $\hat{\beta_0} = \bar{y} - \hat{\beta_1}\bar{x} = 4.8 - (1.15 \times 4) = 0.2$

95 단순회귀모형에 대한 설명으로 틀린 것은?
① 독립변수는 정규분포를 따른다.
② 독립변수는 오차 없이 측정 가능해야 한다.
③ 종속변수의 측정오차들은 서로 독립적이다.
④ 종속변수는 측정오차를 수반하는 확률변수이다.

해설

① 독립변수가 정규분포를 따르는 것은 아니다.
단순회귀모형에서 오차항의 기본가정은 다음과 같다.
㉠ [정규성] 오차항 ϵ_i는 정규분포 $N(0, \sigma^2)$을 따른다.
㉡ [등분산성] 오차항 ϵ_i의 분산은 모든 i에 대하여 같다.
㉢ [독립성] 오차항 ϵ_i들은 서로 독립이다.

96 어느 자동차 정비업소에서 최근 1년 동안의 기록을 근거로 하루 동안에 찾아오는 손님의 수에 대한 확률분포를 다음과 같이 얻었다. 이 확률분포에 근거할 때, 하루에 몇 명 정도의 손님이 이 정비업소를 찾아올 것으로 기대되는가?

손님 수	0	1	2	3	4	5
확률	0.05	0.2	0.3	0.25	0.15	0.05

① 2.0
② 2.4
③ 2.5
④ 3.0

해설

기댓값을 계산하면 되므로 (각 손님수 × 해당 확률)을 계산하여 이를 모두 합산한다.
$(0 \times 0.05) + (1 \times 0.2) + (2 \times 0.3) + (3 \times 0.25) + (4 \times 0.15) + (5 \times 0.05) = 2.4$

97 모집단의 평균을 추정하기 위해 1,000개의 표본을 취하여 정리한 결과 표본평균은 100, 표준편차는 5로 계산되었다. 모평균에 대한 점추정치는?

① 5
② 10
③ 25
④ 100

해설
모평균에 대한 점추정치는 표본평균이다.

98 A 신문사에서 성인 1,000명을 대상으로 현직 대통령에 대한 지지도를 조사한 결과 60%의 지지율을 얻었다. 95%의 신뢰수준에서 이번 조사의 오차한계는 얼마인가? (단, 95% 신뢰수준의 Z값은 ±1.96으로 한다)

① ±2.8%
② ±2.9%
③ ±3.0%
④ ±3.1%

해설
비율추정에서의 오차한계는 $Z_{\frac{\alpha}{2}}\sqrt{\frac{\hat{p}(1-\hat{p})}{n}}$ 이다.

95% 신뢰수준이므로 $Z_{\frac{\alpha}{2}} = 0.025$ 이고, Z값은 1.96, $\hat{p} = 0.6$, $n = 1000$ 이다.

오차한계 $Z_{\frac{\alpha}{2}}\sqrt{\frac{\hat{p}(1-\hat{p})}{n}} = 1.96\sqrt{\frac{0.6(1-0.6)}{1000}} ≒ 0.03$

∴ 3%

99 두 변수 x, y의 상관계수가 0.5일 때, $(2x+3, -3y-4)$와 $(-3x+4, -2y-2)$의 상관계수는?

① 0.5, 0.5
② 0.5, -0.5
③ -0.5, 0.5
④ -0.5, -0.5

해설
두 확률변수 $aX+b$, $cY+d$에 대한 상관계수 $Corr(aX+b, cY+d)$는 $ac > 0$이면 $Corr(X, Y)$이고, $ac < 0$이면 $-Corr(X, Y)$이다.
• [$ac > 0$] $Corr(aX+b, cY+d) = Corr(X, Y)$
• [$ac < 0$] $Corr(aX+b, cY+d) = -Corr(X, Y)$
이에 따라 두 변수 x, y의 상관계수가 0.5일 때
$(2x+3, -3y-4)$에서 $2×(-3) = -6 < 0$이므로, 상관계수는 -0.5가 되고,
$(-3x+4, -2y-2)$에서 $-3×-2 = 6 > 0$이므로, 상관계수는 0.5가 된다.

100 대학생이 졸업 후 취업했을 때 초임수준을 조사하였다. 인문사회계열 졸업자 10명과 공학계열 졸업자 20명을 조사한 결과 각각 평균 초임은 210만원과 250만원이었으며 분산은 각각 300만원과 370만원이었다. 두 집단의 모분산이 같을 때, 모분산의 추정량인 합동분산(Pooled Variance)은? (단, 단위는 만원이다)

① 325.0
② 324.3
③ 346.7
④ 347.5

해설
인문사회계열 졸업자 수 $n_1 = 10$, 공학계열 졸업자 수 $n_2 = 20$이라 할 때 $S_1^2 = 300$, $S_2^2 = 370$이므로

합동분산 $S_p^2 = \frac{(n_1-1)S_1^2 + (n_2-1)S_2^2}{(n_1+n_2-2)}$
$= \frac{(10-1)300 + (20-1)370}{(10+20-2)} = 347.5$ 이다.

해커스
**사회조사분석사
2급 필기**
한권합격 이론+최신기출+핵심노트

시험장에 꼭 가져가야 할
핵심노트

해커스

자격증 교육 1위 해커스자격증

pass.Hackers.com

✓ 핵심노트 목차

**제1과목
조사방법과 설계**

- PART 01 과학적 조사
- PART 02 조사
- PART 03 정성조사
- PART 04 질문지
- PART 05 표본설계

**제2과목
조사관리와 자료처리**

- PART 01 자료수집방법
- PART 02 실사관리
- PART 03 측정의 타당성과 신뢰성
- PART 04 자료처리

**제3과목
통계분석과 활용**

- PART 01 기초통계량
- PART 02 확률과 확률분포
- PART 03 추정과 가설검정
- PART 04 통계분석

핵심노트

제1과목 **조사방법과 설계**

제2과목 **조사관리와 자료처리**

제1과목 | 조사방법과 설계

PART 01 | 과학적 조사

1 과학적 조사의 특징

객관성(Objectivity)	표준화된 도구와 절차. 객관적으로 누구나 납득할 수 있는 결과
경험성(Empiricism)	연구대상이 궁극적으로는 감각기관에 의해 지각
검증가능성(Empirically Verifiable)	경험적이고 실제적으로 검증가능
재생(재현)가능성(Reproducibility)	동일 조건으로 반복하는 경우 누구나 동일한 결과 재현
간결성(Parsimony)	최소한의 설명변수로 최대한의 보다 많은 설명력 확보
체계성(Systematic)	일정한 구조 틀, 순서, 원칙에 입각해서 진행
논리성(Logicality)	개념·판단이 상호 모순되지 않고 현상을 논리적으로 설명
변화가능성(Changeable)	수정가능성. 연구결과는 향후 수정될 수 있음
상호주관성 (Inter-subjectivity: 간주관성)	주관이 제각기 달라도 동일한 방법을 사용했을 때에는 동일한 해석·설명에 도달
기타	• 반증가능성: 실험·관찰에 의해 반증될 가능성 • 결정성(인과성): 과학적 현상은 반드시 원인이 존재 • 일반성(일반화 가능성): 개별 현상으로 전체의 일반 이해를 추구 • 구체성(특정적): 특정 측정방법 사용 및 정확한 개념 정의로 다른 연구자가 이해할 수 있도록 구체적으로 표현 • 설명적: 현상을 설명 • 통제성(제어가능성): 연구목적과 관련 없는 변수들은 영향을 통제. 원래 밝히고자 하던 변수들 간의 인과관계를 명확히 밝혀야 함

2 사실과 이론

사실(Fact)	이론의 증거
이론	• 사실과 사실 간의 관계에 대해 논리적 연관성 부여 • 규칙성이나 법칙성을 나타내는 일반적 진술

3 과학적 조사의 패러다임

패러다임	Key Word	
실증주의	• 실험 강조 • 인과관계 설명 • 양적 방법	• 일반화 전제 • 가치중립성, 객관성
해석주의	• 주관적 의식, 주관적 의미 • 질적 방법	• 해석과 이해
비판과학적(갈등) 패러다임	• 사회 실질적 구조 발견 • 실천적 자기 입장 강조	• 비판적 탐구 수행

※ 패러다임: 과학적 공동체의 구성원이 공유하는 개념적·이론적 체계

4 과학적 조사의 조사목적

탐색, 기술, 설명, 이해, 일반화, 예측, 통제, 평가

5 과학적 조사의 절차

문제 인식과 문제 정립 → (기존 이론·연구 고찰) → 가설 설정 → 조사 설계 → 자료 수집 → 자료 분석 → 보고서 작성

☞ 이론 → 가설 → 관찰 → 경험적 일반화

6 가설

귀무가설	• 연구가설과 논리적으로 반대의 입장, 통계적 검증의 대상 • 관계가 없다/같다/차이가 없다. • 자료에 나타난 차이나 관계가 우연의 법칙으로 생긴 것이라는 진술
연구가설	• 연구자가 주장하고자 하는 가설, 실험적 가설 • 자료에 나타난 차이나 관계가 유의(有意)한 것이라는 진술
대립가설	• 연구가설을 통계적 검증형태로 나타냄. 귀무가설과 논리적으로 반대의 입장 • 관계가 있다/같지 않다/차이가 있다.
식별 가설	• 어떤 사실의 성질, 기능, 형태, 위치, 분포 등의 상태를 묘사/기술 • 기술적 가설(~은 ~이다)
설명적 가설	• 사실과 사실 간의 관계를 설명 • 인과적 가설(~하면 ~하다)

※ 가설: 검증되지 않은 상태의 명제, 잠정적 결론

7 좋은 가설의 조건/평가기준

- 명료성(간결성)
- 가치중립성
- 한정성
- 검증가능성
- 계량화 가능성
- 입증 명백성
- 개연성
- 다른 가설과의 연관성(연관성 있으나 차이가 있어야 함)
- 일반화 가능성

8 가설관련 오류

제1종 오류	귀무가설이 진실인데 이를 기각하는 오류
제2종 오류	귀무가설이 맞지 않는데 이를 기각하지 않는 오류

9 과학적 연구의 논리

연역적	• 선(先)이론 후(後)조사, 설명적 연구, 양적 연구, 실증주의 • 이론 – 가설 – 관찰/가설검증 – 결론/이론
귀납적	• 선(先)조사 후(後)이론, 탐색적 연구, 질적 연구 • 관찰/자료수집 – 일반적 진리 발견 – 결론

10 분석단위 관련 오류

생태학적(생태주의) 오류	분석단위를 집단에 둔 연구결과를 바탕으로 집단 속 개인특성을 추리
개인주의적(개체주의적) 오류	개인을 분석단위로 한 연구결과를 집단에 동일하게 확대 적용
축소주의적(환원주의적) 오류	필요한 변수개념의 종류를 지나치게 한정시키거나 한 가지로 환원시키려는 경향

PART 02 | 조사

1 탐험조사, 기술조사, 인과관계조사

조사	목적	주요 유형
탐험조사	통찰과 아이디어 획득	문헌조사, 전문가 의견 조사, 사례조사, 표적집단면접법(FGI)
기술조사	현상을 요약기술	횡단조사(현지조사, 서베이 조사), 종단조사(패널/추세/코호트 조사)
인과관계조사	인과관계 규명	실험조사(원시/순수/유사 실험설계)

2 인과관계 3요건

공동변화(동반발생, 연관성)	두 변수가 동시에 변화해야 함
시간적 선후성(시간적 선행성)	원인이 결과보다 먼저 발생해야 함
허위관계의 배제(외생변수 통제)	두 변수의 관계가 다른 공통적인 원인으로부터 나타나는 것이 아니어야 함

3 종단적 조사와 횡단적 조사

종단적 조사	① 두 번 이상 시점에 반복적 조사(동태적) ② 주요 유형 • 패널조사(동일집단 반복연구) • 추세조사(동일한 전체 모집단 내 변화를 계속적 연구) • 코호트 조사(한정된 모집단의 변화를 반복 조사)
횡단적 조사	① 한 시점에 조사(정태적) ② 주요 유형 • 현지조사(실험적 조작 없음, 실제 사회구조 안에서 변수 간 관계 찾음) • 서베이 조사(주로 표준화된 설문지 활용, 대규모 표본조사)

4 양적 조사와 질적 조사

양적 조사	• 객관적, 실증적, 연역적 • 연구자와 연구대상이 독립적 • 가치중립성, 편견 배제 • 표준화 용이 • 대규모조사
질적 조사	• 주관적, 해석적, 귀납적 • 연구자와 참여자 간의 상호작용 • 가치지향적, 편견 개입 • 표준화 어려움 • 소규모조사

5 전수조사와 표본조사

전수조사	• 모집단 전체 조사 • 표본추출오차 없음 • 비표본추출오차 클 수 있음
표본조사	• 표본을 추출하여 조사 • 표본추출오차 발생 • 비표본추출오차 상대적으로 작음

6 1차 자료와 2차 자료

1차 자료	• 연구자가 직접 수집 • 시간과 비용 소요 • 전문적 지식 필요
2차 자료	• 다른 연구목적으로 다른 연구자가 기존에 작성 • 시간과 비용 절약 • 전문적 지식 필요성 낮음

7 실험조사

• 통제된 상황에서 상태를 조작하여 변수 간 관계 검증
• 독립변수 조작, 외생변수 통제, 무작위 할당, 비교(실험집단, 통제집단)

8 실험의 내적타당성 저해 외생변수

역사적 오염	• 우발적 사건, 외부사건 • 측정과 측정 사이 특정 사건 발생
성숙 효과	시간 경과에 따라 조사대상의 특성이 변화
시험 효과	검사효과. 사전검사가 사후검사에 영향을 미쳐 종속변수가 변화
측정 편향	도구효과. 측정도구의 문제로 인해 측정결과가 왜곡
통계적 회귀	같은 현상 반복 측정하면 그 값들이 평균으로 수렴
선택의 편향	• 선정의 편향, 표본의 편중 • 결과에 영향을 미칠 수 있는 요인이 이미 작용된 대상을 다수 선택
소멸	상실. 특정 이유로 실험대상에서 이탈

9 외생변수 통제

제거	외생변수로 작용할 수 있는 요인이 실험상황에 개입되지 않도록 함
균형화	예상되는 외생변수의 영향을 동일하게 받을 수 있도록 실험집단과 통제집단을 선정
상쇄	외생변수가 작용하는 강도가 다른 상황에 대해서 다른 실험을 실시함으로써 외생변수 영향을 제거
무작위화	어떠한 외생변수가 작용할지 모르는 경우 실험집단과 통제집단을 무작위(Random)로 추출

10 실험설계 유형

원시실험설계	• 사전실험설계 • 단일집단 사후/단일집단 사전사후/정태적 집단비교 설계
순수실험설계	• 무작위화 • 통제집단 사후/통제집단 사전사후/솔로몬 4집단 설계
유사실험설계	• 현실상황 • 두집단 사전사후(비통일 통제집단)/단순시계열/다중시계열 설계

※ 사후실험설계: 독립변수 조작 불가 상황에서 변수 간 관계 검증([예] 회고 연구 등)

PART 03 | 정성조사

FGI 정성조사	• 표적(초점)집단면접법 • 사회자 진행 아래 전문식견 가진 소수참여자 토론 • 특정 주제 관련 자유로운 토론(대면집단 상호작용) • [장점] 새로운 아이디어 등 • [단점] 주관개입, 일반화 가능성 낮음 등
심층 인터뷰	• 전문면접원과 1명~소수 피면접자 • 탐사방식, 자유로운 대화 • [장점] 심층적/전문적 의견 • [단점] 면접자의 영향, 일반화 어려움 등

PART 04 | 질문지

1 질문지 작성절차

목적/범위 확인 → 필요한 정보 결정 → 자료수집방법 결정 → 질문내용 결정 → 질문/응답 형태 결정
→ 질문항목 결정 → 표현/순서 결정 → 초안 작성 → 사전조사/재수정 → 완성

2 질문 작성 유의사항

① 쉽고 간결
② 명료
③ 이해가 가능한 난이도
④ 이중적 질문 금지
⑤ 중립적
⑥ 규범적 응답은 억제
⑦ 지나치게 자세한 요구 금지
⑧ 임의적 가정 금지
⑨ 적절한 언어
⑩ 특정응답 유도 금지 등

3 질문의 순서배열 유의사항

① 쉬운/가벼운/답변 용이한 질문을 앞부분 배치
② 민감한 질문은 후반부 배치
③ 일반적인 것 먼저 배열, 특수 질문은 후반부 배열
④ 동일개념 묻는 경우 단순질문에서 복잡한 질문으로 배열
⑤ 질문항목들 간 연계 고려 등

4 예비조사와 사전조사

예비조사	• 탐색적 조사 목적 • 설문지 작성 전
사전조사	• 초안질문지 수정 목적 • 설문지 초안 작성 후 • 본조사와 동일한 방법, 일부 대상

5 질문의 주요 분류

직접질문	태도나 의견을 직접적으로 질문
간접질문	조사자의 의도를 파악하지 못하도록 질문

개방형 질문	• 자유응답 • 깊이 있는 내용 • 부호화 어려움 • 새로운 사실 발견	• 해석에 편견개입 • 표현상의 차이 존재 • 응답자 교육 수준에 따른 제약 등
폐쇄형 질문	• 간단하게 선택 • 민감한 주제에 적합 • 부호화 쉬움	• 포괄성 및 상호배타성 필요 • 한정된 답변

※ 기타: 서열식/평정형/매트릭스형/어의차형/이분형/선다형 질문 등

PART 05 | 표본설계

1 표본설계 주요용어

모집단	연구자가 조사문제와 관련하여 정보를 얻고자 관심을 갖는 전체 집단
표본	실제조사를 위해 선정된 요소들의 집합
모수	모집단의 특성을 나타내는 값
통계량	표본의 특성을 나타내는 값
표본프레임	• 표본을 추출하기 위한 모집단의 목록 • 표본프레임 오류는 모집단과 표본프레임이 일치하지 않는 것
표본추출요소	• 정보수집과 분석의 기본단위 • 조사에서 필요한 정보가 산출되는 단위
표본추출단위	표본추출 대상이 되는 개인단위, 가구 단위 등 모집단의 구성원
표본추출간격	• 표본을 추출할 때 추출되는 요소와 요소 간의 간격 • 모집단 크기를 표본크기로 나눈 값
표본률	모집단에서 개별 요소가 선택되는 비율
표본추출분포	• 동일크기 표본을 반복적으로 추출할 때 표본통계량의 확률분포 • 통계적 추론과 관련한 이론적 분포
표집오차	• 모수와 통계량 간의 차이 • 표본이 모집단을 제대로 나타내지 못하는 정도
관찰단위	직접적 조사의 대상

2 표본추출방법

확률표본추출	요약	• 무작위 • 객관적 확률 • 모수추정에 편의 없음 • 표본오차 추정 가능 • 대표성과 일반화 가능 • 시간과 비용 소요
	주요유형	단순무작위/층화/군집(집락)/체계적(계통적) 표본추출
비확률표본추출	요약	• 편의적·주관적·의도적 • 모수 추정에 편의 • 표본오차 추정 불가 • 대표성과 일반화 제약 • 시간비용 절약
	주요유형	편의/판단/할당/누적(눈덩이) 표본추출

※ 표본추출과정: 모집단 확정 → 표본추출프레임 결정 → 표본추출방법 결정 → 표본크기 결정 → 표본추출 실행

3 표본추출오차와 비표본추출오차

표본추출오차	• 표본추출과정에서 유발되는 오차 • 표본이 모집단을 대표하지 못하는 오차
비표본추출오차	• 표본추출과정 이외에서 발생되는 오차 • 비관찰오차(불포함, 무응답)와 관찰오차(조사현장, 자료처리와 기록)가 있다.

※ 표본크기 동일 가정 시: (표본오차 작음) 층화표본 < 단순무작위 표본 < 군집표본 (표본오차 큼)

4 표본크기 결정

[통계적 결정방법]

$$n \geq \frac{Z^2}{d^2} \sigma^2$$

(n: 표본크기, z: 신뢰수준에 따른 표준정규분포의 $Z_{\frac{\alpha}{2}}$ 값, d: 허용오차, σ: 모집단의 표준편차)

☞ 표본의 크기: 신뢰수준과 분산에 비례, 허용오차에 반비례

※ 기타 고려사항: 조사 문제의 중요성, 조사의 성격, 모집단의 이질성, 시간과 비용 등

제2과목 | 조사관리와 자료처리

PART 01 | 자료수집방법

1 프로빙

- 충분한 답을 얻지 못했을 경우나 모호한 응답의 경우 조사자가 이용하는 기술
- 무언의 캐묻기, 적극적 권장, 자세한 응답 요구, 명료화, 반복

2 자료수집방법

면접법	내용 요약	① 대면, 언어적 자극과 언어적 반응
		② 장점
		  • 탐사질문 가능
		  • 자료수집 신축적
		  • 높은 응답률
		③ 단점
		  • 면접자의 영향과 주관개입 가능성
		  • 익명성 보장 어려움
		  • 시간과 비용 많이 소요
		  • 면접원 통제 어려움

	주요 유형 및
	Key Word
		개인/집단/반복적/심층/집중/비지시적/표준화 VS 비표준화 면접
		① 표준화면접: 구조화/통제면접
		  • 정해진 면접조사표
		  • 면접결과 비교 용이
		  • 유연성 낮음
		② 비표준화면접: 정해진 면접조사표 없이 자유롭게 진행
		  • 면접결과 비교 어려움
		  • 유연성 높음
		③ 반표준화면접: 표준화와 비표준화 조합

관찰법	내용 요약	① 감각기관을 이용하여 관찰, 귀납적
		② 장점
		  • 조사태도에 관계없이 조사 가능
		  • 비언어적 자료수집 가능
		③ 단점
		  • 관찰자 주관개입
		  • 내면 동기 측정 불가
		  • 관찰사실 의식
		  • 일반화와 표준화 어려움

	주요 유형 및 Key Word	• 참여관찰, 비참여관찰, 준참여관찰 • 통제관찰, 비통제 관찰 • 직접관찰, 간접관찰 • 자연적 관찰, 인위적 관찰 • 공개적 관찰, 비공개적 관찰 • 인적 관찰, 기계적 관찰 * 기계적 관찰: 오디미터, 사이코갈바노미터, 퓨필로미터, 아이카메라, 모션픽처카메라 • [관찰자의 유형] 완전 참여자, 관찰자적 참여자, 참여자적 관찰자, 완전 관찰자
투사법	내용 요약	• 조사목적이나 주제를 응답자가 모르도록 함 • 간접적 조사 • 내면의 동기나 감정이 응답에 투사 • 비체계적이며 비공개적
	주요 유형 및 Key Word	단어연상법/그림묘사법/문장완성법/만화완성법/역할행동법 [간접질문방법] 투사법/오류선택법/단어연상법/토의완성법/정보검사법
내용분석	내용 요약	• (주로) 질적 자료의 양적 정보 변환(질적 분석 방법도 사용) • 비개입적 연구 • 표본활용 가능

질문지법 (서베이법)	내용 요약	① 질문지를 통해 자료수집 ② 보통 표준화·구조화된 질문지 사용 ③ 장점 　• 대규모 조사(큰 표본, 넓은 범위)　　• 조사자의 편견 배제 　• 조사결과 비교가능성　　　　　　• 객관적 해석 　• 다양한 측면의 분석 ④ 단점 　• 비언어적 행위나 특성 기록 불가 　• 깊이 있는 질문 불가
	주요 유형 및 Key Word	① 대인면접조사 　• 장점: 무응답 최소화 및 비언어적 행위 관찰 가능, 높은 응답률, 라포(Rapport) 형성 용이 　• 단점: 면접자 통제 어려움, 익명성 보장 어려움 ② 우편조사 　• 장점: 면접자 편견 영향 없음, 높은 익명성 보장 　• 단점: 낮은 응답률, 비언어적 정보 수집 불가(응답률 제고 방안: 반송용 봉투, 물질적 보상 약속, 조사 　　기관 신뢰성 부여, 비밀 유지 및 익명성 보장 등) ③ 전화조사 　• 장점: 신속성, 면접자 영향 통제 가능 　• 단점: 시간제한, 표본의 대표성 ④ 온라인 조사 　• 전자우편조사, 방문자 조사, 회원 조사 등 　• 장점: 시간과 공간 제약 적음, 쌍방향 소통 가능 　• 단점: 표본의 대표성, 응답자에 대한 통제 어려움 ⑤ 집단조사 　• 장점: 조사의 동일성 확보, 조사조건 표본화, 시간과 비용 절약 　• 단점: 집단상황이 응답을 왜곡시킬 가능성

3 응답의 오류

체계적 오류	내용 요약	• 응답이 특정 방향으로 나타남 • 체계적 영향에 의한 오류
	주요 유형	• 관용/가혹/중앙집중경향　　• 동조효과 • 대조의 오류　　　　　　　• 최근정보효과 • 1차 정보효과　　　　　　　• 후광효과 • 응답순서 효과　　　　　　• 겸양효과 • 선전편승효과　　　　　　　• 성숙효과 • 이전효과　　　　　　　　　• 사회적바람직성 편향 • 위신향상효과　　　　　　　• 체면치레 효과
비체계적 오류	내용 요약	• 일시적 사정으로 무작위적 발생 • 사전에 알 수 없고 사전통제 불가능
	주요 유형	응답자·측정상황·측정도구에 의한 오류

PART 02 | 실사관리

1 조사참여인력

연구원	해당 연구조사를 전체적으로 기획·설계하고 질문지 작성
실사 감독관(조사지도원)	자료수집의 전 과정을 총괄 감독
검증원	자료가 표준적인 진행절차에 따라 정확하게 수집되었는가를 검증
부호기입원(Coder)	개방형 질문에 대한 응답 등을 적절한 범주에 따라 분류하고 부호화
입력원(Key puncher)	설문 응답내용을 숫자나 부호 형태로 입력
조사원	조사현장에서 직접 자료를 수집

2 수집자료의 점검

1차 검증	조사원의 현장 검증(기입 오류 등 점검)
2차 검증	실사 관리자의 점검(오류 내용 확인 및 관련 조치 등)
3차 검증	실사 담당자의 전화 검증(응답자 진위 여부 등)

PART 03 | 측정의 타당성과 신뢰성

1 변수의 분류

독립변수	• 종속변수에 영향을 주는 원인변수 • 실험 연구에서 연구자에 의해 조작되는 변수 • 실험변수, 처치변수
종속변수	• 독립변수의 영향으로 결과가 나타나는 결과변수 • 반응변수, 기준변수
외생변수	종속변수에 영향을 미치는 독립변수 외의 변수로 연구자가 실험을 위한 변수로 설정하지 않은 변수

양적 변수	• 측정 시 속성을 의미 있는 수치로 나타낼 수 있는 변수 • 등간척도, 비율척도로 측정된 변수 • 양적 변수는 질적 변수로 변환 가능
질적 변수	• 측정 시 속성을 의미 있는 수치로 나타낼 수 없는 변수 • 명목척도, 서열척도로 측정된 변수 • 질적 변수는 양적 변수로 변환이 불가능

연속변수	• 어떤 구간 내에서 취할 수 있는 값이 무한한 변수 • 실수값으로 구성되며 소수점 이하로 표시 가능
불연속변수	• 어떤 구간 내에서 취할 수 있는 값이 한정적이고 셀 수 있는 변수 • 정수값만으로 구성, 이산변수

※ 변수의 속성: 경험적 현실 전제, 현상의 속성 지시, 계량화 가능, 연속성

2 검정요인(Test Factor): 검정변수, 제3의 변수

외재적 변수(Extraneous Variable; 외적 변수)
실제로는 두 변수 간 관계가 없는데도 두 변수가 우연히 어떤 변수와 연결됨으로써 관계가 있는 것처럼 보이게 하는 변수(허위변수 개념과 동일시 됨)

매개변수(Intervening Variable: 개입변수)	• 독립변수의 결과인 동시에 종속변수의 원인이 되는 변수 • 독립변수에 의해 설명되지 못하는 부분을 설명해준다.
선행변수(Antecedent Variable)	• 인과관계에서 독립변수에 앞서면서 독립변수에 유효한 영향을 미치는 변수 • 선행변수를 통제해도 독립-종속 관계는 유지된다.
구성변수(Component Variable)	총체적 개념을 구성하는 요소들 중 어떤 것이 관찰된 결과에 결정적인 영향을 미치는가를 파악하는 데 사용되는 변수
억제변수(Suppressor Variable)	• 두 변수 간에 사실적 관계가 있는데, 마치 "없는 것처럼" 억누르는 변수 • 검정요인으로 통제되면 원래 관계가 없던 것으로 나타났던 두 변수의 관계가 유관하게 나타난다.
왜곡변수(Distorter Variable)	• 두 개 변수간의 관계를 "정반대로" 나타나게 왜곡하는 변수 • 표면적으로 나타난 관계와는 정반대로 해석해야 옳은 해석이 된다.
기타: 조절변수	• 독립변수가 종속변수에 미치는 관계 "강도"에 영향을 주는 변수 • 없어져도 두 변수 간 상관관계는 남는다.

3 개념의 구체화

개념적 정의	• 이론적·추상적 정의 • 하나의 개념을 다른 개념을 사용하여 정의 • 순환적 정의 지양, 보편적 언어 사용 • 실증적 검증 어려움
조작적 정의	• 추상적 개념을 측정 가능하도록 구체적 지표로 표현 • 하나의 개념은 여러 조작적 정의 가능 • 실증주의에서 강조

※ 개념의 조건: 한정성·명확성, 통일성, 적정 범위에 대한 고려, 체계적 의미
※ 개념의 재정의: 재개념화(개념을 보다 명백하게 재구성·재규정)

4 측정의 수준

명목수준	기본원칙	상호배타성, 포괄성, 논리적 연관성
	주요 내용	• 대상을 유사성과 상이성에 의해 구분하여 명목상의 이름·숫자 부여 • 가감승제 불가
서열수준	기본원칙	명목척도의 원칙+이행성과 비대칭성
	주요 내용	• 단순한 명칭·숫자 부여에서 한발 더 나아가 상대적 순서·서열을 부여 • 가감승제 불가
등간수준	기본원칙	서열척도의 원칙+부가성
	주요 내용	• 서열화에 더하여, 서열간의 간격이 일정하도록 연속선상에 수치를 부여 • 가감(+, −)은 가능, 승제(×, ÷)는 불가 • 절대영점 존재하지 않음
비례수준	기본원칙	등간수준의 원칙+절대영점과 비례성
	주요 내용	• 명목, 서열, 등간수준 측정에 더하여, 절대영점을 가진 척도로써 수치를 부여 • 사칙연산 모두 성립

상호배타성	범주들이 상호독립적이고 중첩이 없어야 한다는 것
포괄성	가능한 범주를 모두 제시해야 한다는 것
이행성	A가 B보다 크고(A > B) B가 C보다 크면(B > C), A는 C보다 크다는 것(A > C)
비대칭성	X > Y이고 Y > Z이면 X가 Z에 대한 크기가 절대적으로 크다는 것
부가성	어떤 두 값의 차이와 다른 값의 차이가 동일할 때, 그 차이가 의미하는 바가 동일하다는 것
절대영점	속성이 전혀 존재하지 않는 상태인 자연적 영점
비례성	두 개체나 항목의 비율이 일정할 때, 측정값의 비율도 일정하게 변화한다는 것

※ 측정: 추상적·이론적 세계를 경험적 세계와 연결

5 측정의 분류

본질측정 (Fundamental Measurement)	• 사물의 속성을 나타내는 본질적 법칙에 따라 계량화(숫자를 부여하여 측정) • A급 측정
추론측정 (Derived Measurement)	• 특정한 사물·사건의 속성 측정을 위해 관련된 다른 사물·사건의 속성을 측정 • B급 측정
임의측정 (Measurement by Fiat)	특정한 속성과 측정값 간에 관계가 있다고 가정하고 측정하는 것

6 척도수준과 통계치

구분	명목척도	서열척도	등간척도	비율척도
가능한 중심경향치	최빈수	최빈수, 중위수(중앙값)	최빈수, 중위수, 산술평균	최빈수, 중위수, 산술평균, 조화평균, 기하평균 등
기타 가능한 통계치	빈도, 백분율	빈도, 백분율, 범위	빈도, 백분율, 범위, 표준편차, 피어슨상관계수	빈도, 백분율, 범위, 표준편차, 피어슨상관계수, 변동계수 등
주요 통계분석기법	빈도분석, 교차분석	순위상관관계, 스피어만 상관계수	t - 검정, 분산분석, 상관분석, 회귀분석	t - 검정, 분산분석, 상관분석, 회귀분석 포함 모든 모수통계기법
통계기법	비모수통계	비모수통계	모수통계	모수통계

7 모수통계와 비모수통계

모수통계	모집단의 특정한 분포(정규분포)를 가정하고 표본을 추출하여 모집단의 특성을 추론하는 방법으로 통계적 검증
비모수통계	모집단에 대한 가정을 전제로 하지 않고 주어진 데이터에서 직접 확률을 계산하여 통계적 검증

8 척도의 구성기법

리커트척도 (총화평정척도)	• 긍정/부정의 정도 표시 • 합산/평균한 결과로 태도 측정 • 항목들은 동일한 태도 가치 • 가중치 다르게 부여 가능
서스톤척도 (유사등간척도, 등현등간척도)	• 가장 우호적 태도와 가장 비우호적 태도 • 양극단, 등간격 구분 • 각 문항 가중치 • 평가자들의 평가에 근거 • 강화된 리커트 척도
평정(등급)척도	• 특성의 상대적 가치에 따라 구별되어 있는 척도점에 체크 • 등급방식에 평정자가 평정
보가더스 사회적거리 척도	• 사회적 거리감의 정도 측정 • 서열적 측정방법의 연속적 문항들 사용 • 각 점간의 등간격 가정
거트만 척도 (누적척도)	• 태도의 강도에 대한 연속적 증가유형 측정 • 누적성과 단일차원성 • 재생계수(0~1)는 0.9 이상 바람직
소시오메트리	• 구성원 간 친화와 반감의 빈도와 강도(집단구조를 이해) • 모레노 인간관계 측정 • 소시오그램/소시오메트릭행렬/소시오메트릭 지수(선택지위지수, 집단확장지수, 집단응집지수)
의미분화척도 (어의차이척도)	• 양극단 상반된 형용사 • 여러 의미 차원에서 개념평가 • 프로파일 분석과 마케팅 조사에 유용 • 다변량 분석에 적용 용이
스타펠척도	• 가운데에 형용사 • 태도의 방향과 강도

9 기타의 척도법

순위법	특정 속성 정도에 따라 순위를 정함
쌍대비교법	두 개의 대상 중 어느 쪽에 더 호의적인가를 비교
항목순위법	여러 개의 특정 속성 정도에 따라 순서대로 집단을 나눔
고정총합법	• 고정된 수치 부여 • 각 속성에 대한 상대적 중요성에 따라 점수 배정
연속평정법	응답값을 매우 자세하게 구분
비율분할법	한 속성 보유정도 기준으로 다른 속성 보유 정도를 판단

10 척도의 통계적 분석/구성기법

개별문항과 척도간 상관분석, 요인분석, 회귀분석, 기준변수와의 관계 분석

11 비교척도와 비비교척도

비교척도	자극의 대상을 직접 비교해서 응답을 구함
	순위법/쌍대비교/항목순위법/비율분할법/고정총합법
비비교척도	자극대상 간의 직접 비교 필요없는 응답을 구함
	연속평정/단일평정/항목평정법 등

12 척도·지수·지표

척도	• 두 개 이상 지표항목, 합성측정 • 속성들 간의 강도구조를 이용하여 구축
지수	• 두 개 이상 지표항목, 합성측정 • 속성들의 점수들을 단순누적합산하여 구축
지표	어떤 개념의 존재 여부를 나타내는 하나의 징표

13 측정의 타당성과 신뢰성

타당성	측정하고자 하는 개념을 얼마나 정확하게 제대로 실제에 가깝게 측정했는가의 정도
신뢰성	한 대상을 유사한 척도로 여러 번 측정하거나 하나의 척도로 반복 측정했을 때, 결과의 일관성의 정도

14 측정의 타당성 평가

내용타당성 (액면타당성)	• 측정대상 속성을 얼마나 포괄적으로 포함하고 있는가 • 논리적 분석과정의 주관적 타당도
기준관련 타당성	기존 이미 타당성이 검증된 기준측정도구와의 상관관계로 평가 • 동시타당성: 척도가 현재 사건을 얼마나 잘 나타내는가 • 예측타당성: 척도가 미래의 사건을 얼마나 잘 예측하는가
개념타당성	척도가 이론적·추상적 개념을 얼마나 잘 측정하였는가를 나타냄 • 집중타당성(수렴타당성): 같은 개념 측정 시 상이한 측정방법 사용해도 측정값 간에 상관관계 높아야 함 • 판별타당성(차별타당성): 상이한 개념 측정 시 동일 측정방법 사용해도 측정값 간에 상관관계 낮아야 함 • 이해타당성(논리 타당성): 유사한 다른 개념들 모두를 측정할 수 있는 방법일수록 이해타당성 높음 (법칙타당성: 이론을 바탕으로 해서 연구자가 만든 구성요인이 실제로 나타나는지 평가하는 것)

※ 타당성의 통계적 검증: 요인분석, 다중속성-다중측정법, 이론적 구성 개념 등

15 측정의 신뢰성 평가

재검사법	동일상황/동일측정도구/동일측정대상을 두 번 이상 측정하여 상관관계 분석
복수양식법	두 개 이상 유사한 측정도구. 동일대상 측정하여 상관관계 분석
반분법 반분법	전체문항을 두 그룹으로 반분. 각 그룹 측정치간의 상관계수를 계산
	[스피어만 브라운 공식] 전체의 신뢰성이 반분한 측정도구의 신뢰성보다 높다고 가정 * 기대되는 신뢰도 계수 = {(반분된 두 검사 간의 상관계수) × 2}/{1 + 반분된 두 검사 간의 상관계수}
내적일관성법	크론바하 알파 계수 이용, 신뢰도 저해 항목 제거
	[크론바하 알파] 항목들 간의 모든 가능한 상관관계 값들을 구해 이를 평균한 것(0 ~ 1)

※ 관찰자간 신뢰성: 여러 명의 평가자들 간의 측정결과가 일치하는가를 비교

16 신뢰성 향상방법

① 동일개념(속성)을 측정하는 항목의 수를 늘린다.
② 문항설명을 명확히 하여 해석상의 차이가 발생하지 않도록 한다.
③ 무성의하거나 일관성이 없는 응답지는 제외시킨다.
④ 이전의 조사 및 기존의 연구를 통해 신뢰성이 있다고 검증된 측정도구를 활용한다.
⑤ 중요한 질문은 한 번 더 동일하거나 유사한 질문을 하여 응답들 간에 신뢰성이 있는지 파악한다.
⑥ 응답자가 모르거나 관심 없는 내용은 측정하지 않는다.
⑦ 측정항목의 모호성을 제거한다.
⑧ 표준화된 설명 사용 및 조사자의 면접방식과 태도 등 자료수집과정에 있어서 일관성을 유지한다.
⑨ 측정지표에 대하여 사전검사 또는 예비조사를 실시한다.
⑩ 조사자에게 측정도구에 대한 사전교육을 충분히 한다.
⑪ 연구자가 임의로 응답자에 대한 가정을 해서는 안 된다.
⑫ 가능하면 단일항목보다는 여러 개의 항목을 이용하여 측정한다.

17 타당성과 신뢰성 간의 관계

타당성	타당성 높기 위해서는 신뢰성이 높아야 한다. ☞ 타당성이 있으면 신뢰성이 있는 것
신뢰성	신뢰성이 높기 위해서 타당성이 높을 필요는 없다. ☞ 타당성이 없어도 신뢰성은 가질 수 있다.

☞ 타당성이 높으면 신뢰성이 높으며, 신뢰성이 낮으면 타당성도 낮다. 이외의 경우는 둘 간의 관계를 확연하게 알 수 없다.

18 측정의 체계적 오차와 비체계적 오차

체계적 오차	타당성과 반비례
비체계적오차	신뢰성과 반비례

오차	측정도구의 타당성과 신뢰성
체계적 오차 = 0, 비체계적 오차 = 0	타당하며 신뢰할 수 있음
체계적 오차 = 0, 비체계적 오차 ≠ 0	타당하지만 신뢰할 수 없음
체계적 오차 ≠ 0, 비체계적 오차 = 0	타당하지 않으나 신뢰할 수는 있음
체계적 오차 ≠ 0, 비체계적 오차 ≠ 0	타당성과 신뢰성 모두 결여

19 내적타당성과 외적타당성

내적타당성	• 측정된 결과가 실험변수(독립변수)의 변화 때문에 일어난 것인가에 관한 것 • 저해요인: 실험의 내적타당성을 저해하는 외생변수 등
외적타당성	• 추정되는 인과관계가 실제상황에서도 같은 식으로 나타나는가에 대한 것 • 저해요인: 반작용효과(실험사실 의식으로 행동변화), 표본의 편향, 플라시보효과(위약효과), 독립변수 간 상호작용 등

PART 04 | 자료처리

[자료처리 관련 주요용어 모음]

컬럼	항목별로 부호화된 자료값이 가질 수 있는 자릿수
무응답	설문항목에 대한 응답이 누락되어 있는 것
	[주요원인] 실수에 의한 누락, 고의적 거부, 응답내용을 모름, 응답내용 없거나 적합한 보기 없음
	• 단위 무응답: 응답자가 설문에 전혀 응답을 하지 않아 설문 자체가 모두 무응답인 것 • 항목 무응답: 응답자가 설문에 답은 했지만 일부 항목에 대해 무응답인 것
결측치	값이 있어야 하는 항목인데 값이 없는 것
	[입력예시] 9, 99, NA, NULL 등으로 입력

	[결측치 대체]
	① 단순대치법
	  • 완전분석법: 완전한 자료로만 분석
	  • 평균대치법: 응답자 평균으로 대체
	  • 단순확률대치법: 핫덱(현재 진행 중인 연구에서의 자료로 대체), 콜드덱(이전의 비슷한 연구 또는 외부출처의 자료로 대체), 혼합방법 등
	② 다중대치법
	  여러 번 대치를 통해 가상적 자료를 만들어서 분석
	  ☞ 대치(예측분포에서의 추출값 이용), 분석(각 표본분석), 결합(추정치들의 결합)

이상값	관측된 데이터 범위에서 많이 벗어난 아주 작은 값이나 아주 큰 값
	[검출] 데이터 중심과의 거리 기준 등 적용(표준편차, 사분위간 범위 이용 등)
	[처리] 반드시 제거해야 하는 것이 아님. 처리기법은 삭제, 대체, 변환 등

자격증 교육 1위 해커스자격증
pass.Hackers.com

✓ 핵심노트 목차

**제1과목
조사방법과 설계**
- PART 01 과학적 조사
- PART 02 조사
- PART 03 정성조사
- PART 04 질문지
- PART 05 표본설계

**제2과목
조사관리와 자료처리**
- PART 01 자료수집방법
- PART 02 실사관리
- PART 03 측정의 타당성과 신뢰성
- PART 04 자료처리

**제3과목
통계분석과 활용**
- PART 01 기초통계량
- PART 02 확률과 확률분포
- PART 03 추정과 가설검정
- PART 04 통계분석

암기공식노트

제3과목 통계분석과 활용

제3과목 | 통계분석과 활용

PART 01 | 기초통계량

1 대푯값

산술평균	n개 변수의 산술평균 $\bar{X} = \dfrac{\sum_{i=1}^{n} x_i}{n}$ ☞ 극단값(극단적 이상치)의 영향 크다.
조화평균	n개의 자료 $a_1, a_2, \cdots, a_n$일 때 조화평균$(H) = \dfrac{1}{\dfrac{1}{n}\left(\dfrac{1}{a_1} + \dfrac{1}{a_2} + \cdots + \dfrac{1}{a_n}\right)} = \dfrac{n}{\dfrac{1}{a_1} + \dfrac{1}{a_2} + \cdots + \dfrac{1}{a_n}}$ (간략계산시) $= \dfrac{2ab}{a+b}$
기하평균	양수인 n개의 자료 $a_1, a_2, \cdots, a_n$일 때 기하평균$(G) = \sqrt[n]{a_1 \times a_2 \times \cdots \times a_n}$
중위수	관측치 n개를 오름차순으로 늘어놓았을 때 • n이 홀수: 중위수 $= \left(\dfrac{n+1}{2}\right)$번째 있는 값 • n이 짝수: 중위수 $= \dfrac{n}{2}$번째 수와 $\left(\dfrac{n}{2}+1\right)$번째 수의 산술평균
최빈수	해당 자료에서 빈도수가 가장 높은 관측치, 유일하지 않음(없거나 복수 존재 가능)
평방평균	n개의 자료 $a_1, a_2, \cdots, a_n$일 때 평방평균$(Q) = \sqrt{\dfrac{a_1^2 + a_2^2 + \cdots + a_n^2}{n}}$

2 산포도

범위	범위(R) = 자료의 최댓값 − 자료의 최솟값 ☞ 극단적 이상치의 영향이 크다.
사분위수범위 (IQR)	$IQR = Q_3 - Q_1$ ☞ 3사분위수에서 1사분위수 차감, 자료의 중간 50%에 대한 범위를 의미, 극단값에 덜 민감
사분편차	사분편차 $= (Q_3 - Q_1)/2$ ☞ 극단값의 영향이 거의 없음

평균편차	평균편차$(MD) = \sum_{i=1}^{n} \frac{|x_i - \bar{x}|}{n}$
분산	• 모집단의 분산 $\sigma^2 = \frac{\sum_{i=1}^{N}(X_i - \mu)^2}{N}$ • 표본의 분산 $s^2 = \frac{\sum_{i=1}^{n}(x_i - \bar{x})^2}{n-1}$ ☞ 평균을 중심으로 퍼진 정도
표준편차	• 모집단의 표준편차 σ(시그마) $= \sqrt{\frac{\sum_{i=1}^{N}(X_i - \mu)^2}{N}}$ • 표본의 표준편차 $s = \sqrt{\frac{\sum_{i=1}^{n}(x_i - \bar{x})^2}{n-1}}$
변이계수	$CV = \frac{표준편차(S)}{평균(\bar{X})}$

3 비대칭도; 왜도

- 좌우대칭 분포: 산술평균 = 중위수 = 최빈수
- 좌측으로 치우친 비대칭 분포: 최빈수 < 중위수 < (산술)평균 (꼬리 = 오른쪽)
- 우측으로 치우친 비대칭 분포: 최빈수 > 중위수 > (산술)평균 (꼬리 = 왼쪽)

4 피어슨의 비대칭도

비대칭도(p): $-1 < p < 1$

비대칭도$(p) = \frac{산술평균(\bar{X}) - 최빈수(M_0)}{표준편차(S)} \simeq \frac{3(산술평균(\bar{X}) - 중위수(M_e))}{표준편차(S)}$

5 첨도

첨도: 분포의 정점이 뾰족한 정도

- 첨도가 3(= 표준정규분포)이면 중첨(Mesokurtic)
- 3보다 크면 급첨(Leptokurtic. 표준정규분포보다 높고 뾰족)
- 3보다 작으면 평첨 또는 완첨(Platykurtic. 표준정규분포보다 낮고 평평함)

PART 02 | 확률과 확률분포

1 사건의 종류

표본공간	어떤 시행에서 일어날 수 있는 가능한 모든 결과의 집합
사건	표본공간 S의 두 사건 A, B에 대하여 • 사건 A와 B가 동시에 일어나는 사건: A∩B • 사건 A 또는 B가 일어나는 사건: A∪B
공사건	표본공간의 어떤 원소도 갖고 있지 않은 사건
배반사건	• 두 사건 A, B가 동시에 일어날 수 없는 사건(한 쪽이 일어나면 다른 쪽이 일어나지 않음) • A∩B=ϕ, 두 사건이 동시에 일어날 확률 P(A∩B)=0
여사건	• 사건 A에 대하여, 사건 A가 일어나지 않는 사건을 A의 여사건이라고 한다. • $P(A^C) = 1 - P(A)$, $P(A) + P(A^C) = 1$
독립사건	• 각각의 사건이 일어날 확률이 다른 사건이 일어날 확률에 영향을 미치지 않음 • 두 사건이 독립이면 다음이 성립: P(A∩B)=P(A)P(B)
합사건	두 사건 A, B에서 A 또는 B가 일어나는 사건(A∪B)
곱사건	두 사건 A, B에서 A, B가 동시에 일어나는 사건(A∩B)

2 조건부확률

• 한 사건이 일어날 전제 하에서 다른 사건이 일어날 확률
• B라는 사건이 발생한다는 전제 하에서 A라는 사건이 발생할 확률

$P(A|B) = \dfrac{P(A \cap B)}{P(B)} \rightarrow P(A \cap B) = P(B)P(A|B)$

※ A, B가 상호독립일 때 조건부확률: P(A|B)=P(A), P(B|A)=P(B)

3 확률의 기본성질

$$P(A) = \dfrac{\text{특정사건 A의 발생가능한 수}}{\text{가능한 모든 경우의 수}}$$

• P(표본공간 S) = 1
• P(ϕ) = 0
• P(A ∪ B) = P(A) + P(B) − P(A ∩ B)
  ※ 단 A, B가 배반사건, 즉 A∩B=ϕ이면 P(A∪B)=P(A)+P(B)

4 확률의 계산

덧셈정리	$P(A \cup B) = P(A) + P(B) - P(A \cap B)$ * 단 A, B가 배반사건, 즉 $A \cap B = \phi$이면 $P(A \cup B) = P(A) + P(B)$
곱셈정리	• 조건부확률을 변형한 것으로 다음과 같이 나타낸다. 　$P(A \cap B) = P(B)P(A|B)$, $P(A \cap B) = P(A)P(B|A)$ • 두 사건이 독립이라면 　조건부확률 $P(A|B) = P(A)$, $P(B|A) = P(B)$ 　☞ 위의 곱셈정리는 $P(A \cap B) = P(B)P(A)$, $P(A \cap B) = P(A)P(B)$이 성립 　　(단 $P(A) > 0$, $P(B) > 0$) 　☞ 이 경우 덧셈정리에서도 다음 관계가 성립 　　$P(A \cup B) = P(A) + P(B) - P(A \cap B)$ 　　　☞ $P(A \cup B) = P(A) + P(B) - P(A)P(B)$

※ A와 B가 독립이면 A와 B^c, B와 A^c, A^c와 B^c 등 어떤 사건도 서로 독립이다.

5 순열과 조합

n개의 서로 다른 원소로 구성된 집합에서
(1) 중복 없이 순서를 정해서 k개 원소를 나열(순열)
(2) 중복을 허용하여 k개 원소를 순서있게 나열(중복순열)
(3) 순서에 관계없이 k개 원소를 선택(조합)
(4) 중복을 허용하여 k개 원소를 선택(중복조합)

순열	• $_nP_k = n(n-1)(n-2) \cdots (n-k+1) = \dfrac{n!}{(n-k)!}$ (단, $n \geq k$) • $n! = {_nP_n} = n \times (n-1) \times (n-2) \times \cdots \times 2 \times 1$ • $0! = 1$, $_nP_0 = 1$
중복순열	$_n\Pi_k = n \times n \times \cdots \times n = n^k$ (k: 연속곱에서의 n의 수)
조합	• $_nC_k = \binom{n}{k} = \dfrac{_nP_k}{k!} = \dfrac{n(n-1)(n-2)\cdots(n-k+1)}{k!} = \dfrac{n!}{k!(n-k)!}$ • $_nC_k = {_nC_{n-k}}$ • $_nC_n = {_nC_0} = 1$, $_nC_1 = n$
중복조합	$_nH_k = {_{n+k-1}C_k}$

6 확률질량함수와 확률밀도함수

확률질량함수	$f(x)$: 이산확률변수에서 특정값에 대한 확률($P(X=x_i)$)을 나타내는 함수 $i=1, 2, \cdots, n$이라 할 때 • $0 \leq P(X=x_i) \leq 1$ • $\sum_{i=1}^{n} P(X=x_i) = 1$ • $P(x_i \leq X \leq x_j) = \sum_{k=i}^{j} P(X=x_k)$
확률밀도함수	• $0 \leq f(x) \leq 1$ • $\int_{-\infty}^{\infty} f(x)dx = 1$ • $P(a \leq X \leq b) = \int_{a}^{b} f(x)dx$

7 확률변수의 기댓값

이산확률변수	$E(X) = \sum_{i=1}^{n} xf(x) \quad (E(X^2) = \sum_{i=1}^{n} x^2 f(x))$
연속확률변수	$E(X) = \int_{-\infty}^{\infty} xf(x)dx$
기댓값의 성질	• $E(a) = a$ • $E(aX) = aE(X)$ • $E(aX \pm b) = aE(X) \pm b$, $E(X \pm b) = E(X) \pm b$ • $E(X \pm Y) = E(X) \pm E(Y)$ • $E(X \times Y) = E(X)E(Y)$ (단, X, Y는 독립)

8 실험의 내적타당성 저해 외생변수

이산확률변수	$V(X) = \sum_{i=1}^{n}(x_i - E(X))^2 \times P(x_i) = \sum_{i=1}^{n} x_i^2 \times P(x_i) - [E(X)]^2 = E(X^2) - [E(X)]^2$
연속확률변수	$V(X) = \int_{-\infty}^{\infty}(x - E(X))^2 \times f(x)dx = \int_{-\infty}^{\infty} x^2 f(x)dx - (\int_{-\infty}^{\infty} xf(x)dx)^2$ $\qquad = E(X^2) - [E(X)]^2$

분산의 성질	• $V(a) = 0$
	• $V(X+b) = V(X)$
	• $V(aX) = a^2 V(X)$
	• $V(aX \pm b) = a^2 V(X)$
	• $V(X \pm Y) = V(X) + V(Y) \pm 2Cov(X, Y)$
	  즉, $V(X+Y) = V(X) + V(Y) + 2Cov(X, Y)$
	  $V(X-Y) = V(X) + V(Y) - 2Cov(X, Y)$
	  (X와 Y가 독립이면 $Cov(X, Y) = 0$)

9 이산확률분포

베르누이시행	$P(X=x)=p^x(1-p)^{1-x}$ * $x=0$ 또는 1, $p=$특정실험결과가 성공할 확률
	[기댓값과 분산] $E(X)=p$, $V(X)=pq$ (* $q=1-p$)
이항분포	$P(X=x)=\binom{n}{x}p^x(1-p)^{n-x}={}_nC_x p^x(1-p)^{n-x}$ * n: 시행횟수, x: 성공횟수, p: 특정실험결과가 성공할 확률
	[기댓값과 분산] $E(X)=np$, $V(X)=npq$ (* $q=1-p$)
	[이항분포의 정규근사] $Z=\dfrac{X-np}{\sqrt{np(1-p)}}$

포아송 분포	$P(X=x)=\dfrac{\lambda^x e^{-\lambda}}{x!}$
	* e: 자연상수
	  x: 정해진 시간·영역 안에 사건이 일어나는 횟수($x=0, 1, 2, \cdots$)
	  λ: 정해진 시간·영역 안에 어떤 사건이 일어날 횟수에 대한 평균값(기댓값)

	[기댓값과 분산] $E(X)=\lambda$, $V(X)=\lambda$
기하분포	$P(X=x)=q^{x-1}p$ * $q=1-p$, 시행횟수 $x=1, 2, \cdots$
	[기댓값과 분산] $E(X)=\dfrac{1}{p}$, $V(X)=\dfrac{q}{p^2}$

10 누적분포함수

원시실험설계	$F(a)=\sum_{k\leq a}p(k)$
유사실험설계	$F(a)=P(X\leq a)=\int_{-\infty}^{a}f(x)dx$

11 이항분포의 왜도

$$왜도=\dfrac{1-2p}{\sqrt{np(1-p)}}$$

12 연속확률분포

정규분포	[확률변수값의 포함 범위] • $P(\mu - 1\sigma \leq X \leq \mu + 1\sigma) = 0.683$ • $P(\mu - 2\sigma \leq X \leq \mu + 2\sigma) = 0.954$ • $P(\mu - 3\sigma \leq X \leq \mu + 3\sigma) = 0.997$
	[정규분포의 연속성 보정] $a \leq X \leq b \fallingdotseq a - 0.5 \leq X \leq b + 0.5$ $P(a \leq X \leq b) \fallingdotseq P\left(\dfrac{a - 0.5 - np}{\sqrt{np(1-p)}} \leq Z \leq \dfrac{b + 0.5 - np}{\sqrt{np(1-p)}}\right)$
	[표준정규분포 표준화 공식] $z = \dfrac{x - \mu}{\sigma}$ * x: 표본통계량, μ: 모집단 평균의 추정치, σ: 모집단 표준편차의 추정치
t분포	$t = \dfrac{\overline{X} - \mu}{s/\sqrt{n}}$ * $\overline{X}$: 표본의 평균, μ: 모집단 평균(추정치), s: 표본의 표준편차, n: 표본의 크기
χ^2분포	$\chi^2 = \dfrac{(n-1)s^2}{\sigma^2}$ * s^2: 표본의 분산, σ^2: 모집단의 분산
F분포	$F = \dfrac{\dfrac{(n_1 - 1)s_1^2}{\sigma_1^2}}{\dfrac{(n_2 - 1)s_2^2}{\sigma_2^2}} = \dfrac{s_1^2 \sigma_2^2}{s_2^2 \sigma_1^2} = $ (두 모집단 분산이 동일하다면) $\dfrac{s_1^2}{s_2^2}$ * s^2: 표본의 분산, σ^2: 모집단의 분산

13 표본분포

표본평균의 분포	정규분포를 따르는 $N(\mu, \sigma^2)$인 모집단에서 크기 n인 표본을 추출 • 표본평균($\bar{X}$)는 $N(\mu, \dfrac{\sigma^2}{n})$을 따르게 된다. • 표본평균($\bar{X}$)를 표준화시킨 확률변수 $Z=\dfrac{\bar{x}-\mu}{\sigma/\sqrt{n}}$는 표준정규분포 $N(0, 1)$을 따른다. [중심극한의 정리] 평균 μ, 표준편차 σ인 모집단에서 n개의 표본을 반복 추출하면 그 표본들의 각 평균값($\bar{X}$)의 분포는 정규분포로 수렴하게 되며, 평균 μ, 표준편차 $\dfrac{\sigma}{\sqrt{n}}$가 된다. 이때, 표본의 크기가 클수록(일반적으로 n이 30개 이상) 정규분포에 보다 근사하게 된다. [표준오차] $SE_{\bar{X}} = \dfrac{\sigma}{\sqrt{n}}$ * σ: 모집단의 표준편차, n: 표본크기 (σ를 모를 경우 표본의 표준편차(s) 사용)
표본비율의 분포	모비율 p가 알려져 있는 경우 n개의 표본을 추출하여 구한 표본비율 $\hat{p}$ ☞ n이 충분히 크면($np \geq 5$, $n(1-p) \geq 5$) 정규분포 $\hat{p} \sim N\left(p, \dfrac{p(1-p)}{n}\right)$을 따른다. [표준오차] $SE_p = \sqrt{\dfrac{pq}{n}}$ * $q = 1-p$ (p와 q를 모르는 경우 표본의 비율값인 $\hat{p}, \hat{q}$를 사용)

14 체비셰프 부등식

$$P(|X-\mu| \leq k\sigma) = P(-k\sigma < X-\mu < k\sigma) = P(\mu - k\sigma < X < \mu + k\sigma) \geq 1 - \dfrac{1}{k^2}$$

* k: 임의의 양수, μ: 확률변수 X의 평균, σ: 확률변수 X의 표준편차

PART 03 | 추정과 가설검정

1 바람직한 추정량의 기준

불편성	추정량의 기댓값이 모수와 일치 ☞ $E(\hat{\theta}) - \theta = 0$
효율성	추정량의 분산은 작을수록 좋음 ☞ $\hat{\theta}_1, \hat{\theta}_2$가 불편추정량일 때, $V(\hat{\theta}_1) < V(\hat{\theta}_2)$이면 $\hat{\theta}_1$이 더 효율적
일치성	표본크기(n)가 커질수록 표본으로부터 구한 추정량이 확률적으로 모수와 근접 ☞ $\lim_{n \to \infty} P(|\hat{\theta} - \theta| < \varepsilon) = 1$ * ε: 임의의 양수
충분성	어떤 추정량이 모수에 대해 가장 많은 정보를 제공하는가

2 구간추정 관련개념

신뢰구간	실제 모집단의 값이 이 구간 안에 위치할 것이라고 예측하는 구간
신뢰수준	신뢰구간 내에 모집단의 값이 위치할 것이라고 예측하는 확률
유의수준(α)	진정한 모수가 신뢰구간 밖에 있을 확률

3 신뢰구간의 추정

(1) 평균(단일모집단, 두 모집단)

* $\bar{X}$: 표본평균($\bar{X}_1$: 표본 1의 평균, $\bar{X}_2$: 표본 2의 평균)
  μ: 모집단의 평균(μ_1: 모집단 1의 평균, μ_2: 모집단 2의 평균)
  σ: 모집단의 표준편차(σ^2: 모집단의 분산, σ_1^2: 모집단 1의 분산, σ_2^2: 모집단 2의 분산)
  S: 표본의 표준편차(S^2: 표본의 분산, S_1^2: 표본 1의 분산, S_2^2: 표본 2의 분산)
  n: 표본의 크기(n_1: 표본 1의 크기, n_2: 표본 2의 크기)

① 모집단의 분산을 아는 경우

단일 모집단	$\bar{X} - Z_{\frac{\alpha}{2}} \frac{\sigma}{\sqrt{n}} \leq \mu \leq \bar{X} + Z_{\frac{\alpha}{2}} \frac{\sigma}{\sqrt{n}}$
두 모집단 (평균차이)	$(\bar{X}_1 - \bar{X}_2) - Z_{\frac{\alpha}{2}} \sqrt{\frac{\sigma_1^2}{n_1} + \frac{\sigma_2^2}{n_2}} \leq \mu_1 - \mu_2 \leq (\bar{X}_1 - \bar{X}_2) + Z_{\frac{\alpha}{2}} \sqrt{\frac{\sigma_1^2}{n_1} + \frac{\sigma_2^2}{n_2}}$

② 모집단의 분산을 모르는 경우, n이 30개 이상(두 모집단: $n_1, n_2 \geq 30$)

단일 모집단	$\overline{X} - Z_{\frac{\alpha}{2}} \frac{S}{\sqrt{n}} \leq \mu \leq \overline{X} + Z_{\frac{\alpha}{2}} \frac{S}{\sqrt{n}}$
두 모집단 (평균차이)	$(\overline{X}_1 - \overline{X}_2) - Z_{\frac{\alpha}{2}} \sqrt{\frac{S_1^2}{n_1} + \frac{S_2^2}{n_2}} \leq \mu_1 - \mu_2 \leq (\overline{X}_1 - \overline{X}_2) + Z_{\frac{\alpha}{2}} \sqrt{\frac{S_1^2}{n_1} + \frac{S_2^2}{n_2}}$

③ 모집단의 분산을 모르는 경우, n이 30개 미만(두 모집단: $n_1, n_2 < 30$)

단일 모집단	$\overline{X} - t_{\frac{\alpha}{2},\, n-1} \frac{S}{\sqrt{n}} \leq \mu \leq \overline{X} + t_{\frac{\alpha}{2},\, n-1} \frac{S}{\sqrt{n}}$
두 모집단 (평균차이)	$(\overline{X}_1 - \overline{X}_2) - t_{\frac{\alpha}{2},\, n_1+n_2-2} S_p \sqrt{\frac{1}{n_1} + \frac{1}{n_2}} \leq \mu_1 - \mu_2$ $\leq (\overline{X}_1 - \overline{X}_2) + t_{\frac{\alpha}{2},\, n_1+n_2-2} S_p \sqrt{\frac{1}{n_1} + \frac{1}{n_2}}$ * S_p: 표준편차 결합추정치 $= \sqrt{\frac{(n_1-1)S_1^2 + (n_2-1)S_2^2}{(n_1-1) + (n_2-1)}}$

(2) 대응표본

* D: 각 표본요소값들의 차이, $\overline{D}$: D의 평균, S_D: D의 표준편차
* $S_D = \sqrt{\frac{\sum_{i=1}^{n}(D_i - \overline{D})^2}{n-1}}$ (D_i: i번째 표본요소값들의 차이)

대응표본의 수 ≥ 30	$\overline{D} - Z_{\frac{\alpha}{2}} \frac{S_D}{\sqrt{n}} \leq \mu_1 - \mu_2 \leq \overline{D} + Z_{\frac{\alpha}{2}} \frac{S_D}{\sqrt{n}}$
대응표본의 수 < 30	$\overline{D} - t_{\frac{\alpha}{2},\, n-1} \frac{S_D}{\sqrt{n}} \leq \mu_1 - \mu_2 \leq \overline{D} + t_{\frac{\alpha}{2},\, n-1} \frac{S_D}{\sqrt{n}}$

(3) 비율

* p: 모집단의 비율(p_1: 모집단 1의 비율, p_2: 모집단 2의 비율)
  $\hat{p}$: 표본의 비율($\hat{p}_1$: 표본 1의 비율, $\hat{p}_2$: 표본 2의 비율)

대응표본의 수 ≥ 30	$\hat{p} - Z_{\frac{\alpha}{2}} \sqrt{\frac{\hat{p}(1-\hat{p})}{n}} \leq p \leq \hat{p} + Z_{\frac{\alpha}{2}} \sqrt{\frac{\hat{p}(1-\hat{p})}{n}}$
대응표본의 수 < 30	$\hat{p}_1 - \hat{p}_2 - Z_{\frac{\alpha}{2}} \sqrt{\frac{\hat{p}_1(1-\hat{p}_1)}{n_1} + \frac{\hat{p}_2(1-\hat{p}_2)}{n_2}} \leq \hat{p}_1 - \hat{p}_2 \leq \hat{p}_1 - \hat{p}_2 + Z_{\frac{\alpha}{2}} \sqrt{\frac{\hat{p}_1(1-\hat{p}_1)}{n_1} + \frac{\hat{p}_2(1-\hat{p}_2)}{n_2}}$

(4) 분산

* σ: 모집단의 표준편차(σ^2: 모집단의 분산, σ_1^2: 모집단 1의 분산, σ_2^2: 모집단 2의 분산)
  S: 표본의 표준편차(S^2: 표본의 분산, S_1^2: 표본 1의 분산, S_2^2: 표본 2의 분산)
  n: 표본의 크기(n_1: 표본 1의 크기, n_2: 표본 2의 크기)

대응표본의 수 ≥ 30	$\dfrac{(n-1)S^2}{x^2_{\frac{\alpha}{2},\,n-1}} \leq \sigma^2 \leq \dfrac{(n-1)S^2}{x^2_{1-\frac{\alpha}{2},\,n-1}}$
대응표본의 수 < 30	$\dfrac{1}{F_{\frac{\alpha}{2},\,n_2-1,\,n_1-1}} \dfrac{S_1^2}{S_2^2} \leq \dfrac{\sigma_1^2}{\sigma_2^2} \leq \dfrac{1}{F_{1-\frac{\alpha}{2},\,n_2-1,\,n_1-1}} \dfrac{S_1^2}{S_2^2}$ 또는 $F_{\frac{\alpha}{2},\,n_1-1,\,n_2-1} \dfrac{S_1^2}{S_2^2}$

4 표본의 크기 결정

(1) 추정치가 평균인 경우

* Z: 신뢰수준에 따른 표준정규분포의 $Z_{\frac{\alpha}{2}}$의 값
  t: 신뢰수준에 따른 t분포의 $t_{\frac{\alpha}{2},\,n-1}$의 값
  d: 허용오차
  σ: 모집단의 표준편차
  S: 표본의 표준편차
  n: 표본의 크기

모집단의 분산을 아는 경우	$n \geq \dfrac{Z^2}{d^2}\sigma^2$
모집단의 분산을 모르는 경우, n이 30개 이상	$n \geq \dfrac{Z^2}{d^2}S^2$
모집단의 분산을 모르는 경우, n이 30개 미만	$n \geq \dfrac{t^2}{d^2}S^2$

(2) 추정치가 비율인 경우

* Z: 신뢰수준에 따른 표준정규분포의 $Z_{\frac{\alpha}{2}}$의 값
  p: 조사특성값을 가질 비율
  q: 조사특성값을 갖지 않을 비율($=1-p$)
  d: 허용오차(비율로 나타냄)
  n: 표본의 크기

[표본비율($\hat{p}$)이 알려져 있는 경우]

$$n \geq \dfrac{Z^2}{d^2}(\hat{p}\hat{q})$$

☞ $\hat{p}$가 알려져 있지 않은 경우: 0.5로 설정

5 단일모집단 가설검정: 검정통계량

(1) 평균검정

* $\bar{X}$: 표본의 평균값
  μ_0: 귀무가설로 설정된 모집단의 평균값
  σ: 모표준편차
  $\sigma/\sqrt{n}$: $\bar{X}$의 표준오차
  n: 표본의 크기

모집단의 분산을 아는 경우	$Z = \dfrac{\bar{X} - \mu_0}{\sigma/\sqrt{n}}$
모집단의 분산을 모르는 경우, n이 30개 이상	$Z = \dfrac{\bar{X} - \mu_0}{S/\sqrt{n}}$
모집단의 분산을 모르는 경우, n이 30개 미만	$t = \dfrac{\bar{X} - \mu_0}{S/\sqrt{n}} (d.f. = n-1)$

(2) 추정치가 비율인 경우

* $\hat{p}$: 표본의 비율
  p_0: 귀무가설로 설정된 모집단의 비율
  n: 표본의 크기

$$Z = \dfrac{\hat{p} - p_0}{\sqrt{\dfrac{p_0(1-p_0)}{n}}} \text{ (단, } np_0 \geq 5,\ n(1-p_0) \geq 5\text{)}$$

(3) 분산검정

* S^2: 표본의 분산
  σ_0^2: 귀무가설로 설정된 모집단의 분산
  n: 표본의 크기

$$\chi^2 = \dfrac{(n-1)S^2}{\sigma_0^2} \ (d.f. = n-1)$$

6 두 모집단 가설검정: 검정통계량

(1) 평균검정(두 집단이 서로 독립적인 경우)

* $\overline{X}_1$: 표본 1의 평균, $\overline{X}_2$: 표본 2의 평균
  μ_1: 모집단 1의 평균, μ_2: 모집단 2의 평균
  σ_1^2: 모집단 1의 분산, σ_2^2: 모집단 2의 분산
  n_1: 표본 1의 표본크기, n_2: 표본 2의 표본크기
  S_p: 두 모집단을 결합했을 때의 결합표준편차(추정치)
  ($S_p\sqrt{\dfrac{1}{n_1}+\dfrac{1}{n_2}}$: $(\overline{X}_1-\overline{X}_2)$의 표준오차)

두 모집단의 분산을 아는 경우	$Z=\dfrac{(\overline{X}_1-\overline{X}_2)-(\mu_1-\mu_2)}{\sqrt{\dfrac{\sigma_1^2}{n_1}+\dfrac{\sigma_2^2}{n_2}}}$
두 모집단의 분산을 모르는 경우, $n_1, n_2 \geq 30$	$Z=\dfrac{(\overline{X}_1-\overline{X}_2)-(\mu_1-\mu_2)}{\sqrt{\dfrac{S_1^2}{n_1}+\dfrac{S_2^2}{n_2}}}$
모집단의 분산을 모르는 경우, $n_1, n_2 < 30$	$t=\dfrac{(\overline{X}_1-\overline{X}_2)-(\mu_1-\mu_2)}{S_p\sqrt{\dfrac{1}{n_1}+\dfrac{1}{n_2}}}$ (d.f$=n_1+n_2-2$)

※ 합동분산(공통분산): 두 표본분산 S_1^2, S_2^2에 대하여 $S_p^2=\dfrac{(n_1-1)S_1^2+(n_2-1)S_2^2}{n_1+n_2-2}$

(2) 평균검정(대응표본인 경우)

* $\overline{d}$: 각 표본요소값들의 차이(d)의 평균값
  D_0: 귀무가설로 설정된 차이의 평균값
  s_d: 표본요소차이값들의 표준편차
  $s_d/\sqrt{n}$: $\overline{d}$의 표준오차
  ($s_d=\sqrt{\dfrac{\sum_{i=1}^{n}(d_i-\overline{d})^2}{n-1}}$)

$$t=\dfrac{\overline{d}-D_0}{s_d/\sqrt{n}}(\text{자유도}=n-1)$$

(3) 비율차이 검정

* $\hat{p}_1$: 표본 1의 비율, $\hat{p}_2$: 표본 2의 비율
  p_1: 모집단 1의 비율, p_2: 모집단 2의 비율
  n_1: 표본 1의 표본크기, n_2: 표본 2의 표본크기
  $\hat{p}$: 합동추정량 $= \dfrac{x_1 + x_2}{n_1 + n_2}$ (x_1, x_2: 각 표본에서 특정속성을 갖는 구성원 수)

$$Z = \dfrac{(\hat{p}_1 - \hat{p}_2) - (p_1 - p_2)}{\sqrt{\hat{p}(1-\hat{p})(\dfrac{1}{n_1} + \dfrac{1}{n_2})}}$$

(4) 분산의 비율검정

* s_1^2: 표본 1의 분산, s_2^2: 표본 2의 분산
  σ_1^2: 모집단 1의 분산, σ_2^2: 모집단 2의 분산

- $F = \dfrac{S_1^2/\sigma_1^2}{S_2^2/\sigma_2^2}$ (대립가설이 $\sigma_1^2 > \sigma_2^2$ 이거나 $\sigma_1^2 \neq \sigma_2^2$ 인 경우)
- $F = \dfrac{S_2^2/\sigma_2^2}{S_1^2/\sigma_1^2}$ (대립가설이 $\sigma_1^2 < \sigma_2^2$ 인 경우)

PART 04 | 통계분석

1 교차분석

(1) 카이제곱 독립성 검정
* 행변수=r개의 범주, 열변수=c개의 범주를 가질 때

기대도수	기대도수$(E_{ij}) = \dfrac{O_i \times O_j}{N}$ * O_i: 해당 cell이 속하는 행의 빈도합계 O_j: 해당 cell이 속하는 열의 빈도합계 N: 총빈도
검정통계량	$X^2 = \sum_{i=1}^{r}\sum_{j=1}^{c}\dfrac{(O_{ij}-E_{ij})^2}{E_{ij}}$ * O_{ij}: (i,j)cell의 관측도수 E_{ij}: (i,j)cell의 기대도수
자유도	$df=$(행의 수-1)×(열의 수-1)

(2) 카이제곱 적합성 검정
* 열변수=c개의 범주를 가질 때

기대도수	기대도수$(E_i) = n \times p_i$ * n: 표본의 총 개수 p_i: 각 범주의 예상확률
검정통계량	$\chi^2 = \sum_{i=1}^{c}\dfrac{(O_i - E_i)^2}{E_i}$ * O_i: 관측도수 E_i: 기대도수
자유도	$df=$cell의 수$(c)-1$

2 분산분석

오차항의 기본가정	오차(ϵ_{ij})의 기댓값은 0이다. [독립성] 오차는 서로 독립적이다(임의의 오차 ϵ_{ij}와 $\epsilon_{i'j'}$는 서로 독립). [정규성] 오차(ϵ_{ij})의 분포는 정규분포이다. [등분산성] 오차들의 분산은 동일하다. 　　　(오차 ϵ_{ij}의 분산은 σ_ϵ^2으로, 어떤 i, j에 대해서도 같다)
모집단 모형	$y_{ij} = \mu + \alpha_i + \epsilon_{ij}$ * i: 처리, j: 반복($i=1, \cdots, k, j=, \cdots, n, \sum_{i=1}^{k}\alpha_i=0, \epsilon_{ij} \sim N(0, \sigma^2)$ * y_{ij}: 관측값, μ: 모평균(전체평균), α_i: 처리효과, ϵ_{ij}: 오차

	원천(요인)	제곱합	자유도	평균제곱	F값
분산분석표	처리(집단간)	SSB	$k-1$	MSB = SSB/$(k-1)$	F = MSB/MSE
	오차(집단내)	SSE	$n-k$	MSE = SSE/$(n-k)$	-
	합계	SST	$n-1$	-	-

3 공분산

공분산	[모집단] $Cov(X, Y) = \sigma_{XY} = \dfrac{\sum_{i=1}^{N}(X_i - \overline{X})(Y_i - \overline{Y})}{N}$ [표본] $Cov(X, Y) = S_{XY} = \dfrac{\sum_{i=1}^{N}(X_i - \overline{X})(Y_i - \overline{Y})}{N-1}$
성질	• $Cov(X, Y) = Cov(Y, X)$ • $Cov(X, Y) = E[(X - \mu_X)(Y - \mu_Y)]$ • $Cov(X, Y) = E(XY) - E(X)E(Y)$ • a, b, c, d가 상수일 때, $Cov(aX+b, cY+d) = acCov(X, Y)$

4 상관계수

* σ_{XY}: 모집단 X와 Y의 공분산, σ_X: 모집단 X의 표준편차, σ_Y: 모집단 Y의 표준편차
  S_{XY}: 표본 X와 Y의 공분산, S_X: 표본 X의 표준편차, S_Y: 표본 Y의 표준편차

피어슨 상관계수	• 모집단 $(\sigma_{XY}) = \dfrac{\sigma_{XY}}{\sigma_X \sigma_Y} = \dfrac{\dfrac{1}{N}\sum_{i=1}^{N}(X_i - \mu_X)(Y_i - \mu_Y)}{\sqrt{\dfrac{1}{N}\sum_{i=1}^{N}(X_i - \mu_X)^2}\sqrt{\dfrac{1}{N}\sum_{i=1}^{N}(Y_i - \mu_Y)^2}}$ $= \dfrac{\sum_{i=1}^{N}(X_i - \mu_X)(Y_i - \mu_Y)}{\sqrt{\sum_{i=1}^{n}(X_i - \mu_X)^2}\sqrt{\sum_{i=1}^{n}(Y_i - \mu_Y)^2}}$ • 표본 $(r_{XY}) = \dfrac{S_{XY}}{S_X S_Y} = \dfrac{\dfrac{1}{n-1}\sum_{i=1}^{n}(X_i - \overline{X})(Y_i - \overline{Y})}{\sqrt{\dfrac{1}{n-1}\sum_{i=1}^{n}(X_i - \overline{X})^2}\sqrt{\dfrac{1}{n-1}\sum_{i=1}^{n}(Y_i - \overline{Y})^2}}$ $= \dfrac{\sum_{i=1}^{n}(X_i - \overline{X})(Y_i - \overline{Y})}{\sqrt{\sum_{i=1}^{n}(X_i - \overline{X})^2}\sqrt{\sum_{i=1}^{n}(Y_i - \overline{Y})^2}}$ $= \dfrac{\sum_{i=1}^{n}(X_i Y_i - n\overline{X}\overline{Y})}{\sqrt{\sum_{i=1}^{n}(X_i^2 - n\overline{X}^2)}\sqrt{\sum_{i=1}^{n}(Y_i^2 - n\overline{Y}^2)}}$
주요 성질	① 측정단위 변화에 영향 받지 않는다. ② 값의 범위: $-1 \sim +1$ ③ 0이면 선형적 연관성은 없다. ④ 1 또는 -1이면 완전한 상관관계 ⑤ 임의의 상수 a, b에 대하여 일차직선 $Y = a + bX$같이 Y를 X의 선형변환으로 표현할 수 있다면, $b > 0$일 때 두 변수 간 상관계수는 1, $b < 0$일 때 -1이다. ⑥ 피어슨 상관계수의 제곱은 단순회귀분석에서 결정계수의 값과 같다. ⑦ 두 확률변수가 독립이면 상관계수는 0이지만 상관계수가 0이라고 해서 두 변수가 반드시 독립인 것은 아니다. ⑧ 두 확률변수 $aX + b, cY + d$에 대한 상관계수 $corr(aX + b, cY + d)$ ☞ $ac > 0$이면 $corr(X, Y)$, $ac < 0$이면 $-corr(X, Y)$
유의성 검정	검정통계량$(t) = \dfrac{r_{XY}\sqrt{(n-2)}}{\sqrt{1 - r_{XY}^2}}$ (자유도 $= n - 2$)

5 회귀분석

(1) 단순회귀분석

회귀분석 오차항의 기본가정	[정규성] 오차항 ε_i는 정규분포 $N(0, \sigma^2)$를 따른다. [등분산성] 오차항 ε_i의 분산은 모든 i에 대하여 같다. [독립성] 오차항 ε_i들은 서로 독립이다. ☞ 더빈왓슨통계량으로 독립성을 검정(2에 가까우면 독립성 만족)
최소제곱법	회귀식이 $\hat{y} = \hat{\beta}_0 + \hat{\beta}_1 x$와 같을 때 • $\hat{\beta}_0 = \bar{y} - \hat{\beta}_1 \bar{x}$ • $\hat{\beta}_1 = r_{XY}\dfrac{S_Y}{S_X} = \dfrac{S_{XY}}{S_{XX}} = \dfrac{\sum_{i=1}^{n}(x_i - \bar{x})(y_i - \bar{y})}{\sum_{i=1}^{n}(x_i - \bar{x})^2} = \dfrac{\sum_{i=1}^{n} x_i y_i - n\bar{x}\bar{y}}{\sum_{i=1}^{n} x_i^2 - n\bar{x}^2}$
회귀계수 유의성 검정	• $t = \dfrac{\hat{\beta}_1 - \beta_1}{\sqrt{Var(\hat{\beta}_1)}} = \dfrac{\hat{\beta}_1 - \beta_1}{\sqrt{MSE/S_{XX}}}$ (자유도: $n-k-1=n-2$) * β_1: 귀무가설 하에서의 β_1 • $p\text{-}value \leq \alpha$: 귀무가설 기각
결정계수	$\Sigma(y_i - \bar{y})^2$: 전체분산(SST) $\Sigma(\hat{y}_i - \bar{y})^2$: 회귀식에 의해 설명되는 분산(SSR) $\Sigma(y_i - \hat{y}_i)^2$: 회귀식에 의해 설명되지 않는 분산(SSE) $R^2 = \dfrac{\text{회귀식에 의해 설명되는 분산}}{\text{전체 분산}} = \dfrac{SSR}{SST} = 1 - \dfrac{SSE}{SST}$ $[0 \leq R^2 \leq 1]$

	변동의 원천 (요인)	제곱합 (SS)	자유도 (df)	평균제곱 (MS)	검정통계량 F
분산분석표	회귀제곱합 (SSR)	$\sum_{i=1}^{n}(\hat{y}_i - \bar{y})^2$	독립변수의 수(k)	$MSR = \dfrac{SSR}{k}$	$F = \dfrac{MSR}{MSE}$
	잔차제곱합 (SSE)	$\sum_{i=1}^{n}(y_i - \hat{y}_i)^2$	$n-k-1$	$MSE = \dfrac{SSE}{n-k-1}$	
	총제곱합 (SST)	$\sum_{i=1}^{n}(y_i - \bar{y}_i)^2$	$n-1$		

(2) 다중회귀분석

다중회귀모형의 행렬 표현	$y = X\beta + \varepsilon$ $y = \begin{pmatrix} y_1 \\ y_2 \\ \vdots \\ y_n \end{pmatrix}, X = \begin{pmatrix} 1 & x_{11} & x_{12} & \cdots & x_{1k} \\ 1 & x_{21} & x_{22} & \cdots & x_{2k} \\ \vdots & \vdots & \vdots & & \vdots \\ 1 & x_{n1} & x_{n2} & \cdots & x_{nk} \end{pmatrix}, \beta = \begin{pmatrix} \beta_0 \\ \beta_1 \\ \vdots \\ \beta_k \end{pmatrix}, \varepsilon = \begin{pmatrix} \varepsilon_1 \\ \varepsilon_2 \\ \vdots \\ \varepsilon_n \end{pmatrix}$ • 회귀계수 벡터 β의 추정식: $\hat{\beta} = (X'X)^{-1}X'y$ * X': X의 전치행렬 • 분산-공분산 행렬: $Var(\hat{\beta}) = (X'X)^{-1}\sigma^2$
독립변수들의 상대적 영향력	표준화 계수(입력자료를 표준화(평균=0, 표준편차=1)시켜 분석한 회귀분석에서 얻게 되는 계수)의 크기를 서로 비교하여 판단
다중공선성 진단	• 공차한계(Tolerance): 한 독립변수의 분산 중 다른 모든 독립변수들에 의해 설명되지 않는 정도 ☞ 클수록 다중공선성은 낮아짐 • 분산팽창요인(VIF; Variance Inflation Factor): 공차한계의 역수. 독립변수 간에 발생하는 다중공선성으로 인한 분산의 증가를 의미 ☞ 클수록 다중공선성은 높아짐(통상 10 이상이면 다중공선성 의심)
유의성 검정	• 회귀계수 $t = \dfrac{\hat{\beta}_1 - \beta_1}{\sqrt{Var(\hat{\beta}_1)}} = \dfrac{\hat{\beta}_1 - \beta_1}{\sqrt{MSE/S_{XX}}}$ (자유도: $n-k-1 = n-2$) * β_1: 귀무가설하에서의 β_1 • 회귀모형: $F = \dfrac{MSR}{MSE}$ • 유의확률에 의한 검정: $p\text{-}value \leq \alpha \rightarrow$ 귀무가설 기각
수정결정계수	$adjR^2 = 1 - \dfrac{SSE/(n-k-1)}{SST/(n-1)} = 1 - (1-R^2)\dfrac{n-1}{n-k-1} = \dfrac{(n-1)R^2 - k}{n-k-1}$ $\left(R^2 = \dfrac{SSR}{SSR+SSE}\right)$
더미변수	더미변수(가변수)의 수 = 범주(수준)의 수 - 1
분산분석표	아래 표 참조

변동의 원천(요인)	제곱합(SS)	자유도(df)	평균제곱(MS)	검정통계량 F
회귀제곱합(SSR)	$\sum_{i=1}^{n}(\hat{y}_i - \bar{y})^2$	독립변수의 수(k)	$MSR = \dfrac{SSR}{k}$	$F = \dfrac{MSB}{MSE}$
잔차제곱합(SSE)	$\sum_{i=1}^{n}(y_i - \hat{y}_i)^2$	$n-k-1$	$MSE = \dfrac{SSE}{n-k-1}$	
총제곱합(SST)	$\sum_{i=1}^{n}(y_i - \bar{y})^2$	$n-1$		

(3) 회귀분석 관련 기타사항

다중회귀모형의 행렬 표현	[잔차 $e_i = y_i - \hat{y}_i$의 성질] • $E(e_i) = 0$ • $\sum_{i=1}^{n} x_i e_i = 0$ • $\sum_{i=1}^{n} e_i = 0$ • $\sum_{i=1}^{n} \hat{y}_i e_i = 0$ ☞ $\sum_{i=1}^{n} e_i = 0 = \sum_{i=1}^{n} x_i e_i = \sum_{i=1}^{n} \hat{y}_i e_i$
분산분석표	$MSE = \dfrac{SSE}{n-k-1} = \dfrac{\sum_{i=1}^{n}(y_i - \hat{y}_i)^2}{n-k-1} = \dfrac{\sum_{i=1}^{n} e_i^2}{n-k-1} = \hat{\sigma}^2$ 오차분산($\sigma^2 = Var(e_i)$)의 불편추정량

2026 대비 최신개정판

해커스
사회조사분석사 2급 필기
한권합격 이론+최신기출+핵심노트

개정 4판 1쇄 발행 2026년 1월 5일

지은이	김홍규
펴낸곳	㈜챔프스터디
펴낸이	챔프스터디 출판팀

주소	서울특별시 서초구 강남대로61길 23 ㈜챔프스터디
고객센터	02-537-5000
교재 관련 문의	publishing@hackers.com
동영상강의	pass.Hackers.com

ISBN	978-89-6965-648-3 (13330)
Serial Number	04-01-01

저작권자 ⓒ 2026, 김홍규
이 책의 모든 내용, 이미지, 디자인, 편집 형태는 저작권법에 의해 보호받고 있습니다.
서면에 의한 저자와 출판사의 허락 없이 내용의 일부 혹은 전부를 인용, 발췌하거나 복제, 배포할 수 없습니다.

자격증 교육 1위
해커스자격증
pass.Hackers.com

· MBA 출신 **김홍규 선생님의 본 교재 인강** (교재 내 할인쿠폰 수록)
· 사회조사분석사 2급 **무료 특강&이벤트, 최신 기출 문제** 등 다양한 학습 콘텐츠

주간동아 선정 2022 올해의 교육브랜드 파워 온·오프라인 자격증 부문 1위